# बिहार STET

## पेपर I : विज्ञान

नवीनतम संस्करण
अभ्यास किट

**10 टेस्ट्स**
10 प्रैक्टिस टेस्ट्स

वास्तविक परीक्षा प्रारूप पर आधरित टेस्ट

✓ पूर्णतः संशोधित और अद्यतन
✓ सभी बहुविकल्पीय प्रश्नो का विस्तृत विश्लेषण

| | |
|---|---|
| शीर्षक | : बिहार STET पेपर I : विज्ञान |
| लेखक का नाम | : Mr. Rohit Manglik |
| प्रकाशक | : EduGorilla Community Pvt. Ltd. |
| प्रकाशक का पता | : 12/651 प्रथम तल, अरविन्दो पार्क के सामने, निकट जामा मस्जिद, इंदिरा नगर लखनऊ, उत्तर प्रदेश, 226016, भारत। |

## कॉपीराइट EduGorilla

ISBN : 978-93-55568-95-3

प्रथम संस्करण



## अस्वीकरण EduGorilla



**Compiled and created by EduGorilla Community Pvt. Ltd**

**EduGorilla Community Pvt. Ltd.** द्वारा मुद्रित

**रोहित मांगलिक**
सीईओ, EduGorilla

प्रिय छात्रों,
एक बहुत ही प्रचलित कहावत है कि "सफलता उन्हीं को मिलती है जो उसके लिए कड़ी मेहनत करते हैं।" लेकिन मैंने लोगों को उनकी परीक्षाओं के लिए दिन-रात एक करके मेहनत करते हुए देखा है, पर फिर भी वे सफल नहीं हो पाते। तो वहीं दूसरी ओर, कुछ लोग बस आधी मेहनत करके परीक्षा में सफलता प्राप्त करते हैं। तो, क्या वे किस्मत वाले हैं? नहीं मेरा मानना है, कि ऐसा इसलिए है क्योंकि वे सिर्फ कड़ी नहीं बल्कि कुशल तरीके से अपनी तैयारी करते हैं। इसी तरह आपको भी अपनी परीक्षाओं की तैयारी के लिए अपनी योजना बनानी चाहिए, ताकि आपकी भी सफलता की संभावना बढ़ सके। तो तैयार हो जाइये EduGorilla के साथ अपनी परीक्षा में चयन होने की संभावना को 16 गुना बढ़ाने के लिए।

EduGorilla आपको न केवल कड़ी मेहनत करने में मदद करता है, बल्कि एक स्मार्ट और योजनाबद्ध तरीके से तैयारी करने में भी सहायता प्रदान करता है। EduGorilla की तैयारी पैकेज के साथ आप अपने परीक्षा में चयन होने के रास्ते को सहज और मनोरंजक बना सकते हैं। अपनी तैयारी के लिए सही रास्ता खोजना मुश्किल हो सकता है, यदि आप ये नहीं जानते कि आपको किस दिशा में जाना है। चिंता न करें हम आपके साथ खड़े हैं! EduGorilla आपकी सफलता में आपका मार्गदर्शक बनेगा। हमारे तैयारी पैकेज के साथ आप रणनीतिक रूप से तैयारी कर, अपनी परीक्षा में सिर्फ एक ही प्रयास में सफल हो सकते हैं।
EduGorilla के तैयारी पैकेज में शामिल हैं-

- टेस्ट सीरीज़
- किताबें

हमारे तैयारी पैकेज को सभी तरह के नये बदलवों, विशेषज्ञों की राय एवं छात्रों के प्रतिक्रिया के अनुसार तैयार किया गया है। जो आपको परीक्षा के प्रत्येक चरण की चयन प्रक्रिया को पार करने के योग्य बनाता है।

हमारी किताबें शिक्षकों और विशेषज्ञों द्वारा आपकी परीक्षा के लिए तैयार की गई हैं, 150+ वर्षों के अनुभव के साथ; ताकि आपको आसान, कुशल और प्रभावी शिक्षण प्रदान किया जा सके। हमारी स्मार्ट किताबें न सिर्फ आपको प्रश्नों के उत्तर देने की समझ देती हैं, अपितु आपके अभ्यास के लिए समान रूप के प्रश्न भी प्रदान करती हैं।

EduGorilla की सक्षम टेस्ट सीरीज आपको वास्तविक अनुभव और आत्मविश्वास प्रदान करती हैं, जिसके माध्यम से आप केवल एक प्रयास में अपनी ऑफलाइन अथवा ऑनलाइन परीक्षा पास कर सकते हैं। वर्तमान में हम 110,000+मॉक टेस्ट्स और 1,520+ प्रतियोगी एवं शैक्षणिक परीक्षाओं की तैयारी कराते हैं।

अर्थात, EduGorilla आपकी तैयारी में आपकी सहायता करने का कोई भी मौका नहीं छोड़ता है और परीक्षा के सभी चरणों को कवर करता है, ताकि परीक्षा की तैयारी के लिए आपको कहीं और भटकना ना पड़े।

हम आपको डिफेन्स, बैंकिंग, टीचिंग और अन्य राष्ट्रीय एवं राज्य स्तरीय परीक्षाओं के लिए सम्पूर्ण तैयारी पैकेज प्रदान करते हैं। अतः इससे कोई फर्क नहीं पड़ता कि आप किस परीक्षा के लिए तैयारी कर रहे हैं, क्योंकि आप सफलता हासिल करेंगे।

आपको परीक्षा की शुभकामनाएं!

रोहित मांगलिक,
संस्थापक और मुख्य कार्यकारी अधिकारी, EduGorilla

संपादक की कलम से

# प्रस्तावना

EduGorilla छात्रों को उनकी परीक्षा में सफल होने के लिए मार्गदर्शन प्रदान करता है। जिसको ध्यान में रखते हुए हमारे कुल 150+ वर्षों का अनुभव रखने वाले प्रतिष्ठित विशेषज्ञों ने कड़े प्रयासों के द्वारा "बिहार STET : पेपर I : विज्ञान" को तैयार किया है। इस किताब के प्रश्नों को हाल ही में परीक्षा के पाठ्यक्रम और पैटर्न में हुए सभी बदलावों को ध्यान में रखकर बनाया गया है। वो प्रश्न जिनकी परीक्षा में आने कि संभवना काफी प्रबल है, उनको इस किताब मे रखा गया है। आप EduGorilla की "बिहार STET : पेपर I : विज्ञान" के माध्यम से अपनी सफलता की संभावना को 16 गुना बढ़ा सकते हैं।

EduGorilla ये अपनी संपूर्ण तैयारी पैकेज के माध्यम से साकार करता है। इस किट में आपको प्रश्न अच्छी तरह अवधारित एवं संरचित रूप मे मिलेंगे जिन्हे आपकी जरूरतों के अनुसार बनाया गया है। इसके माध्यम से आपको स्मार्ट तरीके से परीक्षा के लिए अभ्यास करने में मदद मिलेगी। साथ ही आपको सहायक, समाधान और स्मार्ट उत्तर पत्रिका भी प्रदान की जायेंगी। जिससे आप अपना मूल्यांकन स्वयं कर सकते हैं। आप स्वयं की समीक्षा कर, उन सभी बिन्दुओं पर खुद को बेहतर तरीके से तैयार कर सकते हैं।

EduGorilla आपको अपनी परीक्षा में सफ़लता दिलाने और आपके लक्ष्य को हासिल करने में आपकी सहायता करने का वादा करता हैं। हम अपने प्रतिभागियों पर पूरा भरोसा करते हैं और उन्हें मेरिट सूची के शीर्ष पर देखते हैं। शीर्ष स्थान की ओर आपका पहला कदम है हमारे साथ तैयारी शुरू करना। EduGorilla की "बिहार STET : पेपर I : विज्ञान" की विशेषताएं कुछ इस प्रकार हैं।

➤ अच्छी तरह से शोध किया हुआ पाठ्यक्रम

➤ उच्च गुणवत्ता

➤ विस्तृत उत्तर और विश्लेषण

➤ स्मार्ट उत्तर पत्रिका

➤ परीक्षा सुसंगत प्रश्न

इस प्रकार EduGorilla आपकी तैयारी को मजबूत और आपको परीक्षा में सफल होने के योग्य बनाता है।

परीक्षा की योग्यता, परीक्षा पैटर्न, विषय को जानने के लिए QR कोड को स्कैन करें।

**Book ID: 1456**

# विषय-सूची


**प्रैक्टिस टेस्ट** 1-242

प्रैक्टिस टेस्ट - 1 1-25

प्रैक्टिस टेस्ट - 2 26-50

प्रैक्टिस टेस्ट - 3 51-73

प्रैक्टिस टेस्ट - 4 74-98

प्रैक्टिस टेस्ट - 5 99-122

प्रैक्टिस टेस्ट - 6 123-145

प्रैक्टिस टेस्ट - 7 146-170

प्रैक्टिस टेस्ट - 8 171-192

प्रैक्टिस टेस्ट - 9 193-216

प्रैक्टिस टेस्ट - 10 217-242

# प्रैक्टिस टेस्ट 1

## Specific Subject

1. **निम्नलिखित में से कौन सा वर्ण जीनस की तुलना में कम सामान्य है?**
(a) फैमली (b) प्रजातियां
(c) विभाजन (d) वर्ग

2. **निम्नलिखित में से कौन सा कथन गलत है?**
(a) विरोइड में प्रोटीन आवरण का अभाव होता है।
(b) विषाणु अनिवार्य रूप से परजीवी होते हैं।
(c) विषाणुओं में संक्रामक संगठक प्रोटीन आवरण होता है।
(d) प्रियोनों में अनियमित मुड़ी हुई प्रोटीनें होती हैं।

3. **निम्नलिखित में से कौन सा कथन गलत है?**
(a) मॉरल और ट्रफल खाने योग्य होते हैं।
(b) क्लेविसेप्स बहुत से एल्केलॉइड और एल. एस.डी. का स्रोत है।
(c) कोनिडिया बहिर्जात रूप में उत्पन्न होते हैं और ऐस्कोबीजाणु अंतर्जातीय रूप में उत्पन्न होते हैं।
(d) यीस्ट की लम्बे धागेनुमा कवक तंतुवाली तन्तुमय काय होती है।

4. **पौधों का मादा जननांग X कहलाता है। इसके तीन भाग हैं जिसमें मुख्यतः Y परागकणों के लिए ग्रहणाशील सतह है। Z में निषेचन होता है।**
**x, y, z हैं-**
(a) X- स्त्रीकेसर, Y - वर्तिकाग्र, Z - बीजाण्ड
(b) X - स्त्रीकेसर, Y - वर्तिका, Z - बीजाण्ड
(c) X - पुंकेसर, Y - तन्तु, Z - अंडाशय
(d) X - पुंकेसर, Y - वर्तिका, Z - अंडाशय

5. **निम्न सारणी में दी गई सचना के आधार पर कोशिका के प्रकार की पहचान करिए:**

| | |
|---|---|
| **A.** | **मानवो मे पाया जाता है लेकिन उसमें केन्द्रक नहीं है।** |
| **B.** | **एक वृहत रिक्तिका है।** |
| **C.** | **कोई कोशिका भित्ति नहीं है।** |
| **D.** | **सेम के आकार का है और युग्मो में पाया जाता है।** |
| **E.** | **दोनों ओर से अनावृत नली के समान है।** |

(a) A - गाल कोशिका, B - घास की कोशिका, C - द्वार कोशिका , D - ज़ाइलम, E - फ्लोएम
(b) A - आर. बी. सी. B - प्याज्र की झाल्ली की कोशिका, C-गाल कोशिका, D - द्वार कोशिका, E - जाइलम कोशिका
(c) A - डब्ल्यू. बी. सी.,B - तंत्रिका कोशिका, C - पेशीय कोशिका, D - ज़ाइलम, E - फ्लोएम
(d) A - तंत्रिका कोशिका, C - आर. बी. सी., C - पेशीय कोशिका, D - द्वार कोशिका, E - फ्लोएम

6. **निम्नलिखित को मिलाएं:**

| घरेलू अंग | कृत्य |
|---|---|
| **a. मनुष्य के आगे के हाथ** | **1. उड़ान में** |
| **b. एक छिपकली के आगे के हाथ** | **2. पकड़ने में** |
| **c. एक चमगादड़ के आगे के हाथ** | **3. दौड़ने में** |

(a) a - 2, b - 1, c - 3 (b) a - 2, b - 3, c - 1
(c) a - 3, b - 2, c - 1 (d) a - 1, b - 2, c - 3

7. **शरीर में कोशिकाओं का जाल होता है, आंतरिक गुहा जो खाद्य निस्पंदन कशाभित कोशिकाओं के साथ पंक्तिबद्ध होते हैं और अप्रत्यक्ष विकास ___ फाइलम की विशेषताएं हैं**
(a) पोरिफेरा (b) कॉलेन्टेरेटा
(c) प्रोटोजोआ (d) मोलस्का

8. **निम्नलिखित में से किसको चैस्मोगेमस के फूलों की विशेषताओं से बाहर रखा जा सकता है?**
(a) स्वनिषेचन
(b) बड़े फूल
(c) अमृत का उत्पादन
(d) व्यक्तियों के बीच जीन का आदान-प्रदान होता है

9. **जब पुंकेसर का मिलन आपस में होता है, तो इसे सामंजस्य कहा जाता है। प्रसिद्ध सजावटी फूल हिबिस्कस में देखा गया सामंजस्य __________ है।**
(a) डाइडेलफोस (b) मोनाडेलफोस
(c) पॉलिडेलफोस (d) सेनजेनेसियस

10. **पक्ष्माभधारी उपकला कोशिकाएं कणों अथवा श्लेष्मा को एक विशेष दिशा में संचालित करने के लिए जरूरी होती हैं। मानव में ये कोशिकाएँ उपस्थित होती हैं:**
(a) पित्त वाहिनी एवं श्वसनिकाओं में
(b) डिंबवाहिनिओं एवं अग्न्याशयी वाहिनी में
(c) युस्टेशियन नली एवं लार वाहिनी में
(d) श्वसनिकाओं एवं डिंबवाहिनिओं

11. **पैनेथ कोशिकाएँ इसमें पाई जाती हैं:**
(a) क्रिप्ट्स ऑफ़ लीबरकुहन (b) पीयर के धब्बे
(c) लैंगरहंस का आइलेट (d) गैस्ट्रिक ग्रंथियां

12. **कौन सा डीएनए की दोहरी पेचदार संरचना के अनुरूप नहीं है?**
(a) $A = T, C = G$
(b) गर्म करने पर डीएनए का घनत्व कम हो जाता है
(c) $A + T/C + G$ स्थिर नहीं है
(d) (A) और (B) दोनों

13. **रोडोडेंड्रोन पत्तियों का कर्लिंग किसका एक उदाहरण है?**
(a) हाईड्रोट्रोपीसम (b) फोटोट्रोपीसम
(c) थर्मोट्रोपीसम (d) थिग्मोट्रोपिज्म

14. **सूची -I को सूची -II के साथ सुमेलित कीजिए।**

| सूची -I | | सूची -II | |
|---|---|---|---|
| **(a)** | **S अवस्था** | **(i)** | **प्रोटीन संश्लेषित होते हैं** |
| **(b)** | **$G_2$ अवस्था** | **(ii)** | **निष्क्रिय अवस्था** |
| **(c)** | **सुप्त अवस्था** | **(iii)** | **सूत्री विभाजन और डी.एन.ए. प्रतिकृति के प्रारम्भ होने के बीच अंतराल** |
| **(d)** | **$G_1$ अवस्था** | **(iv)** | **डी. एन. ए. का प्रतिकृतिकरण** |

**नीचे दिए गए विकल्पों में से सही उत्तर चुनिए।**
(a) (a) (b) (c) (d) (ii) (iv) (iii) (i)
(b) (a) (b) (c) (d) (iii) (ii) (i) (iv)
(c) (a) (b) (c) (d) (iv) (ii) (iii) (i)
(d) (a) (b) (c) (d) (iv) (i) (ii) (iii)

15. **क्लोरोफिल के संश्लेषण में किस अमीनो अम्ल का उपयोग किया जाता है?**
(a) ग्लूटामीन (b) लाइसिन

(c) सिस्टीन (d) ग्लाइसिन

**16. लैक्टिक अम्ल किण्वन के दौरान ग्लूकोज से कितनी ऊर्जा निकलती है?**
(a) लगभग 10% (b) 7% से कम
(c) लगभग 15% (d) 18% से अधिक

**17. वायु द्वारा उत्पन्न ऐलर्जन एवं प्रदूषकों के कारण नगरीय स्थानों में काफी व्यक्ति श्वसनी विकार, जो घरघराहट उत्पन्न करते हैं, से पीड़ित हैं क्योंकि :**
(a) नासिका गुहा में श्लेष्मा अस्तर की मामूली वृद्धि।
(b) श्वसनी एवं श्वसनिकाओं का इनफ्लेमेशन।
(c) रेशेदार ऊतकों का प्रोलिफरेशन एवं कूपिका भित्तियों की क्षति।
(d) न्यूमोसाइट के द्वारा पृष्ठ संक्रियक के स्रवण में कमी।

**18. 'AB' रक्त समूह के व्यक्तियों को सर्वग्राही क्यों कहते हैं ?**
(a) प्लाज्मा में एंटीबॉडी, एंटी-A और एंटी-B की अनुपस्थिति
(b) RBC की सतह पर एंटीजन A और B की अनुपस्थिति
(c) प्लाज्मा में एंटीजन A और B की अनुपस्थिति
(d) RBC पर एंटीबॉडी, एंटी-A और एंटी-B की उपस्थिति

**19. रक्त ____ धमनी के माध्यम से ग्लोमेरुलर केशिकाओं में प्रवेश करता है और ____ धमनी के माध्यम से निकलता है।**
(a) अभिवाही, अपवाही (b) रेडियल, संग्रह
(c) वितरण, संग्रह (d) अपवाही, अभिवाही

**20. निम्नलिखित में से गलत कथन का चयन कीजिए।**
**a. पसलियों के 12 युग्म उपस्थित होते हैं।**
**b. पसलियाँ उरोस्थि से पृष्ठीय रूप से और कशेरुक दंड से अधरीय रूप से संधियोजन करती हैं।**
**c. पसलियाँ द्वि-शिरस्य नहीं होती हैं।**
**d. पसलियाँ काचाभ उपास्थि की सहायता से उरोस्थि के साथ जुड़ी होती है।**
(a) a और b (b) b और c
(c) a और c (d) c और d

**21. जीर्ण सूजन का आंख के मामले में होता है**
(a) रेबीज (b) डेंगू
(c) चिकनपॉक्स (d) ट्रेकोमा

**22. निम्नलिखित में से कौन सा\से कथन गलत हैं?**
**(a) मानव शरीर की सभी स्वैच्छिक क्रियाएं मस्तिष्क द्वारा नियंत्रित होती हैं।**
**(b) दो आसन्न न्यूरॉन्स के बीच के जंक्शन को अक्षतंतु कहा जाता है।**
**(c) पिट्यूटरी ग्रंथि मानव शरीर में एक जोड़ी के रूप में नहीं होती है।**
(a) केवल (a) (b) केवल (a) और (b)
(c) केवल (b) और (c) (d) केवल (C)

**23. एरिथ्रोपोइटिन हार्मोन जो R.B.C के निर्माण को प्रेरित करता है। इसका उत्पादन कौन करता है?**
(a) वृक्क की जक्सटाग्लोमेरुलर कोशिकाएं
(b) अग्न्याशय की अल्फा कोशिकाएं
(c) रोस्ट्रल एडिनोहाइपोफाइसिस की कोशिकाएं
(d) अस्थि मज्जा की कोशिकाएं

**24. यदि ऐल्यूरोन परत में 12 गुणसूत्र होते हैं, तो अंडाशय भित्ति में कितने होंगे?**
(a) 12 (b) 18
(c) 25 (d) 8

**25. निम्नलिखित में से कौन-सा हॉर्मोन जनन तंत्र से संबंधित नहीं है?**
(a) प्रोजेस्टेरोन हॉर्मोन (b) एड्रिनलीन हॉर्मोन
(c) एस्ट्रोजन हॉर्मोन (d) टेस्टोस्टेरोन हॉर्मोन

**26. एंटीराइनम (श्वान पुष्प) में पुष्पों के रंग की वंशागति ____________ का एक उदाहरण है।**
(a) अपूर्ण प्रभाविता (b) सह-प्रभाविता
(c) बहु युग्मविकल्पी (d) सहलननता

**27. ट्रांसलेशन ( अनुवादन/स्थानांतरण ) की प्रथम अवस्था कौन सी होती है?**
(a) राइबोसोम से mRNA का बन्धन
(b) DNA अणु की पहचान
(c) tRNA का ऐमीनोएसीलेशन
(d) एक एंटी-कोडॉन की पहचान

**28. पशुपालन और पादप प्रजनन कार्यक्रम इसके उदाहरण हैं:**
(a) रिवर्स इवोल्यूशन (b) कृत्रिम चयन
(c) परिवर्तन (d) प्राकृतिक चयन

**29. लोगों को सीधे चलने और ड्राइविंग करने में समस्या होती है जब उनके पास बहुत अधिक मादक पदार्थ पी लेते है। इस स्थिति में, उनके मस्तिष्क का कौन सा हिस्सा प्रभावित होता है?**
(a) मस्तिष्क (b) अनुमस्तिष्क
(c) पश्चकपाल-अंतस्था (d) मस्तिष्कमेरु द्रव

**30. अल्कोहल उद्योग में जैव प्रौद्योगिकी द्वारा उत्पादित बैक्टीरिया का नया स्ट्रेन _________ है।**
(a) इशरीकिया कोली (b) सैकेरोमाइसीज सेरेविसी
(c) बेसिलस सबटिलिस (d) स्यूडोमोनास पुतिडा

**31. अधिकांश भयानक बीमारियों के इलाज की संभावनाओं में से एक यह है:**
(a) जीन रिप्लेसमेंट थेरेपी (b) एंडोर्फिन की उत्तेजना
(c) एंटिसेन्स थेरेपी (d) (A) और (C) दोनों

**32. सोमोक्लोनल परिवर्तन इनमें देखा जा सकता है:**
(a) टिशू कल्चर के माध्यम से पौधे उगाना
(b) एपोमैटिक पौधे
(c) पॉलीप्लाइड पौधे
(d) सब्जियों के पौधों का प्रचार-प्रसार

**33. एक पारितंत्र में निम्नलिखित में से कौन सा मुख्य प्रजातियों के बारे में सही है?**
(a) एक पारितंत्र में संख्या अधिकतम होती है।
(b) वे एक पारितंत्र में आवश्यक नहीं होती हैं।
(c) उनके पास एक पारितंत्र में सबसे अधिक जैव मात्रा होती है।
(d) वे पारितंत्र के गुणों की प्रमुख योगदानकर्ता होती हैं।

**34. पवित्र उपवन विशेष रूप से किसमें उपयोगी होते हैं?**
(a) मृदा अपरदन को रोकने
(b) नदियों में वर्ष भर जल का प्रवाह
(c) पर्यावरण जागरूकता उत्पन्न करने
(d) दुर्लभ और संकटग्रस्त प्रजातियों का संरक्षण

**35. यदि संवेग $(p)$ , क्षेत्रफल $(A)$ और समय $(T)$ को मूल राशियाँ मान लें, तो ऊर्जा का विमीय सूत्र होता है:**
(a) $[pA^{-1}T^1]$ (b) $[p^2AT]$
(c) $[pA^{-1}T]$ (d) $\left[pA^{\frac{1}{2}}T^{-1}\right]$

**36. एकसमान त्वरण $a$ के साथ गतिमान पिंड के लिए, समय अंतराल t में प्रारंभिक और अंतिम वेग क्रमशः $u$ और $v$ हैं। फिर, समय अंतराल $t$ में इसका औसत वेग है:**

(a) $(v+\frac{at}{2})$ (b) $(v-\frac{at}{2})$
(c) $(v-at)$ (d) इनमे से कोई नहीं

**37. प्रक्षेपण का कोण क्या होगा जिस पर क्षैतिज परास और अधिकतम ऊंचाई बराबर हो? (दिया गया है, $\tan^{-1}4 = 75.96^\circ$ )**
(a) $45.50^\circ$ (b) $55.34^\circ$
(c) $75.96^\circ$ (d) $90^\circ$

**38. द्रव्यमान M का एक वस्तु किसी न किसी क्षैतिज सतह (घर्षण गुणांक = μ) पर रखा जाता है। एक व्यक्ति क्षैतिज बल लगाकर वस्तु को खींचने की कोशिश कर रहा है लेकिन वस्तु हिल नहीं रहा है। A पर सतह द्वारा बल F है जहाँ:**
(a) $F = Mg$ (b) $F = \mu Mg$
(c) $Mg \le F \le Mg\sqrt{1+\mu^2}$ (d) $Mg \ge F \ge Mg\sqrt{1-\mu^2}$

**39. द्रव्यमान के रूप में दर्शाए गए तीन ब्लॉक द्रव्यमान $m, 2m$ और $3m$ के साथ जुड़े हुए हैं। एक उर्ध्वबल $F$ को ब्लॉक $m$ , पर लागू करने के बाद, ब्लॉक निरंतर गति $v$ पर ऊपर की ओर बढ़ती है। 2 m द्रव्यमान के ब्लॉक पर शुद्ध बल क्या है? (g गुरुत्वाकर्षण के कारण त्वरण है)**

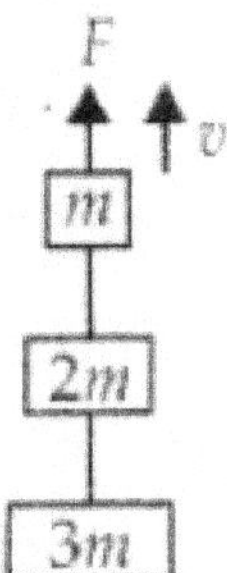


(a) 3 mg (b) 6 mg
(c) शून्य (d) 2 mg

**40. द्रव्यमान $100kg$ और त्रिज्या $2m$ की कोई चकती किसी क्षैतिज फर्श पर लुढ़कती है। इसके संहति केन्द्र की चाल $20cm/s$ है। इसे रोकने के लिए कितने कार्य की आवश्यकता होगी?**
(a) $3J$ (b) $30J$
(c) $2J$ (d) $1J$

**41. किया गया कार्य (kJ में) ज्ञात करें यदि 750 N का बल द्रव्यमान 30 kg की गाड़ी को 16 m धकेलता है।**
(a) 24 (b) 12
(c) 36 (d) 48

**42. 0.5 kg की एक गेंद $12 \text{ m s}^{-1}$ चाल से गतिमान है दीवार के साथ $30^\circ$ के कोण पर एक कठोर दीवार से टकराती है। यह समान कोण पर समान चाल से परावर्तित होती है। यदि गेंद 0.25 s के लिए दीवार के संपर्क में है, तो दीवार पर कार्य करने वाला औसत बल है:**
(a) 96 N (b) 48 N
(c) 24 N (d) 12 N

**43. एक कण अनंत से पृथ्वी पर गिरता है। त्रिज्या $R$ की पृथ्वी पर पहुंचने पर इसका वेग _______ है।**
(a) 2Rg (b) Rg
(c) $\sqrt{Rg}$ (d) $\sqrt{2Rg}$

**44. यदि पृथ्वी सूर्य से अपनी वर्तमान दूरी का $\frac{1}{4}$ हिस्सा है, तो वर्ष की अवधि होगी**
(a) $\frac{1}{2}$ वर्ष (b) $\frac{1}{4}$ वर्ष
(c) $\frac{1}{8}$ वर्ष (d) $\frac{1}{16}$ वर्ष

**45. प्वासों का अनुपात क्या है?**
(a) यह अनुदैर्ध्य विकृति और पार्श्व विकृति का अनुपात है
(b) यह क्षेत्रफल और बल का अनुपात है
(c) यह त्रिज्या या व्यास में परिवर्तन और मूल त्रिज्या या व्यास का अनुपात है
(d) यह लंबाई में परिवर्तन और मूल लंबाई का अनुपात है

**46. पथ के साथ सिस्टम द्वारा किए गए कुल कार्य में $ADC$ , है $85J$ , बिंदु $C$ पर आयतन ज्ञात कीजिए।**

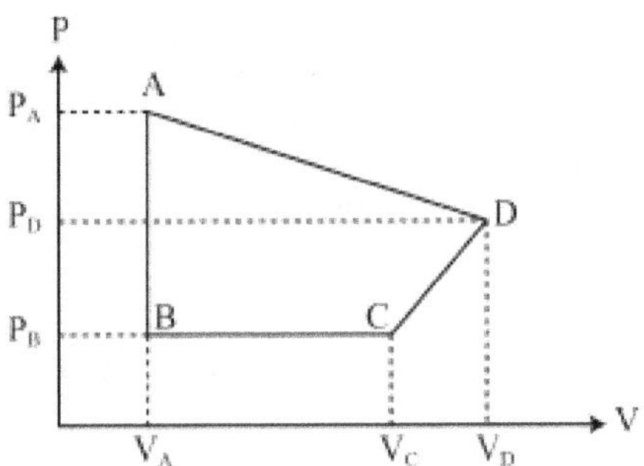


(a) 4.033 लीटर (b) 1.003 लीटर
(c) 2.233 लीटर (d) 1.233 लीटर

**47. एक अणुपरमाणुक गैस के एक मोल के अणुओं की स्थानांतरीय गतिज ऊर्जा $U = \frac{3NkT}{2}$ है। स्थिर दाब पर गैस की परमाणु विशिष्ट ऊष्मा का मान होगा :**
(a) $\frac{3}{2}R$ (b) $\frac{5}{2}R$
(c) $\frac{7}{2}R$ (d) $\frac{9}{2}R$

**48. ऊष्मीय ऊर्जा दिए बिना थर्मोडायनामिक सिस्टम का तापमान कैसे बढ़ाया जा सकता है?**
(a) आइसोकोरिक विस्तार द्वारा (b) समतापी संपीड़न द्वारा
(c) रुद्धोष्म संपीड़न द्वारा (d) रुद्धोष्म विस्तार द्वारा

**49. एक शांकव (conical) दोलक, जिसकी लम्बाई 1 m है और जो Z-अक्ष से $\theta = 45^\circ$ के कोण पर हैं, XY समतल में एक गोलाकार पथ में चलता है। गोलाकार पथ की त्रिज्या 0.4 m है और उसका केन्द्र बिन्दु O के ठीक नीचे है। उस दोलक की गति गोलाकार पथ में होगी: ($g = 10 \text{ ms}^{-2}$)**

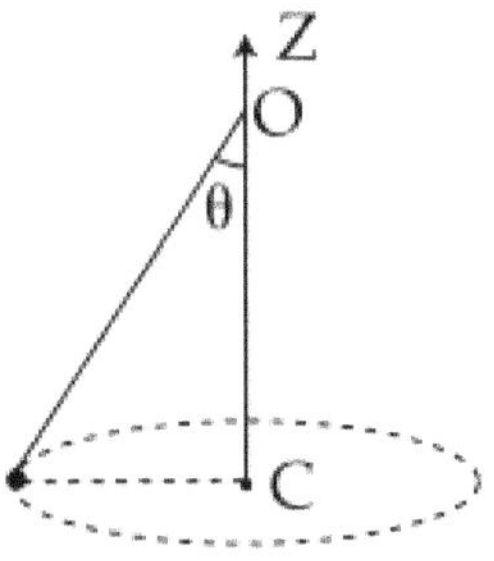


(a) 0.4 m/s (b) 4 m/s
(c) 0.2 m/s (d) 2 m/s

**50. मानव शरीर में इलेक्ट्रॉनों की कुल संख्या आमतौर पर $10^{28}$ के क्रम में होती है। मान लीजिए, किसी कारण से, आपने और आपके मित्र ने इलेक्ट्रॉनों की इस संख्या का 1% खो दिया। 1 m की दूरी पर आपके और आपके मित्र के बीच इलेक्ट्रोस्टैटिक बल की गणना करें। अपने वजन से इसकी तुलना करें। प्रत्येक व्यक्ति का द्रव्यमान 60 kg है और बिंदु आवेश सन्निकटन का उपयोग करें।**

(a) $F_e = 8 \times 10^{65}N, W = 428N$
(b) $F_e = 8 \times 10^{41}N, W = 368N$
(c) $F_e = 9 \times 10^{61}N, W = 588N$
(d) $F_e = 9 \times 10^{51}N, W = 648N$

**51. समानांतर प्लेट संधारित्र की दो प्लेटों के बीच संभावित अंतर स्थिर है। जब प्लेटों के बीच हवा को एक अपरिचालक पदार्थ से बदल दिया जाता है, तो विद्युत क्षेत्र की तीव्रता:**

(a) कम हो जाती है (b) अपरिवर्तित
(c) शून्य हो जाता है (d) बढ़ती है

**52. तीन समान प्रतिरोधक एक विभव अंतर के अनुरूप श्रृंखला में जुड़े हुए है और एक साथ समय t में 2000 J ऊष्मा व्यय करते हैं। यदि समान प्रतिरोधक समान विभव अंतर के अनुरूप समानांतर जुड़े होते हैं, तो समान समय कितनी ऊष्मा व्यय होगी?**

(a) 1800 J (b) 18000 J
(c) 180 J (d) 18 J

**53. वे कारक जिन पर विद्युत धारावाही परिनालिका द्वारा उत्पन्न एक चुंबकीय क्षेत्र की शक्ति निर्भर करती है:**

(a) धारा का परिमाण (b) घुमावों की संख्या
(c) मुख्य सामग्री की प्रकृति (d) ऊपर के सभी

**54. स्थायी चुम्बक हमेशा ______ प्रकार के चुंबकीय पदार्थ होते हैं।**

(a) प्रतिचुंबकीय (b) अनुचुंबकीय
(c) लौहचुम्बकीय (d) इनमें से कोई नहीं

**55. एक बेलनाकार छड चुंबक को एक गोलाकार कुंडली के अक्ष के साथ अक्षीय रूप से रखा जाता है। यदि कुंडली को इसके अक्ष के अनुरूप घुमाया जाता है, तो:**

(a) केवल एक e.m.f. कुंडली में प्रेरित होगा
(b) केवल एक धारा कुंडली में प्रेरित होगी
(c) दोनों धारा और e.m.f. कुंडली में प्रेरित होंगे
(d) न तो e.m.f. न ही कुंडली में धारा प्रेरित होगी

**56. आवृत्ति की एक विद्युतचुंबकीय तरंग $\nu = 3.0$ MHz निर्वात से विद्युतीय माध्यम में पारगम्यता $\varepsilon = 4.0$ के साथ गुजरती है। फिर:**

(a) तरंगदैर्ध्य दोगुना हो जाता है और आवृत्ति अपरिवर्तित रहती है
(b) तरंगदैर्ध्य दोगुना हो जाता है और आवृत्ति आधी हो जाती है
(c) तरंगदैर्ध्य आधा कर दिया जाता है और आवृत्ति अपरिवर्तित रहती है
(d) तरंग दैर्ध्य और आवृत्ति दोनों अपरिवर्तित हो जाते हैं

**57. एक समभुज प्रिज्म की सामग्री का अपवर्तक सूचकांक $\sqrt{3}$ है। न्यूनतम विचलन का कोण क्या है?**

(a) 30° (b) 45°
(c) 60° (d) 75°

**58. रडार के लिए प्रयोग किया जाता है:**

(a) जलमग्न पनडुब्बियों का पता लगाना
(b) रेडियो रिसीवर में सिग्नल प्राप्त करना
(c) भूस्थिर उपग्रहों का पता लगाना
(d) हवाई जहाज जैसी वस्तुओं की स्थिति का पता लगाना

**59. व्यतिकरण ______ को सिद्ध करता हैं।**

(a) एक तरंग की अनुप्रस्थ प्रकृति (b) तरंग की अनुदैर्ध्य प्रकृति
(c) तरंग प्रकृति (d) कण प्रकृति

**60. किसके द्वारा प्रकाश को ध्रुवीकृत किया जा सकता है?**

(a) प्रतिबिंब (b) अपवर्तन
(c) विक्षेपण (d) उपर्युक्त सभी

**61. कार्य फलन 2 eV की एक धातु की सतह से इलेक्ट्रॉनों को निकालने के लिए आवश्यक ऊर्जा का पता लगाएं और उत्सर्जित इलेक्ट्रॉनों की अधिकतम गतिज ऊर्जा 1.2 eV है।**

(a) 0.8 eV (b) 2 eV
(c) 1.2 eV (d) 3.2 eV

**62. यदि $E_1, E_2$ और $E_3$ एक प्रोटॉन, $\alpha$ -कण और ड्यूटेरॉन की गतिज ऊर्जाएं हैं, जिनमें सभी की तरंगदैर्ध्य समान होती है, फिर:**

(a) $E_1 > E_2 > E_3$ (b) $E_1 > E_3 > E_2$
(c) $E_3 > E_2 > E_1$ (d) $E_3 > E_1 > E_2$

**63. कौन सा वक्र हाइड्रोजन परमाणु में इलेक्ट्रॉन की गति को प्रमुख क्वांटम संख्या $n$ के फलन के रूप में निरूपित कर सकता है?**

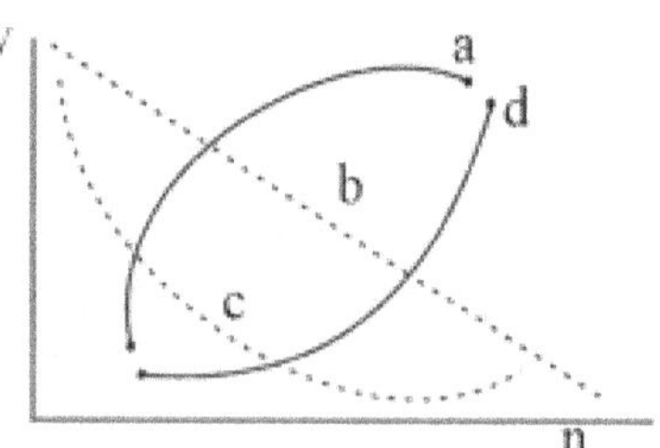


(a) a (b) b
(c) c (d) d

**64. एक प्रोटॉन के एक $\alpha$ -कण के विशिष्ट आवेश का अनुपात है:**

(a) 2 : 1 (b) 1 : 1
(c) 1 : 2 (d) 1 : 3

**65. सर्वनिष्ठ उत्सर्जक विन्यास में एक n − p − n ट्रांजिस्टर एम्पलीफायर पर विचार करें। ट्रांजिस्टर को प्राप्त धारा 100 है। यदि संग्राही धारा 1 mA में बदलती है तो उत्सर्जक धारा में क्या बदलाव होगा?**

(a) 1.1 mA (b) 1.01 mA
(c) 10 mA (d) 0.01 mA

**66. आकृति में, यह दिया गया है कि $V_{BB}$ आपूर्ति 0 से लेकर $5.0V, V_{CC} = 5V, \beta_{dc} = 200, R_B = 100k\Omega, R_C = 1k\Omega$ और $V_{BE} = 1.0V$ तक भिन्न हो सकती है। न्यूनतम आधार धारा और इनपुट वोल्टेज जिस पर ट्रांजिस्टर संतृप्ति में जाएगा, क्रमशः होगा:**

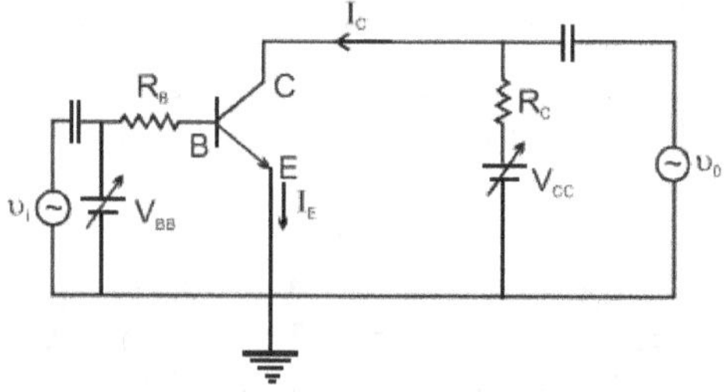


(a) $20\mu A$ और $3.5V$ (b) $25\mu A$ और $3.5V$
(c) $25\mu A$ और $2.5V$ (d) $20\mu A$ और $2.8V$

**67. स्थिरता के बढ़ते क्रम के अनुसार निम्नलिखित को व्यवस्थित करें**

**P. $CH_3CH=CH_2$**
**Q. cis-but-2ene**
**R. trans-but-2ene**
**S. 2,3-dimethylbut-2ene**
**T. $CH_2=CH_2$**

(a) S > Q > R > P > T (b) R > S > Q > P > T
(c) T > R > Q > P > S (d) S > R > Q > P > T

**68. दृश्यमान स्पेक्ट्रम की तरंग दैर्ध्य रेंज बैंगनी ( 400 nm ) से लाल (750 nm) तक फैली हुई है। इन तरंग दैर्ध्य को आवृत्तियों (Hz) में व्यक्त करें। ($1 \text{ nm} = 10^{-9}$ m)**

(a) $7.50 \times 10^{14}$ Hz , $4.41 \times 10^{14}$ Hz
(b) $8.50 \times 10^{14}$ Hz , $4.41 \times 10^{14}$ Hz
(c) $7.50 \times 10^{14}$ Hz , $8.41 \times 10^{14}$ Hz
(d) $9.50 \times 10^{14}$ Hz , $5.41 \times 10^{14}$ Hz

**69. बोहर के परमाणु मॉडल के संबंध में सही कथन/कथनों का चयन करें**
**(I) इलेक्ट्रॉन केवल विशेष कक्षाओं में ही गति कर सकता है।**
**(II) एक इलेक्ट्रॉन केवल तभी ऊर्जा विकीर्ण करता है जब वह दूसरी कक्षा में कूदता है।**
**(III) एक परमाणु में एक ऋणात्मक आवेशित नाभिक होता है।**
**(IV) बोहर मॉडल में, यदि पहली कक्षा की त्रिज्या $r_0$ है, तो तीसरी कक्षा की त्रिज्या $9r_0$ है।**
(a) I और II (b) I और III
(c) I, II और IV (d) ये सब

**70. पहला मानव निर्मित या कृत्रिम रूप से निर्मित तत्व था:**
(a) टेक्नीशियम (b) रॉएंटजीनियम
(c) निहोनियम (d) टैंटलम

**71. निम्नलिखित में से कौन-सा d कक्षक का एक अलग आकार है लेकिन अन्य d कक्षकों के साथ अपभ्रष्ट हो जाता है?**
(a) $d_{yz}$ (b) $d_{xy}$
(c) $dx^2 - y^2$ (d) $d_z^2$

**72. निम्नलिखित में से किसका संकरण $sp^3d$ है?**
(a) $NH^+{}_4$ (b) $SF_4$
(c) $XeF_4$ (d) $XeOF_4$

**73. निम्नलिखित में से किस परिवर्तन में एक इलेक्ट्रॉन एंटीबॉडिंग कक्ष ($\pi^*$) में जुड़ जाता है?**
(a) $N_2^+$ to $N_2$ (b) $O_2^+$ to $O_2$
(c) $H_2^+$ to $H_2$ (d) ऊपर्युक्त सभी

**74. ऊष्मप्रवैगिकी के नियमों के संबंध में निम्नलिखित में से कौन सा कथन सत्य नहीं है?**
(a) यह सूक्ष्म प्रणालियों के ऊर्जा परिवर्तनों से संबंधित है
(b) यह उस दर पर निर्भर नहीं करता है जिस पर ये ऊर्जा परिवर्तन किए जाते हैं
(c) यह परिवर्तन के दौर से गुजर रही प्रणाली के प्रारंभिक और अंतिम राज्यों पर निर्भर करता है
(d) इनमें से कोई नहीं

**75. 298 K पर अभिक्रिया के लिए**
$2\,A + B \rightarrow C$
$\Delta H = 400\,\text{kJ mol}^{-1}$ **और** $\Delta S = 0.2\,\text{kJ K}^{-1}\,\text{mol}^{-1}$
**तापमान सीमा पर स्थिर होने के लिए $\Delta H$ और $\Delta S$ को देखते हुए किस तापमान पर प्रतिक्रिया सहज हो जाएगी।**
(a) 1000 K (b) 4000 K
(c) 2000 K (d) 3000 K

**76. रासायनिक संतुलन a + b , c + d को उत्पन्न करता है जब दोनो अभिकर्मको की 1 अणु में प्रत्येक में 0.4 अणु मिलाया जाता है तो उत्पाद बनता है। संतुलन स्थिर होता है:**
(a) $\frac{4}{9}$ (b) $\frac{2}{5}$
(c) $\frac{8}{12}$ (d) $\frac{9}{6}$

**77. गैस चरण अभिक्रिया** $2NO(g) - N_2(g) + O_2(g), \Delta H = -43.5$kcal **के लिए,** $N_2(g) + O_2(g) = 2NO(g)$ **के लिए निम्न में से कौन सा सही है?**
(a) K , T से स्वतंत्र है
(b) जैसे ही T घटता है K कम हो जाती है
(c) T जैसे कम होता है वैसे K बढ़ता है
(d) $NO$ के मिलाए जाने से K परिवर्तित होते है

**78. लोहे का भूरा वलय परिसर यौगिक $[Fe(H_2O)_5(NO)]SO_4$ के रूप में तैयार किया गया है। लोहे की ऑक्सीकरण अवस्था है:**
(a) 1 (b) 2
(c) 3 (d) 0

**79. अभिक्रिया में $2BaO_2 \rightarrow 2BaO + O_2$ , बेरियम की ऑक्सीकरण संख्या:**
(a) +4 to +2 तक घट जाती है (b) +2 to 0 तक घट जाती है
(c) −4 to −2 तक बढ़ जाती है (d) नहीं बदलती है

**80. निम्नलिखित में से कौन सा समांगी मिश्रण है?**
(a) तेल और पानी (b) रेत और पानी
(c) वायु (d) नमक और चीनी

**81. निम्नलिखित में से कौन सा कारक विलायक में विलेय की घुलनशीलता को प्रभावित नहीं करता है?**
(a) तापमान
(b) दबाव
(c) विलेय का कण आकार
(d) विलेय और विलायक की रासायनिक प्रकृति

**82.** $MgCl_2$ **के** $0.05M$ **घोल की चालकता** $25°C$ **पर** $194.5\Omega - 1\,cm^2\,mol - 1$ **है। एक सेल जिसमें इलेक्ट्रोड है, की** $1.50\,cm^2$ **सतहपृष्ठ है और इस घोल को भरने से** $0.5\,cm$ **दूर है। घोल द्वारा दिखाया गया प्रतिरोध है**
(a) 25.2Ω (b) 34.27Ω
(c) 42.52Ω (d) 51.7Ω

**83. निम्नलिखित में से कौन सा कथन सही नहीं है?**
(a) उपयोग के बाद द्वितीयक सेल को रिचार्ज किया जा सकता है
(b) निकल-कैडमियम सेल प्राथमिक सेल का एक उदाहरण है
(c) टॉर्च में उपयोग के लिए लेक्लांची सेल उपयुक्त है
(d) जब किसी सेल को चार्ज किया जा रहा होता है तो उसका टर्मिनल विभव सेल ईएमएफ से अधिक हो जाता है

**84.** $Cl_2O_7$ **का 400 K पर गैस चरण में** $Cl_2$ **और** $O_2$ **का अपघटन एक प्रथम कोटि की प्रतिक्रिया है। 400 K , पर 55 सेकंड के बाद,** $Cl_2O_7$ **का दबाव 0.062 atm से 0.044 atm . तक गिर जाता है। 100sec के बाद** $Cl_2O_7$ **के दबाव की गणना करें। तापमान पर अपघटन का।**
(a) 0.033 (b) 0.044
(c) 0.055 (d) इनमे से कोई भी नहीं

**85. एक अभिक्रिया के लिए सक्रियण की ऊर्जा $100\,\text{KJmol}^{-1}$ है । एक उत्प्रेरक की उपस्थिति सक्रियण की ऊर्जा को 75% कम करती है। अन्य सभी चीजों के समान होने पर 20°C पर अभिक्रिया की दर पर क्या प्रभाव पड़ेगा?**
(a) $10\,\text{KJmol}^{-1}$ से बढ़ जाती है।
(b) $10\,\text{KJmol}^{-1}$ से घट जाती है।
(c) अप्रभावित रहती है।
(d) निर्धारित नहीं किया जा सकता

**86.** $Fe^{+2}$ **आयन के अनुमापन की तुलना में** $Cr_2O7^{-2}$ **आयन आंतरिक संकेतक के रूप में डाइफिनेलेमाइन का उपयोग करता है, फॉस्फोरिक अम्ल को** $Fe^{+2}$ **आयन युक्त सान्द्रण में मिलाया जाता है। फॉस्फोरिक अम्ल की भूमिका है:**
(a) $E^\circ\,(Fe^{3+}, Fe^{2+}, Pt)$ का मान कम करना
(b) $E^o\,(Fe^{3+}, Fe^{2+}, Pt)$ का मान बढ़ाएँ

(c) लौह आयनों के साथ यौगिक बनाना
(d) सूचक को शामिल करने वाली कमी की संभावना को बदलना

**87. निम्नलिखित में से किस आयन का इलेक्ट्रॉनिक विन्यास है** $[Ar]3\,d^6$? **(परमाणु संख्याएँ** $Mn = 25, Fe = 26, Co = 27, Ni = 28$ **)**

(a) $Ni^{3+}$ (b) $Mn^{3+}$
(c) $Fe^{3+}$ (d) $Co^{3+}$

**88. निम्नलिखित में से कौन सा लिगेंड एक सिललेट बनाता है?**

(a) एसीटेट (b) अमोनिया
(c) साइनाइड (d) ऑक्सालेट

**89.** $[Cr(H_2O)_4Cl\,(NO_2)]Cl$ **का आयनन समावयवी है:**

(a) $[Cr(H_2O)_4Cl\,(NO_2)Cl]$
(b) $[Cr(H_2O)_4Cl_2]NO_2$
(c) $[Cr(H_2O)_4Cl(ONO)]Cl$
(d) $[Cr(H_2O)_4Cl_2NO_2]\cdot H_2O$

**90. निम्नलिखित में से कौन सा यौगिक अधिकतम द्विध्रुव आघूर्ण प्रदर्शित करता है?**

(a) $Mn(CO)_6^+$ (b) $Cr(CO)_6$
(c) $V(CO)_6^-$ (d) $Fe(CO)_5$

**91. यौगिक, जिसमें एक आइसोप्रोपिल समूह है:**

(a) 2, 2, 3, 3 -टेट्रामिथाइलपेंटेन (b) 2, 2 -डाइमिथाइलपेंटेन
(c) 2, 2, 3 -ट्राइमेथाइलपेंटेन (d) 2 -मिथाइलपेंटेन

**92. ग्रिग्नार्ड अभिकर्मकों से ______ के साथ अभिक्रिया करके एल्केन्स तैयार किए जा सकते हैं।**

(a) अल्कोहल (b) प्राथमिक एमाइन
(c) एल्काइन्स (d) ये सभी

**93. वेस्ट्रॉन का सूत्र_____ है।**

(a) $CF_2Cl_2$ (b) $CHCl_3$
(c) $C_2H_2Cl_4$ (d) $CHF_3$

**94. गैसीय ब्रोमिन के साथ सबसे आसानी से प्रतिक्रिया करने वाले यौगिक का सूत्र है:**

(a) $C_3H_6$ (b) $C_2H_2$
(c) $C_4H_{10}$ (d) $C_2H_4$

**95. निम्नलिखित कारकों में से कौन सा कारक एल्काइल हलाइड में प्रतिस्थापन प्रतिक्रिया की तुलना में उन्मूलन प्रतिक्रिया का पक्ष नहीं लेता है?**

(a) विलायक की कम ध्रुवता (b) मजबूत क्षार
(c) क्षार की उच्च सांद्रता (d) स्टेरिकली अंहिंडरड हेल्लोकेन

**96. निम्नलिखित में से कौन सा परीक्षण कार्यात्मक समूह (फेनोलिक-** $OH$ **) की पहचान के लिए उपयोग किया जाता है?**

**1. फेरिक क्लोराइड परीक्षण**
**2. फ्थालें परीक्षण**
**3. लिबरमैन का परीक्षण**
**4. मोलीसच का परीक्षण**

(a) 1 और 2 (b) 1 और 3
(c) 1, 2 और 3 (d) 1, 2 और 4

**97. निम्नलिखित यौगिकों में से अत्यधिक प्रबल क्षार कौन सा है?**

(a) $NH_2-\overset{O}{\overset{\|}{C}}-NH_2$ (b) $NH_2-\overset{NH}{\overset{\|}{C}}-NH_2$
(c) $C_6H_5-NH_2$ (d) $CH_3-NH-CH_3$

**98. निम्नलिखित अभिक्रिया क्रम से बनने वाला उत्पाद है:**

CN
i. $LiAlH_4, H_2O$
ii. $NaNO_2 + HCl$
iii. $H_2O$

(a) Cl

(b) OH

(c)

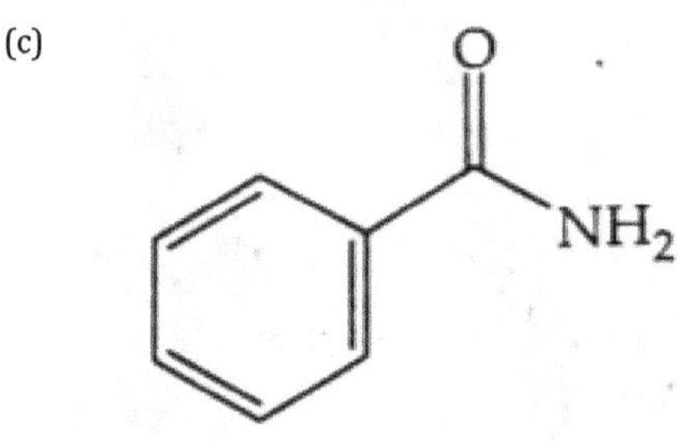


(d)

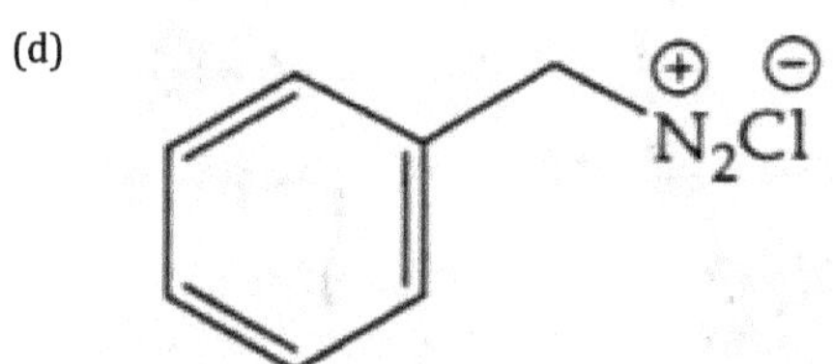


**99. निम्नलिखित यौगिकों की मौलिकता का बढ़ता क्रम है:**

(a) $NH_2$ (b) NH

(c)

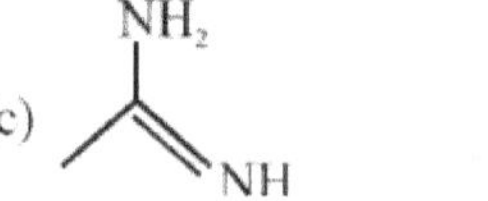


(d)

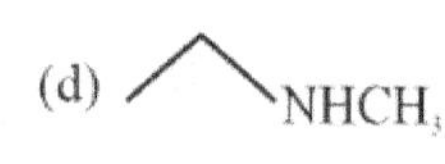


(a) (b) < (a) < (c) < (d) (b) (b) < (a) < (d) < (c)
(c) (d) < (b) < (a) < (c) (d) (a) < (b) < (c) < (d)

**100. निम्नलिखित में से कौन सा साइनोबेंजीन से बेंजाइलमाइन की तैयारी का सही तरीका नहीं है?**

(a) $H_2/Ni$
(b) (i) $LiAlH_4$ (ii) $H_3O^+$
(c) (i) $SnCl_2 + HCl$ (गैस) (ii) $NaBH_4$
(d) (i) $HCl/H_2O$ (ii) $NaBH_4$

## Art of Teaching and Other skills

**101. विन्नेटका योजना के तहत:**

(a) छात्रों के हितों की विविधता को मान्यता दी गई है

(b) क्षमताओं की विविधताएं स्वीकार की जाती हैं
(c) जरूरतों की विविधताएं स्वीकार की जाती हैं
(d) ये सभी मान्यता स्वीकृत हैं

**102. 'करने से सीख' को _______ में बढ़ावा दिया जाता है**
(a) समावेशी शिक्षा (b) प्रगतिशील शिक्षा
(c) एकीकृत शिक्षा (d) शिक्षक-केंद्रित शिक्षा

**103. अधिगम स्थानांतरण के किस प्रकार में, "मूल और स्थानांतरण समायोजन के बीच निम्न अतिव्यापन" होता है।**
(a) निकट (b) दूर
(c) सकारात्मक (d) नकारात्मक

**104. निर्देश: निम्नलिखित में से कौन सा सबसे उपयुक्त है:**
**अपनी विज्ञान की कक्षा में विषय ऊष्मा तथा तापमान' के शिक्षण में, अन्वेषण अभिगम का उपयोग करते हुए, योजना का क्रम दीजिए-**
**A. विद्यार्थियों को विभिन्न वस्तुओं में ऊष्मा के प्रवाह की दिशा संबंधित निष्कर्ष निकालने को कहें।**
**B. विद्यार्थियों को यह खोज करने दीजिये कि क्या होगा जब वे गर्म जल के भरे एक पात्र को ठंडे जल से भरे पात्र के भीतर रखेंगे।**
**C. विद्यार्थियों को ऊष्मा तथा तापमान में संबंध की व्याख्या करने को कहें।**
(a) $A \rightarrow B \rightarrow C$ (b) $C \rightarrow B \rightarrow A$
(c) $B \rightarrow C \rightarrow A$ (d) $A \rightarrow C \rightarrow B$

**105. विद्यार्थियों में सृजनात्मकता के पोषण के लिए एक शिक्षक को निम्न कार्य करने चाहिए, सिवाय इसके,**
(a) छात्रों को नियत तरीके से उत्तर गढ़ने के लिए प्रोत्साहित करना।
(b) पूछताछ और खोज के मॉडल विकसित करने में छात्रों की सहायता करना।
(c) बहु-विषयक दृष्टिकोण के उपयोग में छात्रों का मार्गदर्शन करना।
(d) छात्रों को विविध प्रकार के अधिगम अनुभव प्रदान करना।

**106. विद्यालय में ऊर्जा संरक्षण के विभिन्न तरीकों को समझने में अपने विद्यार्थियों की मदद करने के लिए एक शिक्षिका समस्या-समाधान रणनीति का प्रयोग करना चाहती है। समस्या समाधान विधि का पहला चरण होगा-**
(a) ऊर्जा उपयोग संबंधित आँकड़े एकत्रित करना
(b) अपव्ययी व्यवहारों की पहचान करना
(c) उठाए गए कदमों की प्रभावशीलता का मूल्यांकन करना
(d) जागरुकता अभियान जैसे उपचारात्मक तरीके अपनाना

**107. Direction: Answer the following questions by selecting the most appropriate option.**
**Students of Class IV can recognize flawed usage or sentence construction when the teacher.**
(a) tells them something is wrong
(b) gives alternatives as possible corrections
(c) lets them find the corrections
(d) focuses on certain surface errors

**108. Which one of the following is the defect of language development in children?**
(a) Stammering (b) Talktiveness
(c) Scribbled writing (d) Reserve nature

**109. Rohan, a student of class IV often confuse letters with the same shapes and sounds and also mix up the order of letters which results in misspelled words. He is suffering from:**
(a) Dysgraphia (b) Dyslexia
(c) Aphasia (d) Autism

**110. यदि कक्षा V में प्रवेश के लिए एक बच्चा योग्य है, तो यह जानने के लिए किस प्रकार का मूल्यांकन किया जाना चाहिए?**
(a) योगात्मक (b) रचनात्मक
(c) स्थानन (d) नैदानिक

**111. खुली किताब परीक्षा शिक्षार्थियों को निम्नलिखित में सहायता करती है:**
(a) प्रश्नों को हल करने के साथ-साथ मूल्यांकनकर्ताओं को प्रश्नों के विश्लेषण के शिक्षार्थियों के कौशल को समझने में
(b) उत्तर प्राप्त करने में
(c) उत्तर पुस्तिकाओं में उत्तर को व्यवस्थित और प्रस्तुत करने में
(d) ये सभी

**112. निर्देशात्मक प्रक्रिया से पहले किस प्रकार का मूल्यांकन किया जाना चाहिए?**
(a) स्थानन आकलन (b) रचनात्मक आकलन
(c) योगात्मक आकलन (d) नैदानिक आकलन

**113. आप देखते हैं कि एक छात्र बुद्धिमान है। आप:**
(a) उसके पास सन्तुष्ट रहेंगे
(b) उसे अतिरिक्त गृहकार्य नहीं देंगे
(c) वह जैसे अधिक प्रगति कर सके उस तरह से उसे अनुप्रेरित करेंगे
(d) उसके अभिभावकों को सूचित करेंगे कि वह बुद्धिमान है

**114. अपने छात्रों से पहली बार मिलने वाले शिक्षक को:**
(a) छात्रों की पसंद-नापसंद की परवाह किए बिना पढ़ाना शुरू करें
(b) कक्षा के साथ तालमेल विकसित करें
(c) पूरे विषय की विस्तृत रूपरेखा दें
(d) (B) और (C) दोनों

**115. प्राथमिक स्तर के शिक्षार्थियों में मानचित्र बनाने और समझने के लिए निम्नलिखित में से किन कौशल/कौशलों के विकास की आवश्यकता है?**
**A. स्थानो की सापेक्ष स्थिति की समझ**
**B. स्थानों की सापेक्ष दूरी और दिशाओं की समझ**
**C. प्रतीकों और स्केल / पैमाने की समझ**
**D. स्केल / पैमाने के अनुसार स्पष्ट ड्राइंग बनाना**
(a) A और B (b) केवल C
(c) A, B और C (d) केवल D

**116. कक्षा V की शिक्षिका के रूप में आप 'इंधन के संरक्षण' प्रकरण को पढ़ाने के लिए निम्नलिखित में से किस संसाधन के उपयोग को सर्वश्रेष्ठ पाते हैं?**
(a) पाठ्य-पुस्तक (b) संदर्भ पुस्तकें
(c) पोस्टर (d) समाचार पत्र

**117. निम्नलिखित में से कौन-सी अवधारणा डीन्स ब्लॉक का उपयोग करते हुए नहीं पढ़ाई जा सकती है?**
(a) प्रायिकता
(b) स्थानीय मान
(c) संख्याओं (अंकों) का योग
(d) एक अंक वाली संख्याओं का गुणन

**118. 1905 में स्वदेशी आंदोलन के संदर्भ में निम्नलिखित में से कौन सा सत्य है?**
**1. बंगाल में बड़े पैमाने पर प्रदर्शन हुए।**
**2. हरताल को कलकत्ता में देखा गया था।**
**3. इस आंदोलन की शुरुआत नरमपंथियों ने की थी लेकिन बाद में क्रांतिकारी राष्ट्रवादियों ने इसे अपने कब्जे में ले लिया।**
**नीचे दिए गए कोड का उपयोग करके सही उत्तर चुनें:**
(a) 1, 2 और 3 (b) केवल 1 और 2
(c) केवल 2 और 3 (d) केवल 1 और 3

**119. निम्नलिखित में से किस राज्य में भारत में जनसंख्या का घनत्व सबसे कम है?**
(a) मिजोरम (b) सिक्किम
(c) नागालैंड (d) अरुणाचल प्रदेश

**120. जब आंशिक परिवर्तनीयता विनिमय दर प्राप्त करती है:**
(a) एक भारित औसत (b) एक साधारण औसत
(c) फुल्ली फ्लोटिंग (d) पूरी तरह से प्रशासित

**121. नागरिक उड्डयन कार्गो पर 13 वां एसोचैम अंतर्राष्ट्रीय सम्मेलन सह पुरस्कार किस शहर में आयोजित किया गया था?**
(a) नई दिल्ली (b) मुंबई
(c) अहमदाबाद (d) नागपुर

**122. ब्रिटिश शासन के दौरान बिहार को एक अलग प्रांत का दर्जा किस वर्ष प्राप्त हुआ?**
(a) 1905 ई. में (b) 1912 ई. में
(c) 1936 ई. में (d) 1946 ई. में

**123. किस राष्ट्रीय उद्यान को 'भारत की हिम तेंदुआ राजधानी' के रूप में जाना जाता है?**
(a) दाचीगाम राष्ट्रीय उद्यान (b) सिटी फॉरेस्ट नेशनल पार्क
(c) हेमिस नेशनल पार्क (d) किश्तवाड़ राष्ट्रीय उद्यान

**124. हरितगृह गैसों में वृद्धि का प्रमुख परिणाम हैं**
(a) पृथ्वी का तापमान घट जाएगा (b) पृथ्वी का तापमान बढ़ जाएगा
(c) पृथ्वी का तापमान स्थिर रहेगा (d) इनमें से कोई नहीं

**125. जल जनित बीमारियों को निम्नलिखित में से किस सुझाव से रोका जा सकता है?**
(a) खांसते समय मुंह के पास एक हाथ से रूमाल को पकड़कर
(b) सुरक्षित पेयजल प्रदान करके
(c) भीड़भाड़ वाली जगहों जाना रोककर
(d) पड़ोस में मच्छरों के प्रजनन को रोककर

**126. निम्नलिखित में से किसको "भारत का पारिस्थितिक तप्त स्थल" कहा जाता है?**
(a) पश्चिमी घाट (b) पूर्वी घाट
(c) पश्चिमी हिमालय (d) पूर्वी हिमालय

**127. विश्व जल दिवस _______ को मनाया जाता है**
(a) 22 मार्च (b) 23 मार्च
(c) 24 मार्च (d) 25 मार्च

**128. 12 लड़कों की औसत उम्र 15 वर्ष है और 18 लड़कियों की औसत उम्र 12 वर्ष है। तो लड़के और लड़कियों की संयोजित औसत उम्र क्या है?**
(a) 15.4 (b) 13.2
(c) 16.6 (d) 14.8

**129. 10% वार्षिक ब्याज दर पर अर्द्धवार्षिकी चक्रवृद्धि करने पर 800 रुपये की एक राशि 926.10 रुपये कितने वर्ष में बन जायेगी?**
(a) 3 वर्ष (b) $1\frac{1}{2}$ वर्ष
(c) $4\frac{1}{2}$ वर्ष (d) 2 वर्ष

**130. एक भिन्न के अंश और हर का योग अंश के दोगुने से 2 अधिक है। यदि अंश और हर को 3 से कम कर दिया जाए, तो वे 3 : 4 के अनुपात में हैं, भिन्न ज्ञात कीजिए?**
(a) $\frac{3}{8}$ (b) $\frac{9}{13}$
(c) $\frac{9}{11}$ (d) $\frac{11}{19}$

**131. दो संख्याओं का लघुत्तम समापवर्त्य 2376 है जबकि उनका महत्तम समापवर्तक 33 है। यदि संख्याओं में से एक संख्या 297 है तो वह संख्या क्या है?**
(a) 216 (b) 264
(c) 642 (d) 792

**132. लोहे के एक ठोस टुकड़े को आकार के घनाभ के रूप में $49cm \times 33cm \times 24cm$ ढाला जाता है जिससे एक ठोस गोला बनाया जाता है। गोले की त्रिज्या है:**
(a) $21cm$ (b) $23cm$
(c) $25cm$ (d) $19cm$

**133. निम्नलिखित प्रश्न में दिए गये विकल्पों में से संबंधित अक्षर/अक्षरों का चयन कीजिये।**
**FAUZ : BFQE :: ARMY : ?**
(a) WWID (b) WWDI
(c) WFDI (d) DIWW

**134. निर्देश: निम्नलिखित प्रश्न में, आकृतियों के चार जोड़ों में से तीन जोड़ों में आकृति I, आकृति II से समान रूप से संबंधित है। उस जोड़े को निर्दिष्ट कीजिए जिसमें आकृति I और II के मध्य यह संबंध मौजूद नहीं है।**

(I) (II) (I) (II) (I) (II) (I) (II)
(1) (2) (3) (4)

(a) (2) (b) (1)
(c) (4) (d) (3)

**135. श्रृंखला 1, 2, 3, 4, ......, 100 का योग (S) ज्ञात कीजिए।**
(a) 5050 (b) 5500
(c) 5010 (d) 5130

**136. किसी भाषा में यदि "EXTERNAL" को "IYUISOEM"' के रूप में और "PARTICLE" को "QESUODMI" के रूप में कोड किया जाता है, तो उसी भाषा में "ANALYSIS" को कैसे कोड किया जाएगा?**
(a) EOEMZTQT (b) EOEMZTJT
(c) EOENZTOT (d) EOEMZTOT

**137. निर्देश:** निम्नलिखित जानकारी का अध्ययन करें और उसके नीचे दिए गए प्रश्नों के उत्तर दें:
एक परिवार के सभी छह सदस्य A, B, C, D, E और F एक साथ यात्रा कर रहे हैं। B, C की पुत्री है लेकिन C, B का पिता नहीं है। A और C एक विवाहित युगल हैं। E, C की बहन है। D, A का पुत्र है। F, B की बहन है।
**B का पिता कौन है?**
(a) D (b) F
(c) E (d) A

**138. यदि आपकी कक्षा में अधिकांश छात्र कमजोर हैं तो आपको चाहिए:**
(a) बुद्धिमान छात्रों की परवाह नहीं
(b) अपनी शिक्षण की गति को तेज़ रखें ताकि छात्रों की समझ का स्तर बढ़ सके
(c) अपने शिक्षण को धीमा रखें जो उज्ज्वल छात्रों के लिए भी सहायक हो सकता है
(d) उज्ज्वल लोगों के लिए कुछ अतिरिक्त मार्गदर्शन के साथ अपने शिक्षण को धीमा रखें

**139. यदि आपकी कक्षा के अधिकांश छात्र कमजोर हैं तो आपको चाहिए:**
(a) बुद्धिमान छात्रों की परवाह नहीं है
(b) अपनी शिक्षण की गति को तेज रखें ताकि छात्रों की समझ का स्तर बढ़ सके
(c) अपने शिक्षण को धीमा रखें
(d) उज्ज्वल विद्यार्थियों के लिए कुछ अतिरिक्त मार्गदर्शन के साथ अपने

शिक्षण को धीमा रखें

**140. Which of these is not a cause of disorders?**
(a) Socio-economic, emotional, environmental and educational causes
(b) Excessive use of toffees, chocolates and fast food
(c) Poor model
(d) Repression and over control by parents and teachers

**141. शिक्षक कक्षा में एक संदेश शब्दों या चित्रों में भेजता है। विद्यार्थी वास्तव में हैं ?**
(a) एन्कोडर्स (b) डिकोडर्स
(c) एजिटेटर्स (d) प्रोपेगेटर्स

**142. विश्वविद्यालय अनुदान आयोग द्वारा वर्ष 2014 में अभिनिर्धारित जाली संस्थाओं/विश्वविद्यालयों की अधिकतम संख्या निम्नलिखित में से किस राज्य/संघ राज्यक्षेत्र में है?**
(a) बिहार (b) उत्तर प्रदेश
(c) तमिलनाडु (d) दिल्ली

**143. शिक्षक द्वारा निर्देशात्मक सहायक सामग्री का उपयोग किया जाता है**
(a) कक्षा को गरिमा प्रदान करने के लिए
(b) विद्यार्थियों को आकर्षित करने के लिए
(c) संकल्पनाओं की स्पष्टता के लिए
(d) अनुशासन की सुनिश्चितता के लिए

**144. पढ़ाने के लिए शिक्षक द्वारा उपयोग की जाने वाली तकनीकों में शामिल हैं:**
**1) व्याख्यान**
**2) परस्पर व्याख्यान**
**3) समूह कार्य**
**4) स्वाध्याय**
**निम्नलिखित कूटों से सही उत्तर का चयन कीजिए:**
(a) 1, 2 और 3 (b) 1, 2, 3 और 4
(c) 2, 3 और 4 (d) 1, 2 और 4

**145. निर्देश: मूल्यांकन प्रणाली की दृष्टि से सेट-I के मदों को सेट-II के मदों के साथ सुमेलित कीजिये।**
**सही कोड चुनें:**

| सेट- I | सेट- II |
|---|---|
| a. निर्माणात्मक मूल्यांकन | i. संज्ञानात्मक और सह-संज्ञानात्मक पहलुओं और नियमितता का मूल्यांकन |
| b. योगात्मक मूल्यांकन | ii. एक समूह और निश्चित यार्डस्टिक के आधार पर परीक्षण और व्याख्याएं |
| c. सतत और व्यापक मूल्यांकन | iii. अंतिम सीखने के परिणामों को ग्रेड करना |
| d. सामान्य और मानदंड मूल्यांकन | iv. विचार-विमर्श और चर्चा |

(a) a-iv, b-iii, c-i, d-ii (b) a-i, b-ii, c-iii, d-iv
(c) a-iii, b-iv, c-ii, d-i (d) a-i, b-iii, c-iv, d-ii

**146. प्रभावी शिक्षण का मतलब है**
(a) छात्रों को दिया गया प्यार, सहयोग, सहानुभूति, स्नेह और प्रोत्साहन
(b) नैतिक अपराधों के समय छात्रों को दी गई शारीरिक दंड
(c) व्यक्तिगत निर्देश और खुली कक्षा चर्चा
(d) दोनों (A) और (C)

**147. एक अच्छा शिक्षक वह है, जो**
(a) उपयोगी जानकारी देता है
(b) संकल्पनाओं और सिद्धांतों को स्पष्ट करता है
(c) विद्यार्थियों को मुद्रित नोट्स देता है
(d) छात्रों को सीखने के लिए अभिप्रेरित करता है

**148. शिक्षक के प्राथमिक उत्तरदायित्व निम्नलिखित में से किसमें निहित है?**
(a) शैक्षिक अनुभवों की योजना बनाना
(b) प्रशासनिक नीतियों को लागू करना
(c) शिक्षण तकनीकों के साथ प्रयोग
(d) माता-पिता के साथ मानवीय संबंधों को बढ़ावा देना

**149. निम्नलिखित में से कौन सा प्रभावी शिक्षण के लिए एक महत्वपूर्ण व्यवहार है?**
(a) छात्रों को अपने स्वयं के या अन्य छात्रों के उत्तर विस्तृत करने के लिए प्रोत्साहित करना
(b) एक छात्र द्वारा बताई गई बातों को सारांशित करना
(c) शिक्षक यह बताने के उद्देश्य से व्याख्या करता है कि उसे क्या करना है
(d) उन छात्रों के विचारों को स्पष्ट करना जो बोध के भिन्न स्तर पर हो सकते हैं

**150. निम्नलिखित कथनों की सूची में चिंतनशील स्तर के शिक्षण की विशेषताओं और बुनियादी आवश्यकताओं की पहचान कीजिए।**
**(a) शिक्षक जरूरत पड़ने पर उन्हें वापस बुलाने में मदद करने के लिए सूचना और विचारों को व्यवस्थित रूप से प्रस्तुत करते हैं।**
**(b) शिक्षक छात्रों के मन में विचारों को ठीक करने के लिए ड्रिल और अभ्यास करता है।**
**(c) समस्याओं के संभावित तर्कसंगत समाधान को उठाने के लिए मुद्दों को उठाया जाता है और चर्चा की जाती है।**
**(d) शिक्षक छात्रों को उदाहरण और समानांतर विचार देने के लिए कहता है।**
**(e) तर्कों के आधार का पता लगाने और समझाने के लिए एक संवाद सत्र में अकादमिक सत्र आयोजित किए जाते हैं।**
**नीचे दिए गए विकल्पों में से सही उत्तर का चयन करें:**
(a) केवल (a) और (b) (b) केवल (c) और (d)
(c) केवल (c) और (e) (d) केवल (d) और (e)

## // स्मार्ट उत्तर पुस्तिका //

सही उत्तर — उन छात्रों का प्रतिशत जिन्होंने प्रश्न का सही उत्तर दिया।
छोड़ दिया — उन छात्रों का प्रतिशत जिन्होंने प्रश्न को छोड़ दिया।

| प्रश्न संख्या | उत्तर | सही उत्तर | प्रश्न संख्या | उत्तर | सही उत्तर | प्रश्न संख्या | उत्तर | सही उत्तर |
|---|---|---|---|---|---|---|---|---|
| | | छोड़ दिया | | | छोड़ दिया | | | छोड़ दिया |
| 1 | B | 51.5% | 2 | C | 41.84% | 3 | D | 25.82% |
| | | 1.17% | | | 1.12% | | | 4.23% |
| 4 | A | 45.85% | 5 | B | 67.3% | 6 | B | 51.04% |
| | | 1.89% | | | 1.04% | | | 1.02% |
| 7 | A | 42.21% | 8 | B | 47.61% | 9 | B | 42.65% |
| | | 1.46% | | | 1.82% | | | 1.8% |
| 10 | D | 47.92% | 11 | A | 61.15% | 12 | C | 14.82% |
| | | 1.72% | | | 1.65% | | | 3.04% |
| 13 | C | 60.77% | 14 | D | 87.11% | 15 | D | 49.87% |
| | | 1.03% | | | 0.0% | | | 1.21% |
| 16 | B | 28.89% | 17 | B | 56.38% | 18 | A | 41.5% |
| | | 4.7% | | | 1.93% | | | 1.27% |
| 19 | A | 42.99% | 20 | B | 56.38% | 21 | D | 58.8% |
| | | 1.39% | | | 1.82% | | | 1.73% |
| 22 | D | 58.51% | 23 | A | 46.08% | 24 | D | 68.15% |
| | | 1.01% | | | 1.33% | | | 1.41% |
| 25 | B | 54.6% | 26 | A | 40.26% | 27 | C | 55.43% |
| | | 1.83% | | | 1.64% | | | 1.8% |
| 28 | B | 69.59% | 29 | B | 60.18% | 30 | D | 57.92% |
| | | 1.71% | | | 1.62% | | | 1.85% |
| 31 | D | 25.3% | 32 | A | 62.28% | 33 | D | 52.57% |

| | | | | | | | | |
|---|---|---|---|---|---|---|---|---|
| | | 4.84% | | | 1.2% | | | 1.34% |
| 34 | D | 69.39%<br>1.22% | 35 | D | 12.35%<br>3.33% | 36 | B | 51.89%<br>1.61% |
| 37 | C | 11.54%<br>4.95% | 38 | C | 26.97%<br>3.3% | 39 | C | 31.02%<br>3.85% |
| 40 | A | 65.2%<br>1.34% | 41 | B | 47.52%<br>1.09% | 42 | C | 47.73%<br>1.28% |
| 43 | D | 25.33%<br>3.19% | 44 | C | 27.69%<br>3.39% | 45 | A | 66.61%<br>1.01% |
| 46 | D | 19.11%<br>4.69% | 47 | B | 63.62%<br>1.36% | 48 | C | 58.55%<br>1.17% |
| 49 | D | 11.66%<br>4.7% | 50 | C | 58.07%<br>1.85% | 51 | A | 52.63%<br>1.24% |
| 52 | B | 32.4%<br>4.94% | 53 | D | 47.61%<br>1.15% | 54 | C | 61.56%<br>1.96% |
| 55 | D | 48.45%<br>1.46% | 56 | C | 57.66%<br>1.67% | 57 | C | 60.83%<br>1.6% |
| 58 | D | 66.18%<br>1.03% | 59 | C | 26.98%<br>3.11% | 60 | D | 88.85%<br>0.0% |
| 61 | D | 53.75%<br>1.2% | 62 | B | 52.0%<br>1.23% | 63 | C | 41.82%<br>1.62% |
| 64 | C | 65.0%<br>1.34% | 65 | B | 46.88%<br>1.96% | 66 | B | 60.13%<br>1.5% |
| 67 | D | 66.01%<br>1.82% | 68 | A | 49.71%<br>1.79% | 69 | C | 47.06%<br>1.42% |
| 70 | A | 41.63%<br>1.47% | 71 | D | 49.43%<br>1.55% | 72 | B | 67.33%<br>1.92% |
| 73 | B | 42.25%<br>1.99% | 74 | A | 41.15%<br>1.89% | 75 | C | 42.23%<br>1.19% |
| 76 | A | 60.89%<br>1.66% | 77 | B | 53.29%<br>1.75% | 78 | A | 52.97%<br>1.56% |
| 79 | D | 41.36%<br>1.61% | 80 | C | 66.24%<br>1.76% | 81 | C | 51.62%<br>1.67% |
| 82 | B | 48.08%<br>1.25% | 83 | B | 58.71%<br>1.82% | 84 | A | 48.9%<br>1.73% |
| 85 | C | 58.85%<br>1.03% | 86 | D | 62.17%<br>1.47% | 87 | D | 68.69%<br>1.11% |
| 88 | D | 65.66%<br>1.96% | 89 | B | 68.18%<br>1.16% | 90 | A | 47.32%<br>1.11% |
| 91 | D | 53.73%<br>1.02% | 92 | D | 58.34%<br>1.5% | 93 | C | 61.19%<br>1.83% |
| 94 | A | 46.91%<br>1.06% | 95 | D | 49.31%<br>1.86% | 96 | C | 49.86%<br>1.48% |
| 97 | C | 60.41%<br>1.71% | 98 | B | 64.33%<br>1.39% | 99 | B | 12.67%<br>3.7% |
| 100 | D | 25.31%<br>4.38% | 101 | D | 55.4%<br>1.34% | 102 | B | 68.85%<br>1.25% |
| 103 | B | 62.62%<br>1.04% | 104 | C | 21.29%<br>4.39% | 105 | A | 41.81%<br>1.37% |
| 106 | A | 50.46%<br>1.67% | 107 | B | 46.66%<br>1.21% | 108 | A | 54.11%<br>1.91% |
| 109 | B | 80.51%<br>0.0% | 110 | C | 19.75%<br>3.91% | 111 | D | 30.81%<br>3.93% |
| 112 | A | 61.36%<br>1.55% | 113 | C | 65.24%<br>1.53% | 114 | D | 55.04%<br>1.7% |
| 115 | C | 43.12%<br>1.67% | 116 | C | 79.56%<br>0.0% | 117 | A | 78.14%<br>0.0% |
| 118 | B | 15.58%<br>3.98% | 119 | D | 58.87%<br>1.94% | 120 | A | 60.83%<br>1.82% |
| 121 | A | 16.11%<br>3.56% | 122 | B | 67.2%<br>1.87% | 123 | C | 51.63%<br>1.93% |
| 124 | B | 41.07%<br>1.55% | 125 | B | 80.64%<br>0.0% | 126 | A | 32.87%<br>3.58% |
| 127 | A | 79.79%<br>0.0% | 128 | B | 48.83%<br>1.65% | 129 | B | 10.32%<br>4.33% |
| 130 | C | 59.58%<br>1.44% | 131 | B | 57.24%<br>1.7% | 132 | A | 65.18%<br>1.5% |
| 133 | A | 21.98%<br>4.26% | 134 | B | 68.86%<br>1.22% | 135 | A | 66.59%<br>1.12% |

| | | | | | | | | |
|---|---|---|---|---|---|---|---|---|
| 136 | D | 41.11%<br>1.96% | 137 | D | 86.98%<br>0.0% | 138 | D | 41.41%<br>1.52% |
| 139 | D | 55.3%<br>1.2% | 140 | B | 85.8%<br>0.0% | 141 | B | 83.85%<br>0.0% |
| 142 | B | 63.59%<br>1.22% | 143 | C | 53.99%<br>1.79% | 144 | A | 45.86%<br>1.39% |
| 145 | A | 67.17%<br>1.26% | 146 | D | 76.88%<br>0.0% | 147 | D | 45.38%<br>1.47% |
| 148 | A | 46.91%<br>1.27% | 149 | D | 56.93%<br>1.84% | 150 | C | 16.75%<br>3.53% |

## // संकेत और समाधान //

**1(B).** विभिन्न समूहों की एक निश्चित क्रम में व्यवस्था, उच्च से निम्न श्रेणियों को टैक्सोनॉमिक पदानुक्रम के रूप में जाना जाता है। इस वर्गीकरण अध्ययन का उद्देश्य जीवों को वर्गीकरण के व्यवस्थित संरचना में एक उपयुक्त स्थान प्रदान करना है।
दिए गए प्रश्न से, हम अच्छी तरह से समझ सकते हैं कि यह टैक्सोनॉमिक पदानुक्रम के बारे में बात कर रहा है। शामिल श्रेणियों को निम्नलिखित तरीके से व्यवस्थित किया गया है--
किंगडम - संघ या विभाजन - वर्ग - क्रम - फैमली - जीनस - प्रजाति
इसे उच्च से निम्न श्रेणी में व्यवस्थित किया जाता है अर्थात राज्य उच्चतम श्रेणी और प्रजाति निम्नतम है। इस पदानुक्रम के बारे में एक दिलचस्प अवधारणा यह है कि जब हम नीचे से ऊपर जाते हैं तो समानताएं कम हो जाती हैं, लेकिन सामान्य वर्ण बढ़ जाते हैं। इसका मतलब है कि पदानुक्रम के सबसे निचले स्तर पर सबसे कम सामान्य लक्षण होगा जबकि शीर्ष पर सबसे सामान्य लक्षण होगा।
जीनस के संबंध में ऊपर दिए गए पदानुक्रम से, हम आसानी से बता सकते हैं कि सबसे कम प्रजाति होने पर सबसे कम सामान्य लक्षण दिखाई देंगे।

**2(C).** विषाणुओं में संक्रामक संगठन प्रोटीन आवरण नहीं होता है । सभी विषाणुओं में संक्रामक संगठन या तो DNA या RNA न्यूक्लिक अम्ल होता है। सभी विषाणु पादपों, जन्तुओं का जीवाणुओं के परजीवी होते है तथा रोग उत्पन्न करते हैं। विषाणु के आंतरिक भाग कोर या न्यूक्लिक अम्ल को घेरे हुए एक आवरण उपस्थित होता है , जिसे कैप्सिड कहते है। एक विषाणु एक जैविक इकाई है जो केवल एक परजीवी के भीतर पुनरुत्पादन कर सकता है विषाणु जीवाणु से लेकर मनुष्यों तक सभी प्रकार के प्राणियों को संक्रमित करने में सक्षम हैं, और इसके परिणामस्वरूप, वे अपने परजीवी बीमारियों से ग्रसित करते है । इस प्रकार, कथन C गलत है।

**3(D).** 'यीस्ट की लम्बे धागेनुमा कवक तंतुवाली तन्तुमय काय होती है' कथन गलत है ।
यीस्ट की लम्बे धागेनुमा कवक तंतुवाली तन्तुमय काय नहीं होती है। यह एककोशिकीय यूकैरियोटिक जीव है, परन्तु मुकुलन विधि से अलैगिक जनन करते समय कई कोशिकाएं एक-साथ जुड़ी रह जाती है, जो इसे तन्तुमय काय का रूप प्रदान करती है। यीस्ट एककोशिकीय थैलाकार सूक्ष्म जीव होता है जो की फंगी (कवक) का एक प्रकार है, फंगी (कवक) को फफूंद इत्यादि नामों से जाना जाता है । यीस्ट एककोशिकीय जीव हैं जो बहुकोशिकीय पूर्वजों से विकसित हुए हैं, कुछ प्रजातियों में स्यूडोहाइफे या फाल्स हाइफे के रूप में जानी जाने वाली जुड़ी नवोदित कोशिकाओं के तार बनाकर बहुकोशिकीय विशेषताओं को विकसित करने की क्षमता होती है।

**4(A).** स्त्रीकेसर फूल का मादा प्रजनन अंग है। वे आमतौर पर फूल के केंद्र में स्थित होते हैं।
इसके 3 भाग हैं;
- वर्तिकाग्र - यह स्त्रीकेसर के शीर्ष पर चिपचिपा घुंडी है जो परागकणों के लिए ग्रहणशील है।
- शैली- यह एक लंबी नली जैसी संरचना होती है जिसमें स्त्रीकेसर की शैली से कलंक जुड़ा होता है।
- शैली अंडाशय की ओर ले जाती है जिसमें मादा अंडे की कोशिकाएं होती हैं जिन्हें ओव्यूल्स कहा जाता है और निषेचन होता है।
- अंडाशय- यह स्त्रीकेसर का बढ़ा हुआ बेसल भाग होता है जहां बीजांड उत्पन्न होते हैं।

इसलिए, सही उत्तर है X- स्त्रीकेसर, Y - वर्तिकाग्र, Z - बीजाण्ड

**5(B).** लाल रक्त कोशिका को एरिथ्रोसाइट्स के रूप में भी जाना जाता है। RBCs

वयस्क मनुष्यों के लाल अस्थिमज्जा में बनते हैं। आरबीसी एक नाभिक से रहित है।
एक प्याज बहुकोशिकीय होता है इसमें एक कोशिका भित्ति एक बड़ा रिक्तिका केंद्रक, साइटोप्लाज्म और कोशिका झिल्ली होती है।
गाल की कोशिकाएं सरल शल्की उपकला होती हैं। वे पशु कोशिकाएं हैं इसलिए उनमें कोशिका भित्ति नहीं होती है।
गार्ड कोशिकाएं सेम के आकार की कोशिकाएं होती हैं जो स्टोमेटा होती हैं। रंध्र के माध्यम से छिद्र को खोलकर और बंद करके पौधे की पत्तियों के गैसीय आदान-प्रदान में गार्ड सेल महत्वपूर्ण भूमिका निभाता है। रक्षक कोशिका वाष्पोत्सर्जन में सहायक होती है। स्टोमेटा गार्ड सेल को खोलने और बंद करने में मदद करता है।
जाइलम ऊतक पानी और खनिजों का वहन करते हैं। यह पौधों की जड़ों से पोषक तत्वों को पत्तियों तक भी पहुंचाता है। जाइलम ट्यूब जैसे प्रक्षेप होते हैं जो दोनों सिरों पर खुले होते हैं। वाष्पोत्सर्जन की प्रक्रिया जल को जड़ों से पत्तियों तक भाप के माध्यम से ऊपर की ओर ले जाने में मदद करती है।
इस प्रकार, हम कह सकते हैं कि A - RBC, B - प्याज के छिलके की कोशिका, C - गाल की कोशिका, D - रक्षक कोशिका, E - जाइलम कोशिका।

**6(B).**

| घरेलू अंग | कृत्य |
|---|---|
| a. मनुष्य के आगे के हाथ | 2. पकड़ने में |
| b. एक छिपकली के आगे के हाथ | 3. दौड़ने में |
| c. एक चमगादड़ के आगे के हाथ | 1. उड़ान में |

**7(A).** फाइलम पोरिफेरा सबसे कम बहुकोशिकीय जानवर हैं जो कि एनीमेलिया किंगडम से संबंधित हैं। फाइलम पोरिफेरा की कुछ महत्वपूर्ण विशेषताओं का उल्लेख नीचे किया गया है।
(1) पोरिफेरा की कोशिकाएँ शिथिल रूप से व्यवस्थित होती हैं। वे ज्यादातर समुद्री पानी में पाए जाते हैं।
(2) उनका शरीर आमतौर पर बेलनाकार होता है।
(3) वे संगठन के कोशिकीय क्रम को निरुपित करता है।
(4) शरीर में कई छिद्र होते हैं जिन्हें ओस्टिया और ओस्कुलम कहा जाता है।
(5) वे नवोदित और विखंडन द्वारा अलैंगिक रूप से प्रजनन करते हैं।

**8(B).** एक चैस्मोगेमस फूल आमतौर पर छोटा होता है और उत्पादन के लिए कम ऊर्जा की आवश्यकता होती है। यह अपने प्रजनन अंगों को संपर्क में लाने के लिए भी संरचित है, जिससे यह अधिक संभावना है कि निषेचन सफल होगा।

**9(B).** जब सभी पंखुड़ियां मुक्त हो जाती हैं तो इसे पॉलीपेटालस कहा जाता है। घुमावदार सौंदर्यीकरण में, एक पंखुड़ी का एक हिस्सा आसन्न पंखुड़ियों को कवर करता है और दूसरा भाग पीछे की पंखुड़ियों द्वारा कवर किया जाता है। पंखुड़ी का एक मार्जिन अगले के ओवरलैप होता है और दूसरे मार्जिन का तीसरे द्वारा ओवरलैप किया जाता है। जैसे, कॉटन, लेडीफिंगर, चाइना गुलाब। मोनडेल्फ़स में, सभी तंतु एक एकल बंडल में एकजुट होते हैं, लेकिन एक दूसरे से मुक्त होते हैं। इस तरह के सामंजस्य में, गाइनोइकियम के चारों ओर एक ट्यूब का निर्माण होता है, जिसे स्टैमिनाल ट्यूब कहा जाता है, जैसे, कपास, होलीहॉक, लेडीफिंगर। हिबिस्कस में उपरोक्त सभी विशेषताएं हैं।

**10(D).** पक्ष्माभधारी उपकला कोशिकाएं कणों अथवा श्लेष्मा को एक विशेष दिशा में संचालित करने के लिए जरूरी होती हैं, मानव में ये कोशिकाएँ श्वसनिकाओं एवं डिंबवाहिनिओं में उपस्थित होती हैं ।
पक्ष्माभधारी उपकला श्वसनिकाओं और डिंबवाहिनिओं की आंतरिक रक्षा करता है। यह कणों या श्लेष्मा को एक निश्चित दिशा में लहर रूपी यात्रा करने में सक्षम बनाता है। एक ऊतक या कोशिका के ऊपर पक्ष्म होते हैं, जो बालों के समान होते हैं। कोशिका या ऊतक की सतह पर रसायनों के प्रवाह में मदद करने के लिए, वे आगे और पीछे तरंगित होते हैं।

**11(A).** पैनेथ कोशिकाएं लीबरकुहन की छोटी आंतों में स्थित अति विशिष्ट स्रावी उपकला कोशिकाएं हैं। पैनेथ कोशिकाओं द्वारा उत्पादित घने कणिकाओं में रोगाणुरोधी पेप्टाइड्स और इम्युनोमोड्यूलेटिंग प्रोटीन की बहुतायत होती है जो आंतों के वनस्पतियों की संरचना को विनियमित करने का कार्य करते हैं।

**12(C).** $A+T/C+G$ स्थिर नहीं है, डीएनए की दोहरी पेचदार संरचना के संबंध में असंगत है। डीएनए का प्रत्येक अणु एक डबल हेलिक्स है जो न्यूक्लियोटाइड के दो पूरक स्ट्रैंड्स से बनता है जो हाइड्रोजन बॉन्ड द्वारा $G-C$ और $A-T$ बेस पेयर के बीच एक साथ होते हैं। एक पूरक स्ट्रैंड के गठन के लिए एक डीएनए स्ट्रैंड के टेम्पलेट के रूप में उपयोग करके आनुवंशिक जानकारी का दोहराव होता है। हाइड्रोजन बांड के टूटने पर गर्म करने पर डीएनए का घनत्व कम हो जाता है। एडेनिन की मात्रा हमेशा थाइमिन के बराबर होती है, और ग्वानिन की मात्रा हमेशा साइटोसिन यानी $A=T$ और $G=C$ के बराबर होती है। आधार अनुपात $A+T/C+G$ प्रजातियों से प्रजातियों में भिन्न हो सकता है, लेकिन किसी दी गई प्रजाति के लिए स्थिर है।

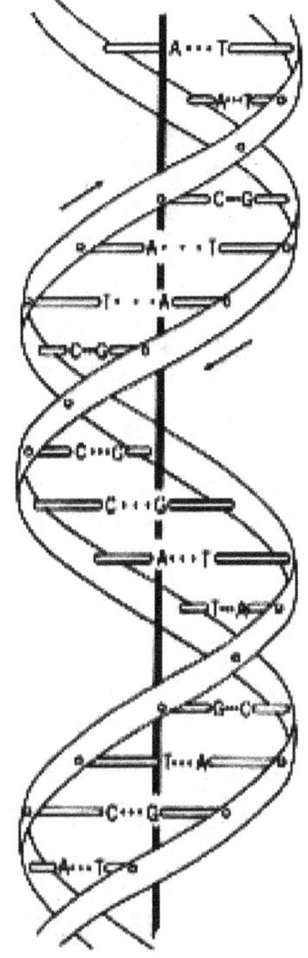


**13(C).** थर्मोट्रोपिज्म या थर्मोट्रोपिक आंदोलन तापमान में परिवर्तन के जवाब में एक पौधे या एक पौधे का हिस्सा है। एक सामान्य उदाहरण ठंडे तापमान की प्रतिक्रिया में रोडोडेंड्रोन के पत्तों का कर्लिंग है।

**14(D).** (a) S अवस्था में डीएनए प्रतिकृति होती है।
(b) $G_2$ अवस्था में प्रोटीन, आर.एन. ए. इत्यादि का संश्लेषण होता है।
(c) सुप्त अवस्था कोशिका चक्र की निष्क्रिय अवस्था होती है लेकिन इस अवस्था में कोशिकाएँ उपापचयी रूप से सक्रिय रहती हैं।
(d) $G_1$ अवस्था समसूत्री विभाजन और डीएनए प्रतिकृति की शुरुआत के बीच का अंतराल है।

**15(D).** ग्लाइसिन एक अमीनो एसिड है जिसकी साइड चेन के रूप में एक एकल हाइड्रोजन परमाणु है। यह रासायनिक फार्मूला $NH_2CH_2COOH$ के साथ सबसे सरल अमीनो एसिड है। ग्लाइसीन प्रोटीनोजेनिक अमीनो एसिड में से एक है। यह GG से शुरू होने वाले सभी कोडन द्वारा एन्कोड किया गया है।
क्लोरोफिल एक बहुपरत अग्रदूत से अमीनो एसिड ग्लूटामेट से क्लोरोप्लास्ट के भीतर संश्लेषित होता है।
क्लोरोफिल की रासायनिक संरचना ए। हर क्लोरोफिल अणु को 5-एमिनोलेवुलिक एसिड के आठ अणुओं से क्लोरोप्लास्ट में संश्लेषित किया जाता है। आठ लाल भारी रेखाएं, अणु के इन अणुओं से उत्पन्न परमाणुओं के स्थान को इंगित करती हैं, जो समाप्त अणु में ल्यूवुलिनिक अम्ल हैं।

**16(B).** लैक्टिक अम्ल किण्वन के दौरान ग्लूकोज से 7% से कम ऊर्जा निकलती है।
किण्वन आमतौर पर यीस्ट कोशिकाओं और जीवाणुओं में होता है। इसके अलावा, अपर्याप्त ऑक्सीजन आपूर्ति के मामले में पशु मांसपेशियों की कोशिकाएं लैक्टिक अम्ल किण्वन दिखाती हैं। यह एक किण्वन प्रक्रिया है जहां बहुत अधिक ऊर्जा जारी नहीं होती है। यहां सात फीसदी से भी कम ग्लूकोज एनर्जी रिलीज होती है।

**17(B).** श्वसनी एवं श्वसनिकाओं के इनफ्लेमेशन के कारण, वायु द्वारा उत्पन्न ऐलर्जन एवं प्रदूषकों के कारण नगरीय स्थानों में काफी व्यक्ति श्वसनी विकार, जो घरघराहट उत्पन्न करते हैं, से पीड़ित हैं ।
श्वसनी और श्वसनिकाओं की इनफ्लेमेशन के कारण दमा होता है, जिससे सांस लेने में कठिनाई होती है | यह हवा के द्वारा और प्रदूषकों के बढ़ने के कारण होता है | शहरी क्षेत्रों में कई लोग इस श्वसन रोग से ग्रसित होते हैं ।

**18(A).** 'AB' रक्त समूह के व्यकियों को सर्वग्राही इसलिए कहते हैं क्योंकि प्लाज्मा में एंटीबॉडी, एंटी-A और एंटी-B की अनुपस्थिति होती है।
क्योंकि 'AB' ब्लड ग्रुप वाले व्यक्तियों में 'A' और 'B' एंटीजन होते हैं लेकिन प्लाज्मा में एंटी-A और एंटी-B एंटीबॉडी की कमी होती है। इसलिए, 'AB' रक्त समूह वाले व्यक्ति अपने रक्त में एंटीबॉडी की कमी के कारण AB के साथ-साथ रक्त के अन्य समूहों वाले व्यक्तियों से रक्त स्वीकार कर सकते हैं। इसलिए, ऐसे व्यक्तियों को सर्वग्राही कहा जाता है।
अत: विकल्प (C) सही है।

**19(A).** रक्त अभिवाही धमनी के माध्यम से ग्लोमेरुलस में प्रवेश करता है और अपशिष्ट के भीतर रक्त ग्लोमेरुलर केशिकाओं के माध्यम से फैलता है और फ़िल्टर किया गया रक्त अपवाही धमनी के माध्यम से निकलता है। ग्लोमेरुलर कणिकाएं गुर्दे के वृक्क प्रांतस्था में पाए जाने वाले नेफ्रॉन का एक हिस्सा है। इसमें केशिकाओं का एक झुरमुट होता है जिसे ग्लोमेरुलस के रूप में जाना जाता है और एक कैप्सूल से घिरा होता है जिसे ग्लोमेरुलर कैप्सूल कहा जाता है।

**20(B).** कथन 'b' और 'c' गलत हैं। पसलियों के 12 युग्म होते हैं। प्रत्येक पसली एक पतली सपाट अस्थि होती है जो पृष्ठीय रूप से कशेरुक दंड और अधरीय रूप से उरोस्थि से जुड़ी होती है। इसके पृषीय अंत पर दो संधि सतह होते हैं और इसलिए इसे द्वि-शिरस्य कहा जाता है।

**21(D).** ट्रेकोमा एक संक्रामक रोग है जो कि जीवाणु क्लैमाइडिया ट्रेकोमैटिस के कारण होता है। संक्रमण से पलकों की भीतरी सतह पर खुरदरापन हो जाता है। यह खुरदरापन आंखों में दर्द, बाहरी सतह का टूटना या आंखों का कॉर्निया और अंतिम अंधापन हो सकता है। अंधाधुंध ट्रेकोमा के परिणाम के रूप में प्रबलिंग के कई प्रकरण होते हैं जो कंजाक्तिवा में तीव्र सूजन को बनाए रखता है। रीइंफेक्शन के बिना, सूजन धीरे-धीरे कम हो जाएगी। नेत्रश्लेष्मला सूजन को "सक्रिय ट्रेकोमा" कहा जाता है और आमतौर पर बच्चों में देखा जाता है।
अत: विकल्प (D) सही है I

**22(D).** पिट्यूटरी ग्रंथि, या हाइपोफिसिस, एक अंतःस्रावी ग्रंथि है, जो एक मटर के आकार का और मनुष्यों में 0.5 ग्राम (0.018 औंस) का वजन है। यह मस्तिष्क के आधार पर हाइपोथैलेमस के नीचे से एक फलाव है। हाइपोफिसिस मध्य कपाल फोसा के केंद्र में स्फेनोइड हड्डी के हाइपोफेशियल फोसा पर टिकी हुई है और एक छोटे से बोनी गुहा (सेरा टरिका) से घिरा हुआ है, जो एक घोर पट (डायाफ्राम सेलामे) द्वारा कवर किया गया है।

**23(A).** विकल्प (A) सही है क्योंकि गुर्दे की जक्सटाग्लोमेरुलर कोशिकाएं एरिथ्रोपोइटिन हार्मोन का स्राव करती हैं जो R.B.C के निर्माण को प्रेरित करता है।
अग्न्याशय की अल्फा कोशिकाएं हार्मोन ग्लूकागन का उत्पादन करती हैं।
रोस्ट्रल एडिनोहाइपोफाइसिस की कोशिकाएं पिट्यूटरी के पूर्वकाल लोब के हार्मोन को संश्लेषित करती हैं।
अस्थि मज्जा की कोशिकाएं गठित तत्वों के निर्माण के लिए जिम्मेदार होती हैं।

**24(D).** दोहरा निषेचन आवृतबीजी समूह के पादपों की एक अद्भुत विशेषता है। इसमें, दो निषेचन पाए जाते हैं - पहला मादा और नर युग्मक कोशिकाओं के बीच युग्मनज बनाता है और दूसरा नर युग्मक और ध्रुवीय केन्द्रक के बीच होता है जो मुख्य भ्रूणपोष केन्द्रक का निर्माण करता है। इसमें, पहले निषेचन में एक $2n$ युग्मनज रूप और दूसरे निषेचन में एक $3n$ प्राथमिक भ्रूणपोष केन्द्रक बनता है, जिसके परिणामस्वरूप एकबीजपत्री में एल्यूरोन परत का निर्माण होता है। एल्यूरोन परत में 12 गुणसूत्र होते हैं और $3n$ होता है। जहां $n = 4$ गुणसूत्र है। पौधे का अंडाशय द्विगुणित होता है जो $2n$ होता है। इस प्रकार, इसमें 8 गुणसूत्र होंगे।
अतः विकल्प (D) सही है I

**25(B).** एड्रिनलीन हॉर्मोन जनन तंत्र से संबंधित नहीं है।
एड्रिनलीन:
इस हॉर्मोन को मज्जा के केंद्र में अधिवृक्क ग्रंथियों द्वारा स्रावित किया जाता है। एड्रिनलीन का मुख्य कार्य प्लीहा के संकुचन का उत्पादन करना है ताकि रक्त को संग्रहित किया जा सके, दिल की धड़कन और पसीने में वृद्धि करना, रक्त के जमने की अवधि को कम करना और प्यूपिलरी फैलाव करना है।
प्रोजेस्टेरोन हॉर्मोन:
प्रोजेस्टेरोन एक अंतर्जात स्टेरॉयड और प्रोजेस्टोजन सेक्स हार्मोन है जो आर्तवचक्र, गर्भावस्था और मनुष्यों और अन्य प्रजातियों के भ्रूणजनन में शामिल है। यह स्टेरॉयड हार्मोन के एक समूह से संबंधित है जिसे प्रोजेस्टोजेन कहा जाता है और यह शरीर में प्रमुख प्रोजेस्टोजन है।
एस्ट्रोजन हॉर्मोन:
एस्ट्रोजन, या ओइस्ट्रोजेन, लिंग हार्मोन की एक श्रेणी है जो मादा जनन तंत्र और माध्यमिक लिंग विशेषताओं के विकास और विनियमन के लिए जिम्मेदार है।
टेस्टोस्टेरोन हॉर्मोन:
टेस्टोस्टेरोन नर में प्राथमिक लिंग हॉर्मोन और एक उपचयी स्टेरॉयड है। नर मनुष्यों में, टेस्टोस्टेरोन पुरुष जनन ऊतकों जैसे कि वृषण और प्रोस्टेट के विकास में महत्वपूर्ण भूमिका निभाता है, साथ ही मांसपेशियों और हड्डी के द्रव्यमान और शरीर के बालों की वृद्धि जैसे माध्यमिक लिंग विशेषताओं को बढ़ावा देता है।

**26(A).** मेंडल के अनुसार, विपरीत लक्षणों के लिए समयुग्मजी सदस्यों को संकरण करने पर, प्रभावी लक्षण को विषमयुग्मजी या संकर अवस्था में व्यक्त किया जाता है। अपूर्ण प्रभाविता मेंड्ल के प्रभाविता के नियम का एक विचलन है, जहां विषमयुग्मजी व्यष्टि, प्रभावी लक्षण को व्यक्त करने के बजाय, एक लक्षण व्यक्त करता है, जो जनक के लक्षणों का मिश्र है। दो प्रकार के पुष्पों के रंग एंटीराइनम (श्वान पुष्प) में उत्पन्न होते हैं - लाल और सफेद। जब इन दो पुष्पों के प्रकारों को संकरण किया जाता है, तो संकर एक गुलाबी पुष्प बनाता है, जो अपूर्ण प्रभाविता दर्शाता है।

**27(C).** ट्रांसलेशन ( अनुवादन/स्थानांतरण ) की प्रथम अवस्था tRNA का ऐमीनोएसीलेशन होती है।
एमिनोएसिलेशन एक tRNA के लिए एक एमिनो एसिड का बंधन दो चरणों वाली प्रक्रिया है।
प्रथम अवस्था, जिसे 'सक्रियण' कहा जाता है, एटीपी के हाइड्रोलिसिस के माध्यम से एंजाइम पर एक एमिनोएसिल-एएमपी (एमिनोएसिल-एडेनाइलेट) का निर्माण होता है। फिर सक्रिय एमिनो एसिड अवशेषों को एडिनाइलेट से tRNA में एक प्रतिक्रिया में स्थानांतरित किया जाता है जिसे 'चार्जिंग' कहा जाता है।

**28(B).** पशुपालन और पादप प्रजनन कार्यक्रम कृत्रिम चयन के उदाहरण हैं।
चयनात्मक प्रजनन वह प्रक्रिया है जिसके द्वारा हम मनुष्य उस विशेष फेनोटाइप को तय करते हैं जो संतानों में मौजूद होगा। यह दो जानवरों की नस्लों या पौधों की नस्ल को मिलाकर किया जाता है जिनके चरित्र हम संतानों में चाहते हैं। इसे कृत्रिम चयन के रूप में भी जाना जाता है।
पशुपालन पशुओं से दूध, अंडा, मांस, शहद, ऊन और अन्य उपयोगी उत्पाद प्राप्त करने के लिए प्रजनन, देखभाल, पालन और प्रबंधन है। मत्स्य पालन, पोल्ट्री फार्म और डेयरी फार्म सभी पशु प्रजनन के अंतर्गत आते हैं।
पादप प्रजनन अगली पीढ़ी में वांछित फेनोटाइप और जीनोटाइप प्राप्त करने के लिए पौधों की प्रजातियों का पालन और प्रबंधन और प्रजनन है।
कृत्रिम चयन में, हम दोनों माता-पिता से वांछित फेनोटाइप का चयन करते हैं जो हमें संतान में चाहिए। फिर हम दो माता-पिता को मिलाते हैं और उनकी संतानों में वे सभी वांछित गुण होते हैं जो हम चाहते हैं।

**29(B).** अनुमस्तिष्क (जो लैटिन में "छोटे मस्तिष्क" है) पश्चमस्तिष्क की एक

प्रमुख संरचना है जो मस्तिष्क के पास स्थित है। मस्तिष्क का यह हिस्सा स्वैच्छिक आंदोलनों के समन्वय के लिए जिम्मेदार है।
स्वैच्छिक आंदोलनों का समन्वय: अधिकांश आंदोलनों को अस्थायी रूप से समन्वित फैशन में एक साथ अभिनय करने वाले कई विभिन्न मांसपेशी समूहों से बना होता है। अनुमस्तिष्क का एक प्रमुख कार्य द्रव अंग या शरीर के आंदोलनों का उत्पादन करने के लिए इन विभिन्न मांसपेशी समूहों के समय और बल का समन्वय करना है। इसलिए, मादक पदार्थ वाले लोगों को सीधे चलने और ड्राइविंग करने में समस्या होती है।

**30(D).** अल्कोहल उद्योग में जैव प्रौद्योगिकी द्वारा उत्पादित बैक्टीरिया का नया स्ट्रेन स्यूडोमोनास पुतिडा है। हाइड्रोकार्बन को अवक्रमित करने की क्षमता के आधार पर पृथक किए गए सूक्ष्मजीव अक्सर जीनस स्यूडोमोनास से संबंधित होते हैं। इन जीवाणुओं में कई अपचयी मार्ग होते हैं और इन्हें प्रयोगशाला में आसानी से संभाला और उगाया जाता है। स्यूडोमोनास पुतिडा, एक ग्राम-नकारात्मक प्रोटियोबैक्टीरियम, विभिन्न हाइड्रोकार्बन की उच्च सांद्रता को सहन करने की उत्कृष्ट क्षमता रखता है।

**31(D).** अधिकांश खतरनाक बीमारियों के इलाज की संभावनाओं में से एक जीन रिप्लेसमेंट थेरेपी और एंटीसेंस थेरेपी है।
एंटीसेंस थेरेपी आनुवंशिक विकारों या संक्रमणों के लिए उपचार का एक रूप है। जब एक उपयुक्त जीन की आनुवंशिक व्यवस्था को किसी विशेष दोष के अभिनव होने के लिए स्वीकार किया जाता है तो यह न्यूक्लिक एसिड के एक स्ट्रैंड को संश्लेषित करने के लिए उपलब्ध हो सकता है जो जीन द्वारा रचित मैसेंजर आरएनए (एमआरएनए) के साथ जुड़ जाएगा और इसे निष्क्रिय कर देगा और इस तरह उस विशेष को पर्याप्त रूप से पारित कर देगा। जीन थैरेपी एक ऐसी तकनीक है जो बीमारी से बचने के लिए जीन का उपयोग करती है। दवाओं या सर्जरी का उपयोग करने के बजाय जीन प्रतिस्थापन दृष्टिकोण डॉक्टरों को एक रोगी की कोशिकाओं में एक जीन डालने से एक विकार का इलाज करने के लिए अनुदान दे सकता है।

**32(A).** ऐसी कोशिकाओं से उत्पन्न संस्कारी कोशिकाओं या पौधों के बीच उपस्थित आनुवंशिक परिवर्तनशीलता या ऐसे पौधों की संतान को सोमोक्लोनल परिवर्तन कहा जाता है। आमतौर पर, सोमोक्लोनल परिवर्तन शब्द का उपयोग आनुवंशिक परिवर्तनशीलता के लिए किया जाता है, जो इन विट्रो में संवर्धित कोशिकाओं से प्राप्त सभी प्रकार की कोशिकाओं / पौधों के बीच उपस्थित होता है।

**33(D).** पारितंत्र या पारिस्थितिक तंत्र एक प्राकृतिक इकाई है जिसमें एक क्षेत्र विशेष के सभी जीवधारी, अर्थात् पौधे, जानवर और अणुजीव शामिल हैं जो कि अपने अजैव पर्यावरण के साथ अंतर्क्रिया करके एक सम्पूर्ण जैविक इकाई बनाते हैं। इस प्रकार पारितंत्र अन्योन्याश्रित अवयवों की एक इकाई है जो एक ही आवास को बांटते हैं। पारितंत्र में आमतौर पर अनेक खाद्य जाल बनाते हैं जो पारिस्थितिकी तंत्र के भीतर इन जीवों के अन्योन्याश्रय और ऊर्जा के प्रवाह को दिखाते हैं। जिसमें वे अपने आवास भोजन व अन्य जैविक क्रियाओं के लिए एक दूसरे पर निर्भर रहते हैं। एक पारितंत्र में मुख्य प्रजातियाँ वह होती हैं जो पारितंत्र की प्रमुख योगदानकर्ता हैं।

**34(D).** स्थानीय देवताओं या पैतृक आत्माओं को समर्पित विशेष प्रकार के वृक्षों वाले क्षेत्र जो सामाजिक परंपराओं और आध्यात्मिक तथा पारिस्थितिक मूल्यों को शामिल करने वाली वर्जित निषिद्ध के माध्यम से स्थानीय समुदायों द्वारा संरक्षित होते हैं, उन्हें पवित्र उपवन कहते हैं। पवित्र उपवन जैव विविधता संरक्षण के लिए एक आदर्श केंद्र के रूप में कार्य करते हैं। अनेक पादप और जंतु जो संकटग्रस्त होते हैं, पवित्र उपवन में रहते हैं। यह देखा गया है कि अनेक औषधीय पादप जो वन में नहीं पाए जाते हैं, पवित्र उपवन में बहुल मात्रा में होते हैं। साथ ही, दुर्लभ, संकटापन्न, संकटग्रस्त और विशेष क्षेत्री प्रजातियों को प्रायः पवित्र उपवन में केंद्रित किया जाता है।

**35(D).** प्रश्न के अनुसार, मूल राशियाँ संवेग $(p)$, क्षेत्रफल $(A)$ और समय $(T)$ हैं और हमें इन मूल राशियों में ऊर्जा व्यक्त करनी होती है।
मान लीजिए ऊर्जा $E$,
$E \propto p^a A^b T^c$
$\Rightarrow E = kp^a A^b T^c$ .....(i)
जहां, $k$ आनुपातिकता का विमाहीन स्थिरांक है।
ऊर्जा की विमा, $[E] = [ML^2T^{-2}]$
$[p] = [MLT^{-1}]$
$[A] = [L^2]$
$[T] = [T]$
सभी विमाओं को समीकरण (i) में रखने पर, हमें प्राप्त होता है
$ML^2T^{-2} = [MLT^{-1}]^a [L^2]^b [T]^c$
$= M^a L^{a+2b} T^{a+c}$
विमाओं के एकरूपता के सिद्धांत के अनुसार, हम प्राप्त करते हैं
$a = 1$ ....(ii)
$a + 2b = 2$ ...(iii)
$-a + c = -2$ ...(iv)
इन समीकरणों को हल करने पर, हम प्राप्त करते हैं
$a = 1, b = \frac{1}{2}, c = -1$
$E$ का विमीय सूत्र $= [pA^{\frac{1}{2}}T^{-1}]$

**36(B).** हम जानते हैं, औसत वेग की गणना सूत्र का उपयोग करके की जा सकती है,
औसत वेग = कुल विस्थापन / कुल समय $= \frac{ut + \frac{1}{2}at^2}{t}$
औसत वेग $= u + \frac{1}{2}$ at
वेग के समीकरणों से $v = u +$ at
इस समीकरण का प्रयोग करके हम लिख सकते हैं $u = v -$ at
ऊपर दिए गए औसत वेग के लिए प्राप्त समीकरण में $u = v - at$ को प्रतिस्थापित करें
औसत वेग $= v -$ at $+ \frac{1}{2}$ at $= v - \frac{1}{2}$ at.

**37(C).** क्षैतिज परास निम्न द्वारा दी जाती है
$(R) = \frac{u^2 \sin 2\theta}{g}$
अधिकतम ऊंचाई निम्न द्वारा दी जाती है
$(H) = \frac{u^2 \sin^2\theta}{2g}$
अब, प्रश्न के अनुसार क्षैतिज परास और अधिकतम ऊँचाई बराबर हैं
$\Rightarrow \frac{u^2 \sin 2\theta}{g} = \frac{u^2 \sin^2\theta}{2g}$
$\Rightarrow 2\sin\theta\cos\theta = \frac{\sin^2\theta}{2}$
$\Rightarrow \frac{\sin\theta}{\cos\theta} = 4$
$\Rightarrow \tan\theta = 4$
$\Rightarrow \theta = \tan^{-1}4$
$\Rightarrow \theta = 75.96°$

**38(C).** वस्तु का वजन $Mg$ = सतह पर वस्तु का सामान्य बल $P$.
व्यक्ति द्वारा खिंचाव $P$ है
तब $P \le \mu Mg$
$A$ द्वारा सतह पर बल $= F = \sqrt{\{(P)^2 + (Mg)^2\}}$
अधिकतम $F$ के लिए $P = \mu Mg$
तो, $F_{max} = \sqrt{\{(\mu Mg)^2 + (Mg)^2} = Mg\sqrt{(1+\mu^2)}$
$F \le F_{max} \to F \le Mg\sqrt{(1+\mu^2)}$ .....(i)
अब $F = Mg \cdot \sec\theta$ [जहाँ $\theta$, F और ऊर्ध्वाधर के बीच का कोण है, नीचे का चित्र देखें]

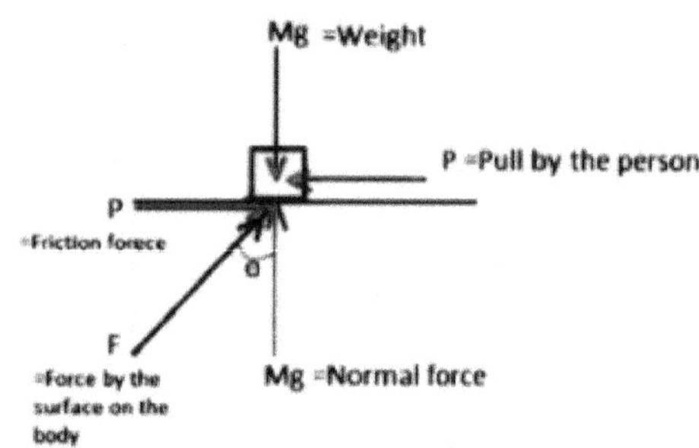


चूंकि,
$\Rightarrow \sec\theta \geq 1$
$\Rightarrow \text{Mg}\cdot\text{Sec}\theta \geq \text{Mg}$
$\Rightarrow \text{F} \geq \text{Mg}$ .....(ii)
(i) और (ii) एकत्रित करके हम प्राप्त करते हैं,
$\text{Mg} \leq \text{F} \leq \text{Mg}\sqrt{(1+\mu^2)}$
अत: विकल्प (C) सही है I

**39(C).** माना $m$ और $2\,m$ को जोड़ने पर स्ट्रिंग में तनाव $T_1$ और $2m$ और $3\,m$ को जोड़ने पर स्ट्रिंग में तनाव $T_2$ है त्वरण है
$\therefore \quad a = \frac{F-(m+2m+3m)g}{m+2m+3m}$
$= \frac{F-6mg}{6m}$
चूंकि सिस्टम स्थिर गति के साथ चलता है, इसलिए, $a = 0$
$\therefore F - 6mg = 0$
या $F = 6mg$
ब्लॉक $m$ का नि: शुल्क आरेख है जैसा कि चित्र $E$ में दिखाया गया है।

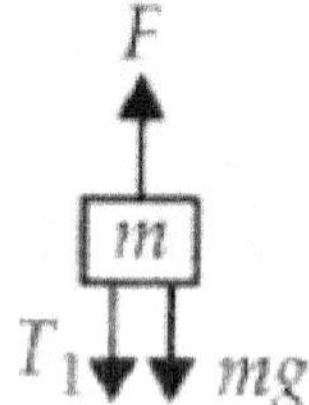


द्रव्यमान $m$ के ब्लॉक का समीकरण है,
$F - T_1 - mg = 0$
$6mg - T_1 - mg = 0$
$T_1 = 5mg \quad \ldots$ (i)
$2\,m$ द्रव्यमान के ब्लॉक के मुक्त द्रव्यमान आरेख जैसा कि चित्र में दिखाया गया है।

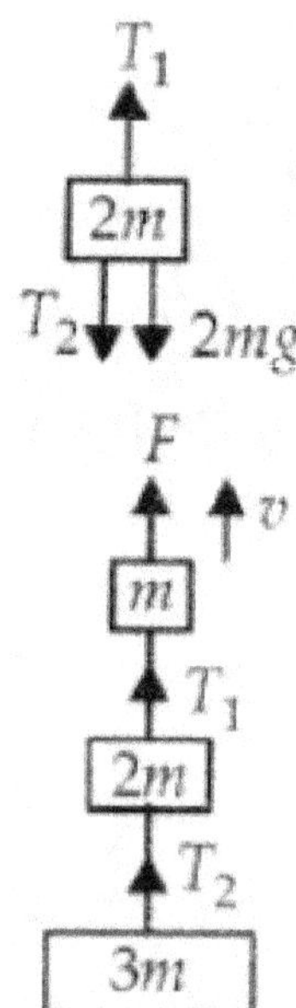


द्रव्यमान $2\,m$ के ब्लॉक की गति का समीकरण है,
$T_1 - T_2 - 2mg = 0$
$5mg - T_2 - 2mg = 0$
( (i) का उपयोग करके )
$T_2 = 3mg$
$3\,m$ द्रव्यमान के ब्लॉक के मुक्त द्रव्यमान आरेख जैसा कि चित्र में दिखाया गया है।

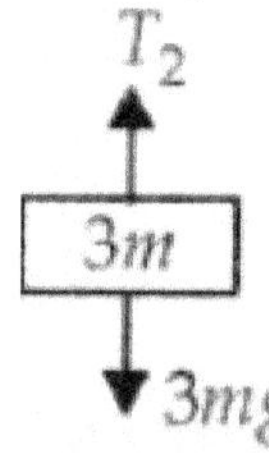


द्रव्यमान $3\,m$ के ब्लॉक की गति का समीकरण है:
$T_2 - 3mg = 0$
$T_2 = 3mg$
द्रव्यमान के ब्लॉक पर शुद्ध बल $2\,m$ है:
$F_{\text{net}} = T_1 - T_2 - 2mg$
$= 5mg - 3mg - 2mg = 0$
वैकल्पिक हल : चूंकि सभी ब्लॉक स्थिर गति के साथ आगे बढ़ रहे हैं, इसलिए, त्वरण शून्य है। इसलिए प्रत्येक ब्लॉक पर शुद्ध बल शून्य है।
अत: विकल्प (C) सही है I

**40(A).** चकती को रोकने में किया गया कार्य = चकती की कुल गतिज ऊर्जा में परिवर्तन
अंतिम $KE = 0$
आरंभिक $KE =$ स्थानांतरीय $KE$ + घूर्णी $KE$
$= \frac{1}{2}mv^2 + \frac{1}{2}I\omega^2$
$= \frac{1}{2}mv^2 + \frac{1}{2} \times \frac{mR^2}{2} \times \left(\frac{v}{R}\right)^2$
$= \frac{1}{2}mv^2 + \frac{1}{4}mv^2 = \frac{3}{4}mv^2$
$= \frac{3}{4} \times 100 \times \left(20 \times 10^{-2}\right)^2 = 3J$
$|\Delta KE| = 3J$

**41(B).** दिया हुआ है कि:
बल, F = 750 N
विस्थापन, s = 16 m
किया गया कार्य, w = Fs Cos θ

यहाँ θ शून्य डिग्री है तो Cos θ = 1
⇒ W = 750 × 16
⇒ W = 12000 J
जूल को किलो जूल में बदलने के लिए 1000 से विभाजित करें
$\Rightarrow w = \frac{12000}{1000}$
⇒ किया गया कार्य, W = 12 KJ

**42(C).** जैसा कि दिया गया है,
$m = 0.5\,\text{kg}$
$v = 12\,\text{m}\,\text{s}^{-1}$
यहाँ, $F \times t =$ संवेग में परिवर्तन
$\Rightarrow F \times t = 2mv\sin\theta$

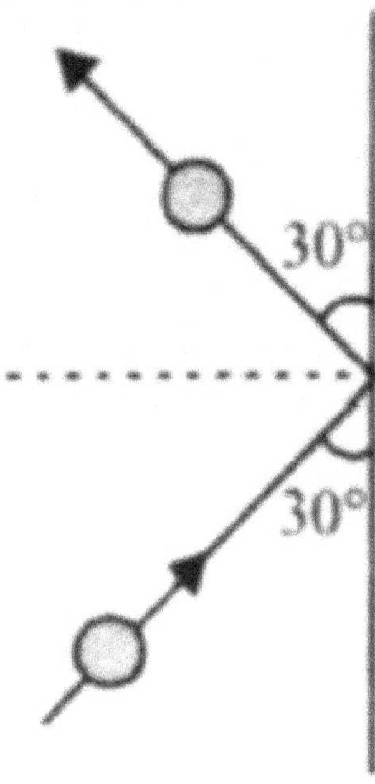


$\therefore F = \frac{2mv\sin\theta}{t}$
$\Rightarrow F = \frac{2\times0.5\times12\times\sin 30^\circ}{0.25}$
$\Rightarrow F = 48 \times \frac{1}{2}$
$\Rightarrow F = 24\,\text{N}$

**43(D).** अनंत पर $P.E$ शून्य है और $K.E$ भी शून्य है क्योंकि कण अनंत पर आराम से शुरू होता है।
पृथ्वी की सतह पर और अनंत पर यांत्रिक ऊर्जा के संरक्षण का उपयोग करना,

$$\text{K}\cdot\text{E}_\text{R} + \text{P}\cdot\text{E}_\text{R} = 0$$

$$\frac{1}{2}\text{mv}^2 + \left(-\frac{\text{GMm}}{\text{R}}\right) = 0$$

$(\frac{1}{2})\text{mv}^2 = (\frac{\text{GMm}}{\text{R}})$
$\text{v}^2 = (\frac{2\text{GM}}{\text{R}})$
$\text{v}^2 = 2\text{gR}$ (चूंकि $g = \frac{\text{GM}}{\text{R}^2}$)

$\Rightarrow \text{v} = \sqrt{2\text{gR}}$

**44(C).** ग्रहों की गति के केपलर नियम:
अवधियों का नियम: सूर्य के चारों ओर किसी भी ग्रह की परिक्रमा की अवधि (T) कक्षा की अर्ध-प्रमुख धुरी के घन यानी $T^2 \propto r^3$ के सीधे आनुपातिक है।
दिया गया: दूरी घटकर $\frac{1}{4}$ वर्ष

केप्लर के नियम से:
$T^2 \propto r^3$
$\left(\frac{T_1}{T_2}\right)^2 = \left(\frac{r_1}{r_2}\right)^3 = \left(\frac{r}{\frac{r}{4}}\right)^3$
$\frac{T_1}{T_2} = (4)^{\frac{3}{2}} = 8$
$T_2 = \frac{T_1}{8}$
तो, वर्ष की अवधि $\frac{1}{8}$ वर्ष होगी।

**45(A).** **प्वासों का अनुपात:** अनुदैर्ध्य विकृति और पार्श्व विकृति के अनुपात को प्वासों का अनुपात (σ) कहा जाता है।
σ = पार्श्व विकृति/ अनुदैर्ध्य विकृति
$\sigma = \frac{-\frac{dr}{r}}{\frac{dL}{L}} = -\frac{dr\times L}{dL\times r}$

- ऋणात्मक चिह्न इंगित करता है कि छड़ की त्रिज्या कम जाती है जब इसे खींचा जाता है।
- प्वासों का अनुपात एक आयामहीन और एक इकाईहीन राशि है।
- क्षेत्र और बल का अनुपात दाब है।
- त्रिज्या या व्यास में परिवर्तन और मूल त्रिज्या या व्यास के अनुपात को पार्श्व विकृति कहा जात है।
- लं बाई में परिवर्तन और वास्तविक लंबाई के अनुपात को अनुदैर्ध्य विकृति कहा जाता है।

**46(D).** $ADC =$ के साथ किया गया कार्य $= AD$ के साथ किया गया कार्य (विस्तार) - $DC$ के साथ किया गया कार्य (संविदा), $AD$ के साथ किए गए कार्य की गणना रेखा $AD$ के अंतर्गत क्षेत्रफल की गणना करके आसानी से की जा सकती है जो कि $88J$ है।
$85 = 88$ - $CD$ क्षेत्रफल के तहत
अंतर्गत क्षेत्र $CD = 3$
मान लीजिए कि $E$, $C$ और $D$ से आने वाली रेखाओं का प्रतिच्छेदन है और $F$ और $G$ क्रमशः $C$ और $D$ से $x$ -प्रतिच्छेदन हैं।
$CD$ के अंतर्गत क्षेत्र $= \frac{1}{2} \times DE \times EC + CG \times EC$
$CD = \frac{1}{2}(P_D - P_B) \times (V_D - V_C) + P_B \times (V_D - V_C)3$
$= \frac{1}{2} \times 0.3 \times 10^5 \times (1.3 - V_C) + 0.3\times 10^5 \times (1.3 - V_C)$
हम जानते है $10^{-3}m^3 = 1l$
इसलिए, बिंदु $C$ पर आयतन है $V_C = 1.3 - \frac{3}{45\times10^4}$
$= 1.3 - 0.66 \times 10^3$
$= 1.233$ लीटर

**47(B).** स्थिर दाब पर गैस की परमाणु विशिष्ट ऊष्मा का मान है:
$C_P = C_V + R$
स्थिर आयतन में गैस की परमाणु विशिष्ट ऊष्मा का मान भी गणितीय संबंध द्वारा होता $C_V = \frac{f}{2}R$ है।
अणुपरमाणुक गैसों के लिए, $f = 3$ , क्योंकि उनके पास स्वतंत्रता की केवल अनुवादकीय डिग्री होती है।
$C_V = \frac{f}{2}R = \frac{3}{2}R$
स्थिर दाब पर गैस की परमाणु विशिष्ट ऊष्मा का मान होता $C_P = C_V + R$ है।
$C_P = C_V + R = \frac{3}{2}R + R = \frac{5}{2}R$
चूँकि, स्थिर दाब पर गैस की परमाणु संख्या $N = 1$ विशिष्ट ऊष्मा का मान $C_P = \frac{5}{2}R$ है।

**48(C).** ऊष्मप्रवैगिकी के पहले नियम के अनुसार:
$\Delta\text{Q} = \Delta\text{W} + \Delta\text{U}$
जहां $\Delta\text{Q} =$ सिस्टम को दी गई ऊष्मा है, $\Delta\text{W} =$ सिस्टम द्वारा किया गया कार्य, और $\Delta\text{U} =$ सिस्टम की आंतरिक ऊर्जा में परिवर्तन है
समतापी प्रक्रिया: किसी सिस्टम में थर्मोडायनामिक प्रक्रिया, जिसके दौरान तापमान स्थिर रहता है, समतापी प्रक्रिया कहलाती है।
$\Delta\text{T} = 0$
आइसोकोरिक प्रक्रिया:किसी सिस्टम में थर्मोडायनामिक प्रक्रिया, जिसके दौरान आयतन स्थिर रहता है, आइसोकोरिक प्रक्रिया कहलाती है।

$\Delta V = 0$
रुद्धोष्म प्रक्रिया:किसी सिस्टम में थर्मोडायनामिक प्रक्रिया, जिसके दौरान कोई ऊष्मा हस्तांतरण नहीं होता है, एक एडियाबेटिक प्रक्रिया कहलाती है। रुद्धोष्म प्रक्रिया सबसे तीव्र प्रक्रिया है।
$\Delta Q = 0$
एक्सपेंशन का मतलब है कि वॉल्यूम बढ़ रहा है जबकि कंप्रेशन वॉल्यूम कम हो रहा है।
रुद्धोष्म संपीड़न के मामले में:
$\Delta Q = 0$ और आयतन घटता है, इसलिए किया गया कार्य $(\Delta W)$ ऋणात्मक होगा।
चूंकि $\Delta Q = \Delta W + \Delta U = 0$
$\Rightarrow \Delta U > 0$
या $mC\Delta T > 0$
या $\Delta T > 0$
या $T_2 - T_1 > 0$
या $T_2 > T_1$
अत: सही विकल्प (C) है।

**50(C).** दिया हुआ है:
$n = 10^{28}$ (इलेक्ट्रॉनों की संख्या)
$r = 1\ m$
इलेक्ट्रॉनों में नुकसान $= 1\%$ अर्थात, $10^{26}$ लुप्त इलेक्ट्रॉन
$\therefore$ प्रत्येक व्यक्ति पर आरोप $= 10^{26} \times 1.6 \times 10^{-19} C$
$M = 60\ kg$
$Fe = \frac{1}{4\pi\varepsilon_0}\frac{q_1 q_2}{r^2}$
$= \frac{9\times10^9\times10^{26}\times1.6\times10^{-19}\times1.6\times10^{-19}\times10^{26}}{1}$
$Fe = 23.04 \times 10^{23}\ N$
वजन $W = mg = 60 \times 9.8 = 588\ N$
$F_e = 9 \times 10^{61} N, W = 588\mathbf{N}$

**51(A).** सामान्य रुप में समानांतर प्लेट की संधारित्र होता है:
$C = \frac{k\epsilon_0 A}{d}$
जहाँ C संधारित्र है, k अचालक पदार्थ की सापेक्ष पारगम्यता है, $\epsilon_0$ मुक्त स्थान स्थिर की पारगम्यता है, A प्लेटों का क्षेत्र है और d उनके बीच की दूरी है।
इसलिए, एक अचालक पदार्थ के सम्मिलन से समानांतर प्लेटों की संधारित्रता बढ़ जाती है। इसके अलावा, संधारित्रता प्लेटों के बीच विद्युत क्षेत्र के व्युत्क्रमानुपाती होती है, और इसलिए अचालक पदार्थ की उपस्थिति प्रभावी विद्युत क्षेत्र को कम कर देती है।
अत: विकल्प (A) सही है I

**52(B).** दिया गया: $R_1 = R_2 = R_3 = R, H_S = 20$ वाट
जब प्रतिरोधक श्रृंखला में जुड़े होते हैं तो समकक्ष प्रतिरोधक इस प्रकार होगा-
$\Rightarrow R_s = R + R + R$
$\Rightarrow R_s = 3R$ ....(1)
तो व्यय ऊष्मा जब प्रतिरोधक श्रृंखला में जुड़े है-
$\Rightarrow H_s = \frac{V^2 t}{R_s} J$
$\Rightarrow 2000 = \frac{V^2 t}{3R} J$
$\Rightarrow \frac{V^2 t}{R} = 6000$ ..........(2)
जब प्रतिरोधक समांतर में जुड़े होते हैं तो समकक्ष प्रतिरोधक इस प्रकार होगा-
$\Rightarrow \frac{1}{R_p} = \frac{1}{R} + \frac{1}{R} + \frac{1}{R}$
$\Rightarrow R_p = \frac{R}{3}$ ................(3)
तो व्यय ऊष्मा जब प्रतिरोधक श्रृंखला में जुड़े है-
$\Rightarrow H_p = \frac{V^2 t}{R_p} J$
$\Rightarrow H_p = \frac{3V^2 t}{R} J$ ................(4)
समीकरण 2 और समीकरण 4 से,
$\Rightarrow H_p = 3 \times 6000$
$\Rightarrow H_p = 18000\ J$

**53(D).** वे कारक जिन पर विद्युत धारावाही परिनालिका द्वारा उत्पन्न एक चुंबकीय क्षेत्र शक्ति धारा के परिमाण, फेरों की संख्या, कोर सामग्री की प्रकृति पर निर्भर करती है। परिनालिका में विद्युत धारा की शक्ति जितनी अधिक होगी परिनालिका से प्रवाहित धारा जितनी अधिक होगी, उत्पन्न होने वाला चुंबकीय क्षेत्र उतना ही अधिक प्रबल होगा। परिनालिका में फेरों की संख्या जितनी अधिक होगी, परिनालिका में फेरों की संख्या जितनी अधिक होगी, चुंबकीय क्षेत्र उतना ही अधिक होगा।

**54(C).** स्थायी चुम्बक हमेशा लौहचुम्बकीय प्रकार के चुंबकीय पदार्थ होते हैं। स्थायी चुम्बक "कठिन" लौहचुम्बकीय पदार्थों जैसे कि अलनीको और फेराइट से बनाए जाते हैं जो निर्माण के दौरान एक मजबूत चुंबकीय क्षेत्र में विशेष प्रसंस्करण के अधीन होते हैं ताकि उनकी आंतरिक माइक्रोक्रिस्टलाइन संरचना को संरेखित किया जा सके, जिससे उन्हें विचुंबकित करना बहुत कठिन हो जाता है।

**55(D).** एक बेलनाकार छड चुंबक को एक गोलाकार कुंडली के अक्ष के साथ अक्षीय रूप से रखा जाता है। यदि कुंडली को इसके अक्ष के अनुरूप घुमाया जाता है, तो न तो e.m.f. न ही कुंडली में धारा प्रेरित होगी।
जब एक बेलनाकार छड चुंबक को एक गोलाकार कुंडली के अक्ष के साथ रखा जाता है और यदि कुंडली को उसके अक्ष के अनुरूप घुमाया जाता है, तो चुंबक के संबंध में कुंडली की दूरी और अभिविन्यास समान रहेगा। चूंकि चुंबक के संबंध में कुंडली की दूरी और अभिविन्यास नहीं बदल रहा है, इसलिए कुंडली से जुड़ा चुंबकीय अभिवाह स्थिर रहेगा। चूंकि कुंडली से जुड़ा अभिवाह नहीं बदल रहा है, इसलिए न तो e.m.f. और न ही धारा कुंडली में प्रेरित होगी।

**56(C).** दिया गया,
निर्वात में,
$\varepsilon_0 = 1$
माध्यम में,
$\varepsilon = 4$
तो, अपवर्तक सूचकांक,
$\mu = \left(\sqrt{\frac{\varepsilon}{\varepsilon_0}}\right) = 2$
इसलिए, तरंग दैर्ध्य $\lambda' = \frac{\lambda}{\mu}$
$\lambda' = \frac{\lambda}{2}$
और तरंग वेग, $v = \frac{c}{\mu}$
$v = \frac{c}{2}$
इस प्रकार, यह स्पष्ट है कि तरंग दैर्ध्य और वेग आधे हो जाएंगे लेकिन जब तरंग किसी माध्यम से गुजर रही हो तो आवृत्ति अपरिवर्तित रहती है।

**57(C).** प्रिज्म का अपवर्तनांक, $\mu = \sqrt{3}$
प्रिज्म का कोण, $A = 60°$
अब प्रिज़्म फॉर्मूला का उपयोग करते हुए,
$\frac{\frac{\sin(A+\varepsilon_m)}{2}}{\frac{\sin A}{2}}$
$\sqrt{3} = \frac{\sin\frac{\delta_m+60°}{2}}{\frac{\sin 60°}{2}}$
$\sqrt{3} \times \sin 30° = \sin\left(\frac{\delta_m+60°}{2}\right)$
$\sin\left(\frac{\delta_m+60°}{2}\right) = \sqrt{3} \times \frac{1}{2} = \sin 60°$
$\frac{\delta_m+60^q}{2} = 60°$
$\delta_m + 60° = 120°$
$\delta_m = 60°$ विचलन का आवश्यक न्यूनतम कोण है।
अत: विकल्प (C) सही है I

**58(D).** रडार (रेडियो डिटेक्शन एंड रेंजिंग) एक डिटेक्शन सिस्टम है जो वस्तुओं की दूरी (रेंज), कोण या वेग निर्धारित करने के लिए रेडियो तरंगों का उपयोग करता है। इसका उपयोग विमान, जहाजों, अंतरिक्ष यान, निर्देशित मिसाइलों, मोटर वाहनों, मौसम संरचनाओं और इलाके का पता लगाने के लिए किया जा सकता है।

रडार सिस्टम विद्युत चुम्बकीय, या रेडियो, तरंगों को प्रसारित करते हैं। अधिकांश वस्तुएं रेडियो तरंगों को परावर्तित करती हैं, जिनका पता रडार प्रणाली द्वारा लगाया जा सकता है। उपयोग की जाने वाली रेडियो तरंगों की आवृत्ति रडार अनुप्रयोग पर निर्भर करती है।

**59(C).** प्रकाश के तरंग सिद्धांत को पहली बार 1801 में थॉमस यंग द्वारा यंग के द्विक रेखा छिद्र प्रयोग के माध्यम से प्रदर्शित किया गया था।
इस प्रयोग से पता चलता है कि व्यतिकरण का अवलोकन स्वरूप प्रकाश तरंगों के अध्यारोपण के कारण होता है जो प्रकाश की तरंग प्रकृति को प्रमाणित करता है।
इस प्रयोग में, दो संकीर्ण पट्टिका जो एक दूसरे के निकट हैं, एक एकवर्णी प्रकाश स्रोत से दीप्तिमान होती हैं।
दो पट्टिका दो अलग-अलग तरंगों के निर्माण के लिए जिम्मेदार हैं जो निश्चित व्यतिकरण पैटर्न बनाने वाली स्क्रीन पर अध्यारोपित की जाती हैं।
दो संसक्त स्रोतों $s_1$ और $s_2$ के लिए, किसी बिंदु P पर परिणामी तीव्रता इस प्रकार होगी:
$I = I_1 + I_2 + 2\sqrt{I_1 I_2 \cos\phi}$
इसलिए, व्यतिकरण तरंग प्रकृति को सिद्ध करता है।

**60(D).** प्रकाश तरंग जो एक से अधिक समतल में है, उसे अप्रकाशित प्रकाश कहा जाता है। कक्षा में एक दीपक, या मोमबत्ती की लौ से सूरज द्वारा उत्सर्जित प्रकाश अप्रकाशित प्रकाश है।

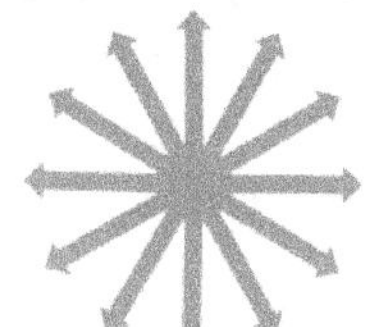
A light wave is known to vibrate in a multiple directions

A light wave is vibrating in vertical and in horizontal plane

अप्रकाशित प्रकाश को ध्रुवीकृत प्रकाश में बदलना संभव है। ध्रुवीकृत प्रकाश तरंगें प्रकाश तरंगें होती हैं जिनमें एक ही समतल में कंपन होता है। अप्रकाशित प्रकाश को ध्रुवीकृत प्रकाश में बदलने की प्रक्रिया को ध्रुवीकरण के रूप में जाना जाता है। प्रकाश के ध्रुवीकरण की कई विधियाँ हैं।
इस पृष्ठ पर चर्चा की गई चार विधियाँ हैं:
- प्रसार द्वारा ध्रुवीकरण
- परावर्तन द्वारा ध्रुवीकरण
- अपवर्तन द्वारा ध्रुवीकरण
- विक्षेपण द्वारा ध्रुवीकरण
- चयनात्मक अवशोषण द्वारा ध्रुवीकरण।
- दोहरी अपवर्तन द्वारा ध्रुवीकरण।

**61(D).** आइंस्टीन के प्रकाश विद्युत समीकरण का समीकरण:
$E = \varphi + KE_{max}$
जहाँ E फोटॉन की आपतित ऊर्जा, $\varphi$ धातु का कार्य फलन है और KE इलेक्ट्रॉनों की अधिकतम गतिज ऊर्जा है।
$E = h\nu$
जहाँ h = प्लांक स्थिरांक और $\nu$ = आपतित विकिरण की आवृत्ति।
दिया है कि:
धातु का कार्य फलन $(\varphi) = 2$ eV
इलेक्ट्रॉनों की अधिकतम गतिज ऊर्जा $(KE_{max}) = 1.2$ eV
आइंस्टीन के प्रकाश विद्युत समीकरण के अनुसार:
ऊर्जा की आवश्यकता $(E) = \varphi + KE_{max} = 2 + 1.2 = 3.2$ eV

**62(B).** तरंग दैर्ध्य $\lambda$ तीनों कणों के लिए समान है।
$\lambda = \frac{h}{mu}$
m द्रव्यमान है और u वेग है।
उत्पाद mu भी समान होगा।
उच्च m मान वाले कण का u मान कम होगा
गतिज ऊर्जा $= \frac{1}{2}mu^2 = \frac{1}{2} \times mu \times u$
कम u मान वाले कण की गतिज ऊर्जा कम होगी।
इस प्रकार, उच्च m मान वाले कण की गतिज ऊर्जा कम होगी।
द्रव्यमान का बढ़ता हुआ क्रम $m_1 < m_3 < m_2$ है।
गतिज ऊर्जा का घटता क्रम $E_1 > E_3 > E_2$ है।

**63(C).** सिद्धांत क्वांटम संख्या $n$ के कार्य के रूप में एक इलेक्ट्रॉन की गति द्वारा दी जाती है,
$v = (2.17 \times 10^7 \text{ m s}^{-1}) \times \frac{Z}{n}$
जहां,
$v$ इलेक्ट्रॉन की गति है
$Z$ परमाणु क्रमांक है
e इलेक्ट्रॉन पर आवेश है
$\epsilon_0$ मुक्त स्थान में पारगम्यता है
h प्लैंक नियतांक है
हम लिख सकते हैं,
$v \propto \frac{1}{n}$
$v =$ स्थिरांक $/n$
उपरोक्त समीकरण आयताकार अतिपरवलय का प्रतिनिधित्व करता है अर्थात यह एक आयताकार अतिपरवलय के सामान्य समीकरण के समान है। गति और प्रमुख क्वांटम संख्या के बीच का ग्राफ एक आयताकार अतिपरवलय है जिसे ग्राफ c द्वारा दर्शाया गया है।

**64(C).** जैसा कि हम जानते हैं,
विशिष्ट आवेश $= \frac{q}{m}$
माना प्रोटॉन का विशिष्ट आवेश $p$ है।
इसलिए अल्फा कण का विशिष्ट आवेश = $2p$ ( $\because \alpha$ -कण में 2 प्रोटॉन और 2 न्यूट्रॉन होते हैं, न्यूट्रॉन का द्रव्यमान समान होता है ( $m_p = m_\alpha$ ) प्रोटॉन के रूप में लेकिन आवेश शून्य है।)
अनुपात $= \frac{\left(\frac{q}{m}\right)_\alpha}{\left(\frac{q}{m}\right)_p}$
$= \frac{q_\alpha}{q_p} \times \frac{m_p}{m_\alpha}$
चूँकि विशिष्ट आवेश का मान ऊपर दिया गया है, जो है
$\frac{q}{m} = p$
इसलिए हमें जो मान प्राप्त होता है, उसे रखने पर
$= \frac{p}{2p}$
$= \frac{1}{2}$
$\therefore$ एक $\alpha$ -कण के विशिष्ट आवेश और प्रोटॉन के विशिष्ट आवेश का अनुपात 1:2 है।

**65(B).** प्राप्त धारा $=$ धारा में परिवर्तन / बेस धारा में परिवर्तन
$\beta = \frac{\Delta i_C}{\Delta i_B}$
और,
$i_E = i_B + i_C$
$\Rightarrow \Delta i_E = \Delta i_B + \Delta i_C$
$\beta = \frac{\Delta i_C}{\Delta i_E - \Delta i_C}$
दिया हुआ,
$\beta = 100, \Delta i_C = 1 \text{ mA}$
$\therefore 100 = \frac{1}{\Delta i_E - 1}$
$\Delta i_E - 1 = \frac{1}{100}$
$= 0.01$
$\Delta i_E = 1 + 0.01$
$= 1.01 \text{ mA}$

**66(B).** संतृप्ति पर,
$V_{CE} = 0$
$V_{CE} = V_{CC} - I_C R_C$
$I_C = \frac{V_{CC}}{R_C}$
$= 5 \times 10^{-3} A$
दिया गया है,
$\beta_{dc} = \frac{I_C}{I_B}$
$I_B = \frac{5 \times 10^{-3}}{200}$

$I_B = 25\mu A$
इनपुट पक्ष में $V_{BB} = I_B R_B + V_{BE}$
$= (25mA)(100k\Omega) + 1V$
$V_{BR} = 3.5V$
अत: विकल्प (B) सही है I

**67(D).** कार्बोकेशन की स्थिरता के क्रम को यह मानकर समझाया जा सकता है कि सकारात्मक आवेश से बंधित एल्काइल समूह उस कार्बन की ओर इलेक्ट्रान घनत्व प्रवाहित करता है और कॉशन पर सकारात्मक आवेश को स्पष्ट करने में मदद करते हैं। इस प्रकार, सकारात्मक आवेश कार्बन से बंधे एल्काइल समूहों की इलेक्ट्रॉन विमोचन क्षमता को दो प्रभावों, प्रेरक प्रभाव और अति-संयुग्मन द्वारा माना जाता है।
S> R> Q> P> T सही क्रम है

**68(A).** दिया गया,
बैंगनी प्रकाश की तरंग दैर्ध्य = 400 nm
लाल प्रकाश की तरंगदैर्घ्य = 750 nm
प्रकाश की गति $c = 3.00 \times 10^8 \text{ ms}^{-1}$
बैंगनी प्रकाश की आवृत्ति,
$\nu = \frac{c}{\lambda}$
$= \frac{3.00\times10^8 \text{ ms}^{-1}}{400\times10^{-9} \text{ m}}$
$= 7.50 \times 10^{14}$ Hz
लाल प्रकाश की आवृत्ति,
$\nu = \frac{c}{\lambda}$
$= \frac{3.00\times10^8 \text{ ms}^{-1}}{680\times10^{-9} \text{ m}}$
$= 4.41 \times 10^{14}$ Hz

**69(C).** नील्स बोहर परमाणु मॉडल की मुख्य विशेषताएं हैं:
i) इलेक्ट्रॉन नाभिक के चारों ओर विकिरण ऊर्जा के उत्सर्जन के बिना स्थिर कक्षाओं में चक्कर लगाते हैं। इस कक्षा को ऊर्जा कोश या ऊर्जा स्तर कहा जाता है।
ii) एक इलेक्ट्रॉन जब एक कक्षा या ऊर्जा स्तर से दूसरी कक्षा में कूदता है तो ऊर्जा का उत्सर्जन या अवशोषण करता है।
iii) एक परमाणु में एक धनावेशित नाभिक होता है।
iv) इलेक्ट्रॉन की nवीं कक्षा की त्रिज्या किसके द्वारा दी जाती है:
$r_n = r_0 \frac{n^2}{Z}$
हाइड्रोजन परमाणु के लिए, $Z = 1$
$\Rightarrow r_n = r_0 n^2$
इसलिए, तीसरी कक्षा के लिए $n = 3$
इस प्रकार, तीसरी कक्षा की त्रिज्या $r_2 = r_0 \times 3^2$
$= 9r_0$

**70(A).**
- यह परमाणु संख्या 43 वाला एक रासायनिक तत्व है। इसका रासायनिक प्रतीक (Tc) है।
- यह सबसे हल्का तत्व है, जिसके सभी समस्थानिक रेडियोधर्मी हैं, जिनमें से $^{97}$Tc के पूर्ण आयनित अवस्था को छोड़कर कोई भी स्थिर नहीं होता है।
- यह एक चांदी-ग्रे रंग का प्लैटिनम की तरह दिखने वाला रेडियोधर्मी धातु है, जिसे आमतौर पर ग्रे पाउडर के रूप में प्राप्त किया जाता है।
- टेक्नीशियम एक्वा रेजिया, नाइट्रिक अम्ल और सांद्रित सल्फ्यूरिक अम्ल में विलीन हो जाता है, लेकिन यह हाइड्रोक्लोरिक अम्ल में अविलेयशील है।
- कार्लो पेरियर और एमिलियो सेग्रे ने 1937 में टेक्नीशियम की खोज की।
- चिकित्सा परीक्षणों के लिए रेडियोधर्मी समस्थानिक में टेक्नीशियम का उपयोग किया जाता है।

**71(D).** समान ऊर्जा स्तर वाले कक्षक को अपभ्रष्ट कक्षक कहा जाता है।
समान मुख्य क्वांटम नंबर 'n' औरअज़ीमुथल क्वांटम संख्या 'l' वाले कक्षक आम तौर पर अपभ्रष्ट होते हैं।
d-कक्षक का ' l ' मान = 2 है, इसलिए जब उनके पास ' n ' का समान मान होगा, तो वे अपभ्रष्ट होंगे।
आकृति को बेबी-सूदर प्रकार की आकृति कहा जाता है जबकि अन्य क्लोवर के आकार की होती हैं।

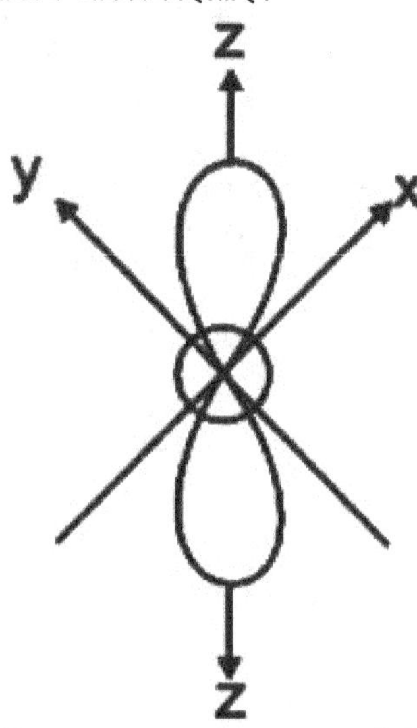


इसलिए, $d$ कक्षक का एक अलग आकार है लेकिन अन्य कक्षक के साथ अपभ्रष्ट हो जाते हैं, वे $d_z$ हैं।

**72(B).** $SF_4$ में $sp^3d$ संकरण है।
- आबंधन की ओर सल्फर के इलेक्ट्रॉनों का योगदान $= 6$
- फ्लोरीन से योगदान $= 4$
- इलेक्ट्रॉन जोड़े की कुल संख्या 5 है, जो $sp^3d$ संकरण से मेल खाती है।
- हालांकि, इनमें से 5 जोड़े, 4 बॉन्ड जोड़े हैं और एक अकेला जोड़ा है।

**73(B).** $O_2$ to $O^{2-}$ आयन में परिवर्तन के दौरान, इलेक्ट्रॉन $\pi*$ कक्षीय पर जोड़ता है।
$O_2$ का विन्यास है
$KK\sigma(2s)^2\sigma*(2s)^2\sigma(2pz)^2\pi(2px)^2\pi(2py)^2\pi*(2px)^1\pi*(2py)^1$
$O^{2-}$ is का विन्यास है
$KK\sigma(2s)^2\sigma*(2s)^2\sigma(2pz)^2\pi(2px)^2\pi(2py)^2\pi*(2px)^2\pi*(2py)^1$

**74(A).** यह सूक्ष्म प्रणालियों के ऊर्जा परिवर्तनों से संबंधित है यह कथन ऊष्मप्रवैगिकी के नियमों के संबंध में सत्य नहीं है।
ऊष्मप्रवैगिकी के नियम कुछ अणुओं वाले सूक्ष्म प्रणालियों के बजाय बड़ी संख्या में अणुओं को शामिल करने वाले मैक्रोस्कोपिक सिस्टम के ऊर्जा परिवर्तनों से निपटते हैं। ऊष्मप्रवैगिकी के नियम तभी लागू होते हैं जब एक प्रणाली संतुलन में होती है या एक संतुलन अवस्था से दूसरी संतुलन अवस्था में जाती है।

**75(C).** गिब्स समीकरण के अनुसार,
$\Delta G = \Delta H - T\Delta S$
$\Delta G = 0$ के लिए
$\Delta H = T\Delta S$
या, $T = \frac{\Delta H}{\Delta S}$
$= \frac{400}{0.2} = 2000$ K

**76(A).** दिया गया है:
रासायनिक संतुलन में $a + b = c + d$ जब दोनो अभिकर्मको की 1 अणु में प्रत्येक में 0.4 अणु मिलाया जाता है तो उत्पाद बनता है।
दिये हुए से हमारे पास है,
एक रासायनिक संतुलन
$a + b = c + d$
संतुलन स्थिरांक,
$\text{Kc} = \frac{[c][d]}{a[b]}$
जब दो में से प्रत्येक में दो अभिकारकों को मिलाया जाता है तो प्रत्येक उत्पाद में 0.4 अणु मिलाया जाता है

1 अणु $= x$ अभिकारकों $+0.4$ गुणनफल
1 अणु -0.4 गुणनफल $= x$ अभिकारकों
$x$ अभिकारकों $= 0.6$ अणु
इसलिए जब $[c] = [d] = 0.4$ अणु
$[a] = [b] = 0.6$ मोल
इसलिए, संतुलन स्थिर,
$Kc = \frac{(0.4\times0.4)}{(0.6\times0.6)}$
$Kc = \frac{4}{9}$
इसलिए, संतुलन स्थिर $Kc = \frac{4}{9}$
अत: विकल्प (A) सही है I

**77(B).** दी गई प्रतिक्रिया, $N_2(g) + O_2(g) \rightleftharpoons 2NO(g)$ एंडोथर्मिक है। इसलिए, ले कैटेलियर के सिद्धांत के अनुसार, उच्च तापमान आगे की प्रतिक्रिया का पक्ष लेता है और इसलिए K जैसे ही बढ़ता T बढ़ता है या K के कम होने पर T कम हो जाती है।
अत: विकल्प (B) सही है I

**78(A).** दिया हुआ,
लोहे का भूरा वलय परिसर यौगिक $[Fe(H_2O)_5(NO)]SO_4$ के रूप में तैयार किया गया है।
सूत्र लगाने पर,
सभी परमाणुओं की कुल ऑक्सीकरण अवस्था का योग = यौगिक पर कुल आवेश
माना लोहे की ऑक्सीकरण अवस्था x है।
$x + 0(5) + 1(1) + 1(-2) = 0$
$\therefore x = +1$
Fe +1 ऑक्सीकरण अवस्था में है। $H_2O$ एक तटस्थ लिगैंड है। $NO^+$ एक धनात्मक आवेश लिगैंड है।

**79(D).** बेरियम पेरोक्साइड और बेरियम ऑक्साइड में बेरियम की ऑक्सीकरण संख्या वही रहती है, जो $+2$ है। ऑक्सीजन की ऑक्सीकरण संख्या बदल जाती है। बेरियम पेरोक्साइड में, यह $-1$ है, जबकि बेरियम ऑक्साइड में यह $-2$ है और ऑक्सीजन में यह 0 है।

**80(C).** एक सजातीय मिश्रण पूरे मिश्रण में समान संरचना और गुणों वाला मिश्रण होता है। वायु नाइट्रोजन, ऑक्सीजन और कार्बन डाइऑक्साइड जैसी गैसों का एक समांगी मिश्रण है।

**81(C).** एक विलायक में एक विलेय की घुलनशीलता कई कारकों से प्रभावित हो सकती है, जिसमें तापमान, दबाव और विलेय और विलायक की रासायनिक प्रकृति शामिल है। हालाँकि, विलेय का कण आकार आमतौर पर घुलनशीलता को प्रभावित नहीं करता है।

**82(B).** अणु की चालकता = इलेक्ट्रोलाइट का संकेन्द्रण(c) / विशिष्ट चालकता(k)
$\Rightarrow K = Nm \times C = 194.5O^{-1}\ cm^2\ mol^{-1} \times 0.05mol^{-1}$
$\Rightarrow K = 9.725\Omega^{-1}\ cm^2\ L^{-1}$
$1\ L = 1000\ cm^3; 1\ L - 1 = 10^{-3}\ cm^{-3}$
as $\frac{1}{R} = \frac{KA}{1}$
$A \rightarrow$ सेल के क्रास-सेक्शन का क्षेत्र;
$1 \rightarrow$ इलेक्ट्रोड सेल की लम्बाई;
$R \rightarrow$ प्रतिरोध
$\Rightarrow \frac{1}{R} = \frac{9.725\Omega^{-1}\ cm^2 \times 10^{-3}\ cm^{-3} 1.50\ cm^2}{0.50\ cm} = 0.0290^{-1}$
$\Rightarrow R = 34.27\Omega$

**83(B).** प्राथमिक सेल वे सेल होते हैं जो विद्युत ऊर्जा का उत्पादन करते हैं और कुछ घंटों के उपयोग के बाद निष्क्रिय हो जाते हैं
प्राथमिक सेल के प्रकार निम्नवत हैं: वोल्टाई सेल, डैनियल सेल, लेक्लांची सेल, शुष्क सेल
सामान्य प्राथमिक सेल एक जस्ता-कार्बन सेल है, जिसे कभी-कभी शुष्क लेक्लांची सेल कहा जाता है, जो कि टॉर्च, रेडियो, और कैलकुलेटर में व्यापक रूप से उपयोग की जाती है।
चार्ज करने के बाद विद्युत ऊर्जा के उत्पादन के लिए द्वितीयक सेल का बार-बार उपयोग किया जा सकता है।
द्वितीयक सेल विद्युत ऊर्जा का उत्पादन नहीं करता है, लेकिन यह केवल ऊर्जा को संग्रहित करता है।
द्वितीयक सेल के प्रकार निम्नवत हैं: लीड-अम्ल, एडिसन सेल, निकल कैडमियम सेल
जब सेल को चार्ज किया जा रहा है तो टर्मिनल संभावित अंतर सेल ई.एम.एफ. से अधिक है, क्योंकि टर्मिनल संभावित अंतर है।
$V = \varepsilon - (-Ir) = \varepsilon + Ir$
जहां V टर्मिनल विभव है, $\varepsilon$ = e.m.f है, I धारा है और r सेल का आंतरिक प्रतिरोध है।
निकल-कैडमियम सेल प्राथमिक सेल का एक उदाहरण है, कथन सही नहीं है।

**84(A).** दी गई प्रतिक्रिया है:
$2Cl_2O_7(g) \longrightarrow 2Cl_2(g) + 7O_2(g)$
यह देखते हुए कि प्रतिक्रिया पहले क्रम की है, इसलिए दर कानून द्वारा दिया गया है,
दर $= K[Cl_2O_7]$; (K दर स्थिर है)
अब, दिया गया है कि 55sec.के बाद। $Cl_2O_7$ का दबाव 0.044 atm है
$t = 0$; का दबाव $Cl_2O_7$was0.062 atm
पहले क्रम की गैसीय प्रतिक्रिया के लिए, हमारे पास है,
$K = \frac{1}{t}\ln\frac{P_0}{P_t}$ .....(1)
जहां, $K =$ दर स्थिर; $t =$ समय
$P_0 =$ अभिकारक गैस का पीटी दबाव $t = 0$
$P_t$ अभिकारक गैस का पीटी दबाव $t = t$
सभी दिए गए मानों को (1) रखने पर
So, $K = \frac{1}{55}\ln\left(\frac{0.062}{0.44}\right)$
$\Rightarrow K = \frac{1}{55} \times 0.343$
$= 0.0062\ s^{-1}$
अब, $t = 100$ s के बाद,
$K = \frac{1}{t}\ln\left(\frac{P_0}{P_t}\right)$
$\Rightarrow 0.0062 = \frac{1}{100}\ln\left(\frac{0.062}{P_t}\right)$
$\Rightarrow 0.62 = \ln\left(\frac{0.062}{P_t}\right)$
दोनों तरफ एंटीलॉग लेना:
$\frac{0.062}{P_t} = e^{0.62}$
$\Rightarrow P_t = \frac{0.062}{e^{0.62}}$
$= \frac{0.062}{1.86}$
$= 0.033$ atm

**85(C).** हम जानते है,
$k = Ae^{\frac{-E_a}{RT}}$
स्थिति - I के लिए:
$k_1 = Ae^{\frac{-100}{RT}}$ और $k_2 = Ae^{\frac{-25}{RT}}$
तो, $\frac{k_2}{k_1} = \frac{e^{\frac{-100}{RT}}}{e^{\frac{-25}{RT}}} = e^{\frac{-75}{RT}}$
$\log\frac{k_2}{k_1} = \frac{-75}{RT} = \frac{75\times10^3}{8.314\times293} = 30.788$
$\frac{k_2}{k_1} = 2.35 \times 10^{30}$
स्थिति - II के लिए:
$r = k[A]^n$
$\therefore$ n और [A], स्थिति - I और II के लिए समान हैं ।
$\therefore \frac{r_2}{r_1} = \frac{k_2}{k_1} = 2.35 \times 10^{30}$
इसलिए अन्य मूल्यों के समान होने पर भी अभिक्रिया की दर अप्रभावित रहती है।

**86(D).** $Fe^{+2}$ आयन अनुमापन के साथ $Cr_2O_7^{-2}$ एक आंतरिक संकेतक के रूप में डाइफिनेलेमाइन का उपयोग करता है। $H_3PO_4$ एक घोल में मिलाया गया जिसमें $Fe^{+2}$ आयन शामिल हैं। फॉस्फोरिक अम्ल की भूमिका $Fe^{+3}$ के साथ सहायक यौगिक के रूप मे मिलाना और $Fe^{+2}$

के ऑक्सीकरण को आगे बढ़ाता हैं। $Fe^{+3}$ को कम करने पर संभावित कमी परिवर्तन होता है। इस प्रकार अंतिम बिंदु का आसानी से पता चल जाता है।
अत: विकल्प (D) सही है I

**87(D).** दिया गया,
Mn की परमाणु संख्या = 25
Fe की परमाणु संख्या = 26
Co की परमाणु संख्या = 27
Ni की परमाणु संख्या = 28
दिए गए आयनों का इलेक्ट्रॉनिक विन्यास है:
$Ni^{3+}$ : $[Ar]3\,d^7 4\,s^0$
$Mn^{3+}$ : $[Ar]3\,d^4 4\,s^0$
$Fe^{3+}$ : $[Ar]3\,d^5 4\,s^0$
$Co^{3+}$ : $[Ar]3\,d^6 4\,s^0$
इस प्रकार, $Co^{3+}$ वांछित विन्यास वाला आयन है।

**88(D).** केलेशन में, रिंग का निर्माण होता है क्योंकि एक ही लिगेंड से दो परमाणु धातु परमाणु के साथ समन्वय करते हैं। ऐसा नहीं हो सकता है यदि लिगेंड मोनोडेंटेट है। ऑक्सालेट एक बाइडेंटेट लिगेंड है इसलिए यह एक केलेट बनाता है। यह अपने दोनों ऋणावेशित $O$ परमाणुओं के साथ समन्वय स्थापित कर सकता है।
एसीटेट, साइनाइड और अमोनिया मोनोडेंटेट लिगेंड हैं। वे सिललेट नहीं बनाते हैं।

**89(B).** वह यौगिक जो विलयन में भिन्न-भिन्न आयन देता है, यद्यपि उनका संघटन समान होता है, आयनन समावयवी कहलाते हैं।
$[Cr(H_2O)_4Cl\,(NO_2)]Cl$ का आयनन समावयवी $[Cr(H_2O)_4Cl_2]NO_2$ है।
$[Cr(H_2O)_4Cl\,(NO_2)]Cl \longrightarrow [Cr(H_2O)_4Cl\,(NO_2)]^+ + Cl^-$
$[Cr(H_2O)_4Cl_2]NO_2 \longrightarrow [Cr(H_2O)_4Cl_2]^+ + NO_2^-$

**90(A).** जैसे-जैसे केंद्रीय धातु परमाणु पर धनात्मक आवेश बढ़ता है, धातु कम आसानी से C-O बंधन को कमजोर करने के लिए CO $\pi^*$ कक्षकों में इलेक्ट्रॉन घनत्व दान कर सकती है। इससे C-O बांड की शक्ति बढ़ जाती है। केंद्रीय धातु $Mn(CO)_6^+$ परमाणु पर आवेश सबसे अधिक होता है
इसलिए, $C-O$ बांड $Mn(CO)_6^+$ में सबसे अधिकतम होगा
इस प्रकार $Mn(CO)_6^+$ में सबसे अधिकतम $C-O$ बंधन होगा।

**91(D).** 2, 2, 3, 3 - टेट्रामिथाइलपेंटेन, 2, 2 - डाइमिथाइल पेंटेन और 2, 2, 3 - ट्राइमेथाइलपेंटेन में आइसोप्रोपिल समूह नहीं होता है।
2 - मिथाइलपेंटेन में एक आइसोप्रोपिल समूह होता है।

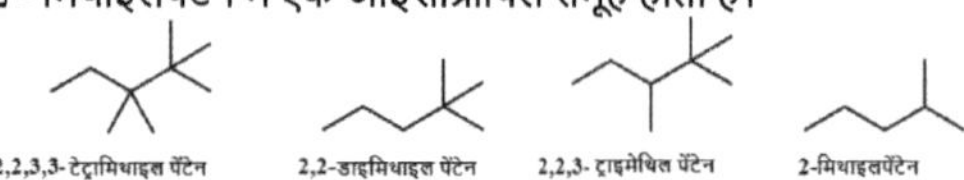


**92(D).** ग्रिग्नार्ड अभिकर्मक अल्कोहल, पानी, प्राथमिक एमाइन, एल्काइन्स जैसे अणुओं में अम्लीय हाइड्रोजन परमाणुओं के साथ तेजी से अभिक्रिया करते हैं, जिससे एल्केन्स का उत्पादन होता है।
(A) ग्रिग्नार्ड अभिकर्मक अल्कोहल और पानी जैसे अणुओं में अम्लीय हाइड्रोजन परमाणुओं के साथ तेजी से अभिक्रिया करते हैं। जब ग्रिग्नार्ड अभिकर्मक पानी के साथ अभिक्रिया करता है, तो एक प्रोटॉन हैलोजन की जगह लेता है, और उत्पाद एक एल्केन होता है। इसलिए ग्रिग्नार्ड अभिकर्मक दो चरणों में एक हैलोकेन को एक एल्केन में परिवर्तित करने के लिए एक मार्ग प्रदान करता है।
(B) नाइट्रोजन जैसे इलेक्ट्रोनगेटिव परमाणु के लिए प्रोटॉन को जोड़ना पर्याप्त है, इसलिए प्राथमिक और यहां तक कि माध्यमिक एमाइन भी ग्रिग्नार्ड अभिकर्मकों के साथ उसी तरह अभिक्रिया करेंगे। हम सिर्फ अमीन को डिप्रोटोनेट करते हैं, ग्रिग्नार्ड अभिकर्मक का हाइड्रोकार्बन हिस्सा एक अल्केन को समाप्त करता है।
(C) हमें पता है कि ऐल्कीन्स, एल्केन्स की तुलना में अधिक अम्लीय होते हैं। इसलिए, आसानी से उपलब्ध ग्रिग्नार्ड अभिकर्मक के साथ एक ऐल्कीन की अम्ल-क्षार अभिक्रिया, ऐल्कीन का ग्रिग्नार्ड अभिकर्मक देती है। ग्रिग्नार्ड अभिकर्मक का यह एल्केनाइड आयन कार्बोनिल यौगिकों के साथ अभिक्रिया करता है।

**93(C).** वेस्ट्रॉन का सूत्र $C_2H_2Cl_4$ है। इसे 1, 1, 2, 2 -टेट्राक्लोरोइथेन भी कहा जाता है ।
वेस्ट्रॉन एक कार्बनिक यौगिक है जिसमें कुल 8 तत्व होते हैं। तीन तत्व हैं जो विभिन्न अनुपातों में वेस्ट्रोन यौगिक बनाते हैं। इसमें कार्बन परमाणु, हाइड्रोजन परमाणु और क्लोरीन परमाणु मौजूद होते हैं। कार्बन तत्व के 2 परमाणु, हाइड्रोजन तत्व के 2 परमाणु और क्लोरीन तत्व के 4 परमाणु होते हैं।

**94(A).** गैसीय ब्रोमिन के साथ सबसे आसानी से प्रतिक्रिया करने वाले यौगिक में सूत्र $C_3H_6$ है।
असममित एल्कीन आमतौर पर सममित एलकेन्स, एल्कीन और एल्केन्स की तुलना में अधिक प्रतिक्रियाशील होते हैं। इसीलिए, प्रोपिन अन्य दिए गए यौगिकों की तुलना में अधिक प्रतिक्रियाशील है।

**95(D).** एक मजबूत आधार की उपस्थिति में, ई 2 पसंदीदा मार्ग होगा। उन्मूलन आमतौर पर प्रतिस्थापन पर पसंद किया जाता है जब तक कि प्रतिक्रियाशील एक मजबूत न्यूक्लियोफाइल नहीं है, लेकिन कमजोर आधार है। जब तक एक मजबूत भारी आधार का उपयोग नहीं किया जाता है, तब तक प्रतिस्थापन आमतौर पर उन्मूलन पर पसंद किया जाता है। एक अल्कील हैलाइड में प्रतिस्थापन प्रतिक्रिया की तुलना में अनुकूल उन्मूलन प्रतिक्रिया विलायक की कम ध्रुवीयता, मजबूत आधार, आधार की उच्च एकाग्रता है।

**96(C).** मोलीसच का परीक्षण एक संवेदनशील रासायनिक परीक्षण है, जिसका नाम ऑस्ट्रियाई वनस्पतिशास्त्री हंस मोलीसच के नाम पर रखा गया है, जो कार्बोहाइड्रेट की उपस्थिति के लिए, सल्फ्यूरिक एसिड या हाइड्रोक्लोरिक एसिड द्वारा कार्बोहाइड्रेट के निर्जलीकरण के आधार पर एक एल्डिहाइड का उत्पादन करते हैं, जो एक फिनोल के दो अणुओं (आमतौर पर $\alpha$) के साथ होता है -नाफथोल, हालांकि अन्य फिनोल।

**97(C).** गनीडाइन प्रबल क्षार है क्योंकि डेलोकलाइज़ेशन के कारण इसका कंजुगेट एसिड अत्यधिक स्थिर है। इसकी 3 समतुल्य रेसोनाटिंग संरचनाएं हैं।

**98(B).** प्रश्न में दी गई अभिक्रिया में दो महत्वपूर्ण चरण शामिल हैं, पहला अपचयन चरण है और दूसरा डाइऐजोकरण अभिक्रिया है।
अपचयन चरण के लिए एक प्रबल अपचायक कर्मक लिथियम एल्यूमीनियम हाइड्राइड ($LiAlH_4$) की आवश्यकता होती है, जो साइनो समूह के ट्रिपल बॉन्ड को कम करता है और उत्पाद के रूप में प्राथमिक अमीन देता है।
डाइऐजोकरण अभिक्रिया: यह एक प्राथमिक एरोमैटिक एमीन को एमीन के डायज़ोनियम लवण में परिवर्तित करने की अभिक्रिया है।
अभिक्रिया में अभिकर्मक सोडियम नाइट्राइट और हाइड्रोक्लोरिक अम्ल ($NaNO_2 + HCl$) का उपयोग शामिल है।
संपूर्ण अभिक्रिया इस प्रकार है,

**99(B).** आधार प्रकृति का आदेश इलेक्ट्रॉन दान की प्रवृत्ति पर निर्भर करता है।
यौगिक नाइट्रोजन में सभी यौगिकों के बीच sp2

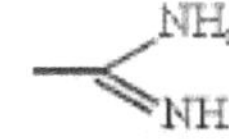


संकरण कम से कम बुनियादी है। कंपाउंड बहुत मजबूत नाइट्रोजनयुक्त कार्बनिक आधार है, क्योंकि एक नाइट्रोजन की एकल जोड़ी प्रतिध्वनि में एक दूसरे से जुड़ती है और एक और नाइट्रोजन को नकारात्मक रूप से चार्ज करती है और संयुग्मित एसिड में दो समान प्रतिध्वनि संरचना होती है।

इस प्रकार यह दिए गए यौगिकों में सबसे बुनियादी है।

NHCH$_3$ (secondary amine) more basic than NH$_2$ (primary amine)

अत: विकल्प (B) सही है I

**100(D).** $HCl/H_2O\&NaBH_4$ :
जब साइनोबेंजीन हाइड्रोक्लोरिक एसिड और पानी से बेंजोइक एसिड बनाने के लिए प्रतिक्रिया करता है जो बदले में बेंजाइल अल्कोहल बनाने के लिए सोडियम बोरोहाइड्राइड के साथ प्रतिक्रिया करता है।

CN $\xrightarrow[H_2O]{HCl}$ $CO_2H$ $\xrightarrow{NaBH_4}$ $CH_2OH$

इस प्रकार, विकल्प (D) में बेन्ज़िलामाइन नहीं बनता है। इस प्रकार, $HCl/H_2O$ और $NaBH_4$ का उपयोग करना सायनोबेंजीन से बेंज़िलमाइन तैयार करने की सही विधि नहीं है।

**101(D).** विन्नेटका योजना कार्लटन डब्ल्यू. वाशबर्न द्वारा विकसित एक अभिनव पाठ्यक्रम है।
छात्र की विविध रुचि, क्षमताओं और जरूरतों को पूरा करने के लिए विकसित।
जॉन डेवी के काम से प्रेरित है, इसलिए उन्होंने रचनात्मक गतिविधियों और विन्नेटका योजना में प्रायोगिक अनुभवों को शामिल करने पर जोर दिया।
पाठ्यक्रम को दो घटकों में विभाजित किया गया था जिसमें "सामान्य आवश्यक" और "रचनात्मक समूह गतिविधियां" शामिल हैं। पहला घटक लेखन, वर्तनी और अंकगणित पढ़ने में कौशल सिखाने के द्वारा बच्चों की निपुणता और बौद्धिक विकास के कौशल पर केंद्रित था, जबकि दूसरा कला, शिल्प, साहित्य और शारीरिक गतिविधियों में शिक्षार्थियों की भागीदारी पर केंद्रित था। इस योजना ने शिक्षकों को शिक्षार्थियों की विविध आवश्यकताओं और समस्याओं को दूर करने के लिए कक्षा में नवीन शिक्षाशास्त्र का उपयोग करने पर जोर दिया।
मुख्य रूप से बौद्धिक, शारीरिक, और सामाजिक शिक्षा द्वारा याद करने और अभ्यास की सामान्य प्रथाओं को बदलने और बच्चे की पूरी क्षमता का उपयोग करने के बारे में।

**102(B).** जॉन डेवी, एक अमेरिकी दार्शनिक ने 'प्रगतिशील शिक्षा' की अवधारणा का प्रस्ताव दिया है, जो इस बात पर जोर देता है कि शिक्षण केवल 'स्वयं करने' के दृष्टिकोण से होता है, इसलिए छात्रों को अपने पर्यावरण के साथ अनुकूल बनने और सीखने के लिए सहभागिता करनी चाहिए।
प्रगतिशील शिक्षा बच्चों को अपने ज्ञान, प्रतिभा और कौशल का उपयोग करने और खुद को बनाए रखने और आर्थिक विकास को बढ़ावा देने के लिए आत्मनिर्भर और उत्पादक बनाने के लिए 'करके सीखने' को प्रोत्साहित करती है।
समावेशी शिक्षा: शिक्षा प्रणाली, सभी बच्चों को शामिल करने के लिए संदर्भित करती है, भले ही उनमें भिन्नताएं और अक्षमताएं हों। यह स्कूल को एक ऐसी जगह बनाने के बारे में है जहाँ सभी बच्चे भाग ले सकते हैं और सीख सकते हैं।
एकीकृत शिक्षा: उस शिक्षा को संदर्भित करता है जहां विभिन्न प्रकार के शिक्षार्थी एक ही छत के नीचे सीखते हैं।
शिक्षक-केंद्रित शिक्षा: शिक्षा जहां शिक्षक एक केंद्रीय भूमिका निभाता है और छात्र निष्क्रिय श्रोता होते हैं।

**103(B).** दूर अधिगम स्थानांतरण में, "मूल और स्थानांतरण समायोजन के बीच निम्न अतिव्यापन" होता है ।
- अधिगम का स्थानांतरण: एक कार्य को सीखने के बाद उसका प्रभाव दूसरे कार्य पर पड़ सकता है जिसे अधिगम का स्थानांतरण कहा जाता है।
- अधिगम के स्थानांतरण को पाठ्यचर्या विकास का आधार माना जाता है क्योंकि यह सीखने के लिए कौशल के अनुक्रम की व्यवस्था के लिए एक आधार प्रदान करता है।

हंग के अनुसार, "निकट स्थानांतरण" संज्ञानात्मक प्रसंस्करण से जुड़े अधिगम का प्रत्यक्ष अनुप्रयोग स्तर है और "दूर स्थानांतरण" छात्रों के लिए चुनौतियां प्रस्तुत करता है क्योंकि रूपों के बीच समानता और प्रासंगिकता की डिग्री में कमी आई है।

**निकट स्थानांतरण :**
- बहुत समान संदर्भों के बीच स्थानांतरण।
- मूल और स्थानांतरण समायोजन के बीच विचारणीय अतिव्यापन।
- नई शिक्षा को ऐसी स्थिति में लागू करना जो उन स्थितियों से बहुत मिलती-जुलती हो जिनमें प्रशिक्षण हुआ था।
- जब एक मैकेनिक कार के नए मॉडल में इंजन की मरम्मत करता है, लेकिन वह यह पिछले मॉडल के समान स्वरूप के साथ करता है।

**दूर स्थानांतरण:**
- मूल और स्थानांतरण समायोजन के बीच निम्न अतिव्यापन।
- उन संदर्भों के बीच स्थानांतरण जो एक दूसरे के लिए अजनबी प्रतीत होते हैं।
- नई सीख को उन स्थितियों में लागू करना जो नई हैं या उन परिस्थितियों से भिन्न हैं जिनमें प्रशिक्षण हुआ था
- एक शतरंज खिलाड़ी निवेश नीतियों के लिए बुनियादी रणनीतियां लागू कर सकता है।

इसलिए, हम यह निष्कर्ष निकाल सकते हैं कि दूर अधिगम स्थानांतरण में, "मूल और स्थानांतरण समायोजन के बीच निम्न अतिव्यापन" होता है।

**104(C).** दिए गए प्रश्न में, ''ऊष्मा तथा तापमान' विषय के शिक्षण में एक अन्वेषण अभिगम का उपयोग करते हुए विज्ञान कक्षा के लिए नियोजन का क्रम इस प्रकार होना चाहिए-
- विद्यार्थियों को यह खोज करने दीजिये कि क्या होगा जब वे गर्म जल के भरे एक पात्र को ठंडे जल से भरे पात्र के भीतर रखेंगे ताकि वास्तविक स्थिति को देखकर उन्हें अनुभव हो।
- फिर विद्यार्थियों को विभिन्न वस्तुओं में ऊष्मा के प्रहाव की दिशा संबंधित निष्कर्ष निकालने को कहें।
- अंत में, विद्यार्थियों से विभिन्न वस्तुओं में ऊष्मा प्रवाह की दिशा का पता लगाने के लिए कहें, यह प्रायोगिक गतिविधि द्वारा प्राप्त ज्ञान का अनुप्रयोग होगा।

इसलिए, सही क्रम होगा:
- छात्रों को यह पता लगाने के लिए कहना कि क्या होगा जब वे गर्म जल के भरे एक पात्र को ठंडे जल से भरे पात्र के भीतर रखेंगे।
- विद्यार्थियों को ऊष्मा तथा तापमान में संबंध की व्याख्या करने को कहें।
- विद्यार्थियों से विभिन्न वस्तुओं में ऊष्मा के प्रवाह की दिशा का पता लगाने के लिए कहें।

**105(A).** विज्ञान को उस प्रक्रिया के रूप में परिभाषित किया गया है जिसमें प्रयोग, परीक्षण परिकल्पना, निर्माण साक्ष्य और सैद्धांतिक चर्चा शामिल है क्योंकि यह समीक्षा और नवीनीकरण की निरंतर प्रक्रिया के साथ जुड़ाव से संबंधित है। यह विद्यार्थियों में सृजनात्मकता के पोषण के महत्व को दर्शाता है।
विभिन्न शोधकर्ताओं द्वारा पहचाने गई वैज्ञानिक सृजनात्मकता से संबंधित कुछ सोचने की क्षमता/संज्ञानात्मक प्रक्रियाएं निम्नलिखित हैं:
- अपसारी चिंतन क्षमता
- सृजनात्मक समस्या अन्वेषण
- समस्या का सृजनात्मक हल
- छात्रों को कई तरीकों से उत्तर तैयार करने के लिए प्रोत्साहित करना
- छात्रों को विविध प्रकार के सीखने के अनुभव प्रदान करना
- विज्ञान प्रक्रिया कौशल का अनुप्रयोग
- वैज्ञानिक जिज्ञासा
- पूछताछ के मॉडल विकसित करने में छात्रों की सहायता करना
- खुलापन
- परिकल्पना सूत्रीकरण
- एक बहु-विषयक दृष्टिकोण के उपयोग में छात्रों का मार्गदर्शन करना
- नए रिश्ते या संबंध ढूँढना
- विस्तार: किसी स्थिति में नया ज्ञान जोड़ना।

इसलिए , विद्यार्थियों में सृजनात्मकता के पोषण के लिए एक शिक्षक उपरोक्त सभी कार्य कर सकता है, सिवाय छात्रों को नियत तरीके से उत्तर गठन के लिए प्रोत्साहित करके।

**106(A).** विद्यालय में ऊर्जा संरक्षण के विभिन्न तरीकों को समझने में अपने विद्यार्थियों की मदद करने के लिए एक शिक्षिका समस्या-समाधान

रणनीति का प्रयोग करना चाहती है। समस्या समाधान विधि का पहला चरण ऊर्जा उपयोग संबंधित आँकड़े एकत्रित करना होगा।

समस्या-समाधान एक महत्वपूर्ण संज्ञानात्मक गतिविधि है। यह सोचने की प्रक्रिया के लिए इतना केंद्रीय है कि बहुत से लोग इसे सोच के साथ परस्पर उपयोग करते हैं।

- समस्या-समाधान से तात्पर्य किसी विशिष्ट कार्य/स्थिति को हल करने के लिए निर्देशित सोच से है।
- एक क्षण के चिंतन से यह स्पष्ट हो जाएगा कि हमारे दिन भर की सभी गतिविधियों में समस्या-समाधान शामिल है।
- समस्या सरल या जटिल हो सकती है।

इस प्रकार की सोच के तीन चरण होते हैं जो किसी समस्या के घटित होने के चरण से शुरू होते हैं और उसके बाद मानसिक कार्यों का एक समुच्चय होता है, जिससे समस्या का समाधान होता है। एक समस्या एक ऐसी स्थिति को दर्शाती है जिसके लिए समाधान की आवश्यकता होती है।

इसलिए , जब विद्यालय में ऊर्जा संरक्षण के विभिन्न तरीकों को समझने में अपने विद्यार्थियों की मदद करने के लिए एक शिक्षिका समस्या-समाधान रणनीति का प्रयोग करना चाहती है। तो, समस्या-समाधान रणनीति में पहला चरण अपव्ययी व्यवहारों की पहचान करना होगा।

**107(B).** Children learn various lessons of learning the English language throughout their school life. At various stages/ standards, children learn different difficulty levels of English.

**108(A).** Stammering is a type of communication disorder.
A Stammering might be due to:

- an oral impairment, like problems with the tongue or palate (the roof of the mouth).
- a short frenulum (the fold beneath the tongue), which can limit tongue movement.

So, we can conclude that stammering is a defect of language development in children.

**109(B).** Rohan, a student of class IV often confuse letters with the same shapes and sounds and also mix up the order of letters which results in misspelled words. He is suffering from Dyslexia.

Dyslexia is the most common learning disability which results in reverse or mirror images of the alphabet. It is a learning disability that makes learners:

- Unable to read and interpret letters and words.
- Confuse with the same shapes and sounds of the alphabet.
- Bewilder in identifying and relating speech sounds with letters and words.

So, it is clear that Rohan is suffering from Dyslexia.

**110(C).** स्थानन मूल्यांकन यह जानने के लिए किया जाना चाहिए कि क्या बच्चा कक्षा V में प्रवेश के लिए योग्य है।

शिक्षार्थियों के प्रवेश व्यवहार या पूर्व ज्ञान को मापने के लिए शिक्षण-अधिगम गतिविधियों के संगठन से पहले स्थानन मूल्यांकन किया जाता है।

**111(D).** केंद्रीय माध्यमिक शिक्षा बोर्ड ने माध्यमिक और उच्च माध्यमिक स्तर पर परीक्षा की खुली पुस्तक प्रणाली लागू की है। यह शिक्षार्थियों को प्रश्नों को हल करने में सहायता करती है, साथ ही मूल्यांकनकर्ताओं को प्रश्नों का विश्लेषण करने, उत्तर प्राप्त करने, उन्हें व्यवस्थित करने और उत्तर पुस्तिकाओं में प्रस्तुत करने के शिक्षार्थियों के कौशल को समझने में मदद करती है।

खुली पुस्तक परीक्षा मूल्यांकन के क्षेत्र में एक और महत्वपूर्ण समकालीन विकास है। खुली पुस्तक परीक्षा के दौरान प्रश्नों के उत्तर लिखने के लिए पाठ्यपुस्तकों के प्रयोग पर बल दिया जाता है।

**112(A).** स्थानन आकलन शिक्षार्थियों के मौजूदा या पूर्व ज्ञान को जानने के लिए शिक्षण-अधिगम की प्रक्रिया को आगे बढ़ाने से पहले किया जाता है।
इसमें व्यवहार का आकलन शिक्षण आरंभ होने से पूर्व यह जानने के लिए किया जाता है, कि क्या शिक्षार्थी नए अनुभव को प्राप्त करने में सक्षम है, जो पूर्व ज्ञान से संबंधित है। स्थान आकलन शिक्षक को छात्रों के सीखने के मौजूदा स्तर से उन्हें उन्नत या अगले स्तर के अधिगम की ओर ले जाने में मदद करता है।

**113(C).** यदि एक शिक्षक को एक छात्र मिलता है जो दूसरों की तुलना में बुद्धिमान है, तो वह उस छात्र को कक्षा की गतिविधियों में और सामान्य रूप से जीवन में उत्कृष्टता और प्रगति के लिए प्रोत्साहित करने की अधिक संभावना होगी।

**114(D).** पहली बार अपने छात्रों से मिलने वाले शिक्षक को कक्षा के साथ तालमेल विकसित करना चाहिए और पूरे विषय की व्यापक रूपरेखा देनी चाहिए।

पहली बार मिलते समय शिक्षक को चाहिए कि वह छात्रों का गर्मजोशी से अभिवादन करें और अपना परिचय दें।

उसे एक विषय की रूपरेखा भी देनी चाहिए। यह एक दस्तावेज है जो किसी विषय की सभी महत्वपूर्ण जानकारी को हाइलाइट करता है, जैसे आपके व्याख्याता और समन्वयकों का विवरण, उनके संपर्क विवरण और परामर्श समय, सीखने के परिणाम, साप्ताहिक रीडिंग और गतिविधियां, मूल्यांकन कार्य और मानदंड और संदर्भ शैली।

**115(C).** मानचित्रण से तात्पर्य मानचित्र पर प्रस्तुत भौगोलिक सूचना को समझने के कार्य से है। मानचित्रों को आरेखित करने और समझने के लिए, प्राथमिक स्तर के छात्रों में क्षमताओं को विकसित करना आवश्यक है सापेक्ष स्थिति और अभिविन्यास के बारे में एक विचार।

**116(C).** पोस्टर 'ईंधन के संरक्षण' विषय को समझने के लिए सबसे अच्छे संसाधन के रूप में कार्य करते हैं। पोस्टर जानकारी के बारें में सूचना देते हैं और चित्र या प्रासंगिक नारे लगभग सभी छात्रों की नज़र में आते हैं।

**117(A).** प्रायिकता, डीन्स ब्लॉक का उपयोग करते हुए नहीं पढ़ाई जा सकती है। प्रायिकता गणित की वह शाखा है जो संख्यात्मक विवरणों से संबंधित है कि किसी घटना के होने की कितनी संभावना है, या यह कितनी संभावना है कि कोई प्रस्ताव सत्य है।

**118(B).** 1905 में जब भारत के वायसराय लॉर्ड कर्जन ने बंगाल के विभाजन की घोषणा की, तब भारत में स्वदेशी आंदोलन शुरू हुआ। यह सबसे सफल पूर्व-गांधीवादी आंदोलन में से एक था। आंदोलन के प्रमुख व्यक्तित्व अरबिंदो घोष, बाल गंगाधर तिलक, बिपिन चंद्र पाल और लाला लाजपत राय थे।

आंदोलन की मुख्य विशेषताएं थीं:

- सरकारी स्कूलों, कॉलेजों, सेवाओं और अदालतों का बहिष्कार।
- विदेशी वस्तुओं का बहिष्कार करना और स्वदेशी वस्तुओं को बढ़ावा देना।
- राष्ट्रीय शिक्षा को बढ़ावा देना और राष्ट्रीय स्कूलों की स्थापना।
- विभाजन के दिन कोलकाता में बड़े पैमाने पर प्रदर्शन किया गया
- कोलकाता में हड़ताल और बड़ी सभाओं का आयोजन किया गया।

**119(D).** अरुणांचल प्रदेश सबसे कम जनसंख्या घनत्व वाला राज्य है। बिहार में सबसे अधिक जनसंख्या घनत्व वाला राज्य है।

**120(A).** रुपये की आंशिक परिवर्तनीयता मार्च 1992 में पेश की गई थी। जब आंशिक परिवर्तनीयता प्राप्त होती है तो विनिमय दर भारित औसत होती है।

**121(A).** 13 वें अंतर्राष्ट्रीय सम्मेलन सह पुरस्कार - नागरिक उड्डयन और कार्गो - 2022 का आयोजन नई दिल्ली में एसोचैम द्वारा किया गया था।
फ्रैंकफिन इंस्टीट्यूट ऑफ एयर होस्टेस ट्रेनिंग ने 'सर्वश्रेष्ठ एयर होस्टेस ट्रेनिंग इंस्टीट्यूट - 2021 ' के लिए प्रतिष्ठित पुरस्कार प्राप्त किया।
यह पुरस्कार माननीय केंद्रीय नागरिक उड्डयन मंत्री श्री ज्योतिरादित्य एम सिंधिया द्वारा श्री के.एस. कोहली, संस्थापक और गैर-कार्यकारी अध्यक्ष, फ्रैंकफिन समूह।

**122(B).** ब्रिटिश शासन के दौरान बिहार को एक अलग प्रांत का दर्जा 1912 ई. में प्राप्त हुआ।

**123(C).** हेमिस नेशनल पार्क भारत के लद्दाख में एक उच्च ऊंचाई वाला राष्ट्रीय उद्यान है। पार्क हिम तेंदुए सहित लुप्तप्राय स्तनधारियों की कई प्रजातियों का घर है। हेमिस नेशनल पार्क, पलारक्टिक क्षेत्र के अंदर भारत का संरक्षित क्षेत्र है, हेमिस के उत्तर-पूर्व में चांगथांग वन्यजीव

अभयारण्य के बाहर, और उत्तरी सिक्किम में प्रस्तावित त्सो ल्हामो शीत रेगिस्तान संरक्षण क्षेत्र है।

**124(B).** हरितगृह प्रभाव वह प्रक्रिया है जिसके द्वारा सूर्य से निकलने वाले विकिरण हरितगृह गैसों द्वारा अवशोषित होते हैं और वापस अंतरिक्ष में परावर्तित नहीं होते हैं। यह पृथ्वी की सतह को भौमजलरोधी बनाता है और इसे हिमीकरण से बचाता है। हरितगृह गैसों के बढ़ते स्तर के कारण, विभिन्न कारकों के कारण पृथ्वी का तापमान बहुत उच्च स्तर तक बढ़ जाता है। इसने कई प्रबल प्रभाव डाले हैं।

**125(B).** जल जनित बीमारियों को सुरक्षित पेयजल प्रदान करके रोका जा सकता है।
जल जनित रोग या पानी से संबंधित रोग मानव या पशु मल द्वारा पानी के संदूषण पीने से होते हैं जिनमें रोगजनक सूक्ष्मजीव होते हैं।
सामान्य जल जनित रोग हैं: टाइफाइड बुखार, दस्त, हैजा, हेपेटाइटिस, आदि।

**126(A).** पश्चिमी घाट (सहयाद्री) को भारत का पारिस्थितिक गर्म स्थान कहा जाता है।
पश्चिमी घाट एक 1600 किलोमीटर लंबी पर्वत श्रृंखला है जो भारत के पश्चिमी तट के समानांतर चलती है यह जैव-विविधता संरक्षण के प्रयासों हेतु दुनिया के आठ सबसे 'गर्म' स्थलों में से एक है।

**127(A).** विश्व जल दिवस प्रतिवर्ष 22 मार्च को ताजे पानी के महत्व पर ध्यान केंद्रित करने और ताजे पानी के संसाधनों के स्थायी प्रबंधन की वकालत करने के साधन के रूप में प्रतिवर्ष आयोजित किया जाता है। यह दिवस पानी से संबंधित मुद्दों के बारे में अधिक जानने और दूसरों को बताने और एक फर्क करने के लिए कार्रवाई करने के लिए प्रेरित होने का अवसर है। पानी जीवन का एक आवश्यक निर्माण खंड है।

**128(B).** 12 लड़कों की औसत उम्र = 15
12 लड़कों के उम्रों का योग = 15 × 12 = 180
18 लड़कियों की औसत उम्र = 13
18 लड़कियों के उम्रों का योग= 12 × 18 = 216
12 लड़कों और 18 लड़कियों के उम्र का योग = 180 + 216 = 396
12 लड़कों और 18 लड़कियों की औसत उम्र = $\frac{396}{(12+18)} = \frac{396}{30} =$ 13.2

**129(B).** दिया गया है:
मूलधन = रु 800
दर $= 10\%$
राशि $= 926.10$
जैसा दिया गया है, ब्याज अर्ध-वार्षिक रूप से संयोजित होता है, तब
दर $= \frac{10}{2} = 5\%$
समय $= 2 \times t$
प्रश्न के अनुसार,
$926.1 = 800\left(1+\frac{5}{100}\right)^{2t}$
$\Rightarrow \left(1+\frac{1}{20}\right)^{2t} = \frac{926.1}{800}$
$\Rightarrow \left(\frac{21}{20}\right)^{2t} = \frac{9261}{8000}$
$\Rightarrow \left(\frac{21}{20}\right)^{2t} = \left(\frac{21}{20}\right)^{3}$
घातो की तुलना करने पर
$\Rightarrow 2t = 3$
$\therefore$ आवश्यक समय $= \frac{3}{2} = 1\frac{1}{2}$ वर्ष

**130(C).** माना भिन्न $\frac{x}{y}$ है,
प्रश्न के अनुसार,
$x + y = 2 + 2x$
$\Rightarrow x - y = -2 \quad \ldots\ldots(1)$
और,
$\frac{x-3}{y-3} = \frac{3}{4}$
$\Rightarrow 4x - 12 = 3y - 9$
$\Rightarrow 4x - 3y = 3 \quad \ldots\ldots(2)$
(1) को 4 से गुणा करने पर हमें प्राप्त होता है,
$4x - 4y = -8 \quad \ldots\ldots(3)$
(3) को (2) से घटाएं, हमें मिलता है,
$y = 11$
और $y$ के मान को (1) में रखने पर हमें $x = 9$ मिलता है।
इसलिए, भिन्न $\frac{9}{11}$ है।

**131(B).** दिया गया:
दो संख्याओं का लघुत्तम समापवर्तक $= 2376$
दो संख्याओं का महत्तम समापवर्तक $= 33$
संख्या में से एक $= 297$
$\because$ (दो संख्याओं का महत्तम समापवर्तक) $\times$ (दो संख्याओं का लघुत्तम समापवर्तक) = (पहला नंबर) $\times$ (दूसरा नंबर)
$\therefore$ दूसरा नंबर $= \frac{33\times2376}{297} = 264$

**132(A).** दिया गया,
लंबाई $(l) = 49cm$
चौड़ाई $(b) = 33cm$
ऊँचाई $(h) = 24cm$
माना की $r$ गोले की त्रिज्या है।
जैसा कि हम जानते हैं,
गोले का आयतन $= \frac{4}{3}\pi r^3$
घनाभ का आयतन $= l \times b \times h$
घनाभ का आयतन = ढले हुए गोले का आयतन
$l \times b \times h = \frac{4}{3}\pi r^3$
$\Rightarrow 49 \times 33 \times 24 = \frac{4}{3} \times \frac{22}{7} r^3$
$\Rightarrow \frac{49\times33\times24\times3\times7}{4\times22} = r^3$
$\Rightarrow 9261 = r^3$
$\Rightarrow (21)^3 = r^3$
$\therefore r = 21cm$
इसलिए, गोले की त्रिज्या $21cm$ है।

**133(A).** यहाँ स्वरूप निम्न प्रकार अनुसरण करता है:

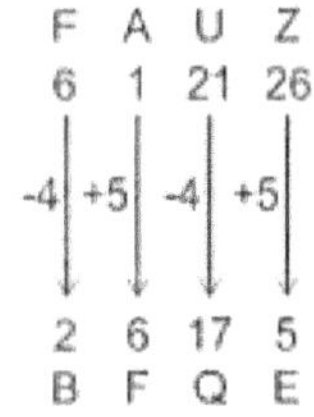


इस प्रकार,

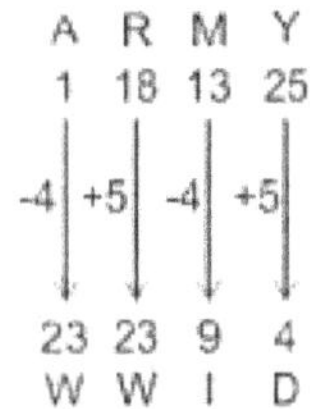


इस प्रकार, सही उत्तर "WWID" है।

**134(B).** आकृति I और II की प्रत्येक जोड़ी में, आकृति 90° दक्षिणावर्त / वामावर्त में घुमाई जाती है। नीचे दी गई आकृति में, आकृति II, आकृति I का घुमाया हुआ रूप नहीं है, बल्कि यह विपरीत है।

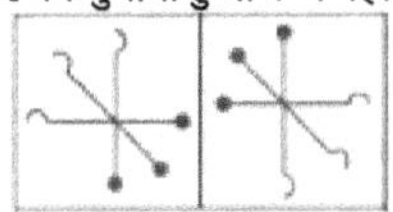

**135(A).** श्रृंखला में n संख्याओं का योग $= \frac{n}{2}[2a + (n-1)d]$
जहाँ 'a' श्रृंखला की पहली संख्या है और 'd' सार्व अंतर है।

$S = 1 + 2 + 3 + \ldots\ldots.. + 100$

यह पहला पद a = 1, सार्व अंतर d = 1 और n = 100 के साथ एक समांतर श्रेणी है।

$S = \frac{100}{2}[2 \times 1 + (100 - 1)1]$

$S = 50 \times 101$

$S = 5050$

**136(D).** यहाँ अनुसरित स्वरूप निम्न प्रकार है: स्वरों के लिए वर्णमाला को अगले स्वर के रूप में कूटित किया जाता है और इसी प्रकार व्यंजन के लिए वर्णमाला को अगले अक्षर के रूप में कूटित किया जाता है।

E X T E R N A L → I Y U I S O E M और, P A R T I C L E → Q E S U O D M I इसी प्रकार, A N A L Y S I S → E O E M Z T O T

**137(D).**

| Symbol | Character/Relationship |
|---|---|
| □ | पुरुष |
| ○ | महिला |
| ⬡ | अज्ञात लिंग |
| — | शादीशुदा जोड़ा |
| ↔ | भाई-बहन |
| ≈ | चचेरे भाई बहिन |
| □ (नीचे की ओर तीर) | के पिता हैं |
| ○ (नीचे की ओर तीर) | की माँ है |
| □ (ऊपर से तीर) | का बेटा है |
| ○ (ऊपर से तीर) | की बेटी है |

वंशवृक्ष के विश्लेषण से यह स्पष्ट होता है कि A, B का पिता है।

**138(D).** यदि आपकी कक्षा के अधिकांश छात्र कमजोर हैं, तो आपको अपने शिक्षण को धीमा रखने के साथ-साथ उज्ज्वल विद्यार्थियों के लिए कुछ अतिरिक्त मार्गदर्शन भी देना चाहिए। प्रत्येक व्यक्ति अलग-अलग IQ स्तरों के साथ अद्वितीय होता है। कुछ छात्रों में तेजी से हथियाने और लंबे समय तक याद रखने की क्षमता होती है। दूसरों में कम उठाने की क्षमता होती है। एक संगठन, स्कूल या कॉलेज में, सक्रिय और कमजोर दोनों छात्र अध्ययन करते हैं। शिक्षकों और प्रोफेसरों को अपनी विशिष्ट आवश्यकताओं के अनुसार प्रत्येक और हर किसी का ध्यान रखना चाहिए। कमजोर छात्रों या धीमी गति से सीखने वालों को अतिरिक्त ध्यान देने की आवश्यकता होती है। कमजोर छात्र को दंडित करना आवश्यक समाधान प्रदान नहीं करता है।

इसलिए, सही विकल्प (D) है।

**139(D).** यदि आपकी कक्षा के अधिकांश छात्र कमजोर हैं, तो शिक्षक को आपके शिक्षण को धीमी गति के विद्यार्थियों के लिए कुछ अतिरिक्त मार्गदर्शन के साथ धीमा रखना चाहिए:

- हर छात्र मनोवैज्ञानिक पहलुओं जैसे बुद्धि, व्यक्तित्व आदि पर दूसरों से अलग होता है।
- हर बच्चे की सीखने की गति अलग होती है और सभी बच्चों के लिए एक ही तरीका लागू नहीं हो सकता है।
- उज्ज्वल लोगों के लिए अतिरिक्त मार्गदर्शन उन्हें बोर नहीं होने देगा और उन्हें ज्ञान के निर्माण में व्यस्त रखेगा

**140(B).** Excessive use of toffees, chocolates and fast food is not a cause of disorders.

Disorders are neurologically-based conditions that can interfere with acquisition, retention, or application of specific skills. It results in constant behaviour patterns that affect the functions of normal life and elimination purposeful functioning of cognition of and emotions.

Causes of Disorders:

- Prenatal illness and infections
- Poor model or wrong ideals
- Lower Socio-economic status
- Chemical imbalances in the brain
- Environmental, educational and emotional causes
- Repression and over control by parents and teachers
- Traumatic brain injury

**141(B).** कक्षा में, शिक्षक संदेश या चित्र के रूप में संदेश भेजता है। छात्र डिकोडर हैं जो शिक्षक द्वारा बताई गई बातों को समझने की कोशिश करते हैं। छात्र शिक्षक के शब्दों को डिकोड करते हैं और फिर अपनी सुविधा के अनुसार उन्हें समझते हैं।

अत: विकल्प (B) सही है I

**142(B).** वर्तमान में, आयोग के रिकॉर्ड पर 23 फर्जी विश्वविद्यालय हैं जो यूजीसी अधिनियम, 1956 के प्रावधानों के उल्लंघन में काम कर रहे हैं।

धारा 22 (1) के तहत अधिनियम में कहा गया है कि एक डिग्री केवल एक केंद्रीय, राज्य / प्रांतीय अधिनियम के तहत स्थापित विश्वविद्यालय या यूजीसी अधिनियम की धारा 3 के तहत एक विश्वविद्यालय माने जाने वाले संस्थान या एक संस्था द्वारा सम्मानित किया जा सकता है। डिग्री प्रदान करने के लिए संसद का कार्य।

फर्जी विश्वविद्यालयों में, ज्यादातर दिल्ली (7) और उत्तर प्रदेश (8) में स्थित हैं।

**143(C).** जब कोई भी शिक्षक किसी विशेष विषय के बारे में मूल बातें और संकल्पनाओं को स्पष्ट करना चाहता है, तो वे निर्देशात्मक सहायता का उपयोग करते हैं। निर्देशात्मक सहायक उपकरण ऐसे उपकरण हैं जो शिक्षण-शिक्षण प्रक्रिया में एक प्रशिक्षक की सहायता करते हैं। निर्देशात्मक सहायक स्वावलंबी नहीं हैं; जो कुछ सिखाया जा रहा है, उसका समर्थन करते हैं, पूरक करते हैं या सुदृढ़ करते हैं।

**144(A).** व्याख्यान, परस्पर व्याख्यान, समूह अध्ययन छात्रों द्वारा ज्ञान देने या ज्ञान बढ़ाने के लिए सिखाने के लिए शिक्षक द्वारा उपयोग की जाने वाली तकनीकें हैं। स्व-अध्ययन तकनीक का उपयोग छात्रों द्वारा शिक्षकों द्वारा किया जाता है क्योंकि शिक्षकों की भागीदारी नहीं है।

**145(A).**

| सेट- I | सेट- II |
|---|---|
| a. निर्माणात्मक मूल्यांकन | iv. विचार-विमर्श और चर्चा |
| b. योगात्मक मूल्यांकन | iii. अंतिम सीखने के परिणामों को ग्रेड करना |
| c. सतत और व्यापक मूल्यांकन | i. संज्ञानात्मक और सह-संज्ञानात्मक पहलुओं और नियमितता का मूल्यांकन |
| d. सामान्य और मानदंड मूल्यांकन | ii. एक समूह और निश्चित यार्डस्टिक के आधार पर परीक्षण और व्याख्याएं |

निर्माणात्मक सीखने की प्रक्रिया के दौरान छात्रों की सहायता करते हैं। इसमें विचार-विमर्श और चर्चा आदि शामिल है।

योगात्मक मूल्यांकन एक निर्देशात्मक इकाई के अंत में छात्रों के सीखने का मूल्यांकन करता है। इसका उपयोग सीखने के अंतिम परिणामों को ग्रेड देने के लिए किया जाता है।

निरंतर और व्यापक मूल्यांकन नियमितता के साथ संज्ञानात्मक और सह-संज्ञानात्मक पहलुओं का मूल्यांकन करते हैं और कॉलेज/स्कूल में उनकी उपस्थिति के दौरान छात्र के हर पहलू का मूल्यांकन करते हैं।

सामान्य और मानदंड संदर्भित परीक्षण एक समूह और कुछ यार्डस्टिक्स पर आधारित व्याख्याओं का मूल्यांकन करते हैं।

**146(D).** प्रभावी शिक्षण का अर्थ है:

छात्रों को दिया गया प्यार, सहयोग, सहानुभूति, स्नेह और प्रोत्साहन व्यक्तिगत निर्देश और खुली कक्षा चर्चा।
इसलिए, सही विकल्प (D) है।

**147(D).** एक अच्छा शिक्षक वह है, जो छात्रों को सीखने के लिए अभिप्रेरित करता है। जो छात्र प्रेरित नहीं हैं वे प्रभावी रूप से नहीं सीखेंगे और बदले में, वे जानकारी को बनाए नहीं रखेंगे या भाग नहीं लेंगे और यहां तक कि विघटनकारी भी हो सकते हैं।
अतः सही विकल्प (D) है।

**148(A).** शिक्षक का प्राथमिक उत्तरदायित्व शैक्षिक अनुभवों की योजना बनाने में निहित है। एक शिक्षक शिक्षण-अधिगम के लिए बहुत सी योजनाएँ बनाता है।
शिक्षक शिक्षण-अधिगम की प्रक्रिया में एक स्तंभ है। वर्तमान संदर्भ में, शिक्षक केवल ज्ञान का प्रसारक नहीं है, बल्कि वह विभिन्न प्रकार की भूमिकाएँ निभाता है। शिक्षण-अधिगम प्रक्रिया में प्रतिमान परिवर्तन के कारण बढ़ती अपेक्षाओं के कारण शिक्षक की भूमिका अधिक चुनौतीपूर्ण हो गई है। उन अपेक्षाओं को पूरा करने के लिए, शिक्षक को एक योजनाकार, सूत्रधार, ज्ञान के सह-निर्माता, कक्षा में और कक्षा के बाहर नेता, प्रबंधक, परामर्शदाता और इसके अलावा, एक सच्चे मनुष्य जैसी विविध भूमिकाएँ निभानी होती हैं।

**149(D).** प्रभावी शिक्षण में शिक्षक व्यवहार, विषय वस्तु के बारे में शिक्षक ज्ञान, शिक्षक विश्वास और अपने छात्रों को बेहतर बनाने के लिए शिक्षकों का समर्पण शामिल होता है। यहां प्रभावी शिक्षण को छात्र की उपलब्धियों को बेहतर बनाने की क्षमता के रूप में परिभाषित किया गया है। प्रभावी शिक्षण के लिए, उन छात्रों के विचारों को स्पष्ट करना आवश्यक है जो समझ के एक भिन्न स्तर पर हो सकते हैं।
प्रभावी शिक्षण में योगदान देने वाले कारक हैं:
- शिक्षक द्वारा शिक्षण-अधिगम चुनौतियों को प्रभावी ढंग से पूर्ण किया जाता है
- पूर्व अनुभव
- सामाजिक-सांस्कृतिक कारक
- आवश्यक योग्यता
- शिक्षक का ज्ञान
- अभिक्षमता
- परिपक्वता
- स्व अवधारणा
- व्यक्तिगत विश्वास/मूल्य प्रणाली
- प्राप्त किये गए कौशल और प्रशिक्षण
- सामना करने की नीतियाँ
- छात्रों को प्रतिपुष्टि प्रदान करना
- प्रश्न पूछकर छात्र की समझ की जाँच करना
- छात्रों के अधिगम के स्वरूप और गति के साथ लचीला होना

इसलिए, प्रभावी शिक्षण के लिए, उन छात्रों के विचारों को स्पष्ट करना आवश्यक है जो बोध के एक भिन्न स्तर पर हो सकते हैं।

**150(C).** मॉरिस एल बिगगी चिंतन को निम्न रूप में परिभाषित करता है, "एक विचार या ज्ञान के कथित लेख की सावधानीपूर्वक, आलोचनात्मक परीक्षा, परीक्षण साक्ष्य के आलोक में जो इसका समर्थन करता है और आगे के निष्कर्ष जिसकी ओर यह इंगित करता है।
चिंतनशील स्तर का शिक्षण संस्मरण, अवधारणाओं की समझ और केवल उनके आवेदन पर निर्भर नहीं करता है; यह उच्च मानसिक प्रक्रियाओं जैसे तर्क, विचार, विश्लेषण अवधारणाओं, कल्पना, विचारों और विचारों का उपयोग करने की मांग करता है; और ज्ञान के अन्य निकायों का गंभीर रूप से, तथ्यों का पता लगाता है। चिंतनशील स्तर के शिक्षण-अधिगम में सीखने के उच्चतम स्तर को समाहित करना, समस्याओं को हल करने के लिए नई अंतर्दृष्टि विकसित करना, ज्ञान के क्षेत्र का पता लगाना, परीक्षण करना और प्राप्त तथ्यों को पुन: प्राप्त करना, सामान्यीकरण को समझना और प्रकाश में प्रस्तुत करना शामिल है।
इसका मतलब किसी चीज के बारे में गहराई से सोचना भी है। शिक्षण के चिंतनशील स्तर को उच्चतम स्तर माना जाता है जिस पर शिक्षण किया जाता है। यह अत्यधिक विचारशील और उपयोगी है। एक छात्र स्मृति स्तर और समझ के स्तर से गुजरने के बाद ही इस स्तर को प्राप्त कर सकता है। इस स्तर को आत्मविश्लेषी स्तर के रूप में भी जाना जाता है। किसी चीज़ पर चिंतन करने का अर्थ किसी समय पर कुछ करने के लिए सावधानीपूर्वक विचार करना है।
चिंतनशील स्तर पर शिक्षण छात्रों को जीवन की वास्तविक समस्याओं को हल करने में सक्षम बनाता है। इस स्तर पर, छात्र को वास्तविक समस्याग्रस्त स्थिति का सामना करने के लिए बनाया जाता है। स्थिति को समझने और अपनी महत्वपूर्ण क्षमताओं का उपयोग करके छात्र समस्या को हल करने में सफल होता है। इस स्तर पर, समस्या की पहचान करने, उसे परिभाषित करने और उसका समाधान खोजने पर जोर दिया जाता है। छात्र की मूल सोच और रचनात्मक क्षमता इस स्तर पर विकसित होती है।

# प्रैक्टिस टेस्ट 2

## Specific Subject

**1. निम्नलिखित में से किसे संघ टीनोफोरा के अंतर्गत वर्गीकृत किया गया है?**

(a) साइकन (b) समुद्र ऐनीमोन
(c) प्लूरोब्रेकिआ (d) पोर्तुगुएस मैन-ऑफ़-वार

**2. निम्नलिखित में से कौन निमेटोडा से संबंधित नहीं है?**

(a) साईकॉन (b) एस्केरिस
(c) वुचेरिया बैनक्रॉफ्टी (d) एन्टेरोबियस

**3. जीवाणुविज्ञान का अध्ययन है**

(a) जीवाणु (b) बैक्टीरियल प्लाज्मा झिल्ली
(c) बैक्टीरियल गोलियां (d) बैक्टीरियल कैप्सूल

**4. निम्नलिखित में से कौन सा एक्टोमाइकोरिज़ा की विशेषता नहीं है?**

(a) एक्टोमाइकोरिज़ा कवक और पौधों की प्रजातियों के लगभग 70% की जड़ों के बीच पाए जाते हैं।
(b) एक्टोमाइकोरिज़ल कवक अपने मेजबान की सेल दीवारों में प्रवेश नहीं करते हैं।
(c) कई एक्टोमाइकोरिज़ल कवक में फल देने वाले शरीर होते हैं।
(d) एक एक्टोमाइकोरिज़ा से मिट्टी में जावक का विस्तार करने वाला हाइफा आसपास के अन्य पौधों को संक्रमित कर सकता है।

**5. ग्लाइकोलाइसिस के बारे में निम्नलिखित में कौन सा\से कथन गलत हैं?**

(a) यह पौधों में कोशिकीय श्वसन का पहला चरण है।
(b) इसे कार्य करने के लिए ऑक्सीजन की आवश्यकता होती है।
(c) यह कोशिकाओं के साइटोसोल में होता है।
(d) यह एटीपी और एनएडीएच के 2 अणुओं का उत्पादन करता है।

**6. निम्न सूची का मिलान कर सही विकल्प का चयन करे।**

| सूची I | सूची II |
|---|---|
| (a) यूथ, बहुहारी पीडक | i एस्टेरियस कीट |
| (b) व्यस्कों में अरीय सममिति एवं लार्वा में द्विपार्श्व सममिति | ii बिच्छु |
| (c) पुस्त फुप्फुस | iii टीनोप्लाना |
| (d) जीवसंदीप्ति | iv लोकस्टा |

(a) (a)-i, (b)- iii, (c)- ii, (d)- iv
(b) (a)-iv, (b)-i, (c)-ii, (d)-iii
(c) (a)-iii, (b)-ii, (c)-i, (d)-iv
(d) (a)-ii, (b)-i, (c)-iii, (d)-iv

**7. संघ कॉर्डेटा के लिए कौन से कथन सही हैं?**
**(a) यूरोकॉर्डेटा में पृष्ठरज्जु सिर से पूंछ तक फैली होती है और यह जीवन के अंत तक बनी रहती है ।**
**(b) वर्टीब्रेटा में पृष्ठरज्जु केवल भ्रूणीय काल में उपस्थित होती है ।**
**(c) केन्द्रीय तंत्रिका तंत्र पृष्ठीय एवं खोखला होता है ।**
**(d) कॉर्डेटा को तीन उपसंघों में विभाजित किया है हेमीकॉर्डेटा, ट्यूनिकेटा एवं सेफैलोकॉर्डेटा ।**

(a) (d) और (c) (b) (c) और (a)
(c) (a) और (b) (d) (b) और (c)

**8. निम्न में से किस प्लैसेन्टेशन में सेप्टम अनुपस्थित है ?**

(a) पैरिएटल (b) फ्री सेन्ट्रल
(c) मार्जिनल (d) एक्साइल

**9. एक सिरहोस एक गोल या कुंद सिरा जिसमें बीच में एक छोटा बिंदु होता है। __ इसके साथ जुड़ा हुआ है**

(a) प्रोफिल टेण्डरिल (b) स्टेम टेण्डरिल
(c) लीफ टिप टेण्डरिल (d) स्टिपुलर टेण्डरिल

**10. तिलचट्टे की आहारनाल में मुख से आरंभ कर अंगों के उचित क्रम का चयन करो:**

(a) ग्रसनी → ग्रसिका → शस्य → पेषणी → इलियम → कोलन → रैक्टम
(b) ग्रसनी → ग्रसिका → पेषणी → शस्य → इलियम → कोलन → रैक्टम
(c) ग्रसनी → ग्रसिका → पेषणी → इलियम → शस्य → कोलन → रैक्टम
(d) ग्रसनी → ग्रसिका → इलियम → शस्य → पेषणी → कोलन → रैक्टम

**11. केंद्रकबाह्य डीएनए में पाया जाता है:**

(a) लाइसोसोम और क्लोरोप्लास्ट
(b) माइटोकॉन्ड्रिया और लाइसोसोम
(c) क्लोरोप्लास्ट और माइटोकॉन्ड्रिया
(d) गोल्गी और एंडोप्लाज्मिक रेटिकुलम

**12. एंजाइम का $K_m$ मान सब्सट्रेट एकाग्रता का मान है जिस पर प्रतिक्रिया __ तक पहुंच जाती है।**

(a) $\frac{1}{2}V_{\max}$ (b) शून्य
(c) $\frac{1}{4}V_{\max}$ (d) $2V_{\max}$

**13. पौधों और जानवरों दोनों के विकास के लिए हार्मोन बहुत आवश्यक हैं। प्राकृतिक हार्मोन के अलावा, आधुनिक विज्ञान की प्रगति के परिणामस्वरूप बहुत सारे कृत्रिम हार्मोन उत्पन्न होते हैं। फलों के पकने में कौन सा हार्मोन मदद करता है?**

(a) ऑक्सिन (b) एथिलीन
(c) साइटोकिनिन (d) पुष्पजन्य

**14. समसूत्री विभाजन के संदर्भ में कौन-सा कथन गलत है?**

(a) अंत्यावस्था में गुणसूत्र असंघानित होते हैं।
(b) गुणसूत्र बिंदु का विखंडन पश्चावस्था पर होता है।
(c) मध्यावस्था में सभी गुणसूत्र मध्यरेखा पर स्थित होते हैं।
(d) तर्कु तंतु गुणसूत्र के गुणसूत्र बिंदु से जुड़ते हैं।

**15. झूठे कथन की पहचान करें।**
**A. प्लाज्मा झिल्ली लिपिड और प्रोटीन से बनी होती है।**
**B. कोशिका भित्ति पौधों में लिपिड और फॉस्फोलिपिड से बनी होती है और कोशिका झिल्ली के बाहर स्थित होती है।**
**C. यूकेरियोट्स में नाभिक एकल-स्तरित झिल्ली द्वारा कवर किया गया है।**
**D. प्रकाश संश्लेषण क्लोरोप्लास्ट में होता है।**

(a) केवल A (b) A और B
(c) B और C (d) C और D

**16. निम्नलिखित केंद्रों के स्थानों को व्यक्त करने वाले सही विकल्प को चिह्नित कीजिए।**

(a)

| श्वास अनुचनकेंद्र | अरंध्र केंद्र | पृष्ठीय श्वसन समूह | अधर श्वसन समू |
|---|---|---|---|
| पोंस | पोंस | मेड्यूला | मेड्यूला |

(b)

| श्वास अनुचनकेंद्र | अरंध्र केंद्र | पृष्ठीय श्वसन समूह | अधर श्वसन |
|---|---|---|---|
| पोंस | मेड्यूला | पोंस | मेडयूला |

(c)

| श्वास अनुचनकेंद्र | अरंध्र केंद्र | पृष्ठीय श्वसन समूह | अधर श्वसन |
|---|---|---|---|
| मेड्यूला | मेड्यूला | पोंस | पोंस |

(d)

| श्वास अनुचनकेंद्र | अरंध्र केंद्र | पृष्ठीय श्वसन समूह | अधर श्वसन |
|---|---|---|---|

| पोंस | पोंस | पोंस | मेडयूला |
|---|---|---|---|

**17. प्रसनी के मध्य भाग को कहा जाता है**

(a) ओरोफेरीनक्स (b) गुलेट
(c) नेसोफेरीनेक्स (d) लेरिंजोफेरीनेक्स

**18. हृदय की दीवार की कौन सी परत हृदय की मांसपेशी के तंतुओं से बनी होती है?**

(a) आशयिक हृदयावरण (b) मायोकार्डियम
(c) अंतर्हृदकला (d) पार्श्विका परत

**19. निम्नलिखित में से किसे मानव वृक्क की आधारभूत क्रियात्मक इकाई माना जाता है?**

(a) एक्सॉन (b) नेफ्रॉन
(c) सिलिया (d) न्यूरॉन

**20. अक्षीय कंकाल में 80 हड्डियां होती हैं। निम्नलिखित में से कौन अक्षीय कंकाल का हिस्सा नहीं है ?**

(a) पसलियां (b) उरास्थि
(c) अंगों की हड्डियां (d) रीढ़

**21. गाड़ी चलाते समय अमित की एक दुर्घटना हुई। मेडिकल जांच के बाद, डॉक्टर ने पुष्टि की कि मस्तिष्क से नाक गुहा को अलग करने वाली हड्डी टूट गई है। निम्नलिखित में से कौन सी हड्डियों का डॉक्टर उल्लेख कर रहा है?**

(a) फन्नी के आकार की हड्डी (b) सलाखें हड्डी
(c) कनपटी की हड्डी (d) खोपड़ी के पीछे की हड्डी

**22. कपाल में बाहरी परत जो मस्तिष्क को यांत्रिक झटके से बचाती है, उसे _______ के रूप में जाना जाता है।**

(a) सेरेब्रोस्पाइनल फ्लूड (b) ड्यूरा मेटर
(c) पाए मेटर (d) इनमें से कोई नहीं

**23. एस.एल. मिलर ने अपने प्रयोग में एक बंद फ्लास्क में किसका मिश्रण कर ऐमिनो अम्ल उत्पन्न किये?**

(a) 800° पर $CCH_4$, $H_2$, $NH_3$ और जल वाष्प
(b) 800° पर $CCH_3$, $H_2$, $NH_4$ और जल वाष्प
(c) 600° पर $CCH_4$, $H_2$, $NH_3$ और जल वाष्प
(d) 600° पर $CCH_3$, $H_2$, $NH_3$ और जल वाष्प

**24. होमोथैलिक और मोनोएसियस शब्दों को दर्शाने के लिए उपयोग किया जाता है:**

(a) उभयलिंगी स्थिति (b) एकात्मक स्थिति
(c) फूलों की खुशबू (d) फूलों की क्यारी

**25. परिपक्व मादा युग्मक बनने की प्रक्रिया को _______ कहा जाता है।**

(a) अण्डजनन (b) मासिक धर्म
(c) ब्लास्टोसिस्ट (d) शुक्राणुजनन

**26. निम्नलिखित को मिलाएं:**

| 1-माता-पिता से अलग होना | 2-माता-पिता से अलग होना | वंश का रक्त प्रकार |
|---|---|---|
| a.$I^A$ | p.$I^B$ | 1.A |
| b.$I^B$ | q.i | 2.B |
| c.i | r.$I^A$ | 3.0 |

(a) a-r-1, b-p-3, c-q-2 (b) a-r-1, b-p-2, c-q-3
(c) a-r-2, b-p-1, c-q-3 (d) a-r-3, b-p-2, c-q-1

**27. RNA रेट्रोवायरस में एक विशेष एंजाइम होता है जो:**

(a) होस्ट DNA का अनुवाद करता है
(b) होस्ट DNA को विघटित करता है
(c) होस्ट DNA को पॉलिमराइज करता है
(d) वायरल RNA को cDNA में ट्रांसक्राइब करता है

**28. औद्योगिक मेलानिज़्म _______ का एक उदाहरण है।**

(a) प्राकृतिक चयन (b) उत्परिवर्तन
(c) नव लैमार्कवाद (d) उपरोक्त में से कोई नहीं

**29. पेरिकार्डियक्टोमी द्वारा निम्नलिखित में से किस बीमारी से छुटकारा पाया जा सकता है?**

(a) पेरिकार्डिटिस (b) कार्डियक टैम्पोनेड
(c) इस्केमिया (d) मायोकॉर्डियल इन्फ्रैक्शन

**30. पॉलिमरेज़ चेन रिएक्शन (पीसीआर) में चरणों का सही क्रम है:**

(a) डिनैटुरेशन, एक्सटेंशन, एनीलिंग
(b) एक्सटेंशन, डिनैटुरेशन, एनीलिंग
(c) डिनैटुरेशन , एनीलिंग, एक्सटेंशन
(d) एनीलिंग, एक्सटेंशन, डिनैटुरेशन

**31. दी गई छवि के लिए सही लेबलिंग है:**

HRP
संयुग्मित द्वितीयक एंटीबॉडी
प्राथमिक एंटीबॉडी
प्रतिजन
पहचान

(a) 1-HRP, 2-संयुग्मित द्वितीयक एंटीबॉडी, 3-प्राथमिक एंटीबॉडी
(b) 1-HRP, 2-प्राथमिक एंटीबॉडी, 3-संयुग्मित माध्यमिक एंटीबॉडी
(c) 1-प्राथमिक एंटीबॉडी, 2-HRP, 3-संयुग्मित माध्यमिक एंटीबॉडी
(d) उपरोक्त में से कोई नहीं

**32. चयन दबावों के एक विशेष सेट के तहत, जीव सबसे कुशल _______ की ओर विकसित होते हैं।**

(a) तापमान (b) जल संरक्षण
(c) श्वसन (d) प्रजनन कार्यनीति

**33. पारिस्थितिक पिरामिड के प्रकारों में से एक नीचे दिया गया है। यह प्रकार दर्शाता है**

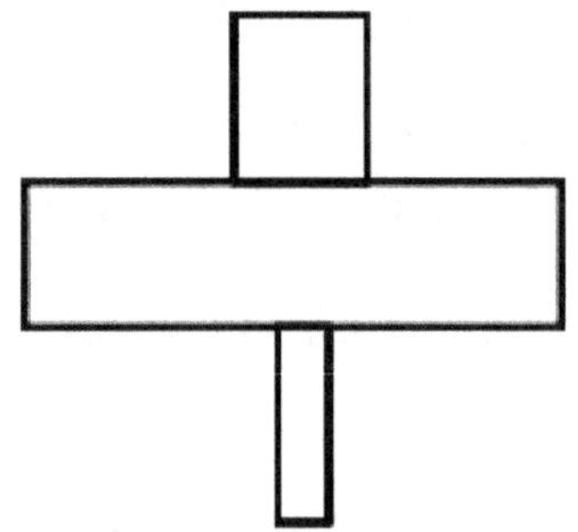

(a) किसी घास के मैदान में संख्याओं का पिरामिड
(b) एक अनुवर्ती भूमि में बायोमास का पिरामिड
(c) एक झील में बायोमास का पिरामिड
(d) वसंत ऋतु में ऊर्जा पिरामिड

**34. जैव विविधता का अर्थ है:**
(a) विभिन्न प्रकार के पौधे और वनस्पति।
(b) विभिन्न प्रकार के जानवर।
(c) एक विशेष क्षेत्र में विभिन्न प्रकार के पौधे और जानवर।
(d) विभिन्न प्रकार के विदेशी पौधे और जानवर।

**35. एक वस्तु जो कि जडत्वीय फ्रेम में स्थिर वेग से घूम रहा है, आवश्यक रूप से:**
(a) उस पर एक नेट बल कार्य करता है
(b) अंत में गुरुत्वाकर्षण के कारण रुक जाते हैं
(c) उस पर गुरुत्वाकर्षण बल नहीं है
(d) उस पर नेट बल शून्य है

**36. त्वरित गति में एक सरल रेखा में गतिमान वस्तु के लिए निम्नलिखित में से कौन सा कथन सही नहीं है?**
(a) इसकी गति बदलती रहती है
(b) इसका वेग हमेशा बदलता रहता है
(c) यह हमेशा पृथ्वी से दूर जाता है
(d) उस पर एक बल कार्य कर रहा है

**37. प्रक्षेप्य गति के बारे में निम्नलिखित में से कौन सा सत्य नहीं है?**
(a) यह समतल में गति का एक उदाहरण है
(b) यह वक्र के साथ गति का एक उदाहरण है
(c) यह अंतरिक्ष में गति का उदाहरण नहीं है
(d) प्रक्षेप्य गति में त्वरण बदलता रहता है

**38. दो ब्लॉक $m_1 = 5\ \mathrm{kg}$ और $m_2 = 10\ \mathrm{kg}$ एक हल्के घर्षण रहित चरखी पर लंबवत रूप से लटकाए गए हैं जैसा कि यहां दिखाया गया है। जब उन्हें मुक्त छोड़ दिया जाता है तो द्रव्यमान का त्वरण क्या होता है?**

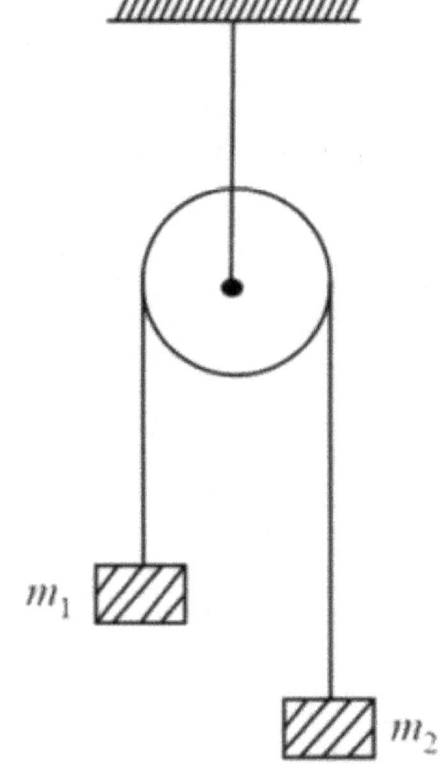


(a) $\frac{g}{3}$ (b) $\frac{g}{2}$
(c) $g$ (d) $\frac{g}{5}$

**39. एक क्षैतिज रूप से गतिमान बॉक्स के अंदर, एक प्रयोग में पाया गया है कि जब कोई वस्तु एक चिकनी क्षैतिज तालिका पर रखी जाती है और उसे छोड़ा जाता है, तो वह $10\ \mathrm{m\ s^{-2}}$ के त्वरण के साथ गति करती है। इस बॉक्स में, यदि $1 - \mathrm{kg}$ शरीर को एक हल्के तार से लटकाया जाता है, तो संतुलन स्थिति में स्ट्रिंग में तनाव (w.r.t. प्रयोगकर्ता) होगा (ले लो $\mathrm{g} = 10\ \mathrm{ms^{-2}}$):**
(a) $10\ \mathrm{ms^{-2}}$ (b) $10\sqrt{2}\ \mathrm{ms^{-2}}$
(c) $20\ \mathrm{ms^{-2}}$ (d) शून्य

**40. द्रव्यमान $\mathrm{m}$ का एक कण जिसका आरम्भिक वेग $u\hat{i}$ है $3\ \mathrm{m}$ द्रव्यमान के एक कण से, जो कि विरामावस्था में है, प्रत्यावस्था टक्कर करता है। यदि टक्कर के बाद $\mathrm{m}$ द्रव्यमान वाला कण $v\hat{j}$ वेग से चल रहा हो, तो $v$ का मान है:**
(a) $v = \frac{\mathrm{u}}{\sqrt{3}}$ (b) $v = \sqrt{\frac{2}{3}}\mathrm{u}$
(c) $v = \frac{\mathrm{u}}{\sqrt{2}}$ (d) $v = \frac{1}{\sqrt{6}}\mathrm{u}$

**41. किसी पिंड की गतिज ऊर्जा 10 s में 50 J से बढ़कर 150 J हो जाती है। तब निकाय की शक्ति ____ होती है।**
(a) 10 W (b) 5 W
(c) 100 W (d) 0 W

**42. $l$ लंबाई की एक छड़, को दो वेग, $v_1$ और $v_2$ विपरीत दिशाओं में इसके दोनों सिरों पर लंबाई के समकोण पर दिए गए हैं। $v_1$ से घूर्णन के तात्क्षणिक अक्ष की दूरी है:**
(a) 0 (b) $\frac{v_1}{v_1+v_2}l$
(c) $\frac{v_2}{v_1+v_2}l$ (d) $\frac{1}{2}$

**43. वह ऊंचाई जिस पर एक वस्तु का वजन पृथ्वी (त्रिज्या $R$ ) की सतह पर उसके वजन का $\frac{1}{16}$ वाँ भाग बन जाता है, वह क्या है?**

(a) $4R$ (b) $5R$

(c) $15R$ (d) $3R$

**44. द्रव्यमान M और त्रिज्या R के एक ठोस गोले से, त्रिज्या $R/2$ का एक गोलाकार भाग हटा दिया जाता है, जैसा कि चित्र में दिखाया गया है। गुरुत्वाकर्षण पोटेंशियल $V = 0$ को $r = \infty$ पर लेते हुए, इस प्रकार बने गुहा के केंद्र में पोटेंशियल है:**

(G =गुरुत्वाकर्षण स्थिरांक)

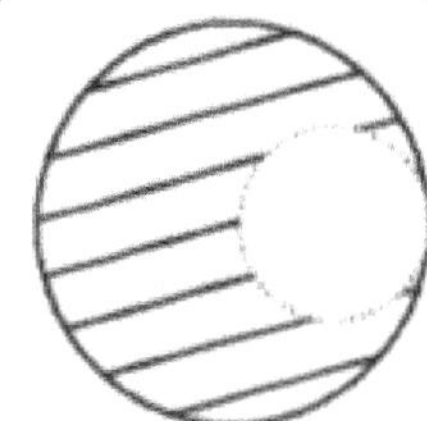

(a) $\frac{-2GM}{3R}$ (b) $\frac{-2GM}{R}$

(c) $\frac{-GM}{2R}$ (d) $\frac{-GM}{R}$

**45. 50 g द्रव्यमान का एक लोलक गोलक एक लिफ्ट की छत से लटकाया गया है। यदि लिफ्ट एकसमान वेग के साथ ऊपर जाती है, तो डोरी में तनाव लगभग है:**

(a) 0.30 N (b) 0.40 N

(c) 0.42 N (d) 0.50 N

**46. एक गीजर 3.0 लीटर प्रति मिनट की दर से बहने वाले पानी को $27°C$ से $77°C$ तक गर्म करता है। यदि गीजर गैस बर्नर पर काम करता है, तो ईंधन की खपत की दर क्या है यदि इसकी दहन की गर्मी $4.0 \times 10^4 J/g$ है?**

(a) $4.0 \times 10^4 J/g$ (b) $1.0 \times 10^4 J/g$

(c) $4.0 \times 10^{-8} J/g$ (d) $5.0 \times 10^5 J/g$

**47. आदर्श गैस पर अधिकतम कार्य करने के लिए निम्नलिखित में से किस प्रक्रिया का उपयोग किया जाता है यदि गैस को उसके प्रारंभिक आयतन के आधे तक संपीड़ित किया जाता है?**

(a) आइसोथर्मल (b) आइसोकोरिक

(c) आइसोबैरिक (d) एडियाबेटिक

**48. एक मोनोएटॉमिक गैस के एक मोल की कुल आंतरिक ऊर्जा किसके बराबर होती है?**

(a) $\frac{1}{3}$RT (b) 3RT

(c) $\frac{3}{2}$RT (d) $\frac{2}{3}$RT

**49. 1 वायुमंडलीय दबाव पर पानी के वाष्पीकरण के लिए $\Delta$H और $\Delta$S के मान 40.63 $kJmol^{-1}$ और 108.8 $JK^{-1}$ $mol^{-1}$ क्रमशः हैं। इस परिवर्तन के लिए जब गिब्स ऊर्जा परिवर्तन $(\Delta G)$ शून्य होगा, तो तापमान है:**

(a) 293.4 K (b) 273.4 K

(c) 393.4 K (d) 373.4 K

**50. यदि कोई निकाय सकारात्मक रूप से चार्ज किया जाता है, तो उसके पास है:**

(a) इलेक्ट्रॉनों की अधिकता (b) प्रोटॉन की अधिकता

(c) इलेक्ट्रॉनों की कमी (d) न्यूट्रॉन की कमी

**51. निम्नलिखित में से कौन समविभव सतहों का गुण नहीं है?**

(a) विद्युत क्षेत्र हमेशा एक समविभव सतह के लंबवत होता है।

(b) समविभव सतह की दिशा निम्न विभव से उच्च विभव की ओर होती है।

(c) उन पर दूरी के साथ क्षमता के परिवर्तन की दर शून्य होती है।

(d) एक समान विद्युत क्षेत्र में, क्षेत्र की दिशा के लिए सामान्य कोई भी समतल एक समविभव सतह होता है।

**52. एक कॉइल का अधिष्ठापन $L = 10H$ और प्रतिरोध $R = 5\Omega$ है। यदि बैटरी का लागू वोल्टेज $10\ V$ है और यह 1 मिलीसेकंड में बंद हो जाती है। प्रेरित विद्युत चुम्बकीय बल ज्ञात करें।**

(a) $2 \times 10^4 V$ (b) $1.2 \times 10^4 V$

(c) $2 \times 10^{-4} V$ (d) None of the above

**53. क्या होगा जब चुम्बक को वृत्ताकार कॉइल की ओर ले जाया जाएगा?**

(a) वृत्ताकार कॉइल पर कोई प्रभाव नहीं

(b) चुंबकीय क्षेत्र का कोई प्रभाव नहीं

(c) प्रेरित धारा बहने लगेगी

(d) परिपथ में कोई धारा प्रवाहित नहीं होगी

**54. किसी स्थान के चुंबकीय याम्योत्तर में पृथ्वी के चुंबकीय क्षेत्र का क्षैतिज अवयव 0.26G है एवं नमन कोण 60° है। इस स्थान पर पृथ्वी का चुंबकीय क्षेत्र क्या है?**

(a) 0.62G (b) 2G

(c) 0.52G (d) 1.52G

**55. एक प्रकाश बल्ब और एक खुला कुंडल प्रेरण श्रृंखला में एक ac स्रोत से जुड़ा हैं जैसा कि आकृति में दिखाया गया है। अब प्रेरित्र के भीतर लोहे की छड़ डाली जाती है। प्रकाश बल्ब की चमक _______।**

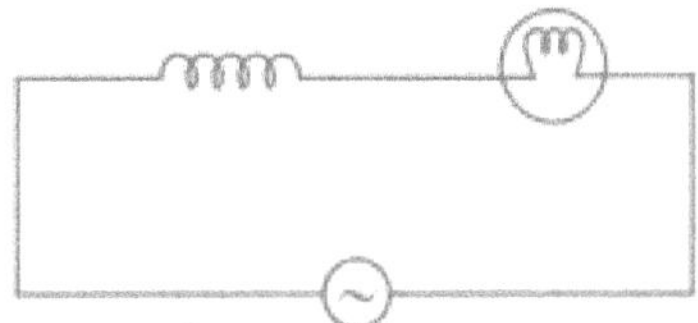

(a) घटेगी (b) बढ़ेगी

(c) कोई बदलाव नहीं (d) बल्ब फ्यूज हो जाएगा

**56. 18 $W/cm^2$ के ऊर्जा फ्लक्स का प्रकाश किसी अपरावर्तक सतह पर अभिलंबवत आपतित होता है। यदि सतह का क्षेत्रफल 20 $cm^2$ हो तो 30 मिनट की समयावधि में सतह पर लगने वाले औसत बल का परिकलन कीजिए।**

(a) $6.48 \times 10^5 N$ (b) $3.60 \times 10^2 N$

(c) $1.2 \times 10^{-6} N$ (d) $2.16 \times 10^{-3} N$

**57. प्रकाश के एक बिंदु स्रोत को अभिसारी लेन्स से इसके प्रकाशिक अक्ष पर 15 cm की दूरी पर रखा जाता है। लेन्स की फोकस दूरी 10 cm है और इसका व्यास 3 cm है। लेन्स के दूसरी ओर एक परदा रखा जाता है, जो लेन्स के अक्ष के लंबवत, 20 cm की दूरी पर होता है। तो परदे के प्रकाशित भाग का क्षेत्रफल ज्ञात कीजिए।**

(a) $\frac{\pi}{4}$ $cm^2$ (b) $\frac{\pi}{6}$ $cm^2$

(c) $\frac{\pi}{2}$ $cm^2$ (d) $\frac{\pi}{3}$ $cm^2$

**58. एक प्रिज़्म का अपवर्तनांक $\mu = \cot\frac{A}{2}$ के रूप में दिया गया है। तब, प्रिज़्म कोण के पदों में, न्यूनतम विचलन कोण है :**

(a) $90° - A$ (b) $2A$

(c) $180° - A$ (d) $180° - 2A$

**59. A beam of unpolarised light of intensity $I_0$ is passed through a polaroid $A$ and then through another polaroid B which is oriented so that its principal plane makes an angle of 45° relative to that of $A$ . The intensity of the emergent light is:**

(a) $\frac{I_0}{2}$ (b) $\frac{I_0}{4}$
(c) $\frac{I_0}{8}$ (d) $I_0$

**60. Two coherent point sources $S_1$ and $S_2$ are separated by a small distance 'd' as shown. The fringes obtained on the screen will be:**

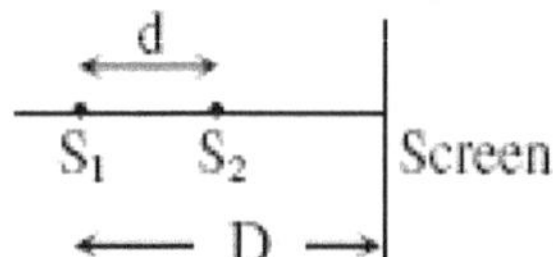


(a) straight lines (b) semi-circles
(c) concentric circles (d) points

**61. धातु की सतह से एक इलेक्ट्रॉन को बाहर निकालने के लिए आवश्यक न्यूनतम ऊर्जा कहा जाता है:**
(a) परमाणु ऊर्जा (b) यांत्रिक ऊर्जा
(c) विद्युतीय ऊर्जा (d) कार्यफलन

**62. एक कृष्णिका द्वारा विकिरणित ऊर्जा ____ के सीधे आनुपातिक है।**
(a) $T^2$ (b) $T^{-2}$
(c) $T^4$ (d) T

**63. एक साइक्लोट्रॉन, त्वरित प्रोटॉन है, जहाँ अनुप्रयुक्त चुंबकीय क्षेत्र 2 T है और विभवांतर 100kV है। 20MeV की गतिज ऊर्जा प्राप्त करने के लिए, चक्करों की संख्या, जिससे कि प्रोटॉन को डी के बीच गति करना पड़ता है:**
(a) 200 (b) 300
(c) 400 (d) 100

**64. बोर मॉडल के अनुसार, $n$ वीं कक्षा में इलेक्ट्रॉन की गति के कारण हाइड्रोजन परमाणु के केंद्र पर (नाभिक पर) चुंबकीय क्षेत्र के________ समानुपाती होता है।**
(a) $\frac{1}{n^3}$ (b) $\frac{1}{n^5}$
(c) $n^5$ (d) $n^3$

**65. कमरे के तापमान $30°C$ पर एक तार का प्रतिरोध $10\Omega$ पाया जाता है। अब प्रतिरोध को बढ़ाने के लिए 10% तार का तापमान होना चाहिए [तार की सामग्री के प्रतिरोध का तापमान गुणांक $0.002°C$ है]।**
(a) $36°C$ (b) $83°C$
(c) $63°C$ (d) $33°C$

**66. यदि एक पूर्ण-तरंग रेक्टिफायर सर्किट 50 हर्ट्ज मेन से संचालित हो रहा है, तो रिपल में मौलिक आवृत्ति होगी**
(a) 70.7 हर्ट्ज (b) 100 हर्ट्ज
(c) 25 हर्ट्ज (d) 59 हर्ट्ज

**67. चूना पानी का रासायनिक सूत्र है:**
(a) CaO (b) $CaCO_3$
(c) $Ca(HCO_3)_2$ (d) $Ca(OH)_2$

**68. $^{80}_{35}Br$ में प्रोटॉन, न्यूट्रॉन और इलेक्ट्रॉनों की संख्या की गणना करें।**
(a) 35, 45, 35 (b) 30, 35, 45
(c) 45, 35, 45 (d) 35, 45, 45

**69. एक स्पीशीज में इलेक्ट्रॉन प्रोटॉन और न्यूट्रॉन की संख्या क्रमशः 18 , 16 और 16 के बराबर होती है। स्पीशीज के लिए उचित प्रतीक लिखिए।**
(a) $^{32}_{18}S^{2-}$ (b) $^{32}_{16}Ca^{2-}$
(c) $^{32}_{16}P^{2-}$ (d) $^{32}_{16}S^{2-}$

**70. तत्वों की जमीनी स्थिति इलेक्ट्रॉनिक विन्यास, $U, V, W, X$ , और $Y$ (इन प्रतीकों का कोई रासायनिक महत्व नहीं है) निम्नानुसार हैं:**
U : $1s^2 2s^2 2p^3$
V : $1s^2 2s^2 2p^6 3s^1$
W : $1s^2 2s^2 2p^6 3s^2 3p^4$
X : $1s^2 2s^2 2p^6 3s^2 3p^6 3d^5 4s^2$
Y : $1s^2 2s^2 2p^6 3s^2 3p^6 3d^{10} 4s^2 4p^6$
**निर्धारित करें कि तत्वों का कौन सा क्रम निम्नलिखित कथनों को पूरा करता है:**
**(i) तत्व एक कार्बोनेट बनाता है जो गर्म करने से विघटित नहीं होता है।**
**(ii) तत्व के रंगीन आयनिक यौगिक बनाने की सबसे अधिक संभावना है।**
**(iii) तत्व की परमाणु त्रिज्या सबसे बड़ी होती है।**
**(iv) तत्व केवल अम्लीय ऑक्साइड बनाता है।**
(a) V W Y U (b) V X X W
(c) V W Y X (d) V X W U

**71. सबसे बड़ा पहला आयनिकरण ऊर्जा कौन सा है?**
(a) Li (b) Na
(c) K (d) Rb

**72. किस अणु में स्थायी द्विध्रुव आघूर्ण नहीं होता है?**
(a) $H_2S$ (b) $SO_2$
(c) $CS_2$ (d) $SO_3$

**73. बेन्जोइक अम्ल में कितने $\sigma$ और $\pi$ बंध होते हैं ?**
(a) $15\sigma, 4\pi$ (b) $14\sigma, 4\pi$
(c) $13\sigma, 4\pi$ (d) $16\sigma, 4\pi$

**74. एक प्रतिक्रिया, $A + B \rightarrow C + D + q$ में एक सकारात्मक एन्ट्रापी परिवर्तन पाया जाता है। प्रतिक्रिया _______ होगी।**
(a) उच्च तापमान पर संभव
(b) कम तापमान पर ही संभव
(c) किसी भी तापमान पर संभव नहीं
(d) किसी भी तापमान पर संभव

**75. साइनामाइड, $NH_2CN(s)$ की डाइऑक्सीजन के साथ प्रतिक्रिया एक बम कैलोरीमीटर में की गई थी और $\Delta U$ , 298 K पर $-742.7 KJmol^{-1}$ पाया गया। 298 K पर अभिक्रिया के लिए एन्थैल्पी परिवर्तन की गणना कीजिए।**
$$NH_4CN_{(g)} + \frac{3}{2}O_{2(g)} \rightarrow N_{2(g)} + CO_{2(g)} + H_2O_{(l)}$$
(a) $741.5\ kJ\ mol^{-1}$ (b) $-841.5\ kJ\ mol^{-1}$
(c) $841.5\ kJ\ mol^{-1}$ (d) $-741.5\ kJ\ mol^{-1}$

**76. पानी में $BaSO_4$ की घुलनशीलता $2.42 \times 10^{-3} gL^{-1}$ 298 K पर है । इसके विलेयता गुणनफल ($K_{sp}$) का मान होगा:**
**( $BaSO_4$ का मोलर द्रव्यमान = $233\ g\ mol^{-1}$ है।)**
(a) $1.08 \times 10^{-14}\ mol^2\ L^{-2}$ (b) $1.08 \times 10^{-12}\ mol^2\ L^{-2}$
(c) $1.08 \times 10^{-10}\ mol^2\ L^{-2}$ (d) $1.08 \times 10^{-8}\ mol^2\ L^{-2}$

**77. निम्नलिखित में से कौन सी स्थिति प्रतिक्रिया में उत्पाद के अधिकतम गठन का पक्ष लेगी,**
$A_2(g) + B_2(g) \rightleftharpoons X_2(g)\ \Delta_r H = -XkJ?$
(a) उच्च तापमान और उच्च दबाव (b) कम तापमान और कम दबाव
(c) कम तापमान और उच्च दबाव (d) उच्च तापमान और कम दबाव

**78. ऑक्सीकरण अवस्थाओं के घटते क्रम में N - यौगिकों का सही क्रम है:**
(a) $HNO_3, NH_4Cl, NO, N_2$ (b) $HNO_3, NO, NH_4Cl, N_2$
(c) $HNO_3, NO, N_2, NH_4Cl$ (d) $NH_4Cl, N_2, NO, HNO_3$

**79. नीचे दिए गए आरेख में दिखाए गए विभिन्न ईएमएफ मूल्यों के अनुरूप ब्रोमीन के ऑक्सीकरण अवस्था में परिवर्तन पर विचार करें:**
$$BrO_4^- \xrightarrow{1.82\ V} BrO_3^- \xrightarrow{1.5\ V} HBrO \xrightarrow{1.595\ V} Br_2 \xrightarrow{1.0652\ V} Br^-$$

तब विषमता से गुजरने वाली प्रजाति है:

(a) $Br_2$ (b) $BrO_4^-$
(c) $BrO_3^-$ (d) HBrO

**80. एथिलीन ग्लाइकॉल के मोल अंश की गणना करें ($C_2H_6O_2$) युक्त घोल में 20% के $C_2H_6O_2$ द्रव्यमान द्वारा।**

(a) 0.932 (b) 1.932
(c) 0.832 (d) 0.732

**81. 450 mL विलयन में 5 g NaOH वाले विलयन की मोलरिटी की गणना करें।**

(a) 0.278 M (b) 1.278 M
(c) 0.8 M (d) 3.278 M

**82. जलीय विलयन वाले इलेक्ट्रोलाइटिक सेल में Na, Hg, S, Pt और ग्रेफाइट में से कौन सा पदार्थ इलेक्ट्रोड के रूप में इस्तेमाल किया जा सकता है?**

(a) Na, Pt और ग्रेफाइट (b) केवल Na और Hg
(c) केवल Pt और ग्रेफाइट (d) केवल Na और S

**83. 10 मिली एम्पेयर धारा को प्रवाहित करके तनु जलीय $NaCl$ घोल का विद्युत अपघटन किया जाता है। कैथोड पर $H_2$ गैस के 0.01 मोल को मुक्त करने के लिए आवश्यक समय: ( 1 फैराडे $= 96500C$ मोल $^{-1}$ )**

(a) $9.65 \times 10^4$ सेकंड (b) $19.3 \times 10^4$ सेकंड
(c) $28.95 \times 10^4$ सेकंड (d) $38.6 \times 10^4$ सेकंड

**84. पहले और दूसरे क्रम की प्रतिक्रियाओं के बीच सही अंतर यह है कि:**

(a) एक प्रथम-क्रम प्रतिक्रिया उत्प्रेरित कर सकती है; दूसरे क्रम की प्रतिक्रिया को उत्प्रेरित नहीं किया जा सकता है।
(b) प्रथम-क्रम प्रतिक्रिया का आधा जीवन निर्भर नहीं करता है ([\mathrm{A}]_0\); दूसरे क्रम की प्रतिक्रिया का आधा जीवन $[A]_0$ पर निर्भर करता है
(c) प्रथम-क्रम प्रतिक्रिया की दर अभिकारक सांद्रता पर निर्भर नहीं करती है; दूसरे क्रम की प्रतिक्रिया की दर प्रतिक्रियाशील सांद्रता पर निर्भर करती है।
(d) प्रथम-क्रम प्रतिक्रिया की दर प्रतिक्रियाशील सांद्रता पर निर्भर करती है; दूसरे क्रम की प्रतिक्रिया की दर अभिकारक सांद्रता पर निर्भर नहीं करती है।

**85. जब अभिकारक की प्रारंभिक सांद्रता दोगुनी हो जाती है, तो शून्य क्रम की प्रतिक्रिया का आधा जीवन काल:**

(a) तिगुनी होती है (b) दुगुना होता है
(c) आधा हो गया है (d) अपरिवर्तित रहता है

**86. उस प्रजाति की पहचान करें जिसमें धातु परमाणु +6 ऑक्सीकरण अवस्था में है:**

(a) $MnO_4^-$ (b) $[Cr(CN)6]^3$
(c) $NiF_6^{2-}$ (d) $CrO_2Cl_2$

**87. निम्नलिखित में से किस d ब्लॉक तत्व में उपान्तिम और साथ ही संयोजकता उपकोश आधा भरा है?**

(a) $Cu$ (b) $Au$
(c) $Ag$ (d) $Cr$

**88. $K_3[Al(C_2O_4)_3]$ में लुईस एसिड की पहचान करें।**

(a) $K^+$ (b) Al
(c) $Al^{3+}$ (d) $[Al(C_2O_4)_3]^{3-}$

**89. आयरन कार्बोनिल, $Fe(CO)_5$ है:**

(a) ट्रिन्यूक्लियर (b) मोनोन्यूक्लियर
(c) टेट्रान्यूक्लियर (d) डाईन्यूक्लियर

**90. निम्नलिखित यौगिक का IUPAC नाम है:**

CHO, $CH_3$, $H_3C$, COOH

(a) 2, 5-डाइमिथाइल-6-ऑक्सो-हेक्स-3-एनोइक एसिड
(b) 6-फॉर्मी 1-2-मिथाइल-हेक्स-3-एनोइक एसिड
(c) 2, 5-डाइमिथाइल-5-कार्बोक्सी-हेक्स-3-एनाल
(d) 2, 5-डाइमिथाइल-6-कार्बोक्सी-हेक्स-3-एनाल

**91. हैलोजन के आकलन की कैरियस विधि में, एक कार्बनिक यौगिक के 0.172 g ने ब्रोमीन के 0.08 g की उपस्थिति दिखाई गई है। इनमें से कौन सा यौगिक की सही संरचना है?**

(a)

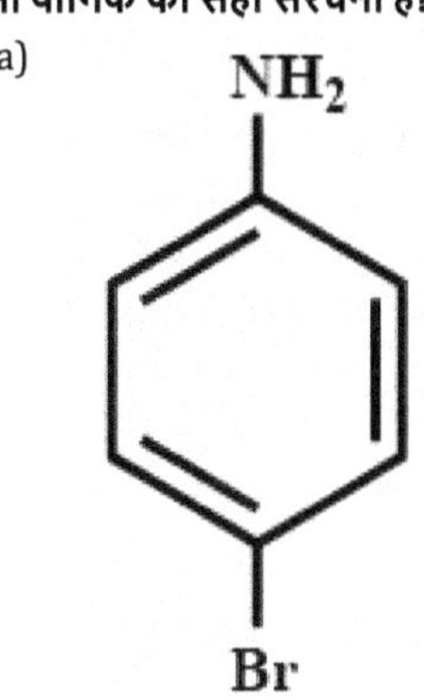


(b)

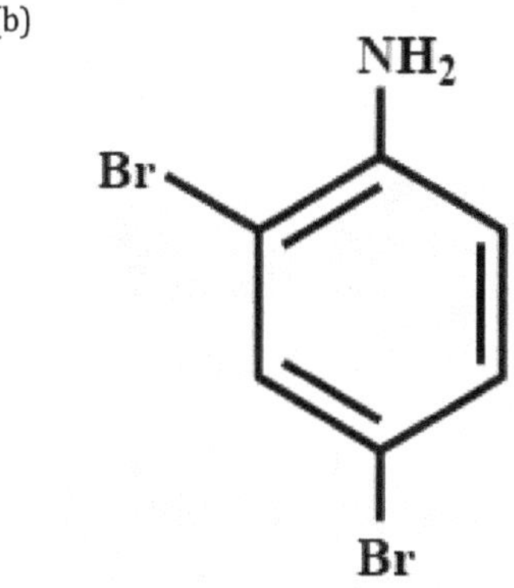


(c) $H_3C - Br$
(d) $H_3C - CH_2 - Br$

**92. निम्नलिखित में से कौन सी वह प्रक्रिया है जिसके द्वारा तरल हाइड्रोकार्बन को गैसीय हाइड्रोकार्बन में परिवर्तित किया जा सकता है?**

(a) जल-अपघटन (b) ऑक्सीकरण
(c) भंजन (d) कम दबाव के तहत आसवन

**93. एक हाइड्रोकार्बन का आणविक सूत्र $C_2H_6$ होता है। हाइड्रोकार्बन के किस वर्ग में यह सूत्र नहीं हो सकता है?**

(a) साइक्लोऐल्कीन (b) बाइसाइक्लोएल्केन
(c) डाईन (d) बाइसाइक्लोएल्कीन

**94. निम्नलिखित में से किसमें सबसे अधिक द्विध्रुवीय क्षण होता है?**

(a) $CH_2Cl_2$ (b) $CHCl_3$
(c) $CCl_4$ (d) $CH_2Cl$

**95. दी गई अभिक्रिया में [X] होगा:**

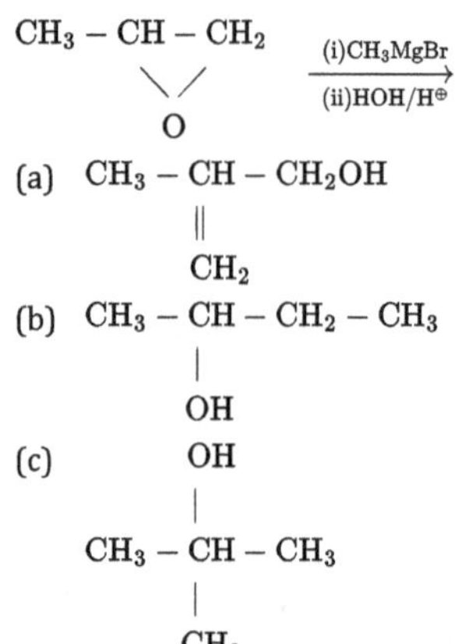

(d) $CH_3 - CH = CH_2$

**96. फास्फोरस के निम्नलिखित में से कौन सा ऑक्सो एसिड, मोनोप्रोटिक एसिड है?**

(a) फॉस्फोरस एसिड (b) फॉस्फोरिक एसिड

(c) हाइपोफॉस्फोरस एसिड (d) पाइरोफॉस्फोरिक एसिड

**97. निम्नलिखित अभिक्रिया में अंतिम उत्पाद _____ होगा।**

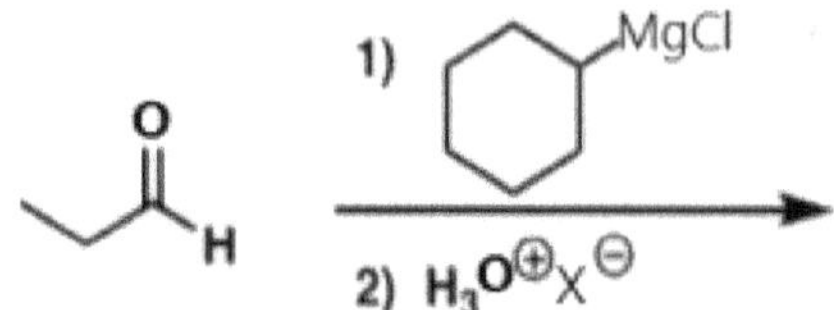


(a) प्राथमिक ऐल्कोहॉल (b) द्वितीयक ऐल्कोहॉल

(c) तृतीयक ऐल्कोहॉल (d) कीटोन

**98. ऐनिलीन _____ से कम क्षारीय है।**

(a) बेंजाइलमाइन (b) ट्राइफेनिलमाइन

(c) पी-नाइट्रोएनिलिन (d) डिफेनिलमाइन

**99. जब ऐल्कोहॉलिक $KOH$ में प्राथमिक ऐमीन क्लोरोफॉर्म से अभिक्रिया करता है। फिर उत्पाद है:**

(a) एक आइसोसायनाइड (b) एक एल्डिहाइड

(c) एक सायनाइड (d) एक एल्कोहल

**100. $LiAlH_4$ का उपयोग करके अपचयन पर मिथाइल आइसोसायनाइड देता है:**

(a) मिथाइलएमाइन (b) एथिलएमाइन

(c) डाई मिथाइलएमाइन (d) ट्राई मिथाइलएमाइन

## Art of Teaching and Other skills

**101. कौन सा तथ्य सीखने की प्रक्रिया से संबंधित नहीं है?**

(a) प्रयोजन (b) निरंतर

(c) समायोजन (d) चिंतनशील व्यवहार

**102. निम्नलिखित में से कौन सी शिक्षण पद्धति अप्रत्यक्ष अधिगम को प्रोत्साहित करेगी?**

(a) उदाहरणों के साथ व्याख्यान (b) टीम शिक्षण

(c) विषय पर प्रदर्शन (d) सहयोगपूर्ण परियोजनाएं

**103. स्मृति स्तर शिक्षण के प्रतिरूप के प्रतिपादक निम्नलिखित में से कौन हैं?**

(a) जॉन डेवी (b) टी एस एलियट

(c) हर्बार्ट (d) पेस्टालोज़्ज़ी

**104. कौन-सा अनुक्षेत्र छात्रों की भावनाओं, दृष्टिकोण और हितों से संबंधित है?**

(a) भावात्मक (b) संज्ञानात्मक

(c) मनोगत्यात्मक (d) विकासात्मक

**105. शिक्षण-अधिगम के उद्देश्यों के संज्ञानात्मक ज्ञानक्षेत्र में, किसे उच्च प्रकार के अधिगम के परिणामों के रूप में वर्गीकृत किया जाएगा?**

**A. ज्ञान और समझ**

**B. वैचारिक तत्वों का विश्लेषण**

**C. अर्जित ज्ञान और कौशल का अनुप्रयोग**

**D.विचारों के रचनात्मक संगठन से जुड़े संश्लेषण**

**E. मूल्यांकन आंतरिक या बाहरी मानकों का उपयोग करते हुए निर्णय शामिल है**

**नीचे दिए गए विकल्प में से सही उत्तर चुनें:**

(a) केवल B, C और D (b) केवल C, D और E

(c) केवल A, B और C (d) केवल B, D और E

**106. निर्देश: निम्नलिखित प्रश्नों के उत्तर देने के लिए सही/सबसे उपयुक्त विकल्प चुनिए।**

**"दो पूरक कोण 2:3 के अनुपात में हैं। उनको ज्ञात कीजिए।"**

**कक्षा VII की एन० सी० ई० आर० टी० की पाठ्य-पुस्तक के उपरोक्त प्रश्न का संदर्भ है कि यह:**

(a) उच्चतर श्रेणी का विचार है, क्योंकि यह अपेक्षा करता है कि दी हुई जानकारी से चित्र की रचना की जाए

(b) निम्न श्रेणी का विचार है, क्योंकि यह स्मरण ज्ञान पर आधारित है

(c) निम्न श्रेणी का विचार है, क्योंकि यह जानकारी का प्रत्यक्ष स्थिति में उपयोग करने पर आधारित है

(d) उच्चतर श्रेणी का विचार है, क्योंकि यह अपेक्षा करता है कि दी हुई जानकारी की व्याख्या की जाए, इसका विश्लेषण किया जाए और इसके प्रयोग से वांछित जानकारी प्राप्त की जाए

**107. निम्न कथन पर विचार कीजिए:**

**"यदि एक चतुर्भुज के विकर्ण परस्पर को समद्विभाजित करते हैं, तो चतुर्भुज एक समांतर-चतुर्भुज होगा।" यह कथन है:**

(a) परिभाषा (b) प्रमेय

(c) अभिगृहीत (d) साध्य

**108. गणित की परियोजनाओं के बारे में निम्नलिखित कथनों में से कौन-सा सही नहीं है?**

(a) वे गणित में अंक प्राप्त करना आसान करते हैं।

(b) वे अन्वेषण कौशल को प्रोत्साहित करते है।

(c) वे समस्या-समाधान कौशल को बढ़ाते हैं।

(d) वे अंतर्विषयी अनुबंधों को सिद्ध करते हैं।

**109. कक्षा में परिचर्चा के दौरान एक शिक्षक प्रायः लड़कियों की तुलना में लड़कों पर अधिक ध्यान देता है। यह किसका उदाहरण है?**

(a) जेंडर पक्षपात (b) जेंडर पहचान

(c) जेंडर संबद्धता (d) जेंडर समरूपता

**110. बच्चों के संज्ञानात्मक विकास के संदर्भ में निम्नलिखित में से कौन एक पियाजे की संरचना है?**

(a) स्कीमा (b) अवलोकन अधिगम

(c) अनुबंधन (d) प्रबलन

**111. एक समावेशी कक्षा में, एक शिक्षक को विशिष्ट शिक्षा योजनाओं को**

(a) तैयार नहीं करना चाहिए

(b) कभी कभी तैयार करना चाहिए

(c) सक्रिय रूप से तैयार करना चाहिए

(d) तैयार करने के लिए हतोत्साहित होना चाहिए

**112. एक शिक्षक छात्र की नोटबुक को ध्यान से देखता है और टिप्पणी देता है। इसे ______ कहा जाता है।**

(a) नोटबुक चेकिंग (b) दैनिक टिप्पणी
(c) मूल्यांकन (d) आकलन

**113. नैदानिक और उपचारात्मक शिक्षण ______ के भाग हैं।**

(a) आकलन (b) मूल्यांकन
(c) स्व आकलन (d) चिंतनशील आकलन

**114. निम्नलिखित में से कौन सा एक मूल्यांकन का उपकरण है?**

(a) प्रश्नावली (b) जांच सूची
(c) साक्षात्कार (d) उपरोक्त सभी

**115. जीन पियाज़े के संज्ञानात्मक विकास के सिद्धांत के अनुसार, किस अवस्था में अधिकांश बच्चे अमूर्त समस्याओं को तार्किक ढंग से हल करने में सक्षम हो जाते हैं ?**

(a) संवेदी-गामक अवस्था
(b) पूर्व-संक्रियात्मक अवस्था
(c) मूर्त संक्रियात्मक अवस्था
(d) औपचारिक संक्रियात्मक अवस्था

**116. एक प्रभावी शिक्षक का सबसे महत्वपूर्ण गुण क्या है?**

(a) पढ़ाए गए विषय के बारे में गहन ज्ञान
(b) एक सख्त अनुशासक
(c) छात्रों के साथ अच्छा तालमेल
(d) एक अच्छा प्रेरक

**117. निम्न में से किसे NCERT की पाठ्य पुस्तकों में उच्च प्राथमिकता और स्थान दिया गया है?**

(a) विषय की आधारभूत संकल्पनाओं की व्याख्या करने के लिए।
(b) चिंतन और विस्मय के लिए शिक्षार्थियों को अवसर उपलब्ध कराने के लिए।
(c) तकनीकी शब्दावली की सटीक परिभाषाएँ उपलब्ध कराने के लिए।
(d) अधिक संख्या में अभ्यास प्रश्नों को शामिल करने के लिए।

**118. पर्यावरण अध्ययन की पाठ्य-पुस्तकों में कविताओं और कहानियों को शामिल करने का निम्नलिखित में से कौन-सा उद्देश्य नहीं है?**

(a) विषय में रुचि का विकास करना।
(b) नित्य और एकरस विषय-वस्तु में बदलाव करना।
(c) शिक्षार्थियों को आनंद और मज़ा उपलब्ध कराना।
(d) शिक्षार्थियों में कल्पनाशीलता और सृजनात्मक योग्यता को बढ़ावा देना।

**119. शिक्षक ______ शिक्षण अधिगम सामग्री का उपयोग करते हैं।**

(a) छात्रों को प्रेरित करने के लिए
(b) अधिगम को सार्थक बनाने के लिए
(c) शिक्षण पद्धति का पालन करने के लिए
(d) छात्रों की प्रगति का मूल्यांकन करने के लिए

**120. सतत और व्यापक मूल्यांकन के द्वारा मुख्य रूप से ______ को बढ़ावा देना है।**

(a) बच्चों के बीच प्रतियोगिता (b) शिक्षकों के बीच प्रतिस्पर्धा
(c) बच्चों में शैक्षणिक उत्कृष्टता (d) समावेशी शिक्षा

**121. कक्षा में छात्रों द्वारा प्रभावी श्रवण (सुनने) के लिए महत्वपूर्ण है:**

(a) शिक्षक के प्रति सहानुभूति (b) अनौपचारिक शिक्षा में रुचि
(c) सहानुभूति अधिगम (d) याद करने की इच्छा

**122. एक प्रभावी शिक्षक की महत्वपूर्ण विशेषताएँ निम्नलिखित में से कौन सी हैं?**
**(I) विषय का ज्ञान।**
**(II) प्रभावी मौखिक संचार कौशल।**
**(III) प्रभावशाली व्यक्तित्व।**
**(IV) छात्रों से सम्मान प्राप्त करने की क्षमता।**

(a) (II) और (III) (b) (I) और (II)
(c) (III) और (IV) (d) (I) और (IV)

**123. अधिगमकर्ता की निम्नलिखित में से कौनसी विशेषता शिक्षण की प्रभावोत्पादकता से अत्यंत रूप से सम्बंधित है?**

(a) अधिगमकर्ता का पूर्व-अनुभव
(b) अधिगमकर्ता के अभिभावकों का शैक्षिक प्रस्तर
(c) अधिगमकर्ता के साथी समूह
(d) परिवार का आकार, जिसका अधिगमकर्ता एक अंग है

**124. नीचे दी गई मूल्यांकन प्रक्रियाओं की सूची से उनकी पहचान करना जिन्हें 'रचनात्मक मूल्यांकन' कहा जाएगा। कूट में से चुनकर अपने उत्तर का संकेत दें:**
**1) शिक्षक पाठ्यक्रम का कार्य पूरा करने के बाद छात्रों को ग्रेड देता है|**
**2) शिक्षक कक्षा के छात्रों के साथ अंत:क्रिया के दौरान सुधारात्मक प्रतिपुष्टि प्रदान करता है|**
**3) शिक्षक इकाई परिक्षण में छात्रों को अंक देता है|**
**4) शिक्षक कक्षा में ही छात्रों के संदेहों को स्पष्ट करता है|**
**5) छात्रों के समग्र निष्पादन के बारे में प्रत्येक तीन माह के अन्तराल पर अभिभावकों को रिपोर्ट किया जाता है|**
**6) शिक्षक प्रश्न-उअत्तर सत्र के माध्यम से अधिगमकर्ता की अभिप्रेरणा में वृद्धि करता है|**
**कूट:**

(a) 1, 2 और 3 (b) 2, 3 और 4
(c) 1, 3 और 5 (d) 2, 4 और 6

**125. विचारावेश प्रक्रिया (ब्रेन स्टोर्मिंग) को एक विधि के रूप में किस के लिए प्रयुक्त किया जा सकता है?**

(a) लीक से हट कर चिंतन (आउट ऑफ बाक्स थिंकिंग)
(b) सुसंगत चिंतन
(c) रुचि के क्षेत्र में नए विचारों को उत्पन्न करना
(d) आलोचनात्मक चिंतन

**126. अंतरराष्ट्रीय समझ को बढ़ावा देने के लिए एक शिक्षक को बचना चाहिए:**

(a) बल के बजाय कारण के उपयोग के लिए एक उचित संबंध विकसित करने से
(b) बच्चे के शरीर और मस्तिष्क के स्वस्थ विकास से संबंधित करने से
(c) बच्चे के दिमाग को निष्क्रिय करने से
(d) बच्चों में अंतर्राष्ट्रीय दृष्टिकोण विकसित करने के लिए गतिविधियों का आयोजन करने से

**127. निम्नलिखित में से कौन सा शिक्षक के लिए अति महत्वपूर्ण है?**

(a) विषय की विषयवस्तु में निपुणता
(b) शिक्षण कौशल में निपुणता
(c) छात्रों के साथ तालमेल रखना
(d) अच्छा स्वास्थ्य

**128. छात्रों के साथ प्रभावी ढंग से संवाद करने के लिए, शिक्षकों को निम्नलिखित में से किस पद्धति का उपयोग नहीं करना चाहिए?**
**(a) आत्मीयता की मांग की रणनीति**
**(b) अव्यवहितत्व व्यवहार**
**(c) हास्य**
**(d) सहयोगात्मक फिल्टर**
**(e) तकनीकी शब्द**
**(f) अस्पष्ट कथन**

(a) केवल (a) और (f) (b) (a), (b) और (c)
(c) (a), (c) और (d) (d) (d), (e) और (f)

**129. निम्नलिखित में से कौन-सी एक शिक्षण पद्धति नहीं है?**
(a) अभिव्यक्ति (b) चर्चा
(c) शिक्षण (d) उपदेश

**130. निर्देश: इस प्रश्न में एक अभिकथन (A) और एक कारण (R) है। ज्ञात कीजिये कि कैसे (A) और (R) संबंधित हैं।**
**अभिकथन (A): छोटे परीक्षणों की तुलना में लंबे परीक्षण अधिक विश्वसनीय होते हैं।**
**कारण (R): प्रत्येक वस्तु परीक्षण विश्वसनीयता में वृद्धि करता है।**
**निम्न में से कौन सा सही है?**
(a) (A) और (R) दोनों सही हैं।
(b) केवल (A) सही है।
(c) केवल (R) सही है।
(d) (A) और (R) में से कोई भी सही नहीं है।

**131. देशी प्रेस अधिनियम, 1878 के संदर्भ में, निम्नलिखित कथनों पर विचार कीजिये:**
**1. यह केवल भारतीय भाषा के समाचार पत्रों के खिलाफ निर्देशित किया गया था।**
**2. इसने लॉर्ड लिटन के प्रशासन के खिलाफ आलोचना को दबाने की कोशिश की।**
**3. यह लॉर्ड रिपन द्वारा निरस्त किया गया था।**
(a) केवल 1 और 3 (b) केवल 3
(c) 1, 2 और 3 (d) केवल 1 और 2

**132. निम्नलिखित में से कौन सी नदी दक्षिण भारत के प्रसिद्ध तीर्थ स्थान तिरुट्टनी से होकर बहती है?**
(a) कावेरी (b) नंदी
(c) वैगई (d) पलार

**133. आईएमएफ से निम्नलिखित में से किस प्रकार के उधार में सबसे नरम सेवा शर्तें हैं?**
(a) दूसरी किश्त ऋण (b) एसएएफ
(c) ईएसएएफ़ (d) तेल सुविधा

**134. केंद्रीय मंत्री नितिन गडकरी ने हाइड्रोजन आधारित उन्नत ईंधन सेल इलेक्ट्रिक वाहन (FCEV) के लिए पायलट परियोजना का उद्घाटन किया है। परियोजना किस मोटर कंपनी द्वारा शुरू की गई है?**
(a) टोयोटा किर्लोस्कर मोटर प्राइवेट लिमिटेड
(b) हुंडई मोटर लिमिटेड
(c) टाटा मोटर लिमिटेड
(d) मारुति सुज़ुकी लिमिटेड

**135. मुजफ्फरपुर में किंग्स फोर्ड की हत्या का प्रयास कब किया गया?**
(a) 1908 में (b) 1909 में
(c) 1907 में (d) 1911 में

**136. काज़ीनाग राष्ट्रीय उद्यान स्थित है:**
(a) बारामूला (b) राजौरी
(c) पूंछ (d) इनमें से कोई नहीं

**137. वायुमंडल की निम्न में से कौन सी परत पृथ्वी के जलवायु परिवर्तन को प्रभावित करती है?**
(a) क्षोभ मंडल (b) निचला समताप मंडल
(c) मध्यमंडल (d) (A) और (B) दोनों

**138. निम्न में से कौन सा एक द्वितीयक वायु प्रदूषक है?**
(a) ओजोन (b) कार्बन डाइआक्साइड
(c) कार्बन मोनोऑक्साइड (d) सल्फर डाइऑक्साइड

**139. NCF-2005 के अनुसार प्राथमिक स्तर पर पर्यावरण अध्ययन पढ़ाने का उद्देश्य निम्नलिखित में से कौन सा नहीं होना चाहिए?**
(a) विशेष रूप से प्राकृतिक पर्यावरण के संबंध में बच्चे की जिज्ञासा और रचनात्मकता को बढ़ावा देना।
(b) अवलोकन, वर्गीकरण, निष्कर्ष, आदि के माध्यम से बुनियादी संज्ञानात्मक और गत्यात्मक कौशल हासिल करने के लिए गतिविधियों में बच्चे को खोजपूर्ण और हाथों में संलग्न करना।
(c) बच्चों को प्राकृतिक, सामाजिक और सांस्कृतिक वातावरण के बीच संबंधों का पता लगाने और समझने के लिए प्रशिक्षित करना।
(d) पर्यावरण समझ के माध्यम से बच्चों के बीच सटीक संख्यात्मक कौशलों का विकसित करना।

**140. बच्चों को अन्वेषण के माध्यम से ईवीएस सीखने के लिए बहुत सारी जगह मिलती है। यह इंगित करता है कि:**
(a) ईवीएस को रटने के माध्यम से सीखा जाता है।
(b) ईवीएस को जानकारी के माध्यम से सीखा जाता है।
(c) ईवीएस बाल केंद्रित है।
(d) ईवीएस शिक्षक केंद्रित है।

**141. 49 से 125 तक की सभी प्राकृतिक संख्याओं का औसत क्या है?**
(a) 85 (b) 87
(c) 88 (d) 86

**142. ₹ 12,000 पर 10% वार्षिक चक्रवृद्धि व्याज की दर से $1\frac{1}{2}$ वर्ष में कितनी राशि चुकानी पड़ेगी? जबकि चक्रवृद्धि की गणना अर्धवार्षिक हो?**
(a) ₹ 13,891.50 (b) ₹ 19,831.50
(c) ₹ 31,918.50 (d) ₹ 13,230.50

**143. दी गई संख्याओं का सही आरोही क्रम ज्ञात कीजिए।**
$\left(\frac{3}{10}\right), \left(\frac{4}{15}\right), \left(\frac{1}{3}\right)$
(a) $\frac{3}{10}, \frac{4}{15}, \frac{1}{3}$ (b) $\frac{4}{15}, \frac{1}{3}, \frac{3}{10}$
(c) $\frac{1}{3}, \frac{3}{10}, \frac{4}{15}$ (d) $\frac{4}{15}, \frac{3}{10}, \frac{1}{3}$

**144. दो संख्याएं 1 : 2 के अनुपात में हैं और उनका म.स.प. 16 है। उनका ल.स.प. ज्ञात कीजिए।**
(a) 16 (b) 23
(c) 32 (d) 60

**145. बाह्य और भीतरी त्रिज्या 4 सेमी और 3 सेमी वाला एक खोखला गोला पिघलाकर 2 सेमी के त्रिज्या वाले ठोस गोले बनाया जाता है। तो ऐसे कितने गोले बनाए जा सकते हैं?**
(a) 5 (b) 2
(c) 4 (d) 3

**146. निर्देश : उस संख्या-युग्म का चयन कीजिए जिसमें दो संख्याएँ उसी तरह से संबंधित हैं जैसे कि निम्नलिखित संख्या-युग्म की दो संख्याएँ हैं।**
**53 : 477**
(a) 55 : 525 (b) 43 : 367
(c) 39 : 351 (d) 45 : 460

**147. निर्देश: निम्नलिखित प्रश्न में, आकृतियों के चार जोड़ों में से तीन जोड़ों में आकृति I, आकृति II से समान रूप से संबंधित है। उस जोड़े को निर्दिष्ट कीजिए जिसमें आकृति I और II के मध्य यह संबंध मौजूद नहीं है।**

| I | II | I | II | I | II | I | II |
|---|---|---|---|---|---|---|---|
| (1) | | (2) | | (3) | | (4) | |

(a) (1) (b) (2)
(c) (3) (d) (4)

**148. एक $AP$ में 50 पद हैं जिनमें से तीसरा पद 12 और अंतिम पद 106 है।**

29 वाँ पद ज्ञात कीजिए।

(a) 64 (b) 15
(c) 37 (d) 17

**149. एक निश्चित भाषा में TRUE को 1759 , KICK को 4384, CHAIN को 82630 के रूप में कोडित किया जाता है । अब, उसी कोड में KITCHEN के लिए पहला अंक क्या होगा?**

(a) 9 (b) 2
(c) 8 (d) 4

**150. निर्देश** : निम्नलिखित जानकारी को ध्यान से पढ़ें और नीचे दिए गए प्रश्न का उत्तर दें।
परिवार के सात सदस्य हैं - P, Q, R, S, T, U और V। R, V की नानी है। Q, R का पति है। S, Q का साला है। S का भतीजा T, V की माता है। U, Q का दामाद है। परिवार में चार पुरुष हैं।

**V, P से किस प्रकार संबंधित है?**

(a) पुत्री (b) भतीजा
(c) भतीजी (d) पुत्र

## // स्मार्ट उत्तर पुस्तिका //

सही उत्तर — उन छात्रों का प्रतिशत जिन्होंने प्रश्न का सही उत्तर दिया।

छोड़ दिया — उन छात्रों का प्रतिशत जिन्होंने प्रश्न को छोड़ दिया।

| प्रश्न संख्या | उत्तर | सही उत्तर | छोड़ दिया | प्रश्न संख्या | उत्तर | सही उत्तर | छोड़ दिया | प्रश्न संख्या | उत्तर | सही उत्तर | छोड़ दिया |
|---|---|---|---|---|---|---|---|---|---|---|---|
| 1 | C | 16.62% | 4.13% | 2 | A | 89.99% | 0.0% | 3 | A | 88.3% | 0.0% |
| 4 | A | 52.24% | 1.55% | 5 | B | 64.62% | 1.15% | 6 | B | 62.67% | 1.37% |
| 7 | D | 53.1% | 1.66% | 8 | B | 64.98% | 1.12% | 9 | C | 59.83% | 1.27% |
| 10 | A | 55.76% | 2.0% | 11 | C | 48.07% | 1.64% | 12 | A | 32.77% | 4.07% |
| 13 | B | 40.28% | 1.62% | 14 | D | 67.33% | 1.09% | 15 | C | 43.8% | 1.59% |
| 16 | A | 31.19% | 4.67% | 17 | A | 89.07% | 0.0% | 18 | B | 64.75% | 1.7% |
| 19 | B | 46.98% | 1.67% | 20 | C | 68.54% | 1.17% | 21 | B | 49.87% | 1.48% |
| 22 | B | 53.38% | 1.2% | 23 | A | 69.14% | 1.02% | 24 | A | 43.83% | 1.06% |
| 25 | A | 62.51% | 1.22% | 26 | B | 57.88% | 1.84% | 27 | D | 61.15% | 1.57% |
| 28 | A | 47.49% | 1.09% | 29 | B | 60.72% | 1.82% | 30 | C | 67.32% | 1.95% |
| 31 | A | 29.19% | 4.26% | 32 | D | 56.76% | 1.11% | 33 | C | 65.0% | 1.61% |
| 34 | C | 62.57% | 1.92% | 35 | D | 27.75% | 3.32% | 36 | C | 43.54% | 1.95% |
| 37 | D | 13.75% | 3.27% | 38 | A | 13.43% | 3.87% | 39 | B | 26.03% | 3.83% |
| 40 | C | 64.23% | 1.03% | 41 | A | 69.64% | 1.59% | 42 | B | 45.88% | 1.46% |
| 43 | D | 12.67% | 4.09% | 44 | D | 28.17% | 4.49% | 45 | D | 55.21% | 1.93% |
| 46 | A | 43.75% | 1.67% | 47 | D | 61.65% | 1.83% | 48 | C | 48.83% | 1.3% |
| 49 | D | 10.5% | 4.89% | 50 | C | 57.22% | 1.72% | 51 | B | 56.27% | 1.15% |
| 52 | A | 28.02% | 3.21% | 53 | C | 82.31% | 0.0% | 54 | C | 63.81% | 1.72% |
| 55 | A | 69.24% | 1.34% | 56 | C | 57.21% | 1.65% | 57 | A | 52.74% | 1.88% |
| 58 | D | 49.01% | 1.29% | 59 | B | 59.07% | 1.24% | 60 | C | 49.38% | 1.62% |
| 61 | D | 44.6% | 1.87% | 62 | C | 44.38% | 1.1% | 63 | D | 59.88% | 1.28% |
| 64 | B | 44.92% | 1.51% | 65 | B | 51.46% | 1.27% | 66 | B | 42.56% | 1.92% |
| 67 | D | 64.44% | 1.83% | 68 | A | 60.83% | 1.73% | 69 | D | 60.09% | 1.39% |
| 70 | B | 65.58% | 1.46% | 71 | A | 59.35% | 1.99% | 72 | C | 49.46% | 1.5% |
| 73 | A | 51.66% | 1.26% | 74 | D | 46.57% | 1.94% | 75 | D | 13.4% | 4.69% |
| 76 | C | 60.97% | 1.02% | 77 | C | 69.92% | 1.61% | 78 | C | 50.11% | 1.81% |
| 79 | D | 60.1% | 1.73% | 80 | A | 67.9% | 1.31% | 81 | A | 48.47% | 1.29% |
| 82 | C | 47.25% | 1.57% | 83 | B | 57.06% | 1.77% | 84 | B | 46.97% | 1.52% |
| 85 | B | 42.13% | 1.61% | 86 | D | 64.0% | 1.43% | 87 | D | 50.02% | 1.21% |
| 88 | C | 43.99% | 1.28% | 89 | B | 45.39% | 1.76% | 90 | A | 44.71% | 1.54% |
| 91 | A | 55.96% | 1.43% | 92 | C | 62.27% | 1.02% | 93 | D | 61.8% | 1.87% |
| 94 | B | 47.87% | 1.79% | 95 | B | 44.94% | 1.64% | 96 | C | 66.79% | 1.6% |
| 97 | B | 65.2% | 1.85% | 98 | A | 86.09% | 0.0% | 99 | A | 44.68% | 1.02% |
| 100 | C | 48.47% | 1.06% | 101 | D | 51.47% | 1.53% | 102 | D | 88.1% | 0.0% |
| 103 | C | 46.13% | 1.52% | 104 | A | 50.87% | 1.28% | 105 | D | 13.96% | 4.56% |
| 106 | D | 52.56% | 1.26% | 107 | B | 47.81% | 1.95% | 108 | A | 86.79% | 0.0% |
| 109 | A | 64.86% | 1.55% | 110 | A | 63.63% | 1.2% | 111 | C | 60.56% | 1.35% |
| 112 | D | 69.6% | 1.75% | 113 | A | 49.13% | 1.95% | 114 | D | 58.08% | 1.99% |
| 115 | D | 40.71% | 1.52% | 116 | D | 44.53% | 1.19% | 117 | B | 89.3% | 0.0% |
| 118 | B | 41.37% | 1.57% | 119 | B | 86.33% | 0.0% | 120 | D | 51.91% | 1.91% |
| 121 | C | 60.06% | 1.44% | 122 | B | 48.67% | 1.09% | 123 | A | 56.46% | 1.09% |
| 124 | D | 63.34% | 1.78% | 125 | C | 78.93% | 0.0% | 126 | C | 44.05% | 1.13% |
| 127 | B | 76.79% | 0.0% | 128 | D | 44.47% | 1.48% | 129 | D | 85.39% | 0.0% |
| 130 | B | 68.26% | 1.39% | 131 | C | 14.66% | 3.9% | 132 | B | 47.01% | 1.95% |
| 133 | C | 13.02% | 4.72% | 134 | A | 51.77% | 1.04% | 135 | A | 50.57% | 1.16% |
| 136 | A | 47.89% | 1.95% | 137 | D | 66.02% | 1.2% | 138 | A | 85.02% | 0.0% |
| 139 | D | 57.71% | 1.41% | 140 | C | 51.69% | 1.84% | 141 | B | 56.85% | 1.73% |
| 142 | A | 45.65% | 1.74% | 143 | D | 82.1% | 0.0% | 144 | C | 67.06% | 1.3% |
| 145 | C | 44.54% | 1.92% | 146 | C | 56.48% | 1.98% | 147 | B | 63.46% | 1.83% |
| 148 | A | 52.76% | 1.61% | 149 | D | 45.2% | 1.97% | 150 | C | 60.23% | 1.69% |

## // संकेत और समाधान //

**1(C).** **प्लूरोब्रेकिआ** संघ **टीनोफोरा** से संबंधित है।
टीनोफोर को सामान्यतः समुद्री अखरोट या कंकाल जैली कहते है, विशेष रूप से समुद्री, अरीय सममिति, द्विकोरिक जीव हैं जो ऊतक स्तर के संगठन के साथ हैं। शरीर में आठ बाह्य पक्ष्माभी कंकत पट्टिका होती हैं, जो चलन में सहायता करती हैं।

पाचन अंतःकोशिक तथा अंतराः कोशिक दोनों प्रकार का होता है।
जीवसंदीप्ति (प्रकाश उत्सर्जित करने के लिए एक जीवित जीव का गुण) टीनोफोर की मुख्य विशेषता है।
लिंग अलग नहीं होते हैं। जनन केवल लैंगिक होता है। निषेचन बाह्य होता है तथा अप्रत्यक्ष विकास होता है।
**टीनोप्लाना** भी टीनोफोर का उदाहरण है।

| संघ | उदाहरण |
|---|---|
| पोरिफेरा | साइकन (साइफा), स्पांजिला (स्वच्छ जलीय स्पंज) और यूस्पंजिया (बाथस्पंज)। |
| सिलेन्ट्रेटा | **फाइसेलिया (पुर्तगाली युद्ध मानव), एडमसिया (समुद्र एनीमोन)**, पेनेटयुला (समुद्री पिच्छ), गोरगोनिया (समुद्री व्यंजन) तथा मेन्डरीना (ब्रेन कोरल)। |

**2(A).** *साईकॉन* फाइलम नेमाटोडा से संबंधित नहीं है।
*साईकॉन* वर्गीकरण:

| संघ | पोरिफेरा |
|---|---|
| कक्षा | कैल्केरिया |
| गण | ल्यूकोसोलेनिडा |
| परिवार | साइकेटिडे |

*एस्केरिस* वर्गीकरण:

| संघ | निमेटोडा |
|---|---|
| कक्षा | क्रोमैडोरिया |
| गण | एस्केरिडा |
| परिवार | पशु |

*वुचेरिया बैनक्रॉफ्टी* वर्गीकरण:

| संघ | निमेटोडा |
|---|---|
| कक्षा | सेकेरेंशिया |
| गण | स्पिरूरिडा |
| परिवार | पशु |

*एंटरोबियस* वर्गीकरण:

| संघ | निमेटोडा |
|---|---|
| कक्षा | फस्मिडा |
| गण | ओक्स्युरुट |
| परिवार | ऑक्सीयोराइडिया |

**3(A).** जीवाणु विज्ञान, बैक्टीरिया के अध्ययन से निपटने वाले सूक्ष्म जीव विज्ञान की एक शाखा हैं। इसमें जीवाणु प्रजातियों की पहचान, वर्गीकरण और लक्षण वर्णन शामिल है।

**4(A).** एक एक्टोमाइकोरिया एक सहजीवी संबंध का एक रूप है जो एक कवक सीबम, या माइकोबैनेट और विभिन्न पौधों की प्रजातियों के बीच होता है। लगभग 70% पौधों की प्रजातियों, आमतौर पर वुडी की जड़ों पर एक्टोमाइकोरिसिज़ का निर्माण होता है। कुछ पॉलीपेप्टाइड केवल तब पाए जाते हैं जब कवक और पौधे ने सहजीवन प्राप्त किया हो।

**5(B).** ग्लाइकोलाइसिस स्वयं ऑक्सीजन का उपयोग नहीं करता है। ग्लाइकोलाइसिस स्वयं ग्लूकोस को पाइरुविक अम्ल के दो अणुओं में विभाजित करता है। ग्लाइकोलाइसिस लगभग सभी जीवित प्राणियों में होता है, जिसमें सभी जानवर, सभी पौधे और लगभग सभी बैक्टीरिया शामिल हैं।

**6(B).** एस्टेरियस कीट - मूल रूप से, समुद्री तारे रेडियल रूप से सममित शरीर वाले होते हैं और द्विपार्श्व सममित शरीर के साथ लार्वा होते है।
बिच्छु - इनके पास पुस्त फुप्फुस होते हैं। एक पुस्त फुप्फुस एक प्रकार का श्वसन अंग है जिसका उपयोग वायुमंडलीय गैस विनिमय के लिए किया जाता है जो बिच्छू और मकड़ियों जैसे कई अरचिन्ड्स में मौजूद होता है। इनमें से प्रत्येक अंग एक खुले उदर उदर, वायु से भरे गुहा (एट्रियम) के अंदर स्थित होता है और श्वसन के उद्देश्य के लिए एक छोटे से छिद्र के माध्यम से परिवेश से जुड़ता है।
टीनोप्लाना - जानवरों के एक समूह का हिस्सा है जिसे टीनोप्लाना के नाम से जाना जाता है। उन्हें सी वालनट या कोम-जेली के रूप में जाना जाता है। वे प्रकृति में जैव-लुमिनेन्सिस हैं।
लोकस्टा - लोकस्टाअन्य लोकस्टा से एकांत जीवित रूप से विशाल, अत्यधिक गतिशील, वयस्क झुंड में बदलने की क्षमता में भिन्न होते हैं। ये पॉलीफैगस होते हैं और पत्तियों, टहनियों, फूलों, फलों, बीजों, तनों आदि को खाते हैं।

**7(D).** यूरोकॉर्डेटा में, पृष्ठरज्जु केवल लार्वा पूंछ में मौजूद होता है, जबकि सेफैलोकॉर्डेटा में यह सिर से पूंछ क्षेत्र तक फैला होता है और जीवन भर बना रहता है।
भ्रूण काल के दौरान कशेरुकाओं में पृष्ठरज्जु होता है। पृष्ठरज्जु को वयस्क में उपस्थित हड्डी कशेरुका स्तंभ से बदल दिया जाता है।
कॉर्डेट्स में, केंद्रीय तंत्रिका तंत्र पृष्ठीय और खोखला होता है।
संघ कॉर्डेटा को तीन उपसंघों में विभाजित किया गया है: यूरोकॉर्डेटा या ट्यूनिकेटा, सेफैलोकॉर्डेटा और वर्टेब्रेटा।

**8(B).** फ्री सेन्ट्रल सिंककार्पस गाइनोइकियम में पाया जाता है। इसमें, अंडाशय एककोशिकीय होता है और अंडाशय के केंद्र में अक्ष पर अंडाणु पैदा होते हैं। अंडाशय में सेप्टम अनुपस्थित है। उदाहरण के लिए, प्रिम्रोस, डायन्थस (कैरोफिलैसिया)।

**9(C).** लीफ टिप टेण्डरिल संशोधित पत्ती या पत्ती वाला हिस्सा है जो कमजोर तने वाले पौधों में पाया जाता है। वे पौधे को यांत्रिक सहायता प्रदान करते हैं और चढ़ाई में मदद करते हैं। टेण्डरिल विकासशील पत्ती के सिरे से विकसित होती हैं, जैसा कि ग्लोरियोसा में है। इस प्रकार के पत्तों के शीर्ष को सिरहोस के रूप में जाना जाता है।

**10(A).** तिलचट्टे की आहारनाल में मुख से आरंभ कर अंगों के उचित क्रम, ग्रसनी $\rightarrow$ ग्रसिका $\rightarrow$ शस्य $\rightarrow$ पेषणी $\rightarrow$ इलियम $\rightarrow$ कोलन $\rightarrow$ रैक्टम है।
तिलचट्टे की आहारनाल में, ग्रसनी मुंह को अन्नप्रणाली से जोड़ती है। ग्रसिका वह नली है जो शस्य में भोजन को नीचे ले जाती है। शस्य भोजन के भंडारण के लिए अंग है। तिलचट्टा में शस्य के बाद पेषणी होता है फिर हेपेटिक काके है। आगे के क्रम में, मिडगुट, मैल्फिगियन कैप्सूल, इलियम, कोलन और रैक्टम हैं।

**11(C).** केंद्रकबाह्य डीएनए में क्लोरोप्लास्ट और माइटोकॉन्ड्रिया पाया जाता है। क्लोरोप्लास्ट और माइटोकॉन्ड्रिया में ऐसे जीन होते हैं जो माता-पिता से संतानों को मिलने वाले युग्मकों के साइटोप्लाज्म के साथ प्रेषित होते हैं।

**12(A).** एंजाइम की उत्प्रेरक दक्षता $K_m$ मान या माइकलिस मेंटेन स्थिरांक द्वारा वर्णित है। माइकलिस स्थिरांक वह सब्सट्रेट सांद्रता है जिस पर प्रतिक्रिया दर अधिकतम आधी होती है। $K_m$ सब्सट्रेट अणु के लिए एंजाइम के संबंध का वर्णन करता है। एफ़िनिटी जितनी कम होगी $K_m$ मान उतना ही कम होगा और जल्द ही $V_{max}$ प्राप्त किया जा सकता है।
माइकलिस-मेंटेन समीकरण के अनुसार $K_m$ सब्सट्रेट एकाग्रता के बराबर है जिस पर वेग अधिकतम आधा है। माइकलिस और मेंटेन ने क्रिया के लिए एंजाइम के लिए एक परिकल्पना प्रस्तावित की जिसके अनुसार एंजाइम अणु एक सब्सट्रेट कॉम्प्लेक्स के साथ जुड़ जाता है जो उत्पाद और एंजाइम को वापस बनाने के लिए अलग हो जाता है।

**13(B).** एथिलीन सबसे अच्छा जाना जाता है, हालांकि, टमाटर, केले, नाशपाती और सेब जैसे जलवायु बैक्टीरिया के पकने में अपनी आवश्यक भूमिका के लिए। उदाहरण के लिए, अनरीप एवोकैडो युक्त पेपर बैग में एक पका हुआ केला रखने से, केले द्वारा उत्पादित एथिलीन के संचय के कारण एवोकैडो के पकने को जल्दबाजी होगी।
अत: विकल्प (B) सही है I

**14(D).** समसूत्री विभाजन (मिटोसिस) एक प्रकार का कोशिका विभाजन है जिसमें संतति कोशिकाओं में गुणसूत्र संख्या वही रहती है जो मूल कोशिका में पाई जाती है।
इस प्रकार के कोशिका विभाजन को मध्यवर्तीय विभाजन के रूप में जाना जाता है। समसूत्री विभाजन के बाद बनने वाली कोशिकाएँ मूल कोशिका के समान होती हैं। समसूत्री विभाजन को विभिन्न चरणों में विभाजित किया जाता है- पूर्वावस्था, मध्यावस्था, पश्चावस्था और अंत्यावस्था।
समसूत्री विभाजन में तर्कु रेशे काइनेटोकोर के माध्यम से गुणसूत्र बिंदु

से जुड़े होते हैं। काइनेटोकोर एक प्रोटीनयुक्त संरचना है जो कोशिका विभाजन के दौरान तर्कु रेशे को बांधने या धारण करने में मदद करती है।

**15(C).** प्लांट सेल की दीवारें मुख्य रूप से सेलुलोज से बनी होती हैं, जो पृथ्वी पर सबसे प्रचुर मैक्रोमोलेक्यूल है। सेल्यूलोज फाइबर सैकड़ों ग्लूकोज अणुओं के लंबे, रैखिक पॉलिमर होते हैं। ये फाइबर लगभग 40 के बंडलों में एकत्रित होते हैं, जिन्हें माइक्रोफिब्रिल कहा जाता है। माइक्रोफाइब्रिल्स अन्य पॉलीसेकेराइड के हाइड्रेटेड नेटवर्क में एम्बेडेड होते हैं। सेल की दीवार को जगह में इकट्ठा किया जाता है। अग्रगामी घटकों को कोशिका के अंदर संश्लेषित किया जाता है और फिर कोशिका झिल्ली से जुड़े एंजाइमों द्वारा इकट्ठा किया जाता है।
परमाणु लिफाफा, जिसे परमाणु झिल्ली के रूप में भी जाना जाता है, दो लिपिड दोहरी परत झिल्ली से बना होता है जो यूकेरियोटिक कोशिकाओं में नाभिक को घेरता है, जो आनुवंशिक सामग्री को घेरता है। परमाणु लिफाफे में दो लिपिड दोहरी परत झिल्ली, एक आंतरिक परमाणु झिल्ली और एक बाहरी परमाणु झिल्ली होते हैं।

**16(A).** पृष्ठीय और अधर श्वसन समूह जो अंतःश्वसन और उच्छवसन की प्रक्रियाओं से संबंधित हैं मेड्यूला और वातिल केंद्र में उपस्थित होते हैं और अरंध्र केंद्र जो कार्य में विरोधी होते हैं और अंतःश्वसन को कम करने या बढ़ाने के लिए संकेत बनाकर श्वसन की दर को प्रभावित करते हैं वह पोंस का हिस्सा होते हैं।
अतः विकल्प (A) सही हैं।

**17(A).** औरोफरीनक्स ग्रसनी अर्थात् गले का मध्य हिस्सा है, यह नेसोफरीनक्स (शीर्ष भाग) और हाइपोफैरेनिक्स (निचला हिस्सा) के बीच गले का क्षेत्र है। ऑरोफरीनक्स में टॉन्सिल, जीभ का आधार, नरम तालू और ग्रसनी की दीवारें शामिल हैं।

**18(B).** हृदय की मांसपेशियां मायोकार्डियम, या हृदय की दीवारों की मध्य परत को दर्शाती हैं, और कार्डियक पंप के सिकुड़ा कार्य के लिए जिम्मेदार हैं। कार्डियोमायोसाइट्स से बना, हृदय की मांसपेशियों में विशिष्ट कोशिकीय और शारीरिक विशेषताएं हैं, जो पूरे शरीर में पर्याप्त ऊतक और अंग छिड़काव बनाए रखने के लिए बल उत्पन्न करने की अनुमति देती हैं। हृदय की मांसपेशी सबसे पहले काम करने वाले भ्रूण के अंगों में से एक बनाती है जो जीवन भर विकास से अनुबंध और धड़कन जारी रखती है।

**19(B).** नेफ्रॉन को गुर्दे की सूक्ष्म संरचनात्मक और बुनियादी कार्यात्मक इकाई माना जाता है। यह एक वृक्क कणिका और एक वृक्क नलिका से बना होता है। वृक्क कणिका में केशिकाओं का एक गुच्छा होता है जिसे ग्लोमेरुलस कहा जाता है और एक कप के आकार की संरचना होती है जिसे बोमन कैप्सूल कहा जाता है। प्रत्येक भाग का अपना विशिष्ट कार्य होता है। एक स्वस्थ वयस्क के प्रत्येक गुर्दे में 1 - 1.5 मिलियन नेफ्रॉन होते हैं।

**20(C).** अक्षीय कंकाल सिर, गर्दन, पीठ और छाती को सहायता करता है और इस प्रकार शरीर का ऊर्ध्वाधर अक्ष बनाता है। इसमें खोपड़ी, कशेरुक स्तंभ (त्रिकास्थि और कोक्सीक्स सहित), और वक्ष पिंजरे, पसलियों और उरोस्थि द्वारा गठित होते हैं।

**21(B).** सलाखें हड्डी कपाल की 8 हड्डियों में से एक है। यह नाक गुहा की छत और दो कक्षीय गुहाओं के बीच स्थित है। यह कक्षा की मध्य दीवार में योगदान देता है और पूर्वकाल कपाल फोसा का हिस्सा बनाता है, जहां यह कपाल गुहा से नाक गुहा (अवर) को अलग करता है।

**22(B).** ड्यूरा मेटर घने अनियमित संयोजी ऊतक से बनी एक मोटी झिल्ली होती है जो मस्तिष्क और रीढ़ की हड्डी को घेरे रहती है। यह झिल्ली की तीन परतों में से सबसे बाहरी है जिसे मस्तिष्कावरक झिल्लियाँ कहा जाता है जो केंद्रीय तंत्रिका तंत्र की रक्षा करता है। अन्य दो मस्तिष्कावरक झिल्लियाँ आर्कनोइड मेटर और पाए मेटर है।

**23(A).** एस.एल. मिलर ने अपने प्रयोग में एक बंद फ्लास्क में 800° पर $CCH_4$, $H_2$, $NH_3$ और जल वाष्प मिश्रण कर ऐमिनो अम्ल उत्पन्न किया।
ओपरिन और हाल्डेन ने एक परिकल्पना प्रस्तावित की। इस परिकल्पना के अनुसार, जीवन का पहला रूप पहले से मौजूद गैर-कार्बनिक अणुओं से आया है। एस.एल. मिलर ने उनके प्रस्ताव का समर्थन किया। उन्होंने विकास के शुरुआती दिनों में पृथ्वी के घटते वातावरण का निर्माण किया। उन्होंने 800°C पर मीथेन, हाइड्रोजन, अमोनिया और जल वाष्प युक्त एक बंद फ्लास्क में विद्युत निर्वहन बनाया। इसके परिणामस्वरूप अमीनो एसिड का निर्माण हुआ।

**24(A).** उभयलिंगी स्थिति को निरूपित करने के लिए होमोथैलिक और मोनोएसियस का उपयोग किया जाता है। उदाहरण में कवक और पौधे शामिल हैं। एकलैंगिक स्थिति को निरूपित करने के लिए हेटेरोथैलिक और डायओसीस का उपयोग किया जाता है।

**25(A).** अण्डजनन- अण्डजनन वह प्रक्रिया है जिसके द्वारा महिलाओं में परिपक्व अगुणित डिंब का निर्माण होता है।
मासिक धर्म चक्र- मादा प्राइमेट के प्रजनन चक्र को मासिक धर्म चक्र कहा जाता है।
ब्लास्टोसिस्ट- ब्लास्टोसिस्ट एक निषेचित अंडे द्वारा बनाई गई कोशिकाओं को विभाजित करने का एक समूह है। यह एक भ्रूण का प्रारंभिक चरण है। ब्लास्टोसिस्ट कई चरणों में से एक है जो गर्भावस्था की ओर ले जाता है। एक शुक्राणु के अंडे को निषेचित करने के लगभग पांच से छह दिनों के बाद एक ब्लास्टोसिस्ट बनता है।
शुक्राणुजनन - शुक्राणुजनन के परिणामस्वरूप शुक्राणुओं का निर्माण होता है जो पुरुष यौन सहायक नलिकाओं द्वारा ले जाया जाता है। एक सामान्य मानव शुक्राणु एक सिर, गर्दन, एक मध्य भाग और पूंछ से बना होता है।

**26(B).**

| 1-माता-पिता से अलग होना | 2-माता-पिता से अलग होना | वंश का रक्त प्रकार |
|---|---|---|
| a.$I^A$ | r.$I^A$ | 1.A |
| b.$I^B$ | p.$I^B$ | 2.B |
| c.i | q.i | 3.0 |

**27(D).** RNA रेट्रोवायरस में एक विशेष एंजाइम होता है जो वायरल RNA को cDNA में ट्रांसक्राइब करता है।
एक रेट्रोवायरस DNA इंटरमीडिएट वाला एकल-फंसे हुए सकारात्मक-भावना वाला RNA वायरस है। अधिकांश ट्यूमर पैदा करने वाले वायरस रेट्रोवायरस हैं। एक कोशिका को संक्रमित करने के बाद उसे रेट्रो वायरस एक एंजाइम रिवर्स ट्रांसक्रिप्टेज cDNA में अपने RNA कन्वर्ट करने के लिए रिवर्स प्रतिलेखन की प्रक्रिया द्वारा उपयोग करता है। रेट्रोवायरस तब अपने वायरल DNA को मेजबान कोशिका के DNA में एकीकृत करता है, जो रेट्रोवायरस को दोहराने की अनुमति देता है।

**28(A).** औद्योगिक मेलानिज़्म प्राकृतिक चयन का एक उदाहरण है। औद्योगिक मेलानिज़्म एक शब्द है, जिसका उपयोग क्रम-विकास सम्बन्धी प्रक्रिया का वर्णन करने के लिए किया जाता है।

**29(B).** पेरिकार्डिक्टॉमी पेरिकार्डियम का कुछ भाग या अधिकांश हिस्सा शल्य चिकित्सा से हटाना है। यह ऑपरेशन सबसे आम तौर पर कॉन्स्टिटिव पेरिकार्डिटिस को राहत देने या एक पेरीकार्डियम को हटाने के लिए किया जाता है जो दृढ़ और तंतुमय होता है।

**30(C).** पॉलिमरेज़ चेन रिएक्शन या पीसीआर में निम्नलिखित तीन चरण होते हैं:
डिनैटुरेशन - 92°C गर्म होने पर टेम्पलेट डीएनए के दो डीएनए किस्मे एक दूसरे से अलग हो जाते हैं।
एनीलिंग- डीएनए के एकल किस्म के तीसरे अंत की प्राइमर एनील।
एक्सटेंशन - प्राइमरों को डीएनए के पूर्ण किस्में बनाने के लिए न्यूक्लियोटाइड के अलावा डीएनए पोलीमरेज़ द्वारा विस्तारित किया जाता है। इसलिए चरणों का क्रम डिनैटुरेशन, एनीलिंग, एक्सटेंशन है।
अत: विकल्प (C) सही है I

**31(A).** दी गई छवि के लिए सही लेबलिंग 1-HRP, 2-संयुग्मित द्वितीयक एंटीबॉडी, 3-प्राथमिक एंटीबॉडी है।
प्राथमिक प्रतिरक्षी (3) उस प्रतिजन से बंध जाता है जिसे एलिसा विधि में पता लगाया जाना है। संयुग्मित माध्यमिक एंटीबॉडी (2) HRP (1) से जुड़ा होता है जो एक एंजाइम है। द्वितीयक प्रतिरक्षी प्राथमिक प्रतिरक्षी से बंधता है। जब यह प्रतिक्रिया होती है और सब्सट्रेट जोड़ा जाता है, तो उत्पाद का उत्पादन करने के लिए एचआरपी उस पर कार्य करता है जिसके परिणामस्वरूप रंग में परिवर्तन होता है।

**32(D).** चयन दबावों के एक विशेष सेट के तहत, जीव सबसे कुशल प्रजनन

कार्यनीतियों की ओर विकसित होते हैं।
प्रजनन कार्यनीति शब्द का प्रयोग शिथिल रूप से उस तरीके के संदर्भ में किया जाता है जिस तरह से एक जानवर सहवास करता है और या संतान पैदा करता है। यह सेमलपेरस प्रजनन, जीवन भर में एक प्रजनन प्रकरण या पुनरावृत्त प्रजनन, जीव के जीवन के दौरान कई प्रजनन प्रकरण का भी उल्लेख कर सकता है।
अत: विकल्प (D) सही है।

**33(C).** बायोमास सूखे पदार्थ की वह मात्रा है जो किसी विशेष क्षेत्र में मौजूद होती है। एक झील में बायोमास का पिरामिड धुरी के आकार का पिरामिड दिखाता है। ऊर्जा का पिरामिड हमेशा सीधा होता है क्योंकि केवल 10% ऊर्जा एक पोषी स्तर से दूसरे पोषी स्तर में स्थानांतरित होती है। इसमें उत्पादक का बायोमास न्यूनतम होता है। प्राथमिक उपभोक्ता का बायोमास उच्चतम होता है जबकि द्वितीयक उपभोक्ता के पास प्राथमिक उपभोक्ता की तुलना में कम बायोमास होता है। एक घास के मैदान में संख्या का पिरामिड भी सीधा होता है क्योंकि उत्पादक हमेशा शाकाहारी और मांसाहारी की तुलना में अधिकतम संख्या में होते हैं।

**34(C).** जैव विविधता का अर्थ एक विशेष क्षेत्र में विभिन्न प्रकार के पौधे और जानवर है । जैव विविधता सभी प्रकार के जीवन हैं जो आप एक क्षेत्र में पाएंगे।

**35(D).** निरंतर वेग के साथ गति करने वाली वस्तु में शून्य त्वरण होगा अर्थात $a_{net} = 0$
न्यूटन के तृतीय नियम से शून्य बाह्य त्वरण की स्थिति में, शुद्ध बाह्य बल शून्य होगा।
वस्तु पर कार्य करने वाला शुद्ध बाह्य बल $F_{net} = ma_{net} = 0$

**36(C).** गति त्वरित है, या वेग बदल रहा है, जिसका अर्थ है कि गति या दिशा बदल रही है या दोनों बदल रहे हैं।

- एक पिंड एक सरल रेखा में गतिमान है और गति त्वरित है।
- तो, दिशा नहीं बदल रही है और इसलिए गति बदल रही है।
- अब, इस तरह की गति का एक उदाहरण मुक्त पतन हो सकता है, जहां वस्तु को केवल शून्य प्रारंभिक वेग के साथ गिराया जाता है और इसलिए उस पर g द्वारा कार्य किया जाता है, जो पृथ्वी का गुरुत्वीय त्वरण है।
- यह पृथ्वी की ओर गिर रहा है।
- तो, 'यह हमेशा पृथ्वी से दूर जाता है' कथन गलत है।
- साथ ही, यदि त्वरण विद्यमान है, तो वहां असंतुलित बल होगा, इसलिए कथन 'एक बल उस पर कार्य कर रहा है' सही कथन है।,

तो, यहाँ सही विकल्प है 'यह हमेशा पृथ्वी से दूर जाता है'।

**37(D).** प्रक्षेप्य एक ऐसी वस्तु को संदर्भित करता है जो फेंकने या प्रक्षेपित होने के बाद उड़ान में होती है। एक प्रक्षेप्य गति में, एकमात्र त्वरण अभिनय ऊर्ध्वाधर दिशा में होता है जो गुरुत्वाकर्षण (g) के कारण त्वरण होता है। गति के समीकरण, इसलिए, X-अक्ष और Y-अक्ष में अलग-अलग लागू किए जा सकते हैं यदि प्रक्षेप्य गति की अधिकतम ऊंचाई बड़ी नहीं है, और पृथ्वी की त्रिज्या (जो आमतौर पर ऐसा होता है) के संबंध में उपेक्षित किया जा सकता है, गुरुत्वाकर्षण के कारण त्वरण स्थिर रहता है। अतः प्रक्षेप्य गति में त्वरण स्थिर रहता है।

**38(A).**

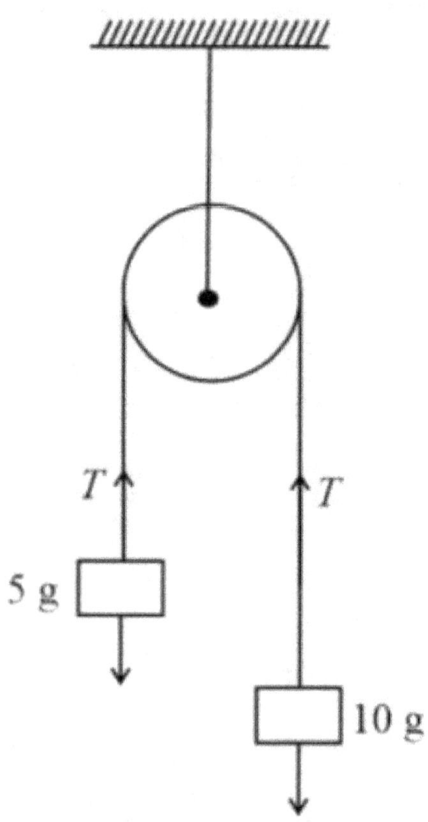


मान लीजिए $T$ डोरी में तनाव है।
मुक्त निकाय आरेख से,
$\therefore 10g - T = 10a$ ....(i)
और, $T - 5g = 5a$ ....(ii)
समीकरण (i) और (ii) को जोड़ने पर, हम प्राप्त करते हैं
$5g = 15a$
$\Rightarrow a = \frac{g}{3} ms^{-2}$

**39(B).**

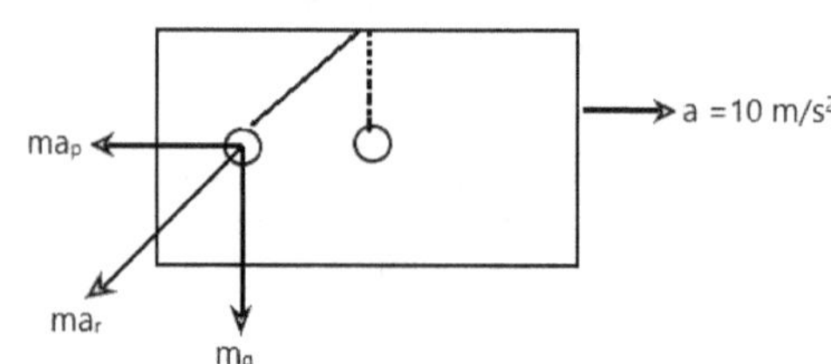


यहाँ, $a = 10\ m/s^2$ आगे की दिशा में बॉक्स का त्वरण है, mg है नीचे की दिशा में गुरुत्वाकर्षण के कारण बल, $ma_p$ पीछे की दिशा में छद्म बल है जैसा कि चित्र में दिखाया गया है। तो, अब बॉक्स के अंदर निलंबित शरीर पर परिणामी बल इस प्रकार है:
$ma_r = \sqrt{ma_s^2 + mg^2}$
यहाँ, $ma_r$ गुरुत्वाकर्षण और छद्म बल के कारण शरीर पर परिणामी बल है।
अब, $ma_r = \sqrt{(1\ kg)(10\ m/s^2)^2 + (1\ kg)(10\ m/s^2)^2}$
$ma_r = 10\sqrt{2}$
चूंकि शरीर अब संतुलन में है, इसलिए त्वरण के कारण शरीर पर बल डोरी पर तनाव के समान है।
इसलिए,
$T = ma_r$
$T = 10\sqrt{2}\ ms^{-2}$

**40(C).**

(टक्कर से पहले) (टक्कर के बाद)

गति संरक्षण से,

$\vec{p}_i = \vec{p}_f$

$mu\hat{i} + 0 = mv\hat{j} + 3m\vec{v}_2$

$\frac{mu\hat{i}}{3m} - \frac{mv\hat{j}}{3m} = \vec{v}_2$

$\vec{V}_2 = \frac{u}{3}\hat{i} - \frac{v}{3}\hat{j}$

अब, K.E लोचदार टक्कर में संरक्षित है,

$\Sigma KE_i = \Sigma KE_f$

$\Rightarrow \frac{1}{2}mu^2 = \frac{1}{2}mv^2 + \frac{1}{2}3m\left(\frac{u^2}{9} + \frac{v^2}{9}\right)$

$\Rightarrow u^2 = v^2 + \frac{u^2}{3} + \frac{v^2}{3}$

$\Rightarrow \frac{2}{3}u^2 = \frac{4}{3}v^2$

$\Rightarrow v = \frac{u}{\sqrt{2}}$

**41(A).** दिया गया:

$KE_1 = 50\,\text{J}$

$KE_2 = 150\,\text{J}$

$t = 10\,\text{s}$

जैसा कि हम जानते हैं,

कार्य-ऊर्जा प्रमेय में कहा गया है कि किसी वस्तु पर बलों द्वारा किया गया शुद्ध कार्य उसकी गतिज ऊर्जा में परिवर्तन के बराबर होता है।

$W = \Delta KE$

जहां $W =$ कार्य किया गया और $\Delta KE =$ गतिज ऊर्जा में परिवर्तन

कार्य-ऊर्जा प्रमेय द्वारा,

$W = \Delta KE$

$\therefore W = KE_2 - KE_1$

$\Rightarrow W = 150 - 50$

$\Rightarrow W = 100\,\text{J}$

इसलिए, पिंड की शक्ति $(P) = \frac{W}{t}$

जहां $W =$ कार्य और $t =$ समय

$\therefore P = \frac{100}{10}$

$\Rightarrow P = 10\,\text{W}$

**42(B).**

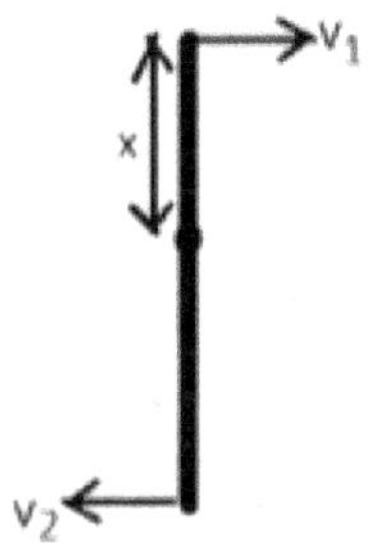


मान लीजिए, तात्क्षणिक अक्ष की से दूरी $v_1 = x$ है।

रोटेशन के तात्क्षणिक अक्ष के बारे में, प्रत्येक बिंदु का कोणीय वेग समान होगा।

$, \omega_{v_1} = \omega_{v_2}$

$\Rightarrow \frac{v_1}{x} = \frac{v_2}{l-x}$

$\Rightarrow x = \frac{v_1}{v_1+v_2}l$

**43(D).** दिया गया:

ऊंचाई पर पिंड का वजन $(W') = mg'$ , पृथ्वी की सतह पर पिंड का वजन $(W) = mg$ और

पृथ्वी की सतह से ऊंचाई $h$ पर गुरुत्वाकर्षण के कारण त्वरण -

$\Rightarrow g' = \frac{g}{\left(1+\frac{h}{R}\right)^2}$

दोनों पक्षों को $m$ से गुणा करें, तब हमें प्राप्त होता है

$\Rightarrow mg' = \frac{mg}{\left(1+\frac{h}{R}\right)^2}$

$\Rightarrow W' = \frac{W}{\left(1+\frac{h}{R}\right)^2}$

प्रश्न के अनुसार, $W' = \frac{W}{16}$

$\Rightarrow \frac{W}{16} = \frac{W}{\left(1+\frac{h}{R}\right)^2}$

$\Rightarrow \frac{1}{16} = \frac{1}{\left(1+\frac{h}{R}\right)^2}$

$\Rightarrow \left(1+\frac{h}{R}\right)^2 = 16$

$\Rightarrow \left(1+\frac{h}{R}\right) = 4$

$\Rightarrow \frac{h}{R} = 3$

$\Rightarrow h = 3R$

**44(D).** पूर्ण ठोस गोले के कारण पोटेंशियल बिंदु $P$ पर होता है

$V_{sphere} = \frac{-GM}{2R^3}\left[3R^2 - \left(\frac{R}{2}\right)^2\right]$

$= \frac{-GM}{2R^3}\left(\frac{11R^2}{4}\right) = -11\frac{GM}{8R}$

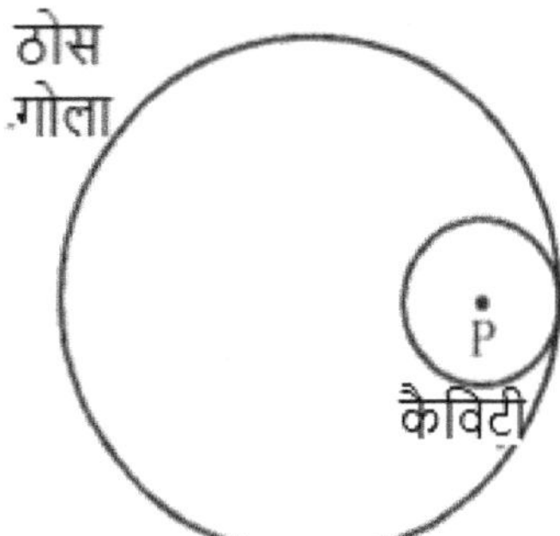


बिंदु $P$ पर कैविटी पार्ट पोटेंशियल के कारण

$V_{cavity} = -\frac{3}{2}\frac{\frac{GM}{8}}{\frac{R}{2}} = -\frac{3GM}{8R}$

तो गुहा के केंद्र में पोटेंशियल

$= V_{sphere} - V_{cavity}$

$= -\frac{11GM}{8R} - \left(-\frac{3}{8}\frac{GM}{R}\right) = \frac{-GM}{R}$

**45(D).** जैसे ही लिफ्ट एकसमान वेग के साथ ऊपर जाती है, तो त्वरण $a = 0$

तो डोरी में तनाव,

$T = m(g+a)$

$T = m\,g = 5 \times 10^{-3} \times 10$

$= 0.50\,\text{N}$

**46(A).** यह दिया गया है,

पानी 3.0 लीटर $/min = 3 \times 10^{-3}m^3/min$ की दर से बहता है।

पानी का घनत्व, $\rho = 10^3 kg/m^3$ .

स्पष्ट रूप से, प्रति मिनट बहने वाले पानी का द्रव्यमान $= 3 \times 10^{-3} \times 10^3 kg/min = 3kg/min$

गीज़र पानी को गर्म करता है, तापमान को $27°C$ से $77°C$ तक बढ़ाता है।

प्रारंभिक तापमान, $T_1 = 27°C$

अंतिम तापमान, $T_2 = 77°C$

इस प्रकार तापमान में वृद्धि,

$\Delta T = T_2 - T_1$

$\Delta T = 77°C - 27°C$

$\Delta T = 50°C$

दहन की ऊष्मा $= 4 \times 10^4 J/g = 4 \times 10^7 J/kg$

पानी की विशिष्ट ऊष्मा $= 4.2J/g^{\circ}C$
यह ज्ञात है कि कुल ऊष्मा का उपयोग किया जाता है
$\Delta Q = mc\Delta T$
$\Delta Q = 3 \times 4.2 \times 10^3 \times 50$
$\Delta Q = 6.3 \times 10^5 J/min$
प्रति मिनट $mkg$ ईंधन का उपयोग करने पर विचार करें।
इस प्रकार, ऊष्मा का उत्पादन $= m \times 4 \times 10^7 J/min$
हालांकि, पानी द्वारा ली गई ऊष्मा ऊर्जा = ईंधन द्वारा उत्पादित ऊष्मा
इस प्रकार, दोनों पक्षों को समान,
$\Rightarrow 6.3 \times 10^5 = m \times 4 \times 10^7$
$\Rightarrow m = \frac{6.3 \times 10^5}{4 \times 10^4}$
$\Rightarrow m = 15.75 g/min$
स्पष्ट रूप से, ईंधन की खपत की दर जब दहन की ऊष्मा होती है $4.0 \times 10^4 J/g$ मान लीजिए कि गैस बर्नर पर गीजर संचालित होता है $15.75g/min$ है।

**47(D).** एडियाबेटिक प्रक्रिया, आइसोबैरिक प्रक्रिया और आइसोथर्मल प्रक्रिया का $P-V$ आरेख है।
प्रक्रिया में किया गया कार्य = आयतन अक्ष के साथ $P-V$ आरेख से घिरा क्षेत्र। चूँकि वक्र के नीचे का क्षेत्र एडियाबेटिक प्रक्रम के लिए अधिकतम होता है, अत: एडियाबेटिक प्रक्रिया के लिए गैस पर किया गया कार्य अधिकतम होगा।

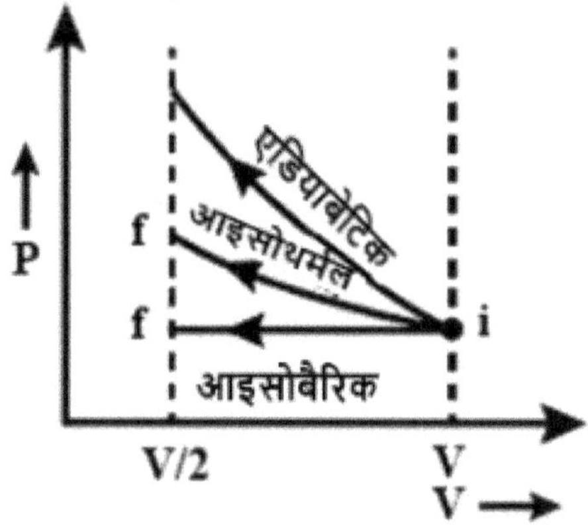


**48(C).** 'ऊर्जा के विभाजन' के प्रमेय में कहा गया है कि किसी भी गतिशील सिस्टम के तापीय संतुलन पर, ऊर्जा को स्वतंत्रता की विभिन्न डिग्री के बीच समान रूप से वितरित किया जाता है, और प्रति अणु प्रति डिग्री स्वतंत्रता से जुड़ी ऊर्जा = $\frac{1}{2}k_BT$
और, f डिग्री स्वतंत्रता वाले अणु की गतिज ऊर्जा होती है
$E = \frac{f}{2}k_BT$
जहां $k_B$ = बोल्ट्जमान स्थिरांक, और $T$ = तापमान, f =स्वतंत्रता की डिग्री
गैस के एक ग्राम मोल की ऊर्जा होगी
$\Rightarrow E = \frac{f}{2}k_BT \times N_A$
हम जानते हैं, $R = N_A \times k_B$ इसे उपरोक्त समीकरण में लागू करने पर
$\Rightarrow E = \frac{f}{2}RT$
एक मोनोएटॉमिक गैस के एक ग्राम मोल की कुल आंतरिक ऊर्जा होगी
$\Rightarrow E = \frac{3}{2}RT$ (जैसा कि मोनोएटोमिक गैस की स्वतंत्रता की डिग्री 3 है)
अत: सही विकल्प (C) है।

**49(D).** $H_2O(l) \overset{1atm}{\rightleftharpoons} H_2O(g)$
दिया हुआ,
$\Delta H = 40.630\ J\ mol^{-1}$
$\Delta S = 108.8\ JK^{-1}\ mol^{-1}$
$\Delta G = \Delta H - T\Delta S$
जब, $\Delta G = 0$
$\Delta H - T\Delta S = 0$
$T = \frac{\Delta H}{\Delta S}$
$\Rightarrow T = \frac{40630}{108.8}$
$\Rightarrow T = 373.4\ K$

**50(C).** इलेक्ट्रिक चार्ज पदार्थ की भौतिक संपत्ति है जो इसे विद्युत चुम्बकीय क्षेत्र में रखे जाने पर बल का अनुभव करने का कारण बनती है। दो प्रकार के विद्युत प्रभार हैं: सकारात्मक और नकारात्मक। सकारात्मक रूप से आवेशित पदार्थ अन्य धनात्मक रूप से आवेशित पदार्थों से निकाले जाते हैं, लेकिन नकारात्मक रूप से आवेशित पदार्थों से आकर्षित होते हैं, नकारात्मक रूप से आवेशित पदार्थ नकारात्मक से प्रतिकारक होते हैं और सकारात्मक की ओर आकर्षित होते हैं। किसी वस्तु में धनात्मक आवेश होता है यदि उसमें इलेक्ट्रॉनों की कमी होती है, और अन्यथा ऋणात्मक रूप से आवेशित या अपरिवर्तित होती है।

**51(B).** कोई भी सतह जिस पर हर जगह विद्युत क्षमता समान होती है, एक समविभव सतह कहलाती है। किसी आवेश को समविभव सतह पर एक बिंदु से दूसरे बिंदु तक ले जाने के लिए किसी कार्य की आवश्यकता नहीं होती है। समविभव सतह के गुण हैं:
- विद्युत क्षेत्र हमेशा एक समविभव सतह के लंबवत होता है।
- दो समविभव सतह कभी भी प्रतिच्छेद नहीं कर सकते।
- एक बिंदु आवेश के लिए, समविभव सतह संकेंद्रित गोलाकार कोश होते हैं।
- एकसमान विद्युत क्षेत्र के लिए, समविभव सतह x-अक्ष के अभिलंबवत तल होते हैं।
- समविभव सतह की दिशा उच्च विभव से निम्न विभव की ओर होती है।

**52(A).** दिया है,
कॉइल का अधिष्ठापन है $L = 10H$
प्रतिरोध $R = 5\Omega$
बैटरी का वोल्टेज $= 10\ V$
यह मिलीसेकंड में बंद हो जाता है = 1
प्रारंभ करनेवाले से जुड़े चुंबकीय प्रवाह की मात्रा है $\phi = Li$
अब, e.m.f प्रारंभ करनेवाले में प्रेरित किया
$e = -\frac{d\varphi}{dt} = -\frac{d}{dt}(Li)$
या $e = -L\frac{di}{dt}$
या $|e| = L\frac{di}{dt}$
यहाँ, प्रेरित धारा $= \frac{V}{R}$
$= \frac{10}{5} = 2A$
1 मिलीसेकंड में सर्किट बंद हो जाता है
या $dt = 1 \times 10^{-3}s$
तथा $L = 10H$
∴ प्रारंभ करनेवाले में e.m.f. प्रेरित है
$|e| = 10 \times \frac{2}{1 \times 10^{-3}}$
$= 2 \times 10^4 V$

**53(C).** लेन्ज के नियम के अनुसार जब एक बंद कॉइल को भिन्न चुम्बकीय फ्लक्स से जोड़ा जाता है तो कॉइल में कुछ धारा प्रेरित होती है।
इसलिए, जब एक चुंबक को एक वृत्ताकार कॉइल की ओर ले जाया जाता है, तो एक अलग चुंबकीय प्रवाह कुंडली से जुड़ा होता है ताकि कॉइल में धारा प्रेरित हो। इस घटना को विद्युत चुम्बकीय प्रेरण कहा जाता है।

**54(C).** दिया गया है,
पृथ्वी के चुंबकीय क्षेत्र का क्षैतिज अवयव, $H_E = 0.26G$
नमन कोण, $\theta = 60^{\circ}$
जैसा कि हम जानते हैं,
$B_E = \frac{H_E}{\cos\theta}$
$B_E = \frac{H_E}{\cos 60^{\circ}}$
$= \frac{0.26}{\left(\frac{1}{2}\right)} = 0.52G$

**55(A).** एक प्रकाश बल्ब और एक खुला कुंडल प्रेरण श्रृंखला में एक ac स्रोत से जुड़ा हैं जैसा कि आकृति में दिखाया गया है। अब प्रेरित्र के भीतर लोहे की

छड़ डाली जाती है। प्रकाश बल्ब की चमक घटेगी।

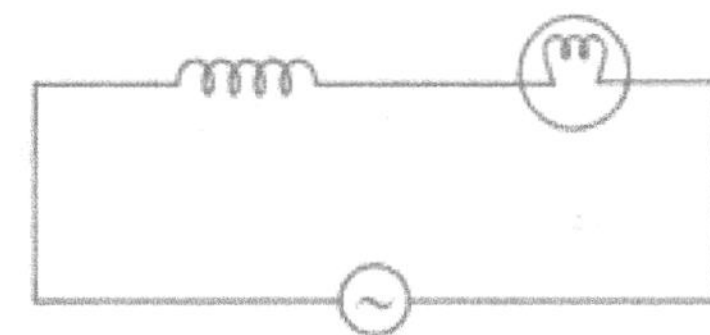

जब प्रेरित्र के भीतर लोहे की छड़ डाली जाती है तो कुंडली का प्रेरकत्व $(L)$ बढ़ जाता है। यहां लोहे की छड़ के कारण कुंडली का प्रेरकत्व $(X_L)$ बढ़ जाता है।

धारा $(I) = \frac{V}{X_L}$

यदि प्रेरकत्व बढ़ता है तो धारा कम हो जाएगी और बल्ब कम दीप्ति से चमकेगा।

**56(C).** दिया है,

ऊर्जा फ्लक्स $= 18\ W/cm^2$

सतह का क्षेत्रफल $= 20\ cm^2$

समयावधि $(T) = 30\ min$

सतह पर पड़ने वाली कुल ऊर्जा

$U =$ ऊर्जा प्रवाह $\times$ सतह क्षेत्र $\times$ समय सीमा

$U = (18\ W/cm^2) \times (20\ cm^2) \times (30 \times 60)$

$= 6.48 \times 10^5\ J$

इसलिए, इस सतह को प्रदत्त कुल संवेग (संपूर्ण अवशोषण के लिए):

$p = \frac{U}{c}$

$= \frac{6.48 \times 10^5\ J}{3 \times 10^8\ m/s}$

$= 2.16 \times 10^{-3} kg\ m/s$

अत: सतह पर लगा औसत बल है:

$F = \frac{p}{t}$

$= \frac{2.16 \times 10^{-3}}{0.18 \times 10^4}$ $\quad [\because t = 30 \times 60s = 1800 = 0.18 \times 10^4]$

$= 1.2 \times 10^{-6}\ N$

**57(A).**

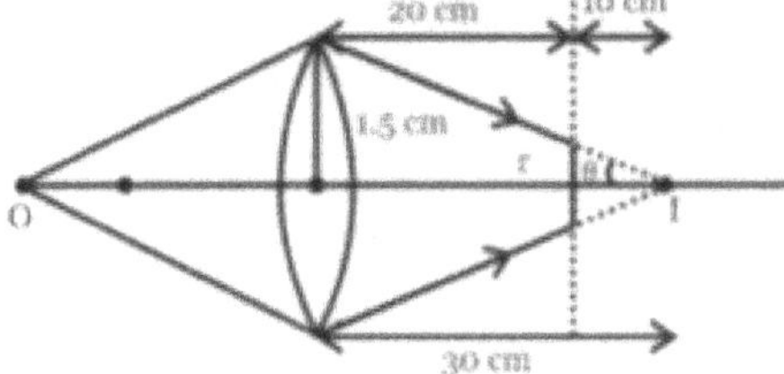


लेंस सूत्र द्वारा,

$\frac{1}{v} - \frac{1}{u} = \frac{1}{f}$

$\Rightarrow \frac{1}{v} - \frac{1}{-15} = \frac{1}{10}$

$\Rightarrow \frac{1}{v} = \frac{1}{10} - \frac{1}{15}$

$\Rightarrow \frac{1}{v} = \frac{3-2}{30}$

$\Rightarrow v = 30$ cm

**58(D).** प्रिज़्म का अपवर्तनांक निम्न द्वारा दिया जाता है,

$\mu = \frac{\sin\left(\frac{A+\delta_m}{2}\right)}{\sin\left(\frac{A}{2}\right)}$ ...(i)

जहां, A = प्रिज्म कोण

$\delta_m =$ न्यूनतम विचलन कोण

दिया है, $\mu = \cot\left(\frac{A}{2}\right) = \frac{\cos\left(\frac{A}{2}\right)}{\sin\left(\frac{A}{2}\right)}$

इसलिए, समीकरण (i) से, हम प्राप्त करते है

$\frac{\cos\left(\frac{A}{2}\right)}{\sin\left(\frac{A}{2}\right)} = \frac{\sin\left(\frac{A+\delta_m}{2}\right)}{\sin\left(\frac{A}{2}\right)}$

$\Rightarrow \sin\left(\frac{\pi}{2} - \frac{A}{2}\right) = \sin\left(\frac{A}{2} + \frac{\delta_m}{2}\right)$

$\Rightarrow \delta_m = \pi - 2A$

$\Rightarrow \delta_m = 180° - 2A$

**59(B).** We are given that a beam of unpolarized light of intensity $I_0$ is passed through a polaroid $A$ and then through another polaroid B which is oriented so that its principal plane makes an angle of 45° relative to that of A.

Formula:

The Brewster's law for polaroids is given as

$I = I_0 \cos^2\theta$

First we need to consider the intensity of light after passing through the first polaroid. The intensity reduces to half after passing through a polaroid placed perpendicular to the direction of propagation of the wave. Therefore, it is given as

$I = \frac{I_0}{2}$

Now for the second polaroid, we need to make use of the Brewster's law formula for intensity of light. We are given the angle between the transmission axis of the first polaroid and the second polaroid. The value is

$\theta = 45°$

The light with reduced intensity obtained from the first polaroid is now incident on the second. Therefore, the intensity of the emergent light is given as

$I' = I\cos^2\theta$

Inserting the known values, we get

$I' = \frac{I_0}{2}\cos^2 45° = \frac{I_0}{2} \times \left(\frac{1}{\sqrt{2}}\right)^2 = \frac{I_0}{4}$

This is the final intensity of light.

**60(C).** We are given two coherent point sources and which are separated by a small distance 'd' as shown in the given figure.

In interference, the wave fronts of two light sources superimpose on each other to produce an interference pattern. As we know that the wave front of a point source is spherical in nature, when two such point sources are placed as shown in the diagram then interference between the light from these sources occurs in such a way that the spherical symmetry of the wave fronts is maintained. As a result, for a given angle with respect to slits at which the fringes are formed, the path difference remains constant. The locus of all such points is a circle. So, the interference pattern form in the given case consists of concentric circles.

**61(D).** प्रकाश विद्युत प्रभाव

$KE_{\max} = hv - W_o$

यहाँ, $W_o$ धातु का कार्य है

$KE \geq 0$ के लिये

$hv \geq W_o$

न्यूनतम ऊर्जा की आवश्यकता $= W_o$

धातु का कार्य, धातु की एक विशेषता गुण है।

**62(C).** एक कृष्णिका द्वारा विकिरणित ऊर्जा $T^4$ के सीधे आनुपातिक है।

स्टीफन का नियम: इसके अनुसार प्रति सेकेंड प्रति इकाई क्षेत्रफल पूर्ण रूप से कृष्णिका निकाय द्वारा उत्सर्जित विकिरणित ऊर्जा (अर्थात् कृष्णिका की उत्सर्जक शक्ति) इसके निरपेक्ष तापमान के चौथे घांत के समानुपाती होती है अर्थात

$E \propto T^4$

$E = \sigma T^4$

जहां, स्टीफन के स्थिरांक नामक एक स्थिरांक है।

स्टीफन के स्थिरांक का मान $5.67 \times 10^{-8}\ W/m^2\ K^4$ है।

ऊपर से, यह स्पष्ट है कि एक कृष्णिका द्वारा विकिरणित ऊर्जा $T^4$ के लिए सीधे आनुपातिक है ।

**63(D).** दिया गया है,
चुंबकीय क्षेत्र $\mathbf{B} = 2\ \mathrm{T}$
विभवांतर $\Delta V = 100\mathrm{kV}$
हम जानते हैं कि,
$r = \frac{mv}{qB}$
$\Rightarrow V = 100 \times 10^3 = 10^5$ वोल्ट
इसलिए, प्रत्येक चक्कर में गतिज ऊर्जा प्राप्त हुई $= e(V) + e(V)$
$\Rightarrow 2e(V) = 2e \times 10^5$
इस प्रकार, चक्करों की संख्या, $N = \frac{20\times10^6}{2\times10^5} = 100$ चक्कर

**64(B).** हाइड्रोजन परमाणु के केंद्र अर्थात, नाभिक पर चुंबकीय क्षेत्र,
$B = \frac{\mu_0 i}{2r}$;
$i = \frac{e}{T} = ef \propto \frac{z^2}{n^3}$
और $r \propto \frac{n^2}{Z}$
और $B \propto \frac{i}{r} \propto \frac{Z^3}{n^5}$
हल करने पर,
$B \propto \frac{1}{n^5}$

**65(B).** $R = R_0(1 + \alpha t)$
$\therefore R_0(1 + 30\alpha) = 10\Omega$
तथा $R_0(1 + \alpha) = 11\Omega$
इसलिए, $\frac{11}{10} = \frac{1+\alpha t}{1+30\alpha}$
$\Rightarrow 11 + 330\alpha = 10 + 10\alpha t$
$\Rightarrow 11 + 330 \times 0.002 = 10 + 10 \times 0.002t$
$\Rightarrow 11.66 = 0.02t + 10$ या $0.02t = 1.66$
$t = 83^\circ C$

**66(B).** पूर्ण-तरंग सुधारक के लिए, तरंग आवृत्ति $= 2\times$ इनपुट आवृत्ति
$= 2 \times 50$
$= 100$ हर्ट्ज
**नोट:** एक पूर्ण-तरंग रेक्टिफायर में दो जंक्शन डायोड होते हैं, इसलिए, इसकी दक्षता अर्ध-तरंग रेक्टिफायर से दोगुनी होती है।

**67(D).** चूने के पानी का रासायनिक सूत्र $Ca(OH)_2$ है।
- जब शमित चूना (CaO) पानी के साथ प्रतिक्रिया करता है तो चूने का पानी उत्पन्न होता है।
- $CaO + H_2O \rightarrow Ca(OH)_2$
- यहां उत्पाद $Ca(OH)_2$ है, जो चूने या चूने के पानी से बना है।
- मुख्य रूप से कैल्शियम कार्बोनेट त्वरित चूने और कार्बन डाइऑक्साइड का उत्पादन करने के लिए अलग करता है।
- फिर शमित चूना पानी के साथ प्रतिक्रिया करता है और चूने का पानी उत्पन्न होता है।
- कैल्शियम हाइड्रॉक्साइड का उपयोग भोजन तैयार करने सहित कई अनुप्रयोगों में किया जाता है।
- कैल्शियम हाइड्रॉक्साइड के संतृप्त समाधान के लिए लाइमवाटर एक सामान्य नाम है।

**68(A).** इस स्थिति में, $^{80}_{35}Br$,
$Z = 35$
$A = 80$
प्रोटॉन की संख्या = इलेक्ट्रॉनों की संख्या $= Z = 35$
न्यूट्रॉनों की संख्या $= 80 - 35 = 45$

**69(D).** परमाणु संख्या-प्रोटॉनों की संख्या $= 16$ यह तत्त्व सल्फर (S) है।
परमाणु द्रव्यमान संख्या = प्रोटॉनों की संख्या + न्यूट्रॉनों की संख्या
$= 16 + 16 = 32$
स्पीशीज उदासीन नहीं है क्योंकि प्रोटॉन की संख्या इलेक्ट्रॉनों के बराबर नहीं है। यह अतिरिक्त इलेक्ट्रॉनों के बराबर आवेश वाला आयन (ऋणात्मक रूप से आवेशित) है $= 18 - 16 = 2$
इस प्रकार प्रतीक $^{32}_{16}S^{2-}$ है।

**70(B).** (i) तत्व V इलेक्ट्रॉनिक विन्यास के साथ $1s^2 2s^2 2p^6 3s^1$ एक क्षार धातु है। यह एक कार्बोनेट बनाता है जो गर्म करने से विघटित नहीं होता है। क्षार धातुओं के कार्बोनेट ताप के लिए स्थिर होते हैं।
(ii) तत्व $X$ इलेक्ट्रॉनिक विन्यास के साथ $1s^2 2s^2 2p^6 3s^2 3p^6 3d^5 4s^2$ एक d ब्लॉक तत्व (एक ट्रांजिशन तत्व) है। अयुग्मित इलेक्ट्रॉनों के d-d संक्रमण के कारण इसके रंगीन आयनिक यौगिक बनने की सबसे अधिक संभावना है।
(iii) तत्व $X$ की परमाणु त्रिज्या सबसे बड़ी है।
(iv) तत्व $W$ इलेक्ट्रॉनिक विन्यास के साथ $1s^2 2s^2 2p^6 3s^2 3p^4$ एक p ब्लॉक तत्व है और केवल अम्लीय ऑक्साइड बनाता है।

**71(A).** आवर्त सारणी में रुझान:
**आवर्त के साथ (क्षैतिज रूप से):**
- समूह के साथ, इलेक्ट्रॉनों को समान कक्षा में जोड़ते रहते हैं। नाभिकीय आवेश और इलेक्ट्रॉनों की संख्या में नाभिक और सबसे बाहरी इलेक्ट्रॉनों के बीच आकर्षण का एक बड़ा बल होता है। इसलिए इलेक्ट्रॉनों को बाहरी कक्षा से निकालने के लिए अधिक ऊर्जा की आवश्यकता होती है।
- इसलिए आवर्त के साथ आयनीकरण ऊर्जा बढ़ जाती है।

**समूह के नीचे (लंबवत):**
- समूह के नीचे, इलेक्ट्रॉनों को उच्च ऊर्जा की कक्षा में रखा जाना शुरू होता है। सबसे बाहरी इलेक्ट्रॉनों और नाभिक के बीच की दूरी बढ़ जाती है और उनके बीच आकर्षण बल कम हो जाता है।
- सबसे बाहरी कक्षा से इलेक्ट्रॉनों को आसानी से हटाने के कारण, समूह के नीचे आयनीकरण ऊर्जा कम हो जाती है।

ऊपर से यह स्पष्ट है कि कम अवधि और उच्च समूह संख्या वाले तत्वों में उच्च आयनीकरण ऊर्जा होगी।
- लिथियम, सोडियम, पोटेशियम, रुबिडियम सभी क्षारीय धातुओं समूह I से संबंधित हैं।
- जब हम समूह I - A से नीचे जाते हैं, तो परमाणु त्रिज्या बढ़ जाती है, जिससे आयनीकरण क्षमता में कमी आ जाती है।
- इसलिए, जब हम समूह से लिथियम से रुबिडियम तक नीचे जाते हैं, तो आयनिकरण क्षमता घट जाती है। Cs धातु से एक इलेक्ट्रॉन को निकालना सबसे आसान है।
- इसलिए, लिथियम के पास सबसे पहली आयनीकरण ऊर्जा है।

**72(C).** $CS_2$ उन अणुओं में से एक है जिसमें द्विध्रुवीय क्षण नहीं होता है। इसमें द्विध्रुव आघूर्ण नहीं होता क्योंकि यह एक रैखिक अणु है और इसलिए इसका कोई स्थायी द्विध्रुव आघूर्ण नहीं होता है। इसे S=C=S के रूप में दर्शाया गया है।

**73(A).** इसमें 7 कार्बन-कार्बन $\sigma$ बंध, 5 कार्बन-हाइड्रोजन $\sigma$ बंध, 2 कार्बन-ऑक्सीजन $\sigma$ बंध और 1 ऑक्सीजन-हाइड्रोजन $\sigma$ बंध है। तो इसमें कुल $15\sigma$ बंध है। इसमें 3 कार्बन -कार्बन $\pi$ बंध और 1 कार्बन-ऑक्सीजन $\pi$ बंध है। तो इसमें कुल $4\pi$ बंध है।

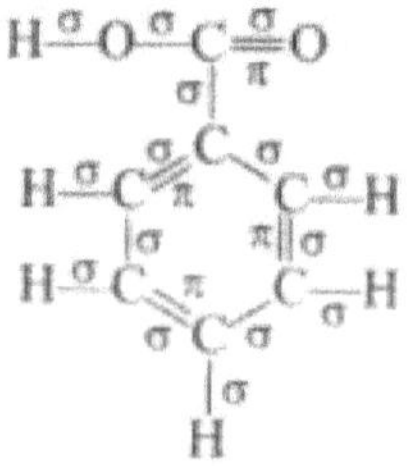

$15\sigma, 4\pi$

**74(D).** एक प्रतिक्रिया, $A + B \rightarrow C + D + q$ में एक सकारात्मक एन्ट्रापी परिवर्तन पाया जाता है। प्रतिक्रिया किसी भी तापमान पर संभव होगी।
किसी प्रतिक्रिया के स्वतःस्फूर्त होने के लिए, $\Delta G$ ऋणात्मक होना चाहिए
$\Delta G = \Delta H - T\Delta S$
प्रश्न के अनुसार, दी गई प्रतिक्रिया के लिए,
$\Delta S =$ सकारात्मक
$\Delta H =$ ऋणात्मक (चूंकि ऊष्मा विकसित होती है)
इसका परिणाम $\Delta G =$ ऋणात्मक होता है
इसलिए, प्रतिक्रिया किसी भी तापमान पर स्वतःस्फूर्त होती है।

**75(D).** प्रतिक्रिया के लिए एन्थैल्पी परिवर्तन ($\Delta H$) व्यंजक द्वारा दिया जाता है,
$\Delta H = \Delta U + \Delta n_g RT$
जहां,
$\Delta U$ = आंतरिक ऊर्जा में परिवर्तन
$\Delta n_g$ = मोल्स की संख्या में बदलाव
दी गई प्रतिक्रिया के लिए,
$\Delta n_g = \sum n_g$ (उत्पाद) - $\sum n_g$ (अभिकारक)
$\Delta n_g = (2 - 1.5)$ moles
$\Delta n_g = +0.5$ moles
और, $\Delta U = -742.7 \text{ kJ mol}^{-1}$
$T = 298 \text{ K}$
$R = 8.314 \times 10^{-3} \text{ kJ mol}^{-1} \text{ K}^{-1}$
$\Delta H$ के व्यंजक में मानों को प्रतिस्थापित करना
$\Delta H = (-742.7 \text{ kJ mol}^{-1}) + (+0.5 \text{ mol})(298 \text{ K})8.314 \times 10^{-3} \text{kJmol}^{-1} \text{ K}^{-1}$
$\Delta H = -742.7 + 1.2$
$\Delta H = -741.5 \text{ kJ mol}^{-1}$

**76(C).** दिया गया:
घुलनशीलता $S = 2.42 \times 10^{-3} \text{gL}^{-1}$
$S = \frac{2.42 \times 10^{-3} \text{gL}^{-1}}{233 \text{gmol}^{-1}} = 1.04 \times 10^{-5} \text{molL}^{-1}$
$K_{sp} = [Ba^{2+}] [SO_4^{2-}]$
$K_{sp} = S \times S$
$K_{sp} = 1.04 \times 10^{-5} \text{molL}^{-1} \times 1.04 \times 10^{-5} \text{molL}^{-1}$
$= 1.08 \times 10^{-10} \text{ mol}^2 \text{ L}^{-2}$

**77(C).** आगे की प्रतिक्रिया में $\Delta n = 1 - (1 + 1) = -1$ है।
यहाँ, $\Delta n_g < 0$ का अर्थ है कि ऐसी प्रतिक्रिया उच्च दाब पर अनुकूल होती है। अत: दाब बढ़ाने पर अभिक्रिया उस ओर जाएगी जिसमें गैसीय मोलों की संख्या कम होगी। तो, उत्पादों के उच्च गठन के लिए उच्च दबाव की आवश्यकता होती है। जब प्रतिक्रिया उष्माक्षेपी होती है, तापमान घटने पर, प्रतिक्रिया उस तरफ स्थानांतरित हो जाती है जहां तापमान बढ़ जाता है। यहाँ उत्पाद पक्ष में तापमान बढ़ता है। तो, कम तापमान की जरूरत है।

**78(C).** ऑक्सीकरण अवस्थाओं के घटते क्रम में N - यौगिकों का सही क्रम है:
$HNO_3, NO, N_2, NH_4Cl$
N का ऑक्सीकरण अवस्था $HNO_3$ में $= +5$
N का ऑक्सीकरण अवस्था NO में $= +2$
N का ऑक्सीकरण अवस्था $N_2$ में $= 0$
N का ऑक्सीकरण अवस्था $NH_4Cl$ में $= -3$

**79(D).** ब्रोमीन की विभिन्न ऑक्सीकरण अवस्थाएँ हैं:
$BrO_4^- \rightarrow (+7)$ ऑक्सीकरण अवस्था, यानी इसकी उच्चतम ऑक्सीकरण स्थिति,
$BrO_3^- \rightarrow (+5)$ ऑक्सीकरण अवस्था, एक मध्यवर्ती ऑक्सीकरण अवस्था लेकिन ऑक्सीकरण से गुजरने के लिए इसकी ऑक्सीकरण क्षमता बहुत कम है।
$HOBr \rightarrow (+1)$ ऑक्सीकरण अवस्था, एक मध्यवर्ती ऑक्सीकरण अवस्था, ऑक्सीकरण और अपचयन क्षमता तुलनीय हैं।
$Br_2 \rightarrow (0)$ ऑक्सीकरण अवस्था, यानी इसका प्राथमिक रूप।
$Br^- \rightarrow (-1)$ ऑक्सीकरण अवस्था, यानी पूर्ण अष्टक के साथ इसकी निम्नतम ऑक्सीकरण अवस्था।
$HOBr$ में ब्रोमीन $(+1)$ ऑक्सीकरण अवस्था में मौजूद है। यह आगे $BrO_3^-$ में ऑक्सीकृत हो सकता है और $Br_2$ के रूप में भी कम हो सकता है। HOBr की कमी और ऑक्सीकरण संभावित मूल्यों को इस प्रकार दर्शाया जा सकता है:
$HOBr \xrightarrow{-1.5 \text{ V}} BrO_3^-$
$HOBr \xrightarrow{1.595 \text{ V}} Br_2$
जब HBrO को $BrO_3$ में बदला जाता है, तो EMF मान $-1.5$ V होता है और जब HOBr को $Br_2$ में बदला जाता है, EMF का मान 1.595 V है। इसलिए, दोनों से परिणामी ईएमएफ $1.595 - 1.5 = 0.095$ V है जो एक सकारात्मक ईएमएफ मूल्य है, जो एक अनुकूल प्रतिक्रिया का सुझाव देता है।

**80(A).** मान लें कि हमारे पास 100 g घोल है (कोई भी घोल की किसी भी मात्रा से शुरू कर सकता है क्योंकि प्राप्त परिणाम समान होंगे)। घोल में 20 g एथिलीन ग्लाइकॉल और 80 g पानी होगा।
जैसा कि हम जानते हैं,
C का परमाणु क्रमांक = 6
H का परमाणु क्रमांक = 1
O का परमाणु क्रमांक = 16
$C_2H_6O_2 = 12 \times 2 + 1 \times 6 + 16 \times 2$ का मोलर द्रव्यमान
$= 62 \text{ g mol}^{-1}$
$C_2H_6O_2$ के मोल = एथिलीन ग्लाइकॉल का कुल द्रव्यमान/एथिलीन ग्लाइकॉल से मोलर द्रव्यमान
$= \frac{20 \text{ g}}{62 \text{ g mol}^{-1}} = 0.322 \text{ mol}$
पानी के मोल = पानी का कुल द्रव्यमान/पानी का मोलर द्रव्यमान
$= \frac{80 \text{ g}}{18 \text{ g mol}^{-1}} = 4.444 \text{ mol}$
x इथाइलीन ग्लाइकॉल = $C_2H_6O_2$ के मोल / $C_2H_6O_2$ के मोल $+H_2O$ के मोल
$= \frac{0.322 \text{ mol}}{0.322 \text{ mol} + 4.444 \text{ mol}} = 0.068$
x पानी = $H_2O$ के मोल / $C_2H_6O_2$ के मोल $+H_2O$ के मोल
$= \frac{4.444 \text{ mol}}{0.322 \text{ mol} + 4.444 \text{ mol}} = 0.932$

**81(A).** दिया गया,
विलयन का आयतन = $450 \text{ mL} = 450 \times 10^3 \text{ L}$
विलयन का द्रव्यमान = 5 g
NaOH के मोल = NaOH का द्रव्यमान/NaOH का मोलर द्रव्यमान
$= \frac{5 \text{ g}}{40 \text{ g mol}^{-1}} = 0.125 \text{ mol}$
मोलरिटी = NaOH के मोल/विलयन का आयतन
$= \frac{0.125 \text{ mol}}{450 \times 10^3 L}$
$= 0.278 \text{ M}$

**82(C).** उपचयन और अपचयन अभिक्रियाओं के लिए सक्रिय और प्रतिक्रियाशील धातु एक अच्छा सक्रिय इलेक्ट्रोड बनाते हैं।
धातुएँ जो उपचयन-अपचयन अभिक्रिया के प्रति प्रकृति में बहुत अप्राप्य हैं, अच्छे निष्क्रिय इलेक्ट्रोड बनाती हैं।
Na, S और Hg को आसानी से उपचयित और अपचयित किया जा सकता है और सक्रिय इलेक्ट्रोड होते हैं।
जबकि, Pt, कार्बन, सोना जैसी धातुएँ अप्राप्य हैं और अक्रिय इलेक्ट्रोड हैं। Pt जैसे धातुओं को महान धातु कहा जाता है क्योंकि वे इतने अप्रभावी होते हैं कि वे मजबूत अम्ल में भी नहीं घुलते हैं।
तो, इन धातुओं का उपयोग सेल में अवांछित अभिक्रियाओं से बचने के लिए इलेक्ट्रोड के रूप में किया जा सकता है।
इस प्रकार, पदार्थों में से Na, Hg, S, Pt, और ग्रेफाइट, केवल Pt और ग्रेफाइट का उपयोग जलीय विलयन वाले इलेक्ट्रोलाइटिक सेल में इलेक्ट्रोड के रूप में किया जा सकता है।

**83(B).** $Q = i \times t$
$Q = 10 \times 10^{-3} \times t$
$2H_2O + 2e^- \rightarrow H_2 + 2OH^-$
$H_2$ के 0.01 मोल को मुक्त करने के लिए, 0.02 फैराडे आवेश की आवश्यकता मात्रा है
$Q = 0.02 \times 96500C$
$\therefore 0.02 \times 96500 = 10^{-2} \times t$
$\Rightarrow t = 19.3 \times 10^4$ सेकंड

**84(B).** प्रथम क्रम की प्रतिक्रिया के लिए:
$t_{\frac{1}{2}} = \frac{0.693}{k}$
(प्रारंभिक सांद्रता से स्वतंत्र $[A]_0$ )
दूसरे क्रम की प्रतिक्रिया के लिए:
$t_{\frac{1}{2}} = 1/k \times$ (प्रारंभिक सांद्रता पर निर्भर $[A]_0$ )

**85(B).** शून्य कोटि की अभिक्रिया का अर्द्ध-आयु काल व्यंजक द्वारा दिया जाता है:

$t_{\frac{1}{2}} = \frac{[A_0]}{2k}$

अभिकारक की प्रारंभिक सांद्रता दोगुनी हो जाती है।

$[A]'_0 = 2[A]_0 \ldots (1)$

$t'_{\frac{1}{2}} = \frac{[A_0]'}{2k} \ldots (2)$

स्थानापन्न समीकरण (1) समीकरण में (2)

$t'_{\frac{1}{2}} = \frac{2[A_0]}{2k}$

$t'_{\frac{1}{2}} = 2 \times \frac{[A_0]}{2k}$

लेकिन $\frac{[A_0]}{2k} = t_{1/2}$

इसलिए, $t'_{\frac{1}{2}} = 2t_{1/2}$

जब अभिकारक की प्रारंभिक सांद्रता दोगुनी हो जाती है, तो शून्य क्रम की प्रतिक्रिया का आधा जीवन काल दोगुना हो जाता है।

**86(D).** (A) माना Mn की ऑक्सीकरण संख्या x है।

हम जानते हैं कि:

O की ऑक्सीकरण संख्या $= -2$

$x + 4(-2) = -1$

या, $x - 8 = -1$

या, $x = -1 + 8$

या, $x = +7$

Mn की $[MnO_4]$ आयन में ऑक्सीकरण संख्या $+7$ है।

(B) माना Cr की ऑक्सीकरण संख्या x है।

$[Cr(CN)_6]^3$ में, चार्ज **−3** है।

हम जानते हैं कि:

CN की ऑक्सीकरण संख्या $= -1$

इसलिए,

$x + 6CN = -3$

$x + 6(-1) = -3$

$x = +3$

इसलिए, Cr की ऑक्सीकरण अवस्था $+3$ है।

(C) माना Ni की ऑक्सीकरण संख्या x है।

हम जानते हैं कि:

F की ऑक्सीकरण संख्या $= -1$

फिर,

$x + 6(-1) = -2$

$x - 6 = -2$

$x = -2 + 6$

$x = +4$

इसलिए, Ni की ऑक्सीकरण अवस्था $+4$ है।

(D) माना केंद्रीय धातु परमाणु Cr की ऑक्सीकरण अवस्था को x है।

हम जानते हैं कि:

$O = -2$, Cl की ऑक्सीकरण संख्या $= -1$

फिर,

$x + 2(-2) + 2(-1) = 0$

$x = 4 + 2$

$x = +6$

$CrO_2Cl_2$ वह धातु है जिसमें केंद्रीय धातु परमाणु $+6$ ऑक्सीकरण अवस्था में होता है।

**87(D).** इलेक्ट्रॉन विन्यास

*Cr* - $1s^2 2s^2 2p^5 3s^2 3p^6 4s^1 3d^5$

*Cu* - $1s^2 2s^2 2p^6 3s^2 3p^6 3d^{10} 4s^1$

*Au* - $1s^2 2s^2 2p^6 3s^2 3p^6 3d^{10} 4s^2 4p^6 4d^{10} 5s^2 5p^6 4f^{14} 5d^{10} 6s^1$

*Ag* - $1s^2 2s^2 2p^6 3s^2 3p^6 3d^{10} 4s^2 4p^6 4d^{10}$

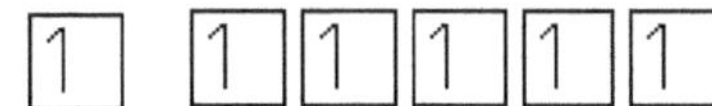

रासायनिक संयोजन कोश $4s^1$ (आधा भरा हुआ)

उपान्तिम कोश $-3d^5$

इस प्रकार, *Cr* में आधा भरा हुआ उपान्तिम कोश और साथ ही साथ रासायनिक संयोजन कोश है।

**88(C).** $K_3[Al(C_2O_4)_3]$ में लुईस एसिड $Al^{3+}$ है।

एल्युमिनियम आयन लुईस एसिड है क्योंकि यह दाता परमाणु से 3 इलेक्ट्रॉनों को कॉम्प्लेक्स $[Al(C_2O_4)_3]^{3-}$ बनाने के लिए स्वीकार कर सकता है।

लुईस एसिड एक ऐसी प्रजाति है जो एक इलेक्ट्रॉन जोड़ी को स्वीकार कर सकती है। सभी धनायन लुईस अम्ल हैं। चूंकि एक समन्वय परिसर का केंद्रीय परमाणु धातु है और हमेशा इलेक्ट्रॉनों को स्वीकार करता है, यह एक लुईस एसिड है।

**89(B).** आयरन कार्बोनिल, $Fe(CO)_5$ मोनोन्यूक्लियर है। $Fe(CO)_5$, एक Fe परमाणु 5CO लिगेंड से घिरा हुआ है। मोनोन्यूक्लियर कॉम्प्लेक्स वे कॉम्प्लेक्स होते हैं जिनमें एक धातु परमाणु/आयन लिगेंड से घिरा होता है।

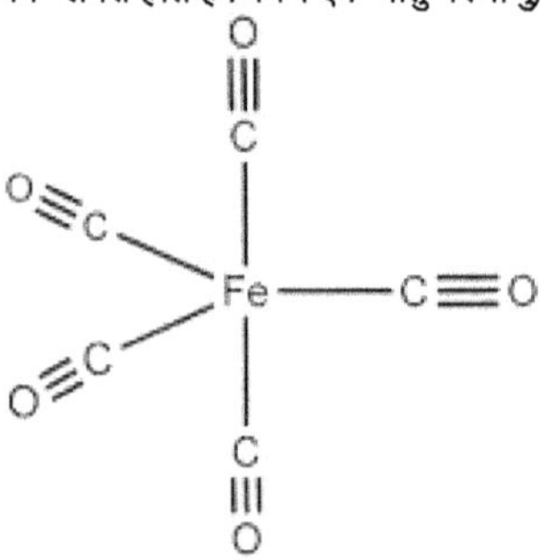

**90(A).** निम्नलिखित यौगिक का IUPAC नाम 2, 5-डाइमिथाइल-6-ऑक्सो-हेक्स-3-एनोइक एसिड है।

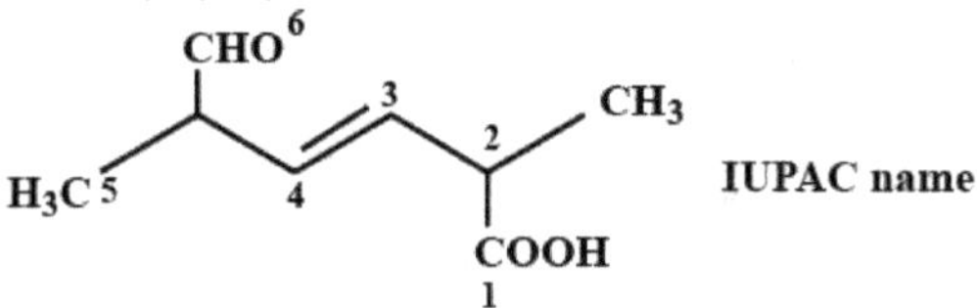


**2,5-dimethyl-6-oxo-hex-3-enoic acid**

**91(A).** कैरियस विधि में

कार्बनिक यौगिक का द्रव्यमान $= 0.172$ ग्राम

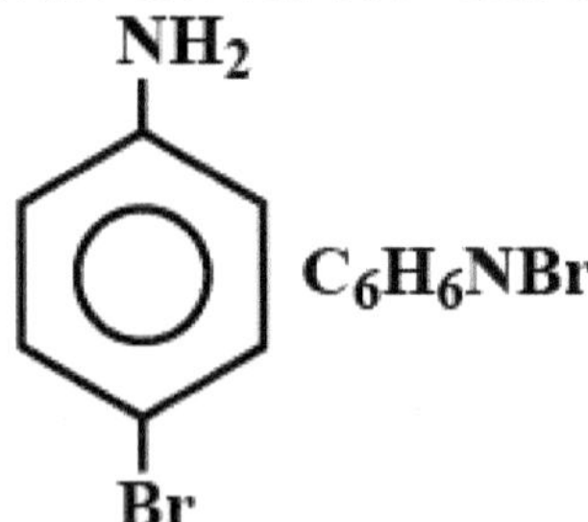


ब्रोमीन का द्रव्यमान $= 0.08$ ग्राम

इसलिए, ब्रोमीन का % $= \frac{0.08}{0.172} \times 100$

$= 46.51\%$

**92(C).** वह प्रक्रिया जिसके द्वारा तरल हाइड्रोकार्बन को गैसीय हाइड्रोकार्बन में परिवर्तित किया जा सकता है, भंजन कहलाती है।

भंजन या पायरोलिसिस पर, उच्च आणविक द्रव्यमान वाला हाइड्रोकार्बन कम आणविक द्रव्यमान वाले हाइड्रोकार्बन का मिश्रण देता है। इसलिए, हम कह सकते हैं कि एक तरल हाइड्रोकार्बन को तोड़कर गैसीय हाइड्रोकार्बन के मिश्रण में परिवर्तित किया जा सकता है।

**93(D).** एक बाइसाइक्लोएल्कीन में $C_2H_6$ का सूत्र नहीं हो सकता है।

$C_2H_6$ में दो डिग्री असंतृप्ति (संतृप्त हाइड्रोकार्बन से दो $H_2$ कम) होती है, इसलिए यह एक डाईन, एक साइक्लोऐल्कीन या एक बाइसाइक्लोएल्केन हो सकता है लेकिन यह एक बाइसाइक्लोएल्कीन

नहीं हो सकता है क्योंकि इसमें तीन डिग्री असंतृप्ति होती है।

**94(B).** ट्राइक्लोरोमेथेन के बीच सबसे अधिक द्विध्रुवीय क्षण होता है $CH_2Cl_2, CHCl_3$ तथा $CCl_4$ द्विध्रुवीय क्षणों का घटता क्रम है $CH_2Cl_2 > CHCl_3 > CCl_4$ इन अणुओं के कारण टेट्राहेड्रल ज्यामिति होती है $sp^3$ कार्बन परमाणु का संकरण। $CCl_4$ , व्यक्तिगत $C-Cl$ बंध द्विध्रुवीय एक दूसरे को रद्द करते हैं जिसके परिणामस्वरूप शून्य द्विध्रुवीय क्षण होता है। इसलिये, $CCl_4$ गैर ध्रुवीय है।

**95(B).** एपॉक्सीप्रोपेन, $CH_3MgBr$ के साथ अभिक्रिया करके ब्यूटेन –2– ऑल देता है।

$$CH_3-CH-CH_2 \text{ (epoxide, O bridging CH and } CH_2) \xrightarrow[\text{(ii)HOH/H}^{\oplus}]{\text{(i)}CH_3MgBr}$$

$$CH_3-\underset{\underset{OMgBr}{|}}{CH}-CH_2-CH_3 \xrightarrow{H_2O^{\oplus}}$$

$$CH_3-\underset{\underset{OH}{|}}{\overset{\ominus\ \oplus}{CH}}-CH_2-CH_3$$

यह $S_N2$ अभिक्रिया है।

**96(C).** जिन एसिड में $P-H$ बंध होते हैं उनमें मजबूत अपचायक गुण होते हैं। हाइपोफॉस्फोरस एसिड ($H_3PO_2$) एक अच्छा अपचायक है क्योंकि इसमें दो $P-H$ बंध होते हैं। इसका एक $P-OH$ बंध है, इसलिए यह मोनोबैसिक है।

**97(B).** द्वितीयक ऐल्कोहॉल बनाने के लिए एल्डिहाइड के साथ अभिक्रिया:

1) MgCl (cyclohexyl) 2) $H_3O^{\oplus}X^{\ominus}$ ; :ÖH ; + MgClX

नकारात्मक रूप से आवेशित ऑक्सीजन को फैलाने के लिए दूसरे चरण में अम्ल से जोड़ा जाता है।

**98(A).** बेंजाइलमाइन में, इलेक्ट्रॉनों का एक एकाकी युग्म फिर से नाइट्रोजन (N) पर मौजूद होता है। लेकिन यहाँ नाइट्रोजन एक $sp^3$ संकरित कार्बन से जुड़ा है न कि बेंजीन वलय से। इसलिए, नाइट्रोजन पर इलेक्ट्रॉनों के एकाकी युग्म बेंजीन वलय के साथ किसी प्रतिध्वनि में शामिल नहीं होते हैं। इसलिए, इलेक्ट्रॉनों के एकाकी युग्म यहां नाइट्रोजन परमाणुओं पर स्थानीयकृत हैं और दान के लिए आसानी से उपलब्ध होंगे। इस प्रकार, बेंजाइलमाइन एक प्रबल क्षार है। इसलिए बेंजाइलमाइन ऐनिलीन की तुलना में अधिक प्रबल क्षारक है क्योंकि ऐनिलीन में नाइट्रोजन परमाणु पर इलेक्ट्रॉनों का एकाकी युग्म निरूपित होता है।

**99(A).** प्राथमिक ऐमीन जब क्लोरोफॉर्म और एथेनॉलिक KOH के साथ अभिक्रिया करते हैं तो कार्बिलऐमीन या आइसोसायनाइड देते हैं। अभिक्रिया कार्बाइन मध्यवर्ती के माध्यम से होती है, क्लोरोफॉर्म KOH के साथ क्लोरो कार्बाइन देने के लिए अभिक्रिया करता है।

अभिक्रिया का सामान्य रूप है:

$$R-NH_2 + CHCl_3 + 3KOH \quad \text{(alc.)}$$
$$\xrightarrow{\Delta} R-NC + 3KCl + 3H_2O$$

उदाहरण के लिए,

$$CH_3-NH_2 + CHCl_3 + 3KOH \quad \text{(alc.)}$$
$$\xrightarrow{\Delta} CH_3-NC + 2KCl + 3H_2O$$

**100(C).** मिथाइल आइसोसायनाइड $LiAlH_4$ का उपयोग करके अपचयन पर डाई मिथाइलएमाइन देता है।

$$CH_3-N^+ \equiv C^- \xrightarrow{LiAlH_4} CH_3-NH-CH_3$$

$N \equiv C$ ट्रिपल बॉन्ड में दो हाइड्रोजन अणु जोड़े जाते हैं।

**101(D).** चिंतनशील व्यवहार सीखने की प्रक्रिया से संबंधित नहीं है। सीखना एक व्यापक प्रक्रिया है जो अभ्यास और अनुभव के परिणामस्वरूप व्यवहार, ज्ञान और कौशल में बदलाव को संदर्भित करता है। यह व्यवहार में प्रगतिशील परिवर्तन का प्रतिनिधित्व करता है।

यह हमारी आवश्यकताओं को पूरा करने के लिए नए व्यवहार के अधिग्रहण से हमारे व्यवहार को संशोधित करता है और पुराने व्यवहार को कमजोर करता है। सीखने के दौरान व्यक्ति का व्यवहार प्रत्यक्ष और अप्रत्यक्ष अनुभवों के माध्यम से बदल जाता है।

**102(D).** सहयोगपूर्ण परियोजनाएं शिक्षण पद्धति अप्रत्यक्ष अधिगम को प्रोत्साहित करेगी।

अप्रत्यक्ष अधिगम: इस प्रकार के शिक्षण विधियों में रोल-प्ले, प्रोजेक्ट, असाइनमेंट, पूछताछ, या अन्य ऐसी गतिविधियों का उपयोग किया जाता है। अप्रत्यक्ष अधिगम मूल रूप से शिक्षार्थी-केंद्रित विधि हैं जहां छात्र शिक्षण-अधिगम प्रक्रिया में सक्रिय रूप से शामिल होते हैं।

अतः, केवल सहयोगपूर्ण परियोजना पद्धति शिक्षार्थी केंद्रित है और इन चारों के बीच प्रकृति में अप्रत्यक्ष है। इसलिए, शिक्षण की एक सहयोगपूर्ण परियोजना विधि छात्र में अप्रत्यक्ष अधिगम को प्रोत्साहित करेगी।

**103(C).** स्मृति स्तर शिक्षण जॉन एफ हर्बार्ट द्वारा प्रस्तावित है। स्मृति स्तर शिक्षण या सीखना सबसे कम विचारशील है। इस शिक्षण या सीखने के रूप में स्मरण, मान्यता और प्रतिधारण पर विशेष रूप से जोर दिया जाता है। निर्देशात्मक व्यवस्था ऐसी है कि शिक्षार्थी को उसके द्वारा प्रस्तुत की गई सामग्री को कम या कम करने में मदद मिलती है। इस प्रक्रिया में, शिक्षार्थी ज्ञान के तत्वों या वस्तुओं के बारे में विचारशील आत्मसात या समझ नहीं दिखा सकता है। इस प्रकार स्मृति स्तर के शिक्षण और सीखने को शिक्षक द्वारा त्वरित स्मरण, मान्यता और अवधारण की प्रक्रिया में सहायता या सहायता के लिए सामग्री की व्यवस्था द्वारा चिह्नित किया जाता है।

**104(A).** भावात्मक अनुक्षेत्र छात्रों की भावनाओं, दृष्टिकोण और हितों से संबंधित है

- इसे भावनात्मक प्रतिक्रिया के क्षेत्र के रूप में भी जाना जाता है ।
- इन उद्देश्यों का उद्देश्य विद्यार्थियों के बीच कुछ रुचियों, दृष्टिकोण, प्रशंसा और मूल्यों को विकसित करना है ।
- सबसे निचले स्तर पर, एक छात्र केवल एक निश्चित विचार पर ध्यान देता है। उच्चतम स्तर पर, छात्र एक विचार या मूल्य को अपनाता है और उस विचार के साथ लगातार कार्य करता है।
- भावात्मक डोमेन के पाँच मूल उद्देश्य हैं:

1. प्राप्त करना: पर्यावरण में किसी चीज के बारे में जागरूक होना या उसमें भाग लेना।
2. प्रतिक्रिया देना: अनुभव के परिणामस्वरूप कुछ नया व्यवहार दिखाना।
3. मूल्य निर्धारण: कुछ निश्चित भागीदारी या प्रतिबद्धता दिखाना।
4. संगठन: अपने सामान्य मूल्यों में एक नए मूल्य को एकीकृत करना, इसे आपकी सामान्य प्राथमिकताओं के बीच कुछ रैंकिंग देना।
5. मूल्य द्वारा विशेषता: नए मूल्य के साथ लगातार कार्य करना।

**105(D).** शिक्षण-अधिगम के उद्देश्यों के संज्ञानात्मक क्षेत्र में, B, D और E को उच्च प्रकार के शिक्षण परिणामों के रूप में वर्गीकृत किया जाएगा।

ब्लूम वर्गीकरण:

- यह मॉडल 1956 में प्रस्तावित है और इसका नाम शिकागो विश्वविद्यालय के शैक्षिक मनोवैज्ञानिक बेंजामिन ब्लूम के नाम पर रखा गया है।
- यह वास्तव में शिक्षण और निर्देशात्मक उद्देश्यों को एक विशिष्ट स्तर की जटिलता में वर्गीकृत करने के लिए एक पदानुक्रम मॉडल है
- तीन प्रमुख ज्ञानक्षेत्र हैं - संज्ञानात्मक क्षेत्र, भावात्मक क्षेत्र, और मनोक्रियात्मक क्षेत्र
- सभी क्षेत्र के घटकों को विशिष्ट स्तरों में विभाजित किया गया है
- शिक्षण शुरू करने से पहले शिक्षक ने सीखने के लक्ष्य को प्राप्त करने के लिए कुछ उद्देश्य निर्धारित किए

**106(D).** यदि एक शिक्षक पूछता है, "दो पूरक कोण 2:3 के अनुपात में हैं। इन कोणों को ज्ञात कीजिए।"

ऐसे में बच्चों के सामने कोण बनाने की समस्या आ जाती है। समाधान खोजने के लिए, बच्चों ने अपने पिछले ज्ञान, कुछ मानसिक गणनाओं और विभिन्न कोणों और मापों को मापते समय तर्क का उपयोग किया है, पूरक/पूरक जैसे कुछ संबंध बनाए हैं और कुछ सूत्रों को समान किया

है और अंत में समाधान खोजने में सफल रहे हैं। समस्या अर्थात कोण बनाना।

शिक्षकों के रूप में, हमें इस तथ्य से अवगत होना चाहिए कि छात्र अपने सामने आने वाली समस्याओं के समाधान तक पहुँचने के लिए विभिन्न प्रक्रियाओं का उपयोग करते हैं, और इस तरह की प्रक्रिया को गणितीय तर्क में महत्वपूर्ण प्रक्रिया माना जाता है। तकनीकी रूप से, हम इन प्रक्रियाओं को सामान्यीकरण, अनुमान, प्रति उदाहरण, परिकल्पना और प्रमाण के रूप में नाम देते हैं। ये गणितीय ज्ञान के निर्माण और सत्यापन के लिए उपयोग की जाने वाली प्रमुख प्रक्रियाएँ हैं।

इस प्रकार, यह स्पष्ट है कि कक्षा VII की एन० सी० ई० आर० टी० की पाठ्य-पुस्तक के उपरोक्त प्रश्न का संदर्भ है कि यह उच्चतर श्रेणी का विचार है, क्योंकि यह अपेक्षा करता है कि दी हुई जानकारी की व्याख्या की जाए, इसका विश्लेषण किया जाए और इसके प्रयोग से वांछित जानकारी प्राप्त की जाए।

**107(B).** यदि किसी चतुर्भुज के विकर्ण परस्पर समद्विभाजित करते हैं, तो चतुर्भुज एक समांतर चतुर्भुज होता है। यह कथन एक प्रमेय है।

प्रमेय उस प्रस्ताव को कहा जाता है जो स्वयं स्पष्ट नहीं है लेकिन जिसे स्वीकृत परिसरों से सिद्ध किया जा सकता है और इसलिए कानून या सिद्धांत के रूप में स्थापित किया गया है। समांतर चतुर्भुज के कई गुण होते हैं। हम एक समांतर चतुर्भुज बनाते हैं और इसके दोनों विकर्णों को एक बिंदु पर प्रतिच्छेद करते हुए खींचते हैं। इन रेखाओं की लंबाइयाँ मापें हम देखते हैं कि विकर्णों का मध्य-बिंदु कुछ और समांतर चतुर्भुजों के साथ इस क्रियाकलाप को दोहराता है।

प्रत्येक बार हम पाएंगे कि दोनों विकर्णों का मध्य-बिंदु है। हम पिछली अवधारणा जैसे लंबाई, मध्य-बिंदु आदि का उपयोग कर सकते हैं। इसलिए हम स्वीकृत परिसरों द्वारा इस प्रमेय को सिद्ध कर सकते हैं।

**108(A).** गणित में परियोजना कार्य-

प्रोजेक्ट-आधारित लर्निंग एक शिक्षार्थी-केंद्रित पद्धति है जिसमें छात्रों को सामान्य क्लासवर्क के दायरे से बाहर स्वयं कुछ करने की चुनौती दी जाती है। प्रोजेक्ट-आधारित लर्निंग एक व्यक्तिगत या समूह गतिविधि है जो समय के साथ चलती है, जिसके परिणामस्वरूप उत्पाद, प्रस्तुति या प्रदर्शन होता है।

यह पूछताछ कौशल को बढ़ावा देता है, समस्या को सुलझाने के कौशल को बढ़ाता है और अंतःविषय संबंध स्थापित करता है।

इस प्रकार, यह स्पष्ट है कि वे गणित में अंक प्राप्त करना आसान करते हैं, यह सच नहीं है।

**109(A).** कक्षा परिचर्चाएँ बच्चे के समग्र व्यक्तित्व को आकार देने या निर्माण करने में महत्वपूर्ण भूमिका निभाती हैं। परिचर्चाएँ बच्चे को न केवल उसके दृष्टिकोण को प्रस्तुत करने में मदद करती हैं, बल्कि दूसरे की धारणा का भी पता लगाने में मदद करती हैं और इससे बच्चे की सर्वांगीण सोच को आकार देने में मदद मिलती है।

जेंडर पक्षपात:

- यह उस विश्वास को संदर्भित करता है जब कोई व्यक्ति एक लिंग को दूसरे की तुलना में अधिक प्राथमिकता देता है।
- यह अचेतन पूर्वाग्रह, या निहित पूर्वाग्रह का एक रूप है, जो तब होता है जब एक व्यक्ति किसी अन्य व्यक्ति या लोगों के समूह के लिए कुछ व्यवहार और रूढ़िवादिता का श्रेय देता है।
- यह एक वरीयता या दूसरे पर एक लिंग के प्रति पूर्वाग्रह है उदाहरण के लिए, किसी गतिविधि के दौरान लड़कियों की बजाय लड़कों को प्रधानता देना। पक्षपात चेतन या अचेतन हो सकता है और सूक्ष्म और स्पष्ट दोनों तरह से प्रकट हो सकता है।

शिक्षण और विद्यालय में जेंडर पक्षपात के उदाहरण:

- पाठ्यपुस्तक की सामग्री में पुरुष और महिला पात्रों के रूढ़िवादी भाव।
- लड़कों और लड़कियों को अलग-अलग काम सौंपना।
- लड़कियों को विद्यालय और कक्षा के कार्यक्रमों में भाग लेने के लिए कम अवसर दिए जाते हैं।

**110(A).** जीन पियाजे का संज्ञानात्मक विकास का सिद्धांत:

- जीन पियाजे ने अपने बच्चों और उनके आसपास की दुनिया के बारे में समझ बनाने की उनकी प्रक्रिया का अवलोकन किया और एक मॉडल विकसित किया कि कैसे मन नई सूचनाओं का सामना करता है।
- उनके अनुसार, संज्ञानात्मक संरचनाएं बुनियादी मानसिक स्वरुप हैं जिनका उपयोग लोग किसी भी जानकारी को संसाधित करने के लिए करते हैं।
- दूसरे शब्दों में, उन्होंने स्कीमा को, बुद्धिमान व्यवहार के बुनियादी निर्माण खंड - ज्ञान को व्यवस्थित करने का एक तरीका कहा।
- स्कीमा ज्ञान की 'इकाइयों' के रूप में कार्य करती हैं, प्रत्येक वस्तु, क्रिया और अमूर्त अवधारणाओं सहित दुनिया के एक पहलू से संबंधित है। स्कीमा विचारों या कार्यों के एक समूह के दिमाग में एक प्रतिनिधित्व है जो एक साथ चलते हैं।
- आत्मसात, आवास और संतुलन ऐसे तरीके हैं जिनके माध्यम से बच्चे नए अनुभवों को पहले से मौजूद स्कीमा में एकीकृत करते हैं।
- अल्बर्ट बंडुरा "ऑब्जर्वेशन लर्निंग सिद्धांत" के प्रस्तावक हैं जो नए व्यवहार की शिक्षा में अवलोकन और नकल के महत्व पर ध्यान केंद्रित करते हैं।
- अनुबंधित या अस्वाभाविक आनुक्रिया सिद्धांत इवान पावलोव द्वारा प्रस्तावित 'शास्त्रीय अनुबंधन सिद्धांत' से संबंधित है। एक अस्वाभाविक अनुक्रिया एक उत्तेजना के लिए एक अधिगम अनुक्रिया है जो पहले तटस्थ थी। यह सिद्धांत प्रतिक्रिया और उत्तेजना के बीच पुनरावृत्ति संघ द्वारा व्यवहार के अनुबंध पर जोर देता है।

**111(C).** विद्यालयों में समावेशी प्रथाओं को बढ़ावा देने के लिए, यह ज्ञात होना चाहिए कि इसके लिए उच्च गुणवत्ता वाली सेवा, अच्छी तरह से प्रशिक्षित शिक्षक, सहायक कर्मियों और भौतिक संसाधनों की आवश्यकता होती है। एक व्यक्ति को यह भी अच्छी तरह से पता है कि विद्यालय द्वारा सहयोग और साझेदारी समावेशी शिक्षा के केंद्र में है।

शिक्षक इस व्यक्तिगत शिक्षा योजना प्रक्रिया में सक्रिय रूप से शामिल हैं। एक जिम्मेदार विद्यालय सहकारी संबंधों को बढ़ावा देता है, न केवल विद्यालय के भीतर बल्कि विद्यालय और पूरे समुदाय के बीच भी। एक समावेशी कक्षा में एक विशि ष्ट शिक्षा योजना (आईईपी) प्रदान करना सबसे महत्वपूर्ण है।

एक समावेशी कक्षा में आईईपी की आवश्यकता

- एक समावेशी कक्षा में, विविध पृष्ठभूमि, विविध कौशल, विविध क्षमताओं और चुनौतियों वाले छात्रों को एक ही कक्षा में रखा जाता है।
- इसलिए, व्यक्तिगत सीखने की क्षमता शारीरिक, संज्ञानात्मक, शैक्षणिक, सामाजिक और भावनात्मक रूप से एक-दूसरे से अत्यधिक भिन्न होगी। इन व्यक्तिगत अंतरों को संतुलित करने के लिए, एक समावेशी कक्षा के लिए एक उपयुक्त व्यक्तिगत शिक्षा योजना अत्यधिक आवश्यक है।

आईईपी के लाभ:

- एक छात्र की व्यक्तिगत आवश्यकताओं में भाग लेने में सहायता ताकि वह एक समावेशी कक्षा का हिस्सा बन सकें
- अतिरिक्त ध्यान दें
- स्वतंत्र रूप से मूल्यांकन करें
- सीखने में प्रेरित करना

**112(D).** एक शिक्षक छात्र की नोटबुक को ध्यान से देखता है और टिप्पणी देता है। इसे आकलन कहा जाता है। आकलन छात्रों की शैक्षणिक प्रगति का मूल्यांकन, मापन, ग्रेडिंग या दस्तावेजीकरण करने की एक प्रक्रिया है।

**113(A).** नैदानिक और उपचारात्मक शिक्षण आकलन का एक भाग है। आकलन का उपयोग यह निर्धारित करने के लिए किया जा सकता है कि छात्र क्या सीख रहे हैं ताकि आवश्यकता पड़ने पर शिक्षक अपनी शिक्षण विधि को ठीक कर सकें।

उपचारात्मक शिक्षण, अधिगम के कौशल को बेहतर बनाने और छात्रों को उनकी अधिगम की कठिनाइयों से निपटने में मदद करने की एक प्रणाली है।

नैदानिक शिक्षण को अधिगम में बच्चे की कमजोरी या कमी का पता लगाने के लिए किया जाता है।

**114(D).** मूल्यांकन उपकरण प्रश्नावली, जांच सूची और साक्षात्कार है।

कुछ गुणों और प्रथाओं के बारे में जानकारी प्राप्त करने के लिए शैक्षिक मूल्यांकन में प्रश्नावली का व्यापक रूप से उपयोग किया जाता है।

जांच सूची का उपयोग अभिलेखित राय या निर्णय का मूल्यांकन करने के लिए किया जाता है और डिग्री या राशि को इंगित करता है।

साक्षात्कार बच्चो के व्यवहार या गुणों का मूल्यांकन करने के लिए एक अनूठी तकनीक है।

**115(D).** जीन पियाज़े के संज्ञानात्मक विकास के सिद्धांत के अनुसार, औपचारिक संक्रियात्मक अवस्था में अधिकांश बच्चे अमूर्त समस्याओं को तार्किक ढंग से हल करने में सक्षम हो जाते हैं।

**116(D).** शिक्षक एक छात्र के जीवन में विभिन्न भूमिका निभाता है। एक शिक्षक द्वारा निभाई गई महत्वपूर्ण भूमिका एक प्रेरक की है।
एक प्रेरक के रूप में शिक्षक:
- प्रेरणा कुछ करने की मुहिम को संदर्भित करती है।
- एक प्रभावी शिक्षक के रूप में, छात्रों को अच्छे काम के लिए पुरस्कृत करना आवश्यक है।
- कड़ी मेहनत को पहचानने और प्रशंसा करने से छात्र प्रोत्साहित होंगे और उन्हे महसूस होगा कि वे सही रास्ते पर हैं और उनके प्रयासों पर ध्यान दिया जा रहा है।

**117(B).** चिंतन और सोच के लिए शिक्षार्थियों को अवसर प्रदान करने को NCERT की पाठ्य पुस्तकों में उच्च प्राथमिकता और स्थान दिया गया है।

**118(B).** नित्य और एकरस विषय-वस्तु में बदलाव करना पर्यावरण अध्ययन की पाठ्य-पुस्तकों में कविताओं और कहानियों को शामिल करने उद्देश्य नहीं है।

**119(B).** शिक्षक अधिगम को सार्थक बनाने के लिए शिक्षण अधिगम सामग्री का उपयोग करते हैं।
शिक्षण-अधिगम सामग्री ऐसे उपकरण हैं जो शिक्षार्थियों को आसानी और दक्षता के साथ अवधारणाओं को सीखने में मदद करते हैं। शिक्षक अधिगम को सार्थक बनाने के लिए और कौशल, तथ्य या विचार को समझाने या सुदृढ़ करने के लिए टीएलएम का उपयोग करते हैं।
शिक्षण-अधिगम सामग्री सबसे अच्छी शिक्षण-अधिगम प्रक्रिया को सुगम बनाती है:
- बच्चों के लिए सीखने को सार्थक, व्यावहारिक, वास्तविक और मज़ेदार बनाते हैं।
- स्वस्थ कक्षा संपर्क को प्रोत्साहित करते हैं और व्यक्तिगत मतभेदों को पूरा करने में सहायक होते हैं।
- विभिन्न प्रकार की उत्तेजनाएं प्रदान करता है, जो कक्षा शिक्षण को सबसे प्रभावी बनाने में मदद करता है और शिक्षार्थी को प्रेरित करता है।
- अनुभूति, मनोप्रेरणा, भावात्मक डोमेन जैसे उद्देश्यों के सभी डोमेन को कवर करके समग्र सीखने की सुविधा।

**120(D).** सतत और व्यापक मूल्यांकन मुख्य रूप से समावेशी शिक्षा को बढ़ावा देना है।
सतत और व्यापक मूल्यांकन, प्रायः 'CCE' के रूप में जाना जाता है, CBSE द्वारा 2009 में शिक्षा के अधिकार अधिनियम के अध्यादेश साथ मूल्यांकन के एक विद्यालय आधारित प्रणाली के रूप में पेश किया गया है। विभिन्न गतिविधियों के माध्यम से शिक्षण को शामिल करते हुए CCE को समावेशी कक्षा में शामिल किया जा सकता है।

**121(C).** कक्षा में छात्रों द्वारा प्रभावी श्रवण (सुनने) के लिए सहानुभूतिपूर्ण अधिगम महत्वपूर्ण है।
सक्रिय सुनना, शिथिल रूप से परिभाषित, एक वक्ता पर ध्यान देरहा है और समझने के लिए सुन रहा है, प्रतिक्रिया देने के लिए नहीं। इसमें वक्ता पर पूरा ध्यान भी शामिल है, जिसमें सम्मान के बाहर न्यूनतम विक्षेप और अधिगम का अभिप्राय है। सक्रिय शिक्षण छात्रों में सहानुभूति को बढ़ावा देता है जो कक्षा के भीतर और बाहर उनके जीवन को समृद्ध बनाने में मदद करता है।

**122(B).** एक प्रभावी शिक्षक की महत्वपूर्ण विशेषताएं:
**विषय का ज्ञान :**
1. जब तक किसी विषय की विषय-वस्तु में निपुणता नहीं होगी, तब तक एक प्रभावी शिक्षक नहीं बन सकता।
2. विषयवस्तु की निपुणता विभिन्न तरीकों से प्राप्त की जा सकती है जैसे कि पुस्तकें, पत्रिकाओं, सामयिक पत्रिकाओं, शब्दकोशों, विश्वकोषों, समाचार पत्रों आदि को पढ़ना, विचारगोष्ठियों, कार्यशालाओं, संगोष्ठियों, सम्मेलनों, सार्वजनिक बैठकों में भाग लेना; सहयोगियों, विशेषज्ञों, अधिकारियों के साथ चर्चा करना; नेताओं और अन्य पेशेवरों से मिलना, पर्यावरण में और उसके आसपास होने वाली घटनाओं का अवलोकन करना; और इसी प्रकार।
3. शिक्षक जो अपने विषय ज्ञान में दृढ़ता से निहित हैं, स्पष्ट प्रस्तुतियां देते हैं और छात्रों की कठिनाइयों को आसानी से पहचानते हैं।
4. वे अपने छात्रों के प्रश्नों को प्रभावी ढंग से संभाल सकते हैं।

**प्रभावी मौखिक संचार कौशल :**
1. हाल के अध्ययन संगठन और स्पष्टता के महत्व की पुष्टि करते हैं।
2. संगठन छात्रों को इसे बेहतर ढंग से समझने में सक्षम बनाने के लिए एक व्यवस्थित और तर्कसंगत तरीके से पढ़ाए जाने वाले अवधारणाओं और सामग्री को व्यवस्थित करने में परिलक्षित होता है।
3. प्रयास यह है कि अवधारणा पदानुक्रम तैयार किया जाए जो अधिगम को बढ़ावा दे।
4. स्पष्ट प्रस्तुतियाँ और स्पष्टीकरण प्रदान करने वाले शिक्षकों में ऐसे छात्र होते हैं जो अधिक सीखते हैं और अपने शिक्षकों को अधिक सकारात्मक रूप से दर देते हैं।

**124(D).** रचनात्मक मूल्यांकन छात्रों को निम्नलिखित तरीकों से मदद करता है:
1. यह शिक्षक और छात्र दोनों को निरंतर प्रतिक्रिया प्रदान करता है, जबकि शिक्षण प्रक्रिया में विफलताएँ सीखने और सफल होने से संबंधित होती हैं।
2. यह अक्सर निर्देश के दौरान होता है। शिक्षक कक्षा में ही छात्रों के संदेह को स्पष्ट करता है।
3. उम्मीदवारों की प्रतिक्रिया सफल सीखने को पुष्ट करती है और विशेष शिक्षण त्रुटियों का पता लगाती है जिनमें सुधार की आवश्यकता होती है।
4. शिक्षक प्रश्न-उत्तर सत्र के माध्यम से शिक्षार्थी की प्रेरणा को बढ़ाता है।
इसलिए, 2,4 और 6 सही उत्तर हैं।

**125(C).** विचारावेश प्रक्रिया (ब्रेन स्टोर्मिंग) को रुचि के क्षेत्र में नए विचारों को उत्पन्न करने के लिए प्रयुक्त किया जा सकता है।
- किसी समस्या के समाधान का पता लगाने के लिए बड़ी संख्या में विचार उत्पन्न करने के लिए विचारावेश प्रक्रिया एक समूह गतिविधि है।
- 'विचारावेश प्रक्रिया' शब्द का अर्थ है किसी रचनात्मक समस्या को हल करने के लिए मस्तिष्क का उपयोग करना और कमांडो फैशन में ऐसा करना जिसमें प्रत्येक प्रक्रिया एक ही उद्देश्य पर साहसपूर्वक हमला करता हो।
- विचारावेश प्रक्रिया सत्र में, लोगों का एक समूह दिलचस्पी के एक विशिष्ट क्षेत्र के बारे में विचारावेश प्रक्रिया करने के लिए एक मेज के आसपास बैठता है। प्रत्येक प्रतिभागी अपने मन में आने वाले नए और परिवर्तनात्मक विचारों को प्रस्तुत करता है।
- समूह के किसी भी सदस्य को किसी अन्य सदस्य द्वारा सामने रखे गए विचार पर किसी भी आलोचना की अनुमति नहीं होती है।
- इसका उद्देश्य यह है कि किसी व्यक्ति को उसकी रचनात्मक प्रक्रिया को अवरुद्ध करने के लिए संचालित होने वाले सामान्य अवरोधों से मुक्त करना है।
- यह तकनीक छात्रों के बीच समस्या-सुलझाने के दृष्टिकोण को विकसित करने और उनकी कल्पनाशील और रचनात्मक शक्तियों को प्रोत्साहित करने में शिक्षकों की बहुत मदद कर सकती है।

**126(C).** अंतरराष्ट्रीय समझ को बढ़ावा देने के लिए एक शिक्षक को बच्चे के दिमाग को निष्क्रिय करने से बचना चाहिए।
अंतर्राष्ट्रीय समझ का अर्थ है कि हम दुनिया के लोगों, व्यवस्था और अन्य प्रक्रियाओं के बारे में क्या जानते और समझते हैं और उनसे सीखते हैं। दुनिया के बारे में अंतर्राष्ट्रीय समझ को बढ़ावा देने के लिए एक शिक्षक को दुनिया के बारे में उचित समझ विकसित करनी चाहिए। छात्र की समझ काफी हद तक शिक्षक की योग्यता, उनके ज्ञान, समझ, दृष्टिकोण, रुचि, महत्वपूर्ण सोच पर निर्भर करती है।

**127(B).** शिक्षकों को ज्ञान के लिए मनुष्य की शाश्वत खोज के हस्तांतरित करने वाले, प्रेरक और प्रवर्तक के रूप में जाना जाता है। शिक्षक की स्थिति समाज के सामाजिक-सांस्कृतिक लोकाचार को दर्शाती है क्योंकि कहा

जाता है कि कोई भी व्यक्ति अपने शिक्षकों के स्तर से ऊपर नहीं उठ सकता है।

- शिक्षक को शिक्षण-अधिगम प्रक्रिया में विभिन्न भूमिकाएँ अर्थात प्रबंधक, सुविधादाता, परामर्शदाता, निर्माता और नेता, आदि निभानी होती हैं।
- उसे एक कक्षा में सभी गतिविधियों का प्रबंधन करना होता है जो एक शिक्षार्थी के इर्द-गिर्द तैयार की जाती हैं क्योंकि शिक्षार्थी शिक्षण-अधिगम प्रक्रिया का केंद्र होता है।
- एक शिक्षक के लिए अति महत्वपूर्ण अपने शिक्षण कौशल का प्रभावी ढंग से उपयोग करना है क्योंकि उसका विषयवस्तु ज्ञान किसी काम का नहीं होगा यदि वह इसे व्यवस्थित और रुचिकर विधि से प्रस्तुत करने में सक्षम नहीं है।
- अच्छे शिक्षक वह हैं जो उपलब्ध न्यूनतम संसाधनों का अधिकतम उपयोग करके छात्रों को एक आनंदमय अधिगम का अनुभव प्रदान करने के लिए सिखा सकें।
- इसलिए, एक शिक्षक को अति महत्वपूर्ण रूप से शिक्षण कौशल में निपुण होना चाहिए जो उन्हें अपने संबंधित विषय के विषयवस्तु ज्ञान को प्रस्तुत करने में मदद करेगा।
- साथ ही, शिक्षक का छात्रों के साथ अच्छा तालमेल होना चाहिए ताकि छात्र अपनी समस्याओं को अपने शिक्षकों के साथ साझा कर सकें और बिना किसी हिचकिचाहट के अपने संदेहों को पूछ सकें।
- एक शिक्षक के अन्य गुण जैसे उसका अच्छा स्वास्थ्य, उसके कपड़े, उसकी आवाज का उतार चढ़ाव, आदि एक अच्छा शिक्षक होने के द्वितीयक गुण हैं।

इसलिए, यह निष्कर्ष निकाला जाता है कि एक शिक्षक के लिए शिक्षण कौशल में निपुणता अति महत्वपूर्ण है।

**128(D).** सहयोगात्मक फिल्टर, तकनीकी शब्द और अस्पष्ट कथन प्रभावी संचार का हिस्सा नहीं होना चाहिए क्योंकि वे संचार की गुणवत्ता को प्रभावित करते हैं।

व्यावसायिक संचार में तकनीकी शब्दों को शब्दजाल माना जाता है और अस्पष्ट कथन वे कथन होते हैं जिनका अर्थ स्पष्ट नहीं होता है।

जब आप ऐसे कथन बनाते हैं जो अस्पष्ट होते हैं, तो आप पाठक को भ्रमित करते हैं और पाठ के अर्थ में बाधा डालते हैं। हालांकि, कभी-कभी किसी पाठ में हास्य जोड़ने के लिए जानबूझकर अस्पष्टता का उपयोग किया जाता है।

**129(D).** उपदेश- यह एक प्रत्यक्ष शिक्षण विधि नहीं है। प्रवचन एक भाषण या किसी विशेष, आमतौर पर गंभीर, विषय के बारे में लिखने का एक टुकड़ा है।

अभिव्यक्ति- शिक्षण पद्धति जो प्रदर्शित करती है और बताती है कि कुछ कैसे किया जाता है।

चर्चा- चर्चा में दोतरफा संवाद होता है। कक्षा की स्थिति में, एक प्रशिक्षक और प्रशिक्षु सभी चर्चा में भाग लेते हैं।

शिक्षण- शिक्षा का एक तरीका जिसमें एक प्रशिक्षक सीधे एक व्यक्तिगत छात्र के साथ काम करता है।

**130(B).** आमतौर पर शैक्षिक और मनोवैज्ञानिक माप में उपयोग किए जाने वाले परीक्षण के सबसे प्रसिद्ध गुणों में से एक है (अर्थात उन कार्यों से बना है जो कार्य के एक विशेष क्षेत्र का नमूना लेते हैं) यह है कि वह जितने लंबे होते हैं (अर्थात कार्य का नमूना जितना बड़ा होता है), उतने ही अधिक विश्वसनीय अंक वह प्राप्त करते हैं।

- विश्वसनीयता उस कोटि को संदर्भित करती है जिसके लिए शोध या परीक्षण समान परिणाम देता है।
- यदि समान परिस्थितियों में एक ही विधि का बार-बार उपयोग करके एक ही परिणाम प्राप्त किया जा सकता है तो डेटा को विश्वसनीय कहा जाता है।
- उदाहरण के लिए, यदि आप 5 बार परीक्षण देते हैं, तो आपको मोटे तौर पर हर बार सटीक परिणाम मिलेगा।
- शोध में, छोटे परीक्षणों की तुलना में लंबे परीक्षण अधिक विश्वसनीय होते हैं क्योंकि लंबे परीक्षण त्रुटि की संभावना को कम करते हैं।
- शोध में, प्रत्येक डेटा परीक्षण की विश्वसनीयता में वृद्धि नहीं करता है क्योंकि एकत्र किया गया प्रत्येक डेटा परीक्षण की विश्वसनीयता को जोड़ने के लिए अनुसंधान के लिए प्रासंगिक नहीं हो सकता है।

इस प्रकार, अभिकथन सत्य है परंतु कारण असत्य है।

**131(C).** यह केवल भारतीय भाषा के समाचार पत्रों के खिलाफ निर्देशित किया गया था। इसने लॉर्ड लिटन के प्रशासन के खिलाफ आलोचना को दबाने की कोशिश की। यह लॉर्ड रिपन द्वारा निरस्त किया गया था। इसलिए सभी कथन सही हैं।

ब्रिटिश भारत में, भारतीय प्रेस की स्वतंत्रता को कम करने और ब्रिटिश नीतियों के प्रति आलोचना की अभिव्यक्ति को रोकने के लिए वर्नाक्युलर प्रेस एक्ट 1878 अधिनियमित किया गया था, विशेष रूप से विरोध जो दूसरे एंग्लो-अफगान युद्ध 1878-80 की शुरुआत के साथ बढ़ गया था।

**132(B).** नंदी नदी दक्षिण भारत के एक प्रसिद्ध तीर्थ स्थान तिरुट्टनी से होकर बहती है।

- तिरुट्टनी तमिलनाडु में स्थित एक शहर है।
- तिरुट्टनी शहर तिरुपति मुरूगन के मंदिर के लिए प्रसिद्ध है, जो कि कार्तिकेय को समर्पित अरूपदैवेदु में से एक है।
- जब 1 नवंबर 1953 को आंध्र राज्य की स्थापना हुई, तो 1 960 तक तिरुट्टनी आंध्र प्रदेश राज्य के चित्तूर जिले का हिस्सा था।

**133(C).** ईएसएएफ़ (एन्हांस्ड स्ट्रक्चरल एडजस्टमेंट फैसिलिटी) क्योंकि इसमें आमतौर पर प्रदान किए गए विकल्पों में से सबसे नरम सेवा शर्तें हैं। ईएसएएफ़ आर्थिक सुधार कार्यक्रमों का समर्थन करने के लिए कम आय वाले देशों को अंतर्राष्ट्रीय मुद्रा कोष (आईएमएफ) द्वारा प्रदान की जाने वाली ऋण सुविधा है।

**134(A).** केंद्रीय मंत्री नितिन गडकरी ने हाइड्रोजन आधारित उन्नत ईंधन सेल इलेक्ट्रिक वाहन (FCEV) के लिए पायलट परियोजना का उद्घाटन किया है।

इसे टोयोटा किर्लोस्कर मोटर प्राइवेट लिमिटेड ने इंटरनेशनल सेंटर फॉर ऑटोमोटिव टेक्नोलॉजी (आईसीएटी) के साथ लॉन्च किया है।

यह भारत में अपनी तरह की पहली परियोजना होगी जिसका उद्देश्य हाइड्रोजन, एफसीईवी प्रौद्योगिकी के बारे में जागरूकता फैलाना और भारत के लिए हाइड्रोजन आधारित समाज का समर्थन करने के लिए इसके लाभों का प्रसार करना है।

**135(A).** मुजफ्फरपुर के क्रूर जज किंग्सफोर्ड को मरने के लिए खुदीराम बोस तथा प्रफुल्ल चाकी ने 30 अप्रैल, 1908 को इसकी गाड़ी पर बम फेंका।

**136(A).** काज़िनाग राष्ट्रीय उद्यान भारतीय केंद्र शासित प्रदेश जम्मू और कश्मीर में बारामूला जिले का राष्ट्रीय उद्यान है। यह लगभग 36 परिवारों का प्रतिनिधित्व करने वाले पक्षियों की लगभग 120 प्रजातियों का घर है, जिसमें गोल्डन ईगल (एक्विला क्रिसेटोस), इम्पेयन या मोनाल तीतर (लोफोफोरस इम्पेजेनस), कोकलास तीतर (कैटरियस वालिची), स्पैरो हॉक (एक्सीपिटर निसस मेलास्चिस्टोस) और स्नो पिजन शामिल हैं।

**137(D).** वायुमंडल का क्षोभमंडल और निचला समताप मंडल पृथ्वी के जलवायु परिवर्तन को प्रभावित करते हैं।

ओजोन की उपस्थिति के कारण, हम पृथ्वी के जलवायु परिवर्तन पर बहुत अधिक प्रभाव देख सकते हैं। चूंकि ओजोन सूर्य से यूवी किरणों को अवशोषित करता है और पृथ्वी द्वारा छोड़ी गई इन्फ्रारेड किरणों और जीएचजी को भी अवशोषित करता है, इसलिए क्षोभमंडल और वायुमंडल का निचला समताप मंडल पृथ्वी के जलवायु परिवर्तन को प्रभावित करता है।

**138(A).** एक प्राथमिक प्रदूषक एक वायु प्रदूषक है जो एक स्रोत से सीधे उत्सर्जित होता है।

एक द्वितीयक प्रदूषक को इस तरह से सीधे उत्सर्जित नहीं किया जाता है, लेकिन जब वायुमंडल में अन्य प्रदूषक (प्राथमिक प्रदूषक) प्रतिक्रिया करते हैं, तो यह बनता है।

एक माध्यमिक प्रदूषक के उदाहरणों में ओजोन शामिल है, जो तब बनता है जब सूर्य के प्रकाश की उपस्थिति में हाइड्रोकार्बन (HC) और नाइट्रोजन ऑक्साइड गठबंधन करते हैं। नाइट्रोजन ऑक्साइड, जो NO के रूप में बनता है, हवा में ऑक्सीजन के साथ मिलकर बनता है; और अम्ल वर्षा, जो तब बनती है जब सल्फर डाइऑक्साइड या नाइट्रोजन ऑक्साइड पानी के साथ प्रतिक्रिया करते हैं।

**139(D).** NCF (राष्ट्रीय पाठ्यचर्या की रूपरेखा) 2005 NCERT द्वारा भारत में प्रकाशित चार NCF में से एक है। यह शैक्षिक उद्देश्यों और अनुभवों की बेहतरी के लिए एक ढांचा प्रदान करना चाहता है।

प्राथमिक स्तर पर EVS पढ़ाने के NCF-2005 उद्देश्यों के अनुसार :

- पर्यावरणीय मुद्दों के बारे में जागरूकता विकसित करना।
- विशेष रूप से प्राकृतिक पर्यावरण के संबंध में बच्चे की जिज्ञासा और रचनात्मकता का पोषण करना।
- बच्चों को उनके आसपास के क्षेत्रों का पता लगाने और उनसे जुड़ने में मदद करने के लिए।
- बच्चों को समावेशी तरीके से पर्यावरण के मुद्दों को हल करने में सक्षम बनाने के लिए।
- अवलोकन, वर्गीकरण, निष्कर्ष, आदि के माध्यम से बुनियादी संज्ञानात्मक और मनोदैहिक कौशल हासिल करने के लिए बच्चे को खोजपूर्ण और हाथों की गतिविधियों में संलग्न करना।
- बच्चों को प्राकृतिक, सामाजिक और सांस्कृतिक वातावरण के बीच संबंधों का पता लगाने और समझने के लिए प्रशिक्षित करना।
- एक ठोस सीखने का अनुभव प्रदान करके बच्चों की सीखने की क्षमताओं को बढ़ाना।
- अपने वातावरण में कई चीजों के कामकाज में अपनी अंतर्दृष्टि विकसित करने के लिए।

इसलिए, हम यह निष्कर्ष निकालते हैं कि ' पर्यावरण के मुद्दों की समझ के माध्यम से बच्चों के बीच सटीक संख्यात्मक कौशल विकसित करना' NCF -2005 के अ नुसार प्राथमिक स्तर पर पर्यावरण अध्ययन को पढ़ाने का उद्देश्य नहीं है।

**140(C).** पर्यावरण अध्ययन एक ऐसा विषय है जो पर्यावरण के साथ मानव के सम्बन्ध बताता है। यह बच्चों को उनके शारीरिक और सामाजिक परिवेश का पता लगाने के लिए बहुत स्वतंत्रता देता है।

शिक्षा का बाल-केंद्रित दृष्टिकोण बच्चों के अनुभवों और जरूरतों को प्रधानता देता है। बाल-केंद्रित कक्षा या शिक्षा का दृष्टिकोण रट कर सीखने को हतोत्साहित करता है और इस पर जोर देता है:

- बच्चों को अनुसार अन्वेषण के माध्यम से काम करने की स्वतंत्रता देना।
- बच्चों की समझ, आवश्यकताओं और सोच की प्रधानता सुनिश्चित करना।
- बच्चों को सीखने की अपनी रणनीति को बढ़ावा देने के लिए पर्याप्त अवसर प्रदान करना।
- बच्चों को शैक्षिक और नैतिक रूप से अपनी पूर्ण क्षमता की ओर स्वाभाविक रूप से विकसित करने की अनुमति देता है।

हम निष्कर्ष निकालते हैं कि बच्चों को ईवीएस सीखने के लिए बहुत सारी जगह मिलती है।

**141(B).** चूँकि हम जानते हैं,

पहली $n$ प्राकृतिक संख्याओं का योग $= \frac{[n(n+1)]}{2}$

पहली 48 संख्याओं का योग $= \frac{(48\times49)}{2} = 1176$

पहली 125 संख्याओं का योग $= \frac{[125\times126]}{2} = 7875$

49 से 125 तक की प्राकृतिक संख्याओं का योग $= 7875 - 1176 = 6699$

49 से 125 तक की प्राकृतिक संख्याओं का योग $= 125 - 48 = 77$

49 से 125 तक की कुल संख्या $= \frac{6699}{77} = 87$

**142(A).** दिया गया है,

मूलधन $=$ ₹ 12,000

समय $= 1\frac{1}{2}$ वर्ष

दर $= 10\%$ प्रतिवर्ष

जैसा कि हम जानते है,

$A = P(1+\frac{R}{100})^t$

यहाँ, $A, P, R$ और $t$ क्रमशः मिश्रधन, मूलधन, दर और समय हैं ।

जब चक्रवृद्धि ब्याज अर्धवार्षिक रूप से लगाया जाता है,

दर आधी है और समय दोगुना है ।

दर $= \frac{10}{2}\%$

$= 5\%$

समय $= 1\frac{1}{2} \times 2$

$= 3$ अर्धवार्षिक

अब, $A = P(1+\frac{R}{100})^t$

$\Rightarrow A = 12000(1+\frac{5}{100})^3$

$\Rightarrow A = 12000 \times \frac{21}{20} \times \frac{21}{20} \times \frac{21}{20}$

$\Rightarrow A = 13891.5$

$\therefore$ भुगतान की जाने वाली कुल राशि ₹ 13891.50 है।

**143(D).** दिया गया है,

$(\frac{3}{10}), (\frac{4}{15}), (\frac{1}{3})$

हर 10, 15 और 3 का ल.स.प. $= 30$

प्रत्येक भिन्न को ल.स.प. से गुणा करने पर, हम प्राप्त करते हैं

$(\frac{3}{10}) \times 30 = 9$

$(\frac{4}{15}) \times 30 = 8$

$(\frac{1}{3}) \times 30 = 10$

उन्हें आरोही क्रम में व्यवस्थित करने पर, हम प्राप्त करते हैं

$8 < 9 < 10$

$\therefore$ सही आरोही क्रम $\frac{4}{15}, \frac{3}{10}, \frac{1}{3}$ है।

**144(C).** दिया गया है,

दो संख्याओं का अनुपात $= 1 : 2$

म.स.प. $= 16$

जैसा कि हम जानते हैं,

यदि हम दो संख्याओं के म.स.प. को उनके संबंधित अनुपात से गुणा करते हैं, तो हमें संख्याएं प्राप्त होती हैं।

$\therefore$ पहली संख्या $= 1 \times 16 = 16$

दूसरी संख्या $= 2 \times 16 = 32$

म.स.प. $\times$ ल.स.प. $=$ पहली संख्या $\times$ दूसरी संख्या

$\Rightarrow 16\times$ ल.स.प. $= 16 \times 32$

$\Rightarrow$ ल.स.प. $= \frac{16\times32}{16}$

$\Rightarrow$ ल.स.प. $= 32$

इसलिए, उनका ल.स.प. 32 है।

**145(C).** दिया है:

$R_0 = 4$ सेमी

$Ri = 3$ सेमी

$r = 2$ सेमी

प्रयुक्त सूत्र:

बड़े गोले का आयतन = छोटे गोले की संख्या × छोटे गोले का आयतन

$n =$ छोटे गोलों की संख्या

$\frac{4}{3}\pi(R_0^3 - R_i^3) = n \times \frac{4}{3}\pi(r^3)$

$\therefore n = \frac{(R_0^3 - R_i^3)}{(r^3)}$

$= \frac{(4^3-3^3)}{(2^3)}$

$= \frac{37}{8}$

$\therefore n = 4$

**146(C).** यहाँ अनुसरण किया गया स्वरूप निम्न प्रकार है: 53 × 9 = 477

इसी प्रकार, 39 × 9 = 351 = 351

**147(B).** आकृति (i) और (ii) के प्रत्येक जोड़े में संबंध इस प्रकार हैं जिससे आकृति (i) को आकृति (ii) बनाने के लिए 90 डिग्री दक्षिणावर्त दिशा में घुमाया गया है। विकल्प (B) में जब आकृति (i) को 90 डिग्री दक्षिणावर्त में घुमाया जाता है, तो यह आकृति (ii) का निर्माण नहीं करती है। इसलिए विकल्प आकृति (2) विषम है।

**148(A).** मान लीजिए $a$ पहला पद है और $d$, $AP$ का सार्व अंतर है,

दिया है, $a_3 = 12$ और $a_{50} = 106$, $a_{29}$ ज्ञात करना है,

हम जानते हैं,

$T_n = a + (n-1)d$

$a =$ पहला पद

$d =$ सार्व अंतर

$T_n = n$ वाँ पद

$\Rightarrow \quad T_3 = a + (3-1)d = 12$
$\Rightarrow \quad a + 2d = 12 \quad ......(i)$
$\Rightarrow \quad T_{50} = a + (50-1)d = 106$
$\Rightarrow \quad a + 49d = 106 \quad ......(ii)$
$(i)$ को $(ii)$ से घटाने पर, हम प्राप्त करते हैं
$47d = 94 \Rightarrow d = 2$
$d = 2$ को $(i)$ में रखने पर, हमें प्राप्त होता है
$a + 2 \times 2 = 12 \Rightarrow a + 4 = 12 \Rightarrow a = 8$
$\therefore$ $AP$ का 29 वाँ पद
$= a + (29-1)d = 8 + 28 \times 2 = 8 + 56 = 64$

**149(D).** एक निश्चित भाषा में, TRUE को 1759 के रूप में कोडित किया गया है, KICK को 4384 के रूप में कोडित किया गया है, CHAIN को 82630 के रूप में कोडित किया गया है। तब, KITCHEN को 4318290 के रूप में कोडित किया जाता है। इसलिए, उसी कोड में KITCHEN के लिए पहला अंक 4 होगा।

**Q.150** दी गयी जानकारी से हमें प्राप्त होता है,
(i) T, V की मां है। R, V की नानी है।

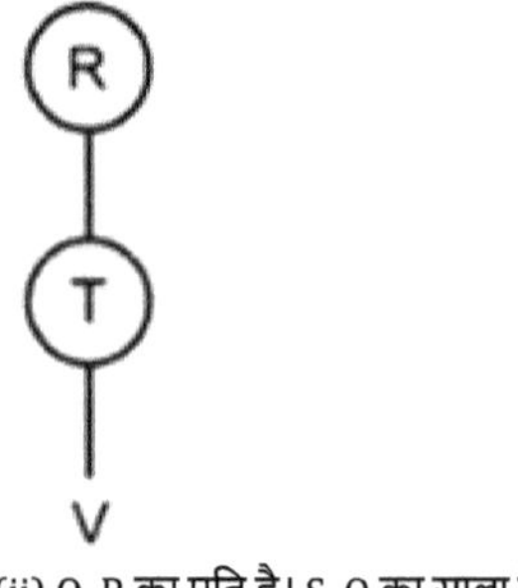


(ii) Q, R का पति है। S, Q का साला है।

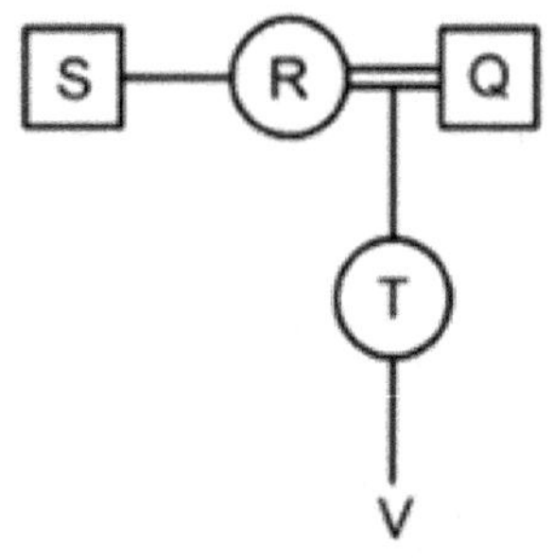


(iii) U, Q का दामाद है। P, S का भतीजा है।

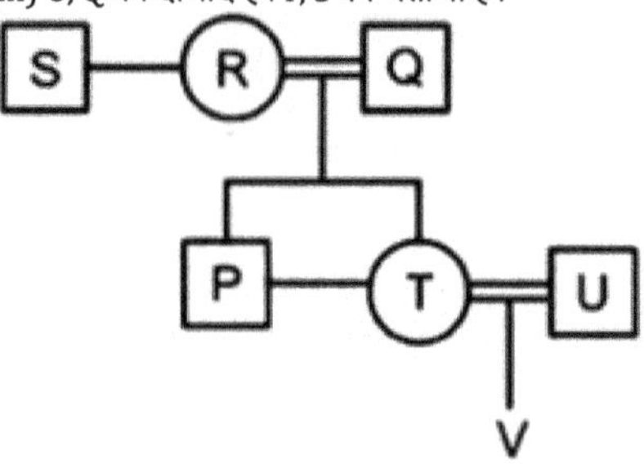


(iv) परिवार में 4 पुरुष हैं। इसका अर्थ है कि V महिला है।

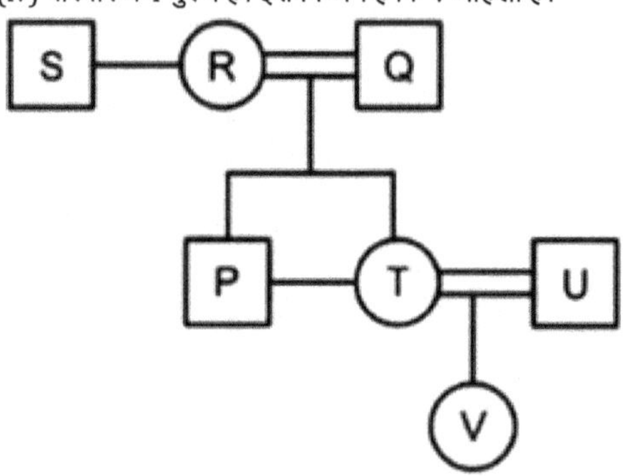


**150(C).** इसलिए, V, P की भतीजी है।

# प्रैक्टिस टेस्ट 3

## Specific Subject

**1. आद्य जीवाणु अन्य जीवाणुओं से किस प्रकार भिन्न है?**
(a) एक अलग कोशिका झिल्ली संरचना होने में
(b) एक अलग कोशिका भित्ति संरचना होने में
(c) उच्च प्रकाश संश्लेषी वर्णक होने में
(d) इनमे से कोई भी नहीं

**2. डाइएटम किसके कारण जलप्लावित रहते हैं?**
(a) पादाभ (b) कशाभिका
(c) संग्रहीत लिपिड (d) उपरोक्त सभी

**3. निम्नलिखित में से प्रोटिस्टा के संबंध में सही मिलान का पता लगाइए।**
(a) गोनीआलेक्स - महासागर के प्रमुख उत्पादक
(b) यूग्लीनॉइड - कोशिका भित्ति में दृढ सेलुलोज पट्टिका
(c) अवपंक कवक - प्लाज्मोडियम का निर्माण
(d) अमीबा - परजीवी प्रोटोजोआ

**4. निम्नलिखित में से कौन सा \से कथन साइटोकिनिन्स के बारे में सही हैं?**
**(a) वे प्रकाश और गुरुत्वाकर्षण के लिए पौधे की प्रतिक्रिया को नियंत्रित करते हैं।**
**(b) वे विभिन्न पौधों की शूटिंग के विस्तार के लिए जिम्मेदार हैं।**
**(c) वे पत्तियों की उम्र बढ़ने में देरी करते हैं।**
(a) केवल (a) (b) (a) और (b) दोनों
(c) केवल (b) (d) केवल (c)

**5. फलियां बीज के उप-एपिडर्मल कवर में पाए जाने वाले स्केलेराइड हैं-**
(a) फाइलफॉर्म स्केलेराइड्स (b) एस्ट्रोक्लियराइड्स
(c) मैक्रोसलेरीड्स (d) ओस्टियोस्क्लेयरिड्स

**6. कॉकरोच के शरीर की गुहा को क्या कहते हैं?**
(a) हीमोकोएल (b) कोएलोम
(c) कोएलोम (d) हाइड्रोकोएल

**7. बालानोग्लोसस, एक बिल्व करने वाला जानवर निम्नलिखित में से किस फाइलम से संबंधित है?**
(a) हेमीकोर्डेटा (b) कोर्डेटा
(c) एकीनोडरमाटा (d) मोलस्का

**8. उस समुच्चय की पहचान कीजिए जिसमें खाद्य भाग समान होता है।**
(a) नाशपाती और सेब (b) अंगूर और नारियल
(c) लीची और सेब (d) नारियल और सेब

**9. एक पादप पदार्थ की अनुप्रस्थ काट एक सूक्ष्मदर्शी के नीचे निम्नलिखित शारीरिक विशेषताओं को दर्शाती है:**
**मोटी उपत्वचा, धंसे हुए रंध्र, असतत स्क्लेरेन्काइमी अधस्त्वचा, सायुध पैरेंकाइमा, "T" आकार की स्क्लेरेन्काइमी मेखला, दो संयुक्त, समपार्न्वी और खुला संवहनी बंडल।**
**पादप पदार्थ आवश्यक रूप से क्या होना चाहिए?**
(a) साइकस का पिच्छाक्ष (b) साइकस का पत्रक
(c) पाइनस की सूई (d) नेरियम की पत्ती

**10. रक्त कणिकाओं का निर्माण होता है :**
(a) अप्लास्टिक एनीमिया (b) एंडोस्टियम
(c) लाल अस्थि मज्जा (d) अग्न्याशय

**11. निम्नलिखित में से कौन सा गॉल्जी निकायों का संरचनात्मक घटक नहीं है?**
(a) सिस्टर्नी (b) वेसिकल्स
(c) राइबोसोम (d) गॉल्जी स्टैक

**12. सोडियम आयन जैसे वाहक आयन _______ जैसे पदार्थों के अवशोषण की सुविधा प्रदान करते हैं।**
(a) अमीनो एसिड और ग्लूकोज
(b) ग्लूकोज और वसा अम्ल
(c) वसा अम्ल और ग्लिसरॉल
(d) फ्रक्टोज और कुछ अमीनो अम्ल

**13. पुष्प का खिलना और कलिका का बंद होना क्या हैं?**
(a) अधोवृद्धि-वर्तन (b) अधोंकुंचन
(c) वक्रता गति (d) स्वतः गति

**14. अर्धसूत्री पूर्वावस्था की कौन सी प्रावस्था का विशिष्ट लक्षण काइएज्मेटा का उपांतीभवन है।**
(a) स्थूलपट्ट (b) तनु पट्ट
(c) युग्म पट्ट (d) डायकाइनेसिस

**15. गलत मिलान का चयन कीजिए।**
(a) टोनोप्लास्ट - स्टार्च (b) एल्यूरोप्लास्ट - प्रोटीन
(c) इलाओप्लास्ट - तेल (d) क्रोमोप्लास्ट - जैंथोफिल

**16. श्वसन झिल्ली पर गैस विनिमय सक्षम होते है क्योंकि:**
**I. आंशिक दाब में अंतर पर्याप्त होता है।**
**II. गैसें लिपिड-विलेय होती हैं।**
**III. रक्त प्रवाह तीव्र गति से होता है।**
**IV. केवल एक कोशिका परत होने से दूरी को कम किया जाता है।**
**V. कुल पृष्ठीय क्षेत्रफल बड़ा होता है।**
(a) II और III (b) I, IV और V
(c) I, III और V (d) I, III, IV और V

**17. कौन सा औवल एपेर्चर के वेस्टीड का हिस्सा माना जाता है ?**
(a) फोरामेन ओवेल (b) फोसा ओवलिस
(c) एस ए नोड (d) बण्डल आर्फ हिज

**18. कॉलम I में दी गई मदों को कॉलम II में दी गई मदों से सुमेलित कीजिए और क्रमशः (a), (b), और (c) के लिए सही विकल्प चुनिए:**

| | कॉलम I | | कॉलम II |
|---|---|---|---|
| (a) | ट्राइकसपिड वाल्व | (i) | बाएं आलिंद और बाएं वेंट्रिकल के बीच |
| (b) | बाइसेपिड वाल्व | (ii) | दाएं वेंट्रिकल और फुफ्फुसीय धमनी के बीच |
| (c) | सेमिलुनर वाल्व | (iii) | दाएं आलिंद और दाएं वेंट्रिकल के बीच |

(a) (i), (ii), (iii) (b) (i), (iii), (ii)
(c) (iii), (i), (ii) (d) (ii), (i), (iii)

**19. क्रेब्स-हेन्सेलिट चक्र जैव रासायनिक प्रतिक्रियाओं का एक क्रम है जो ______ में होता है।**
(a) मस्तिष्क (b) यकृत
(c) मूत्राशय (d) फेफड़े

**20. कौन सी संरचना\संरचनाये हैं जो कार्डियक सिंक्रेटियम के लिए जिम्मेदार है?**
(a) टी-नलिकाओं (b) अंतर्निवेशित डिस्क
(c) डेस्मोसोम (d) पेशीद्रव्यी जालिका

**21. केंद्रीय तंत्रिकीय तंत्र में, आच्छादी तंतु ____ का निर्माण करते हैं, जबकि गैर- आच्छादी तंतु ____ का निर्माण करते हैं।**

(a) धूसर द्रव्य, श्वेत द्रव्य
(b) श्वेत द्रव्य, धूसर द्रव्य
(c) अंतरीयक कोशिकाएँ, तंत्रिस्रावी कोशिकाएँ
(d) तंत्रिस्रावी कोशिकाएँ, अंतरीयक कोशिकाएँ

**22. नीचे दिए गए चित्र का विश्लेषण कीजिए और लेबल (a), (b) और (c) को पूर्ण कीजिए।**

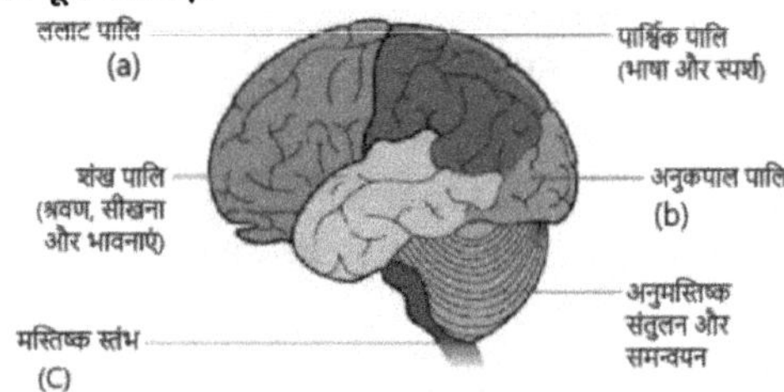


(a) (a) सोच, स्मृति, व्यवहार, गति, दृष्टि (b) शरीर के तापमान को बनाए रखना (c) श्वसन, हृदय दर
(b) (a) श्वसन, हृदय दर, तापमान (b) दृष्टि (c) सोच, स्मृति, व्यवहार, गति
(c) (a) सोच, स्मृति, व्यवहार, गति (b) दृष्टि (c) श्वसन, हृदय दर, तापमान
(d) (a) श्वसन, हृदय दर, सोच, स्मृति, व्यवहार, गति (b) शरीर के तापमान को बनाए रखना (c) दृष्टि

**23. निम्नलिखित को सुमेलित कीजिए:**

| सूची I | सूची II |
|---|---|
| (a) उत्प्रेरक क्रिया का निरोधक | i रिसिन |
| (b) पेप्टाइड बंध धारक | ii मैलोनेट |
| (c) कवकों में कोशिका भित्ति | iii काइटिन पदार्थ |
| (d) द्वितीयक उपापचयज | iv कोलेजन |

(a) (a)- ii, (b)-iv, (c)-iii, (d)-i (b) (a)- iii, (b)-i, (c)-iv, (d)-ii
(c) (a)- iii, (b)-iv, (c)-i, (d)-ii (d) (a)- ii, (b)-iii, (c)-i, (d)-iv

**24. निम्नलिखित को मिलाएं:**

| | |
|---|---|
| a.स्टाइल | 1 - यह एक कारपेल की ग्रहणशील टिप है |
| b.स्टिग्मा | 2. यह एक पिस्टिल का बेसल उभार वाला हिस्सा है। |
| c.अंडाशय | 3. यह एक पिस्टिल का पतला हिस्सा है। |

(a) a - 3, b - 2, c - 1 (b) a - 3, b - 1, c - 2
(c) a - 1, b - 3, c - 2 (d) a - 1, b - 2, c - 3

**25. पुरुष प्रजनन प्रणाली की निम्नलिखित संरचनाओं में से कौन सा प्रोस्टेट ग्रंथि मूत्रमार्ग में खाली करने के लिए प्रवेश करती है?**
(a) वीर्य पुटिका (b) तुम्बिका
(c) वीर्य स्खलन नलिका (d) अधिवृषण

**26. सिनैप्टोनेमल कॉम्प्लेक्स निम्नलिखित में से किस अवस्था में गायब हो जाता है ?**
(a) डिप्लोटीन (b) जाएगोटीन
(c) पैकेटीन (d) इनमें से कोई नहीं

**27. पहली आनुवंशिक सामग्री_______________हो सकती है।**
(a) प्रोटीन (b) कार्बोहाइड्रेट
(c) डीएनए (d) आरएनए

**28. प्राकृतिक चयन जिसमें अधिक व्यक्ति औसत चरित्र मान के अलावा विशिष्ट लक्षण मान प्राप्त करते हैं, ___ के द्वारा होता है।**
(a) विदारक परिवर्तन (b) याद्दच्छिक परिवर्तन
(c) स्थिरीकरण परिवर्तन (d) दिशात्मक परिवर्तन

**29. निम्न रोगों को उनके पैदा करने वाले जीवों के साथ मिलान करे:**

| सूची I | सूची II |
|---|---|
| (a) टाइफॉइड | i वुचेरेरिया |
| (b) न्यूमोनिया | ii प्लैज्मोडियम |
| (c) फाइलेरिएसिस | iii साल्मोनेला |
| (d) मलेरिया | iv हीमोफिलस |

(a) (a)-i, (b)-iii, (c)-ii, (d)-iv (b) (a)-iii, (b)-iv, (c)-i, (d)-ii
(c) (a)-ii, (b)-i, (c)-iii, (d)-iv (d) (a)-iv, (b)-i, (c)-ii, (d)-iii

**30. जेल इलेक्ट्रोफोरेसिस में, पृथक हुए डी.एन.ए. के खण्डों को किसकी सहायता से देखा जा सकता है?**
(a) चमकीले नीले प्रकाश में ऐसीटोकार्मिन से
(b) UV विकिरण में एथिडियम ब्रोमाइड से
(c) UV विकिरण में एसीटोकार्मिन से
(d) अवरकक्त विकिरण में एथिडियम ब्रोमाइड से

**31. विशिष्ट स्थानों पर डीएनए की कटिंग किसकी खोज से संभव हुई?**
(a) प्रतिबंधित एंजाइम (b) जांच
(c) चयन योग्य बाजार (d) लिगासेस

**32. प्रतिकूल परिस्थितियों में, झीलों और तालाबों में कई ज़ोप्लांकटन प्रजातियों को विकास के एक निलंबित चरण में प्रवेश करने के लिए जाना जाता है जिसे ________ कहा जाता है।**
(a) निद्रा (b) सीतनिद्रा
(c) पुष्पदलविन्यास (d) डायपॉज

**33. ये प्राथमिक उपभोक्ताओं की श्रेणी से संबंधित हैं:**
(a) कीट और मवेशी (b) चील और सांप
(c) पानी के कीड़े (d) सांप और मेंढक

**34. जीवों में पहले से अज्ञात यौगिकों की खोज, जिनका उपयोग पारंपरिक चिकित्सा में कभी नहीं किया गया है, के रूप में जाना जाता है:**
(a) बायोपाइरेसी (b) बायोप्रोस्पेक्टिंग
(c) मोलेकुलर फ़ार्मिंग (d) बायोरेमेडियेशन

**35. यदि किसी पिंड के वेग के मापन में 50% की धनात्मक त्रुटि है, तो गतिज ऊर्जा के मापन में त्रुटि है:**
(a) 25% (b) 50%
(c) 100% (d) 125%

**36. एक कार विरामावस्था से प्रारम्भ करती है तथा 5 मी./से. $^2$ से त्वरित होती है। $t = 4$ सेकण्ड पर कार में बैठे व्यक्ति द्वारा एक गेंद खिड़की के बाहर गिरायी जाती है। $t = 6$ सेकण्ड पर गेंद का वेग तथा त्वरण क्या होता है?**
**(दिया है: $g = 10$ मी./से. $^2$ )**
(a) $20\sqrt{2}$ मी./से., 10 मी./से. $^2$ (b) 20 मी./से., 5 मी./से. $^2$
(c) 20 मी./से., 0 (d) $20\sqrt{2}$ मी. से., 0

**37. विभिन्न परिमाणों के सह-योजनाकार सदिशों की न्यूनतम संख्या क्या है जो शून्य परिणाम दे सकते हैं?**
(a) एक (b) दो
(c) तीन (d) चार

**38. एक बोर्ड एक खुरदुरे क्षैतिज अर्धवृत्ताकार लॉग पर संतुलित है। जब बोर्ड क्षैतिज के साथ कोण बनाता है तो बोर्ड के किसी एक सिरे पर भार जोड़कर साम्य प्राप्त किया जाता है। लॉग और बोर्ड के बीच घर्षण का गुणांक है:**

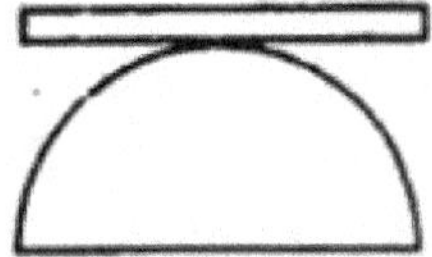

(a) $\tan\theta$ (b) $\cos\theta$
(c) $\cot\theta$ (d) $\sin\theta$

**39. यदि ब्लॉक A का वेग दायीं ओर 0.6 m/s है, तो ब्लॉक B का वेग ज्ञात कीजिए।**

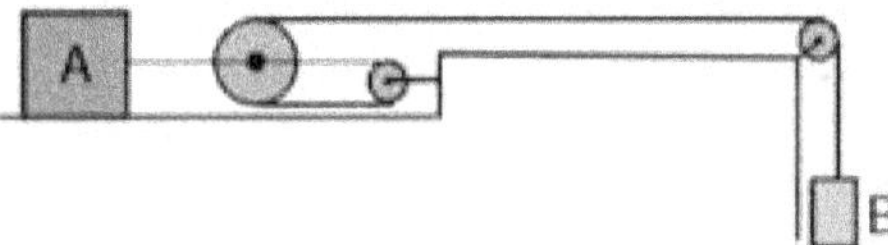


(a) 1.8 m/s नीचे की दिशा में (b) 1.8 m/s ऊपर की दिशा में
(c) 0.6 m/s नीचे की दिशा में (d) 0.6 m/s ऊपर की दिशा में

**40. 15 मीटर सेकेंड $^{-1}$ के क्षैतिज वेग से किसी सरल रेखा के अनुदिश गतिमान कोई 40 किग्रा द्रव्यमान का पिण्ड 10 किग्रा द्रव्यमान के किसी स्थिर लकड़ी के गुटके से टकराकर चिपक जाता है। यदि पृष्ठ चिकना है तो संघट्ट के पश्चात संयुक्त पिण्ड (पिण्ड एवं लकड़ी का गुटका) उसी सरल रेखा के अनुदिश किस वेग से गति करेगा?**

(a) 9 मीटर सेकेंड $^{-1}$ (b) 10 मीटर सेकेंड $^{-1}$
(c) 12 मीटर सेकेंड $^{-1}$ (d) 12.5 मीटर सेकेंड $^{-1}$

**41. द्रव्यमान m = 2 के एक कण की स्थिति की समय निर्भरता इ सके द्वारा दी गई है $\vec{r}(t) = 2t\hat{i} - 3t^2\hat{j}$ । समय t = 2 पर मूल बिन्दु के सापेक्ष इसका कोणीय संवेग है।**

(a) $48(\hat{i}+\hat{j})$ (b) $36\hat{k}$
(c) $-34(\hat{k}-\hat{i})$ (d) $-48\hat{k}$

**42. पृथ्वी वर्ष में एक बार त्रिज्या $1.5\times10^{11}$ m की कक्षा में सूर्य की परिक्रमा करती है। रैखिक वेग की गणना करें।**

(a) $2.985\times10^4$ m s$^{-1}$ (b) $2.980\times10^4$ m s$^{-1}$
(c) $2.975\times10^4$ m s$^{-1}$ (d) $2.970\times10^4$ m s$^{-1}$

**43. द्रव्यमान $m$ का एक क्षुद्रग्रह पृथ्वी के निकट आ रहा है, प्रारंभ में $10R_e$ की दूरी पर $v_i$ की गति के साथ है। यह पृथ्वी को एक गति $v_f$($R_e$ से मारता है और $M_e$ त्रिज्या और पृथ्वी का द्रव्यमान है), तब**

(a) $v_f^2 = v_i^2 + \frac{2Gm}{M_eR}\left(1-\frac{1}{10}\right)$
(b) $v_f^2 = v_i^2 + \frac{2Gm}{R_e}\left(1+\frac{1}{10}\right)$
(c) $v_f^2 = v_i^2 + \frac{GM_e}{R_e}\left(1-\frac{1}{10}\right)$
(d) $v_f^2 = v_i^2 + \frac{2Gm}{R_e}\left(1-\frac{1}{10}\right)$

**44. त्रिज्या $R = \frac{1}{10}\times$ ( पृथ्वी की त्रिज्या ) का एक ग्रह पृथ्वी के समान द्रव्यमान घनत्व है।वैज्ञानिकों ने इस पर $\frac{R}{5}$ गहराई की एक अच्छी तरह से खुदाई की और समान लंबाई का एक तार जिसका रैखिक द्रव्यमान घनत्व $10^{-3}kg\,m^{-1}$ है इसमें डाला । यदि तार कहीं भी स्पर्श नहीं कर रहा है, तो व्यक्ति द्वारा तार को रोकने के लिए तार के शीर्ष पर लगाया गया बल है: (पृथ्वी की त्रिज्या लें $= 6\times10^6\,m$ और पृथ्वी पर गुरुत्वाकर्षण के कारण त्वरण $10\,ms^{-2}$) है**

(a) $96\,N$ (b) $108\,N$
(c) $120\,N$ (d) $150\,N$

**45. एक तार का ब्रेकिंग स्ट्रेस ___ पर निर्भर करता है।**

(a) तार की लंबाई (b) तार की त्रिज्या
(c) तार की सामग्री (d) क्रॉस-सेक्शन का आकार

**46. गैस के लिए $\frac{C_p}{C_v}$ का अनुपात क्या है यदि गैस का दबाव उसके तापमान के घन के समानुपाती है और प्रक्रिया एक एडियाबेटिक प्रक्रिया है?**

(a) $\frac{4}{3}$ (b) $\frac{5}{7}$
(c) $\frac{3}{2}$ (d) $\frac{7}{9}$

**47. जैसा कि चित्र में दिखाया गया है, चक्र $ABCD$ के माध्यम से एक उष्मागतिकी सिस्टम लिया जाता है। चक्र के दौरान गैस द्वारा अस्वीकार की गई ऊष्मा ______ होती है।**

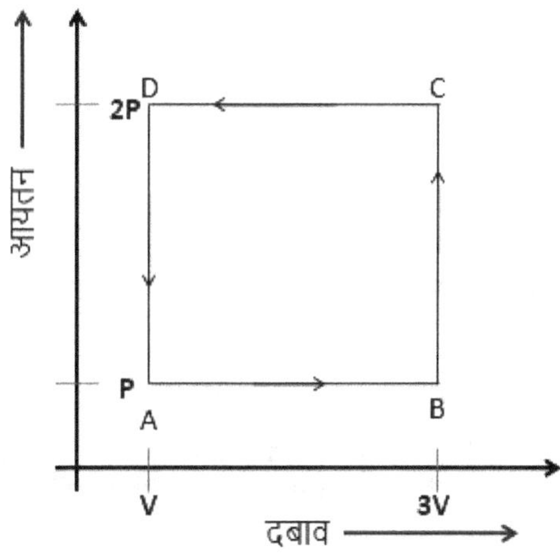


(a) $PV$ (b) $2PV$
(c) $4PV$ (d) $\frac{1}{2}\,PV$

**48. यदि स्थिर दाब पर किसी गैस का आयतन दोगुना हो, तो उसके अणु की औसत स्थानांतरीय गतिज ऊर्जा होगी?**

(a) दोगुनी (b) वही रहेगी
(c) चार गुना (d) उपरोक्त में से कोई नहीं

**49. यदि एक साधारण हार्मोनिक दोलक को किसी भी समय 2m/s $^2$ के बराबर 0.02 m और त्वरण का विस्थापन मिला है, तो दोलक की कोणीय आवृत्ति ________ के बराबर है।**

(a) 10 rad/s (b) 0.1 rad/s
(c) 100 rad/s (d) 1 rad/s

**50. निकाय पर धन आवेश किस प्रकार उत्पन्न किया जा सकता है?**

(a) प्रोटॉन मिलाकर
(b) इलेक्ट्रॉन को निकालकर
(c) इलेक्ट्रॉन मिलाकर
(d) प्रोटॉन मिलाकर या इलेक्ट्रॉन को निकालकर

**51. एक अनंत रेखा आवेश $9\times10^4 N/C$ का क्षेत्र 2 cm की दूरी पर उत्पन्न करता है। रैखिक आवेश घनत्व की गणना करें।**

(a) $12\mu C/m$ (b) $10\mu C/m$
(c) $11\mu C/m$ (d) $9\mu C/m$

**52. $T_1$ और $T_2$ तापमान पर एक चालक के लिए $V-I$ वक्र आलेख में दर्शाया गया है, तो $(T_2+T_1)$ किसके समानुपाती हैं?**

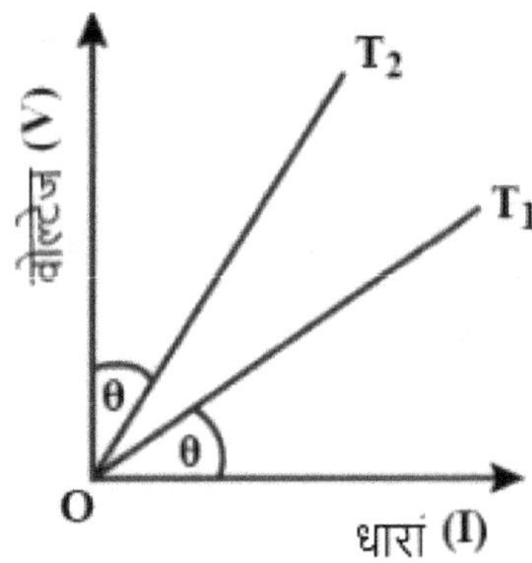


(a) $\cos 2\theta$ (b) $\sin 2\theta$
(c) $\cot 2\theta$ (d) $\tan 2\theta$

**53. 'विद्युत धारा हमेशा एक चुंबकीय क्षेत्र उत्पन्न करती है', उपरोक्त कथन है:**
(a) आंशिक रूप से असत्य (b) असत्य
(c) आंशिक रूप से सत्य (d) सत्य

**54. एक 20 फेरों की कुण्डली से बद्ध चुम्बकीय फ्लक्स 1 सेकण्ड में 0.3 वेबर से घटकर शून्य रह जाता है, तो कुण्डली के सिरों के बीच प्रेरित विद्युत वाहक बल क्या होगा?**
(a) 2.5 वोल्ट (b) 6 वोल्ट
(c) 3 वोल्ट (d) 1.5 वोल्ट

**55. ट्रांसफॉर्मर का कोर लैमिनेटेड होता है क्योंकि:**
(a) कम हो सकता है ट्रांसफार्मर का वजन
(b) कोर की जंग को रोका जा सकता है
(c) प्राथमिक और माध्यमिक में अनुपात बढ़ सकता है
(d) एड़ी धाराओं के कारण ऊर्जा हानि को कम किया जा सकता है

**56. एक भौतिक सतह पर एक समतल विद्युत चुम्बकीय तरंग आपतित होती है। तरंग गति $p$ और ऊर्जा $E$ प्रदान करती है:**
(a) $p = 0, E \neq 0$ (b) $p \neq 0, E = 0$
(c) $p \neq 0, E \neq 0$ (d) $p = 0, E = 0$

**57. एक खगोलीय अपवर्तक दूरदर्शी में बड़ा कोणीय आवर्धन और उच्च कोणीय विभेदन होगा, जब इसका वस्तुनिष्ठ लेंस होगा:**
(a) बड़ी फोकल लंबाई और बड़ा व्यास
(b) बड़ी फोकल लंबाई और छोटा व्यास
(c) छोटी फोकल लंबाई और बड़ा व्यास
(d) छोटी फोकल लंबाई और छोटा व्यास

**58. एक प्रिज्म के पदार्थ का अपवर्तनांक $\sqrt{2}$ है और प्रिज्म का कोण $30^\circ$ है। प्रिज्म की दो अपवर्तक सतहों में से एक को चांदी की परत चढ़ाकर अंदर की ओर दर्पण बनाया जाता है। दूसरे फलक से प्रिज्म में प्रवेश करने वाली मोनोक्रोमैटिक प्रकाश की किरण अपने पथ को वापस ले लेगी (सिल्वर की सतह से परावर्तन के बाद) यदि प्रिज्म पर इसका आपतन कोण है:**
(a) $30^\circ$ (b) $45^\circ$
(c) $60^\circ$ (d) $0^\circ$

**59. यदि स्रोत स्लिट की चौड़ाई बढ़ा दी जाती है, तो यंग के दोहरे भट्टा प्रयोग में हस्तक्षेप करने वाले फ्रिंज पर क्या प्रभाव पड़ता है?**
(a) फ्रिंज की चौड़ाई बढ़ जाती है।
(b) फ्रिंज की चौड़ाई कम हो जाती है।
(c) फ्रिंज अधिक विशिष्ट हो जाते हैं।
(d) फ्रिंज कम विशिष्ट हो जाते हैं।

**60. वायु में ध्वनि का संचरण प्रक्रम है:**
(a) समतापीय प्रक्रम (b) समदाबीय प्रक्रम
(c) रुद्धोष्म प्रक्रम (d) इनमें से कोई नहीं

**61. एक धातु पर पड़ने वाले विकीरण की तरंगदैर्ध्य जब 500 nm से बदलकर 200 nm की जाती है, तो इससे उत्सर्जित होने वाले फोटोइलैक्ट्रॅन्स की अधिकतम गतिज ऊर्जा तीन गुना हो जाती है। ऐसी स्थिति में धातु की कार्यफलन निम्न में से किसके निकटतम है?**
(a) 0.62eV (b) 0.52eV
(c) 0.81eV (d) 1.02eV

**62. डी-ब्रोग्ली तरंग दैर्ध्य 2Å वाले इलेक्ट्रॉन की गतिज ऊर्जा क्या होगी?**
(a) 37.5 eV (b) 75 eV
(c) 150 eV (d) 300 eV

**63. एक इलेक्ट्रॉन का वेग क्या होना चाहिए ताकि इसका संवेग 5200 Å तरंगदैर्ध्य के फोटॉन के संवेग के बराबर हो जाए?**
(a) $700 \text{ m s}^{-1}$ (b) $1000 \text{ m s}^{-1}$
(c) $1400 \text{ m s}^{-1}$ (d) $2800 \text{ m s}^{-1}$

**64. वे कण जो किसी परमाणु के नाभिक में उसके रासायनिक गुणों को बदले बिना जोड़े जा सकते हैं, ______ कहलाते हैं।**
(a) न्यूट्रॉन (b) इलेक्ट्रॉनों
(c) प्रोटॉन (d) अल्फा कण

**65. अर्धचालक डायोड का ताप बढ़ाने पर उसका प्रतिरोध______।**
(a) बढ़ेगा (b) घटेगा
(c) समान रहेगा (d) इनमें से कोई नही

**66. निम्नलिखित में से कौन नैज अर्धचालक में चालकता के लिए जिम्मेदार है?**
(a) अपमिश्रण (b) होल
(c) मुक्त इलेक्ट्रॉन (d) सहसंयोजक आबंधों का टूटना

**67. एक कार्बोनेट ($M_2CO_3$) के 1 ग्राम को $HCl$ के आधिक्य में अभिक्रित किया जाता है और उससे 0.01186 मोल $CO_2$ पैदा होती है। $M_2CO_3$ का मोलर द्रव्यमान $gmol^{-1}$ में है:**
(a) 118.6 (b) 11.86
(c) 1186 (d) 84.3

**68. निम्नलिखित में से कौन सी ऊर्जा अवस्था $4p$ कक्षक के पूरा होने के बाद एक इलेक्ट्रॉन से भरा जाता है?**
(a) 5s (b) 3d
(c) 4d (d) 4f

**69. हाइजेनबर्ग अनिश्चितता सिद्धांत कहता है कि:**
(a) गतिमान पिंड कण और तरंग चरित्र दोनों प्रदर्शित करते हैं
(b) किसी कण की न तो स्थिति और न ही संवेग निश्चित रूप से निर्धारित किया जा सकता है
(c) सूक्ष्म कण की स्थिति और संवेग का एक साथ निर्धारण संभव नहीं है।
(d) गतिमान आवेशित कण अपने व्यवहार में विद्युत-चुंबकीय तरंगों के समान होते हैं।

**70. वर्ग 13 के तत्वों में परमाणु त्रिज्याओं का सही क्रम है:**
(a) $B < Ga < Al < Tl < In$ (b) $B < Al < Ga < In < Tl$
(c) $B < Al < In < Ga < Tl$ (d) $B < Ga < Al < In < Tl$

**71. निम्नलिखित में से कौन सा तत्व अधिक विद्युत धनात्मक है?**
(a) Br (b) F
(c) Cl (d) I

**72. निम्नलिखित में से किसमें 'एकाकी युग्म-एकाकी युग्म' इलेक्ट्रॉन प्रतिकर्षण अधिकतम होगा?**

(a) $SF_4$ (b) $XeF_2$
(c) $ClF_3$ (d) $IF_5$

**73. पानी के एक अणु में, हाइड्रोजन और ऑक्सीजन के द्रव्यमानों का अनुपात कितना होता है?**

(a) 1 : 8 (b) 1 : 4
(c) 1 : 2 (d) 1 : 16

**74. रुद्धोष्म परिस्थितियों में होने वाली प्रक्रिया के लिए, सही स्थिति ____ है।**

(a) $\Delta T = 0$ (b) $\Delta p = 0$
(c) $q = 0$ (d) $w = 0$

**75. एक आदर्श मोनो-परमाणु गैस के लिए किस प्रकार की आणविक गति आंतरिक ऊर्जा में योगदान करती है?**

(a) ट्रांसलेशनल (b) घूर्णी
(c) कंपन (d) उपरोक्त सभी

**76. Calculate the pressure required for 50% dissociation of $PCl_5$ into $PCl_3$ and $Cl_2$ if $K_P$ at that temperature is 1.8 atm.**

(a) 5.4 atmosphere (b) 3.8 atmosphere
(c) 4.5 atmosphere (d) 5 atmosphere

**77. At 700 K , the equilibrium constant $K_p$ , for the reaction $2SO_3(g) \rightleftharpoons 2SO_2(g) + O_2$ is $1.8 \times 10^{-3}$kPa.**
**What is the numerical value in moles per liter of $K_c$ for the reaction at the same temperature?**

(a) $3.09 \times 10^{-7}$ (b) $4.09 \times 10^{-7}$
(c) $5.25 \times 10^{-7}$ (d) $6.25 \times 10^{-7}$

**78. निम्न में से कौन सी अभिक्रिया अपचयोपचय ( रेडॉक्स) अभिक्रिया का उदाहरण है?**

(a) $XeF_6 + H_2O \rightarrow XeOF_4 + 2HF$
(b) $XeF_6 + 2H_2O \rightarrow XeO_2F_2 + 4HF$
(c) $XeF_4 + O_2F_2 \rightarrow XeF_6 + O_2$
(d) $XeF_2 + PF_5 \rightarrow [XeF]^+PF_6-$

**79. Given, $E^0_{Cr^{3+}/Cr} = -0.74V; E^0_{MnO_4^-/Mn^{2+}} = 1.51V$**
$E^0_{Cr_2O_7^{2-}/Cr^{3+}} = 1.33V; E^0_{Cl/Cl^-} = 1.36V$
**Based on the data given above, the strongest oxidising agent will be :**

(a) $Cr^{3+}$ (b) $Mn^{2+}$
(c) $MnO_4^-$ (d) $Cl^-$

**80. यदि इक्षु शर्करा (आण्विक भार $= 342$ ) का 6.84% विलयन थायोकार्बोनेट के 1.52% विलयन के साथ समपरासारी है, तब थायोकार्बोनेट का आण्विक भार है:**

(a) 152 (b) 60
(c) 76 (d) 180

**81. निम्नलिखित में से कौन सा बाइनरी मिश्रण राउल्ट के नियम से नकारात्मक विचलन दिखाएगा?**

(a) एसीटोन + इथेनॉल (b) एसीटोन + $CS_2$
(c) एसीटोन + बेंजीन (d) एसीटोन + क्लोरोफॉर्म

**82. एक उपकरण जो हाइड्रोजन और मीथेन जैसे ईंधन के दहन की ऊर्जा को सीधे विद्युत ऊर्जा में परिवर्तित करता है, उसे कहा जाता है:**

(a) इलेक्ट्रोलाइटिक सेल (b) डाइनेमो
(c) Ni-Cd सेल (d) फ्यूल सेल

**83. लेड-एसिड बैटरी में ऋणात्मक इलेक्ट्रोड है:**

(a) लोहा (b) लेड
(c) चांदी (d) कार्बन

**84. एक प्रतिक्रिया के लिए सक्रियण की ऊर्जा है 100 किलो जूल मोल $^{-1}$ । एक उत्प्रेरक की उपस्थिति सक्रियण की ऊर्जा को कम करती है 75% । प्रतिक्रिया की दर पर क्या प्रभाव पड़ेगा 20°C पर , अन्य बातों के समान होने पर?**

(a) 10 किलो जूल मोल $^{-1}$ से बढ़ जाता है।
(b) 10 किलो जूल मोल $^{-1}$ से घट जाती है।
(c) अप्रभावित रहता है।
(d) आकलन नहीं किया जा सकता है ।

**85. पहले क्रम के अभिक्रिया की दर $0.5M$ सान्द्रता पर $1.5 \times 10^{-2}\, mol\, L^{-1}\, min^{-1}$ है। अभिक्रिया की अर्द्ध आयु है:**

(a) $0.383 min$ (b) $23.1\, min$
(c) $8.73\, min$ (d) $7.53\, min$

**86. निम्नलिखित में से किस आयन में रंग $d-d$ संक्रमण के कारण नहीं होता है?**

(a) $[Ti(H_2O)_6]^{3+}$ (b) $[Cu(NH_3)_4]^{2+}$
(c) $[CoF_6]^{3-}$ (d) $CrO_4^{2-}$

**87. निम्नलिखित में से तत्वों के किस ब्लॉक को "संक्रमण तत्व" कहा जाता है?**

(a) $d$ -ब्लॉक तत्व (b) $f$ -ब्लॉक तत्व
(c) $p$ -ब्लॉक तत्व (d) $s$ -ब्लॉक तत्व

**88. निम्नलिखित में से कौन लिगेंड नहीं हो सकता है?**

(a) $Ni^{2+}$ (b) $Cl^-$
(c) $H_2O$ (d) $NH_3$

**89. जटिल $[CoCl_2(en)_2]$ द्वारा दिखाया गया समरूपता का प्रकार है:**

(a) आयनीकरण समावयवता (b) ज्यामितीय समरूपता
(c) लिंकेज समरूपता (d) समन्वय समरूपता

**90. निम्नलिखित में से कौन सा कथन हैलोजन के लिए सत्य नहीं है?**

(a) फ्लोरीन को छोड़कर सभी सकारात्मक ऑक्सीकरण अवस्थाएँ दिखाते हैं।
(b) सभी ऑक्सीकरण एजेंट हैं।
(c) सभी मोनोबैसिक ऑक्सीकाइड्स बनाते हैं।
(d) क्लोरीन में सबसे अधिक इलेक्ट्रॉन-लाभ एन्थैल्पी होती है।

**91. निम्नलिखित में से कौन सा कार्बोकेशन सबसे स्थिर होने की उम्मीद है?**

(a) (b)

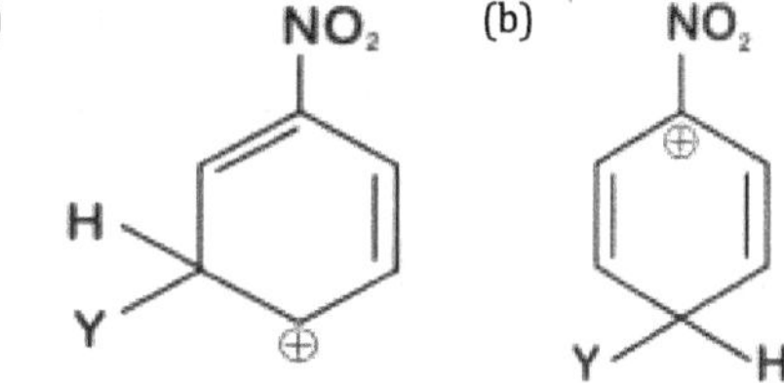


(c) (d)

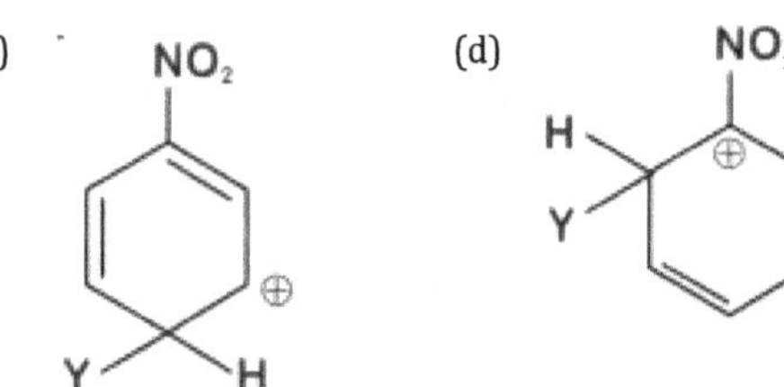


**92. पोटेशियम प्रोपेनोएट के जलीय घोल के इलेक्ट्रोलिसिस पर निम्नलिखित**

में से कौन नहीं बनेगा?

(a) ब्यूटेन (b) एथिल एथेनोएट
(c) एथिल प्रोपेनोएट (d) एथीन

**93. प्रतिक्रिया का उत्पाद क्या है?**

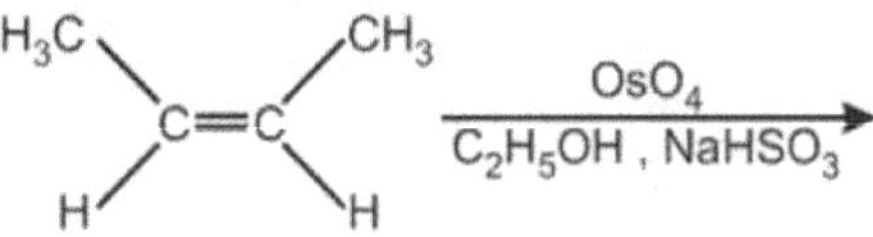


(a) $CH_3CHO$
(b) रेसमिक $(2R, 3R)$ and $(2S, 3S) - 2, 3$ -ब्यूटेनडियोल
(c) मेसो-2,3-ब्यूटेनडियोल
(d) सिस-2,3-एपॉक्सीब्यूटेन

**94. गैसीय ब्रोमीन के साथ सबसे आसानी से प्रतिक्रिया करने वाले यौगिक का सूत्र है:**

(a) $C_3H_6$ (b) $C_2H_2$
(c) $C_4H_{10}$ (d) $C_2H_4$

**95. निम्नलिखित में से कौनसा स्यूडोहैलाइड है?**

(a) $I_3^-$ (b) $IB_7$
(c) $CN^-$ (d) ICl

**96. निम्नलिखित में से कौन सा यौगिक एसिड हाइड्रोलाइसिस के बाद ग्रिग्नार्ड अभिकर्मक के साथ प्रतिक्रिया करने पर द्वितीयक अल्कोहल देगा?**
**(I) HCHO**
**(II) $C_2H_5CHO$**
**(III) $CH_3COCH_3$**
**(IV) $HCOOC_2H_5$**
**नीचे दिए गए कोड का उपयोग करके सही उत्तर चुनें।**

(a) (II) केवल (b) (III) केवल
(c) (I) और (IV) (d) केवल ( II) और ( IV)

**97. निम्नलिखित में कौन सा से कथन गलत है?**
**P. मेथनॉल को काष्ठ स्पिरिट भी कहा जाता है।**
**Q. ऑर्थो-नाइट्रोफेनोल फिनोल की तुलना में अधिक अम्लीय है।**
**R. रेसोरेसिनॉल का उपयोग एंटासिड के रूप में किया जाता है।**

(a) केवल P (b) केवल Q
(c) केवल R (d) P और Q दोनों

**98. निम्नलिखित में से कौन से एमीन को डायज़ोटाइज़ेशन से गुजरना होगा?**

(a) प्राइमरी एलोपैथिक एमीन (b) प्राइमरी एरोमेटिक एमीन
(c) दोनो (A) और (B) (d) इनमें से कोई नहीं

**99. किस अभिक्रिया में एसिटामाइड को मेथेनामाइन में परिवर्तित किया जाता है?**

(a) गेब्रियल फथालिमाइड संश्लेषण
(b) कार्बाइलामाइन अभिक्रिया
(c) स्टीफन की अभिक्रिया
(d) हॉफमैन ब्रोमामाइड अभिक्रिया

**100. $C_3H_9N$ के लिए कितने संरचनात्मक समावयवी संभव हैं?**

(a) 4 (b) 2
(c) 5 (d) 3

## Art of Teaching and Other skills

**101. थार्नडाइक के प्रयास और सीखने के सिद्धांत को ______ के रूप में जाना जाता है।**

(a) संज्ञानात्मक (b) समाजवाद
(c) संबंधवाद (d) उपरोक्त सभी

**102. निम्न में से कौन सा शैक्षिक उद्देश्य ब्लूम की वर्गीकरण का हिस्सा है?**

(a) ज्ञान आधारित लक्ष्य (b) कौशल आधारित लक्ष्य
(c) प्रभावी लक्ष्य (d) उपरोक्त सभी

**103. निम्न में से कौन सा संवेग का घटक नहीं है?**

(a) आत्मनिष्ठ अनुभव (b) उद्देश्यपूर्ण अनुभव
(c) संज्ञानात्मक मूल्यांकन (d) विचार और क्रिया

**104. प्रश्न, "आप यह कैसे सिद्ध करेंगे कि पृथ्वी गोल है या नहीं?" किस उद्देश्य पर आधारित है?**

(a) बोध पर (b) मूल्यांकन पर
(c) अनुप्रयोग पर (d) संश्लेषण पर

**105. संज्ञानात्मक सम्प्राप्ति का न्यूनतम स्तर है:**

(a) ज्ञान (b) बोध
(c) अनुप्रयोग (d) विश्लेषण

**106. युवा शिक्षार्थियों को 'समय' की अवधारणा को प्रस्तुत करने में निम्नलिखित में से कौन सी प्रारंभिक गतिविधि के रूप में लिया जाना चाहिए?**

(a) समय से संबंधित वाक्यांशों के साथ पूर्व अनुभवों के बारे में चर्चा करना
(b) बच्चों को घड़ी में समय पढ़ने का तरीका सिखाना
(c) बच्चों को समय के साथ गणना करने के तरीके सिखाना
(d) विभिन्न इकाइयों में समय का रूपांतरण

**107. उच्च प्राथमिक स्तर पर गणित पढ़ाने के लिए निम्नलिखित में से कौन-सी विधि सर्वाधिक उपयुक्त है?**

(a) प्रदर्शन विधि (b) व्याख्यान विधि
(c) गतिविधि-आधारित शिक्षा (d) समस्या-समाधान विधि

**108. 'आकार' पढ़ाते समय, एक शिक्षक ऐतिहासिक स्थानों की यात्रा की योजना बना सकता है, क्योंकि:**
**A. अवकाश समय प्रदान करने की आवश्यकता है क्योंकि अधिकांश पाठ्यक्रम समय पर पूरा हो चुका है**
**B. यह संचार कौशल में सुधार करने का अवसर होगा**
**C. आकार हर वास्तुकला का एक अभिन्न हिस्सा है और इस तरह की यात्राएँ विषयों में संबंध को प्रोत्साहित करती हैं**
**D. शिक्षा बोर्ड द्वारा फील्ड ट्रिप की सिफारिश की जाती है, इसलिए इसका आयोजन अवश्य किया जाना चाहिए**
**नीचे दिए गए कूट का प्रयोग कर सही उत्तर चुनिए।**

(a) A और B (b) C
(c) B और C (d) A, C और D

**109. One of the language disorders is found when:**

(a) Learner is missing the class
(b) Learner is speaking in class
(c) Learner speaks in short and fragmented phrases
(d) Learner speaks the full sentences

**110. Language disorder means when a child has:**

(a) Difficulty in understanding the meaning
(b) Difficulty in expressing his/her thought
(c) Trouble producing some sounds accurately
(d) Either or both (A) & (B)

**111. Articulation error occurs due to:**

(a) Formed speech habit
(b) Slurring over and clipping sounds
(c) Learner's intelligence

(d) Learner give importance to stress & intonation

**112. निम्नलिखित में से कौन सा मूल्यांकन का एक विशिष्ट उद्देश्य नहीं है?**
(a) छात्रों की कमजोरियों के निदान में मदद करना
(b) तथ्यात्मक ज्ञान को मापने में मदद करना
(c) निर्देश को प्रोत्साहित करना
(d) शिक्षक की योग्यता से अवगत कराना

**113. __________________ मूल्यांकन किया जाना चाहिए:**
(a) उपचारात्मक शिक्षण द्वारा शिक्षा की खाई को भरने के लिए
(b) छात्रों के बीच की तुलना को अधिकतम करने के लिए
(c) बच्चों को सुस्त, औसत और प्रतिभावान के रूप में अंकित करने के लिए
(d) प्रतिभाशाली बच्चे को उच्च वर्ग में बढ़ावा देने के लिए

**114. मूल्यांकन का उद्देश्य है:**
(a) शिक्षक की आवश्यकता को प्रकट करना
(b) सुधार की एक विधि के रूप में प्रदान करना
(c) छात्रों के बीच प्रतिस्पर्धा विकसित करना
(d) छात्रों की एक विशेष गतिविधि का परीक्षण करना

**115. नूरी इस तर्क 'हमारे समाज के प्रति कुछ दायित्व हैं और उस दायित्व के लिए हमें नियमों का पालन करना चाहिए' के आधार पर अपनी क्रियाओं का निर्णय लेती है। लॉरिन्स कोहलवर्ग के अनुसार, नूरी इस समय नैतिक तार्किकता की किस अवस्था में है ?**
(a) पूर्व-अभिसामयिक (b) अभिसामयिक
(c) अभिसामयिक-पशचात् (d) औपचारिक-अभिसामयिक

**116. छात्र-केंद्रित कक्ष __________ के लिए होता है।**
(a) व्यक्तिगत अंतर को संबोधित करना
(b) शिक्षक-उन्मुख व्याख्यान को कम करना
(c) पिछले ज्ञान को याद करने हेतु
(d) पूरी कक्षा को व्यस्त करना

**117. सतत और व्यापक मूल्यांकन क्यों आवश्यक है?**
(a) यह जानने के लिए कि शिक्षार्थी ने कितना नहीं सीखा है।
(b) शिक्षार्थियों की प्रगति को निरंतर नहीं बनाए रखता है।
(c) सतत मूल्यांकन से शिक्षार्थियों में परीक्षा का अनावश्यक भय नहीं दिखता है।
(d) परीक्षा प्रणाली को महत्व देता है।

**118. पर्यावरण अध्ययन की निम्नलिखित में से कौन सी पाठ्य पुस्तक विद्यार्थियों के लिए उपयोगी होगी?**
(a) पुस्तक में इकाई के अंत में दी गई गतिविधियाँ
(b) पुस्तक में अध्याय के अंत में दी गई गतिविधियाँ
(c) पुस्तक में विषय के साथ दी गई गतिविधियाँ
(d) पुस्तक में विभिन्न स्थानों पर दी गई गतिविधियाँ

**119. निम्नलिखित में से कौन दृश्य-श्रव्य सहायक उपकरण का एक उदाहरण है?**
(a) फिल्म स्ट्रिप्स (चलचित्र पट्टिका)
(b) स्लाइड
(c) रेडियो
(d) नाटकीय रूपांतर

**120. निर्देश: "बेहतर शिक्षा का लाभ उठाकर किसी आदमी का अपने को स्त्री से अधिक बुद्धिमान मानना इसी प्रकार है जैसे कि एक हाथ बंधे हुये व्यक्ति को पीटकर किसी आदमी द्वारा अपने साहस की शेखी बघारना।"**
**उपरोक्त गद्यांश इसका उदाहरण है-**
(a) वियोजक तर्क (b) काल्पनिक तर्क
(c) अलंकारिक तर्क (d) तथ्यात्मक तर्क

**121. "खुशी तब होती है जब आप क्या सोचते हैं, आप क्या कहते हैं, और आप जो करते हैं वह सामंजस्य होता है।" किसके के द्वारा कहा गया है।**
(a) महात्मा गांधी (b) रविन्द्रनाथ टैगोर
(c) स्वामी विवेकानंद (d) श्री अरबिंदो

**122. शिक्षण के दौरान जब एक शिक्षक प्रक्रिया प्रश्न का उपयोग करता है तो निम्न में से किस प्रकार का प्रभुत्व होगा?**
**A. प्रत्यक्ष प्रश्न**
**B. उच्च-क्रम के प्रश्न**
**C. अभिसरण प्रश्न**
**D. अप्रत्यक्ष प्रश्न**
**E. सम्प्रत्यय आधारित प्रश्न**
**नीचे दिए गए विकल्प में से सही उत्तर चुनिए:**
(a) केवल A, B और C (b) केवल B, C और D
(c) केवल C, D और E (d) केवल B, D और E

**123. निम्नलिखित में से कौन से कारक शिक्षण की प्रक्रिया को प्रभावित करते हैं?**
**(i) एक शिक्षक का अनुभव**
**(ii) शिक्षण की विषय-वस्तु**
**(iii) कक्षा का माहौल**
**(iv) मानव संबंध कौशल**
(a) केवल (i), (ii) और (iii) (b) केवल (ii) और (iv)
(c) केवल (i), (iii) और (iv) (d) उपरोक्त सभी

**124. विकास की किस अवस्था में एक व्यक्ति व्यावसायिक समायोजन की समस्या का सामना करता है?**
(a) वृद्धावस्था (b) किशोरावस्था
(c) बाल्यावस्था (d) शिशु अवस्था

**125. निम्नलिखित तालिका में, सेट- 1 में भारत में एक उच्च स्तर की संस्था का उल्लेख किया गया है जबकि सेट- 2 में उनका स्थापना वर्ष दिया गया है। दोनों सेटों का मिलान करें और अपना उत्तर दें।**

| सेट-1 | सेट -2 |
|---|---|
| (a) विश्वविद्यालय अनुदान आयोग (यूजीसी) | (i) 1995 |
| (b) अखिल भारतीय तकनीकी शिक्षा परिषद (AICTE) | (ii) 1956 |
| (c) राष्ट्रीय अध्यापक शिक्षा परिषद (NCTE) | (iii) 1994 |
| (d) राष्ट्रीय मूल्यांकन और प्रत्यायन परिषद (NAAC) | (iv) 1945 |

(a) (a)-(i), (b)-(iv), (c)-(iii), (d)-(ii)
(b) (a)-(ii), (b)-(iv), (c)-(i), (d)-(iii)
(c) (a)-(ii), (b)-(i), (c)-(iii), (d)-(iv)
(d) (a)-(i), (b)-(iv), (c)-(ii), (d)-(iii)

**126. निम्नलिखित में से कक्षा में शिक्षण की गुणवत्ता को सर्वोत्तम दर्शाता है?**
(a) कक्षा में कई शिक्षण सहायता प्रयोग के माध्यम से
(b) कक्षा में पूर्ण अनुपस्थिति के माध्यम से
(c) कक्षा में छात्रों द्वारा पूछे गए सवालों की गुणवत्ता के माध्यम से
(d) कक्षा में छात्रों द्वारा शांतिपूर्वक निरीक्षण से

**127. शिक्षण सहायक सामग्री के बारे में निम्नलिखित में से कौन-से कथन सही हैं?**
**1) वे लंबी अवधि के लिए अवधारणाओं को बनाए रखने में मदद करते हैं।**
**2) वे विद्यार्थी को अच्छी तरह से सीखने में मदद करते हैं।**
**3) वे शिक्षण और अधिगम प्रक्रिया को रोचक बनती हैं।**

**4) वे रटने की विद्या को बढ़ाते हैं।**
**नीचे दिए कूटों से सही उत्तर का चयन करें:**
(a) 1, 2, 3 और 4 (b) 1, 2 और 3
(c) 2, 3 और 4 (d) 1, 2 और 4

**128. कक्षा सम्प्रेषण के संदर्भ में मनोवृत्तियों, कार्यों एवं प्रकटन को किस रूप में समझा जाता है?**
(a) शाब्दिक (b) अशाब्दिक
(c) अवैयक्तिक (d) असंगत

**129. सकारात्मक कक्षा सम्प्रेषण का परिणाम निम्नांकित में से क्या होता है?**
(a) दबाव/अवपीडन (b) समर्पण
(c) टकराव (d) अनुनय

**130. शिक्षाविदों और उनके विशेष शैक्षिक योगदान - सही का चुनाव कीजिए:**

| A. लुई ब्रेल | (1) अक्षम शिक्षार्थी |
|---|---|
| B. हेलेन केलर | (2) बधिर शिक्षार्थी |
| C. थॉमस एडिसन | (3) मूक और बधिर शिक्षार्थी |
| D. लाल अडवानी | (4) नेत्रहीन शिक्षार्थी |

(a) A - (2), B - (4), C - (1), D - (3)
(b) A - (3), B - (2), C - (4), D - (1)
(c) A - (4), B - (3), C - (2), D - (1)
(d) A - (2), B - (1), C - (3), D - (4)

**131. निम्नलिखित में से किसने "पॉलिटिक्स इन इण्डिया" पुस्तक लिखी है?**
(a) रजनी कोठारी (b) एम.एन. श्रीनिवास
(c) आशीष नन्दी (d) डी.एल.सेठ

**132. निम्नलिखित में से किस नदी का समागम अरब सागर में है?**
(a) नर्मदा (b) गोदावरी
(c) कृष्णा (d) कावेरी

**133. भारत में जनसंख्या वृद्धि के इतिहास में कौन-सा वर्ष 'महाविभाजन का वर्ष' कहलाता है?**
(a) सन् 1951 (b) सन् 2001
(c) सन् 1991 (d) सन् 1921

**134. हाल ही में लॉन्च किए गए चैटबॉट चैटGPT में GPT का पूर्ण रूप क्या है?**
(a) जनरेटिव पोस्ट-ट्रेंड ट्रांसफार्मर (b) जनरेटिव प्री-ट्रेंड ट्रांसपोंडर
(c) जनरेटिव प्री-ट्रेंड ट्रांसफार्मर (d) जनरल प्री-ट्रेंड ट्रांसफार्मर

**135. 1857 के विद्रोह का बिहार में 15 जुलाई, 1857 से 20 जनवरी, 1858 तक केन्द्र था:**
(a) रामपुर (b) हमीरपुर
(c) धीरपुर (d) जगदीशपुर

**136. दाचीगाम राष्ट्रीय उद्यान निम्नलिखित में से किससे संबंधित है?**
(a) कस्तूरी हिरन (b) गोल्डन ओरिओल
(c) पीले गले वाला मार्टन (d) हंगुल या कश्मीर स्टैग

**137. वैश्विक जलवायु परिवर्तन का मुख्य कारण ____ है।**
(a) वातावरण में कार्बन डाइऑक्साइड की मात्रा में वृद्धि
(b) औद्योगिक गैसों का उत्सर्जन
(c) धूल
(d) पौधे के आवरण में परिवर्तन

**138. निम्नलिखित में से कौन सा ईंधन न्यूनतम पर्यावरण प्रदूषण का कारण बनता है?**
(a) डीजल (b) पेट्रोल
(c) हाइड्रोजन (d) कोयला

**139. निम्नलिखित में से कौन सा विकल्प जड़ों का समूह है?**
(a) चुकंदर, आलू, अदरक (b) गाजर, हल्दी, अदरक
(c) शकरकंद, मूली, हल्दी (d) गाजर, चुकंदर, मूली

**140. निम्नलिखित में से क्या पर्यावरण अध्ययन के लिए सही है?**
(a) पर्यावरण अध्ययन कक्षा I से V तक पढ़ाया जाने वाला एक विषय है।
(b) कक्षा I और II के लिए, पर्यावरण अध्ययन को भाषा और गणित के माध्यम से पढ़ाया जाता है।
(c) कक्षा II, III और IV के लिए, ईवीएस के मुद्दों और चिंताओं को भाषा और गणित के माध्यम से सिखाया जाता है।
(d) कक्षा I और II के लिए, विज्ञान और सामाजिक विज्ञान के माध्यम से पर्यावरण अध्ययन की चिंताओं और मुद्दों को सिखाया जाता है।

**141. 80 छात्रों की एक कक्षा में 60% लड़कियां हैं और शेष लड़के हैं। लड़कों का औसत वजन लड़कियों की तुलना में 5% अधिक है। यदि सभी छात्रों का औसत वजन 51 किग्रा है, तो लड़कियों का औसत वजन (किग्रा में) क्या है?**
(a) 52.5 (b) 55
(c) 47.5 (d) 50

**142. रु. 31250 पर 2 वर्ष 9 महीना का कितना चक्रवृद्धि ब्याज होगा, यदि ब्याज की दर 8 % वार्षिक है?**
(a) रु. 5200 (b) रु. 7387
(c) रु. 7668 (d) रु 8116

**143.** $3.\overline{87} - 2.\overline{59} = ?$
(a) 1.20 (b) $1.\overline{2}$
(c) $1.\overline{27}$ (d) $1.\overline{28}$

**144. 36, 54 और 72 का महत्तम समापवर्तक ज्ञात कीजिए।**
(a) 18 (b) 3
(c) 6 (d) 12

**145. एक ठोस बेलन के प्रत्येक सिरे से एक अर्धगोला निकालकर एक लकड़ी की वस्तु बनाई गई, जैसा कि आंकड़ों में दिखाया गया है। यदि बेलन की ऊँचाई $10cm$ है और इसकी आधार त्रिज्या $3.5cm$ , है, तो वस्तु का कुल पृष्ठीय क्षेत्रफल ज्ञात कीजिए।**

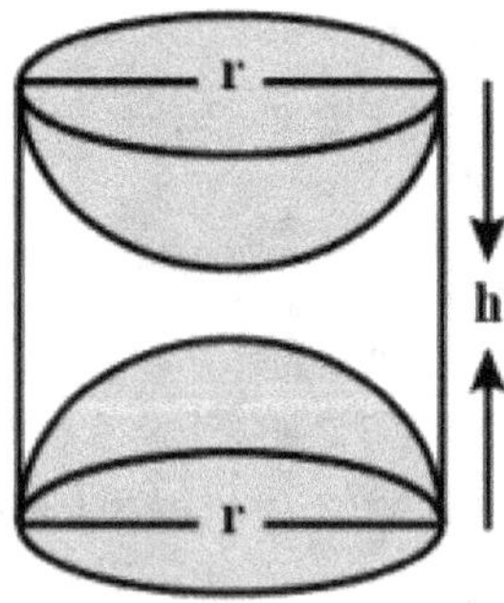


(a) $375cm^2$ (b) $374cm^2$
(c) $376cm^2$ (d) $377cm^2$

**146. निम्नलिखित प्रश्न में प्रश्न-चिह्न के स्थान का विकल्प बताइये:**
**Keac : caeK : : Xgmf : ?**
(a) Gmfc (b) fmgX
(c) EgmX (d) EmgF

**147. निर्देश: निम्नलिखित प्रश्न में दिए गए विकल्पों में से विषम का चयन करें।**
(a) पर्यावास (b) अस्तबल

(c) मांद (d) खलिहान

**148. यदि किसी $AP$ के तीसरे और नौवें पद क्रमशः 4 और −8 हैं, तो इस $AP$ का कौन-सा पद शून्य है?**

(a) 10 (b) 8
(c) 6 (d) 5

**149. एक निश्चित कूट भाषा में, यदि FEVERISH को 29 के रूप में और COUNSEL को 98 के रूप में कूटबद्ध किया जाता है, तो उसी कूट भाषा में MUTATED को किस रूप में कूटबद्ध किया जाएगा?**

(a) 80 (b) 92
(c) 48 (d) 84

**150. A, C का पुत्र है जबकि C और Q एक दूसरे की बहन हैं। Z, Q की मां है। यदि P, Z का पुत्र है, तो निम्नलिखित में से कौन सा कथन सही है?**

(a) Q, A का दादा है। (b) P, A का मामा है।
(c) P, A का चचेरा भाई है। (d) Z, C का भाई है।

## // स्मार्ट उत्तर पुस्तिका //

सही उत्तर — उन छात्रों का प्रतिशत जिन्होंने प्रश्न का सही उत्तर दिया।

छोड़ दिया — उन छात्रों का प्रतिशत जिन्होंने प्रश्न को छोड़ दिया।

| प्रश्न संख्या | उत्तर | सही उत्तर | छोड़ दिया | प्रश्न संख्या | उत्तर | सही उत्तर | छोड़ दिया | प्रश्न संख्या | उत्तर | सही उत्तर | छोड़ दिया |
|---|---|---|---|---|---|---|---|---|---|---|---|
| 1 | B | 87.35% | 0.0% | 2 | C | 56.63% | 1.93% | 3 | C | 48.24% | 1.47% |
| 4 | D | 68.77% | 1.85% | 5 | D | 63.46% | 1.03% | 6 | A | 59.68% | 1.36% |
| 7 | A | 45.89% | 1.71% | 8 | A | 87.68% | 0.0% | 9 | C | 51.07% | 1.25% |
| 10 | C | 69.26% | 1.59% | 11 | C | 47.31% | 1.46% | 12 | A | 10.81% | 4.75% |
| 13 | B | 40.57% | 1.0% | 14 | D | 63.56% | 1.96% | 15 | A | 44.85% | 1.22% |
| 16 | C | 66.16% | 1.64% | 17 | B | 78.13% | 0.0% | 18 | C | 58.87% | 1.92% |
| 19 | B | 56.78% | 1.34% | 20 | B | 41.56% | 2.0% | 21 | B | 59.36% | 1.78% |
| 22 | C | 67.78% | 1.28% | 23 | A | 51.99% | 1.89% | 24 | B | 42.01% | 1.81% |
| 25 | C | 60.13% | 1.19% | 26 | A | 60.55% | 1.53% | 27 | D | 49.74% | 1.41% |
| 28 | D | 55.54% | 1.55% | 29 | B | 51.31% | 1.83% | 30 | B | 64.16% | 1.81% |
| 31 | A | 27.32% | 4.67% | 32 | D | 52.55% | 1.24% | 33 | A | 47.59% | 1.01% |
| 34 | B | 53.87% | 1.15% | 35 | C | 10.61% | 3.75% | 36 | A | 53.39% | 1.9% |
| 37 | C | 23.1% | 3.92% | 38 | A | 28.28% | 4.94% | 39 | A | 20.86% | 3.77% |
| 40 | C | 46.83% | 1.8% | 41 | D | 59.99% | 1.3% | 42 | A | 56.61% | 1.44% |
| 43 | D | 15.66% | 3.07% | 44 | B | 20.56% | 4.2% | 45 | C | 44.31% | 1.13% |
| 46 | C | 44.8% | 1.56% | 47 | B | 20.29% | 4.46% | 48 | A | 52.03% | 1.55% |
| 49 | A | 21.95% | 3.11% | 50 | B | 60.09% | 1.55% | 51 | B | 65.32% | 1.61% |
| 52 | C | 25.85% | 3.64% | 53 | D | 45.74% | 1.41% | 54 | B | 66.71% | 1.38% |
| 55 | D | 60.99% | 1.4% | 56 | C | 50.48% | 1.46% | 57 | A | 55.43% | 1.44% |
| 58 | B | 60.52% | 1.31% | 59 | D | 56.36% | 1.66% | 60 | C | 51.53% | 1.12% |
| 61 | A | 49.8% | 1.88% | 62 | A | 67.82% | 1.88% | 63 | C | 44.58% | 1.76% |
| 64 | A | 48.87% | 1.15% | 65 | B | 60.64% | 1.44% | 66 | D | 63.77% | 1.92% |
| 67 | D | 56.13% | 1.11% | 68 | A | 48.52% | 1.67% | 69 | C | 59.03% | 1.32% |
| 70 | D | 62.59% | 1.52% | 71 | D | 44.38% | 1.37% | 72 | B | 56.16% | 1.18% |
| 73 | A | 64.9% | 1.48% | 74 | C | 27.99% | 4.89% | 75 | A | 44.4% | 1.61% |
| 76 | A | 41.7% | 1.28% | 77 | A | 54.09% | 1.56% | 78 | C | 42.85% | 1.24% |
| 79 | C | 44.89% | 1.93% | 80 | C | 49.09% | 1.93% | 81 | D | 61.41% | 1.96% |
| 82 | D | 68.1% | 1.46% | 83 | B | 43.64% | 1.55% | 84 | C | 62.85% | 1.25% |
| 85 | B | 45.04% | 1.55% | 86 | D | 59.73% | 1.41% | 87 | A | 54.56% | 1.84% |
| 88 | A | 40.4% | 2.0% | 89 | B | 60.77% | 1.58% | 90 | A | 23.25% | 4.34% |
| 91 | A | 57.06% | 1.25% | 92 | B | 53.69% | 1.76% | 93 | C | 61.33% | 1.48% |
| 94 | A | 53.37% | 1.19% | 95 | C | 68.75% | 1.4% | 96 | D | 55.05% | 1.29% |
| 97 | C | 60.84% | 1.49% | 98 | B | 81.35% | 0.0% | 99 | D | 44.85% | 1.75% |
| 100 | A | 78.65% | 0.0% | 101 | C | 57.04% | 1.65% | 102 | D | 60.39% | 1.11% |
| 103 | B | 26.98% | 4.82% | 104 | B | 40.36% | 1.0% | 105 | A | 52.73% | 1.71% |
| 106 | A | 55.69% | 1.18% | 107 | D | 64.6% | 1.87% | 108 | C | 55.45% | 1.17% |
| 109 | C | 84.94% | 0.0% | 110 | D | 86.02% | 0.0% | 111 | B | 81.29% | 0.0% |
| 112 | D | 56.63% | 1.44% | 113 | A | 60.44% | 1.64% | 114 | B | 12.58% | 4.17% |
| 115 | B | 65.46% | 1.32% | 116 | A | 62.86% | 1.31% | 117 | C | 64.4% | 1.91% |
| 118 | C | 49.04% | 1.13% | 119 | D | 57.29% | 1.05% | 120 | C | 81.02% | 0.0% |
| 121 | A | 44.23% | 1.6% | 122 | D | 85.73% | 0.0% | 123 | D | 66.11% | 1.92% |
| 124 | B | 57.69% | 1.7% | 125 | B | 67.64% | 1.93% | 126 | C | 46.67% | 1.92% |
| 127 | B | 58.11% | 1.67% | 128 | B | 58.34% | 1.21% | 129 | D | 85.88% | 0.0% |
| 130 | C | 41.3% | 1.96% | 131 | A | 58.46% | 1.93% | 132 | A | 83.14% | 0.0% |
| 133 | D | 62.75% | 1.65% | 134 | C | 85.96% | 0.0% | 135 | D | 41.09% | 1.97% |
| 136 | D | 61.72% | 1.47% | 137 | A | 58.72% | 1.35% | 138 | C | 28.05% | 4.1% |
| 139 | D | 59.11% | 1.36% | 140 | B | 46.61% | 2.0% | 141 | D | 69.32% | 1.96% |
| 142 | B | 47.14% | 1.89% | 143 | D | 64.32% | 1.44% | 144 | A | 82.54% | 0.0% |
| 145 | B | 77.87% | 0.0% | 146 | B | 42.49% | 1.36% | 147 | A | 53.79% | 1.8% |
| 148 | D | 56.72% | 1.44% | 149 | C | 11.6% | 4.5% | 150 | B | 46.12% | 1.7% |

## // संकेत और समाधान //

**1(B).** **जीवाणु मोनेरा** जगत का एकमात्र सदस्य हैं। यह सबसे प्रचुर मात्रा में सूक्ष्म जीव हैं।

उत्पत्ति के आधार पर जीवाणुओं को दो प्रकारों में विभाजित किया जा सकता है - आद्य जीवाणु और सुजीवाणु

**आद्य जीवाणुः**

यह विशिष्ट जीवाणु हैं क्योंकि यह कुछ कठिन वास स्थानों जैसे अत्यंत लवणीय क्षेत्रों (हैलोफी), गर्म झरने (थर्मोएसिडोफिलस) और कच्छ क्षेत्रों

(मैथेनोजेन) में पाए जाते हैं।
आद्य जीवाणु अन्य जीवाणुओं की कोशिका भित्ति की संरचना एक दूसरे से भिन्न होती है और यह लक्षण उन्हें प्रतिकूल अवस्थाओं में जीवित रखने के लिए उत्तरदायी है।
उदाहरण के लिए - मैथेनोजेन गाय और भैंस जैसे कई जुगाली करने वाले जानवरों की आंत्र में पाए जाते हैं तथा वह इन जानवरों के गोबर से मिथेन (जैवगैस) के उत्पादन के लिए उत्तरदायी होते हैं।

**2(C).** डाइएटम में, मुख्य कार्बन भंडार ट्राईऐसिल ग्लिसराइड (TAGs) और वसीय अम्ल होते हैं, जो सामान्यतः शुष्क जैवमात्रा का 15- 25 % बनाते हैं। डाइएटम के ये संग्रहीत लिपिड इन्हें जल की सतह पर तैरने में सहायता करते हैं। लिपिड उत्प्लावकता को बढ़ाता है और जल में डूबने से बचने में सहायता करता है। अधिकांश डाइएटम अगतिशील होते हैं और कशाभिका या पादाभ रहित होते हैं और इसलिए ये जल की धाराओं के माध्यम से आगे बढ़ते हैं।

**3(C).** अवपंक कवक मृतजीवी प्रोटिस्ट होते हैं। शरीर क्षयमान टहनियों और पत्तियों के साथ गति करता है और कार्बनिक पदार्थों को निगलता है। अनुकूल परिस्थितियों में, वे एक समुच्चय बनाते हैं जिसे प्लाज्मोडियम कहते हैं जो वृद्धि करता है और कई फीट तक फ़ेल सकता है। प्रतिकूल परिस्थितियों के दौरान, प्लाज्मोडियम विभेदित होता है और अपने सिरे में बीजाणु युक्त फलन काय को बनाता है। बीजाणुओं में वास्तविक भित्तियाँ होती हैं। वे अत्यंत प्रतिरोधक होती हैं और प्रतिकूल परिस्थितियों में भी, कई वर्षों तक जीवित रहती हैं। बीजाणु वायु धाराओं द्वारा परिक्षेपित होते हैं।

**4(D).** साइटोकिन्सिस पर साइटोकिन्स का विशिष्ट प्रभाव होता है और उन्हें ऑटोक्लेव्ड हेरिंग स्पर्म डीएनए से कीनेटिन (एडेनिन का संशोधित रूप, प्यूरीन) के रूप में खोजा गया था। कैनेटिन पौधों में स्वाभाविक रूप से नहीं होता है। साइटोकिनिन जैसी गतिविधियों के साथ प्राकृतिक पदार्थों की खोज करें, जिससे मकई-गुठली और नारियल के दूध से ज़ीटिन को अलग किया जा सके। ज़ाइटिन की खोज के बाद से, सेल को बढ़ावा देने वाली गतिविधि के साथ कई स्वाभाविक रूप से होने वाले साइटोकिनिन और कुछ सिंथेटिक यौगिकों की पहचान की गई है। प्राकृतिक साइटोकिनिन उन क्षेत्रों में संश्लेषित होते हैं जहां तेजी से कोशिका विभाजन होता है, उदाहरण के लिए, रूट एपिसिस, शूट बड्स, युवा फल आदि विकसित करना। यह पौधों में एपिकल के प्रभुत्व का उत्पादन करने में मदद करता है:
(a) एपिकल कली अक्ष के साथ एक पौधा।
(b) एपिक कली के साथ एक संयंत्र हटा दिया है नोटबंदी के बाद शाखाओं में पार्श्व कलियों का विकास। पत्तियों, पत्तियों में क्लोरोप्लास्ट, पार्श्व शूट विकास, और एडिटिटिव शूट फॉर्मेशन।
साइटोकिंस एपिकल के प्रभुत्व को दूर करने में मदद करते हैं। वे पोषक तत्व जुटाने को बढ़ावा देते हैं जो कि पत्तों के अधिपति की देरी से पौधों की उम्र बढ़ने में मदद करता है।

**5(D).** कुछ बीजों और फलों की हाइपोडर्मल परतों में पाई जाने वाली हड्डी के आकार की स्क्लेरेन्काइमेट कोशिकाओं को ओस्टियोस्लेराइड्स कहा जाता है। ओस्टियोस्क्लेयरिड्स एक प्रकार का स्केलेराइड है जो हड्डी के आकार का या सूजा हुआ सिरों वाला स्तंभ होता है, जो कुछ फलियों के बीजों के उप-आवरण में मौजूद होता है।

**6(A).** तिलचट्टे भूरे या काले शरीर वाले जानवर होते हैं जिन्हें फाइलम आर्थ्रोपोडा के वर्ग कीट में शामिल किया जाता है।
उनका आकार $\frac{1}{4}$ इंच से लेकर 3 इंच (0.6-7.6 सेमी) तक होता है और इसमें लंबे एंटीना पैर होते हैं और ऊपरी शरीर की दीवार का एक सपाट विस्तार होता है जो सिर को छुपाता है। वे निशाचर सर्वाहारी हैं जो दुनिया भर में नम स्थानों में रहते हैं। वे मानव घरों के निवासी बन गए हैं और इस प्रकार कई बीमारियों के गंभीर कीट और वाहक हैं।
कॉकरोच का रक्त वाहिका तंत्र एक खुला प्रकार होता है।

**7(A).** बालानोग्लोसस, उथले पानी में पाया जाने वाला एक विशेष रूप से समुद्री जानवर है।
यह फाइलम हेमीकोर्डेटा के अंतर्गत आता है। फाइलम में कृमि जैसे समुद्री जानवरों का एक छोटा समूह होता है, जिसमें संगठन के अंग-प्रणाली स्तर होते हैं। शरीर बेलनाकार है और एक पूर्वकाल सूंड एक कॉलर और एक लंबी सूंड से बना है।

**8(A).** अधिकांश फलों का खाद्य भाग वास्तविक अंडाशय होता है, लेकिन केवल सेब और नाशपाती में ही बाहरी हाइपैन्थियम परत को खाया जाता है। फल जो अंडाशय से विकसित होता है उसे वास्तविक फल कहा जाता है। अधिकांश फल वास्तविक फल होते हैं। यदि कोई अन्य पुष्पी भाग फल के निर्माण में भाग लेता है, तो इसे आभासी फल (आभासी-फलिका) कहा जाता है, जैसे: सेब, नाशपाती।

**9(C).** पाइनस की सूई में मोटी उपत्वचा होती है, इनमें धंसे हुए रंध्र होते हैं और उपत्वचा के नीचे रेजिन वाहिनी होती है, इसलिए इनकी अधस्त्वचा असतत होती है, पाइनस हेप्लोक्सिलोन, अर्थात एक रेशेदार-संवहनी बंडल वाला या डिप्लोक्सिलोन अर्थात दो रेशेदार-संवहनी बंडल वाला हो सकता है। इसलिए ऊपर दी गई अनुप्रस्थ काट पाइनस की सूई की है।

**10(C).** रक्त कणिकाओं का निर्माण लाल अस्थि मज्जा में होता है।
लाल अस्थि मज्जा में स्टेम कोशिकाओं को हेमोसाइटोबलास्ट कहा जाता है। वे रक्त में सभी गठित तत्वों को जन्म देते हैं। यदि एक स्टेम सेल एक प्रोएरिथ्रोब्लास्ट नामक कोशिका बनने के लिए प्रतिबद्ध है तो यह एक नई लाल रक्त कोशिका में विकसित होगी। लाल रक्त कोशिकाओं में हीमोग्लोबिन नामक प्रोटीन होता है जो फेफड़ों से ऑक्सीजन को शरीर के सभी भागों में ले जाता है। रक्त में लाल रक्त कोशिकाओं की संख्या की जाँच करना आमतौर पर एक पूर्ण रक्त कोशिका (CBC) परीक्षण का हिस्सा होता है। इसका उपयोग एनीमिया, निर्जलीकरण, कुपोषण और ल्यूकेमिया जैसी स्थितियों को देखने के लिए किया जा सकता है। एरिथ्रोसाइट और आरबीसी भी कहा जाता है।

**11(C).** राइबोसोम छोटे, घने दाने होते हैं जो प्रोटीन संश्लेषण के लिए जिम्मेदार होते हैं। वे गोल्गी तंत्र के संरचनात्मक घटक नहीं हैं।

**12(A).** सोडियम आयन जैसे वाहक आयन अमीनो एसिड और ग्लूकोज जैसे पदार्थों के अवशोषण की सुविधा प्रदान करते हैं।
आंतों के एपिथीलियम में सोडियम आयनों के साथ ग्लूकोज और अमीनो एसिड का सह-परिवहन होता है। सोडियम /ग्लूकोज सह-ट्रांसपोर्टर (एसजीएलटी 1 ) ग्लूकोज-युग्मित सोडियम अवशोषण की सुविधा प्रदान करता है जबकि अमीनो एसिड-युग्मित सोडियम अवशोषण सोडियम/ अमीनो एसिड सह-ट्रांसपोर्टरों की सहायता से उपकला कोशिकाओं के माध्यम से होता है। विभिन्न वर्गों के अमीनो एसिड के लिए विशिष्ट सह-परिवहनकर्ता हैं।

**13(B).** अनुकुंचनीय गति अदिशात्मक गति होती हैं, जिसमें अनुक्रिया या गति की दिशा अधोकुंचन (अभ्यक्ष पार्श्व पर अधिक वृद्धि, उदाहरण के लिए, पुष्प का खिलना), अधोवृद्धि-वर्तन (अपाक्ष पार्श्व पर अधिक वृद्धि उदाहरण के लिए, पुष्प का बंद होना), ड्रोसेरा के स्पर्शकों में स्पर्शानुचलनी या रसानुकुंचनिक द्वारा निर्धारित की जाती है। ट्यूलिप और क्रोकस के पुष्पों के खिलने तथा बंद होने में तापानुकुंचनी गतियाँ होती हैं। अधोकुंचन में, पुष्पी की कली के खिलने के दौरान फर्न की पत्तियों का खुलना और बाह्यदल तथा दल का प्रसारित होना होता है।

**14(D).** अर्धसूत्रीविभाजन I में, काइएज्मेटा (X आकार की संरचना) द्विगुणित अवस्था में बनती है जबकि यह डायकाइनेसिस अवस्था में समाप्त होती है।
द्विसंयोजी युग्मपट्ट अवस्था में बनते हैं और क्रॉसिंग ओवर स्थूलपट्ट अवस्था में होते हैं।
क्रोमोसोमल सामग्री का संघनन तनुपट्ट अवस्था में होता है।

**15(A).** हरितलवक में पर्णहरित और कैरोटीनॉइड वर्णक होते हैं जो प्रकाश संश्लेषण के लिए आवश्यक प्रकाश ऊर्जा को अवशोषित करने हेतु उत्तरदायी होते हैं। क्रोमोप्लास्ट में वसा विलेय कैरोटीनॉइड वर्णक जैसे कैरोटीन, जैंथोफिल और अन्य उपस्थित होते हैं। यह पादप के भाग को एक पीला, नारंगी या लाल रंग देते हैं। ल्यूकोप्लास्ट विभिन्न आकृति और आकार के रंगहीन प्लास्टिड होते हैं, जिनमें संचित पोषक तत्व होते हैं: एमाइलोप्लास्ट कार्बोहाइड्रेट (स्टार्च), जैसे, आलू को संचित करता है; इलाओप्लास्ट तेल और वसा का को संचित करता है जबकि एल्यूरोप्लास्ट प्रोटीन को संचित करता है।

**16(C).** जब ऑक्सीजन रक्त में परिवहित होती है और कार्बन डाइऑक्साइड को रक्त से हटा दिया जाता है तो इसे गैस विनिमय के रूप में जाना जाता है। गैसों का यह विनिमय श्वसन झिल्ली के पार होता है जो एक एकल

कोशिका परत वाले उच्च सतह क्षेत्र के साथ पतला होता है। क्षमता कार्बन-डाइ ऑक्साइड की लिपिड विलेयता और ऑक्सीजन की आंशिक दाब अंतर के कारण भी होती है जो गैसों के आदान-प्रदान को संभव बनाते हैं। अतः विकल्प (C) सही है I

**17(B).** फोसा ओवलिस दिल के दाएं अलिंद में इंटरट्रियल सेप्टम के स्तर पर दाएं और बाएं आलिंद के बीच की दीवार है। फोसा ओवलिस एक पतली रेशेदार शीट का अवशेष है, जो भ्रूण के विकास के दौरान फोरामेन ओवेल को कवर करता है। यह फोरामेन ओवेल का एक वेस्टिज है, और इसका ऊपरी हिस्सा के दिल के सेप्टम प्रीमियम के समान होती है।

**18(C).** सही मिलान (iii), (i), (ii) है।
a). ट्राइकसपिड वाल्व दाएं आलिंद और दाएं वेंट्रिकल के बीच मौजूद होता है। यह दाएं वेंट्रिकल से दाएं एट्रियम में रक्त के बैकफ्लो को रोकता है।
b). बाइसेपिड वाल्व बाएं आलिंद और बाएं वेंट्रिकल के बीच मौजूद होता है। यह बाएं वेंट्रिकल से बाएं आलिंद में रक्त के बैकफ्लो को रोकता है।
c). सेमिलुनर वाल्व दाएं वेंट्रिकल और पल्मोनरी धमनी के बीच और बाएं वेंट्रिकल और महाधमनी के बीच मौजूद होते हैं।

**19(B).** क्रेब्स-हेन्सेलिट चक्र, जिसे यूरिया चक्र भी कहा जाता है, जैव रासायनिक प्रतिक्रियाओं का एक क्रम है जो यकृत कोशिकाओं के कोशिका द्रव्य में होता है। मनुष्यों और स्तनधारियों में, उत्सर्जित नाइट्रोजन का लगभग 80% यूरिया के रूप में होता है, जो यकृत कोशिकाओं के साइटोसोल और माइटोकॉन्ड्रियल मैट्रिक्स में होने वाली प्रतिक्रियाओं की एक श्रृंखला के माध्यम से उत्पन्न होता है। इन प्रतिक्रियाओं को सामूहिक रूप से यूरिया चक्र या क्रेब्स-हेन्सेलिट चक्र कहा जाता है।

**20(B).** अंतर्निविशित डिस्क पेतीचोल का हिस्सा हैं और हृदय की मांसपेशियों के संकुचन में महत्वपूर्ण दो संरचनाएं शामिल हैं: अंतराल जंक्शन और डेमोसोम। एक अंतराल जंक्शन आसन्न कार्डियक मांसपेशी फाइबर के बीच चैनल बनाता है जो एक कार्डिएक मांसपेशी सेल से अगले में प्रवाह करने के लिए उद्धरण द्वारा उत्पादित विध्रुवण की अनुमति देता है।

**21(B).** केन्द्रीय तंत्रिका तंत्र, तंत्रिका तंत्र का भाग है, जो बहुकोशिकीय जन्तुओं की सभी क्रियायों पर नियंत्रण और नियमन करता है। हड्डीवाले जीवों में तंत्रिका तंत्र मिनिन्जीज़ में संलग्न होता है। इसमें तंत्रिका तंत्र का अधिकांश भाग और मस्तिष्क और सुषुम्ना या मेरूरज्जु आते हैं। तंत्रिका तंत्र पृष्ठीय गुहा में स्थित होता है, जिसमे मस्तिष्क कपालीय गुहा में और मेरुरज्जु, मेरुरज्जु गुहा में होता है। मस्तिष्क खोपड़ी द्वारा सुरक्षित रहता है और मेरुरज्जु हड्डियों द्वारा।
धूसर द्रव्य तंत्रिका कोशिकाओं, तंत्रिका तंतुओं और तंत्रिबंध से बना होता है, जो कि गैर-आचछदी होते हैं, जबकि श्वेत द्रव्य में अधिकांशत: आचछदी तंत्रिकाक्ष होते हैं।

**22(C).** प्रमस्तिष्क की ललाट पालि शरीर की सभी ऐच्छिक गतिविधियों को नियंत्रित करती है। यह स्मृति, इच्छा, बुद्धि, तर्क, सीखने, व्यवहार और गति का स्थान है। शंख पालि दृष्टि के लिए उत्तरदायी होती है और मस्तिष्क स्तंभ श्वास लेने और श्वसन को नियंत्रित करता है, हृदय की धड़कन को नियंत्रित करता है और तापमान को बनाए रखता है।

**23(A).** सही उत्तर (a)-ii, (b)-iv, (c)-iii, (d)-i है ।
मैलोनेट संरचना में उत्प्रेरक जैसा दिखता है। सक्सेनेट एंजाइम सक्सेनेट डिहाइड्रोजनेज का सब्सट्रेट है। इसलिए, मैलोनेट सक्सेनेट डिहाइड्रोजनेज एंजाइम के अवरोधक के रूप में कार्य करता है।
कोलैजन एक संरचनात्मक प्रोटीन है। प्रोटीन पेप्टाइड बंध के माध्यम से अमीनो एसिड से बना होता है और इसलिए, कोलैजन में पेप्टाइड बंध होते हैं।
कवक की कोशिका भित्ति काइटिन की बनी होती है। काइटिन एक पॉलीसेकेराइड है।
रिसिन, एक विष एक द्वितीयक उपापचयज है। द्वितीयक उपापचयज जैविक उत्पाद हैं जो जीवों की वृद्धि और विकास में प्रत्यक्ष रूप से शामिल नहीं होते हैं।

**24(B).**

| | |
|---|---|
| a.स्टाइल | 3. यह एक पिस्टिल का पतला हिस्सा है। |
| b.स्टिग्मा | 1 - यह एक कारपेल की ग्रहणशील टिप है । |
| c.अंडाशय | 2. यह एक पिस्टिल का बेसल उभार वाला हिस्सा है। |

**25(C).** प्रत्येक डक्टस डेफेरेंस, तुम्बिका में, आसन्न सेमिनल पुटिका (गौण ग्रंथियों में से एक) से एक छोटी वीर्य स्खलन नलिका बनाने के लिए वाहिनी में शामिल हो जाता है। प्रत्येक वीर्य स्खलन नलिका प्रोस्टेट ग्रंथि से गुजरती है और मूत्रमार्ग में खाली हो जाती है।

**26(A).** सिनैप्टोनेमल कॉम्प्लेक्स एक बड़ी प्रोटीनयुक्त संरचना है जो मेयोसिस के दौरान समरूप गुणसूत्रों को एक साथ रखती है, जो मेयोटिक पुनर्संयोजन और क्रॉसओवर गठन के लिए संरचनात्मक ढांचा प्रदान करती है। यह एक अनैच्छिक रूप से संरक्षित प्रोटीन असेंबली है जो सजातीय गुणसूत्रों के बीच बनता है। मीओपाइसिस में पहले डिवीजन में प्रोफ़ेज़ *I* के युग्मन चरण के दौरान सिनैप्टोनेमल कॉम्प्लेक्स बनना शुरू हो जाता है और पैकेटीन चरण में पूरा हो जाता है। एक 'जिपर' की तरह काम करते हुए, यह समरूप गुणसूत्रों को एक साथ रखता है, उन्हें पूरी तरह से संरेखित करता है। पूर्ण सिनैप्सिस के बाद, क्रॉसिंग ओवर होता है और डिप्लोटीन चरण में, जहां चियामा दिखाई देता है, सिनैप्टोनेमल कॉम्प्लेक्स 'अनज़िप्स' और गायब हो जाता है।

**27(D).** पहली आनुवंशिक सामग्री आरएनए हो सकती है।
पहली आनुवंशिक सामग्री आरएनए थी और इस बात के प्रमाण हैं कि आवश्यक जीवन प्रक्रियाएं आरएनए से और आसपास विकसित हुईं जैसे कि चयापचय अनुवाद स्प्लिसिंग आदि। आरएनए भी महत्वपूर्ण जैव रासायनिक प्रतिक्रियाओं में जीवित प्रणाली में उत्प्रेरक और आनुवंशिक सामग्री के रूप में कार्य करता था। यह भी कहा जाता है कि डीएनए आरएनए से विकसित हुआ और स्थिर हो गया।

**28(D).** प्राकृतिक चयन जिसमें अधिक व्यक्ति औसत चरित्र मान के अलावा विशिष्ट लक्षण मान प्राप्त करते हैं, दिशात्मक परिवर्तन के द्वारा होता है। प्राकृतिक चयन एक ऐसी प्रक्रिया है जिसमें पर्यावरण के अनुकूल जीवों के जीवित रहने और प्रजनन की संभावना अधिक होती है।

**29(B).** टाइफॉइड साल्मोनेला टाइफी के कारण होता है।
न्यूमोनिया हीमोफिलस न्यूमोनिया के कारण होता है।
फाइलेरिएसिस वुचेरेरिया बैनक्रॉफ्टी के कारण होता है।
मलेरिया प्लैज्मोडियम प्रजाति के कारण होता है।
इस प्रकार, सही उत्तर (a) - (iii), (b) - (iv), (c) - (i), (d) - (ii) है।

**30(B).** जेल इलेक्ट्रोफोरेसिस में, पृथक हुए डी.एन.ए. के खण्डों को UV विकिरण में एथिडियम ब्रोमाइड की सहायता से देखा जा सकता है।
एग्रोसे जेल, वैद्युतकणसंचलन का उपयोग द्रव्यमान और आकार के अनुसार डी.एन.ए. अंशों को अलग करने के लिए किया जाता है। एथिडियम ब्रोमाइड इस तकनीक में इस्तेमाल किया जाने वाला फ्लोरोसेंट अभिरंजक है। एथिडियम ब्रोमाइड, जब पराबैंगनी प्रकाश के संपर्क में आता है, तो एक फ्लोरोसेंट प्रभाव पैदा करता है। इसलिए इसके द्वारा टैग किए गए डी.एन.ए. को पारदर्शी जेल पर जल्दी से ट्रेस किया जा सकता है।

**31(A).** डीएनए को काटने वाले विशेष एंजाइमों के कारण जेनेटिक इंजीनियरिंग संभव है। इन एंजाइमों को प्रतिबंध एंजाइम या प्रतिबंध एंडोन्यूक्लाइज

कहा जाता है। प्रतिबंध एंजाइम विदेशी डीएनए द्वारा आक्रमण को रोकने या प्रतिबंधित करने के लिए बैक्टीरिया द्वारा उत्पादित प्रोटीन होते हैं। वे विदेशी डीएनए को टुकड़ों में काटने के लिए डीएनए कैंची के रूप में कार्य करते हैं ताकि यह कार्य न कर सके। ये एंजाइम नियमित रूप से प्रयोगशालाओं में डीएनए संशोधन के लिए उपयोग किए जाते हैं और आणविक क्लोनिंग में एक महत्वपूर्ण उपकरण हैं।

**32(D).** प्रतिकूल परिस्थितियों में, झीलों और तालाबों में कई ज़ोप्लांकटन प्रजातियों को विकास के एक निलंबित चरण में प्रवेश करने के लिए जाना जाता है जिसे डायपॉज़ कहा जाता है।
इसे बहुत विशिष्ट आरंभिक और अवरोधक स्थितियों के साथ निष्क्रियता की एक शारीरिक स्थिति माना जाता है, जिसके परिणामस्वरूप विकास में देरी होती है। डायपॉज को निष्क्रियता या विकासात्मक गिरफ्तारी की शारीरिक स्थिति के रूप में परिभाषित किया जा सकता है जहां अधिकांश जीवन प्रक्रियाएं बंद हो जाती हैं। यह प्रतिकूल परिस्थितियों के दौरान खासकर आर्थ्रोपोड्स में शुरू किया जाता है और आमतौर पर कीड़ों में देखा जाता है।
डायपॉज चरण कीट के जीवन चक्र के दौरान किसी भी चरण में हो सकता है - उसके प्यूपा चरण से सक्रिय, वयस्क चरण तक। जब यह घटना अंडे या पुतली अवस्था के दौरान होती है, तो विकास धीमा हो जाता है। वयस्क अवस्था में, खाने की आदतें या प्रजनन व्यवहार रुक जाता है या धीमा हो जाता है।

**33(A).** मवेशी प्राथमिक उपभोक्ताओं की श्रेणी में आते हैं। उपभोक्ताओं को अक्सर प्रथम श्रेणी के उपभोक्ता के रूप में जाना जाता है, जैसे, शाकाहारी, मवेशी, खरगोश, हिरण, कीड़े जैसे टिड्डे, आदि। वे उत्पादकों का शिकार करते हैं।
प्राथमिक मांसाहारी दूसरे क्रम के उपभोक्ता होते हैं। वे शाकाहारी भोजन करते हैं। माध्यमिक मांसाहारी तीसरे क्रम के उपभोक्ता के रूप में जाने जाते हैं जो प्राथमिक मांसाहारियों को खाते हैं। उदाहरण के लिए, छोटी मछलियाँ और पानी के कीड़े जैसे मेहतर भृंग जो क्रस्टेशियंस का शिकार करते हैं।

**34(B).** बायोप्रोस्पेक्टिंग छोटे अणुओं, बड़े अणुओं और जैव रासायनिक और आनुवंशिक जानकारी के लिए प्राकृतिक स्रोतों की खोज है जिसे कृषि, जलीय कृषि, जैव उपचार, सौंदर्य प्रसाधन, नैनो प्रौद्योगिकी, या दवा उद्योगों के लिए व्यावसायिक रूप से मूल्यवान उत्पादों में विकसित किया जा सकता है।

**35(C).** दिया गया है,
वेग में प्रतिशत त्रुटि $= \frac{\Delta v}{v} \times 100$
गतिज ऊर्जा, K. E. $= \frac{1}{2}mv^2$
गतिज ऊर्जा में प्रतिशत त्रुटि,
$\frac{\Delta K.E.}{K.E.} \times 100 = m \times 2\frac{\Delta v}{v} \times 100$
$\Rightarrow \frac{\Delta K.E.}{K.E.} \times 100 = 2 \times 50\%$
$\Rightarrow \frac{\Delta K.E.}{K.E.} \times 100 = 100\%$
इस प्रकार, गतिज ऊर्जा के मापन में त्रुटि 100% है।

**36(A).** दिया गया है,
कार का प्रारंभिक वेग = 0
कार का त्वरण = 5 मी./से.$^2$
हम जानते हैं
$v = u + at$
$t = 4$ सेकण्ड पर कार का वेग;
$\Rightarrow v_x = 0 + 5 \times 4 = 20$ मी./से.$^{-1}$
$t = 4$ s पर, एक गेंद खिड़की से बाहर गिरती है, इसलिए, इस क्षण गेंद का वेग क्षैतिज के साथ $20\ ms^{-1}$ होता है।
2 सेकंड की गति के बाद:
गेंद का क्षैतिज वेग $= 20$ मी./से.$^{-1}$ $(\because a_x = 0)$
गेंद का लंबवत वेग $(v_y) = u_y + a_y t$
$v_y = 0 + 10 \times 2 = 20$ मी./से.$^{-1}$ $(\because a_y = g = 10$ मी./से.$^2)$
इसलिए, गेंद के वेग का परिमाण,
$(v) = \sqrt{v_x^2 + v_y^2}$
$= \sqrt{(20)^2 + (20)^2}$
$= 20\sqrt{2}$ मी./से
$t = 6$ सेकण्ड पर गेंद का त्वरण $g = 10$ मी./से.$^2$ है।
क्योंकि गेंद मुक्त अवस्था में गिर रही है।

**37(C).** चूँकि सदिशों का परिमाण समान नहीं होता, इसलिए दो सदिश शून्य परिणाम नहीं दे सकते। सदिश योग के त्रिभुज नियम के अनुसार, शून्य परिणाम प्राप्त करने के लिए कम से कम तीन सदिशों की आवश्यकता होती है।
सदिशों का त्रिभुज नियम कहता है कि जब दो सदिशों को त्रिभुज की दो भुजाओं के रूप में निरूपित किया जाता है, तो यदि हम परिमाण और दिशा ज्ञात करना चाहते हैं तो त्रिभुज की तीसरी भुजा को परिणामी सदिश के परिमाण और दिशा का प्रतिनिधित्व करना चाहिए। विभिन्न परिमाणों के सह-योजनाकार सदिशों की न्यूनतम संख्या जो शून्य परिणाम दे सकती है, 3 है।

**38(A).** जब भार बोर्ड के किसी एक सिरे पर हो, तब प्रणाली का मुक्त पिंड आरेख,

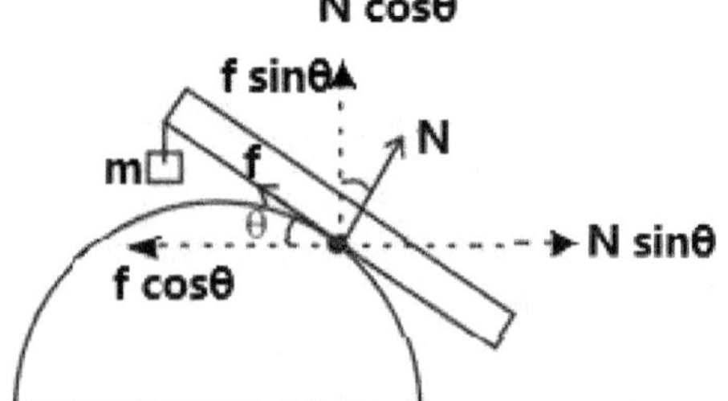


अब, बोर्ड पर नेट बल शून्य है।
नेट क्षैतिज बल $= 0$
$f \cos\theta - N sin\theta = 0$
$f = N tan\theta \ldots (1)$
जैसा कि हम जानते हैं, घर्षण बल है
$f = \mu N \ldots (2)$
समीकरण (1) और (2) से, हम प्राप्त करते हैं
$\mu = \tan\theta$

**39(A).** दिया गया है कि ब्लॉक A का वेग दायीं ओर 0.6 m/s है।

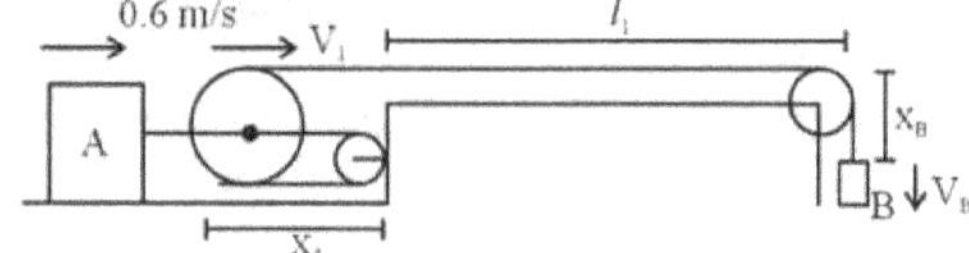


जैसे A दाहिनी ओर बढ़ रहा है,
$V_1 = V_A = \frac{dX_A}{dt} = 0.6$ m/s
पुलियों के बीच की स्ट्रिंग की लंबाई के लिए,
$3X_A + l_1 + X_B = L$
$t$ के संबंध में अंतर करने पर,
$3\frac{dX_A}{dt} + 0 + \frac{dX_B}{dt} = 0$
$3V_A + V_B = 0$
$-3(0.6) = V_B$
$V_B = -1.8$ m/s
तो, B का वेग नीचे की दिशा में 1.8 m/s है।

**40(C).** दिया गया है,
पहली वस्तु का द्रव्यमान $= m_1 = 40$ किग्रा
दूसरी वस्तु का द्रव्यमान $= m_2 = 10$ किग्रा
पहली वस्तु की प्रारंभिक गति $= v_1 = 15$ मीटर सेकेंड$^{-1}$
दूसरी वस्तु की प्रारंभिक गति $= v_2 = 0$ मीटर सेकेंड$^{-1}$ (चूंकि लकड़ी का ब्लॉक स्थिर है)
रेखीय गति के संरक्षण से,
$m_1v_1 + m_2v_2 = (m_1 + m_2)v$
$v = \frac{m_1v_1 + m_2v_2}{m_1 + m_2}$

अब मान रखें,

$\Rightarrow v = \frac{40\times15+0}{40+10}$

$\Rightarrow v = 12$ मीटर सेकेंड $^{-1}$

इसलिए, उपरोक्त बिंदुओं से, हम स्पष्ट रूप से अनुमान लगा सकते हैं कि संयुक्त वस्तु 12 मीटर सेकेंड $^{-1}$ के वेग के साथ आगे बढ़ेगी।

**41(D).** हम जानते हैं कि,

कोणीय गति, $\vec{L} = \vec{r} \times \vec{p}$ ....(1)

$\vec{r}(t) = 2t\hat{i} - 3t^2\hat{j}$

$t = 2\ s, \vec{r} = 4\hat{i} - 12\hat{j}m$ पर

कण का वेग, $\vec{v} = \frac{\vec{dr}}{\vec{dt}} = 2\hat{i} - 6t\hat{j}$

$t = 2\ s, \vec{v} = 2\hat{i} - 12\hat{j}\ m/s$ पर

अब रैखिक गति,

$\vec{p} = m\vec{v} = 4\hat{i} - 24\hat{j}$ ....(2) $[m = 2\ kg]$

समीकरण से। (1) और (2),

$\vec{L} = \vec{r} \times \vec{p}$

$$\vec{L} = \begin{vmatrix} \hat{i} & \hat{j} & \hat{k} \\ 4 & -12 & 0 \\ 4 & -24 & 0 \end{vmatrix}$$

$\vec{L} = \hat{i}(0-0) - \hat{j}(0-0) + \hat{k}(-96-(-48))$

$\Rightarrow \vec{L} = -48\hat{k}\ kg \cdot m^2/s$

चूंकि, $\vec{L} = -N\hat{k}\ kg \cdot m^2/s$

इसलिए तुलना करने पर हम पाते हैं,

$\Rightarrow N = -48\hat{k}$

इसलिए, सही विकल्प (D) है।

**42(A).** यहाँ, पृथ्वी की कक्षा की त्रिज्या,

$R = 1.5\times 10^{11}$ m

$T = 365$ days

$T = 365 \times 24 \times 60 \times 60$ sec

जैसा कि हम जानते हैं,

$\omega = \frac{2\pi}{T}$

$\Rightarrow \omega = \frac{2\pi}{365\times24\times60\times60}$

$\Rightarrow \omega = 1.99 \times 10^{-7}$ rad/sec

इसलिए, पृथ्वी का रैखिक वेग,

$v = R\omega$

$= 1.5 \times 10^{11} \times 1.99 \times 10^{-7}$

$= 2.985 \times 10^4$ m s$^{-1}$

**43(D).** दूरी $10R_e$ और पृथ्वी की सतह पर क्षुद्रग्रह के लिए ऊर्जा के संरक्षण के कानून को लागू करने पर,

अब,

$K_i + U_i = K_f + U_f)$ .......(i)

$K_i = \frac{1}{2}mv_i^2$ and $U_i = \frac{GM_em}{10R_e}$

$K_f = \frac{1}{2}mv_f^2$ and $U_f = \frac{GM_em}{R_c}$

समीकरण (i) में इन मूल्यों को प्रतिस्थापित करते हुए, हम प्राप्त करते हैं

$\frac{1}{2}mv_i^2 - \frac{GM_em}{10R_e} = \frac{1}{2}mv_f^2 - \frac{GM_em}{R_e}$

$\Rightarrow \frac{1}{2}mv_f^2 = \frac{1}{2}mv_i^2 + \frac{GM_em}{R_e} - \frac{GM_em}{10R_e}$

$\Rightarrow v_f^2 = v_i^2 + \frac{2GM_e}{R_e} - \frac{2GM_e}{10R_e}$

$\therefore v_f^2 = v_i^2 + \frac{2GM_e}{R_e}(1 - \frac{1}{10})$

**44(B).** दिया हुआ:

ग्रह की त्रिज्या $R = \frac{1}{10} \times$ ( पृथ्वी की त्रिज्या )

कुएं की गहराई $= \frac{R}{5}$ तार का रैखिक द्रव्यमान घनत्व, $\mu = 10^{-3}\ kg\ m^{-1}$

हमें उस तार के शीर्ष पर व्यक्ति द्वारा पकड़ने के लिए लगने वाले बल का मान ज्ञात करना होगा।

ग्रह पर गुरुत्वाकर्षण के कारण त्वरण द्वारा दिया जाएगा

$g = \frac{GM}{R^2}$

$\Rightarrow g = \frac{G}{R^2} \times (\rho \times \frac{4}{3}\pi R^3)$

$\Rightarrow g = \frac{4}{3}\pi G\rho R$

(i) पृथ्वी के गुरुत्वाकर्षण के कारण त्वरण $g_e = \frac{4}{3}\pi Gp R_e$

समीकरण (i) द्वारा (ii) के विभाजन से , हम प्राप्त करते हैं

$\frac{g}{g_e} = \frac{R}{R_e}$

$\Rightarrow \frac{g}{g_e} = \frac{R_e}{10\times R_e}[\ R = \frac{R_e}{10}]$

$\Rightarrow g = 1m/s^2\ [\ g_e = 10m/s^2]$

अब, हम ग्रह के नीचे एक व्यापक तत्व $dm$ चौड़ाई $dx$ गहराई $x$ पर विचार करेंगे।

इस तत्व का द्रव्यमान $dm = \mu dx$ होगा

साथ ही, ग्रह के नीचे गहराई $x$ पर गुरुत्वाकर्षण के कारण त्वरण होगा

$g_x = (1 - \frac{x}{R})g_p$

तार के छोटे खंड पर बल $dF = dmg_x$

$\Rightarrow dF = (\mu dx)\,(1 - \frac{x}{R})g_p$

$\Rightarrow dF = \mu g\,(1 - \frac{x}{R})dx$

तार पर कुल बल उपरोक्त समीकरण का समाकलन करके प्राप्त किया जाता है।

$\int_0^F df = \int_0^{\frac{R}{5}} \mu g\,(1 - \frac{x}{R})dx$

$\Rightarrow F = \mu g\Big[x - \frac{x^2}{2R}\Big]_0^{\frac{R}{5}}$

$\Rightarrow F = \mu g\left\{(\frac{R}{5} - 0) - \frac{1}{2R}\left((\frac{R}{5})^2 - 0\right)\right\}$

$\Rightarrow F = \mu g\left[\frac{R}{5} - \frac{1}{2R}\left(\frac{R^2}{25}\right)\right]$

$\Rightarrow F = \mu g\,[\frac{R}{5} - \frac{R}{50}]$

सभी मूल्यों को प्रतिस्थापित करते हुए, हम प्राप्त करते हैं

$F = 10^{-3} \times 1R\,[\frac{10-1}{50}]$

$\Rightarrow F = 10^{-3}R\,[\frac{9}{50}]$

$\Rightarrow F = \frac{9}{50} \times 10^{-3} \times \frac{6\times10^6}{10}N$

$\Rightarrow F = 108N$

अत: विकल्प (B) सही है I

**45(C).** एक तार का ब्रेकिंग स्ट्रेस तार की सामग्री पर निर्भर करता है।

हम जानते हैं कि स्ट्रेस और स्ट्रेन के संबंध के लिए समीकरण स्ट्रेस\स्ट्रेन $= \gamma$ है। इसका मतलब है कि किसी वस्तु पर स्ट्रेस $\gamma$ पर निर्भर करता है। अब $\gamma$ जैसा कि हम पहले से ही जानते हैं कि तार बनाने वाली सामग्री पर निर्भर करता है।

वास्तविक समाधान शुरू करने से पहले, तनाव, तनाव और उनके संबंधों पर चर्चा करना अच्छा होगा।

स्ट्रेस - स्ट्रेस एक सामग्री पर प्रति इकाई क्षेत्र में लगाया जाने वाला बल है।

स्ट्रेन - स्ट्रेन के तहत सामग्री के आयामों में परिवर्तन तनाव है।

स्ट्रेस- स्ट्रेन का संबंध नीचे दिया गया है:

स्ट्रेस\स्ट्रेन $= \gamma$

यहाँ, $\gamma =$ रैखिक विस्तार की आनुपातिकता

स्ट्रेस-स्ट्रेन समीकरण, यानी स्ट्रेस\स्ट्रेन $= \gamma$ , से हम देख सकते हैं कि निकाय का स्ट्रेस तार की लंबाई पर निर्भर नहीं करता है , तार के अनुप्रस्थ काट का आकार और तार की त्रिज्या।

लेकिन स्ट्रेस $\gamma$ पर निर्भर करता है। अब $\gamma$ तार की सामग्री पर निर्भर करता है, इसलिए ब्रेकिंग स्ट्रेस भी तार की सामग्री पर निर्भर करता है।

सरल शब्दों में, इसका मतलब है कि अलग-अलग सामग्री से बनी दो वस्तुओं में अलग-अलग ब्रेकिंग स्ट्रेस (निकाय की सीमा जो निकाय सहन कर सकता ) है।

**46(C).** दिया हुआ,

$p \propto T^3 \quad \ldots(i)$

एडियाबेटिक प्रक्रम में,

$T^{\gamma}p^{1-\gamma}=$ स्थिर [ जैसे $\gamma=\frac{C_p}{C_v}$]

$T\propto\frac{1}{p^{\frac{(1-\gamma)}{\gamma}}}$

$T^{\left(\frac{\gamma}{\gamma-1}\right)}\propto p \quad \ldots(\text{ii})$

( $i$ ) और ( $ii$ ), की तुलना करने पर

चूँकि दोनों स्थितियों में दाब समान होता है, दोनों पक्षों से तापमान की शक्तियों की बराबरी करने पर हमें प्राप्त होता है,

$3\gamma-3=\gamma$ या $2\gamma=3$

$\frac{C_p}{C_v}=\gamma=\frac{3}{2}$

**47(B).** निम्नलिखित आंकड़ा गैस की चक्रीय प्रक्रिया को दर्शाता है। यदि कोई वस्तु एक या अधिक प्रक्रियाओं से गुजरने के बाद अपनी प्रारंभिक स्थिति में लौट आती है।

$ABCDA$ चक्र है। $D$ और $C$ दोनों बिंदुओं पर दबाव समान रहता है, जो $2P$ है। बिंदु $D$ पर आयतन $V$ है और बिंदु $C$ पर $3V$ है। तो, गैस द्वारा बिंदु $D$ से बिंदु $C, W_{DC}=2P(3V-V)=4PV$ तक किया गया कार्य

बिंदुओं $C$ और $B$ पर दबाव क्रमशः $2P$ और $P$ हैं। $C$ और $B$ दोनों बिंदुओं पर आयतन समान रहता है, जो $3V$ है। तो, गैस द्वारा बिंदु $C$ से बिंदु $B$, तक किया गया कार्य

$W_{CB}=P(3V-3V)=0$

$B$ और $A$ दोनों बिंदुओं पर दबाव समान रहता है, जो $P$ है। बिंदु $B$ पर आयतन $3V$ है और बिंदु $A$ पर $V$ है, तो, गैस द्वारा बिंदु $B$ से बिंदु $A, W_{BA}=P(V-3V)=-2PV$ तक किया गया कार्य

बिंदुओं $A$ और $D$ पर दबाव क्रमशः $P$ और $2P$ हैं। $A$ और $D$ दोनों बिंदुओं पर आयतन समान रहता है, जो $V$ है। तो, गैस द्वारा बिंदु $A$ से बिंदु $D, W_{AD}=P(V-V)=0$ तक किया गया कार्य

अतः पूरे चक्र में किया गया कुल कार्य,

$W=4PV-2PV=2PV$

हम जानते हैं कि चक्र से अस्वीकृत ऊष्मा गैस द्वारा किए गए कुल कार्य के बराबर होती है, इसलिए $Q=W$

$Q=2PV$

**48(A).** हम जानते हैं, गतिज ऊर्जा सिद्धांत के अनुसार

$\mathrm{KE}=\frac{3}{2}\mathrm{k_B T}$

जहाँ $\mathrm{E}=$ गतिज ऊर्जा, $\mathrm{k_B}=$ बोल्ट्जमान स्थिरांक और $\mathrm{T}=$ तापमान

आदर्श गैस नियम के अनुसार,

$\mathrm{PV}=\mathrm{nRT} \quad\cdots(1)$

जहाँ, $\mathrm{P}=$ दबाव, $\mathrm{V}=$ आयतन, $\mathrm{n}=$ मोल की संख्या, $\mathrm{R}=$ गैस स्थिरांक और $\mathrm{T}=$ तापमान K में

समीकरण 1 से,

$\Rightarrow P_1V_1=nRT_1 \quad\ldots(2)$

$\Rightarrow P_2V_2=nRT_2 \quad\ldots(3)$

समीकरण 2 को 3 से विभाजित करने पर,

$\Rightarrow\frac{P_1V_1}{P_2V_2}=\frac{T_1}{T_2}$

$\Rightarrow\frac{PV_1}{P\times2V_1}=\frac{T_1}{T_2}$

$\Rightarrow T_2=2T_1 \quad\ldots(4)$

$T_1$ तापमान के लिए औसत गतिज ऊर्जा:

$\Rightarrow KE_1=\frac{3}{2}k_BT_1 \quad\ldots(5)$

$T_2$ तापमान के लिए औसत गतिज ऊर्जा:

$\Rightarrow KE_2=\frac{3}{2}k_BT_2$

$\Rightarrow KE_2=\frac{3}{2}k_B\times2T_1$

$\Rightarrow KE_2=2\times\frac{3}{2}k_BT_1 \quad\ldots(6)$

समीकरण 5 और 6 से,

$\Rightarrow KE_2=2KE_1$

अतः सही विकल्प (A) है।

**49(A).** हम जानते हे कि,

$a=\omega^2y$

सूत्र के अनुसार,

$\frac{\omega^2=a}{y}$

$=\frac{2}{0.02}=100$

$\omega=10\text{ rad/s}$

**50(B).** धन आवेशः एक निकाय जिसमें इलेक्ट्रॉनों की कमी होती है।

हम जानते हैं कि प्रोटॉन नाभिक में मौजूद है इसलिए हम तत्व में प्रोटॉन नहीं मिला सकते हैं या निकाल सकते हैं लेकिन हम तत्व से इलेक्ट्रॉनों को मिला या निकाल सकते हैं।

तो इलेक्ट्रॉनों को निकालकर निकाय को धनात्मक रूप से आवेशित किया जा सकता है और इलेक्ट्रॉनों को मिलाकर ऋणात्मक रूप से आवेशित किया जा सकता है

प्रोटॉन जोड़ कर या निकाल कर आवेश उत्पन्न नहीं किया जा सकता।

**51(B).** दिया गया,

विद्युत क्षेत्र, $E=9\times10^4N/C$

दूरी, $r=2\times10^{-2}\text{ m}$

$E=\frac{\lambda}{2\pi r\varepsilon_0}$

$\lambda=E\cdot2\pi r\cdot\varepsilon_0$

जहां, $\lambda$ एक रैखिक चार्ज घनत्व है, और, $\epsilon_0=8.854\times10^{-12}$

फिर, दिए गए सभी मान को उपरोक्त सूत्र में रखें:

$\lambda=9\times10^4\times2\pi\times2\times10^{-2}\times8.854\times10^{-12}$

$=10\times10^{-6}$

इसलिए,

रैखिक आवेश घनत्व, $\lambda=10\mu C/m$

**52(C).** ग्राफ से,

$\frac{\mathrm{V_1}}{\mathrm{I_1}}=\tan\theta\alpha\mathrm{T_1}$

$\frac{\mathrm{V_2}}{\mathrm{I_2}}=\tan(90-\theta)=\cot\theta\alpha\mathrm{T_2}$

$\mathrm{T_2-T_1}\alpha(\cot\theta-\tan\theta)=\frac{\cos\theta}{\sin\theta}-\frac{\sin\theta}{\cos\theta}=\frac{\cos^2\theta-\sin^2\theta}{\sin\theta\cos\theta}$

$\mathrm{T_2-T_1}\alpha\frac{2\cos2\theta}{\sin2\theta}=2\cot2\theta$

इस प्रकार, $\mathrm{T_2-T_1}\alpha\cot2\theta$

**53(D).** एक विद्युत प्रवाह एक चुंबकीय क्षेत्र उत्पन्न करेगा, जिसे एक तार खंड के चारों ओर गोलाकार क्षेत्र रेखाओं की एक श्रृंखला के रूप में देखा जा सकता है। इसलिए दिया गया कथन सत्य है।

एक विद्युत प्रवाह एक चुंबकीय क्षेत्र उत्पन्न करता है। यह तभी संभव है जब कोई विद्युत आवेश गति में हो। जब विद्युत आवेश विराम अवस्था में होता है तो चुंबकीय क्षेत्र का कोई उत्पादन नहीं होता है। जब परमाणु घूमता है और नाभिक की परिक्रमा करता है तो चुंबकीय क्षेत्र का उत्पादन होता है। साथ ही चुंबकीय क्षेत्र की दिशा स्पिन की दिशा और विद्युत आवेश की परिक्रमा से निर्धारित होती है।

**54(B).** दिया गया है,

$N=20$

$\Phi=0.3$ वेबर

$t=1$ सेकण्ड

प्रेरित विद्युत वाहक बल = संपूर्ण कुंडली में फ्लक्स में परिवर्तन/ समय

$\mathrm{E}=\frac{\mathrm{Nd\Phi}}{\mathrm{dt}}$ (N = फेरों की संख्या)

$E=20\times0.3$

$=6\text{ V}$

**55(D).** ट्रांसफॉर्मर का कोर लैमिनेट किया जाता है क्योंकि एड़ी धाराओं के कारण ऊर्जा हानि को कम किया जा सकता है।

इन्हें कम करने के लिए ट्रांसफार्मर के कोर को लैमिनेट किया जाता है क्योंकि वे प्राथमिक कॉइल से सेकेंडरी कॉइल में ऊर्जा के कुशल हस्तांतरण में हस्तक्षेप करते हैं। एडी धाराएं ट्रांसफार्मर से ऊर्जा खो देती हैं क्योंकि वे कोर को गर्म करते हैं - जिसका अर्थ है कि विद्युत ऊर्जा गर्मी के रूप में बर्बाद हो रही है।

**56(C).** जब एक विद्युत चुम्बकीय तरंग किसी भौतिक सतह से टकराती है, तो

यह गति, साथ ही ऊर्जा को सतह तक पहुँचाती है। स्ट्राइकिंग विद्युत चुम्बकीय तरंग सतह पर दबाव डालती है। विद्युत चुम्बकीय तरंग द्वारा सतह पर स्थानांतरित कुल ऊर्जा $E = pc$ द्वारा दी जाती है। इसलिए, $p \neq 0, E \neq 0$ ।

**57(A).** कोणीय आवर्धन का सूत्र है: $-\frac{f_o}{f_e}$ ,

जहां

$f_o$ = अभिदृश्यक की फोकल लंबाई,

$f_e$ = इयरपीस की फोकल लंबाई।

ऋणात्मक चिह्न दर्शाता है कि प्रतिबिंब उल्टा है।

एक अपवर्तक टेलीस्कोप का आवर्धन ऐपिस फोकल लंबाई द्वारा मापी गई इच्छित फोकल लंबाई के बराबर होता है।

टेलीस्कोप की फोकल लंबाई जितनी अधिक होगी, छवि उतनी ही बड़ी होगी।

टेलीस्कोप का व्यास सीधे टेलीस्कोपिक रिज़ॉल्यूशन के बराबर होता है। व्यास जितना बड़ा होगा, टेलीस्कोपिक रिज़ॉल्यूशन उतना ही बेहतर होगा और इसके विपरीत।

इसलिए, यह निष्कर्ष निकाला जा सकता है कि एक खगोलीय अपवर्तक दूरबीन में बड़ा कोणीय आवर्धन और उच्च स्पष्टता होगी, जब इसमें बड़ी फोकल लंबाई और बड़े व्यास का वस्तुनिष्ठ लेंस होगा।

**58(B).** दिया गया:

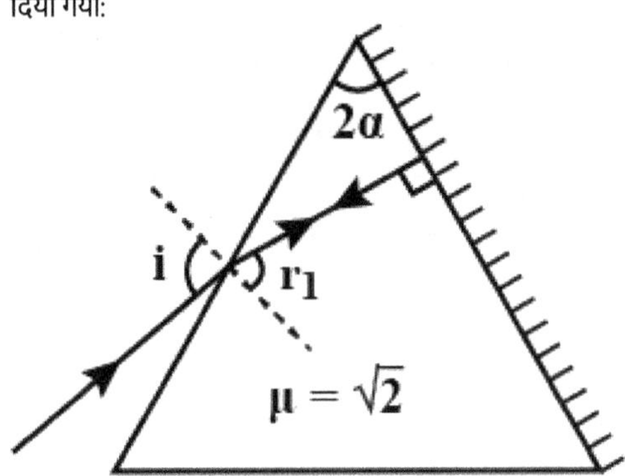


प्रिज्म के पदार्थ का अपवर्तनांक, $\mu = \sqrt{2}$

प्रिज्म का कोण, $A = 30^\circ$

जैसा कि हम जानते हैं

$A = r_1 + r_2$

$30 = r_1 + 0$

इसलिए, $r_1 = 30$

स्नेल के नियम का उपयोग के अनुसार ,

$1 \times \sin i = \mu \times \sin r$

$1 \times \sin i = \sqrt{2} \times \sin 30$

$\sin i = \frac{1}{\sqrt{2}}$

$i = 45^\circ$

**59(D).** जब दो स्लिट्स की चौड़ाई बढ़ जाती है, तो फ्रिंज चमकीले बन जाते हैं। हालांकि, प्रत्येक भट्ठा की चौड़ाई स्लिट्स के बीच दूरी से काफी छोटी होनी चाहिए। जब स्लिट्स इतने चौड़े हो जाते हैं कि यह स्थिति संतुष्ट नहीं होती है, तो हस्तक्षेप पैटर्न गायब हो जाता है, यानी, फ्रिंज कम विशिष्ट हो जाते हैं।

**60(C).** ध्वनि एक यांत्रिक तरंग है। इसके संचरण के लिये माध्यम की आवश्यकता होती है। निर्वात में ध्वनि का संचरण नहीं होता। वायु में ध्वनि का संचरण एक अनुदैर्घ्य तरंग के रूप में होता है। वायु में ध्वनि का संचरण वायु के कणों के कम्पन के कारण उत्पन्न हुए संपीडन और विरलन के रूप में होता है। इसलिए, वायु में ध्वनि का संचरण की रुद्धोष्म प्रक्रम है।

**61(A).** इलेक्ट्रॉनों के उत्सर्जन के लिए न्यूनतम ऊर्जा की आवश्यकता है:

$\frac{hc}{\lambda} - \phi = (kE)_{\max}$

$\lambda_1 = 500\text{ nm}$

$\lambda_2 = 200\text{ nm}$

$kE_1 = 3kE_2$ (दिया गया है)

$\frac{hc}{\lambda_1} - \phi = kE_1 - (i)$

$\frac{h_c}{\lambda_2} - \phi = 3kE_2 - (ii)$

समीकरण (i) और (ii) से,

$\frac{hc}{\lambda_1} - \phi = \frac{1}{3}\left(\frac{hc}{\lambda_2} - \phi\right)$

$\frac{hc}{\lambda_1} - \frac{1}{3} \times \frac{hc}{\lambda_2} = \frac{2\phi}{3}$

$hc\left(\frac{1}{\lambda_1} - \frac{1}{3\lambda_2}\right) = \frac{2\phi}{3}$

$\frac{1240\left(\frac{1}{500} - \frac{1}{600}\right)}{3000}$ (जहाँ $hc = 1240\, eV$ )

$\frac{1240}{3000} = \frac{2\phi}{3}$

$\phi = 0.62\text{eV}$

**62(A).** इलेक्ट्रॉन से संबंधित डी-ब्रोग्ली तरंग दैर्ध्य

$\lambda_e = \frac{1.227}{\sqrt{V}}\text{nm}$

हम पाते हैं,

$V = \frac{(12.27)^2}{\lambda_e^2} \times 10^{-2}$

$\Rightarrow V = \frac{150}{\lambda_e^2} \times 10^{-2}$

जहाँ,

$\lambda_e = 0.2\text{ nm}$

$\Rightarrow V = \frac{150 \times 10^{-2}}{(0.2)^2}$

$\Rightarrow V = \frac{150 \times 10^{-2}}{4 \times 10^{-2}}$

$\Rightarrow V = 37.5\text{ volts}$

$\therefore$ गतिज ऊर्जा $E = 37.5\text{eV}$

**63(C).** जैसा कि दिया गया है, इलेक्ट्रॉन का संवेग 5200 Å तरंगदैर्ध्य के फोटॉन के संवेग के बराबर है।

डी-ब्रोग्ली संवेग समीकरण के अनुसार,

$p = \frac{h}{\lambda}$

या $v = \frac{h}{m\lambda}$

$\Rightarrow v = \frac{6.62 \times 10^{-34}}{9.1 \times 10^{-31} \times 5.2 \times 10^{-7}}$

$\Rightarrow v = 1.4 \times 10^3\text{ m s}^{-1} = 1400\text{ m s}^{-1}$

**64(A).** वे कण जो किसी परमाणु के नाभिक में उसके रासायनिक गुणों को बदले बिना जोड़े जा सकते हैं, न्यूट्रॉन कहलाते हैं।

जब किसी परमाणु के नाभिक में न्यूट्रॉन जोड़े जाते हैं तो उसके रासायनिक गुण अपरिवर्तित रहते हैं क्योंकि कण की परमाणु संख्या समान रहती है। लेकिन जब इलेक्ट्रॉन, प्रोटॉन या अल्फा कण जोड़े जाते हैं तो परमाणु संख्या में परिवर्तन होता है इसलिए रासायनिक गुण बदल जाते हैं।

**65(B).** अर्धचालक डायोड का ताप बढ़ाने पर उसका प्रतिरोध घटेगा।

- अवरोधक की तुलना में अर्धचालक में उर्जा बैंड अंतर बहुत कम होता है। इस प्रकार, इलेक्ट्रॉनों को चालन बैंड में कूदने के लिए बहुत कम ऊर्जा की आवश्यकता होती है।
- जब तापमान बढ़ा दिया जाता है, तो अधिकांश इलेक्ट्रॉन तेजी से पर्याप्त मात्रा में ऊर्जा प्राप्त कर लेते हैं और चालन बैंड में कूद जाते हैं।

**66(D).** नैज आंतरिक अर्धचालक चालकता सहसंयोजक बंधन के टूटने के कारण होती है।

- एक नैज अर्धचालक में, इलेक्ट्रॉनों की संख्या होल की संख्या के बराबर होती है। इसलिए कमरे के तापमान पर, चालन के लिए कोई मुक्त इलेक्ट्रॉन उपलब्ध नहीं है
- यदि आंतरिक अर्धचालक के परमाणुओं पर कुछ ऊर्जा लागू की जाती है तो सहसंयोजक आबंधन टूट जाएंगे और इलेक्ट्रॉन मुक्त हो जाएंगे
- प्रत्येक इलेक्ट्रॉन एक होल को पीछे छोड़ देगा और प्रक्रिया जारी रहेगी, और आंतरिक अर्धचालक के माध्यम से चार्ज प्रवाहित होगा

**67(D).** दिया हैं,
$M_2CO_3$ का वजन $= 1$ ग्राम है
उत्पादित $CO_2$ के मोल की संख्या $= 0.01186$ मोल है।
अब हम अज्ञात यौगिक $M_2CO_3$ के मोल की संख्या ज्ञात करते हैं:
$M_2CO_3$ आधिक्य $HCl$ के साथ प्रतिक्रिया पर $CO_2$ गैस देता है
संतुलित समीकरण को इस प्रकार लिखा जा सकता है:
$M_2CO_3 + 2HCl \rightarrow 2MCl + H_2O + CO_2$
उपरोक्त संतुलित समीकरण से,
$M_2CO_3$ के मोल की संख्या = $CO_2$ के मोल की संख्या
$\Rightarrow M_2CO_3$ के मोल की संख्या =0.01186 मोल
तब एक अज्ञात यौगिक का मोलर द्रव्यमान $M_2CO_3$ :
$M_2CO_3$ का मोलर द्रव्यमान = $M_2CO_3$ का भार / $M_2CO_3$ के मोल की संख्या
$= \frac{1g}{0.01186mol}$
$= 84.3 \text{ gmol}^{-1}$
$M_2CO_3$ का मोलर द्रव्यमान $84.3gmol^{-1}$ है

**68(A).** जब किसी परमाणु में 4p कक्षक पूरी तरह से भर जाता है, तो अगला इलेक्ट्रॉन $5\,s(n+1 = 5+0 = 5)$ में जाता है, न कि $4\,d(n+1 = 4+2 = 6)$ में, इलेक्ट्रॉन पहले प्रवेश करता है उपकोश में जिसका $(n+1)$ मान (ऊर्जा) कम है।तो 5 s , 4 d से पहले भरा जाता है।

**69(C).** सूक्ष्म कण की स्थिति और संवेग (या वेग) का एक साथ निर्धारण संभव नहीं है। यदि स्थिति की सटीकता अधिक है, तो संवेग की सटीकता कम है और इसके विपरीत। स्थिति और संवेग में त्रुटि का गुणनफल एक स्थिरांक ( $\frac{h}{4\pi}$ ) होता है।

**70(D).** समूह 13 के तत्वों के परमाणु और आयनिक त्रिज्या समूह 2 के क्षारीय पृथ्वी धातुओं की तुलना में कम हैं, इसका मुख्य कारण समूह 13 के तत्वों का परमाणु आवेश समूह 2 के तत्वों की तुलना में अधिक है। समूह में नीचे जाने पर Ga की परमाणु त्रिज्या Al की तुलना में थोड़ी कम होती है। यह Ga में d-इलेक्ट्रॉनों की उपस्थिति के कारण होता है जो नाभिक को प्रभावी ढंग से ढाल नहीं पाते हैं। परिणामस्वरूप, Ga में इलेक्ट्रॉनों को Al की तुलना में नाभिक द्वारा अधिक आकर्षण बल का अनुभव होता है और इसलिए Ga 135 pm की परमाणु त्रिज्या Al 143 pm की तुलना में थोड़ी कम है। इस प्रकार, समूह 13 तत्वों के परमाणु त्रिज्या का बढ़ता क्रम $B < Ga < Al < In < Tl$ है।

**71(D).** I तत्व अधिक विद्युत धनात्मकहै।
विद्युत धनात्मकता का क्रम:
I > Br > Cl > F
धातुएँ विद्युत धनात्मक प्रकृति की होती हैं क्योंकि वे आसानी से एक धनायन बनाने के लिए इलेक्ट्रॉन खो देती हैं। समूह 1 के तत्व में सबसे अधिक धात्विक गुण होते हैं और इस प्रकार यह सबसे अधिक विद्युत धनात्मक तत्व होते हैं। साथ ही, धात्विक वर्ण के समान, समूह में नीचे की ओर विद्युत धनात्मक वर्ण बढ़ता है।

**72(B).** एकाकी युग्म-एकाकी युग्म प्रतिकर्षण अणु में मौजूद एकाकी युग्म की संख्या के आधार पर सबसे शक्तिशाली प्रतिकर्षण है।
एकाकी युग्म की संख्या ज्ञात करने का सूत्र:
केंद्रीय परमाणु पर एकाकी जोड़े की संख्या = (केंद्रीय परमाणु पर कुल वैलेंस शेल इलेक्ट्रॉनों की संख्या - केंद्रीय परमाणु द्वारा साझा इलेक्ट्रॉनों की संख्या)/ 2
अणु में एकाकी युग्मों की संख्या जितनी अधिक होगी, एकाकी-युग्म एकाकी युग्म प्रतिकर्षण उतना ही अधिक होगा।
$XeF_2$ :

- संयोजकता इलेक्ट्रॉनों की कुल संख्या $= 8(Xe) + 7(F) + 7(F) = 22$ इलेक्ट्रॉन
- Xe पर संयोजकता इलेक्ट्रॉन की कुल संख्या $= 8$
- आबंध में भाग लेने वाले इलेक्ट्रान की संख्या $= 2$
- बचे हुए इलेक्ट्रॉन $= 6$
- Xe पर एकाकी युग्म की कुल संख्या $= 6 \div 2 = 3$

**73(A).** पानी के एक अणु में, हाइड्रोजन और ऑक्सीजन के द्रव्यमानों का अनुपात 1 : 8 होता है ।
यह प्रत्येक तत्व के परमाणु द्रव्यमान को उसके परमाणुओं की संख्या से गुणा करके और उन्हें एक साथ जोड़कर प्राप्त किया जाता है।
हाइड्रोजन का 1 मोल = 1 gm
ऑक्सीजन का 1 मोल = 16 gm
जल $(H_2O) = 2$ हाइड्रोजन परमाणु $+1$ ऑक्सीजन परमाणु
हाइड्रोजन के 2 मोल = 2 gm
ऑक्सीजन का 1 मोल = 16 gm
हाइड्रोजन के द्रव्यमान का अनुपात: ऑक्सीजन के द्रव्यमान का अनुपात
$= \frac{2}{16} = \frac{1}{8}$
हाइड्रोजन के द्रव्यमान का ऑक्सीजन के द्रव्यमान से अनुपात हमेशा 1 : 8 होता है।

**74(C).** रुद्धोष्म परिस्थितियों में होने वाली प्रक्रिया के लिए, सही स्थिति $q = 0$ है। जब एक ऊष्मप्रवैगिकी प्रणाली में इस तरह से परिवर्तन होता है कि प्रणाली और परिवेश के बीच गर्मी का कोई आदान-प्रदान नहीं होता है, तो प्रक्रिया को रुद्धोष्म प्रक्रिया के रूप में जाना जाता है। रुद्धोष्म प्रक्रम के दौरान प्रणाली और परिवेश के बीच ऊष्मा का आदान-प्रदान नहीं होता है।

**75(A).** एक आदर्श मोनो-परमाणु गैस में, आंतरिक ऊर्जा का योगदान केवल स्थानांतरीय गतिज ऊर्जा के कारण होता है।
उदाहरण के लिए, यदि हम $He$ या $Ne$ लेते हैं, तो परमाणु एक दूसरे से बंधे नहीं होते हैं और इसलिए वे कंपन नहीं करते हैं। घूर्णी ऊर्जा की उपेक्षा की जाती है क्योंकि उनकी जड़ता का परमाणु क्षण न्यूनतम होता है और उच्च ऊर्जा उत्तेजना इलेक्ट्रॉनिक रूप से भी संभव नहीं है (बहुत उच्च तापमान को छोड़कर)। इस प्रकार, एक आदर्श एकपरमाणुक गैस में आंतरिक ऊर्जा परिवर्तन विशुद्ध रूप से अनुवादकीय होते हैं और स्वतंत्रता के 3 अंश होते हैं। दूसरे शब्दों में, अनुवाद $3D$ स्पेस यानी $x, y,$ और $z$ दिशाओं में हो सकता है।

**76(A).** For the reaction,
$PCl_5 \leftrightharpoons PCl_3 + Cl_2$
$K_P = 1.8$
The moles of different gases at equilibrium are:
$PCl_5 = 0.5$ moles
$PCl_3 = 0.5$ moles
$Cl_2 = 0.5$ moles
Therefore, total $= 1.5$ moles
The partial pressure are $P_{PCl_5} = P_{PCl_3} = P_{Cl_2} = \frac{0.5}{1.5}P$
Where, P is the required total pressure in atmosphere.
Thus, $K_P = \frac{P_{PCl_3} \times P_{PCl_2}}{P_{PCl_5}}$
$\Rightarrow \frac{\left(\frac{15}{1.5}\right)^2 P^2}{\frac{65}{1.5}P} = \frac{1}{3}P$
$\Rightarrow \frac{1}{3}P = 1.8$
$\Rightarrow P = 5.4$ atmosphere
This shows that in this type of reaction, the total pressure required for 50% dissociation is numerically 3 times $K_P$ .

**77(A).** Given that, at 700 K , the equilibrium constant, $K_p$ for the $2SO_3(g) \leftrightharpoons 2SO_2(g) + O_2(g)$ reaction is $1.80 \times 10^{-3}$ kpa.
We need to find out the value of $K_c$ for this reaction at the same temperature.
For some reactions the values of $K_p$ and $K_c$ are equal. But for many other reactions, they have different values and hence it is preferable to calculate one from the other.
The relation between $K_c$ and $K_p$ is given by the following expression:
$K_c = K_p \times \frac{1}{(RT)^{\Delta n}}$
Here, $\Delta$ n represents the difference between the number of moles of gaseous products and that of gaseous reactants. The numerical value of $\Delta$ n is obtained from the

coefficients of the balanced equation.
R and T is the gas constant and temperature respectively.
The value of R is 0.0821 L atm $K^{-1}$ $mol^{-1}$ .
So, the value of $K_p$ is also converted to atm.
Since 1 pa is equal to $10^{-5}$ atm, therefore
$K_p = 1.8 \times 10^{-3}$ kpa
$\Rightarrow K_p = 1.8$ kpa
$\Rightarrow K_p = 1.8 \times 10^{-5}$ atm
For the given reaction, $\Delta n = (2+1) - 2 = 1$
Substitute all these in the expression for relation between $K_c$ and $K_p$ .
$K_c = 1.8 \times 10^{-5} \times \frac{1}{(0.0821 \times 700)^1}$ mol $L^{-1}$
$\Rightarrow K_c = 0.0309 \times 10^{-5}$mol $L^{-1}$
$\Rightarrow K_c = 3.09 \times 10^{-7}$mol $L^{-1}$

**78(C).** रेडॉक्स अभिक्रिया : कोई भी रासायनिक प्रक्रिया जिसमें भाग लेने वाली रासायनिक प्रजातियों की ऑक्सीकरण संख्या में परिवर्तन होता है, एक ऑक्सीकरण-कमी प्रतिक्रिया होती है, जिसे अक्सर रेडॉक्स प्रतिक्रिया के रूप में जाना जाता है।
इलेक्ट्रॉन उन अभिकारकों के बीच यात्रा करते हैं जो पहले से ही रेडॉक्स प्रतिक्रिया में संपर्क में हैं। जीवों के ऑक्सीकरण राज्यों में परिवर्तन का उपयोग यह मापने के लिए किया जा सकता है कि कितने परमाणुओं को स्थानांतरित किया जाता है।
$XeF_4 + O_2F_2 \rightarrow XeFF_6 + O_2$
जहाँ ज़ेनॉन $(Xe)$ का ऑक्सीकरण होता है और ऑक्सीजन $(O_2)$ का अपचयन होता है। उपरोक्त रासायनिक समीकरण में Xe की ऑक्सीकरण संख्या +4 से +4 तक बढ़ती है, जबकि ऑक्सीजन की ऑक्सीकरण संख्या +1 से घटकर 0 हो जाती है। इसलिए, यह एक रेडॉक्स प्रतिक्रिया का एक उदाहरण है।
एक रेडॉक्स प्रतिक्रिया में, इलेक्ट्रॉन उन अभिकारकों के बीच प्रवाहित होंगे जो पहले से ही इंटरफ़ेस में हैं। इस इलेक्ट्रॉन परिवहन को जीवों के ऑक्सीकरण राज्यों में परिवर्तन के रूप में देखा जा सकता है।

**79(C).** First, we should understand what an oxidising agent is.
The oxidising agent is the one that helps any other species to get reduced by helping it in removal of electrons in redox reaction. The reagent takes the electrons and thus let others oxidise and itself get reduced.
The Standard reduction potential is the measure of tendency of a chemical species to get reduced. The SRP values help us in measuring oxidising and reducing agents. The species which can easily donate the electrons, it can be easily oxidised. The species with high Standard reduction potential will be the stronger oxidising agent.
If we see the data given to us, we see that the reduction potential of $MnO_4^-/Mn^{2+}$ has the high value. This means it can easily get reduced and accept electrons. Thus, it can easily oxidise the other species. So, it will be the best oxidising agent.

**80(C).** समपरासारी विलयनों में कुछ परासरण दाब होता है, अतः उनकी मोलरता बराबर होगी।
मोलरता $= \frac{10 \times (\frac{w}{v}\%)}{M}$
इक्षु शर्करा के विलयन की मोलरता = थायोकार्बोनेट के विलयन की मोलरता
$\frac{10 \times 6.84}{342} = \frac{10 \times 1.52}{x}$
$\Rightarrow x = \frac{10 \times 152 \times 342}{10 \times 684}$
$\Rightarrow x = \frac{152}{2}$
$\Rightarrow x = 76$

**81(D).** राउल्ट के नियम से नकारात्मक विचलन तब होता है जब घटक का वाष्प दबाव राउल्ट के कानून में अपेक्षा से कम होता है।
जब एसीटोन और क्लोरोफॉर्म को एक साथ मिलाया जाता है तो उनके बीच एक हाइड्रोजन बॉन्ड बनता है जो उनके बीच अंतर आणविक आकर्षण को बढ़ाता है और इसलिए वाष्प के दबाव को कम करता है

**82(D).** एक उपकरण जो हाइड्रोजन और मीथेन जैसे ईंधन के दहन की ऊर्जा को सीधे विद्युत ऊर्जा में परिवर्तित करता है, उसे फ्यूल सेल कहा जाता है। फ्यूल सेल गैल्वेनिक सेल होते हैं जिनमें फ्यूल के दहन की ऊर्जा को सीधे विद्युत ऊर्जा में परिवर्तित किया जाता है। फ्यूल कोशिकाओं में, अभिकारकों को जलाशय से इलेक्ट्रोड को लगातार आपूर्ति की जाती है। उपयोग किया जाने वाला फ्यूल हाइड्रोजन गैस, मीथेन या मेथनॉल है।

**83(B).** लेड-एसिड बैटरी:
जो बैटरी एक स्पंजी लीड और लीड पेरोक्साइड का उपयोग रासायनिक ऊर्जा को विद्युत शक्ति में बदलने के लिए करती है, इस प्रकार की बैटरी को लेड-एसिड बैटरी कहा जाता है। लेड-एसिड बैटरी का उपयोग आमतौर पर विद्युत स्टेशनों और सबस्टेशनों में किया जाता है क्योंकि इसमें उच्च सेल वोल्टेज और कम लागत होती है। यह एक प्रतिवर्ती बैटरी है।
लेड-एसिड के सक्रिय तत्व हैं:
लीड पेरोक्साइड $(PbO_2)$ : यह धनात्मक सक्रिय पदार्थ का निर्माण करता है; The $PbO_2$ ıडार्क चॉकलेट ब्राउन रंग का होता है
स्पंजी लीड: यह ऋणात्मक सक्रिय सामग्री का निर्माण करता है; यह धूसर रंग का होता है
डाइल्यूट सल्फ्यूरिक एसिड $(H_2SO_4)$– इसका उपयोग इलेक्ट्रोलाइट के रूप में किया जाता है; इसमें 31% सल्फ्यूरिक अम्ल होता है
आवेशन अभिक्रिया:
$PbO_2 + H_2SO_4 + Pb \rightarrow PbSO_4 + 2H_2O + PbSO_4 +$ विद्युत ऊर्जा
निस्सरण अभिक्रिया:
$PbSO_4 + 2H_2O + PbSO_4 +$ विद्युत ऊर्जा $\rightarrow PbO_2 + H_2SO_4 + Pb$
ऋणात्मक प्लेट पर अभिक्रिया:
$Pb + H_2SO_4 \rightarrow PbSO_4 + 2H^+ + 2e$
धनात्मक प्लेट पर अभिक्रिया:
$PbO + H_2SO_4 + 3H^+ + 2e \rightarrow 2PbSO_4 + 2H_2O$
इसलिए, एक लेड-एसिड बैटरी में ऋणात्मक इलेक्ट्रोड में लेड (Pb) होता है।

**84(C).** हम जानते है, $k = Ae^{\frac{-k_a}{}n}$
केस- I: $k_1 = Ae^{-100}, k_2 = Ae^{\frac{-25}{RT}}$
$\frac{k_1}{k_2} = \frac{e^{\frac{-100}{RT}}}{e^{\frac{25}{RT}}} = e^{\frac{-75}{RT}}$
लॉग करें। $\frac{k_2}{k_1} = \frac{-75}{RT} = \frac{75 \times 10^3}{8.314 \times 293} = 30.788$
$\frac{k_2}{k_1} = 2.35 \times 10^{30}$
केस- II: $r = k[A]^n$
$\therefore n$ तथा $[A]$ मामलों के लिए समान हैं $l$ और 11 $\therefore \frac{r_2}{r_1} = \frac{k_2}{k_1} = 2.35 \times 10^{30}$
इसलिए मूल्यों की तुलना करके अप्रभावित रहता है, इसलिए प्रतिक्रिया करता है।

**85(B).** एक प्रथम क्रम अभिक्रया के लिए:
दर $= K[R]$
दी गई दर $= 0.5$M सान्द्रता पर $1.5 \times 10^{-2}$M मिनट $^{-1}$ है
$1.5 \times 10^{-2}M$ मिनट $^{-1} = K(0.5M)$
$K = 3 \times 10^{-2}$ मिनट $^{-1}$
अर्द्ध आयु $= t_{\frac{1}{2}}$
$= \frac{0.693}{k}$
$t_{\frac{1}{2}} = \frac{0.693}{0.03\,\text{min}^{-1}}$
$= 23.1$ मिनट
$\therefore$ अभिक्रिया की अर्द्ध आयु 23.1 मिनट है।

**86(D).** $CrO_4^{2-}$ एक नमक है, इसका रंग $d-d$ संक्रमण के कारण नहीं है। संक्रमण-धातु यौगिकों का रंग आमतौर पर $d-d$ संक्रमण से जुड़ा होता है। हालांकि, कुछ संक्रमण धातु यौगिक डी-इलेक्ट्रॉनों की अनुपस्थिति के

बावजूद समाधान में तीव्र रंग दिखाते हैं। उदाहरण के लिए, नारंगी रंग TiBr , का पीला रंग $CrO4_4^{2-}$ , नारंगी रंग $Cr2O_2^{7-}$ , का गहरा लाल रंग $[Fe(SCN)^4]$ और $MnO_4$ के गहरे बैंगनी रंग $d-d$ संक्रमण के कारण नहीं हैं। $MnO_4$ आयन के मामले में, रंग चार्ज ट्रांसफर के कारण होता है न कि $d-d$ ट्रांजिशन के कारण।

**87(A).** $d$ -ब्लॉक तत्वों को कहा जाता है- "संक्रमण तत्व" क्योंकि तत्व एक स्थान से दूसरे स्थान पर जाते हैं।

**तत्वों का खंड विभाजन** :

- वह समूह 2 (क्षारीय पृथ्वी धातु) और समूह 1 (क्षार धातु) वाले तत्वों को $s$ -ब्लॉक करता है।
- $p$ -ब्लॉक तत्व समूह 13 - 18 (मूल धातु, धातु, अधातु, हैलोजन और उत्कृष्ट गैस) हैं।
- 3 से 11 के समूहों में $d$ और $f$ ब्लॉक तत्वों को क्रमशः संक्रमण तत्व और आंतरिक संक्रमण तत्व भी कहा जाता है।
- अगले दो लंबी अवधियों में $f$ -ब्लॉक तत्वों के $4f$ और $5f$ ऑर्बिटल्स स्थिर हैं।
- आवर्त सारणी में इसकी प्रकृति और गुणों के अनुसार स्थिति अत्यधिक विचारशील है।

**88(A).** $Ni^{2+}$ लिगेंड नहीं हो सकता है।
केंद्रीय परमाणु/आयन से बंधे हुए आयन/अणु लिगेंड कहलाते हैं। $Ni^{2+}$ एक धातु आयन है, और वर्नर के अनुसार द्वितीयक संयोजकता केवल उदासीन अणुओं या ऋणात्मक आयनों द्वारा संतुष्ट की जा सकती है। $Cl^-, H_2O$ और $NH_3$ सभी संभावित लिगेंड हैं।

**89(B).** जटिल $[CoCl_2(en)2]$ द्वारा दिखाया गया समरूपता का प्रकार ज्यामितीय समरूपता है। यह परिसर cis trans समरूपताको दर्शाता है। cis रूप में, दो Cl लिगेंड्स एक दूसरे के आसन्न होते हैं और दो N लिगैंड एक दूसरे के आसन्न होते हैं। trans रूप में, दो Cl लिगेंड्स एक दूसरे के विपरीत होते हैं और दो N लिगेंड्स एक दूसरे के विपरीत होते हैं।

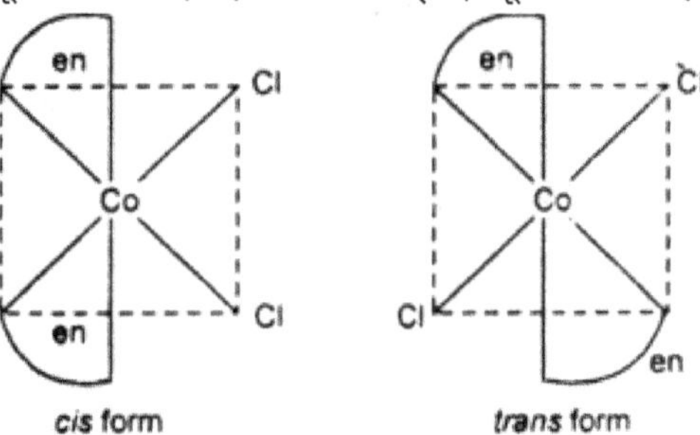

*cis* form *trans* form

**90(A).** फ्लोरीन को छोड़कर सभी सकारात्मक ऑक्सीकरण अवस्थाएं दिखाते हैं फ्लोरीन की उच्च इलेक्ट्रोनगेटिविटी और छोटे आकार के कारण, यह केवल एक ऑक्सोएसिड, HOF बनाता है। HOF में $F$ की ऑक्सीकरण संख्या $+1$ है।

**91(A).** $-NO_2$ समूह $-I$ प्रभाव प्रदर्शित करता है और यह दूरी में वृद्धि के साथ घटता है। विकल्प (ए) में सी-परमाणु पर सकारात्मक चार्ज मौजूद है जो सबसे दूर है, इसलिए -I प्रभाव न्यूनतम है और स्थिरता अधिकतम है।

**92(B).** एथिल एथेनोएट $CH_3COOCH_2CH_3$ पोटेशियम प्रोपेनोएट के जलीय घोल के इलेक्ट्रोलिसिस पर नहीं बनेगा। इसके बजाय, ब्यूटेन, एथिल प्रोपोनेट, एथीन और ईथेन प्राप्त किया जाएगा।

$$CH_3CH_2OOK \xrightarrow{\text{इलेक्ट्रोलिसिस}} \underset{I}{CH_3CHCOO} \rightarrow \underset{II}{CH_3CH_2}$$

$2II \longrightarrow$ ब्यूटेन
$I + II \longrightarrow$ एथिल प्रोपेनोएट
$II \xrightarrow{\text{अनुपातहीनता}}$ एथीन + ईथेन

**93(C).** प्रतिक्रिया का उत्पाद मेसो-2,3-ब्यूटेनडियोल है। शीत तनु $OsO_4$ एक ऑस्मेट एस्टर बनाता है जो एथेनॉलिक $NaHSO_3$ द्वारा टूट जाता है। सममित एल्कीन के सिन हाइड्रॉक्सिलेशन के कारण एक मेसो यौगिक बनता है। मेसो यौगिक में समरूपता का तल होता है।

$CH_3CH=CHCH_3 + OsO_4 \longrightarrow$ ऑस्मेट एस्टर $\xrightarrow[NaHSO_3]{C_2H_5OH}$ $H_3C-HCOH-HCOH-H_3C$

**94(A).** गैसीय ब्रोमीन के साथ सबसे आसानी से प्रतिक्रिया करने वाले यौगिक में सूत्र $C_3H_6$ है।
असममित एल्कीन आमतौर पर सममित एलकेन्स, एल्कीन और एल्केन्स की तुलना में अधिक प्रतिक्रियाशील होते हैं। इसीलिए, प्रोपिन अन्य दिए गए यौगिकों की तुलना में अधिक प्रतिक्रियाशील है।

$$CH_3 - CH = CH_2 \xrightarrow{Br_2\ (\text{गैस})} \underset{Br}{H_2C} - CH = CH_2$$

अतः विकल्प (A) स ही है।

**95(C).** स्यूडोहैलाइड्स 'फेक हैलाइड्स' हैं। उनकी रसायन शास्त्र $F^-Cl^-Br^-$ और $I^-$ जैसे यथार्थ हलाइडों के समान है। स्यूडोहैलाइड्स के उदाहरणों में शामिल हैं $CN^-, N_3^-$ ये आम तौर पर कमजोर लुईस बेस होते हैं जो औपचारिक $-1$ चार्ज होता है।
$CN^-, Cl^-, Br^-$ और $I^-$ से निम्न प्रकार समानता दर्शाता है
(i) यह HCN का निर्माण करता है
(ii) यह ऑक्सीकृत होकर $(CN)_2$ का निर्माण कर सकता है
(iii) AgCN जल में अविलेय है, लेकिन $NH_3$ में विलेय है क्योंकि यह AgCl की तरह कार्य करता है
अत: विकल्प (C) सही है I

**96(D).** ग्रिग्नार्ड अभिकर्मक के साथ प्रतिक्रिया पर अन्य सभी एल्डीहाइड्स, जिसके बाद एसिड हाइड्रोलिसिस माध्यमिक अल्कोहल देता है। तो, प्रोपिओनालडीहाईड $C_2H_5CHO$ की प्रतिक्रिया इस प्रकार है:

$C_2H_5-CHO$ (propional dehyde) + RMgX (Grignard Reagent) $\longrightarrow C_2H_5-CH(OMgX)-R \xrightarrow[HCl]{H_2O} C_2H_5-CH(OH)-R$ ($2^0$ alcohol)

एस्टर की प्रतिक्रिया ($RCOOC_2H_5$) ग्रिग्नार्ड अभिकर्मक के साथ एसिड हाइड्रोलिसिस के बाद इस प्रकार है:

$R-CO-OC_2H_5$ (Ester) + 2RMgHX (Grignard Reagent) $\xrightarrow[HCl]{H_2O} R-C(OH)(R)-R$ ($3^0$ alcohol)

इस प्रकार, केवल प्रोपेनलडिहाइड $C_2H_5CHO$ एसिड हाइड्रॉलिसिस के बाद ग्रिगार्ड अभिकर्मक के साथ प्रतिक्रिया पर माध्यमिक अल्कोहल देता है।

**97(C).** रेसोरेसिनॉल का उपयोग एंटीसेप्टिक और कीटाणुनाशक के रूप में त्वचा विकारों और संक्रमण जैसे मुँहासे, सेबोरहाइक डर्मेटाइटिस, एक्जिमा, सोरायसिस, कॉर्न्स, कॉलस और मौसा के उपचार में विशिष्ट दवा उत्पादों में किया जाता है। यह एक केराटोलाइटिक गतिविधि को बढ़ाता है। रेसोरेसिनॉल कठोर, रूखी या रूखी त्वचा को हटाने में मदद करके काम करता है।

**98(B).** प्राइमरी एरोमेटिक एमीन को एमीन के संबंधित डायज़ोनियम नमक में परिवर्तित करने में प्रयुक्त रासायनिक प्रक्रिया को आमतौर पर डायज़ोटाइज़ेशन के रूप में जाना जाता है।

**99(D).** हॉफमैन ब्रोमामाइड अभिक्रिया में, एसिटामाइड को मिथेनमाइन में बदल दिया जाता है।
जब एमाइड को ब्रोमीन के साथ सोडियम हाइड्रॉक्साइड के जलीय या एथेनॉलिक घोल में उपचारित किया जाता है तो एमाइड का क्षरण होता है जिससे प्राथमिक अमीन बनता है। इस अभिक्रिया में एमाइड का क्षरण शामिल है और इसे हॉफमैन ब्रोमामाइड का क्षरण अभिक्रिया के रूप में जाना जाता है।

$CH_3CONH_2 + Br_2 + 4NaOH \xrightarrow{\Delta} CH_3NH_2 + 2NaBr_2 + Na_2CO_2 + 2H_2O$
एसिटामाइड मेथेनामाइन

**100(A).** $C_3H_9$ N के लिए 4 समावयवी संभव हैं।
1.$CH_3CH_2CH_2NH_2$
प्रोपेनामाइन
2.$CH_3 - CH(NH_2) - CH_3$
आइसोप्रोपिलमाइन
3.$CH_3CH_2NHCH_3$
N-मिथाइलथानामाइन
4.$CH_3 - N(CH_3) - CH_3$
N,N-डाइमिथाइलमेथेनामाइन

**101(C).** थार्नडाइक के प्रयास और सीखने के सिद्धांत को संबंधवाद के रूप में जाना जाता है।
ई. एल. थार्नडाइक (1874-1949) पहले मनोवैज्ञानिक थे जिन्होंने सीखने में पुरस्कार की अवधारणा को पेश किया। पहले मनोवैज्ञानिकों ने जानवरों का व्यवस्थित अवलोकन किया था लेकिन थार्नडाइक ने मानकीकृत प्रक्रियाओं और तंत्र का उपयोग करके व्यवस्थित रूप से सीखने के विषय का अध्ययन किया था। उन्हें संबंधवाद सिद्धांत का अग्रणी माना जाता है।
संबंधवाद के इस सिद्धांत को प्रयास और सीखने के सिद्धांत के रूप में भी जाना जाता है। इस सिद्धांत में, प्रतिक्रिया के बाद होने वाले परिणामों के नियंत्रण पर जोर दिया जाता है। संतुष्टि या आनंद के बाद की प्रतिक्रियाएँ प्रबल होती हैं और भविष्य में दोहराए जाने की संभावना अधिक होती है।

**102(D).** बेंजामिन ब्लूम द्वारा शैक्षिक उद्देश्यों की एक वर्गीकरण बनाने की कल्पना की गई थी।
- 1956 में ब्लूम के वर्गीकरण को बेंजामिन ब्लूम द्वारा प्रस्तावित किया गया था। वर्गीकरण संज्ञानात्मक कौशल का एक श्रेणीबद्ध क्रम है।

ब्लूम के वर्गीकरण ने शैक्षिक गतिविधियों के तीन डोमेन की पहचान की: -
- संज्ञानात्मक पक्ष/ लक्ष्य: इसमें ज्ञान आधारित लक्ष्य का विकास शामिल है। संज्ञानात्मक पक्ष के अंतर्गत आने वाले उद्देश्यों की छह प्रमुख श्रेणियां ज्ञान, समझ, अनुप्रयोग, विश्लेषण, संश्लेषण, और मूल्यांकन हैं
- भावनात्मक पक्ष/ लक्ष्य: इसमें शामिल हैं कि हम भावनात्मक रूप से चीजों से कैसे निपटते हैं, जैसे भावनाओं, मूल्यों, प्रशंसा, उत्साह, प्रेरणा और दृष्टिकोण।
- क्रियात्मक पक्ष/ लक्ष्य : इसमें गामक- कौशल क्षेत्रों के भौतिक गति, समन्वय और उपयोग शामिल हैं।

**103(B).** संवेग भय, क्रोध, प्रेम आदि से जुड़ी एक मानसिक स्थिति है, जबकि संवेगात्मक बुद्धि किसी व्यक्ति के अपने संवेगों और दूसरों के संवेगों को पहचानने, नियंत्रित करने और प्रबंधित करने की क्षमता को भी संदर्भित करती है।

**104(B).** प्रश्न, "आप यह कैसे सिद्ध करेंगे कि पृथ्वी गोल है या नहीं?" मूल्यांकन पर आधारित है।
इस कथन में, छात्र पृथ्वी के आकार से संबंधित विभिन्न पहलुओं का विश्लेषण और मूल्यांकन करेगा। इससे रचनात्मक तरीके से समस्याओं का समाधान करने के लिए छात्रों के मूल्यांकन कौशल में सुधार करने में मदद मिलेगी।
ब्लूम्स के वर्गीकरण के अनुसार, विभिन्न प्रकार के प्रश्नों के लिए हमें विभिन्न प्रकार या चिंतन के स्तरों का उपयोग करने की आवश्यकता होती है। ज्ञान, बोध और अनुप्रयोग अधिक मूर्त चिंतन कौशल हैं। विश्लेषण, संश्लेषण और मूल्यांकन के लिए अधिक अमूर्तता की आवश्यकता होती है और इसे महत्वपूर्ण चिंतन कौशल के रूप में जाना जाता है।
किसी के ज्ञान कौशल का परीक्षण करने के लिए, शब्दों और वाक्यांशों का उपयोग करना जैसे: कितने, कब, कहाँ, सूची, परिभाषित, बताना, वर्णन करना, पहचानना आदि, जो तथ्यात्मक उत्तर देगा और बच्चे के याद और मान्यता कौशल का परीक्षण करेगा।
बोध कौशल का पता लगाने के लिए, अपने बच्चे को अनुवाद, व्याख्या और एक्सट्रपलेट करने के लिए प्रोत्साहित करने के लिए शब्दों का उपयोग करना जैसे: वर्णन, व्याख्या, अनुमान, अनुमान, पहचान और अंतर आदि।
अनुप्रयोग कौशल का परीक्षण करने के लिए, अपने बच्चे को उन स्थितियों के लिए ज्ञान लागू करने के लिए प्रोत्साहित करने के लिए शब्दों का उपयोग करना: प्रदर्शित करना, लागू करना, वर्णन करना, दिखाएं, हल करना, जांचें, वर्गीकृत करना और प्रयोग करना आदि, जो कि नई और अपरिचित हैं।
विश्लेषण के लिए कौशल शब्दों और वाक्यांशों का उपयोग करते हैं जैसे: क्या अंतर हैं, विश्लेषण करना, व्याख्या करना, तुलना करना, अलग करना, वर्गीकृत करना, व्यवस्था करना, आदि, अपने बच्चे को जानकारी को भागों में तोड़ने के लिए प्रोत्साहित करना।
संश्लेषण कौशल का परीक्षण करने के लिए, शब्दों और वाक्यांशों का उपयोग करना जैसे: अपने बच्चे को नए स्वरूप में तत्वों को संयोजित करने के लिए प्रोत्साहित करने के लिए गठबंधन, पुनर्व्यवस्थित, स्थानापन्न, डिज़ाइन, आविष्कार, क्या, यदि, आदि।
मूल्यांकन कौशल की जांच करने के लिए, शब्दों का उपयोग करना: आकलन, निर्णय, माप, चयन, व्याख्या, निष्कर्ष, तुलना, और संक्षेप आदि, अपने बच्चे को मानदंड के एक सेट के अनुसार निर्णय लेने के लिए प्रोत्साहित करने के लिए।

**105(A).** बच्चों के संज्ञानात्मक सम्प्राप्ति को अन्य लोगों के साथ सामाजिक संपर्क के माध्यम से बढ़ाया जाता है, विशेष रूप से वे अधिक कुशल हैं।
बेंजामिन ब्लूम का वर्गीकरण संज्ञानात्मक उद्देश्यों का एक श्रेणीबद्ध संगठन है। ब्लूम सीखने के उद्देश्यों को तीन ज्ञान-क्षेत्र , संज्ञानात्मक, भावात्मक और संवेदी डोमेन में वर्गीकृत करता है।
- **संज्ञानात्मक ज्ञान** -क्षेत्र: मानसिक कौशल
- **भावात्मक ज्ञान** -क्षेत्र: भावनाओं या भावनात्मक क्षेत्रों में वृद्धि
- **साइकोमोटर ज्ञान** -क्षेत्र: मैनुअल या शारीरिक कौशल

**106(A).** युवा शिक्षार्थियों के लिए 'समय' की अवधारणा का परिचय देना शिक्षकों के लिए कठिन हो सकता है, इसलिए इस पाठ को आगे बढ़ाने से पहले समय से संबंधित वाक्यांशों के साथ पूर्व अनुभवों के बारे में चर्चा करना महत्वपूर्ण है।
यह छात्रों को चर्चा या विचार-विमर्श के लिए पर्याप्त अवसर देकर विषय में छात्रों की रुचि बनाए रखने में शिक्षक की मदद करेगा। चर्चा एक शिक्षण पद्धति है जो इस पर जोर देकर सार्थक सीखने की सुविधा प्रदान करती है:
- साथियों और शिक्षकों के साथ विचारों और अनुभवों को साझा करना।
- समूह सेटिंग्स में सार्थक बातचीत के माध्यम से सीखना।
- विभिन्न कोणों और दृष्टिकोणों से किसी भी मुद्दे को देखते हुए।

**107(D).** उच्च प्राथमिक स्तर पर गणित पढ़ाने के लिए समस्या समाधान विधि सर्वाधिक उपयुक्त है क्योंकि यह छात्रों में अलग सोच विकसित करती है। यह छात्रों की अवधारणा की समझ को भी बढ़ाता है और आलोचनात्मक और कल्पनाशील सोच के उपयोग को बढ़ावा देता है। इस दृष्टिकोण में, शिक्षक छात्रों के लिए एक समस्याग्रस्त स्थिति बनाते हैं और फिर उन्हें भयमुक्त कक्षा के वातावरण में समस्याओं को समझने, परिभाषित करने और बताने में सहायता करते हैं और छात्रों को निर्णय लेने की प्रक्रिया में रचनात्मकता का उपयोग करने में सक्षम बनाते हैं।

**108(C).** शैक्षिक भ्रमण छात्रों को पढ़ाने और उन्हें एक निश्चित स्थान पर ले जाने का सबसे अच्छा तरीका है जहाँ वे वास्तविक परिस्थितियों से सीधे संपर्क करके ज्ञान अर्जित कर सकते हैं। आकार हर वास्तुकला का एक अभिन्न हिस्सा है और इस तरह की यात्राएँ विषयों में संबंध को प्रोत्साहित करती हैं, इसलिए, एक शिक्षक 'आकार' को पढ़ाने के लिए ऐतिहासिक स्थानों की यात्रा की योजना बना सकता है।

**109(C).** Language disorders is found when learner speaks in short and fragmented phrases.

Language disorders or language impairments are disorders that involve the processing of linguistic information. Problems that may be experienced can involve grammar (syntax and/or morphology), semantics (meaning), or other aspects of language. These problems may be receptive (involving impaired language comprehension), expressive (involving language production), or a combination of both. Examples include specific language impairment, better defined as developmental language disorder, or DLD, and aphasia, among others. Language disorders can affect both spoken and written language and can also affect sign language; typically, all forms of language will be impaired.

**110(D).** Aphasia: It affects reading comprehension or speech production. A child speaks in short, fragmented phrases (expressive aphasia). Also, a child is not able to write, hence, it's a language impairment.

Hyperlexia: In this, a child's reading ability is way more than what is expected from his age, as a result, it leads to a significant problem in understanding verbal usage.

So, we conclude that both difficulty in understanding the meaning & expressing his/her thought is a learning disabilities.

**111(B).** Articulation Error: Commonly seen in children, it is the error in which a child can't pronounce certain vowels or consonants. It affects children at the phonetic level where they speak hurriedly (slur over) and find difficulty to say particular syllable (clipping sound). Articulation errors are of four types: substitution, omission, distortion, addition, acronymed as SODA.

- Substitution: In this, one sound is replaced by some other sound. For example, 'jumble' is pronounced as 'fumble'
- Omission: In this the child, one of the sounds is omitted. For example, 'brown' is pronounced as 'bown'
- Distortion: In this, the sound is pronounced in an unfamiliar way. For example, 'zebra' is pronounced as 'zzzebra'
- Addition: In this error, an extra sound is added by children while pronunciation. For example, 'sword' is pronounced as 'shword'

So, we conclude that articulation error occurs due to slurring over and clipping sounds.

**112(D).** शिक्षक की योग्यता से अवगत कराना मूल्यांकन का एक विशिष्ट उद्देश्य नहीं है।

मूल्यांकन के उद्देश्य:

- पूर्वानुमान
- निदान
- चयन
- ग्रेडिंग
- मार्गदर्शन
- निर्णय लेना
- प्रतिपुष्टि

मूल्यांकन किसी निर्दिष्ट क्षेत्र में किसी के प्रदर्शन का आकलन या मापन करने के लिए किया जाता है। यह शिक्षा में आकलन का एक घटक है।

**113(A).** उपचारात्मक शिक्षण द्वारा शिक्षा की खाई को पूरा करने के लिए मूल्यांकन किया जाना चाहिए।

निम्नलिखित बातों के लिए मूल्यांकन किया जाना चाहिए:

- उपचारात्मक शिक्षण द्वारा शिक्षा की खाई को भरने के लिए।
- शैक्षिक योजना के बारे में विश्वसनीय निर्णय लेने के लिए।
- सीखने की प्रक्रिया या कार्यक्रम की प्रभावशीलता का निर्धारण करने के लिए।
- छात्रों और शिक्षकों दोनों को रचनात्मक प्रतिक्रिया प्रदान करने के लिए।
- एक बच्चे की वृद्धि के शैक्षिक और सहशैक्षणिक दोनों पहलुओं का मूल्यांकन करने के लिए।
- अपेक्षित शिक्षण उद्देश्यों के संबंध में शिक्षण पद्धति का मूल्यांकन करने के लिए।

**114(B).** मूल्यांकन का उद्देश्य सुधार की एक विधि के रूप में कार्य करना है। मूल्यांकन बच्चों के सीखने में सुधार के लिए नैदानिक शिक्षण और उपचारात्मक शिक्षण पर केंद्रित है। मूल्यांकन के उद्देश्य:

- तथ्यात्मक ज्ञान प्रदान करना।
- कमियों को हल करना और कमजोरी को ताकत में बदलने के लिए निदान करना।
- पूर्व निर्धारित लक्ष्य और उपलब्धि के लक्ष्य।
- बच्चों की व्यक्तिगत आवश्यकताओं के लिए उपयुक्त शिक्षा प्रक्रियाओं की जांच करना।
- सुधार की एक विधि के रूप में कार्य करें।
- भौतिक, संज्ञानात्मक, सामाजिक और संवेगात्मक जैसे सर्वांगीण विकास आदि।

**115(B).** नूरी इस तर्क 'हमारे समाज के प्रति कुछ दायित्व हैं और उस दायित्व के लिए हमें नियमों का पालन करना चाहिए' के आधार पर अपनी क्रियाओं का निर्णय लेती है। लॉरेंस कोहलबर्ग के अनुसार, नूरी इस समय नैतिक तार्किकता की अभिसामयिक अवस्था में है।

**116(A).** छात्र-केंद्रित कक्ष व्यक्तिगत अंतर को संबोधित करने के लिए है।

छात्र-केंद्रित शिक्षण कई शैक्षिक, सीखने, सिखाने और सहयोग के दृष्टिकोण पर लागू होता है जो व्यक्तिगत छात्रों, छात्रों के समूहों और विशिष्ट सीखने की जरूरतों, हितों, वरीयताओं या सांस्कृतिक पृष्ठभूमि पर कार्य करते हैं।

**117(C).** सतत और व्यापक मूल्यांकन आवश्यक है क्योंकि सतत मूल्यांकन से शिक्षार्थी में परीक्षा का अनावश्यक भय नहीं दिखता है।

सतत और व्यापक मूल्यांकन, जिसे आमतौर पर 'सीसीई' के रूप में जाना जाता है, सीबीएसई द्वारा 2009 में शिक्षा का अधिकार अधिनियम के अधिनियमन के साथ मूल्यांकन की एक स्कूल-आधारित प्रणाली के रूप में पेश किया गया है। सतत और व्यापक मूल्यांकन (सीसीई) का उद्देश्य 'बच्चे के विकास के सभी पहलुओं' का मूल्यांकन करना है क्योंकि यह संज्ञानात्मक, साइकोमोटर और प्रभावशाली डोमेन सहित छात्रों के सर्वांगीण विकास को सुनिश्चित करता है।

निरंतर और व्यापक मूल्यांकन आवश्यक है क्योंकि:

- यह तनाव और चिंता को कम करता है, जो अक्सर परीक्षा के दौरान और बाद में युवा छात्रों में बनता है।
- यह ड्रॉपआउट दर को कम करता है क्योंकि शिक्षार्थियों में उनकी परीक्षा और स्कूल के प्रदर्शन से संबंधित भय और चिंता कम होगी।
- सीसीई में परीक्षा और परीक्षा आयोजित करने के बजाय सीखने पर अधिक ध्यान दिया जाता है। यह शिक्षार्थियों के समग्र विकास में योगदान देता है।
- सीसीई का उपयोग शिक्षार्थियों को शारीरिक रूप से फिट, मानसिक रूप से सतर्क, भावनात्मक रूप से संतुलित और सामाजिक रूप से समायोजित करके भविष्य के जीवन के लिए तैयार करने के एक उपकरण के रूप में किया जाता है।
- सीसीई के माध्यम से शिक्षार्थियों को अपनी रुचियों, शौकों और व्यक्तित्वों को विकसित करने के लिए अधिक समय मिलता है। यह एक शिक्षार्थी के अनुकूल वातावरण को बढ़ावा देता है, जिससे छात्र सीखने का अनुकूलन होता है।

**118(C).** पर्यावरण अध्ययन की पुस्तक में विषय के साथ दी गई गतिविधियाँ विद्यार्थियों के लिए उपयोगी होंगी।

छात्रों के लिए उपयोगी होने के लिए पर्यावरण अध्ययन पाठ्यपुस्तकों की विशेषताएं:

- यंत्रवत अधिगम से बचना
- बच्चे के विचार और अंतर्ज्ञान को प्रोत्साहित करना
- समूह और व्यक्तिगत गतिविधियों का समान संतुलन
- अवधारणाओं की श्रेणीबद्ध जटिलता
- अवधारणाओं का नैतिक और भावनात्मक स्वर

**119(D).** शिक्षण में श्रव्य-दृश्य सहायक उपकरणों के उदाहरणों में से नाटकीय रूपांतर एक है।
नाटकीय रूपांतर / नाटक:
- इसका अर्थ अभिनय या भूमिका द्वारा मूल वास्तविकता या वास्तविक अनुभव को फिर से बनाना है।
- छात्र एक नाटकीयता में भाग ले सकते हैं या केवल इसे देख सकते हैं। दोनों मूल्यवान हैं लेकिन भागीदारी बहुत अधिक सार्थक और प्रासंगिक है।
- एक बेहतर अधिगम के अनुभव प्रदान करने के लिए उन्हें मूर्त और दिलचस्प बनाने के लिए नाटकीय कृत्यों के लिए सार और निर्बाध विषयों को लिया जाता है।
- यह कक्षा शिक्षण में भी संभव है जहां वेशभूषा की आवश्यकता नहीं होती है, लेकिन विभिन्न छात्र अपने भागों को याद कर सकते हैं और कक्षा में कार्य कर सकते हैं।

**120(C).** उपर्युक्त गद्यांश एक अलंकारिक तर्क है क्योंकि पुरुष स्पष्टीकरण के उद्देश्य के लिए महिला के साथ खुद की तुलना कर रहा है।
अलंकारिक तर्क (या सादृश्य द्वारा तर्क) इंडक्शन से हैं जहां एक निष्कर्ष दो या अधिक मामलों के बीच समानता की तुलना से लिया गया है।

**121(A).** "खुशी तब होती है जब आप क्या सोचते हैं, आप क्या कहते हैं, और आप जो करते हैं वह सामंजस्य होता है।" -यह मोहनदास करमचंद गांधी का बहुत प्रसिद्ध उद्धरण है।
महात्मा गांधी ब्रिटिश शासन के खिलाफ और दक्षिण अफ्रीका में भारत के अहिंसक स्वतंत्रता आंदोलन के नेता थे जिन्होंने भारतीयों के नागरिक अधिकारों की वकालत की थी। भारत के पोरबंदर में जन्मे गांधी ने कानून का अध्ययन किया और सविनय अवज्ञा के शांतिपूर्ण रूपों में ब्रिटिश संस्थानों के खिलाफ बहिष्कार का आयोजन किया।

**122(D).** प्रश्न, अधिगम की प्रक्रिया में सहायता करते हैं और इसलिए कौशल पर प्रश्न करना एक महत्वपूर्ण शिक्षण कौशल है जिसे शिक्षक द्वारा एक सफल कक्षा सत्र आयोजित करने के लिए विकसित किया जाना आवश्यक है। प्रश्नों का उपयोग छात्रों को कुछ तथ्यों को याद करने, उनकी तर्क क्षमता का उपयोग करने और अपनी शिक्षा को बढ़ाने में मान्यता और भेदभाव की शक्ति का उपयोग करने के लिए किया जाता है। प्रभावी पूछताछ उन्हें चीजों और विचारों का चिंतन करने के लिए प्रोत्साहित करती है और उन्हें चर्चा में भाग लेने के लिए प्रेरित करती है। प्रभावी शिक्षक छात्रों को उनकी सोच में आगे बढ़ने और अपनी समझ बनाने में मदद करने के लिए उत्पादक प्रश्नों का उपयोग करते हैं।
कई शोधकर्ताओं ने शैलियों और प्रश्नों के प्रकारों पर काम किया है। मोटे तौर पर, चार प्रकार के प्रश्न होते हैं।
**उच्च-क्रम के प्रश्न:**
- इस स्तर के प्रश्न बच्चों को सोचने के लिए, अर्जित ज्ञान से परे, उनके तत्वों में समस्याग्रस्त स्थितियों का विश्लेषण करने और उन तत्वों के बीच पारस्परिक संबंध की खोज करने के लिए प्रोत्साहित करते हैं।
- ये प्रश्न छात्रों को नए विचारों का उत्पादन करने और रचनात्मक और तर्क क्षमता विकसित करने में सक्षम बनाते हैं।
- उच्च-क्रम के प्रश्नों द्वारा प्रचारित कौशल को तीन स्तरों विश्लेषण, संश्लेषण और मूल्यांकन में विभाजित किया जा सकता है।

**अप्रत्यक्ष प्रश्न:**
- इस प्रकार के प्रश्न औपचारिक प्रश्न होते हैं जिनका उपयोग अज्ञात व्यक्ति के बारे में जानकारी एकत्र करने के लिए किया जाता है।

**सम्प्रत्यय आधारित प्रश्न:**
- ये प्रश्न विशिष्ट विषयों पर आधारित होते हैं, जो छात्रों के अधिगम के आंकड़ों को खोजने में सहायक होते हैं। ये बहुविकल्पीय प्रकार के प्रश्नों में होते हैं। वे पूर्व ज्ञान से दृढ़ता से संबंधित होते हैं।

इस प्रकार उपर्युक्त बिंदुओं से, यह स्पष्ट है कि B, D और E सत्य हैं।

**123(D).** उपरोक्त सभी कारक हैं जो शिक्षण की प्रक्रिया को प्रभावित करते हैं। विभिन्न कारक हैं जो शिक्षण को प्रभावित करते हैं। ये एक शिक्षक का अनुभव, एक शिक्षक की शैक्षिक योग्यता, शिक्षण का विषय, कक्षा का वातावरण, मानव संबंध कौशल, संचार कौशल, शिक्षण की विधि और तकनीक, शिक्षण सहायक सामग्री का उपयोग हैं।

**124(B).** विकास की किशोरावस्था में व्यक्ति को व्यावसायिक समायोजन की समस्या का सामना करना पड़ता है।
व्यावसायिक समायोजन उस मात्रा को संदर्भित करता है जिस तक कोई व्यक्ति अपनी रुचियों, लक्षणों और प्रतिभाओं के लिए सबसे उपयुक्त काम या करियर चुनने में सफल होता है।
किशोरावस्था: किशोरावस्था संज्ञानात्मक विकास के लिए एक महत्वपूर्ण अवधि है, जो समस्याओं और विचारों के बारे में सोचने और तर्क करने की विधियों में एक संक्रमण का प्रतीक है।
- किशोरावस्था के स्तर पर व्यक्ति को व्यावसायिक समायोजन की समस्या का सामना करना पड़ता है।
- यह वह अवस्था है जहां बच्चों को अपना करियर चुनने की आवश्यकता होती है।
- यह बाल्यावस्था से वयस्कता तक एक जैव-सामाजिक संक्रमण है।
- यह बाल्यावस्था के अनुभवों और उपलब्धियों पर आधारित है।
- तीव्र शारीरिक और जैविक परिवर्तनों की अवधि तनाव, क्षमता, हताशा और असुरक्षा की भावना को जन्म दे सकती है।

**125(B).** यूजीसी (विश्वविद्यालय अनुदान आयोग) की स्थापना 1956 में भारत में उच्च शिक्षा मानकों के समन्वय और रखरखाव के लिए संसद अधिनियम के माध्यम से एक वैधानिक निकाय के रूप में की गई थी।
AICTE (ऑल इंडिया काउंसिल फॉर टेक्निकल एजुकेशन) की स्थापना 1945 में भारत में तकनीकी शिक्षा की योजना और विकास के लिए संसद अधिनियम के माध्यम से एक सलाहकार निकाय के रूप में और एक वैधानिक निकाय के रूप में की गई थी।
NCTE (नेशनल काउंसिल फॉर टीचर एजुकेशन) भारतीय शिक्षा प्रणाली में प्रक्रियाओं और प्रक्रियाओं को शुरू करने और बनाए रखने के लिए वर्ष 1995 में स्थापित किया गया था।
NAAC (राष्ट्रीय मूल्यांकन और प्रत्यायन परिषद) की स्थापना वर्ष 1994 में भारत में विश्वविद्यालयों और कॉलेजों के प्रदर्शन के मूल्यांकन के उद्देश्य से की गई थी

**126(C).** छात्र द्वारा पूछे गए प्रश्नों की गुणवत्ता के माध्यम से शिक्षण की गुणवत्ता को सबसे अच्छे तरीके से परिलक्षित किया जा सकता है। छात्र के प्रश्नों की गुणवत्ता शिक्षण सीखने की प्रक्रिया के दौरान एक छात्र के हित स्तर और जिज्ञासा स्तर को दर्शाती है।
छात्रों के प्रश्न शिक्षक को इस बारे में एक विचार देते हैं कि उनका छात्र शिक्षक द्वारा सिखाई गई सामग्री को कितना समझ रहा है जो शिक्षक को और अधिक प्रभावी बनाने के लिए शिक्षक को अपने शिक्षण कौशल में सुधार करने की अनुमति देता है। छात्रों द्वारा पूछे गए गुणात्मक प्रश्न प्रभावी शिक्षण अधिगम प्रक्रिया को सुनिश्चित करते हैं।

**127(B).** चार्ट, बोर्ड, प्रोजेक्टर आदि जैसे शिक्षण सहायक शिक्षण प्रक्रिया को रोचक बनाते हैं, जो छात्र को बेहतर सीखने और लंबी अवधि के लिए अवधारणाओं को बनाए रखने में मदद करता है। इन विभिन्न ऑडियो और वीडियो शिक्षण प्रचार के माध्यम से छात्रों की प्रतिधारण शक्ति बढ़ जाती है।
अत: विकल्प (B) सही है I

**128(B).** कक्षा संचार के संदर्भ में दृष्टिकोण, कार्य और दिखावे को गैर-मौखिक संचार माना जाता है। अशाब्दिक संचार हमारे चेहरे के भाव, हावभाव, आंखों के संपर्क, आसन और आवाज के स्वर को दर्शाता है। यह वह प्रक्रिया है जिसमें संदेशों को बिना बोले या लिखे शब्दों का उपयोग किए बिना भेजा और प्राप्त किया जाता है।
अत: विकल्प (B) सही है I

**129(D).** दबाव/अवपीडन जरिए किसी को कुछ करने के लिए राजी करने की कार्रवाई या अभ्यास को संदर्भित करता है।
समर्पण एक मन की स्थिति है जिसमें लोग अब वे नहीं कर सकते जो वे करना चाहते हैं क्योंकि वे किसी और से प्रभावित हुए हैं।
टकराव एक ऐसी स्थिति है जिसमें लोग या समूह विचारों या विचारों का विरोध करते हैं और गुस्से से असहमत होते हैं:
अनुनय किसी को कुछ करने या अपने मन को बदलने के लिए किसी को प्रभावित करने के लिए कार्य है।
इसलिए, सकारात्मक कक्षा संचार से अनुनय होता है।
अत: विकल्प (D) सही है I

**130(C).** एक शिक्षाविद वह होता है जो विभिन्न भूमिकाओं और जिम्मेदारियों में एक शैक्षिक प्रणाली के भीतर काम करता है जो शिक्षण, सीखने,

मूल्यांकन, अनुसंधान, पाठ्यक्रम विकास और दूसरों के बीच नीति को सुविधाजनक बनाता है।

| | |
|---|---|
| A. लुई ब्रेल | (4) नेत्रहीन शिक्षार्थी |
| B. हेलेन केलर | (3) मूक और बधिर शिक्षार्थी |
| C. थॉमस एडिसन | (2) बधिर शिक्षार्थी |
| D. लाल अडवानी | (1) अक्षम शिक्षार्थी |

**132(A).** नर्मदा नदी अरब सागर में समाप्त होती है। नर्मदा नदी को रीवा के नाम से भी जाना जाता है। इसे "मध्य प्रदेश और गुजरात की जीवन रेखा" के रूप में भी जाना जाता है। नर्मदा मध्य प्रदेश के अनूपपुर जिले के पास अमरकंटक पठार से निकलती है।

**133(D).** सन् 1921 में जनसंख्या में वृद्धि 0.3% दर्ज की गई थी। इससे पहले 1911 में 5.7% की धनात्मक वृद्धि हुई थी, जो 2011 में 17.6% की वृद्धि दर्ज की गई थी।

**134(C).** चैटGPT को 30 नवंबर, 2022 को संयुक्त राज्य अमेरिका के सैन फ्रांसिस्को स्थित ओपनAI द्वारा लॉन्च किया गया था। यह कंपनी के भाषा सीखने के मॉडल (LLM) की GPT 3.5 सीरीज पर आधारित है। GPT का अर्थ जनरेटिव प्री-ट्रेंड ट्रासफॉर्मर है।

**135(D).** 1857 के विद्रोह की बिहार में प्रमुख केन्द्र जगदीशपुर (आरा) रहा। कुँवर सिंह के नेतृत्व में विद्रोह जुलाई, 1857 से अप्रैल, 1858 तक चलता रहा।

**136(D).** दाचीगाम राष्ट्रीय उद्यान हंगुल या कश्मीर हिरण से जुड़ा हुआ है। दाचीगाम राष्ट्रीय उद्यान श्रीनगर से 22 किमी दूर स्थित है। इसका अर्थ है "10 गांव"। इसे हंगुल के संरक्षण के लिए स्थापित किया गया है। इसकी आबादी खतरनाक दर से घट रही है। हंगुल जम्मू का राजकीय पशु है और जीवित रहने वाले लाल हिरण की एकमात्र प्रजाति है। हंगुल की संरक्षण स्थिति गंभीर रूप से संकटग्रस्त है।

**137(A).** वैश्विक जलवायु परिवर्तन का मुख्य कारण वातावरण में कार्बन डाइऑक्साइड की मात्रा में वृद्धि है।
मनुष्य जीवाश्म ईंधन को जलाकर, जंगलों को काटकर और पशुधन को खेती करके जलवायु और पृथ्वी के तापमान को तेजी से प्रभावित कर रहे हैं। यह वातावरण में स्वाभाविक रूप से होने वाली ग्रीनहाउस गैसों की भारी मात्रा में जोड़ता है, ग्रीनहाउस प्रभाव और ग्लोबल वार्मिंग को बढ़ाता है।

**138(C).** हाइड्रोजन या हाइड्रोजन युक्त यौगिकों के उपयोग से उत्पन्न ऊर्जा में न्यूनतम प्रदूषण होता है और जलने पर अधिकतम ऊर्जा उत्पन्न होती है।
- डीजल, पेट्रोल और कोयले जैसे ईंधन गर्मी या प्रकाश के साथ धुआं उत्पन्न करने के लिए जलते हैं।
- धुंआ उत्पन्न करने के अलावा, कोयला ऊर्जा के लिए जलाने पर राख देने के लिए भी विघटित होता है।
- धुएं और राख के परिणामस्वरूप क्रमशः वायु और भूमि/जल/मृदा प्रदूषण होता है।
- दूसरी ओर, हाइड्रोजन जब ऊर्जा के लिए उपयोग किया जाता है तो न तो धुआं और न ही राख उत्पन्न करता है।

**139(D).** जड़: पौधे का वह भाग जो मिट्टी के नीचे छिपा होता है, जड़ कहलाता है।
- जड़ें मिट्टी के कणों को बांधती हैं और पौधे को जमीन पर स्थिर रखती हैं।
- वे जमीन से पौधे के पोषण के लिए आवश्यक खनिज लवण को अवशोषित करते हैं और तने के माध्यम से इसका परिवहन करते हैं।
- जड़ें जमीन से नमी और पोषक तत्वों को अवशोषित करती हैं, इसे बढ़ने में मदद करने के लिए पौधे में चूसती हैं।
- मनुष्य पौधे के जड़, तने, पत्तियों, फूलों, फलों आदि के लगभग हर हिस्से का भोजन के रूप में सेवन करते हैं।
- जड़ सब्जियों का उदाहरण जिन्हें हम भोजन के रूप में सेवन करते हैं- गाजर, मूली, चुकंदर, शलजम, शकरकंद, आदि।

**140(B).** पर्यावरण अध्ययन एक बहुआयामी विषय है जो विभिन्न शैक्षणिक क्षेत्रों के महत्वपूर्ण सिद्धांतों को शामिल करता है। यह एक व्यापक क्षेत्र है जो इस तरह के सामाजिक विज्ञान, विज्ञान, भाषा, गणित, आदि के साथ ही संबद्ध विषयों के रूप में पर्यावरण अध्ययन के बुनियादी सिद्धांतों का अध्ययन करता है|
- कक्षा I और II में, पर्यावरण विज्ञान की अवधारणाओं को भाषा और गणित में एकीकृत किया गया है।
- संदर्भ सीखने को सुनिश्चित करने के लिए बच्चे के तात्कालिक वातावरण के आसपास भाषा और गणित का शिक्षण बुना जाता है।
- राष्ट्रीय पाठ्यचर्या की रूपरेखा -2005, ने पर्यावरणीय अध्ययन को कक्षा III-V में एक अलग विषय के रूप में निर्धारित किया है।

इसलिए, हम यह निष्कर्ष निकालते हैं कि कक्षाएं I और II के लिए, पर्यावरण अध्ययन को भाषा और गणित के माध्यम से पढ़ाया जाता है।

**141(D).** दिया गया है:
छात्रों की कुल संख्या $= 80$
लड़कियों का भाग $= 60\%$
लड़कों का औसत वजन = लड़कियों के औसत वजन से 5% अधिक
सभी छात्रों का औसत वजन = 51 किग्रा
औसत वजन = वजन का योग/छात्रों की संख्या
लड़कों की संख्या $= 80 \times \frac{40}{100} = 32$
माना लड़कियों का औसत वजन $= b$
लड़कों का औसत वजन $= b \times \frac{105}{100}$
$= \frac{21b}{20}$
सभी छात्रों का औसत वजन $= 51$ किग्रा
51 किग्रा $= \frac{(48 \times b + \frac{21b}{20} \times 32)}{80}$
$\Rightarrow 51 \times 80 \times 5 = 240\,b + 168\,b$
$\Rightarrow b = \frac{20400}{408}$
$\therefore$ लड़कियों का औसत वजन लगभग 50 किग्रा है।

**142(B).** चक्रवृद्धि राशि= $= p(1 + \frac{r}{100})^n$
$= 31250 \times (1 + \frac{8}{100})^2 (1 + \frac{8}{100} \times \frac{9}{12})$
$= 31250 \times \frac{27}{25} \times \frac{27}{25} \times \frac{53}{50} = 38637$
$\therefore$ चक्रवृद्धि ब्याज $= 38637 - 31250 =$ रु. 7387

**143(D).** दिया गया है:
$3.\overline{87} - 2.\overline{59}$
$= (3 + 0.\overline{87}) - (2 + 0.\overline{59})$
$= (3 + \frac{87}{99}) - (2 + \frac{59}{99})$
$= 1 + (\frac{87}{99} - \frac{59}{99})$
$= 1 + \frac{28}{99}$
$= 1.\overline{28}$

**144(A).** दिया गया है:
संख्या 36, 54 और 72 प्रयोग हैं।
उपयोग की गई अवधारणा:
महत्तम समापवर्तक (उच्चतम उभयनिष्ठ गुणक): यह सबसे बड़ा धनात्मक पूर्णांक है जो प्रत्येक पूर्णांक को विभाजित करता है। इसे कभी-कभी महत्तम सामान्य भाजक कहा जाता है।
36 के गुणक $= 1\times2\times2\times3\times3$
54 के गुणक $= 1\times2\times3\times3\times3$
72 के गुणक $= 1\times2\times2\times2\times3\times3$
इसलिए हम कह सकते हैं कि उच्चतम सामान्य पूर्णांक $= 3\times3\times2 = 18$
$\therefore$ 36, 54 और 72 का महत्तम समापवर्तक 18 है।

**145(B).** दिया गया,
बेलन की ऊँचाई $= 10cm$
आधार की त्रिज्या $= 3.5cm$
जैसा कि हम जानते हैं,
बेलन का वक्र पृष्ठीय क्षेत्रफल $= 2\pi rh$
गोलार्द्ध का वक्र पृष्ठीय क्षेत्रफल $= 2\pi r^2$
वस्तु का कुल पृष्ठीय क्षेत्रफल = बेलन का वक्र पृष्ठीय क्षेत्रफल +2

गोलार्द्ध का वक्र पृष्ठीय क्षेत्रफल
$= 2\pi rh + 2\left(2\pi r^2\right)$
$= 2\pi r(h + 2r)$
$= 2 \times \frac{22}{7} \times 3.5(10 + 2 \times 3.5)$
$= 2 \times \frac{22}{7} \times 3.5(10 + 7)$
$= 2 \times \frac{22}{7} \times 3.5 \times 17$
$= 374 cm^2$
अतः, वस्तु का कुल पृष्ठीय क्षेत्रफल $374cm^2$ है।

**146(B).** जिस प्रकार
k e a c → c a e K

इसी प्रकार
x g m f → f m g x

**147(A).** पर्यावास यहां सबसे विषम शब्द है।
पर्यावास किसी जीव का प्राकृतिक घर या वातावरण होता है। अस्तबल वह स्थान है जहाँ घोड़ों को रखा जाता है। मांद वह जगह है जहां शेर रहते हैं। खलिहान वह स्थान है जहाँ अनाज जमा होता है।
अत: विकल्प (A) सही है।

**148(D).** मान लीजिए $a$ पहला पद है और $d$ सार्व अंतर है,
दिया है, $a_3 = 4$ और $a_9 = -8$
हम जानते है,
$T_n = a + (n-1)d$
$a =$ पहला पद
$d =$ सार्व अंतर
$T_n = n$ वाँ पद
$\Rightarrow T_3 = a + (3-1)d = 4$
$\Rightarrow a + 2d = 4 \quad \ldots\ldots(i)$
$\Rightarrow T_9 = a + (9-1)d = -8$
$\Rightarrow a + 8d = -8 \quad \ldots\ldots(ii)$
$(i)$ को $(ii)$ से घटाने पर, हम प्राप्त करते हैं
$6d = -12$
$\Rightarrow d = -2$
$d = -2$ को $(i)$ में रखने पर, हमें प्राप्त होता है
$a + 2 \times (-2) = 4$
$\Rightarrow a - 4 = 4$
$\Rightarrow a = 8$
मान लीजिए इस $AP$ का $n$ वाँ पद शून्य है, $a_n = 0$
$\Rightarrow \quad a + (n-1)d = 0$
$\Rightarrow 8 + (n-1)(-2) = 0$
$\Rightarrow 8 - 2n + 2 = 0$
$\Rightarrow 2n = 10$
$\Rightarrow n = 5$
इसलिए, $AP$ का 5 वाँ पद शून्य है।

**149(C).** यहाँ अनुसरण किया गया पैटर्न है:
सभी अक्षरों के स्थानीय मान के योग की विपरीत संख्या की व्यवस्था के रूप में कूटबद्ध किया जाता है। FEVERISH को 29 के रूप में कूटबद्ध किया गया है।

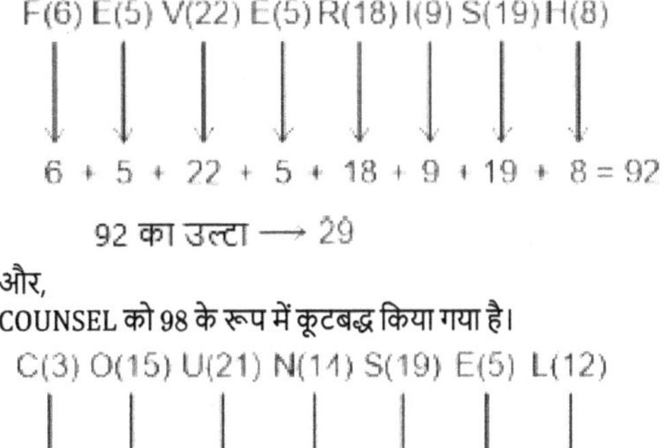


और,
COUNSEL को 98 के रूप में कूटबद्ध किया गया है।

C(3) O(15) U(21) N(14) S(19) E(5) L(12)
3 + 15 + 21 + 14 + 19 + 5 + 12 = 89
89 का उल्टा ⟶ 98

इसी तरह,
MUTATED = ?

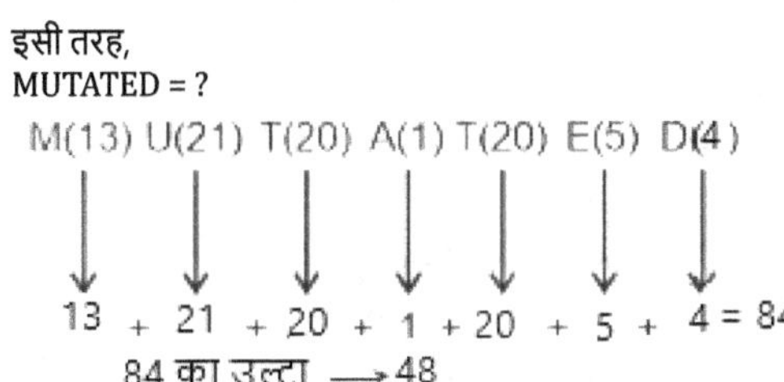


**150(B).** उपरोक्त जानकारी के साथ हम निम्नलिखित वंशवृक्ष को बना सकते हैं:

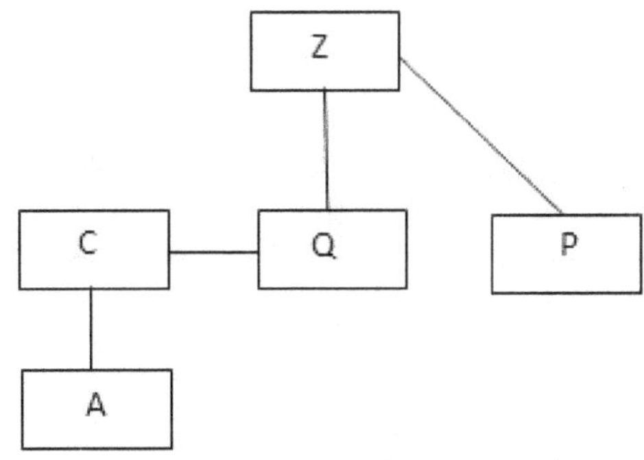


चूंकि, C और Q एक दूसरे की बहनें हैं और A, C का बेटा है। इसलिए C, A की मां है, इसलिए, Z, A की दादी है। जैसे कि P, Z का पुत्र है, इसलिए P, A का मामा है।

# प्रैक्टिस टेस्ट 4

## Specific Subject

**1. निम्नलिखित में से कौन सी फ़र्न भी सेलाजिनेला के अलावा विषमलैंगिक दिखाती है?**

(a) साल्विनिया (b) सिलोटम
(c) एडियाटम (d) पेरिटिस

**2. दोहरे फंसे डीएनए वायरस है**

(a) अवुलवायरस (b) मसूरिका
(c) जीवाणुभोग मु (d) हेनीपाविरस

**3. चारों ओर कई फ्लैगेल्ला के साथ एक बैक्टीरिया के रूप में जाना जाता है**

(a) नीरस (b) लोफोट्रिचस
(c) उभयचर (d) विदग्ध

**4. निम्नलिखित में से किस पौधे के जनन में प्रवाल मूल है?**

(a) साइकस
(b) विंका
(c) मेक्सिको का रंगीन फूलों का बड़ा पौधा
(d) गुलाब का फूल

**5. पौधों की छंटाई ब्रांचिंग को कैसे बढ़ावा देती है?**

(a) एब्सिसिक एसिड की गतिविधि बढ़ जाती है।
(b) एक्सिलरी कलियां गिबरेलिन के प्रति संवेदनशील हो जाती हैं।
(c) एथिलीन की गतिविधि कम हो जाती है।
(d) एक्सिलरी कलियां साइटोकिनिन से संश्लेषित हो जाती हैं।

**6. स्लॉथ के बारे में नीचे दिए गए कथनों में से कही कथन को चुनिए ।**

(a) स्लॉथ लगभग 40 वर्ष तक जीते हैं और अपने जीवन काल में 50 वृक्षों पर घूमने की तकलीफ़ उठाते हैं
(b) स्लॉथ लगभग 10 वर्ष तक जीते हैं और अपने जीवन काल में 40 वृक्षों पर घूमने की तकलीफ़ उठाते हैं
(c) स्लॉथ लगभग 40 वर्ष तक जीते हैं और अपने जीवन काल में 8 वृक्षों पर घूमने की तकलीफ़ उठाते हैं
(d) स्लॉथ लगभग 8 वर्ष तक जीते हैं और अपने जीवन काल में 40 वृक्षों पर घूमने की तकलीफ़ उठाते हैं

**7. मधुमक्खी के छत्तो के विषय में नीचे दिए गए कथनो पर विचार कीजिए-**
**A. प्रत्येक छत्ते में बहुत-सी रानी मक्खियाँ होती हैं जो अण्डे देती हैं।**
**B. प्रत्येक छत्ते में कुछ ही नर मक्खियाँ होते हैं।**
**C. छत्ते में बहुत सारी काम करने वाली मक्खियाँ भी होती हैं जो शहद के लिए फूलों का रस एकत्र करती हैं।**
**D. यदि काम करने वाली मक्खियाँ न हों, तो छत्ता और शहद नहीं बन सकते।**
**E. नर मक्खी छत्ते के लिए बहुत महत्वपूर्ण होते हैं, क्योंकि ये रस वाले फलों को खोजने में सहायता करते हैं।**
**इनमें से सही कथन हैं -**

(a) A, C और E (b) A, B, C और D
(c) B, C ,D और E (d) B, C और D

**8. निम्नलिखित में से कौन से पौधे में वेक्सिलरी पुष्पदल विन्यास और द्विसंघी पुंकेसर होते है?**

(a) एलियम सेपा (b) सोलेनम नाइग्रम
(c) कोल्चिकम औटम्नेल (d) पाइसम सेटाइवम

**9. पुराने वृक्षों में द्वितीयक जाइलम का अधिकांश भाग गहरे भूरे रंग का होता है। निम्नलिखित में से किसके कारण यह कीटों के आक्रमण के लिए प्रतिरोधी होता है?**

**(a) द्वितीयक उपापचयज का स्राव और वाहिकाओं के अवकाशिका में उनके एकत्र होने के कारण।**
**(b) तने की केंद्रीय परतों में टैनिन और रेजिन जैसे कार्बनिक यौगिकों के एकत्र होने के कारण।**
**(c) तने की बाहरी परत में सुबेरिन और सुगंधित पदार्थों के एकत्र होने के कारण।**
**(d) तने की परिधीय परतों में टैनिन, गोंद, राल और सुगंधित पदार्थों के एकत्र होने के कारण।**
**(e) पैरेन्काइमा कोशिकाओं, कार्यात्मक रूप से सक्रिय जाइलम तत्वों और आवश्यक तेलों की उपस्थिति के कारण।**
**नीचे दिए गए विकल्पों में से सही उत्तर चुनिए:**

(a) केवल (d) और (e) (b) केवल (b) और (d)
(c) केवल (a) और (b) (d) केवल c) और (d)

**10. निम्नलिखित में से कौन सा संयोजी ऊतक नहीं है ?**

(a) हड्डी (b) उपास्थि
(c) रक्त (d) मांसपेशियों

**11. एंजियोस्पर्म में पुरुष युग्मक __ द्वारा निर्मित होता है**

(a) जनन कोशिकाएँ (b) माइक्रोस्पोर कोशिकाएँ
(c) कायिक कोशिकाएँ (d) ट्यूब कोशिकाएँ

**12. निम्न कथनों को ध्यान में रखिए :**
**(A) सहएंजाइम अथवा धातु आयन जो एंजाइम प्रोटीन से दृढ़ता से बंधे होते हैं, प्रोस्थेटिक समूह कहलाते हैं।**
**(8) एक प्रोस्थेटिक समूह से बंधा पूर्ण उत्प्रेरक सक्रिय एंजाइम, एपोएंजाइम कहलाता है।**
**उचित विकल्प का चयन कीजिए।**

(a) दोनों (A) एवं (B) सत्य हैं।
(b) (A) सत्य है लेकिन (B) असत्य है।
(c) दोनों (A) एवं (B) असत्य हैं।
(d) (A) असत्य है लेकिन (B) सत्य है।

**13. निम्नलिखित में से किस प्रक्रिया में द्विगुणित स्पोरोफाइट की कोशिकाओं से निर्मित भ्रूण होता है?**

(a) आकस्मिक भ्रूण (b) वनस्पति असंगजनन
(c) निवारक भ्रूण (d) गैर-आवर्तक असंगजनन

**14. अर्धसूत्रीविभाजन के दौरान समजातीय गुणसूत्रों पर पुनर्संयोजन ग्रंथिकाओं का बनना किसे अभिलक्षित करता है?**

(a) वह स्थल जहां जीन विनियम होता है
(b) टर्मिनलीकरण
(c) सिनेप्टोनीमल सम्मिश्र
(d) द्विसंयोजी

**15. निम्नलिखित में से कौन सा अनुक्रम प्रकाश संश्लेषण के दौरान इलेक्ट्रॉनों के प्रवाह को सही ढंग से दर्शाता है?**

(a) $NADPH \rightarrow O_2 \rightarrow CO_2$
(b) $H_2O \rightarrow NADPH \rightarrow$ केल्विन चक्र
(c) $H_2O \rightarrow$ फोटो सिस्टम I $\rightarrow$ फोटो सिस्टम II
(d) $NADPH \rightarrow$ इलेक्ट्रॉन परिवहन श्रृंखला $\rightarrow O_2$

**16. ट्राइपामिटिन के श्वसन गुणांक का मान कितना है?**

(a) 0.9 (b) 0.7
(c) 0.07 (d) 0.09

**17. निम्नलिखित में से कौन सा विकल्प क्रमशः अस्थमा और वातस्फीति में फेफड़ों की स्थिति का सही प्रतिनिधित्व करता है?**

(a) श्वसन सतह में वृद्धि; ब्रोंचीओल्स की सूजन

(b) ब्रोंचीओल्स की संख्या में वृद्धि; बढ़ी हुई श्वसन सतह
(c) ब्रोंचीओल्स की सूजन; घटी हुई श्वसन सतह
(d) श्वसन सतह में कमी; ब्रोंचीओल्स की सूजन

**18. निम्नलिखित में से कौन सा कथन वृक्क प्रणाली के विकासात्मक विसंगतियों से संबंधित है?**
(a) हाइपोस्पेडिया पैदा करने के लिए मूत्रवाहिनी कली की विफलता।
(b) हॉर्सशू किडनी तब होती है जब प्रोनफ्रॉस फिर से बनने में विफल हो जाता है।
(c) वयस्क गुर्दे में केवल एक गुर्दे की धमनी हो सकती है।
(d) मूत्रवाहिनी कली के प्रारंभिक विभाजन के परिणामस्वरूप एक गुर्दे में दो मूत्रवाहिनी हो सकती है।

**19. ________ वह बिंदु है जहां दो या तीन प्रमुख गुर्दे एक साथ जुड़ते हैं।**
(a) रेनल पेल्विस (b) यूरेथ्रा
(c) बोमन कैप्सूल (d) उपरोक्त में से कोई नहीं

**20. पेशी संकुचन में कौन सी घटनाएं होती है?**
**(a) 'H' क्षेत्र विलुप्त हो जाता है**
**(b) 'A' बैंड चौड़ा हो जाता है**
**(c) 'I' बैंड चौड़ाई में कम हो जाता है**
**(d) मायोसिन ATP को जलअपघटित कर ADP और Pi का मोचन करता है**
**(e) एक्टिन से जुड़ी Z-रेखाएँ अंदर की ओर खींच जाती हैं**
**नीचे दिए गए विकल्पों में से सही उत्तर चुनिए:**
(a) केवल (b), (d), (e), (a) (b) केवल (a), (c), (d), (e)
(c) केवल (a), (b), (c), (d) (d) केवल (b), (c), (d), (e)

**21. रीढ़ की हड्डी के अग्रिम श्रृंग कोशिकाओं के विनाश के परिणामस्वरूप नुकसान होगा**
(a) स्वैच्छिक मोटर आवेग (b) संवेदी आवेग
(c) आवेगों को एकीकृत करना (d) जोड़ संबंधी आवेग

**22. निम्नलिखित में से कौन मस्तिष्क को यांत्रिक झटके से बचाता है?**
(a) कठोर सामग्री (b) मस्तिष्कमेरु द्रव
(c) अर्कनोइड मेटर (d) कपाल

**23. नियोनैटल मायस्थेनिया ग्रेविस __ के कारण माना जाता है**
(a) विरासत में मिला आनुवांशिक दोष
(b) टीएसएच रिसेप्टर के खिलाफ मातृ आईजीजी के ट्रांसप्लैसेण्टल ट्रांसफर
(c) मातृ आईजीजी के लिए एंटी इडियोटाइप
(d) एसिटाइलकोलाइन रिसेप्टर के विरोध में मातृ आईजीजी का ट्रांसप्लांटेंटल ट्रांसफर

**24. फूलों के पौधों में निषेचन के बिना बीज निर्माण में निम्नलिखित प्रक्रिया शामिल है:**
(a) स्पोरुलेशन
(b) नवोदित
(c) दैहिक संकरण
(d) एपोमिक्सिस (अलैंगिक बीज गठन)

**25. बार्थोलिन की ग्रंथि कहाँ पाई जाती है?**
(a) यकृत (b) प्रजनन नलिका
(c) शिश्न (d) पेट

**26. एक रंगीन नेत्रहीन महिला एक सामान्य दृष्टि वाले पुरुष से शादी करती है। संतान में,**
(a) दोनों बेटे और बेटी कलर ब्लाइंड हैं।
(b) सभी बेटियां कलर ब्लाइंड हैं।
(c) सभी बेटे सामान्य हैं।
(d) सभी कलर ब्लाइंड हैं।

**27. टेम्प्लेट DNA से नए जीवाणु DNA के संश्लेषण के दौरान प्रूफरीडिंग एंजाइम ________ है।**
(a) हेलीकेस (b) प्राइमेज़
(c) DNA पोलीमरेज़ (d) लाइगेज

**28. सहज पीढ़ी के सिद्धांत में कहा गया है कि ________।**
(a) जीवन केवल जीवित रूपों से उत्पन्न हुआ
(b) जीवन जीवित और निर्जीव दोनों से उत्पन्न हो सकता है
(c) निर्जीव वस्तुओं से ही जीवन उत्पन्न हो सकता है
(d) जीवन अनायास उत्पन्न होता है, न सजीव से, न निर्जीव से

**29. एक्स-रे रिपोर्ट की जांच करने के बाद, डॉक्टर ने पुष्टि की कि श्रीमती खन्ना की हड्डियां पारभासी हो गई हैं। निम्नलिखित में से कौन से विकार की डॉक्टर ने चर्चा करी है ?**
(a) पैजेट रोग (b) अस्थिसुषिरता
(c) अस्थिशोथ (d) अस्थिमृदुता

**30. ईको आर I द्वारा पहचाने जाने वाला पैलिन्डोमिक क्रम है:**
(a) 5' - GAATTC - 3' 3' - CTTAAG - 5
(b) 5' - GGAACC - 3' 3' - CCTTGG - 5'
(c) 5' - CTTAAG - 3' 3' - GAATTC - 5'
(d) 5' - GGATCC - 3' 3' - CCTAGG - 5

**31. जन्म से पहले जीन थेरेपी शुरू करने का क्या फायदा हो सकता है?**
(a) इससे शरीर को नए जीन का उपयोग करने के लिए पर्याप्त समय मिलेगा।
(b) शरीर इसे अस्वीकार नहीं करेगा क्योंकि उसने अभी तक 'स्व' को पहचाना नहीं है।
(c) अत्यधिक युवा होने के कारण कोशिकाएं जीन थेरेपी के प्रति अधिक ग्रहणशील होती हैं।
(d) शायद कोई फायदा नहीं है।

**32. मधुमक्खी द्वारा परागण प्राप्त करने के लिए, भूमध्यसागरीय आर्किड, ओफ़्रीज़, _______ को नियोजित करता है।**
(a) यौन उपाय (b) छद्म मैथुन
(c) अंडे देने का स्थान (d) इनमे से कोई नहीं

**33. यदि पृथ्वी के वायुमंडल में कोई $CO_2$ नहीं होता, तो पृथ्वी की सतह का तापमान होता:**
(a) वर्तमान के समान
(b) वर्तमान से कम
(c) वर्तमान से अधिक
(d) वातावरण में $O_2$ की मात्रा पर निर्भर करता है

**34. निम्नलिखित में से कौन सा सही सुमेलित नहीं है?**
(a) राजाजी राष्ट्रीय उद्यान - हाथी (b) पेरियार राष्ट्रीय उद्यान - हंगुल
(c) मानस राष्ट्रीय उद्यान - हाथी (d) दुधवा राष्ट्रीय उद्यान - टाइगर

**35. एक स्क्रूगेज जब एक तार के व्यास को मापने के लिए प्रयुक्त किया जाता है, तो निम्नलिखित पाठ्यांक देता है:**
**मुख्य पैमाने का पाठ्यांक = 0 मिलीमीटर**
**वृत्तीय पैमाने का पाठ्यांक = 52 खाने**
**दिया गया है कि, मुख्य पैमाना पर 1 मिलीमीटर, वृत्तीय पैमाना के 100 खानों के संगत होता है। उपर्युक्त दिए गये प्रेक्षणों से तार का व्यास है:**
(a) 0.052 से.मी. (b) 0.52 से.मी.
(c) 0.026 से.मी. (d) 0.26 से.मी.

**36. यदि तय की गई दूरी शून्य हो तो विस्थापन ____:**
(a) शून्य हो भी सकता है और नहीं भी

(b) शून्य नहीं हो सकता
(c) लिए गए समय पर निर्भर करता है
(d) शून्य होना चाहिए

**37. एक आदमी शांत जल में $4.0\text{kmh}^{-1}$ की चाल से तैर सकता है।यदि नदी $3\text{kmh}^{-1}$ की गति से निरंतर बहती है तो उसे $1.0\text{km}$ चौड़ी नदी को पार करने में कितना समय लगता है? जब वह दूसरे किनारे पर पहुँचता है तो वह नदी में कितनी दूर जाता है?**

(a) 450 m (b) 690 m
(c) 750 m (d) 455 m

**38. घूर्णी लॉन स्प्रिंकलर की घूर्णन की क्रिया किस नियम पर आधारित होती है?**

(a) गति का पहला नियम (b) गति का दूसरा नियम
(c) गति का तीसरा नियम (d) (B) और (C) दोनों

**39. यदि एक कृत्रिम उपग्रह पृथ्वी के चारों ओर एक गोलाकार कक्षा में घूम रहा है, जिसकी गति पृथ्वी से भागने के वेग के आधे परिमाण के बराबर है, तो पृथ्वी की सतह के ऊपर उपग्रह की ऊंचाई है:**

(a) $2R$ (b) $R$
(c) $\frac{R}{2}$ (d) $3R$

**40. शक्ति का आयामी सूत्र क्या है?**

(a) $ML^2T^{-3}$ (b) $ML^2T^{-2}$
(c) $ML^2T^2I$ (d) इनमें से कोई नहीं

**41. Direction: This question has Statement I and Statement II. Of the four choices given after the Statements, choose the one that best describes the two Statements.**

**Statement- I : A point particle of mass $m$ moving with speed $v$ collides with stationary point particle of mass $M$. If the maximum energy loss possible is given as $f\left(\frac{1}{2}mv^2\right)$ then $f = \left(\frac{m}{M+m}\right)$.**

**Statement- II : Maximum energy loss occurs when the particles get stuck together as a result of the collision.**

(a) Statement–I is true, Statement–II is true, Statement–II is not a correct explanation of Statement–I.
(b) Statement–I is true, Statement–II is false.
(c) Statement–I is false, Statement–II is true.
(d) Statement–I is true, Statement–II is true, Statement–II is a correct explanation of Statement–I.

**42. चित्र में दिखाए गए पच्चर का भाग AB खुरदरा है और BC चिकना है, एक ठोस सिलेंडर A से B तक खिसके बिना लुढ़कता है। जब सिलेंडर बिंदु C पर पहुंचता है, तो घूर्णी गतिज ऊर्जा और घूर्णन गतिज ऊर्जा का अनुपात है:**

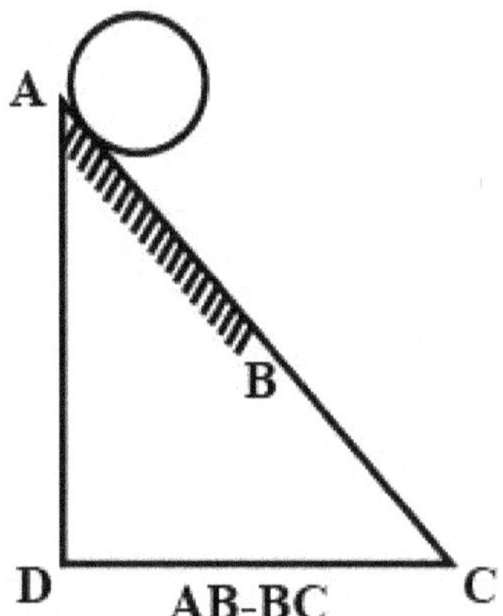


(a) $\frac{3}{4}$ (b) 5
(c) $\frac{7}{5}$ (d) $\frac{8}{3}$

**43. एक महिला जिसका वजन पृथ्वी की सतह पर 60 किग्रा है, यदि वह अंतरिक्ष यान में पृथ्वी की त्रिज्या से दोगुनी ऊंचाई पर है। वहाँ उसका वजन होगा:**

(a) 6.7 किलोग्राम (b) 15 किलोग्राम
(c) 20 किलोग्राम (d) 60 किलोग्राम

**44. 6000 km त्रिज्या के किसी ग्रह के गुरुत्वाकर्षण के कारण त्वरण (मी/से $^2$ में) क्या होगा, यदि पलायन वेग 12 km/s है?**

(a) 14 (b) 9
(c) 12 (d) 6

**45. एक तार l मिमी द्वारा लम्बा होता है जब इससे एक भार W लटकाया जाता है। यदि तार एक चरखी के ऊपर जाता है और दो भार W प्रत्येक को दो सिरों पर लटका दिया जाता है, तो बढ़ाव ______ होता है।**

(a) 1 (b) 2
(c) 0 (d) $\frac{l}{2}$

**46. स्थिर दबाव पर नाइट्रोजन का तापमान $45°C$ बढ़ाने के लिए को ऊष्मा की कितनी आपूर्ति की जानी चाहिए? द्रव्यमान $N_2 = 2.0\times10^{-2}kg$ आणविक द्रव्यमान $N_2 = 28; R = 8.3Jmol^{-1}K^{-1}$)**

(a) $773.38J$ (b) $933.38J$
(c) $903.28J$ (d) $900.38J$

**47. ______ कारक जो प्रतिक्रिया की गर्मी को प्रभावित करता है जो किरचॉफ के समीकरण पर आधारित है।**

(a) आण्विकता (b) तापमान
(c) दबाव (d) आयतन

**48. यदि एक आदर्श गैस का आयतन 50 पास्कल के स्थिर दाब पर 10मी. $^3$ से 4मी. $^3$ में बदल जाता है, तो किया गया कार्य कितना होगा?**

(a) -200 J (b) -300 J
(c) -400 J (d) -100 J

**49. यंग के द्वि-झिर्री प्रयोग के दो व्यवस्था में, यदि उपयोग की जाने वाली प्रकाश की तरंग दैर्ध्य का अनुपात 1 : 2 है, तो बराबर चौड़ाई के फ्रिंज देखे जाते हैं। यदि झिर्री पृथक्करण का अनुपात 2 : 1 है,तो झिर्री और पर्दे के बीच की दूरियों का अनुपात $(D_1 : D_2)$ होगा**

(a) 1 : 1 (b) 1 : 4
(c) 2 : 1 (d) 4 : 1

**50. चित्र में दिखाए गए अनुसार दो बिंदु आवेश $q_1$ और $q_2$ पर विचार करें।**

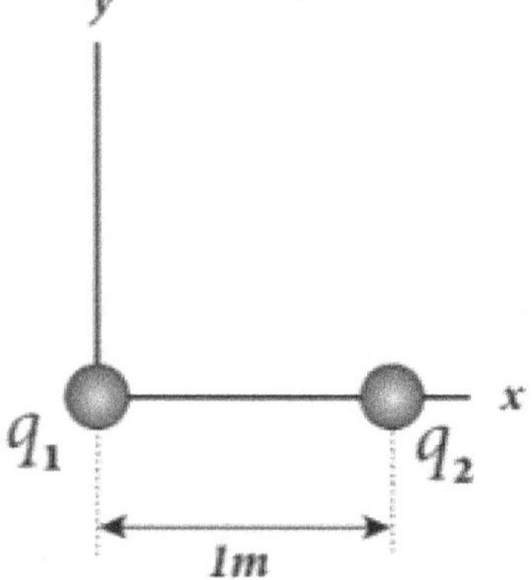


**वे 1 m की दूरी पर हैं। निम्नलिखित के लिए दो आवेश द्वारा अनुभव किए गए बल की गणना करें: $q_1 = +2\mu C$ और $q_2 = +3\mu C$**

(a) $\vec{F}_{12} = -54 \times 10^{-3}\,\text{N}\hat{i}$ (b) $\vec{F}_{12} = -52 \times 10^{-5}\,\text{N}\hat{i}$
(c) $\vec{F}_{12} = -53 \times 10^{-4}\,\text{N}\hat{i}$ (d) $\vec{F}_{12} = -51 \times 10^{-3}\,\text{N}\hat{i}$

**51. DNA में एक बंध को खण्डित करने के लिए आवश्यक ऊर्जा $10^{-20}$ J है। eV में यह मान है, लगभग:**
(a) 6 (b) 0.6
(c) 0.06 (d) 0.006

**52. जब एक तार की लंबाई 0.1 मी को 5 विभवांतर पर लगाया जाता है, तो इलेक्ट्रॉन बहाव का वेग $2.5 \times 10^{-4}$ होती है। यदि तार में इलेक्ट्रॉन घनत्व $8 \times 10^{28}$ मी $^{-3}$ है, तो तार की प्रतिरोधकता होगी:**
(a) $1.6 \times 10^{-8}\Omega$ मी (b) $1.6 \times 10^{-7}\Omega$ मी
(c) $1.6 \times 10^{-6}\Omega$ मी (d) $1.6 \times 10^{-5}\Omega$ मी

**53. ओवरलोडिंग के बारे में निम्नलिखित में से कौन सा वाक्य सही है?**
(a) आपूर्ति वोल्टेज में आकस्मिक वृद्धि के कारण ओवरलोडिंग हो सकती है
(b) एक ही सॉकेट में बहुत से उपकरणों को जोड़ने के कारण ओवरलोडिंग होती है
(c) ओवरलोडिंग तब हो सकती है जब लाइव वायर और न्यूट्रल वायर वायर सीधे संपर्क में आते हैं
(d) उपरोक्त सभी

**54. विषुवत रेखा पर पृथ्वी के चुंबकीय क्षेत्र का परिमाण लगभग 0.4G है। पृथ्वी के चुंबक के द्विध्रुव आघूर्ण की गणना कीजिए।**
(a) $3 \times 10^{23}\,\text{Am}^2$ (b) $1 \times 10^{23}\,\text{Am}^2$
(c) $1.05 \times 10^{23}\,\text{Am}^2$ (d) $2.05 \times 10^{23}\,\text{Am}^2$

**55. एक संधारित्र और एक प्रेरक में AC स्रोत के साथ परिपथ मे श्रृंखला में जुड़े हुए है। यदि संधारित्र की धारिता $18\mu F$ है और प्रेरक का प्रेरकत्व $8H$ है तो परिपथ की अनुनाद आवृत्ति ज्ञात कीजिए।**
(a) $\frac{250}{3}\pi$Hz (b) $\frac{200}{3}\pi$Hz
(c) $\frac{125}{3}\pi$Hz (d) 50 Hz

**56. मुक्त स्थान में विद्युत चुम्बकीय तरंग में विद्युत क्षेत्र का वर्ग माध्य मूल मान $E_{rms} = 6\ \text{V m}^{-1}$ होता है। चुंबकीय क्षेत्र का शिखर मान है:**
(a) $2.83 \times 10^{-8}$ T (b) $0.70 \times 10^{-8}$ T
(c) $4.23 \times 10^{-8}$ T (d) $1.41 \times 10^{-8}$ T

**57. The graph between angle of deviation ($\delta$) and angle of incidence (i) for a triangular prism is represented by:**

(a)
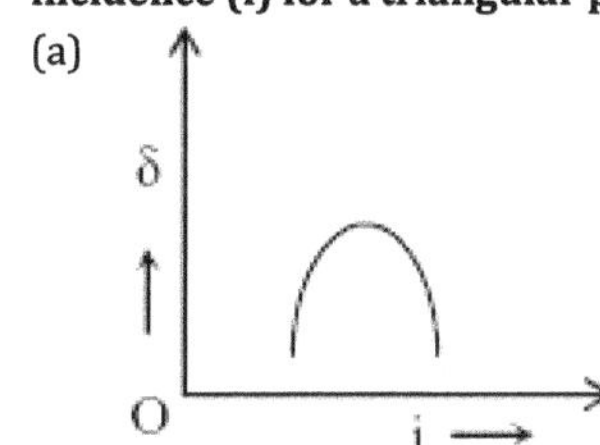


(b)
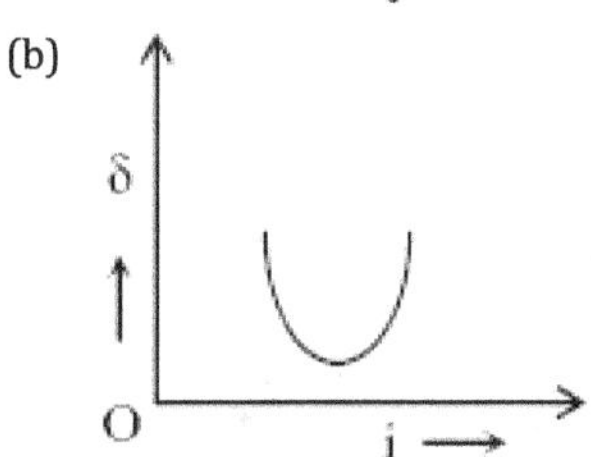


(c)
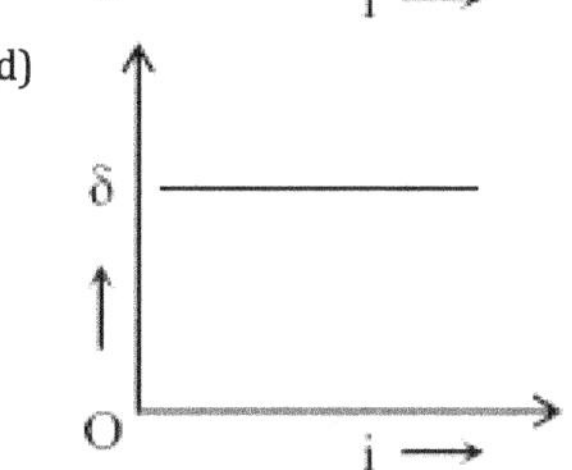


(d)

**58. Diameter of a plano-convex lens is 6 cm and thickness at the centre is 3 mm. If speed of light in material of lens is $2 \times 10^8$ m/s, the focal length of the lens is:**
(a) 15 cm (b) 20 cm
(c) 30 cm (d) 10 cm

**59. एक आकाशगंगा से 500 nm तरंग दैर्ध्य का प्रकाश आ रहा है और इसे पृथ्वी पर 500.5 nm देखा जाता है। पृथ्वी के सापेक्ष आकाशगंगा की गति ज्ञात कीजिए।**
(a) 200 km/s और पृथ्वी से दूर गतिमान है
(b) 300 km/s और पृथ्वी से दूर गतिमान है
(c) 300 km/s और पृथ्वी की ओर गतिमान है
(d) इनमें से कोई नहीं

**60. यंग डबल-स्लिट प्रयोग के लिए भट्ठा-पृथक्करण दोगुना है तरंग दैर्ध्य से तो अधिकतम हस्तक्षेप की मक्सिमा होगी ?**
(a) अनंत (b) 5
(c) 3 (d) 0

**61. डी ब्रोगली के अनुसार, निम्नलिखित में से कौन सा कथन गतिमान कण की तरंग दैर्ध्य के बारे में सही है?**
(a) यह कभी भी मापने के लिए पर्याप्त बड़ा नहीं होता है
(b) यह कण की गति के समानुपाती होता है
(c) यह कण के संवेग के व्युत्क्रमानुपाती होता है
(d) यह प्लांक नियतांक के बराबर होता है

**62. प्रकाश-विद्युत प्रभाव में, ऊर्जा $3 \times 10^{-19}$ J के आपतित फोटॉन का संवेग है :**
(a) $9 \times 10^{11}\,\text{kgms}^{-1}$ (b) $10^{-27}\,\text{kgms}^{-1}$
(c) $3 \times 10^{-11}\,\text{kgms}^{-1}$ (d) शून्य

**63. यदि संक्रमण $n = 3$ से $n = 1$ तक हाइड्रोजन परमाणु की तरंग दैर्ध्य, $\lambda$ है, तब समान संक्रमण के लिए द्वि-आयनित लीथियम आयन के लिए तरंगदैर्ध्य क्या है?**
(a) $\frac{\lambda}{3}$ (b) $3\lambda$
(c) $\frac{\lambda}{9}$ (d) $9\lambda$

**64. जब एक प्रकाशिक इलेक्ट्रॉन उत्सर्जक पर विकिरण आपतित होती है, तब निरोधी विभव 9 V पाया जाता है। यदि इलेक्ट्रॉन के लिए $\frac{e}{m}$, $1.8 \times 10^{11}\,\text{CKg}^{-1}$ है, तब निष्कासित इलेक्ट्रॉन का अधिकतम वेग है:**
(a) $6 \times 10^5\ \text{m s}^{-1}$ (b) $8 \times 10^5\ \text{m s}^{-1}$
(c) $1.8 \times 10^6\ \text{m s}^{-1}$ (d) $1.8 \times 10^5\ \text{m s}^{-1}$

**65. अर्धचालकों में आवेश वाहक क्या होते हैं?**

(a) इलेक्ट्रान और छिद्र (b) इलेक्ट्रॉन
(c) छिद्र (d) प्रभार

**66. जब एक आंतरिक अर्धचालक को त्रिसंयोजक अशुद्धता के साथ डोप किया जाता है तो किस प्रकार का पदार्थ प्राप्त होता है?**

(a) बाहरी अर्धचालक (b) विसंवाहक
(c) $n$ -प्रकार अर्धचालक (d) $p$ -प्रकार अर्धचालक

**67. The molarity of a solution obtained by mixing $750mL$ of $0.5(M)$ HCl with $250mL$ of $2(M)$ HCl will be:**

(a) $1.00M$ (b) $1.75M$
(c) $0.975M$ (d) $0.875M$

**68. एक तत्व $X$ में इलेक्ट्रॉनों की संख्या 15 है और न्यूट्रॉन की संख्या 16 है। तत्व का प्रतिनिधित्व इस प्रकार किया जा सकता है:**

(a) ${}^{31}_{15}X$ (b) ${}^{31}_{16}X$
(c) ${}^{16}_{15}X$ (d) ${}^{15}_{16}X$

**69. मुख्य क्वांटम संख्या बढ़ती है, लगातार ऊर्जा स्तरों के बीच ऊर्जा का अंतर:**

(a) कम हो जाती है
(b) बढ़ती है
(c) समान
(d) कभी बढ़ जाती है कभी घट जाती है

**70. अक्रिय गैसों की परमाणुता हैं:**

(a) 1 (b) 3
(c) 2 (d) 4

**71. सबसे अधिक इलेक्ट्रोपॉजिटिव तत्व है:**

(a) K (b) Mg
(c) F (d) Na

**72. कार्बन टेट्राक्लोराइड का कोई शुद्ध द्विध्रुव आघूर्ण नहीं है क्योंकि:**

(a) इसकी तलीय संरचना
(b) इसकी नियमित चतुष्फलकीय संरचना
(c) कार्बन और क्लोरीन परमाणुओं के समान आकार
(d) कार्बन और क्लोरीन की समान इलेक्ट्रॉन समानताएं

**73. वाशिंग सोडा के एक अणु में पानी के कितने अणु मौजूद होते हैं?**

(a) 12 (b) 7
(c) 5 (d) 10

**74. सही उत्तर का चयन करें। एक ऊष्मप्रवैगिकी अवस्था फलन एक मात्रा है _______ ।**

(a) जिसका गर्मी परिवर्तन का निर्धारण करने के लिए प्रयोग किया जाता है
(b) जिसका मान पथ से स्वतंत्र होता है
(c) जिसका दबाव मात्रा कार्य निर्धारित करने के लिए प्रयोग किया जाता है
(d) जिसका मान तापमान पर ही निर्भर करता है

**75. एक अच्छी तरह से बंद थर्मस फ्लास्क में कुछ बर्फ के टुकड़े होते हैं। यह _______ का उदाहरण है।**

(a) बंद प्रणाली (b) खुली प्रणाली
(c) पृथक प्रणाली (d) गैर-ऊष्मप्रवैगिकी प्रणाली

**76. $Ni(OH)_2$ की 0.1 M NaOH में विलेयता ज्ञात कीजिए । दिया है कि $Ni(OH)_2$ का आयनी गुणनफल $2\times10^{-15}$ है।**

(a) $2\times10^{-13}$ M (b) $2\times10^{-8}$ M
(c) $1\times10^{-13}$ M (d) $1\times10^{8}$ M

**77. एक प्रतिक्रिया का साम्य स्थिरांक 10 है, यदि R = 8$JK^{-1}mol^{-1}$ और T = 300K है, तो $\Delta G°$ प्रतिक्रिया के लिए का मान क्या होगा?**

(a) (-)5.527 $kJK^{-1}mol^{-1}$ (b) (-)55.27 $kJK^{-1}mol^{-1}$
(c) (-)5527 $kJK^{-1}mol^{-1}$ (d) (-)552.7 $kJK^{-1}mol^{-1}$

**78. धात्विक तत्वों A, B, C और D के लिए अर्ध-सेल विभव 0.8 V, −0.74 V, 1.1 V और +0.34 V क्रमशः, हैं। इन्हें कम धातु के चरित्र के क्रम में व्यवस्थित करें:**

(a) $B > D > A > C$ (b) $B > D > C > A$
(c) $D > B > A > C$ (d) $B > A > D > C$

**79. क्या होगा जब पोटैशियम क्रोमेट के एक घोल को तनु नाइट्रिक एसिड की अधिकता के साथ प्रयोग किया जाता है?**

(a) $Cr_2O_7^{2-}$ और $H_2O$ का निर्माण होता है
(b) $CrO_A^{2-}$ को +3 घटाकर $Cr$ की स्थिति में लाया जाता है
(c) $CrO_4^{2-}$ को +7 ऑक्सीकरण करके $Cr$ की स्थिति में लाया जाता है
(d) $Cr^{3+}$ और $Cr_2O_7^{2-}$ का निर्माण होता है

**80. $K_4[Fe(CN)_6]$ और $Fe_4[Fe(CN)_6]_3$ विलयन के किसी अणुसंख्य गुणधर्म के मान का अनुपात लगभग _______ है।**

(a) 0.62 (b) 0.71
(c) 1.4 (d) 1.2

**81. माना $25°C$ पर $0.500M\ C_2H_5OH(aq)$ , $0.100M\ Mg_3(PO_4)_2(aq)$ , $0.250M\ KBr(aq)$ और $0.125M\ Na_3PO_4(aq)$ के अलग विलयन है। सभी लवणों को प्रबल विद्युत अपघट्य मानते हुए, इन विलयनों के बारे में कौन-सा कथन सत्य है?**

(a) 0.125 मोलर $Na_3PO_4(aq)$ में सबसे अधिक परासरणी दवाब है |
(b) 0.100 मोलर $Mg_3(PO_4)_2(aq)$ में सबसे अधिक परासरणी दवाब है |
(c) उन सभी में एक ही परासरणी दवाब होता है।
(d) 0.500 मोलर $C_2H_5OH(aq)$ में सबसे अधिक परासरणी दवाब है |

**82. निम्नलिखित में से कौन सी धातु अपने नमक के जलीय विलयन के इलेक्ट्रोलिसिस द्वारा प्राप्त नहीं होती है?**

(a) Cu (b) Pb
(c) Mg (d) Ag

**83. निम्नलिखित सेल के लिए, ईएमएफ की गणना करें:**

$$\frac{Al}{Al^{3+}}(0.01M)||\frac{Fe^{+2}(0.02M)}{Fe}$$

**दिया हुआ:** $E^0_{Al} + \frac{3}{Al} = -1.66V$

(a) $1.11V$ (b) $2.22V$
(c) $1.22V$ (d) $1.232V$

**84. प्रथम कोटि की अभिक्रिया के लिए स्थिर दर स्थिरांक $4.606\times10^{-3}$ सेकंड $^{-1}$ है। 2.0 ग्राम अभिकारक को 0.2 ग्राम करने के लिए आवश्यक समय है:**

(a) 200 सेकंड (b) 500 सेकंड
(c) 1000 सेकंड (d) 100 सेकंड

**85. प्रतिक्रिया की दर बढ़ाने के लिए एक उत्प्रेरक को प्रतिक्रिया में जोड़ा जाता है। निम्नलिखित कथनों में से कौन सही है?**

(a) उत्प्रेरक अभिकारकों और उत्पादों के बीच सक्रियण ऊर्जा को बढ़ाता है और इसलिए संभावित ऊर्जा अवरोध को कम करता है।
(b) एक उत्प्रेरक एक वैकल्पिक मार्ग या प्रतिक्रिया तंत्र प्रदान करता है।
(c) एक उत्प्रेरक प्रतिक्रिया की G, गिब्स ऊर्जा को बदल देता है।
(d) एक उत्प्रेरक प्रतिक्रिया के संतुलन स्थिरांक को बदलता है।

**86. निम्नलिखित में से कौन सा ऑक्सीकरण अवस्था सभी लैंथेनाइड्स के लिए सामान्य है?**

(a) +2 (b) +3
(c) +4 (d) +5

**87. निम्नलिखित में से कौन सा कथन सही नहीं है?**

(a) तांबा अम्लों से हाइड्रोजन मुक्त करता है।
(b) उच्च ऑक्सीकरण अवस्थाओं में, मैंगनीज ऑक्सीजन और फ्लोरीन के साथ स्थिर यौगिक बनाता है।
(c) $Mn^{3+}$ तथा $Co^{2+}$ जलीय विलयन में ऑक्सीकारक हैं।
(d) $T^{2+}$ तथा $Cr^{2+}$ जलीय विलयन में अपचायक हैं।

**88.** $[Co(NH_3)_4(NO_2)_2]Cl$ **प्रदर्शित करता है:**

(a) लिंकेज आइसोमेरिज्म, आयनीकरण आइसोमेरिज्म और ज्यामितीय आइसोमेरिज्म
(b) आयनीकरण आइसोमेरिज्म, ज्यामितीय आइसोमेरिज्म और ऑप्टिकल आइसोमेरिज्म
(c) लिंकेज आइसोमेरिज्म, ज्यामितीय आइसोमेरिज्म और ऑप्टिकल आइसोमेरिज्म
(d) लिंकेज आइसोमेरिज्म, आयनीकरण आइसोमेरिज्म और ऑप्टिकल आइसोमेरिज्म

**89. डाइक्लोरोटेट्राएक्वाक्रोमियम (III) क्लोराइड के** 0.01M **विलयन के** 100 mL **में** $AgNO_3$ **की अधिकता जोड़ी जाती है। अवक्षेपित** AgCl **के मोलों की संख्या होगी:**

(a) 0.002 (b) 0.003
(c) 0.01 (d) 0.001

**90. ऐल्केन का सामान्य सूत्र है:**

(a) $C_nH_{2n}$ (b) $C_nH_{2n+2}$
(c) $C_nH_{2n-2}$ (d) $C_{n+2}H_{2n}$

**91. निम्न में से कौन कार्बन का अपरूप नही है?**

(a) हीरा (b) ग्रेफाइट
(c) फुलेरीन (d) इनमें से कोई नहीं

**92. निम्नलिखित में से कौन एक समजातीय श्रृंखला नहीं है?**

(a) $CH_4$ (b) $C_2H_6$
(c) $C_4H_9$ (d) $C_3H_8$

**93. निम्नलिखित में से कौन एक संतृप्त हाइड्रोकार्बन नहीं है?**

(a) साइक्लोहेक्सेन (b) बेंजीन
(c) ब्यूटेन (d) पेंटेन

**94.** $S_N1$ **अभिक्रिया के लिए निम्नलिखित हैलाइड की क्रियाशीलता का बढ़ता हुआ क्रम है:**

**(I)** $CH_3CHCH_2CH_3$ (with Cl on the second carbon)

**(II)** $CH_3CH_2CH_2Cl$

**(III)** $p-H_3CO-C_6H_4-CH_2Cl$

(a) (II)<(I)<(III) (b) (I)<(III)<(II)
(c) (II)<(III)<(I) (d) (III)<(II)<(I)

**95. नीचे दिखाए गए न्यूमैन प्रक्षेपण सूत्रों पर विचार करें:**

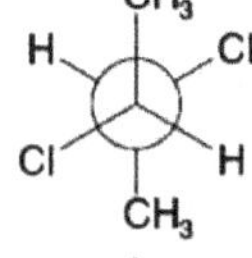


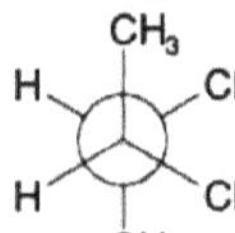


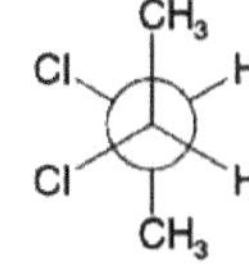


**नीचे दिये गये कथनों में से कौन सही है?**

(a) यौगिक A और B एनैन्टीओमर्स हैं।
(b) यौगिक A और C समरूप हैं।
(c) यौगिक B और C एनैन्टीओमर्स हैं।
(d) यौगिक A, B और C वैकल्पिक रूप से सक्रिय हैं।

**96. एसिटिक एसिड और** $CH_3OH$ _____ **के विनाशकारी आसवन द्वारा बड़े पैमाने पर प्राप्त किए जाते हैं।**

(a) लकड़ी (b) कोयला
(c) तारपीन (d) कच्चा तेल

**97. 503K पर ग्लिसरॉल को ऑक्जेलिक अम्ल के साथ गर्म करने पर निम्नलिखित में से क्या बनता है?**

(a) ग्लिसरीक अम्ल (b) एक्रोलिन
(c) एलाइल एल्कोहल (d) मेथानोइक अम्ल

**98.** $RNH_2 + CHCl_3 + KOH \xrightarrow{\Delta} ?$

**उपरोक्त अभिक्रिया का उत्पाद है:**

(a) $RCl$ (b) ROH
(c) $RCN$ (d) $RNC$

**99. तनु हाइड्रोक्लोरिक एसिड की उपस्थिति में एनिलिन के साथ प्रतिक्रिया पर बेंजीन डायज़ोनियम क्लोराइड देता है:**

(a)

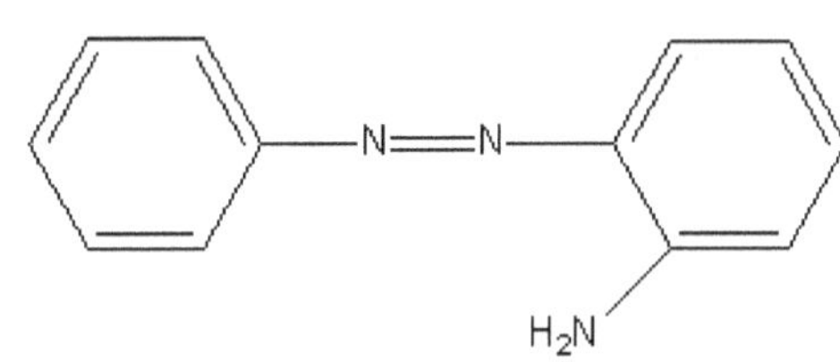


(b)

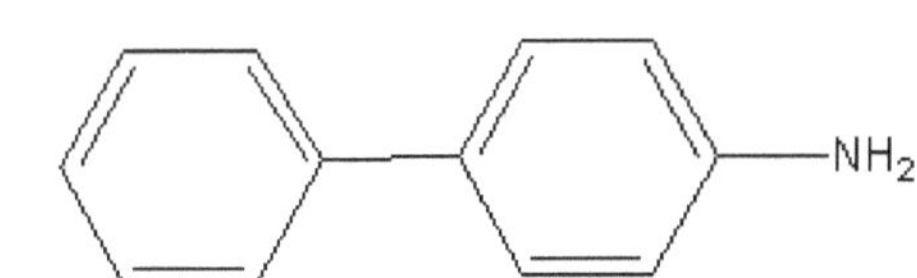


(c)

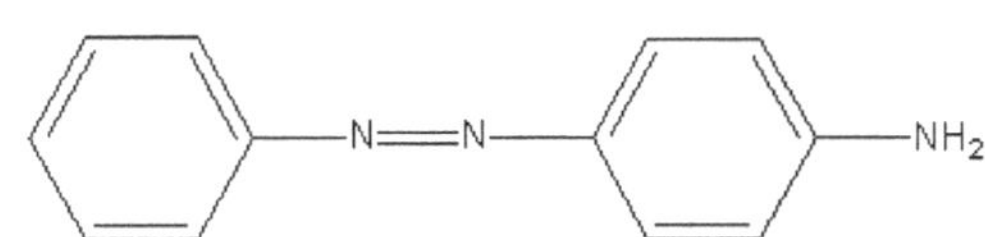


(d)

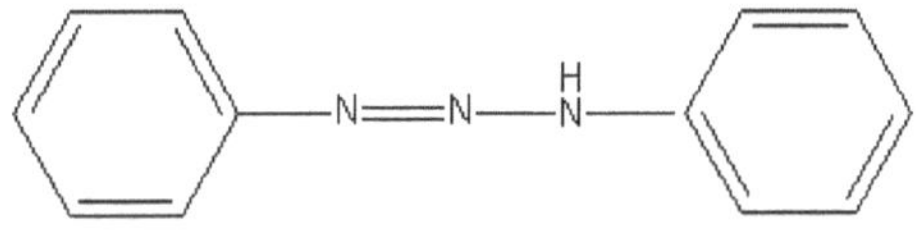

N=N–NH (diazoaminobenzene: $C_6H_5-N=N-NH-C_6H_5$)

**100. मिथाइलएमाइन** $(CH_3NH_2)$ **की नाइट्रस एसिड के साथ अभिक्रिया करने पर प्राप्त उत्पाद है:**

(a) $CH_3OH$ (b) $CH_3-O-N=O$
(c) $CH_3OCH_3$ (d) दोनों (B) और (C)

## Art of Teaching and Other skills

**101. निम्नलिखित में से कौन हर्बर्ट के शिक्षण के औपचारिक चरणों का हिस्सा नहीं है?**

(a) नई सामग्री का प्रस्तुतीकरण (b) तुलना और अमूर्तता
(c) सामान्यीकरण (d) आंकलन और मूल्यांकन

**102. पूर्ण ग्रेडिंग में छात्रों के प्रदर्शन के आकलन के लिए संदर्भ बिंदु होता है:**
(a) पूर्व निर्धारित मानक
(b) सामान्य संभावना वक्र के आधार पर निर्धारित मानक
(c) मानक का निर्धारण ऊपर से नीचे के मामलों के बराबर प्रतिशत को विभाजित करने के आधार पर किया जाता है
(d) विभिन्न ग्रेडिंग समूहों के लिए अव्यवस्थित रूप से चुने गए प्रतिशत के आधार पर निर्धारित मानक

**103. आगमनात्मक तर्क में शामिल है:**
(a) सामान्य से विशेष तक तर्क
(b) विशेष से सामान्य तक तर्क
(c) ज्ञान का सक्रिय निर्माण और पुनर्निर्माण
(d) पूछताछ और ह्युरिस्टिक अधिगम विधियाँ

**104. मुख्य शब्द 'परिभाषित', 'जानना', 'अंकित करना' और 'सूचियाँ' किस श्रेणी से संबंधित हैं?**
(a) याद रखना (b) समझना
(c) लागू करना (d) मूल्यांकन करना

**105. विद्यार्थियों के साथ बेहतर अंतःक्रिया के लिए शिक्षक का उद्देश्य होना चाहिए:**
(a) प्रतिक्रिया समय का समान वितरण
(b) छात्र के प्रदर्शन की पुष्टि या उसे सही करें
(c) निकटता
(d) उपर्युक्त सभी

**106. निर्देश : श्रवण बाधित बच्चों की शैक्षिक आवश्यकताओं के प्रबंध के लिए, शिक्षिका को ऑन-लाइन शिक्षण में रूपांतरण करना चाहिए।**
**A. ऑनलाइन कक्षा के दौरान विशेष शिक्षक की सहायता लेकर।**
**B. केवल उनके लिए ऑफलाइन कक्षा का प्रबंध करके।**
**C. उपशीर्षकों और साथ-साथ अनुशीर्षकों को अपने वीडियो और पीपीटी से जोड़ना।**
**D. अधिक दृश्यों का उपयोग करना।**
(a) A, B और C (b) A और B
(c) A, B, C और D (d) केवल C

**107. निर्देश : एक अध्यापक ने कक्षा में हमारे देश के उत्सवों पर विचार विमर्श किया। विभिन्न संस्कृतियों के बावजूद कुछ उत्सव आम हैं और पूरे देश में मनाए जाते हैं। वह कौन सी संकल्पना का कक्षा में विचार करने की कोशिश कर रहा / रही है?**
**A. हमारे जीवन में उत्सवों के मूल्य**
**B. विभिन्न संस्कृतियों में एकता**
**C. उत्सवों में कोई सांस्कृतिक या प्रादेशिक अवरोध नहीं होता है।**
**D. उत्सव हमें शांति और आनंद देते हैं।**
(a) A, B, C और D (b) A, B और C
(c) B, C और D (d) A, C और D

**108. एक ग्रामीण विद्यालय की अध्यापिका भोजन संरक्षण की तकनीकियों का शिक्षण दे रही है। उसके लिए उत्तम युक्ति होगी:**
(a) अपने आप विभिन्न संरक्षण विधियों के प्रतिरूपों का चार्ट बनाकर उसका उपयोग करना।
(b) भोजन के उन नमूनों का प्रदर्शन करना जिन्हें संरक्षित किया जाता है।
(c) विभिन्न संरक्षण विधियों का पावर पॉइंट प्रस्तुतीकरण करना या छोटे-छोटे वीडियो क्लिप दिखाना।
(d) अड़ोस पड़ोस में क्षेत्रीय भ्रमण का आयोजन करके घरों में उपयोग होने वाली संरक्षण विधियों का अवलोकन कराना।

**109. भाषा के अर्जन एवं विकास के लिए सर्वाधिक संवेदनशील अवधि कौन सी है?**
(a) जन्म पूर्व अवधि (b) प्रारंभिक बाल्यावस्था
(c) मध्य बाल्यावस्था (d) किशोरावस्था

**110. निम्नलिखित में से कौन सा अभ्यास सार्थक अधिगम को बढ़ावा देता है?**
**(i) शारीरिक दंड**
**(ii) सहकारी सीखने का वातावरण**
**(iii) सतत और व्यापक मूल्यांकन**
**(iv) लगातार तुलनात्मक मूल्यांकन**
(a) (i), (ii) (b) (ii), (iii)
(c) (i), (ii), (iii) (d) (ii), (iii), (iv)

**111. एक प्राथमिक विद्यालय के शिक्षक बच्चों को किस प्रकार प्रभावी समस्या निवारक (प्रॉब्लम सॉल्वर बनने में मदद कर सकते हैं?**
(a) हर छोटे-बड़े कामों के लिए भौतिकवादी पुरस्कार देकर
(b) केवल प्रक्रियात्मक ज्ञान पर जोर देकर
(c) 'गलत उत्तर' को खारिज करके और दंड देकर
(d) सहज अनुमान लगाने और फिर उसी पर विचार-मंथन करने के लिए प्रोत्साहित करके

**112. एक मूल्यांकन जो रचनात्मक होता है,_______________ पर ध्यान केंद्रित करता है।**
(a) प्रक्रिया (b) प्रवेश व्यवहार
(c) अंत (d) इनमे से कोई भी नहीं

**113. आकलन और मूल्यांकन के बीच अंतर है:**
(a) मूल्यांकन प्रक्रिया उन्मुख है जबकि आकलन उत्पाद उन्मुख है
(b) मूल्यांकन औपचारिक है जबकि आकलन योगात्मक है
(c) आकलन प्रदर्शन पर प्रतिपुष्टि प्रदान करता है जबकि मूल्यांकन यह निर्धारित करता है कि उद्देश्य किस हद तक प्राप्त किए गए हैं
(d) आकलन प्रकृति में निर्णयात्मक है जबकि मूल्यांकन प्रकृति में नैदानिक है

**114. सामन्यतः सहशैक्षणिक क्षेत्रों में विद्यार्थियों के आकलन की रिपोर्टिंग के लिए निम्नलिखित में से किसका उपयोग किया जाता है?**
(a) अंकन प्रणाली (b) प्रत्यक्ष ग्रेडिंग
(c) अप्रत्यक्ष ग्रेडिंग (d) (A) और (B) दोनों

**115. एक शिक्षक को साधन सम्पन्न होना चाहिए। इसका अर्थ है:**
(a) उनके पास पर्याप्त धन सम्पदा होनी चाहिए ताकि उसे शिक्षण देने की जरूरत न पड़े
(b) उनका अधिकारियों के उच्च स्तर से सम्पर्क होना चाहिए
(c) उनको अपने विद्यार्थियों की समस्याओं को हल करने का पर्याप्त ज्ञान होना चाहिए
(d) विद्यार्थियों के बीच उनकी प्रसिद्धि होनी चाहिए

**116. निम्नलिखित में से कौन सा कथन सही शिक्षक के बारे में सही नहीं है?**
(a) छात्रों को उन्हे अपना आदर्श नहीं बनाने देना चाहिए।
(b) पुस्तकों और प्रयोगशालाओं से खुद को मुक्त करना चाहिए।
(c) छात्रों को अपने स्वयं के संलग्न खोज में संलग्न नहीं होने देना चाहिए।
(d) अपने छात्रों की सफलता को अपनी सफलता के रूप में देखना चाहिए।

**117. प्राथमिक स्तर पर पर्यावरण अध्ययन की पाठ्य-पुस्तक में निम्नलिखित में से कौन-सी विशेषता नहीं होनी चाहिए?**
(a) यह प्राकृतिक और समाज-सांस्कृतिक परिवेश को एकीकृत तरीके से प्रस्तुत करती है।
(b) यह शिक्षार्थियों की वैविध्यपूर्ण पृष्ठभूमि की जरूरतों को पूरा करती है।
(c) यह वास्तविक कहानियों और घटनाओं को शामिल करती है।
(d) यह परिभाषाओं और अमूर्त अवधारणाओं की व्याख्या करने पर ध्यान केंद्रित करती।

**118. निम्नलिखित में से कौन-सा कथन शिक्षण में, शिक्षण-अधिगम सामग्री की उपादेयता से संबंधित नहीं है?**
(a) प्रत्यक्ष अनुभव का अच्छा विकल्प
(b) शिक्षण में मूल्यांकन की प्रक्रिया में सहायक
(c) विषय वस्तु की स्पष्टता
(d) कक्षा-कक्ष वातावरण को जीवन्त सक्रिय बनाना

**119. निम्न में से कौन सी प्रक्षेपित सहायक सामग्री है?**
(a) बुलेटिन बोर्ड (b) ओ.एच.पी.
(c) प्रतिमान (d) फ्लैनल बोर्ड

**120. एक शिक्षक के संबंध में निम्नलिखित सभी कथन सही हैं सिवाय इसके कि वह -**
(a) एक दोस्त, गाइड और दार्शनिक
(b) छात्रों को जो पता है वही सिखाता है
(c) वर्ग का नेता
(d) समाज की आवश्यकता के अनुसार उसके दृष्टिकोण और व्यवहार को बदलता है

**121. मूल्यांकन का उद्देश्य है-**
(a) शिक्षक की आवश्यकता को प्रकट करना
(b) संशोधन की एक विधि के रूप में प्रदान करना
(c) छात्रों के बीच प्रतिस्पर्धा विकसित करना
(d) छात्रों की एक विशेष गतिविधि का परीक्षण करना

**122. च्वाइस बेस्ड क्रेडिट सिस्टम (CBCS) के बारे में निम्नलिखित में से कौन सा कथन सत्य है?**
**(A) तीन मुख्य पाठ्यक्रमों से मिलकर बना है।**
**(B) 5 बिंदु ग्रेडिंग प्रणाली का उपयोग करता है।**
**(C) शिक्षा को वैश्विक मानकों के अनुरूप बनाता है।**
**(D) सटीक अंकों का अनुमान लगाना मुश्किल है।**
**(E) स्नातक पाठ्यक्रमों में शोध घटक पेश करता है।**
**नीचे दिए गए विकल्पों में से सही उत्तर चुनिए:**
(a) केवल (A), (B), (C), (D) (b) केवल (B), (C), (D), (E)
(c) केवल (A), (B), (C), (E) (d) केवल (C), (D), (E), (A)

**123. नीचे दी गई मूल्यांकन प्रक्रियाओं में से एक उसकी पहचान कीजिए , जिसको निर्माणात्माक कहा जाता है। नीचे दिए गए कूट का प्रयोग करते हुए अपने उत्तर को चुनिए:**
**1. शिक्षक पाठ्यक्रम का कार्य पूरा करने के बाद छात्रों को ग्रेड देता है|**
**2. शिक्षक कक्षा के छात्रों के साथ अंत: क्रिया के दौरान सुधारात्मक प्रतिपुष्टि प्रदान करता है|**
**3. शिक्षक इकाई परीक्षण में छात्रों को अंक देता है|**
**4. शिक्षक कक्षा में ही छात्रों के संदेह को स्पष्ट करता है |**
**5. छात्रों के समग्र निष्पादन के बारे में प्रत्येक तीन माह के अंतराल पर अभिभावकों को रिपोर्ट किया जाता है |**
**6. शिक्षक के प्रश्न - सत्र राउ के माध्यम से अधिगमकर्ता की अभिप्रेर णा में वृद्धि करता है |**
(a) 1, 2, और 3 (b) 2, 3, और 4
(c) 1, 3, और 5 (d) 2, 4, और 6

**124. उच्च शिक्षा किस सरकार की जिम्मेदारी है?**
(a) केवल राज्य (b) केवल केंद्र
(c) केंद्र और राज्य दोनों (d) उपरोक्त में से कोई नहीं

**125. पर्यावरण अध्ययन शिक्षण के दौरान विद्यार्थियों की शैक्षिक उपलब्धियों को देखने के लिए निम्नलिखित में से किस आकलन सूचक का प्रयोग नहीं किया जाना चाहिए?**
(a) अवलोकन करना (b) चर्चा करना
(c) प्रयोग करना (d) उपचारात्मक शिक्षण करना

**126. एक व्यवस्थित विज्ञान जो स्वयं और वातावरण के साथ समायोजन को प्राप्त करने के लिए नियम, कानून और सिद्धांत प्रदान करता है, कहलाता है:**
(a) अभिप्रेरणा (b) दिमागी आरोग्यता
(c) अधिगम (d) द्वन्द्व

**127. अधिगम में उपयोग और अनुपयोग के नियम को ____ भी कहा जाता है।**
(a) प्रभाव का नियम (b) श्रम का नियम
(c) प्रबलन का नियम (d) इनमें से कोई नहीं

**128. एक कक्षा में स्थानिक ऑडियो उत्सर्जन छात्रों को कम कर सकता है:**
(a) समझने में संज्ञानात्मक भार
(b) शिक्षक का सम्मान
(c) उत्कृष्टता के लिए प्रेरणा
(d) प्रौद्योगिकी - अभिविन्यास में रुचि

**129. निम्नलिखित में से कौन एक कक्षा में शिक्षण की गुणवत्ता को दर्शाता है?**
(a) कक्षा में कई शिक्षण सहायक सामग्री के उपयोग के माध्यम से
(b) कक्षा में पूरी उपस्थिति के माध्यम से
(c) कक्षा में छात्रों द्वारा पूछे गए प्रश्नों की गुणवत्ता के माध्यम से
(d) कक्षा में छात्रों द्वारा मौन के अवलोकन के माध्यम से

**130. नीचे दो कथन दिए गए हैं - एक को अभिकथन (A) के रूप में और दूसरे को कारण (R) के रूप में चिन्हित किया गया है।**
**अभिकथन (A): यदि एक शिक्षक एक प्रभावी कक्षा संवादक के रूप में अपनी क्षमताओं में सुधार करना चाहता है, तो उसे पहले छात्रों को समझना चाहिए।**
**कारण (R): छात्रों को समझने और सुनने के इरादे की क्षमता, असंबद्ध कथन हैं।**
**उपरोक्त दो कथनों के प्रकाश में, निम्नलिखित में से सही विकल्प चुनिए:**
(a) (A) और (R) दोनों सत्य हैं और (R) (A) की सही व्याख्या हैं
(b) (A) और (R) दोनों सत्य हैं, लेकिन (R) (A) की सही व्याख्या नहीं हैं
(c) (A) सत्य है, लेकिन (R) असत्य है
(d) (A) असत्य है, लेकिन (R) सत्य है

**131. _____ ने भारतीय विश्वविद्यालयों पर कड़ा नियंत्रण लगाते हुए 1904 में भारतीय विश्वविद्यालय अधिनियम पारित किया।**
(a) लॉर्ड डफरिन (b) लॉर्ड कर्जन
(c) लॉर्ड साइमन (d) लॉर्ड रॉबर्टसन

**132. भारत की अक्षांशीय सीमा____उत्तर से _____ उत्तर तक है।**
(a) 8° 2' ; 37° 4' (b) 8° 4' ; 37° 6'
(c) 8° 7' ; 37° 9' (d) 8° 3' ; 37° 5'

**133. स्तम्भ -क के साथ स्तम्भ -ख को मिलाइए और नीचे दिए गए कूट की सहायता से सही उत्तर का चयन कीजिए:**

| स्तम्भ -क | स्तम्भ -ख |
|---|---|
| a.ओपन-जनरल लाइसेंस | 1. रोजगार |
| b. TRYSEM | 2. विदेशी व्यापार |
| c. थोक मूल्य सूचकांक | 3. ऋण नियंत्रण |
| d. नकदी-रिजर्व अनुपात | 4. मुद्रास्फीति |

(a) a-2, b-1, c-4, d-3 (b) a-2, b-4, c-3, d-1
(c) a-4, b-3, c-2, d-1 (d) a-3, b-2, c-1, d-4

**134. फरवरी 2023 में, किस देश ने भारत से जमे हुए समुद्री भोजन के आयात पर अपना अस्थायी प्रतिबंध हटा लिया?**
(a) ईरान (b) ओमान

(c) सऊदी अरब (d) कतर

**135. जगदीशपुर में किस व्यक्ति ने 1857 ई. के विप्लव में क्रान्तिकारियों का नेतृत्व किया?**

(a) कुँवर सिंह (b) चन्द्रशेखर सिंह

(c) तीरत सिंह (d) राम सिंह

**136. निम्नलिखित में से किसे जंगल की ज्वाला के रूप में जाना जाता है?**

(a) पलाश (b) ऑर्किड

(c) बांस (d) रोहिदा

**137. प्राकृतिक स्रोतों से निम्नलिखित प्राथमिक प्रदूषकों का वैश्विक उत्सर्जन (वजन के हिसाब से) किसके मामले में अधिकतम होता है?**

(a) नाइट्रिक ऑक्साइड (b) कार्बन मोनोआक्साइड

(c) मीथेन (d) कार्बन डाइऑक्साइड

**138. पीने के पानी में फ्लोराइड की अधिकता का स्वास्थ्य पर क्या प्रभाव पड़ता है?**

(a) फ्लोरोसिस (b) दांत दर्द

(c) फेफड़ों की बीमारी (d) आंतों में संक्रमण

**139. बच्चों द्वारा ईवीएस में ज्ञान के निर्माण में निम्नलिखित में से कौन सा/से महत्वपूर्ण है?**

**A. बच्चों की सक्रिय भागीदारी।**

**B. बच्चों के समुदाय के सदस्य**

**C. ईवीएस की पाठ्य पुस्तकें**

**D. दिया गया विवरण और परिभाषा ईवीएस की पाठ्यपुस्तक में**

(a) A, B और C (b) केवल A और C

(c) A, C और D (d) केवल C

**140. ईवीएस शिक्षक के उद्देश्य जो उनके बच्चों को जानवरों का निरीक्षण करने और स्वयं चित्र बनाने के लिए प्रोत्साहित करते हैं**

**A. बच्चों की रचनात्मकता का विकास करें**

**B. बच्चों का अवलोकन और अभिकल्प कौशल विकसित करना**

**C. बच्चों के कलात्मक बोध का विकास करना**

(a) केवल A (b) केवल A और C

(c) केवल B (d) A, B और C

**141. P और Q की औसत मासिक आय 20,000 रुपये है। Q और R की औसत मासिक आय 40,000 रुपये है। R की मासिक आय P की मासिक आय से कितनी अधिक है?**

(a) 40,000 रुपये (b) 80,000 रुपये

(c) 20,000 रुपये (d) 25,000 रुपये

**142. 31250 रुपये पर 8% प्रति वर्ष की दर से 2 साल 9 महीने का चक्रवृद्धि ब्याज क्या है?**

(a) 5200 रु. (b) 7387 रु.

(c) 7668 रु. (d) 8116 रु.

**143. एक भिन्न को जब $\frac{17}{3}$ से जोड़ने पर 4 प्राप्त होता है। तो उक्त भिन्न क्या है?**

(a) $-\frac{1}{3}$ (b) $-1\frac{2}{3}$

(c) $\frac{9}{2}$ (d) $\frac{2}{3}$

**144. 60 और 72 का महत्तम समापवर्तक और लघुत्तम समापवर्तक ज्ञात कीजिये।**

(a) 16 और 360 (b) 12 और 260

(c) 12 और 360 (d) 10 और 360

**145. समांतर चतुर्भुज ABCD का क्षेत्रफल ज्ञात कीजिए, यदि समांतर चतुर्भुज की लंबाई और चौड़ाई क्रमशः 4 सेमी और 6 सेमी है और विकर्ण की लंबाई 8 सेमी है।**

(a) $9\sqrt{15}$ सेमी $^2$ (b) $5\sqrt{15}$ सेमी $^2$

(c) $6\sqrt{15}$ सेमी $^2$ (d) $3\sqrt{15}$ सेमी $^2$

**146. निर्देश: उस विकल्प का चयन कीजिये जो तीसरे पद से उसी तरह संबंधित है जिस तरह दूसरा पद, पहले पद से संबंधित है।**

**NQVK : OPWJ : : CGUW : ?**

(a) DHVX (b) DFVV

(c) EGWY (d) BDTW

**147. निर्देश: निम्नलिखित प्रश्न में, चार संख्याएं दी गई हैं, जिनमें से तीन किसी प्रकार से समान हैं जबकि चौथा अलग है। उसका चयन कीजिए जो अन्य से अलग है।**

(a) 352 (b) 671

(c) 211 (d) 561

**148. '$K$' के किस मान के लिए $K+2, 4K-6, 3K-2$ समांतर श्रेणी के तीन क्रमागत पद हैं?**

(a) 1 (b) −1

(c) 3 (d) −3

**149. निम्नलिखित जानकारी का ध्यानपूर्वक अध्ययन करें और नीचे दिए गए प्रश्न का उत्तर दें। यहाँ कुछ शब्द कृत्रिम भाषा से अनुवादित हैं: rxztuver का अर्थ है big cat, sleegeen का अर्थ है lion eat, peetuver का अर्थ है raging cat, sleepeet का अर्थ है lion raging, किस शब्द का अर्थ raging है?**

(a) uver (b) rxzt

(c) geen (d) peet

**150. रमेश एक पुरुष है और उसने कहा, "मेरे दो बच्चे हैं और अनीता मेरे इकलौते पुत्र की इकलौती भांजी की माँ है"। अनीता रमेश से कैसे संबंधित है?**

(a) पुत्र (b) पुत्री

(c) पत्नि (d) भांजी

## // स्मार्ट उत्तर पुस्तिका //

**सही उत्तर** उन छात्रों का प्रतिशत जिन्होंने प्रश्न का सही उत्तर दिया।

**छोड़ दिया** उन छात्रों का प्रतिशत जिन्होंने प्रश्न को छोड़ दिया।

| प्रश्न संख्या | उत्तर | सही उत्तर | छोड़ दिया | प्रश्न संख्या | उत्तर | सही उत्तर | छोड़ दिया | प्रश्न संख्या | उत्तर | सही उत्तर | छोड़ दिया |
|---|---|---|---|---|---|---|---|---|---|---|---|
| 1 | A | 24.93% | 4.47% | 2 | C | 12.61% | 3.96% | 3 | D | 88.33% | 0.0% |
| 4 | A | 45.8% | 1.36% | 5 | D | 55.72% | 1.5% | 6 | C | 63.68% | 1.65% |
| 7 | C | 43.46% | 1.76% | 8 | D | 57.27% | 1.38% | 9 | C | 63.28% | 1.68% |
| 10 | D | 49.62% | 1.57% | 11 | A | 67.39% | 1.66% | 12 | C | 18.66% | 3.39% |
| 13 | A | 60.82% | 1.36% | 14 | A | 16.54% | 3.43% | 15 | B | 23.25% | 4.63% |
| 16 | B | 86.24% | 0.0% | 17 | C | 69.77% | 1.51% | 18 | D | 53.33% | 1.65% |
| 19 | A | 68.84% | 1.43% | 20 | B | 76.83% | 0.0% | 21 | A | 40.67% | 1.75% |
| 22 | B | 63.33% | 1.47% | 23 | D | 48.7% | 1.96% | 24 | D | 63.16% | 1.31% |
| 25 | B | 41.28% | 1.63% | 26 | D | 52.96% | 1.05% | 27 | C | 53.62% | 1.92% |
| 28 | C | 68.93% | 1.47% | 29 | B | 55.9% | 1.01% | 30 | A | 62.42% | 1.35% |
| 31 | B | 28.74% | 3.47% | 32 | A | 63.84% | 1.85% | 33 | B | 52.86% | 1.51% |
| 34 | B | 40.04% | 1.44% | 35 | A | 23.02% | 3.31% | 36 | D | 40.42% | 1.39% |

| 37 | C | 22.14%<br>4.37% | 38 | C | 13.28%<br>3.19% | 39 | A | 29.16%<br>3.6% |
|---|---|---|---|---|---|---|---|---|
| 40 | A | 67.95%<br>1.96% | 41 | C | 57.26%<br>1.93% | 42 | B | 57.07%<br>1.71% |
| 43 | D | 19.41%<br>3.13% | 44 | C | 14.69%<br>3.02% | 45 | A | 59.88%<br>1.05% |
| 46 | B | 12.87%<br>4.05% | 47 | B | 57.12%<br>1.04% | 48 | B | 42.79%<br>1.53% |
| 49 | D | 11.46%<br>4.02% | 50 | A | 56.72%<br>1.05% | 51 | C | 60.97%<br>1.83% |
| 52 | D | 25.53%<br>4.27% | 53 | B | 47.63%<br>1.27% | 54 | C | 51.17%<br>1.62% |
| 55 | C | 45.91%<br>1.19% | 56 | A | 61.13%<br>1.81% | 57 | C | 43.03%<br>1.81% |
| 58 | C | 40.35%<br>1.48% | 59 | B | 43.55%<br>1.88% | 60 | B | 54.74%<br>1.28% |
| 61 | C | 67.78%<br>1.28% | 62 | B | 55.86%<br>1.39% | 63 | C | 67.25%<br>1.56% |
| 64 | C | 46.89%<br>1.32% | 65 | A | 61.11%<br>1.83% | 66 | D | 59.96%<br>1.69% |
| 67 | D | 52.59%<br>1.91% | 68 | A | 68.89%<br>1.29% | 69 | A | 52.62%<br>1.23% |
| 70 | A | 82.89%<br>0.0% | 71 | A | 81.24%<br>0.0% | 72 | B | 52.97%<br>1.84% |
| 73 | D | 46.0%<br>1.7% | 74 | B | 67.77%<br>1.54% | 75 | C | 86.15%<br>0.0% |
| 76 | A | 49.02%<br>1.77% | 77 | A | 44.68%<br>1.01% | 78 | A | 45.78%<br>1.73% |
| 79 | A | 52.75%<br>1.19% | 80 | B | 48.21%<br>1.44% | 81 | C | 62.38%<br>1.18% |
| 82 | C | 49.0%<br>1.57% | 83 | A | 68.93%<br>1.84% | 84 | B | 49.64%<br>1.8% |
| 85 | A | 50.75%<br>1.55% | 86 | B | 44.96%<br>1.59% | 87 | A | 59.43%<br>1.97% |
| 88 | A | 58.77%<br>1.87% | 89 | D | 43.13%<br>1.65% | 90 | B | 86.52%<br>0.0% |
| 91 | D | 53.33%<br>1.1% | 92 | C | 62.93%<br>1.67% | 93 | B | 60.44%<br>1.42% |
| 94 | A | 69.65%<br>1.47% | 95 | C | 40.44%<br>1.24% | 96 | A | 59.26%<br>1.46% |
| 97 | C | 51.09%<br>1.7% | 98 | D | 24.14%<br>4.1% | 99 | A | 19.11%<br>4.48% |
| 100 | A | 66.01%<br>1.82% | 101 | D | 68.65%<br>1.12% | 102 | B | 48.52%<br>1.88% |
| 103 | B | 55.15%<br>1.46% | 104 | A | 66.66%<br>1.94% | 105 | D | 61.62%<br>1.06% |
| 106 | C | 56.38%<br>1.56% | 107 | A | 68.47%<br>1.7% | 108 | D | 46.7%<br>1.68% |
| 109 | B | 65.65%<br>1.27% | 110 | B | 69.97%<br>1.26% | 111 | D | 68.17%<br>1.6% |
| 112 | A | 61.23%<br>1.25% | 113 | C | 52.08%<br>1.19% | 114 | B | 44.21%<br>1.88% |
| 115 | C | 51.53%<br>1.79% | 116 | D | 59.11%<br>1.3% | 117 | D | 14.19%<br>3.12% |
| 118 | D | 58.74%<br>1.55% | 119 | B | 41.15%<br>1.44% | 120 | B | 52.09%<br>1.55% |
| 121 | B | 79.91%<br>0.0% | 122 | D | 10.04%<br>4.82% | 123 | D | 87.08%<br>0.0% |
| 124 | C | 61.02%<br>1.04% | 125 | D | 86.77%<br>0.0% | 126 | B | 69.34%<br>1.46% |
| 127 | B | 84.63%<br>0.0% | 128 | A | 41.71%<br>1.91% | 129 | C | 83.5%<br>0.0% |
| 130 | C | 29.95%<br>3.58% | 131 | B | 13.51%<br>4.77% | 132 | B | 65.18%<br>1.02% |
| 133 | A | 19.89%<br>3.6% | 134 | D | 54.67%<br>1.76% | 135 | A | 59.57%<br>1.14% |
| 136 | A | 63.18%<br>1.96% | 137 | D | 60.02%<br>1.24% | 138 | A | 86.76%<br>0.0% |
| 139 | A | 58.3%<br>1.19% | 140 | D | 45.28%<br>1.31% | 141 | A | 56.31%<br>1.57% |
| 142 | B | 42.09%<br>1.04% | 143 | B | 53.21%<br>1.21% | 144 | C | 53.52%<br>1.84% |
| 145 | C | 44.02%<br>1.26% | 146 | B | 54.25%<br>1.76% | 147 | C | 42.34%<br>1.25% |
| 148 | C | 50.37%<br>1.14% | 149 | D | 66.11%<br>1.7% | 150 | B | 53.9%<br>1.89% |

## // संकेत और समाधान //

**1(A).** बीजाणु छोटी प्रजनन कोशिकाएं होती हैं जिनका उपयोग अलैंगिक प्रजनन के एजेंट के रूप में किया जाता है। यह अंकुरण पूरे जीव को उत्पन्न करता है। बीजाणु बैक्टीरिया, कवक, शैवाल और पौधों द्वारा उत्पादित होते हैं। यदि एक ही प्रकार के बीजाणु उत्पन्न होते हैं तो इसे होमोस्पोरी कहा जाता है और यदि विभिन्न प्रकार के बीजाणुओं का उत्पादन किया जाता है तो इसे हेटरोस्पोरी कहा जाता है।
हेटरोस्पोरी- जब एक ही पौधे में विभिन्न प्रकार के बीजाणुओं का उत्पादन होता है, तो इस स्थिति को हेटरोस्पोरी कहा जाता है। इन बीजाणुओं की संरचना, गठन और कार्य अलग-अलग होते हैं।
टेरिडोफाइट्स में, दो अलग-अलग प्रकार के बीजाणु मौजूद होते हैं, जिन्हें माइक्रोस्पोर्स और मेगास्पोर्स कहते हैं।
माइक्रोस्पोर्स पुरुष बीजाणु होते हैं जो आकार में छोटे और संख्या में बड़े होते हैं। माइक्रोस्पोरंग में माइक्रोस्पोर का उत्पादन होता है।
मेगास्पोर्स मादा बीजाणु हैं जो आकार में बड़े और संख्या में छोटे होते हैं। मेगास्पोरियम में मेगास्पोर पैदा होते हैं, अंकुरण पर ये बीजाणु मादा गैमेटोफाइट पैदा करते हैं
पॉटरियोडोफाइट्स में हेटरोस्पोरी को सेलाजिनेला, आइसोसेट्स, मार्सिलेया, साल्विनिया, एजोला, पिल्युलरिया, आदि द्वारा दिखाया गया है।
सिलोटम, एडियाटम, और पेरिटिस होमोस्पोरस हैं।

**2(C).** जीवाणुभोजी म्यू या फेज म्यू एक शीतोष्ण जीवाणुभोजी, वायरस है यह संक्रमित जीवाणुओं का एक प्रकार है। इसमें एक आइकोसाहेड्रल हेड, एक सिकुड़ा हुआ पूंछ और 6 पूंछ फाइबर होते हैं। यह अपने जीनोम को मेजबान सेल के जीनोम में एकीकृत करने के लिए डीएनए-आधारित स्थानांतरण का उपयोग करता है कि यह संक्रमित है। यह दोहरे धागे का डीएनए होता है।

**3(D).** विदग्ध बैक्टीरियल सेल में बड़ी संख्या में फ्लैगेला होता है जो सेल की सतह पर समान रूप से वितरित किया जाता है।

**4(A).** साइकस या साइकैड्स नियत नाइट्रोजन के बदले में तय कार्बन और एक स्थिर वातावरण को सायनोबैक्टीरिया प्रदान करते हैं। ये सायनोबैक्टीरिया एंडोसिम्बियोनेट्स हैं, जो साइकैड्स की जड़ों के भीतर रहते हैं। कोरलॉइड जड़ के भीतर सियानोबैक्टीरियल ज़ोन है, जो सियानोबैक्टीरिया द्वारा बसा हुआ क्षेत्र है।

**5(D).** प्रूनिंग वृद्धि को प्रेरित करने के लिए शाखाओं के एपिकल हिस्से को काट रहा है जो बदले में ऑक्सिन की मात्रा को कम रिटर्न एक्सएक्सएक्स के रूप में संश्लेषित करता है। निचली ऑक्सिन संश्लेषण कोशिका विभाजन और पार्श्व शाखाओं के विकास के लिए साइटोकिनिन के अनुवाद की अनुमति देता है।

**6(C).** स्लॉथ लगभग 40 वर्ष तक जीते हैं और अपने जीवन काल में 8 वृक्षों पर घूमने की तकलीफ़ उठाते हैं स्लॉथ के बारे में यह कथन कही सही है ।
स्लॉथ के बारे में:
- स्लॉथ प्रतिदिन लगभग 17 घंटे सोते हैं।
- यह पेड़ों से लकड़ी काटने के लिए केवल नौ घंटे का समय छोड़ता है।

- वे शरीर के तापमान को लगभग 86°F से 93°F तक बनाए रखते हैं।
- वे अपने शरीर के तापमान को नियंत्रित करने के लिए छाया के अंदर और बाहर जाते हैं।
- स्लॉथ उसी पेड़ की पत्तियों को खाता है जिस पर वह रहता है।
- इसे शायद ही किसी और चीज की जरूरत होती हो।
- जब वह उस पेड़ से पर्याप्त पत्ते खा लेता है, तो वह पास के पेड़ पर चला जाता है।
- स्लॉथ लगभग 40 साल तक जीवित रहता है।
- उस दौरान वे केवल आठ पेड़ों के चारों ओर घूमते हैं।
- सप्ताह में एक बार यह अपने आप को राहत देने के लिए पेड़ से नीचे उतरता है।

**7(C).** मधुमक्खी के छत्तों के विषय में उपरोक्त कथनों में से- प्रत्येक छत्ते में कुछ ही नर मक्खियाँ होते हैं, छत्ते में बहुत सारी काम करने वाली मक्खियाँ भी होती हैं जो शहद के लिए फूलों का रस एकत्र करती हैं, यदि काम करने वाली मक्खियाँ न हों, तो छत्ता और शहद नहीं बन सकते और नर मक्खी छत्ते के लिए बहुत महत्वपूर्ण होते हैं, क्योंकि ये रस वाले फलों को खोजने में सहायता करते हैं, कथन सही है ।
मधुमक्खी कीट वर्ग का प्राणी है। मधुमक्खी से मधु प्राप्त होता है जो अत्यन्त पौष्टिक भोजन है। यह संघ बनाकर रहती हैं। प्रत्येक संघ में एक रानी, कई सौ नर और शेष श्रमिक होते हैं। मधुमक्खीयाँ छत्ते बनाकर रहती हैं। इनका यह घोसला (छत्ता) मोम से बनता है। इसके वंश एपिस में 7 जातियां एवं 44 उपजातियां हैं।

**8(D).** पाइसम सेटाइवम पौधे में वेक्सिलरी पुष्पदल विन्यास और द्विसंधी पुंकेसर होते है।
पाइसम जिसे आमतौर पर मटर के रूप में जाना जाता है, फैबेसी परिवार से संबंधित फूलों के पौधे की एक प्रजाति है। फैबेसी में फूल जाइगोमोर्फिक (द्विपक्षीय समरूपता) उभयलिंगी होते हैं। पॉलीपेटलस सहित 5 पंखुड़ियाँ, पीछे की सबसे बाहरी पंखुड़ी बड़ी (वेक्सिलम या मानक) दो पार्श्व पंखुड़ियाँ (पंख या अला) होती हैं और दो पूर्वकाल और अंतरतम पंखुड़ियाँ एक नाव के आकार की संरचना (कील या कैरिना) बनाने के लिए एकजुट होती हैं और अवरोही इम्ब्रिकेट या वेक्सिलरी सौंदर्यीकरण। 10 पुंकेसर सहित, डायडेल्फ़स (पुंकेसर अपने तंतु द्वारा एकजुट होकर दो समूह बनाते हैं)। प्लेसेंटेशन सीमांत है (प्लेसेंटा उदर पक्ष के साथ एक कठोर बनाता है और बीजांड दो ऊर्ध्वाधर पंक्तियों में व्यवस्थित होते हैं)।

**9(C).** द्वितीयक जाइलम बड़े और काष्ठीय वृक्ष संरचनाओं में मौजूद होता है। यह रसदारु (सैपवुड) और अंतःकाष्ठ (हर्टवुड) में विभेदित है।
सैपवुड:
- यह रंग में हल्का होता है और तने की परिधि के पास मौजूद होता है।
- इसमें कार्यात्मक जाइलम होता है जो पानी और खनिजों का परिवहन करता है।

हर्टवुड:
- पौधों द्वारा स्रावित विभिन्न रासायनिक यौगिक इस मध्य क्षेत्र में जमा होते हैं (जो कभी एक खोखली केंद्रीय गुहा थी जिसे जाइलम वाहिकाओं का लुमेन कहा जाता था)।
- लकड़ी के केंद्र में गम्स, टैनिन, फिनोल, टेरपेन्स और पिगमेंट की उपस्थिति के कारण यह कठिन और क्षय के लिए प्रतिरोधी है।

अत: सही विकल्प (सी) है।

**10(D).** हड्डी और उपास्थि को कंकाल ऊतक के तहत वर्गीकृत किया जाता है, एक श्रेणी की विशेष संयोजी ऊतक। रक्त एक संवहनी ऊतक है जिसे विशेष संयोजी ऊतक के तहत वर्गीकृत किया जाता है। हालांकि, मांसपेशी ऊतक अलग-अलग कार्यों के साथ तंत्रिका ऊतक, उपकला ऊतक, आदि जैसी एक अलग इकाई है।

**11(A).** एंजियोस्पर्म के नर युग्मक में एक पराग कण या एक पराग नली के भीतर दो शुक्राणु कोशिकाएं होती हैं। वे एक एकल जनन कोशिका से प्राप्त होते हैं।

**12(C).** एक सहएन्जाइम अथवा धातु आयन जो बहुत दृढ़ता से यहां तक कि सहसंयोजी रूप से एन्जाइम प्रोटीन से बद्ध होता है, वह प्रोस्थेटिक समूह कहलाता है । प्रोस्थेटिक समूह की एन्जाइम से बद्धता स्थायी होती है। प्रोस्थेटिक समूह के वियोजन से एन्जाइम की उत्प्रेरकी क्रिया की अनुत्क्रमणीय हानि होती है प्रोस्थेटिक समूह के साथ पूर्ण उत्प्रेरक सक्रिय एन्ज़ाइम को होलोएन्ज़ाइम कहा जाता है । इस प्रकार, कथन A सत्य है। एक प्रोटीन जो एक सहएंजाइम के साथ संयोजन द्वारा एक सक्रिय एन्ज़ाइम प्रणाली बनाता है और एक सब्स्ट्रेट के लिए इस प्रणाली की विशिष्टता को निर्धारित करता है उसे एपोएंजाइम कहा जाता है | इस प्रकार, कथन B असत्य है।

**13(A).** असंगजनन का एक रूप जहां भ्रूण की थैली के आसपास द्विगुणित बीजांडकाय ऊतक से एक न्युक्लियर भ्रूण उत्पन्न होता है। कुछ खट्टे बीजों में आकस्मिक या बीजांडकाय भ्रूण होता है। नर असंगजनन भी दुर्लभ मामलों में होता है, जैसे कि सहारन सरू जहां भ्रूण की आनुवंशिक सामग्री पराग से प्राप्त होती है। यह कुछ जानवरों में भी पाया जाता है जैसे कि पानी का बहाव।

**14(A).** अर्धसूत्रीविभाजन के दौरान समजातीय गुणसूत्रों पर पुनर्संयोजन ग्रंथिकाओं की उपस्थिति उन स्थलों की विशेषता है जहां जीन विनियम होता है।
- अर्धसूत्रीविभाजन के स्थूलसूत्रावस्था चरण में पुनर्संयोजन ग्रंथिका की उपस्थिति द्वारा अभिलक्षणित होती है।
- यह वह स्थान है जहां पर समजात गुणसूत्रों के नॉन-सिस्टर क्रोमैटिड के बीच विनिमय होता है।

**15(B).** पौधों द्वारा लिए गए $H_2O$ को ऑक्सीजन में विभाजित किया जाता है और परिणामस्वरूप इलेक्ट्रॉनों को फोटो केंद्रों $NADPH$ में स्थानांतरित किया जाता है जो कि केल्विन चक्र में प्रवेश करते हैं।

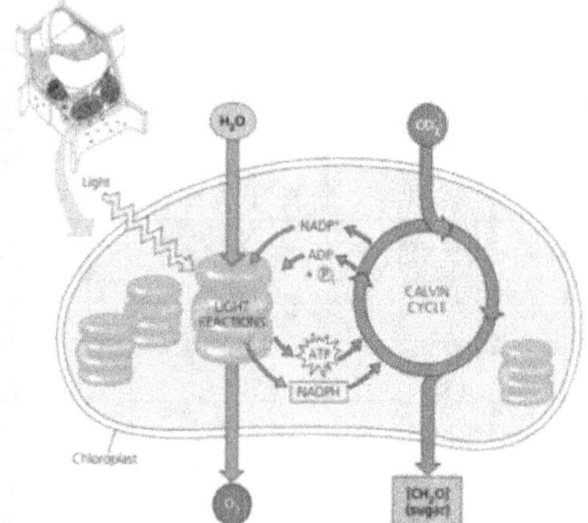


**16(B).** श्वसन गुणांक (RQ) या श्वसन अनुपात श्वसन में खपत ऑक्सीजन की मात्रा के लिए विकसित कार्बन डाइऑक्साइड की मात्रा का अनुपात है।
ट्राइपामिटिन पामिटिक अम्ल से व्युत्पन्न है। ट्राइपामिटिन के ऑक्सीकरण के लिए अभिक्रिया निम्नानुसार दी गई है -
$2\,(C_{51}H_{98}O_6) + 145O_2 \rightarrow 102CO_2 + 98H_2O$
$C_{51}H_{98}O_6$ ट्राइपामिटिन का प्रतिनिधित्व करता है, $O_2$ ऑक्सीजन का प्रतिनिधित्व करता है, $CO_2$ कार्बन डाइऑक्साइड के लिए है और $H_2O$ जल है।
श्वसन भागफल $= \frac{102}{145}$
$= 0.7$

**17(C).** ब्रोंचीओल्स की सूजन; घटी हुई श्वसन सतह क्रमशः अस्थमा और वातस्फीति में फेफड़ों की स्थिति का प्रतिनिधित्व करती है।
अस्थमा एक पुरानी बीमारी है जिसमें सांस लेना होता है। अस्थमा के कारण वायु मार्ग में सूजन आ गई है, जिसके परिणामस्वरूप फेफड़ों तक ऑक्सीजन ले जाने वाले वायुमार्ग संकरे हो गए हैं। लक्षण एक व्यक्ति से दूसरे व्यक्ति पर निर्भर करते हैं और समय के साथ भिन्न हो सकते हैं। सांस की तकलीफ, सीने में जकड़न, खांसी आदि। यह मुख्य रूप से ब्रोंची या ब्रोंचीओल्स की सूजन के कारण होता है। आमतौर पर अस्थमा बचपन में शुरू होता है और वयस्कता में चला जाता है।
वातस्फीति एक गंभीर श्वसन विकार है। इस विकार का प्रमुख कारण सिगरेट का धूम्रपान है जो वायुकोशीय दीवारों को नुकसान पहुंचाता है और श्वसन सतह को कम करता है। इस विकार के रोगियों को अपने फेफड़ों से हवा में सांस लेने में कठिनाई होती है। श्वसन विफलता है और

सांस लेने के लिए अधिक ऑक्सीजन की आवश्यकता होती है।

**18(D).** डुप्लिकेटेड मूत्रवाहिनी या डुप्लेक्स कलेक्टिंग सिस्टम एक जन्मजात स्थिति है जिसमें मूत्रवाहिनी कली, मूत्रवाहिनी के भ्रूण की उत्पत्ति, (या दो बार उठती है) होती है, जिसके परिणामस्वरूप दो मूत्रवाहिनी एक एकल गुर्दे को निकालती हैं। यह लगभग 1% आबादी में होने वाली सबसे आम गुर्दे की असामान्यता है।

**19(A).** वृक्क श्रोणि वह बिंदु है जहां दो या तीन प्रमुख गुर्दे एक साथ जुड़ते हैं। गुर्दे की वृक्क श्रोणि या श्रोणि गुर्दे में मूत्रवाहिनी का फ़नल जैसा फैला हुआ भाग है। मनुष्यों में, वृक्क श्रोणि वह बिंदु है जहां दो या तीन प्रमुख वृक्क नलिकाएं जुड़ती हैं। इसमें एक श्लेष्मा झिल्ली होती है और यह संक्रमणकालीन उपकला और ढीले-से-घने संयोजी ऊतक के एक अंतर्निहित लैमिना प्रोप्रिया से ढकी होती है। मूत्रवाहिनी में बहने वाले मूत्र के लिए गुर्दे की श्रोणि एक फ़नल के रूप में कार्य करती है।

**20(B).** सही विकल्प (B) है क्योंकि A-बैंड की लंबाई चौड़ी हो जाता है।
मांसपेशियों के संकुचन के दौरान, निम्नलिखित घटनाएं होती हैं:
(1) मायोसिन का गोलाकार सिर ATPase के रूप में कार्य करता है और ATP अणु को जलअपघटित करता है और अंततः क्रॉस ब्रिज का निर्माण करता है।
(2) यह एक्टिन फिलामेंट को 'A-बैंड' के केंद्र की ओर खींचता है।
(3) इन एक्टिन से जुड़ी Z-लाइन भी अंदर की ओर खींची जाती है, जिससे सरकोमेरे छोटा हो जाता है।
(4) पतले मायोफिलामेंट्स मोटे मायोफिलामेंट्स से आगे बढ़ते हैं जिसके कारण 'H' क्षेत्र विलुप्त हो जाता है । इससे I-बैंड की लंबाई कम हो जाती है लेकिन A-बैंड की लंबाई बरकरार रहती है।
(5) मायोसिन तब ADP+Pi छोड़ता है, और अपनी शिथिल अवस्था में वापस चला जाता है।

**21(A).** मस्तिष्क स्तंभ कपाल नसों के नाभिक में मोटर न्यूरॉन्स रीढ़ की हड्डी के अग्रिम श्रृंग की कोशिकाओं के समरूप होते हैं। रीढ़ की हड्डी के अग्रिम श्रृंग की कोशिकाओं के विनाश के परिणामस्वरूप स्वैच्छिक मोटर आवेगों का नुकसान होगा क्योंकि यह मोटर आवेगों से संबंधित है।

**22(B).** मस्तिष्कमेरु द्रव (CSF) मस्तिष्क और रीढ़ में पाया जाने वाला एक रंगहीन द्रव है। यह मस्तिष्क के निलय के कोरॉइड प्लेक्सस में निर्मित होता है और मस्तिष्क को यांत्रिक झटके से बचाता है। यह मस्तिष्क से अपशिष्ट को भी निकालता है।

**23(D).** नियोनैटल मायस्थेनिया का सिंड्रोम एसिटाइलकोलाइन रिसेप्टर (एसीएचआर) के विरोध में मातृ आईजीजी के ट्रांसप्लांटेंटल ट्रांसफर के कारण होता है। इस स्थिति से प्रभावित शिशु जन्म के समय बेडौल होते हैं, और वे खराब चूसने, मांसपेशियी टोन और श्वसन प्रयास को प्रदर्शित करते हैं।

**24(D).** एपोमिक्सिस (अलैंगिक बीज गठन) एक पौधे का परिणाम है जो यौन प्रजनन के सबसे बुनियादी पहलुओं को बायपास करने की क्षमता प्राप्त करता है: जैसे की, अर्धसूत्रीविभाजन और निषेचन। पुरुष निषेचन की आवश्यकता के बिना, बीज से एक पौधा उगता है जो परिणामस्वरूप मातृ क्लोन के रूप में विकसित होता है।

**25(B).** बार्थोलिन की ग्रंथियां प्रजनन नलिका के प्रारंभिक के प्रत्येक तरफ स्थित हैं। वे एक तरल पदार्थ का स्राव करते हैं जो योनि को चिकनाई देने में मदद करता है। कभी-कभी इन ग्रंथियों के नलिकाएं बाधित हो जाती हैं और द्रव एक पुटी बनाते हैं।

**26(D).** कलर ब्लाइंडनेस एक एक्स-लिंक्ड रिसेसिव डिसऑर्डर है। प्रत्येक कोशिका के पुरुषों में प्रभावित जीन की एक प्रति विकार (एक्ससीवाई) का कारण बनने के लिए पर्याप्त है। प्रभावित जीन की दो प्रतियों के साथ महिलाएं विकार ($X^cX^c$) दिखाती हैं। इस विशेषता के लिए मादा विषमयुग्मजी ($X^cX$) सामान्य है लेकिन रोग के वाहक के रूप में कार्य करती है। प्रश्न के अनुसार, महिला का रंग अंधा ($X^cX^c$) है और पिता सामान्य (XY) है। प्रभावित मां सभी बेटों ($X^cY$) को बीमारी का अंतरण करेगी।

**27(C).** टेम्प्लेट DNA से नए जीवाणु DNA के संश्लेषण के दौरान प्रूफरीडिंग एंजाइम DNA पोलीमरेज़ है।
DNA पोलीमरेज़ एंजाइम होते हैं जो कोशिकाओं में DNA का निर्माण करते हैं। DNA प्रतिकृति (प्रतिलिपि) के दौरान, अधिकांश DNA पोलीमरेज़ अपने द्वारा जोड़े गए प्रत्येक आधार के साथ "अपने काम की जांच" कर सकते हैं। इस प्रक्रिया को प्रूफरीडिंग कहा जाता है। यदि पोलीमरेज़ पता लगाता है कि एक गलत (गलत युग्मित) न्यूक्लियोटाइड जोड़ा गया है, तो यह DNA संश्लेषण को जारी रखने से पहले, न्यूक्लियोटाइड को तुरंत हटा देगा और बदल देगा।

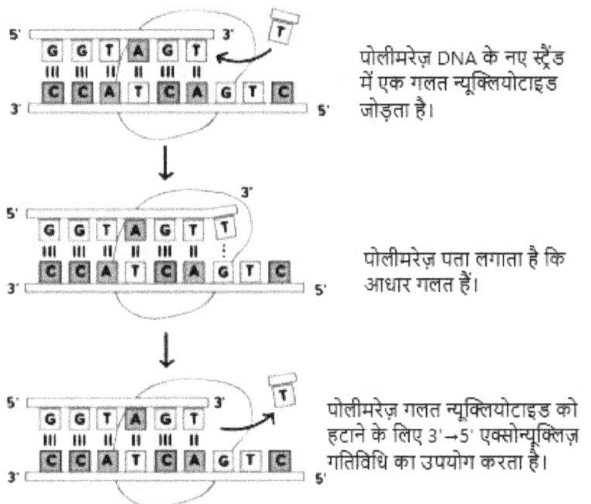


अत: विकल्प (C) सही है I

**28(C).** सहज पीढ़ी के सिद्धांत में कहा गया है कि जीवन निर्जीव चीजों से ही उत्पन्न हो सकता है। सहज पीढ़ी को कभी-कभी जीवोत्पत्ति कहा जाता है।

**29(B).** अस्थिसुषिरता एक हड्डी की बीमारी है जो तब होती है जब शरीर बहुत अधिक हड्डी खो देता है, बहुत कम हड्डी बनाता है, या दोनों हो सकता है। नतीजतन, हड्डियां कमजोर हो जाती हैं और छींकने या मामूली धक्कों से गंभीर मामलों में गिर सकती हैं। अस्थिसुषिरता का अर्थ है "छिद्रपूर्ण हड्डी।" माइक्रोस्कोप के नीचे देखा गया, स्वस्थ हड्डी एक छत्ते की तरह दिखती है।

**30(A).** ईको आर I द्वारा पहचाने जाने वाला पैलिन्डोमिक क्रम है:
5' - GAATTC - 3'
3' - CTTAAG - 5
ईको आर I प्रतिबंध एंजाइम है। इसे प्रतिबंध एंडोन्यूक्लिअस के रूप में भी जाना जाता है। ये एंजाइम हैं जो मान्यता स्थलों की पहचान कर सकते हैं। GAATTC एंजाइम की मान्यता है। ये वे स्थान हैं जहां एंजाइम विशेष रूप से डीएनए को साफ करता है। इन एंजाइमों का उपयोग आमतौर पर rDNA प्रौद्योगिकी और आनुवंशिक इंजीनियरिंग तकनीकों में किया जाता है।

**31(B).** शरीर इसे अस्वीकार नहीं करेगा क्योंकि उसने अभी तक 'स्व' को जन्म से पहले जीन थेरेपी शुरू करने का एक फायदा नहीं पहचाना है।
जीन थेरेपी जबरदस्त परिणामों के साथ जैव प्रौद्योगिकी की एक नई उभरती हुई शाखा है। यह मूल रूप से आनुवंशिक विकारों को ठीक करने के लिए उपयोग किया जाता है। जीन थेरेपी में, लापता जीन या दोषपूर्ण जीन को बदलने के लिए कोशिकाओं में सामान्य जीन पेश किए जाते हैं। मनुष्यों में मस्तिष्क की कुछ बीमारियों के इलाज में प्रारंभिक जीन थेरेपी अधिक प्रभावी साबित हुई है। उन्होंने चूहों में अनुकरणीय परिणाम भी दिखाए हैं। जब कोई बच्चा पैदा होता है तो उसकी जन्मजात प्रतिरक्षा होती है जो किसी भी शरीर को अपने शरीर में आसानी से बसने नहीं देती है। लेकिन जन्म से पहले यह अभी तक खुद को नहीं पहचान पाया है इसलिए चिकित्सा को आसानी से स्वीकार किया जा सकता है।

**32(A).** भूमध्यसागरीय ऑर्किड ओफ्रीज़ मधुमक्खी की एक प्रजाति द्वारा परागण करवाने के लिए यौन उपाय को नियोजित करता है। इसके फूल की एक पंखुड़ी आकार, रंग और चिह्नों में मधुमक्खी की मादा के समान दिखती है।

**33(B).** कार्बन डाइऑक्साइड वायुमंडल पृथ्वी की सतह के पास ऊर्जा को अवशोषित और संग्रहीत करता है जब आने वाली सौर विकिरण अंतरिक्ष

में वापस परावर्तित होती है। यदि कार्बन डाइऑक्साइड नहीं होता तो सौर ऊर्जा का अवशोषण नहीं होता और इसलिए पृथ्वी की सतह का तापमान वर्तमान स्तर से कम होता।

**34(B).** पेरियार राष्ट्रीय उद्यान - हंगुल सही सुमेलित नहीं है । पेरियार वन्यजीव अभयारण्य दक्षिण-मध्य केरल राज्य में स्थित है। अभयारण्य एशियाई हाथियों के झुंड के लिए प्रसिद्ध है।

**35(A).** यहाँ,
दिया गया है:
मुख्य पैमाने का पाठ्यांक (MSR) = 0 मिलीमीटर
वृत्तीय पैमाने का पाठ्यांक (CSR) $= 52$ खाने
स्क्रूगेज की पिच, $P = 1$ मिलीमीटर
वृत्तीय डिवीजन की संख्या, $n = 100$
इस प्रकार,
न्यूनतम संख्या $LC = \frac{P}{n}$
$= \frac{1}{100}$
$= 0.01$ मिलीमीटर
$= 0.001$ से.मी.
हम जानते हैं:
तार का व्यास = MSR + (CSR × LC)
$= 0 + (52 \times 0.001)$ से.मी.
$= 0.052$ से.मी.

**36(D).** यदि तय की गई दूरी शून्य हो तो विस्थापन शून्य होना चाहिए।
- जब एक वस्तु विराम या स्थिर पर है, तय की गई दूरी शून्य है।
- ऐसी स्थिति में, विस्थापन शून्य होना चाहिए क्योंकि समय के संबंध में प्रारंभिक और अंतिम स्थिति समान होती है।

**37(C).** मनुष्य की गति, $= 4\text{kmh}^{-1}$
तय की गई दूरी $= 1$ km
नदी की गति $= 3\text{kmh}^{-1}$
फिर, $(t) =$ दूरी/गति
$= \frac{1km}{4km}$
$= \frac{1}{4}$ h
$= \frac{60}{4}$ min
$= 15$min
आदमी नदी के पानी के वेग से धारा द्वारा नीचे ले जाया जाता है।
$\therefore$ 15 min ( या $\frac{1}{4}h$ ) में आदमी द्वारा तय की गई दूरी है
$= 3 \times \frac{1}{4}$ h
$= 3000 \times \frac{15}{60}$
$= 750$ m

**38(C).** न्यूटन का तीसरा नियम: प्रत्येक क्रिया के लिए, हमेशा समान (परिमाण में) और विपरीत (दिशा में) प्रतिक्रिया होती है। जब कोई निकाय किसी अन्य निकाय पर बल लगाता है, तो दूसरा निकाय भी पहले पर एक समान और विपरीत बल लगाता है। प्रकृति में बल हमेशा युग्म में होता हैं। एक एकल पृथक बल संभव नहीं है।
घूर्णक लॉन स्प्रिंकलर की क्रिया गति के तीसरे नियम पर आधारित होती है। चूंकि पानी नोजल से बाहर निकलता है, इसलिए यह विपरीत दिशा में एक समान और विपरीत बल लगाता है, जिससे स्प्रिंकलर विपरीत दिशा में घूमता है। इस प्रकार पानी सभी दिशाओं में बिखरा हुआ रहता है।

**39(A).** पलायन वेग, $v_o = \sqrt{2gR}$
$\frac{1}{2}$ of Escape velocity
$\frac{1}{2}v_0 = \frac{\sqrt{2\,gR}}{2} = \sqrt{\frac{2\,gR}{4}} = \sqrt{\frac{gR}{2}} = \sqrt{\frac{GM}{2R}}$
कक्षा गति, $v = \sqrt{\frac{GM}{r}}$
$\therefore$ अगर $v = \frac{v_o}{2}$
$\sqrt{\frac{GM}{r}} = \sqrt{\frac{GM}{2R}} \Rightarrow r = 2R$
अत: विकल्प (A) सही है I

**40(A).** स्पष्टीकरण:
शक्ति- इसे कार्य करने की दर के रूप में परिभाषित किया गया है।
$\therefore P = \frac{W}{t}$
जहाँ,, $\mathbf{P} =$ शक्ति $\mathbf{W} =$ किया गया कार्य और $t =$ समय
अब
जैसा कि कार्य किया गया = बल $\times$ दूरी
बल = द्रव्यमान $\times$ त्वरण
$\therefore$ बल का आयामी सूत्र (F) $= [\text{M}] \times [\text{LT}^{-2}] = [\text{MLT}^{-2}]$
कार्य का आयामी सूत्र (W) $= [\text{ML}^2\ \text{T}^{-2}]$
समय का आयामी सूत्र $(\mathbf{t}) = [\text{T}^1]$
P= $\frac{ML^2T^{-2}}{T^1} = \frac{ML^2}{T^3}$
$\therefore \therefore$ शक्ति P का आयामी सूत्र $[\text{ML}^2\ \text{T}^{-3}]$ है।
अतः विकल्प (A) सही है।

**41(C).** The maximum energy loss is the difference in kinetic energy before collision and kinetic energy after collision. When two objects collide the total momentum before collision is equal to the momentum after collision in the absence of external forces. That is the law of conservation of momentum.
Formula:
Kinetic energy, $K.E = \frac{p^2}{2m}$
Let us consider two particles of masses $m_1$ and $m_2$ moving with velocities $u_1$ and $u_2$ respectively before collision. If there velocities after collision are $v_1$ and $v_2$ , then according to conservation of momentum we have,
$m_1u_1 + m_2u_2 = m_1v_1 + m_2v_2$
Here, the initial and final positions are widely separated so that the interaction forces between the particles becomes effectively zero. Hence the potential energy before and after remains the same. If the collision is perfectly elastic, the total kinetic energy of the particles is not changed by the collision.
$\frac{1}{2}m_1u_1^2 + \frac{1}{2}m_2u_2^2 = \frac{1}{2}m_1v_1^2 + \frac{1}{2}m_2v_2^2$
According to the kinetic theory of gases, such elastic collision occurs between the molecules of a gas. This type of collision mostly takes place between atoms, electrons and protons.
In case of inelastic collision, a part of kinetic energy is converted to some other forms. This energy appears in the form of thermal energy in macroscopic particles.
Let $p$ be the momentum before and after collision.
We know that,
Kinetic energy $K.E = \frac{p^2}{2m}$
Maximum energy loss $= \frac{p^2}{2m} - \frac{p^2}{2(m+M)}$
$= \frac{p^2}{2m}[1 - \frac{m}{m+M}]$
$= \frac{1}{2}mv^2[\frac{M}{m+M}]$
Hence statement I is false.
In inelastic collision loss of energy is maximum.
Thus statement II is true.

**42(B).** हम जानते हैं कि,
$\frac{\text{mgH}}{2} = \frac{1}{2}\text{mvv}^2 + \frac{1}{2}\frac{\text{mr}^2}{2}\frac{\text{V}^2}{\text{R}^2}$
$= \frac{1}{2}mv^2 + \frac{1}{4}mv^2$
जैसे ही सिलिंडर $\frac{\text{mgH}}{2}$ नीचे की ओर आता है-
PE$\frac{\text{mgH}}{2}$ = में हानि KE में लाभ।
$\frac{mgH}{2} = \frac{3}{4}mv^2$
$\Rightarrow \frac{1}{2}mv^2 + \frac{3}{4}mv^2 + \frac{1}{4}mv^2$

$\Rightarrow \frac{5}{2}mv^2 + \frac{1}{4}mv^2$

$\frac{(K.E)_{Transation}}{(K.E)_{Rotational}} = \frac{\frac{5}{4}mv^2}{\frac{1}{4}mv^2} = 5$

**43(D).** किसी पिंड का वजन नहीं बदलेगा यदि पिंड पर गुरुत्वाकर्षण खिंचाव बदलता है; लेकिन पिंड का वजन बदल जाएगा।
"उदाहरण के लिए, यदि आप पृथ्वी पर अपने वजन को मापते हैं और फिर चंद्रमा पर या कहीं और अंतरिक्ष में अपने वजन को मापते हैं, तो आपका वजन समान रहेगा।"
ब्रह्मांड में हर जगह एक पिंड का वजन स्थिर होता है।
इसलिए, इस 60 किलोग्राम महिला का वजन पृथ्वी की सतह के साथ-साथ अंतरिक्ष यान में भी समान होगा।

**44(C).** पृथ्वी के गुरुत्वाकर्षण क्षेत्र से निकलने के लिए आवश्यक न्यूनतम वेग को पलायन वेग कहा जाता है। इसे $V_e$ द्वारा दर्शाया जाती है ।
पृथ्वी पर पलायन वेग निम्न द्वारा दिया गया है:

$V_e = \sqrt{\frac{2GM}{R}}$

जहाँ M = पृथ्वी का द्रव्यमान और R = पृथ्वी का त्रिज्या
यह दिया गया है कि, $V_e = 12$ km/s = $12 \times 10^3$ m/s और त्रिज्या (R) = 6000 km = $6 \times 10^6$ m
जैसा कि हम जानते हैं, $GM = gR^2$

$\Rightarrow V_e = \sqrt{2gR}$

दोनों पक्षों का वर्ग करके हमें मिलता है,

$\Rightarrow (V_e)^2 = 2gR$

$\Rightarrow g = \frac{V_e^2}{2R}$

$\Rightarrow g = \frac{(12\times10^3)^2}{2\times6\times10^6} = 12$ मी/से $^2$

**45(A).** हुक के नियम के अनुसार
प्रत्यास्थता गुणांक , $E = \frac{W}{A} \times \frac{L}{l}$
जहाँ, $L =$ तार की मूल लंबाई
$A =$ तार का अनुप्रस्थ काट क्षेत्रफल
बढ़ाव $\Delta = \frac{WL}{E}$
तार के दोनों ओर $W$ प्रतिबल है और $\frac{1}{2}$ लंबाई है

$\Delta l = \frac{\frac{WL}{2}}{AE} = \frac{WL}{2AE} = \frac{1}{2}$

तार में कुल बढ़ाव $= \frac{1}{2} + \frac{1}{2} = 1$

**46(B).** मान लीजिये,
नाइट्रोजन का द्रव्यमान, $m = 2.0 \times 10^{-2}kg = 20g$ .
तापमान में वृद्धि, $\Delta T = 45^\circ C$ .
आणविक द्रव्यमान $N_2, M = 28$
यूनिवर्सल गैस स्थिरांक, $R = 8.3J\,\text{mol}^{-1}K^{-1}$
मोलों की संख्या, $n = \frac{m}{M}$

$n = \frac{2\times10^{-2}\times10^3}{28}$

$n = 0.714$

नाइट्रोजन के लिए लगातार दबाव में मोलर विशिष्ट ऊष्मा,

$C_p = \frac{7}{2}R$

$C_p = \frac{7}{2} \times 8.3$

$C_p = 29.05Jmol^{-1}K^{-1}$

आपूर्ति की जाने वाली ऊष्मा की कुल मात्रा को संबंध द्वारा दिया जाता है:

$\Delta Q = nC_p\Delta T$

$\Delta Q = 0.714 \times 29.05 \times 45$

$\Delta Q = 933.38J$

स्पष्ट रूप से, आपूर्ति की जाने वाली ऊष्मा की मात्रा $933.38J$ है।

**47(B).** किरचॉफ का नियम तापमान परिवर्तन के साथ प्रतिक्रिया की भिन्नता की थैलीपी का वर्णन करता है। सामान्य तौर पर, किसी भी पदार्थ की एन्थैल्पी तापमान के साथ बढ़ती है, जिसका अर्थ है कि उत्पाद और अभिकारकों की एन्थैल्पी दोनों में वृद्धि होती है। यदि उत्पादों और अभिकारकों की एन्थैल्पी में वृद्धि भिन्न हो तो अभिक्रिया की समग्र एन्थैल्पी बदल जाएगी। स्थिर दाब पर ऊष्मा धारिता तापमान में परिवर्तन से विभाजित एन्थैल्पी में परिवर्तन के बराबर होती है।

$c_p = \frac{\Delta H}{\Delta T}$

इसलिए, यदि ताप क्षमता तापमान के साथ बदलती नहीं है तो थैलेपी में परिवर्तन तापमान और ऊष्मा क्षमता में अंतर का एक कार्य है। एन्थैल्पी में परिवर्तन की मात्रा तापमान परिवर्तन के गुणनफल और उत्पादों और अभिकारकों की ताप क्षमता में परिवर्तन के समानुपाती होती है।

**48(B).** दिया है:
दबाव $P = 50$ पास्कल
$\Delta V$ या आयतन में परिवर्तन 10 मी. $^3$ से 4 मी. $^3$ है।
इसलिए,
$\Delta V =$ अंतिम आयतन – प्रारंभिक आयतन
$= 4$ मी. $^3$ $- 10$ मी. $^3$
$= -6$ मी. $^3$
$\Delta W = P.\Delta V$
$\Delta W = 50$ पास्कल $\times -6$ मी. $^3$
$= -300$ जूल

**49(D).** दिया गया है,
तरंग दैर्ध्य का अनुपात $= 1 : 2$
झिर्री पृथक्करण का अनुपात $= 2 : 1$
जैसा कि,

$\beta = \frac{\lambda D}{d}$

समान फ्रिंज चौड़ाई के लिए

$\frac{\lambda_1 D_1}{d_1} = \frac{\lambda_2 D_2}{d_2}$

या $\frac{D_1}{D_2} = \frac{d_1}{d_2} \times \frac{\lambda_2}{\lambda_1}$

$\frac{D_1}{D_2} = \frac{2}{1} \times \frac{2}{1} = 4$

$\therefore \frac{D_1}{D_2} = \frac{4}{1}$

**50(A).**

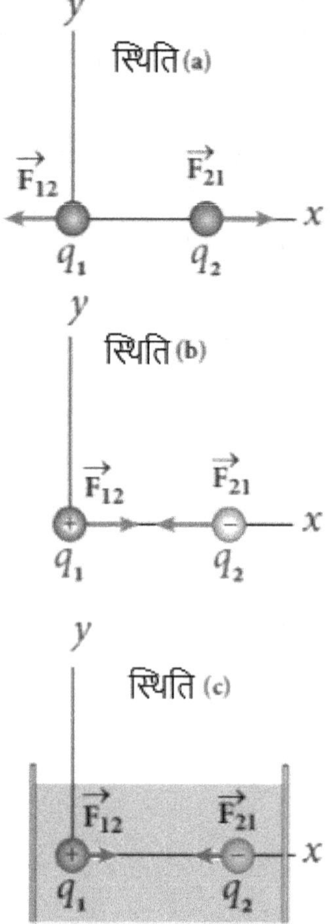


$q_1 = +2\mu C, q_2 = +3\mu C$ , और $r = 1$ m .
दोनों धनात्मक आवेश हैं, तो बल प्रतिकारक होगा।
$\vec{F}_{21} = \frac{1}{4\pi\varepsilon_\circ}\frac{q_1q_2}{r^2}\hat{r}_{12}$
यहाँ $\hat{r}_{12}$ $q_1$ से $q_2$ तक इकाई सदिश है क्योंकि $q_2$ $q_1$ , के दाईं ओर स्थित है,
हमारे पास है,
$\hat{r}_{12} = \hat{i}$ , ताकि
$\vec{F}_{21} = \frac{9\times10^9\times2\times10^{-6}\times3\times10^{-6}}{1^2}\hat{i}\left[\frac{1}{4\pi\varepsilon_0} = 9\times10^9\right]$
$= 54\times10^{-3}N\hat{i}$
न्यूटन के तीसरे नियम के अनुसार, आवेश द्वारा बल का अनुभव होता है $q_2$ के कारण $q_1$ $\vec{F}_{12} = -\vec{F}_{21}$ है
$\vec{F}_{12} = -\vec{F}_{21}$
$\vec{F}_{12} = -54\times10^{-3}$ $N\hat{i}$

**51(C).** दिआ गया है,
इलेक्ट्रॉन वोल्ट में ऊर्जा इस प्रकार दी गई है:
$1eV = 1.602\times10^{-19}$ J
DNA बंधन को खण्डित करने के लिए आवश्यक ऊर्जा $10^{-20}$ J है।
तो, ऊर्जा eV के संदर्भ में होगी:
$10^{-20}\text{ J} = \frac{1}{1.602\times10^{-19}}\times10^{-20}$
$eV = 0.062$

**52(D).** प्रश्न के अनुसार,

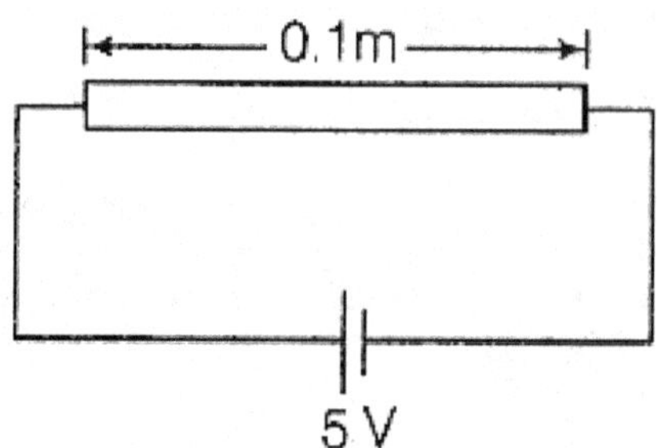


दिया गया है:
$v_d = 2.5\times10^{-4}$ मी/से
$\Rightarrow n = 8\times10^{28}$ मी -3
$L = 0.1\ m$
$p = 5\ V$
हम जानते हैं कि,
$J = nev_d$ या $l = nev_d A$
जहाँ, प्रतीकों का अपना सामान्य अर्थ है।
$J =$ इलेक्ट्रॉन घनत्व
$v_d =$ बहाव का वेग
$p =$ विद्युत विभव
$L =$ तार की लंबाई
अब,
$\frac{V}{R} = nev_dA$
या $\frac{V}{\frac{pL}{A}} = nev_dA$
या $\frac{V}{pL} = nev_d$
$\rho = \frac{V}{nev_dL}$
$= \frac{5}{8\times10^{28}\times16\times10^{-19}\times25\times10^{-4}\times0.1}$
$\rho = 16\times10^{-5}\Omega$ मी

**53(B).** एक ही सॉकिट में बहुत से उपकरणों को जोड़ने के कारण ओवरलोडिंग होती है।
ओवरलोडिंग तब होती है जब लाइव वायर न्यूट्रल वायर के सीधे संपर्क में आता है (ऐसा तब होता है जब तारों का इंसुलेशन खराब हो जाता है या उपकरण में कोई खराबी होती है।) ऐसी स्थिति में सर्किट में करंट अचानक बढ़ जाता है। इसे शॉर्ट-सर्किटिंग कहते हैं।
सर्किट में एक साथ कई उपकरणों को जोड़कर ओवरलोडिंग से बचा जा सकता है। एक व्यक्ति अपने घर में एक ही सॉकिट में बहुत से बिजली के उपकरणों को जोड़ता है। जब एक ही सॉकिट से जुड़े इन सभी विद्युत उपकरणों को एक ही समय में चालू किया जाता है तो सर्किट का विद्युत फ्यूज बंद हो जाता है।

**54(C).** दिया गया है,
$B_E = 0.4G = 4\times10^{-5}$ T
पृथ्वी की त्रिज्या $r = 6.4\times10^6$ m
विषुवतरेखीय चुंबकीय क्षेत्र,
$B_E = \frac{\mu_0 m}{4\pi r^3}$
$m = \frac{4\times10^{-5}\times(6.4\times10^6)^3}{\frac{\mu_0}{4\pi}}$
जैसा कि हम जानते हैं,
$\frac{\mu_0}{4\pi} = 10^{-7}$
$= \frac{4\times10^{-5}\times(6.4\times10^6)^3}{10^{-7}}$
$= 4\times10^2\times(6.4\times10^6)^3$
$= 1.05\times10^{23}\text{Am}^2$

**55(C).** दिया गया,
धारिता (C) $= 18\mu F$
$= 18\times10^{-6}$ F

प्रेरकत्व (L) = 8H

अब,

अनुनाद आवृत्ति $(f) = \frac{1}{2\pi\sqrt{LC}}$

$= \frac{1}{2\pi\sqrt{8\times18\times10^{-6}}}$

$= \frac{1}{2\pi\sqrt{144}\times10^{-3}}$

$= \frac{1000}{24\pi}$

$= \frac{125}{3\pi}$

अनुनाद आवृत्ति $(f) = \frac{125}{3\pi}$ Hz

**56(A).** दिया हुआ है :

$E_{rms} = 6\ \text{V m}^{-1}$

$\frac{E_{rms}}{B_{rms}} = c$ or $B_{rms} = \frac{E_{rms}}{c}$

$B_{rms} = \frac{6}{3\times10^8}$

$= 2\times10^{-8}$ T

क्योंकि, $B_{rms} = \frac{B_0}{\sqrt{2}}$

जहाँ $B_0$ चुंबकीय क्षेत्र का शिखर मान है।

$\therefore B_0 = B_{rms}\sqrt{2} = 2\times10^{-8}\times\sqrt{2}T$

$B_0 \approx 2.83\times10^{-8}$ T

**57(C).** A prism is a wedge-shaped portion of a transparent refracting medium bounded by two plane faces inclined to each other at a certain angle. Triangle ABC represents the principle section of the prism. When a ray of light enters from lighter medium to denser medium it bends towards the normal. Here the air is lighter medium and prism is denser medium. As the ray moves out of the prism it again undergoes refraction on moving from denser medium to lighter medium. This time, the refracted ray bends away from the normal.

The angle of deviation $\delta$ is the angle between the incident ray and emergent ray. It can be understood clearly from the figure.

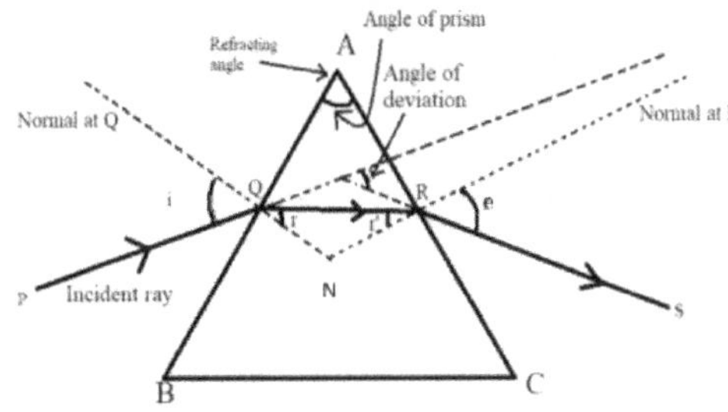


From the quadrilateral $AQNR$, the angle $Q$ and $R$ are right angles. Therefore, the sum of the remaining angles of the quadrilateral will be 180°.

$\angle A + \angle QNR = 180°$

From the triangle QNR, we can say that,

$r + r' + \angle QNR = 180°$

We can compare these two equations. So, we will get,

$r + r' + \angle QNR = \angle A + \angle QNR$

$r + r' = \angle A$

The total deviation $\delta$ will be the sum of the deviations at the two surfaces.

$\delta = (i - r) + (e - r')$, where $i$ is the angle of incidence and $r$ is the angle of emission.

Hence, we can write this equation as,

$\delta = (i + e - \angle A)$

From this equation, we can say that the angle of deviation depends on the angle of incidence. According to this formula, the plot between the angle of deviation and angle of incidence will be like this.

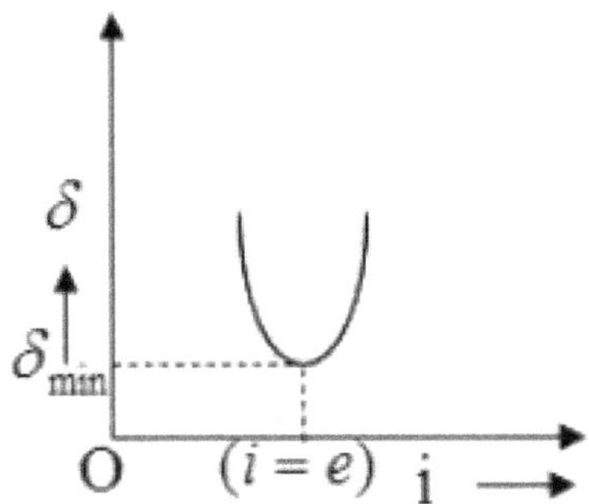


When the angle of incidence and angle of emergence are equal, then the angle of deviation will be minimum. Thus, it can be called a minimum deviation.

According to the graph, we can say that the correct answer is option (B).

Note: The deviation produced by the prism is maximum when either the angle of incidence or angle of emergence is 90°. This is known as the grazing angle. At this condition, either incident ray or emergent ray will graze along the surface of the prism.

For any other angle of deviations except the angle of minimum deviation, the angle of incidence and angle of emergence can't be interchanged. That means it has specific values. From the relation between the angle of incidence and angle of deviation, we can say that it is not a linear relationship. So, we can avoid other options.

**58(C).**

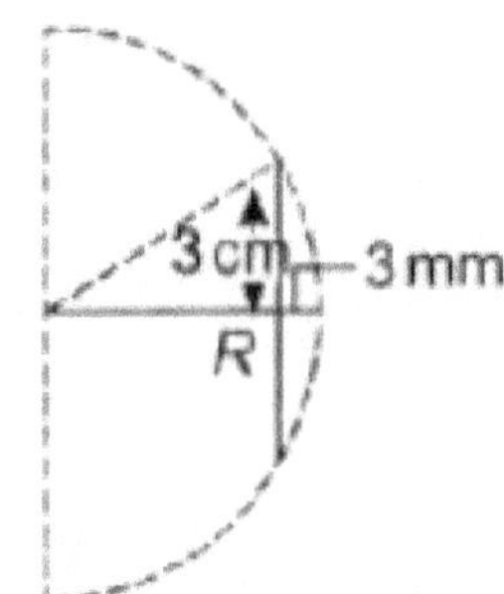


By Pythagoras theorem,

$R^2 = (3)^2 + (R - 0.3)^2$

$\Rightarrow R \approx 15$ cm

Refractive index of material of lens $\mu = \frac{c}{v}$

Here $c$ = speed of light in vacuum $= 3\times10^8$ m/s

$v$ = speed of light in material of lens $= 2\times10^8$ m/s

$= \frac{3\times10^8}{2\times10^8} = \frac{3}{2}$

From lens maker's formula

$\frac{1}{f} = (\mu - 1)\left(\frac{1}{R_1} - \frac{1}{R_2}\right)$

Here, $R_1 = R$ and $R_2 = \infty$ (For plane surface)

$\frac{1}{f} = \left(\frac{3}{2} - 1\right)\left(\frac{1}{15}\right)$

$\Rightarrow f = 30$ cm

**59(B).** प्रकाश सूत्र का डॉप्लर प्रभाव:

$\Rightarrow \frac{v_r}{c} = -\frac{\Delta\lambda}{\lambda}$

जहाँ $\Delta\lambda = \lambda_s - \lambda_0 =$ तरंग दैर्ध्य में परिवर्तन, $\lambda_0 =$ प्रेक्षक द्वारा प्रेक्षित तरंगदैर्घ्य, $\lambda_s =$ वास्तविक तरंगदैर्घ्य, $v_r =$ स्रोत और प्रेक्षक के सापेक्ष वेग, तथा $c =$ प्रकाश का वेग $(m/s) = 3\times10^8 m/s$

दिया गया है:

$\lambda_s = 500nm = 500 \times 10^{-9}m, \lambda_0 = 500.5nm = 500.5 \times 10^{-9}m$
, और $c = 3 \times 10^8 m/s$
प्रकाश सूत्र के डॉप्लर प्रभाव से,
$\Rightarrow \frac{v_r}{c} = -\frac{\Delta\lambda}{\lambda}$
$\Rightarrow v_r = -3 \times 10^8 \times \frac{500-500.5}{500}$
$\Rightarrow v_r = 3 \times 10^5 m/s$
$\Rightarrow v_r = 300km/s$
चूंकि प्रेक्षित तरंगदैर्घ्य स्रोत द्वारा उत्सर्जित प्रकाश की तरंग दैर्ध्य से अधिक है, इसलिए एक रेडशिफ्ट होगा। और हम जानते हैं कि रेडशिफ्ट के लिए स्रोत प्रेक्षक से दूर गतिमान होता है।

**60(B).** यंग के डबल-स्लिट प्रयोग में मक्सिमा की स्थिति $d\sin\theta = n\lambda$ है जहां $d$ स्लिट्स के बीच दूरी है और $\lambda$ प्रकाश की तरंग दैर्ध्य है ।
मक्सिमा जो स्लिट्स से सबसे दूर होती है, स्क्रीन के असीम रूप नीचे या असीम रूप ऊपर है और $\theta = \frac{\pi}{2}$ के समान है।
तो, दी गई स्थिति के साथ, हमारे पास, $n = \frac{d\sin t(90^\circ)}{\lambda}$ है
$= \frac{d}{\lambda}$
$= 2$
इस प्रकार, हमारे पास केंद्रीय अधिकतम संख्या के दोनों ओर स्क्रीन पर दो मैक्सिमा हैं। इस प्रकार, अधिकतम संभव मक्सिमा हैं $2 + 1 + 2 = 5$ ।

**61(C).** कण से जुड़ी डी ब्रोगली तरंग दैर्ध्य:
$\lambda = \frac{h}{p}$
$\Rightarrow \lambda \propto \frac{1}{p}$
जहाँ $h$ प्लांक नियतांक है।
इस प्रकार डी ब्रोग्ली तरंग दैर्ध्य कण की गति के व्युत्क्रमानुपाती होता है।

**62(B).** दिया गया है,
ऊर्जा के आपतित फोटॉन का संवेग, $P = 3 \times 10^{-19}$ J
प्रकाश की गति $c = 3 \times 10^8$ m/s
फोटॉन का संवेग $P = \frac{E}{c}$
इसलिए, $P = \frac{3\times10^{-19}}{3\times10^8} = 10^{-27}$ kg m/s

**63(C).** जैसा कि दिया गया है, $\lambda$ संक्रमण परमाणु $n = 3$ से $n = 1$ तक हाइड्रोजन परमाणु की तरंग दैर्ध्य है।
तरंगदैर्ध्य के लिए,
$\frac{1}{\lambda} = RZ^2\left(\frac{1}{n_1^2} - \frac{1}{n_2^2}\right)$
यहाँ संक्रमण समान है, इसलिए, $\lambda \propto \frac{1}{Z^2}$
$\frac{\lambda_H}{\lambda_{Li}} = \frac{(Z_{Li})^2}{(Z_H)^2} = \frac{(3)^2}{(1)^2} = 9$
$\lambda_{Li} = \frac{\lambda_H}{9} = \frac{\lambda}{9}$
अत: विकल्प (C) सही है I

**64(C).** दिया गया है
निरोधी विभव $= 9$ V
$\frac{e}{m} = 1.8 \times 10^{11} CKg^{-1}$
$\frac{1}{2}mv^2$ अधिकतम $= eV_0$
$\Rightarrow v$ अधिकतम $= \sqrt{2\left(\frac{e}{m}\right)V_0}$
$\Rightarrow \sqrt{2 \times 1.8 \times 10^{11} \times 9}$
$\Rightarrow 18 \times 10^5$ m s$^{-1}$
$\Rightarrow 1.8 \times 10^6$ m s$^{-1}$
अत: विकल्प (C) सही है I

**65(A).** अर्धचालकों में, इलेक्ट्रॉन और छिद्र दोनों ही आवेश वाहक होते हैं और चालन में भाग लेते हैं।
$n$ -प्रकार के अर्धचालकों में वे इलेक्ट्रॉन होते हैं, जबकि $p$ -प्रकार के अर्धचालकों में वे छिद्र होते हैं। कम प्रचुर मात्रा में आवेश वाहक को $n$ -प्रकार के अर्धचालकों में अल्पसंख्यक वाहक कहा जाता है, वे छिद्र होते हैं, जबकि $p$ -प्रकार के अर्धचालकों में वे इलेक्ट्रॉन होते हैं।

**66(D).** $p$ -प्रकार के अर्धचालक को त्रिसंयोजक अशुद्धता के साथ एक आंतरिक अर्धचालक को डोपिंग करके प्राप्त किया जाता है।
$p$ का अर्थ धनात्मक है, जिसका अर्थ है कि अर्धचालक छिद्रों या धनात्मक आवेशित आयनों से समृद्ध है। जब हम पेंटावैलेंट अशुद्धियों के साथ आंतरिक सामग्री को डोप करते हैं तो हमें $n$ -टाइप सेमीकंडक्टर मिलता है, जहां $n$ का अर्थ नकारात्मक है।

**67(D).** In the given question, we have to calculate the total molarity of the solution of the $0.5MHCl$ and $2MHCl$.
As we know that molarity is the ratio of the number of moles of the solution to the total volume of the solution in litres that is:
Molarity $= \frac{\text{Moles} \times 1000}{\text{Volume }(ml)}$
Now, it is given in the question that the first solution of hydrochloric acid whose molarity is $0.5M$ and has a volume of $750mL$, the number of moles will be:
Molarity $= \frac{\text{Moles} \times 1000}{\text{Volume }(ml)}$ or we can write it as:
Moles $= \frac{\text{Molarity} \times \text{Volume}}{1000}$, so by putting the values we will get
Moles $= \frac{0.5\times750}{1000} = 0.375$ moles
Similarly, we will calculate the number of moles of $2M$ hydrochloric acid that is:
Moles $= \frac{2\times250}{1000} = 0.5$ moles
So, the total number of moles will be $0.375 + 0.5 = 0.875$ moles and the total volume will be $750 + 250 = 1000mL$ or $1L$.
Now, the total molarity of the solution will be:
Molarity $= \frac{0.875}{1} = 0.875M$

**68(A).** ${}_Z^A X$ , जहां A का अर्थ परमाणु द्रव्यमान संख्या है जो किसी तत्व के परमाणु में प्रोटॉन और न्यूट्रॉन का योग है और Z तत्व की परमाणु संख्या के लिए है जो किसी तत्व के परमाणु में इलेक्ट्रॉनों की संख्या है।
परमाणु द्रव्यमान = प्रोटॉनों की संख्या + न्यूट्रॉन की संख्या
परमाणु संख्या = प्रोटॉन की संख्या = इलेक्ट्रॉनों की संख्या
इसलिए, परमाणु द्रव्यमान $= 15 + 16 = 31$ और परमाणु क्रमांक $= 15$ है।

**69(A).** ऊर्जा में अंतर इस प्रकार दिया गया है:
$\Delta E = -\frac{Z^2R}{n^2}$.
इसलिए, जैसे-जैसे प्रमुख क्वांटम संख्या (n) बढ़ती है, संक्रमण की ऊर्जा कम होती जाती है। एक ऋणात्मक चिन्ह इलेक्ट्रॉन के घूमने को इंगित करता है।

**70(A).** परमाणु: एक एकल अणु में मौजूद परमाणुओं की संख्या को इसकी परमाणुता कहा जाता है। इसे चार प्रकारों में वर्गीकृत किया जा सकता है:
1. मोनोएटोमिक 2. डायटोमिक 3. ट्रायटोमिक 4. टेट्राटॉमिक
यह अष्टक नियम परमाणुओं की प्रवृत्ति को संदर्भित करता है, जिसमें रासायनिक संयोजन शेल में आठ इलेक्ट्रॉनों या दो-इलेक्ट्रॉन होते हैं।
इसलिए, अक्रिय गैसों में अपना पूरा अष्टक होता है।
सभी अक्रिय गैसें मोनोआटोमिक होती हैं अर्थात उनके अणु में केवल एक परमाणु होता है। उदाहरण He, Ne, Ar, Kr, Xe और Rn
तो, अक्रिय गैसों की परमाणुता 1 है।

**71(A).** मोस्ले ने आवर्त सारणी का आधुनिक दीर्घ रूप दिया जहाँ वर्गीकरण का आधार परमाणु संख्या थी।
मोस्ले के आवर्त नियम अनुसार, तत्वों के भौतिक और रासायनिक गुण परमाणु संख्या के आवर्ती फलन हैं।
दीर्घ रूप आवर्त सारणी में, क्षैतिज पंक्तियों को आवधिक कहा जाता है और ऊर्ध्वाधर पंक्तियों को समूह कहा जाता है।
क्षार धातु प्रकृति में इलेक्ट्रोपॉजिटिव होते हैं जो समूह 1 से संबंधित हैं।

जैसे जैसे हम समूह में नीचे जाते हैं एक अतिरिक्त कोष नाभिक में जोड़ा जाता है, इसलिए बाहरी इलेक्ट्रॉन शिथिल रूप से बंधे होते हैं और उन्हें आसानी से हटाया जा सकता है।
इसलिए समूह त्रिज्या बढ़ जाती है, धातु का चरित्र बढ़ता है और इलेक्ट्रोपॉजिटिविटी भी बढ़ जाती है।
तो, दिए गए विकल्प में पोटेशियम (K) सबसे अधिक इलेक्ट्रोपॉजिटिव तत्व होगा।

**72(B).** नियमित चतुष्फलकीय संरचना के कारण कार्बन टेट्राक्लोराइड का कोई शुद्ध द्विध्रुव आघूर्ण नहीं होता है। कार्बन टेट्राक्लोराइड एक गैर-ध्रुवीय अणु है क्योंकि केंद्रीय कार्बन परमाणु $sp^3$ संकरण से गुजरता है जिसके परिणामस्वरूप नियमित टेट्राहेड्रल ज्यामिति होती है जिसमें सभी चार C–Cl बंध द्विध्रुव एक दूसरे को रद्द करते हैं। अतः अणु का कोई शुद्ध द्विध्रुव आघूर्ण नहीं है।

**73(D).** वाशिंग सोडा के एक अणु में पानी के 10 अणु मौजूद होते हैं। वॉशिंग सोडा का रासायनिक सूत्र $\mathbf{Na_2Co_3.10H_2O}$ है।
वॉशिंग सोडा का उपयोग कपड़े धोने के उद्योग में किया जाता है, पानी को मीठा बनाने, कांच, सोडियम सिलिकेट, कागज, बोरेक्स, साबुन पाउडर, कॉस्टिक सोडा का उत्पादन, प्रयोगशाला अभिकर्मक के रूप में और कपड़ा और पेट्रोलियम शोधन उद्योग में उपयोग किया जाता है।

**74(B).** एक ऊष्मप्रवैगिकी अवस्था फलन वह मात्रा है जिसका मान पथ से स्वतंत्र होता है। इसका मान प्रारंभिक और अंतिम अवस्थाओं पर निर्भर करता है और अनुसरण किए गए पथ से स्वतंत्र होता है। $p, V, T$ , आदि जैसे फलन केवल प्रणाली की स्थिति पर निर्भर करते हैं, पथ पर नहीं। एक अवस्था फलन एक प्रणाली के संतुलन की स्थिति का वर्णन करता है।

**75(C).** एक अच्छी तरह से बंद थर्मस फ्लास्क में कुछ बर्फ के टुकड़े होते हैं। यह एक पृथक प्रणाली का एक उदाहरण है।
एक पृथक प्रणाली एक ऊष्मप्रवैगिकी प्रणाली है जो सिस्टम की सीमाओं के बाहर ऊर्जा या पदार्थ का आदान-प्रदान नहीं कर सकती है। थर्मस में बर्फ को कई घंटों तक रखा जा सकता है क्योंकि थर्मस की दीवारें इंसुलेटेड होती हैं और यह फ्लास्क से गर्मी को बाहर नहीं निकलने देती।

**76(A).** NaOH एक प्रबल क्षार है।
$a = 1$ NaOH के लिए
$$NaOH(aq) \rightarrow \underset{0.1\,M}{Na^+(aq)} + \underset{0.1\,M}{OH^-(aq)}$$
$$Ni(OH)_2 \rightleftharpoons \underset{S}{Ni^{2+}(aq)} + \underset{0.1+S}{2OH^-(aq)}$$
S $(0.1 + 2\,S)$
$Ni(OH)_2$ कम घुलनशील है, इसलिए $0.1 \gg\gg 2\,S$
आयनी गुणनफल $= [Ni^{2+}][OH^-]^2$
$2 \times 10^{-15} = [Ni^{2+}][OH^-]^2$
$2 \times 10^{-15} = [S][10^{-1}]^2$
$2 \times 10^{-13} = S$

**77(A).** जैसा कि हम जानते हैं,
$\Delta G = -RT \ln K$
$\Rightarrow \Delta G = -8 \times 300 \times \ln 10$
$\Rightarrow \Delta G = -5526.20 J/K/mol$
$\Rightarrow \Delta G = -5.526 kJ/K/mol$

**78(A).** दिया गया,
धात्विक तत्वों A, B, C और D के लिए अर्ध-कोशिका विभव $0.8\,V, -0.74\,V, 1.1\,V$ और $+0.34\,V$ , क्रमशः हैं।
कम (कम सकारात्मक या अधिक नकारात्मक) इलेक्ट्रोड क्षमता, अधिक से अधिक धात्विक चरित्र। इसलिए, इन तत्वों का धात्विक गुण क्रम का अनुसरण करता है:
$B > D > A > C$

**79(A).** जब पोटैशियम क्रोमेट के एक घोल को तनु नाइट्रिक एसिड की अधिकता के साथ प्रयोग किया जाता है। पोटेशियम डाइक्रोमेट और $H_2O$ का निर्माण होता है।
$2K_2CrO_4 + 2HNO_3 \rightarrow K_2Cr_2O_7 + 2KNO_3 + H_2O$
इसलिए $Cr_2O_7^-$ और $H_2O$ का निर्माण होता है।

**80(B).** $K_4[Fe(CN)_6]$ का वान्ट हॉफ गुणांक = 5
$K_4[Fe(CN)_6] = 4K^+ + [Fe(CN)_6]^{4-}$
$Fe_4[Fe(CN)_6]_3$ का वान्ट हॉफ गुणांक = 7
$Fe_4[Fe(CN)_6]_3 = 4Fe^{3+} + 3[Fe(CN)_6]^{4-}$
इसलिए, अणुसंख्य गुणधर्म का अनुपात $= \frac{5}{7} = 0.71$

**81(C).** परासरणी दवाब, $\pi = i \times MRT$
जहा , $i =$ वैन्ट हॉफ फैक्टर, $M =$ मोलरता $R =$ , गैस स्थिरांक, $T =$ तापमान
$0.500M\ C_2H_5OH(aq), i = 1$ , के लिये इस प्रकार है,
$\pi_{CH_6}OH(aq) = 0.5RT$
इस प्रकार, $0.100M\ Mg_3(PO_4)_2(aq), i = 5$
$[\because Mg_3(PO_4)_2 \rightleftharpoons 3Mg^{2+} + 2PO_4^{3-}]$
इस प्रकार, $\pi\ Mg_3(PO_4)_2(aq) = 5 \times 0.1 \times RT$
$= 0.5RT$
$0.250M\ KBr(aq)$
$i = 2\ [\because KBr \rightleftharpoons K^+ + Br^-]$
इस प्रकार, $\pi KBr(aq) = 2 \times 0.250 \times RT = 0.5RT$
$0.125M\ Na_3PO_4(aq), i = 4$
$[\because Na_3PO_4 \rightleftharpoons 3Na^+ + PO_4^{3-}]$
इस प्रकार, $\pi Na_3PO_4(aq) = 4 \times 0.125 \times RT = 0.5RT$
इसलिए, सभी विलयनो में एक ही परासरणी दबाव होता है।

**82(C).** नमक के जलीय घोल के इलेक्ट्रोलिसिस द्वारा Mg प्राप्त नहीं होता है। हाइड्रोजन की तुलना में कम रिएक्शन क्षमता वाली अत्यधिक प्रतिक्रियाशील धातुएं अपने लवण के जलीय घोल के इलेक्ट्रोलिसिस द्वारा प्राप्त नहीं होती हैं क्योंकि पानी की उपस्थिति में कैथोड में उनके पिंजरों को कम नहीं किया जा सकता है। इन धातु पिंजरों की कमी के बजाय, पानी की कमी हो जाती है। Mg प्रतिक्रियाशील धातुएँ हैं जिनमें कम कटौती क्षमताएँ होती हैं।
आमतौर पर डी-ब्लॉक तत्व कम प्रतिक्रियाशील होते हैं और इसलिए उनके जलीय घोल के इलेक्ट्रोलिसिस द्वारा तैयार किए जा सकते हैं।

**83(A).** सेल की प्रतिक्रिया है,
$E^0_{cell} = E^0_{Cathode} - E^0_{anode}$
यहाँ Fe कैथोड और है A एनोड है
$\therefore E^0_{ce||} = -0.44 - (-1.66)$
$= -0.44 + 1.66$
सेल प्रतिक्रिया $= +1.22\,V$
$2\,A - 6e^- \rightarrow 2Al^{3+}$ एनोड पर
$3Fe^{2+} + 6e^- \rightarrow 3Fe$ कैथोड पर
$2Al + 3Fe^{2+} \rightarrow 2Al^{3+} + 3Fe$ सेल प्रतिक्रिया
यहाँ
$n = 6$ (सेल अभिक्रिया में इलेक्ट्रॉन की संख्या)
$$E^0_{cell} = E^0_{cell} + \frac{0.059}{n} \log \frac{[Fe^{2+}]^3}{[A]^{3+}]^2}$$
$$= 1.22 + \frac{0.059}{6} \log \frac{[0.02]^3}{[0.01]^2}$$
$$= 1.22 + 9.8 \times 10^{-3} \log \left[\frac{8\times10^{-6}}{1\times10^{-4}}\right]$$
$= 1.22 + 9.8 \times 10^{-3} \times 1.25$
$= 1.22 + 0.0122$
$= 1.232\,V$

**84(B).** दिया गया है,
$[A]_0 = 2\,g$
$[A]_t = 0.2\,g$
प्रथम कोटि की अभिक्रिया के लिए स्थिर दर स्थिरांक, K= $4.606 \times 10^{-3}$ सेकंड $^{-1}$
$$K = \frac{2.303}{t} \log \frac{[A]_0}{[A]_t}$$
जहाँ,
K = प्रथम कोटि की अभिक्रिया के लिए स्थिर दर स्थिरांक
$[A]_0$ = प्रारंभिक सांद्रता

$[A]_t$ = समय 't' पर सांद्रता

$\Rightarrow t = \frac{2.303}{4.606 \times 10^{-3}} \log \frac{2}{0.2}$

$\Rightarrow t = \frac{1000}{2} \log 10$

जैसा कि हम जानते हैं,

$\log 10 = 1$

$\Rightarrow t = 500$ सेकंड

**85(A).** एक उत्प्रेरक प्रतिक्रिया उत्पाद को एक वैकल्पिक प्रतिक्रिया मार्ग प्रदान करके काम करता है। प्रतिक्रिया की दर बढ़ जाती है क्योंकि इस वैकल्पिक मार्ग में उत्प्रेरक द्वारा मध्यस्थ नहीं होने वाले प्रतिक्रिया मार्ग की तुलना में कम सक्रियण ऊर्जा होती है।

**86(B).** +3 ऑक्सीकरण अवस्था सभी लैंथेनाइड्स के लिए सामान्य है।
- लैंथेनाइड्स का सामान्य विन्यास $[Xe]4f^{1-14}5\ d^{0-1}6\ s^2$ है ।
- ऐसा लग सकता है +2 सामान्य ऑक्सीकरण अवस्था होनी चाहिए लेकिन सापेक्ष स्थिरता अन्य कारकों पर भी निर्भर करती है।
- लैंथेनाइड्स आमतौर पर +2 ऑक्सीकरण अवस्था की तुलना में उच्च जलयोजन एन्थैल्पी के कारण +3 ऑक्सीकरण अवस्था को दर्शाता है।

**87(A).** "तांबा अम्ल से हाइड्रोजन मुक्त करता है।" कथन सही नहीं है।
- एक अधिक प्रतिक्रियाशील तत्व अपने नमक के घोल से कम प्रतिक्रियाशील तत्व को विस्थापित कर सकता है।
- गतिविधि श्रृंखला में हाइड्रोजन से ऊपर की धातुएँ तनु सल्फ्यूरिक अम्ल और तनु हाइड्रोक्लोरिक अम्ल के साथ अभिक्रिया करके हाइड्रोजन मुक्त करती हैं।
- गतिविधि श्रृंखला में हाइड्रोजन से नीचे की धातुएं ऐसा नहीं कर सकती हैं।
- ताँबा श्रेणीक्रम में हाइड्रोजन से नीचे गिरता है। इसलिए अम्ल से हाइड्रोजन मुक्त नहीं होता है।

**88(A).** दिए गए यौगिक में $NO_2$ समूह की उपस्थिति के कारण लिंकेज समावयवता हो सकती है जो $-NO_2$ या $-ONO$ के रूप में हो सकती है। इसमें दो आयनीकरण समूह $-NO_2$ और $-Cl$ की उपस्थिति के कारण आयनन समावयवता हो सकती है। इसमें निम्न प्रकार से सिस्ट्रान्स रूप में ज्यामितीय समावयवता हो सकती है:

$[Co(NH_3)_4Cl\,(NO_2)]NO_2$ और $[Co\,(NH_3)(NO_2)_2]Cl$

आयनीकरण आइसोमर्स

$[Co(NH_3)_5(NO_2)_2]Cl$ और $[Co(NH_3)_5(ONO)_2]Cl$

लिंकेज आइसोमर्स

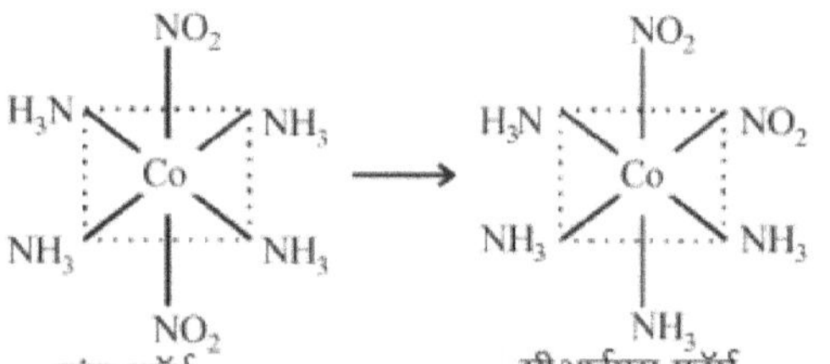

ट्रांस-फॉर्म → सीआईएस-फॉर्म

जोमेट्रिकल आइसोमर्स

**89(D).** दिया गया जटिल $[Cr(H_2O)_4Cl_2]^+Cl^-$ है, इसलिए केवल एक आयननीय $Cl^-$ मौजूद है और अवक्षेपित होगा।

0.01M का अर्थ है 0.01 mol प्रति 1000ml विलयन

100ml (दिया गया) विलयन में $\frac{0.01}{1000} \times 100 = 0.001$ mol का जटिल होगा

इसलिए, 0.001 mol of AgCI अवक्षेपित होगा।

**90(B).** ऐल्केन का सामान्य सूत्र $C_nH_{2n+2}$ है जहां n कार्बन परमाणुओं की संख्या है।

ऐल्केन यौगिकों की एक श्रृंखला है जिसमें एकल सहसंयोजक बंधों के साथ कार्बन और हाइड्रोजन परमाणु होते हैं। इन्हें संतृप्त हाइड्रोकार्बन के रूप में जाना जाता है। यौगिकों के इस समूह में एकल सहसंयोजक बंधों के साथ कार्बन और हाइड्रोजन परमाणु होते हैं।

**91(D).** वह परिघटना जिसके द्वारा कोई तत्व एक से अधिक भौतिक अवस्थाओं में रह सकता है, अपररूपता कहलाती है। हीरा, ग्रेफाइट और फुलरीन कार्बन के अपरूप हैं।

**हीरा:** हीरे में कार्बन का प्रत्येक कार्बन परमाणु के चार अन्य परमाणुओं के साथ आबंधित होकर एक दृढ़ त्रिआयामी चतुष्फलकीय संरचना का निर्माण करता है। यह कार्बन का अतिशुद्ध रूप है।

**ग्रेफाइट:** ग्रेफाइट में कार्बन का प्रत्येक परमाणु कार्बन के तीन अन्य परमाणुओं के साथ एक ही तल में बनाते हुए षट्कोणीय वलय संरचना बनाते हैं। इनमें से एक बन्ध द्विबंधी होता है। जिससे कार्बन की संयोजकता पूरी होती है।

**फुलेरीन:** फुलेरीन की संरचना एक फुटबाल की तरह होती है। C60 की संरचना में 32 फलक होते हैं जिसमें 20 फलक षट्कोणीय तथा 12 फलकपंचकोणीय होते हैं। इसकी संरचना फुटबॉल के समान होती है।

**92(C).** $C_4H_9$ समजातीय श्रृंखला से संबंधित नहीं है।

समजातीय श्रृंखला समान रासायनिक गुणों वाले यौगिकों की एक श्रृंखला है और कुछ कार्यात्मक समूह $CH_2$ द्वारा क्रमिक सदस्य से भिन्न होते हैं। समान सामान्य सूत्र वाले कार्बनिक यौगिकों में भिन्न-भिन्न लंबाई की कार्बन श्रृंखलाएं देखी जाती हैं।

सामान्य सूत्र $C_nH_{2n+2}$ वाले हाइड्रोकार्बन, सामान्य सूत्र $C_nH_{2n}$ वाले एल्केन्स और सामान्य सूत्र $C_nH_{2n-2}$ वाले एल्काइन कार्बनिक रसायन विज्ञान में सबसे बुनियादी समरूप श्रृंखला बनाते हैं।

**93(B).** बेंजीन एक संतृप्त हाइड्रोकार्बन नहीं है।

प्रत्यय "-ईन" में हमेशा कार्बन परमाणुओं के बीच दोहरा बंध होता है और "-येन" के मामले में, इसमें कार्बन परमाणुओं के बीच तिहरा बंध होता है, जबकि "-एन" के मामले में इसमें कार्बन परमाणुओं के बीच एकल बंध होता है। संतृप्त हाइड्रोकार्बन में कार्बन परमाणुओं के बीच एकल बंध होता है। यहाँ बेंजीन एक संतृप्त हाइड्रोकार्बन नहीं है।

**94(A).** $S_N1$ अभिक्रिया के लिए हैलाइड की क्रियाशीलता का बढ़ता क्रम (II)<(I)<(III) है।

(II) प्राथमिक एल्काइल हैलाइड है।

(I) द्वितीयक एल्काइल हैलाइड है।

प्राथमिक एल्काइल हैलाइड, माध्यमिक एल्काइल हैलाइड की तुलना में $S_N1$ प्रतिक्रिया के प्रति कम क्रियाशील है।

(III) में, उत्पन्न होने वाले कार्बोकेशन को अनुनाद के कारण स्थिर किया जाता है। इसलिए, $S_N1$ अभिक्रिया के प्रति सबसे अधिक क्रियाशील है।

**95(C).** न्यूमैन का प्रक्षेपण 1– क्लोरो 2– मिथाइल प्रोपेन के $C_1 - C_2$ बंध के बारे में सबसे स्थिर संरचना है। Cl परमाणु और मिथाइल समूह एक दूसरे के लिए ट्रांसफर होते हैं और स्टेरिक इंटरैक्शन कम से कम होते हैं। जैसा कि हम देख सकते हैं कि A और B दोनों एक दूसरे की मिरर इमेज हैं। इसलिए, 3 कथन सही है, यौगिक B और C एनैन्टीओमर्स हैं।

**96(A).** एसिटिक एसिड और $CH_3$ OH लकड़ी के विनाशकारी आसवन (Destructive distillation) द्वारा बड़े पैमाने पर प्राप्त किए जाते हैं। लकड़ी का विनाशकारी आसवन चारकोल के ठोस अवशेषों के साथ-साथ टार, टेरपेन्स, तारपीन और मेथनॉल सहित सैकड़ों यौगिकों का उत्पादन करता है।

लकड़ी $\xrightarrow[\text{distillation}]{\text{Destructive}}$ लकड़ी गैस + तार + चारकोल $+ CH_3OH + CH_3COOH$

जहाँ, $CH_3OH$ = वुड अल्कोहॉल

$CH_3COOH$ = सिरका

**97(C).** ग्लिसरीन का उपयोग अधिक मात्रा में किया जाता है और इसलिए उत्पादों में भी प्राप्त किया जाता है। लेकिन जब इसे 503K पर ऑक्जेलिक अम्ल के साथ गर्म किया जाता है, तो यह एलाइल एल्कोहल देता है, यानी वे अल्कोहल जिनमें OH समूह से जुड़ा कार्बन sp3 संकरित होता है लेकिन sp3 संकरित कार्बन sp2 के संकरित कार्बन परमाणु से जुड़ा होता है।

**98(D).** प्राथमिक ऐमीन जब क्लोरोफॉर्म और एथेनॉलिक $KOH$ के साथ अभिक्रिया करते हैं तो कार्बिलऐमीन या आइसोसायनाइड देते हैं। अभिक्रिया कार्बाइन मध्यवर्ती के माध्यम से होती है, क्लोरोफॉर्म $KOH$

के साथ क्लोरो कार्बाइन $CCl_2$ देने के लिए अभिक्रिया करता है। अभिक्रिया का सामान्य रूप है:

$$R-NH_2 + CHCl_3 + 3KOH(alc.) \xrightarrow{\Delta} R-NC + 3KCl + 3H_2O$$

प्राथमिक ऐमीन   क्लोरोफॉर्म   पोटेशियम हाइड्रॉक्साइड   कार्बिलऐमीन

**99(A).** एनिलिन सोडियम नाइट्राइट और हाइड्रोक्लोरिक एसिड के मिश्रण के साथ प्रतिक्रिया करता है और बेंजीन डायज़ोनियम क्लोराइड बनाता है। बेंजीन डायज़ोनियम क्लोराइड की संरचना है,

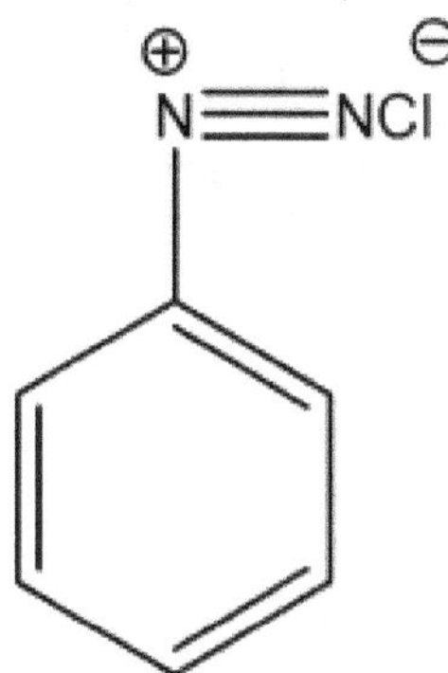


**बेंजीन डायज़ोनियम क्लोराइड**

बेंजीन डायज़ोनियम क्लोराइड तनु हाइड्रोक्लोरिक एसिड की उपस्थिति में एनिलिन के साथ प्रतिक्रिया करता है और युग्मन प्रतिक्रिया से गुजरता है और स्थिर एज़ो उत्पाद बनाता है। इस प्रतिक्रिया में, बेंजीन डायज़ोनियम क्लोराइड सक्रिय एनिलिन के साथ युग्मन में एक इलेक्ट्रोफाइल के रूप में कार्य करता है। इस प्रकार की अभिक्रिया में प्रतिस्थापन पैरा स्थिति में होता है। तो, तनु हाइड्रोक्लोरिक एसिड की उपस्थिति में एनिलिन के साथ बेंजीन डायज़ोनियम क्लोराइड की प्रतिक्रिया इस प्रकार है:

$$[C_6H_5-\overset{\oplus}{N}\equiv N]Cl^- + C_6H_5-\ddot{N}H_2 \xrightarrow{\text{तनु HCl}} C_6H_5-N=N-C_6H_4-NH_2$$

**100(A).** $CH_3NH_2$ प्राथमिक ऐल्किल ऐमीन है और $HNO_2$ के साथ निम्नलिखित विधि से मेथनॉल देने के लिए अभिक्रिया करता है .

$CH_3NH_2 + HNO_2 \xrightarrow{NaNO_2+HCl} CH_3 - N_2^+Cl^- \xrightarrow{H_2O} CH_3OH + N_2 + HCl$

मिथाइलएमाइन

अभिक्रिया लगभग $0° - 5°C$ के बहुत कम तापमान पर होती है। मध्यवर्ती मेथिलडायज़ोनियम है, जो हाइड्रोलिसिस पर मेथनॉल बनाता है। नाइट्रोजन इस अभिक्रिया का एक साइड उत्पाद है। इसलिए मिथाइल ऐमीन नाइट्रस अम्ल के साथ अभिक्रिया करके एथेनॉल बनाती है।

**101(D).** जे. फ्रेडरिक हर्बर्ट एक जर्मन मनोवैज्ञानिक थे, जिन्होंने शिक्षण प्रक्रिया में छात्र के व्यक्तित्व के एकीकरण के लिए शिक्षण के पांच औपचारिक चरणों/शिक्षण की पांच-चरणीय प्रणाली विकसित की है।

आइए उनके द्वारा वकालत किए गए शिक्षण के सभी पाँच औपचारिक चरणों को समझें:

| | |
|---|---|
| तैयारी | यह नया प्राप्त करने के लिए शिक्षार्थियों के पिछले ज्ञान को सक्रिय करने की प्रक्रिया को संदर्भित करता है। |
| प्रस्तुतीकरण | यह गुणवत्ता के अनुभवों के लिए ठोस वस्तुओं का उपयोग करते हुए और विषय में छात्र की रुचि और जिज्ञासा को बढ़ाने के लिए अवधारणा प्रस्तुत करता है। |
| साहचर्य(तुलना) | यह पिछले ज्ञान के साथ नए ज्ञान की तुलना करने की प्रक्रिया को संदर्भित करता है ताकि नए को आत्मसात करने के लिए मतभेदों से परिचित हो सकें। |
| सामान्यीकरण | यह शिक्षक द्वारा प्रस्तुत शिक्षण सामग्री की तुलना करके सामान्य विचारों या आवश्यक निष्कर्ष पर पहुंचने को संदर्भित करता है। |
| प्रयोग | यह बेहतर समझ और सार्थक सीखने के लिए वास्तविक जीवन में शिक्षार्थियों द्वारा अर्जित ज्ञान का उपयोग करने के लिए संदर्भित करता है। |

इसलिए, यह समझा जा सकता है कि 'आंकलन और मूल्यांकन' शिक्षण के औपचारिक कदमों का हिस्सा नहीं है।

**102(B).** पूर्ण ग्रेडिंग मूल्यांकन के एक मोड को संदर्भित करता है जिसके तहत ग्रेड पाठ्यक्रम के पूर्व निर्धारित कटऑफ स्तरों के अनुसार निर्दिष्ट किए जाते हैं।

पूर्ण आधार पर ग्रेड सौंपने में प्राधिकारी द्वारा निर्धारित निर्दिष्ट मानकों के साथ छात्र के प्रदर्शन की तुलना करना शामिल है, अधिमानतः विद्यालय या बोर्ड के लिए सहमत मानकों पर।

पूर्ण ग्रेडिंग में छात्रों के प्रदर्शन के आकलन के लिए संदर्भ बिंदु सामान्य संभावना वक्र के आधार पर एक मानक निर्धारित होता है, इसका अर्थ है कि 91-100 के बीच स्कोर करने वालों को ग्रेड A1 सौंपा जाएगा, इसलिए यह एक चरम से अंत तक डेटा के प्रसार को दर्शाता है चरम।

उदाहरण: ग्रेड का असाइनमेंट नीचे दिखाए गए अंकों की सीमा के आधार पर हो सकता है।

| अंक - सीमा | ग्रेड | ग्रेड अंक |
|---|---|---|
| 91 - 100 | A1 | 10.00 |
| 81 - 90 | A2 | 9.0 |
| 71 - 80 | B1 | 8.0 |
| 61 - 70 | B2 | 7.0 |
| 51 - 60 | C1 | 6.0 |
| 41 - 50 | C2 | 5.0 |
| 33 - 40 | D | 4.0 |
| 21 - 32 | E1 | |
| 00 - 20 | E2 | |

**103(B).** तर्क में, अनिवार्य रूप से, बुद्धि के उपयोग में, इसके परे 'देखने' की क्षमता और साथ ही 'इसके अंतर्गत' देखने की क्षमता, जो इंद्रियों के लिए उपलब्ध है, शामिल है। इसलिए, तर्क को एक उपकरण के रूप में माना जा सकता है जो मानव जाति को 'अज्ञात' को 'ज्ञात' की साहयता से समझने में सक्षम बनाता है। तर्क निष्कर्ष निकालने, पूर्वानुमान करने या स्पष्टीकरण बनाने के लिए मौजूदा ज्ञान का उपयोग करने की प्रक्रिया है।

आगमनात्मक तर्क:- यह विशेष से सामान्य की ओर तथा मूर्त से अमूर्त की ओर अग्रसर होता है।

आगमनात्मक तर्क उन टिप्पणियों से शुरू होता है जो विशिष्ट और सीमित दायरे में होती हैं और एक सामान्यीकृत निष्कर्ष पर पहुंचती हैं जो कि संभावित है, लेकिन संचित साक्ष्य के आलोक में निश्चित नहीं है।

आगमनात्मक तर्क विशिष्ट से सामान्य की ओर बढ़ता है।

आगमनात्मक विधि द्वारा बहुत से वैज्ञानिक अनुसंधान किए जाते हैं: जैसे साक्ष्य एकत्र करना, स्वरूप की तलाश करना, और जो देखा जाता है उसे समझाने के लिए एक परिकल्पना या सिद्धांत बनाना।

आगमनात्मक विधि द्वारा प्राप्त निष्कर्ष तार्किक आवश्यकताएं नहीं हैं; आगमनात्मक साक्ष्य की कोई राशि निष्कर्ष की गारंटी नहीं देती है। ऐसा इसलिए है क्योंकि यह जानने का कोई तरीका नहीं है कि सभी संभावित

साक्ष्य एकत्र किए गए हैं और यह कि कोई और अप्रमाणित साक्ष्य मौजूद नहीं है जो मेरी परिकल्पना को अमान्य कर सकता है।
इस प्रकार, यह निष्कर्ष निकाला है कि आगमनात्मक तर्क में विशेष से सामान्य तक तर्क शामिल है।

**104(A).** **बेंजामिन ब्लूम का वर्गीकरण** तीन पदानुक्रमित मॉडल का एक समूह है जो शैक्षिक शिक्षण उद्देश्यों के वर्गीकरण को संदर्भित करता है।
वर्गीकरण में, ब्लूम ने सीखने के तीन डोमेन की पहचान की जिसमें संज्ञान, भावात्मक और क्रियात्मक या मनोप्रेरणा शामिल हैं।

- **संज्ञानात्मक डोमेन:** मानसिक कौशल
- **भावात्मक डोमेन:** भावनाओं या भावनात्मक क्षेत्रों में वृद्धि
- **साइकोमोटर डोमेन:** मैनुअल या शारीरिक कौशल

संज्ञानात्मक डोमेन में सीखने के छह स्तर शामिल हैं जो बौद्धिक कौशल के विकास में कार्य करता है और उपरोक्त मुख्य शब्द (क्रियाएं) 'याद रखने वाले स्तर' के अंतर्गत आते हैं जो सोच कौशल के निचले क्रम का प्रतिनिधित्व करता है।
प्रमुख शब्द 'परिभाषित', 'जानते हैं', 'लेबल' और 'सूचियाँ' संज्ञानात्मक डोमेन के स्मरण स्तर से संबंधित हैं।

**105(D).** विद्यार्थियों के साथ बेहतर अंतःक्रिया के लिए शिक्षक का उद्देश्य होना चाहिए:
**प्रतिक्रिया समय का समान वितरण:** यह सुनिश्चित करता है कि प्रत्येक छात्र को स्कूल की गतिविधियों में संलग्न होने के लिए पर्याप्त समय मिले।
**छात्र के प्रदर्शन की पुष्टि या उसे सही करें:** औपचारिक परीक्षण, प्रश्नोत्तरी और परीक्षा छात्र की उपलब्धि का आकलन करने के पारंपरिक तरीके हैं।
**निकटता:** निर्देश के दौरान निकटता एक शब्द है जिसका उपयोग एक पाठ के दौरान अपने छात्रों के लिए शिक्षक की निकटता का वर्णन करने के लिए किया जाता है। निर्देश के दौरान उचित निकटता बेहतर कक्षा प्रबंधन, छात्र जुड़ाव और प्रगति निगरानी की ओर ले जाती है।

**106(C).** श्रवण बाधित बच्चों की शैक्षिक आवश्यकताओं के प्रबंध के लिए, शिक्षिका को ऑन-लाइन शिक्षण में रूपांतरण करने के प्रकार:

- ऑनलाइन कक्षा के दौरान विशेष शिक्षक की सहायता लेकर।
- केवल उनके लिए ऑफलाइन कक्षा का प्रबंध करके।
- उपशीर्षकों और साथ-साथ अनुशीर्षकों को अपने वीडियो और पीपीटी से जोड़ना।
- अधिक दृश्यों का उपयोग करना।

**107(A).** वह निम्नलिखित संकल्पना का कक्षा में विचार करने की कोशिश कर रहा / रही है:

- हमारे जीवन में उत्सवों के मूल्य।
- विभिन्न संस्कृतियों में एकता।
- उत्सवों में कोई सांस्कृतिक या प्रादेशिक अवरोध नहीं होता है।
- उत्सव हमें शांति और आनंद देते हैं।

भारत में त्यौहार भगवान के जन्मदिन, पारंपरिक मिथकों, मौसमी परिवर्तन, रिश्तों और बहुत कुछ के इर्द-गिर्द घूमते हैं। देश में धर्म या जाति के बावजूद त्योहार मनाए जाते हैं, यह लोगों को करीब लाते हैं और मानवता का एक मजबूत बंधन बनाते हैं।

**108(D).** उसके लिए उत्तम युक्ति होगी कि वह घर पर प्रचलित संरक्षण तकनीकों का पालन करने के लिए पड़ोस में एक फील्ड ट्रिप की व्यवस्था करे।
फील्ड ट्रिप छात्रों, अभिभावकों और शिक्षकों को निर्देशात्मक कार्यक्रम में शामिल करने का अवसर प्रदान करते हैं। छात्र यात्रा के लिए जगह का चयन कर सकते हैं, पूछने के लिए प्रश्न विकसित कर सकते हैं, रिपोर्ट लिख सकते हैं या यात्रा के बाद आपको धन्यवाद पत्र दे सकते हैं या अनुभवों का मूल्यांकन कर सकते हैं।

**109(B).** बाल विकास सिद्धांत यह समझाने पर ध्यान केंद्रित करते हैं कि बच्चे बचपन के दौरान कैसे बदलते हैं और बढ़ते हैं। इस तरह के सिद्धांत सामाजिक, भावनात्मक और संज्ञानात्मक विकास सहित विकास के विभिन्न पहलुओं पर केन्द्रित हैं।

- अर्जन वह प्रक्रिया है जिसके द्वारा मनुष्य ज्ञान को बूझने और समझने के साथ-साथ शब्दों और वाक्यों को संप्रेषित करने और उपयोग करने की क्षमता प्राप्त करता है।
- प्रारंभिक बाल्यावस्था (3-5 वर्ष): इस चरण में एक बच्चा चल सकता है, शौचालय का उपयोग करता है, अपने परिवार के सदस्यों के साथ बातचीत करता है। जब बौद्धिक विकास की बात आती है तो वह वस्तुओं के रंग, आकृति, आकार को पहचान सकता है।
- साथ ही, उसकी कल्पना विकसित होती है, वह अपने आस-पास की चीजों के बारे में जानना चाहता है, इसलिए, वह भाषा के माध्यम से संवाद करना चाहता है, इसलिए इस अवधि को भाषा के अर्जन और विकास की सबसे महत्वपूर्ण अवधि भी कहा जाता है।
- प्रारंभिक बाल्यावस्था पूर्वस्कूली उम्र है जहां बच्चा विद्यालय शिक्षा से जुड़ा कौशल सीख रहा है।

**110(B).** सार्थक शिक्षण एक सक्रिय, रचनात्मक और टिकाऊ प्रक्रिया है। यह 'समझ' को संदर्भित करता है अर्थात बच्चे को यह महसूस होना चाहिए कि जानकारी उपयोगी है और उन्हें केवल इसे याद रखने तक सीमित नहीं रखना है। इसके लिए सक्रिय शिक्षण तकनीकों की आवश्यकता है। इसका तात्पर्य नई जानकारी को मौजूदा ज्ञान से जोड़ना भी है।

- सहकारी शिक्षण: यह एक शिक्षण रणनीति है जहां मिश्रित स्तर के छात्रों को विशिष्ट सीखने और पारस्परिक लक्ष्यों को पूरा करने के लिए समूहों में व्यवस्थित किया जाता है। "समूह का प्रत्येक सदस्य सक्रिय और सार्थक सीखने के लिए सामूहिक रूप से योगदान देता है"।
- सतत और व्यापक मूल्यांकन, जिसे आमतौर पर 'CCE' के रूप में जाना जाता है, को CBSE द्वारा 2009 में शिक्षा के अधिकार अधिनियम के साथ मूल्यांकन के लिए एक स्कूल-आधारित प्रणाली के रूप में पेश किया गया है।
- यह छात्रों के सर्वांगीण विकास को संदर्भित करता है जिसमें संज्ञानात्मक, मनोप्रेरणात्मक और भावात्मक क्षेत्र शामिल हैं।

CCE के निम्नलिखित उद्देश्य हैं :

- विचार प्रक्रियाओं और सार्थक शिक्षण पद्धतियों पर जोर देना और रटने पर जोर न देना।
- संज्ञानात्मक, मनोप्रेरणात्मक और भावात्मक क्षेत्रों सहित छात्रों के सर्वांगीण विकास।
- मूल्यांकन की निरंतरता और नियमितता पर जोर देना।
- एक बच्चे की वृद्धि के शैक्षिक और सहशैक्षणिक दोनों पहलुओं का आकलन करना।
- मूल्यांकन को नैदानिक और उपचारात्मक शिक्षण के माध्यम से सीखने का एक अभिन्न अंग बनाना।

**111(D).** एक प्राथमिक विद्यालय या किंडर-गार्टन कक्षा में शिक्षण चुनौतीपूर्ण है। यह शारीरिक रूप से चुनौतीपूर्ण है क्योंकि शायद ही कभी बैठने के लिए एक पल मिलता है। यह मानसिक और भावनात्मक रूप से भी चुनौतीपूर्ण है क्योंकि इसके लिए आपकी लगातार सतर्कता और हमेशा बच्चों की खोजों को बढ़ाने और उनकी शिक्षा को बढ़ाने के तरीकों की खोज करना आवश्यक है।
एक प्राथमिक शिक्षक के कार्य और भूमिकाएँ:

- शिक्षक को बच्चों के हितों के अनुसार काम करना चाहिए ताकि बच्चों को अपनी वास्तविक क्षमता प्राप्त करने की स्वतंत्रता मिल सके।
- छात्रों को प्रेरित करने का सबसे अच्छा तरीका उनके प्रति कोमल, भरोसेमंद, सहायक, सहानुभूतिपूर्ण होना है, और उन्हें उस संभावना के पीछे के तर्क का पता लगाने के लिए विचार-विमर्श के बाद सहज अनुमान लगाने के लिए प्रोत्साहित करना है।
- छात्रों को ज्ञान प्रदान करके और उनके लिए ऐसी स्थिति स्थापित करने, जिसमें छात्र प्रभावी ढंग से सीख सकें, छात्रों को सिखने में मदद करना है।
- शिक्षक की बहुत जटिल भूमिकाएं होती हैं, जो एक समाज से दूसरे और एक शैक्षिक स्तर से दूसरे में भिन्न होती हैं। इनमें से कुछ भूमिकाएं विद्यालय में निभाई जाती हैं, कुछ समुदाय में।
- नियत पाठ्यक्रम और व्याख्यानों की योजना और तैयारी करने के लिए और निर्धारित समय पर नियत कक्षाओं का संचालन करने के लिए।
- कक्षा निर्देश में योग्यता प्रदर्शित करना और निर्धारित पाठ्यक्रम को पूरी तरह से और नियत समय में पूर्ण करना।
- अपनी विचार प्रक्रिया के मंथन के लक्ष्य के साथ प्रयोगों या चर्चा सत्रों जैसी प्रभावी कक्षा प्रबंधन प्रथाओं की योजना बनाना और उन्हें लागू

करना ताकि वे अमूर्त वस्तुओं और विचारों से डरें नहीं, बल्कि यह सोच सकें कि वह विभिन्न तरीकों से समस्या का हल कर सकते हैं।

- जब एक बच्चे को आत्म-निर्भर होने के लिए प्रोत्साहित किया जाता है, तो यह उनमें विचारों और तर्कसंगतता को विकसित करने में मदद करता है और वे समाधान खोजने के लिए कई तरीके आज़माते हैं, और कई बार ऐसा करने से उन्हें समस्या निवारक (प्रॉब्लम सॉल्वर) के रूप में विकसित होने में मदद मिलती है।
- एक प्राथमिक शिक्षक की भूमिका छात्रों को सीखने में मदद करने के लिए कक्षा निर्देश देने में है और इसे पूरा करने के लिए शिक्षकों को प्रभावी पाठ तैयार करना, छात्र के काम को जाँचना और प्रतिक्रिया देना, कक्षा सामग्री का प्रबंधन करना, पाठ्यक्रम का संचालन करना और अन्य कर्मचारियों के साथ सहयोग करना चाहिए।

इसलिए, उपरोक्त बिंदुओं से, यह अनुमान लगाया जा सकता है कि एक प्राथमिक विद्यालय के शिक्षक बच्चों को सहज अनुमान लगाने और फिर उसी पर विचार-मंथन करने के लिए प्रोत्साहित करके प्रभावी समस्या हल करने में मदद कर सकते हैं।

**112(A).** एक मूल्यांकन जो रचनात्मक होता है, प्रक्रिया पर ध्यान केंद्रित करता है। रचनात्मक मूल्यांकन का उद्देश्य छात्रों के सीखने के अंतराल का पता लगाकर उनकी प्रगति के बारे में प्रतिक्रिया प्रदान करता है। मूल्यांकन के सामान्य प्रकार हैं:
- रचनात्मक मूल्यांकन
- योगात्मक मूल्यांकन
- निदानात्मक मूल्यांकन
- प्लेसमेंट मूल्यांकन

**113(C).** आकलन और मूल्यांकन के बीच का अंतर यह है कि, आकलन प्रदर्शन पर प्रतिपुष्टि प्रदान करता है जबकि मूल्यांकन यह निर्धारित करता है कि उद्देश्य किस हद तक प्राप्त किए गए हैं।
आकलन, मूल्यांकन की तुलना में एक संकीर्ण अवधारणा है क्योंकि यह मूल्यांकन का एक हिस्सा है। इसका उपयोग परिणामों (छात्रों ने क्या सीखा है), प्रक्रिया (जिस तरह से उन्होंने सीखा), और कार्यक्रम या पाठ्यक्रम के दौरान, अधिगम से पहले उनके दृष्टिकोण को निर्धारित करने के लिए किया जाता है।
मूल्यांकन एक व्यापक अवधारणा है क्योंकि इसमें परीक्षण, मापन और आकलन शामिल हैं। यह बच्चों के व्यवहार में विशिष्ट परिवर्तनों का एक मात्रात्मक और गुणात्मक अनुमान है।

**114(B).** सह-शैक्षणिक क्षेत्रों में विद्यार्थियों के आकलन की रिपोर्टिंग के लिए सामन्यतः प्रत्यक्ष ग्रेडिंग का उपयोग किया जाता है। सह-शैक्षणिक क्षेत्र छात्रों के व्यक्तित्व विकास का आकलन करने का एक महत्वपूर्ण क्षेत्र है और स्कूलों द्वारा इसे समान महत्व दिया जाना चाहिए।
बच्चों की प्रगति की समीक्षा करने और भविष्य के अधिगम के अनुभवों की योजना बनाने के लिए उस जानकारी को एकत्रित करने और उपयोग करने के लिए, जानकारी एकत्र करके, सह-शैक्षिक क्षेत्रों का लगातार आकलन किया जा सकता है। प्रलेखित डेटा, व्याख्या के बाद, ग्रेड के रूप में बच्चों के रिपोर्ट कार्ड में परिलक्षित होना चाहिए।
आकलन के साक्ष्य के विश्लेषण के लिए जीवन कौशल पर ग्रेड देने के बारे में, जीवन कौशल के तीनों क्षेत्रों में छात्र द्वारा बनाए गए समग्र ग्रेड को शामिल किया जाता है।
- चिंतन कौशल
- भावनात्मक कौशल
- सामाजिक कौशल

**115(C).** एक शिक्षक को साधन सम्पन्न होना चाहिए इसका अर्थ है कि उनको अपने विद्यार्थियों की समस्याओं को हल करने का पर्याप्त ज्ञान होना चाहिए। एक शिक्षक को उन सभी शैक्षिक गुणों और कौशलों से परिपूर्ण होना चाहिए।

**116(D).** शिक्षक को अपने छात्रों की सफलता को अपनी सफलता के रूप में नहीं देखना चाहिए बल्कि एक अच्छे शिक्षक को हमेशा अपनी शिक्षण पद्धति की सफलता में अपनी सफलता को देखना चाहिए।
एक अच्छे शिक्षक के आवश्यक गुण:
- शिक्षण-अधिगम प्रक्रिया बनाकर दूसरों के लिए एक अच्छा उदाहरण प्रस्तुत करना।
- उन्हें खुद को किताबों और प्रयोगशालाओं से मुक्त करना चाहिए।
- उन्हें छात्रों को अपना आदर्श नहीं बनाने देना चाहिए।
- उन्हें छात्रों को अपने स्वयं के संलग्न खोज में नहीं आने देना चाहिए।

**117(D).** पर्यावरण अध्ययन पर्यावरण अध्ययन एक अमूर्त अवधारणा एक ऐसे विचार से संबंधित है जिसमें भौतिक रूप का अभाव है। इसलिए पुस्तक में प्राथमिक स्तर पर अमूर्त अवधारणाएँ नहीं होनी चाहिए। पर्यावरण अध्ययन, एक विषय के रूप में अमूर्त अवधारणाओं पर ध्यान केंद्रित नहीं करता है क्योंकि इसमें शामिल अवधारणाएं अधिक वैज्ञानिक और ठोस हैं।

**118(D).** शिक्षण में मूल्यांकन की प्रक्रिया में सहायक ये कथन शिक्षण में, शिक्षण-अधिगम सामग्री की उपादेयता से संबंधित नहीं है।
शिक्षण-अधिगम सामग्री (टीएलएम) को निर्देशात्मक सहायक के रूप में भी जाना जाता है, शिक्षक को शिक्षण-सीखने की गतिविधियों से पहले उसके द्वारा तैयार किए गए शिक्षण उद्देश्यों को प्राप्त करने की सुविधा प्रदान करता है। सामग्रियों को उनकी विशेषताओं को सुनिश्चित करने के अलावा निम्नलिखित बातों पर चुना जाना चाहिए:
- चूंकि, प्राथमिक ग्रेड पर, सीखने की गतिविधियाँ पूरी तरह से शिक्षार्थियों के वास्तविक जीवन के अनुभवों से संबंधित होती हैं, सामग्री को वास्तविक जीवन की गतिविधियों की अपनी दुनिया से चुनने की आवश्यकता होती है।
- सामग्रियों को सीखने की गतिविधि में निपुण किसी विशेष अवधारणा के सीखने के लिए प्रासंगिक होना चाहिए।
- प्रत्यक्ष अनुभव जैसे प्रदर्शनियों, क्षेत्र यात्राओं, अध्ययन पर्यटन में भाग लेना, महत्वपूर्ण संस्थानों / संगठनों का दौरा करना।
- बड़ी संख्या में सामग्रियों का संग्रह केवल एक गतिविधि को प्रभावी ढंग से संचालित करने के लिए पर्याप्त नहीं है। गतिविधि के उचित चरण में उनका प्रासंगिकता भी महत्वपूर्ण है।
- सीखने की गतिविधियों में जहां एक नई अवधारणा पेश की जा रही है, दोनों सामग्री जो अवधारणा के उदाहरण हैं और अवधारणा की विशेषताओं के स्पष्ट भेदभाव के लिए एक ही अवधारणा के गैर-उदाहरणों का उपयोग करने की आवश्यकता है।
- सीखने की गतिविधि के लिए चुनी गई सामग्रियों की पर्याप्त मात्रा को गतिविधि शुरू होने से बहुत पहले सुनिश्चित किया जाना चाहिए।

**119(B).** ओ.एच.पी. प्रक्षेपित सहायक सामग्री है।
- ओवर हेड प्रोजेक्टर (ओ.एच.पी.) का उपयोग सामान्यतौर स्क्रीन पर छवियों को प्रक्षेपित करने के लिए किया जाता है।
- अपारदर्शी प्रक्षेपक, स्लाइड, एल.सी.डी. स्क्रीन और टी.वी. पैनल अन्य अनुमानित सहायक सामग्री हैं।
- ये सहायक सामग्री शिक्षण सामग्री को आसान और रोचक बनाती हैं।

**120(B).** एक शिक्षक के संबंध में निम्नलिखित सभी कथन सही हैं सिवाय इसके कि छात्रों को जो पता है वही सिखाता है। यह कथन शिक्षण विधि में नहीं आता है।
अत: विकल्प (B) सही है I

**121(B).** मूल्यांकन का उद्देश्य संशोधन की एक विधि के रूप में प्रदान करना है। मूल्यांकन एक विषय की योग्यता, मूल्य और महत्व का मानकों के एक सेट द्वारा मानक मानदंडों का उपयोग करते हुए व्यवस्थित निर्धारण है।
मूल्यांकन के उद्देश्य:
- तथ्यात्मक ज्ञान प्रदान करना
- कमियों को हल करना और कमजोरी को ताकत में बदलने के लिए निदान करना।
- पूर्व निर्धारित लक्ष्य और उपलब्धि के लक्ष्य।
- शिक्षार्थी की अन्तर्निहित क्षमता को जानना और उन्हें आत्म-सुधार के बारे में अधिक जानने और कार्य करने के लिए प्रोत्साहित करना।

**122(D).** च्वाइस बेस्ड क्रेडिट सिस्टम (CBCS):
- च्वाइस बेस्ड क्रेडिट सिस्टम (CBCS) भारतीय विश्वविद्यालय अनुदान आयोग (यूजीसी) द्वारा प्रस्तावित एक अवधारणा है।
- यह छात्रों को पारंपरिक अंकों और प्रतिशत-ग्रेडिंग प्रणाली से मानक क्रेडिट-आधारित मूल्यांकन पद्धति में स्थानांतरित करके एक प्रभावी शिक्षण मंच प्रदान करता है।

- च्वाइस बेस्ड क्रेडिट सिस्टम (CBCS) छात्रों को निर्धारित तीन मुख्य पाठ्यक्रमों (मुख्य, वैकल्पिक और क्षमता वृद्धि पाठ्यक्रम) से चयन करने का विकल्प प्रदान करता है।
- CBCS प्रणाली उच्च शिक्षा में छात्रों को अपनी पसंद का पाठ्यक्रम चुनने की अनुमति देती है और प्रोत्साहित करती है।
- शिक्षा के लक्ष्य और उद्देश्यों को संरक्षित करते हुए प्रणाली की शुरूआत स्मार्ट और एकीकृत कक्षा सीखने के अवसरों के द्वार खोलती है।
- यह 10 बिंदु ग्रेडिंग प्रणाली को अपनाता है।
- इसने स्नातक पाठ्यक्रमों में एक शोध घटक पेश किया है।

**124(C).** उच्च शिक्षा केंद्र और राज्य सरकार दोनों की जिम्मेदारी है। विश्वविद्यालय अनुदान आयोग की सिफारिशों पर एक शैक्षणिक संस्थान को "डीम्ड-टू-बी यूनिवर्सिटी" के रूप में मानने के लिए केंद्र सरकार भी जिम्मेदार है।
अतः विकल्प (C) सही है।

**125(D).** उपचारात्मक शिक्षण एक शिक्षण पद्धति है जिसका उपयोग पिछले पाठों के कमजोर भाग को पढ़ाने या उन विशिष्ट छात्रों को पढ़ाने के लिए किया जाता है जिन्हें उन भागों में समस्याएँ हैं। किसी परेशानी के निदान के बाद उपचारात्मक शिक्षण किया जाता है। शिक्षण के अन्य तरीके हैं:

| शिक्षण पद्धति | स्पष्टीकरण |
|---|---|
| परियोजना पद्धति | स्वयं द्वारा समाधान खोजने और जानने के लिए हल करना। |
| भूमिका निभाने की विधि | भूमिकाएँ सौंपी जाती हैं और वे अनुभव के साथ अपनी भूमिका से सीखते हैं |
| विचार-मंथन | यह विधि एक विशिष्ट समस्या का समाधान उत्पन्न करने के लिए एक अलग दृष्टिकोण के साथ नए विचारों को बनाने पर आधारित है। |
| खोज विधि | उनके आसपास के वातावरण से एक समस्या का हल खोजना। |

इसलिए हम निष्कर्ष निकाल सकते हैं कि छात्रों की शैक्षणिक उपलब्धियों तक पहुँचने के बजाय पिछले पाठों के कमजोर पाठों को पढ़ाने के लिए उपचारात्मक शिक्षण का उपयोग किया जाता है।

**126(B).** दिमागी आरोग्यता: इसे मानसिक स्वास्थ्य के संरक्षण और संवर्धन के साथ-साथ मानसिक बीमारी की रोकथाम और उपचार से संबंधित विज्ञान के रूप में परिभाषित किया गया है। यह स्वयं और पर्यावरण के साथ समायोजन प्राप्त करने के लिए नियम, कानून और सिद्धांत प्रदान करता है।
इसके उद्देश्य हैं:
- किसी की क्षमता को जानने में मदद करना।
- दूसरों के लिए आत्म-सम्मान का निर्माण करना।
- किसी की सीमाओं को समझना और दूसरे की सीमाओं को सहन करना।
- सामंजस्यपूर्ण विकास का कारण।
- खुशी बनाने के लिए।
- प्रभावी समायोजन करने के लिए किसी को सक्षम करने के लिए।
- अपने स्वयं को जानने के लिए किसी को सक्षम करने के लिए।

इसलिए, हम निष्कर्ष निकाल सकते हैं कि दिया गया कथन दिमागी आरोग्यता के बारे में है।

**127(B).** अधिगम में उपयोग और अनुपयोग के नियम को श्रम का नियम भी कहा जाता है।
श्रम का नियम: इसका मतलब है कि शिक्षार्थियों की दक्षता बढ़ाने में मदद करता है। अधिगम के लिए समझने और याद रखने के लिए शिक्षार्थियों को अभ्यास करने की आवश्यकता होती है। श्रम का नियम भी उपयोग और दुरूपयोग का नियम है।
- उपयोग का नियम, जब एक स्थिति और एक प्रतिक्रिया के बीच परिवर्तनशील संबंध बनाया जाता है, तो संबंध की ताकत अन्य चीजों के बराबर, बढ़ जाती है।
- अनुपयोग का नियम: जब स्थिति और कनेक्शन के बीच परिवर्तनशील संबंध नहीं बनाया जाता है, तो उस कनेक्शन की ताकत कितने समय तक रहती है, अन्य चीजें बराबर घटती हैं।

इसलिए, उपर्युक्त बिंदुओं से, यह स्पष्ट हो जाता है कि अधिगम में उपयोग और अनुपयोग के नियम को श्रम का नियम भी कहा जाता है।

**128(A).** एक कक्षा में स्थानिक ऑडियो उत्सर्जन छात्रों को समझने में संज्ञानात्मक को भार कम कर सकता है:
- स्थानिक ऑडियो उत्सर्जन एक वास्तविक या काल्पनिक ध्वनि वातावरण की छाप को फिर से बनाने की प्रक्रिया को संदर्भित करता है।
- यह गतिविधि शिक्षक के लिए सम्मान कम करती है और इसे कम करने के बजाय प्रौद्योगिकी - अभिविन्यास में रुचि रखती है। यह गतिविधि छात्रों के प्रेरणा के स्तर को भी बढ़ाती है।
- यह केवल अवधारणा को समझने में छात्रों के संज्ञानात्मक भार को कम करता है। उन्हें समझने के लिए संज्ञानात्मक रूप से बहुत अधिक प्रयास नहीं करने होंगे।

**129(C).** छात्र द्वारा पूछे गए प्रश्नों की गुणवत्ता के माध्यम से शिक्षण की गुणवत्ता को सबसे अच्छे तरीके से प्रतिबिंबित किया जा सकता है। छात्र के प्रश्नों की गुणवत्ता शिक्षण-सीखने की प्रक्रिया के दौरान एक छात्र के हित स्तर और जिज्ञासा स्तर को दर्शाती है।
छात्रों के सवालों से शिक्षक को यह पता चलता है कि उनका छात्र शिक्षक द्वारा सिखाई गई सामग्री को कितना समझ रहा है जो शिक्षक को और अधिक प्रभावी बनाने के लिए शिक्षक को अपने शिक्षण कौशल में सुधार करने की अनुमति देता है। छात्रों द्वारा पूछे गए योग्य प्रश्न एक प्रभावी शिक्षण-अधिगम प्रक्रिया सुनिश्चित करते हैं।

**130(C).** इसमें अभिकथन सत्य है लेकिन कारण असत्य है। प्रभावी शिक्षण के लिए, एक शिक्षक को शिक्षण मॉडल का अच्छा ज्ञान होना चाहिए और छात्रों और विषय की आवश्यकताओं को ध्यान में रखते हुए उपयुक्त मॉडल का चयन करना चाहिए। ये मॉडल रुचि, रचनात्मकता, प्रेरणा और नवाचारों को बढ़ाने में मदद करते हैं। विभिन्न प्रकार के मॉडल जैसे सामाजिक संपर्क मॉडल, व्यवहार परिवर्तन मॉडल, व्यक्तिगत आधार मॉडल, सूचना प्रसंस्करण मॉडल आदि हैं।
अत: विकल्प (C) सही है I

**131(B).** **लॉर्ड कर्जन ने** भारतीय विश्वविद्यालयों पर कड़ा नियंत्रण लगाते हुए 1904 में भारतीय विश्वविद्यालय अधिनियम पारित किया।
- लॉर्ड कर्जन ने 1904 में भारतीय विश्वविद्यालय अधिनियम पारित किया, जिससे भारतीय विश्वविद्यालयों पर कड़ा नियंत्रण हो गया।
- ब्रिटिश सरकार ने शिक्षा और मीडिया को विनियमित करने के लिए कठोर कानून बनाया।
- 1904 में, ब्रिटिश वायसराय लॉर्ड कर्जन ने भारतीय विश्वविद्यालय अधिनियम पारित किया, जिसने भारतीय विश्वविद्यालयों पर अधिकार कड़ा कर दिया।
- कर्जन भारत के नवोदित राष्ट्रवाद को कुचलने के मिशन पर था। कर्जन ने बंगाल विभाजन की घोषणा की थी।

**132(B).** भारत उत्तरी गोलार्द्ध में है। इसका विस्तार 8°4'N से 37°6'N के बीच है। इसका दक्षिणी विस्तार 8°4'N और उत्तरी विस्तार 37°6'N है।

**133(A).** सही उत्तर a-2, b-1, c-4, d-3 है।

**134(D).** कतर ने भारत से फ्रोजन समुद्री भोजन के आयात पर अस्थायी प्रतिबंध हटा लिया। नवंबर 2022 में फीफा विश्व कप से ठीक पहले भारत से कुछ खेपों से विब्रियो हैजा का कथित रूप से पता चलने के बाद प्रतिबंध लगाया गया था।

**135(A).** जगदीशपुर में कुँवर सिंह ने 1857 ई. के विप्लव में क्रान्तिकारियों का नेतृत्व किया।

**136(A).** पलाश को जंगल की ज्वाला के नाम से जाना जाता है। पलाश को टेसू के नाम से भी जाना जाता है। Butea monosperma वैज्ञानिक नाम है। यह मुख्य रूप से राजसमंद जिले में पाया जाता है। वे लाल और पीले रंग के होते हैं और इसलिए उन्हें जंगल की लौ के रूप में जाना जाता है।

**137(D).** कार्बन डाइऑक्साइड के मामले में प्राकृतिक स्रोतों से निम्नलिखित प्राथमिक प्रदूषकों का वैश्विक उत्सर्जन (वजन द्वारा) अधिकतम है।

**138(A).** फ्लोरोसिस पीने के पानी में अतिरिक्त फ्लोराइड का स्वास्थ्य प्रभाव है। पीने के पानी में अधिक फ्लोराइड का अंतर्ग्रहण, सबसे अधिक दांतों और हड्डियों को प्रभावित करता है। इसके परिणामस्वरूप दंत फ्लोरोसिस, कंकाल फ्लोरोसिस और गैर-कंकाल फ्लोरोसिस जैसे प्रमुख स्वास्थ्य विकार होते हैं।

**139(A).** पर्यावरण अध्ययन एक ऐसा विषय है जो पर्यावरण संबंधी मुद्दों के बारे में सीखने वालों की जागरूकता के विकास से संबंधित है। बच्चे सक्रिय रूप से वास्तविक सामग्री और स्थिति को देखकर और पारस्परिक क्रिया से दुनिया के अपने ज्ञान और समझ का निर्माण करते हैं।
बच्चों द्वारा ईवीएस में ज्ञान के निर्माण में महत्वपूर्ण गतिविधियाँ या बातें:
- ईवीएस की पाठ्यपुस्तक।
- प्रायोगिक गतिविधियाँ।
- क्षेत्र के दौरे का आयोजन।
- कक्षा को वास्तविक जीवन से जोड़ना।
- रचनात्मक गतिविधि का संचालन।
- बच्चों की सक्रिय भागीदारी।
- बच्चों के समुदाय के सदस्य।

हम यह निष्कर्ष निकालते हैं कि बच्चों द्वारा ईवीएस में ज्ञान का निर्माण करने में उपर्युक्त बिंदु महत्वपूर्ण हैं।

**140(D).** पर्यावरण अध्ययन एक ऐसा विषय है जो पर्यावरण संबंधी मुद्दों के बारे में सीखने वालों की जागरूकता के विकास से संबंधित है। प्रभावी ईवीएस शिक्षण-अधिगम तब होता है जब बच्चों को अपने वर्तमान-संबंधी वातावरण का पता लगाने और निरीक्षण करने की अनुमति होती है।
एक शिक्षक बच्चों को जानवरों का निरीक्षण करने और विकसित करने के उद्देश्यों के साथ स्वयं चित्र बनाने के लिए प्रोत्साहित करता है:
- बच्चों की रचनात्मकता।
- बच्चों का कलात्मक बोध।
- बच्चों में आत्म-अभिव्यक्ति कौशल।
- जानवरों के प्रति जागरूकता और संवेदनशीलता।
- बच्चों के अवलोकन और अभिकल्प कौशल।
- बच्चों में वर्गीकरण और अन्वेषण कौशल।

यह व्याख्या की जा सकती है कि दिए गए सभी उद्देश्य प्रश्न के संदर्भ में सही हैं।

**142(B).** चक्रवृद्धि राशि $= p(1+\frac{r}{100})^n$
$= 31250 \times (1+\frac{8}{100})^2 (1+\frac{8}{100}\times\frac{9}{12})$
$= 31250 \times \frac{27}{25} \times \frac{27}{25} \times \frac{53}{50} = 38637$
$\therefore$ चक्रवृद्धि ब्याज $= 38637 - 31250 = 7387$ रु.

**143(B).** दिया गया है:
एक भिन्न को जब $\frac{17}{3}$ से जोड़ने पर 4 प्राप्त होता है।
माना कि भिन्न $x$ है।
प्रश्नानुसार,
$x + \frac{17}{3} = 4$
$\Rightarrow x = 4 - \frac{17}{3}$
$\Rightarrow x = \frac{(12-17)}{3}$
$\Rightarrow x = -\frac{5}{3}$
$\Rightarrow x = -1\frac{2}{3}$
$\therefore$ भिन्न $-1\frac{2}{3}$ है।

**144(C).** दिया गया है:
संख्याएँ 60 और 72 हैं।
लघुत्तम समापवर्तक और महत्तम समापवर्तक:
$(60, 72)$ का लघुत्तम समापवर्तक $= 360$
$(60, 72)$ का महत्तम समापवर्तक $= 12$
$\therefore$ 60 और 72 का महत्तम समापवर्तक और लघुत्तम समापवर्तक क्रमशः 12 और 360 हैं।

**145(C).** दिया है:
एक समांतर चतुर्भुज की लंबाई और चौड़ाई 4 सेमी और 6 सेमी और विकर्ण की लंबाई 8 सेमी है।
हीरोन के सूत्र के अनुसार:
क्षेत्रफल = $\sqrt{s(s-a)(s-b)(s-c)}$
जहाँ 's' अर्द्ध परिमाप = $\frac{(a+b+c)}{2}$

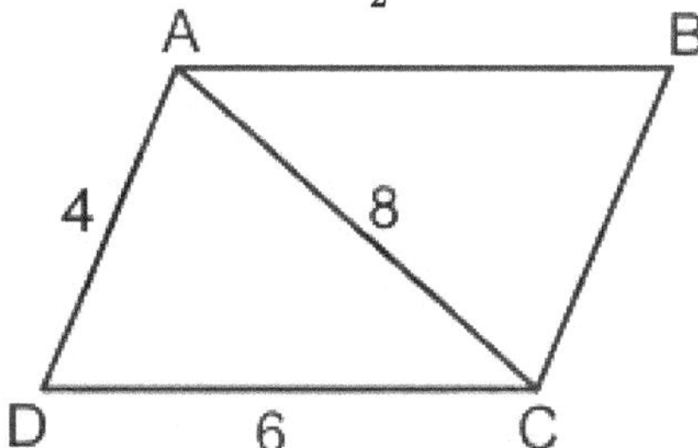


ABCD का क्षेत्रफल = ΔABC का क्षेत्रफल + ΔADC का क्षेत्रफल
समांतर चतुर्भुज का विकर्ण क्षेत्रफल को दो बराबर भागों में विभाजित करता है।
ΔABC का क्षेत्रफल = ΔADC का क्षेत्रफल
ABCD का क्षेत्रफल = 2 × ΔADC का क्षेत्रफल
ΔADC में, $s = \frac{(AD+DC+AC)}{2} = \frac{(4+6+8)}{2} = 9$ सेमी
ΔADC का क्षेत्रफल = $\sqrt{s(s-a)(s-b)(s-c)}$
$= \sqrt{9(9-4)(9-6)(9-8)}$
$= \sqrt{(9\times5\times3\times1)}$
$= 3\sqrt{15}$ सेमी$^2$
ABCD का क्षेत्रफल = $2 \times 3\sqrt{15}$ सेमी$^2$
$\therefore$ समांतर चतुर्भुज का क्षेत्रफल $6\sqrt{15}$ सेमी$^2$ है।

**146(B).** अनुसरित स्वरूप इस प्रकार है,

N Q V K → O P W J (+1, -1, +1, -1) इसी प्रकार C G U W → D F V V (+1, -1, +1, -1)

**147(C).** मध्य अंक पहली और तीसरी संख्या का जोड़ है।
⇒ 6 + 1 = 7
⇒ 3 + 2 = 5
⇒ 5 + 1 = 6
⇒ 2 + 1 = 3
इस प्रकार 211 विषम है।

**148(C).** जैसा कि हम जानते है,
समान्तर श्रेणी (AP) संख्याओं का एक क्रम है जिसमें किन्हीं दो क्रमागत संख्याओं का अंतर एक स्थिर मान होता है।
श्रृंखला $K+2, 4K-6, 3K-2$ A.P के तीन क्रमागत पद हैं।
तब सार्व अंतर हमेशा बराबर होता है।
$\Rightarrow (4K-6)-(K+2) = (3K-2)-(4K-6)$
$\Rightarrow 3K - 8 = -K + 4$
$\Rightarrow 4K = 12$
$\Rightarrow K = \frac{12}{4}$
$= 3$
$\therefore K$ का मान 3 है।

**149(D).** जैसा कि हम जानते हैं कि, rxztuver का अर्थ है big cat, sleegeen का अर्थ है lion eat, peetuver का अर्थ है raging cat, sleepeet का अर्थ है lion raging, peet का अर्थ raging है।

**150(B).**

| चित्र में प्रतीक | अर्थ |
|---|---|
| ○ | महिला |
| □ | पुरुष |
| ═ | शादीशुदा जोड़ा |
| — | भाई-बहन |
| \| | एक पीढ़ी का प्रसार |

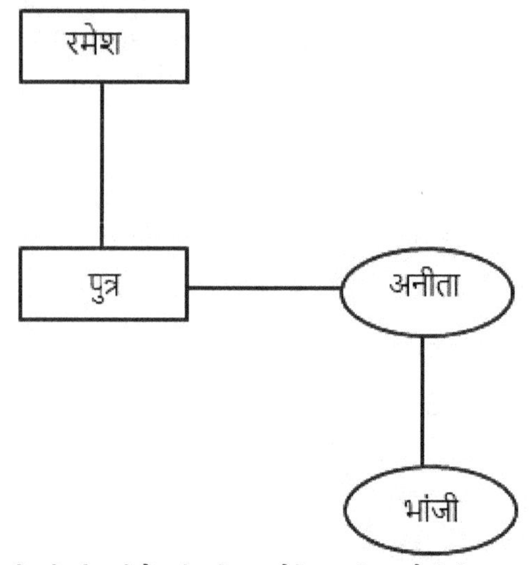


रमेश के दो बच्चे हैं। रमेश के इकलौते पुत्र की इकलौती नीस का अर्थ रमेश की पुत्री की पुत्री से है।
अनीता उस नीस की माँ है तो इसका अर्थ है कि अनीता रमेश की पुत्री है।
इसलिए, अनीता रमेश की पुत्री है।

# प्रैक्टिस टेस्ट 5

## Specific Subject

1. **बरगद के पेड़ में प्राप जड़ों का कार्य है:**
   (a) अवशोषण (b) संरक्षण
   (c) सहारा (d) (A) और (C) दोनों

2. **निम्नलिखित में से जीवों के कौन से समूह को क्राइसोफाइट के अंतर्गत शामिल किया गया है?**
   (a) डायटम और डेस्मिड (सुनहरा शैवाल)
   (b) डायटम और डायनोफ्लैजिलेट
   (c) यूग्लीनॉइड
   (d) अवपंक फफूँद

3. **गलत मिलान का पता लगाएं।**
   (a) उपार्जित लक्षणों की वंशागति - लैमार्क
   (b) प्राकृतिक चयन - डार्विन
   (c) जैवअनुवांशिक नियम - अर्न्स्ट हेकेल
   (d) द्रुतविकास - थॉमस आर माल्थस

4. **निम्नलिखित में से कौन बीजों की सुप्तता का कारण बनता है?**
   (a) ईथीलीन (b) GA3
   (c) औक्सिन (d) फेरुलिक अम्ल

5. **चिकोरी पाउडर, जिसे कॉफी पाउडर के साथ मिलाया जाता है, से प्राप्त किया जाता है-**
   (a) जड़ (b) लीफ
   (c) स्टेम (d) बीज

6. **एक टैक्सोनोमिस्ट ने अपनी यात्रा के दौरान कैल्शियम कार्बोनेट से बनी त्वचा पर रीढ़ के साथ एक एकान्त समुद्री जानवर पाया।हालाँकि, इसका कोइलोम एंडोडर्म से चुटकी बजाते हुए पाउच से बना था। सबसे उपयुक्त फाइलम को नमूना असाइन करें।**
   (a) कोर्डेटा (b) सूत्रकृमि
   (c) सीलेन्टरेटा (d) एकीनोडरमाटा

7. **ऊतक स्तर संगठन रहित मेटाजोआ कहताते हैं:**
   (a) प्रोटोजोआ (b) पेराजोआ
   (c) ड्यूटेरोस्टोमिया (d) यूमेटाजोआ

8. **एक पुष्प के "अनिवार्य चक्र" हैं:**
   **(A) बाह्यदल पुंज**
   **(B) दल पुंज**
   **(C) पुमंग**
   **(D) जायांग**
   (a) A एवं B (b) C एवं D
   (c) B, C एवं D (d) A, B, C एवं D

9. **द्विबीजपत्री तने में द्वितीयक जाइलम और फ्लोएम किसके द्वारा निर्मित होते हैं:**
   (a) फेलोजेन (b) संवहनी कैंबियम
   (c) शीर्ष विभज्योतक (d) एक्सिलरी मेरिस्टेम्स

10. **नीचे वर्णित चार भागों में से कौन-सा एक एकल मूत्रवाहिनी नलिका का भाग नहीं है?**
    (a) बोमन का कैप्सूल (b) लूप ऑफ हेनले
    (c) दूरस्थ जटिल नलिका (d) एकत्रित नलिकाएं

11. **कोशिका भित्ति की मध्य लामेला समृद्ध किससे होती है?**
    (a) लिग्निन (b) पेक्टिन
    (c) सुबेरिन (d) चीटिन

12. **कोशिका में प्रोटीन संश्लेषण _________ होता है।**
    (a) केवल नाभिकीय आवरण से जुड़े राइबोसोम पर
    (b) केंद्रक में और साथ ही कोशिका द्रव्य में
    (c) कोशिका द्रव्य में और साथ ही माइटोकॉन्ड्रिया में
    (d) केवल कोशिका द्रव्य में

13. **नारियल और फलों में कड़े छिलके के साथ बीज का फैलाव किसमे देखा जाता है ?**
    (a) बैरोचरी (b) मायरमे चरी
    (c) अधिजठर (d) इनमे से कोई भी नहीं

14. **नीचे दो कथन दिए गए हैं:**
    **कथन I:**
    **माइकोप्लाज्मा 1-माइक्रोन आकार से कम निस्यंदक से निकल सकता है।**
    **कथन II:**
    **माइकोप्लाज्मा कोशिका भित्ति वाले जीवाणु होते हैं।**
    **उपरोक्त कथनों के आलोक में, नीचे दिए गए विकल्पों में से सबसे उपयुक्त उत्तर का चयन कीजिए:**
    (a) कथन I सही है लेकिन कथन II गलत है।
    (b) कथन I गलत है लेकिन कथन II सही है।
    (c) कथन I और कथन II दोनों सही हैं।
    (d) कथन I और कथन II दोनों गलत हैं।

15. **प्रकाश संश्लेषण के दौरान ऑक्सीजन का उत्पादन किसके द्वारा नहीं होता है:**
    (a) साइकास (b) नोस्टॉक
    (c) हरे सल्फर जीवाणु (d) कारा

16. **सिरका, मंड या शर्करा पदार्थ के द्वि-किण्वन द्वारा प्राप्त किया जाता है। प्रथम चरण किण्वन को सैकरोमाइसीज़ सैरीवीसी मिलाकर प्राप्त किया जाता है और द्वितीय चरण किण्वन को निम्न मिलाकर प्राप्त किया जाता है:**
    (a) एसीटोबैक्टर एसिटाई (b) लैक्टोबैसिलस लैक्टिस
    (c) पेनिसिलियम नोटेटम (d) इस्चेरिचिया कोलाई

17. **कॉलम I में दी गई मदों को कॉलम II में दी गई मदों से सुमेलित कीजिए और क्रमशः (a), (b), और (c) के लिए सही विकल्प चुनिए:**

| | कॉलम I | | कॉलम II |
|---|---|---|---|
| (a) | ज्वारीय आयतन | (i) | 2500 – 3000 mL |
| (b) | अंतःश्वसन आरक्षित आयतन | (ii) | 1100 – 1200 mL |
| (c) | निःश्वसन आरक्षित आयतन | (iii) | 500 – 550 mL |
| (d) | अवशिष्ट आयतन | (iv) | 1000 – 1100 mL |

    (a) (i), (iv), (ii), (iii) (b) (iii), (i), (iv), (ii)
    (c) (iii), (ii), (i), (iv) (d) (iv), (iii), (ii), (i)

18. **कॉलम I में दिए गए मदों को कॉलम II (i, ii, iii, iv, v) के साथ सुमेलित करें और क्रमशः (a), (b), (c) और (d) के लिए सही विकल्प चुनें:**

| | कॉलम I (फ़ंक्शन) | | कॉलम II (उत्सर्जन तंत्र का भाग) |
|---|---|---|---|
| (a) | अल्ट्राफिल्ट्रेशन | (i) | हेनले का पाश |
| (b) | मूत्र की एकाग्रता | (ii) | मूत्रवाहिनी |
| (c) | मूत्र का परिवहन | (iii) | मूत्राशय |
| (d) | मूत्र का संचयन | (iv) | माल्पीघियन कॉर्पसकल |

| | | (v) | समीपस्थ घुमावदार नलिका |
|---|---|---|---|

(a) (v), (iv), (i), (ii) (b) (iv), (i), (ii), (iii)
(c) (iv), (v), (ii), (iii) (d) (v), (iv), (i), (iii)

**19. गुर्दे और मूत्राशय को जोड़ने वाली नलियों को _______ के रूप में जाना जाता है।**
(a) वृक्क पैपिला (b) मूत्रमार्ग
(c) मूत्रवाहिनी (d) उपरोक्त में से कोई नहीं

**20. निम्नलिखित में से कौन सा गलत मिलान है ?**
(a) मायस्थेनिया ग्रेविस: स्व-प्रतिरक्षित विकार, न्यूरोमस्कुलर जोड़ को प्रभावित करता है जिससे कंकाल की मांसपेशियों में थकान, कमजोरी और पक्षाघात होता है
(b) मस्कुलर डाएस्ट्रॉफी: कंकाल की मांसपेशियों का प्रगतिशील अध: पतन, ज्यादातर आनुवंशिक विकार के कारण
(c) आर्थराइटिस: शरीर के द्रव में कम $Ca^{++}$ के कारण मांसपेशियों में तेजी से ऐंठन (वाइल्ड कान्ट्रैक्शन)
(d) ऑस्टियोपोरोसिस: उम्र सम्बन्धी बीमारी है जिसमें अस्थि द्रव्यमान में कमी और फ्रैक्चर की संभावना बढ़ जाती है

**21. कशेरुक स्तंभ खोपड़ी के आधार से फैली हुई है और ट्रंक के मुख्य ढांचे का गठन करता है। निम्नलिखित में से कौन सा/ से क्रिया कशेरुक स्तंभ का कार्य नहीं है?**
**a. यह अक्षीय कंकाल के साथ ऊपरी और निचले अंगों की अभिव्यक्ति में मदद करता है।**
**b. यह पसलियों और पीठ की मांसलता के लिए लगाव के बिंदु के रूप में कार्य करता है।**
**c. यह रीढ़ की हड्डी की रक्षा करता है और सिर को सहारा देता है।**
(a) केवल a (b) केवल a और b
(c) केवल b (d) केवल b और c

**22. मांसपेशियों के संकुचन की प्रक्रिया एक जटिल प्रक्रिया है। निम्नलिखित में से कौन सा कथन मनुष्यों में मांसपेशियों के संकुचन की विशेषता नहीं है?**
(a) एक तंत्रिका आवेग न्यूरोमस्कुलर जंक्शन पर आता है और टर्मिनल से एसिटाइलकोलाइन जारी किया जाता है।
(b) कैल्शियम की उच्च सांद्रता की उपस्थिति में, कैल्शियम ट्रोपोमायोसिन से बांधता है।
(c) एटीपी के टूटने से मांसपेशियों को छोटा करने में मदद मिलती है।
(d) मायोसिन एक्टिन को छोड़ देता है और क्रॉस-ब्रिज टूट जाता है जब एटीपी अणु मायोसिन के सिर पर बांधता है।

**23. द्वितीयक उपापचयज, जैसे कि निकोटीन, स्ट्रिक्नीन और कैफीन को पौधों के द्वारा अपने लिए क्यों उत्पादित किया जाता है?**
(a) पोषण में उपयोग (b) वृद्ध पर प्रभाव
(c) रक्षा पर असर (d) प्रजनन पर प्रभाव

**24. परिजायांगी अंडाशय किस में देखा जाता है?**
(a) आडू (b) खीरा
(c) कपास (d) अमरूद

**25. भ्रूण और गर्भाशय के बीच संवहनी संबंध प्रदान करने वाली संरचना को क्या कहा जाता है?**
(a) नाल
(b) रिलैक्सिन
(c) कोरियोनिक विल्ली
(d) ह्यूमन कोरिओनिक गोनाडोट्रोपिन

**26. वंशागति के गुणसूत्र सिद्धान्त का प्रायोगिक प्रमाणन किसने किया था?**
(a) मेंडल (b) सटन
(c) बोवेरी (d) मॉर्गन

**27. निम्नलिखित में से किस प्रकार के विकार को एक फेनोटाइपिक रूप से सामान्य, लेकिन वाहक महिला से केवल कुछ पुरुष संतानों में स्थानांतरित किया जाता है?**
(a) ओटोसोमल रेसेसिव (b) सेक्स-सीमित प्रमुख
(c) सेक्स-लिंक्ड प्रमुख (d) सेक्स से जुड़ा रिसेसिव

**28. निम्न में से किसे 20वीं शताब्दी के 'डार्विन' के रूप में कहा जाता है?**
(a) अर्नस्ट मेयर (b) हरगोविन्द खुराना
(c) मार्शल वारेन निरेनबर्ग (d) कैथरीन इसाउ

**29. एक एंटीपाइरेटिक औषधि होती हैं जो-**
(a) विषाणु के संक्रमण के दौरान लिया जाता हैं
(b) शरीर के तापमान को बढ़ाती हैं
(c) शरीर के तापमान को कम करती हैं
(d) संक्रमण को मारती हैं

**30. _______ के साथ धुंधला होने के बाद एग्रोज जेल पर अलग किए गए डीएनए अंशों की कल्पना की जा सकती है।**
(a) ऐथिडियम ब्रोमाइड (b) ब्रोमोफेनॉल ब्लू
(c) एसिटोकार्माइन (d) एनिलाइन ब्लू

**31. क्राई II Ab और क्राई I Ab टॉक्सिन्स उत्पन्न करते हैं जो नियंत्रित करते हैं:**
(a) कॉटन बॉलवर्म और कॉर्न बोरर क्रमशः
(b) कॉटन बॉलवर्म और कॉर्न बोरर क्रमशः
(c) तम्बाकू के कलेवर और सूत्रकृमि क्रमशः
(d) नेमाटोड और तंबाकू के कलेवर क्रमशः

**32. एक प्रजाति जिसका वितरण प्रतिस्पर्धात्मक रूप से बेहतर प्रजातियों की उपस्थिति के कारण एक छोटे भौगोलिक क्षेत्र तक सीमित है, जब प्रतिस्पर्धी प्रजातियों को प्रयोगात्मक रूप से हटा दिया जाता है तो इसकी वितरण सीमा नाटकीय रूप से विस्तारित होती है। यह _______ कहा जाता है।**
(a) प्रतिस्पर्धी बहिष्करण (b) प्रतिस्पर्धी रिलीज
(c) प्रतिस्पर्धी वर्चस्व (d) प्रतिस्पर्धी समावेश

**33. घास के मैदान के पारितंत्र में निम्नलिखित में से किसका मान (ग्राम/मी/वर्ष) उच्चतम होने की उम्मीद है?**
(a) तृतीयक उत्पादन (b) सकल उत्पादन
(c) शुद्ध उत्पादन (d) द्वितीयक उत्पादन

**34. चीटियों की __________ से अधिक प्रजातियां हैं, 3,00,000 प्रजातियां __________ की हैं, 28,000 प्रजातियां __________ की हैं और लगभग आर्किड की प्रजातियां हैं।**
(a) 20,000; कीट; मछलियाँ; 30,000
(b) 30,000 ; भृंग; पक्षी; 20,000
(c) 20,000; भृंग; मछलियाँ; 20,000
(d) 40,000; मछलियाँ; भृंग; 10,000

**35. किसी भी समय $t$ पर एक कण की स्थिति संबंध $x(t) = \frac{v}{A}(1 - e^{-At})$ द्वारा दी जाती है जहां $v$ वेग है। तब $A$ की विमा क्या होगी?**
(a) $[T^{-1}]$ (b) $[T^2]$
(c) $[L^1]$ (d) $[L^{-2}]$

**36. चलती ट्रेन के वेग-समय के ग्राफ को नीचे दिए गए चित्र में दर्शाया गया है। समय $OD$ के दौरान औसत वेग था**

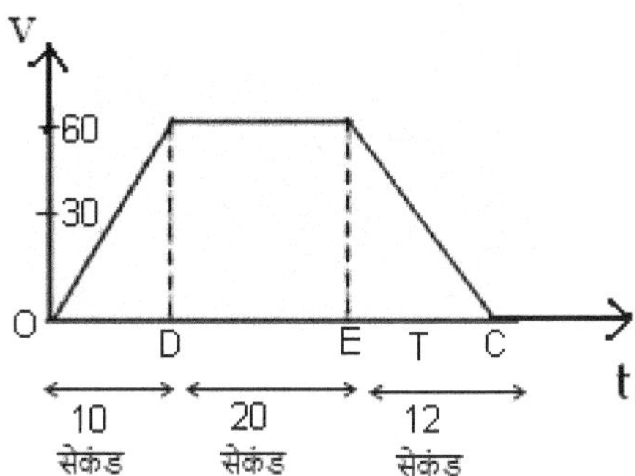


(a) 30 मी / सेकंड (b) 60 मी / सेकंड
(c) 45 मी / सेकंड (d) 23 मी / सेकंड

**37. दो गोलियां एक साथ, क्षैतिज रूप से और एक ही स्थान से अलग-अलग गति से दागी जाती हैं। कौन सी गोली पहले जमीन पर लगेगी?**
(a) तेज गति वाली
(b) उनके द्रव्यमान पर निर्भर करता है
(c) धीमी गति वाली
(d) दोनों एक साथ पहुंचेंगी

**38. 20 cm की मोटी मिट्टी की दीवार में प्रवेश करने से पहले 20 g ग्राम द्रव्यमान की गोली की प्रारंभिक गति $1\ \mathrm{ms}^{-1}$ है, यदि दीवार $2.5 \times 10^{-2}$ N का औसत प्रतिरोध प्रदान करती है, तो दीवार के दूसरी तरफ से निकलने के बाद गोली की गति निकटतम होती है:**
(a) $0.3\ \mathrm{ms}^{-1}$ (b) $0.4\ \mathrm{ms}^{-1}$
(c) $0.1\ \mathrm{ms}^{-1}$ (d) $0.7\ \mathrm{ms}^{-1}$

**39. 3 kg का ब्लॉक शुरू में साम्यवस्था में है और दो समान स्प्रिंग्स $A$ और $B$ द्वारा लटका हुआ है जैसा कि आंकड़ों में दिखाया गया है। यदि स्प्रिंग $A$ को निचले बिंदु से $t = 0$ पर काटा जाता है, तो $\mathrm{ms}^{-2}$ में $t = 0$ पर ब्लॉक का त्वरण ज्ञात कीजिए।**

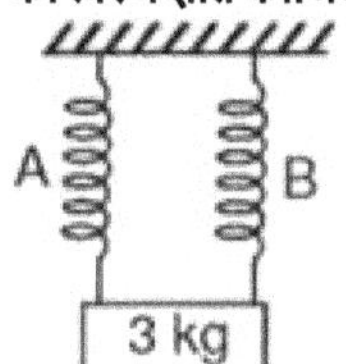


(a) 5 (b) 10
(c) 15 (d) 0

**40. एक बॉक्स (डिब्बे) को किस त्वरण से नीचे उतरना चाहिए ताकि उसमें रखा $M$ द्रव्यमान का ब्लॉक दॉक्स (डिल्से) के तल पर $\frac{mg}{4}$ का बल लगाये?**
(a) $\frac{g}{4}$ (b) $\frac{g}{2}$
(c) $\frac{3g}{4}$ (d) $\frac{4g}{5}$

**41. द्रव्यमान $m$ वाले कण की गतिज ऊर्जा $E$ है। इसका संवेग होगा:**
(a) $2mE$ (b) $\sqrt{\frac{1}{2}mE}$
(c) $\sqrt{2mE}$ (d) $\frac{1}{2}mE$

**42. जब द्रव्यमान ______ होता है तो जड़त्व आघूर्ण परिवर्तित नहीं होता है।**
(a) परिवर्ती त्रिज्या के साथ घूर्णित
(b) अक्ष से वितरित
(c) घूर्णन अक्ष के समानांतर स्थानांतरित
(d) घूर्णन अक्ष के लम्बवत स्थानांतरित

**43. चंद्रमा पृथ्वी के चारों ओर घूमता है क्योंकि पृथ्वी चंद्रमा पर एक रेडियल बल लगाती है। क्या पृथ्वी चंद्रमा पर काम करती है?**
(a) नहीं (b) हाँ, कभी कभी
(c) हाँ, हमेशा (d) कह नहीं सकते

**44. एक उपग्रह में, यदि परिक्रमण की समयावधि T है, तो गतिज ऊर्जा अनुक्रमानुपाती होगा:**
(a) $\frac{1}{T}$ (b) $T^{\frac{-2}{3}}$
(c) $\frac{1}{T^2}$ (d) $\frac{1}{T^3}$

**45. निम्नलिखित में से कौन अनुदैर्ध्य विकृति दर्शाता है?**
(a) गैस (b) तरल
(c) ठोस (d) गैस और तरल दोनों

**46. क्या होता है जब कोई गैस एडियाबेटिक रूप से फैलती है?**
(a) विस्तार के लिए किसी ऊर्जा की आवश्यकता नहीं होती है
(b) ऊर्जा संरक्षण का नियम लागू नहीं होता
(c) ऊर्जा की आवश्यकता होती है और यह गैस के पात्र की दीवार से आती है
(d) गैस की आंतरिक ऊर्जा का उपयोग कार्य करने में किया जाता है

**47. निम्नलिखित में से कौन सा नियम नर्नस्ट द्वारा व्यक्त किया गया था?**
(a) उष्मागतिकी का पहला नियम (b) उष्मागतिकी का दूसरा नियम
(c) उष्मागतिकी का तीसरा नियम (d) उपरोक्त में से कोई नहीं

**48. वास्तविक गैसें______पर एक आदर्श गैस की तरह व्यवहार करती हैं।**
(a) निम्न दबाव और निम्न तापमान (b) उच्च दबाव और उच्च तापमान
(c) निम्न दबाव और उच्च तापमान (d) उच्च दबाव और निम्न तापमान

**49. पृथ्वी को M द्रव्यमान तथा R त्रिज्या के एकसमान गोले के रूप में लें। पृथ्वी के माध्यम से बनाई गई एक सीधी चिकनी सुरंग की कल्पना करें जो अपनी सतह पर किसी भी दो बिंदुओं को जोड़ती है। यह दर्शाया गया है कि गुरुत्वाकर्षण की क्रिया के तहत इस सुरंग के अनुदिश m द्रव्यमान के कण की गति सरल आवर्त गति होगी। इसलिए, एक कण को सुरंग के माध्यम से एक छोर से दूसरे छोर तक ले जानें के लिया गया समय ज्ञात कीजिये।**
(a) $2\pi\sqrt{\frac{R^3}{GM}}$ (b) $\pi\sqrt{\frac{R^3}{GM}}$
(c) $\frac{\pi}{2}\sqrt{\frac{R^3}{GM}}$ (d) इनमें से कोई नहीं

**50. विद्युत क्षेत्र $E$ में एक आवेश $Q$ पर बल का परिमाण ____ है।**
(a) $\frac{E}{Q}$ (b) $\frac{Q}{E}$
(c) $EQ$ (d) $E^2Q$

**51. $25 \times 10^{31}$ इलेक्ट्रॉनों के पास कितने कूलॉम आवेश होते हैं?**
(a) $80 \times 10^{12}C$ (b) $4 \times 10^{12}C$
(c) $40 \times 10^{12}C$ (d) $8 \times 10^{12}C$

**52. एक वलय में समान चालकता K के दो भाग ADB तथा ACB उपस्थित है, पर ऊष्मा की मात्रा H उपस्थित है। अब भाग ADB को ताप $T_1$ तथा $T_2$ को नियत रखते हुए अन्य धातु के साथ प्रतिस्थापित किया जाता है। ऊष्मा की मात्रा बढ़कर 2H हो जाती है। नए भाग ADB की चालकता क्या होनी चाहिए?**
(a) $\frac{7}{3}k$ (b) $2k$
(c) $\frac{5}{2}k$ (d) $3k$

**53. दाहिने हाथ के अंगूठे के नियम का उपयोग ______ को खोजने के लिए किया जाता है।**

(a) चुंबकीय क्षेत्र से गुजरने वाले आवेशित कण पर बल
(b) चुंबकीय क्षेत्र में रखे धारावाही चालक पर बल
(c) प्रेरित धारा की दिशा
(d) विद्युत धारावाही सीधे चालक के चारों ओर चुंबकीय क्षेत्र की दिशा

**54. एक परिनालिका के क्रोड में भरे पदार्थ की आपेक्षिक चुंबकशीलता 400 है। परिनालिका के विद्युतीय रूप से पृथक्कृत फेरों में 2 A की धारा प्रवाहित हो रही है। यदि इसकी प्रति 1 m लंबाई में फेरों की संख्या 1000 है तो चुंबककारी धारा की गणना कीजिए।**

(a) 1.8 T (b) 1.5 T
(c) 2 T (d) 1.0 T

**55. कुंडली से जुड़ा चुंबकीय प्रवाह के रूप में कुछ इस प्रकार बदलता है $\phi = 3t^2 + 4t + 9$ । t = 2 सेकंड पर प्रेरित emf का परिमाण है?**

(a) $8V$ (b) $16V$
(c) $32V$ (d) $64V$

**56. विद्युत चुम्बकीय तरंगों की गति _______ समान होती है।**

(a) सभी तरंग दैर्ध्यों के लिए (b) सभी माध्यमों में
(c) सभी तीव्रताओं के लिए (d) सभी आवृत्तियों के लिए

**57. कार्डबोर्ड के एक टुकड़े में एक छोटा छेद P बनाया जाता है। जैसा कि चित्र में दिखाया गया है, छेद को एक मशाल द्वारा रोशन किया जाता है। छिद्र से निकलने वाली प्रकाश की किरण दर्पण पर पड़ती है।**

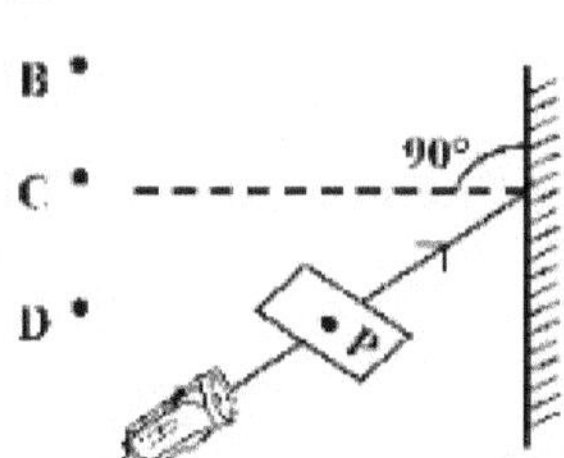


**आंख को किस बिंदु पर रखा जाना चाहिए, ताकि छेद दिखाई दे?**

(a) A (b) B
(c) C (d) D

**58. ऑप्टिकल फाइबर में निम्न में से किसका उपयोग किया जाता है?**

(a) पूर्ण आन्तरिक परावर्तन (b) प्रकीर्णन
(c) विवर्तन (d) अपवर्तन

**59. यंग्स प्रयोग में 62 फ्रिंज देखे जाते हैं पीली रोशनी होने पर दृष्टि के क्षेत्र में जहाँ $\lambda_1 = 5800$ Å प्रयोग किया जाता है। वायलेट प्रकाश यदि दृष्टि के एक ही क्षेत्र में कितने फ्रिंज होंगे जहाँ $\lambda_2 = 4358$ Å प्रयोग किया जाता है ?**

(a) 70 (b) 90
(c) 53 (d) 84

**60. यदि हाइड्रोजन परमाणु में इलेक्ट्रॉन तीसरी कक्षा से दूसरी कक्षा में जाता है, तो रिड्बर्ग स्थिरांक के पद में उत्सर्जित विकिरण की तरंग दैर्ध्य है:**

(a) $\frac{6}{5R}$ (b) $\frac{36}{5R}$
(c) $\frac{64}{7R}$ (d) $\frac{36}{7R}$

**61. एक प्रोटॉन और एंटीप्रोटोन के विनाश के कारण समान आवृत्ति के दो फोटॉन उत्पन्न होते हैं। इस प्रकार उत्पादित प्रोटॉन की तरंगदैर्ध्य है:**

(a) $1.121 \times 10^{-14}$ m (b) $1.323 \times 10^{-15}$ m
(c) $1.712 \times 10^{-17}$ m (d) $1.923 \times 10^{-19}$ m

**62. जब किसी धातु की सतह पर प्रकाश उत्सर्जित इलेक्ट्रॉनों की अधिकतम गतिज ऊर्जा होती है:**

(a) प्रकाश की तीव्रता के साथ भिन्न
(b) प्रकाश की आवृत्ति के साथ भिन्न
(c) प्रकाश की गति से भिन्न
(d) वैरी अनियमित

**63. निम्नलिखित रेडियोधर्मी प्रतिक्रियाओं पर विचार करें:**

$15P^{32} \rightarrow +e^{-} + \overline{v}$
$43Tc^{97}\overline{42}Mo^{97} \rightarrow e^{+} + v$

**ये क्षय हैं:**

(a) β,α (b) $\beta^+,\gamma$
(c) $\beta^+,\beta^-$ (d) $\beta^-,\beta^+$

**64. एक परमाणु द्रव्यमान मात्रक के समतुल्य ऊर्जा का मान पहले जूल और फिर $MeV$ में ज्ञात कीजिए।**

(a) 931.5 $MeV$ (b) 932.5 $MeV$
(c) 902.5 $MeV$ (d) इनमें से कोई नहीं

**65. एक जंक्शन डायोड में फॉरवर्ड-बायस्ड होने पर 25Ω का और जब रिवर्स-बायस्ड होता है तो 2500Ω का प्रतिरोध होता है। आकृति में दर्शाई गई व्यवस्था में धारा होगी**

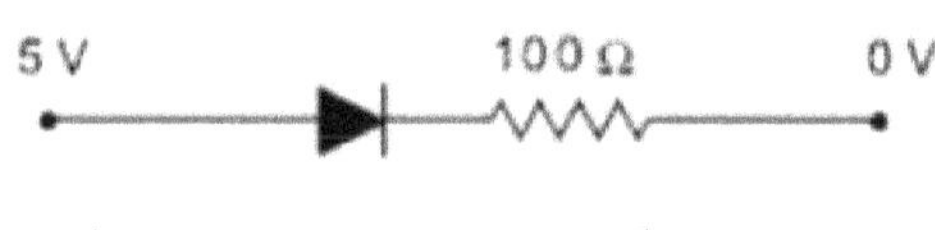


(a) $\frac{1}{10}A$ (b) $\frac{1}{25}A$
(c) $\frac{1}{520}A$ (d) $\frac{1}{480}A$

**66. चित्र में दिखाए गए सर्किट में दो डायोड हैं $D_1$ और $D_2$ , प्रत्येक अग्रदिशिक 50 ओम और अनंत पश्च प्रतिरोध है।**
**अगर बैटरी वोल्टेज है 6 वोल्ट, धारा (अम्पयीरस में) 100 ओम प्रतिरोध पर कितनी होगी ?**

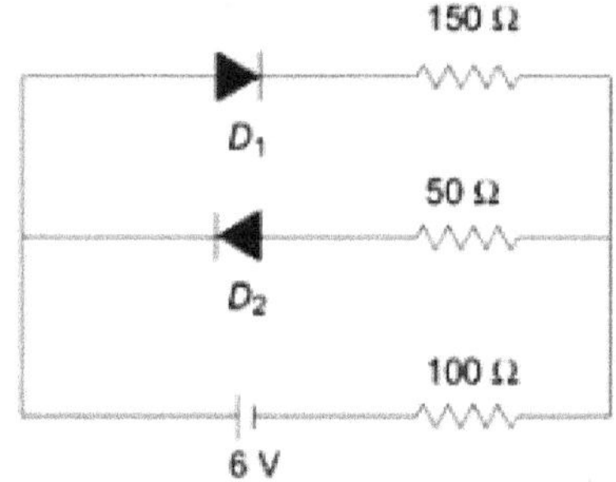


(a) शून्य (b) 0.02 अम्पयीरस
(c) 0.03 अम्पयीरस (d) 0.036 अम्पयीरस

**67. _____ बताता है कि वाष्पशील द्रवों के विलयन के लिए विलयन के प्रत्येक घटक का आंशिक वाष्प दाब विलयन में उपस्थित इसके मोल अंश के समानुपाती होता है।**

(a) बॉयल का नियम (b) डाल्टन का नियम
(c) फैराडे का नियम (d) राउल्ट का नियम

**68. एक तत्व $Z$ की परमाणु संख्या 16 है। तत्व $Z$ में क्रमशः 16 और 18 न्यूट्रॉन के साथ दो समस्थानिक $Z_1$ और $Z_2$ हैं। तत्व $Z$ के नमूने का औसत परमाणु द्रव्यमान 32.1$\mu$ है। नमूने में $Z_1$ और $Z_2$ का निम्नलिखित में से कौन सा प्रतिशत सही है?**

(a) $Z_1 - 95\%, Z_2 - 5\%$ (b) $Z_1 - 94\%, Z_2 - 6\%$
(c) $Z_1 - 93\%, Z_2 - 7\%$ (d) $Z_1 - 92\%, Z_2 - 8\%$

**69. ऑल इंडिया रेडियो, नई दिल्ली का एक स्टेशन 1,368kHz (किलो हर्ट्ज़) की आवृत्ति पर प्रसारण करता है। संचारक ट्रांसमीटर द्वारा उत्सर्जित विद्युत चुम्बकीय विकिरण का तरंग दैर्ध्य है: [प्रकाश का वेग**

$c = 3.0 \times 10^8\ ms^{-1}$ ]

(a) 21.92 cm (b) 219.3 m
(c) 219.2 m (d) 2192 m

**70. The first ionisation potential of Na is 5.1 eV. The value of electron gain enthalpy of Na+ will be**

(a) – 10.2 eV (b) – 5.1 eV
(c) 1.55 eV (d) 2.55 eV

**71. Which of the following represents the correct order of increasing first ionisation enthalpies for $Ca, Ba, S, Se$ and $Ar$ ?**

(a) $S < Se < Ca < Ba < Ar$
(b) $Ba < Ca < Se < S < Ar$
(c) $Ca < Ba < S < Se < Ar$
(d) $Ca < S < Ba < Se < Ar$

**72. निम्नलिखित में से किस प्रजाति का एक रैखिक आकार है?**

(a) $O_3$ (b) $NO_2^-$
(c) $SO_2$ (d) $NO_2^+$

**73. निम्नलिखित में से किस अणु के सेट में शून्य द्विध्रुवीय क्षण होगा?**

(a) अमोनिया, बेरिलियम डिफ्लुओराइड, पानी, 1,4-डाइक्लोरोबेंजीन
(b) बोरॉन ट्राइफ्लोराइड, हाइड्रोजन फ्लोराइड, कार्बन डाइऑक्साइड, 1,3-डाइक्लोरोबेंजीन
(c) नाइट्रोजन ट्राइफ्लोराइड, बेरिलियम डिफ्लुओराइड, पानी, 1,3-डाइक्लोरोबेंजीन
(d) बोरॉन ट्राइफ्लोराइड, बेरिलियम डिफ्लोराइड, कार्बन डाइऑक्साइड, 1,4-डाइक्लोरोबेंजीन

**74. एक प्रक्रिया में, 701 J ऊष्मा को एक प्रणाली द्वारा अवशोषित किया जाता है और 394 J कार्य प्रणाली द्वारा किया जाता है। प्रक्रिया के लिए आंतरिक ऊर्जा में परिवर्तन क्या है?**

(a) 307 J (b) 207 J
(c) 107 J (d) 407 J

**75. प्रतिक्रिया C (ग्रेफाइट) $+CO_2(g) \rightarrow 2CO(g)$ के लिए $\Delta H$ और $\Delta S$ के मान, 170 kJ और $170 JK^{-1}$ क्रमशः हैं। यह प्रतिक्रिया ______ पर स्वतःस्फूर्त होगी।**

(a) 510 K (b) 710 K
(c) 910 K (d) 1000 K

**76. संतुलन $CH_3COOH + HF \rightleftharpoons CH_3COOH_2^+ + F^-$ में, निम्न में से कौन सा कथन सही है?**

(a) $F^-$ $CH_3COOH$ का संयुग्म अम्ल है
(b) $F^-$ $HF$ का संयुग्म क्षार है
(c) $CH_3COOH$ $CH_3COOH_2^+$ का संयुग्म अम्ल है
(d) $CH_3COOH_2^+$ $CH_3COOH$ का संयुग्म क्षार है

**77. $CaF_2$ ( $K_{sp} = 1.7 \times 10^{-10}$) की अवक्षेप को __ की समान आयतन मिश्रित करके प्राप्त किया जा सकता है।**

(a) $10^{-4} MCa^{2+} + 10^{-4} MF$
(b) $10^{-2} MCa^{2+} + 10^{-3} MF$
(c) $10^{-5} MCa^{2+} + 10^{-3} MF^-$
(d) $10^{-3} MCa^{2+} + 10^{-5} MF$

**78. $H_2O_2$ किसमे रेडूसिंग एजेंट की तरह काम करता है?**

(a) $2FeCl_2 + 2HCl + H_2O_2 \rightarrow 2FeCl_3 + 2H_2O$
(b) $Cl_2 + H_2O_2 \rightarrow 2HCl + O_2$
(c) $2HI + H_2O_2 \rightarrow 2H_2O + I_2$
(d) $H_2SO_3 + H_2O_2 \rightarrow H_2SO_4 + H_2O$

**79. एक ऊष्माशोषी अभिक्रिया $A \longrightarrow B$ की सक्रिय ऊर्जा 50 kJ/mole है और अभिक्रिया की ऊर्जा 15 kJ/mole है। अभिक्रिया $B \longrightarrow A$ की सक्रिय ऊर्जा है**

(a) 50 kJ/mole (b) 65 kJ/mole
(c) 35 kJ/mole (d) शून्य

**80. एक विद्युत अपघट्य $MX_2$ का प्रेक्षित आणविक मात्रा एवं परिकलित आणविक मात्रा क्रमशः 65.6 एवं 164 हैं। विद्युत अपघट्य का वियोजन की मात्रा होगी:**

(a) 85% (b) 75%
(c) 65% (d) 25%

**81. 100 मिलीलीटर के घोल में 0.1 मोल NaOH प्रति लीटर वाले घोल को 100 मिलीलीटर घोल के साथ मिलाया गया था 0.02 मोल को $H_2SO_4$ प्रति लीटर मिश्रण में NaOH की मात्रा ग्राम में होगी:**

(a) 0.12 (b) 0.24
(c) 2.4 (d) 0.36

**82. इलेक्ट्रोलिसिस पर फ्यूज्ड NaCl कैथोड पर ____ देता है।**

(a) क्लोरीन (b) सोडियम
(c) सोडियम अमलगम (d) हाइड्रोजन

**83. सेल के $emf$ की गणना करें जिसमें निम्नलिखित अभिक्रिया होती है**
$Ni(s) + 2Ag^+(0.002M) \longrightarrow Ni^{2+}(0.160M) + 2Ag(s)$
**दिया गया है कि** $E^{\theta}_{cell}$ (cell)= 1.05 V

(a) 0.922 V (b) 0.914 V
(c) 140 V (d) 0.941 V

**84. प्रथम क्रम की प्रतिक्रिया में समय के साथ अभिकारक की सांद्रता _____ घट जाती है।**

(a) रैखिक (b) घातीय रूप से
(c) कोई परिवर्तन नहीं होता है (d) इनमें से कोई नहीं

**85. 25°C पर एक रासायनिक प्रतिक्रिया की दर स्थिरांक, सक्रियण ऊर्जा और अरहेनियस पैरामीटर क्रमशः $3.0 \times 10^{-4}\ s^{-1}$, $104.4\ kJ\ mol^{-1}$ और $6.0 \times 10^{14}\ s^{-1}$ हैं। दर स्थिरांक का मान $T \rightarrow \infty$ है:**

(a) $6 \times 10^{14}\ s^{-1}$ (b) $6 \times 10^{12}\ s^{-1}$
(c) $8.105 \times 10^{23}\ s^{-1}$ (d) अनन्त

**86. कौन सा यौगिक धनात्मक क्रोमिल क्लोराइड परीक्षण नहीं देगा?**

(a) $HgCl_2$ (b) $CuCl_2$
(c) $ZnCl_2$ (d) $NaCl$

**87. संक्रमण तत्वों के संदर्भ में निम्न कथन पर विचार कीजिये:**
**(a) धातुओं के उत्प्रेरक क्रियाशीलता संकर निर्माण में बहु आक्सीकरण अवस्था के कारण है।**
**(b) मिश्रधातु निर्माण लगभग समान धात्विक त्रिज्या के कारण है।**
**(c) जलीय विलयन में $Sc^{3+}$ आयन का रंग बैंगनी है।**
**(d) संकर यौगिको का निर्माण न्यून धात्विक आकार एवं रिक्त ' $d$ ' कक्षा के कारण होता है।**
**सही कथन है:**

(a) (a), (b) और (c) (b) (b), (c) एवं (e)
(c) (a), (c) एवं (d) (d) (a), (b) एवं (d)

**88. $K_2[Zn(OH)_4]$ का IUPAC नाम है:**

(a) पोटैशियम टेट्राहाइड्रोक्साइज़िन (II)
(b) पोटैशियम टेट्राहाइड्रॉक्सोजिनकेट (II)
(c) पोटैशियम टेट्राहाइड्रॉक्सीज़िनकेट (VI)
(d) पोटैशियम हाइड्रॉक्सीज़ाइन (II)

**89. मिश्रण $[Co(NH_3)_5(NO_2)]^{2+}$ और $[Co(NH_3)_5(ONO)]^{2+}$ कहलाते हैं:**

(a) आयनन समावयवी
(b) बंधनी समावयवी
(c) उपसहसंयोजन समावयवी
(d) ज्यामितीय समावयवी

**90. 2.6-डाइमेबिल-डेक-4-ईन की सही संरचना है:**

(a)

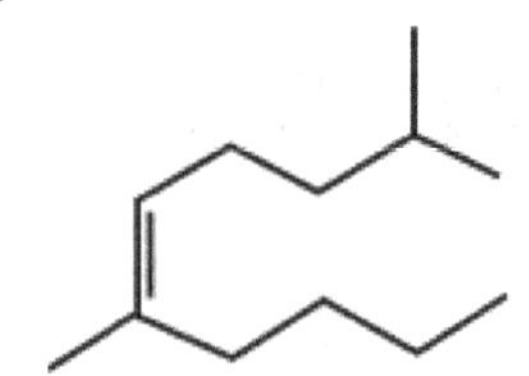

(b)

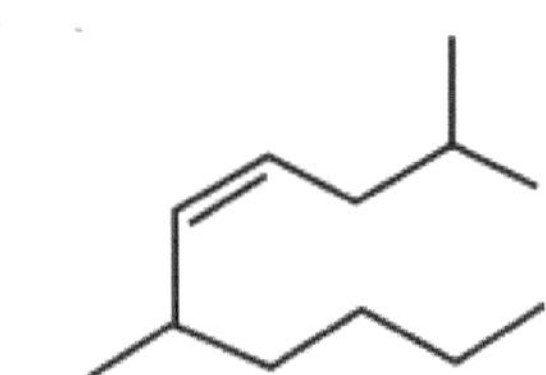

(c)

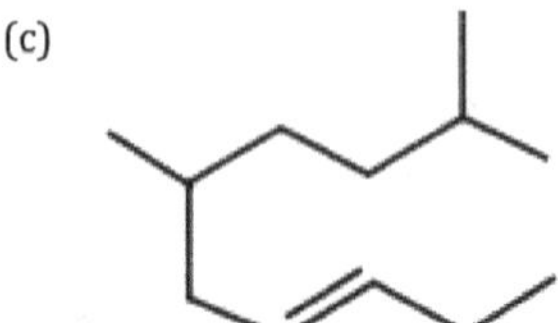

(d)

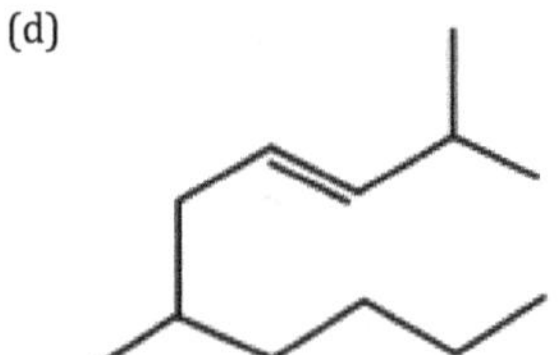

**91. मध्यावयवता प्रदर्शित करने वाला यौगिक है:**

(a) $C_4H_{10}O$
(b) $C_5H_{12}$
(c) $C_3H_8O$
(d) $C_3H_6O$

**92. $C_2H_6$ यौगिक में _____ होते हैं।**

(a) 8 सहसंयोजक बंध
(b) 6 सहसंयोजक बंध और 1 आयनिक बंध
(c) 7 सहसंयोजक बंध
(d) 7 आयनिक संबंध

**93. निम्नलिखित में से कौन सा यौगिक वुर्ट्ज अभिक्रिया से प्राप्त करने के लिए उपयुक्त नहीं है?**

(a) एथेन
(b) ब्यूटेन
(c) आइसोब्यूटेन
(d) हेक्सेन

**94. यौगिक $C_7H_8$ निम्नलिखित प्रतिक्रियाओं से गुजरता है:**

$C_7H_8 \xrightarrow{3Cl_2/\Delta} A \xrightarrow{Br_2/Fe} B \xrightarrow{Zn/HCl} C$

**उत्पाद 'C' है:**

(a) 3-ब्रोमो-2, 4, 6-ट्राइक्लोरोटोलुइन
(b) ओ-ब्रोमोटोलुइन
(c) एम-ब्रोमोटोलुइन
(d) पी-ब्रोमोटोलुइन

**95. हाइड्रोकार्बन (A) प्रतिस्थापन द्वारा ब्रोमीन के साथ प्रतिक्रिया करके एक अल्काइल ब्रोमाइड बनाता है जो वुर्ट्ज़ प्रतिक्रिया द्वारा चार कार्बन परमाणुओं से कम वाले गैसीय हाइड्रोकार्बन में परिवर्तित हो जाता है। (A) है:**

(a) $CH_3 - CH_3$
(b) $CH_2 - CH_2$
(c) $CH \equiv CH$
(d) $CH_4$

**96. फेनॉल्स किसके साथ अभिक्रिया नहीं करता है?**

(a) सोडियम बाइकार्बोनेट
(b) सोडियम हाइड्रॉक्साइड
(c) पोटेशियम हाइड्रोक्साइड
(d) फेरिक क्लोराइड

**97. वह यौगिक जिसको प्रोटोनित करना सर्वाधिक कठिन है, है:**

(a)

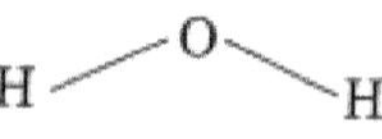


(b)

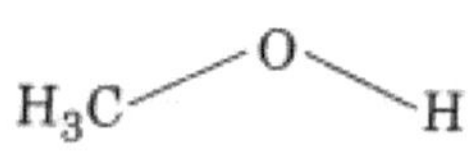


(c)

$H_3C-O-CH_3$

(d)

$Ph-O-H$

**98. निम्नलिखित में से कौन सा प्राथमिक एमीन के लिए गलत है?**

(a) नाइट्रस अम्ल के साथ अभिक्रिया करने पर ऐल्किलामाइन ऐल्कोहॉल उत्पन्न करते हैं
(b) नाइट्रस अम्ल के साथ अभिक्रिया करने पर ऐरिलामाइन फिनोल उत्पन्न करते हैं
(c) अमोनिया की तुलना में एल्केलामाइन अधिक क्षारीय होते हैं
(d) ऐरिलामाइन की तुलना में एल्केलामाइन अधिक बुनियादी होते हैं

**99. एल्काइल प्राथमिक एमीन नाइट्रस अम्ल के साथ अभिक्रिया करने पर निम्नलिखित में से क्या बनता है?**

(a) एल्काइल नाइट्राइट
(b) द्वितीयक एमीन
(c) नाइट्रोऐल्केन
(d) ऐल्कोहॉल

**100. निम्नलिखित में से कौन सा प्राकृतिक अमीनो एसिड वैकल्पिक रूप से निष्क्रिय है?**

(a) एलानाइन
(b) ग्लाइसिन
(c) वेलिन
(d) एस्पार्टिक अम्ल

## Art of Teaching and Other skills

**101. गैग्ने के सीखने के पदानुक्रमित सिद्धांत में _____ सीखने का पहला चरण है।**

(a) चेन लर्निंग
(b) सिग्नल लर्निंग
(c) कॉन्सेप्ट लर्निंग
(d) मौखिक साहचर्य लर्निंग

**102. शिक्षक छात्रों में समस्या समाधान कौशल को कैसे बढ़ावा दे सकता है?**

(a) अपने अध्यापन में चॉक और बोर्ड पद्धति का प्रयोग करके।
(b) छात्रों को विविध सामग्री प्रदान करके और उन्हें उनकी सामग्री का पता लगाने के लिए प्रोत्साहित करना।
(c) उन्हें निरंतर अभ्यास प्रश्न देकर और केवल अभ्यास पर बल देकर।
(d) छात्रों के बीच अनुशासन को बढ़ावा देकर।

**103. डिस्लेक्सिया में _____ में कठिनाई होती है।**

(a) बोलने में
(b) व्यक्त करने में

(c) पढ़ने और वर्तनी में (d) खड़े होने में

**104. ब्लूम की पाठ योजना निम्नलिखित में से किस पर आधारित है:**
(a) उद्देश्य (b) विषयवस्तु
(c) प्रस्तुतीकरण (d) उपरोक्त सभी

**105. निम्नलिखित प्रश्न संज्ञानात्मक क्षेत्र के किस स्तर से संबंधित होगा? "क्या बार-बार हाथ धोने से डायरिया की बीमारियों में कमी आएगी?"**
(a) समझना (b) लागू करना
(c) विश्लेषण करना (d) मूल्यांकन करना

**106. कक्षा V में दो पत्तियों के क्षेत्रफल की तुलना करने के लिए निम्नलिखित में से कौन-सा साधन सर्वाधिक उपयुक्त है?**
(a) जियोबोड (b) आलेख (ग्राफ़) पेपर
(c) पैमाना (स्केल) (d) धागा

**107. यह पाया गया है कि प्राथमिक स्तर पर गणितीय संकल्पनाओं को समझने में 'खेल' सहायक होते है, क्योंकि, 'खेल':**
(a) कक्षा की नीरसता को भंग करते हैं।
(b) कक्षा के प्रबंधन में सहायक होते हैं।
(c) बच्चों को आमोद-प्रमोद उपलब्ध कराते हैं।
(d) संकल्पनाओं के प्रसारण का अवसर उपलब्ध कराते हैं।

**108. एक अध्यापक कक्षा 1 में शिक्षार्थियों को 'संख्या' विषय का ज्ञान दे रहा है। अध्यापक द्वारा निम्नलिखित में से किस उपागम अनुसरण करना सबसे अधिक उपयुक्त है?**
(a) अंको का परिचय गणना से पहले दिया जाना चाहिए।
(b) शिक्षार्थियों को पहले अंक लिखने का अभ्यास करना चाहिए।
(c) अंको का संख्याओ के नाम के साथ परिचय दिया जाना चाहिए।
(d) अंको का परिचय तभी दिया जाना साथ चाहिए, जब शिक्षार्थियों को गणना का अनुभव हो गया हो।

**109. बच्चों की जेंडर रूढ़िवादिता और जेंडर-भूमिका अनुरूपता को कम करने के लिए निम्नलिखित में से कौन सी पद्धति प्रभावशाली है?**
(a) जेंडर पक्षपात के बारे में परिचर्चा
(b) जेंडर विशिष्ट भूमिकाओं को महत्त्व देना
(c) जेंडर पृथक खेल समूह बनाना
(d) जेंडर पृथक बैठने की व्यवस्था करना

**110. बच्चों द्वारा विभिन्न घटनाओं के बारे में बनाए गए अनुभवहीन सिद्धांतों को :**
(a) शिक्षक को नजरअंदाज करना चाहिए।
(b) शिक्षक द्वारा दंडित किया जाना चाहिए।
(c) दोहराए जाने वाले संस्मरण के माध्यम से सही से 'प्रतिस्थापित' किया जाना चाहिए।
(d) उदाहरणों और प्रति-साक्ष्यों को पेश करके चुनौती दी जानी चाहिए।

**111. बार-बार बच्चों को या तो सजा से बचने या इनाम पाने के लिए सीखने की गतिविधियों में संलग्न होने के लिए कहना :**
(a) उनकी बाहरी प्रेरणा को कम करता है।
(b) उनकी आंतरिक प्रेरणा को बढ़ाता है।
(c) बच्चों को प्रदर्शन लक्ष्यों के बजाय महारत पर ध्यान केंद्रित करने के लिए प्रोत्साहित करेगा।
(d) बच्चों की प्राकृतिक रुचि और सीखने में शामिल जिज्ञासा को कम करता है।

**112. मूल्यांकन _________ होनी चाहिए।**
(a) एक रैखिक प्रक्रिया (b) एक असतत प्रक्रिया
(c) एक सतत प्रक्रिया (d) एक सर्पिल प्रक्रिया

**113. मानकीकृत परीक्षणों की मुख्य विशेषता यह होती है कि वे ______ से स्वतंत्र होते हैं।**
(a) व्याख्यात्मक त्रुटियों (b) व्यक्तिगत त्रुटियों
(c) परिवर्तनशील त्रुटियों (d) स्थिर त्रुटियों

**114. पूर्ण ग्रेडिंग में, एक छात्र के प्रदर्शन के आकलन के लिए संदर्भ बिंदु एक _______________ होता है।**
(a) पूर्व निर्धारित मानक
(b) सामान्य संभावना वक्र के आधार पर निर्धारित मानक
(c) मानक का निर्धारण ऊपर से नीचे तक मामलों के बराबर प्रतिशत को विभाजित करने के आधार पर किया जाता है
(d) विभिन्न ग्रेडिंग समूहों के लिए मनमाने ढंग से चुने गए प्रतिशत के आधार पर निर्धारित मानक

**115. अधिगम-क्षमता निम्नलिखित में से किससे प्रभावित नहीं होती?**
(a) आनुवंशिकता (b) वातावरण
(c) प्रशिक्षण/शिक्षण (d) राष्ट्रीयता

**116. निम्नलिखित में से कौन से कक्षा-संबंधी कारक शिक्षण की सक्रियता को प्रभावित करते हैं?**
**A) विद्यार्थियों का कार्य से पहले का व्यवहार**
**B) अध्यापक द्वारा संप्रेषण के एक संरेखीय पैटर्न का पालन**
**C) शिक्षार्थी के परिवार की सामाजिक-आर्थिक स्थिति**
**D) अध्यापक द्वारा प्रौद्योगिकीय संसाधनों का अनुचित उपयोग**
**E) विद्यार्थियों की सांस्कृतिक पृष्ठभूमि**
**निम्नलिखित विकल्पों में से अपना उत्तर चुनिये:**
(a) A), B) और C) (b) B), C) और D)
(c) A), B) और D) (d) C), D) और E)

**117. How will you as a language teacher involve the visually impaired child in the non-availability of Braille books?**
(a) will teach them with special sympathy
(b) Will wait for material to be available in Braille
(c) You will not involve the child in the activity
(d) Will expand the description of the text by reading it in slow motion

**118. Audio-visual aids make learning:**
(a) Easy (b) Interesting
(c) Effective (d) All of the above

**119. ईवीएस के शिक्षण-अधिगम के लिए संसाधन के रूप में निम्नलिखित में से कौन सा तरीका मीडिया के उपयोग का है?**
**I. बच्चे पत्रिकाओं या अखबारों से वैज्ञानिक या पर्यावरण से संबंधित कहानियां पढ़ सकते हैं।**
**II बच्चे प्रासंगिक पर्यावरण चिंताओं पर अपने विचार और विचारों को व्यक्त करने के लिए पोस्टर पेंटिंग बना सकते हैं।**
**III. ईवीएस से संबंधित अखबार की कटिंग 'का उपयोग करते हुए छात्र शोध कार्य कर सकते हैं या किसी पहचाने गए थीम पर काम कर सकते हैं या ईवीएस में किसी पहचाने गए विषय पर काम कर सकते हैं।**
(a) I, II और III (b) I और III दोनों
(c) II और III दोनों (d) I और II दोनों

**120. निम्नलिखित में से कौन सा सुशासन के उपकरण हैं?**
**1. सामाजिक अंकेक्षण**
**2. शक्तियों का पृथक्करण**
**3. नागरिक का चार्टर**
**4. सूचना का अधिकार**
**नीचे दिए गए विकल्पों में से सही उत्तर का चयन करें:**
(a) 1 और 2 (b) 1, 2 और 3
(c) 1, 2 और 4 (d) 1, 2, 3 और 4

**121. शिक्षार्थी केंद्रित शिक्षण का अर्थ है:**

(a) शिक्षार्थी निष्क्रिय ग्रहणकर्ता माने जाते हैं और शिक्षक के पास 'सही' ज्ञान है।
(b) शिक्षार्थी सीखने में धीमे हैं और शिक्षक पाठ्यक्रम पूर्ण करने पर दबाव देता है।
(c) शिक्षार्थियों को ज्ञान को सृजित करने का अवसर दिया जाता है और शिक्षक सीखने की प्रक्रिया में पथप्रदर्शन करता है।
(d) शिक्षार्थी कुछ नहीं जानते और शिक्षण का अर्थ है तथ्यों को उनके पास तक पहुँचाना।

**122. शिक्षण की खेलकूद विधि किस सिद्धांत पर आधारित है?**
(a) शिक्षण की विधियों के सिद्धान्त
(b) वृद्धि और विकास का सिद्धांत
(c) शिक्षण का समाजशास्त्रीय सिद्धांत
(d) शारीरिक शिक्षा कार्यक्रम

**123. नैतिक विकास को समझने की एक प्रमुख अवधारणा आतिथ्य है:**
(a) कोहलबर्ग (b) सिगमंड फ्रायड
(c) मार्टिन हॉफमैन (d) ऊपर से कोई नहीं

**124. दृश्य-श्रव्य साधन को शिक्षकों द्वारा क्या माना जाना चाहिए।**
(a) पारंपरिक शिक्षण के लिए स्थानापन्न
(b) शिक्षण के लिए अन्य उपकरणों का पूरक
(c) वह साधन जो शिक्षक तैयारी को बचाता है
(d) कक्षा दिनचर्या से सुखद परिवर्तन

**125. शिक्षण के दौरान विद्यार्थियों की अधिकतम सहभागिता किसके द्वारा संभव है?**
(a) व्याख्यान पद्धति (b) निदर्शन पद्धति
(c) आगमनात्मक पद्धति (d) पाठ्यपुस्तक पद्धति

**126. निम्नलिखित शिक्षणशास्त्र दृष्टिकोण में से कौन सा उस दृष्टिकोण को संदर्भित करता है जिसमें छात्र कक्षा समय के दौरान अधिक गहराई में विषयों की जांच करते हैं, और ऑनलाइन वीडियो जैसे आई.सी.टी शिक्षा उपकरण प्रौद्योगिकियों का उपयोग छात्रों को कक्षा के बाहर 'सामग्री वितरित करने' के लिए किया जाता है।**
(a) फ्लिप्ड क्लासरूम दृष्टिकोण
(b) विचारावेश दृष्टिकोण
(c) आई.सी.टी. आधारित दृष्टिकोण
(d) दो-तरफा दृष्टिकोण

**127. योद्धा तलवार से संबंधित है, एक सुतार आरी से संबंधित है, किसान हल से संबंधित है। उसी तरह, लेखक से संबंधित है।**
(a) पुस्तक (b) प्रसिद्धि
(c) रीडर (d) कलम

**128. कल्पना कीजिए कि आप एक शैक्षणिक संस्थान में काम कर रहे हैं जहाँ लोग समान स्थिति के हैं। संचार का कौन सा तरीका सबसे उपयुक्त है और आमतौर पर इस तरह के संदर्भ में नियोजित किया जाता है?**
(a) क्षैतिज संचार
(b) कार्यक्षेत्र संचार
(c) व्यावसायिक संस्था का संचार तंत्र
(d) पार संचार

**129. सीधे सुझाव जिसमें कर्ता समान हो लेकिन वाक्यांश के पद अपने गुण और मात्रा में से किसी एक में या फिर दोनों में भिन्न हों, तो इस भिन्नता को ______ कहा जाता है?**
(a) संबंधवाचक तर्क (b) तत्काल अनुमान
(c) विपरीत तर्क (d) उपरोक्त में से कोई नहीं

**130. निम्न को कम कठिन से अधिक कठिन में व्यवस्थित करें:**
**(1) प्रक्रियाओं का शिक्षण**
**(2) मूल्यों का शिक्षण**
**(3) अवधारणाओं का शिक्षण**
**(4) चिंतन कौशल का शिक्षण**
(a) (1), (3), (4), (2) (b) (2), (4), (3), (1)
(c) (1), (3), (2), (4) (d) (1), (2), (3), (4)

**131. ऋग्वेदिक आर्यों और सिंधु घाटी के लोगों की संस्कृति के बीच अंतर के संदर्भ में, निम्नलिखित में से कौन सा कथन सही है/हैं?**
**1. ऋग वैदिक आर्यों ने युद्ध में रक्षा आवरण और सिर की टोपी की लागत का इस्तेमाल किया था जबकि सिंधु घाटी सभ्यता के लोगों ने उन्हें इस्तेमाल करने का कोई प्रमाण नहीं छोड़े थे।**
**2. ऋग वैदिक आर्य लोग सोना, चांदी और तांबा जानते थे जबकि सिंधु घाटी के लोग केवल तांबे और लोहे को जानते थे।**
**3. ऋग वैदिक आर्यों ने घोड़े को पालतू बनाया था जबकि इस जानवर के बारे में सिंधु घाटी के लोगों के पास कोई प्रमाण नहीं है।**
**नीचे दिए गए कूट का उपयोग करके सही उत्तर चुनिए:**
(a) केवल 1 (b) केवल 2 और 3
(c) केवल 1 और 3 (d) 1, 2 और 3

**132. ग्रीनविच मीन टाइम से भारतीय मानक समय कितना आगे है?**
(a) 4 घंटे और 30 मिनट (b) 5 घंटे
(c) 4 घंटे और 45 मिनट (d) 5 घंटे और 30 मिनट

**133. ब्याज भुगतान एक आइटम है:**
(a) राजस्व व्यय का (b) पूंजीगत व्यय का
(c) योजना व्यय का (d) उपर्युक्त में से कोई नहीं

**134. जनवरी 2023 में कांगेर घाटी राष्ट्रीय उद्यान के पराली बोडल गाँव में 'पेंटेड बैट' के रूप में जाना जाने वाला एक 'दुर्लभ नारंगी रंग का चमगादड़' देखा गया है। कांगेर घाटी राष्ट्रीय उद्यान किस राज्य में स्थित है?**
(a) झारखंड (b) छत्तीसगढ
(c) उत्तराखंड (d) तेलंगाना

**135. सच्चिदानंद सिन्हा किसके साथ जुड़े थे?**
(a) भारत छोड़ो आन्दोलन (b) दांडी मार्च
(c) सविनय अवज्ञा आन्दोलन (d) इनमें से किसी के साथ नहीं

**136. उत्तर प्रदेश के किस जिले में सबसे कम वन क्षेत्र है?**
(a) भदोही (b) ललितपुर
(c) कानपुर देहात (d) फतेहपुर

**137. सतत विकास के लक्ष्य - 'जल के नीचे जीवन' का उद्देश्य संरक्षण और निरंतर किसका उपयोग करना है?**
(a) भूजल संसाधन का
(b) नदियाँ, धाराएँ और तालाब और झील संसाधन का
(c) महासागरों, समुद्र और समुद्री संसाधन का
(d) आर्द्रभूमि संसाधन का

**138. बबूल के पेड़ लगाए जाने चाहिए और _____ रोकने और नियंत्रित करने के लिए उपयोग किया जाना चाहिए।**
(a) जल प्रदूषण को (b) वायु प्रदूषण को
(c) मृदा प्रदूषण को (d) ध्वनि प्रदूषण को

**139. ईवीएस शिक्षक के लिए निम्नलिखित में से कौन सा एक वांछनीय अभ्यास है?**
(a) विविध कक्षाओं के बहुसांस्कृतिक आयामों को संबोधित करना।
(b) ईवीएस की अवधारणाओं से संबंधित महत्वपूर्ण जानकारी प्रदान करने के लिए बच्चों को प्रोत्साहित करना।
(c) ईवीएस के छह विषयों की रैखिक व्यवस्था।

(d) केवल पाठ्यपुस्तकों पर निर्भर होना

**140. बच्चों को ______ के द्वारा प्रभावी ढंग से ईवीएस सीखने में संलग्न किया जा सकता है**
**A. कथा**
**B. कहानियाँ**
**C. शिक्षक द्वारा अवधारणाओं की प्रभावी व्याख्या**
**D. शिक्षक द्वारा अवधारणाओं का प्रभावी प्रदर्शन और स्पष्टीकरण**

(a) A, C, D (b) केवल A और B
(c) केवल C और D (d) A, B और C

**141. 15 संख्याओं का औसत 56 है। पहली 8 संख्याओं का औसत 54.4 है और अंतिम 8 संख्याओं का औसत 56.6 है। यदि 8वीं संख्या को निकाल दिया जाता है तो शेष संख्याओं का औसत क्या है? (एक दशमलव स्थान तक)**

(a) 56.6 (b) 53.8
(c) 53.6 (d) 56.2

**142. 1000 रुपये की धनराशि में 7 वर्षों में चक्रवृद्धि ब्याज पर खुद की 100% वृद्धि होती है। वह समय-अवधि क्या होगी जब धनराशि में चक्रवृद्धि ब्याज की समान दर पर मूलधन की 700% वृद्धि होगी?**

(a) 14 वर्ष (b) 21 वर्ष
(c) 28 वर्ष (d) 35 वर्ष

**143. $\frac{2}{5}$ और $\frac{4}{9}$ के बीच की भिन्न क्या है?**

(a) $\frac{21}{50}$ (b) $\frac{11}{2}$
(c) $\frac{1}{3}$ (d) $\frac{1}{2}$

**144. 36 और 84 का महत्तम समापवर्तक ज्ञात कीजिए।**

(a) 4 (b) 6
(c) 12 (d) 18

**145. त्रिज्या $6cm$ और ऊंचाई $15cm$ का एक बेलनाकार कंटेनर आइसक्रीम से भरा है। पूरी आइसक्रीम को 10 बच्चों को अर्धगोलाकार शीर्षों के बराबर शंकुओं में बांटना है। यदि शंकाकार भाग की ऊँचाई उसके आधार की त्रिज्या की चार गुनी है, तो आइसक्रीम कोन की त्रिज्या ज्ञात कीजिए।**

(a) $3cm$ (b) $1cm$
(c) $4cm$ (d) $2cm$

**146. निर्देश : निम्नलिखित प्रश्न में दिए गए विकल्पों में से संबंधित अक्षर/अक्षरों को चुनिए।**
**OEWE : TZGJ :: GKLN : ?**

(a) LMSN (b) LOMS
(c) LMNS (d) LMMS

**147. निम्नलिखित में से असंगत का चयन कीजिए।**

(a) भूकंप (b) ज्वालामुखी
(c) सुनामी (d) ग्लोबल वार्मिंग

**148. यदि A.P. में चार संख्याएं ऐसी हैं कि जिनका योग 50 है और सबसे बड़ी संख्या, सबसे छोटी संख्या का 4 गुना है, तो संख्याएं हैं:**

(a) 5, 10, 15, 20 (b) 4, 10, 16, 22
(c) 3, 7, 11, 15 (d) इनमें से कोई नहीं

**149. एक कूट भाषा में 'BETTER' को 'EBWQHO' लिखा जाता है। उसी भाषा में 'WORSE' कैसे लिखा जाएगा?**

(a) ZLUVH (b) ZLOVH
(c) ZLUPH (d) ZLOPH

**150. किट्टी, रमन की पत्नी है। देव, किट्टी का इकलौता भाई है। यदि डॉली, किट्टी की बेटी है, तो देव, डॉली से कैसे संबंधित है?**

(a) पिता (b) मामा
(c) पैटर्नल अंकल (d) ग्रैंड फ़ादर

## // स्मार्ट उत्तर पुस्तिका //

**सही उत्तर** उन छात्रों का प्रतिशत जिन्होंने प्रश्न का सही उत्तर दिया।

**छोड़ दिया** उन छात्रों का प्रतिशत जिन्होंने प्रश्न को छोड़ दिया।

| प्रश्न संख्या | उत्तर | सही उत्तर | छोड़ दिया | प्रश्न संख्या | उत्तर | सही उत्तर | छोड़ दिया | प्रश्न संख्या | उत्तर | सही उत्तर | छोड़ दिया |
|---|---|---|---|---|---|---|---|---|---|---|---|
| 1 | C | 47.25% | 1.17% | 2 | A | 59.57% | 1.69% | 3 | D | 41.01% | 1.96% |
| 4 | D | 64.78% | 1.51% | 5 | A | 55.03% | 1.09% | 6 | D | 46.92% | 1.37% |
| 7 | B | 64.6% | 1.47% | 8 | B | 19.43% | 3.96% | 9 | B | 49.3% | 1.98% |
| 10 | D | 56.07% | 1.2% | 11 | B | 50.08% | 1.14% | 12 | C | 14.99% | 4.81% |
| 13 | A | 49.44% | 1.33% | 14 | A | 84.06% | 0.0% | 15 | C | 52.56% | 1.11% |
| 16 | A | 62.91% | 1.72% | 17 | B | 62.79% | 1.53% | 18 | B | 64.86% | 1.14% |
| 19 | C | 49.34% | 1.2% | 20 | C | 23.52% | 3.72% | 21 | A | 58.01% | 1.98% |
| 22 | B | 65.31% | 1.3% | 23 | C | 66.13% | 1.27% | 24 | A | 66.35% | 1.09% |
| 25 | A | 67.23% | 1.31% | 26 | D | 57.6% | 1.34% | 27 | D | 42.4% | 1.02% |
| 28 | A | 61.6% | 1.57% | 29 | C | 40.46% | 1.84% | 30 | A | 51.46% | 1.31% |
| 31 | A | 14.82% | 3.35% | 32 | B | 56.17% | 1.69% | 33 | B | 47.42% | 1.66% |
| 34 | C | 58.9% | 1.63% | 35 | A | 16.67% | 4.42% | 36 | A | 43.27% | 1.41% |
| 37 | D | 20.77% | 3.16% | 38 | D | 23.17% | 4.4% | 39 | A | 13.94% | 3.03% |
| 40 | C | 48.88% | 1.52% | 41 | C | 53.38% | 1.6% | 42 | C | 45.0% | 1.71% |
| 43 | A | 19.29% | 4.66% | 44 | B | 26.71% | 3.3% | 45 | C | 66.22% | 1.67% |
| 46 | D | 83.71% | 0.0% | 47 | C | 59.72% | 1.01% | 48 | C | 64.97% | 1.48% |
| 49 | B | 15.19% | 3.88% | 50 | C | 60.76% | 1.55% | 51 | C | 62.52% | 1.96% |
| 52 | A | 21.51% | 4.67% | 53 | D | 61.02% | 1.87% | 54 | D | 47.46% | 1.32% |
| 55 | B | 46.05% | 1.62% | 56 | C | 67.62% | 1.33% | 57 | A | 40.43% | 1.02% |
| 58 | A | 53.48% | 1.31% | 59 | D | 57.59% | 1.83% | 60 | B | 54.65% | 1.63% |
| 61 | B | 61.1% | 1.69% | 62 | B | 52.3% | 1.1% | 63 | D | 61.15% | 1.88% |
| 64 | A | 66.59% | 1.05% | 65 | A | 64.21% | 1.13% | 66 | B | 54.12% | 1.26% |
| 67 | D | 62.45% | 1.18% | 68 | A | 41.57% | 1.19% | 69 | B | 62.86% | 1.14% |
| 70 | B | 56.01% | 1.74% | 71 | B | 67.57% | 1.32% | 72 | D | 44.67% | 1.01% |
| 73 | D | 55.67% | 1.7% | 74 | A | 25.13% | 4.52% | 75 | D | 43.37% | 1.54% |
| 76 | B | 43.1% | 1.3% | 77 | B | 41.2% | 1.62% | 78 | B | 65.96% | 1.15% |
| 79 | C | 59.56% | 1.65% | 80 | B | 44.0% | 1.46% | 81 | B | 51.37% | 1.35% |
| 82 | B | 50.91% | 1.88% | 83 | B | 49.27% | 1.23% | 84 | B | 55.89% | 1.8% |
| 85 | A | 48.07% | 1.6% | 86 | A | 58.84% | 2.0% | 87 | D | 61.97% | 1.99% |

| 88 | B | 57.36%<br>1.82% | 89 | B | 47.28%<br>1.04% | 90 | B | 16.12%<br>4.84% |
|---|---|---|---|---|---|---|---|---|
| 91 | A | 61.45%<br>1.38% | 92 | C | 56.24%<br>1.41% | 93 | C | 51.9%<br>1.92% |
| 94 | C | 44.1%<br>1.19% | 95 | D | 46.54%<br>1.79% | 96 | A | 54.96%<br>1.27% |
| 97 | D | 59.67%<br>1.94% | 98 | B | 43.7%<br>1.9% | 99 | D | 62.94%<br>1.61% |
| 100 | B | 79.24%<br>0.0% | 101 | C | 88.08%<br>0.0% | 102 | B | 51.21%<br>1.31% |
| 103 | C | 24.37%<br>3.6% | 104 | A | 24.72%<br>3.15% | 105 | B | 25.8%<br>4.04% |
| 106 | B | 43.5%<br>1.28% | 107 | D | 42.2%<br>1.71% | 108 | D | 84.9%<br>0.0% |
| 109 | A | 23.42%<br>3.1% | 110 | D | 62.05%<br>1.13% | 111 | D | 28.19%<br>4.09% |
| 112 | C | 14.72%<br>3.24% | 113 | B | 28.41%<br>4.75% | 114 | A | 12.09%<br>4.66% |
| 115 | D | 14.79%<br>4.95% | 116 | C | 18.5%<br>4.78% | 117 | D | 67.15%<br>1.56% |
| 118 | D | 82.19%<br>0.0% | 119 | A | 25.94%<br>3.74% | 120 | C | 23.69%<br>4.51% |
| 121 | C | 40.61%<br>1.27% | 122 | B | 57.17%<br>1.45% | 123 | A | 24.87%<br>4.34% |
| 124 | A | 49.67%<br>1.2% | 125 | B | 78.85%<br>0.0% | 126 | A | 52.08%<br>1.86% |
| 127 | D | 49.6%<br>1.37% | 128 | A | 79.58%<br>0.0% | 129 | C | 55.52%<br>1.94% |
| 130 | A | 86.8%<br>0.0% | 131 | C | 54.27%<br>1.83% | 132 | D | 86.18%<br>0.0% |
| 133 | A | 80.69%<br>0.0% | 134 | B | 52.74%<br>1.13% | 135 | D | 62.8%<br>1.2% |
| 136 | A | 51.51%<br>1.58% | 137 | C | 32.86%<br>3.42% | 138 | B | 56.44%<br>1.29% |
| 139 | A | 57.0%<br>1.61% | 140 | B | 69.65%<br>1.56% | 141 | A | 47.73%<br>1.1% |
| 142 | B | 62.04%<br>1.12% | 143 | A | 42.28%<br>1.22% | 144 | C | 63.31%<br>1.45% |
| 145 | A | 55.24%<br>1.54% | 146 | B | 45.45%<br>1.23% | 147 | D | 57.42%<br>1.79% |
| 148 | A | 47.24%<br>1.17% | 149 | C | 58.44%<br>1.69% | 150 | B | 83.95%<br>0.0% |

## // संकेत और समाधान //

**1(C).** बरगद का पेड़ मुख्य रूप से प्राप जड़ों से बना होता है जो बड़े भारी पौधे को सहारा प्रदान करते हैं । प्राप जड़ें उन शाखाओं में से निकलती हैं जो पूर्ण सहारा प्रदान करती हैं।

**2(A).** क्राइसोफाइट के अंतर्गत डायटम और डेस्मिड को पीले और भूरे केरोटीन और जैंथोफिल सहायक वर्णक की उपस्थिति के कारण सुनहरे शैवाल के रूप में भी जाना जाता है। वे प्रकाश की अनुपस्थिति में ऐच्छिक विषमपोषी होते हैं। वे एककोशिकीय और द्वीकशाभी होते हैं।

**3(D).** द्रुतविकास को एक पीढ़ी से दूसरी पीढ़ी में अचानक और बड़े उत्परिवर्तन परिवर्तन के रूप में जाना जाता है। ह्यूगो डी व्रीज ने कहा कि नई प्रजातियां सतत विविधता द्वारा नहीं उत्पन्न होती हैं, लेकिन विविधता के अचानक दिखने से इसे उत्परिवर्तन कहा जाता है। वह विश्वास करता है कि उत्परिवर्तन जाति निर्माण का कारण है, और इस प्रकार इसे द्रुतविकास के रूप में जाना जाता है। इन प्रेक्षणों के आधार पर उन्होंने द्रुतविकास के सिद्धांत को आगे रखा। इसलिए, उत्परिवर्तन का सिद्धांत ह्यूगो डी व्रीज द्वारा दिया गया था।
अतः विकल्प (D) सही है I

**4(D).** कुछ बीजों में, बीज की निष्क्रियता कुछ अंकुरण अवरोधकों जैसे कि अनंतमूलि, फेरुलिक एसिड, एब्सिसिक एसिड आदि की उपस्थिति के कारण होती है। ये एंडोस्पर्म, भ्रूण, टेस्टा या फलों के रस या गूदे में मौजूद हो सकते हैं

**5(A).** चिकोरी पाउडर एक स्वाद सामग्री है, जिसे कॉफी पाउडर (कॉफ़ी अरेबिका के बीज से) मिलाया जाता है। यह सिचोरियम इंटीबस ऑफ फैमिली कम्पोजिट की जड़ों से प्राप्त किया जाता है। चाय तेया सिनेसिस (परिवार थायसी) के सूखे पत्ते हैं। एफेड्रिन को एफेड्रा गेरार्डियाना के तने से प्राप्त किया जाता है। यह अस्थमा के खिलाफ और हृदय उत्तेजक के रूप में उपयोगी है।

**6(D).** नमूना इचिनोडर्मेटा फाइलम के अंतर्गत आता है। इचिनोडर्मेट्स विशेष रूप से समुद्री बेंथिक जानवर हैं जिनमें कैल्शियम कार्बोनेट से बने त्वचीय रीढ़ होते हैं। इचिनोडर्मेट्स में एंटरोकोलोम होता है यानी एंडोडर्मल पाउच से प्राप्त कोइलोम जो आर्केंटरोन से चुटकी बजाता है।

**7(B).** ऊतक स्तर संगठन रहित मेटाजोआ को पेराजोआ कहा जाता है।
मेटाज़ोआ: जानवरों के साम्राज्य का यह प्रमुख विभाजन जिसमें प्रोटोजोअन और स्पंज के अलावा अन्य सभी जानवर शामिल हैं। वे विभेदित ऊतकों वाले बहुकोशिकीय जानवर हैं।
पेराजोआ : इनमें बहुकोशिकीय स्पंज शामिल हैं और उनकी कोशिकाएँ शिथिल रूप से एकत्रित होती हैं और उनमें सच्चे ऊतकों यानी ऊतक संगठन का अभाव होता है। इन जानवरों के शरीर में नहरों की एक प्रणाली होती है। कोई पाचन गुहा नहीं है और पाचन इंट्रासेल्युलर है।

**8(B).** एक पुष्प के "अनिवार्य चक्र" पुमंग और जायांग है।
फूल एक पौधे की प्रजनन इकाई है। यह यौन प्रजनन के लिए है। फूल में आवश्यक और अनावश्यक गौण हो सकते हैं। एक फूल के वानस्पतिक भाग में पेटल्स और सीपल्स होते हैं। एक फूल के प्रजनन भागों में होते हैं:
- स्टैमेन , जो पुरुष प्रजनन अंग है और इसे पुंकेशर के रूप में भी जाना जाता है। इसमें दो भाग होते हैं: एंथर और फिलामेंट्स।
  पिस्टिल , जो कि मादा प्रजनन अंग है और इसे गर्भकेशर के रूप में भी जाना जाता है।
- पुमंग और जायांग को आवश्यक गौण कहा जाता है क्योंकि यह फूल के यौन भागों को घेरता है, और स्टैमेन (पुरुष प्रजनन अंग) और पिस्टल (महिला प्रजनन अंग) में विकसित होता है।
- एक फूल जो दोनों आवश्यक कोड़ों को सहन करता है उसे उभयलिंगी कहा जाता है। जब एक फूल में केवल पुमंग या केवल पिस्टल होते हैं, तो इसे एक उभयलिंगी फूल कहा जाता है
- बाह्यदल पुंज और दल पुंज को अनावश्यक गौण कहा जाता है क्योंकि वे युग्मक और बीज के निर्माण के लिए जिम्मेदार नहीं हैं और सीधे यौन प्रजनन की प्रक्रिया में भाग नहीं लेते हैं।
- बाह्यदल पुंज पुष्प पत्तियों का सबसे बाहरी गौण है, जिसमें सेपल्स होते हैं। सेपल्स आमतौर पर हरे अप्रत्यक्ष भाग होते हैं, जो यांत्रिक चोटों और कली चरण में विलुप्त होने के कारण आवश्यक भंवरों की रक्षा करते हैं।
- दल पुंज फूल का द्वितीयक गौण है, जिसमें पंखुड़ियाँ होती हैं। पंखुड़ियां चमकीले रंग की होती हैं और फूलों को रंगीला और आकर्षक बनाती हैं।

**9(B).** द्विबीजपत्री तने में द्वितीयक जाइलम और फ्लोएम संवहनी कैम्बियम द्वारा निर्मित होते हैं।
संवहनी कैंबियम को द्वितीयक मेरिस्टेमेटिक ऊतक के रूप में जाना जाता है जो कॉर्क का उत्पादन करने के लिए विभेदित करता है। कॉर्क एक कठोर वुडी ऊतक है। यह संवहनी बंडल में प्राथमिक जाइलम और प्राथमिक फ्लोएम के बीच स्थित है। यह बाहरी छाल कोशिकाओं के उत्पादन में मदद करता है। इसलिए, यह द्वितीयक फ्लोएम और द्वितीयक जाइलम के उत्पादन में मदद करता है। द्वितीयक जाइलम कैम्बियम के वलय के अंदर बनता है जबकि द्वितीयक फ्लोएम कैम्बियम के बाहर बनता है।

**10(D).** नलिकाओं का संग्रह एक मूत्रवाहिनी नलिका का हिस्सा नहीं है।
गुर्दे की एकत्रित वाहिनी प्रणाली में नलिकाओं और नलिकाओं की एक श्रृंखला होती है जो शारीरिक रूप से नेफ्रॉन को एक छोटे कैलेक्स से या सीधे वृक्क श्रोणि से जोड़ती है। एकत्रित वाहिनी प्रणाली नेफ्रॉन का अंतिम भाग है और पुनर्अवशोषण और उत्सर्जन के माध्यम से इलेक्ट्रोलाइट और द्रव संतुलन में भाग लेती है, हार्मोन एल्डोस्टेरोन और वैसोप्रेसिन (एंटीडायरेटिक हार्मोन) द्वारा नियंत्रित प्रक्रियाएं।

**11(B).** पेक्टिन एक संरचनात्मक अम्लीय हेटरोपॉलीसेकेराइड है जो स्थलीय पौधों की प्राथमिक और मध्य लामेला कोशिका दीवारों में निहित है।

**12(C).** कोशिका में प्रोटीन संश्लेषण कोशिका द्रव्य के साथ-साथ माइटोकॉन्ड्रिया

में भी होता है। प्रोटीन संश्लेषण राइबोसोम के अंदर ट्रांसलेशन प्रक्रिया के दौरान होता है। राइबोसोम कोशिका की प्रोटीन फैक्ट्री है। राइबोसोम प्रोकैरियोटिक और यूकेरियोटिक दोनों कोशिकाओं में पाए जाते हैं। राइबोसोम अन्य कोशिकांगों जैसे माइटोकॉन्ड्रिया के साथ भी पाए जाते हैं। राइबोसोम नाभिक में संश्लेषित होते हैं। इसके अलावा, राइबोसोम एंडोप्लाज्मिक रेटिकुलम (ईआर) से जुड़े हुए पाए जाते हैं, जिसका अर्थ है कि वे कोशिका द्रव्य में स्वतंत्र रूप से मौजूद पाए जाते हैं। 70 S राइबोसोम प्रोकैरियोटिक और यूकेरियोटिक कोशिकाओं दोनों के माइटोकॉन्ड्रिया के मैट्रिक्स में पाए जाते हैं। ऐसा इसलिए है क्योंकि माइटोकॉन्ड्रिया कोशिका का पावरहाउस है और एरोबिक श्वसन और एटीपी उत्पादन के लिए प्रमुख स्थल है।

**13(A).** नारियल का बीज विशेष रूप से समुद्र के फैलाव की विधि द्वारा अपनी सीमा को बढ़ाने के लिए अनुकूल है। जब इसकी बाहरी परत सूख जाती है तो बीज तैरता है। समुद्री नारियल पर करौंदे का बहाव तेज होता है और उष्णकटिबंधीय समुद्र तटों पर समाप्त होता है जहां वे अंकुरित होते हैं और जड़ पकड़ते हैं।
बैरोचरी अकेले गुरुत्वाकर्षण द्वारा बीज फैलाव होता है जिसमें पौधे का बीज मूल पौधे के नीचे गिर जाता है। इन बीजों में आमतौर पर भारी बीज फैलाव वाले सिंड्रोम होते हैं।

**14(A).** कथन I: माइकोप्लाज्मा 1-माइक्रोन आकार से कम निस्यंदक (फिल्टर) से निकल सकता है।

- यह कथन सही है, माइकोप्लाज्मा इतना छोटा (0.2 माइक्रोमीटर) है कि यह आसानी से 1 माइक्रोन आकार के निस्यंदक से निकल सकता है।

कथन II: माइकोप्लाज्मा कोशिका भित्ति वाला जीवाणु है। यह कथन गलत है।

- माइकोप्लाज्मा में पेप्टिडोग्लाइकन से बनी कोशिका भित्ति नहीं होती है।
- ये ऑक्सीजन की अनुपस्थिति में जीवित रह सकते हैं और विभिन्न आकारों में उपस्थित होते हैं।
- चूंकि इनमें कोशिका भित्ति नहीं है, इसलिए ये प्रतिजैविक के प्रतिरोधी हैं।

**15(C).** प्रकाश संश्लेषण के दौरान ऑक्सीजन का उत्पादन हरे सल्फर जीवाणुओं द्वारा नहीं होता है ।
हरे सल्फर जीवाणुओं में गैर-ऑक्सीजेनिक प्रकाश संश्लेषण या एनोक्सीजेनिक प्रकाश संश्लेषण देखा जाता है। इन जीवाणुओं में केवल PS-I मौजूद होता है और इसलिए केवल चक्रीय फोटोफॉस्फोराइलेशन होता है। इन जीवाणुओं में प्रतिक्रिया केंद्र में B890 वर्णक होता है जो पराबैंगनी लाल प्रकाश के प्रति प्रतिक्रिया करता है। प्रकाश संश्लेषण के दौरान ऑक्सीजन का विकास नहीं होता है क्योंकि जल $H^+$ दाता नहीं है।

**16(A).** सिरका एक द्रव है जिसमें मुख्य रूप से ऐसीटिक अम्ल ($CH_3COOH$) और जल होता है। सूक्ष्मजीवीय क्रिया, शर्करा यीस्ट या सैकरोमाइसीज़ सैरीवीसी द्वारा किण्वित की जाती है, जिसके बाद एथेनॉल का ऐसीटिक अम्ल (एसीटोबैक्टर एसिटाई द्वारा ऐसीटीकरण) में जीवाणुवीय ऑक्सीकरण होता है।

**17(B).** सही मिलान (iii), (i), (iv), (ii) है।
a) ज्वारीय आयतन बिना किसी अतिरिक्त प्रयास के सामान्य अंतःश्वसन और निःश्वसन के बीच विस्थापित वायु का आयतन है। एक स्वस्थ मनुष्य में यह लगभग 500-550 एमएल होती है।
b) श्वसन आरक्षित मात्रा (आईआरवी) हवा की अधिकतम मात्रा है जिसे सामान्य प्रेरणा के बाद फेफड़ों में डाला जा सकता है। एक स्वस्थ मनुष्य में यह लगभग 2500-3000 एमएल होती है।
c) निःश्वसन आरक्षित आयतन (ईआरवी) वायु की वह अधिकतम मात्रा है जिसे सामान्य निःश्वास के बाद फेफड़ों से बाहर निकाला जा सकता है। एक स्वस्थ मनुष्य में यह लगभग 1000-1100 एमएल होती है।
d) अवशिष्ट मात्रा (आरवी) हवा की मात्रा है जो फेफड़ों में सबसे अधिक बलपूर्वक समाप्ति के बाद रहती है। एक स्वस्थ मनुष्य में यह लगभग 1100-1200 एमएल होती है।

**18(B).** सही मिलान (iv), (i), (ii), (iii) है।
अल्ट्राफिल्ट्रेशन- ग्लोमेरुलस कैप्सूल या किडनी के बोमन कैप्सूल में मौजूद माल्पीघियन कॉर्पसकल में अल्ट्राफिल्ट्रेशन होता है।
मूत्र की एकाग्रता- प्रवाह में वृद्धि गुर्दे की केंद्रित मूत्र बनाने की क्षमता को बाधित करेगी। कुल मिलाकर हेनले का लूप फ़िल्टर किए गए आयनों का लगभग 25% और फ़िल्टर किए गए पानी का 20% एक सामान्य किडनी में पुनः अवशोषित कर लेता है।
मूत्र का परिवहन- मूत्र मूत्रवाहिनी से होकर गुजरता है, यह निष्क्रिय रूप से मूत्राशय में नहीं जाता है, बल्कि क्रमाकुंचन की तरंगों द्वारा प्रेरित होता है।
मूत्र का संचयन- मूत्र गुर्दे में बनता है और मूत्राशय में मूत्रवाहिनी नामक दो नलियों से नीचे जाता है। मूत्राशय मूत्र को संग्रहीत करता है, जिससे पेशाब कम और नियंत्रित हो जाता है।

**19(C).** गुर्दे और मूत्राशय को जोड़ने वाली नलियों को मूत्रवाहिनी कहा जाता है। मूत्रवाहिनी चिकनी पेशियों से बनी नलिकाएं होती हैं जो मूत्र को गुर्दे से मूत्राशय तक ले जाती हैं। वयस्कों में मूत्रवाहिनी ट्यूबलर संरचनाएं लगभग 20 – 30 सेमी ( 7.9 – 11.8 इंच) की होती हैं,, जो प्रत्येक गुर्दे के श्रोणि से मूत्राशय में जाती हैं। वृक्क श्रोणि से, वे श्रोणि के किनारे तक पहुंचने के लिए कूल्हे की प्रमुख पेशी के ऊपर उतरते हैं। इलियाक धमनियों के सामने से पार करने के बाद, वे श्रोणि के किनारों के साथ नीचे से गुजरती हैं और अंत में आगे की ओर झुकती हैं और मूत्राशय के पीछे बाईं और दाईं ओर से मूत्राशय में प्रवेश करती हैं।

**20(C).** शरीर के तरल पदार्थ में $Ca^{++}$ कम होने के कारण मांसपेशियों में तेजी से ऐंठन (वाइल्ड कान्ट्रेक्शन) टेटनी है। मांसपेशियों में ऐंठन, या कम्पन की विशेषता वाला लक्षण टेटनी है। मांसपेशियों की ये दोहरावदार क्रियाएं तब होती हैं जब आपकी मांसपेशी अनियंत्रित रूप से सिकुड़ जाती है।
गठिया आपके एक या अधिक जोड़ों में सूजन और कोमलता है। गठिया के मुख्य लक्षण जोड़ों में दर्द और जकड़न हैं, जो आमतौर पर उम्र के साथ खराब होती है।

**21(A).** औसत दर्जे का अंत, जिसे हंसली के कठोर अंत के रूप में जाना जाता है, जिसमें त्रिकोणीय आकार होता है और उरोस्थि के मनुब्रियम भाग के साथ आर्टिकुलेट होता है। यह स्टर्नोक्लेविकुलर संयुक्त बनाता है, जो ऊपरी अंग के पेक्टोरल गर्डल और अक्षीय कंकाल के बीच एकमात्र बोनी आर्टिक्यूलेशन है।

**22(B).** ट्रोपोनिन, जो ट्रोपोमायोसिन को नियंत्रित करता है, कैल्शियम द्वारा सक्रिय होता है, जो कि सर्पिलोप्लाज्म में बेहद कम सांद्रता में रखा जाता है। यदि मौजूद है, तो कैल्शियम आयन ट्रोपोनिन से बंधते हैं, जिससे ट्रोपोनिन में परिवर्तन होता है, जिससे ट्रोपोमीसिन एक्टिन पर मायोसिन-बाइंडिंग साइटों से दूर जाने की अनुमति देता है।

**23(C).** द्वितीयक उपापचयज, जैसे कि निकोटीन, स्ट्रिक्नीन और कैफीन को पौधों के द्वारा अपनी रक्षा के लिए उत्पादित करते है।
तंबाकू के पौधों द्वारा उत्पादित द्वितीयक मेटाबोलाइट्स निकोटीन, स्ट्राइक्नोस नक्स-वोमिका द्वारा उत्पादित स्ट्राइकिन और कॉफी पौधों द्वारा प्रमुख रूप से उत्पादित कैफीन। ये द्वितीयक मेटाबोलाइट शाकाहारी जीवों से अपनी रक्षा करने के लिए एल्कलॉइड हैं।

**24(A).** आवृतबीजी पादप के पुष्प को जायांग के चारों ओर चक्र की व्यवस्था के आधार पर वर्गीकृत किया जा सकता है। अधिजायांगी पुष्पों में अंडाशय की स्थिति अधोवर्ती होती है क्योंकि थैलेमस अंडाशय को घेरता है और इसके साथ संगलित भी हो सकता है। थैलमस के ऊपर अन्य चक्र विकसित होते हैं। यह व्यवस्था अमरूद, खीरा और सूरजमुखी के अर-पुष्पक द्वारा दर्शायी जाती है। यदि अंडाशय थैलेमस से ऊपर स्थित होता है, अर्थात अन्य चक्र से ऊर्ध्ववर्ती होता है, तब इस व्यवस्था को अधोजायांगता कहते हैं। सरसों, बैंगन द्वारा ऐसे पुष्पों का विकास होता है। जब जायांग और अन्य चक्र को लगभग एक ही स्तर पर व्यवस्थित किया जाता है, तो पुष्प को परिजायांगी कहते हैं और अंडाशय की स्थिति आधी अधोवर्ती होती है। इस प्रकार की पुष्प व्यवस्था आड़ू के पादप में होती है।

**25(A).** नाल को भ्रूण के पोषण, श्वसन और उत्सर्जन के लिए भ्रूण और मातृ ऊतक के बीच अस्थायी अंतरंग यांत्रिक और शारीरिक संबंध के रूप में परिभाषित किया गया है।
मानव नाल में केवल जरायु होता है। नाल तीसरे महीने के अंत तक पूरी तरह से बन जाता है और गर्भावस्था को बनाए रखता है। नाल में, भ्रूण का रक्त, मातृ रक्त के बहुत करीब आता है और यह दोनों के

बीच सामग्री के आदान-प्रदान की अनुमति देता है। भोजन, पानी, खनिज नमक, विटामिन, हार्मोन एंटीबॉडी और ऑक्सीजन मातृ रक्त से भ्रूण रक्त में जाते हैं, और भ्रूण के चयापचय अपशिष्ट, जैसे कार्बन डाइऑक्साइड, और यूरिया भी पानी और हार्मोन, मातृ रक्त से गुजरते हैं।

**26(D).** वंशागति के गुणसूत्र सिद्धान्त का प्रायोगिक प्रमाणन मॉर्गन ने किया था। वंशागति के गुणसूत्र सिद्धांत का प्रायोगिक प्रमाणन थॉमस हंट मॉर्गन और उनके सहयोगियों द्वारा किया गया था। उन्होंने देखा कि उनके प्रयोगों में विचाराधीन दो जीन स्वतंत्र रूप से अलग नहीं हुए थे, जैसा कि मेंडल द्वारा अध्ययन किए गए वर्णों के मामले में हुआ था। मॉर्गन ने ड्रोसोफिला में विभिन्न डायहाइब्रिड क्रॉस को अंजाम दिया, जिसमें वे जीन थे जो सेक्स-लिंक्ड थे, यानी, जीन एक्स-गुणसूत्र पर मौजूद होते हैं।

**27(D).** सेक्स-लिंक्ड रिसेसिव इनहेरिटेंस इनहेरिटेंस की एक विधा है जिसमें एक्स क्रोमोसोम पर जीन में उत्परिवर्तन होता है, जो हमेशा पुरुषों में फ़ेनोटाइप को व्यक्त करता है (जो कि जीन उत्परिवर्तन के लिए आवश्यक रूप से समरूप हैं क्योंकि एक एक्स और एक वाई गुणसूत्र हैं) और महिलाओं में, जो जीन उत्परिवर्तन के लिए समरूप हैं, जाइगोसिटी देखते हैं। उत्परिवर्तित जीन की एक प्रति के साथ वाहक वाहक होते हैं।

**28(A).** अर्नस्ट मेयर ने संयुक्त राज्य अमेरिका में विकासवादी जीव विज्ञान को अनुसंधान के भिन्न क्षेत्र के रूप में सिद्ध किया जिसके कारण उन्हें "20वीं शताब्दी का डार्विन" नाम दिया गया। जर्मनी के अर्नस्ट मेयर ने विकासवादी सिद्धांत के आधुनिक संश्लेषण को परिभाषित करने में मदद की।

**29(C).** एक एंटीपाइरेटिक औषधि होती हैं जो शरीर के तापमान को कम करती हैं।
एंटीपाइरेटिक एक ऐसा पदार्थ है जो बुखार को कम करता है। एंटीपीयरेटिक्स हाइपोथैलेमस को तापमान में प्रोस्टाग्लैंडीन-प्रेरित वृद्धि की अवहेलना करने का कारण बनता है। तब शरीर तापमान को कम करने का काम करता है, जिसके परिणामस्वरूप बुखार में कमी आती है। दर्द प्रबंधन के लिए अकेले या ओपिओइड के साथ संयोजन में और एक एंटीपाइरेटिक एजेंट के रूप में उपयोग की जाने वाली एनाल्जेसिक दवा व पेरासिटामोल को एक साधारण एनाल्जेसिक और एक एंटीपाइरेटिक कहा जा सकता है।

**30(A).** ऐथिडियम ब्रोमाइड के साथ धुंधला होने के बाद एग्रोज जेल पर अलग किए गए डीएनए अंशों की कल्पना की जा सकती है। एग्रोज जेल वैद्युत कण संचलन द्रव्यमान और आकार के अनुसार डीएनए के टुकड़े को अलग करने के लिए उपयोग किया जाता है। एथिडियम ब्रोमाइड इस तकनीक में इस्तेमाल होने वाला फ्लोरोसेंट चिन्ह है। एथिडियम ब्रोमाइड, जब पराबैंगनी प्रकाश के संपर्क में आता है, तो एक फ्लोरोसेंट प्रभाव पैदा करता है। इसलिए इसके द्वारा जोडे गए डीएनए को पारदर्शी जेल पर जल्दी से देखा जा सकता है।

**31(A).** क्राई II Ab और क्राई I Ab टॉक्सिन्स पैदा करते हैं जो क्रमशः कॉटन बॉलवर्म और कॉर्न बोरर को नियंत्रित करते हैं।
क्राय जीन वाली फसल कीड़ों के समूह के प्रति प्रतिरोध प्रदर्शित करती है। क्राई प्रोटीन कीड़ों के कुछ समूहों में विषैला होता है। ऐसे कीड़ों के लार्वा में विषाक्तता देखी जाती है। क्राई II Ab द्वारा एन्कोड किए गए प्रोटीन कपास के सुंडों को नियंत्रित करते हैं। क्राई I Ab एक प्रोटीन को एनकोड करता है जो कॉर्न बोरर को नियंत्रित करता है। कपास के बोलवर्म भी प्रोटीन द्वारा नियंत्रित होते हैं जो क्राई I Ac द्वारा एन्कोडेड होते हैं।
क्राय जीन से प्रभावित होने वाले कीड़ों के उदाहरण लेपिडोप्टेरान (तंबाकू बडवर्म, आर्मीवर्म), कोलोप्टेरान यानी बीटल, और डिप्टेरान जैसे मक्खियां, मच्छर आदि हैं।

**32(B).** एक प्रजाति जिसका वितरण प्रतिस्पर्धात्मक रूप से बेहतर प्रजातियों की उपस्थिति के कारण एक छोटे भौगोलिक क्षेत्र तक सीमित है, जब प्रतिस्पर्धी प्रजातियों को प्रयोगात्मक रूप से हटा दिया जाता है तो इसकी वितरण सीमा नाटकीय रूप से विस्तारित होती है। इसे प्रतिस्पर्धी रिलीज कहा जाता है।

**33(B).** सकल उत्पादकता उत्पादन में एक निर्दिष्ट अंतराल के दौरान कार्बनिक पदार्थों में फंसी ऊर्जा की मात्रा है। शुद्ध उत्पादकता किसी दिए गए ट्राफिक स्तर पर एक निर्दिष्ट अंतराल के दौरान कार्बनिक पदार्थों में फंसी ऊर्जा की मात्रा है, जो उस स्तर पर जीवों के श्वसन द्वारा खोई गई ऊर्जा के कारण सकल उत्पादकता से कम है।

**34(C).** जीवन की व्यापक विविधता जिसका हम सजीवों की समृद्ध विविधता के साथ सामना करते हैं, वह अत्यधिक हैं और चींटियों की 20,000 से अधिक प्रजातियां हैं, 3,00,000 भृंग की प्रजातियां, 28,000 मछलियों की प्रजातियां, और लगभग 20,000 आर्किड की प्रजातियां हैं।
अतः विकल्प (C) सही है।

**35(A).** दिया गया है,
$x(t) = \frac{v}{A}(1 - e^{-At})$
जैसा कि हम जानते हैं कि $(1 - e^{-At})$ एक स्थिर मान है और इसका कोई विमा नहीं होगी।
इस प्रकार, $\frac{v}{A}$ की विमा $x$ की विमा के बराबर होगी।
स्थिति की विमा, $x = [M^0 L^1 T^0]$
वेग की विमा, $v = [\mathrm{M}^0\ \mathrm{L}^1\ \mathrm{T}^{-1}]$
$\Rightarrow x = \frac{v}{A}$
$\Rightarrow [M^0 L^1 T^0] = \frac{[M^0 L^1 T^{-1}]}{A}$
$\Rightarrow A = [T^{-1}]$

**36(A).** चलती ट्रेन के वेग-समय के ग्राफ को प्रश्न में दिए गए चित्र में दर्शाया गया है। समय के दौरान औसत वेग $OD$ सूत्र द्वारा 30 मी / सेकंड था,
अर्थात, $v = \frac{d}{t}$

**37(D).** प्रोजेक्टाइल के वेग में पहले केवल एक क्षैतिज घटक होता है, और लंबवत घटक शून्य होता है। दूसरी ओर, गोलियों का त्वरण नीचे की ओर होता है, जिससे उनका मार्ग अर्ध-परवलयिक हो जाता है। गुरुत्वाकर्षण के कारण उनके लंबवत नीचे की ओर त्वरण के परिणामस्वरूप, दोनों गोलियां जमीन को प्रभावित करेंगी।
वेग के लिए कोई लंबवत घटक नहीं है, केवल एक क्षैतिज घटक है। गोलियां समान ऊंचाई हैं क्योंकि उन्हें एक ही स्थान से क्षैतिज रूप से निकाल दिया जाता है। समय की गणना सूत्र द्वारा की जाती है:
$T = \sqrt{\frac{2h}{g}}$
दोनों गोलियां एक ही समय पर जमीन से टकराएंगी क्योंकि उनका त्वरण समान है। नतीजतन, गोलियों को जमीन तक पहुंचने में लगने वाला समय उनकी प्रारंभिक क्षैतिज गति से अप्रभावित रहता है। नतीजतन, एक ही ऊंचाई से क्षैतिज दिशा में दागी गई दोनों गोलियां एक ही समय में जमीन पर लगेंगी।

**38(D).** दिया गया है,
$m = 20\ \mathrm{g} = 20 \times 10^{-3}\ \mathrm{kg}$
प्रारंभिक गति $m = 1\ \mathrm{ms}^{-1}$
मोटाई, $s = 20\ \mathrm{cm} = 20 \times 10^{-2}\ \mathrm{m}$
दीवार द्वारा दिया गया प्रतिरोध, $F = -2.5 \times 10^{-2}\ \mathrm{N}$
तो, गोली का त्वरण,
$F = ma$
$a = \frac{F}{m}$
$= \frac{-2.5 \times 10^{-2}}{20 \times 10^{-3}}$
$= -\frac{5}{4}\ \mathrm{ms}^{-2}$
अब, गति के समीकरण का उपयोग करते हुए,
$v^2 = u^2 + 2as$
$v^2 = 1 + 2\left(-\frac{5}{4}\right)(20 \times 10^{-2})$
$v^2 = \frac{1}{2}$
$v = \frac{1}{\sqrt{2}} = 0.7\ \mathrm{ms}^{-1}$

**39(A).** माना प्रत्येक स्प्रिंग $F$ है।
सिस्टम का फ्री बॉडी डायग्राम,

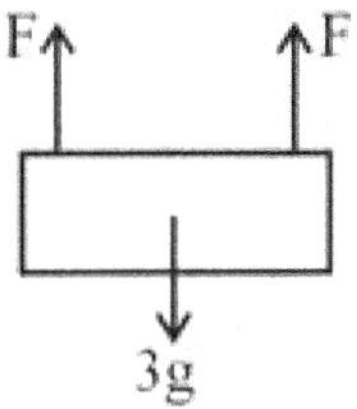


फिर,
$2F - 3g = 0$
$F = \frac{3}{2}g = 1.5g$
अब, जब एक स्प्रिंग काटा जाता है।
$3g - F = ma$
$3g - 1.5g = 3a$
$a = \frac{1.5g}{3}g$
$= \frac{1.5}{3} \times 10 = 5\ ms^{-2}$

**40(C).** दिया हुआ: द्रव्यमान $= M$, सामान्य प्रतिक्रिया बल $(N) = \frac{Mg}{4}$
खंड पर, कुल अभिनय बल
$N + Ma$
$N = Mg - Ma$
$Ma = Mg - N$
$Ma = Mg - \frac{Mg}{4}$
$Ma = \frac{3}{4Mg}$
$a = \frac{3g}{4}$

**41(C).** गतिज उर्जा - यह किसी वस्तु द्वारा इसकी गति के गुण के कारण प्राप्त होने वाली ऊर्जा है।
- किसी गतिमान पिंड की गतिज ऊर्जा की गणना उसके द्रव्यमान $(m)$ के आधे भाग और उसके वेग (v) के वर्ग के गुणन के रूप में की जा सकती है: $E = \frac{1}{2mv^2}$.
- गतिज ऊर्जा एक अदिश राशि है।

संवेग - यह एक गतिमान पिंड की गति की मात्रा है।
- यह एक सदिश राशि है।
- यह एक कण के द्रव्यमान और उसके वेग का गुणनफल है।

सरलीकरण के लिए गणना:-
- उर्जा, $E = \frac{1}{2mv^2}$
- संवेग, $P = mv$
- $E = \frac{P^2}{2M}$

अतः, $P$ (संवेग) $\sqrt{2mE}$

**42(C).** जड़त्व आघूर्ण पिंड की आकृति और आकार, घूर्णन अक्ष की स्थिति और अभिविन्यास और घूर्णन अक्ष के सापेक्ष द्रव्यमान के वितरण पर निर्भर करता है।
लेकिन जड़त्व आघूर्ण द्रव्यमान के घूर्णन अक्ष के समानांतर स्थानांतरित होने और द्रव्यमान के घूर्णन अक्ष के सापेक्ष एक नियत त्रिज्या में घूर्णन पर नहीं बदलता है।

**43(A).** किया गया कार्य शून्य है।
किए गए कार्य को बल और विस्थापन के अदिश परिणाम के रूप में परिभाषित किया गया है अर्थात, W = F.s. Cos $\theta$ जहां बल और विस्थापन सदिश के बीच का कोण है।
पृथ्वी द्वारा चंद्रमा पर उत्सर्जित रेडियल बल दिशा में लंबवत है तथा, θ, 90° पर है।
W = F.s.Cos 90° = 0 (क्योंकि Cos 90° = 0)

**44(B).** उपग्रह को एक गोलाकार कक्षा में घूमने के लिए गतिज ऊर्जा = स्थितिज ऊर्जा,
$K = \frac{GM_e m}{2R}$
या $K \propto \frac{1}{R}$ .....(i)
अब केप्लर के नियम के अनुसार, हमारे पास है
$T^2 \propto R^3$
या $R \propto T^{\frac{2}{3}}$ .....(ii)
इसलिए, गतिज ऊर्जा
$K \propto \frac{1}{T^{\frac{2}{3}}}$ [समीकरण (i) और (ii) से]
$K \propto T^{\frac{-2}{3}}$

**45(C).** अनुदैर्ध्य प्रतिबल: इसे किसी सामग्री की लंबाई में परिवर्तन और उसकी मूल लंबाई के अनुपात के रूप में परिभाषित किया जाता है, अर्थात
अनुदैर्ध्य प्रतिबल = लंबाई में परिवर्तन / मूल-लंबाई $= \frac{\delta l}{l}$
- अनुदैर्ध्य विकृति केवल ठोस पदार्थों में ही संभव है क्योंकि केवल ठोस की लंबाई हो सकती है जिसे बल लगाने से बदला जा सकता है।
- तरल पदार्थ और गैसों में विकृति आयतन में परिवर्तन का कारण होता है और इसे आयतनिक विकृति कहा जाता है।

**46(D).** एडियाबेटिक प्रसार में कम काम होता है और कोई ऊष्मा प्रवाह नहीं होता है जिससे एक समतापीय विस्तार की तुलना में कम आंतरिक ऊर्जा होती है जिसमें ऊष्मा प्रवाह और कार्य दोनों होते हैं। एडियाबेटिक रूप से फैलने वाली आदर्श एकपरमाणुक गैस के लिए जो अपने पर्यावरण पर कार्य करती है (W धनात्मक है) गैस की आंतरिक ऊर्जा कम होनी चाहिए।

**47(C).** तीसरा नियम वाल्थर नर्नस्ट द्वारा वर्षों 1906 – 12 के दौरान विकसित किया गया था और इसलिए इसे अक्सर नर्नस्ट के प्रमेय या नर्नस्ट के अभिधारणा के रूप में जाना जाता है। उष्मागतिकी का तीसरा नियम कहता है कि निरपेक्ष शून्य पर एक प्रणाली की एन्ट्रापी एक अच्छी तरह से परिभाषित स्थिरांक है। ऐसा इसलिए है क्योंकि शून्य तापमान पर एक प्रणाली इसकी जमीनी अवस्था में मौजूद होती है, जिससे इसकी एन्ट्रापी केवल जमीनी अवस्था की गिरावट से निर्धारित होती है।
1912 में नर्नस्ट ने कानून को इस प्रकार कहा: "किसी भी प्रक्रिया के लिए सीमित चरणों में इज़ोटेर्म $T = 0$ तक ले जाना असंभव है।"

**48(C).** वास्तविक गैसें निम्न दबाव और उच्च तापमान पर एक आदर्श गैस की तरह व्यवहार करती हैं।
आदर्श गैस: यह एक काल्पनिक गैस है, जिसमें ऐसे अणु होते हैं जिनका आयतन नगण्य होता है और उनकी टक्कर पूरी तरह से प्रत्यास्थ होती है (अर्थात ऊर्जा का कोई नुकसान नहीं होता है) और ये गैस के नियम का पालन करती है।
एक आदर्श गैस के गुण हैं:
- उनके पास नगण्य आयतन, बिंदु आकार के अणु हैं।
- गैस के कणों के बीच कोई आकर्षक या प्रतिकर्षक बल नहीं होता है
- बर्तन की गैसों और दीवारों के बीच टकराव पूरी तरह से प्रत्यास्थ होना चाहिए (ऊर्जा का कोई नुकसान नहीं है)।
- यह गैस नियम का पालन करती है: P V = n R T [P = गैस का दबाव, V = गैस का आयतन, n = गैस का मोल, R = 8.314 J/mol-K (सार्वभौमिक गैस स्थिरांक), T = गैस का तापमान ]

वास्तविक गैस: यह केवल उच्च तापमान और निम्न दबाव पर ही गैस नियम का पालन करेगी।
- अणुओं का आयतन नगण्य नहीं होता है।
- वे अणुओं के बीच प्रतिकर्षक और आकर्षक हो सकते हैं।
- यह वान डर वाल समीकरण का पालन करती है: $\left[P + \frac{an^2}{V^2}\right] \cdot [V - nb] = nRT$
- ऊपर से यह स्पष्ट है कि एक वास्तविक गैस उच्च तापमान और निम्न दबाव पर एक आदर्श गैस की तरह व्यवहार करती है।

**49(B).** माना कुछ तात्कालिक कण पृथ्वी के केंद्र $O$ से त्रिज्यीय दूरी $r$ पर हैं। चूंकि, कण सुरंग के साथ जाने के लिए विवश है, हम इसकी स्थिति को $C$ से दूरी $x$ के रूप में परिभाषित करते हैं। इस प्रकार, कण की गति का समीकरण है,

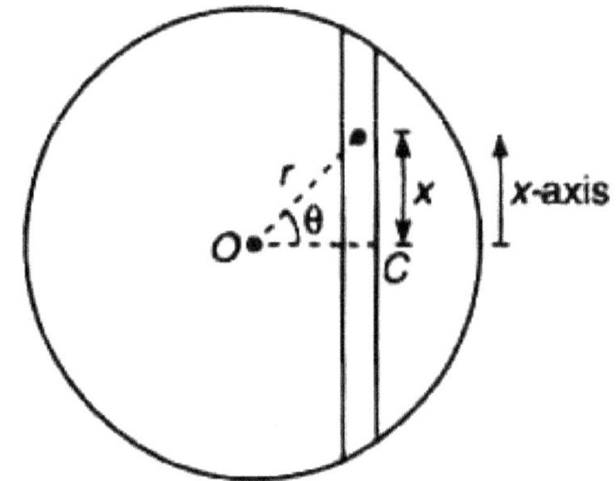


$ma_x = F_x$
दूरी $r$ और द्रव्यमान $m$ पर गुरुत्वाकर्षण बल है,
$F = \frac{GMmr}{R^3}$ ($O$ की ओर)
इसलिये, $F_x = -F\sin\theta$
$= -\frac{GMmr}{R^3}\left(\frac{x}{r}\right)$
$= -\frac{GMm}{R^3}\cdot x$
चूँकि, $F_x \propto -x$ , प्रकृति में गति सरल आवर्त गति है।
इसके अतिरिक्त,
$ma_x = -\frac{GMm}{R^3}\cdot x$
या $a_x = -\frac{GM}{R^3}\cdot x$
$\therefore$ दोलन की समय अवधि है,
$T = 2\pi\sqrt{\left|\frac{x}{a_x}\right|} = 2\pi\sqrt{\frac{R^3}{GM}}$
कण के एक छोर से दूसरे छोर तक ले जानें के लिया गया समय $\frac{T}{2}$ है।
$\therefore t = \frac{T}{2} = \pi\sqrt{\frac{R^3}{GM}}$

**50(C).** विद्युत क्षेत्र में आवेशित कण द्वारा अनुभव किए गए विद्युत बल का परिमाण निम्नानुसार है,
$F = Eq_0$
जहाँ $E$ = विद्युत क्षेत्र की तीव्रता, $q_0$ = कण पर आवेश
इसलिए जब एक आवेश $Q$ को विद्युत क्षेत्र $E$ में रखा जाता है, तो आवेश $Q$ पर बल का परिमाण होगा,
$F = EQ$

**51(C).** दिया गया,
इलेक्ट्रॉनों की संख्या $= 25\times10^{31}$
हम जानते हैं कि:
एक इलेक्ट्रॉन का आवेश $= 1.6\times10^{-19}$ कूलम्ब।
इसलिए,
$25\times10^{31}$ इलेक्ट्रॉनों का आवेश होगा:
$Q =$ इलेक्ट्रॉनों की संख्या $\times$ एक इलेक्ट्रॉन का आवेश
$Q = 25\times10^{31}\times1.6\times10^{-19}$
$Q = 40\times10^{12}C$

**52(A).** प्रश्न में दिया गया है, हमें निम्नलिखित डेटा की आपूर्ति की जाती है:
वलय के दो भाग ADB और ACB हैं,
पहली स्थिति में दोनों भागों में समान चालकता है।
वलय के माध्यम से धारा प्रवाहित होने के कारण, वलय में ऊष्मा ऊर्जा उत्पन्न होती है जिसका मान $H$ है।
$ADB$ भाग के बाद किसी अन्य धातु से प्रतिस्थापित किया जाता है।
इसके कारण चालकता अलग होगी, क्योंकि विभिन्न धातुओं की चालकता अलग होती है।
दोनों स्थिति के लिए तापमान स्थिर रखा जाता है।
दूसरी स्थिति में उत्पन्न ऊष्मा का परिमाण पहले की तुलना में दोगुना है।
हमें नई धातु की चालकता ज्ञात करना है जिसे अभी जोड़ा गया था।
इस प्रश्न को हल करने के लिए, हम इसके साथ शुरू करेंगे:
चूंकि, हमें दिया गया है,
$\frac{ACB}{ADB} = 3$
तब हम कह सकते हैं कि:
भाग $ADB$ की लंबाई $l$ है।
भाग $ACB$ की लंबाई $3l$ है।
अब हम वलय का शुद्ध प्रतिरोध पाते हैं, जो निम्नलिखित अभिव्यक्ति द्वारा दिया गया है:
चूंकि, दोनों भागों को समानांतर में जोड़ा गया माना जा सकता है।
माना वलय का शुद्ध प्रतिरोध $R$ है।
तो, $\frac{1}{R} = \frac{1}{R_{\text{ACB}}} + \frac{1}{R_{\text{ABD}}}$ ....(1)
जहाँ,
$R_{\text{ACB}}$ भाग $ACB$ के प्रतिरोध को दर्शाता है।
$R_{\text{ABD}}$ भाग $ADB$ के प्रतिरोध को दर्शाता है।
पुन: भाग $ACB$ का प्रतिरोध सूत्र द्वारा दिया गया है:
$R_{\text{ACB}} = \frac{L}{kA}$
जहाँ,
$L$ चालक की लंबाई दर्शाता है।
$k$ चालकता दर्शाता है।
$A$ एक पार के अनुभागीय-क्षेत्र को दर्शाता है।
हम उपरोक्त व्यंजक को इस प्रकार लिख सकते हैं:
$R_{\text{ACB}} = \frac{3l}{kA}$
भाग $ADB$ का प्रतिरोध सूत्र द्वारा दिया गया है:
$R_{\text{ADB}} = \frac{L}{kA}$
हम उपरोक्त व्यंजक को इस प्रकार लिख सकते हैं:
$R_{\text{ADB}} = \frac{l}{kA}$
अब, समीकरण (1) में मानों को प्रतिस्थापित करते हुए, हम प्राप्त करते हैं:
$\frac{1}{R} = \frac{1}{\left(\frac{3l}{kA}\right)} + \frac{1}{\left(\frac{l}{kA}\right)}$
$\frac{1}{R} = \frac{kA}{3l} + \frac{kA}{l}$
$\frac{1}{R} = \frac{4kA}{3l}$ ...(2)
जब हम $ADB$ भाग को प्रतिस्थापित करते हैं और अन्य सामग्री को जोड़ते हैं, जिसकी चालकता $k'$ के रूप में लिया जाता है, तो उत्पन्न ऊष्मा $2H$ हो जाती है। लेकिन विभवांतर स्थिर है, क्योंकि तापमान स्थिर रखा जाता है। तो, यह स्पष्ट है कि उस स्थिति में धारा दोगुना हो जाता है। और नया प्रतिरोध $R'$ , पिछले प्रतिरोध का आधा हो जाता है।
तो, हम लिख सकते हैं:
$R' = \frac{R}{2}$
पुन:, वलय का प्रतिरोध भाग बनने के बाद:
$\frac{1}{R'} = \frac{kA}{3l} + \frac{k'A}{l}$ ....(3)
अब, समीकरण (3) में समीकरण (2) का उपयोग करते हुए, हम प्राप्त करते हैं:
$\frac{2}{R} = \frac{kA}{3l} + \frac{k'A}{l}$
$2\times\frac{4kA}{3l} = \frac{A}{l}\left(\frac{k}{3} + k'\right)$
$\frac{8}{3}k = \frac{k+3k'}{3}$
$k' = \frac{7}{3}k$
इस प्रकार, नई $ADB$ भाग $\frac{7}{3}k$ की चालकता होगी।

**53(D).** दाहिने हाथ के अंगूठे के नियम का उपयोग विद्युत धारावाही सीधे चालक के चारों ओर चुंबकीय क्षेत्र की दिशा को खोजने के लिए किया जाता है। दाहिने हाथ के नियम में कहा गया है कि "यदि करंट ले जाने वाले कंडक्टर को दाहिने हाथ में अंगूठे की उंगली को करंट प्रवाह की दिशा की ओर इशारा करते हुए रखा जाता है और दूसरी उंगलियां कंडक्टर के चारों ओर घुमाई जाती हैं तो मुड़ी हुई उंगलियां करंट के कारण चुंबकीय क्षेत्र की दिशा का संकेत देती हैं। यह नियम केवल धारावाही चालक के चुंबकीय क्षेत्र की दिशा देता है।

**54(D).** दिया गया है,
आपेक्षिक चुंबकशीलता, $\mu_r = 400$
धारा $I = 2$ A
$\mu_0 = 4\pi \times 10^{-7}$
क्षेत्र $H$ क्रोड के पदार्थ पर निर्भर करता है और इसके लिए सूत्र है,
$H = nI$
$= 1000 \times 2.0$
$= 2 \times 10^3$ A/m
चुंबकीय क्षेत्र $B$ के लिए सूत्र है,
$B = \mu_r \mu_0 \mathrm{H}$
$= 400 \times 4\pi \times 10^{-7} \times 2 \times 10^3$
$= 1.0$ T

**55(B).** दिया गया,
$\phi = 3t^2 + 4t + 9$
घुमावों की संख्या नही दी गई है,इसलिए हम N = 1 लेंगे
समय (t) = 2 सेकंड
हम जानते है कि,
ईएमएफ इन्क्लुड $(V) = -N\frac{d\varphi}{dt}$
जहां N, घुमावों की संख्या है, $\phi$ प्रवाह है और t समय है
यहां ऋणात्मक चिह्न प्रेरित emf की दिशा बताता है।
अब,
$(V) = -N\frac{d\varphi}{dt}$
$= -1 \times \frac{d(3t^2+4t+9)}{dt}$
$= -(6t + 4 + 0)$
$= -(6t + 4)$
$= -(6 \times 2 + 4)$
$= -16V$
इस प्रकार प्रेरित emf का परिमाण = $16V$

**56(C).** गति एक ही माध्यम में सभी तीव्रताओं के लिए समान होगी।
सभी विद्युत चुम्बकीय तरंगे आवृत्तियों के निरपेक्ष निर्वात में प्रकाश की गति पर चलती है अर्थात $c = v \times \lambda$ जहाँ $v$ आवृत्ति है, $\lambda$ तरंगदैर्ध्य है और $c$ प्रकाश की गति है।
एक तरंग की गति और तीव्रता के बीच संबंध इस प्रकार दिया जाता है: $I = \frac{1}{2}\epsilon_o E_o^2 c$ जहां $\epsilon_o$ मुक्त स्थान (निर्वात) की विद्युत पारगम्यता है और $8.85 \times 10^{-12} C^2 N^{-1} m^{-2}$ के बराबर है, $c$ तरंग की गति है और $E_o$ विद्युत क्षेत्र का आयाम है।
एक माध्यम के लिए: $\lambda \times v = v$ , इस प्रकार सभी आवृत्तियों और तरंग दैर्ध्यों के लिए गति समान नहीं होगी, इसलिए विकल्प (A) और (D) गलत हैं।
जैसा कि हम जानते हैं कि जब तरंग एक माध्यम से दूसरे माध्यम में जाती है, तो इसकी गति बदल जाती है इसलिए विकल्प (B) गलत है।
अत: विकल्प (C) सही है I

**57(A).** परावर्तन के नियम के अनुसार हम जानते हैं कि समतल दर्पण में परावर्तन कोण आपतन कोण के बराबर होता है। इसलिए, यदि हम बिंदु A पर आंख रखते हैं तो छेद देखा जा सकता है।

**58(A).** ऑप्टिकल फाइबर में प्रकाश तरंगों के पूर्ण आंतरिक परावर्तन गुण का उपयोग किया जाता है, ताकि फाइबर के अंदर प्रकाश किरणों को सीमित किया जा सके।
जब प्रकाश एक वैकल्पिक रूप से घने माध्यम में यात्रा कर रहा होता है, तो वह एक स्थिर कोण (सीमा के लिए महत्वपूर्ण कोण से बड़ा) पर एक सीमा से टकराता है, प्रकाश पूरी तरह से परावर्तित हो जाता है। इसे पूर्ण आंतरिक परावर्तन कहते हैं। इस आशय का उपयोग ऑप्टिकल फाइबर में कोर में प्रकाश को सीमित करने के लिए किया जाता है।

**59(D).** दिया हुआ, $\lambda_1 = 5893$ Å , $n_1 = 62$ Å , $\lambda_2 = 4358$ Å
जैसा कि दोनों तरंगों के केसो में देखने का क्षेत्र समान है,
इसलिए,
जैसा $n_1\beta_1 = n_2\beta_2$
$n_1\left(\frac{D\lambda_1}{d}\right) = n_2\left(\frac{D\lambda_2}{d}\right)$
या $n_2 = n_1\left(\frac{\lambda_1}{\lambda_2}\right)$
$\Rightarrow 62 \times \frac{5893}{4358} = 84$

**60(B).** जैसा कि दिया गया है, हाइड्रोजन परमाणु में तीसरी कक्षा से दूसरी कक्षा में जाता है।
इसीलिए, $n_1 = 2$
$n_2 = 3$
इस संबंध से,
$\frac{1}{\lambda} = R\left(\frac{1}{n_1^2} - \frac{1}{n_2^2}\right)$
$\frac{1}{\lambda} = R\left(\frac{1}{2^2} - \frac{1}{3^2}\right)$
$\Rightarrow \frac{1}{\lambda} = R\left(\frac{1}{4} - \frac{1}{9}\right)$
$\Rightarrow \frac{1}{\lambda} = R\left(\frac{9-4}{36}\right)$
$\Rightarrow \frac{1}{\lambda} = \frac{5R}{36}$
$\Rightarrow \lambda = \frac{36}{5R}$

**61(B).** दिया गया है,
एक प्रोटॉन और एंटीप्रोटोन के विनाश के कारण समान आवृत्ति के दो फोटॉन उत्पन्न होते हैं।
हम जानते हैं कि,
$c = 3 \times 10^8$
एक प्रोटॉन का द्रव्यमान, $m = 1.67 \times 10^{-27}$
आइंस्टाइन के नियम के अनुसार,
$E = mc^2$
मानों को उपरोक्त सूत्र में रखने पर, हम प्राप्त करते है
$E = (2 \times 1.67 \times 10^{-27}) \times (3 \times 10^8)^2$ J
$= 3.006 \times 10^{-10}$ J
डी-ब्रॉग्ली समीकरण से,
$2h\nu = E$ या $2h\frac{c}{\lambda} = E$
$\therefore \lambda = \frac{2hc}{E}$
मानों को उपरोक्त सूत्र में रखने पर, हम प्राप्त करते है
$= \frac{2 \times 6.62 \times 10^{-34} \times 3 \times 10^8}{3.006 \times 10^{-10}}$ m
$= 1.323 \times 10^{-15}$ m
अत: विकल्प (B) सही है I

**62(B).** प्रकाश विद्युत प्रभाव
$KE_{\max} = hv - W_o$
जहां, $W_o$ धातु का कार्य है।
स्पष्ट रूप से $KE$ फोटॉनों की आवृत्ति के साथ रैखिक रूप से भिन्न होता है।

**63(D).** एक प्रक्रिया जिसमें एक न्यूट्रॉन प्रोटॉन में बदल जाता है, यह है $\beta^-$ क्षय, फिर एक $e^-$ और विरोधी न्यूट्रीनो बाहर आता है एक प्रक्रिया जिसमें प्रोटॉन न्यूट्रॉन में बदल जाता है, यह $\beta^+$ क्षय है, फिर एक $e^+$ और न्यूट्रिनो बाहर आता है| एक प्रक्रिया जिसमें एक न्यूट्रॉन एक प्रोटॉन में बदल जाता है, वह, $\beta^-$ क्षय होता है, फिर एक $e^-$ और एंटीन्यूट्रिनो एक प्रक्रिया निकलता है, जिसमें प्रोटॉन एक न्यूट्रॉन में बदल जाता है, यह $\beta^+$ क्षय होता है, फिर एक $e^+$ और न्यूट्रिनो निकलता है।

**64(A).** हम जानते हैं कि 1 परमाणु द्रव्यमान मात्रक (amu) $= 1.66 \times 10^{27}$ kg
और प्रकाश की गति, $c = 3 \times 10^8$ ms$^{-1}$
$\mathbf{E} = mc^2$
या $\mathrm{E} = 1.66 \times 10^{27} \times (3 \times 10^8)^2$
$\mathrm{E} = 1.494 \times 10^{-10}$ जूल
अब हमें इसे MeV में बदलना है:
$1\mathrm{MeV} = 1.6 \times 10^{-13}$ जूल
MeV में परिवर्तित एक परमाणु द्रव्यमान मात्रक की ऊर्जा $\frac{1.494 \times 10^{-10}}{1.6 \times 10^{-13}} = 933.75$MeV होगी।

**65(A).** जंक्शन डायोड फारवर्ड बायस्ड है
इसलिए, प्रभावी प्रतिरोध
$= 25 + 100$
$= 2500\Omega$
$\therefore$डायोड में धारा है
$\frac{5v}{100\Omega} = \frac{1}{10A}$

**66(B).** दिया हुआ, $R = 50 + 150 + 100 = 300\Omega$
$V = 6$ वोल्ट
सर्किट डायोड में $D_1$ अग्रदिशिक है जबकि $D_2$ पश्च दिशिक है
इसलिए धारा $I$ होगी
$I = \frac{V}{R}$
$= \frac{6}{300}$
$= 0.02$ अम्पयीरस

**67(D).** राउल्ट का नियम कहता है कि किसी विलयन (या मिश्रण) में विलायक का आंशिक वाष्प दाब विलयन में उसके मोल अंश से गुणा किए गए शुद्ध विलायक के वाष्प दाब के बराबर या समान होता है।
गणितीय रूप से, राउल्ट का नियम समीकरण इस प्रकार लिखा जाता है;
P घोल = X विलायक P $^0$ विलायक
जहाँ,
P घोल = विलयन का वाष्प दाब
X विलायक = विलायक का मोल अंश
P $^0$ विलायक = शुद्ध विलायक का वाष्प दाब

**68(A).** जैसा कि हम जानते है,
औसत परमाणु द्रव्यमान $= \{\sum(\%$ बहुतायत $\times$ समस्थानिक द्रव्यमान $)\}/100$
परमाणु संख्या: $= 16$
$Z_1$ का द्रव्यमान $= 16 + 16 = 32$
$Z_2$ का द्रव्यमान $= 16 + 18 = 34$
$32.1 = \frac{(32x+34(100-x))}{100}$
$3210 = 32x + 3400 - 34x$
$190 = 2x$
$x = 95\%$
इस प्रकार, $Z_1 = 95\%$ और
$Z_2 = 100\% - 95\% = 5\%$

**69(B).** दिया गया है:
आवृत्ति, $\nu = 1368$ kHz
हम जानते है:
विद्युत चुम्बकीय विकिरण की ऊर्जा,
$(E) = \frac{hc}{\lambda} = h\nu$
इसलिए,
$\frac{c}{\lambda} = \nu$
$\Rightarrow \lambda = \frac{c}{\nu}$
$\lambda = \frac{3\times10^8}{1368\times10^3}$
$= 219.3$ m

**70(B).** Ionization potential is also called ionization energy, it is actually the energy required to remove an electron from an isolated molecule or an atom.
We can write the equation of ionization potential as:
The energy release here is:
$Na \rightarrow Na^+ + e^-$
We can consider this equation as first ionization enthalpy
Here, the value of $\Delta H$ is $= 5.1eV$ , that is the first ionization enthalpy
Now, have to find the value of electron gain enthalpy of $Na^+$ , so we can write the equation as:
$Na^+ + e^- \rightarrow Na$
We can consider this equation as second ionization enthalpy.
We can see here that the second equation is the reverse of the first equation, and we know the value of first equation, so the value of second equation will be:
Here, the value of $\Delta H$ is $= -5.1eV$ , that is the electron gain enthalpy. This value is equal in magnitude and opposite in sign to the first ionization energy of $Na$ .

**71(B).** Ionization enthalpy is the minimum amount of energy required to remove the most loosely bound electron or the most outer shell electron of an isolated neutral gaseous atom or molecule. As one moves across a period i.e. left to right in the periodic table, the ionization enthalpy of an element increases. This is due to the fact that the electrons are more tightly bound by the higher effective nuclear charge. As we move down into the group the ionization energy of the elements decreases, because the electrons are held in an outer orbital which is away from the nucleus and therefore, are less tightly bound. As a result the ionization enthalpy decreases.
Ar has higher ionization enthalpy because it is a noble gas of period 3.
In case of Ba it is in 6 period and more metallic character that makes its ionization energy lowest.
Among Ca, S and Se, Ca has lower ionization energy as it is a metal.
From S and Se, S has higher Ionization energy as it is of period 3 and Se belongs to period 4.
So, by the above properties we can conclude that the correct order of increasing first ionization enthalpy for Ca, Ba, S, Se, and Ar is $Ba < Ca < Se < S < Ar$ .

**72(D).** $NO_2^+$ : के sp संकरण के कारण आयन $N^+$, $NO_2^+$ आयन का आकार रैखिक होता है।

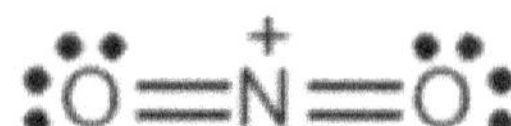


$NO_2^-$ : N -परमाणु $sp^2$ संकरण और उस पर एक अकेले जोड़े की उपस्थिति के कारण $NO_2$ का कोणीय आकार होता है।

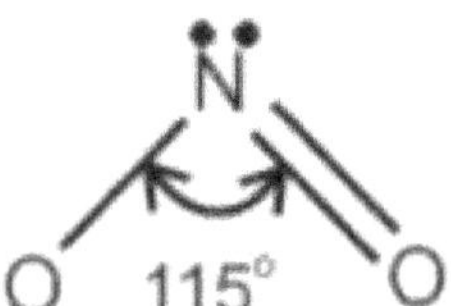


$O_3$ : V-के आकार का

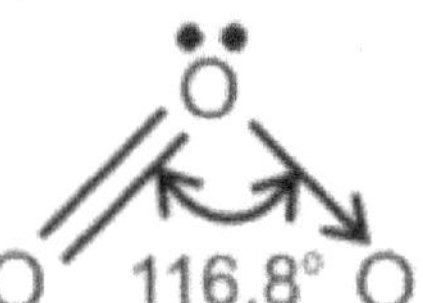


$SO_2$ : तीन $sp^2$ हाइब्रिड ऑर्बिटल्स में से एक में इलेक्ट्रॉनों की एक अकेली जोड़ी की उपस्थिति और S परमाणु के $sp^2$ संकरण के कारण, $SO_2$ अणु में कोणीय (V-आकार) संरचना होती है।

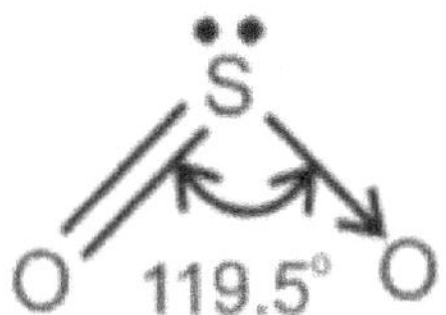


**73(D).** ध्रुवीय बंधन वाली प्रजातियां और गैर ध्रुवीय होंगी यानी, यदि सभी द्विध्रुवों का परिणाम सममित संरचना के कारण रद्द कर दिया जाता है, तो शून्य द्विध्रुवीय क्षण होता है।

| प्रजातियाँ | संरचना | द्विध्रुव आघूर्ण |
|---|---|---|
| $BF_3$ | F, B, F, F (त्रिकोणीय) | $\mu = 0$ |
| $BeF_2$ | F ⇄ Be ⇄ F | $\mu = 0$ |
| $CO_2$ | O ⇄ C ⇄ O | $\mu = 0$ |
| Cl—⌬—Cl | Cl⇄⌬⇄Cl | $\mu = 0$ |
| $NH_3$ | H, N, H, H | $\mu \neq 0$ |
| $H_2O$ | H, O, H | $\mu \neq 0$ |
| HF | H ⇄ F | $\mu \neq 0$ |
| Cl—⌬—Cl (मेटा) | Cl⇄⌬⇄Cl | $\mu \neq 0$ |
| $NF_3$ | F, N, F, F | $\mu \neq 0$ |

**74(A).** ऊष्मागतिकी के प्रथम नियम के अनुसार,
$\Delta U = q + W \ldots.$ (i)
जहां
$\Delta U =$ एक प्रक्रिया के लिए आंतरिक ऊर्जा में परिवर्तन
$q =$ ऊष्मा
$W =$ कार्य
दिया हुआ
$q = +701$ J (चूंकि गर्मी अवशोषित होती है)
$W = -394$ J (चूँकि कार्य प्रणाली द्वारा किया जाता है)
व्यंजक (i) में मानों को रखने पर हमें प्राप्त होता है
$\Delta U = 701 \text{ J} + (-394 \text{ J})$
$\Delta U = 307$ J
इसलिए, दी गई प्रक्रिया के लिए आंतरिक ऊर्जा में परिवर्तन 307 J है।

**75(D).** एक स्वतःस्फूर्त प्रतिक्रिया के लिए, $\Delta G =$ ऋणात्मक
और संतुलन पर $\Delta G = 0$ यानी $\Delta H = T\Delta S$
$T = \frac{170 \times 10^3}{170}$
$T = 1000$ K
इसलिए, इस तापमान पर, प्रतिक्रिया संतुलन पर होती है यानी $\Delta G = 0$ और इस तापमान से ऊपर $\Delta G$ ऋणात्मक होगी और प्रतिक्रिया सहज होगी।

**76(B).** $CH_3COOH + HF \rightleftharpoons CH_3COOH_2^+ + F^-$
$HF$, $CH_3COOH$ को $H^+$ आयन देता है
इसलिए यह अम्ल है, इसका संयुग्म क्षार $F^-$ है

**77(B).** अवक्षेप केवल तब बनेगा
जब,
आयनित उत्पाद > घुलित उत्पाद
$CaF_2$ इस प्रकार अलग होता है,
$CaF_2 \rightleftharpoons Ca^{2+} + 2F^-$
इस प्रकार,
आयनित उत्पाद $= [10^{-2}][10^{-3}]^2$
$= 10^{-2} \times 10^{-6} = 10^{-8}$
यह मान $K_{sp}$ से अधिक है,
अर्थात्
$1.7 \times 10^{-10}$,
इसलिए अवक्षेप बनेगा

**78(B).** जब $H_2O_2$ (-1 ऑक्सीडेशन स्टेट) एक कम करने वाले एजेंट के रूप में कार्य करता है, तो $H_2O_2$ की ऑक्सीजन $O_2$ (0 ऑक्सीकरण अवस्था) में ऑक्सीकृत हो जाती है और बुलबुले नजर आते हैं। एक कम करने वाले एजेंट के रूप में:
$Cl_2 + H_2O_2 \rightarrow 2HCl + O_2$ इसलिए ऊपर की प्रतिक्रिया क्लोरीन स्पष्ट रूप से एचसीएल में बदल जाती है।

**79(C).** एक ऊष्माशोषी अभिक्रिया के लिए, पिछली अभिक्रिया के लिए सक्रियता ऊर्जा, आगे की प्रतिक्रिया की सक्रियता ऊर्जा और अभिक्रिया की तापीय धारिता के बीच के अन्तर के बराबर होगा।
इस प्रकार अभिक्रिया B→A के लिए सक्रियता ऊर्जा 50–15=35 kJ/mole है

**80(B).** प्रेक्षित मोलर द्रव्यमान $= 65.6$
सामान्य मोलर द्रव्यमान $= 164$
इसलिए, $i \times 65 \cdot 6 = 164$
$i = \frac{164}{65.6} = 2.5$
और हम जानते हैं कि, $i = 1 + \alpha(n-1)$
$n = 3$, क्योंकि एक $M^+$ और दो $X^{-1}$ मौजूद हैं।
इसलिए, $2.5 = 1 + \alpha(3-1)$
$\alpha = \frac{1.5}{2}$
$\alpha = 0.75$
$\alpha\% = 0.75 \times 100 = 75\%$

**81(B).** NaOH के सहस्राब्दी $= 0.1 \times 100 \times 1 = 10$
$H_2SO_4$ के सहस्राब्दी $= 0.02 \times 100 \times 2 = 4$
उदासीनीकरण के बाद NaOH के शेष सहस्राब्दी $= 10 - 4 = 6$
समकक्षों की संख्या $= 6 \times 10^{-3}$
समकक्षों की संख्या = {(द्रव्यमान)/(समतुल्य द्रव्यमान)}
फिर द्रव्यमान $= 6 \times 10^{-3} \times 40 = 24 \times 10^{-2}$
तब NaOH की मात्रा $= 0.24$ ग्राम

**82(B).** फ़्यूज़्ड NaCl के इलेक्ट्रोलिसिस का उपयोग धात्विक सोडियम के उत्पादन के लिए किया जाता है। ऑक्सीकरण एनोड पर तथा अपचयन कैथोड पर होता है।

**83(B).** नेर्न्स्ट समीकरण को लागू करने पर हमारे पास:
$E_{cell} = E^{\theta}_{cell} - \frac{0.0591}{n} \log \frac{Ni^{2+}}{[Ag^+]^2}$
$= 1.05 - \frac{0.0591}{2} \log \frac{(0.160)}{(0.002)^2}$
$= 1.05 - 0.02955 \log \frac{0.16}{0.000004}$
$= 1.05 - 0.02955 \log 4 \times 10^4$
$= 1.05 - 0.02955(\log 10000 + \log 4)$
$= 1.05 - 0.02955(4 + 0.6021)$
$= 0.914$ V
अत: विकल्प (B) सही है I

**84(B).** प्रथम क्रम की प्रतिक्रिया के लिए,
$[A] = [A_0]e^{-kt}$
जहाँ,
k = प्रथम क्रम दर स्थिरांक
$[A]_0$ = प्रारंभिक सांद्रता
[A] = समय 't' पर सांद्रता

उपरोक्त समीकरण से हम बना सकते हैं:

इस प्रकार, हम कह सकते हैं कि समय के साथ अभिकारकों की सांद्रता घातीय रूप से घटती जाएगी।
अतः विकल्प (B) स ही है।

**85(A).** अरहेनियस समीकरण:
$K = Ae^{-Ea/RT}$
जैसा कि, $T \to \infty$
$RT \to \infty$
$\frac{-Ea}{RT} \to 0$
$e^{-Ea/RT} \to 1$
इसलिए, $T \to \infty$ के रूप में $K \to A$,
$\therefore T \to \infty$ के रूप में K का मान $= 6.0 \times 10^{14}\ s^{-1}$

**86(A).** मरक्यूरस क्लोराइड $HgCl_2$ क्रोमिल क्लोराइड परीक्षण से नहीं गुजरता है। ऐसा इसलिए है क्योंकि मरक्यूरस क्लोराइड अन्य यौगिक की तुलना में अधिक सहसंयोजक लक्षण दिखाता है।
मरक्यूरस क्लोराइड के अतिरिक्त सोना, चाँदी तथा प्लेटिनम के क्लोराइड भी क्रोमिल क्लोराइड परीक्षण नहीं देते हैं।
इस प्रकार, $HgCl_2$ यौगिक धनात्मक क्रोमिल क्लोराइड परीक्षण नहीं देगा।

**87(D).** (a) संक्रमण धातुओं और उनके यौगिकों की उत्प्रेरक गतिविधि कई ऑक्सीकरण अवस्था को अपनाने की उनकी क्षमता और उनके रंग से संबंधित है।
(b) मिश्रधातु दो या दो से अधिक धातुओं के घटकों को पिघलाकर और फिर पिघल को ठंडा करके प्राप्त सजातीय ठोस विलयन हैं। ये उन धातुओं से बनते हैं जिनकी परमाणु त्रिज्या 15% से अधिक भिन्न नहीं होती है ताकि एक धातु के परमाणु दूसरे के क्रिस्टल जालक में आसानी से स्थिति ग्रहण कर सकें।
(c) $Sc^{3+}$ के संयोजी कोष में $3d^0$ कॉन्फ़िगरेशन है, इसलिए उनके जलीय घोल रंगहीन हैं। अन्य सभी यानी $Ti^{3+}$, $V^{3+}$, $Mn^{2+}$, $Fe^{2+}$ और $Co^{2+}$ जलीय माध्यम में रंगीन होते हैं।
(d) धातु आयनों के तुलनात्मक रूप से छोटे आकार, उनके उच्च आयनिक आवेश और बंधन निर्माण के लिए रिक्त डी-ऑर्बिटल्स की उपलब्धता के कारण संक्रमण धातुएं बड़ी संख्या में जटिल यौगिक बनाती हैं।
इस प्रकार, कथन (a), (b) और (d) सही हैं।

**88(B).** यह एक सहयोगी यौगिक है। जिसमें $K_2$ धनायन भाग है और $(Zn(OH)_4)$ ऋणात्मक भाग है।
$(Zn(OH)_4)$ एक जटिल आयन है और यहां लिगैंड OH आयनिक लिगैंड है।
जैसा कि हम जानते हैं, एनीओनिक लिगैंड्स -आइड के बजाय -ओ में समाप्त होते हैं और उपयुक्त ग्रीक उपसर्ग के साथ लिगैंड की संख्या इंगित करते हैं: डी-, ट्राई-, टेट्रा-, पेंटा-, हेक्सा-, आदि। यहां लिगैंड की संख्या 4 यानी टेट्रा। तो इसका नाम टेट्राहाइड्रॉक्सो होगा।
यदि धातु एक आयनिक जटिल आयन में है, तो अंत में -एट का उपयोग होगा। इसके बाद हम रोमन में धातु की ऑक्सीकरण अवस्था लिखेंगे। यहाँ धातु जिंक $(Zn)$ और इसकी ऑक्सीकरण अवस्था 2 है। तो इसे पोटैशियम टेट्राहाइड्रॉक्सोजिनकेट (II) नाम दिया जाएगा।

**89(B).** मिश्रण $[Co(NH_3)_5(NO_2)]^{2+}$ और $[Co(NH_3)_5(ONO)]^{2+}$ लिगेंड की उपस्थिति के कारण बंधनी समावयवी कहलाते हैं। यह एक उभयलिंगी लिगेंड है जो एक से अधिक तरीकों से समन्वय करने में सक्षम है, अर्थात $NO_2^-/ONO^-$.

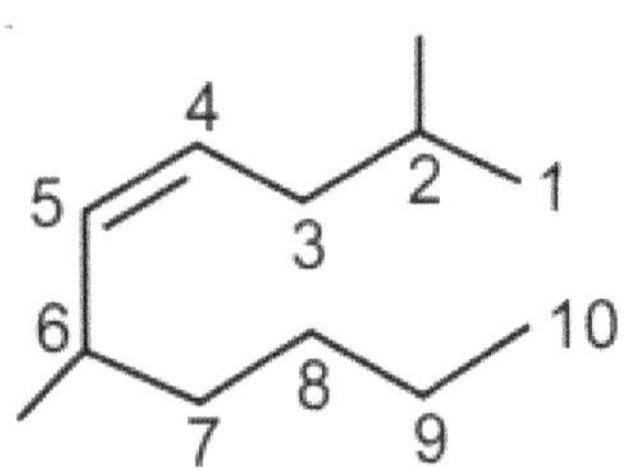


**90(B).**

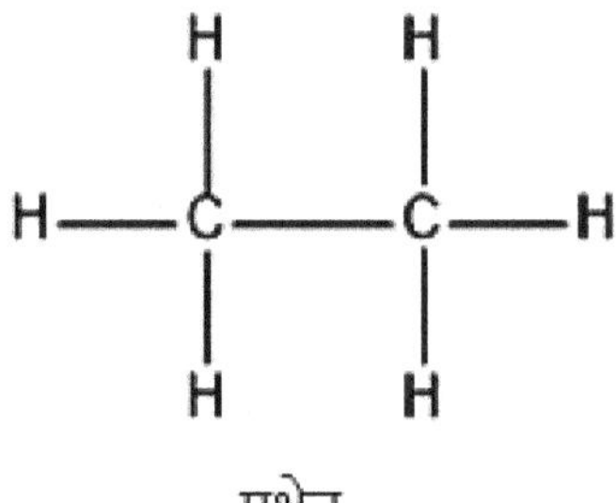


2, 6-डाइमिथाइल-डेक-4-ईन

**91(A).** सूत्र $C_4H_{10}O$ वाले यौगिक ईथर हो सकते हैं जो मध्यावयवता प्रदर्शित कर सकते हैं। उदाहरण के लिए:

$CH_3 - CH_2 - O - CH_2 - CH_3$, $CH_3 - O - \underset{CH_3}{\underset{|}{CH}} - CH_3$

और $CH_3 - O - CH_2 - CH_2 - CH_3$ मध्यावयव होते हैं क्योंकि अल्काइल श्रृंखलाओं की संरचना कार्यात्मक समूह के चारों ओर भिन्न होती है।

**92(C).** $C_2H_6$ यौगिक में 7 सहसंयोजक बंध होते हैं।
एथेन अणु की संरचना नीचे दी गई है।

$$\begin{array}{ccccc} & H & & H & \\ & | & & | & \\ H - & C & - & C & - H \\ & | & & | & \\ & H & & H & \end{array}$$

एथेन

उपरोक्त संरचना से, हम देख सकते हैं कि एथेन अणु में 6 C – H सहसंयोजक बंध और एक C – C सहसंयोजक बंध हैं। इसलिए, C – C और C – H के सहसंयोजक बंधों को जोड़ने पर, हम कह सकते हैं कि एथेन अणु में 7 सहसंयोजक बंध होते हैं।

**93(C).** आइसोब्यूटेन वुर्ट्ज अभिक्रिया से प्राप्त करने के लिए उपयुक्त नहीं है। वुर्ट्ज अभिक्रिया के माध्यम से आइसोब्यूटेन का निर्माण संभव है, लेकिन बहुत सारे सह-उत्पाद भी बनेंगे। इसलिए, यह आइसोब्यूटेन के लिए उपयुक्त नहीं है।
वुर्ट्ज अभिक्रिया कार्बन परमाणुओं की एक समान संख्या वाली ऐल्केनों के निर्माण के लिए संभव है।

**94(C).** गर्मी की उपस्थिति में क्लोरीन मिथाइल ट्राइक्लोराइड समूह बनाने के लिए मिथाइल समूह में मौजूद हाइड्रोजन परमाणुओं को प्रतिस्थापित करेगा। यह यौगिक (A) बन जाता है।

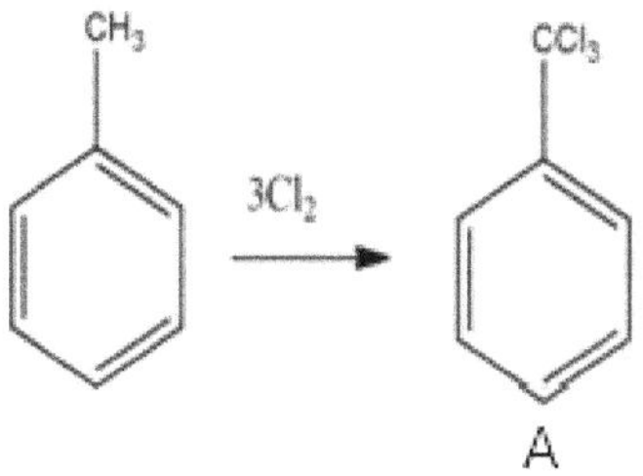


गठित यौगिक अगले अभिकर्मक के साथ प्रतिक्रिया करता है जो $Br_2/Fe$ है। अभिकर्मक एक ब्रोमीन इलेक्ट्रोफाइल बनाता है जो सुगंधित यौगिक की मेटा स्थिति से जुड़ता है। यह यौगिक (B) है ।

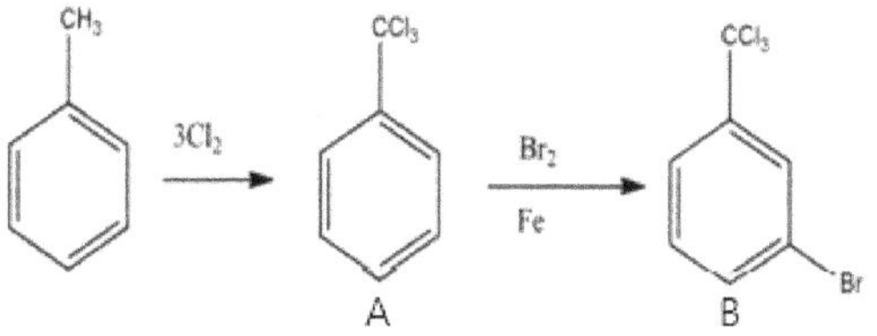


एक बार उत्पाद (B) बनने के बाद, यौगिक को हाइड्रोक्लोरिक एसिड की उपस्थिति में निर्जल जिंक क्लोराइड के साथ प्रतिक्रिया करने के लिए बनाया जाता है। यह अभिकर्मक बाहरी कार्बन परमाणुओं के साथ मौजूद क्लोरीन परमाणुओं को हाइड्रोक्लोरिक एसिड से हाइड्रोजन परमाणु के साथ बदल देता है। यह यौगिक (C) है।

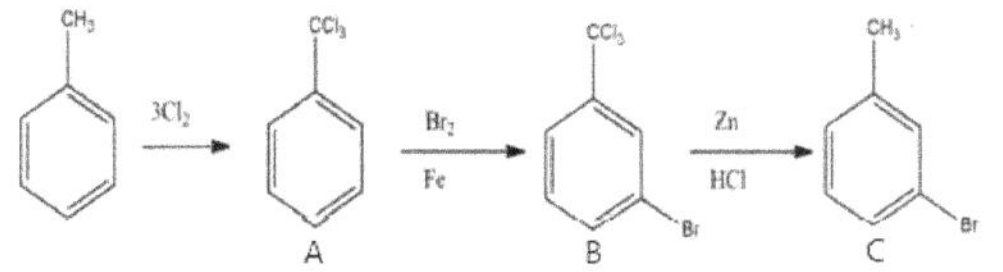


**95(D).** प्रश्न के अनुसार,

$R-H+Br_2 \xrightarrow{\text{Substitution}} R-Br+HBr$

$2R-Br+2Na \xrightarrow{\text{wurtz}}$ अभिक्रिया $R-R+2Na^{+}Br^{-}$

प्रतिस्थापन अभिक्रिया में ऐल्केन ऐल्किल ब्रोमाइड उत्पन्न करते हैं और वुर्ट्ज़ अभिक्रिया में दो ऐल्किल हैलाइड ������(Na) धातु से अभिक्रिया करके उच्च ऐल्केन बनाते हैं। चूंकि वर्ट्ज़ प्रतिक्रिया के बाद, गैसीय हाइड्रोकार्बन में 4 कार्बन परमाणु से कम होते हैं। इसलिए, ' R ' में केवल 1 कार्बन परमाणु होना चाहिए। तो A $CH_4$ है।

**96(A).** फेनॉल्स सोडियम बाइकार्बोनेट के साथ अभिक्रिया नहीं करते हैं। फेनॉल्स दुर्बल अम्ल होते हैं और बाइकार्बोनेट आयन इतने प्रबल नहीं होते हैं कि वे फिनोल से $H^+$ ले सकें।

**97(D).** फिनोल में $O-H$ समूह सीधे बेंजीन रिंग से जुड़ा होता है। $O-H$ के ऑक्सीजन पर मौजूद इलेक्ट्रॉनों की अकेली जोड़ी अनुनाद के माध्यम से एक बेंजीन रिंग के साथ साझा की जाती है जिससे ऑक्सीजन पर आंशिक धनात्मक $(+ve)$ आवेश बनता है। इसलिए, आने वाले प्रोटॉन पर हमला करना इतना आसान नहीं है, इस प्रकार यह सबसे कठिन हो जाता है।
तो, वह यौगिक जिसको प्रोटोनित करना सर्वाधिक कठिन है, वह फीनॉल है।

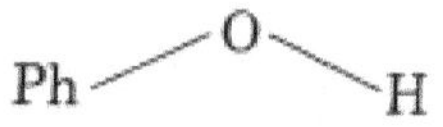


**98(B).** 'नाइट्रस अम्ल के साथ अभिक्रिया करने पर ऐऐरिलामाइन फिनोल उत्पन्न करता है' प्राथमिक एमीन के लिए गलत है।
प्राथमिक एमीन वे एमीन हैं जिनके एक हाइड्रोजन को कुछ अन्य समूहों जैसे $CH_3$, $CH_3CH_2$ आदि द्वारा प्रतिस्थापित किया जाता है या वे एमीन जिनमें एक $C-N$ बंध उपस्थित होता है। उदाहरण:
$H_3C-NH_2, H_3C-CH_2-NH_2$
ऐरिलामाइन (यदि यह प्राथमिक है) नाइट्रस अम्ल के साथ अभिक्रिया पर डाइऐज़ोनियम लवण देता है।

**99(D).** एल्काइल प्राथमिक एमीन नाइट्रस अम्ल के साथ अभिक्रिया करने पर ऐल्कोहॉल बनाती है।
प्राथमिक एमीन नाइट्रस अम्ल के साथ अभिक्रिया करके प्राथमिक ऐल्कोहॉल बनाती है।
$RNH_2+HONO \rightarrow ROH+H_2O+N_2$
प्राथमिक एमीन के परीक्षण के लिए कार्बिलएमीन अभिक्रिया का उपयोग किया जाता है।
$RNH_2 \xrightarrow{CHCl_3,KOH} R-N\equiv C$
प्राथमिक एमीन अमोनिया की तुलना में अधिक क्षारीय होते हैं, क्योंकि प्राथमिक एमीन में एक $-R$ समूह होता है जो N परमाणु को इलेक्ट्रॉन देता है, जिससे नाइट्रोजन पर मुक्त रूप से उपलब्ध इलेक्ट्रॉनों में वृद्धि होती है, इसलिए क्षारीयता बढ़ जाती है।

**100(B).** एक वैकल्पिक रूप से निष्क्रिय पदार्थ एक पदार्थ है जिसमें ऑप्टिकल गतिविधि नहीं होती है, अर्थात एक पदार्थ जो तल-ध्रुवीकृत प्रकाश के तल को घुमाता नहीं है। ग्लाइसिन को छोड़कर लगभग सभी प्राकृतिक अमीनो एसिड वैकल्पिक रूप से सक्रिय हैं। (अर्थात ग्लाइसिन वैकल्पिक रूप से निष्क्रिय है) ऐसा इसलिए है क्योंकि ग्लाइसिन की संरचना में चिरल कार्बन नहीं होता है। ऑप्टिकल गतिविधि किसी पदार्थ की प्रकाश की किरण के ध्रुवीकरण के विमान को घुमाने की क्षमता है जो इसके माध्यम से गुजरती है।

**101(C).** गैग्ने के पदानुक्रमित सिद्धांत में सीखने का सिग्नल लर्निंग सीखने का पहला चरण है।
रॉबर्ट गैग्ने एक प्रमुख शैक्षिक मनोवैज्ञानिक हैं, जिनके विचार "सीखने की शर्तों" पर आम तौर पर हर शिक्षण-सीखने की प्रक्रिया में नियोजित होते हैं। वह उन कारकों की पहचान करता है जो मानव सीखने की जटिल प्रकृति के लिए जिम्मेदार हैं और उनके दृष्टिकोण का उपयोग अक्सर निर्देशात्मक तकनीक, जो व्यवहार संशोधन और 'प्रदर्शन या योग्यता-आधारित शिक्षा से जुड़ी है, को कम करने के लिए किया जाता है। सिग्नल लर्निंग में, व्यक्ति किसी दिए गए सिग्नल के लिए एक सशर्त प्रतिक्रिया प्राप्त करता है।

**102(B).** शिक्षक छात्रों को विविध सामग्री प्रदान करके और उनकी सामग्री का पता लगाने के लिए प्रोत्साहित करके छात्रों में समस्या सुलझाने के कौशल को बढ़ावा दे सकते हैं।
शिक्षक निम्नलिखित द्वारा छात्र में समस्या-समाधान कौशल को बढ़ावा दे सकता है:
- प्रत्येक बच्चे के लिए विविध सामग्रियों के साथ अवसर प्रदान करना।
- बच्चों को अपनी गति से विकसित और सीखने की अनुमति देना।
- एक तनाव मुक्त उत्तेजक और सीखने के माहौल को सक्षम करना।
- बच्चों को अन्वेषण, निरीक्षण और प्रयोग करने की अनुमति देना।
- बच्चों को उनके कौशल और क्षमताओं को विकसित करने में मदद करना।
- बच्चों के पिछले अनुभवों और सीखने पर अनुभवों का निर्माण।
- सीखने के बहुत सारे अवसर प्रदान करना और उन्हें दिए गए अवसरों और सामग्रियों का पता लगाने के लिए प्रोत्साहित करना।

**103(C).** डिस्लेक्सिया में पढ़ने और वर्तनी में कठिनाई होती है।
अधिगम अक्षमता तंत्रिका संबंधी विकार को संदर्भित करती है जो संज्ञानात्मक हानि का कारण बनती है। डिस्लेक्सिया, डिस्ग्राफिया, डिस्क्लेकुलिया आदि सीखने की अक्षमता का उदाहरण हैं।
डिस्लेक्सिया सबसे आम सीखने की विकलांगता है जो शिक्षार्थियों बनाता है:
- वर्णमाला के समान आकृतियों और ध्वनियों के साथ भ्रमित होने में।
- अक्षरों और शब्दों को पढ़ने, व्याख्या करने और समझने में असमर्थ होने में ।
- अक्षरों और शब्दों के साथ भाषण की पहचान करने और संबंधित ध्वनियों में घबराहट महसूस करने में।

**104(A).** ब्लूम की पाठ योजना उद्देश्य पर आधारित है।
बेंजामिन ब्लूम ने शैक्षिक उद्देश्यों का वर्गीकरण या श्रेणीकरण विकसित किया। इन उद्देश्यों को तीन पक्ष में विभाजित किया गया था: संज्ञानात्मक, भावात्मक और मनोक्रियात्मक। तीनों पक्षों से वास्तविक

जीवन व्यवहार में एक साथ होता है। उदाहरण के लिए, जब छात्र (मनोक्रियात्मक) लिख रहे होते हैं, तो वे (संज्ञानात्मक) भी याद कर रहे होते हैं या स्मरण करते हैं, और वे कार्य के प्रति कुछ भावनाएँ या भाव (स्नेह) रखते हैं।

**105(B).** टैक्सोनॉमी में, ब्लूम ने सीखने के तीन डोमेन की पहचान की जिसमें संज्ञानात्मक, भावात्मक और रचनात्मक या साइकोमोटर शामिल हैं।
संज्ञानात्मक क्षेत्र में मानसिक कौशल शामिल होते हैं जिन्हें सीखने के छह स्तरों में वर्गीकृत किया जाता है जो बौद्धिक कौशल और अधिग्रहण शक्ति के विकास में काम करते हैं।
ब्लूम के वर्गीकरण के अनुसार संज्ञानात्मक डोमेन
याद रखें: दीर्घकालिक स्मृति से प्रासंगिक ज्ञान प्राप्त करना।
समझें: निर्देशात्मक संदेशों से अर्थ का निर्माण करें, जिसमें मौखिक, लिखित और ग्राफिक संचार शामिल हैं।
लागू करें: किसी दी गई स्थिति में एक प्रक्रिया को अंजाम देना या उसका उपयोग करना। उदाहरण के लिए, प्रश्न, "क्या बार-बार हाथ धोने से अतिसार संबंधी रोगों की घटनाओं में कमी आएगी?" आवेदन के बारे में है।
विश्लेषण करें: सामग्री को उसके घटक भागों में तोड़ें और निर्धारित करें कि भाग एक दूसरे से और समग्र संरचना या उद्देश्य से कैसे संबंधित हैं।
मूल्यांकन करें: मानदंड या मानकों के आधार पर निर्णय लें।
बनाएँ: एक सुसंगत या कार्यात्मक संपूर्ण बनाने के लिए तत्वों को एक साथ रखें; तत्वों को एक नए पैटर्न या संरचना में पुनर्गठित करें।
इसलिए, हम यह निष्कर्ष निकालते हैं कि उपरोक्त प्रश्न आवेदन से संबंधित है।

**106(B).** कक्षा V में दो पत्तियों के क्षेत्रफल की तुलना करने के लिए आलेख (ग्राफ़) पेपर साधन सर्वाधिक उपयुक्त है ।

**107(D).** यह पाया गया है कि प्राथमिक स्तर पर गणितीय संकल्पनाओं को समझने में 'खेल' सहायक होते है, क्योंकि, 'खेल' संकल्पनाओं के प्रसारण का अवसर उपलब्ध कराते हैं।

**108(D).** एक अध्यापक कक्षा 1 में शिक्षार्थियों को 'संख्या' विषय का ज्ञान दे रहा है। अध्यापक द्वारा अंको का परिचय तभी दिया जाना साथ चाहिए, जब शिक्षार्थियों को गणना का अनुभव उपागम अनुसरण करना सबसे अधिक उपयुक्त है ।

**109(A).** कक्षा परिचर्चाएँ बच्चे के समग्र व्यक्तित्व को आकार देने या निर्माण करने में महत्वपूर्ण भूमिका निभाती हैं। परिचर्चाएँ बच्चे को न केवल उसके दृष्टिकोण को प्रस्तुत करने में मदद करती हैं, बल्कि दूसरे की धारणा का भी पता लगाने में मदद करती हैं और इससे बच्चे की सर्वांगीण सोच को आकार देने में मदद मिलती है।

- जेंडर रूढ़िवादिता अपेक्षाकृत स्थिर और अतिव्यापक अभिवृत्ति और व्यवहार को संदर्भित करता है जो किसी व्यक्ति विशेष के लिए उसके जैविक लिंग के आधार पर सामान्य और उपयुक्त माना जाता है।
- जेंडर रूढ़िवादिता अतिव्यापक हैं। उदाहरण के लिए, एक पुरुष कह सकता है कि महिलाएं लड़ाई के लिए नहीं हैं, जबकि एक महिला कह सकती है कि पुरुष कुछ नहीं करते हैं लेकिन खेल देखते हैं। इस तरह के भाव जेंडर रूढ़िवादिता का प्रतिनिधित्व करते हैं, जो लिंग के आधार पर एक पूरे समूह की विशेषताओं के बारे में अतिव्यापक हैं।
- जबकि महिलाओं को पश्चिमी देशों में 20वीं शताब्दी के उत्तरार्ध तक सैन्य युद्ध में सेवा करने से रोक दिया गया था, हाल के दिनों में उन्होंने लड़ाकू भूमिका में पुरुषों के समान कार्य किया है। और जबकि कई पुरुष खेल देख सकते हैं, सभी पुरुष जरूरी नहीं कि ऐसा करें। जेंडर पक्षपात पर इस तरह की परिचर्चा बच्चों की जेंडर रूढ़िवादिता को कम करने के लिए एक प्रभावी रणनीति है।

**110(D).** वैचारिक विकास के साथ भावनात्मक समझ में प्रगति बच्चों को अपनी और दूसरों की भावनाओं को बेहतर ढंग से समझने में सक्षम बनाती है। इसलिए, अवधारणाओं के साथ उचित समझ सीखने की प्रक्रिया के निर्माण खंड के रूप में मदद करती है।
अवधारणाओं की समझ विकसित करने के लिए निर्माण ब्लॉक:

- सुनना: एक बच्चे को उपयुक्त भाषा मॉडल सुनने और उसके बाद उपयुक्त भाषा का प्रयोग सुनिश्चित करने के लिए पर्याप्त सुनने की क्षमता होनी चाहिए।
- ध्यान और एकाग्रता: निरंतर प्रयास, बिना दिमाग भटके हुए काम करना, और कार्य के पूरा होने तक उस प्रयास को लंबे समय तक धारण करने में सक्षम होना।
- खेल कौशल: स्व-प्रेरित गतिविधियों में स्वैच्छिक जुड़ाव जो आम तौर पर आनंद और आनंद से जुड़े होते हैं जहां गतिविधियां लक्ष्य-उन्मुख हो सकती हैं, (लेकिन जरूरी नहीं)।
- अवधारणाओं की समझ: वैचारिक परिवर्तन अक्सर सिद्धांत परिवर्तन और उदाहरणों का रूप लेता है, क्योंकि अवधारणाओं को सिद्धांतों में अंतर्निहित माना जाता है और उदाहरणों और प्रति-साक्ष्यों के माध्यम से उनका व्यावहारिक प्रदर्शन, जो बच्चे के मन में उत्पन्न होने वाली भ्रांतियों को दूर करने में मदद करता है, को "अनुभवहीन सिद्धांत" कहते हैं।
- निर्माणवाद सीखने की समझ बनाने, जानकारी की समझ बनाने और ज्ञान का उपयोग करने में शिक्षार्थी की सक्रिय भूमिका पर जोर देता है जो अक्सर उनके पहले की गलत धारणाओं को चुनौती देता है और फिर स्पष्ट या विषय की उचित समझ का निर्माण करता है।

बच्चों द्वारा विभिन्न घटनाओं के बारे में बना ए गए अनुभवहीन सिद्धांतों को उदाहरणों और प्रति-साक्ष्यों को पेश करके चुनौती दी जानी चाहिए।

**111(D).** छात्र उनके आसपास की दुनिया के बारे में अपने ज्ञान और विचारों के साथ कक्षा में आते हैं। वे जिज्ञासु होते हैं और चीजों का अवलोकन,सहसंबंधन करते हैं, उनका अनुमान लगाते हैं, और सूचनाओं का आदान-प्रदान करते हैं। इसे करने के तरीकों में कक्षा में होने वाली चर्चा, सामूहिक जांच, और सामान्य रूप से अन्य सहयोगी कार्य जैसे समाचार पत्र, इंटरनेट, पेशेवरों, लोगों से जानकारी एकत्र करना, और इसी तरह की अन्य चीजें शामिल हैं।
जिज्ञासा एक स्वाभाविक वृत्ति है जिसका तात्पर्य, अनुसंधान और बातचीत के माध्यम से किसी चीज के बारे में अधिक जानना चाहते हैं। यह बच्चों को नई जानकारी प्राप्त करने, उनके पर्यावरण और उनके आसपास के लोगों के साथ बातचीत करने के लिए प्रोत्साहित करता है। यह वृत्ति व्यक्तिगत विकास को भी प्रोत्साहित करती है।
जब आप बार-बार बच्चों को केवल दंड से बचने या इनाम पाने के लिए सीखने की गतिविधियों में संलग्न होने के लिए कहते हैं, तो अंततः यह बच्चों की प्राकृतिक रुचि और उनके सीखने के अनुभवों में शामिल जिज्ञासा को कम करेगा।

**112(C).** मूल्यांकन एक सतत प्रक्रिया होनी चाहिए क्योंकि सतत मूल्यांकन निम्नलिखित में मदद करता है:

- शैक्षिक योजना के बारे में विश्वसनीय निर्णय लेना।
- सीखने की प्रक्रिया या कार्यक्रम की प्रभावशीलता का निर्धारण।
- छात्रों और शिक्षकों दोनों को रचनात्मक प्रतिक्रिया प्रदान करना।
- एक बच्चे की वृद्धि के शैक्षिक और सहशैक्षणिक दोनों पहलुओं का आकलन करना।
- एक शिक्षण-शिक्षण प्रक्रिया के विभिन्न चरणों के दौरान, यानी शुरुआत में, दौरान और अंत में।
- अपेक्षित शिक्षण उद्देश्यों के संबंध में शिक्षण पद्धति का मूल्यांकन करना।

**113(B).** मानकीकृत परीक्षण, व्यक्तिगत त्रुटि से स्वतंत्र होते हैं यानी पर्यवेक्षक द्वारा अपनाई गई एक दोषपूर्ण प्रक्रिया के कारण त्रुटि होती है।
मानकीकृत परीक्षण व्यापक रूप से मुख्यधारा की संस्कृति का प्रतिनिधित्व करता है जो उच्च कक्षा वाले छात्रों को संदर्भित करता है और इसलिए पक्षपाती होता है। वस्तुनिष्ठता के एक उच्च स्तर के कारण, यह दर्शाता है कि व्यक्तिगत त्रुटियों से किस हद तक बचा जा सकता है। किसी भी मानकीकृत परीक्षण में उच्च विश्वसनीयता और वैधता होनी चाहिए।

**114(A).** पूर्ण ग्रेडिंग में, एक छात्र के प्रदर्शन के आकलन के लिए संदर्भ बिंदु एक पूर्व निर्धारित मानक है। पूर्ण ग्रेडिंग में, प्रत्येक बिंदु मान को एक अक्षर ग्रेड दिया जाता है। यह वह प्रणाली है जिसके तहत प्राथमिक विद्यालय के अधिकांश छात्र हैं।

**115(D).** राष्ट्रीयता अधिगम की क्षमता को प्रभावित नहीं करती है। प्रत्येक व्यक्ति को अपने माता-पिता से अलग-अलग प्रकार की बुद्धि विरासत में

मिलती है।

**116(C).** शिक्षण की सक्रियता निम्नलिखित कक्षा-संबंधी कारकों द्वारा प्रभावित होती है:
- विद्यार्थियों का कार्य से पहले का व्यवहार।
- अध्यापक द्वारा अपनाया गया संप्रेषण का तरीका।
- प्रौद्योगिकीय सहायता/संसाधनों का उपयोग।

प्रभावी शिक्षण सबसे महत्वपूर्ण कारक है जो छात्रों में अधिगम को सुविधाजनक बनाता है। प्रभावी शिक्षण और अधिगम विभिन्न कारकों पर निर्भर हैं जिनमें अधिगमकर्ता के विशिष्ट लक्षण, शिक्षण की गुणवत्ता, शिक्षण रणनीतियों और विधियों का उचित उपयोग, प्रौद्योगिकीय सहायता, कक्षा-संबंधी कारक आदि शामिल हैं।

**117(D).** In the non-availability of Braille books, it is an appropriate activity to expand the description of the text by reading it at a slow motion.
Things to consider when teaching language to visually impaired children:
- Have opportunities for conversation and discussion in your own language.
- To present the experience of hearing different types of sounds (eg- rain, train, bus, hawker etc.), the experience of taste of an object etc. in one's own way in oral or sign language.
- Discussing your travel experience in a group.
- Visually impaired children should have access to language learning opportunities in an inclusive classroom. Inclusive classroom means a classroom in which all the children sit together, participate equally in all the activities and learn the same curriculum.
- Expand the description of the text by reading it slowly.
- To learn long passages or paragraphs with tactile or audio-visual information, i.e. verbal information.
- Make more use of spoken language.

**118(D).** Audio-Visual Aids: These are sensory devices, they provide a sensory experience to the learner, and i.e. the learners can see and hear simultaneously using their senses. These are instructional devices that are used to communicate messages more effectively through sound and visuals. For example, LCD project, Film projector, TV, Computer, VCD player, Multimedia, etc.
Benefits of using Audio-Visual Aids in Learning:
- Audio-Visual aids can enhance your presentations, they can increase the learner's understanding of the topic.
- Audio-visual aids activate the sense of both hearing and vision to enrich learner's knowledge by providing information about different subjects and boost their self-confidence and independence.
- It helps to present the lesson effectively involving both sound and pictures for heightening learner's intellectual abilities to make learning easy and interesting.
- Audio-visual aids are the types of learning equipment that maximizes learning with the help of auditory and visual system including LCD Projector, TV computer, video, multimedia, etc.

So, from the above-mentioned points, it becomes clear that audio-visual aids make learning easy, interesting, and effective.

**119(A).** आज शैक्षणिक मीडिया की एक श्रृंखला उपलब्ध है। अखबार, अपेक्षाकृत सस्ता और सार्वभौमिक रूप से उपलब्ध है, एक अमूल्य शिक्षा संसाधन है। इसके अलावा, विभिन्न प्रकार के अभिनव तरीकों से शिक्षा के लिए इलेक्ट्रॉनिक मीडिया की शैक्षिक क्षमता का दोहन किया जा सकता है। वीडियो, फिल्म, टेलीविजन, कंप्यूटर, इंटरनेट - ये सभी दुनिया को कक्षा में लाने की संभावना प्रदान करते हैं। मीडिया अधिगम-शिक्षण संसाधनों का एक सेट प्रदान करता है, जो लोकप्रिय और आसानी से उपलब्ध है। ईवीएस के लिए, मीडिया का उपयोग करने का मुख्य लाभ यह है कि छात्र वर्तमान पर्यावरणीय मुद्दों के बारे में सीखते हैं। ईवीएस के लिए मीडिया का उपयोग करने के कुछ विचारों में शामिल हैं:
- ईवीएस से संबंधित समाचार पत्रों की कटिंग का उपयोग करके ईवीएस में एक पहचाने गए विषय पर शोध कार्य या परियोजना का कार्य किया जा सकता है।
- प्रासंगिक पर्यावरणीय विषयों के संबंध में तथ्यों और राय पर पर्यावरण से संबंधित चैनलों और पत्रिकाओं का उपयोग करके चर्चा की जा सकती है।
- आप पत्रिकाओं या समाचार पत्रों से बच्चों को वैज्ञानिक या पर्यावरण से संबंधित कहानियाँ पढ़ने के लिए बना सकते हैं।
- यूजीसी द्वारा बच्चों को टेलीविज़न टेलीकास्ट पर कार्यक्रम देखने के लिए प्रोत्साहित किया जा सकता है। उन्हें इसके बारे में पहले से सूचित किया जा सकता है। और यह एक प्रासंगिक कक्षा सत्र से पहले या उसके बाद हो सकता है।
- पोस्टर और चित्रों के उपयोग के साथ, आप बच्चों को प्रासंगिक पर्यावरणीय चिंताओं पर अपने विचारों और विचारों को व्यक्त करने में मदद कर सकते हैं।

इसलिए, हम निष्कर्ष निकालते हैं कि मीडिया के सीखने के संसाधन के रूप में सभी बिंदु सही हैं।

**120(C).** सुशासन में शामिल हैं:
1. सामाजिक अंकेक्षण: सामाजिक अंकेक्षण किसी कंपनी के प्रयासों, प्रक्रियाओं, और सामाजिक जिम्मेदारी के बारे में आचार संहिता और समाज पर कंपनी के प्रभाव की औपचारिक समीक्षा है। एक सामाजिक अंकेक्षण एक आकलन है कि कंपनी सामाजिक लक्ष्यों के लिए अपने लक्ष्यों या बेंचमार्क को कितनी अच्छी तरह से प्राप्त कर रही है।
2. शक्तियों का पृथक्करण: शक्तियों का पृथक्करण तब होता है जब राज्य को तीन अलग-अलग सरकारी निकायों (विधायिका, कार्यकारी और न्यायपालिका) में विभाजित किया जाता है, और सभी तीन निकायों में अलग और स्वतंत्र शक्तियां और जिम्मेदारी के क्षेत्र होते हैं।
4. सूचना का अधिकार: सूचना का अधिकार प्रत्येक नागरिक को सरकार से किसी भी जानकारी की तलाश करने, किसी भी सरकारी दस्तावेजों का निरीक्षण करने और उसके बाद प्रमाणित फोटोकॉपी लेने का अधिकार देता है। सूचना का अधिकार नागरिकों को किसी भी सरकारी कार्य का निरीक्षण करने या किसी भी कार्य में प्रयुक्त सामग्री का नमूना लेने का अधिकार देता है।
अतः विकल्प (B) सही है।

**121(C).** शिक्षार्थी केंद्रित शिक्षण का अर्थ है शिक्षार्थियों को ज्ञान को सृजित करने का अवसर दिया जाता है और शिक्षक सीखने की प्रक्रिया में पथप्रदर्शन करता है।
यह दृढ़ता से मानता है कि जब बच्चों को अपनी गति से काम करने की स्वतंत्रता दी जाती है, तो वे अवधारणाओं को कुशलता से आत्मसात करने की क्षमता विकसित करते हैं।
शिक्षार्थी केंद्रित शिक्षण के लक्षण:
- यह अन्वेषण, अवलोकन और जांच के महत्व पर बल देता है।
- यहअधिगमकर्ताओ की क्षमताओं, योग्यताओ और सीखने की शैलियों को ध्यान में रखता है।

**122(B).** शिक्षण की खेलकूद विधि वृद्धि और विकास के सिद्धांत पर आधारित है।
शिक्षण की खेल विधि:
- खेल विधि एक पूर्ण संकुल है जो संवेगों, बुद्धि और कौशल मापदंडों के संदर्भ में विकसित करके बच्चे के समग्र विकास को सक्षम बनाता है।
- यह विकास और वृद्धि के मनोवैज्ञानिक सिद्धांतों पर आधारित है।
- यह न केवल व्यक्तिपरक विकास पर बल्कि बच्चे के संवेगात्मक विकास पर भी ध्यान केंद्रित करता है।
- इस विधिं में, खेल अंतर्नोद के रूप में कार्य करता है क्योंकि संपूर्ण शिक्षण पद्धति गतिविधि-आधारित सीखने के चारों ओर घूमती है। यह बच्चों के बीच अभिव्यक्ति और रचनात्मक कौशल को प्रोत्साहित करता है।

विकास और वृद्धि के मनोवैज्ञानिक सिद्धांत:
- विकास और वृद्धि के तीन सिद्धांत हैं: शीर्षभिमुख सिद्धांत, समीपोदूरस्थ सिद्धांत, और नियतविकासीय सिद्धांत।
- विकास और वृद्धि के ये अनुमानित स्वरूप हमें यह अनुमान लगाने की अनुमति देते हैं कि अधिकांश बच्चे कब और कैसे कुछ विशेषताओं का विकास करेंगे।
- वृद्धि व्यक्ति के शारीरिक परिवर्तनों का प्रतिनिधित्व करती है और विकास व्यक्ति के समग्र परिवर्तनों, संरचना और आकार का प्रतिनिधित्व करता है।
- विभिन्न चरणों में वृद्धि और विकास का ज्ञान शिक्षक के लिए बहुत आवश्यक है।
- शिक्षक को बच्चे के वृद्धि और विकास को प्रोत्साहित करना होगा। वह ऐसा तभी कर सकता है जब उसे विभिन्न चरणों में वृद्धि और विकास का उचित ज्ञान हो।

इसलिए, निम्न कक्षाओं में, शिक्षण की खेल विधि विकास और वृद्धि के मनोवैज्ञानिक सिद्धांतों पर आधारित है क्योंकि किसी व्यक्ति की वृद्धि (शारीरिक परिवर्तन) और विकास (समग्र परिवर्तन, संरचना और आकार) खेल के माध्यम से अधिगम के समय हो सकते हैं।

**123(A).** कोहलबर्ग के अनुसार, नैतिक विकास को समझने में एक महत्वपूर्ण अवधारणा समावेशन है, व्यवहार का विकासात्मक परिवर्तन जो बाहरी रूप से आंतरिक मानकों और सिद्धांतों द्वारा व्यवहार को नियंत्रित करता है।

**124(A).** दृश्य-श्रव्य साधन को शिक्षकों द्वारा पारंपरिक शिक्षण के लिए स्थानापन्न के रूप में माना जाना चाहिए क्योंकि इसमें निम्न होता है:
- शिक्षार्थी की बौद्धिक क्षमताओं को बढ़ाने के लिए पाठ को प्रभावी ढंग से प्रस्तुत करता है।
- शिक्षार्थी के ज्ञान को समृद्ध करने के लिए श्रवण और दृष्टि दोनों की भावना को सक्रिय करता है।
- ऐसी जटिल अवधारणाओं का परिचय देता है जो अन्य शिक्षण साधन द्वारा प्रस्तुत नहीं की जा सकती हैं।
- इसमें एल.सी.डी. प्रोजेक्टर, टी.वी., कंप्यूटर, वीडियो, फिल्म प्रोजेक्टर, वर्चुअल क्लासरूम आदि शामिल हैं।

इस प्रकार, यह निष्कर्ष निकाला जा सकता है कि दृश्य-श्रव्य साधन को शिक्षकों द्वारा पारंपरिक शिक्षण के लिए स्थानापन्न के रूप में माना जाना चाहिए।

**125(B).** प्रदर्शन विधि के माध्यम से शिक्षण के दौरान छात्रों की अधिकतम भागीदारी निदर्शन पद्धति के द्वारा संभव है। एक प्रदर्शन किसी को पढ़ाने की एक प्रक्रिया है कि कैसे एक कदम-दर-चरण प्रक्रिया में कुछ बनाना या करना है। प्रदर्शन अक्सर तब होता है जब छात्रों को सिद्धांतों को वास्तविक अभ्यास से जोड़ने में कठिन समय होता है या जब छात्र सिद्धांतों के अनुप्रयोगों को समझने में असमर्थ होते हैं।
अत: विकल्प (B) सही है I

**126(A).** फ़्लिप्ड कक्षा दृष्टिकोण एक आधुनिक दृष्टिकोण है जिसे छात्रों के साथ कक्षा से पहले कुछ होमवर्क करने के लिए कहा जाता है और फिर वे प्रशिक्षक की मदद से उस विषय को जीवंत उदाहरणों के साथ गहराई से सीखते हैं।
अत: विकल्प (A) सही है I

**127(D).** एक योद्धा तलवार की मदद के बिना युद्ध नहीं कर सकता, सुतार आरी के बिना काम नहीं कर सकता और किसान बिना हल के खेती नहीं कर सकता। उसी तरह लेखक एक कलम के बिना कुछ नहीं कर सकता।

**128(A).** क्षैतिज संचार संगठनात्मक पदानुक्रम के समान स्तर के भीतर लोगों, विभागों, विभागों या इकाइयों के बीच सूचना का संचरण है। आप इसे ऊर्ध्वाधर संचार से अलग कर सकते हैं, जो संगठनात्मक पदानुक्रम के विभिन्न स्तरों के बीच सूचना का प्रसारण है।

**129(C).** समान विषय और विधेय शर्तों वाले श्रेणीगत प्रस्ताव गुणवत्ता और राशि में या दोनों में भिन्न हो सकते हैं। इस भिन्नता को विपरीत तर्क कहा जाता है।
उप-विरोधाभास: दो विशिष्ट सिफारिशें एक समान विषय होने और गुणवत्ता के विपरीत अभी तक विपरीत होने के बीच का संबंध उप-विपरीत तर्क है।
तत्काल निष्कर्ष: इसमें निष्कर्ष केवल एक दिए गए प्रस्ताव से लिया गया है।
संबंधपरक तर्क: संबंधपरक तर्कों में, परिसर और उनके निष्कर्ष दोनों संबंधपरक प्रस्ताव हैं। एक संबंध की दो विशेषताएँ हैं- स्वयं से और दूसरों से संबंध।

**130(A).** प्रक्रियाओं का शिक्षण, अवधारणाओं का शिक्षण, सोच कौशल का शिक्षण, मूल्यों का शिक्षण सबसे कठिन से सबसे कठिन है।
शिक्षण व्यक्तियों की आवश्यकताओं, अनुभवों और भावनाओं से जुड़ने और अंतःस्थ करने की प्रक्रिया है ताकि वे विशेष चीजें सीखें, और दिए गए ज्ञान से आगे बढ़ सकें।

**131(C).** **ऋग वैदिक:**
- ऋग वैदिक आर्यों ने युद्ध में मेल और हेलमेट की लागत का उपयोग किया था जबकि सिंधु घाटी सभ्यता के लोगों ने उनका उपयोग करने का कोई सबूत नहीं छोड़ा था।
- ऋग वैदिक आर्यों के दौरान प्रयुक्त तलवारों, तीरों, धनुषों के भी प्रमाण हैं। इसलिए, कथन 1 सही है।
- ऋग वैदिक आर्यों ने घोड़े को पालतू बनाया था जबकि सिंधु घाटी के लोगों को इस जानवर के बारे में पता होने का कोई सबूत नहीं है। इसलिए, कथन 3 सही है।
- ऋग्वेदिक आर्य लोग सोना, चांदी, तांबा, लोहा जानते हैं जबकि सिंधु घाटी के लोग सोना, तांबा, कांस्य जानते थे, लेकिन वे लोहे को नहीं जानते थे। इसलिए, कथन 2 सही नहीं है।

**132(D).** ग्रीनविच मीन टाइम से भारतीय मानक समय 5 घंटे और 30 मिनट आगे है। इसका उपयोग मानक समय के रूप में किया जाता है। 1 सितम्बर 1947 को भारतीय मानक समय को अपनाया गया। भारतीय मानक समय इलाहाबाद (प्रयागराज) के नैनी से होकर गुजरती है।

**133(A).** ब्याज भुगतान राजस्व व्यय की एक मद है।

**134(B).** छत्तीसगढ़ के बस्तर में कांगेर घाटी राष्ट्रीय उद्यान के पराली बोडल गांव में 'पेंटेड बैट' के नाम से जाना जाने वाला एक 'दुर्लभ नारंगी रंग का चमगादड़' देखा गया है।
इस पेंटेड बैट का वैज्ञानिक नाम 'केरिवौला पिक्टा' है। इस प्रजाति को विश्व स्तर पर लुप्तप्राय की श्रेणी में रखा गया है। यह प्रजाति आमतौर पर बांग्लादेश, ब्रुनेई, बर्मा, कंबोडिया, चीन, इंडोनेशिया, थाईलैंड और वियतनाम में पाई जाती है। भारत में, यह पश्चिमी घाट, केरल, महाराष्ट्र और ओडिशा में पहले ही देखा जा चुका है।

**135(D).** सच्चिदानंद सिन्हा (1871-1950 ) आरा ( बिहार) के थे। इन्होंने महेश नारायण के साथ पृथक बिहार के निर्माण का आंदोलन चलाया।

**136(A).** उत्तर प्रदेश के भदोही जिले में सबसे कम वन क्षेत्र है। भदोही में जंगल के अंतर्गत 3 वर्ग किमी का क्षेत्रफल है। भदोही सबसे बड़े हाथ से बुने हुए कालीन बुनाई उद्योग का घर है। उत्तर प्रदेश के सोनभद्र जिले में सबसे अधिक वन क्षेत्र है। सोनभद्र में जंगल के अंतर्गत 2544 वर्ग किमी का क्षेत्रफल है।

**137(C).** सतत विकास लक्ष्य (एसडीजी), जिसे वैश्विक लक्ष्य के रूप में भी जाना जाता है, को 2015 में सभी संयुक्त राष्ट्र सदस्य राज्यों द्वारा गरीबी को समाप्त करने, ग्रह की रक्षा करने और 2030 तक सभी लोगों को शांति और समृद्धि का आनंद देने के लिए कार्रवाई करने के लिए एक सार्वभौमिक आह्वान के रूप में अपनाया गया था।
संयुक्त राष्ट्र महासचिव बान की मून ने कहा, "सत्रह सतत विकास लक्ष्य हमारी मानवता और दुनिया के नेताओं और लोगों के बीच एक सामाजिक अनुबंध है।" "वे लोगों और ग्रह के लिए एक टू-डू सूची है, और सफलता के लिए एक खाका है।"

**138(B).** बबूल के पेड़ लगाए जाने चाहिए और वायु प्रदूषण को रोकने और नियंत्रित करने के लिए उपयोग किया जाना चाहिए।
बबूल (अकेसिया नीलोटिका) जैसे पेड़ों की प्रजातियां जो कम धुआंदार हैं, उन्हें लगाया जाना चाहिए और वायु प्रदूषण को रोकने और नियंत्रित करने के लिए उपयोग किया जाना चाहिए।
अत: विकल्प (B) सही है I

**139(A).** भारत एक बहुभाषी, बहुसांस्कृतिक और बहुधर्मी देश है और इस

विविधता का प्रभाव कक्षा में भी देखा जा सकता है। इसलिए, विविध कक्षाओं के बहुसांस्कृतिक आयामों को संबोधित करना एक ईवीएस शिक्षक के लिए एक वांछनीय अभ्यास है।

एक शिक्षक को हमेंशा विविध कक्षाओं के बहुसांस्कृतिक आयामों को संबोधित करना चाहिए:

- विभिन्न संस्कृतियों से सामग्री और उदाहरणों का उपयोग करना।
- प्रत्येक शिक्षार्थी को समान शैक्षिक अवसर प्रदान करना।
- शिक्षार्थियों को उनकी जाति, संस्कृति और पंथ के बावजूद सम्मिलित करना।
- विभिन्न संस्कृतियों के प्रति सकारात्मक दृष्टिकोण विकसित करने में शिक्षार्थियों की मदद करना।
- शिक्षार्थियों की बहुसांस्कृतिक जरूरतों को पूरा करने के लिए उनकी शिक्षण पद्धति को संशोधित करना।

हम यह निष्कर्ष निकालते हैं कि विभिन्न कक्षाओं के बहुसांस्कृतिक आयामों को संबोधित करना एक ईवीएस शिक्षक के लिए एक वांछनीय अभ्यास है।

**140(B).** बच्चों को प्रभावी ढंग से कथाओं और कहानियों के माध्यम से ईवीएस सीखने में संलग्न किया जा सकता है क्योंकि ये शिक्षण-अधिगम प्रक्रिया के प्रभावी उपकरण हैं जो बच्चों के पढ़ने के विकल्प को व्यापक बनाते हैं। बच्चों द्वारा प्रभावी ढंग से ईवीएस सीखने में संलग्न करने के लिए प्राथमिक स्तर पर ईवीएस में शिक्षण की एक विधि के रूप में कथा और कहानियों का उपयोग किया जाता है|

- बच्चों को प्रासंगिक सीखने का वातावरण प्रदान करना।
- बच्चों में कल्पनाशील और रचनात्मक क्षमता को बढ़ावा देना।
- रुचि विकसित करना और बच्चों को मनोरंजन और आनंद प्रदान करना।
- बच्चों की शब्दावली, सुनने और महत्वपूर्ण सोच कौशल में वृद्धि।
- बच्चों को अपने स्वयं के अनुभवों के आधार पर अर्थ निर्माण करने में सक्षम बनाना।

यह व्याख्या की जा सकती है कि कथाएँ और कहानियां ऐसे उपकरण हैं जो बच्चों को ईवीएस सीखने में सफलतापूर्वक संलग्न कर सकते हैं।

अतः विकल्प (C) सही है।

**142(B).** दिया है,

1000 रुपये की धनराशि में 7 वर्षों में चक्रवृद्धि ब्याज पर खुद की 100% वृद्धि होती है।

माना धनराशि A और मूलधन P है।

धनराशि = मूलधन ×(1 + ��/100 )$^n$

7 वर्षों के बाद,

$A = P \times (1 + \text{दर}/100)^7 = 2P$ ($\because$ P में 100% की वृद्धि होती है )

$\Rightarrow (1 + \text{दर}/100)^7 = 2$

धनराशि में 700% की वृद्धि होगी

$\Rightarrow$ A, 8P हो जायेगा

$\Rightarrow A = 2^3 \times P = \{(1 + \text{दर } 100)^7\}^3 \times P$

$= (1 + \text{दर } 100)^{21} \times P$

$\Rightarrow$ समय = 21 वर्ष

$\therefore$ 21 वर्षों के बाद धनराशि में अपने प्रारंभिक मान/मूलधन की 700% वृद्धि होगी।

**143(A).** हम जानते हैं,

$\frac{2}{5} = \frac{2}{5} \times 100 = 40$

$\frac{4}{9} = \frac{4}{9} \times 100 = 44.44$

विकल्पों के माध्यम से,

$\frac{21}{50} = \frac{21}{50} \times 100 = 42$

$\frac{11}{2} = \frac{11}{2} \times 100 = 550$

$\frac{1}{3} = \frac{1}{3} \times 100 = 33.33$

$\frac{1}{2} = \frac{1}{2} \times 100 = 50$

हम देख सकते हैं कि 42, 40 और 44.44 के बीच स्थित है।

इसलिए, भिन्न $\frac{21}{50}$ है।

**144(C).** 36 का गुणनखंडन:

| | |
|---|---|
| 2 | 36 |
| 2 | 18 |
| 3 | 9 |
| 3 | 3 |
| | 1 |

84 का गुणनखंडन:

| | |
|---|---|
| 2 | 84 |
| 2 | 42 |
| 3 | 21 |
| 7 | 7 |
| | 1 |

$36 = 2^2 \times 3^2$

$84 = 2^2 \times 3 \times 7$

$\therefore$ महत्तम समापवर्तक $= 2^2 \times 3 = 12$

**145(A).**

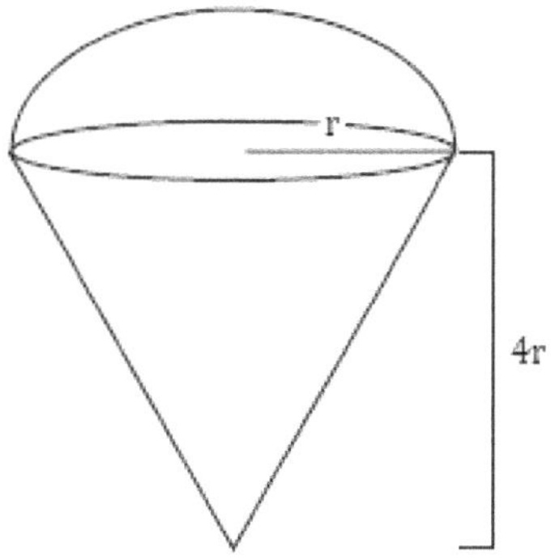


दिया गया,

बेलनाकार कंटेनर की त्रिज्या $= 6cm$

बेलनाकार कंटेनर की ऊंचाई $= 15cm$

जैसा कि हम जानते हैं,

शंकु का आयतन $= \frac{1}{3}\pi r^2 h$

गोलार्द्ध का आयतन $= \frac{2}{3}\pi r^3$

बेलन का आयतन $= \pi r^2 h$

बेलनाकार कंटेनर का आयतन $= \pi \times (6)^2 \times 15 = 540\pi cm^3$

चूँकि इसे 10 बच्चों में बाँटना होता है,

$\therefore$ मात्रा को विभाजित करने पर 10 $= \frac{540}{10} = 54\pi cm^3$

शंकु का आयतन + अर्धगोलाकार शीर्ष का आयतन = उसमें आइसक्रीम का आयतन

$\frac{1}{3}\pi r^2 h + \frac{2}{3}\pi r^3 = \pi r^2 h$

$\Rightarrow \frac{1}{3}\pi r^2(4r) + \frac{2}{3}\pi r^3 = 54\pi$

$\Rightarrow \frac{4}{3}\pi r^3 + \frac{2}{3}\pi r^3 = 54\pi$

$\Rightarrow \frac{1}{3}\pi r^3(4+2) = 54\pi$

$\Rightarrow \frac{6}{3}\pi r^3 = 54\pi$

$\Rightarrow 2r^3 = 54$

$\Rightarrow r^3 = \frac{54}{2}$

$\Rightarrow r^3 = 27$

$\Rightarrow r^3 = (3)^3$

$\therefore r = 3$

इसलिए, आइसक्रीम कोन की त्रिज्या $3cm$ है।

**146(B).** दिया गया,

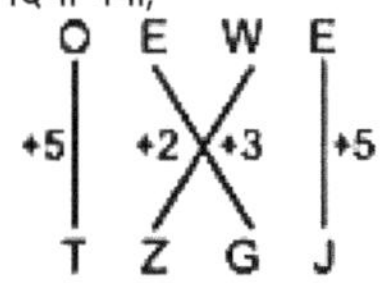

हम पाते हैं,

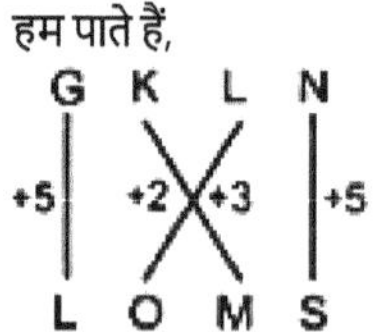


इसलिए, उत्तर LOMS है।

**147(D).** भूकंप, ज्वालामुखी और सुनामी प्राकृतिक आपदा के प्रकार हैं। जबकि, ग्लोबल वार्मिंग एक प्राकृतिक आपदा का भाग नहीं है और यह जलवायु परिवर्तन के कारण होता है।

**148(A).** 4 संख्याएं A.P. में हैं।
माना संख्याए
$a-3d, a-d, a+d, a+3d$
जहाँ a पहला पद है और $2d$ सार्व अंतर है
अब उनका योग $=50$
$a-3d+a-d+a+d+a+3d=50$
$\Rightarrow a=\frac{25}{2}$
और सबसे बड़ी संख्या सबसे छोटी संख्या का 4 गुना है
$a+3d=4(a-3d)$
$a+3d=4a-12d$
$4a-a=3d+12d$
$\Rightarrow 3a=15d$
$\Rightarrow a=\frac{15d}{3}=5d$
$\Rightarrow \frac{25}{2}=5d$
$\Rightarrow d=\frac{25}{2\times5}$
$\Rightarrow d=\frac{5}{2}$
$\therefore$ संख्याएं हैं
$\frac{25}{2}-3\times\frac{5}{2}, \frac{25}{2}-\frac{5}{2}, \frac{25}{2}+\frac{5}{2}, \frac{25}{2}+3\times\frac{5}{2}$
$\Rightarrow \frac{10}{2}, \frac{20}{2}, \frac{30}{2}, \frac{40}{2}$
$\Rightarrow 5, 10, 15, 20$

**149(C).** अंग्रेजी वर्णमाला श्रृंखला और उसके स्थितीय मूल्य के अनुसार:

| अक्षर | A | B | C | D | E | F | G | H | I | J | K | L | M |
|---|---|---|---|---|---|---|---|---|---|---|---|---|---|
| स्थितीय मान | 1 | 2 | 3 | 4 | 5 | 6 | 7 | 8 | 9 | 10 | 11 | 12 | 13 |
| स्थितीय मान | 26 | 25 | 24 | 23 | 22 | 21 | 20 | 19 | 18 | 17 | 16 | 15 | 14 |
| अक्षर | Z | Y | X | W | V | U | T | S | R | Q | P | O | N |

यहाँ अनुसरण किया गया तर्क है:

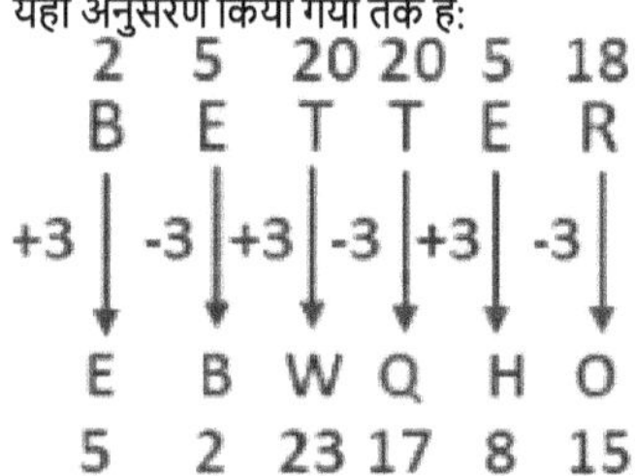


इसी प्रकार,

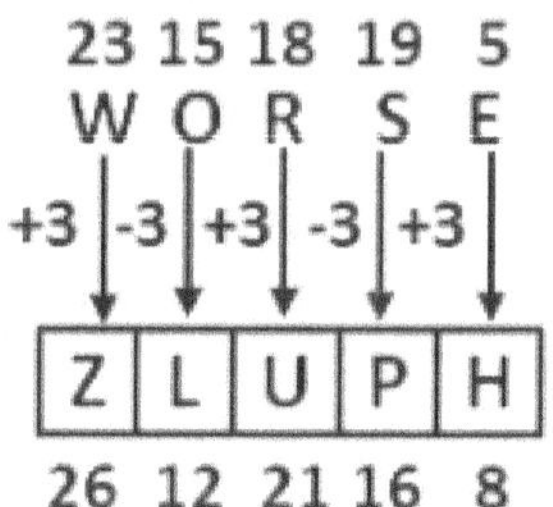


**150(B).** निम्नलिखित चिह्नों का प्रयोग कर वंश-वृक्ष बनाने पर:

| आरेख में प्रतीक | अर्थ |
|---|---|
| ○ | महिला |
| □ | पुरुष |
| ═ | शादीशुदा जोड़ा |
| — | सहोदर |
| \| | एक पीढ़ी का अंतर |

संभावित वंश-वृक्ष निम्न होगा:

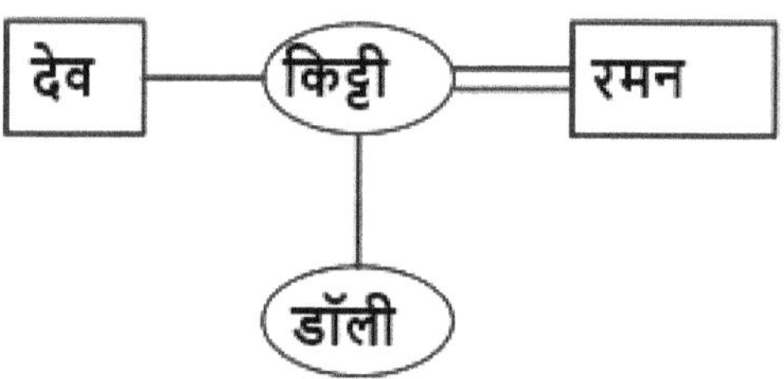


इसलिए, देव, डॉली का मामा है।

# प्रैक्टिस टेस्ट 6

## Specific Subject

1. "नोस्टॉक" एक प्रकार का है:
   (a) नीला हरा शैवाल (b) हरा शैवाल
   (c) भूरा शैवाल (d) लाल शैवाल

2. निम्नलिखित में से कौन सा आमतौर पर मानव लिम्फोसाइटों में डीएनए खंड पेश करने के लिए एक वेक्टर के रूप में प्रयोग किया जाता है?
   (a) λ फेज (b) टीआई प्लास्मिड
   (c) रेट्रोवायरस (d) pBR 322

3. निम्नलिखित में से कौन प्रोकैरियोट नहीं है?
   (a) नोस्टॉक (b) माइकोबैक्टीरियम
   (c) सैक्रोमाइसेस (d) ऑसिलेटोरिया

4. न्यूमेटोफोरस निम्न में होते हैं:
   (a) नरभक्षी पादप (b) फ्री-फ्लोटिंग हाइड्रोफाइट्स
   (c) हेलोफाइट्स (d) जलमग्न हाइड्रोफाइट्स

5. निम्नलिखित कथनों में से कौन सही है?
   (a) हॉर्सटेल जिम्नोस्पर्म हैं
   (b) सेलाजिनेला विषमबीजाणुक है, जबकि साल्विनिया समबीजाणुक है
   (c) जिम्नोस्पर्म में बीजांड अंडाशय की दीवार से घिरे नहीं होते हैं
   (d) तने आमतौर पर साइकस और सेडरस दोनों में अशाखित होते हैं

6. नीचे दी गयी उस विशेषता को चुनिए जो नीचे दिए सभी जानवरों में पायी जाती है।
   कछुआ, अजगर, बाज़, छिपकली, शहद की मक्खी
   A. शरीर का शल्कों से ढका होना
   B. भूमि पर तथा जल (दोनों) में रह सकना
   C. अण्डे देना
   D. जहरीला होना
   सही विकल्प का चुनाव कीजिए।
   (a) A और B (b) B और C
   (c) C केवल (d) C और D

7. निम्नलिखित कथनों में से कौन सही है?
   (a) सभी स्तनधारियों में अपरा होती है
   (b) सभी कॉन्ड्रिक्थीज कुछ अपवादों के साथ एक धारा रेखित शरीर वाले समुद्री प्राणी होते हैं
   (c) सभी साइक्लोस्टोमेट के लार्वा कायांतरण के बाद अलवण जल में लौट जाते हैं
   (d) किलोन और टेस्टूडो शरीर के एक स्थिर तापमान को बनाए रखने में सक्षम होते हैं

8. अष्ठिल (ड्रुप) किससे विकसित होता है?
   (a) एकांडपी उर्धववर्ती अंडाशय (b) एकांडपी अधोवर्ती अंडाशय
   (c) द्विअंडपी उर्ध्ववर्ती अंडाशय (d) दिअंडपी अधोवर्ती अंडाशय

9. शारीरिक रूप से, जूट फाइबर ________________ हैं।
   (a) जाइलम तंतु (b) फ्लोएम तंतु
   (c) रेयान तंतु (d) पीथ तंतु

10. सिलिअटेड एपिथेलियम इसमें मौजूद होता है:
    (a) फैलोपियन ट्यूब (b) रक्त वाहिकाएं
    (c) मध्य मस्तिष्क (d) उपरोक्त में से कोई नहीं

11. जल में घुलनशील वर्णक पादप कोशिका रिक्तिका में पाए जाते हैं:
    (a) ज़ैंथोफिल्स (b) क्लोरोफिल
    (c) कैरोटीनॉयड (d) एंथोसायनिन

12. प्रोटीन संश्लेषण के दौरान साइटोप्लाज्म में अमीनो एसिड पूल से राइबोसोम में विशिष्ट अमीनो एसिड लेने वाले आरएनए को ________ कहा जाता है।
    (a) मैसेंजर राइबोन्यूक्लिक एसिड (एम-आरएनए)
    (b) स्थानांतरण राइबोन्यूक्लिक एसिड (टी-आरएनए)
    (c) राइबोसोमल राइबोन्यूक्लिक एसिड (आर-आरएनए)
    (d) वाहक आरएनए

13. निम्नलिखित में से कौन सा एक बीन के आकार का और डबल-मेम्ब्रेन ऑर्गेनेल है जो ऊर्जा में चीनी अणुओं को तोड़ता है?
    (a) केन्द्रक (b) माइटोकांड्रिया
    (c) लाइसोसोम (d) वैंक्योल

14. कोशिका चक्रण की अवस्थाओं का सही क्रम कौन सा है?
    (a) $M \rightarrow G_1 \rightarrow G_2 \rightarrow S$ (b) $G_1 \rightarrow G_2 \rightarrow S \rightarrow M$
    (c) $S \rightarrow G_1 \rightarrow G_2 \rightarrow M$ (d) $G_1 \rightarrow S \rightarrow G_2 \rightarrow M$

15. प्रकाश प्रतिक्रिया का परिणाम है-
    (a) ATP और $NADPH_2$ (b) केवल $NADPH_2$
    (c) केवल FAD (d) इनमे से कोई भी नहीं

16. हाल के वर्षों में खीरा का उत्पादन कई गुना बढ़ा है। निम्नलिखित में से किस फाइटोहार्मोन के उपयोग से उपज में वृद्धि हुई है क्योंकि हार्मोन को पादपों में मादा फूल उत्पन्न करने के लिए जाना जाता है?
    (a) एथिलीन (b) साइटोकाइनिन
    (c) एबीए (d) जिबरेलिन

17. कूपिकाओं (विसरण स्थल) में ऑक्सीजन ($O_2$) और कार्बन डाइऑक्साइड ($CO_2$) का आंशिक दाब (mmHg में) होता है:
    (a) $pO_2 = 159$ और $pCO_2 = 0.3$
    (b) $pO_2 = 104$ और $pCO_2 = 40$
    (c) $pO_2 = 40$ और $pCO_2 = 45$
    (d) $pO_2 = 95$ और $pCO_2 = 40$

18. अंतर्विष्ट कार्यों के विषय में निम्नलिखित में से कौन सा कथन गलत है?
    (a) ये किसी झिल्ली से घिरे नहीं होते
    (b) ये खाद्य कणों के अंतर्ग्रहण में शामिल होते हैं
    (c) ये कोशिकाद्रव्य में स्वतंत्र रूप में होते हैं
    (d) ये कोशिकाद्रव्य में निचित पदार्थ को व्यक्त करते हैं

19. निम्नलिखित में से कौन मूत्र से पानी और सोडियम क्लोराइड की पुनः प्राप्ति के लिए उत्तरदायी है?
    (a) बोमन कैप्सूल (b) मूत्रवाहिनी
    (c) हेनले का लूप (d) उपरोक्त में से कोई नहीं

20. अमीबा में लोकोमोटिव अंग के रूप में जाना जाता है
    (a) सेटै (b) सिलिया
    (c) फ्लागेल्ला (d) स्यूडोपोडिया

21. मानव आँख में पारदर्शी लेंस इसके स्थान पर किसके द्वारा धारण किया जाता है:
    (a) परितारिका से जुड़ी चिकनी मांसपेशियां
    (b) परितारिका से जुड़े स्नायुबंधन
    (c) स्नायुबंधन सिलिअरी बॉडी से जुड़े होते हैं
    (d) सिलिअरी बॉडी से जुड़ी चिकनी मांसपेशियां

22. निम्नलिखित में से कौन सी संरचना या क्षेत्र अपने कार्यों के साथ गलत

तरीके से जोड़ा गया है?

(a) हाइपोथैलेमस: रिलीजिंग हार्मोन का उत्पादन और तापमान, भूख और प्यास का नियमन
(b) लिम्बिक सिस्टम: इसमें फाइबर ट्रैक्ट होते हैं जो मस्तिष्क के विभिन्न क्षेत्रों को आपस में जोड़ते हैं; गति को नियंत्रित करता है
(c) मेडुला ऑब्लांगेटा: श्वसन और कार्डियोवैस्कुलर रिफ्लेक्सिस को नियंत्रित करता है
(d) कॉर्पस कैलोसम: बाएं और दाएं सेरेब्रल गोलार्द्धों को जोड़ने वाले तंतुओं का बैंड

**23. प्रतिलेखन के लिए निम्नलिखित में से कौन महत्वपूर्ण है?**

(a) सीएएटी बॉक्स (b) प्रमोटर
(c) डीएनए पॉलीमरेज (d) डीएनए मिथाइलेस

**24. पुंपूर्वता और स्त्रीपूर्वता किस में सहायता करते हैं?**

(a) त्वरित निषेचन (b) स्वनिषेचन
(c) पर निषेचन (d) विलंबित निषेचन

**25. विकास का वह चरण जिस पर मादा मानव में आरोपण होता है:**

(a) तूतक (b) युगमनज
(c) बीजगुहा (d) निहारिका

**26. अनुचित कथन का चयन कीजिए :**

(a) नर फलमक्खी विषमयुग्मकी होते हैं।
(b) नर टिड्डों में 50% शुक्राणुओं में लिंग-गुणसूत्र नहीं होते।
(c) पालतू मुर्गों में संतति का लिंग शुक्राणु के प्रकार पर निर्भर करता है ना की अंडाणु पर।
(d) मानव नरों में एक लिंग-गुणसूत्र दूसरे के अपेक्षाकृत बहुत छोटा होता है।

**27. आरएनए पोलीमरेज़ होलोनीजाइम ____________ स्थानांतरित करता है।**

(a) प्रमोटर, संरचनात्मक जीन और टर्मिनेटर क्षेत्र
(b) प्रमोटर और टर्मिनेटर क्षेत्र
(c) संरचनात्मक जीन और टर्मिनेटर क्षेत्र
(d) केवल संरचनात्मक जीन

**28. निम्नलिखित कथनों में से कौन-सा सत्य नहीं है?**

(a) समजातीयता सामान्य पूर्वज परंपरा को इंगित करती है
(b) पेंगुइन और डॉल्फ़िन के फ्लिपर्स समजातीय अंगों की एक जोड़ी हैं
(c) समरूप संरचनाएं अभिसारी विकास का परिणाम हैं
(d) शकरकंद और आलू अनुरूपता का उदाहरण है

**29. पोस्ता के पौधे के किस भाग का उपयोग "स्मैक" औषधि प्राप्त करने के लिए किया जाता है?**

(a) जड़ें (b) लेटेक्स
(c) फूल (d) पत्तियाँ

**30. वांछित जीन के साथ जीन के पारंपरिक अंतर्विष्ट और गुणन में क्या शामिल है?**

(a) पादप और जंतु प्रजनन में संकरण प्रक्रिया
(b) केवल जीवाणु में अनुप्रयु क्त संकरण प्रक्रिया
(c) केवल पादप प्रजनन में संकरण प्रक्रिया में
(d) जंतु प्रजनन में संकरण प्रक्रिया में

**31. एक डीएनए अनुक्रमण प्रतिक्रिया 5–XXXGCGATCGYYYYYYYYY–3′ के टुकड़े के साथ की गई थी, सभी चार dNTPs और आवश्यक प्राइमरों और एंजाइम के रूप में डिडॉक्सी GTP। दिए गए डीएनए खंड में XXXX और YYYY प्राइमर बाइंडिंग साइटों का प्रतिनिधित्व करते हैं। अभिक्रिया के दौरान प्राप्त अंशों का समुच्चय होगा (प्राइमरों को प्रवर्धित अंशों में नहीं दिखाया गया है)।**

(a) केवल 5′– CGAT CGC –3′
(b) $5'-CG-3', 5'-CGCTAG-3', 5'-CCCTAGC-3'$
(c) $5'-CG-3', 5'-CGATCG-3', 5'-CGATCGC-3'$
(d) $5'-G-3', 5'-GCG-3', 5'-GCGATCG-3'$

**32. उस विशेषता का क्या नाम है जो जीवों को उनके आवास की परिस्थितियों में जीवित रहने की अनुमति देता है?**

(a) समायोजन (b) अनुकूलन
(c) पारिस्थितिक-अनुकूलन (d) अनुकूली भिन्नता

**33. सही कथन का चयन कीजिए।**

(a) कार्बन चक्र अपूर्ण चक्र होता है जबकि फॉस्फोरस चक्र पूर्ण चक्र होता है।
(b) 1942 में ओडम द्वारा दस प्रतिशत नियम प्रस्तावित किया गया था।
(c) चारण खाद्य श्रंखला अकार्बनिक पोषक तत्वों को चक्रण पूल में मुक्त करने में मदद करती है।
(d) क्रमकी समुदाय एक संक्रमण समुदाय है जो अनुक्रमण के दौरान एक क्षेत्र में विकसित होता है।

**34. सूची-I को सूची-II से सुमेलित कीजिए और सूचियों के नीचे दिए गए कूट का प्रयोग कर सही उत्तर चुनिए:**

| सूची - I (उद्यान/अभयारण्य) | सूची - II (राज्य) |
|---|---|
| (A) दाचीगाम वन्यजीव अभयारण्य | (1) मध्य प्रदेश |
| (B) केवलादेव घना पक्षी अभयारण्य | (2) राजस्थान |
| (C) कान्हा राष्ट्रीय उद्यान | (3) केरला |
| (D) पेरियार वन्यजीव अभयारण्य | (4) जम्मू और कश्मीर |

(a) (A) - (4), (B) - (2), (C) - (1), (D) - (3)
(b) (A) - (1), (B) - (3), (C) - (2), (D) - (4)
(c) (A) - (2), (B) - (1), (C) - (4), (D) - (3)
(d) (A) - (3), (B) - (4), (C) - (2), (D) - (1)

**35. किसी भी समय 't' पर कण की स्थिति $S(t) = \frac{V_0}{a}[1 - e^{-at}]$ जहाँ $a > 0$ और $V_0$ निरंतर वेग द्वारा दी जाती है। a का आयाम _____ हैं।**

(a) $T^1$ (b) $T^{-1}$
(c) $L^1T^{-1}$ (d) $L^{-1}T$

**36. किसी गतिमान वस्तु के लिए वेग-समय $v - t$ चित्र में दिखाया गया है। शून्य अंतराल और मंदता होने पर समय अंतराल के दौरान वस्तु का कुल विस्थापन होता है:**

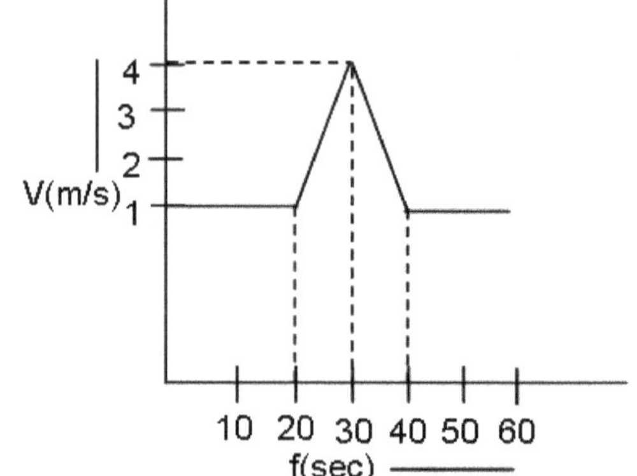

(a) 60 मीटर (b) 50 मीटर
(c) 40 मीटर (d) 30 मीटर

**37. दो सदिशों का परिणामी दोनों में से किसी एक के बराबर होता है। उनके बीच का कोण ________ है।**

(a) $60^\circ$ (b) $120^\circ$
(c) $90^\circ$ (d) $100^\circ$

**38. एक सिलेंडर एक झुकी हुई सतह पर लुढ़कता है, कुछ ऊंचाई तक पहुंचता है और फिर नीचे लुढ़क जाता है। सिलेंडर पर घर्षण रहित अभिनय की दिशा ________ है।**

(a) ऊपर चढ़ते समय, नीचे उतरते समय, झुकते समय
(b) ऊपर चढ़ते समय, साथ ही नीचे उतरते समय
(c) नीचे उतरते समय, झुकते समय, झुकते हुए, झुकते हुए
(d) नीचे उतरते समय, साथ ही नीचे उतरते समय

**39. चित्र में दिखाया गया ट्रैक घर्षण रहित है। बड़े पैमाने पर 4 किलो का ब्लॉक B आराम से पड़ा हुआ है और बड़े पैमाने पर 2 किलो का ब्लॉक A कुछ गति के साथ ट्रैक के साथ धकेल दिया जाता है। A और B के बीच टकराव पूरी तरह से लोचदार है।**
**किस वेग के साथ ब्लॉक A को ऐसे शुरू करना चाहिए कि ब्लॉक B बस बिंदु P पर पहुंच जाए?**

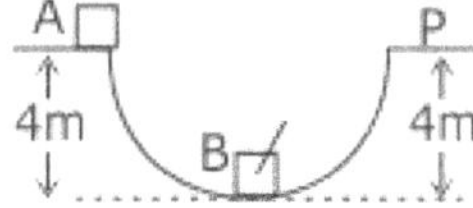


(a) 10 m/s (b) 5 m/s
(c) 20 m/s (d) 15 m/s

**40. एक लड़का एक गेंद को एक इमारत की छत पर जमीन से फेंकता है, गेंद पर गुरुत्वाकर्षण बल द्वारा किया गया कार्य________होगा।**

(a) धनात्मक (b) ऋणात्मक
(c) शून्य (d) इनमें से कोई नहीं

**41. $50Kg$ द्रव्यमान का एक लड़का 44 सीढ़ियाँ 10 सेकेण्ड में चढ़ता है। यदि प्रत्येक सीढ़ी की ऊँचाई 15 सेमी. है तो उसकी शक्ति ज्ञात कीजिए। दिया गया है $g = 10ms^{-2}$**

(a) 337.5 ms (b) 387.5 W
(c) 330 J (d) 330 W

**42. एक प्रोटॉन और एक इलेक्ट्रॉन दोनों ऊपर की ओर गति कर रहे हैं और एक समान चुंबकीय क्षेत्र में प्रवेश करते हैं। चुंबकीय क्षेत्र की दिशा कागज के तल के लंबवत और अंदर की ओर होती है। तब दोनों कण किस प्रकार की गति करेंगे?**

(a) दक्षिणावर्त दिशा में और वृत्ताकार पथ पर
(b) वामावर्त दिशा में और वृत्ताकार पथ पर
(c) एक वृत्ताकार पथ पर, लेकिन एक दक्षिणावर्त दिशा में और दूसरा वामावर्त दिशा में
(d) दोनों बिना विचलित हुए एक सरल रेखा में गति करेंगे

**43. M द्रव्यमान की एक पतली वलयाकार चकती की बाह्य और आन्तरिक त्रिज्या क्रमशः $4R$ व 3R है। इसके अक्ष पर किसी बिंदु P से इकाई द्रव्यमान को अनंत तक ले जाने के लिए किया गया कार्य ज्ञात कीजिये।**

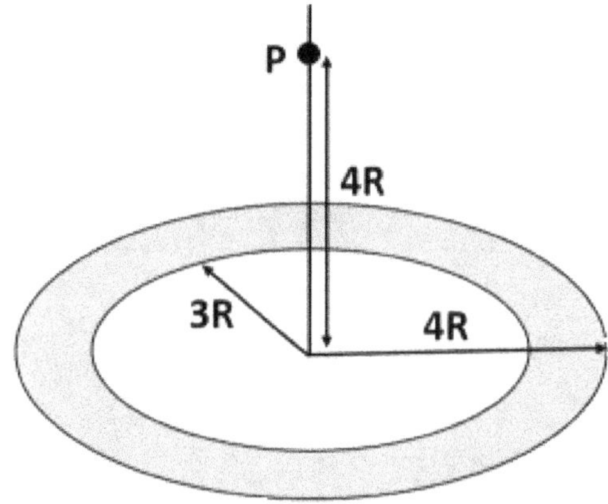


(a) $\frac{2GM}{7R}(4\sqrt{2}-5)$ (b) $-\frac{2GM}{7R}(4\sqrt{2}-5)$
(c) $\frac{GM}{4R}$ (d) $\frac{2GM}{5R}(\sqrt{2}-1)$

**44. $m$ द्रव्यमान का एक पिंड एक निश्चित ऊँचाई से गिराया जाता है। जमीन के ऊपर ऊँचाई $h$ होने पर इसका वेग $v$ होता है। मुक्त गिरावट के दौरान निम्नलिखित में से कौन स्थिर रहेगा?**

(a) $v^2 = 2gh$ (b) $v^2 - 2gh$
(c) $v + \sqrt{\frac{gh}{2}}$ (d) $v - 2\sqrt{gh}$

**45. जलीय दबाव द्वारा उत्पन्न विकृति को ________ कहा जाता है।**

(a) अपरूपण विकृति
(b) अनुदैर्ध्य विकृति
(c) आयतनमितीय विकृति
(d) जलीय दबाव द्वारा विकृति का उत्पादन नहीं किया जा सकता है

**46. निम्नलिखित में से कौन सी प्रक्रिया बाह्य यांत्रिक अपरिवर्तनीयता प्रदर्शित करती है?**

(a) कार्य का आइसोथर्मल अपव्यय
(b) कार्य का एडियाबेटिक अपव्यय
(c) (A) और (B) दोनों
(d) उपरोक्त में से कोई नहीं

**47. एक प्रतिवर्ती प्रक्रिया में, एक प्रणाली की एन्ट्रापी ________।**

(a) पहले बढ़ता है फिर घटता है (b) बढ़ती है
(c) कोई परिवर्तन नहीं होता है (d) कम हो जाती है

**48. स्थिर दाब पर गैस का आयतन उसके निरपेक्ष ताप के समानुपाती होता है। यह कथन है?**

(a) बॉयल का नियम (b) चार्ल्स का नियम
(c) फैराडे का नियम (d) गे-लुसाक का नियम

**49.** $Al^{3+}(aq) + 3e^- \rightarrow Al(s); E^\circ = -1.66\ V$
$Cu^{2+}(aq) + 2e^- \rightarrow Cu(s); E^\circ = +0.34\ V$
**इन मानक इलेक्ट्रोड क्षमता के साथ अर्ध-प्रतिक्रिया को मिलाकर मानक परिस्थितियों में कितना वोल्टेज उत्पन्न होता है?**

(a) 1.32 V (b) 2.00 V
(c) 2.30 V (d) 4.34 V

**50. जब कागज के हल्के टुकड़े जिन पर कोई आवेश नहीं होता है, उन्हें ऋणात्मक रूप से आवेशित कंघी के निकट रखा जाता है, तो वहां ______ होगा।**

(a) आकर्षण (b) प्रतिकर्षण
(c) कोई बल नहीं (d) इनमे से कोई भी नहीं

**51. किसी बिन्दु पर विद्युत विभव $V = -5x + 3y + \sqrt{15}z$ है। विद्युत**

**क्षेत्र का परिमाण है:**

(a) $3\sqrt{2}$ (b) $4\sqrt{2}$
(c) $5\sqrt{2}$ (d) 7

**52. यहां दिए गए सर्किट तत्व में, यदि बिंदु $B, V_B = 0$ पर विभव है, तो $A$ और $D$ की विभवता इस प्रकार दी गई है:**

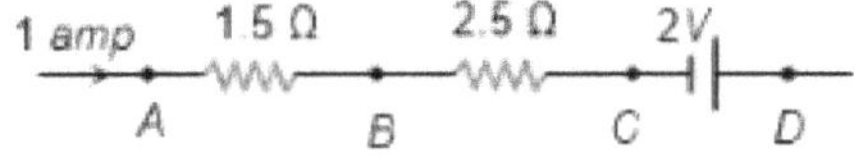


(a) $V_A = -1.5V, V_D = +2V$
(b) $V_A = +1.5V, V_D = +2V$
(c) $V_A = +1.5V, V_D = +0.5V$
(d) $V_A = +1.5V, V_D = -0.5V$

**53. मानव शरीर में निम्नलिखित में से कौन सा अंग महत्वपूर्ण है जहां चुंबकीय क्षेत्र का उत्पादन होता है?**

(a) हृदय, मस्तिष्क (b) हृदय, फेफड़े
(c) फेफड़े, मस्तिष्क (d) लीवर, हृदय

**54. किसी दिए गए बिंदु पर पृथ्वी का चुंबकीय क्षेत्र $0.5 \times 10^{-5} Wb/m^2$ है। यह क्षेत्र 5.0 सेमी त्रिज्या के लूप के एक परिपत्र प्रवाहकत्त्व के केंद्र में चुंबकीय प्रेरण द्वारा बेअसर किया जाना है। लूप के माध्यम से पारित करने के लिए आवश्यक करंट लगभग है**

(a) 0.2 A (b) 0.4 A
(c) 4 A (d) 40 A

**55. फैराडे के नियम के संबंध में निम्नलिखित में से कौन सा सही है?**

(a) चुंबकीय अभिवाह में परिवर्तन से वोल्टेज प्रेरित हो सकता है
(b) प्रेरित emf धारा उत्पन्न नहीं कर सकता
(c) कुण्डल में फेरों की संख्या में वृद्धि से प्रेरित विद्युत वाहक बल में कमी आएगी
(d) इनमे से सभी

**56. मुक्त स्थान में विद्युत चुम्बकीय तरंग में विद्युत क्षेत्र का वर्ग माध्य मूल मान $E_{rms} = 6\ V\ m^{-1}$ होता है। चुंबकीय क्षेत्र का शिखर मान है:**

(a) $2.83 \times 10^{-8}\ T$ (b) $0.70 \times 10^{-8}\ T$
(c) $4.23 \times 10^{-8}\ T$ (d) $1.41 \times 10^{-8}\ T$

**57. यदि एक काँच की छड़ को समान अपवर्तनांक के तरल में निम्नजित किया जाता है तो वह कैसी प्रतीत होगी?**

(a) बंकित (b) लंबी
(c) छोटी (d) अदृश्य

**58. ऑप्टिकल फाइबर में प्रयुक्त प्रकाश का गुण ____ है।**

(a) विक्षेपण (b) व्यतिकरण
(c) पूर्ण आंतरिक परावर्तन (d) विवर्तन

**59. यंग के एक द्विझिरी प्रयोग में, झिरियों के बीच की दूरी $0.5mm$ एवं पर्दे की झिरी से दूरी $150cm$ है। एक प्रकाश पुंज, जिसमें $650nm$ और $520nm$ की दो तरंगदैर्ध्य हैं, को पर्दे पर व्यतीकरण फ्रिन्ज बनाने में उपयोग करते हैं। उभयनिष्ठ केन्द्रीय उच्चिष्ठ से वह बिन्दु, जहाँ दोनों तरंगदैर्ध्यों की दीप्त फ्रिन्जें सम्पाती होती है, की न्यूनतम दूरी होगी:**

(a) $1.56mm$ (b) $7.8mm$
(c) $9.75mm$ (d) $15.6mm$

**60. द्रव्यमान m एवं आरम्भिक वेग v के एक कण- A की टक्कर द्रव्यमान $\frac{m}{2}$ के स्थिर कण-B से होती है। यह टक्कर सम्मुख एवं प्रत्यास्थ है। टक्कर के बाद डि-ब्रॉग्ली तरंगदैर्यों $\lambda_A$ एवं $\lambda_B$ का अनुपात होगा:**

(a) $\frac{\lambda_A}{\lambda_B} = \frac{1}{3}$ (b) $\frac{\lambda_A}{\lambda_B} = 2$
(c) $\frac{\lambda_A}{\lambda_B} = \frac{2}{3}$ (d) $\frac{\lambda_A}{\lambda_B} = \frac{1}{2}$

**61. एक निश्चित प्रयोग में फोटोइलेक्ट्रिक कट-ऑफ वोल्टेज $1.5\ V$ है। उत्सर्जित फोटोइलेक्ट्रॉनों की अधिकतम गतिज ऊर्जा कितनी होती है?**

(a) $6.4 \times 10^{-19}$ J (b) $5.4 \times 10^{-19}$ J
(c) $2.4 \times 10^{-19}$ J (d) $7.4 \times 10^{-19}$ J

**62. फोटोइलेक्ट्रिक प्रभाव पर एक प्रयोग में, कट-ऑफ वोल्टेज बनाम आपतित प्रकाश की आवृत्ति का ढलान $4.12 \times 10^{-15}$ Vs पाया गया है। प्लांक नियतांक के मान की गणना कीजिए।**

(a) $7.592 \times 10^{-34}$ Js (b) $8.592 \times 10^{-34}$ Js
(c) $9.592 \times 10^{-34}$ Js (d) $6.592 \times 10^{-34}$ Js

**63. निम्नलिखित में से कौन-सा कथन सही है?**

(a) रदरफोर्ड के अल्फा-कण प्रकीर्णन प्रयोग के कारण इलेक्ट्रॉन की खोज हुई।
(b) जे. जे. थॉमसन ने सुझाव दिया कि एक परमाणु के नाभिक में प्रोटॉन होते हैं।
(c) किसी तत्व के इलेक्ट्रॉन की परमाणु संख्या उसके परमाणु के प्रोटॉन की संख्या के समान होती है।
(d) एक परमाणु की द्रव्यमान संख्या उसके गोले में इलेक्ट्रॉनों की संख्या के बराबर होती है।

**64. जब यूरेनियम के किसी समस्थानिक $_{92}U^{235}$ पर न्यूट्रॉन बमबारी करता है, तो $_{36}Kr^{89}$ और तीन न्यूट्रॉनों के साथ उत्पन्न होने वाला नाभिक है:**

(a) $_{56}Ba^{144}$ (b) $_{40}Zr^{91}$
(c) $_{36}Kr^{101}$ (d) इनमें से कोई नहीं

**65. एक $p - n$ जंक्शन डायोड में रिक्तिकरण परत $10^{-6}m$ चौड़ी है और इसकी नी क्षमता $0.5V$ है। रिक्तिकरण क्षेत्र में आंतरिक विद्युत क्षेत्र क्या है?**

(a) $5 \times (10)^6\ \frac{V}{m}$ (b) $5 \times (10)^{-7}\ \frac{V}{m}$
(c) $5 \times (10)^5\ \frac{V}{m}$ (d) इनमें से कोई नही

**66. आंतरिक अर्धचालकों में आवेश वाहक कैसे उत्पन्न होते हैं?**

(a) शुद्ध परमाणुओं द्वारा (b) इलेक्ट्रॉनों द्वारा
(c) अशुद्ध परमाणुओं द्वारा (d) छेदों द्वारा

**67. निम्नलिखित में से किस तकनीक का प्रयोग करके पेट्रोलियम का शोधन किया जाता है?**

(a) वाष्पीकरण (b) प्रभाजी आसवन
(c) पृथकारी कीप (d) ऊर्ध्वपातन

**68. हाइड्रोजन परमाणु के निम्नतम ऊर्जा स्तर में इलेक्ट्रॉन का कोणीय संवेग किसके बराबर होता है?**

(a) $\frac{\pi}{h}$ (b) $\frac{h}{\pi}$
(c) $\frac{h}{2\pi}$ (d) $\frac{2\pi}{h}$

**69. बोर के परमाणु मॉडल का मुख्य दोष है:**

(a) शास्त्रीय और क्वांटम सिद्धांतों का मिश्रण
(b) परमाणु गति का बहिष्करण
(c) वर्णक्रमीय रेखाओं की बारीक संरचना की व्याख्या करने में विफल
(d) बड़े परमाणुओं की व्याख्या करने में विफल

**70. नीचे दिए गए यौगिक का सही IUPAC नाम है:**

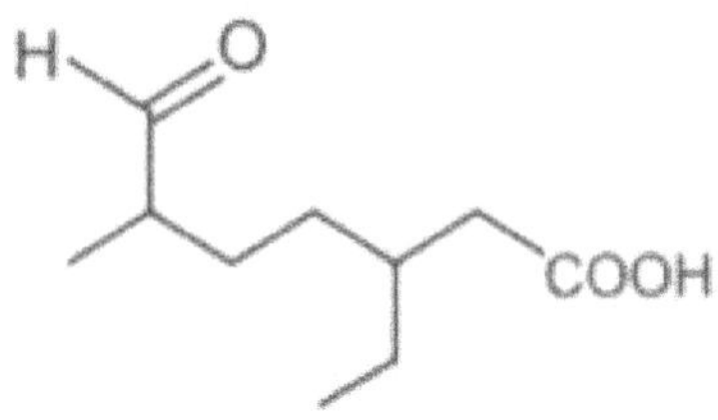

(a) 3-एथिल-6-फॉर्मिलहेप्टानोइक एसिड
(b) 3-एथिल-6-मिथाइल-7-ऑक्सोहेप्टानोइक एसिड
(c) 3-एथिल-6-मिथाइल हेप्टान-7-ओइक एसिड
(d) 5-एथिल-2-मिथाइल-1-ऑक्सोहेप्टानोइक एसिड

**71. d-इलेक्ट्रॉनों का स्क्रीनिंग प्रभाव है:**
(a) p के बराबर - इलेक्ट्रॉन (b) p से बहुत अधिक - इलेक्ट्रॉन
(c) $f$ के समान - इलेक्ट्रॉन (d) p से कम - इलेक्ट्रॉन

**72. निम्न में से कौन सी स्पीशीज़ अनुचुम्बकीय नहीं है?**
(a) $O_2$ (b) $B_2$
(c) $NO$ (d) $CO$

**73. निम्न में से कौन सा अणु अनुनादिक रूप से न्यूनतम स्थिर है?**
(a) (b)
(c) (d)

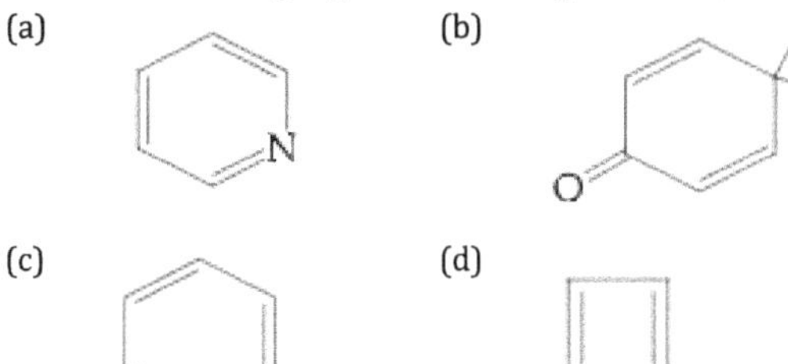

**74. वास्तविक लौ तापमान हमेशा रुद्धोष्म ज्वाला तापमान से कम होता है क्योंकि यह _______ है।**
(a) उच्च तापमान पर पूर्ण दहन प्राप्त करने की कोई संभावना नहीं
(b) हमेशा लौ से ऊष्मा का नुकसान
(c) दोनों (A) और (B)
(d) इनमें से कोई नहीं

**75. अलग-अलग तापमान पर दो निकायों को एक कैलोरीमीटर में मिलाया जाता है। निम्नलिखित में से कौन सी मात्रा संरक्षित रहती है?**
(a) दो निकायों के तापमान का योग
(b) दो निकायों की कुल गर्मी
(c) दो निकायों की कुल आंतरिक ऊर्जा
(d) प्रत्येक शरीर की आंतरिक ऊर्जा

**76. निम्नलिखित में से कौन सा विकल्प ऐसे लवण का उदाहरण है, जो 7 से कम पीएच का एक जलीय घोल देता है?**
(a) सोडियम कार्बोनेट (b) सोडियम क्लोराइड
(c) अमोनियम क्लोराइड (d) सोडियम बाइकार्बोनेट

**77. $A_2X_3$ का घुलनशीलता उत्पाद $1.081.1 \times 10^{-23} M^5$ है । इसकी घुलनशीलता है**
(a) 1.0 $10^{-3}$ M (b) $1.0 \times 10^{-4}$ M
(c) 1.0 $10^{-5}$ M (d) 1.0 $10^{-6}$ M

**78. $H_2S_2O_8$ में सल्फर की आक्सीकरण संख्या है:**
(a) + 6 (b) + 8
(c) + 2 (d) + 7

**79. इलेक्ट्रॉनों को खोने के लिए एक इलेक्ट्रोड की प्रवृत्ति को __ के रूप में जाना जाता है।**
(a) इलेक्ट्रोड क्षमता (b) रिडक्शन क्षमता
(c) ऑक्सीकरण क्षमता (d) ई.एम.एफ

**80. असहनीय गंध के साथ एक गैस X धातुमय चांदी देने के लिए चांदी नाइट्रेट सान्द्रण को कम कर देता है और खुद Y से ऑक्सीकृत हो जाता है। Y घटते गुणों के साथ एक द्विक्षारीय अम्ल है। यह धीरे-धीरे हवा में एक त्रिक्षारीय अम्ल Z में ऑक्सीकृत होता है। हालांकि Z एक त्रिक्षारीय अम्ल है, यह ज्यादातर जलीय घोल में द्विक्षारीय अम्ल के रूप में व्यवहार करता है। जब X और $N_2O$ के मिश्रण को एक विघुत चिंगारी के अधीन किया जाता है, तो Z प्राप्त किया जाता है।**
(a) $H_4P_2O_6$ (b) $H_3PO_2$
(c) $H_3PO_4$ (d) $H_4P_2O_5$

**81. 45°C पर एक विलयन जिसमें बेंजीन एवं ऑक्टेन का मोलर अनुपात 3 : 2 हो, उसके वाष्प दाब के मान का सही विकल्प है:**
**[45°C पर बेंजीन का वाष्प दाब 280 mmHg एवं ऑक्टेन का वाष्प दाब 420 mmHg है । आदर्श गैस मान लें]**
(a) 350 mm Hg (b) 160 mm Hg
(c) 168 mm Hg (d) 336 mm Hg

**82. निम्नलिखित में से कौन सा कारक इलेक्ट्रोड की इलेक्ट्रोड क्षमता को प्रभावित नहीं करता है?**
(a) इलेक्ट्रोड की प्रकृति (धातु) (b) विलयन का तापमान
(c) विलयन की मोलरता (d) इलेक्ट्रोड का आकार

**83. इलेक्ट्रोलाइटिक सेल में इलेक्ट्रॉनों के प्रवाह की दिशा क्या है?**
(a) बाह्य रूप से कैथोड से एनोड
(b) आंतरिक रूप से कैथोड के लिए एनोड
(c) बाहरी रूप से एनोड करने के लिए कैथोड
(d) विलयन में कैथोड से एनोड तक

**84. पहले क्रम की अभिक्रिया के लिए, यदि सांद्रता दोगुनी कर दी जाती है तो अभिक्रिया की दर _________ हो जाती है।**
(a) दोगुनी (b) आधी
(c) चार गुनी (d) अपरिवर्तित

**85. प्रथम कोटि की अभिक्रिया के लिए स्थिर दर स्थिरांक $4.606 \times 10^{-3}\ s^{-1}$ है। 2.0 g अभिकारक को 0.2 g ग्राम करने के लिए आवश्यक समय ________ है।**
(a) 200 sec (b) 500 sec
(c) 1000 sec (d) 100 sec

**86. निम्नलिखित में से कौन सी धातुएं अमोनियामय $H_2S$ के साथ प्रतिपादन करने पर सल्फाइड के रूप में है?**
(a) $Fe(III)$ (b) $Al(III)$
(c) $Mg(II)$ (d) $Zn(II)$

**87. जस्ता मिश्रण में $Zn^{2+}$ आयन के कितने निकटतम पड़ोसी हैं?**
(a) 12 (b) 6
(c) 8 (d) 3

**88. निम्नलिखित में से किस कॉम्प्लेक्स का नाम सही है?**
(a) $K_3[Fe(CN)_6]$ : त्रिपोटेशियम हेक्सासानोफेरेट (III)
(b) $K_4[Fe(CN)_6]$ : पोटेशियम हेक्सासानोफेरेट (IV)
(c) $[Cu(NH_3)_4](NO_3)_2$ : टेट्राम्मिनेकोप्पर (II) टेट्राम्मिनेकोप्पर
(d) $[Cr(NCS)_4(NH_3)_2]^-$ : डायनामिनेटेट्रियोसायनैटोक्रोमेट (III) आयन

**89. समन्वय के लिए आयन $[Co(NH_3)_6]^{3+}$ कॉम्प्लेक्स में कोबाल्ट की ऑक्सीकरण संख्या क्या है?**

(a) +1 (b) +3
(c) +2 (d) -1

**90. निम्नलिखित में से कौन टॉटोमेरिज्म प्रदर्शित करता है?**

(a) $(CH_3)_2NH$ (b) $(CH_3)_3CNO_2$
(c) $R_3CNO_2$ (d) $RCH_2NO_2$

**91. CIP अनुक्रम नियम के अनुसार, घटती प्राथमिकता के क्रम में सही व्यवस्था है:**

(a) $-OH > -CH_2OH > -CHO > -COOH$
(b) $-OH > -COOH > -CHO > -CH_2OH$
(c) $-COOH > -OH > -CHO > -CH_2O$
(d) $-COOH > -CHO > -CH_2OH > -OH$

**92. एथेन, जिसका आणविक सूत्र $C_2H_6$ है, में ________ होते हैं।**

(a) 6 सहसंयोजक आबंध (b) 7 सहसंयोजक आबंध
(c) 8 सहसंयोजक आबंध (d) 9 सहसंयोजक आबंध

**93. निम्नलिखित में से कौन सा एक अल्केन है?**

(a) एथाइन (b) ईथेन
(c) एथीन (d) प्रोपीन

**94. निम्नलिखित यौगिक का IUPAC नाम है:**

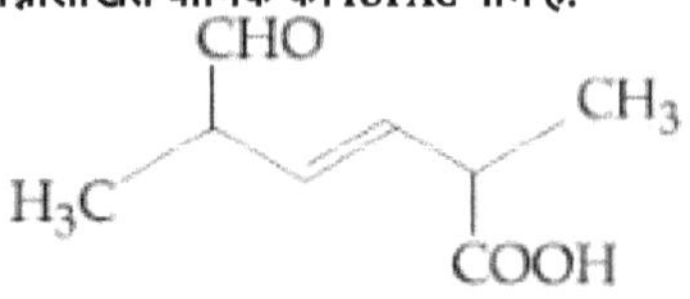

(a) 2, 5-डाइमिथाइल-6-ऑक्सो-हेक्स-3-एनोइक एसिड
(b) 6-फॉर्मी 1-2-मिथाइल-हेक्स-3-एनोइक एसिड
(c) 2, 5-डाइमिथाइल-5-कार्बोक्सी-हेक्स-3-एनाल
(d) 2, 5-डाइमिथाइल-6-कार्बोक्सी-हेक्स-3-एनाल

**95. हैलोजन के आकलन की कैरियस विधि में, एक कार्बनिक यौगिक के 0.172 g ने ब्रोमीन के 0.08 g की उपस्थिति दिखाई गई है। इनमें से कौन सा यौगिक की सही संरचना है?**

(a)

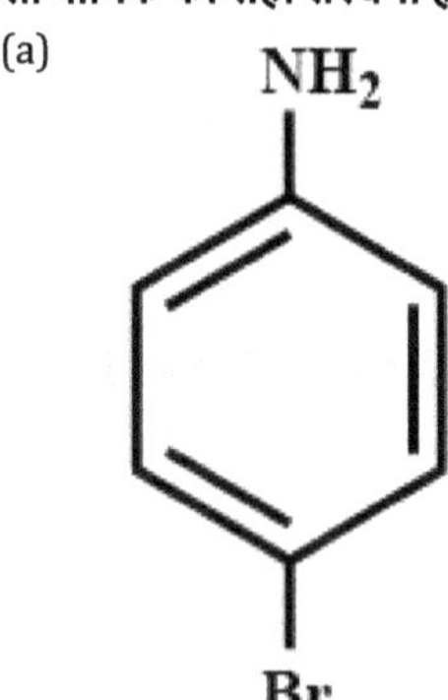

(b)

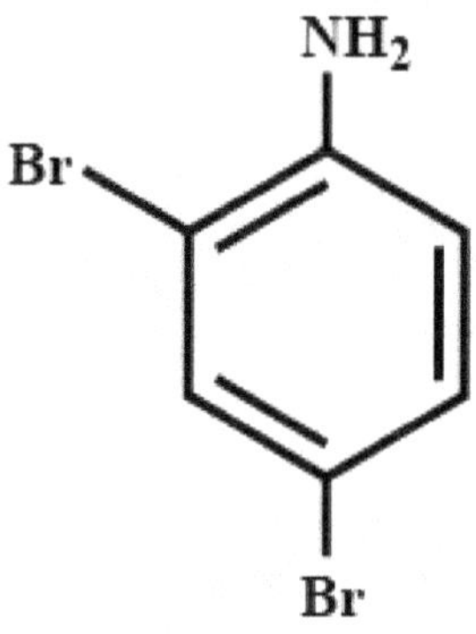

(c) $H_3C - Br$
(d) $H_3C - CH_2 - Br$

**96. स्टार्च किण्वन द्वारा इथेनॉल में परिवर्तित हो जाता है। एंजाइम के अनुक्रम का क्या उपयोग किया जाता है?**

(a) एमाइलेज, माल्टेज़, ज़ाइमेज़ (b) डायस्टेज़, माल्टेज़, ज़ाइमेज़
(c) एमाइलेज, इनवर्टेज़, ज़ाइमेज़ (d) एमाइलेज, ज़ाइमेज़, माल्टेज़

**97. निम्नलिखित प्रतिक्रिया में उत्पाद A को पहचानें:**

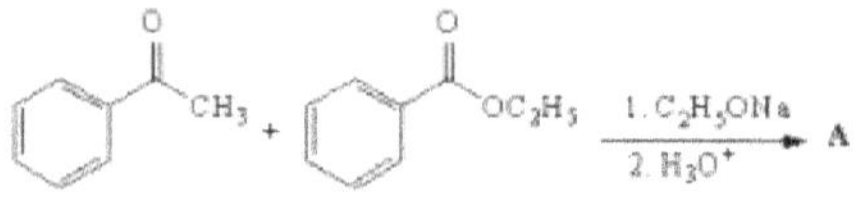

(a)

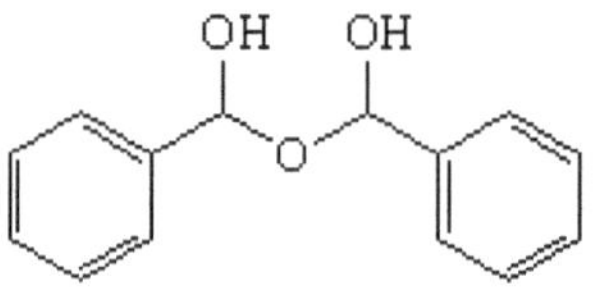

(b)

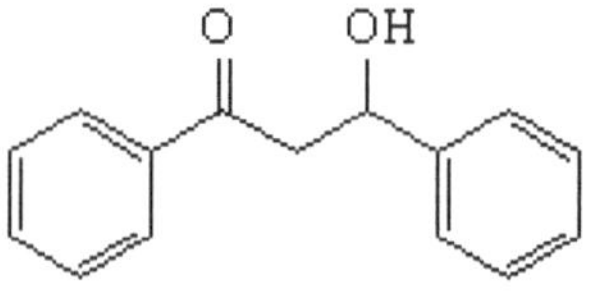

(c)

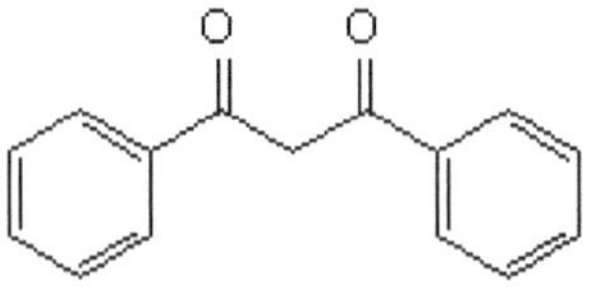

(d)

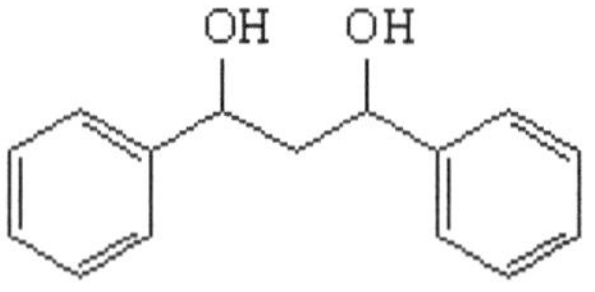

**98. क्षारकता के घटते क्रम में निम्नलिखित यौगिकों को व्यवस्थित करें:**

I. एथिलएमाइन
II. 2 - एमिनो इथेनॉल
III. 3 - अमीनो - 1 - प्रोपेनोल

(a) I > II > III (b) III > I > II
(c) I > III > II (d) I < II > III

**99. निम्नलिखित में से कौन सा आवश्यक अमीनो एसिड का एक सेट है?**

(a) ग्लाइसिन, अलैनिन, टायरोसिन, ग्लूटामिक एसिड
(b) ग्लाइसिन, ऐलेनिन, थ्रेओनीन, लाइसिन
(c) टायरोसिन, ग्लूटामिक अम्ल, वैलीन, ल्यूसीन

(d) ल्यूसीन, थ्रेओनीन, अलैनिन, टायरोसिन

**100. निम्नलिखित में से कौन-सा ऐमीन की क्षारकता के लिए सत्य है?**
(a) ऐल्किलामाइन सामान्यतः ऐरिलऐमीन की तुलना में कम क्षारीय होते हैं क्योंकि N sp संकरित होता है।
(b) ऐरिल ऐमीन ऐरिल समूह के कारण सामान्यतः ऐल्किल ऐमीन से अधिक क्षारकीय होते हैं।
(c) बेंजीन वलय में इलेक्ट्रॉनों के एकाकी युग्म के निरूपण के कारण ऐरिलऐमीन सामान्यतः ऐल्किल ऐमीन की तुलना में कम क्षारकीय होते हैं।
(d) ऐल्किलामाइन सामान्यतः ऐरिल ऐमीन की तुलना में कम क्षारकीय होते हैं क्योंकि ऐरिल ऐमीन में N पर इलेक्ट्रॉनों का अकेला युग्म बेंजीन वलय में स्थानीयकृत नहीं होता है।

## Art of Teaching and Other skills

**101. अनुभव या प्रशिक्षण के द्वारा व्यवहार में होने वाले स्थायी परिवर्तन को ________ कहा जाता है।**
(a) अधिगम (b) अभिप्रेरणा
(c) आत्मसात्करण (d) इनमें से कोई नहीं

**102. वाक् में, विशिष्ट परिस्थितियों में भाषा के प्रयोग से किसका सम्बन्ध है?**
(a) शब्द (b) व्यंजन
(c) अर्थक्रियात्मक (d) शब्दांश

**103. वह दृष्टिकोण जो संचालन, विषयवस्तु और उत्पादों के संदर्भ में बुद्धि की अवधारणा का गठन करता है, निम्नलिखित में से किस रूप में जाना जाता है?**
(a) तंत्र प्रतिमान (b) बुद्धि का संरचनात्मक प्रतिमान
(c) पदानुक्रमित प्रतिमान (d) जी कारक प्रतिमान

**104. निम्नलिखित में से कौनसा संज्ञानात्मक डोमेन के अंतर्गत आता है?**
(a) ज्ञान (b) मूल्यांकन
(c) समझ (d) उपर्युक्त सभी

**105. शिक्षण का मुख्य उद्देश्य है:**
(a) परीक्षा में उच्च अंक प्राप्त करना।
(b) सिलेबस को अच्छी तरह से पूरा करना।
(c) उपयुक्त स्थान दिलाने में सहायता करना।
(d) आजीवन शिक्षार्थियों का निर्माण।

**106. एन.सी.ई.आर.टी. द्वारा विकसित सूक्ष्म-शिक्षण के भारतीय मॉडल के अनुसार, शिक्षण सत्र की समयावधि क्या है:**
(a) 12 मिनट (b) 6 मिनट
(c) 10 मिनट (d) 5 मिनट

**107. एक चयनित प्रतिक्रिया प्रश्न के लिए छात्र को आवश्यकता है:**
(a) सही जवाब का निर्माण
(b) कई संभावनाओं से सही उत्तर का निर्माण
(c) सही उत्तर को पहचानें
(d) सही उत्तर समझाओ

**108. अधिगम की कौन सी विधि गतिविधि-आधारित नहीं है?**
(a) परियोजना विधि (b) प्रयोगशाला विधि
(c) खेल विधि (d) प्रश्न-उत्तर विधि

**109. Which of the following is an output based task for language learning?**
(a) Learners read a news item on a political issue.
(b) Learners work in group to gather ideas for writing a paragraph.
(c) Learners think aloud describing a process in a sequence of pictures.
(d) Learners write an article for a newspaper adopting process approach.

**110. Which of the following is NOT true of language?**
(a) Every language has a script.
(b) Script is not essential for a language.
(c) Every language has a grammar
(d) Language is primarily spoken.

**111. एक शिक्षिका अपनी कक्षा में दिव्यांग विद्यार्थियों के अधिगम के लिए प्रेरक परिवेश कैसे बन सकती है?**
(a) यह दृढ़ अपेक्षा रखकर कि वे सख्त पाठ्यचर्या का अनुसरण करे।
(b) बच्चे से परामर्श करे बिना उनके लिए सारे निर्णय खुद लेकर।
(c) यह सुनिश्चित करके कि उनका आकलन मानकीकृत आकलन तरीकों द्वारा हो।
(d) पाठ्यचर्या में उपयुक्त व यथोचित समायोजन करके।

**112. "छात्र अपने बारे में शिक्षार्थी के रूप में सीख सकते हैं और जागरूक हो सकते हैं कि वे कैसे सीखते हैं", ________ को संदर्भित करता है।**
(a) सीखने के रूप में आकलन (b) सीखने का आकलन
(c) सीखने के लिए आकलन (d) सीखने से आकलन

**113. उपलब्धि परीक्षण ________ के लिए प्रयोग किया जाता है।**
(a) न्यूनतम प्रदर्शन के परीक्षण (b) अधिकतम प्रदर्शन के परीक्षण
(c) प्राकृतिक प्रदर्शन के परीक्षण (d) प्रदर्शन के परीक्षण

**114. आकलन के सह-शैक्षिक पहलू में रुचि शामिल है:**
**(i) शारीरिक स्वास्थ्य**
**(ii) रुचि**
**(iii) मनोवृत्ति**
**नीचे दिए गए संकेतो का उपयोग करके सही उत्तर का चयन कीजिये।**
(a) (i) और (ii) दोनों (b) (ii) और (iii) दोनों
(c) (i) और (iii) दोनों (d) सभी (i), (ii) और (iii)

**115. लेव वायगोत्स्की के विचारों के अनुसार, निम्न में से कौन-सा कथन भाषा और संज्ञान के बीच के संबंध को सही रूप से दर्शाता है ?**
(a) भाषा की विचारों के स्व-नियमन में कोई भूमिका नहीं है।
(b) बच्चों की स्व-निर्देशित बातें उनकी आत्म-केन्द्रीयता को दर्शाती है।
(c) बच्चों की निजी वाक उनकी मौखिक सोच के आंतरिक स्तर को दर्शाती है।
(d) विचारों का मौखिकीकरण बच्चों के समस्या-समाधान कौशलों में बाधक बनता है।

**116. निम्नलिखित में से कौन-सी शिक्षण-अधिगम से संबंधित समस्या है?**
(a) विषय-वस्तु को समझने की समस्या
(b) कक्षा-कक्ष में अनुशासनहीनता
(c) परीक्षा में नकल करना
(d) कक्षा में देरी से पहुँचना

**117. निम्नलिखित में से वीडियो कॉन्फरेंसिंग ऐप की कौन-सी विशेषता सबसे अच्छे तरीके से प्रदर्शित कर सकती है कि बिना बोले संचार कैसे किया जा सकता है?**
(a) वर्चुअल बैकग्राउंड (b) स्क्रीन साझा करना
(c) चैट में जीआईएफ (d) ऑडियो कॉल

**118. निम्न में से क्या कक्षा 3,4 और 5 के लिए ईवीएस पाठ्यपुस्तकों के लाभ हैं?**
**I. छात्रों के दैनिक जीवन के अनुभवों और मौजूदा ज्ञान को नए सीखने को विकसित करने से जोड़ते हैं।**
**II. अवलोकन, अन्वेषण, रिकॉर्डिंग और रिपोर्टिंग के कौशल को तेज**

**करें।**
**III. उनके चारों ओर दुनिया के अर्थ का निर्माण।**
**IV. सीखने की प्रक्रियाओं में निष्क्रिय प्रतिभागियों को जानकारी प्राप्त करने वाले से बदलें।**

(a) I, III और IV (b) II, III और IV
(c) I, II और III (d) I, II, III और IV

**119. शिक्षक, शिक्षण सहायक सामग्री का उपयोग क्यों करते हैं?**
(a) कुछ शिक्षक अपने स्वयं के दम पर पढ़ाने में असमर्थ हैं।
(b) अधिगम के दौरान छात्रों को कुछ बदलाव की आवश्यकता होती है ।
(c) छात्रों की समझ के स्तर तक पहुँचना आवश्यक है।
(d) शिक्षण की अद्यतन तकनीक का उपयोग करने के लिए।

**120. निम्नलिखित कथनों में से दो एक-दुसरे के विरोधी है| सही कूट चयन करिये जो सही उतर का प्रतिनिधित्व करे।**
**कथन:**
**1) सभी कवि दार्शनिक होते है**
**2) कुछ कवि दार्शनिक होते है**
**3) कुछ कवि दार्शनिक नहीं होते है**
**4) कोई भी दार्शनिक कवि नहीं होता**
**कूट:**
(a) 1 और 2 (b) 1 और 4
(c) 1 और 3 (d) 2 और 3

**121. निम्नलिखित में से कौन सा कथन गलत है? निम्नलिखित कथनों पर विचार करें।**
(a) सीखने के लिए सूचना और संचार प्रौद्योगिकी (आईसीटी) का उपयोग तेजी से संचार को बढ़ावा देता है
(b) सूचना और संचार प्रौद्योगिकी (आईसीटी) छात्रों के लिए सहकारी शिक्षण को बढ़ावा देता है
(c) सूचना और संचार प्रौद्योगिकी (आईसीटी) छात्र की गोपनीयता को बढ़ावा देता है
(d) आईसीटी के उपयोग के माध्यम से साहित्यिक चोरी को रोका नहीं जा सकता है

**122. NEP 2020 के अनुसार, राष्ट्रीय परीक्षण एजेंसी (एनटीए) का क्या कार्य है?**
(a) सामान्य अभिक्षमता परीक्षा आयोजित करना।
(b) हर साल कम से कम दो बार विशेष सामान्य विषय की परीक्षा आयोजित करना।
(c) स्नातक और स्नातक प्रवेश के लिए प्रवेश परीक्षा आयोजित करना।
(d) उपरोक्त सभी

**123. निम्नलिखित में से कौन - सा सांख्यिकीय परीक्षण यह निर्धारित करने की अनुमति देता है कि क्या नमूने का आकार छोटा होने पर दो समूहों के माध्यों के बीच महत्वपूर्ण अंतर है ?**
(a) z- परीक्षण (b) p- परीक्षण
(c) t- परीक्षण (d) r- परीक्षण

**124. बुद्धि-लब्धांक के आधार पर विभिन्न समूहों में विद्यार्थियों का वर्गीकरण उनकी स्व-गरिमा को______है और उनके शैक्षिणिक निष्पादन______है।**
(a) बढ़ाता ; घटाता (b) बढ़ाता; बढ़ाता
(c) घटाता; घटाता (d) घटाता; प्रभावित नहीं करता

**125. निम्नलिखित में से क्या शिक्षण का स्तर नहीं है?**
(a) स्मृति स्तर (b) विभेदन स्तर
(c) चिंतनशील स्तर (d) बोध स्तर

**126. निम्नलिखित में से कौन सी विशेषता अच्छे शिक्षण की नहीं है?**
(a) अच्छा शिक्षण क्रिया आधारित होता है।
(b) अच्छा शिक्षण लोकतान्त्रिक होता है।
(c) अच्छा शिक्षण मूल्य आधारित नहीं होता है।
(d) अच्छा शिक्षण सुव्यवस्थित निश्चित उद्देश्ययुक्त होता है।

**127. प्रोजेक्ट विधि में शिक्षा प्रदान की जाती है:**
(a) सैध्दान्तिक शिक्षा (b) जीवनोपयोगी शिक्षा
(c) बेसिक शिक्षा (d) नैतिक शिक्षा

**128. प्रशिक्षण की तुलना में शिक्षण का लक्ष्य निम्नलिखित का अवसर प्रदान करना है:**
(a) अनुशासित अभ्यास के परिणामस्वरूप व्यवस्थित विचारों का अग्रसरण
(b) साझेदारी और सावधानी सहित प्रतिभाग जो समीक्षात्मक एवं सृजनशील विमर्श की ओर उन्मुख होता है
(c) मान्यताएं एवं मूल्यां को स्थापित करना जो अभिवृति परिवर्तन की ओर ले जा सके
(d) उन विचारों में सहचर्य बनाना जो परस्पर भिन्नता एवं अभिन्नता रखते हों

**129. Which of these is the goal of communicative approach?**
(a) Appropriateness (b) Acceptable languages
(c) Fluency (d) All of the above

**130. Unit test is an expression of _______ evaluation.**
(a) normative (b) formative
(c) effective (d) affective

**131. निम्नलिखित युग्मों में से कौन-सा सही सुमेलित नहीं है?**
(a) वी. डी. सावरकर- दी इण्डियन वार ऑफ इण्डिपेण्डेंस
(b) आर सी. मजूमदार- दी सेपॉय म्यूटिनी एण्ड रिवोल्ट आफ 1857
(c) राधाकमल मुखर्जी- अवध इन रिवोल्ट (1887-1858)
(d) एस.बी.चौधरी - दी इण्डियन म्यूटिनीज 1857-1859

**132. मेघालय पठार की सबसे ऊँची चोटी कौन सी है?**
(a) खासी-जयंतिया पहाड़ी (b) गारो पहाड़ी
(c) मिकिर पहाड़ी (d) शिलांग पहाड़ी

**133. भारत में मध्य-अर्धशतक (Mid-fifties) में अपनाये गए महालनोबीस प्लान मॉडल का उद्देश्य था:**
(a) मजबूत रक्षा उद्योग आधार बनाना
(b) भारी उद्योग की स्थापना करना जो पूंजी सघन थे
(c) अर्थव्यवस्था में मुद्रास्फीति को रोकना
(d) कम समय के अंदर बेरोजगारी को हटाना

**134. जनवरी 2023 में किस राज्य / केन्द्र शासित प्रदेश ने "100 डेज़ टू बीट प्लास्टिक" अभियान शुरू किया है?**
(a) जम्मू और कश्मीर (b) लद्दाख
(c) गुजरात (d) दिल्ली

**135. बिहार सोशलिस्ट पार्टी के संस्थापक थे-**
(a) जयप्रकाश नारायण (b) सत्य भक्त
(c) एम. एन. राय (d) सुभाष चन्द्र बोस

**136. रेड डेटा बुक निम्न पर डेटा देती है:**
(a) लुप्तप्राय पौधे और जानवर (b) लाल रंग की मछलियाँ
(c) लाल रंग के फूल (d) पौधों और जानवरों की सूची

**137. गैस की वैश्विक तापन क्षमता क्या दर्शाती है?**
(a) 1 टन $CO_2$ के बराबर गैस द्वारा मुक्त की गई ऊष्मा की मात्रा
(b) 1 किलो $CO_2$ के बराबर गैस द्वारा मुक्त ऊष्मा की मात्रा
(c) 1 टन $CO_2$ के बराबर गैस द्वारा अवशोषित ऊष्मा की मात्रा

(d) 1 किलो $CO_2$ के बराबर गैस द्वारा अवशोषित ऊष्मा की मात्रा

**138. मलेरिया के कारण होता है:**

(a) प्लाज्मोडियम फाल्सीपेरम (b) एंटामोबा
(c) रेट्रोवायरस (d) साल्मोनेला

**139. कक्षा III से V के लिए ईवीएस एक विषय क्षेत्र है जो ________ एकीकृत करता है।**

(a) विज्ञान की अवधारणाएं और मुद्दे।
(b) विज्ञान, सामाजिक अध्ययन और पर्यावरण शिक्षा की अवधारणाएं और मुद्दे।
(c) सामाजिक विज्ञान और विज्ञान की अवधारणाएं और मुद्दे।
(d) विज्ञान और पर्यावरण शिक्षा की अवधारणाएं और मुद्दे।

**140. निम्नलिखित में से किसको पर्यावरण अध्ययन में बच्चों के आकलन में दूर करना चहिये ?**

(a) बच्चों के उत्तरों को सही या गलत में आंकना
(b) कक्षा V की EVS पाठ्यपुस्तक के प्रत्येक अध्याय के अंत में दिए गए "हमने जो सीखा है" पर चर्चा करें
(c) आकलन के लिए संकेतक का उपयोग करें
(d) बच्चों के सीखने का गुणात्मक मूल्यांकन

**141. एक कक्षा में लड़कों और लड़कियों की संख्या का अनुपात 5 : 7 है। लड़कों का औसत भार 56 किग्रा और लड़कियों का 50 किग्रा है। कक्षा में सभी लड़कों और लड़कियों का औसत भार (किग्रा में) कितना है?**

(a) 54.1 (b) 51.8
(c) 53.2 (d) 52.5

**142. साधारण ब्याज पर निवेश की गई राशि 5% प्रति वर्ष की दर से स्वयं का 6 गुना हो जाती है। समय अवधि ज्ञात कीजिए।**

(a) 50 वर्ष (b) 100 वर्ष
(c) 125 वर्ष (d) 150 वर्ष

**143. दिए गए अंशों के लिए सही आरोही क्रम क्या है?**

(a) $\frac{22}{7}, \frac{13}{17}, \frac{11}{19}, \frac{2}{3}$ (b) $\frac{11}{19}, \frac{2}{3}, \frac{13}{17}, \frac{22}{7}$
(c) $\frac{2}{3}, \frac{11}{19}, \frac{13}{17}, \frac{22}{7}$ (d) $\frac{2}{3}, \frac{13}{17}, \frac{11}{19}, \frac{22}{7}$

**144. इनमें से सबसे छोटा ज्ञात कीजिए:**

$3^{\frac{1}{4}}, 2^{\frac{1}{3}}, 5^{\frac{1}{6}}, 2^{\frac{1}{2}}$

(a) $3^{\frac{1}{4}}$ (b) $2^{\frac{1}{3}}$
(c) $5^{\frac{1}{6}}$ (d) $2^{\frac{1}{2}}$

**145. 3.5 सेमी त्रिज्या और 24 सेमी ऊंचाई वाले एक लम्ब वृत्तीय बेलन के 2 बिंदुओं के बीच की सबसे दूर की दूरी क्या है?**

(a) 25 सेमी (b) $23\sqrt{2}$ सेमी
(c) 29 सेमी (d) $19\sqrt{2}$ सेमी

**146. जिस प्रकार का सम्बन्ध "तंग" और "चौड़ा" में हैं उसी प्रकार का सम्बन्ध "पतला" का किससे है?**

(a) छोटा (b) मोटा
(c) लम्बा (d) नुकीला

**147. रंगों की निम्नलिखित सूची में से विषम का चयन कीजिए। नारंगी, बैंगनी, भूरा, लाल, हरा, नीला, पीला**

(a) नारंगी (b) भूरा
(c) हरा (d) नीला

**148. एक समान्तर श्रेणी में तीन संख्याओं का योग 45 है और इनमें से सबसे छोटी और सबसे बड़ी संख्याओ के वर्गों का योग 468 है। इन संख्याओ मे से सबसे बड़ी संख्या ज्ञात कीजिए।**

(a) 15 (b) 16
(c) 18 (d) 21

**149. यदि एक निश्चित कोड भाषा में, 'CATCH' को '31835' के रूप में लिखा गया है, 'MATCH' को '61835' के रूप में लिखा गया है और 'MINUTE' को '624987' के रूप में लिखा गया है, तो 'TEACH' को उस भाषा में कैसे लिखा जाएगा?**

(a) 78135 (b) 75813
(c) 87513 (d) 87135

**150. यदि $M \times N$ का तात्पर्य, M पुत्री है N की, $M + N$ का तात्पर्य, M पिता है N का, $M \div N$ का तात्पर्य M माता है N की तथा $M - N$ का तात्पर्य M भाई है N का, तो $P \div Q + R - T \times K$ कौन-सा संबंध P का K के साथ इंगित करेगा?**

(a) पुत्रवधू (b) ननद/साली
(c) सास (d) इनमें से कोई नहीं

## // स्मार्ट उत्तर पुस्तिका //

**सही उत्तर** उन छात्रों का प्रतिशत जिन्होंने प्रश्न का सही उत्तर दिया।

**छोड़ दिया** उन छात्रों का प्रतिशत जिन्होंने प्रश्न को छोड़ दिया।

| प्रश्न संख्या | उत्तर | सही उत्तर | छोड़ दिया | प्रश्न संख्या | उत्तर | सही उत्तर | छोड़ दिया | प्रश्न संख्या | उत्तर | सही उत्तर | छोड़ दिया |
|---|---|---|---|---|---|---|---|---|---|---|---|
| 1 | A | 48.42% | 1.4% | 2 | C | 78.83% | 0.0% | 3 | C | 56.13% | 1.09% |
| 4 | C | 59.77% | 1.26% | 5 | C | 48.17% | 1.05% | 6 | C | 60.33% | 2.0% |
| 7 | B | 66.21% | 1.41% | 8 | A | 55.34% | 1.34% | 9 | B | 67.32% | 1.71% |
| 10 | A | 49.96% | 1.42% | 11 | D | 51.41% | 1.54% | 12 | B | 19.94% | 3.19% |
| 13 | B | 46.43% | 1.68% | 14 | D | 40.75% | 1.08% | 15 | A | 76.43% | 0.0% |
| 16 | A | 48.95% | 1.32% | 17 | B | 46.41% | 1.24% | 18 | B | 45.05% | 1.13% |
| 19 | C | 40.08% | 1.36% | 20 | D | 26.27% | 4.98% | 21 | C | 46.06% | 1.5% |
| 22 | B | 49.69% | 1.36% | 23 | B | 53.75% | 1.29% | 24 | C | 68.05% | 1.31% |
| 25 | C | 62.57% | 1.48% | 26 | C | 43.28% | 1.1% | 27 | B | 62.93% | 1.57% |
| 28 | B | 46.99% | 1.23% | 29 | B | 66.18% | 1.32% | 30 | A | 41.39% | 1.92% |
| 31 | A | 30.32% | 4.64% | 32 | B | 69.04% | 1.34% | 33 | D | 45.41% | 1.58% |
| 34 | A | 54.17% | 1.71% | 35 | B | 31.11% | 3.88% | 36 | B | 55.36% | 1.16% |
| 37 | B | 11.2% | 4.8% | 38 | B | 30.91% | 4.01% | 39 | A | 21.44% | 4.68% |
| 40 | B | 41.75% | 1.97% | 41 | D | 61.96% | 1.62% | 42 | B | 63.83% | 1.78% |
| 43 | B | 31.95% | 4.76% | 44 | A | 23.33% | 5.0% | 45 | C | 64.5% | 1.62% |
| 46 | C | 85.15% | 0.0% | 47 | C | 44.53% | 1.3% | 48 | B | 86.99% | 0.0% |
| 49 | B | 27.5% | 4.58% | 50 | A | 44.14% | 1.09% | 51 | D | 67.71% | 1.62% |
| 52 | D | 24.48% | 4.13% | 53 | A | 65.78% | 1.42% | 54 | B | 40.42% | 1.74% |
| 55 | A | 61.83% | 1.5% | 56 | A | 44.49% | 1.83% | 57 | D | 55.46% | 1.1% |
| 58 | C | 48.59% | 1.21% | 59 | B | 52.75% | 1.95% | 60 | B | 50.15% | 1.11% |
| 61 | C | 43.23% | 1.32% | 62 | D | 57.34% | 1.09% | 63 | C | 40.54% | 1.33% |
| 64 | A | 47.53% | 1.03% | 65 | C | 58.25% | 1.41% | 66 | C | 62.51% | 2.0% |

| 67 | B | 55.7%<br>1.44% | 68 | C | 46.26%<br>1.96% | 69 | D | 61.62%<br>1.43% |
|---|---|---|---|---|---|---|---|---|
| 70 | A | 66.85%<br>1.38% | 71 | D | 61.72%<br>1.18% | 72 | D | 65.15%<br>1.38% |
| 73 | B | 61.81%<br>1.74% | 74 | C | 85.75%<br>0.0% | 75 | C | 82.74%<br>0.0% |
| 76 | C | 40.52%<br>1.44% | 77 | C | 46.13%<br>1.96% | 78 | A | 67.2%<br>1.9% |
| 79 | C | 65.52%<br>1.31% | 80 | C | 50.33%<br>1.26% | 81 | D | 58.56%<br>1.52% |
| 82 | D | 43.88%<br>1.48% | 83 | A | 54.45%<br>1.29% | 84 | A | 68.02%<br>1.1% |
| 85 | B | 45.78%<br>1.32% | 86 | D | 55.19%<br>1.7% | 87 | A | 45.36%<br>1.91% |
| 88 | D | 41.08%<br>1.45% | 89 | B | 49.15%<br>1.88% | 90 | D | 69.92%<br>1.8% |
| 91 | B | 46.58%<br>1.1% | 92 | B | 68.85%<br>1.15% | 93 | B | 69.6%<br>1.16% |
| 94 | A | 61.86%<br>1.09% | 95 | A | 63.76%<br>1.39% | 96 | B | 67.87%<br>1.59% |
| 97 | C | 49.06%<br>1.09% | 98 | C | 10.57%<br>4.01% | 99 | A | 54.64%<br>1.69% |
| 100 | C | 14.68%<br>4.62% | 101 | A | 69.12%<br>1.81% | 102 | C | 58.2%<br>1.64% |
| 103 | B | 69.88%<br>1.29% | 104 | D | 69.4%<br>1.23% | 105 | D | 77.03%<br>0.0% |
| 106 | B | 80.09%<br>0.0% | 107 | C | 77.46%<br>0.0% | 108 | D | 65.34%<br>1.27% |
| 109 | D | 43.17%<br>1.47% | 110 | A | 60.4%<br>1.94% | 111 | D | 82.46%<br>0.0% |
| 112 | A | 64.09%<br>1.94% | 113 | D | 55.04%<br>1.28% | 114 | D | 48.22%<br>1.55% |
| 115 | C | 48.11%<br>1.23% | 116 | A | 48.36%<br>1.59% | 117 | C | 23.57%<br>4.46% |
| 118 | C | 64.69%<br>1.69% | 119 | C | 44.37%<br>1.16% | 120 | C | 50.62%<br>1.3% |
| 121 | D | 49.77%<br>1.03% | 122 | D | 40.71%<br>1.61% | 123 | C | 46.5%<br>1.63% |
| 124 | D | 46.31%<br>1.49% | 125 | B | 59.93%<br>1.57% | 126 | C | 49.33%<br>1.41% |
| 127 | B | 54.3%<br>1.12% | 128 | B | 65.23%<br>1.68% | 129 | D | 55.2%<br>1.45% |
| 130 | B | 46.08%<br>1.1% | 131 | C | 56.33%<br>1.23% | 132 | D | 66.96%<br>1.77% |
| 133 | B | 20.49%<br>4.36% | 134 | D | 52.4%<br>1.75% | 135 | A | 63.42%<br>1.95% |
| 136 | A | 68.86%<br>1.34% | 137 | C | 52.12%<br>1.7% | 138 | A | 18.77%<br>3.27% |
| 139 | B | 14.36%<br>3.37% | 140 | A | 15.69%<br>4.37% | 141 | D | 55.08%<br>1.79% |
| 142 | B | 48.74%<br>1.84% | 143 | B | 12.73%<br>4.77% | 144 | B | 47.95%<br>1.24% |
| 145 | A | 69.31%<br>1.01% | 146 | B | 48.02%<br>1.61% | 147 | B | 68.75%<br>1.7% |
| 148 | C | 30.97%<br>4.73% | 149 | D | 55.14%<br>1.23% | 150 | C | 54.34%<br>1.61% |

## // संकेत और समाधान //

**1(A).** बैक्टीरिया मोनेरा जगत के एकमात्र सदस्य हैं। नीले-हरे शैवाल मोनेरा जगत के अंतर्गत आते हैं। नीले-हरे शैवाल को सायनोबैक्टीरिया भी कहा जाता है।
नीले-हरे शैवाल प्रकाश संश्लेषक स्वपोषी हैं।
नीले-हरे शैवाल में से कुछ नाइट्रोजन स्थिरीकरण कर सकते हैं।
नीले-हरे शैवाल कुछ विशेष कोशिकाओं, जिन्हें हेटेरोसिस्ट कहा जाता है, के माध्यम से नाइट्रोजन का स्थिरीकरण करते हैं।
वे वातावरण के नाइट्रोजन को अमीनो अम्ल, नाइट्रेट्स जैसे नाइट्रोजन युक्त यौगिकों में परिवर्तित करते हैं। ये नाइट्रेट मिट्टी की उर्वरता को बढ़ाते हैं। अतः नीले-हरे शैवाल नाइट्रोजन स्थिरीकरण द्वारा मिट्टी की उर्वरता में सुधार करते है।
भूरे शैवाल, हरे शैवाल, और लाल शैवाल वैसे शैवाल हैं जो पादप जगत के अंतर्गत आते हैं।

- क्लोरोफाइसी के सदस्य को आमतौर पर 'हरे शैवाल' के रूप में जाना जाता है।
- फियोफाइसी के सदस्य को आमतौर पर 'भूरे शैवाल' के रूप में जाना जाता है।
- रोडोफाइसी के सदस्य को आमतौर पर 'लाल शैवाल' के रूप में जाना जाता है।

**2(C).** रेट्रोवायरस आमतौर पर मानव लिम्फोसाइटों में डीएनए खंड पेश करने के लिए एक वेक्टर के रूप में प्रयोग किया जाता है।
बैक्टीरियोफेज वे वायरस हैं जो बैक्टीरिया को संक्रमित करते हैं। जान लें कि हम डीएनए को पशु कोशिकाओं में स्थानांतरित करने के लिए कई फेज वैक्टर का उपयोग करते हैं। रेट्रोवायरस के डीएनए को वेक्टर के रूप में प्रयोग किया जाता है क्योंकि इसमें कैंसर को प्रेरित करने की क्षमता होती है। यह वायरस के निरस्त्र होने के बाद मेजबान के लिए पेश किया जाता है और मेजबान सेल में कैंसर का कारण नहीं बन सकता है। तो, हम फेज वैक्टर के रूप में कार्य करने वाले रेट्रोवायरस की मदद से मानव लिम्फोसाइटों में डीएनए का एक टुकड़ा वितरित करते हैं।

**3(C).** सैक्रोमाइसेस एक प्रोकैरियोट नहीं है क्योंकि यह एक कवक है और इसलिए एक यूकेरियोट है। सैक्रोमाइसेस के पास एक अच्छी तरह से परिभाषित और झिल्ली-बद्ध नाभिक होता है। प्रोकैरियोटिक कोशिका की तुलना में उनकी कोशिका संरचना अधिक जटिल होती है। सैक्रोमाइसेस, कवक की एक प्रजाति है जिसमें खमीर की कई प्रजातियां शामिल हैं। सैक्रोमाइसेस का अर्थ चीनी कवक है। इस जीनस के कई सदस्य खाद्य उत्पादन में बहुत महत्वपूर्ण माने जाते हैं। इसे ब्रूअर्स यीस्ट या बेकर्स यीस्ट के नाम से जाना जाता है। वे एककोशिकीय और सैप्रोट्रॉफ़िक कवक हैं।

**4(C).** न्यूमेटोफोरस हेलोफाइट्स में होते हैं।
न्यूमेटोफोरस लघु, ऊर्ध्वाधर और नकारात्मक भू-अनुवर्ती जड़ें हैं जो मैंग्रोव पौधों में पाए जाते हैं। न्यूमेटोफोर वाले पौधे नमकीन दलदल में उगते हैं। उनकी पार्श्व जड़ें होती हैं जो क्षैतिज रूप से द्वितीयक जड़ों से हवा में ऊपर की ओर बढ़ती हैं। इन्हें हेलोफाइट्स कहा जाता है। इन जड़ों को न्यूमेटोफोर कहा जाता है जिनमें गैसों के आदान-प्रदान के लिए वातरंध्र होते हैं।

**5(C).** जिम्नोस्पर्म शब्द का शाब्दिक रूप से नग्न बीज में अनुवाद होता है क्योंकि वे फूल रहित होते हैं। यह इस तथ्य के कारण है कि जिम्नोस्पर्म में बीज अंडाशय के भीतर संपुटित नहीं होते हैं। इसके बजाय, वे पत्ती जैसी संरचनाओं की सतह पर दिखाई देते हैं जहां वे बैठते हैं और उन्हें ब्लैक कहा जाता है। जिम्नोस्पर्म एम्ब्रियोफाइटा से संबंधित संवहनी पौधों का एक समूह है जो एक उप-साम्राज्य है और इसमें साइकैड्स, जीनटोफाइट्स, कोनिफर और जिन्कगो जैसी विस्तृत विविधता शामिल है।

**6(C).** उपरोक्त दिए गये विकल्पों में अण्डे देना ही उपुक्त है क्योंकि उपरोक्त कछुआ, अजगर, बाज, छिपकली और मधुमक्खी सभी अण्डे देने वाले जानवर हैं।
जीव की कुछ अलग विशेषताएं होती हैं। प्रारूप विशेषताएं उनके शरीर रचना विज्ञान, आकारिकी, विकासवादी इतिहास और भ्रूण विकास की विशेषताओं पर आधारित होती हैं। ये विशेषताएं सन्तति को आगे बढ़ाने में महत्वपूर्ण भूमिका निभाती हैं।
अण्डाशयी जन्तु:

- वे जन्तु जो अण्डे देते हैं, अण्डाशयी जन्तु कहलाते हैं।
- निषेचित अंडों में कैल्शियम युक्त खोल होते हैं और ऊष्मायन की अवधि के बाद युवा जन्तु बाहर निकलते हैं।
- उदाहरण: सरीसृप, पक्षी, मुर्गियाँ आदि।

जरायुज जन्तु:

- वे जंतु जो बच्चों को जन्म देते हैं, जरायुज जन्तु कहलाते हैं।
- निषेचित अंडे (जाइगोट) में कोई खोल नहीं होता है और मादा जीव के शरीर के अंदर एक युवा के रूप में विकसित होता है।
- उदाहरण: मानव सहित अधिकांश स्तनधारी।

**7(B).** कॉन्ड्रिक्थीज: ये एक धारा रेखित शरीर के साथ समुद्री प्राणी होते हैं और इनमें उपास्थियुक्त अंतःकंकाल होता हैं। अपरायुक्त स्तनधारी (अववर्ग

यूथीरिया), स्तनधारी समूह के किसी भी सदस्य को अपरा की उपस्थिति के द्वारा पहचाना जाता है, जो मां और भ्रूण के रक्त के बीच पोषक तत्वों और अपशिष्टों के आदान-प्रदान को सुगम बनाती है। अपरास्तनी में मार्सुपियल और मोनोट्रीम को छोड़कर, सभी जीवित स्तनधारियों को सम्मिलित किया गया है। साइक्लोस्टोम समुद्री हैं, लेकिन ये अंडजनन के लिए अलवण जल में पलायन करते हैं। अंडजनन के बाद, कुछ दिनों के भीतर, ये मर जाते हैं। कायांतरण के बाद, इनके लार्वा, महासागर में लौट आते हैं। किलोन और टेस्ट्रूडो (सरीसृप) शरीर के एक स्थिर तापमान को बनाए रखने में सक्षम नहीं होते हैं।

**8(A).** आम और नारियल में, फल को अष्ठिल (ड्रुप ) कहते हैं। ये एकांडपी ऊर्ध्ववर्ती अंडाशय से विकसित होते हैं और एक-बीज वाले होते हैं। आम में, फलभित्ति एक बाहरी पतली बाह्यफलभित्ति, एक मध्य गूदेदार खाद्य योग्य मध्यफलभित्ति और एक आंतरिक कठोर अंतःफलभित्ति में अच्छी तरह से विभेदित होती है। नारियल में जो एक अष्ठिल (ड्रुप ) भी है, मध्यफलभित्ति रेशेदार होती है।
अतः विकल्प (A) सही है I

**9(B).** शारीरिक रूप से जूट तंतु माध्यमिक बस्ट /फ्लोएम तंतु होते हैं। बारहमासी लकड़ी के पेड़ों में, तने का मध्य भाग गहरे रंग का होता है: इसके अलावा, रेजिन, टैनिन, मसूड़ों और टाइलोज के निर्माण के कारण यह कठोर और सख्त होता है। यह केंद्रीय कठोर सख्त, और गहरा क्षेत्र हार्टवुड या ड्यूरामेन का गठन करता है। दिल की लकड़ी का प्रवाहकत्त्व कृत्य वाहिकाओं में टाइलों के निर्माण के कारण रुकता है और इसलिए फंडवुडियो में हार्टवुड यांत्रिक है लेकिन पानी के प्रवाहकत्त्व में कार्य नहीं करता है। ट्रंक का बाहरी या परिधीय हिस्सा हल्का असाध्य और नरम होता है जो पानी और खनिजों के प्रवाहकत्त्व का कार्य करता है और इसे एसएपी लकड़ी या एल्बमम के रूप में जाना जाता है।

**10(A).** सिलिअटेड एपिथेलियम ब्रोंकिओल्स और फैलोपियन ट्यूब जैसे खोखले अंगों की आंतरिक सतह में मौजूद होता है।
साधारण सिलिअटेड कॉलमर एपिथेलियम का सिलिअटेड एपिथेलियम मुख्य रूप से नाक पथ, श्वासनली, श्वसन पथ के ब्रोन्किओल्स और गर्भाशय में, महिला प्रजनन प्रणाली के फैलोपियन ट्यूब और रीढ़ की हड्डी के मध्य भाग में भी पाया जाता है। एक दिलचस्प तथ्य यह है कि ये कोशिकाएं सामान्य सर्दी के वायरस से सबसे अधिक प्रभावित होती हैं जो इन कोशिकाओं को संक्रमित करती हैं और सिलिया असर को मार या रोक सकती हैं। नतीजतन, बलगम बनता है। यह कोशिका अंड कोशिकाओं को गर्भाशय की ओर ले जाने में बहुत महत्वपूर्ण भूमिका निभाती है क्योंकि यह गर्भाशय नली के लुमेन को रेखाबद्ध करती है।

**11(D).** एंथोसायनिन पानी में घुलनशील रंजक होते हैं। ये रिक्तिका में उपस्थित होते हैं। ये पीएच के आधार पर विभिन्न रंगों जैसे लाल, नीले या बैंगनी रंग में दिखाई देते हैं।

**12(B).** प्रोटीन संश्लेषण के दौरान साइटोप्लाज्म में अमीनो एसिड पूल से राइबोसोम में विशिष्ट अमीनो एसिड लेने वाले आरएनए को ट्रांसफर राइबोन्यूक्लिक एसिड (टी-आरएनए) कहा जाता है। ट्रांसफर राइबोन्यूक्लिक एसिड टीआरएनए एक दूब घास या उल्टे एल आकार के अणु की तरह दिखता है जिसके एक छोर पर एक एमिनो एसिड रिसेप्टर अंत होता है और दूसरे छोर पर एक एंटिकोडन लूप होता है। एल आकार का परिणाम टी-आरएनए के न्यूक्लियोटाइड्स में संशोधन के कारण होता है जैसे कि स्यूडोरिडीन, डायहाइड्रोरिडीन (डीएचयू), इनोसिन और राइबोथाइमिडीन। टीआरएनए का कार्य प्रोटीन संश्लेषण में विशिष्ट है क्योंकि वे अमीनो एसिड पूल से विशिष्ट अमीनो एसिड उठाते हैं और एमआरएनए स्ट्रैंड को ले जाते हैं।

**13(B).** माइटोकॉन्ड्रियन (बहुवचन माइटोकॉन्ड्रिया) एक झिल्ली-बाध्य अंग है जो यूकेरियोटिक कोशिकाओं के कोशिका द्रव्य में पाया जाता है। यह सेल का पावर हाउस है; यह सेल में सेलुलर श्वसन और (सबसे) एटीपी के उत्पादन के लिए जिम्मेदार है।

**14(D).** कोशिका चक्रण की अवस्थाओं का सही क्रम $G_1 \rightarrow S \rightarrow G_2 \rightarrow M$ है। घटनाओं का वह अनुक्रम जिसमे कोशिका अपने जीनोम का द्विगुणन एवं अन्य संघटको का संश्लेषण होता है और इसके बाद विभाजित होकर दो नयी संतति कोशिकाओं का निर्माण करती है , कोशिका चक्र कहलाती है।
कोशिका चक्र एक चार चरण की प्रक्रिया है जिसमें कोशिका आकार में बढ़ जाती है (gap 1, or $G_1$, चरण) अपने डीएनए (संश्लेषण, या S, चरण) की प्रतिलिपि बनाती है, (gap 2, या $G_2$, चरण) विभाजित करने के लिए तैयार होती है और (माइटोसिस, या M, चरण) विभाजित करता है।

**15(A).** प्रकाश प्रतिक्रिया के दौरान सूर्य के प्रकाश को अवशोषित किया जाता है और फिर रासायनिक ऊर्जा में परिवर्तित किया जाता है। इसे ATP और $NADPH_2$ के रूप में संग्रहीत किया जाता है। इसका उपयोग प्रकाश संश्लेषण के अंधेरे चरण में किया जाता है।
अत: विकल्प (B) सही है।

**16(A).** एथिलीन फाइटोहार्मोन के परिणामस्वरूप इस बढ़ी हुई उपज में वृद्धि हुई है क्योंकि हार्मोन पौधों में मादा फूल उत्पन्न करने के लिए जाना जाता है।
एथिलीन:
- यह एक गैसीय PGR है। यह जरावस्था और पत्तियों और फूलों के विलगन में एक प्रमुख भूमिका निभाता है।
- यह फलों को जल्दी पकने में भी मदद करता है।
- एथेफॉन आमतौर पर एथीलिन के रूप में जाना जाता है, यह खीरे में मादा पुष्पन को बढ़ावा देता है और उपज में सुधार करने में मदद करता है।

**17(B).** कूपिकाओं (विसरण स्थल) में ऑक्सीजन ($O_2$) और कार्बन डाइऑक्साइड ($CO_2$) का आंशिक दाब (mmHg में) $pO_2 = 104$ और $pCO_2 = 40$ होता है ।
वातावरण में, $pO_2$, 159 mmHg है और $pCO_2$, 0.3 mmHg है ।
ऑक्सीजन रहित रक्त में, $pO_2$, 40mmHg है और $pCO_2$, 45 mmHg है ।
ऑक्सीजन युक्त रक्त में, $pO_2$, 95 mmHg है और $pCO_2$, 40mmHg है ।

**18(B).** ये खाद्य कणों के अंतर्ग्रहण में शामिल हैं, अंतर्विष्ट कायों के विषय में ये कथन गलत हैं।
अंतर्विष्ट काय साइटोप्लाज्म में प्रोटीन जैसे स्थिर पदार्थों के समुच्चय हैं। वे मेजबान कोशिका में वायरस या बैक्टीरिया के गुणन के कारण बनते हैं और इसका उपयोग संबंधित वायरल या जीवाणु रोग के निदान के लिए भी किया जा सकता है। वे सेलुलर चयापचय उत्पादों के भंडारण में भी मदद करते हैं और झिल्ली से बंधे नहीं होते हैं।

**19(C).** हेनले का लूप पेशाब से पानी और सोडियम क्लोराइड की पुनः प्राप्ति के लिए जिम्मेदार होता है। हेनले का लूप, नलिका का लंबा, यू-आकार का भाग जो स्तनधारियों के गुर्दे के प्रत्येक नेफ्रॉन के भीतर मूत्र का संचालन करता है। हेनले के लूप का मुख्य कार्य मूत्र से पानी और सोडियम क्लोराइड की वसूली होना प्रतीत होता है। यह फ़ंक्शन मूत्र के उत्पादन की अनुमति देता है जो रक्त की तुलना में कहीं अधिक केंद्रित है, जीवित रहने के लिए आवश्यक पानी की मात्रा को सीमित करता है।

**20(D).** अमीबा में लोकोमोटिव अंग को 'स्यूडोपोडिया' के रूप में जाना जाता है। उन्हें 'झूठे पैर' के रूप में भी जाना जाता है, जो सेल की दीवार के अस्थायी अनुमान हैं। सेल की दीवार फाइबर का एक नेटवर्क बनाती है। साइटोप्लाज्म नेटवर्क में बहता है और इसे भरता है। यह ले जाने, लंबा या छोटा करने की क्षमता। स्यूडोपोड्स अमीबा से विस्तारित होते हैं।
अत: विकल्प (D) सही है I

**21(C).** मानव आँख में पारदर्शी लेंस अपने स्थान पर सिलिअरी बॉडी से जुड़े स्नायुबंधन द्वारा धारण किया जाता है।
लेंस आंख में उभयोत्तल क्रिस्टल जैसी संरचना है। यह आंख का पारदर्शी हिस्सा है जो प्रकाश को गुजरने देता है। यह एक सस्पेंसरी लिगामेंट द्वारा जगह में आयोजित किया जाता है जो सिलिअरी बॉडी से जुड़ा होता है।

**22(B).** गलत जोड़ी लिम्बिक सिस्टम: इसमें फाइबर ट्रैक्ट होते हैं जो मस्तिष्क के विभिन्न क्षेत्रों को आपस में जोड़ते हैं; गति को नियंत्रित करता है।
लिम्बिक सिस्टम में नाभिक, पथ और कॉर्टिकल क्षेत्र होते हैं जो मस्तिष्क को कवर करते हैं। यह थैलेमस को भी घेरता है। यह मुख्य रूप से तीन कार्यों से संबंधित है: भावनाएँ, यादें और उत्तेजना। इसकी गति में कोई भूमिका नहीं है।

**23(B).** जीन को ट्रांसक्रिप्ट करना शुरू करने के लिए, आरएनए पोलीमरेज़ प्रमोटर नामक क्षेत्र में जीन के डीएनए को बांधता है। डीएनए प्रमोटर क्षेत्र में खुलता है ताकि आरएनए पोलीमरेज़ प्रतिलेखन शुरू कर सके। प्रत्येक जीन (या, बैक्टीरिया में, जीन के प्रत्येक समूह को एक साथ प्रतिलेखित किया जाता है) का अपना प्रमोटर होता है।

**24(C).** पादप के जनन भाग, पुष्प में, नर और मादा लैंगिक अंग होते हैं। ऐसे पुष्प जिनमें दोनों लैंगिक अंग उपस्थित होते हैं उन्हें द्विलिंगी या उभयलिंगाश्रयी पुष्प कहते हैं। ऐसे पुष्पों में स्वपरागण से बचने के लिए नर और मादा भाग एक ही समय में परिपक्व नहीं होते हैं। एरम लिली, सेब जैसे पादपों में मादा भाग नर भाग से पहले परिपक्व होता है। ऐसी स्थिति को स्त्रीपूर्वता कहते हैं। वृक्षलता, रोजबे पुंपूर्वता को दर्शाते हैं जहाँ परागकोश स्त्रीकेसर से पहले परिपक्व होता है। ऐसी स्थिति में स्व-परागण नहीं होता है और यह पर-परागण को बढ़ावा देती है जिसके कारण परनिषेचन होता है। पर-निषेचन एक ऐसी प्रक्रिया है जिसमें विभिन्न जीवों से व्युत्पन्न युग्मक युग्मनज के निर्माण के लिए एकत्र होते हैं। यह प्रक्रिया आनुवंशिक पदार्थों को मिलाती है और विभिन्नताएँ भी लाती है।

**25(C).** मनुष्यों में, आरोपण मध्य-स्रावी चरण के दौरान, 20 और 24 चक्र दिनों (सीडी) के बीच, या ओव्यूलेशन के 6 - 10 दिनों के बाद होता है, जो एक अस्थायी रूप से तैयार की गई अवधि है जिसे इम्प्लांटेशन की खिड़की (WOI) कहा जाता है। प्रसवपूर्व विकास के इस चरण में, अवधारणा को ब्लास्टोसिस्ट कहा जाता है।

**26(C).** 'पालतू मुर्गों में संतति का लिंग शुक्राणु के प्रकार पर निर्भर करता है ना की अंडाणु पर' अनुचित कथन है।
पक्षी ZZ-ZW प्रकार के लिंग निर्धारण को दर्शाते हैं, जहाँ नर पक्षी समरूप (ZZ) होते हैं और मादा पक्षी विषमलैंगिक (ZW) होती हैं। पक्षियों के लिंग गुणसूत्रों का प्रतिनिधित्व ZZ-ZW द्वारा किया जाता है। चूंकि मादा विषमलैंगिक है, संतान का लिंग शुक्राणु के बजाय अंडाणु के प्रकार से निर्धारित होता है।

**27(B).** आरएनए पोलीमरेज़ होलोनीजाइम प्रमोटर और टर्मिनेटर क्षेत्र को स्थानांतरित करता है।
प्रतिलेखन में 3 अलग-अलग प्रक्रियाएं शामिल हैं: दीक्षा, बढ़ाव, समाप्ति। दीक्षा तब शुरू होती है जब आरएनए पोलीमरेज़ प्रमोटर को बांधता है जो केवल आरएनए पोलीमरेज़ के बंधन के लिए एक लक्ष्य साइट के रूप में कार्य करता है और लिखित नहीं होता है। प्रतिलेखन की शुरुआत का मार्गदर्शन करने के लिए प्रत्येक जीन में एक विशिष्ट प्रमोटर क्षेत्र होता है। इसके बाद जीन (संरचनात्मक जीन) का क्षेत्र आता है जो लिखित होता है और एक टर्मिनेटर के साथ समाप्त होता है जो प्रतिलेखन को रोकता है।

**28(B).** पेंगुइन और डॉल्फ़िन के फ्लिपर्स, समजातीय अंगों की एक जोड़ी हैं। दोनों में फ्लिपर्स तैरने में मदद करते हैं। इसलिए, यह कार्यात्मक रूप से समान हैं और समरूप हैं।

**29(B).** स्मैक ब्राउन शुगर या हेरोइन का दूसरा नाम है। इसे पोस्त के पौधे के लेटेक्स से निकाला जाता है। लेटेक्स को कच्ची अफीम के रूप में भी जाना जाता है जिसे सुखाकर शुद्ध पाउडर के रूप में परिवर्तित किया जाता है।

**30(A).** पादप और जंतु प्रजनन में उपयोग की जाने वाली पारंपरिक संकरण प्रक्रिया, अक्सर अवांछित जीन के साथ अवांछित जीन को अंतर्विष्ट और गुणन की ओर ले जाती हैं।
अतः विकल्प (A) सही है I

**31(A).** एक डीएनए अनुक्रमण प्रतिक्रिया 5–XXXGCGATCGYYYYYYYYYYY–3′ के टुकड़े के साथ सभी चार dNTPs और आवश्यक प्राइमरों और एंजाइम के टेम्पलेट डिडॉक्सी GTP के रूप में की गई थी। दिए गए डीएनए खंड में XXXX और YYYY प्राइमर बाइंडिंग साइटों का प्रतिनिधित्व करते हैं। प्रतिक्रिया के दौरान प्राप्त अंशों का सेट CGATCGC होगा क्योंकि यदि प्राइमर XXXX बाइंडिंग साइट से अटैच है तो यह पोलीमराइजेशन शुरू हो जाता है और इसका मानार्थ टुकड़ा CGATCGC है।

**32(B).** विकासवादी सिद्धांत के अनुसार, अनुकूलन नए आवासों या उनके मौजूदा वातावरण में परिवर्तन को समायोजित करने की विधि है; यह प्राकृतिक चयन का परिणाम है जो पीढ़ियों से आनुवंशिक भिन्नता पर कार्य करता है।

**33(D).** एक अवधि में एक पारिस्थितिक तंत्र में विभिन्न जीवों की संरचना में होने वाले परिवर्तनों की प्रक्रिया को पारिस्थितिक अनुक्रम के रूप में जाना जाता है। पारिस्थितिक अनुक्रम के दौरान, विकसित होने वाले मध्य चरणों में से एक को क्रमकी समुदाय कहा जाता है। यह अनुक्रम प्रक्रिया के दौरान एक सफल समुदाय द्वारा प्रतिस्थापित हो जाता है। फॉस्फोरस चक्र को अपूर्ण चक्र माना जाता है क्योंकि फॉस्फोरस जो किसी स्तोत से उत्पन्न होता है वह वापस नहीं जाता है। लिंडमैन ने एक पारिस्थितिक तंत्र में ऊर्जा स्थानांतरण के लिए दस प्रतिशत नियम का प्रस्ताव किया। अपरद खाद्य श्रृंखला मृत जैव पदार्थों से शुरू होती है जहां कार्बनिक पदार्थ अपने अकार्बनिक अंश में अपघटित हो जाते हैं और उत्पादकों के लिए पारिस्थितिक तंत्र में उपलब्ध कराए जाते हैं।
अतः विकल्प (D) सही है I

**34(A).**

| सूची - I (उद्यान/अभयारण्य) | सूची - II (राज्य) |
|---|---|
| (A) दाचीगाम वन्यजीव अभयारण्य | (4) जम्मू और कश्मीर |
| (B) केवलादेव घना पक्षी अभयारण्य | (2) राजस्थान |
| (C) कान्हा राष्ट्रीय उद्यान | (1) मध्य प्रदेश |
| (D) पेरियार वन्यजीव अभयारण्य | (3) केरला |

**35(B).** $s(t) = \frac{V_0}{a}(1 - e^{at})$ ......(i)
$\Rightarrow$ s(t) का आयाम $M^0 L^1 T^0$ है।
$\frac{V_0}{a}$ का आयाम $M^0 L^1 T^0$ होना। [समीकरण (i) से]
$\Rightarrow M^0 L^1 T^0 = \frac{L^1 T^{-1}}{a}$
$\Rightarrow \mathbf{a} = \mathbf{T}^{-1}$

**36(B).** समय अंतराल 20 सेकंड से 40 सेकंड के बीच, गैर-शून्य त्वरण और मंदता है।
इसलिए इस अंतराल के दौरान तय की गई दूरी
= समय अंतराल 20 सेकंड से 40 सेकंड के बीच का क्षेत्रफल
= त्रिभुज का क्षेत्रफल + त्रिकोण के नीचे आयत का क्षेत्रफल
अंतराल के दौरान = दूरी = त्रिभुज के अंतर्गत क्षेत्र
$= \frac{1}{2} \times 20 \times 3 + 20 \times 1$
= 30+ 20 = 50 मीटर

**37(B).** हम जानते हैं कि,
परिणामी बल $R = \sqrt{(P^2 + Q^2 + 2PQ\cos\theta)}$
या $R^2 = P^2 + Q^2 + 2PQ\cos\theta$
दो समान सदिशों का परिणामी दोनों में से किसी एक के बराबर होता है
इसलिए $R = P = Q$
$Q^2 = Q^2 + Q^2 + 2Q^2\cos\theta$
$\Rightarrow -Q^2 = 2Q^2\cos\theta$
$\Rightarrow \cos\theta = -\frac{1}{2} = \cos 120^\circ$
$\Rightarrow \theta = 120^\circ$
इसलिए, दो सदिशों का परिणामी दोनों में से किसी एक के बराबर होता है, तो उनके बीच का कोण $120^\circ$ है।

**38(B).** चाहे सिलेंडर ऊपर या नीचे लुढ़का हो, द्रव्यमान का केंद्र और इसलिए सिलेंडर के संपर्क का बिंदु नीचे की दिशा में त्वरण g sinθ है। अत: दोनों ही मामलों में, घर्षण बल झुके हुए तल तक कार्य करता है।
अत: विकल्प (B) सही है I

**39(A).** दिया हुआ:
ब्लॉक A का द्रव्यमान = 2 किलो
ब्लॉक B का द्रव्यमान= 4 किलो
जमीन से ब्लॉक A की ऊंचाई = 4 मीटर
ब्लॉक A और ब्लॉक B के बीच टकराव पूरी तरह से लोचदार है।

हमें उस वेग को खोजना होगा जिसके साथ ब्लॉक A को ऐसे शुरू करना चाहिए कि ब्लॉक B बस बिंदु P तक पहुंचता है।
ब्लॉक A को वेग से शुरू करते हैं और यह वेग $u_A$ के साथ ब्लॉक B तक पहुंचता है।
ब्लॉक A के लिए ऊर्जा के संरक्षण के नियम को लागू करके, हमारे पास है
$\frac{1}{2}m_Au_A^2 + m_Agh = \frac{1}{2}m_Av_A^2$
$\Rightarrow \frac{\mu^2A}{2} + 10 \times 4 = \frac{v^2A}{2}$
$\Rightarrow \frac{\mu_A^2+80}{2} = \frac{v_A^2}{2}$
$\Rightarrow v_A^2 = \mu_A^3 + 80 \ldots (i)$
यह वह वेग है जिसके साथ ब्लॉक A ब्लॉक B से टकराता है।
टक्कर से ठीक पहले और बाद में रैखिक गति के संरक्षण के नियम को लागू करना, हमारे पास है
m A v A +0 = m A V A + m B u B ,
[ब्लॉक B की प्रारंभिक गति शून्य है क्योंकि यह बाकी है।]
कहां है
$V_A$ : ब्लॉक A का अंतिम वेग
$U_B$ :टक्कर के बाद ब्लॉक बी का वेग
$\Rightarrow 2v_A = 2V_A = 4u_B$
$\Rightarrow v_A = 2u_B + V_A$ .......(ii)
अब, चूंकि A और B के बीच टकराव लोचदार है, इस टक्कर के ठीक पहले और बाद में गतिज ऊर्जा के संरक्षण के नियम को लागू करना, हमारे पास है
$\frac{1}{2}m_Av_A^2 = \frac{1}{2}m_AV_A^2 + \frac{1}{2}m_Bu_B^2$
$\Rightarrow v_A^2 = 2u_B^2 + V_A^2$ ....(iii)
समीकरण (ii) में समीकरण (iii) से $V_A$ , हमें मिलता है
$v_A = 2u_B + \sqrt{v_A^2 - 2u_B^2}$
$\Rightarrow v_A - 2u_B = \sqrt{v_A^2 - 2u_B^2}$
$\Rightarrow v_A^2 + 4u_B^2 - 4v_Au_B = v_A^2 - 2u_B^2$ [दोनों पक्षों का वर्ग करने पर]
$\Rightarrow 4u_B^2 + 2u_B^2 = 4v_Au_B$
$\Rightarrow 6u_B^2 = 4v_Au_B$
$\Rightarrow 6u_B = 4v_A$
$\Rightarrow u_B = \frac{2}{3}v_A$ ......(iv)
समीकरण (iv) में समीकरण (i) से $v_A$ को प्रतिस्थापित करते हुए, हम प्राप्त करते हैं
$u_B = \frac{2}{3}\sqrt{u_A^2 + 80}$ .......(v)
यह ब्लॉक B का वेग है जिसके साथ यह टकराव के बाद चलता है।
केवल बिंदु P पर पहुंचने के लिए, ब्लॉक B की गतिज ऊर्जा के सभी भाग इसकी ऊर्जा में परिवर्तित हो जाते हैं।
$\Rightarrow \frac{1}{2}m_Bu_B^2 = m_Bgh$
$\Rightarrow u_B^2 = 2gh$
$\Rightarrow \frac{4}{9}(u_A^2 + 80) = 2 \times 10 \times 4$ .......[समीकरण का उपयोग करके (v)]
$\Rightarrow u_A^2 + 80 = \frac{2\times10\times4\times9}{4}$
$\Rightarrow u_A^2 = 100m^2/s^2$
$\Rightarrow u_A = 10m/s$
यह वह वेग है जिसके साथ ब्लॉक A को शुरू करना चाहिए।
अत: विकल्प (A) सही है I

**40(B).** जब कोई लड़का किसी इमारत की छत पर जमीन से गेंद फेंकता है, तो गेंद ऊपर की ओर जाती है।
हम जानते हैं कि गुरुत्वाकर्षण बल हमेशा नीचे की ओर कार्य करता है।
तो इस मामले में गुरुत्वाकर्षण बल गेंद के विस्थापन के विपरीत कार्य कर रहा है। अतः बल और विस्थापन के बीच का कोण 180° है।
$\Rightarrow \theta = 180°$
तो किया गया कार्य इस प्रकार होगा,
$\Rightarrow W = Fx \cdot \cos\theta$
$\Rightarrow W = Fx \cdot \cos 180$
$\Rightarrow W = -Fx$
इस प्रकार गेंद पर गुरुत्वाकर्षण बल द्वारा किया गया कार्य ऋणात्मक होगा।

**41(D).** दिया गया है:
पिंड का द्रव्यमान $(m) = 50Kg$
$h = 44 \times 15 = 660cm = 6.60m$
$t = 10s, g = 10ms^{-2}$
स्थितिज ऊर्जा $= mgh$
$= 50 \times 10 \times 6.60$
$= 3300W$
शक्ति =किया गया कार्य / समय
$= \frac{3300}{10}$
$= 330W$

**42(B).**

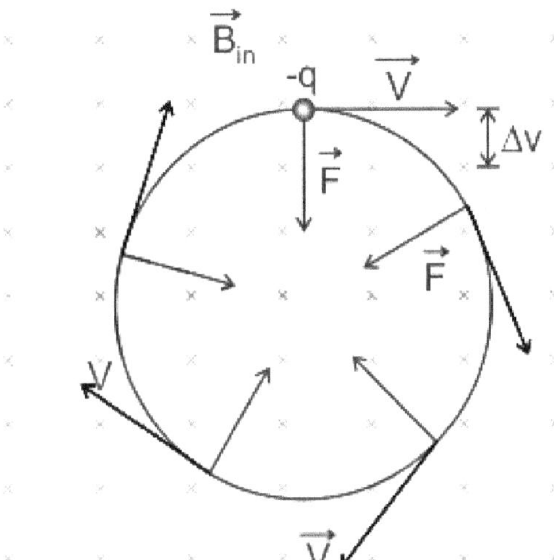


चूँकि प्रोटॉन और इलेक्ट्रॉन दोनों ऊपर की ओर गति कर रहे हैं और चुंबकीय क्षेत्र की दिशा कागज के तल के लंबवत और अंदर की ओर है, इसलिए हम कह सकते हैं कि दोनों कण चुंबकीय क्षेत्र के लंबवत गति कर रहे हैं।
जब किसी आवेशित कण का वेग चुंबकीय क्षेत्र के लंबवत होता है, तो यह एक वृत्त का निर्माण करता है।
इसलिए हम कह सकते हैं कि दोनों कण एक वृत्ताकार पथ में गति करेंगे।
चुंबकीय क्षेत्र में गतिमान आवेशित कण पर चुंबकीय बल की दिशा वेग की दिशा और चुंबकीय क्षेत्र की दिशा पर निर्भर करती है लेकिन यह आवेश की प्रकृति से स्वतंत्र होती है।
दाहिने हाथ के अंगूठे के नियम से हम चुंबकीय बल की दिशा का पता लगा सकते हैं। तो प्रोटॉन और इलेक्ट्रॉन पर चुंबकीय बल की दिशा ऐसी होगी कि यह चुंबकीय क्षेत्र की दिशा में देखे जाने पर दोनों कणों को वामावर्त दिशा में घुमाता है।

**43(B).** माना बिंदु P से $\infty$ तक एक इकाई द्रव्यमान लेने के लिए आवश्यक कार्य $-V_p$ है जहाँ $V_p$ चकती के कारण गुरुत्वाकर्षण क्षमता है। $V_p$ ज्ञात करने के लिए, हम चकती से मोटाई $dr$ के एक छोटे तत्व की गणना करेंगे।
अब, हमें चकती के केंद्र से दूरी $r$ पर ऐसा तत्व लेना है जैसा कि चित्र में दिखाया गया है।

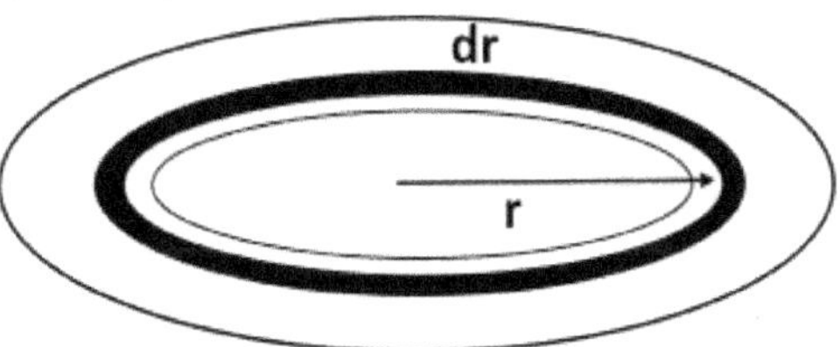


अब, छोटे तत्व का द्रव्यमान दिया जाता है,
$dm = \frac{M(2\pi rdr)}{\pi(4R)^2 - \pi(3R)^2} = \frac{2Mrdr}{7R^2}$

तो, पूरे चकती के कारण गुरुत्वाकर्षण क्षमता को 3R से 4R की सीमा के भीतर इन छोटे तत्वों की संख्या के कारण संभावित का समाकलन करके दिया जाता है। अर्थात्,

$V_p = -\int_{3R}^{4R} \frac{Gdm}{\sqrt{r^2+16R^2}}$

यहाँ, पाइथागोरस प्रमेय का उपयोग करके P से एक छोटे तत्व की दूरी ज्ञात होती है।

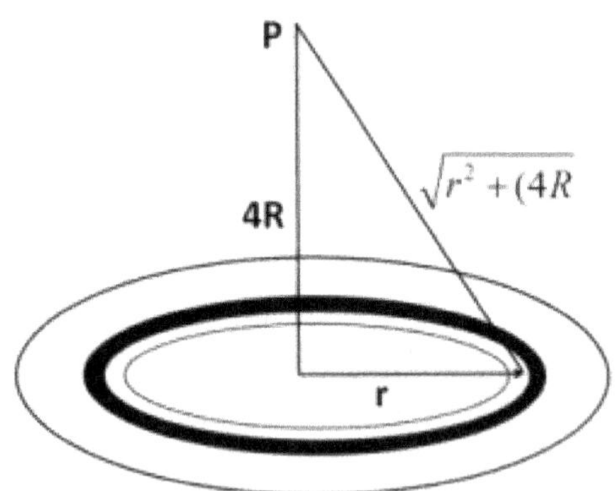


अब, उपरोक्त समीकरण में $dm$ को प्रतिस्थापित करने पर,

$\Rightarrow V_p = -\int_{3R}^{4R} \frac{2MGrdr}{7R^2\sqrt{r^2+16R^2}} = -\frac{2MG}{7R^2}\int_{3R}^{4R} \frac{rdr}{\sqrt{r^2+16R^2}}$

$\sqrt{r^2+16R^2}$ को $x^2$ मान लेते हैं, अर्थात्

$\sqrt{r^2+16R^2} = x^2$

दोनों पक्षों का समाकलन करने पर हम प्राप्त करते है,

$2rdr = 2xdx$

$\Rightarrow rdr = xdx$

अब, जब $r = 3R, x = \sqrt{9R^2+16R^2} = 5R$

अब, जब $r = 4R, x = \sqrt{16R^2+16R^2} = 4\sqrt{2}R$

तो, इसके अनुसार हमारी सीमाएं परिवर्तित हो जाती हैं।

$\Rightarrow V_p = -\frac{2MG}{7R^2}\int_{5R}^{4\sqrt{2}R} \frac{xdx}{\sqrt{r^2+16R^2}}$

$\Rightarrow V_p = -\frac{2MG}{7R^2}\int_{5R}^{4\sqrt{2}R} dx = -\frac{2MG}{7R^2}[x]_{5R}^{4\sqrt{2}R}$

$\therefore V_p = -\frac{2MG}{7R^2}(4\sqrt{2}R - 5R)$

या हम इसे लिख सकते हैं, $V_p = -\frac{2MG}{7R}(4\sqrt{2}-5)$

इसलिए बिंदु $P$ से अनंत तक एक इकाई द्रव्यमान लेने के लिए आवश्यक कार्य $V_p = -\frac{2MG}{7R}(4\sqrt{2}-5)$ होता है।

**44(A).** यह किसी वस्तु की अंतिम गति है, जो कि जमीन की प्रारंभिक गति के साथ ऊँचाई $h$ से गिरती है, बशर्ते कोई वायु प्रतिरोध न हो। तो, इस मामले में, यह सच है।
$g$ ग्रह जिस वस्तु पर है, उसका गुरुत्वाकर्षण त्वरण है। बेशक, भारी ग्रह (या चंद्रमा, या एक तारा, या यहां तक कि आप), इसलिए, वस्तुएं तेजी से गिरती हैं। यही कारण है कि चंद्रमा की तुलना में पृथ्वी पर वस्तुएं बहुत तेजी से गिरती हैं।
चूंकि, कोई वायु प्रतिरोध नहीं है, इसलिए वस्तु ऊर्जा नहीं खोती है या प्राप्त नहीं करती है। तो कुल ऊर्जा समान रहती है।
ऊंचाई $h$ , पर, ऑब्जेक्ट में एक संभावित ऊर्जा $= m\times g\times h$ है
जहाँ, $m$ वस्तु का द्रव्यमान है
जमीन पर, पूरी संभावित ऊर्जा गतिज ऊर्जा $= \frac{(m\times v^2)}{2}$ में परिवर्तित हो जाती है
फिर, चूंकि कुल ऊर्जा संरक्षित है, हमारे पास $m\times g\times h = \frac{(m\times v^2)}{2}$ है
तो, $v^2 = 2\times g\times h$

**45(C).** आयतनमितीय विकृति: जलीय दबाव द्वारा उत्पन्न विकृति को आयतनमितीय विकृति कहा जाता है।
इसे आयतन में परिवर्तन (ΔV) और मूल आयतन (V) के अनुपात के रूप में परिभाषित किया गया है।
आयतनमितीय विकृति $= \frac{\text{Change in volume}}{\text{original volume}} = \frac{\Delta V}{V}$

**46(C).** कार्य का आइसोथर्मल अपव्यय और कार्य का एडियाबेटिक अपव्यय बाह्य यांत्रिक अपरिवर्तनीयता प्रदर्शित करता है।
गैस के आइसोथर्मल संपीडन में आयतन कम करने और दाब बढ़ाने के लिए तंत्र पर कार्य किया जाता है। एडियाबेटिक प्रक्रिया व्युत्पत्ति में किए गए कार्य को आंतरिक ऊर्जा $dU$ में परिवर्तन से संबंधित उष्मागतिकी के पहले नियम से सिस्टम द्वारा किए गए कार्य $dW$ और उसमें जोड़े गए ऊष्मा $dQ$ से प्राप्त किया जा सकता है। $dV$ द्वारा आयतन $V$ में परिवर्तन के लिए किया गया $dW$ कार्य $PdV$ के रूप में दिया गया है।

**47(C).** यदि निकाय पृथक है, तो पृथक निकाय के लिए परिवेश और $\Delta S \geq 0$ , की एन्ट्रॉपी में कोई परिवर्तन नहीं होता है।
इसलिए किसी विलगित निकाय की एन्ट्रापी या तो बढ़ जाती है या सीमा में स्थिर रहती है। समानता चिन्ह अच्छा होता है जब सिस्टम द्वारा की गई प्रक्रिया प्रतिवर्ती होती है, प्रक्रिया में कोई अपरिवर्तनीयता मौजूद होने पर असमानता का संकेत अच्छा होता है। इस कथन को आमतौर पर एन्ट्रापी वृद्धि का सिद्धांत कहा जाता है।
अपरिवर्तनीय या स्वतःस्फूर्त प्रक्रियाएं केवल उसी दिशा में हो सकती हैं जिसके लिए ब्रह्मांड या एक पृथक प्रणाली की एन्ट्रापी बढ़ जाती है। ये प्रक्रियाएं घटती एन्ट्रापी की दिशा में नहीं हो सकती हैं।
एक पृथक प्रणाली के लिए,
- $\Delta S < 0$ ,अपरिवर्तनीय प्रक्रियाओं के लिए
- $\Delta S = 0$ , प्रतिवर्ती प्रक्रियाओं के लिए
- $\Delta S > 0$ , प्रक्रिया असंभव है

लेकिन प्रतिवर्ती प्रक्रिया के लिए, $\Delta S = 0$ (अर्थात एन्ट्रापी स्थिर रहती है।)

**48(B).** चार्ल्स के नियम के अनुसार यदि दबाव स्थिर रहता है, तो गैस के दिए गए द्रव्यमान का आयतन उसके निरपेक्ष ताप के समानुपाती होता है।
$\Rightarrow V \propto T$
या $\frac{V}{T} = C$
$\Rightarrow \frac{V_1}{T_1} = \frac{V_2}{T_2}$
एक आदर्श गैस के दिए गए द्रव्यमान के लिए एक स्थिर तापमान पर, गैस का आयतन उसके दबाव के व्युत्क्रमानुपाती होता है। यह बॉयल के नियम का कथन है।
फैराडे कानून विद्युत चुम्बकीय प्रेरण से संबंधित है।
स्थिर आयतन पर किसी गैस के दिए गए द्रव्यमान का दबाव उसके निरपेक्ष तापमान के सीधे समानुपाती होता है। यह गे-लुसाक के नियम का कथन है।
अत: सही विकल्प (B) है।

**49(B).** दिया गया,
$Al^{3+}(aq) + 3e^- \rightarrow Al(s); E^\circ = -1.66\ V$
$Cu^{2+}(aq) + 2e^- \rightarrow Cu(s); E^\circ = +0.34\ V$
सेल होगा,
$Al(s)\,|Al^{3+}(aq)||Cu^{2+}(aq)|Cu(s)$
$E^\circ$ सेल $= E^\circ$ कैथोड $- E^\circ$ एनोड
$= E^\circ_{Cu^{2+}/Cu} - E^\circ_{Al^{3+}/A}$
$= +0.34 - (-1.66)$
$= +2.00\ V$

**50(A).** जब कागज के हल्के टुकड़े जिन पर कोई आवेश नहीं होता है, उन्हें ऋणात्मक रूप से आवेशित कंघी के निकट रखा जाता है, तो वहां आकर्षण होगा। एक आवेशित निकाय एक उदासीन निकाय को आकर्षित कर सकता है। इसलिए जब कागज के हल्के टुकड़े जिन पर कोई आवेश नहीं होता है, उन्हें ऋण आवेशित कंघी के निकट रखा जाता है, तो आकर्षण होगा।

**51(D).** $V = -5x + 3y + \sqrt{(15)}z$
जैसे $E_x = [\frac{dv}{dx}] = [\frac{-d}{dx}][-5x + 3y + \sqrt{(15)}z] = 5$

$Ey = \left[\frac{dv}{dy}\right] = \left[\frac{-d}{dy}\right][-5x + 3y + \sqrt{(15)}z] = -3$
$Ez = [(-dV)/dz] = [(-d)/dz][-5x + 3y + \sqrt{(15)}z] = -\sqrt{(15)}$
$\therefore E = \sqrt{(Ex^2 + Ey^2 + Ez^2)}$
$= \sqrt{(5)^2 + (-3)^2 + \{-\sqrt{(15)}\}^2}$.
$= \sqrt{(25 + 9 + 15)}$
$E = 7N/C$

**52(D).** $A$ और $B$ के बीच विभवांतर,
$V_A - V_B = 1 \times 1.5$
$\Rightarrow V_A - 0 = 1.5V$
$\Rightarrow V_A = 1.5V$
$B$ और $C$ के बीच विभवांतर,
$V_B - V_C = 1 \times 2.5 = 2.5V$
$\Rightarrow 0 - V_C = 2.5V$
$\Rightarrow V_C = -2.5V$
$C$ और $D$ के बीच विभवांतर,
$V_C - V_D = -2V$
$\Rightarrow -2.5 - V_D = -2$
$\Rightarrow V_D = -0.5V$

**53(A).** मानव शरीर में हृदय और मस्तिष्क दो मुख्य अंग हैं जहां चुंबकीय क्षेत्र काफी महत्वपूर्ण है।
मानव शरीर एक विद्युत चुम्बकीय जीव है। मानव शरीर में, छोटी विद्युत धारा आयनों के कारण तंत्रिका कोशिकाओं के साथ यात्रा करती हैं, ठीक उसी तरह जैसे बिजली एक बिजली के तार से बहती है। यह करंट मानव शरीर में बहुत कमजोर चुंबकीय क्षेत्र पैदा करता है।

**54(B).** करंट ले जाने वाले एक वृत्ताकार लूप के केंद्र में चुंबकीय क्षेत्र द्वारा दिया जाता है,
B = $\frac{\mu_0 I}{2r}$
जहाँ $r$ परिपत्र लूप की त्रिज्या है।
दिया है ,
$r = 5.0\text{cm} = 0.05\text{m}$
पृथ्वी का चुंबकीय क्षेत्र
$B_E = 0.5 \times 10^{-5}\ \text{Wb/m}^2$
$B_E$ B द्वारा रद्द कर दिया गया है
$\frac{\mu_0 I}{2r} = B_E = 0.5 \times 10^{-5}$
$I = \frac{0.5 \times 10^{-5} \times 2 \times 0.05}{\mu_0}$
$\Rightarrow \frac{0.5 \times 10^{-5} \times 0.1}{4\pi \times 10^{-7}}$
$= 0.3978 \approx 0.4$ A

**55(A).** फैराडे के नियम के संबंध में "चुंबकीय अभिवाह में परिवर्तन से वोल्टेज प्रेरित हो सकता है।
तार के चुंबकीय अभिवाह में कोई भी परिवर्तन कुण्डल में वोल्टेज (प्रेरित emf) को "प्रेरित" करने का कारण बनेगा। यह परिवर्तन चुंबकीय क्षेत्र सामर्थ्य को बदलकर, कुंडल को चुंबकीय क्षेत्र में या उससे बाहर ले जाकर, चुंबक को कुंडली की ओर या उससे दूर ले जाकर, चुंबक के सापेक्ष कुंडल को घुमाकर, आदि से उत्पन्न किया जा सकता है।

**56(A).** दिया है :
$E_{rms} = 6\ V\,m^{-1}$
$\frac{E_{rms}}{B_{rms}} = c$ या $B_{rms} = \frac{E_{rms}}{c}$
$B_{rms} = \frac{6}{3 \times 10^8}$
$= 2 \times 10^{-8}\ T$
क्योंकि, $B_{rms} = \frac{B_0}{\sqrt{2}}$
जहाँ $B_0$ चुंबकीय क्षेत्र का शिखर मान है।
$\therefore B_0 = B_{rms}\sqrt{2} = 2 \times 10^{-8} \times \sqrt{2}T$
$B_0 \approx 2.83 \times 10^{-8}\ T$

**57(D).** जब कांच की छड़ में तरल के समान अपवर्तनांक होता है, इसलिए प्रकाश किरणें बिलकुल बंकित नहीं होती। इसलिए तरल में कांच की छड़ अदृश्य दिखाई देती है। प्रकाश का अपवर्तन एक माध्यम से दूसरे में जाने पर होता है क्योंकि प्रकाश की गति दो माध्यमों में भिन्न होती है। दो माध्यमों में प्रकाश की गति में अंतर जितना अधिक होगा, अपवर्तन की मात्रा उतनी ही अधिक होगी। एक माध्यम जिसमें प्रकाश की गति अधिक होती है,उसे प्रकाशतः विरल माध्यम के रूप में जाना जाता है और एक माध्यम जिसमें प्रकाश की गति कम होती है, प्रकाशतः सघन माध्यम के रूप में जाना जाता है।

**58(C).** ऑप्टिकल फाइबर में प्रयुक्त प्रकाश का गुण पूर्ण आंतरिक परावर्तन है।ऑप्टिकल फाइबर को इस तरह से डिज़ाइन किया गया है कि आंतरिक कोर का अपवर्तनांक उच्च होता है, और बाहरी कोर का अपवर्तनांक निम्न होता है जिसके कारण प्रकाश का पूर्ण आंतरिक परावर्तन होता है। इसलिए, ऑप्टिकल फाइबर कुल आंतरिक परावर्तन के सिद्धांत पर कार्य करता है।

**59(B).** केवल $\lambda_1$ तरंग दैर्ध्य के कारण पैटर्न की फ्रिंज चौड़ाई $= \frac{\lambda_1 D}{d} = \beta_1$
केवल $\lambda_2$ तरंग दैर्ध्य के कारण पैटर्न की फ्रिंज चौड़ाई $= \frac{\lambda_2 D}{d} = \beta_2$
इसलिए, केंद्रीय उच्चिष्ठ से उस बिंदु तक की दूरी जहां दीप्त फ्रिन्ज पहले मिलते हैं, दोनों के लिए लघुत्तम समाकल गुणज उभयनिष्ठ होना चाहिए।
$n_1\beta_1 = n_2\beta_2$
$\Rightarrow n_1\frac{\lambda_1 D}{d} = n_2\frac{\lambda_2 D}{d}$
$\Rightarrow n_1(650) = n_2(520)$
$\Rightarrow n_1 = 4, n_2 = 5$
तो आवश्यक दूरी $= n_1\frac{\lambda_1 D}{d}$
$= 4 \times \frac{(150 \times 10^{-2}) \times (650 \times 10^{-9})}{(0.5 \times 10^{-3})}$
$= 7.8$ mm

**60(B).** रैखिक संवेग के संरक्षण से, $mv = mv_A + \frac{m}{2}v_B$
$v = v_A + \frac{v_B}{2}$
साथ ही, गतिज ऊर्जा के संरक्षण द्वारा,
$v^2 = v_A^2 + \frac{v_B^2}{2}$
$\left(v_A + \frac{v_B}{2}\right)^2 = v_A^2 + \left(\frac{v_B}{2}\right)^2$
$v_A v_B = \frac{v_B^2}{4}$
$\Rightarrow v_B = 4v_A$ and $m_B = \frac{m_A}{2}$
$P_A = m_A v_A$
$P_B = \frac{m_A}{2} \times 4v_A = 2P_A$
$\Rightarrow \frac{\lambda_A}{\lambda_B} = \frac{P_B}{P_A} = \frac{2P_A}{P_A} = 2$

**61(C).** दिया गया,
फोटोइलेक्ट्रिक कट-ऑफ वोल्टेज,
$V_0 = 1.5\ V$
उत्सर्जित फोटोइलेक्ट्रॉनों की अधिकतम गतिज ऊर्जा इस प्रकार दी गई है,
$K_e = eV_0$
जहां,
$e =$ एक इलेक्ट्रॉन पर चार्ज $= 1.6 \times 10^{-19}$C
$\therefore K_e = 1.6 \times 10^{-19} \times 1.5$
$= 2.4 \times 10^{-19}$ J
इसलिए, दिए गए प्रयोग में उत्सर्जित फोटोइलेक्ट्रॉनों की अधिकतम गतिज ऊर्जा $2.4 \times 10^{-19}$ J है।

**62(D).** दिया गया,
एक घटना प्रकाश के कट-ऑफ वोल्टेज $(V)$ बनाम आवृत्ति $(v)$ का ढलान इस प्रकार दिया गया है,
$\frac{V}{v} = 4.12 \times 10^{-15}\ Vs$
$V$ समीकरण द्वारा आवृत्ति से संबंधित है,
$hv = eV$
जहां,

$e =$ एक इलेक्ट्रॉन पर आवेश $= 1.6 \times 10^{-19}$C
$h =$ प्लांक नियतांक
$\therefore h = e \times \frac{V}{v}$
$= 1.6 \times 10^{-19} \times 4.12 \times 10^{-15}$
$= 6.592 \times 10^{-34}$ Js
इसलिए, प्लांक नियतांक का मान $6.592 \times 10^{-34}$ Js है।

**63(C).** किसी तत्व के इलेक्ट्रॉन का परमाणु संख्या उसके परमाणु के प्रोटॉनों की संख्या के बराबर होता है, यह कथन सही है।
परमाणु के नाभिक में प्रोटॉनों की संख्या परमाणु संख्या (Z) के बराबर होती है। एक तटस्थ परमाणु में इलेक्ट्रॉनों की संख्या प्रोटॉन की संख्या के बराबर होती है। परमाणु की द्रव्यमान संख्या (M) नाभिक में प्रोटॉन और न्यूट्रॉन की संख्या के योग के बराबर होती है। न्यूट्रॉनों की संख्या परमाणु की द्रव्यमान संख्या (M) और परमाणु संख्या (Z) के बीच के अंतर के बराबर होती है।

**64(A).** चूंकि किसी भी प्रकार की परमाणु प्रतिक्रिया द्रव्यमान के संरक्षण के नियमों का पालन करती है। इस प्रकार, हम कह सकते हैं कि परमाणु प्रतिक्रिया में अभिकारकों का द्रव्यमान उत्पादों के द्रव्यमान के बराबर होता है। तो प्रतिक्रिया होगी:
${}_{92}U^{235} + {}_{0}n^{1} \rightarrow {}_{q}X^{P} + {}_{36}Kr^{89} + 3{}_{0}n^{1} + E$ (ऊर्जा)
जहाँ हमने $X$ को वह तत्व माना है जिसे हमे प्राप्त करना है
बाएं पक्ष पर परमाणु संख्या का योग $92 + 0 = 92$
दाएं पक्ष पर परमाणु संख्या का योग $= q + 36 + 3 \times 0$
चूँकि, हम जानते हैं कि नाभिकीय अभिक्रियाएँ भी द्रव्यमान संरक्षण के नियम का
पालन करती हैं। हम कह सकते हैं कि अभिकारकों या बाएं पक्ष का कुल परमाणु
द्रव्यमान उत्पादों या दाएं पक्ष के कुल परमाणु द्रव्यमान के बराबर है।
$\therefore$ बायाँ पक्ष = दायाँ पक्ष
$92 = 36 + q$
$q = 56$
और, बाएं पक्ष पर परमाणु द्रव्यमान संख्या का योग $235 + 1 = 236$
परमाणु द्रव्यमान संख्या का योग
दाएं पक्ष $= p + 89 + 3 \times 1$
बायाँ पक्ष = दायाँ पक्ष के रूप में,
$p + 92 = 236$
$\therefore p = 144$
तो, तत्व ${}_{56}Ba^{144}$ है।

**65(C).** फॉरवर्ड बायसिंग और रिवर्स बायसिंग दोनों में, लागू क्षमता एक आंतरिक विद्युत क्षेत्र स्थापित करता है जो क्षमता अवरोध के खिलाफ या उसके खिलाफ कार्य करता है। यह आंतरिक विद्युत क्षेत्र जंक्शन पर कमजोर या मजबूत होता है। फॉरवर्ड बायसिंग में नी वोल्टेज फॉरवर्ड वोल्टेज होता है जिस पर जंक्शन के माध्यम से करंट तेजी से बढ़ने लगता है। एक बार जब लागू फॉरवर्ड वोल्टेज नी के वोल्टेज से अधिक हो जाता है, तो करंट तेजी से बढ़ने लगता है।
फॉरवर्ड बायसिंग स्थिति में, आंतरिक विद्युत क्षेत्र द्वारा दिया जाता है
$E = -\frac{\Delta V}{\Delta r}$
या
$|E| = \frac{\Delta V}{\Delta r} = \frac{0.5}{10^{-6}}$
$= \frac{5 \times 10^{-1}}{10^{-6}}$
$= 5 \times 10^{5} \frac{V}{m}$

**66(C).** अशुद्ध अर्धचालक जिनमें अशुद्धता परमाणुओं के कारण आवेश वाहक उत्पन्न होते हैं उन्हें बाह्य अर्धचालक कहते हैं। वे अशुद्धता परमाणुओं के साथ एक आंतरिक अर्धचालक डोपिंग द्वारा प्राप्त किए जाते हैं। विद्युतधारा का प्रवाह होता है "मुक्त" इलेक्ट्रान और "छिद्रों" के द्वारा, जिन्हे आवेश वाहक भी कहते है। सिलिकॉन जैसे अर्धचालक में फॉस्फोरस या बोरॉन जैसे तत्वों को डालकर डोपिगं किया जाता है, जिससे अर्धचालक में उपलब्ध मुक्त इलेक्ट्रान या छिद्रों की मात्रा काफी हद तक बढ जाती है।

**67(B).** पेट्रो-रसायन रासायनिक पदार्थ हैं जो पेट्रोलियम और प्राकृतिक गैस से प्राप्त होते हैं। उदाहरण: प्रोपिलीन, एथिलीन, ब्यूटाडीन आदि। उनका उपयोग चिकित्सा, घरेलू, कपड़े और अन्य उद्देश्यों के लिए किया जाता है। इनका उपयोग पेंट और निर्माण सामग्री के निर्माण में भी किया जाता है। पेट्रोलियम उत्पादों का उपयोग घरेलू और वाणिज्यिक परिवहन के लिए ईंधन के रूप में किया जाता है।
प्रभाजी आसवन, भिन्न-भिन्न क्वथनांक वाले मिश्रणीय द्रवों को पृथक करने की एक प्रक्रिया है। प्रभाजी आसवन एक प्रभाजक स्तंभ का उपयोग करता है जो वाष्पीकृत होने पर विभिन्न द्रवों के वाष्पों को एकत्र करता है। इस प्रक्रिया के माध्यम से तेल रिफाइनरियां विभिन्न हाइड्रोकार्बन उत्पादों को प्राप्त करने के लिए कच्चे तेल को अलग करती हैं।

**68(C).** जैसा कि हम जानते हैं,
कोणीय गति के रूप में दिया जाता है,
$\mathrm{L = mvr}$
कोणीय संवेग $\frac{h}{2\pi}$ के पूर्णांक गुणज पर होता है।
तब हम लिख सकते हैं,
$\mathrm{mvr} = \frac{\mathrm{nh}}{2\pi}$
$\mathrm{n} = 1$ के लिए,
$\mathrm{mvr} = \frac{\mathrm{h}}{2\pi}$

**69(D).** बोर का मॉडल केवल हाइड्रोजन या हाइड्रोजन जैसे परमाणुओं की स्पष्ट रूप से व्याख्या कर सकता है, यह लोहे, सोना, पारा आदि जैसे बड़े और भारी परमाणुओं पर लागू होने पर विफल हो जाता है।
परमाणु के बोर मॉडल में, इलेक्ट्रॉन नाभिक के चारों ओर परिभाषित गोलाकार कक्षाओं में यात्रा करते हैं। कक्षाओं को एक पूर्णांक, क्वांटम संख्या n द्वारा लेबल किया जाता है। इलेक्ट्रॉन ऊर्जा का उत्सर्जन या अवशोषण करके एक कक्षा से दूसरी कक्षा में कूद सकते हैं।

**70(A).** यौगिक से ऊपर की संख्या के बाद,

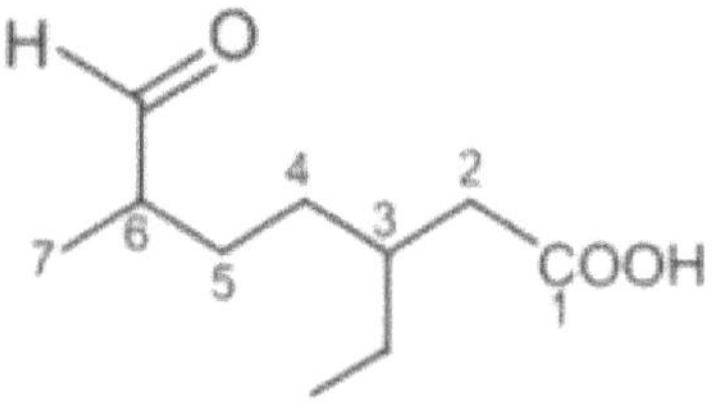

चयनित श्रृंखला सबसे लंबी श्रृंखला है और श्रृंखला में सात कार्बन हैं। यहां, मूल श्रृंखला में, कार्यात्मक समूह -COOH और -CHO जोड़ा जाता है। कार्यात्मक समूह -COOH की प्राथमिकता -CHO से अधिक है। तो 1 नंबर -COOH कार्यात्मक समूह से शुरू होता है। -COOH के लिए, हम -ओइक एसिड का उपयोग करते हैं और -CHO के लिए, हम फॉर्माइल का उपयोग करते हैं। दिए गए कंपाउंड में 6 नंबर पर -CHO जोड़ा गया है और 3 नंबर पर एथिल फंक्शनल ग्रुप जोड़ा गया है। इस प्रकार, दिए गए यौगिक को 3-एथिल-6-फॉर्माइलहेप्टानोइक एसिड नाम दिया गया है।

**71(D).** $d$ - इलेक्ट्रॉनों का स्क्रीनिंग प्रभाव p - इलेक्ट्रॉनों से कम होता है। सामान्य तौर पर, d और f इलेक्ट्रॉनों का s और $p$ इलेक्ट्रॉनों की तुलना में खराब परिरक्षण प्रभाव होता है। ऐसा इसलिए है क्योंकि s और p इलेक्ट्रॉन नाभिक के करीब होते हैं जबकि d और f इलेक्ट्रॉन अधिक विसरित (नाभिक से दूर) होते हैं।

**72(D).** आण्विक कक्षीय सिद्धांत के अनुसार, यदि कक्षकों में अयुगलित इलेक्ट्रॉन हैं तो यह प्रकृति में अनुचुम्बकीय कहा जाता है।
यदि कोई अयुग्मित इलेक्ट्रॉन न हो तो इसे प्रतिचुंबकीय कहते हैं।
$CO$ अणु में 14 इलेक्ट्रॉन होते हैं।
$CO$ का इलेक्ट्रॉनिक विन्यास है
$(\sigma 1s)^2(\sigma^* 1s)^2(\sigma 2s)^2(\sigma^* 2s)^2\left(\pi 2p_x^2 = \pi 2p_y^2\right)(\sigma 2p_z)^2$
चूँकि, आबंधन तथा प्रतिआबंधी कक्षकों में कोई अयुगलित इलेक्ट्रॉन नहीं होता है, CO अणु प्रतिचुंबकीय होता है।

**73(B).** स्टेपिलिज़ेशन या अनुनाद: अनुनाद डेलोकलाइज़ेशन की अनुमति देता है, जो एक अणु की समग्र ऊर्जा को कम करता है क्योंकि इसके इलेक्ट्रॉनों

में एक बड़ी मात्रा शामिल होती है, जो अणुओं की अनुमति देती है जो अनुनाद प्रदर्शित करते हैं जो नहीं करते हैं की तुलना में अधिक स्थिर होते हैं। इन यौगिकों को अनुनाद स्थिर करने वाले अणुओं के रूप में वर्गीकृत किया गया है।

सुगंधित: सुगंधित यौगिकों में संयुग्मित प्लानेर बेंजीन के छल्ले होते हैं, जो अलग-अलग दोहरे और एकल बांडों के बजाय अलग-अलग पी-इलेक्ट्रॉन बादलों की विशेषता रखते हैं। एरोमैटिक्स या एरेन्स उनके लिए कई अन्य नाम हैं।

हकल का $(4n+2)\pi$ इलेक्ट्रॉन नियम: एक अंगूठी के आकार का चक्रीय अणु हकल नियम का पालन करने के लिए कहा जाता है, जब इसके पीआई इलेक्ट्रॉनों की कुल संख्या को सूत्र ' $4n+2$ के बराबर किया जा सकता है। )', जहाँ $n$ कोई धनात्मक पूर्णांक (शून्य सहित) हो सकता है।

हकल के नियम का पालन करने वाले अणुओं के उदाहरण केवल ' $n$ ' मानों के लिए शून्य से छह तक पाए गए हैं। $4n+2$ इलेक्ट्रॉन नियम का पालन करते हुए नीचे दिखाए गए बेंजीन अणु में पाई इलेक्ट्रॉनों की कुल संख्या 6 है, जहां $n=1$ ।

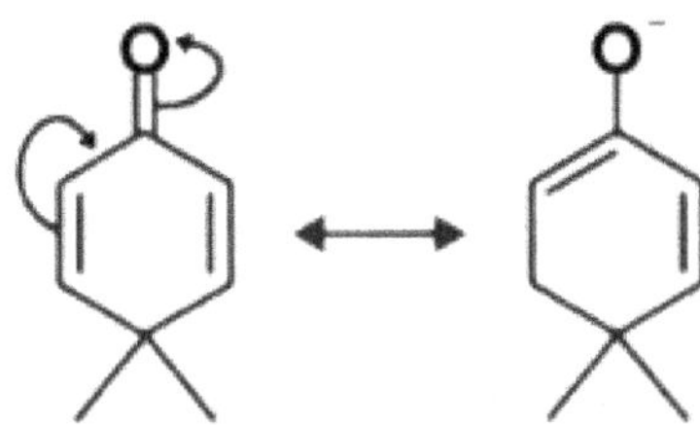

विकल्प (B) में घटक अनुनाद स्थिरीकरण की सबसे कम संख्या प्रतीत होता है। क्योंकि कोई C = C डबल बॉन्ड बेंजीन रिंग का हिस्सा नहीं हैं, यह परिदृश्य है (यानी, वे रिंग सिस्टम में वैकल्पिक सिंगल और डबल बॉन्ड सिस्टम नहीं बनाते हैं)। एक कार्य के रूप में, इस अणु में सुगन्धितता का अभाव है।

**74(C).** वास्तविक लौ तापमान हमेशा रुद्धोष्म ज्वाला तापमान से कम होता है क्योंकि उच्च तापमान पर पूर्ण दहन प्राप्त करने की कोई संभावना नहीं होती है और लौ से हमेशा ऊष्मा का नुकसान होता है।
स्थिर आयतन रुद्धोष्म ज्वाला तापमान वह तापमान है जो एक पूर्ण दहन प्रक्रिया के परिणामस्वरूप होता है जो बिना किसी काम, ऊष्मा हस्तांतरण या गतिज या संभावित ऊर्जा में परिवर्तन के बिना होता है। स्थिर दाब रुद्धोष्म ज्वाला तापमान वह तापमान है जो एक पूर्ण दहन प्रक्रिया के परिणामस्वरूप होता है जो बिना किसी गर्मी हस्तांतरण या गतिज या संभावित ऊर्जा में परिवर्तन के होता है। इसका तापमान स्थिर आयतन प्रक्रिया से कम है क्योंकि कुछ ऊर्जा का उपयोग सिस्टम के आयतन को बदलने के लिए किया जाता है (अर्थात, कार्य उत्पन्न करना)।

**75(C).** अलग-अलग तापमान पर दो निकायों को एक कैलोरीमीटर में मिलाया जाता है। दोनों निकायों की कुल आंतरिक ऊर्जा संरक्षित रहती है।
कैलोरीमीटर के इंसुलेटेड होने के बाद से कोई ऊष्मा नष्ट नहीं होती है। यदि हम दोनों द्रवों को एक साथ एक निकाय मान लें, तो निकाय द्वारा किया गया कार्य शून्य होता है।
ऊष्मप्रवैगिकी के पहले नियम से,
$\Delta U = Q - W$
$\Delta U = 0$
चूंकि आंतरिक ऊर्जा में कोई परिवर्तन नहीं होता है, निकाय की आंतरिक ऊर्जा स्थिर रहती है।

**76(C).** अमोनियम क्लोराइड ऐसे लवण का एक उदाहरण है जो 7 से कम पीएच का एक जलीय घोल देता है।
हम अमोनियम क्लोराइड ($NH_4Cl$) के बीच प्रतिक्रिया जानते हैं
$NH_4Cl + H_2O \rightarrow NH_4OH + HCl$
जल के साथ मिश्रित होने पर अन्य सभी लवण क्षारीय घोल देते हैं।

**77(C).** $A_2X_3 \rightarrow 2A_3 + +3X^{-2}$
$Ksp = [A^{3+}]^2[X^{2-}]^3$
माना घुलनशीलता है $A_2X^3$ be $S$
$\therefore Ksp = [2S]^2[3S]^3 = 108S^5$
$\therefore 1.1 \times 10^{-23} = 108\ S^5$
$\therefore S5 = 1.1 \times 10^{-23}/108 = 1 \times 10^{-25}$
$\therefore S = 1.0 \times 10^{-5}\ \text{mol}/L$

**78(A).** $H_2S_2O_8$ की संरचना नीचे दी गई है

$$H - O - \overset{\overset{O}{\|}}{\underset{\underset{O}{\|}}{S}}\text{-O-O-}\overset{\overset{O}{\|}}{\underset{\underset{O}{\|}}{S}}\text{-O-H}$$

$H_2S_2O_8$ की संरचना मे दो आक्सीजन परमाणु पैरॉक्साइड लिंकेज में लगे है,
इसलिए, आक्सीकरण संख्या होगी -1 (प्रत्येक)
शेष आक्सीजन परमाणुओ के -2 आवेश है
इस प्रकार हम सल्फर(x) की आक्सीकरण संख्या को निम्न प्रकार जान सकते है:

$$H_2S_2O_8 = \underset{H}{2(+1)} + \underset{S}{2(x)} + \underset{O-O}{2(-1)} + \underset{O}{6(-2)} = 0$$

x = +6

**79(C).** एक धातु की इलेक्ट्रोड क्षमता का परिमाण इलेक्ट्रॉनों को खोने या प्राप्त करने के लिए इसकी सापेक्ष प्रवृत्ति का एक पैमाना है। यानी, यह ऑक्सीकरण (इलेक्ट्रॉनों का नुकसान) या कमी (इलेक्ट्रॉनों का लाभ) से गुजरने की सापेक्ष प्रवृत्ति का एक पैमाना है।
$M \rightarrow M^{n+} + ne^-$ ( ऑक्सीकरण क्षमता)
$M^{n+} + ne^- \rightarrow M$ (रिडक्शन क्षमता)

**80(C).** फास्फोरस पर्याप्त इलेक्ट्रोनगेटिविटी नहीं है। $H_3PO_4$ के एक मजबूत अम्ल होने के लिए एक प्रोटान को आसानी से गिरने वाला होना चाहिए। P के सापेक्ष N के उच्च इलेक्ट्रोनगेटिविटी के साथ, अतिरिक्त ऑक्सीजन $HNO_3$ को एक मजबूत अम्ल बनाता है, जबकि इसके अभाव में $H_3PO_4$ कमजोर होता है।
$H_3PO_4 + 4N_2 \rightarrow PH_3 + 4N_2O$
फॉस्फोरिक अम्ल + डाइनाइट्रोजन → फॉस्फाइन + नाइट्रस आक्साइड

**81(D).** दिया है:
$n_{C_6H_6} : n_{C_8H_{18}} = 3:2$
इसलिए,
$\chi_{C_6H_6} = \frac{3}{5}, \chi_{C_8H_{18}} = \frac{2}{5}$
$p_s = p^o_{C_6H_6}\chi_{C_6H_6} + p^o_{C_8H_{18}}\chi_{C_8H_{18}}$
$= 280 \times \frac{3}{5} + 420 \times \frac{2}{5}$
$= 168 + 168$
$= 336$ mm Hg

**82(D).** इलेक्ट्रोड क्षमता एक इलेक्ट्रोड की इलेक्ट्रॉनों को स्वीकार करने या खोने की प्रवृत्ति है। इलेक्ट्रोड विभव इलेक्ट्रोड की प्रकृति, विलयन के तापमान और विलयन में धातु आयनों की सांद्रता पर निर्भर करता है। यह इलेक्ट्रोड के आकार पर निर्भर नहीं करता है।

**83(A).** इलेक्ट्रोलाइटिक सेल एक प्रकार का इलेक्ट्रोकेमिकल सेल है। इलेक्ट्रोलाइटिक सेल विद्युत ऊर्जा को रासायनिक ऊर्जा में परिवर्तित करता है। इलेक्ट्रोलाइटिक सेल में बाहरी आपूर्ति के माध्यम से इलेक्ट्रॉन एनोड से कैथोड में प्रवाहित होते हैं। विलयन में केवल आयन प्रवाहित होते हैं, इलेक्ट्रॉन नहीं।

**84(A).** दर समीकरण, समीकरण की दर और अभिकारकों की सांद्रता के बीच संबंध बताता है। यह समीकरण समीकरणों के विभिन्न क्रमों के लिए भिन्न होता है। प्रथम कोटि की अभिक्रिया एक अभिक्रिया है जो एक अभिकारक सांद्रता पर रैखिक रूप से निर्भर दर से आगे बढ़ती है।
पहले क्रम की प्रतिक्रिया के लिए,
दर $= \frac{d[A]}{dt} = k[A]$
यहाँ, दर प्रतिक्रिया दर है और $k$ प्रतिक्रिया दर गुणांक है जिसकी इकाई

1 प्रति समय है। जब $A$ की सांद्रता दोगुनी हो जाती है,
प्रतिक्रिया की नई दर $= K[2A]$
प्रतिक्रिया की नई दर $= 2\times$ दर
अत: जब A दुगना होगा तो अभिक्रिया की दर भी दोगुनी हो जाएगी।

**85(B).** दिया गया है,
$[A]_0 = 2\text{ g}$
$[A]_t = 0.2\text{ g}$
प्रथम कोटि की अभिक्रिया के लिए स्थिर दर स्थिरांक, K= $4.606\times10^{-3}\text{ s}^{-1}$
$$K = \frac{2.303}{t}\log\frac{[A]_0}{[A]_t}$$
जहाँ,
K = प्रथम कोटि की अभिक्रिया के लिए स्थिर दर स्थिरांक
$[A]_0$ = प्रारंभिक सांद्रता
$[A]_t$ = समय ' t ' पर सांद्रता
$$\Rightarrow t = \frac{2.303}{4.606\times10^{-3}}\log\frac{2}{0.2}$$
$$\Rightarrow t = \frac{1000}{2}\log 10$$
जैसा कि हम जानते हैं,
$\log 10 = 1$
$\Rightarrow t = 500\text{ sec}$
तो अभिकारक के 2.0 g को 0.2 g तक कम करने के लिए आवश्यक समय 500 sec है।

**86(D).** अमोनियामय $H_2S$ की मूल अभिक्रिया को समूह अभिकर्मक भी कहा जाता है। $Ksp(ZnS)$ बहुत अधिक होता है और जब $H_2S$ को अमोनिया के विलयन में प्रवाहित किया जाता है तो $Zn^{2+}$, $S^{2-}$ की उच्च सांद्रता से $ZnS$ के रूप में अवक्षेपित होता है।
$H_2S \rightleftharpoons Zn + S^2$ (I)
$H^+ + OH^- \rightleftharpoons H_2O$ (II)
अभिक्रिया (I) आगे पक्ष में इष्ट है अगर $H^+$ द्वारा तुरंत हटा दिया जाता है $OH^-$ $(NH_4OH)$ ।
$Zn^{2+} + S^{2-} \longrightarrow ZnS\downarrow$ श्वेत अवक्षेप
$Fe^{3+}$ तथा $Al^{3+}$ हाइड्रॉक्साइड के रूप में अवक्षेपित होते हैं।

**87(A).** अगला, $Zn^{2+}$ का निकटतम पड़ोसी = निकटतम घिरा हुआ $Zn^{2+}$ की संख्या आयनों का होगा।
$S^{2-}$ का अगला निकटतम पड़ोसी होगा = निकटतम $S^{2-}$ आयनों की संख्या = 12 ( $FCC$ के कारण) और उनके पड़ोसी अनुपात की संख्या 1 : 1 है और इससे $Zn^{2+}$ पड़ोसी 12 हो जाते हैं।

**88(D).** सही उत्तर है: $[Cr(NCS)_4(NH_3)_2]^-$ : डायनामिनेटेट्रियोसायनैटोक्रोमेट (III) आयन. रेईनेके का नमक एक रासायनिक यौगिक है जिसका सूत्र $NH_4[Cr(NCS)_4(NH_3)_2]\cdot H_2O$ है। गहरे लाल रंग का क्रिस्टलीय यौगिक पानी, एसीटोन और इथेनॉल में घुलनशील है। क्रोमियम परमाणु एक ऑक्टाहेड्रल ज्यामिति में छह नाइट्रोजन परमाणुओं से घिरा होता है। $NH_3$ लिगेंड परस्पर ट्रांस हैं और Cr–NCS समूह रैखिक हैं। नमक पानी के एक अणु के साथ क्रिस्टलीकृत होता है।

**89(B).** कॉम्प्लेक्स में कोबाल्ट की ऑक्सीकरण संख्या$[Co(NH_3)_6]Cl_3$ +3 है। इसकी गणना इस प्रकार की जा सकती है:
ऑक्सीकरण संख्या कोबाल्ट का x है:
x + 6(0) =+3
∴ कॉम्प्लेक्स आयन Co की संख्या = +3

**90(D).** टॉटोमेरिज्म एक हाइड्रोजन परमाणु के एक पॉलीवलेंट परमाणु से दूसरे में एक ही अणु के भीतर प्रवास के कारण उत्पन्न होता है, जिसमें आवश्यक पुनर्व्यवस्था यौगिकों के साथ क्विनोनोइड संरचना होती है जो टॉटोमेरिज्म नहीं दिखाते हैं और यौगिक जिसमें α- कार्बन पर भी कम से कम एक अम्लीय हाइड्रोजन नहीं होता है टॉटोमेरिज्म प्रदर्शित नहीं करता है। अल्फा हाइड्रोजन युक्त कार्बन को इलेक्ट्रॉन-निकासी समूह से जोड़ा जाना चाहिए।

$$R{-}CH_2{-}N\begin{matrix}\nearrow O\\ \searrow O\end{matrix}$$
α–H

**91(B).** CIP अनुक्रम नियम के अनुसार, यौगिकों के स्टीरियोसेंटर से सीधे जुड़े परमाणुओं पर विचार करें। उच्च परमाणु क्रमांक वाले प्रतिस्थापक को निम्न परमाणु क्रमांक वाले प्रतिस्थापी पर वरीयता दी जाती है।
$-O-H > -COOH > -CH=O > -CH_2OH$

**92(B).** एथेन, जिसका आणविक सूत्र $C_2H_6$ है, में 7 सहसंयोजक आबंध होते हैं।

**93(B).** एल्केन्स हाइड्रोकार्बन होते हैं जिनमें कार्बन परमाणुओं के बीच केवल एक बंधन होता है। ईथेन दो कार्बन परमाणुओं और छह हाइड्रोजन परमाणुओं से बना एक अल्केन है।

**94(A).** निम्नलिखित यौगिक का IUPAC नाम 2, 5-डाइमिथाइल-6-ऑक्सो-हेक्स-3-एनोइक एसिड है।

CHO 6, $H_3C$ 5, 4, 3, 2, $CH_3$, COOH 1 — IUPAC name

2,5-dimethyl-6-oxo-hex-3-enoic acid

**95(A).** कैरियस विधि में
कार्बनिक यौगिक का द्रव्यमान = 0.172 ग्राम

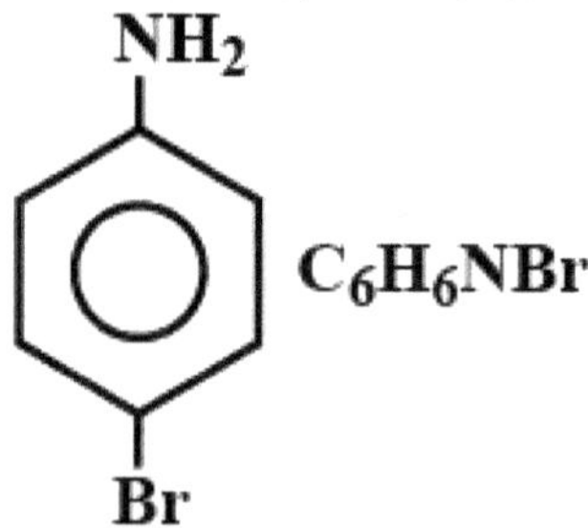


ब्रोमीन का द्रव्यमान = 0.08 ग्राम
इसलिए, ब्रोमीन का % $= \frac{0.08}{0.172}\times100$
$= 46.51\%$

**96(B).** स्टार्च किण्वन द्वारा इथेनॉल में परिवर्तित हो जाता है। उपयोग किए गए एंजाइमों का अनुक्रम डायस्टेस, माल्टेज़, ज़ाइमेज़ है।

**97(C).**

$C_6H_5COCH_3 + C_6H_5COOC_2H_5 \xrightarrow[2.\ H_3O^+]{1.\ C_2H_5ONa} A$ ($C_6H_5COCH_2COC_6H_5$)

**98(C).** $-OH$ समूह के इलेक्ट्रॉन-प्रत्यावर्तन प्रभाव नाइट्रोजन पर इलेक्ट्रॉन घनत्व कम करता है, इस प्रकार अमाइन की क्षारीकता कम हो जाती है। यह प्रभाव अमीनो समूह से दूरी के साथ कम हो जाता है।
इस प्रकार, एथिलएमाइन $>$ 3– अमीनो –1– प्रोपेनोल $>$ 2– अमीनो इथेनॉल
अत: विकल्प (C) सही है।

**99(A).** मनुष्य 20 में से 10 अमीनो एसिड का उत्पादन कर सकता है। दूसरों की भोजन के साथ आपूर्ति की होनी चाहिए। 10 आवश्यक अमीनो एसिड में से 1 को भी पर्याप्त मात्रा में प्राप्त करने में विफलता, जो हम नहीं बना सकते हैं, जिसके परिणामस्वरूप शरीर की प्रोटीन मांसपेशियों का क्षरण होता है और इसके बाद एक आवश्यक अमीनो एसिड प्राप्त होता है।वसा और स्टार्च के विपरीत, मानव शरीर बाद में उपयोग के लिए अतिरिक्त अमीनो एसिड का भंडारण नहीं करता है, अमीनो एसिड हर दिन भोजन

में होना चाहिए।
हम जिन 10 अमीनो एसिड का उत्पादन कर सकते हैं, वे हैं अलैनिन, शतावरी, एस्पार्टिक एसिड, सिस्टीन, ग्लूटामिक एसिड, ग्लूटामाइन, ग्लाइसिन, प्रोलाइन, सेरीन और टायरोसिन। टायरोसिन फेनिलएलनिन से उत्पन्न होता है, इसलिए यदि आहार में फेनिलएलनिन की कमी है, तो टायरोसिन की भी आवश्यकता होगी।

**100(C).** 'बेंजीन वलय में इलेक्ट्रॉनों के एकाकी जोड़े के निरूपण के कारण ऐरिलामाइन आमतौर पर एल्केलामाइन की तुलना में कम क्षारीय होते हैं।' ऐमीनों की क्षारकता के लिए सत्य है।
ऐमीन की क्षारकता अणु द्वारा भिन्न होती है और काफी हद तक नाइट्रोजन इलेक्ट्रॉनों के एकाकी युग्म की उपस्थिति पर निर्भर करती है। जुड़े हुए प्रतिस्थापन समूहों के इलेक्ट्रॉनिक गुण (जैसे, एल्काइल समूह क्षारीयता को बढ़ाते हैं, एरिल समूह इसे कम करते हैं आदि) प्रोटोनेटेड एमाइन के सॉल्वैशन की डिग्री जो ज्यादातर प्रतिक्रिया में प्रयुक्त विलायक पर निर्भर करती है।

**101(A).** अनुभव या प्रशिक्षण के द्वारा व्यवहार में होने वाले स्थायी परिवर्तन को **अधिगम** कहा जाता है।
जिस विचारधारा का उद्देश्य केवल अवलोकन योग्य व्यवहारों को मापना है, उसे मनोविज्ञान में व्यवहारवाद के रूप में जाना जाता है। इसकी स्थापना जॉन बी वाटसन ने की थी। व्यवहारवादियों का कहना है कि अधिगम अनिवार्य रूप से अनुभव या प्रशिक्षण के परिणामस्वरूप व्यवहार में परिवर्तन है और नया व्यवहार उपयुक्त पर्यावरणीय परिस्थितियों में प्रकट होगा।

- व्यवहारिक अधिगम के तीन प्रमुख प्रकार: शास्त्रीय अनुबंधन: इवान पावलोव: साहचर्य द्वारा अधिगम - परिवेश में मौजूद उद्दीपक के कारण प्रतिक्रिया होती है।
- क्रियाप्रसूत अनुबंधन - बी.एफ. स्किनर: प्रभाव द्वारा अधिगम - सकारात्मक या नकारात्मक पुनर्बलन के कारण प्रतिक्रिया बढ़ जाती है या घट जाती है।
- अवलोकनात्मक अधिगम: अधिगम दूसरों को देखने और उनका अनुकरण करने से होता है।

अभिप्रेरणा: यह उन इच्छाओं और उद्देश्यों को संदर्भित करती है जो किसी को कार्य करने के लिए प्रेरित करते हैं। इच्छा मुख्य रूप से जैविक आवश्यकताओं पर आधारित होती हैं और सामाजिक और मनोवैज्ञानिक कारणों से अभिप्रेरित होती हैं।
आत्मसात्करण: जीन पियाजे, संज्ञानात्मक विकास के अपने सिद्धांत में, नई स्थिति, ज्ञान या समस्या का सामना करने के लिए मौजूदा स्कीमा (सूचना का ब्लॉक) का उपयोग करने की प्रक्रिया के रूप में आत्मसात्करण की व्याख्या करते हैं।

**102(C).** भाषण में, **अर्थक्रियात्मक** विशिष्ट स्थितियों में भाषा के उपयोग से संबंधित है।
भाषा एक प्रतीकात्मक, नियम-शासित प्रणाली है , जिसे लोगों के एक समूह द्वारा अपने विचारों और भावनाओं को व्यक्त करने के लिए साझा किया जाता है। ये नियम सम्मेलनों के समूह हैं जो उनके उचित उपयोग को व्यवस्थित करते हैं और निर्देश देते हैं कि शब्द एक दूसरे से कैसे संबंधित हैं। इनमें से कुछ नियम जो किसी भाषा को नियंत्रित करते हैं, उनमें ध्वन्यात्मकता, वाक्य रचना, आकृति विज्ञान, शब्दार्थ आदि शामिल हैं।
अर्थक्रियात्मक: यह विशिष्ट परिस्थितियों में भाषा के प्रयोग से संबंधित है। सार (अमूर्त) रूप में और व्यावहारिक उपयोग में वाक्यों का अर्थ समान नहीं होना चाहिए। वर्ण के मामले में, कोई व्यक्ति उच्चारण अर्थ की बात करता है।

- अर्थक्रियात्मक का क्षेत्र भाषण अधिनियम की धारणा पर अपने विश्लेषण के लिए दृढ़ता से निर्भर करता है जो भाषा के वास्तविक प्रदर्शन से संबंधित है।
- इसमें प्रस्ताव की धारणा - मोटे तौर पर एक वाक्य की विषयवस्तु - और एक उच्चारण का आशय और प्रभाव शामिल है।

**103(B).** वह दृष्टिकोण जो संचालन, विषयवस्तु और उत्पादों के संदर्भ में बुद्धि की अवधारणा का गठन करता है, **बुद्धि का संरचनात्मक प्रतिमान** के रूप में जाना जाता है?
बुद्धि से तात्पर्य ज्ञान प्राप्त करने और लागू करने की क्षमता से है। यह समस्याओं को हल करने, अनुभवों से सीखने और नई परिस्थितियों को हल करने के लिए ज्ञान को लागू करने की क्षमता है।
बुद्धि से संबंधित कई सिद्धांत हैं। ये सिद्धांत प्रख्यात मनोवैज्ञानिकों द्वारा मानव बुद्धि के विभिन्न पहलुओं को समझने के लिए एक रूपरेखा प्रदान करने के लिए प्रतिपादित हैं।
बुद्धि का त्रि-आयामी मॉडल:

- जे. पी. गिल्डफोर्ड ने बौद्धिक कारकों को एक प्रणाली में व्यवस्थित करने के एक तरीके के रूप में त्रि-आयामी प्रतिमान या बुद्धि का संरचनात्मक प्रतिमान विकसित किया।
- यह मॉडल तीन आयामी है, और ये आयाम संक्रिया श्रेणियाँ, विषय-वस्तु श्रेणियाँ और उत्पाद श्रेणियाँ हैं।
- इस सिद्धांत के अनुसार:संक्रिया के 6 प्रकार हैं: (संज्ञान, स्मृति विवरण, स्मृति प्रतिधारण, अभिसारी उत्पादन, अपसारी उत्पादन, मूल्यांकन),उत्पादन के 6 प्रकार हैं (इकाई, वर्ग, संबंध, प्रणाली, रूपांतरण और अनुप्रयोग), और विषय वस्तु के 5 प्रकार हैं: (दृश्य, श्रवण, प्रतीकात्मक, अर्थ संबंधी, व्यवहार)।
- इनमें से प्रत्येक आयाम स्वतंत्र है, सैद्धांतिक रूप से बुद्धि के 180 विभिन्न घटक हैं।

**104(D).** ज्ञान, मूल्यांकन और समझ संज्ञानात्मक क्षेत्र के अंतर्गत आते है।
**ब्लूम का वर्गीकरण:** यह संज्ञानात्मक, भावात्मक और मनोक्रियात्मक पक्ष का एक श्रेणीबद्ध क्रम है और प्रत्येक पक्ष में कुछ उद्देश्य हैं जो शिक्षकों को पढ़ाने और छात्रों को सीखने में मदद कर सकते हैं। उसके अनुसार, सीखने के तीन पक्ष हैं:
**संज्ञानात्मक पक्ष:** इस पक्ष में, एक बच्चा ज्ञान के साथ व्यवहार करता है और इसलिए, बनाना, मूल्यांकन, विश्लेषण, आवेदन करना, समझना, याद रखना सीखता है।
**भावात्मक पक्ष:** जब भावनात्मक क्षेत्रों में वृद्धि की बात आती है, तो यह पक्ष आता है। इसमें प्राप्त करना, प्रतिक्रिया देना, मूल्य निर्धारण, आयोजन और चिन्हित करना शामिल है।

**105(D).** आजीवन शिक्षार्थी बनाना शिक्षण का मुख्य उद्देश्य है।
निम्नलिखित कारण हैं:

- यूजीसी ने सूत्रधार के रूप में एक शिक्षक की भूमिका पर जोर दिया है:
- परंपरागत रूप से, शिक्षक किसी विशेष क्षेत्र में ज्ञान और विशेषज्ञता वाले होते हैं। वे उस ज्ञान को अपने छात्रों को विभिन्न माध्यमों से प्रदान करते हैं।
- प्रश्नों के उत्तर खोजने के लिए सूत्रधार छात्रों के समूह का ज्ञान के आधार पर निर्माण करते हैं।
- एक सूत्रधार वह व्यक्ति होता है जो लोगों के समूह को उनके सामान्य लक्ष्यों को समझने और उनकी ओर से बिना किसी हस्तक्षेप के उन्हें प्राप्त करने में सहायता करता है।
- इसलिए, जब हम कहते हैं कि शिक्षक को कक्षा में एक सूत्रधार की भूमिका निभानी है, तो इसका मतलब है कि शिक्षक को राजा नहीं होना चाहिए जो शिक्षार्थियों की गतिविधियों को नियंत्रित करता है।
- उसे शिक्षार्थियों को रचनात्मकता और नवीनता की भावना को आने देने के लिए कुछ स्थान देना चाहिए।
- दूसरे शब्दों में, शिक्षार्थियों को सक्रिय भागीदारी में शामिल होना चाहिए जो कि तर्कपूर्ण चर्चाओं और टीम वर्क गतिविधियों में प्रतिनिधित्व किया जाएगा, ताकि सीखने की प्रक्रिया व्यापक हो जाए।

**106(B).** एन.सी.ई.आर.टी. द्वारा विकसित एक सूक्ष्म-शिक्षण की मानक व्यवस्था को विभाजित किया गया है क्योंकि विद्यार्थियों की संख्या 5 से 10, विद्यार्थियों के प्रकार, पर्यवेक्षक का प्रकार, सूक्ष्म पाठ की समयावधि और एक सूक्ष्म शिक्षण चक्र की समयावधि होनी चाहिए। सूक्ष्म-शिक्षण चक्र की अवधि को एक शिक्षण सत्र (6 मिनट), प्रतिक्रिया सत्र (6 मिनट), पुन: योजना सत्र (12 मिनट), पुनः शिक्षण सत्र (6 मिनट), पुन: प्रतिक्रिया सत्र (6 मिनट) के रूप में विभाजित किया जाता है।

**107(C).** एक चयनित प्रतिक्रिया प्रश्न में छात्र को सही उत्तर को पहचानने की आवश्यकता होती है। चयनित प्रतिक्रिया आइटमों के लिए आवश्यक नहीं है कि छात्र जानकारी को पुन: याद करे, लेकिन केवल यह है कि वे सही उत्तर को पहचानें। इन मदों के साथ परीक्षण को बहुविकल्पीय कहा जाता है क्यों कि परिणाम स्कोरर के निर्णयों या व्याख्याओं से प्रभावित नहीं होते हैं और इसलिए प्राय: मशीन स्कोर करती है।

अत: विकल्प (C) सही है

**108(D).** अधिगम की प्रश्न-उत्तर विधि गतिविधि-आधारित नहीं है।
1986 की शिक्षा पर राष्ट्रीय नीति ने भी इस बात पर जोर दिया है कि "प्रत्येक व्यक्ति की वृद्धि गर्भ से लेकर कब्र तक प्रत्येक स्तर पर समस्याओं और आवश्यकताओं की एक अलग श्रृंखला प्रस्तुत करती है", जिसका अर्थ है कि बच्चे के व्यक्तित्व और गरिमा का सम्मान किया जाना चाहिए और उसकी आवश्यकताओं, रुचियों का सम्मान करना चाहिए। शैक्षणिक प्रणाली द्वारा योग्यता और क्षमताओं को ध्यान में रखा जाता है। इस नीति ने विशेष रूप से प्राथमिक स्तर पर "शिक्षण-अधिगम की बाल-केंद्रित और गतिविधि-आधारित प्रक्रिया" का समर्थन किया है।
शिक्षण-अधिगम की गतिविधि-आधारित प्रक्रिया:
शिक्षण को बाल-केंद्रित और गतिविधि-आधारित होने के लिए, इसमें बच्चों, उनकी रुचियों, विचारों और अधिगम की प्रक्रिया में अभिप्रेरणा को शामिल करना चाहिए। एक बच्चे को स्वयं की खोज करनी चाहिए। इसलिए, जांच / खोज दृष्टिकोण पर जोर दिया जाता है जो स्थानीय रूप से उपलब्ध प्राकृतिक और मानव संसाधनों के आधार पर वैज्ञानिक जांच, समस्या समाधान कौशल और सृजनात्मक चिंतन क्षमताओं की प्रक्रियाओं पर जोर देता है।
गतिविधि-आधारित विधि उदाहरण हैं:
- प्रयोगशाला विधि
- खेल विधि
- परियोजना विधि
- क्षेत्र विधि
- भूमिका निर्वाह

**109(D).** Output-based language tasks are typically designed to engage learners in producing meaningful spoken or written output in the L2. Output-based tasks resulted in better scores at the form recall level.
Output tasks helped learners to recognize the problematicity in their language use and prompted them to process the input with a clearer purpose in mind, which might have lead to the acquisition of target items.
These tasks are concerned with language product or output through speech, writing, role play, etc. For example, Writing an article for a newspaper, Enacting a role play on the issue of climate change, etc.

**110(A).** Every language has a script is not true of language.
Every language has its grammar whether it is one's own mother tongue or second - language that one is learning. The grammar of the language is important.
This is because acceptability and intelligibility, both in speech and in writing within as well as outside one's own circle or group depend on the currently followed basic notions and norms of grammaticality.
Script is not essential for a language as the script is not a part of the language component. The script is related to the return part of the language. Every language can be written in many scripts as well as the Hindi language is written in Devnagri script.
Language is primarily spoken: Language is a unique property of the human species. However, language is used primarily to communicate with other people, that is, language is used in society. Language is a medium through which one can express one's ideas, thoughts, and feelings.

**111(D).** एक शिक्षिका अपनी कक्षा में दिव्यांग विद्यार्थियों के अधिगम के लिए पाठ्यचर्या में उपयुक्त व यथोचित समायोजन करके प्रेरक परिवेश बन सकती है ।
अपने विद्यार्थियों के बीच सकारात्मक बातचीत को बढ़ावा दें। उन्हें अपनी भावनाओं को साझा करने दें, और उन्हें एक-दूसरे की बात सुनने, तारीफ करने, आभार व्यक्त करने और एक साथ समस्या हल करने का अभ्यास करने के लिए प्रोत्साहित करें। एक शिक्षक के रूप में, विषय प्रस्तुत कर सकते हैं और चर्चा शुरू करने में मदद कर सकते हैं, लेकिन फिर छात्रों को बातचीत का मार्गदर्शन करने दें।

**112(A).** "छात्र अपने बारे में शिक्षार्थी के रूप में सीख सकते हैं और जागरूक हो सकते हैं कि वे कैसे सीखते हैं" सीखने के रूप में आकलन को संदर्भित करता है।
सीखने के रूप में आकलन पूर्णतया छात्र-नियंत्रित है और आकलन और अधिगम के बीच महत्वपूर्ण संयोजक के रूप में छात्र की भूमिका पर बल देता है। सीखने की प्रक्रिया में, वे लक्ष्य-निर्धारण में शामिल होते हैं, अपनी प्रगति की निगरानी करते हैं, और परिणामों को दर्शाते हैं।

**113(D).** उपलब्धि परीक्षण शिक्षार्थियों के प्रदर्शन को मापता है। प्रदर्शन परीक्षण, लिखित परीक्षण, भाषा परीक्षण, कौशल परीक्षण, आदि एक उपलब्धि परीक्षण के उदाहरण हैं।
उपलब्धि परीक्षण सार्वभौमिक रूप से कक्षा में मुख्य रूप से निम्नलिखित उद्देश्यों के लिए उपयोग किए जाते हैं:
- विद्यालय में सीखे गए ज्ञान और कौशल को मापने के लिए या एक अवधि में किए गए अकादमिक प्रगति को निर्धारित करने के लिए।
- शिक्षण-अधिगम की प्रक्रिया के दौरान छात्र के सीखने की निगरानी करना और छात्रों और शिक्षकों दोनों को निरंतर प्रतिक्रिया प्रदान करना।
- छात्रों की सीखने की क्षमता को पहचानने के लिए -वह चाहे लगातार या आवर्ती हो।
- ग्रेड आवंटित करने के लिए।

**114(D).** शारीरिक स्वास्थ्य, रुचि और मनोवृत्ति आकलन के सह-शैक्षिक पहलू में शामिल हैं।
**सह-शैक्षिक क्षेत्रों में आकलन:** सीसीई के तहत, हमें अपने छात्रों के समग्र मूल्यांकन को देखने की जरूरत है जिसमें सह-शैक्षिक क्षेत्रों में मूल्यांकन जैसे कि जीवन कौशल, मनोवृत्ति, रुचि और मूल्य, खेल और खेल (शारीरिक स्वास्थ्य) के साथ-साथ अन्य सह-पाठ्यचर्या संबंधी गतिविधियाँ भी शामिल है।

**115(C).** लेव वायगोत्स्की के विचारों के अनुसार, "बच्चों की निजी वाक उनकी मौखिक सोच के आंतरिक स्तर को दर्शाती है।" कथन भाषा और संज्ञान के बीच के संबंध को सही रूप से दर्शाता है।

**116(A).** विषय-वस्तु को समझने की समस्या शिक्षण-अधिगम से संबंधित समस्या है।
विषय-वस्तु को समझने की समस्या:
- पाठ्यक्रम की कठिनाई के स्तर के साथ, अधिकांश छात्र विषय में रुचि खो देते हैं।
- यह उन समस्याओं में से एक हो सकती है जो छात्रों को विषय वस्तु को सीखने और समझने में कठिन बनाती है।

विषय वस्तु का ज्ञान किसी चीज के बारे में बहुत कुछ जानने से परे होता है। यह सुझाव देता है कि शिक्षक और छात्र दोनों अनुशासित तरीके से सोचते हैं और यह ज्ञान वे कई स्थानों और स्थितियों पर लागू कर सकते हैं। इससे यह भी पता चलता है कि सामग्री में गहराई तक जाने से बेहतर शिक्षा मिलती है।

**117(C).** चैट में जीआईएफ वीडियो कॉन्फरेंसिंग ऐप सबसे अच्छे तरीके से प्रदर्शित कर सकती है कि बिना बोले संचार कैसे किया जा सकता है।
वीडियो कॉन्फ्रेंसिंग ऐप की विशेषताएं:
- वर्चुअल ब्लैकबोर्ड- वीडियो कॉन्फ्रेंसिंग की यह सुविधा प्रतिभागियों को जानकारी साझा करने के लिए बोर्ड पर टाइप करने या लिखने में मदद करती है।
- चैट में GIF - वीडियो कॉन्फ्रेंसिंग की यह सुविधा हाल ही में संचार उद्योग में महत्वपूर्ण हो गई है। इसके अलावा, रोजगार करते समय विचार करने के लिए कोई भाषा बाधा नहीं आती है। यह बिना बोले संवाद करने में मदद करता है। ज्यादातर परिस्थितियों में, एक GIF संक्षेप में आप शब्दों की तुलना में क्या कहने की कोशिश कर रहे हैं, अधिक तेज़ी से बता सकता है।
- ऑडियो कॉल - यह सुविधा लोगों को एक से अधिक फोन पर एक ही कॉल पर कनेक्ट करने में सक्षम बनाती है। प्रत्येक व्यक्ति लाइन पर अन्य सभी के साथ सुन या बोल सकता है।

**118(C).** पाठ्यपुस्तकों की सामग्री का चयन और संगठन, विषयों का उपचार, और अंतर्निहित कार्यप्रणाली, सभी एक साथ प्रत्येक बच्चे को चारों ओर देखने, खोज करने और खोज करने में एक सक्रिय भागीदार बनने के

लिए स्थान प्रदान करने के लिए आते हैं। पाठ्यपुस्तकों में दिए गए अवसरों से छात्रों को मदद मिलेगी:

- परिवेश का पता लगाएं और एक सीखने के संसाधन के रूप में पर्यावरण का उपयोग करें
- नए सीखने के विकास के लिए अपने दैनिक जीवन के अनुभवों और मौजूदा ज्ञान को लिंक करें
- उनके चारों ओर दुनिया के अर्थ का निर्माण
- उनके अनुभवों और पाठ्यपुस्तक ज्ञान के बीच लिंक देखें
- अवलोकन, अन्वेषण, रिकॉर्डिंग और रिपोर्टिंग के तेज कौशल
- टीम-वर्क, संचार, बातचीत, महत्वपूर्ण प्रतिबिंब, निर्णय लेने और समस्या को सुलझाने सहित जीवन कौशल की एक श्रृंखला विकसित करना
- विविधता की सराहना करते हैं और क्षेत्रों, संस्कृतियों और सामाजिक-आर्थिक वातावरण में अंतर मनाते हैं
- सीखने की प्रक्रिया में सक्रिय प्रतिभागियों को जानकारी के निष्क्रिय प्राप्तकर्ता होने से परिवर्तन

इसलिए, हम निष्कर्ष निकालते हैं कि उपर्युक्त सभी बिंदु कक्षा 3, 4 और 5 के लिए ईवीएस पाठ्यपुस्तक के लाभ हैं।

**119(C).** शिक्षण सहायक अतिरिक्त शिक्षण उपकरण हैं जो शिक्षार्थियों को अवधारणाओं को समझने, चित्रण या पुनर्बलन में सुधार करने और एक अन्तः क्रियात्मक और रोमांचक तरीके से सूचना की प्रस्तुति द्वारा नीरसता से राहत देने में मदद करते हैं।

शिक्षण सहायक सामग्री के उपयोग के लाभ:

- यह जीवंत प्रदर्शनों और आकर्षक सामग्री के साथ छात्र को उलझाकर पाठ चर्चा को पूरक बनाता है।
- ग्राफ, चार्ट, फ्लैशकार्ड, वीडियो जैसे सहायक शिक्षण शिक्षार्थियों के लिए दृश्य प्रोत्साहन को सक्षम करते हैं जो उन्हें अपनी व्यक्तिगत स्तर की समझ के अनुसार सामग्री का उपयोग करने की अनुमति देता है।
- यह उन छात्रों में निरंतर उत्साह और जिज्ञासा उत्पन्न करता है जिनके पास व्याख्यान-शैली शिक्षण के लिए धैर्य कम होता है।
- यह छात्रों को उनकी इच्छा की उत्तेजना प्रदान करके शिक्षा की गुणवत्ता में सुधार करता है।
- यह शिक्षार्थियों के व्यक्तिगत अंतर को पूरा करने में सहायक है।
- यह अमूर्त विचारों को मूर्त बनाता है और इस प्रकार अधिगम प्रक्रिया को अधिक प्रभावी ढंग से और लंबे समय तक ज्ञान को बनाए रखने में मदद करता है।

**120(C).** उपरोक्त आंकड़ों से यह स्पष्ट है कि (1) और (3) एक दूसरे के विरोधाभासी हैं।

अत: विकल्प (C) सही है I

**121(D).** सूचना और संचार प्रौद्योगिकी (आईसीटी):
सूचना और संचार प्रौद्योगिकी को केवल इसके सरलतम रूप में एक इलेक्ट्रॉनिक माध्यम के रूप में परिभाषित किया जा सकता है, जो एक जगह से दूसरी जगह सूचनाओं को बनाने, संग्रहीत करने, हेरफेर करने और भेजने के लिए है।
यह संदेश वितरण को अधिक तेज़, अधिक सुविधाजनक, एक्सेस करने, समझने और व्याख्या करने में आसान बनाता है। यह सेल फोन, इंटरनेट, वायरलेस नेटवर्क, कंप्यूटर, रेडियो, टेलीविजन, सैटेलाइट, बेस स्टेशन आदि जैसे गैजेट्स का उपयोग करता है। इन संसाधनों का उपयोग सूचना बनाने, संचय करने, संचार करने और प्रबंधन करने के लिए किया जाता है।.

**122(D).** राष्ट्रीय शिक्षा नीति 2020

- शैक्षिक नीति विश्लेषण के एक ढांचे में एक प्रक्रिया शामिल होती है जिसमें विभिन्न हितकारक नीतियों का विश्लेषण, निर्माण, कार्यान्वयन, मूल्यांकन और पुन:रचना करते हैं।
- शैक्षिक नीति सीधे तौर पर एक आदर्श शैक्षिक मानक से संबंधित होती है जैसे कि अर्थव्यवस्था की जनशक्ति आवश्यकताओं के अनुरूप होती है।
- केंद्रीय मंत्रिमंडल ने भारतीय शिक्षा प्रणाली में कई बदलाव लाने के उद्देश्य से नई राष्ट्रीय शिक्षा नीति (NEP) 2020 को मंजूरी दी है।

**123(C).**
- एक t-परीक्षण एक प्रकार का अनुमानात्मक आँकड़ा है जिसका उपयोग यह निर्धारित करने के लिए किया जाता है कि क्या दो समूहों के साधनों के बीच एक महत्वपूर्ण अंतर है, जो कुछ विशेषताओं में संबंधित हो सकता है।
- t-परीक्षण विभिन्न परीक्षणों में से एक है जो परिकल्पना परीक्षण के उद्देश्य के लिए उपयोग किया जाता है। z-परीक्षण समान निर्धारित करता है लेकिन इसका उपयोग तब किया जाता है जब नमूने का आकार बड़ा होता है।

**124(D).** बुद्धि लब्धांक के आधार पर विभिन्न समूहों में छात्रों का वर्गीकरण से उनकी स्व गरिमा में कमी होती है और शैक्षणिक प्रदर्शन पर कोई प्रभाव नहीं पड़ता है।

**125(B).** विभेदन स्तर शिक्षण का स्तर नहीं है। शिक्षण के तीन भिन्न स्तर होते हैं और शिक्षण तीन स्तरों - शिक्षण का स्मृति स्तर, शिक्षण का बोध स्तर और शिक्षण का चिंतनशील स्तर पर उत्तरोत्तर होता है। शिक्षकों को शिक्षार्थियों के विकास के चरण को ध्यान में रखना चाहिए ताकि वांछित शैक्षिक उद्देश्यों को प्राप्त किया जा सके।

**126(C).** शिक्षण एक अधिक परिपक्व व्यक्तित्व और एक कम परिपक्व व्यक्ति के बीच एक अंतरंग संपर्क है जिसे बाद की शिक्षा को आगे बढ़ाने के लिए बनाया किया गया है। अच्छे शिक्षण की विशेषताएं इस प्रकार हैं:

- यह वांछनीय जानकारी प्रदान करता है।
- यह सीखने के लिए आत्म-प्रेरणा बनाता है।
- छात्र अच्छे शिक्षण में सक्रिय रहते हैं।
- यह चयनित जानकारी पर केंद्रित है।
- यह लोकतांत्रिक आदर्शों पर आधारित है।
- इसे छात्रों में मूल्य पैदा करना चाहिए।
- यह सहानुभूति और दया से भरा है।
- यह गतिविधि पर आधारित है
- यह प्रकृति में दिशात्मक है।
- यह शिक्षक और छात्रों के सहयोग पर आधारित है।
- यह शिक्षक के पिछले ज्ञान पर आधारित है।
- यह प्रगतिशील है।
- यह एक निश्चित उद्देश्य के साथ योजनाबद्ध है।

इसलिए, हम निष्कर्ष निकालते हैं कि शिक्षण मूल्य आधारित होना चाहिए।

**127(B).** योजना पद्धति: योजना पद्धति जिसे अंग्रेजी में प्रोजेक्ट विधि कहते हैं। गणित शिक्षण की महत्व पूर्ण पद्धति है। इस पद्धति के जन्मदाता किलपैट्रिक है, जो कि ड्यूवी के शिष्य हैं और इन्होंने अनेक प्रयोजनवाद के सिद्धांतों के आधार पर ही योजना पद्धति को जन्म दिया। इस पद्धति का प्रयोग विद्यालय के सभी विषयों के शिक्षण में किया जाता है।

प्रोजेक्ट विधि की विशेषताएँ:

- प्रोजेक्ट का एक स्पष्ट उद्देश्य होता है।
- यह विधि कर के सीखने पर बल देती है तथा इसमें बालक अपने अनुभवों से ही सीखता है।
- प्रोजेक्ट का वास्तविक जीवन से सम्बन्ध होता है।
- वास्तविक जीवन की परिस्थितियों में निहित रहता है।
- प्रोजेक्ट में क्रियाशीलता रहती है।
- प्रोजेक्ट का शैक्षिक महत्व होता है।

- प्रोजेक्ट का चयन स्वभाविक जीवन में किया जाता है।

इसलिए, निष्कर्ष निकलता है कि प्रोजेक्ट विधि में जीवनोपयोगी शिक्षा प्रदान की जाती है।

**128(B).** प्रशिक्षण की तुलना में शिक्षण का लक्ष्य साझेदारी और सावधानी सहित प्रतिभाग जो समीक्षात्मक एवं सृजनशील विमर्श की ओर उन्मुख होने का अवसर प्रदान करना है।

- शिक्षण सैद्धांतिक अवधारणाओं, व्यावहारिक हाथों के अनुभव वाले व्यक्ति को शिक्षित करने की एक प्रक्रिया है।
- ज्ञान का लेन-देन छात्र और शिक्षक के बीच होता है।

**129(D).** Appropriateness, acceptable languages, fluency are the goals of the communicative approach.

The communicative approach is a method of language teaching which makes learners confident to communicate effectively by involving them in real communication. It aims to develop the learner's competence to communicate fluently in the target language.

The Goal of the Communicative Approach:

- To train the students in the use of authentic language
- To provides a greater room for individual interpretation and variation
- Relevancy and coherence
- Learner's native language is acceptable
- Authentic communication
- Fluency and appropriateness in the language
- Use of language in the real context

**130(B).** Unit test is an expression of formative evaluation.

Unit Test is set after a particular unit is taught during a regular course of teaching to test pupil's assimilation and mastery of that particular unit.

- Unit test leads to desirable study habits since they give the pupil's knowledge of their progress.
- Unit test in the most important tool of formative evaluation.
- Pupil's performance on different items of a unit test reveals to the teacher their strengths and weaknesses.
- The unit tests provide continual feedback information to pupils and teachers as their effectiveness as they proceed through the instructional sequence.
- It helps us to know the weightage in terms of marks to objectives, areas of content, and forms of questions.
- The unit test also helps the student to review a topic after it is completed in the class and find their strength and weaknesses in it.

**132(D).** मेघालय पठार की सबसे ऊँची चोटी शिलांग पहाड़ी है।

**133(B).** महालनोबिस प्लान मॉडल को भारत में पचास के दशक के मध्य में अपनाया गया जिसका उद्देश्य उन भारी उद्योगों की स्थापना करना था जो पूंजी गहन थे।

**134(D).** दिल्ली के उपराज्यपाल, वी के सक्सेना ने दिल्ली के सराय काले खां में बाँसेरा में आयोजित एक कार्यक्रम के दौरान दिल्ली नगर निगम (MCD) के नेतृत्व में एक विषयगत 100-दिवसीय अभियान "100 डेज़ टू बीट प्लास्टिक" का शुभारंभ किया। अभियान का उद्देश्य नगर निगम के तहत क्षेत्रों को प्लास्टिक मुक्त बनाना है।

अभियान 22 अप्रैल 2023 को समाप्त होगा, जो अंतर्राष्ट्रीय पृथ्वी दिवस 2023 को चिह्नित करता है। उन्होंने अभियान के शुभंकर - निवारण दादी का भी अनावरण किया।

**135(A).** जयप्रकाश नारायण बिहार सोशलिस्ट पार्टी के संस्थापक थे। जयप्रकाश नारायण और मीनू मसानी 1934 में जेल से रिहा हुए।

**136(A).** रेड डेटा बुक एक सार्वजनिक दस्तावेज है जो लुप्तप्राय और दुर्लभ प्रजातियों के पौधों, जानवरों, कवक के साथ-साथ कुछ स्थानीय उप-प्रजातियों को रिकॉर्ड करने के लिए बनाया गया है जो किसी विशेष क्षेत्र में मौजूद हैं। इस दस्तावेज़ीकरण के पीछे मुख्य उद्देश्य विभिन्न प्रजातियों के अनुसंधान और विश्लेषण के लिए पूरी जानकारी प्रदान करना है। रेड डेटा बुक में रंग-कोडित सूचना पत्रक होते हैं, जिन्हें कई प्रजातियों और उप-प्रजातियों के विलुप्त होने के जोखिम के अनुसार व्यवस्थित किया जाता है।

**137(C).** गैस की वैश्विक तापन क्षमता 1 टन $CO_2$ के बराबर गैस द्वारा अवशोषित ऊष्मा की मात्रा को दर्शाती है।

**वैश्विक तापन क्षमता:**

- वैश्विक तापन क्षमता (GWP) को विभिन्न गैसों के वैश्विक तापन प्रभावों की तुलना करने की अनुमति देने के लिए विकसित किया गया था।
- यह ग्रीनहाउस गैसों जैसे जलवाष्प, मीथेन आदि द्वारा अवशोषित ऊष्मा की मात्रा है।
- वैश्विक तापन क्षमता(GWP) एक माप है कि 1 टन कार्बन डाइऑक्साइड ($CO_2$) के उत्सर्जन के सापेक्ष 1 टन गैस का उत्सर्जन एक निश्चित अवधि में कितनी ऊर्जा अवशोषित करेगा।
- वैश्विक तापन क्षमता(GWP) जितना बड़ा होगा, उतनी ही अधिक गैस उस समय अवधि में $CO_2$ की तुलना में पृथ्वी को गर्म करती है।
- आमतौर पर वैश्विक तापन क्षमता(GWPs) के लिए उपयोग की जाने वाली समयावधि 100 वर्ष है।
- $CO_2$ में उपयोग की जाने वाली समयावधि का 1 वैश्विक तापन क्षमता(GWP) है क्योंकि यह गैस के संदर्भ में उपयोग की जाने वाली गैस है।

**138(A).** मलेरिया प्लाज्मोडियम फाल्सीपेरम के कारण होता है। संक्रमित मच्छरों के काटने से यह इंसानों में फैल सकता है। प्लाज्मोडियम फाल्सीपेरम मुख्य रूप से अफ्रीका में पाया जाता है। यह मलेरिया परजीवी का सबसे आम प्रकार है और दुनिया भर में सबसे अधिक मौतों के लिए जिम्मेदार है।

अत: विकल्प (A) सही है I

**139(B).** ईवीएस एक बहुआयामी विषय है जो विभिन्न शैक्षणिक क्षेत्रों के महत्वपूर्ण सिद्धांतों को शामिल करता है। कक्षा III से V के लिए ईवीएस एक ऐसा विषय क्षेत्र है जो बचपन से ही विज्ञान, सामाजिक विज्ञान और पर्यावरण शिक्षा की अवधारणाओं और मुद्दों को एकीकृत करता है|

**140(A).** मूल्यांकन सीखने की प्रक्रिया में सुधार के उद्देश्य के लिए डेटा एकत्र करने, प्राप्त करने और उपयोग करने की एक प्रक्रिया है। यह दो प्रकार का होता है: रचनात्मक (मूल्यांकन पूरी शिक्षा के दौरान लिया जाता है) और योगात्मक (सत्र के अंत में मूल्यांकन)।

सही या गलत के संदर्भ में बच्चों के जवाब को देखते हुए उन्हें EVS में मूल्यांकन करते समय बचा जाना चाहिए क्योंकि यह हो सकता है:

- परिणाम चिंता में।
- कम आत्मसम्मान के लिए नेतृत्व।
- विफलताओं की भावना विकसित करना।
- उनके आत्मविश्वास में कमी या बाधा।

इसलिए, हम यह निष्कर्ष निकालते हैं कि EVS में बच्चों का मूल्यांकन करते समय बच्चों के उत्तरों को सही या गलत में आंकना से बचना चाहिए।

**141(D).** दिया गया है:

एक कक्षा में लड़कों और लड़कियों की संख्या का अनुपात 5 : 7 है।

लड़कों का औसत भार 56 किग्रा और लड़कियों का 50 किग्रा है।

अवधारणा:

औसत = तत्वों का योग/तत्वों की संख्या

गणना:

माना लड़कों और लड़कियों की संख्या $5x$ और $7x$ है

माना लड़कों और लड़कियों की संख्या $5x$ और $7x$ है

लड़कों का कुल भार $= 5x \times 56 = 280x$

लड़कों का कुल भार $= 7x \times 50 = 350x$

लड़कों और लड़कियों का कुल भार $= 280x + 350x = 630x$

अब लड़कों और लड़कियों का औसत $= \frac{630x}{12x}$

$\Rightarrow 52.5$

∴ कक्षा के सभी लड़कों और लड़कियों का औसत भार (किग्रा में) 52.5 है।

**142(B).** दिया है,
साधारण ब्याज पर निवेश की गई राशि 5% प्रति वर्ष की दर से स्वयं का 6 गुना हो जाती है।
माना कि राशि $P$ है।
$P = X$ रुपये
मिश्रधन $(A) = 6X$ रुपये
साधारण ब्याज $(S.I.) = A - P$
$S.I. = (6X - X)$ रुपये
$S.I. = 5X$ रुपये
दर $(R) = 5\%$ प्रति वर्ष
सूत्र के अनुसार,
$T = \frac{100 \times S.I.}{P \times R}$ [जहां $T$ समय अवधि है]
$T = \frac{100 \times 5X}{X \times 5}$
$T = 100$ वर्ष

**143(B).** **सिद्धांत:**
अंश को हर से विभाजित करने पर
$\frac{11}{19} = 0.57$
$\frac{2}{3} = 0.66$
$\frac{13}{17} = 0.76$
$\frac{22}{7} = 3.14$
$\Rightarrow 0.57 < 0.66 < 0.76 < 3.14$
$\therefore \frac{11}{19} < \frac{2}{3} < \frac{13}{17} < \frac{22}{7}$
अत: विकल्प (B) सही है I

**144(B).** संकल्पना:
सभी संख्याओं के घातों के हर को समान मान में लाइये।
गणना
हर 4, 3, 6, 2 का ल.स. 12 है
संख्याओं को इस रुप में भी लिखा जा सकता है
$3^{\frac{3}{12}}, 2^{\frac{4}{12}}, 5^{\frac{2}{12}}, 2^{\frac{6}{12}}$
∵ सभी घातों के हर समान हैं,
$3^3, 2^4, 5^2, 2^6$
इसमें सबसे छोटा $2^4$ है
∴ इनमें से सबसे छोटा $2^{\frac{1}{3}}$ है।

**145(A).**

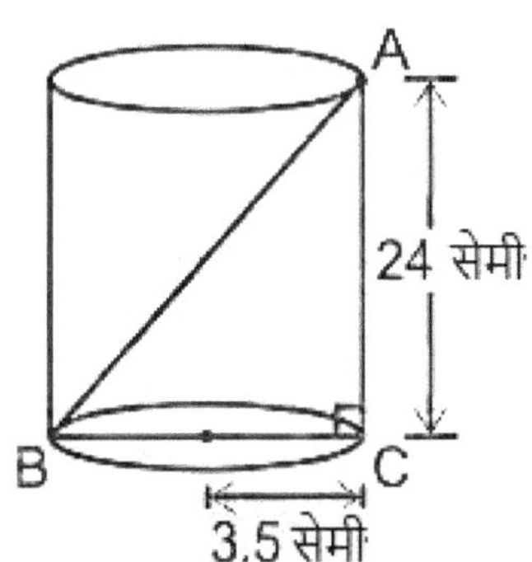


बेलन की त्रिज्या = 3.5 सेमी
बेलन की ऊँचाई = 24 सेमी
एक बेलन के 2 बिंदुओं के बीच की सबसे दूर की दूरी = AB
$\triangle ABC$ में,
$AB^2 = BC^2 + AC^2$
$\Rightarrow AB^2 = (2 \times 3.5)^2 + (24)^2$
$\Rightarrow AB^2 = 49 + 576 = 625$
$\Rightarrow AB^2 = (25)^2$
$\Rightarrow AB = 25$ सेमी
∴ दिए गए बेलन के 2 बिंदुओं के बीच की अधिकतम दूरी 25 सेमी है।

**146(B).** तर्क है: तंग, चौड़ा का विपरीतार्थक शब्द है। इसी तरह, पतला, मोटा का विपरीतार्थक शब्दहै।

**147(B).** लाल, बैंगनी, पीला, हरा, नीला और नारंगी इंद्रधनुष के रंगों का भाग हैं। जबकि, भूरा एक इंद्रधनुष का रंग नहीं है।

**148(C).** दिया गया है:
एक श्रृंखला में तीन संख्याओं का योग 45 है।
श्रृंखला की सबसे छोटी और सबसे बड़ी संख्या के वर्गों का योग 468 है।
मान लीजिए कि एक समान्तर श्रेणी की श्रृंखला के तीन पद $(a - d), a$, और $(a + d)$ हैं, जहाँ " $a$ " और " $d$ " एक समान्तर श्रेणी का प्रथम पद और सार्वअंतर हैं।
प्रश्न के अनुसार,
श्रृंखला में तीन संख्याओं का योग = 45
$(a - d) + a + (a + d) = 45$
$3a = 45$
$\Rightarrow a = 15$ ....(i)
इसके अतिरिक्त, यह दिया गया है कि सबसे छोटी और सबसे बड़ी संख्याओं का योग 468 है।
$(a - d)^2 + (a + d)^2 = 468$
$\Rightarrow a^2 + d^2 - 2ad + a^2 + d^2 + 2ad = 468$
$\Rightarrow 2a^2 + 2d^2 = 468$ ....(ii)
समीकरण (i) से " $a$ " का मान समीकरण (ii) में रखने पर,
$\Rightarrow 2(15)^2 + 2d^2 = 468$
$\Rightarrow 2 \times 225 + 2d^2 = 468$
$\Rightarrow 450 + 2d^2 = 468$
$\Rightarrow 2d^2 = 468 - 450 = 18$
$\Rightarrow d = 3$
$\Rightarrow a - d = 15 - 3 = 12$
$\Rightarrow a + d = 15 + 3 = 18$
समान्तर श्रेणी के तीन पद " $a - d$ ", " $a$ " और " $a + d$ " क्रमशः 12, 15, और 18 हैं।
∴ इन संख्याओं के बीच सबसे बड़ी संख्या 18 है।

**149(D).** दिया है, $C = 3, A = 1, T = 8, H = 5,$ ; $M = 6, I = 2, N = 4, U = 9E = 7$
$\therefore TEACH = 87135$

**150(C).** P ÷ Q + R − T × K
P ÷ Q = P माता है Q की
Q + R = Q पिता है R का
R − T = R भाई है T का
T × K = T पुत्री है K की
प्रश्न के अनुसार, आरेख बनाने पर-

P
△ -पुरुष
○ -महिला
माता
K
Q
पुत्री
पिता
T
R
भाई

इसलिए, सम्बन्ध आरेख से स्पष्ट है कि P, K की सास है।

# प्रैक्टिस टेस्ट 7

## Specific Subject

1. **निम्नलिखित में से कौन सा संघ अरीय सममिति प्रदर्शित करता है?**
   (a) एकाइनोडर्मेटा (b) पोरिफेरा
   (c) ऐनेलिडा (d) आर्थ्रोपोडा

2. **विषाणु के प्रोटीन आवरण की उप इकाई किसका निर्धारण करती हैं?**
   (a) रोगजनकता (b) उग्रता
   (c) आनुवंशिक पदार्थ (d) आकृति

3. **प्लाज्मोडियम में, चलयुग्मक के चारों ओर उपस्थित पुटी क्या होती है?**
   (a) आंशिक रूप से आंत्र की भित्ति और आंशिक रूप से लार ग्रंथि द्वारा स्रावित होती है।
   (b) पूर्ण रूप से आमाशय की भित्ति द्वारा स्रावित होती है।
   (c) पूर्ण रूप से स्वयं चलयुग्मक द्वारा स्रावित होती है।
   (d) आंशिक रूप से आमाशय की भित्ति और आंशिक रूप से स्वयं चलयुग्मक द्वारा स्रावित होती है।

4. **संक्रमण या अत्यधिक फुफ्फुस द्रव के कारण फुफ्फुस थैली की सूजन किसको कहा जाता है ?**
   (a) इयोपना (b) पॉलीपोना
   (c) ट्रेकी पोना (d) प्लेउरीसी

5. **निम्नलिखित में से कौन सा ऐसे पौधे के बारे में सही नहीं है जिसमें एब्सिसिक एसिड का स्तर अच्छा हो?**
   (a) तने में वृद्धि धीमी हो जाएगी।
   (b) जड़ों में तेजी आएगी।
   (c) पत्तियों में बुढ़ापा आने में देरी होगी।
   (d) पत्तियां विलीन हो जाएंगी और गिर जाएगी।

6. **निम्नलिखित में सा से कौन सा कथन राउंडवॉर्म के बारे में गलत है?**
   **(a) वे सभी परजीवी हैं।**
   **(b) वे धुंधलापन दिखाते हैं।**
   **(c) वे द्विपक्षीय रूप से सममित और द्विगुणित हैं।**
   **(d) मादा नर से छोटी होती है।**
   **(e) निषेचन आंतरिक है।**
   (a) केवल (b) (b) केवल (e)
   (c) केवल (b) और (c) (d) केवल (a), (c) और (d)

7. **एपोफलेरेशन देखा जाता है-**
   (a) स्थलीय घोंघा (b) समुद्री घोंघे
   (c) समुद्री घोंघा (d) सरटिका

8. **निम्नलिखित में से कौन गिब्बरलिन्स का अनुप्रयोग नहीं है ?**
   (a) फूलना (b) बढने में देरी
   (c) फलों के आकार में वृद्धि (d) निष्क्रियता का टूटना

9. **गलत कथन को चुनिए:**
   (a) अंत:काष्ठ जल का चालन नहीं करती, परन्तु यांत्रिक सहायता प्रदान करती है
   (b) रसदारू जड़ से पत्ती तक जल के चालन में और खनिजों के चालन में शामिल होती है
   (c) रसदारू सबसे भीतरी द्वितीयक दारू होता है और यह अपेक्षाकृत हल्के रंग की होती है
   (d) टैनिन, रेजिन, तैल आदि के जमा होने के कारण अंतःकाष्ठ गहरे रंग की होती है

10. **निम्न में से कौन सी द्विबीजपत्री पौधों की विशेषता नहीं है?**
    (a) इन पौधों में 2 बीजपत्र होते है ।
    (b) इन पौधों की रेशेदार जड़ें होती है ।
    (c) इन पौधों में जालीदार शिराविन्यास होता है ।
    (d) इन पौधों में एक मूसला जड़ होती है ।

11. **किसी भी कोशिका से पूरे पौधे को उत्पन्न करने की क्षमता को ________ कहा जाता है।**
    (a) एक्सप्लांट (b) टोटिपोटेन्सी
    (c) म्युटेशन (d) हाइब्रिडाइजेशन

12. **जीवित कोशिका में 60 - 75% पानी होता है। मानव शरीर में मौजूद पानी ________ है।**
    (a) 60 - 65% (b) 50 - 55%
    (c) 75 - 80% (d) 65 - 70%

13. **एकलकृषि में वृद्धि करने वाले शस्य पादप हैं:**
    (a) आंतरजातीय स्पर्धा से मुक्त (b) मंद मूल तंत्र से विशेषित
    (c) कीटों की अत्यधिक संभावना (d) निम्न उपज

14. **फल मक्खी में प्रत्येक कोशिका में 8 गुणसूत्र (2n) होते हैं। समसूत्री विभाजन की अंतरावस्था की $G_1$ प्रावस्था में गुणसूत्रों की संख्या 8 है, तो S-प्रावस्था के बाद गुणसूत्रों की संख्या क्या होगी?**
    (a) 32 (b) 8
    (c) 16 (d) 4

15. **प्रकाश संश्लेषण की दर पर ऑक्सीजन के निरोधात्मक प्रभाव को कहा जाता है-**
    (a) वारबर्ग प्रभाव (b) पाश्चर प्रभाव
    (c) इमर्सन प्रभाव (d) रिचमंड-लैंग प्रभाव

16. **फॉस्फेट बांड ऊर्जा की सबसे बड़ी मात्रा निम्नलिखित में से किस घटना के दौरान प्राप्त की जाती है?**
    (a) ग्लाइकोलाइसिस (b) किण्वन
    (c) लैक्टिक एसिड ऑक्सीकरण (d) पेंटोज़ फॉस्फेट मार्ग

17. **ऑक्सीजन के परिवहन के संदर्भ में गलत कथन को पहचाने:**
    (a) हीमोग्लोबिन के साथ ऑक्सीजन का बंधन मुख्य रूप से $O_2$ के आंशिक दबाव से संबंधित है
    (b) $CO_2$ का आंशिक दबाव हीमोग्लोबिन के साथ $O_2$ के बंधन में हस्तक्षेप कर सकता है
    (c) वायुकूपिका में $H^+$ की उच्च सांद्रता ऑक्सीहीमोग्लोबिन बनने में सहायक होती है
    (d) वायु कूपिका में कम $pCO_2$ ऑक्सीहीमोग्लोबिन बनने में सहायक होती है

18. **निम्नलिखित में से कौन सी जठर कोशिकाएँ अप्रत्यक्ष रूप से एरिथ्रोपोएसिस में मदद करती हैं?**
    (a) चसक कोशिकाएं (b) श्लेष्मा कोशिकाएँ
    (c) मुख्य कोशिकाओं (d) पार्श्विक कोशिकाएं

19. **______ बोमन कैप्सूल में मौजूद कोशिकाएं हैं जो ग्लोमेरुलस की केशिकाओं के चारों ओर लपेटती हैं।**
    (a) ज़ाइमोजेनिक कोशिकाएं
    (b) एंटरोक्रोमैफिन जैसी कोशिकाएं
    (c) पार्श्विका कोशिकाएं
    (d) पोडोसाइट्स

20. **निम्नलिखित को मिलाएं:**

| 1. | फ्लागेल्लुम | a. | प्रोटीन संश्लेषण |
|---|---|---|---|

| 2. | पिली | b. | लोकोमोशन |
|---|---|---|---|
| 3. | एसईआर | c. | आसंजन |
| 4. | आरईआर | d. | लिपिड संश्लेषण |

(a) 1 - b, 2 - c, 3 - d, 4 - a (b) 1 - d, 2 - c, 3 - d, 4 - b
(c) 1 - b, 2 - d, 3 - c, 4 - a (d) 1 - d, 2 - c, 3 - b, 4 - a

**21. निम्न स्तंभों का मिलान कर उचित विकल्प का चयन करो।**

| सूची-I | | सूची-II | |
|---|---|---|---|
| (a) | आर्गन आफ कार्टी | (i) | मध्य कर्ण एवं फेरैंक्स को जोड़ती है |
| (b) | कोक्लिया | (ii) | लेबरिंथ का घुमावदार भाग |
| (c) | यूस्टेकीयन नलिका | (iii) | अंडाकार खिड़की से जुड़ी होती है |
| (d) | स्टेपीज | (iv) | बेसिलर झिल्ली में स्थित होती है |

(a) (a)-ii, (b)-iii, (c)-i, (d)-iv (b) (a)-iii, (b)-i, (c)-iv, (d)-ii
(c) (a)-iv, (b)-ii, (c)-i, (d)-iii (d) (a)-i, (b)-ii, (c)-iii, (d)-iv

**22. अंटार्कटिक क्षेत्र में हिम-अंधता किस कारण होती है?**
(a) निम्न ताप द्वारा आँख में द्रव के जमने के कारण
(b) UV-B विकिरण की उच्च मात्रा के कारण कॉर्निया का शोथ
(c) हिम से प्रकाश का उच्च परावर्तन
(d) अवरक्त किरणों द्वारा रेटीना में क्षति

**23. निम्न में कौन मूत्रवृद्ध को रोकने में सहायता करेगा?**
(a) ADH के अल्पस्रवण से अधिक जल का पुनरावशोषण
(b) एल्डोस्टेरान के कारण वृक्क नलिका से $N^+$ एवं जल का पुनरावशोषण
(c) एट्रियल नेट्रियुरेटिक कारक द्वारा वाहिकाओं का संकीर्णन होना
(d) JG कोशिकाओं द्वारा रेनिन का स्त्रावण कम होना

**24. अनाज के कण में, एक भ्रूण के एकल बीजपत्र का प्रतिनिधित्व किसके द्वारा किया जाता है?**
(a) प्रांकुर-चोल (b) मूलांकुर-चोल
(c) सहपत्रिका (d) प्रशल्क

**25. ओव्यूलेशन के बाद ग्रैफियन फॉलिकल_________में वापस आ जाता है।**
(a) कॉर्पस एट्रेसिया (b) कॉर्पस कॉलोसम
(c) कॉर्पस ल्यूटियम (d) कॉर्पस अल्बिकैंस

**26. किसी जीव में जो विशेषता या गुण दिखाई देता है, उसे क्या कहा जाता है?**
(a) प्रमुख जीन (b) पुनरावर्ती जीन
(c) फेनोटाइप (d) जीनोटाइप

**27. निम्नलिखित में से किस कोड में एक दोहरी फ़ंक्शन है?**
(a) AUG (b) UUU
(c) UGA (d) UAA

**28. सही कथन का चयन कीजिए:**
**A. मधुमक्खी और मच्छर जैसे कीटों के नेत्र मनुष्यों और जानवरों से भिन्न होते हैं।**
**B. मधुमक्खी और मच्छर एक ही समय में अलग-अलग दिशा में देख सकते हैं।**
(a) केवल A (b) केवल B
(c) A और B दोनों (d) न A और न ही B

**29. अनीता एक दुर्घटना के साथ हुई और वह व्याकरण और उच्चारण बहुत ख़राब हो गई।**
(a) अनुमस्तिष्क (b) अधश्चेतक
(c) वर्निक क्षेत्र (d) वाकप्रेरक क्षेत्र

**30. बहुराष्ट्रीय कंपनियों और संगठनों द्वारा संबंधित देश और उसके लोगों से प्राधिकरण के बिना जैव संसाधनों का उपयोग कहलाता है:**
(a) बायोडिग्रेडेशन (b) बायोपाइरेसी
(c) जैव-उल्लंघन (d) जैव शोषण

**31. शाकनाशी प्रतिरोधी जीजीएम फसलों के उत्पादन का मुख्य उद्देश्य है:**
(a) पर्यावरण के अनुकूल जड़ी-बूटियों को प्रोत्साहित करें
(b) स्वास्थ्य सुरक्षा के लिए खाद्य पदार्थों में शाकनाशी संचय को कम करें
(c) शारीरिक श्रम के उपयोग के बिना खेतों से खरपतवारों को हटा दें
(d) शाकनाशी के उपयोग के बिना खेतों से खरपतवारों को हटा दें

**32. निम्नलिखित में से कौन-सा एक परजीवी अनुकूलन नहीं है?**
(a) चिपकने वाले अंगों का विकास (b) पाचन अंगों की हानि
(c) प्रजनन क्षमता की हानि (d) अनावश्यक इंद्रियों की हानि

**33. खाद्य श्रृंखला में निम्नलिखित में से किसकी जनसंख्या सबसे अधिक है?**
(a) उत्पादक (b) प्राथमिक उपभोक्ता
(c) द्वितीयक उपभोक्ता (d) अपघटक

**34. एक पारितंत्र में कार्बनिक अणुओं की रासायनिक ऊर्जा में प्रकाश ऊर्जा के रूपांतरण की दर को क्या कहते हैं?**
(a) सकल प्राथमिक उत्पादकता (b) कुल प्राथमिक उत्पादकता
(c) कुल द्वितीयक उत्पादकता (d) सकल द्वितीयक उत्पादकता

**35. एक निकाय के रैखिक गति का विमीय सूत्र है:**
(a) $\left[M^1 L^1 T^{-1}\right]$ (b) $\left[M^1 L^1 T^{-2}\right]$
(c) $\left[MT^{-1}\right]$ (d) $\left[M^3 L^0 T^{-2}\right]$

**36. एक पिण्ड समय $t$ (सेकेण्ड में) विस्थापन $y$ (मी में) के साथ परिवर्तित हो रही है, इस प्रकार कि $y = \frac{-2}{3}t^2 + 16t + 2$ । पिण्ड विरामावस्था में आने में कितना समय लेगा?**
(a) 8 सेकेण्ड (b) 10 सेकेण्ड
(c) 12 सेकेण्ड (d) 16 सेकेण्ड

**37. एक पंखे के ब्लेड की नोक पर एक कण के अभिकेन्द्र त्वरण का परिमाण ज्ञात कीजिए, जिसका व्यास 0.30m है और वह 1200 परिक्रमण/मिनट पर घूर्णन करता है।**
(a) $4397.5\ m/s^2$ (b) $2370.6\ m/s^2$
(c) $4737.6\ m/s^2$ (d) $2034.5\ m/s^2$

**38. हाइड्रोजन परमाणु के प्रोटॉन और इलेक्ट्रॉन के बीच गुरुत्वाकर्षण बल के आकर्षण के इलेक्ट्रोस्टैटिक बल का अनुपात निम्न के क्रम का है:**
(a) $10^{39}$ (b) $10^{-39}$
(c) $10^{8}$ (d) $10^{-8}$

**39. नीचे दिए गए गतिज ऊर्जा E के लिए निम्न में से किस सूत्र को आयामी तर्कों के आधार पर खारिज किया जा सकता है?**
**दिया हुआ: d = घनत्व , V = आयतन, m = पिण्ड का द्रव्यमान किलो, c और u वेग हैं (m / s), त्वरण, a = $m/s^2$ , ऊर्जा की SI इकाई जूल = $kg\ m^2 s^{-2}$ .**
(a) $E = \frac{3}{16}mc^2$ (b) $E = \frac{1}{2}m(a \times t)^2$
(c) $E = \frac{1}{2}mc^2 + ma$ (d) $E = \frac{(m^2u^2)}{d \times V}$

**40. जब हम पत्थर फेंकने के लिए गुलेल (गुलेल) की डोरी को पीछे खींचते हैं, तो उसमें ऊर्जा होती है। यह किस प्रकार की ऊर्जा है?**
(a) गतिज ऊर्जा (b) स्थितिज ऊर्जा

(c) (A) और (B) दोनों (d) इनमे से कोई भी नहीं

**41. किसी कण पर $y$ -दिशा में कोई बल $F = 20 + 10y$ कार्य कर रहा है, यहाँ $F$ न्यूटन में तथा $y$ मीटर में हैं। इस कण को $y = 0$ से $y = 1m$ तक गति कराने में किया गया कार्य है:**

(a) $30J$ (b) $5J$
(c) $25J$ (d) $20J$

**42. उन पिंडों के निकाय के कणों के X-निर्देशांक, जिनका द्रव्यमान केंद्र मूल बिंदु पर है, होगा?**

(a) सभी कणों के लिए हमेशा सकारात्मक
(b) सभी कणों के लिए सदैव ऋणात्मक
(c) कुछ कणों के लिए धनात्मक और अन्य कणों के लिए ऋणात्मक
(d) इनमे से कोई नहीं

**43. एक द्रव्यमान एक ऊंचाई ' $h$ ' से गिरता है और इसके गिरने का समय ' $t$ ' एक साधारण पेंडुलम की समय अवधि $T$ के संदर्भ में दर्ज किया जाता है। पृथ्वी की सतह पर, यह पाया जाता है कि $t = 2T$ । संपूर्ण सेट अप को दूसरे ग्रह की सतह पर लिया जाता है जिसका द्रव्यमान पृथ्वी का आधा है और त्रिज्या समान है। एक ही प्रयोग दोहराया जाता है और इसी समय $t'$ and $T'$ के रूप में नोट किया जाता है। तब हम कह सकते हैं:**

(a) $t' = \sqrt{2}T$ (b) $t' > 2T'$
(c) $t' < 2T'$ (d) $t' = 2T'$

**44. दो उपग्रह A वृतीय B वृतीय कक्षाओं में पृथ्वी के चारों ओर घूर्णन कर रहे हैं और उनकी कक्षाओं के त्रिज्या का अनुपात 1 : 4 है, तो उनकी कक्षीय गति का अनुपात क्या होगा?**

(a) 1 : 2 (b) 2 : 1
(c) 1 : 4 (d) 4 : 1

**45. एक प्रयोग में, 0.1 mm $^2$ खंड के क्षेत्रों के साथ 1 मीटर लंबाई के पीतल और स्टील के तारों का उपयोग किया जाता है। तारों को श्रृंखला में जोड़ा जाता है और संयुक्त तार का एक सिरा एक कठोर समर्थन से जुड़ा होता है और दूसरा सिरा बढ़ाव के अधीन होता है।. 0.2 mmका एक नया बढ़ाव उत्पन्न करने के लिए आवश्यक तनाव है ।**
**[ दिया गया है, स्टील और पीतल के लिए यंग मापांक क्रमशः हैं $120 \times 10^9 N/m^2$ and 60 $\times 10^9 N/m^2$ ]**

(a) $8 \times 10^6 N/m^2$ (b) $4.0 \times 10^6 N/m^2$
(c) $1.2 \times 10^6 N/m^2$ (d) $0.2 \times 10^6 N/m^2$

**46. एक रेफ्रिजरेटर को $9°C$ खाने योग्य चीजों को रखना है। यदि कमरे का तापमान $36°C$ ,है, तो निष्पादन के गुणांक की गणना करें।**

(a) 10.44 (b) 11.44
(c) 9.04 (d) 11.84

**47. गैस के आइसोथर्मल प्रसार में किया गया कार्य _______ पर निर्भर करता है।**

(a) केवल तापमान
(b) केवल विस्तार अनुपात
(c) तापमान और विस्तार अनुपात दोनों
(d) न तो तापमान और न ही विस्तार अनुपात

**48. स्थिर आयतन पर गैस की मोलर ऊष्मा क्षमता $8\text{cal/mol} - \text{K}$ पाई जाती है। गैस के लिए अनुपात $\gamma = C_p/C_v$ ज्ञात कीजिए? गैस स्थिरांक $R = 4\text{cal/mol} - \text{K}$ ।**

(a) 1.4 (b) 1.5
(c) 1.66 (d) 1.33

**49. एक स्ट्रिंग पर एक तरंग $y = a\sin(\omega t - kx)$ एक अन्य तरंग के साथ मिलता है, जो $x = 0$ पर नोड उत्पन्न करता है। तब अज्ञात तरंग का समीकरण है:**

(a) $y = a\sin(\omega t + kx)$ (b) $y = -a\sin(\omega t + kx)$
(c) $y = a\sin(\omega t - kx)$ (d) $y = -a\sin(\omega t - kx)$

**50. एक विद्युत द्विध्रुव को $10^5 NC^{-1}$ के तीव्रता वाले विद्युत क्षेत्र के साथ $60°$ के कोण पर रखा गया है। यह $8\sqrt{3}$Nm के बराबर एक टॉर्क का अनुभव करता है। यदि द्विध्रुवीय लंबाई 2 cm है तो द्विध्रुव पर आवेश c है।**

(a) $-8 \times 10^3$ (b) $8.54 \times 10^{-4}$
(c) $8 \times 10^{-3}$ (d) $0.85 \times 10^{-6}$

**51. किसी समान्तर पट्टिका संधारित्र, जिसमें माध्यम के रूप में वायु भरी है, की धारिता $6\mu F$ है। कोई परावैद्युत माध्यम भरने पर इसकी धारिता $30\mu F$ हो जाती है। इस माध्यम का परावैद्युतांक है:**
$(\epsilon_0 = 8.85 \times 10^{-12} C^2 N^{-1} m^{-2})$

(a) $0.44 \times 10^{-13} C^2 N^{-1} m^{-2}$ (b) $1.77 \times 10^{-12} C^2 N^{-1} m^{-2}$
(c) $0.44 \times 10^{-10} C^2 N^{-1} m^{-2}$ (d) $5.00 C^2 N^{-1} m^{-2}$

**52. किसी $0.5\Omega$ आंतरिक प्रतिरोध वाले 12 V के एक संभरण (supply) से अनंत नेटवर्क द्वारा ली गई धारा का मान ज्ञात कीजिए। प्रत्येक प्रतिरोध का मान $1\Omega$ है।**

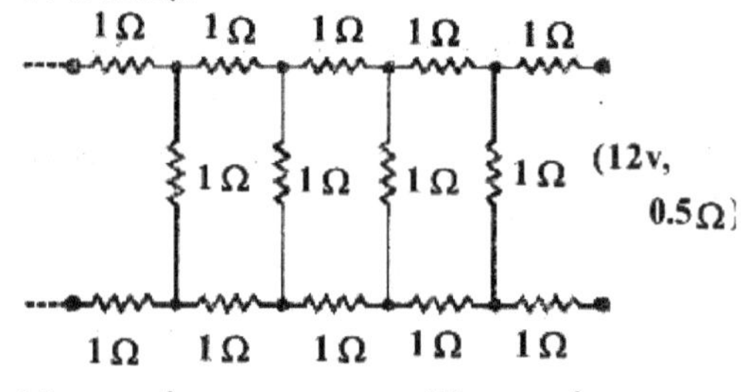


(a) $0.713\mathring{A}$ (b) $1.713\mathring{A}$
(c) $2.713\mathring{A}$ (d) $3.713\mathring{A}$

**53. गलत कथन का पता लगाएं:**

(a) लाल इन्सुलेशन वाला तार आमतौर पर विद्युत आपूर्ति का तटस्थ तार होता है
(b) क्षेत्र रेखाएँ दक्षिणी ध्रुव से निकलती हैं और उत्तरी ध्रुव पर विलीन हो जाती हैं
(c) चुंबकीय क्षेत्र रेखाएं एक दूसरे को काट सकती हैं
(d) उपरोक्त सभी

**54. चुंबकीय क्षेत्र रेखाएँ:**

(a) कोई बंद लूप नहीं बनाती हैं (b) निरंतर बंद लूप बनाती हैं
(c) नहीं कह सकता (d) इनमें से कोई नहीं

**55. फैराडे के विद्युत चुम्बकीय प्रेरण के नियम के अनुसार, जब भी चालक में एक ईएमएफ प्रेरित होता है:**

(a) चुंबकीय प्रवाह में कटौती
(b) चुंबकीय क्षेत्र की दिशा के समानांतर चलता है
(c) चुंबकीय क्षेत्र के समानांतर स्थित
(d) चुंबकीय क्षेत्र में स्थित

**56. विद्युत चुम्बकीय तरंग में औसत ऊर्जा घनत्व जुड़ा होता है:**

(a) केवल विद्युत क्षेत्र के साथ
(b) केवल चुंबकीय क्षेत्र के साथ
(c) समान रूप से विद्युत और चुंबकीय क्षेत्रों के साथ
(d) इनमें से कोई नहीं

**57. एक उत्तल दर्पण का उपयोग किसी वस्तु का प्रतिबिम्ब प्राप्त करने के लिए किया जाता है। तो निम्नलिखित में से कौन सा कथन गलत है?**

(a) प्रतिबिम्ब ध्रुव और फोकस के बीच होता है
(b) प्रतिबिम्ब आकार में छोटा होता है

(c) प्रतिबिम्ब सीधा होता है
(d) प्रतिबिम्ब वास्तविक होता है

**58. दो पतले इक्विकोन्वैक्स लेंस, प्रत्येक की फोकल लंबाई 0.2 मीटर, को उनके ऑप्टिक केंद्रों 0.5 मीटर के साथ समाक्षीय रूप से रखा जाता है। संयोजन की फोकल लंबाई क्या है?**

(a) $-0.4$ मीटर (b) 0.4 मीटर
(c) $-0.1$ मीटर (d) 0.1 मीटर

**59. एक अणु के कुछ ऊर्जा स्तरों को चित्र में दिखाया गया है। तरंगदैर्ध्यों के अनुपात $r = \lambda_1/\lambda_2$ का मान होगा:**

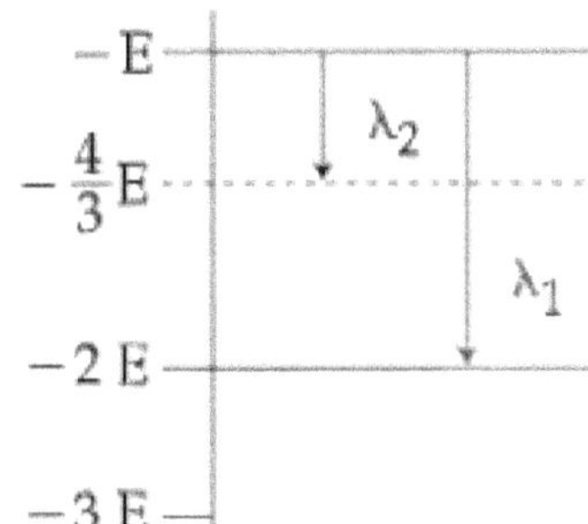


(a) $r = \frac{4}{3}$ (b) $r = \frac{2}{3}$
(c) $r = \frac{3}{4}$ (d) $r = \frac{1}{3}$

**60. आयाम मॉडुलन में ज्यावक्रीय वाहक आवृत्ति को $\omega_c$ से तथा सिग्नल आवृत्ति को $\omega_m$ से दर्शाते हैं। सिग्नल की बैण्ड चौड़ाई $(\Delta\omega_m)$ को इस तरह चुनते हैं कि $\Delta\omega_m \ll \omega_c$ . निम्न में से कौनसी आवृत्ति माडुलित तरंग में नहीं होगी?**

(a) $\omega_m$ (b) $\omega_c$
(c) $\omega_m + \omega_c$ (d) $\omega_c - \omega_m$

**61. किसी इलेक्ट्रॉन को $10,000V$ के विभवान्तर द्वारा त्वरित किया गया है। इसकी दे ब्राग्ली तरंगदैर्घ्य है (लगभग) : $(m_e = 9 \times 10^{-31}kg)$**

(a) $12.2 \times 10^{-13}m$ (b) $12.2 \times 10^{-12}m$
(c) $12.2 \times 10^{-14}m$ (d) $12.2nm$

**62. किसी कक्षा में किसी परमाणु के इलेक्ट्रॉन की कुल ऊर्जा $-3.4eV$ है। इसकी गतिज और स्थितिज ऊर्जाएँ क्रमशः हैं:**

(a) $-3.4eV, -3.4eV$ (b) $-3.4eV, -6.8eV$
(c) $3.4eV, -6.8eV$ (d) $3.4eV, 3.4eV$

**63. $n = 3$ और $n = 4$ के साथ ऊर्जा स्तरों के बीच की दूरी कितनी गुना बड़ी है, फिर $n = 8$ और $n = 9$ के साथ ऊर्जा स्तरों के बीच की दूरी कितनी है हाइड्रोजन जैसे परमाणु या आयन के लिए?**

(a) 0.71 (b) 0.41
(c) 2.43 (d) 14.82

**64. एक परमाणु में एक इलेक्ट्रॉन इस तरह से उछलता है कि उसकी गतिज ऊर्जा $x$ से $\frac{x}{4}$ में बदल जाती है। स्थितिज ऊर्जा में परिवर्तन होगा:**

(a) $\frac{3x}{2}$ (b) $-\frac{3}{8}x$
(c) $+\frac{3}{4}x$ (d) $-\frac{3}{4}x$

**65. अर्धचालक के प्रतिरोध का वर्गीकरण किस प्रकार किया जाता है?**

(a) उच्च प्रतिरोध (b) धनात्मक तापमान गुणांक
(c) ऋणात्मक तापमान गुणांक (d) निम्न प्रतिरोध

**66. निम्न में से किसमें ऊर्जा बैंड गैप अधिकतम होता है?**

(a) धातुओं (b) सुपरकंडक्टर्स
(c) इन्सुलेटर (d) सेमीकंडक्टर्स

**67. एक आयनिक यौगिक में धनायन और ऋणायन का मोल अनुपात 1 : 2 है। यदि धातु और अधातु के परमाणु द्रव्यमान क्रमशः 138 और 19 हैं, तो सही कथन है:**

(a) यौगिक का आणविक द्रव्यमान है 176
(b) यौगिक का सूत्र द्रव्यमान 176 है
(c) यौगिक का सूत्र द्रव्यमान है 157
(d) यौगिक का आणविक द्रव्यमान है 157

**68. कौन सा गलत कथन है?**

(a) N परमाणु का इलेक्ट्रॉनिक विन्यास है

| $1s^2$ | $2s^2$ | $2p_x^1$ | $2p_y^1$ | $2p_z^1$ |
|---|---|---|---|---|
| ↑↓ | ↑↓ | ↑ | ↑ | ↓ |

(b) एक कक्षीय को तीन क्वांटम संख्याओं द्वारा निर्दिष्ट किया जाता है जबकि एक परमाणु में एक इलेक्ट्रॉन को चार क्वांटम संख्याओं द्वारा निर्दिष्ट किया जाता है।
(c) 's' कक्षक में इलेक्ट्रॉन का कुल कक्षीय कोणीय संवेग शून्य के बराबर होता है।
(d) m का $dz^2$ के लिए मान शून्य है।

**69. परमाणुओं में ऊर्जा स्तरों के परिमाणीकरण के सिद्धांत का प्रस्ताव किसने दिया?**

(a) अर्नेस्ट रदरफोर्ड (b) नील्स बोर
(c) जेम्स चाडविक (d) जे.जे. थॉमसन

**70. ऑक्सीजन और सल्फर को एक ही समूह में रखा जाता है, इसका कारण है:**

(a) सबसे बाहरी कोश के इलेक्ट्रॉनों की संख्या
(b) उनकी परमाणुकता
(c) उनकी भौतिक स्थिति
(d) उनके अणुओं की संरचना

**71. निम्नलिखित में से कौन सा एक विद्युत ऋणात्मक है?**

(a) Mg (b) Al
(c) S (d) Cl

**72. निम्नलिखित में से कौन सा युग्म परमाणुओं का अक्रिय युग्म प्रभाव दिखाता है?**

(a) Ge और As (b) Sn और Ge
(c) Sn और Pb (d) As और Sn

**73. मैग्नीशियम एक आयनिक यौगिक बनाने के लिए एक तत्व (X) के साथ प्रतिक्रिया करता है। यदि (X) का ग्राउंड स्टेट इलेक्ट्रॉनिक कॉन्फ़िगरेशन $1s^2 2s^2 2p^3$ है तो इस यौगिक का सबसे सरल सूत्र है:**

(a) $Mg_2X$ (b) $MgX_2$
(c) $Mg_2X_3$ (d) $Mg_3X_2$

**74. स्थिर आयतन पर अभिक्रियाओं से जुड़ा ऊष्मा परिवर्तन अभिकारकों और उत्पादों के किस गुण में अंतर के कारण होता है?**

(a) आंतरिक ऊर्जा (b) एन्थैल्पी
(c) ताप क्षमता (d) मुक्त ऊर्जा

**75. ________ एक मात्रा है जो प्रणाली की कुल ऊर्जा को दर्शाती है।**

(a) रासायनिक ऊर्जा (b) विद्युतीय ऊर्जा

(c) आंतरिक ऊर्जा (d) यांत्रिक ऊर्जा

**76.** **अमोनियम हाइड्रॉक्साइड का $pK_b$ मान 4.75 है। अमोनियम हाइड्रॉक्साइड के एक जलीय विलयन को HCl के साथ अनुमापित किया जाता है। जहाँ पर अमोनियम हाइड्रॉक्साइड का आधा भाग उदासीन हो जाये, उस बिंदु पर विलयन की pH कितनी होगी ?**

(a) 9.25 (b) 8.25
(c) 7.50 (d) 4.75

**77.** **दो संकुल के लिए साम्यावस्था स्थिरांक हैं-**
A : $K_4[Fe(CN)_6] 2.6 \times 10^{37}$ **(वियोजन के लिए)**
B : $K_3[Fe(CN)_6] 1.9 \times 10^{17}$ **(वियोजन के लिए)**

(a) A और B समान रूप से स्थायी हैं
(b) A , B की तुलना में अधिक स्थायी है
(c) B , A की तुलना में अधिक स्थायी है
(d) पूर्वानुमान योग्य स्थायित्व

**78.** 20 mL, 0.2 M NaOH **(aq) घोल** 35 mL, 0.1 M NaOH **(aq) घोल, के साथ मिलाया जाता है, और परिणामी घोल** 100 mL **तक पतला होता है। इस पतले घोल के** 40 mL **ने ऑक्सालिक एसिड** ($H_2C_2O_4$) **के** 10% **अशुद्ध नमूने के साथ प्रतिक्रिया की। अशुद्ध नमूने का वजन है:**

(a) 0.15 g (b) 0.135 g
(c) 0.59 g (d) इनमें से कोई नहीं

**79.** $KMnO_4$ **के मोलों की संख्या जो अम्लीय घोल में सल्फाइट आयन के एक मोल के साथ प्रतिक्रिया करने के लिए आवश्यक होगी:**

(a) $\frac{2}{5}$ (b) $\frac{3}{5}$
(c) $\frac{4}{5}$ (d) 1

**80.** $0.5M\ FeSO_4$ **विलयन के** 35ml **को ऑक्सीकृत करने के लिए आवश्यक** $0.1M\ K_2Cr_2O_7$ **का आयतन है:**

(a) 29.2ml (b) 145ml
(c) 175ml (d) 58.9ml

**81.** **असहनीय गंध के साथ एक गैस X धातुमय चांदी देने के लिए चांदी नाइट्रेट सान्द्रण को कम कर देता है और खुद Y से ऑक्सीकृत हो जाता है। Y घटते गुणों के साथ एक द्विक्षारीय अम्ल है। यह धीरे-धीरे हवा में एक त्रिक्षारीय अम्ल Z में ऑक्सीकृत होता है। हालांकि Z एक त्रिक्षारीय अम्ल है, यह ज्यादातर जलीय घोल में द्विक्षारीय अम्ल के रूप में व्यवहार करता है। जब X और $N_2O$ के मिश्रण को एक विघुत चिंगारी के अधीन किया जाता है, तो Z प्राप्त किया जाता है। Z क्या है।**

(a) $H_4P_2O_6$ (b) $H_3PO_2$
(c) $H_3PO_4$ (d) $H_4P_2O_5$

**82.** **धातु A धातु B को उसके लवणीय विलयन् से विस्थापित करती है किन्तु धातु C को उसके लवपीयय विलयन से विस्थापित नहीं कर पाती है। धातु B धातु D को उसके लवणीय विलयन से विस्थापित करती है। निम्न में से कौन-सा क्रम धातुओं की क्रियाशीलता का सही क्रम दर्शा रहा है?**

(a) A > B > C > D (b) B > C > A > D
(c) C > A > B > D (d) C > A > D > B

**83.** **जब इलेक्ट्रोड को पानी में डुबोया जाता है और बिजली प्रवाहित की जाती है, तो नेगेटिव टर्मिनल पर बनने वाले बुलबुले वास्तव में ___ गैस होते हैं।**

(a) हाइड्रोजन (b) कार्बन डाइआक्साइड
(c) ऑक्सीजन (d) नाइट्रोजन

**84.** **निम्नलिखित में से कौन सा सिद्धांत रासायनिक गतिकी से संबंधित नहीं है?**

(a) टकराव का सिद्धांत
(b) वैलेंस शेल इलेक्ट्रॉन युग्म प्रतिकर्षण सिद्धांत
(c) निरपेक्ष प्रतिक्रिया दर
(d) इनमे से कोई भी नहीं

**85.** **शून्य-क्रम की अभिक्रिया वह होती है जिसमें अभिक्रिया की दर _____ से स्वतंत्र होती है।**

(a) अभिक्रिया का तापमान
(b) अभिकारकों की सांद्रता
(c) उत्पादों की सांद्रता
(d) बर्तन का आयतन जिसमें अभिक्रिया की जाती है

**86.** **यदि** $M$ **एक्टिनाइड श्रृंखला का तत्व है, तो जटिल गठन की डिग्री किस क्रम में घट जाती है?**

(a) $M^{4+} > M^{3+} > MO_2^{2+} > MO_2^{+}$
(b) $MO_2^{+} > MO_2^{2+} > M^{3+} > M^{4+}$
(c) $M^{4+} > MO_2^{2+} > M^{3+} > MO_2^{+}$
(d) $MO_2^{2+} > MO_2^{+} > M^{4+} > M^{3+}$

**87.** **निम्नलिखित में से कौन से डी-ब्लॉक तत्व हैं लेकिन संक्रमण तत्व के रूप में नहीं माना जाता है?**

(a) $Cu, Ag, Au$ (b) $Zn, Cd, Hg$
(c) $Fe, Co, Ni$ (d) $Ru, Rh, Pd$

**88.** **EDTA का उपयोग _____ के आकलन के लिए किया जाता है।**

(a) $Na^+$ और $K^+$ आयन (b) $Cl^-$ और $Br^-$ आयन
(c) $Cu^{2+}$ और $Cs^+$ आयन (d) $Ca^{2+}$ और $Mg^{2+}$ आयन

**89.** **निम्नलिखित में से किस समन्वय यौगिक में केंद्रीय धातु आयन शून्य ऑक्सीकरण अवस्था में है?**

(a) $[Fe(H_2O)_6]Cl_3$ (b) $K_4[Fe(CN)_6]$
(c) $Fe(CO)_5$ (d) $[Fe(H_2O)_6]Cl_2$

**90.** **निम्नलिखित संरचनाओं में किस का आई.यू.पी.ए.सी. (IUPAC) नाम 3-एथैनाइल-2-हाइड्रोक्सी-4-मिथाइलहेक्स-3-ईन-5-आइनोइक एसिड (3-ethynyl-2-hydroxy-4-methylhex3-en-5-ynoic acid) है?**

(a)

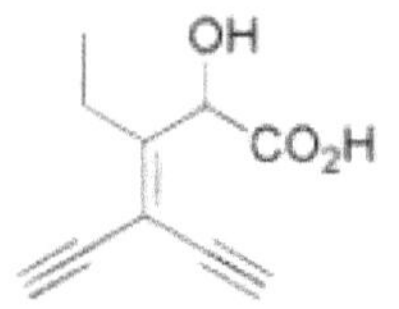

OH

$CO_2H$

(b)

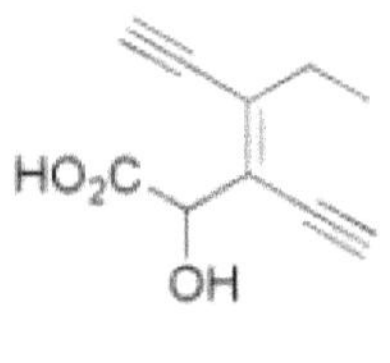

$HO_2C$

OH

(c)

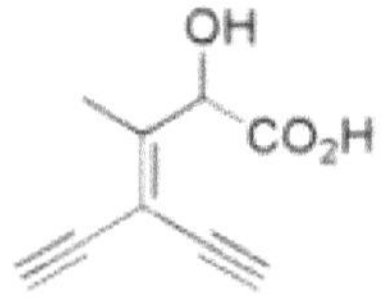

OH

$CO_2H$

(d) OH, $CO_2H$

91. **D-एरिथ्रोज़ (D-Erythrose) का फिशर प्रक्षेप (Fischer projection) नीचे दिखाया गया है।**

CHO
H—OH
H—OH
$CH_2OH$
D-एरिथ्रोज़

**D-एरिथ्रोज़ तथा इसके समावयवियों (isomers) P, Q, R , तथा S की सूची स्तम्भ-I (Column-I) में दी गई है | P, Q, R , तथा S का स्तम्भ-II (Column-II) में D -एरिथ्रोज़ के साथ सही सम्बन्ध चुनें। (Diastereomer अप्रतिबिंबी त्रिविम समावयव, Identical - समरूप, Enantiomer - प्रतिबिंबरूप)**

| | स्तम्भ-I | | स्तम्भ-II |
|---|---|---|---|
| (P) | OHC, HO, H, H, OH, OH | (1) | डायस्टेरियोमर |
| (Q) | OHC, OH, HO, H, H, OH | (2) | समरूप |
| (R) | OHC, H, OH, H, OH, OH | (3) | प्रतिबिंबरूप |
| (S) | OHC, OH, HO, OH, H, H | | |

(a) $P \to 2, Q \to 3, R \to 2, S \to 2$
(b) $P \to 3, Q \to 1, R \to 1, S \to 2$
(c) $P \to 2, Q \to 1, R \to 1, S \to 3$
(d) $P \to 2, Q \to 3, R \to 3, S \to 1$

92. **निम्नलिखित में से कौन एक असंतृप्त यौगिक है?**

(a) $CH_3\text{-}CH\text{-}CH\,CH_3$ (with $CH_3$ and $CH_2\text{-}CH_3$ below)

(b) $HC \equiv C\text{-}C(CH_3)_2\text{-}CH_3$

(c) $FH_2\text{-}CH_2$ / $H_3C\text{-}CH\text{-}CH_2$

(d) $CH_3\text{-}CH_2\text{-}CH_2\text{-}CH_2$ (with $CH_2\text{-}CH_3$ below)

93. **प्रोपेन किस प्रतिक्रिया से तैयार नहीं किया जा सकता है?**

(a) $CH_3 - CH = CH_2 \xrightarrow[OH^-]{B_2H_5}$
(b) $CH_3CH_2CH_2I \xrightarrow{Zn, dil \cdot HCl + H_2}$
(c) $CH_2CH_3CH_2I \xrightarrow{Zn + H_2}$
(d) इनमें से कोई नहीं

94. **सकारात्मक बीलस्टीन दर्शाता है कि ________।**

(a) हैलोजन निश्चित रूप से उपस्थिति हैं
(b) हैलोजन अनुपस्थित हैं
(c) हैलोजन उपस्थिति हो सकते है
(d) इनमें से कोई नहीं

95. **एल्किल हैलाइड के लिए $S_N1$ और $S_N2$ क्रियाविधि के संबंध में एक गलत कथन है-**

(a) एक ऐप्रोटिक विलायक में एक प्रबल नाभिकरागी, अभिक्रिया की दर को बढ़ाता है या $S_N2$ अभिक्रिया को अनुकूलित करता है
(b) $S_N2$ अभिक्रिया के लिए प्रतिस्पर्धात्मक क्रिया पुनर्व्यवस्था है
(c) कुछ लूइस अम्लों द्वारा $S_N1$ अभिक्रियाओं को उँप्रेरित किया जा सकता है
(d) एक दुर्बल नाभिकरागी और एक प्रोटिक विलायक, $S_N1$ अभिक्रिया की दर को बढ़ाते हैं

96. **निम्नलिखित अभिक्रिया में मध्यवर्ती A की संरचना है:**

$C_6H_5CH(CH_3)_2 \xrightarrow{O_2} A \xrightarrow[H_2O]{H^+} C_6H_5OH + H_3C\text{-}CO\text{-}CH_3$

(a) $C_6H_5\text{-}O\text{-}CH(CH_3)_2$

(b) $H_3C - C(CH_3)(C_6H_5) - O - O - H$

(c) $C_6H_5-O-O-CH(CH_3)_2$

(d) $C_6H_5-CH(CH_3)-CH_2-O-O-H$

**97. अभिक्रिया क्रम में प्राप्त अंतिम उत्पाद $(C)$ है**

$CH_3CH_2COOH \xrightarrow{PCl_3} (A) \xrightarrow[AlCl_3]{C_6H_6} (B) \xrightarrow[\text{base,heat}]{NH_2NH_2} (C)$

(a) $C_6H_5-\overset{O}{\overset{\|}{C}}-OCH_2CH_3$

(b) $C_6H_5-\overset{O}{\overset{\|}{C}}-CH_2CH_3$

(c) $C_6H_5-CH_2CH_2CH_3$

(d) $C_6H_5-\overset{OH}{\overset{|}{CH}}-CH_2CH_3$

**98. जब CH 3 CONH 2 NaOBr के साथ प्रतिक्रिया करता है तो क्या उत्पन्न होता है? क्या NaOBr Br $^{2+}$ NaOH का एक उत्पाद (या समतुल्य) है जो हॉफमैन ब्रोमाइड के क्षरण प्रतिक्रिया में उपयोग किया जाता है?**

(a) $H_2N-CH_3$ (H–N(–H)–C(H)(H)–H)

(b) $C_6H_5-CONHCH_3$

(c) $m-CH_3-C_6H_4-CONHCH_3$

(d) $p-CH_3-C_6H_4-CONH_2$

**99. निम्नलिखित में से कौन सा यौगिक एक ज़्विटेरियन बना सकता है?**

(a) बेंज़ोइक अम्ल
(b) एसिटानिलाइड
(c) एनिलिन
(d) ग्लाइसिन

**100. नीचे दो कथन दिए गए हैं:**

**कथन I:**

**प्राथमिक ऐलिफैटिक ऐमीन $HNO_2$ के साथ अभिक्रिया द्वारा अस्थायी डाइऐज़ोनियम लवण बनाती है।**

**कथन II:**

**प्राथमिक ऐरोमैटिक ऐमीन $HNO_2$ के साथ अभिक्रिया द्वारा डाइऐज़ोनियम लवण बनाती है जो 300 K से अधिक ताप पर भी स्थायी होते हैं।**

**उपरोक्त कथनों के संदर्भ में, नीचे दिए गए विकल्पों में से सबसे उपयुक्त उत्तर चुनिए:**

(a) कथन I सही है लेकिन कथन II गलत है।
(b) कथन I गलत है लेकिन कथन II सही है।
(c) कथन I और कथन II दोनों सही हैं।
(d) कथन I और कथन II दोनों गलत हैं।

## Art of Teaching and Other skills

**101. संज्ञान और संवेग के बारे में निम्नलिखित कथनों में से कौन-सा कथन सही है?**

(a) संज्ञान और संवेग परस्पर जुड़े हैं और एक-दूसरे को प्रभावित करते हैं

।

(b) संज्ञान और संवेग एक-दूसरे से स्वतंत्र प्रक्रियाएं हैं।
(c) संज्ञान और संवेग को प्रभावित करते हैं किन्तु संवेग संज्ञान को प्रभावित नहीं करता।
(d) संवेग संज्ञान को प्रभावित करते हैं किन्तु संवेग संज्ञान को प्रभावित नहीं करता।

**102. अंतर्दृष्टि निम्नलिखित में से किस कारक पर निर्भर नहीं करती है ?**
(a) अनुभव (b) रटन अधिगम
(c) सीखने की स्थिति (d) बौद्धिकता

**103. निम्नलिखित में से कौन सा अधिगम को प्रभावित करने वाले कारकों से संबंधित है ?**
(a) शिक्षार्थी संबंधित कारक (b) शिक्षक संबंधी कारक
(c) विषय-वस्तु संबंधी कारक (d) ये सभी

**104. प्रभावी शिक्षण निम्नलिखित उद्देश्यों को पूरा करता है सिवाय:**
(a) उत्साह के साथ पढ़ाना
(b) छात्रों में दोष ढूंढ़ना
(c) कक्षा नियंत्रण की अपेक्षा अध्यापन पर अधिक बल देना
(d) पाठ्यक्रम पूरा करने के बजाय विषय को समझने में रुचि होना

**105. शिक्षण में संचार का उद्देश्य है:**
(a) शिक्षक के निजी जीवन के बारे में जानकारी देना
(b) केवल शैक्षिक तथ्यों को व्यक्त करने के लिए
(c) शैक्षिक तथ्यों को व्यक्त करने और छात्र और शिक्षक के बीच एक मजबूत बंधन बनाने के लिए
(d) इनमें से कोई नहीं

**106. एक शिक्षक को अपने विद्यार्थियों को आंतरिक प्रेरणा के साथ कार्य करने के लिए प्रोत्साहित करने के लिए क्या कहना चाहिए?**
(a) "चलो, उसके करने से पहले इसे खत्म करो।"
(b) "तुम उसके जैसे क्यों नहीं हो सकते? देखो, उसने इसे पूरी तरह से किया है।"
(c) "कार्य को तेजी से पूरा करें और एक टॉफी प्राप्त करें।"
(d) "इसे करने की कोशिश करो, तुम सीख जाओगे।"

**107. एक शिक्षक अपने छात्रों को सीखने के लिए सीखने के लिए आंतरिक रूप से प्रेरित होने के लिए कैसे प्रोत्साहित कर सकता है?**
(a) चिंता और भय को प्रेरित करके
(b) प्रतियोगी परीक्षा देकर
(c) व्यक्तिगत लक्ष्य निर्धारित करने और उनकी महारत हासिल करने में उनका समर्थन करके
(d) टॉफ़ी जैसे ठोस पुरस्कार देकर

**108. छात्रों में वैचारिक विकास को प्रोत्साहित करने के लिए निम्नलिखित में से कौन सा सबसे प्रभावी तरीका है?**
(a) पुरानी अवधारणाओं के संदर्भ के बिना नई अवधारणाओं को स्वयं ही समझने की आवश्यकता है।
(b) छात्रों को याद रखने के लिए कहकर उनके गलत विचारों को सही विचारों से बदलें।
(c) छात्रों को कई उदाहरण दें और उन्हें तर्क का उपयोग करने के लिए प्रोत्साहित करें।
(d) सजा का प्रयोग तब तक करें जब तक छात्रों ने आवश्यक वैचारिक परिवर्तन नहीं कर लिए हैं।

**109. Which of the following issues and challenges is/are faced while teaching a language?**
(a) Most approaches are teacher dependent – lecture type, at best lectures and drilling go together.
(b) Shortage of good teaching and reading materials – course books, supplementary reading, etc.
(c) Very little attention is paid to productive reading and writing skills.
(d) All of the above

**110. "Children deserve most of the credit for the language that they acquire." 'This observation implies that in modern classrooms:**
(a) students pursue their own lines of inquiry.
(b) students need not attend L2 classes.
(c) students may choose L2 on their own.
(d) the teacher established the task support or facilitates learning.

**111. Which of the following is important for the selection of teaching learning material for students?**
(a) It should be easily available in nearby market
(b) It should not be very expensive
(c) The student should make them themselves
(d) It should be contextualised and fit to be used in an integrated manner

**112. किस आधार पर किसी छात्र की उपलब्धि का मूल्यांकन किया जाना चाहिए?**
(a) कक्षा के सबसे बुद्धिमान छात्र के साथ एक छात्र की उपलब्धि की तुलना करके
(b) कक्षा के एक सामान्य छात्र से अपेक्षा के साथ एक छात्र की उपलब्धि की तुलना करके
(c) छात्र की वर्तमान उपलब्धि की तुलना उसकी पिछले उपलब्धियों के रिकॉर्ड से करने पर
(d) ये सभी

**113. सह-शैक्षिक क्षेत्रों में विद्यार्थियों की वृद्धि के आकलन के लिए कौन सी मूल्यांकन तकनीकों का उपयोग किया जा सकता है?**
(a) अवलोकन (b) सहकर्मी मूल्यांकन
(c) स्व-मूल्यांकन (d) ये सभी

**114. निम्नलिखित में से कौन सा रचनात्मक मूल्यांकन के लिए अनुशंसित नहीं है?**
(a) मौखिक प्रश्न (b) कागज - पेंसिल परीक्षण
(c) क्विज़ और खेल (d) असाइनमेंट

**115. अधिगम को प्रभावित करने वाला निम्नलिखित में से कौन-सा कारक पर्यावर्णीय कारक है?**
(a) रवैया (b) प्रेरणा
(c) व्यक्तित्व लक्षण (d) विद्यालय

**116. समुदाय की कौन सी विशेषताएँ शिक्षा को प्रभावित करती हैं?**
**I. जनसांख्यिकी**
**II. व्यावसायिक पैटर्न**
**III. रीति रिवाज**
(a) I और III (b) I और II
(c) II और III (d) I, II और III

**117. ईवीएस पाठ्यपुस्तकों के अलावा, निम्नलिखित में से कौन ईवीएस अधिगम के लिए अधिकतम उपयोगी संसाधन हो सकता है?**
**A. समाचार पत्र**
**B. सर्वेक्षण**
**C. ट्विटर**
**D. समुदाय के सदस्य**
(a) A, B और C (b) B, C और D

(c) A, C और D (d) A, B और D

**118. शिक्षक की डायरी में दर्ज जानकारी का उपयोग शिक्षक द्वारा किया जाता है:**

(a) शिक्षण अधिगम रणनीतियों की समीक्षा और संशोधन के लिए।

(b) बच्चे के सीखने की प्रगति रिपोर्ट विकसित करने के लिए।

(c) बच्चे के सीखने के लिए साक्ष्य दर्ज करने के लिए।

(d) स्कूल का रिकॉर्ड रखने के लिए।

**119. निम्नलिखित में से मल्टीमीडिया का कौन-सा साधन बच्चों को पर्यावरण सम्बद्ध अमूर्त तत्वों को समझने में मदद करता है?**

(a) एनीमेशन (b) त्रि-आयामी चित्र

(c) इंटरनेट (d) उपरोक्त सभी

**120. शिक्षा का प्रमुख उद्देश्य है:**

(a) समाज में सुधार लाना

(b) छात्रों को अनुशासित बनाना

(c) छात्रों की निहित क्षमताओं/शक्तियों का विकास करना

(d) छात्रों को शिक्षकों का अनुयायी बनाना

**121. पाठ्यक्रम क्या है?**

(a) एक पाठ्यपुस्तक

(b) शिक्षकों के लिए क्या करें और क्या न करें की किताब

(c) अध्ययन का एक कार्यक्रम

(d) बुद्धिमान आलोचना की एक किताब

**122. मूल्यांकन प्रणाली के संबंध में दूसरे सेट के साथ पहले सेट का मिलान करें। सही कोड चुनें:**

| सेट - I | सेट - II |
|---|---|
| a. रचनात्मक मूल्यांकन | i. नियमितता के साथ संज्ञानात्मक और सह-संज्ञानात्मक पहलू का मूल्यांकन |
| b. योगात्मक मूल्यांकन | ii. टेस्ट और उनकी व्याख्या एक समूह और कुछ यार्डस्टिक्स पर आधारित है |
| c. सतत और व्यापक मूल्यांकन | iii. अंतिम अधिगम के परिणामों को ग्रेड करना |
| d. सामान्य और मानदंड संदर्भित परीक्षण | iv. विचार-विमर्श और चर्चा |

(a) a - iv, b - iii, c - i, d - ii (b) a - iv, b - ii, c -iii, d - i

(c) a - iii, b - iv, c - ii, d - i (d) a - i, b - iii, c - iv, d - ii

**123. Which of the following English teaching approaches is student-centered and student-oriented?**

(a) Communicative approach

(b) Situational approach

(c) Structural approach

(d) All of these

**124. निम्नलिखित में से विद्यार्थियों के प्रयोगात्मक एवं विश्लेषणात्मक योग्यता सुधारने के लिए कौन सा अध्ययन क्षेत्र सर्वोत्तम है?**

(a) अर्थशास्त्र (b) इतिहास

(c) विज्ञान (d) भाषा

**125. Who has suggested four steps of teaching as planning, organizing, leading and controlling?**

(a) I. K. Davies (b) Bloom

(c) Billows (d) Simpson

**126. Structures and patterns are used as a teaching unit in:**

(a) Direct method

(b) Structural method

(c) Grammar and translation method

(d) Project method

**127. निम्नांकित तर्कवाक्यों में दो इस प्रकार सम्बंधित हैं कि वे दोनों सहीं नहीं हो सकते हैं, किन्तु वे दोनों गलत हो सकते हैं| उस कूट का चयन करें जो उन दो तर्कवाक्यों को बताते हैं|**

**तर्क-वाक्य**

**A) प्रत्येक छात्र दत्तचित्त होता है|**

**B) कुछ छात्र दत्तचित्त होते हैं|**

**C) छात्र कभी भी दत्तचित्त नहीं होते हैं|**

**D) कुछ छात्र दत्तचित्त नहीं होते हैं|**

(a) (A) और (B) (b) (A) और (C)

(c) (B) और (C) (d) (C) और (D)

**128. मनोविज्ञान ने शिक्षा को ________ बनाया है।**

(a) पाठ्यचर्या केंद्रित (b) शिक्षक केंद्रित

(c) बाल केंद्रित (d) विषय केंद्रित

**129. शिक्षण को निम्न प्रकार से परिभाषित किया जाता है:**

(a) अधिगम का सरलीकरण

(b) शिक्षकों द्वारा ज्ञान का स्थानान्तरण तथा छात्र द्वारा ज्ञान को ग्रहण करना

(c) पाठ्यपुस्तकों को पढ़ना

(d) शिक्षकों द्वारा ज्ञान का स्थानान्तरण

**130. प्रभावी शिक्षण का क्या अर्थ है?**

(a) छात्रों को दिया गया प्यार, सहयोग, सहानुभूति, स्नेह और प्रोत्साहन

(b) नैतिक अपराधों के समय छात्रों को दी गई शारीरिक दंड

(c) व्यक्तिगत निर्देश और खुली कक्षा चर्चा

(d) दोनों (A) और (C)

**131. निम्नलिखित में से कौन-सा/से मुगलों द्वारा इतिवृत्तों को चालू करने का कारण था/थे**

**1. मुगलों के शासन का विरोध करने वालों को यह बताने के लिए कि सभी प्रतिरोधों का विफल होना तय था।**

**2. मुगल शासकों का महिमामंडन करने के लिए**

**3. यह सुनिश्चित करने के लिए कि भावी पीढ़ी के लिए उनके शासन का लेखा-जोखा था**

**3. राज्य की एक प्रबुद्ध दृष्टि पेश करने के लिए।**

**नीचे दिए गए कूट का प्रयोग कर सही उत्तर चुनिए:**

(a) केवल 1, 2 और 3 (b) केवल 2, 3 और 4

(c) केवल 1, 3 और 4 (d) 1, 2, 3 और 4

**132. निम्नलिखित में से कौनसी झील मणिपुर में स्थित है?**

(a) भीमताल (b) लोकटक

(c) मिरिक (d) सेंचल

**133. सरकारी व्यय को नियंत्रित करने का प्राधिकारी है:**

(a) भारतीय रिजर्व बैंक (b) योजना अयोग

(c) वित्त मंत्रालय (d) वित्त आयोग

**134. ट्रॉपिक्स 23 निम्नलिखित में से किस सुरक्षा बल का अभ्यास है?**

(a) भारतीय नौसेना (b) भारतीय वायु सेना

(c) भारतीय थलसेना (d) भारतीय सीमा सुरक्षा बल

**135. 1857 की क्रान्ति के बिहार के नेता थे-**

(a) मौलवी अहमदुलाह (b) तात्यां टोपे

(c) नाना साहिब (d) कुँवर सिंह

**136. भारत में प्रथम जीवमंडल की स्थापना कब हुई थी?**

(a) 1967 (b) 1986

(c) 1992 (d) 2014

**137.** ''ग्लोबल वार्मिंग (वैश्विक तापमान)' में ________ के तापमान:
(a) क्षोभमंडल में वृद्धि
(b) आयन मण्डल में वृद्धि
(c) मध्य मंडल में वृद्धि
(d) समताप मंडल में वृद्धि

**138.** निम्नलिखित में से कौन तेल उत्पादक है?
(a) सरसों
(b) नारियल
(c) आम का पेड़
(d) (A) और (B) दोनों

**139.** ईवीएस में समूहों में काम करते समय शिल्प और कलाओं को सीखना प्रोत्साहित किया जाता है क्योंकि
**A.** कक्षा की अनुशासनहीनता की समस्या से निपटने के लिए शिक्षकों के लिए समूह शिक्षण आसान और बहुत प्रभावी रणनीति है।
**B.** समूह शिक्षण साथ साथ सीखनेना को बढ़ावा देता है।
**C.** समूह शिक्षण से सामाजिक संपर्क में सुधार होता है।
**D.** समूह शिक्षण समय में ईवीएस के पाठ्यक्रम को पूरा करने में मदद करता है।
(a) केवल A और D
(b) केवल B और D
(c) केवल B और C
(d) केवल C और D

**140.** निम्नलिखित में से कौन ईवीएस में सीखने के रचनात्मक आकलन के लिए एक उपकरण नहीं है?
(a) संविभाग
(b) रेटिंग स्केल
(c) उपाख्यानात्मक रिकॉर्ड
(d) वार्षिक उपलब्धि परीक्षण

**141.** $A, B$ और $C$ का औसत वजन 65 किग्रा है। यदि $A$ और $B$ का औसत वजन 63.5 किग्रा है और $A$ और $C$ का औसत वजन 67.5 किग्रा है, तो $A$ का वजन (किग्रा में) ज्ञात करें।
(a) 65
(b) 67
(c) 60
(d) 68

**142.** एक राशि चक्रवृद्धि ब्याज पर निवेश करने पर 6 वर्षों में $2\frac{1}{2}$ गुना हो जाती है। 18 वर्षों के लिए निवेश करने पर राशि कितने गुना हो जाती है?
(a) $\frac{5}{2}$
(b) $\frac{25}{4}$
(c) $\frac{125}{8}$
(d) $\frac{625}{16}$

**143.** $X = 0.456666....$ को भिन्न के रूप में व्यक्त करें।
(a) $\frac{421}{900}$
(b) $\frac{411}{990}$
(c) $\frac{411}{900}$
(d) $\frac{431}{900}$

**144.** चॉकलेट के दो ब्रांड क्रमशः 24 और 15 के पैक में उपलब्ध हैं। यदि राम के पास दोनों प्रकार की चॉकलेट है। यदि वह समान संख्या खरीदना चाहता है, तो उसे प्रत्येक प्रकार के बॉक्स की कम से कम कितनी संख्या खरीदनी होगी?
(a) पहला ब्रांड $= 2$, दसरा ब्रांड $= 3$
(b) पहला ब्रांड $= 6$, दसरा ब्रांड $= 7$
(c) पहला ब्रांड $= 4$, दूसरा ब्रांड $= 3$
(d) पहला ब्रांड $= 5$, दूसरा ब्रांड $= 8$

**145.** एक गोलार्ध का कुल पृष्ठ क्षेत्रफल 41.58 सेमी $^2$ है। समान त्रिज्या के साथ गोले का कुल पृष्ठ क्षेत्रफल ज्ञात कीजिये।
(a) 26.42 सेमी $^2$
(b) 55.44 सेमी $^2$
(c) 13.43 सेमी $^2$
(d) 27.72 सेमी $^2$

**146.** निर्देश: उस विकल्प का चयन कीजिए जो तीसरे पद से उसी तरह संबंधित है जैसे दूसरा शब्द पहले शब्द से संबंधित है।
ऑस्ट्रेलिया : कंगारू :: न्यूजीलैंड : ?
(a) कीवी
(b) शुतुरमुर्ग
(c) इमूस
(d) पेंगुइन

**147.** निर्देश: निम्नलिखित चार अक्षर-समूहों में से तीन एक निश्चित तरीके से एक समान हैं और एक अलग है। विषम को चुनिए।
(a) DT
(b) BF
(c) AB
(d) EY

**148.** यदि a, 4, b समांतर श्रेणी में हैं और a, 2, b गुणोतर श्रेणी में हैं, तो a, 1, b ______ में है।
(a) समांतर श्रेणी
(b) गुणोतर श्रेणी
(c) हरात्मक श्रेणी
(d) इनमें से कोई भी नहीं

**149.** एक निश्चित कूट भाषा में, 'CHEMIST' को 'BIDNHTS' के रूप में लिखा गया है। उस कूट भाषा में 'CONSULT' कैसे लिखा जाएगा?
(a) TLUSNOC
(b) DPOTVMU
(c) BNMRTKS
(d) BPMTTMS

**150.** एक सज्जन के चित्र की ओर इशारा करते हुए, रश्मि कहती है, "वह मेरे पुत्र की पत्नी के ससुर हैं।" व्यक्ति रश्मि से किस प्रकार संबंधित है?
(a) जीजा
(b) भाई
(c) भाई
(d) पति

## // स्मार्ट उत्तर पुस्तिका //

सही उत्तर — उन छात्रों का प्रतिशत जिन्होंने प्रश्न का सही उत्तर दिया।

छोड़ दिया — उन छात्रों का प्रतिशत जिन्होंने प्रश्न को छोड़ दिया।

| प्रश्न संख्या | उत्तर | सही उत्तर | छोड़ दिया | प्रश्न संख्या | उत्तर | सही उत्तर | छोड़ दिया | प्रश्न संख्या | उत्तर | सही उत्तर | छोड़ दिया |
|---|---|---|---|---|---|---|---|---|---|---|---|
| 1 | A | 63.44% | 1.95% | 2 | D | 47.04% | 1.83% | 3 | D | 56.07% | 1.05% |
| 4 | D | 40.35% | 1.87% | 5 | D | 40.66% | 1.03% | 6 | D | 55.18% | 1.24% |
| 7 | A | 46.46% | 1.57% | 8 | B | 25.55% | 3.57% | 9 | C | 45.55% | 1.08% |
| 10 | B | 67.56% | 1.53% | 11 | B | 48.96% | 1.92% | 12 | D | 20.94% | 3.8% |
| 13 | C | 45.42% | 1.96% | 14 | B | 54.85% | 1.64% | 15 | A | 58.62% | 1.88% |
| 16 | D | 57.98% | 1.64% | 17 | C | 51.94% | 1.87% | 18 | D | 59.69% | 1.85% |
| 19 | D | 67.47% | 1.25% | 20 | A | 65.38% | 1.25% | 21 | C | 52.87% | 1.44% |
| 22 | B | 64.94% | 1.56% | 23 | B | 64.52% | 1.21% | 24 | D | 61.68% | 1.19% |
| 25 | C | 55.66% | 1.89% | 26 | C | 53.04% | 1.03% | 27 | A | 57.75% | 1.38% |
| 28 | B | 66.53% | 1.33% | 29 | D | 46.06% | 1.89% | 30 | B | 48.91% | 1.24% |
| 31 | B | 19.08% | 3.08% | 32 | C | 42.58% | 1.34% | 33 | D | 50.62% | 1.54% |
| 34 | A | 61.91% | 1.15% | 35 | A | 29.5% | 3.37% | 36 | C | 52.73% | 1.75% |
| 37 | B | 22.78% | 4.18% | 38 | B | 22.81% | 3.82% | 39 | C | 15.48% | 4.47% |
| 40 | B | 40.35% | 1.26% | 41 | C | 65.72% | 1.41% | 42 | C | 46.11% | 1.7% |
| 43 | D | 13.79% | 4.0% | 44 | B | 15.6% | 3.03% | 45 | A | 47.65% | 2.0% |
| 46 | A | 82.92% | 0.0% | 47 | C | 46.18% | 1.37% | 48 | B | 58.99% | 1.35% |
| 49 | B | 28.02% | 3.59% | 50 | C | 46.56% | 1.42% | 51 | C | 54.42% | 1.22% |
| 52 | D | 11.69% | 4.83% | 53 | D | 26.14% | 4.56% | 54 | B | 67.0% | 1.4% |
| 55 | A | 50.5% | 1.97% | 56 | C | 69.52% | 1.77% | 57 | D | 43.36% | 1.99% |
| 58 | A | 67.44% | | 59 | D | 69.57% | | 60 | A | 53.94% | |

| | | 1.02% | | | 1.64% | | | 1.27% |
|---|---|---|---|---|---|---|---|---|
| 61 | B | 47.42% | 62 | C | 40.24% | 63 | B | 56.82% |
| | | 1.75% | | | 1.81% | | | 1.49% |
| 64 | A | 67.82% | 65 | C | 63.33% | 66 | C | 60.6% |
| | | 1.4% | | | 1.56% | | | 1.13% |
| 67 | B | 65.24% | 68 | A | 69.2% | 69 | B | 53.53% |
| | | 1.44% | | | 1.94% | | | 1.5% |
| 70 | A | 27.82% | 71 | D | 55.63% | 72 | C | 54.47% |
| | | 3.57% | | | 1.03% | | | 1.99% |
| 73 | D | 42.23% | 74 | A | 78.35% | 75 | C | 60.5% |
| | | 1.81% | | | 0.0% | | | 1.31% |
| 76 | A | 45.93% | 77 | C | 62.34% | 78 | A | 50.71% |
| | | 1.29% | | | 1.51% | | | 1.86% |
| 79 | A | 60.81% | 80 | A | 61.51% | 81 | C | 52.74% |
| | | 1.99% | | | 1.23% | | | 1.87% |
| 82 | C | 55.34% | 83 | A | 62.8% | 84 | B | 66.5% |
| | | 1.49% | | | 1.64% | | | 1.68% |
| 85 | B | 66.99% | 86 | C | 59.89% | 87 | B | 67.11% |
| | | 1.04% | | | 1.96% | | | 1.71% |
| 88 | D | 68.55% | 89 | C | 69.11% | 90 | D | 40.21% |
| | | 1.86% | | | 1.05% | | | 1.53% |
| 91 | C | 26.66% | 92 | B | 64.25% | 93 | A | 41.51% |
| | | 4.99% | | | 1.22% | | | 1.98% |
| 94 | C | 63.79% | 95 | B | 48.86% | 96 | B | 67.13% |
| | | 1.32% | | | 1.28% | | | 1.67% |
| 97 | C | 55.69% | 98 | A | 56.73% | 99 | D | 50.61% |
| | | 1.07% | | | 1.6% | | | 1.45% |
| 100 | A | 53.51% | 101 | A | 50.66% | 102 | B | 53.99% |
| | | 1.29% | | | 1.84% | | | 1.7% |
| 103 | D | 48.08% | 104 | B | 67.46% | 105 | C | 51.85% |
| | | 1.54% | | | 1.89% | | | 1.29% |
| 106 | D | 46.29% | 107 | C | 69.62% | 108 | C | 87.17% |
| | | 1.3% | | | 1.33% | | | 0.0% |
| 109 | D | 58.88% | 110 | A | 78.43% | 111 | D | 40.25% |
| | | 1.32% | | | 0.0% | | | 1.44% |
| 112 | C | 55.73% | 113 | D | 12.61% | 114 | B | 41.84% |
| | | 1.83% | | | 4.26% | | | 1.8% |
| 115 | D | 83.28% | 116 | D | 57.35% | 117 | D | 76.21% |
| | | 0.0% | | | 1.4% | | | 0.0% |
| 118 | A | 12.58% | 119 | A | 82.42% | 120 | C | 61.95% |
| | | 3.78% | | | 0.0% | | | 1.43% |
| 121 | C | 81.93% | 122 | A | 55.77% | 123 | D | 68.53% |
| | | 0.0% | | | 1.15% | | | 1.77% |
| 124 | C | 52.56% | 125 | A | 57.22% | 126 | B | 49.34% |
| | | 1.23% | | | 1.43% | | | 1.41% |
| 127 | B | 48.7% | 128 | C | 89.79% | 129 | A | 50.63% |
| | | 1.4% | | | 0.0% | | | 1.82% |
| 130 | D | 78.13% | 131 | D | 47.07% | 132 | B | 60.19% |
| | | 0.0% | | | 1.91% | | | 1.46% |
| 133 | C | 56.53% | 134 | A | 56.9% | 135 | D | 69.4% |
| | | 1.65% | | | 1.22% | | | 1.24% |
| 136 | B | 61.11% | 137 | A | 32.92% | 138 | D | 45.49% |
| | | 1.09% | | | 3.21% | | | 1.36% |
| 139 | C | 60.25% | 140 | D | 41.16% | 141 | B | 52.91% |
| | | 1.16% | | | 1.88% | | | 1.12% |
| 142 | C | 13.69% | 143 | C | 89.94% | 144 | D | 64.08% |
| | | 4.7% | | | 0.0% | | | 1.95% |
| 145 | B | 46.03% | 146 | A | 89.19% | 147 | D | 23.81% |
| | | 1.67% | | | 0.0% | | | 3.03% |
| 148 | C | 45.29% | 149 | D | 79.76% | 150 | D | 80.55% |
| | | 1.84% | | | 0.0% | | | 0.0% |

## // संकेत और समाधान //

**1(A).** जंतुओं को उनकी सममिति के आधार पर तीन प्रकारों में वर्गीकृत किया जा सकता है - असममितीय, अरीय सममिति और द्विपार्श्व सममिति।
जब किसी भी केंद्रीय अक्ष से गुजरने वाली रेखा प्राणि के शरीर को दो समरूप भागों में विभाजित करती है तो इसे अरीय सममिति कहते हैं। अरीय सममिति सीलेंटरेट, टेनोफोर और एकाइनोडर्म द्वारा प्रदर्शित की जाती है।
**असममितीय-** यदि कोई केंद्रीय अक्ष से गुजरने वाली रेखा इन्हे दो बराबर भागो में विभाजित नहीं करती है, तो इस प्रकार के शरीर को असममितीय कहा जाता है।
उदाहरण - पोरिफेरा (स्पंज)
**द्विपार्श्व सममिति-** यदि शरीर को केवल एक ही तल में समान बाएँ और दाएँ भाग में विभाजित किया जा सकता है, तो इस प्रकार के शरीर को द्विपार्श्व सममिति कहा जाता है।
उदाहरण - ऐनेलिड, आर्थ्रोपोड आदि।

**2(D).** एक विषाणु का प्रोटीन आवरण जिसे कैप्सिड कहते हैं, छोटी उप इकाईयों से बना होता है, जिसे कैप्सोमियर कहते हैं, जो न्यूक्लिक अम्ल की रक्षा करता है। ये कैप्सोमियर कुंडलित या बहुतलीय ज्यामितीय रूपों में व्यवस्थित होते हैं।

**3(D).** प्लास्मोडियम एक प्रोटोज़ोआ संघ का प्राणी है। प्लास्मोडियम की कुछ जातियों को मलेरिया परजीवी भी कहते हैं क्योंकि ये मनुष्य मे मलेरिया रोग उत्पन्न करती हैं। प्लासोडियम एक कोशिकीय जीव है। यह बहुत से भागो में विभाजित हो जाता है और यह बहुत से भागो में विभाजित होने के बाद भी जीवित रहता है। पुटीभूत युगमनज को युग्मकपुटी (चलयुग्मक) कहा जाता है। युगमकपुटी की पुटी भित्ति आंशिक रूप से युगमनज द्वारा और आंशिक रूप से मचछर के आमाशय की भित्ति से स्रावित होती है।

**4(D).** प्लेउरीसी एक ऐसी स्थिति है जिसमें फुफ्फुस - ऊतक की दो बड़ी, पतली परतें जो आपके फेफड़ों को आपकी छाती की दीवार से अलग करती हैं - सूजन हो जाती हैं। फुफ्फुसशोथ भी कहा जाता है, फुफ्फुसा तेज सीने में दर्द (फुफ्फुसीय दर्द) का कारण बनता है जो सांस लेने के दौरान बिगड़ जाता है।

**5(D).** एब्सिसिक एसिड एक सीसकेटरपीन है, जिसकी बीज विकास और परिपक्वता में महत्वपूर्ण भूमिका होती है, प्रोटीन और संगत ऑस्मोलिट्स के संश्लेषण में, जो पौधों को पर्यावरण या बायोटिक कारकों के कारण तनाव को सहन करने में सक्षम बनाता है, और विकास और चयापचय गतिविधियों के सामान्य अवरोधक के रूप में है।
प्राकृतिक रूप से ढीले पानी छोड़ता है, खासकर प्रकाश संश्लेषण के दौरान। जड़ों से पत्तियों तक पानी लगातार बह रहा है। यदि जड़ों को पर्याप्त पानी नहीं मिल सकता है, तो वे पौधे और पत्तियों के बहाव या विल्ट में पानी के सही दबाव को बनाए नहीं रख सकते।

**6(D).** अंगों के गठन के आधार पर जीवों को दो समूहों में विभाजित किया जाता है जिसमें मुंह और गुदा का विकास शामिल है। राउंडवॉर्म लगभग हर निवास स्थान समुद्र, मीठे पानी और जमीन पर रहते हैं, हालांकि कुछ प्रजातियों में बहुत विशिष्ट निवास स्थान हैं। नेमाटोड आम तौर पर जलीय तलछट के बीच या तलछट की सतह के बीच के स्थानों में रहते हैं। गैर-परजीवी नेमाटोड को धाराओं और झीलों की बोतलों के साथ 'तैराकी' के लिए अनुकूलित किया जाता है। ऐस्केलमिन्थीज़ जानवर द्विपक्षीय सममित और ट्रिपलोब्लास्टिक हैं। अधिकांश अकशेरुकी कर में पुरुषों की तुलना में महिलाएं बड़ी होती हैं, ऐसा माना जाता है कि महिला के शरीर के आकार पर निर्भरता के कारण दबाव के परिणामस्वरूप एक घटना होती है।

**7(A).** एपोफलेरेशन लिंग के काटने से होता है, जिसे स्थलीय घोंघा के रूप में जाना जाता है, जो कि हेर्मैप्रोडिटिक गैस्ट्रोपॉड मोलस्क हैं। यह केले के घोंघा एरोलिमैक्स की कुछ प्रजातियों में और दूर से संबंधित डोरोकेरस लाएवे में बताया गया है। केला घोंघा के संभोग में, लिंग को साथी के शरीर में डाला जाता है।

**8(B).** गिबेरेलिन पौधे का हार्मोन हैं जो विभिन्न विकास प्रक्रियाओं को विनियमित करते हैं। गिबेरेलिन के अनुप्रयोग हैं-
लंबे समय तक पौधों में आनुवांशिक रूप से बौने पौधों की कटाई, फूलना और फूलो की वृद्धि, शीतल उपचार का स्थानापन्न होना, निष्क्रियता को तोड़ना, पार्थेनोकार्पी हार्मोन ने पत्ती और जड़ संस्कृति के साथ प्रयोग करने की कोशिश की, डाइजेस्टिन का उच्च उत्पादन दिखाया, गिबेरेलिन के साथ किशोर कोनिफ़र का छिड़काव परिपक्वता अवधि को बढ़ाता है। शुरुआती बीज उत्पादन के लिए गन्ने की फसल के साथ गिबेरेलिन का छिड़काव तने की लंबाई बढ़ाता है।

**9(C).** रसदारू सबसे भीतरी द्वितीयक दारू होता है और यह अपेक्षाकृत हल्के रंग की होती है, गलत कथन है।
द्वितीयक दारू के परिधीय क्षेत्र का रंग हल्का होता है। इसे रसदारू कहा जाता है। बड़े पेड़ों के तने और पुरानी शाखाओं में, केवल बाहरी माध्यमिक दारू जो कि रसदारू है, जल चालन में कार्य करता है, जबकि आंतरिक भाग जो कि हर्टवुड है, मृत लेकिन संरचनात्मक रूप से मजबूत दारू से बना है।

**10(B).** रेशेदार जड़ें द्विबीजपत्री पौधों की विशेषता नहीं हैं। इसकी जड़ें मूलतंतु से विकसित होती हैं और बीज में दो बीजपत्र या भ्रूणीय पत्ते होते हैं। उनकी पत्तियों में जालीदार शिराविन्यास होता है और इसमें पंचशंकु और चतुष्टयी फूल होता है। उदाहरण: सरसों, करेला, तरबूज, बैंगन, सेब, आम, इमली आदि।

**11(B).** टोटिपोटेन्सी एक जीव में सभी विभेदित कोशिकाओं को विभाजित करने और उत्पन्न करने के लिए एकल कोशिका की क्षमता है। बीजाणु और युग्मज टोटिपोटेंट कोशिकाओं के उदाहरण हैं।

**12(D).** मानव शरीर में मौजूद अणुओं या रसायनों को बायोमोलेक्यूल्स के रूप में जाना जाता है। वे मुख्य रूप से दो प्रकार के होते हैं - अकार्बनिक और कार्बनिक। कोशिकीय पूल के अकार्बनिक घटक खनिज, गैस और पानी हैं। कार्बनिक घटकों के विपरीत, उनमें हाइड्रोजन के साथ कार्बन नहीं होता है। जीवित कोशिका में 60 - 75% पानी होता है। हमारे शरीर में हाइड्रोलिसिस की तरह, एंजाइमों का एक समूह होता है जिसे रासायनिक बंध को तोड़ने के लिए पानी की आवश्यकता होती है। अपर्याप्त पानी का कारण बनता है और गुर्दे की पथरी की संभावना बढ़ जाती है। मानव शरीर का लगभग 65 - 70% भाग पानी से बना है जो हमारे शरीर का दो-तिहाई हिस्सा है।
अतः सही विकल्प (D) है।

**13(C).** एकलकृषि एक विस्तृत क्षेत्र में अधिक संख्या में निरन्तर वर्षों के लिए एकल फसल या पादप की प्रजातियों के उत्पादन या वृद्धि की कृषि-पद्धति है। एकलकृषि कीटों और रोगों के तेजी से फैलने का कारण बन सकती है, जहाँ एक समान फसल रोगजनक के प्रति संवेदनशील होती है। 'फसल एकलकृषि' हर वर्ष एक ही फसल में वृद्धि की पद्धति है।

**14(B).** फल मक्खी में प्रत्येक कोशिका में 8 गुणसूत्र (2n) होते हैं। समसूत्री विभाजन की अंतरावस्था की $G_1$ प्रावस्था में गुणसूत्रों की संख्या 8 है, तो S-प्रावस्था के बाद गुणसूत्रों की संख्या 8 होगी।
S अवस्था में डीएनए का द्विगुणन होता है। तो, डीएनए की मात्रा बढ़ती है लेकिन गुणसूत्र संख्या नहीं।
इसलिए, यदि फल मक्खी में $G_1$ अवस्था में गुणसूत्रों की संख्या 8 है, तो S चरण में गुणसूत्रों की संख्या समान होगी जो कि केवल 8 है।

**15(A).** वारबर्ग प्रभाव प्रकाश संश्लेषण पर उच्च ऑक्सीजन सांद्रता का निरोधात्मक प्रभाव है। वह एक जर्मन वैज्ञानिक थे, जिन्होंने क्लोरेला एल्गा में बताया कि उच्च $O_2$ स्तर प्रकाश संश्लेषण की दर को रोकता है। आमतौर पर वारबर्ग प्रभाव के रूप में संदर्भित ऑक्सीजन के निरोधात्मक प्रभाव को समझाने के लिए विभिन्न परिकल्पनाओं को सामने रखा गया है।

**16(D).** पेंटोस फॉस्फेट मार्ग (जिसे फॉस्फोग्लुकोनेट मार्ग और हेक्सोज मोनोफॉस्फेट शंट भी कहा जाता है) ग्लाइकोलाइसिस के समानांतर एक चयापचय मार्ग है। यह NADPH और पेन्टोज़ (5-कार्बन शर्करा) के साथ-साथ राइबोस 5-फॉस्फेट उत्पन्न करता है, जो न्यूक्लियोटाइड्स के संश्लेषण के लिए एक अग्रदूत है।

**17(C).** एल्वियोली में उच्च एच + सांद्रता ऑक्सीहीमोग्लोबिन के गठन के पक्ष में है जो ऑक्सीजन के परिवहन के संदर्भ में गलत कथन है।
ऑक्सीजन की उच्च सांद्रता या उससे अधिक जिम्मेदार होती है, जो ऑक्सीहीमोग्लोबिन के निर्माण का पक्षधर है। एल्वियोली में ऑक्सीहीमोग्लोबिन का निर्माण होता है ।

**18(D).** पार्श्विका कोशिकाएं अप्रत्यक्ष रूप से एरिथ्रोपोएसिस में मदद करती हैं।
एरिथ्रोपोएसिस लाल रक्त कोशिकाओं के उत्पादन की एक प्रक्रिया है। आमाशय की पार्श्विका कोशिकाएं गैस्ट्रिक कोशिकाएं होती हैं जो अप्रत्यक्ष रूप से एरिथ्रोपोएसिस में मदद करती हैं। ये कोशिकाएं ग्लाइकोप्रोटीन का उत्पादन करती हैं जिसे गैस्ट्रिक आंतरिक कारक (जीआईएफ) के रूप में जाना जाता है। यह कारक छोटी आंत के इलियम में विटामिन $B_{12}$ के अवशोषण में महत्वपूर्ण भूमिका निभाता है। बदले में, यह विटामिन $B_{12}$ एरिथ्रोपोएसिस की प्रक्रिया में एरिथ्रोबलास्ट्स के भेदभाव के लिए आवश्यक है।

**19(D).** पोडोसाइट्स गुर्दे में बोमन कैप्सूल में कोशिकाएं होती हैं जो ग्लोमेरुलस की केशिकाओं के चारों ओर लपेटती हैं। पोडोसाइट्स बोमन कैप्सूल की उपकला परत बनाते हैं, तीसरी परत जिसके माध्यम से रक्त का निस्पंदन होता है। बोमन का कैप्सूल रक्त को फिल्टर करता है, प्रोटीन जैसे बड़े अणुओं को बनाए रखता है जबकि पानी, लवण और शर्करा जैसे छोटे अणुओं को मूत्र के निर्माण में पहले चरण के रूप में फ़िल्टर किया जाता है।

**20(A).**

| 1. | फ्लागेल्लुम | b. | लोकोमोशन |
|---|---|---|---|
| 2. | पिली | c. | आसंजन |
| 3. | एसईआर | d. | लिपिड संश्लेषण |
| 4. | आरईआर | a. | प्रोटीन संश्लेषण |

**21(C).** सही उत्तर (a)-iv, (b)-ii, (c)-i, (d)-iii है।
(a) आर्गन आफ कार्टाई बेसिलर झिल्ली पर स्थित एक संरचना है जिसमें बाल कोशिकाएं होती हैं जो श्रवण रिसेप्टर्स के रूप में कार्य करती हैं।
(b) कोक्लिया लेबरिंथ (तरल पदार्थ से भरा भीतरी कान) का घुमावदार भाग है।
(c) यूस्टेकीयन नलिका मध्य कर्ण गुहा एवं फेरॅक्स से जोड़ती है और कर्ण ड्रम के दबाव को समान करने में मदद करती है।
(d) स्टेपीज मध्य कर्ण की अस्थियों में से एक है और कोक्लिया की अंडाकार खिड़की से जुड़ी होती है।

**22(B).** अंटार्कटिक क्षेत्र में हिम-अंधता UV-B विकिरण की उच्च मात्रा के कारण कॉर्निया की शोथ के कारण होती है।
ओजोन रिक्तीकरण के कारण हिम-अंधता होता है। हिम-अंधता को आर्क आई या फोटोकैराइटिस के रूप में भी जाना जाता है। फोटोकैराटाइटिस शब्द में, "फोटो" शब्द का अर्थ "प्रकाश" है और केराटाइटिस कॉर्निया की सूजन है। यह एक दर्दनाक आंख की स्थिति है जो पराबैंगनी (यूवी) प्रकाश के अत्यधिक संपर्क के कारण होती है। जब बहुत अधिक यूवी प्रकाश हमारी आंखों की पारदर्शी बाहरी परत कॉर्निया पर पड़ता है, तो यह अनिवार्य रूप से कॉर्निया को सनबर्न का कारण बनता है।

**23(B).** एल्डोस्टेरान के कारण वृक्क नलिका से $N^+$ एवं जल का पुनरावशोषण, मूत्रवृद्ध को रोकने में सहायता करेगा ।
एल्डोस्टेरोन एक स्टेरॉयड हार्मोन है जो अधिवृक्क प्रांतस्था द्वारा स्रावित होता है और वृक्क नलिका में इलेक्ट्रोलाइट अवशोषण को प्रभावित करता है। जिससे पानी का पुन: अवशोषण बढ़ जाता है।

**24(D).** बीजपत्र को बीज पर्ण के रूप में जाना जाता है, ये भ्रूणीय अक्ष से जुड़े होते हैं। द्विबीजपत्री में विशिष्ट रूप से दो बीजपत्र होते हैं एकबीजपत्री में केवल एक बीजपत्र होता है। अनाज में एकल ढाल के आकार के बीजपत्र को प्रशल्क कहते हैं। प्रशल्क में खाद्य नहीं होता है और इसका कार्य भ्रूणपोष से खाद्य को अवशोषित करना और इसे भ्रूण के बढ़ते भागों में स्थानांतरित करना है। प्रांकुर में कुछ तरुण पर्ण अग्रज के साथ प्ररोह के वर्धमान शीर्ष में शामिल हैं। यह एक आच्छद द्वारा आवृत होता है जिसे प्रांकुर-चोल कहते हैं। मूलांकुर जो अनाज के आधार पर स्थित होता है, वह एक आच्छद से आवृत होता है जिसे मूलांकुर-चोल कहते हैं। बीजपत्राधार बहुत छोटा होता है और इसका प्रतिनिधित्व मूलांकुर और प्रांकुर के बीच एक छोटे अक्ष द्वारा किया जाता है।

**25(C).** ओव्यूलेशन के बाद, ग्राफियन फॉलिकल कॉर्पस ल्यूटियम में बदल जाता है। कॉर्पस ल्यूटियम प्रोजेस्टेरोन का उत्पादन करता है, जो आरोपण और गर्भावस्था के दौरान एंडोमेट्रियम को बनाए रखने के लिए आवश्यक है। कॉर्पस कॉलोसम मस्तिष्क में सेरेब्रल कॉर्टेक्स के नीचे मौजूद तंत्रिका फाइबर पथ है। कॉर्पस एल्बिकैंस कॉर्पस ल्यूटियम का प्रतिगामी रूप है, जो तब बनता है जब निषेचन के अभाव में कॉर्पस ल्यूटियम पतित हो जाता है।

**26(C).** फेनोटाइप, एक जीव की सभी अवलोकन योग्य विशेषताएं जो पर्यावरण के साथ अपने जीनोटाइप (कुल आनुवंशिक विरासत) की बातचीत के

परिणामस्वरूप होती हैं। अवलोकन योग्य विशेषताओं के उदाहरणों में व्यवहार, जैव रासायनिक गुण, रंग, आकृति और आकार शामिल हैं।

**27(A).** कोड AUG का दोहरा फ़ंक्शन है:
(i) यह मेथिओनिन एमिनो एसिड के लिए आंतरिक प्रोटीन स्थितियों में कोड करता है।
(ii) यह अनुवाद प्रक्रिया के दौरान दीक्षा कोडन के रूप में भी कार्य करता है।

**28(B).** प्रासंगिक समूहों के जीवन रूपों की विविधता का अध्ययन करने के लिए, जीवों का वर्गीकरण किया जाता है। वर्गीकरण व्हिटकर ने पांच जगतों (किंगडम) को प्रस्तावित किया है: मोनेरा, प्रोटिस्टा, फंगी, प्लांटे, और एनिमिया, और इसका व्यापक रूप से उपयोग किया जाता है। फाइलम आर्थ्रोपोडा में सभी कीट होते हैं और यह एनिमेलिया जगत के अंतर्गत आता है।

- मधुमक्खी और मच्छर जैसे कीटों के नेत्र मनुष्यों के नेत्रों से भिन्न होते हैं।
- मधुमक्खी और मच्छर एक ही समय में अलग-अलग दिशा में देख सकते हैं क्योंकि उनके नेत्रों में बहुत से छोटे लेंस होते हैं।
- प्रत्येक जानवर के विशेष अंग उनकी आवश्यकता और आसपास के वातावरण के अनुसार विकसित होते हैं।
- वे अपने वातावरण, अपनी गति और खुद को खिलाने के तरीके के अनुसार खुद को ढाल लेते हैं।
- मच्छरों और कीटों को खुली हवा में उड़ने और अपने शिकार को पकड़ने की आवश्यकता होती है, इसलिए उन्हें एक ही समय में विभिन्न दिशाओं में एक दृष्टि रखने की आवश्यकता होती है।

**29(D).** ब्रोका क्षेत्र को ब्रोका का आक्षेप भी कहा जाता है, मस्तिष्क का एक क्षेत्र जिसमें भाषण समारोह में शामिल न्यूरॉन्स होते हैं। मस्तिष्क के बाएं गोलार्ध के ललाट भाग में स्थित इस क्षेत्र की खोज 1861 में फ्रांसीसी सर्जन पॉल ब्रोका ने की थी, जिन्होंने पाया कि यह मुखर भाषण की पीढ़ी में एक महत्वपूर्ण भूमिका निभाता है। इसीलिए एक दुर्घटना के बाद अनीता व्याकरण और उच्चारण में बहुत ख़राब हो गई।

**30(B).** बहुराष्ट्रीय कंपनियों और संगठनों द्वारा संबंधित देश और उसके लोगों से प्राधिकरण के बिना जैव संसाधनों का उपयोग बायोपाइरेसी कहलाता है। बायोडिग्रेडेशन सामान्य पर्यावरणीय परिस्थितियों में स्वाभाविक रूप से उपलब्ध सूक्ष्मजीवों की क्रिया द्वारा पर्यावरण की दृष्टि से स्वीकार्य उत्पादों जैसे पानी, कार्बन डाइऑक्साइड और बायोमास में सामग्रियों का क्षरण है। जैव-उल्लंघन पेटेंट धारक की अनुमति के बिना एक पेटेंट आविष्कार के संबंध में एक निषिद्ध अधिनियम का आयोग है। जैविक शोषण कहे जाने वाले जनसंख्या संपर्क में वह शामिल है जो पूर्व में रहा है। शिकार, साथ ही साथ अन्य बातचीत जिसमें एक आबादी दूसरे का लाभ उठाती है। कुछ संगठन और बहुराष्ट्रीय कंपनियाँ संबंधित देशों से उचित प्राधिकरण के बिना अन्य देशों के जैविक संसाधनों का शोषण करती हैं या पेटेंट प्राप्त करती हैं और इसे बायोपाइरेसी कहा जाता है।

**31(B).** शाकनाशी प्रतिरोधी जीजीएम फसलों के उत्पादन का मुख्य उद्देश्य स्वास्थ्य सुरक्षा के लिए खाद्य पदार्थों में शाकनाशी संचय को कम करना है।
खरपतवारों को नष्ट करने के लिए जिन कीटनाशकों का प्रयोग किया जाता है, उन्हें शाकनाशी कहते हैं। खरपतवारों को नियंत्रित करने के लिए कृषि में शाकनाशी का उपयोग किया जाता है। वे अमीनो एसिड के जैवसंश्लेषण या पौधों की प्रकाश संश्लेषक गतिविधियों को अवरुद्ध करके पौधों की वृद्धि को रोकते हैं।
कई शाकनाशी जैसे ग्लाइफोसेट, ग्लूफसिनेट, सल्फोनीलिरेस आदि के प्रतिरोधी ट्रांसजेनिक पौधों को सफलतापूर्वक विकसित किया गया है, स्वास्थ्य सुरक्षा के लिए खाद्य पदार्थों में जड़ी-बूटियों के संचय को कम करने के लिए जड़ी-बूटी प्रतिरोधी आनुवंशिक रूप से संशोधित फसलों के उत्पादन / उपयोग का मुख्य उद्देश्य है।

**32(C).** यदि कोई जीव परजीवी के रूप में रह रहा है तो उसके पास परपोषी से लगाव के लिए चिपकने वाले अंग होने चाहिए। पाचन तंत्र की आवश्यकता नहीं है क्योंकि वे सीधे अपनी त्वचा के माध्यम से पोषक तत्वों को अवशोषित कर सकते हैं। इंद्रियों की कोई आवश्यकता नहीं है क्योंकि वे पूरी तरह से परपोषी पर निर्भर हैं और सब कुछ उपलब्ध है। लेकिन उनके पास उच्च प्रजनन क्षमता होनी चाहिए।

**33(D).** अपघटक खाद्य श्रृंखला में सबसे बड़ी आबादी बनाते हैं। इनमें बैक्टीरिया और कवक जैसे रोगाणु शामिल हैं, जो जानवरों और मृत पौधों के अवशेषों को विघटित करके अपना पोषण प्राप्त करते हैं।

**34(A).** जीव में पाए जाने वाले पदार्थ की मात्रा को जैव मात्रा कहते हैं। सकल प्राथमिक उत्पादन (जीपीपी) वह दर है जिस पर एक पारितंत्र के उत्पादक एक दिए गए समय में जैव मात्रा के रूप में रसायन ऊर्जा की एक दी गई मात्रा को ग्रहण करते हैं और उसका संचय करते हैं। यह पारितंत्र में उत्पादकों द्वारा रसायन ऊर्जा में प्रकाश ऊर्जा के रूपांतरण की दर भी है। कार्बनिक पदार्थों के कुल उत्पादन को सकल प्राथमिक उत्पादकता कहते हैं और उत्पादकों के उपयोग के बाद बची हुई ऊर्जा को कुल प्राथमिक उत्पादकता कहते हैं। सामुदायिक उत्पादकता जीपीपी और सामुदायिक श्वसन के बीच का अंतर है। उपभोक्ताओं द्वारा खाद्य ऊर्जा के स्वांगीकरण की दर को द्वितीयक उत्पादकता कहते हैं और यह ऊर्जा मांसाहारीयों के लिए उपलब्ध होती है क्योंकि वे उपभोक्ता होते हैं।

**35(A).** रेखीय संवेग = [द्रव्यमान] × [वेग].....(1)
रैखिक गति का विमीय सूत्र,
द्रव्यमान $= [M^1L^0T^0]$ ....(2)
वेग $= [M^0 L^1 T^{-1}]$ ......(3)
समीकरण (2) और (3) को समीकरण (1) में प्रतिस्थापित करने पर हमें मिलता है,
रेखीय संवेग = [द्रव्यमान] × [वेग]
$= [M^1L^0T^0] \times [M^0L^1T^{-1}] = [M^1L^1\ T^{-1}]$
इसलिए, रेखीय गति मंद रूप से दर्शायी जाती है $[M^1L^1\ T^{-1}]$.

**36(C).** विस्थापन इस रुप में दिया गया है:
$y = ut + \frac{1}{2}at^2$
जहाँ, $u$ प्रारम्भिक वेग है और $a$ त्वरण है।
दिए गए समीकरण की तुलना करने पर:
$y = 16t - \frac{2t^2}{3} + 2$,
हमें प्राप्त होता है,
$u = 16$ मी/सेकेण्ड, और $a = -\frac{4}{3}$ मी/सेकेण्ड $^2$
जैसा कि, $v = u + at$ जहाँ, $v$ अन्तिम वेग है।
$v = 0$ लेने पर, पिण्ड को विरामावस्था में आने में लिया गया समय
$0 = 16 - \frac{4}{3}t$
$\Rightarrow t = 12$ सेकेण्ड

**37(B).** दिया हुआ है,
व्यास $= 0.30$ m
तब त्रिज्या, $(r) = \frac{0.30}{2} = 0.15$ m
और आवृत्ति, $n = 1200$ परिक्रमण/मिनट
$= \frac{1200}{60} = 20$ परिक्रमण/मिनट
$\therefore$ कोणीय वेग, $\omega = 2\pi n = 2\pi \times 20 = 40\pi \text{rads}^{-1}$
इसलिए, अभिकेन्द्र त्वरण, $a_c = \omega^2 r$
$\Rightarrow \quad a_c = 0.15 \times (40\pi)^2$
$\Rightarrow a_c = 2370.6\ \text{m/s}^2$

**38(B).** आकर्षण का इलेक्ट्रोस्टैटिक बल $= \frac{kq_1q_2}{r^2}$
$= \frac{9\times10^9\times(1.6\times10^{-19})^2}{r^2}$
आकर्षण का गुरुत्वाकर्षण बल $= \frac{Gm_em_p}{r^2}$
$= \frac{(6.67\times10^{-11})(9.1\times10^{-31})(1.67\times10^{-27})}{r^2}$
अनुपात $\frac{F_e}{F_g} = \frac{9\times10^9\times(1.6\times10^{-19})^2}{(6-67\times10^{-11})(9.1\times10^{-31})(1.67\times10^{-27})}$
$= \frac{23.04\times10^{-2j}}{101.36\times10^{-69}}$
$= 2\cdot27 \times 10^{39}$
अत: विकल्प (A) सही है।

**39(C).** गतिज ऊर्जा का आयाम है
$[E] = [ML^2T^{-2}]$
द्रव्यमान, घनत्व, आयतन, वेग और त्वरण के आयाम हैं $[m] = [M]$
$[d] = [ML^{-3}]$
$[V] = [L^3]$
$[u] = [LT^{-1}]$
$[a] = [LT^{-2}]$
A. दिए गए विकल्पों के आयाम हैं:
$[E] = [\frac{3}{16}mc^2]$
$\Rightarrow [\frac{3}{16}mc^2] = [m][c]^2$
$\Rightarrow [\frac{3}{16}mc^2] = [M][LT^{-1}]^2$
$\Rightarrow [\frac{3}{16}mc^2] = [ML^2T^{-2}]$
संख्या या स्थिर शब्दों की उपस्थिति आयामों को प्रभावित नहीं करती है। इस प्रकार, विकल्प 'A' से इंकार नहीं किया जा सकता है।
B. $[E] = \frac{1}{2}m[a \times t]^2$
$\Rightarrow]\frac{1}{2}m[a \times t]^2] = [M]\{[LT^{-2}][T]\}^2$
$\Rightarrow [\frac{1}{2}m[a \times t]^2] = [ML^2T^{-2}]$
इस प्रकार, विकल्प 'B' से इंकार नहीं किया जा सकता है।
C. $[E] = \frac{1}{2}[mc^2] + [ma]$
$\Rightarrow \frac{1}{2}[mc^2] + [ma] = [m][c]^2 + [m][a]$
$\Rightarrow \frac{1}{2}[mc^2] + [ma] = [ML^2T^{-2}] + [MLT^{-2}\}$
पहले कार्यकाल के साथ दूसरा शब्द मेल नहीं खाता है। आयामों के समरूपता के सिद्धांत से, दिए गए सूत्र गलत हैं।
इस प्रकार, विकल्प 'C' से इंकार किया जा सकता है।
D. $[E] = \left[\frac{m^2u^2}{dxv}\right]$
$\Rightarrow [E] = \left([M^2][LT^{-1}]^2\right) / ([ML^{-3}][L^3])$
$\Rightarrow [E] = [ML^2T^{-2}]$
इस प्रकार, विकल्प 'D' से इंकार नहीं किया जा सकता है।
अत: विकल्प (C) सही है I

**40(B).** जब हम गुलेल (गुलेल) की रबर की डोरियों को खींचने का कार्य करते हैं तो हमारे द्वारा किया गया कार्य लोचदार स्थितिज ऊर्जा के रूप में खिंची हुई रबर की डोरियों में जमा हो जाता है।
गुलेल की खिंची हुई डोरियों में उनके आकार में परिवर्तन के कारण स्थितिज ऊर्जा होती है। गुलेल के खिंचे हुए तारों की इस ऊर्जा का उपयोग पत्थर के एक टुकड़े को तेज गति से फेंकने के लिए किया जा सकता है।

**41(C).** दिया गया है कि,
बल $F = 20 + 10y$
जहां $y$ की सीमाएं हैं, $0 < y < 1$
इसलिए एक कण पर किया गया कार्य इस प्रकार दिया जाता है
$W = \int_0^1 F \cdot dy = \int_0^1 20 + 10y$
$\therefore W = \left[20y + \frac{10y^2}{2}\right]_0^1 = 20 + 5 = 25J$

**42(C).** यदि द्रव्यमान का केंद्र मूल बिंदु पर है, तो इसका मतलब है कि कुछ कण द्रव्यमान के केंद्र के बाईं ओर और कुछ द्रव्यमान केंद्र के दाईं ओर होंगे। द्रव्यमान केंद्र के बाईं ओर के कणों का X-निर्देशांक का मान ऋणात्मक होगा जबकि दाईं ओर के कणों का X-निर्देशांक का धनात्मक मान होगा। इस मामले में कणों में हमेशा एक्स-निर्देशांक के सकारात्मक मूल्य या हमेशा एक्स-निर्देशांक के नकारात्मक मान अलग-अलग नहीं हो सकते हैं क्योंकि कणों को समान रूप से शरीर के द्रव्यमान के केंद्र के बारे में वितरित किया जाता है।

**43(D).** हमें दिया गया है कि
ऊँचाई = h
पृथ्वी की सतह पर, $t = 2$ T
माना पृथ्वी का द्रव्यमान = M
दूसरे ग्रह का द्रव्यमान = $\frac{1}{2}M$
पृथ्वी की त्रिज्या = दूसरे ग्रह की त्रिज्या = R
प्रयोग दोहराए जाने पर हमें $t'$ खोजना होगा।
हम जानते हैं कि पृथ्वी की सतह पर,, $t = \sqrt{\frac{2h}{g}}$ और $T = 2\pi\sqrt{\frac{l}{g}}$
$t = 2\,T$ (दिया गया)
दूसरे ग्रह की सतह के लिए, $g' = \frac{g}{2}$
क्योंकि दूसरे ग्रह का द्रव्यमान पृथ्वी के द्रव्यमान का आधा है।
h दूरी गिरने में समय लगता है
$t' = \sqrt{\frac{2h}{g'}} = \sqrt{\frac{4h}{g}} = \sqrt{2}t$
$T' = 2\pi\sqrt{\frac{l}{g'}} = 2\pi\sqrt{\frac{2l}{g}} = \sqrt{2}T$
$\frac{t'}{T'} = \frac{\sqrt{2}t}{\sqrt{2}T} = \frac{2T}{T} = 2$
इसलिए, $t' = 2\,T'$

**44(B).** दिया है:
$r_A : r_B = 1 : 4$
हम जानते हैं कि:
उपग्रह का कक्षीय वेग इस प्रकार है,
$v_0 = \sqrt{\frac{GM}{r}}$
जहाँ $v_0 =$ कक्षीय गति, $G =$ गुरुत्वाकर्षण नियतांक, $M =$ ग्रह का द्रव्यमान, और $r =$ कक्षा की त्रिज्या
कक्षीय गति परिक्रमा उपग्रह के द्रव्यमान से स्वतंत्र है।
उपग्रह $A$ के लिए कक्षीय गति इस प्रकार है,
$v_{0A} = \sqrt{\frac{GM}{r_A}} \quad \ldots(1)$
उपग्रह $B$ के लिए कक्षीय गति इस प्रकार है,
$v_{0B} = \sqrt{\frac{GM}{r_B}} \quad \ldots(2)$
समीकरण (1) और समीकरण (2) से,
$\frac{v_{0A}}{v_{0B}} = \sqrt{\frac{r_B}{r_A}}$
$\Rightarrow \frac{v_{0A}}{v_{0B}} = \sqrt{\frac{4}{1}}$
$\Rightarrow \frac{v_{0A}}{v_{0B}} = \frac{2}{1}$

**45(A).** दिए गए प्रयोग में, एक संयुक्त तार को F बल द्वारा खींचा जाता है।
तार में नेट बढ़ाव = पीतल के तार में बढ़ाव + स्टील के तार में बढ़ाव... (i)
अब, अनुप्रस्थ काट (A) के एक तार का यंग गुणांक जब कुछ बल (F) लगाया जाता है,
$Y = \frac{FI}{A\Delta I}$
हमारे पास है,
$\Delta I =$ बढ़ाव $= \frac{FI}{AY}$
अत: संबंध (i) से हमें प्राप्त होता है
$\Delta I_{net} = \Delta I_{brass} + \Delta I_{steel}$
$\Rightarrow \Delta I_{net} = (\frac{FI}{AY})_{brass} + (\frac{FI}{AY})_{steel}$
चूंकि तार श्रृंखला में जुड़े हुए हैं और वे क्रॉस-सेक्शन के समान क्षेत्र, लंबाई और समान बल के अधीन हैं, इसलिए
$\Delta I_{net} = \frac{F}{A}\left(\frac{I}{Y_{brass}} + \frac{I}{Y_{steel}}\right)$
यहां,
$\Delta I_{net} = 0.2\,mm$
$= 0.2 \times 10^{-3}\,m$
�� $I = 1\,m$
$Y_{brass} = 60 \times 10^9 Nm^{-2}$
$Y_{steel} = 120 \times 10^9 Nm^{-2}$
मान को रखने पर, हमारे पास है
$0.2 \times 10^{-3} = \frac{F}{A}\left(\frac{1}{60\times10^9} + \frac{1}{120\times10^9}\right)$
$\Rightarrow$ stress $= \frac{F}{A} = 8 \times 10^6 Nm^{-2}$
इसलिए, सही विकल्प (A) है।

**46(A).** यहाँ, रेफ्रिजरेटर के अंदर का तापमान इस प्रकार दिया जाता है,

$T_1 = 9°C = 282K$
कमरे का तापमान इस प्रकार दिया जाता है,
$T_2 = 36°C = 309K$
निष्पादन गुणांक संबंध द्वारा दिया जा सकता है,
$COP = \frac{T_1}{(T_2 - T_1)}$
$\Rightarrow COP = \frac{282}{(309-282)}$
$\Rightarrow COP = 10.44$
स्पष्ट रूप से, उल्लिखित रेफ्रिजरेटर के निष्पादन का गुणांक 10.44 है।

**47(C).** किसी गैस के आइसोथर्मल प्रसार में किया गया कार्य तापमान और प्रसार अनुपात दोनों पर निर्भर करता है।
एक आइसोथर्मल प्रक्रम में किया गया कार्य किसके द्वारा दिया जाता है:
$W = nRT \ln\left(\frac{V_1}{V_0}\right) \Rightarrow W \propto T, \ln\left(\frac{V_1}{V_0}\right)$
$V_1$ और $V_0$ क्रमशः अंतिम और प्रारंभिक खंड हैं, इस प्रकार यह विस्तार के दौरान मात्रा में परिवर्तन का प्रतिनिधित्व करता है। इसलिए, गैस के आइसोथर्मल परिवर्तन में किया गया कार्य तापमान और आयतन विस्तार अनुपात दोनों पर निर्भर करता है।

**48(B).** दिया है,
स्थिर आयतन पर गैस की मोलर ताप क्षमता $C_V = 8 \text{cal/mol} - K$,
गैस स्थिरांक $R = 4 \text{cal/mol} - K$
एक आदर्श गैस के लिए,
$\Rightarrow C_p - C_V = R$ (मेयर का समीकरण)
$\Rightarrow C_p = C_V + R = (8 + 4) = 12 \text{cal/mol} - K$
दो प्रमुख विशिष्ट ऊष्मा के अनुपात को $\gamma$ द्वारा दर्शाया जाता है।
$\Rightarrow \gamma = \frac{C_p}{C_v}$
$\Rightarrow \gamma = \frac{12}{8} = 1.5$
अत: सही विकल्प (B) है।

**49(B).** दिया हुआ:
तरंग का समीकरण, $y = a\sin(\omega t - kx)$ ......(i)
चूँकि उपरोक्त तरंग समीकरण में गुणांक $x$ नकारात्मक है, यह बताता है कि तरंग एक सकारात्मक $x$ दिशा में यात्रा कर रही है। दूसरी लहर को नोड बनाने के लिए विपरीत दिशा में यात्रा करनी चाहिए।
नकारात्मक दिशा में यात्रा करने वाली तरंगों के दो संभावित समीकरण बताएं
$y_1 = a\sin(\omega t + kx)$ ......(ii)
तथा
$y_2 = -a\sin(\omega t + kx)$ .......(iii)
$\sin(A + B) + \sin(A - B) = 2\sin A\cos B$
यदि तरंगें (i) और (ii) अध्यारोपण होती हैं, तो शुद्ध विस्थापन होता है
$y_3 = (y + y_1) = 2a\sin(\omega t)\cos(kx)$
उसी प्रकार,
$\sin(A - B) - \sin(A + B) = -2\sin B\cos A$
इसलिए, यदि लहरें (i) और (iii) एक दूसरे परअध्यारोपित है तो शुद्ध विस्थापन है
$y_3 = (y + y_2) = -2a\sin(kx)\cos(\omega t)$
नोड पर, विस्थापन $y_3 = 0$ तो
$y_3 = 0 = -2a\sin(kx)\cos(\omega t)$
$\Rightarrow \sin(kx) = 0$
$\Rightarrow x = 0$
इसलिए, समीकरण (iii) एक नोड की संपत्ति को संतुष्ट करता है $x = 0$.
तो, अज्ञात तरंग का समीकरण है
$y = -a\sin(\omega t + kx)$
अत: विकल्प (B) सही है I

**50(C).** दिया गया है:
$\theta = 60°, E = 10^5 NC^{-1}, T = 8\sqrt{3}Nm$
विद्युत क्षेत्र की तीव्रता $= E = [\frac{T}{(P\sin\theta)}]$
जहाँ P द्विध्रुव आघूर्ण है
$\therefore 10^5 = [\frac{(8\sqrt{3})}{(P\sin 60°)}]$
$\therefore P = \left[\frac{(8\sqrt{3})}{\left\{(\sqrt{3}/2)\times 10^5\right\}}\right] = 16 \times 10^{-5} c - m$
जैसा $P = q \cdot (2\ell)$
यहाँ $2\ell =$ द्विध्रुव की लंबाई $= 2 \times 10^{-2}$ m
$\therefore q = (\frac{P}{2\ell})$
$= \left[\frac{(16\times 10^{-5})}{(2\times 10^{-2})}\right] = 8 \times 10^{-3} c$

**51(C).** वायु संधारित्र की क्षमता
$C_0 = \frac{\varepsilon_0 A}{d} = 6\mu F$ ....................(i)
जब परावैद्युत $\varepsilon_r$ और परावैद्युतांक K का परावैद्युत प्लेटों के बीच प्रविष्ट कराया जाता है, तब
धारिता, $C = \frac{K\varepsilon_0 A}{d} = 30\mu F$ ...............(ii)
समीकरण (ii) को (i) से विभाजित करने पर, हम पाते हैं
$\frac{C}{C_0} = \frac{\frac{K\varepsilon_0 A}{d}}{\frac{\varepsilon_0 A}{d}} = \frac{30}{6}$
$\Rightarrow K = 5$
$\therefore$ माध्यम का परावैद्युतांक $= \varepsilon_0 K$
$= 8.85 \times 10^{-12} \times 5 = 0.44 \times 10^{-10} C^2 N^{-1} m^{-2}$

**52(D).**

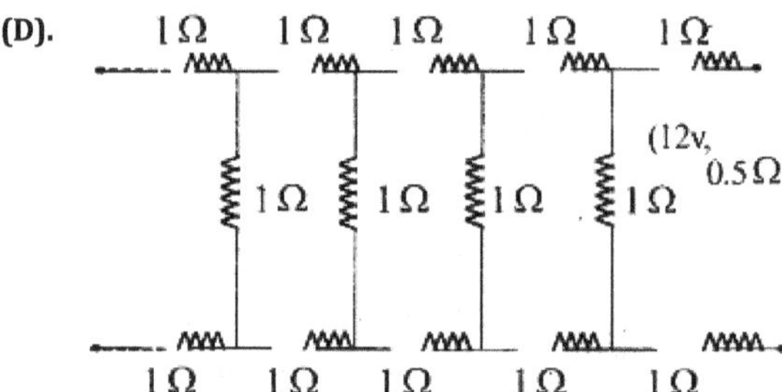


माना प्रतिरोध पूरे नेटवर्क X के समान है, क्योंकि नेटवर्क अनंत है, प्रत्येक मान के तीन प्रतिरोधों में से एक और सेट को जोड़ रहा है। R= 1Ω पूरे टर्मिनलों पर कुल प्रतिरोध को प्रभावित नहीं करेगा अर्थात्, यह अभी भी X के समान रहना चाहिए। इसलिए, तीन प्रतिरोधों के एक सेट को जोड़ने पर नेटवर्क दिखाया गया है।

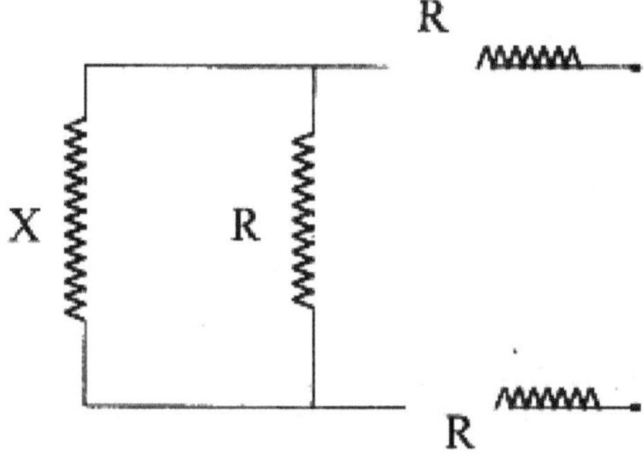


यदि R इस नए नेटवर्क के समान प्रतिरोध है, तो = R + (X और R के समानांतर संयोजन के बराबर प्रतिरोध) + R होगा।
$= R + \frac{XR}{X+R} + R$
$= 2R + \frac{XR}{X+R}$
जैसा कि ऊपर कहा गया है, ऐसे तीन प्रतिरोधों के एक सेट के अतिरिक्त को अनंत नेटवर्क के कुल प्रतिरोध को बदलना नहीं चाहिए।
$\therefore R' = X$
या $2R + \frac{XR}{X+R} = X$
चूँकि $R = 1\Omega$, हमारे पास है,

$2\times1+\frac{X\times1}{X+1}=X$
या $2+\frac{X}{X+1}=X$
या $X^2-2X-2=0$
या $X=\frac{-(-2)\pm\sqrt{(-2)^2-4\times1\times(-2)}}{2}$
$X=1\pm\sqrt{3}$
चूंकि प्रतिरोध का मान ऋणात्मक नहीं हो सकता है,
हमारे पास है,
$X=1+\sqrt{3}=2.732\Omega$
$E=12V; r=0.5\Omega$
यदि $I$ नेटवर्क द्वारा धारा खींची जाती है, तो
$\mathrm{I}=\frac{\mathrm{E}}{\mathrm{X+r}}=\frac{12}{2.732+0.5}=3.713\mathring{A}$

**53(D).** चुंबकीय क्षेत्र उत्तरी ध्रुव से दक्षिणी ध्रुव की ओर निकलता है और इसकी केवल एक दिशा होती है, इस प्रकार कोई भी दो क्षेत्र रेखाएँ ओवरलैप नहीं होती हैं।लाल इन्सुलेशन वाला तार आमतौर पर विद्युत आपूर्ति का लाइव तार होता है। पुरानी परंपरा में, लाल तार लाइव तार है, काला तार तटस्थ है और अर्थ तार को हरा इन्सुलेशन दिया जाता है। इसलिए, सभी कथन गलत हैं।

**54(B).** चुंबकीय क्षेत्र रेखा एक ऐसी काल्पनिक रेखा है जो किसी भी बिंदु पर उसकी स्पर्शरिखा स्थान में उस बिंदु पर चुंबकीय क्षेत्र की दिशा देती है ।
- चुंबकीय क्षेत्र का प्रतिनिधित्व करने के लिए चुंबकीय क्षेत्र रेखाएं खींची जाती हैं।
- चुंबकीय कंपास की सहायता से चुंबकीय क्षेत्र रेखाएं खींची जा सकती हैं।
- चुंबकीय क्षेत्र रेखाओं को बल की चुंबकीय रेखाएं भी कहा जाता है।

**55(A).** फैराडे के इलेक्ट्रोमैग्नेटिक इंडक्शन के नियम के अनुसार, जब भी यह चुंबकीय प्रवाह को काटता है, तो एक कंडक्टर में एक emf प्रेरित होता है।
जब किसी कुंडली के माध्यम से चुंबकीय क्षेत्र में परिवर्तन होता है, तब कुंडली से गुजरने वाले चुंबकीय क्षेत्रों की संख्या में परिवर्तन होता है, और इसलिए कुंडली में विद्युत वाहक बल प्रेरित होता है। चूंकि कुंडली का तल चुंबकीय क्षेत्र के समानांतर है इसलिए क्षेत्रफल और चुंबकीय क्षेत्र के बीच का कोण 90° है।
हम जानते हैं कि कुंडली से जुड़ा चुंबकीय अभिवाह इस प्रकार है,
$\phi=\mathrm{B.A.}\cos\theta$
$\Rightarrow\phi=\mathrm{B.A.}\cos90$
$\Rightarrow\phi=0$ वेबर
तो इस मामले में कुंडली का अभिविन्यास चुंबकीय क्षेत्र के समानांतर है इसलिए यहां चुंबकीय क्षेत्र का मान जो भी हो, कुंडली से जुड़ा चुंबकीय अभिवाह शून्य रहेगा। चूंकि इस मामले में कुंडली से जुड़ा चुंबकीय अभिवाह नहीं बदल रहा है इसलिए न तो emf और न ही धारा कुंडली में प्रेरित होगी।

**56(C).** विद्युत चुम्बकीय तरंग में ऊर्जा को विद्युत और चुंबकीय क्षेत्रों में बांधा जाता है। सामान्य तौर पर, विद्युत क्षेत्र में प्रति इकाई आयतन की ऊर्जा द्वारा दी जाती है:
विद्युत क्षेत्र में ऊर्जा घनत्व $=\frac{1}{2}\epsilon_0E^2$
एक चुंबकीय क्षेत्र में, प्रति इकाई आयतन ऊर्जा है:
चुंबकीय क्षेत्र में ऊर्जा घनत्व $=\frac{1}{2}\frac{B^2}{\mu_0}$
एक विद्युत चुम्बकीय तरंग में विद्युत और चुंबकीय दोनों क्षेत्र होते हैं, इसलिए एक विद्युत चुम्बकीय तरंग से जुड़ा कुल ऊर्जा घनत्व है
$u=\frac{1}{2}\epsilon_0E^2+\frac{1}{2}\frac{B^2}{\mu_0}$
यह पता चला है कि एक विद्युत चुम्बकीय तरंग के लिए, विद्युत क्षेत्र से जुड़ी ऊर्जा चुंबकीय क्षेत्र से जुड़ी ऊर्जा के बराबर है, इसलिए ऊर्जा घनत्व को सिर्फ एक या दूसरे के संदर्भ में लिखा जा सकता है:
$u=\frac{1}{2}\epsilon_0E^2=\frac{1}{2}\frac{B^2}{\mu_0}$
इसका तात्पर्य यह भी है कि विद्युत चुम्बकीय तरंग में, $E=cB$.

**57(D).** उत्तल दर्पण वह दर्पण होता है जिसकी परावर्तक सतह वक्रता के केंद्र से दूर होती है।

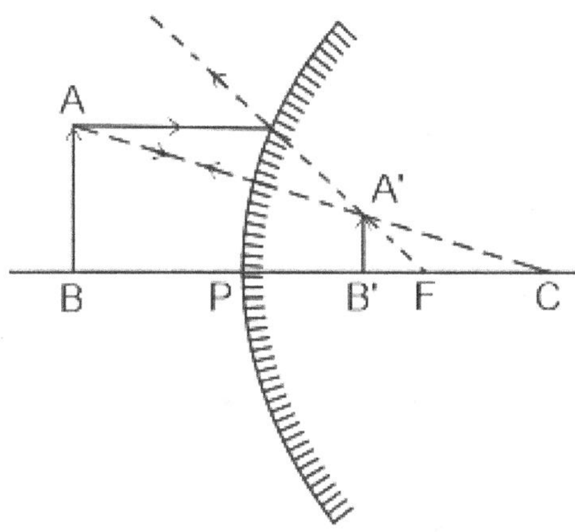


उत्तल दर्पण का फोकस दर्पण के पीछे होता है। जब वस्तु अनंत और दर्पण के ध्रुव के बीच होती है, तब निर्मित प्रतिबिंब दर्पण के फोकस और ध्रुव के बीच और दर्पण के पीछे होता है। उत्तल दर्पण द्वारा बनाया गया प्रतिबिम्ब आभासी और सीधा होता है। उत्तल दर्पण हमेशा वस्तु से छोटे आकार का प्रतिबिम्ब बनाता है।

**58(A).** दूरी $d$ द्वारा अलग किए गए दो लेंसों की समतुल्य फोकल लंबाई ($F$) द्वारा दी गई है
$\frac{1}{F}=\frac{1}{f_1}+\frac{1}{f_2}-\frac{d}{f_1f_2}$
$=\frac{1}{0.2}+\frac{1}{0.2}-\frac{0.5}{(0.2)(0.2)}$
$=5+5-0.5\times5\times5$
$=10-12.5$
$=-2.5$
$\therefore F=-\frac{1}{2.5}=-0.4\,\mathrm{m}$

**59(D).** $\lambda_1$ तरंग दैर्ध्य के फोटॉन की ऊर्जा
गतिज ऊर्जा $=\frac{hc}{\lambda}$
पहली स्थिति में:
$\Delta E_1=-2E-(-E)=\frac{hc}{\lambda_1}$
$\frac{hc}{\lambda_1}=-E\ldots$ समीकरण (i)
द्वितीय स्थिति में:
तरंग दैर्ध्य के फोटॉन की ऊर्जा $\lambda_2$
$\Delta E_2=-\frac{4}{3}E-(-E)=\frac{hc}{\lambda_2}\ldots$ समीकरण (ii)
समीकरण (i) और (ii) से
$\frac{-E}{3}=\frac{hc}{\lambda_2}$
$\frac{\frac{hc}{\lambda_2}}{\frac{hc}{\lambda_1}}=\frac{-\frac{E}{3}}{-E}\Rightarrow\frac{\lambda_1}{\lambda_2}=\frac{1}{3}$

**60(A).** दिया गया,
यह दिया गया है कि साइनसोइडल वाहक आवृत्ति को $\omega_c$ द्वारा निरूपित किया जाता है, और संकेत आवृत्ति को $\omega_m$ दर्शाया जाता है।
हमें उन आवृत्तियों को ज्ञात करना है जो मॉडुलित तरंग में निहित नहीं हैं।
अब उपयोग की जाने वाली अवधारणा,
जब संदेश संकेत के अनुसार वाहक तरंग की आवृत्ति में परिवर्तन किया जाता है, तो प्रक्रिया को आवृत्ति मॉडुलन कहा जाता है।
फिर वह आवृत्ति ज्ञात कीजिए जो मॉडुलित तरंग में निहित नहीं है।
उपरोक्त चित्र मॉडुलित तरंग के आवृत्ति स्पेक्ट्रम को दर्शाता है।

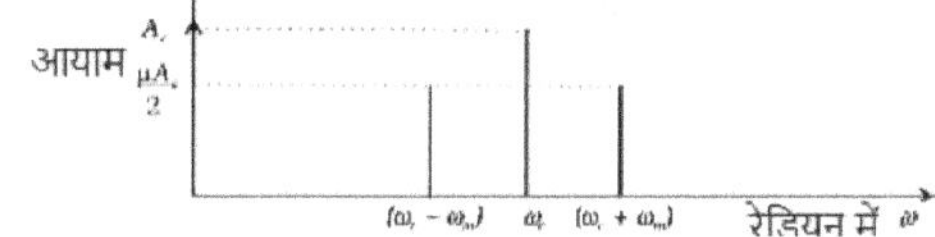

जैसा कि हम जानते हैं,
USB (ऊपरी पार्श्व पट्टी) - USF (ऊपरी पार्श्व आवृत्ति) $= \omega_c \pm \omega_m$
यहां,
$\omega_c =$ वाहक तरंग की आवृत्ति
$\omega_m =$ ऑडियो सिग्नल की आवृत्ति
तो, संशोधित सिग्नल में आवृत्ति $\omega_c$ प्लस टू की वाहक तरंग होती है साइनसोइडल तरंगें प्रत्येक आवृत्ति के साथ कुछ अलग होती हैं, जिन्हें साइड बैंड कहा जाता है।
उपरोक्त आयाम मॉडुलित सिग्नल के आवृत्ति स्पेक्ट्रम को दर्शाता है।
तो, आवृत्ति जो बीच में प्रसारित होती है $\omega_c - \omega_m$ और $\omega_c + \omega_m$ ।
इसलिए, $\omega_m$ स्पेक्ट्रम में शामिल नहीं है क्योंकि $\omega_m$ का आयाम बहुत छोटा है इसलिए इसे सीधे लंबी दूरी पर प्रसारित नहीं किया जा सकता है. मॉड्यूलेशन तकनीकों का उपयोग करने के पीछे यह प्रमुख कारण है इसलिए $\omega_m$ मॉड्यूटेड तरंग में शामिल नहीं है।

**61(B).** डी ब्रोगली इलेक्ट्रॉन की तरंग दैर्ध्य $(\lambda_e) = \frac{(12.27)}{\sqrt{v}} \mathring{A}$
$v =$ त्वरित वोल्टेज
$\lambda_e = \frac{12.27}{\sqrt{10000}} \times 10^{-10} m$
$\lambda_e = 12.2 \times 10^{-12} m$

**62(C).** बोह्र के मॉडल के अनुसार एक परमाणु में इलेक्ट्रॉन की गतिज ऊर्जा, स्थितिज ऊर्जा और कुल ऊर्जा के बीच संबंध को निम्न रूप में ज्ञात किया जा सकता है:
$K.E = |T.E| = \frac{|U|}{2}$
जहाँ गतिज ऊर्जा $= K.E$
स्थितिज ऊर्जा $= P.E = U$
कुल ऊर्जा $= K.E + U = T.E$
दिया गया है कि,
कक्षा में इलेक्ट्रॉन की कुल ऊर्जा $= -3.4eV$
इसलिए हाइड्रोजन परमाणु के बोह्र के मॉडल के अनुसार $K.E = |T.E|$
$\Rightarrow \therefore K.E = 3.4eV$
और स्थितिज ऊर्जा $U = 2T.E = -3.4 \times 2 = -6.8eV$

**63(B).** दिया गया,
हाइड्रोजन परमाणु के लिए,
$Z = 1$
$r_4 = a_0 \times 4^2, r_3 = a_0 \times 3^2$
$r_9 = a_0 \times 9^2, r_8 = a_0 \times 8^2$
परमाणुओं या आयनों की तरह हाइड्रोजन की कक्षा $n^{th}$ की त्रिज्या दी जाती है,
$r_n = a_0 \frac{n^2}{Z}$
जहां $a_0$ हाइड्रोजन की पहली कक्षा की त्रिज्या है और $Z$ परमाणु या आयन की परमाणु संख्या है।
प्रश्न के अनुसार,
$\frac{r_4 - r_3}{r_9 - r_8} = \frac{a_0 \times 4^2 - a_0 \times 3^2}{a_0 \times 9^2 - a_0 \times 8^2}$
$= \frac{16-9}{81-64}$
$= 0.41$

**64(A).** दिया गया,
एक परमाणु में एक इलेक्ट्रॉन इस तरह से उछलता है कि उसकी गतिज ऊर्जा $x$ से $\frac{x}{4}$ में बदल जाती है।
गतिज ऊर्जा में परिवर्तन $= K.E._f - K.E._i$
$= \frac{x}{4} - x$
$= \frac{-3x}{4}$
जैसा कि हम जानते हैं,
गतिज ऊर्जा में परिवर्तन = – स्थितिज ऊर्जा में परिवर्तन/2
स्थितिज ऊर्जा में बदलाव,
$= -2\left(\frac{-3x}{4}\right)$
$= \frac{3x}{2}$

**65(C).** अर्धचालकों का तापमान गुणांक ऋणात्मक होता है। इसका कारण यह है कि जब तापमान में वृद्धि होती है, तो सहसंयोजक बंधों के टूटने के कारण बड़ी संख्या में आवेश वाहक उत्पन्न होते हैं और इसलिए ये इलेक्ट्रॉन स्वतंत्र रूप से चलते हैं और चालकता को जन्म देते हैं।

**66(C).** इन्सुलेटर में ऊर्जा बैंड गैप अधिकतम होता है। इससे इलेक्ट्रॉनों के लिए चालन बैंड में जाना मुश्किल हो जाता है। यह धातुओं और सुपरकंडक्टर्स के विपरीत है, जिसमें न्यूनतम ऊर्जा बैंड गैप होते हैं जो इलेक्ट्रॉनों की गति को सुविधाजनक बनाते हैं।

**67(B).** एक आयनिक यौगिक में धनायन और ऋणायन का मोल अनुपात 1 : 2 है अर्थात एक आयनिक ठोस के अनुभवजन्य सूत्र में 1 मोल धनायन और 2 मोल आयन होता है। अनुभवजन्य सूत्र एक अणु में परमाणुओं के न्यूनतम पूर्ण संख्या अनुपात का प्रतिनिधित्व करता है। आणविक सूत्र को एक अणु में मौजूद परमाणुओं की संख्या के प्रतिनिधित्व के रूप में परिभाषित किया गया है। धातु इलेक्ट्रॉन दान करके धनायन बनाती है और अधातु एक इलेक्ट्रॉन ग्रहण करके ऋणायन बनाती है।
तो, यौगिक का अनुभवजन्य सूत्र द्रव्यमान $= 1\times$ धातु का परमाणु द्रव्यमान $+2\times$ गैर – धातु का परमाणु द्रव्यमान
$= 1 \times 138 + 2 \times 19$
$= 176$
तो, यौगिक का अनुभवजन्य सूत्र द्रव्यमान $= 1\times$ धातु का परमाणु द्रव्यमान $+2\times$ गैर – धातु का परमाणु द्रव्यमान

**68(A).** 2pz ऑर्बिटल में इलेक्ट्रॉन का चक्रण $2p_x$ या 2py के समान इलेक्ट्रॉन होना चाहिए।
स्थिरीकरण प्रभाव तब उत्पन्न होता है जब एक ही चक्रण वाले दो या दो से अधिक इलेक्ट्रॉन उपकोश के पतित कक्षकों में मौजूद होते हैं। इन इलेक्ट्रॉनों में अपनी स्थिति का आदान-प्रदान करने की प्रवृत्ति होती है और इस विनिमय के कारण निकलने वाली ऊर्जा को विनिमय ऊर्जा कहा जाता है।

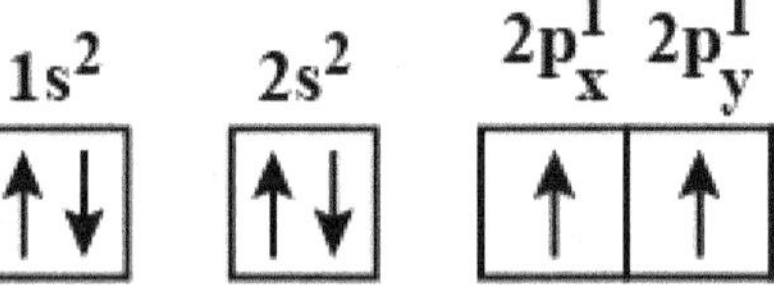


**69(B).** नील्स बोह्र ने 1913 में परमाणुओं में ऊर्जा स्तरों के परिमाणीकरण के सिद्धांत का प्रस्ताव रखा था।

**70(A).** ऑक्सीजन और सल्फर दोनों ही p- ब्लॉक से संबंधित हैं।
आवर्त सारणी में सल्फर सीधे ऑक्सीजन से नीचे है, इन तत्वों में समान इलेक्ट्रॉन विन्यास हैं।
$O(8) = 1s^2 2s^2 2p^4$
$S(16) = 1s^2 2s^2 2p^6 3s^2 3p^4$
सल्फर कई यौगिक बनाता है जो ऑक्सीजन यौगिकों के अनुरूप होते हैं। इसलिए, ऑक्सीजन और सल्फर को एक ही समूह में रखा जाता है, इसका कारण बाहरी कोश के इलेक्ट्रॉनों की एक समान संख्या है।

**71(D).** वैद्युतीयऋणात्मकता : एक रासायनिक यौगिक में एक परमाणु के क्षमता का एक गुणात्मक उपाय साझा को आकर्षित करने के लिए इलेक्ट्रॉनों ही कहा जाता है वैद्युतीयऋणात्मकता । यह एक परमाणु की गुणधर्म है जो एक बंधन के इलेक्ट्रॉनों को आकर्षित करने की अपनी प्रवृत्ति के साथ बढ़ता है।
उदाहरण: F, Cl, Br, S, O आदि
किसी भी अवधि में बाएं से दाएं जाने पर, विद्युतीयता बढ़ जाती है।
किसी भी समूह में ऊपर से नीचे की ओर बढ़ने पर , विद्युतीयता कम हो जाती है।

| | | | | F 4.0 |
|---|---|---|---|---|
| Na 0.9 | Mg 1.2 | Al 1.5 | S 2.5 | Cl 3.0 |

तो, Cl दिए गए तत्वों में सबसे अधिक विद्युतीय तत्व है।

**72(C).** अक्रिय युग्म मे लेड अपने दो 6p इलेक्ट्रॉनों को खो देता है, लेकिन 6s

इलेक्ट्रॉन अपरिवर्तित रहते है। यह इंगित करता है कि टिन की तुलना में p इलेक्ट्रॉनों को लेड से निकालना अधिक कठिन है।
अक्रिय युग्म प्रभाव अतिरिक्त स्थिरता अवधारणा के अलावा कुछ भी नहीं है। आम तौर पर पी-ब्लॉक तत्व 3A, 4A, 5A, 6A, आदि से संबंधित है, परिवर्तनीय वैधता दिखाते हैं। उदाहरण के लिए, समूह 4A का Sn तत्व +4 और +2 ऑक्सीकरण अवस्था दिखाता है।

**73(D).** मैग्नीशियम एक क्षारीय पृथ्वी धातु है और $Mg^{2+}$ आयन बनाता है।
$1s^2 2s^2 2p^3$ के ग्राउंड स्टेट इलेक्ट्रॉनिक कॉन्फ़िगरेशन वाला तत्व $X^{-3}$ आयन बनेगा।
जब $3Mg^{2+}$ आयन, $2X^{-3}$ आयनों से मिलकर $Mg_3X_2$ तब धनायन और ऋणायन पर आवेश संतुलित होंगे।

**74(A).** स्थिर आयतन पर अभिक्रियाओं से जुड़ा ऊष्मा परिवर्तन अभिकारकों और उत्पादों की आंतरिक ऊर्जा में अंतर के कारण होता है।
ऊष्मप्रवैगिकी का पहला नियम बताता है कि $\Delta Q = \Delta U + \Delta W$
स्थिर V, $\Delta W = 0$ पर
इसलिए, $\Delta Q = \Delta U$
इसलिए स्थिर आयतन पर, प्रणाली की आंतरिक ऊर्जा में परिवर्तन के कारण ऊष्मा परिवर्तन होता है।

**75(C).** आंतरिक ऊर्जा एक मात्रा है जो प्रणाली की कुल ऊर्जा का प्रतिनिधित्व करती है।
एक प्रणाली या अच्छी तरह से परिभाषित सीमाओं के साथ एक शरीर की आंतरिक ऊर्जा $U$ अणुओं की गति और कंपन गति से जुड़ी संभावित ऊर्जा और अणुओं के भीतर परमाणुओं की विद्युत ऊर्जा के कारण गतिज ऊर्जा का कुल योग है। आंतरिक ऊर्जा में सभी रासायनिक बंधों की ऊर्जा भी शामिल होती है। सूक्ष्म दृष्टि से आंतरिक ऊर्जा कई अलग-अलग रूपों में व्यक्तिगत अणुओं के बीच किसी भी सामग्री या प्रतिकर्षण के लिए पाई जा सकती है।

**76(A).** नीचे दिए गए संबंध द्वारा:
$pOH = pK_b + \log$ [लवण] / [क्षार]
जब [लवण] = [ क्षार ]
और, $\log 1 = 0$
इसलिए, $pOH = pK_b = 4.75$
इसलिए, $pH = 14 - 4.75 = 9.25$.

**77(C).** यहाँ, वियोजन स्थिरांक $1.9 \times 10^{17}$ के साथ $K_3[Fe(CN)_6]$, वियोजन स्थिरांक $2.6 \times 10^{37}$ के साथ $K_4[Fe(CN)_6]$ की तुलना में अधिक स्थायी है। वियोजन स्थिरांक जितना अधिक होगा, संकुल का स्थायित्व उतना ही कम होगा। इसलिए B , A की तुलना में अधिक स्थायी है।

**78(A).** दिया गया,
$M_1 = 0.2$ M
$M_2 = 0.1$ M
$V_1 = 20$ mL
$V_2 = 35$ mL
$V_f = 100$ mL
$M_{NaOH}$ (परिणामी) $= \frac{M_1 \times V_1 + M_2 \times V_2}{V_f}$
$= \frac{20 \times 0.2 + 35 \times 0.1}{100}$
$= 0.075M$
NaOH के मिली-समतुल्य = $H_2C_2O_4$ के मिली-समतुल्य
माना अशुद्ध नमूने का भार $x$ है।
$\Rightarrow 40 \times 0.075 = \frac{x \times 0.90}{90} \times 2 \times 1000$
$\Rightarrow x = 0.15$ g

**79(A).** संतुलन रासायनिक समीकरण है:
$2MnO_4^- + 6H^+ + 5SO_3^- \longrightarrow 2Mn^{++} + 5SO_4^- + 3H_2O$
समीकरण से यह स्पष्ट है कि
$MnO_4^-$ के मोल को $SO_3^-$ के 5 मोल को ऑक्सीकरण करने के लिए 2 आवश्यक है
$MnO_4^-$ के मोल को $SO_3^-$ के 1 मोल को ऑक्सीकरण करने के लिए $\frac{2}{5}$ आवश्यक है

**80(A).** $K_2Cr_2O_7 + 6FeSO_4 + 7H_2SO_4 \rightarrow K_2SO_4 + Cr_2(SO_4)_3 + 3Fe_2(SO_4)_3 + 7H_2O$
$K_2Cr_2O_7$ के लिए, $M = 0.1M, n_1 = 1, V_1 = ?$
$FeSO_4$ के लिए, $M = 0.5M, n_2 = 6, V_2 = 35ml$
$\frac{M_1 V_1}{n_1} = \frac{M_2 V_2}{n_2}$
$\Rightarrow \frac{0.1 \times V_1}{1} = \frac{0.5 \times 35}{6}$
$\Rightarrow V_1 = 29.2ml$

**81(C).** फास्फोरस पर्याप्त इलेक्ट्रोनगेटिविटी नहीं है। $H_3PO_4$ के एक मजबूत अम्ल होने के लिए एक प्रोटान को आसानी से गिरने वाला होना चाहिए। $P$ के सापेक्ष $N$ के उच्च इलेक्ट्रोनगेटिविटी के साथ, अतिरिक्त ऑक्सीजन $HNO_3$ को एक मजबूत अम्ल बनाता है, जबकि इसके अभाव में $H_3PO_4$ कमजोर होता है।
$H_3PO_4 + 4N_2 \rightarrow PH_3 + 4N_2O$
फॉस्फोरिक अम्ल + डाइनाइट्रोजन → फॉस्फाइन + नाइट्रस आक्साइड

**82(C).** प्रतिक्रियाशीलता श्रृंखला घटती अभिक्रियाओं के क्रम में एक ऊर्ध्वाधर स्तंभ में ऑक्सीजन के साथ धातुओं की व्यवस्था है।

- धातु A नमक के घोल से सबसे कम प्रतिक्रियाशील धातु B को विस्थापित करने में सक्षम है क्योंकि धातु A धातु B की तुलना में अधिक प्रतिक्रियाशील है।
- लेकिन धातु A, धातु C को लवण के विलयन से विस्थापित नहीं कर पाता है क्योंकि धातु C, धातु A से अधिक अभिक्रियाशील है।
- धातु B नमक के घोल से सबसे कम प्रतिक्रियाशील धातु D को विस्थापित करने में सक्षम है क्योंकि धातु B धातु D की तुलना में अधिक प्रतिक्रियाशील है।
- इसलिए, उपरोक्त चर्चा से, हम कह सकते हैं कि धातु C अधिक प्रतिक्रियाशील है, उसके बाद धातु A, धातु B और धातु D है।

इस प्रकार, सही उत्तर C > A > B > D है।

**83(A).** जब अम्लीय जल में विद्युत धारा प्रवाहित की जाती है, तो यह विद्युत अपघटन नामक एक अभिक्रिया उत्पन्न करता है।
जब इलेक्ट्रोड को पानी में डुबोया जाता है और बिजली प्रवाहित की जाती है, तो नेगेटिव टर्मिनल पर बनने वाले बुलबुले वास्तव में हाइड्रोजन गैस होते हैं और ऑक्सीकरण प्रक्रिया में मुक्त इलेक्ट्रॉन नकारात्मक इलेक्ट्रोड पर जमा हो जाते हैं।
एनोड (धनात्मक इलेक्ट्रॉन) पर ऑक्सीजन गैस $(O_2)$ बनती है जो बैटरी के धनात्मक टर्मिनल से जुड़ी होती है।

**84(B).** वैलेंस शेल इलेक्ट्रॉन युग्म प्रतिकर्षण सिद्धांत रासायनिक गतिकी से संबंधित नहीं है।
वैलेंस शेल इलेक्ट्रॉन युग्म प्रतिकर्षण सिद्धांत (वीएसईपीआर) सिद्धांत एक मॉडल है जिसका उपयोग रसायन विज्ञान में उनके केंद्रीय परमाणुओं के आसपास के इलेक्ट्रॉन जोड़े की संख्या से व्यक्तिगत अणुओं की ज्यामिति की भविष्यवाणी करने के लिए किया जाता है। वीएसईपीआर सिद्धांत का उपयोग अणु के केंद्रीय परमाणुओं को घेरने वाले इलेक्ट्रॉन जोड़े से अणुओं के आकार का अनुमान लगाने के लिए किया जाता है।

**85(B).** शून्य-क्रम अभिक्रिया एक रासायनिक अभिक्रिया है जिसमें अभिकारकों की सांद्रता में वृद्धि या कमी के साथ दर में परिवर्तन नहीं होता है। इसलिए, इन अभिक्रियाओं की दर हमेशा विशिष्ट अभिक्रियाओं की दर स्थिरांक के बराबर होती है (क्योंकि इन अभिक्रियाओं की दर अभिकारकों की एकाग्रता की शून्य शक्ति के समानुपाती होती है)।
शून्य कोटि की अभिक्रिया का अवकल रूप इस प्रकार लिखा जा सकता है:
दर $= \frac{dA}{dt} = k[A]^0 = k$
जहां 'दर' अभिक्रिया की दर को संदर्भित करता है और ' $k$ ' अभिक्रिया की स्थिर दर है।

**86(C).** धातु आयन पर जितना अधिक आवेश होता है, आयनिक आकार उतना ही छोटा होता है और जटिल बनाने की क्षमता अधिक होती है। इस प्रकार, जटिल गठन की डिग्री क्रम में घट जाती है।
$M^{4+} > MO_2^{2+} > M^{3+} > MO_2^+$
M की तुलना में $MO_2^{2+}$ के जटिल गठन की उच्च प्रवृत्ति $MO_2^{2+}$ में धातु परमाणु $M^{3+}$ पर आवेश की उच्च सांद्रता के कारण होती है।

**87(B).** संक्रमण तत्वों की विशेषता आंशिक रूप से भरे ( $n-1)d$ उपकोश से होती है।
$Zn, Cd$ और $Hg$ को संक्रमण तत्व के रूप में नहीं माना जाता है क्योंकि वे पूरी तरह से $(n-1)d$ उपकोश को भरे होते हैं।
जिंक का इलेक्ट्रानिक विन्यास $[Ar]\ 3d^{10}4s^2$ है।
कैडमियम का इलेक्ट्रॉनिक विन्यास $[Kr]\ 4d^{10}5s^2$ है।
पारा का इलेक्ट्रॉनिक विन्यास $[Xe]\ 5d^{10}6s^2$ है।

**88(D).** EDTA का उपयोग $Ca^{2+}$ और $Mg^{2+}$ आयनों के आकलन के लिए किया जाता है। EDTA का पूर्ण रूप एथिलीन डायमाइन टेट्राएसिटिक एसिड है जो अमीन का एक पॉलीकारबॉक्सिलिक एसिड है और इसका रासायनिक सूत्र $[CH_2N(CH_2CO_2H)_2]_2$ है। यह एक सफेद ठोस है जो पानी में घुलनशील है और लोहे, मैग्नीशियम और कैल्शियम आयनों को बांधने के लिए व्यापक रूप से उपयोग किया जाता है। उन स्थितियों में जहां घोल का pH 9 से अधिक है, यह क्षारीय पृथ्वी धातु आयनों जैसे $Ca^{2+}$ और $Mg^{2+}$ के साथ स्थिर परिसरों का निर्माण करता है। इस अम्लीय अभिकर्मक का उपयोग आमतौर पर पानी के नमूने में घुले हुए $Ca^{2+}$ और $Mg^{2+}$ आयनों की कुल मात्रा को मापने के लिए किया जाता है। एक पानी के नमूने की कठोरता का अनुमान EDTA के एक मानक समाधान के साथ अनुमापन करके लगाया जाता है।

**89(C).** सूत्र लगाने पर,
सभी परमाणुओं की कुल ऑक्सीकरण अवस्था का योग = यौगिक पर कुल आवेश
(C) $Fe(CO)_5$ के लिए
$x+0=0$
$x=0$
(A) $[Fe(H_2O)_6]Cl_3$ के लिए
$x+6(0)+3(-1)=0$
$x=+3$
(B) $K_4[Fe(CN)_6]$ के लिए
$4+6(-1)+x=0$
$x-2=0$
$x=+2$
(D) $[Fe(H_2O)_6]Cl_2$ के लिए
$x+6(0)-2=0$
$x=+2$

**90(D).** दिया गया है:

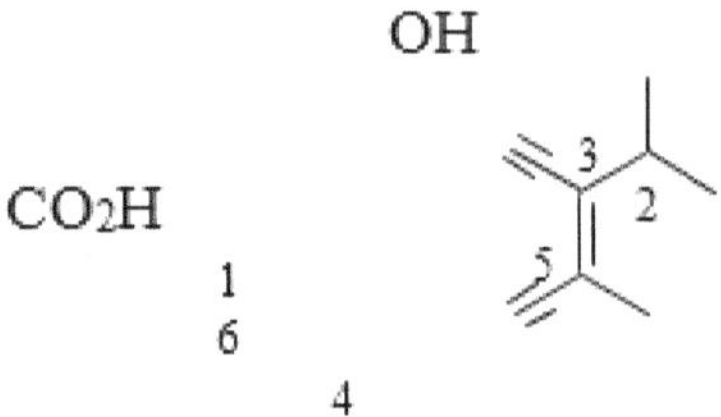


3-एथैनाइल-2-हाइड्रोक्सी-4-मिथाइलहेक्स-3-ईन-5-आइनोइक एसिड

**91(C).** दिया गया है:

CHO
H—|—OH
H—|—OH
CH₂–OH
D-Erythrose

इसलिए,

| | | | |
|---|---|---|---|
| यौगिक P | CHO<br>H—\|—OH<br>H—\|—OH<br>$CH_2$–OH | यह समरूप है। | P-2 |
| यौगिक Q | CHO<br>HO—\|—H<br>H—\|—OH<br>$CH_2$–OH | यह डायस्टेरियोमर है। | Q-1 |
| यौगिक R | CHO<br>H—\|—OH<br>HO—\|—H<br>$CH_2$–OH | यह डायस्टेरियोमर है। | R-1 |
| यौगिक S | CHO<br>H—\|—OH<br>H—\|—OH<br>$CH_2$–OH<br>D-Erythrose | यह प्रतिबिंबरूप है। | S-3 |

**92(B).** असंतृप्त हाइड्रोकार्बन ऐसे हाइड्रोकार्बन होते हैं जिनमें आसन्न कार्बन परमाणुओं के बीच दोहरे या तिहरे सहसंयोजक बंध होते हैं।

$CH_3$
$HC \equiv C\text{-}C\text{-}CH_3$
$CH_3$

"असंतृप्त" शब्द का अर्थ है कि इसे संतृप्त करने के लिए हाइड्रोकार्बन में अधिक हाइड्रोजन परमाणु (अर्थात सभी एकल बंधनों से मिलकर) जोड़े जा सकते हैं।
असंतृप्त यौगिक का उदाहरण एल्केन्स और एल्काइन्स के साथ-साथ शाखित श्रृंखला और सुगंधित यौगिक हैं।

**93(A).** $R-CH=CH_2 \xrightarrow{B_2H_6} (R-CH_2-CH_2)_3-B \xrightarrow{OH^-} R-CH_2-CH_2OH$
एल्केन्स के हाइड्रोबोरेशन के बाद मूल माध्यम में हाइड्रोलिसिस के बाद एल्कोहल होता है न कि अल्केन्स।

**94(C).** सकारात्मक बीलस्टीन परीक्षण का उपयोग कार्बनिक यौगिकों में हैलोजन की उपस्थिति का पता लगाने के लिए किया जाता है। पॉलिलीन क्लोराइड (पीवीसी) की पहचान करने के लिए आमतौर पर सकारात्मक बीलस्टीन परीक्षण का उपयोग किया जाता है। परीक्षण का संचालन करने के लिए, अशुद्धियों को जलाने के लिए तांबे के तार या तांबे की जाली का एक टुकड़ा लौ में रखा जाता है। जब लौ कोई हरा नहीं दिखाती है, तो तांबे के तार को हटा दिया जाता है और परीक्षण की जाने वाली सामग्री का एक छोटा टुकड़ा उसकी सतह पर रख दिया जाता है, फिर धातु को लौ पर रख दिया जाता है। इसका कारण यह है कि ये हैलोजन-मुक्त यौगिक क्यूप्रस साइनाइड बनाते हैं जो वाष्पशील होता है और तांबे में विघटित हो जाता है जो हरी लौ से जलता है।

**95(B).** $S_N1$ अभिक्रिया मध्यवर्ती के रूप में कार्बधनायन के निर्माण के माध्यम से होती है। अतः, पुनर्व्यवस्था $S_N1$ अभिक्रिया में होती है और $S_N2$ अभिक्रिया में नहीं होती है। $S_N1$ अभिक्रिया एक ध्रुवीय प्रोटिक विलायक और एक दुर्बल नाभिकरागी की उपस्थिति में अनुकूलित होती है। इन अभिक्रियाओं को कुछ लूइस अम्ल द्वारा उत्प्रेरित किया जा सकता है। एक प्रबल नाभिकरागी एक ऐप्रोटिक विलायक है, जो $S_N2$ अभिक्रिया की दर को बढ़ाता है।

**96(B).** अभिक्रिया है:

$$\text{Cumene } (C_6H_5-CH(CH_3)_2) \xrightarrow{O_2} \underset{\text{Cumene hydroperoxide}}{(A)\ C_6H_5-C(CH_3)_2-O-O-H} \xrightarrow[H_2O]{H^+} C_6H_5OH + H_3C-\overset{O}{\overset{\|}{C}}-CH_3$$

**97(C).** प्राप्त अभिक्रिया इस प्रकार है:

$$CH_3CH_2COOH \xrightarrow{PCl_3} \underset{(A)}{CH_3CH_2COCl} \xrightarrow[AlCl_3]{C_6H_6} \underset{(B)}{C_6H_5COCH_2CH_3} \xrightarrow[\text{base, heat}]{NH_2NH_2} \underset{(C)}{C_6H_5CH_2CH_2CH_3}$$

**98(A).** उत्पाद है CH 3 - NH 2 .
यह एक कम कार्बन परमाणु के साथ अमीनों के लिए प्राथमिक अमाइड्स के हॉफमैन डिग्रेडेशन का एक उदाहरण है।
आधार N-H प्रोटॉन का सार करता है, जो एमाइड के संयुग्म आधार का निर्माण करता है।
अंत में प्राप्त उत्पाद है:

$$H_2N-CH_3$$

**99(D).** ज़्विटेरियन एक अणु है जिसमें सकारात्मक रूप से आवेशित और ऋणात्मक रूप से आवेशित आयन दोनों होते हैं। इसे भीतरी नमक भी कहा जाता है। ज़्विटेरियन में सकारात्मक रूप से आवेशित और ऋणात्मक रूप से आवेशित कार्यात्मक समूहों की समान संख्या है। चूँकि ज़्विटेरियन में धनात्मक आवेश और ऋणात्मक आवेश दोनों होते हैं, इसलिए वे द्विध्रुवीय होते हैं।
ग्लाइसिन एक ज़्विटेरियन बना सकता है। जैसा कि हम देख सकते हैं कि इसमें कार्बोक्सिल समूह और अमीनो समूह दोनों हैं। इसलिए, यह एक द्विध्रुवीय आयन उत्पन्न कर सकता है।

$$H_3\overset{+}{N}CH_2COOH \underset{+H^+}{\overset{-H^+}{\rightleftharpoons}} H_3\overset{+}{N}CH_2COO^- \underset{+H^+}{\overset{-H^+}{\rightleftharpoons}} H_2NCH_2COO^-$$

ग्लाइसिनियम केशन अत्यधिक अम्लीय माध्यम में — ग्लाइसिन ज़्विटेरियन न्यूट्रल pH में — ग्लाइसीनियम आयन क्षारीय माध्यम में

**100(A).** $HNO_2$ (नाइट्रस अम्ल) के साथ प्राथमिक ऐलिफैटिक ऐमीन -
प्राथमिक ऐमीन $HNO_2$ के साथ अभिक्रिया करके ऐल्किल डाइऐज़ोनियम लवण के रूप में एक बहुत ही अस्थिर डाइऐज़ोनियम ऐल्किल आयन देती है, जो पृथक करने के लिए पर्याप्त स्थिर भी नहीं होती है और नाइट्रोजन गैस के विकास के साथ यह उत्पाद में बहुत तेज़ी से विघटित हो जाती है।
रासायनिक अभिक्रिया -
$R-NH_2 \overset{HONO,HCl,\Delta}{\longrightarrow} R-N^+ \equiv N \overset{\text{immediately}}{\longrightarrow} R^+ + N2$
$R^+ \overset{H_2O,\Delta}{\longrightarrow} R-OH$
$HNO_2$ के साथ प्राथमिक ऐरोमैटिक ऐमीन - प्राथमिक ऐरोमैटिक ऐमीन एरेनेडियाज़ोनियम लवण बनाती हैं जो कम तापमान (273-278 K) पर विलयन में थोड़े समय के लिए स्थिर रहते हैं। उच्च तापमान पर बनने वाला डाइऐजोनियम लवण अस्थिर होता है।
रासायनिक अभिक्रिया -
$Ar-NH_2 \overset{HONO,HCl,\Delta}{\longrightarrow} Ar-N^+ \equiv NCl^-$ (स्थिर ऐरोमैटिक डाइऐजोनियम लवण)
$Ar-N^+ \equiv NCl^- \overset{H_2O,\Delta}{\longrightarrow} Ar-OH + N_2 \uparrow$

**101(A).** संज्ञान और संवेग आपस में जुड़ी हुई हैं और एक दूसरे को प्रभावित करती हैं। अनुभूति और भावना के बीच संबंध ने पश्चिमी बौद्धिक परंपरा के भीतर महत्वपूर्ण विचारकों को मोहित किया है। संज्ञानात्मक प्रसंस्करण भी भावना और प्रेरणा का एक अभिन्न अंग है और उस डिग्री को प्रभावित करता है जिससे वे चल रही गतिविधियों और व्यवहारों को प्रभावित करते हैं। हालांकि, पिछले दो दशकों में, काम के बढ़ते शरीर ने दोनों के बीच अन्योन्याश्रितता की ओर इशारा किया है।

**102(B).** अंतर्दृष्टि निम्नलिखित कारकों पर निर्भर करता है:
अनुभव: - अनुभव समस्याओं के व्यावहारिक समाधान में मदद करता है
बुद्धिमत्ता: - व्यावहारिक समाधान शिक्षार्थी की मूल बुद्धि पर निर्भर करता है
सीखने की स्थिति: - एक सामान्य अवलोकन के रूप में, अंतर्दृष्टि तब होती है जब सीखने की स्थिति इतनी व्यवस्थित होती है कि अवलोकन के लिए सभी आवश्यक पहलू खुले होते हैं।
प्रारंभिक प्रयास: - प्रारंभिक प्रयास, सरल परीक्षण और त्रुटि तंत्र के रूप में, व्यावहारिक सीखने का मार्ग खोलते हैं
पुनरावृत्ति और सामान्यीकरण: - किसी समस्या का एक व्यावहारिक समाधान होने के बाद, व्यक्ति एक और स्थिति में इसे दोहराने की कोशिश करता है, इसी तरह के समाधान की मांग करता है।

**103(D).** सीखने को प्रभावित करने वाले कारक: -
- शिक्षार्थी संबंधित कारक
- शिक्षक संबंधित कारक
- विषय-वस्तु से संबंधित कारक
- प्रक्रिया से संबंधित कारक

**104(B).** प्रभावी शिक्षण का उद्देश्य विद्यार्थियों में दोष ढूँढ़ना नहीं है।
छात्रों को अच्छा प्रदर्शन करने और अवधारणाओं को समझने के लिए प्रेरित करना शिक्षण के प्रमुख उद्देश्यों में से एक है। गलतियों को स्वीकार करना, उन्हें पहचानना और अवधारणाओं पर काम करना शिक्षण को प्रभावी बनाता है।
छात्रों में खामियां ढूंढ़ना उन्हें हतोत्साहित करता है। उनके लिए अपनी ताकत और कमजोरियों का एहसास करना मुश्किल हो जाता है।

**105(C).** शिक्षण में संचार का उद्देश्य शैक्षिक तथ्यों को व्यक्त करना और छात्र और शिक्षक के बीच एक मजबूत बंधन बनाना है।
शिक्षक के अच्छे संचार कौशल छात्रों की शैक्षिक सफलता और जीवन की व्यावसायिक सफलता की बुनियादी जरूरत है। शिक्षक कक्षा में छात्रों को अधिक निर्देश मौखिक रूप से संप्रेषित करता है। खराब संचार

कौशल वाले शिक्षक छात्रों को सीखने और उनके शिक्षाविदों को बढ़ावा देने में विफलता का कारण बन सकते हैं।

**106(D).** आंतरिक प्रेरणा वह प्रेरणा है जो व्यक्तिगत आनंद, रुचि या आनंद से अनुप्राणित होती है। उपर्युक्त स्थिति में, आंतरिक प्रेरणा के रूप में उस व्यवहार को संदर्भित करता है जो इस पर केंद्रित है: व्यक्तिगत संतुष्टि और आंतरिक पुरस्कार।
इसलिए, यह निष्कर्ष निकाला जा सकता है कि शिक्षक को अपने छात्रों को आंतरिक प्रेरणा के साथ कार्य करने के लिए प्रोत्साहित करने के लिए "इसे करने का प्रयास करें, आप सीखेंगे" के लिए कहें।

**107(C).** एक शिक्षक अपने छात्रों को व्यक्तिगत लक्ष्य निर्धारित करने और व्यक्तिगत लक्ष्य निर्धारित करने और उनकी महारत हासिल करने में उनकी सहायता करके सीखने के लिए सीखने के लिए आंतरिक रूप से प्रेरित होने के लिए प्रोत्साहित करता है।
- जब छात्रों को बाहरी रूप से प्रेरित किया जाता है तो छात्र दंड से बचने या पुरस्कार अर्जित करने के लिए कार्य को पूरा करने या अच्छा प्रदर्शन करने का प्रयास करते हैं।
- लेकिन जब विद्यार्थी किसी कार्य को करने में आनंद लेते हैं या उसे करना पसंद करते हैं, तो वे आंतरिक रूप से प्रेरित होते हैं।
- शिक्षक अलग-अलग बिंदुओं पर और अलग-अलग स्थितियों में बाहरी और आंतरिक प्रेरणा दोनों का आह्वान करते हैं।
- जब कोई विद्यार्थी किसी कार्य को बार-बार करता है तो वह उसका कौशल बन जाता है, तब विद्यार्थी को बेचैनी नहीं होती।
- यदि कोई शिक्षक व्यक्तिगत लक्ष्य और उनकी महारत निर्धारित करके छात्रों का व्यक्तिगत रूप से समर्थन कर रहा है, तो वह उन्हें प्रोत्साहित करने में सक्षम हो सकता है।

**108(C).** छात्रों में अवधारणात्मक विकास को प्रोत्साहित करने का सबसे प्रभावी तरीका कई उदाहरण देना और उन्हें तर्क का उपयोग करने के लिए प्रोत्साहित करना है।
कुछ उदाहरण इस प्रकार हैं:
- मौलिक अवधारणा को समझें।
- उन्हें तर्क का उपयोग करने के लिए प्रोत्साहित करें।
- तार्किक समस्या-समाधान कौशल विकसित करें, समस्याओं को परिभाषित करें, वर्गीकरण करें।
- कई तरीकों से अवधारणा का प्रतिनिधित्व।
- उदाहरण के माध्यम से विद्यार्थी आसानी से समझ जाते हैं।
- दंड शिक्षण और अधिगम का उपकरण नहीं है।

**109(D).** Teaching English as a Second/Foreign language is always a challenging task. The teacher should constantly adapt to the pupils' needs. Many times, this means dealing with a variety of problems in the classroom, many of which are all too common occurrences. A good language teacher must be able to recognize these common problems and work to find solutions.

**110(A).** "Children deserve most of the credit for the language that they acquire." 'This observation implies that in modern classrooms students pursue their own lines of inquiry.
Acquiring a language refers to learning the basics of a language through the natural process of observation of the language.
- A child learns the language through his parents. A person living outside the hometown learns the local language by observing his/her colleagues.
- Children deserve most of the credit for the language that they acquire means that the students deserve all the appreciation for the efforts they have put together to acquire their language.
- It is not so easy to acquire a language other than one's mother tongue. It takes constant observation of the peer group, consistent efforts to grasp the accent, and parallelly understand and comprehend each and every word.

So, it should be noted that efforts pursued by the students deserve the credits for the language acquired.
Thus, it is concluded that "Children deserve most of the credit for the language that they acquire." 'This observation implies that in modern classrooms students pursue their own lines of inquiry.

**111(D).** Important thing for the selection of teaching-learning material for students is that the teaching-learning material should be contextualized and fit to be used in an integrated manner.
The learning process is aimed to bring out the permanent desirable changes in the behavior of an individual. The teaching-learning process respects the diversity among students and the teacher follows different paths to achieve the goals of learning.
The teachers use different materials such as charts, models, film-strips, video clips, etc. to arouse the interest of students in learning and to keep them indulging actively in the teaching-learning process. These materials are known as "TLM" or "teaching-learning materials".

**112(C).** किसी छात्र की उपलब्धि का मूल्यांकन छात्र की वर्तमान उपलब्धि की तुलना उसकी पिछली उपलब्धियों के साथ करके किया जाना चाहिए। यह छात्रों को उनके अधिगम में सुधार करने और अगली मूल्यांकन प्रक्रिया में बेहतर शैक्षणिक परिणाम सुनिश्चित करने हेतु प्रेरित करने में मदद करता है।
शिक्षार्थी की उपलब्धि का मूल्यांकन करने से शिक्षक को निम्न में मदद मिलती है:
- शिक्षार्थियों के वास्तविक कार्य प्रदर्शन का आकलन करने में।
- सीखने की प्रक्रिया में सीखने वाले की प्रगति की निगरानी करने में।
- उपयुक्त रणनीति द्वारा शिक्षार्थी की व्यक्तिगत आवश्यकताओं का पता लगाने में और उनका निदान करने में।

**113(D).** सह-शैक्षिक क्षेत्रों में विद्यार्थियों की वृद्धि के आकलन के लिए अवलोकन, सहकर्मी मूल्यांकन और स्व-मूल्यांकन मूल्यांकन तकनीकों का उपयोग किया जा सकता है।
सह-शैक्षिक क्षेत्रों का मूल्यांकन करने के लिए शिक्षक मूल्यांकन के विभिन्न तरीकों का उपयोग करता है:
**अवलोकन विधि:** शिक्षक प्रदर्शन करते समय मानसिक प्रक्रियाओं, शारीरिक गतिविधि और उसके व्यवहार करने के तरीके का निरीक्षण करता है।
**सुदृढीकरण विधि:** शिक्षक छात्रों को फीडबैक प्रदान करता है और उनके कौशल और क्षमताओं में सुधार करने के लिए उन्हें मजबूत करता है। इसमें सहकर्मी मूल्यांकन शामिल है जहां उपलब्धियों का मूल्यांकन उनके साथियों द्वारा किया जा रहा है।
**प्रतियोगिता विधि:** शिक्षक अपने कौशल और क्षमताओं का आकलन करने और विजेता छात्रों को पुरस्कृत करने के लिए एक छोटी सी प्रतियोगिता आयोजित करता है। यह एक छात्र को अपनी उपलब्धि और प्रतिभा का आत्म-मूल्यांकन करने में मदद करता है जो उसे और सुधार के लिए प्रेरित करेगा।

**114(B).** कागज - पेंसिल परीक्षण को रचनात्मक मूल्यांकन के लिए अनुशंसित नहीं किया गया है। कागज - पेंसिल परीक्षण योगात्मक मूल्यांकन से संबंधित है जो शब्द के अंत में छात्र के सीखने के स्तर को मापने, प्रमाणित करने और रिपोर्ट करने में मदद करता है।
रचनात्मक मूल्यांकन एक प्रकार का आकलन है जो सीखने और सिखाने की प्रक्रिया के दौरान बच्चे की प्रगति की निगरानी करने के लिए संदर्भित करता है। क्विज़, असाइनमेंट, समूह चर्चा, मौखिक प्रश्न, पोर्टफोलियो, रेटिंग स्केल, और उपाख्यानात्मक रिकॉर्ड आदि रचनात्मक मूल्यांकन के लिए उपयुक्त उपकरण हैं।

**115(D).** अधिगम को प्रभावित करने वाला पर्यावर्णीय कारक विद्यालय है।
अधिगम वह प्रक्रिया है जिसके द्वारा कौशल, दृष्टिकोण, ज्ञान और अवधारणाएं हासिल की जाती हैं, समझी जाती हैं, लागू की जाती हैं और विस्तारित की जाती हैं। सभी मनुष्य, चाहे बड़े हो या बच्चे, सीखने की प्रक्रिया में या तो चेतन, अवचेतन रूप से संलग्न होते हैं।
अधिगम को प्रभावित करने वाले पर्यावरणीय कारक:

- पर्यावरणीय कारक सभी बाहरी और उन पर्यावरणीय कारकों के संयोजन को संदर्भित करते हैं जो अधिगम की प्रक्रिया को प्रभावित करते हैं।
- दूसरी ओर, एक अच्छी तरह से डिज़ाइन किया गया विद्यालय का वातावरण सकारात्मक सहकर्मी संबंधों को बढ़ावा देता है, शिक्षकों और बच्चों के बीच सुखद बातचीत को बढ़ावा देता है, और शिक्षकों को उनके उद्देश्यों को प्राप्त करने में बच्चों की सहायता करने की अनुमति देता है।

इसलिए, विद्यालय एक पर्यावरणीय कारक है जो अधिगम को प्रभावित करता है।

**116(D).** जब व्यक्ति एक समान क्षेत्र में एक साथ रहते हैं, तो उनमें पारस्परिकता की भावना होती है, उनके बीच संगठित सहभागिता का विकास होता है, इसे समुदाय की भावना कहा जाता है। समुदाय एक सामाजिक समूह है जिसकी विशेषता सामुदायिक भावना है। उदाहरण एक गाँव, एक कस्बा, एक शहर आदि हैं। समुदाय, इसलिए, लोगों के समूह के सामान्य जीवन की एकता की अभिव्यक्ति है। दूसरे शब्दों में, एक समुदाय के सदस्यों का जीवन पूरी तरह से उसी में रहता है और बहुत कम उन्हें बाहर के साथ साझा करने की आवश्यकता होती है। सामुदायिक प्रभाव शिक्षा की विशेषताएं:

- जनसांख्यिकी (मानव जनसंख्या का अध्ययन और वे कैसे बदलते हैं)
- व्यावसायिक पैटर्न और वित्तीय स्थिति
- रीति रिवाज
- वातावरण

इसलिए, हम निष्कर्ष निकालते हैं कि उपरोक्त सभी बिंदु समुदाय की विशेषताएं हैं जो शिक्षा को प्रभावित करती हैं।

**117(D).** ईवीएस पाठ्यपुस्तकों के अलावा, समाचार पत्र, सर्वेक्षण और समुदाय के सदस्य ईवीएस अधिगम के लिए अधिकतम उपयोगी संसाधन हो सकते हैं।

**118(A).** शिक्षक की डायरी में दर्ज जानकारी का उपयोग शिक्षक द्वारा शिक्षण अधिगम रणनीतियों की समीक्षा और संशोधन के लिए किया जाता है ।

**119(A).** एनिमेशन मल्टीमीडिया उपकरण बच्चों को पर्यावरण से संबंधित अमूर्त तत्वों को समझने में मदद करते हैं।

- मल्टीमीडिया उपकरण मल्टीमीडिया तकनीकों या सामग्री रूपों जैसे पाठ, ऑडियो, चित्र, वीडियो या एनीमेशन के संयोजन का उपयोग करते हैं।
- मल्टीमीडिया उपकरण अनुप्रयोग हैं। मल्टीमीडिया एप्लिकेशन एक ऐसा एप्लिकेशन है जो कई मीडिया स्रोतों जैसे टेक्स्ट, ग्राफिक्स, इमेज, साउंड/ऑडियो, एनिमेशन और/या वीडियो का उपयोग करता है।

एनिमेशन एक ऐसी विधि है जिसमें चलती छवियों के रूप में प्रदर्शित होने के लिए आंकड़ों में हेरफेर किया जाता है। पारंपरिक एनीमेशन में, छवियों को चित्रित करने और फिल्म पर प्रदर्शित करने के लिए पारदर्शी सेल्युलाइड शीट पर हाथ से बनाया जाता है या चित्रित किया जाता है। आज, अधिकांश एनिमेशन कंप्यूटर जनित इमेजरी (सीजीआई) के साथ बनाए जाते हैं।
मल्टीमीडिया के लोकप्रिय उदाहरणों में वीडियो पॉडकास्ट, ऑडियो स्लाइडशो और एनिमेटेड वीडियो शामिल हैं।

**120(C).** शिक्षा का प्रमुख उद्देश्य छात्रों की निहित क्षमताओं / शक्तियों को विकसित करना है।
शिक्षा का मुख्य उद्देश्य एक कृत्रिम रूप से निर्मित पर्यावरण के तहत, भौतिक संसाधनों के साथ कम और एक भावनात्मक वातावरण के निर्माण के द्वारा सोच में अनुभव को उत्तेजित करने के लिए एक कौशल विकसित करना है।

**121(C).** पाठ्यक्रम:

- यह गतिविधियों के सभी जानबूझकर नियोजित सेट की समग्रता है जो सीखने की सुविधा प्रदान करता है।
- यह अध्ययन का एक पूरा कार्यक्रम है जो बताता है कि किन अवधारणाओं का लेन-देन किया जाना है, बच्चों के साथ क्या ज्ञान, दृष्टिकोण, कौशल विकसित किया जाना है।
- यह एक संरचित दस्तावेज है जो लक्ष्यों, उद्देश्यों, सीखने के अनुभवों, अनुदेशात्मक संसाधनों और आकलन को रेखांकित करता है जो एक विशिष्ट शैक्षिक कार्यक्रम बनाता है।
- यह क्या करना है, कैसे करना है, कब करना है और यह कैसे हासिल किया गया है, यह जानने के लिए एक बुनियादी ढांचे की रूपरेखा है।

**122(A).**

| सेट - I | सेट - II |
|---|---|
| a. रचनात्मक मूल्यांकन | iv. विचार-विमर्श और चर्चा |
| b. योगात्मक मूल्यांकन | iii. अंतिम अधिगम के परिणामों को ग्रेड करना |
| c. सतत और व्यापक मूल्यांकन | i. नियमितता के साथ संज्ञानात्मक और सह-संज्ञानात्मक पहलू का मूल्यांकन |
| d. सामान्य और मानदंड संदर्भित परीक्षण | ii. टेस्ट और उनकी व्याख्या एक समूह और कुछ यार्डस्टिक्स पर आधारित है |

**123(D).** Communicative Language teaching or CLT is a student-centered approach that believes learning of language is successful only when encoding and decoding the real meaning occurs.

- It assists the learners to build their vocabulary and fluency over language that supports learning by doing.

A Situational approach is a student-centered approach that focuses on learning the language used in real-time.

- The vocabulary is built according to the use of words in real or imagined real situations.
- This approach was coined by Harold Palmer and A.S. Hornby.

A Structural approach is a student-centered approach that enables a learner to get a knack of pattern or placement of subject-verb agreement in a sentence. It focuses on systematic learning.
Therefore, all the above-mentioned approaches of English Teaching are student-centered and student-oriented.

**124(C).** यद्यपि अध्ययन के सभी क्षेत्रों में प्रयोगों को करना संभव है, विज्ञान में प्रयोग कारण और प्रभाव संबंध के विश्लेषण के लिए अधिक संगठित तरीके प्रदान करते हैं। विज्ञान कौशल दृष्टिकोण एक वैज्ञानिक जांच करने के लिए आवश्यक प्रयोगात्मक कौशल की समझ विकसित करने के लिए छात्रों का मार्गदर्शन करता है। प्रयोग और अवलोकन छात्रों के लिए समझ की भावना विकसित करते हैं।

**125(A).** I.K. Davies has suggested four steps of teaching as planning, organizing, leading, and controlling.
Ivor. K. Davies has given a modern concept of management of teaching-learning which is based on the modern theory of organization. As his teaching concept is based on an organization model he called teachers as managers because they first organize teaching activities and then perform those activities in the teaching-learning process.
The Four Steps Suggested by I.K. Davies:

- Planning : Before going to the classroom, teachers analyze the content or topic into its elements which are arranged in a logical sequence. The planning is an important step of managing teaching-learning.
- Organizing : The learning sources and organized by the teacher so that he can achieve the objectives successfully. Effective and economical resources are used. The teacher has to decide on teaching strategies, teaching aids, and tactics of teaching.
- Leading : The teacher leads the students to motivate them to achieve learning objectives efficiently. The teacher encourages and praises the students-

activities and behaviours so that they can learn by being active and learning objectives can be achieved.
- Controlling : The teacher controls the whole teaching-learning process to know the effectiveness of the learning program.

**126(B).** Structures and patterns are used as a teaching unit in structural method.
The main aim of teaching English/foreign language is to help children to acquire practical commands of English/foreign language. There are several methods of teaching English to students who are learning the language for the first time.
Structural Method:
- It emphasizes the importance of forming language habits, particularly the habit of arranging words in Standard English sentence-pattern.
- There is more emphasis on the learning of structures than on acquiring vocabulary, and structure and patterns are used as a teaching unit.
- It emphasizes the importance of pupils' activity rather than the teacher's activity.
- This approach emphasizes the importance of speech as the necessary means of fixing firmly all ground-work for language learning.

**127(B).** A (सभी) और C (नहीं) प्रस्ताव विपरीत हैं। वे दोनों सच नहीं हो सकते, लेकिन दोनों झूठे हो सकते हैं।

**128(C).** मनोविज्ञान शिक्षा को वैयक्तिक भिन्नता का यह सिद्धांत देता है कि प्रत्येक बच्चे की मानसिक क्षमता अलग-अलग होती है और वह एक अलग गति से अधिगम करता है।
- शिक्षा मनोविज्ञान शिक्षकों की तैयारी में योगदान देता है। एक शिक्षक के लिए उसके छात्रों को उनकी मानसिक क्षमताओं के अनुसार पढ़ाना बहुत आवश्यक है।
- आज के आधुनिक युग में शिक्षा मनोविज्ञान शिक्षा की नींव है।
- मनोविज्ञान, शिक्षण-अधिगम की प्रक्रिया के हर क्षेत्र में शिक्षा को प्रभावित करता है। वर्षों से, शिक्षक प्रशिक्षकों ने शिक्षा मनोविज्ञान के प्रयोजनों, उद्देश्यों और लक्ष्यों के बारे में लिखा है और शिक्षण और अधिगम के अभ्यास के लिए इस क्षेत्र की प्रासंगिकता पर जोर दिया है।
- शिक्षा मनोविज्ञान में यह अध्ययन शामिल है कि लोग कैसे अधिगम करते हैं, जिसमें छात्र परिणाम, निर्देशात्मक प्रक्रिया, अधिगम में व्यक्तिगत अंतर, प्रतिभाशाली अधिगमकर्ता और अधिगम बाधिता जैसे विषय शामिल हैं। यह अत्यधिक बाल केंद्रित है।

**129(A).** शिक्षण को 'अधिगम का सरलीकरण' के रूप में परिभाषित किया जाता है या दूसरे शब्दों में, शिक्षण का मुख्य उद्देश्य सीखने की सुविधा प्रदान करना है:
- परंपरागत रूप से, शिक्षक एक विशेष क्षेत्र में ज्ञान और विशेषज्ञता वाले होते हैं। वे अपने छात्रों को विभिन्न माध्यमों से उस ज्ञान को प्रदान करते हैं।
- सवालों के जवाब खोजने के लिए छात्रों के समूह के ज्ञान आधार पर सूत्रधार का निर्माण किया जाता है।
- एक सुविधाकर्ता वह व्यक्ति होता है जो अपने सामान्य लक्ष्यों पर लोगों के एक समूह को सहायता प्रदान करता है और अपनी ओर से बिना किसी हस्तक्षेप के उन्हें प्राप्त करता है।
- इसलिए, जब हम कहते हैं कि शिक्षक को कक्षा में एक सूत्रधार की भूमिका निभानी है, तो इसका मतलब है कि शिक्षक को राजा नहीं होना चाहिए जो शिक्षार्थियों की गतिविधियों को नियंत्रित करे।
- उसे शिक्षार्थियों को रचनात्मकता और नवीनता की आत्माओं को जाने के लिए कुछ स्थान देना चाहिए।
- दूसरे शब्दों में, शिक्षार्थियों को सक्रिय भागीदारी में शामिल होना चाहिए जो तर्कपूर्ण चर्चा और टीम वर्क गतिविधियों में प्रतिनिधित्व करेंगे, ताकि सीखने की प्रक्रिया व्यापक हो।

**130(D).** प्रभावी शिक्षण का अर्थ है:
- छात्रों को दिया गया प्यार, सहयोग, सहानुभूति, स्नेह और प्रोत्साहन
- व्यक्तिगत निर्देश और खुली कक्षा चर्चा।

प्रभावी शिक्षण के लिए आवश्यक कौशल में अकादमिक क्षेत्र में विशेषज्ञता से कहीं अधिक शामिल है। वे तैयार होते हैं, स्पष्ट और निष्पक्ष अपेक्षाएँ रखते हैं, सकारात्मक दृष्टिकोण रखते हैं, छात्रों के साथ धैर्य रखते हैं, और नियमित रूप से उनके शिक्षण का आकलन करते हैं। इसलिए, सही विकल्प (D) है।

**131(D).** मुगल साम्राज्य और उसके दरबार का अध्ययन करने के लिए इतिहास महत्वपूर्ण स्रोत हैं। इतिवृत्तों को चालू करने का कारण:
1) उन सभी के लिए एक प्रबुद्ध राज्य की दृष्टि पेश करना जो इसकी छत्रछाया में आए।
2) मुगलों के शासन का विरोध करने वालों को यह संदेश देना कि सभी प्रतिरोधों का विफल होना तय है।
3) यह सुनिश्चित करने के लिए कि भावी पीढ़ी के लिए उनके शासन का लेखा-जोखा था।
4) ये इतिहास शासक, उसके परिवार, दरबार और रईसों, युद्धों और प्रशासनिक व्यवस्थाओं पर केंद्रित घटनाओं पर केंद्रित थे।

**132(B).** लोकटक झील भारत में ताजे पानी की एक बड़ी झील है। यह झील मणिपुर की राजधानी इम्फाल से 53 किमी दूर और दीमापुर रेलवे स्टेशन के निकट स्थित है। इसे दुनिया की एकमात्र तैरती हुई झील भी कहा जाता है।

**133(C).** वित्त मंत्रालय सरकारी व्यय के प्रबंधन और नियंत्रण के लिए जिम्मेदार है ।

**134(A).** ट्रॉपेक्स 23 भारतीय नौसेना का एक अभ्यास है। समग्र अभ्यास में तटीय रक्षा अभ्यास, सी विजिल और जल-थल अभ्यास AMPHEX शामिल हैं।

**135(D).** 1857 की क्रान्ति के बिहार के नेता कुँवर सिंह थे ।

**136(B).** नीलगिरि बायोस्फीयर रिजर्व वर्ष 1986 में स्थापित भारत में पहला बायोस्फीयर रिजर्व था। यह पश्चिमी घाट में स्थित है और इसमें तमिलनाडु, केरल, कर्नाटक के कुछ हिस्से भी शामिल हैं। नीलगिरि बायोस्फीयर रिजर्व का कुल क्षेत्रफल 5,520 वर्ग किमी है। नीलगिरी बायोस्फीयर को 2012 में यूनेस्को बायोस्फीयर रिजर्व घोषित किया गया था।

**137(A).** ग्लोबल वार्मिंग (वैश्विक तापमान):
- यह मानव गतिविधियों के कारण पूर्व-औद्योगिक अवधि (1850 और 1900 के बीच) के बाद से पृथ्वी की जलवायु प्रणाली का दीर्घकालिक ताप है , मुख्य रूप से जीवाश्म ईंधन जलने से जो पृथ्वी के वायुमंडल में गर्मी-फंसाने वाले ग्रीनहाउस गैस के स्तर को बढ़ाता है।
- ग्लोबल वार्मिंग तापमान में वृद्धि, पानी की कमी, आग के खतरों, सूखे, खरपतवार और कीट आक्रमण, तीव्र तूफान से नुकसान, और नमक के आक्रमण के माध्यम से पारिस्थितिकी तंत्र, बस कुछ ही नाम के लिए पर जोर देता है। साथ ही जीवन जीने पर इसका हानिकारक प्रभाव पड़ता है ।
- क्षोभमंडल में, तापमान आमतौर पर आप जितना ऊपर जाते हो उतना नीचे जाता हैं।
- चूंकि क्षोभमंडल में पाई जाने वाली अधिकांश गर्मी पृथ्वी की सतह (ग्लोबल वार्मिंग) से ऊर्जा के हस्तांतरण से उत्पन्न होती है।

**138(D).** नारियल और सरसों तेल उत्पादक पौधे हैं, जबकि आम एक फल का पौधा है।
अत: विकल्प (D) सही है I

**139(C).** समूह शिक्षण एक ऐसी विद्या है जिसमें छात्र सहयोगात्मक रूप से कार्य करते हैं और सक्रिय शिक्षण में शामिल होते हैं। यह एक साथ काम करके सीखने को सार्थक बनाने के लिए एक महत्वपूर्ण उपकरण के रूप में कार्य करता है।
ईवीएस में समूहों में काम करते समय शिल्प और कलाओं को सीखने को प्रोत्साहित किया जाता है, क्योंकि समूह शिक्षण:
- सहकर्मी सीखने को बढ़ावा देता है।
- सामाजिक संपर्क को बेहतर बनाता है।
- सभी बच्चों की भागीदारी सुनिश्चित करता है।
- बुद्धिशीलता और महत्वपूर्ण सोच कौशल को बढ़ाता है।

- संचार और जीवन भर सीखने के कौशल को विकसित करता है।
- दूसरे के दृष्टिकोण को समझने की क्षमता बढ़ाता है।
- अधिकतम बच्चों के सहकार्य और सहयोग की अनुमति देता है।

हम उपर्युक्त बिंदुओं से निष्कर्ष निकालते हैं, समूह शिक्षण को प्रोत्साहित किया जाता है क्योंकि यह सहकर्मी सीखने को बढ़ावा देता है और सामाजिक संपर्क में सुधार करता है।

**140(D).** रचनात्मक मूल्यांकन एक प्रकार का आकलन है जो सीखने और सिखाने की प्रक्रिया के दौरान बच्चे की प्रगति की निगरानी करने के लिए संदर्भित करता है। छात्र की प्रगति का आकलन करने के लिए शिक्षक द्वारा विभिन्न उपकरणों का उपयोग किया जाता है। ईवीएस में सीखने के रचनात्मक मूल्यांकन के लिए पोर्टफोलियो, रेटिंग स्केल और उपाख्यानात्मक रिकॉर्ड आदि उपकरण हैं।
ईवी सीखने के लिए सबसे प्रभावी संसाधनों में शामिल हैं:

- पाठयपुस्तक
- समाचार पत्र
- परिवार के सदस्य
- शैक्षिक मीडिया
- प्रकृतिक वातावरण
- समुदाय के सदस्यों

हम यह निष्कर्ष निकालते हैं कि वार्षिक उपलब्धि परीक्षण ईवीएस में सीखने के रचनात्मक आकलन के लिए एक उपकरण नहीं है।

**141(B).** दिया गया है,
$A, B$ और $C$ का औसत $= 65$ किग्रा
$A$ और $B$ का औसत $= 63.5$ किग्रा
$A$ और $C$ का औसत $= 67.5$ किग्रा
जैसा कि हम जानते हैं,
सभी पदों का योगफल = औसत × पदों की कुल संख्या
$A+B+C = 65\times3 = 195$ किग्रा...(1)
$A+B = 63.5\times2 = 127$ किग्रा...(2)
समीकरण (1) में से समीकरण (2) को घटाने पर, हम प्राप्त करते हैं:
$A+B+C-(A+B)$
$\Rightarrow C = 195-127$
$\Rightarrow C = 68$ किग्रा
साथ ही, $A+C = 67.5\times2 = 135$
$\Rightarrow A+68 = 135$
$\Rightarrow A = 135-68$
$\Rightarrow A = 67$ किग्रा
$\therefore$ $A$ का वजन 67 किग्रा है।

**142(C).** दिया है,
एक राशि चक्रवृद्धि ब्याज पर निवेश करने पर 6 वर्षों में $2\frac{1}{2}$ गुना हो जाती है।
माना कि राशि $= P$ रुपये है।
मिश्रधन $A = 2\frac{1}{2} \times P$
$\Rightarrow A = \frac{5P}{2}$ रुपये
समय $T = 6$ वर्ष
सूत्र के अनुसार-
$A = P(1+\frac{R}{100})^T$ जहां $R$ दर है
$\Rightarrow \frac{5P}{2} = P(1+\frac{R}{100})^6$
$\Rightarrow \frac{5}{2} = (1+\frac{R}{100})^6$ -------- समीकरण ( 1 )
जब राशि 18 वर्ष के लिए निवेश की जाती है,
नयी मिश्रधन $A' = P(1+\frac{R}{100})^{18}$
$\Rightarrow A' = P\left[(1+\frac{R}{100})^6\right]^3$
समीकरण (1) से,
$\Rightarrow A' = P\left[(\frac{5}{2})^3\right]$
$\Rightarrow A' = \frac{125P}{8}$
18 वर्षों के लिए निवेश करने पर राशि $\frac{125}{8}$ गुना हो जाती है।

**143(C).** दिया गया है:
$X = 0.456666....$ – (i)
समीकरण (i) में 100 से गुणा करने पर,
$100X = 45 + 0.6666....$ – (ii)
समीकरण (i) में 1000 से गुणा करने पर,
$1000X = 456 + 0.6666....$ – (iii)
समीकरण (ii) को समीकरण (iii) से घटाने पर,
$900X = 411$
$\therefore X = \frac{411}{900}$

**144(D).** दिया है:
चॉकलेट के दो ब्रांड उपलब्ध $= 24$ और 15
दो या दो से अधिक संख्याओं का लघुतम समापवर्त्य वह सबसे छोटी संख्या है जो दी गई संख्या का एक उभयनिष्ट गुणज है
प्रश्न के अनुसार
24 के गुणनखंड $= 2\times2\times2\times3$
15 के गुणनखंड $= 3\times5$
$(25, 15)$ का लघुतम समापवर्त्य $= 2^3\times3\times5$
$\Rightarrow 120$
24 के पैक के बॉक्स की संख्या = $\frac{120}{24}$
$\Rightarrow 5$
15 के पैक के बॉक्स की संख्या = $\frac{120}{15}$
$\Rightarrow 8$
$\therefore$ दोनों ब्रांड की चॉकलेट के वॉक्स की संख्या 5 और 8 है।

**145(B).** दिया है:
गोलार्ध का कुल पृष्ठ क्षेत्रफल $= 41.58$ सेमी $^2$
गोलार्ध की त्रिज्या = गोले की त्रिज्या
प्रयुक्त सूत्र:
गोलार्ध का कुल पृष्ठ क्षेत्रफल $= 3\pi r^2$
गोले का कुल पृष्ठ क्षेत्रफल $= 4\pi r^2$
गोलार्ध का कुल पृष्ठ क्षेत्रफल 41.58 सेमी $^2$
$\Rightarrow 3\pi r^2 = 41.58$
$\Rightarrow r^2 = \frac{41.58}{3\pi}$
चूँकि गोले की त्रिज्या गोलार्ध की त्रिज्या के समान है।
गोले का कुल पृष्ठ क्षेत्रफल $= 4\pi r^2$
$r^2$ के उपरोक्त मान का उपयोग करने पर
गोले का कुल पृष्ठ क्षेत्रफल $= 4\pi \times \frac{41.58}{3\pi}$
$= 4 \times 13.86$
$= 55.44$
$\therefore$ गोले का कुल पृष्ठ क्षेत्रफल 55.44 सेमी $^2$ है।

**146(A).** ऑस्ट्रेलिया : कंगारू → कंगारू ऑस्ट्रेलिया का राष्ट्रीय पशु है। इसी प्रकार, न्यूजीलैंड : कीवी → कीवी न्यूजीलैंड का राष्ट्रीय पक्षी है।

**147(D).** यहां अनुसरण किया गया तर्क निम्न प्रकार है:
दूसरे अक्षर का स्थानीय मान = (पहले अक्षर का स्थानीय मान) $^2$ + (पहले अक्षर का स्थानीय मान)
DT $\rightarrow 4^2+4 = 16+4 = 20$
BF $\rightarrow 2^2+2 = 4+2 = 6$
AB $\rightarrow 1^2+1 = 1+1 = 2$
EY $\rightarrow 5^2+5 = 25+5 = 30 \neq 25$

**148(C).** दिया है कि,
$a, 4, b$ समांतर श्रेणी में हैं,
$\Rightarrow \frac{a+b}{2} = 4$
$\Rightarrow (a+b) = 8$
और $a, 2, b$ गुणोतर श्रेणी में हैं,
$\Rightarrow 2 = \sqrt{ab}$
$\Rightarrow ab = 4$
समीकरण (i) को समीकरण (ii) से विभाजित करने पर, हमें प्राप्त होता है
$\frac{a+b}{ab} = \frac{8}{4}$

$\Rightarrow \frac{1}{a} + \frac{1}{b} = 2$

$\Rightarrow a, 1, b$ हरात्मक श्रेणी में हैं।

**149(D).**

| C | H | E | M | I | S | T |
|---|---|---|---|---|---|---|
| -1 | +1 | -1 | +1 | -1 | +1 | -1 |
| B | I | D | N | H | T | S |

इसी तरह,

| C | O | N | S | U | L | T |
|---|---|---|---|---|---|---|
| -1 | +1 | -1 | +1 | -1 | +1 | -1 |
| B | P | M | T | T | M | S |

**150(D).** निम्नलिखित प्रतीकों का उपयोग करके वंश-वृक्ष तैयार करने पर:

| आरेख में प्रतीक | अर्थ |
|---|---|
| ○ | महिला |
| □ | पुरुष |
| ═ | विवाहित जोड़ा |
| — | भाई/बहन |
| \| | पीढ़ी का अंतर |

वंश-वृक्ष नीचे दिया गया है:

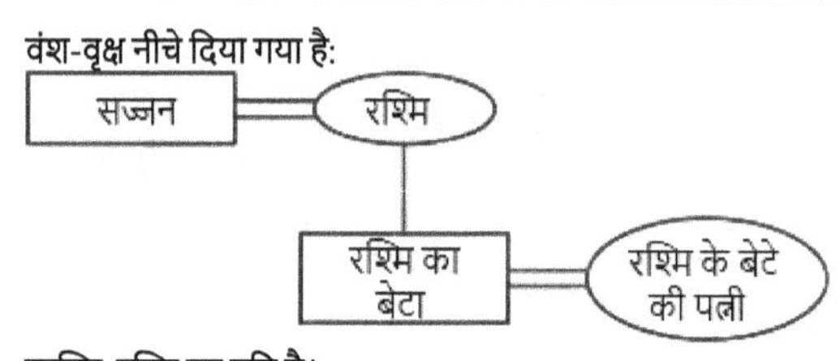


व्यक्ति, रश्मि का पति है।

# प्रैक्टिस टेस्ट 8

## Specific Subject

1. **दण्ड आकार के जीवाणु कहलाते हैं:**
(a) कोक्की (b) बैसिली
(c) स्पिरिला (d) विब्रियो

2. **'हिमगिरि', संकरण और चयन द्वारा विकसित जंग रोगजनकों के खिलाफ रोग प्रतिरोध का एक प्रकार है?**
(a) मक्का (b) गन्ना
(c) गेहूँ (d) मिर्च

3. **अंतर्गर्भाशयी नरभक्षण निम्नलिखित में से किस प्रजाति में देखा जाता है?**
(a) ग्रे नर्स शार्क (b) परी शार्क
(c) शॉर्टफिन माको (d) एक प्रकार का शार्क

4. **इनमें से किस वर्ग के पौधों को नग्नबीजी पौधे कहा जाता है-**
(a) शैवाल (b) फर्न
(c) जिम्नोस्पर्म (d) मॉस

5. **बीजाणुद्भिद् की कायिक कोशिकाओं से, बिना बीजाणुओं के सीधे बने युग्मकोद्भिद का विकास कहलाता है:**
(a) अपबीजाणुता (b) अपयुग्मन
(c) अनिषेकजनन (d) जीनिया

6. **एक साँप के पास:**
(a) कोई पलक नहीं होती है। (b) जंगम पलकें होती है।
(c) अचल पलकें होती है। (d) केवल झिल्लीदार होती है।

7. **मेंढक में पैरासेफेनोइड हड्डी बनाती है ?**
(a) कपाल का आधार (b) कपाल का तल
(c) कपाल का पृष्ठीय पक्ष (d) कपाल का पृष्ठ-पार्श्वीय पक्ष

8. **घास की पत्ती में रंध्र होते हैं:**
(a) आयताकार (b) गुर्दे के आकार की
(c) डंब-बेल के आकार का (d) बैरल के आकार का

9. **पुष्प के खुलने या खिलने को क्या कहा जाता है?**
(a) परागोभ्दव (b) भ्रूण की परिपक्वता
(c) परागण (d) परागकोश पालि का स्फुटन

10. **टेंडन निम्नलिखित को जोड़ते हैं:**
(a) हड्डी से हड्डी (b) मांसपेशी से मांसपेशी
(c) पेशी से कार्टिलेज (d) हड्डी से मांसपेशी

11. **एक पादप कोशिका के विभाजन के दौरान, वह अंग जो दो भागों में विभाजित होता है, ______ है।**
(a) नाभिक (b) कोशिका झिल्ली
(c) कोशिका भित्ति (d) राइबोसोम

12. **निम्नलिखित में से किस प्रक्रिया के द्वारा अमीनो एसिड से एक एमिनो समूह एक कीटो एसिड का उत्पादन करने के लिए स्थानांतरित किया जाता है?**
(a) कंडेनसेशन (b) ट्रान्सामिनेशन
(c) दिएमिनेशन (d) हाइड्रोलिसिस

13. **पादप हार्मोन जो कटे हुए पुष्पों और सब्जियों की निधानी आयु को बढ़ाने के लिए उत्तरदायी होता है, वह किसमें भी सहायता करता है?**
(a) वसंतीकरण की आवश्यकताओं को दूर करने में
(b) टमाटर में अनिषेक फलन प्रेरित करने में
(c) अंकुर में बीजपत्रोपरिक अंकुश विकसित करने में
(d) शीर्षस्थ प्रभाविता को दूर करने और पार्श्व कलियों के अंकुरण में सहायता करने में

14. **प्रोटीन का निर्माण ______ में होता है।**
(a) गॉल्गी कॉम्प्लेक्स (b) राइबोसोम
(c) प्लास्टिड (d) माइटोकॉन्ड्रिया

15. **प्रकाशश्वसन में RuBisCo एंजाइम की ऑक्सीजनीकरण क्रिया से किसका निर्माण होता है?**
(a) 3 -C यौगिक के 2 अणु
(b) 3 -C यौगिक का 1 अणु
(c) 6 -C यौगिक का 1 अणु
(d) 4 -C यौगिक का 1 अणु और 2 -C यौगिक का 1 अणु

16. **वह कौन सी प्रक्रिया है जो $C_3$ और $C_4$ पादप के बीच महत्वपूर्ण अंतर करती है?**
(a) वाष्पोत्सर्जन (b) गलाइकोलाइसिस
(c) प्रकाश संश्लेषण (d) प्रकाश श्वसन

17. **निम्नलिखित में से कौन सा\से कथन गलत हैं?**
**(a) जब फेफड़ों के भीतर दबाव वायुमंडलीय दबाव से कम होता है, तो इंस्पिरेशन होता है।**
**(b) दोनों फेफड़े फुस्फुस के आवरण की परत से ढके होते हैं, जिनके बीच फुफ्फुस द्रव होता है।**
**(c) श्वसन ताल केंद्र मनुष्यों में श्वसन ताल को बनाए रखने और संचालित करने के लिए जिम्मेदार है।**
(a) केवल (a) (b) केवल (a) और (b)
(c) केवल (b) (d) केवल (c)

18. **मानक ई.सी.जी. का क्यू.आर.एस. सम्मिश्र दर्शाता है:**
(a) आल्लंदों का पुनर्ध्रुवण (b) आलिंदों का विध्रुवण
(c) निलयों का विध्रुवण (d) निलयों का पुनर्ध्रुवण

19. **________ एक नेफ्रॉन की शुरुआत में स्थित छोटी रक्त वाहिकाओं का एक नेटवर्क है।**
(a) रेनल कैलीसिस (b) रेनल पिरामिड
(c) बोमन कैप्सूल (d) ग्लोमेरुलस

20. **बास्केटबॉल खेलते हुए, अमित ने अपने अंगूठे को चोट पहुंचाई। एक्स-रे में, यह पुष्टि की गई कि अंगूठे का कार्पल-मेटाकार्पल जोड़ टूट गया था। अंगूठे का कार्पल-मेटाकार्पल जोड़ _________ का एक उदाहरण है।**
(a) काठी जोड़ (b) काज जोड़
(c) गेंद और गर्तिका जोड़ (d) धुरी जोड़

21. **निम्न में से कौन सा सही है?**
(a) रीढ़ की हड्डी केंद्रीय तंत्रिका तंत्र का एक हिस्सा है।
(b) नसें निरंतर तंतु हैं।
(c) रिफ्लेक्सिस नसों द्वारा नियंत्रित नहीं होते हैं।
(d) इनमे से कोई भी नहीं।

22. **निम्नलिखित में से कौन हिंद मस्तिष्क का हिस्सा नहीं है?**
(a) हाइपोथेलेमस (b) मस्तिष्क
(c) अनुमस्तिष्क (d) A और B दोनों

23. **निम्न में मूत्र की कौनसी अवस्था डायाबिटीज मेलिटस की ओर संकेत करती है?**
(a) यूरेमिया एवं कीटोनुरिया
(b) यूरेमिया एवं रीनल कैल्कुली

(c) कीटोनुरिया एवं ग्लाइकोसूरिया
(d) रीनल कैल्कुली एवं हाइपरग्लाइसिमिया

**24. निम्नलिखित में से कौन सा विकल्प गलत है?**
(a) पराग के दाने कई महीनों तक व्यवहार्य रहते हैं क्योंकि उनका बाहरी आवरण स्पोरोपोलीन से बना होता है। एक्साइन स्पोरोपोलिन से बना होता है, जो ऑक्सीकारक पोलीमराइजेशन द्वारा कैरोटिनॉयड से प्राप्त होता है।
(b) कोई भी एंजाइम स्पोरोपोलिन को नीचा नहीं कर सकता है।
(c) परागकणों के कारण पराग कणों का जीवाश्म स्ट्रेटा में अच्छी तरह से प्रतिनिधित्व किया जाता है।
(d) पराग की दीवार में प्रोटीन युक्त गुहाएं होती हैं।

**25. मानव गर्भावस्था की औसत अवधि लगभग 9 महीने की होती है जिसे ___________ कहा जाता है।**
(a) प्रसव (b) गर्भावधि
(c) फेटल इजेक्शन रिफ्लेक्स (d) स्तन्यस्त्रवण

**26. निम्नलिखित में से क्या मनुष्यों के आनुवंशिक विश्लेषण में लागू एक विधि नहीं है?**
(a) क्रियोटाइपिंग (b) पेडिग्री विश्लेषण
(c) RFLP विश्लेषण (d) परीक्षण पार

**27. परजीवी संक्रमण का निदान करने के लिए निम्न में से किस एंटीबॉडी स्तर को मापा जाता है?**
(a) IgA प्रतिपिण्ड (b) IgM प्रतिपिण्ड
(c) IgG प्रतिपिण्ड (d) IgE प्रतिपिण्ड

**28. निम्नलिखित में से किस अवधारणा का श्रेय चार्ल्स डार्विन को जाता है?**
(a) विकास में अंगों के उपयोग और अनुपयोग का बहुत महत्व होता है।
(b) प्रत्येक कोशिका पहले से विद्यमान कोशिकाओं से आती है।
(c) अस्तित्व के संघर्ष में, योग्यतम जीवित रहेगा।
(d) युग्मक विपर्यासी गुणों के युग्मों में से केवल एक गुण धारण करते हैं।

**29. सही मिलान का चयन करे:**
(a) हीमोफीलिया - Y संलग्न
(b) फ़ेनिलकीटोन्यूरिया - अलिंग क्रोमोसोम प्रभावी लक्षण
(c) दात्र कोशिका अरक्तता - अलिंग क्रोमोसोम अप्रभावी लक्षण क्रोमोसोम-11
(d) थैलेसीमिया - 5 संलग्न

**30. प्रतिबंधित एंडोन्यूक्लाइजेस का उपयोग व्यापक रूप से पुनः संयोजक डीएनए प्रौद्योगिकी में किया जाता है। __ से प्राप्त होते हैं**
(a) प्लास्मिड
(b) एएच प्रोकैरियोटिक कोशिकाएं
(c) बैक्टीरियोफेजस
(d) बैक्टीरियल कोशिकाएँ

**31. जैव प्रौद्योगिकी द्वारा उत्पादित कैंसर उपचार में प्रयुक्त दवा का नाम है:**
(a) इंटरफेरॉन
(b) मानव विकास हार्मोन (HGH)
(c) थायराइड उत्तेजक हार्मोन (TSH)
(d) इंसुलिन

**32. इनमें से कौन सी जनसंख्या अन्तःक्रिया परस्पर क्रिया करने वाली प्रजातियों के लिए हानिकारक है?**
(a) पारस्परिकता (b) प्रतियोगिता
(c) परभक्षण (d) सहभोजिता

**33. कृषि क्षेत्रों से मीथेन के अलावा कौन सी महत्वपूर्ण ग्रीनहाउस गैस उत्पन होती है?**
(a) आर्सिन (b) सल्फर डाइऑक्साइड
(c) अमोनिया (d) नाइट्रस ऑक्साइड

**34. सन् 1992 में रियो दी जनेरियो में सम्पन्न हुआ पृथ्वी सम्मेलन क्यों किया गया था?**
(a) $CO_2$ उत्सर्जन और वैश्विक ऊष्मन को कम करने के लिए।
(b) जैवविविधता के संरक्षण के लिए और इससे लाभ के धारणीय उपयोग के लिए।
(c) आक्रामक अपतृण जातियों द्वारा स्थानीय जातियों पर हुए जोखिम के मूल्यांकन के लिए।
(d) सी.एफ.सीएस (CFCs)के उपयोग को तत्काल समाप्त करने के लिए जो ओज़ोन परत का ह्रास कर रही है ।

**35. इनमें से कौन सा संबंध गलत है?**
(a) $1\text{cal} = 4.18\text{ J}$ (b) $1\text{ Å} = 10^{-10}\text{ m}$
(c) $1\text{MeV} = 1.6 \times 10^{-13}\text{ J}$ (d) $1\text{ N} = 10^{-5}$ डाइन

**36. एक पत्थर को $40\text{ ms}^{-1}$ के प्रारंभिक वेग से ऊर्ध्वाधर ऊपर की ओर फेंका जाता है। $g = 10\text{ ms}^{-2}$ लेने पर जमीन पर पहुँचने पर पत्थर द्वारा तय किया गया अधिकतम विस्थापन और दूरी है:**
(a) विस्थापन = शून्य; दूरी = 80 m
(b) विस्थापन = शून्य; तय की गई दूरी = 160 m
(c) विस्थापन = 80 m; दूरी = 160 m
(d) विस्थापन और दूरी = 180 m

**37. एक क्रिकेटर एक गेंद को 100 m की अधिकतम क्षैतिज दूरी तक फेंक सकता है। क्रिकेटर उसी गेंद को जमीन से कितनी ऊंचाई पर फेंक सकता है?**
(a) 60 m (b) 50 m
(c) 80 m (d) 75 m

**38. द्रव्यमान का एक कण $M$ , मूल रूप से विश्राम पर एक बल के अधीन होता है, जिसकी दिशा स्थिर होती है, लेकिन जिसका परिमाण संबंध के अनुसार समय के साथ बदलता रहता है**
$F = F_0\left[1 - \left(\frac{t-T}{R}\right)^2\right]$
**जहाँ $F_0$ और $T$ स्थिर हैं। बल केवल $2\,T$ समय अंतराल के लिए कार्य करता है । समय के बाद कण के वेग $v$ का पता लगाएं $2T$ पर ।**
(a) $\frac{F_0}{3M}$ (b) $\frac{4F_0}{3M}$
(c) $\frac{F_0}{2M}$ (d) इनमे से कोई भी नहीं

**39. $M$ द्रव्यमान का एक खंड एक झुके हुए तल पर पड़ा हुआ है जैसा कि चित्र में दिखाया गया है। सतह के क्षैतिज में झुकाव धीरे-धीरे बढ़ जाता है। यह पाया जाता है कि जब झुकाव का कोण $\theta$ होता है, तो खण्ड सतह से नीचे खिसकना शुरू कर देता है। सतह के समानान्तर लागू होने वाला न्यूनतम बल $F$ क्या है जो खण्ड को सतह के ऊपर की ओर ले जाएगा?**

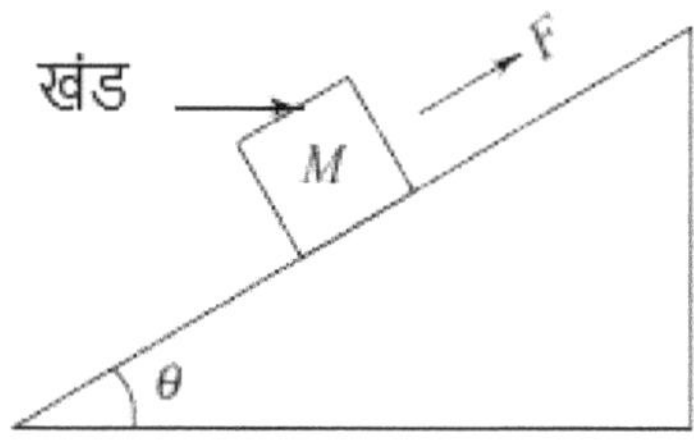


(a) $Mq\sin\theta$ (b) $Mg\cos\theta$
(c) $2Ma\cos\theta$ (d) $2Mq\sin\theta$

**40. एक पिंड $r_1 = (2\hat{i} - 3\hat{j} - 4\hat{k})m$ स्थिति से एक स्थिर बल $F = (4\hat{i} + \hat{j} + 6\hat{k})N$ के प्रभाव में $r_2 = (3\hat{i} - 4\hat{j} + 5\hat{k})m$ की स्थिति**

में गति करता है। बल द्वारा किया गया कार्य है:
(a) 57 J (b) 58 J
(c) 59 J (d) 60 J

**41. किसी वस्तु में उसकी गति के कारण कार्य करने की क्षमता को क्या कहते हैं?**
(a) गतिज ऊर्जा (b) स्थितिज ऊर्जा
(c) रासायनिक ऊर्जा (d) विद्युत ऊर्जा

**42. एक बिलियर्ड्स खिलाड़ी एक स्थिर गेंद को एक समान गेंद से मारता है ताकि लक्ष्य गेंद को कोने की पॉकेट में रखा जा सके जो पहली गेंद की गति की दिशा के संबंध में $35°$ के कोण पर हो। टक्कर को लोचदार मानते हुए और घर्षण और घूर्णी गति महत्वपूर्ण नहीं है, आने वाली गेंद के संबंध में लक्ष्य गेंद द्वारा बनाया गया कोण है:**
(a) $35°$ (b) $50°$
(c) $55°$ (d) $60°$

**43. यदि पृथ्वी अपनी वर्तमान त्रिज्या के एक तिहाई भाग से सिकुड़ती है, तो गुरुत्वाकर्षण के कारण त्वरण क्या होगा?**
(a) $\frac{2}{3}g$ (b) $\frac{3}{2}g$
(c) $\frac{4}{9}g$ (d) $\frac{9}{4}g$

**44. पृथ्वी की त्रिज्या के बराबर ऊंचाई पर, गुरुत्वाकर्षण के कारण त्वरण क्या होगा?**
(a) g (b) $\frac{g}{2}$
(c) $\frac{g}{4}$ (d) $\frac{g}{8}$

**45. एक स्टील का तार जिसका अनुप्रस्थ-काट का क्षेत्रफल $3 \times 10^{-6}\ \text{m}^2$ है और यह अधिकतम विकृति $10^{-3}$ सहन कर सकता है। स्टील का यंग मापांक $2 \times 10^{11}\ \text{N/m}^2$ है। यह तार का अधिकतम द्रव्यमान है:**
(a) 40 kg (b) 60 kg
(c) 80 kg (d) 100 kg

**46. लोहे के ब्लेड में एक छल्ला होता है जिसमें लकड़ी का हैंडल लगा होता है। रिंग लकड़ी के हैंडल से आकार में थोड़ी छोटी होती है। रिंग गरम की जाती है। जब रिंग ठंडी हो जाए तो _______ और कसकर हैंडल पर फिट हो जाती है।**
(a) अनुबंध (b) विस्तार
(c) वाष्पित (d) संघनित

**47. $P-V$ आरेख पर एक बिंदु दर्शाता है:**
(a) एक ऊष्मागतिकीय प्रक्रिया
(b) प्रणाली की स्थिति
(c) सिस्टम पर या उसके द्वारा किया गया कार्य
(d) उपरोक्त में से कोई नहीं

**48. किसी दिए गए तापमान पर गैस के अणुओं का RMS वेग 300 मी/से है। उस गैस का RMS वेग कितना होगा, जिसका आणविक भार पहली गैस का दोगुना और तापमान आधा है?**
(a) 150 मी/से (b) 300 मी/से
(c) 500 मी/से (d) 600 मी/से

**49. दो कंपन ट्यूनिंग कांटे $y_1 = 4\sin(500\pi t)$ और $y_2 = 2\sin(506\pi t)$ द्वारा दी गई प्रगतिशील तरंगें उत्पन्न करते हैं। प्रति मिनट उत्पादित बीट्स की संख्या है:**
(a) 360 (b) 180
(c) 3 (d) 60

**50. दो छोटे चार्ज किए गए गोले $A$ और $B$ में क्रमशः चार्ज $10\mu C$ और $940\mu C$, होते हैं, और एक दूसरे से 90 सेमी की दूरी पर रखे गए हैं। $A$ से किस दूरी पर विद्युत् की तीव्रता शून्य होगी?**
(a) 22.5 cm (b) 18 cm
(c) 36 cm (d) 30 cm

**51. 2.4 m व्यास के एक समान रूप से आवेशित संवाहक गोले का सतह आवेश घनत्व 80.0 $\mu$C/m $^2$ है। गोले की सतह से निकलने वाला कुल विद्युत प्रवाह कितना है?**
(a) $1.3 \times 10^8 \text{Nm}^2/C$ (b) $1.6 \times 10^5 \text{Nm}^3/\text{C}$
(c) $2.5 \times 10^8 \text{Nm}^2/C$ (d) $1.6 \times 10^8 \text{Nm}^2/C$

**52. आंतरिक प्रतिरोध 0.2 ohm का emf $5V$ और सेल C का उपयोग कर एक विभवमापी नीचे के आंकड़े में एक तार $AB$ से जुड़ा है। 55 cm तार के संतुलन बिंदु पर $1.10V$ के एक स्थिर emf का एक मानक सेल $C_0$ है। जब $C_0$ को emf E के सेल द्वारा प्रतिस्थापित किया जाता है, तो संतुलन बिंदु 85 cm पर प्राप्त किया जाता है। तो $E$ का मान क्या है?**

(a) $1.4V$ (b) $1.5V$
(c) $1.7V$ (d) $1.9V$

**53. ट्रांसफार्मर _______ के सिद्धांत पर काम करता है।**
(a) विद्युत (b) विद्युत क्षेत्र
(c) विद्युत् चुंबकीय प्रेरण (d) चुंबकीय क्षेत्र

**54. एक विद्युत चुम्बक के ध्रुवों के बीच एक पतली प्रतिचुंबकीय छड़ को लंबवत रखा जाता है। जब विद्युत चुंबक में धारा प्रवाहित की जाती है, तो प्रतिचुम्बकीय छड़ को क्षैतिज चुंबकीय क्षेत्र से ऊपर धकेल दिया जाता है। अतः छड़ गुरुत्वीय स्थितिज ऊर्जा प्राप्त करती है। ऐसा करने के लिए आवश्यक कार्य निम्न से आता है:**
(a) छड़ की सामग्री की जाली संरचना
(b) चुंबकीय क्षेत्र
(c) धारा स्रोत
(d) बदलते चुंबकीय क्षेत्र के कारण प्रेरित विद्युत क्षेत्र

**55. कुंडल में भंवर धाराओं के संबंध में निम्नलिखित में से कौन सा सही है?**
(a) भंवर धाराएँ तार की तरह सीधी रेखाओं में प्रवाहित होती हैं
(b) भंवर धारा विद्युत ऊर्जा उत्पन्न करने में मदद करती है
(c) पटलित कोर का उपयोग करने से भंवर धाराएं बढ़ जाती हैं
(d) भंवर धाराएँ उपयोगी ऊर्जा को ऊष्मा में परिवर्तित करती हैं और उसे बर्बाद कर देती हैं

**56. किसी समतल वैद्युत चुंबकीय तरंग में चुंबकीय क्षेत्र $B_y = (2 \times 10^{-7})\text{T}\sin(0.5 \times 10^3 x + 1.5 \times 10^{11} t)$ है। यह विद्युत चुम्बकीय तरंग है:**
(a) दृश्य प्रकाश (b) अवरक्त
(c) माइक्रोवेव (d) रेडियोवेव

**57. एक नेत्र विशेषज्ञ फोकल लंबाई 40 सेमी के उत्तल लेंस और 25 सेमी फोकल लंबाई के एक अवतल लेंस के संपर्क में संयोजन वाले चश्मे को निर्धारित करता है । इस लेंस के संयोजन की शक्ति है**
(a) +1.5 D (b) −1.5 D
(c) +6.67 D (d) −6.67 D

**58. वेधशाला में एक विशाल दूरबीन का उद्देश्य फोकल लंबाई 19 मीटर और फोकल लंबाई 1.0 सेमी का एक आंख का टुकड़ा होता है। सामान्य समायोजन में, दूरबीन का उपयोग चंद्रमा को देखने के लिए किया जाता है। उद्देश्य द्वारा गठित चंद्रमा की छवि का व्यास क्या है? चन्द्रमा का व्यास $3.5 \times 10^6$ मीटर है और पृथ्वी के चारों ओर चंद्र कक्षा की त्रिज्या $3.8 \times 10^8$ मीटर/सेकंड है।**

(a) 10 सेमी (b) 12.5 सेमी
(c) 15 सेमी (d) 17.5 सेमी

**59. कांच की सतह पर आपतन कोण पर आपतित होने पर प्रकाश का अधिकतम ध्रुवण है:**

(a) 57° (b) 67°
(c) 53° (d) 37°

**60. तरंग दैर्ध्य 480 नैनोमीटर और 600 नैनोमीटर उत्सर्जित करने वाले स्रोत का उपयोग यंग के डबल स्लिट प्रयोग में किया जाता है। स्लिट्स के बीच का अलगाव 0.25 मिलीमीटर है। हस्तक्षेप को स्लिट्स से 1.5 मीटर दूर माना जाता है। दो तरंग दैर्ध्य की पहली मैक्सिमा सीमा के बीच रैखिक पृथक्करण है :**

(a) 0.72 मिलीमीटर (b) 0.62 मिलीमीटर
(c) 0.76 मिलीमीटर (d) 0.27 मिलीमीटर

**61. प्रकाश संवेदी धातु पर आवृत्ति ν का विकिरण आपतित होता है। फोटोइलेक्ट्रॉनों की अधिकतम गतिज ऊर्जा E है। यदि आपतित विकिरण की आवृत्ति दोगुनी कर दी जाए, तो फोटोइलेक्ट्रॉनों की अधिकतम गतिज ऊर्जा ज्ञात कीजिए।**

(a) 2E (b) $\frac{E}{2}$
(c) $E + hv$ (d) $E - hv$

**62. डी-ब्रोग्ली द्वारा प्रस्तावित पदार्थ के दोहरे व्यवहार से इलेक्ट्रॉन माइक्रोस्कोप की खोज हुई जिसका उपयोग अक्सर जैविक अणुओं और अन्य प्रकार की सामग्री की अत्यधिक आवर्धित छवियों के लिए किया जाता है। यदि इस सूक्ष्मदर्शी में इलेक्ट्रॉन का वेग $1.6 \times 10^6\ ms^{-1}$ है, तो इस इलेक्ट्रॉन से संबद्ध डी ब्रोग्ली तरंगदैर्घ्य की गणना कीजिए।**

(a) $4.55 \times 10^{-10}$ m (b) $4 \times 10^{-10}$ m
(c) $6.5 \times 10^{-10}$ m (d) $4.55 \times 10^{-12}$ m

**63. $\alpha$ -क्षय के दौर से गुजर रहे $^{238}_{92}U$ का आधा जीवन $4.5 \times 10^9$ वर्ष है। $^{238}_{92}U$ के 1 g नमूने की गतिविधि क्या है?**

(a) $9.00 \times 10^4$ Bq (b) $1.23 \times 10^4$ Bq
(c) $4.23 \times 10^4$ Bq (d) $5.23 \times 10^4$ Bq

**64. हाइड्रोजन परमाणु में इलेक्ट्रॉन $n_1$ से $n_2$ तक संक्रमण करता है, जहां $n_1$ और $n_2$ दो अवस्था की प्रमुख क्वांटम संख्या है। प्रारंभिक अवस्था में इलेक्ट्रॉन का आवर्तकाल अंतिम अवस्था से आठ गुना होता है। फिर बोहर के परमाणु मॉडल के अनुसार, $n_1$ और $n_2$ के संभावित मान हैं:**

(a) $n_1 = 4$ और $n_2 = 2$ (b) $n_1 = 8$ और $n_2 = 2$
(c) $n_1 = 5$ और $n_2 = 2$ (d) $n_1 = 6$ और $n_2 = 2$

**65. निम्नलिखित कथनों $(A)$ तथा $(B)$ पर विचार कीजिए तथा सही उत्तर को चिन्हित कीजिए।**

**(A) एक जेनर डायोड उत्क्रम अभिनति में जुड़ा है, जब विभव नियंत्रक की तरह प्रयुक्त होता है।**

**(B) p-n संधि का विभव प्राचीर 0.1 वोल्ट तथा 0.3 वोल्ट के बीच होता है।**

(a) (A) गलत है परन्तु (B) सत्य है।
(b) (A) और (B) दोनों सत्य हैं।
(c) (A) तथा (B) गलत दोनों हैं।
(d) (A) सही है परन्तु (B) गलत है।

**66. एक पूर्ण तरंगित दिष्टकारी को 50 हर्टज आवृत्ति के एसी मेन के साथ फीड किया जाता है। रिपल की आउटपुट धारा की मूलभूत आवृत्ति क्या है?**

(a) 25 हर्ट्ज (b) 50 हर्ट्ज
(c) 75 हर्ट्ज (d) 100 हर्ट्ज

**67. $H_2S$ में 94.11% सल्फर होता है, $SO_2$ में 50% ऑक्सीजन और $H_2O$ में 11.11% हाइड्रोजन होता है। दिए गए सभी तत्वों का अनुपात ज्ञात कीजिए। आपकी गणना के बाद किस नियम की पुष्टि हुई है?**

(a) बहु अनुपात के नियम का पालन किया जाता है
(b) पारस्परिक अनुपात के नियम का पालन किया जाता है
(c) द्रव्यमान के संरक्षण के नियम का पालन किया जाता है
(d) उपरोक्त सभी

**68. $5 \times 10^{14}$ Hz आवृत्ति वाले विकिरण के एक मोल फोटॉनों की ऊर्जा की गणना कीजिए।**

(a) 199.51 kJ $mol^{-1}$ (b) 201.51 kJ $mol^{-1}$
(c) 193.51 kJ $mol^{-1}$ (d) 199.51 J mol

**69. निम्न दाब पर गैसों के माध्यम से विद्युत निर्वहन की घटना में, ट्यूब में रंगीन चमक किसके परिणामस्वरूप प्रकट होती है?**

(a) कैथोड से उत्सर्जित आवेशित कणों और गैस के परमाणुओं के बीच टकराव
(b) गैस के परमाणुओं के विभिन्न इलेक्ट्रॉनों के बीच टकराव
(c) परमाणुओं में इलेक्ट्रॉनों का उत्तेजन
(d) गैस के परमाणुओं के बीच टकराव

**70. निम्नलिखित में कौन लोहचुंबकत्व प्रदर्शित करता है?**

(a) Al (b) Na
(c) Zn (d) Co

**71. सल्फर ____ के कारण संयोजकता का प्रदर्शन करता है।**

(a) बड़ा आकार
(b) उच्च विद्युतीयऋणात्मकता
(c) सल्फर में d कक्षक की उपस्थिति
(d) उच्च आयनीकरण ऊर्जा

**72. बेंज़ीन में सभी बंध बराबर होने के क्या कारण हैं:**

(a) चलावयवता (b) I- प्रभाव
(c) अनुनाद (d) समावयवता

**73. $NO, NO^+$ और $NO^-$ में बंधन ऊर्जाओं का सही क्रम है:**

(a) $NO^- > NO > NO^+$ (b) $NO > NO^- > NO^+$
(c) $NO^+ > NO > NO^-$ (d) $NO^+ > NO^- > NO$

**74. हेस का स्थिर ताप योग का नियम ______ पर आधारित है।**

(a) $E = mc^2$
(b) मास का संरक्षण
(c) ऊष्मप्रवैगिकी का पहला नियम
(d) $E = hv$

**75. ऊष्मप्रवैगिकी _____ से संबंधित नहीं है।**

(a) दर जिस पर प्रतिक्रिया आगे बढ़ती है
(b) एक रासायनिक प्रतिक्रिया की व्यवहार्यता
(c) जिस हद तक एक रासायनिक प्रतिक्रिया आगे बढ़ती है
(d) रासायनिक प्रतिक्रिया में शामिल ऊर्जा परिवर्तन

**76. जलीय घोल में कार्बोनिक एसिड के लिए आयनीकरण स्थिरांक हैं $K1 = 4.2 \times 10^{-7}$ और $K2 = 4.8 \times 10^{-11}$। 0.034 मोलर कार्बोनिक एसिड के संतृप्त घोल के लिए सही कथन का चयन करें?**

(a) $CO_3{}^{2-}$ की सांद्रता 0.034 मोलर हैं।
(b) $CO_3{}^{2-}$ की सांद्रता $HCO_3^-$ से ज्यादा है।

(c) $H^+$ and $HCO_3^-$ की सांद्रता लगभग बराबर हैं।

(d) $H^+$ की सांद्रता $CO_3{}^{2-}$ के दोगुनी है ।

**77. फेरस सल्फेट और सोडियम सल्फाइड के इक्विमोलर घोल की अधिकतम मात्रा क्या है ताकि समान मात्रा में मिश्रित होने पर, लोहे सल्फाइड का अवक्षेपण न हो? ( लोहे के सल्फाइड के लिए $K_{sp} = 6.3 \times 10^{-18}$ )**

(a) $4 \times 10^{-9}$ मोल (b) $4.8 \times 10^{-11}$ मोल

(c) $5.02 \times 10^{-9}$ मोल (d) $6 \times 10^{-9}$ मोल

**78. प्रतिक्रिया में ऑक्सीकरण एजेंट का समान द्रव्यमान, $SO_2 + 2H_2S \rightarrow 3S + 2H_2O$ है**

(a) 32 (b) 64

(c) 16 (d) 8

**79. एक प्रतिक्रिया में $H_3PO_2$ के बराबर वजन इसके आणविक भार का आधा पाया जाता है। इसके कारण हो सकते हैं**

(a) $M$ (b) $\frac{M}{2}$

(c) $\frac{M}{4}$ (d) $\frac{3M}{4}$

**80. मान लीजिए कि आपके पास चार परखनली हैं जिन्हें 'A', 'B', 'C' और 'D' के रूप में अंकित किया गया है, 'A' में सादा पानी होता है, 'B' में क्षार का घोल होता है, 'C' में एक अम्ल का घोल होता है, और 'D' में सोडियम क्लोराइड का घोल होता है। इनमें से कौन सा घोल फिनोलफथेलिन घोल गुलाबी हो जाएगा?**

(a) घोल 'A' (b) घोल 'B'

(c) घोल 'C' (d) घोल 'D'

**81. दो घटक ए और बी एक आदर्श समाधान बनाते हैं। आदर्श विलयन में $A$ और $B$ के मोल अंश $X_A$ और $X_B$ हैं, जबकि वाष्प चरण में, इन घटकों के मोल अंश $Y_A$ के रूप में होते हैं। और $Y_B$ . फिर, $\frac{1}{Y_A}$ बनाम $\frac{1}{X_A}$ के प्लॉट का ढलान और अवरोधन होगा:**

(a) $\frac{P_A^o}{P_B^o}, \frac{P_B^o - P_A^o}{P_B^o}$ (b) $\frac{P_B^o}{P_A^o}, \frac{P_A^o - P_B^o}{P_A^o}$

(c) $\frac{P_B^o}{P_A^o}, \frac{P_B^o}{P_B^o - P_A^o}$ (d) $P_A^o - P_B^o, \frac{P_A^o}{P_B^o}$

**82. कोश के $emf$ की गणना करें जिसमें निम्नलिखित अभिक्रिया होती है**
$Ni(s) + 2Ag^+(0.002M) \longrightarrow Ni^{2+}(0.160M) + 2Ag(s)$
**दिया गया है कि $E^{\theta}_{cell}$ (cell)= 1.05 V**

(a) 0.922 V (b) 0.914 V

(c) 140 V (d) 0.941 V

**83. इलेक्ट्रोलाइट के $0.01\ N$ घोल का प्रतिरोध एक स्थिर सेल $0.66\ cm^{-1}$ की सेल चालकता का उपयोग करके $298\ K$ पर $210\ ohm$ पाया गया। घोल के समतुल्य चालकता है:**

(a) $3.14\ ohm^{-2}\ cm^2 eq^{-1}$ (b) $314.28\ ohm^{-1}\ cm^2 eq^{-1}$

(c) $31.4\ ohm^{-1}\ cm^2 eq^{-1}$ (d) $40\ ohm^{-1}\ cm^2 eq^{-1}$

**84. प्रतिक्रिया, $L \rightarrow M\ L$ के $10\ g$ के साथ शुरू किया जाता है। 30 और 90 मिनट के बाद, $L$ का $5\ g$ और $1.25\ g$ क्रमशः शेष रह जाता है। प्रतिक्रिया का क्रम निर्धारित करें।**

(a) शून्य (b) $II^{nd}$

(c) $I^{st}$ (d) $III^{rd}$

**85. प्रतिक्रिया 2 A → उत्पादों में, A की सांद्रता $0.5\ mol\ L^{-1}$ से घटकर $0.4\ mol\ L^{-1}$ हो जाती है 10 मिनट में। इस अंतराल के दौरान दर की गणना करें:**

(a) $5 \times 10^3$ (b) $4 \times 10^5$

(c) $7 \times 10^3$ (d) $8 \times 10^3$

**86. Four successive members of the first row transition elements are listed below with atomic numbers. Which one of them is expected to have the highest $E^0_{M^{3+}/M^{2+}}$ value?**

(a) $Mn(Z = 25)$ (b) $Fe(Z = 26)$

(c) $Co(Z = 27)$ (d) $Cr(Z = 24)$

**87. Consider the following reaction:**
$xMnO_4{}^- + yC_2O_4{}^{2-} + zH^+ \rightarrow xMn^{2+} + 2yCO_2 + \frac{z}{2}H_2O$
**The respective values of $x$, $y$ and $z$ in the reaction are:**

(a) 2, 5 and 8 (b) 2, 5 and 16

(c) 5, 2 and 8 (d) 5, 2 and 16

**88. ऐसा कहा जाता है कि जैविक प्रणालियों में समन्वय यौगिकों का बहुत महत्व है। इस संदर्भ में निम्नलिखित में से कौन सा कथन गलत है?**

(a) क्लोरोफिल पौधों में हरे रंग के वर्णक होते हैं और इनमें कैल्शियम होता है।

(b) साइनोकोबालामिन $B_{12}$ है और इसमें कोबाल्ट होता है।

(c) कार्बोक्सीपेप्टिडेज़-A एक एंजाइम है और इसमें जिंक होता है।

(d) हीमोग्लोबिन रक्त का लाल रंगद्रव्य है और इसमें आयरन होता है।

**89. सूची - I को सूची - II के साथ मिलान कीजिए।**

| सूची - I (प्राप्त उत्पाद) | सूची - II (कार्बोनिल यौगिक की निम्नलिखित के साथ अभिक्रिया) |
|---|---|
| (a) सायनोहाइड्रिन | (i) $NH_2OH$ |
| (b) ऐसीटैल | (ii) $RNH_2$ |
| (c) शिफ़ क्षारक | (iii) ऐल्कोहॉल |
| (d) ऑक्सिम | (iv) $HCN$ |

**नीचे दिए गए विकल्पों में से सही उत्तर चुनिए:**

(a) (a) - (i), (b) - (iii), (c) - (ii), (d) - (iv)

(b) (a)-(iv), (b)-(iii), (c)-(ii), (d)-(i)

(c) (a)-(iii), (b)-(iv), (c)-(ii), (d)-(i)

(d) (a) - (ii), (b) - (iii), (c)-(iv), (d) - (i)

**90. एथेनल में क्रियात्मक समूह है-**

(a) >C=0 (b) –CHO

(c) –OH (d) –COOH

**91. $C_2H_5OH$ का IUPAC नाम है-**

(a) एथेनॉल (b) मेथेनॉल

(c) मेथेनल (d) एथेनल

**92. किसी तत्व का इलेक्ट्रॉनिक विन्यास $1s^2 2s^2 2p^6 3s^2 3p^3$ है। उस तत्व का परमाणु क्रमांक क्या है, जो आवर्त सारणी में उपरोक्त तत्व के ठीक नीचे है?**

(a) 36 (b) 49

(c) 33 (d) 34

**93. निम्नलिखित अभिक्रिया से बना प्रमुख उत्पाद है:**
$C_6H_5CH_2CH = CH_2 \xrightarrow{HCl} ?$

(a) ( 1 -क्लोरोप्रोपिल)-बेन्जीन (b) 2 -क्लोरोप्रोपिल)-बेन्जीन

(c) 3 - क्लोरोप्रोपिल)-बेन्जीन (d) 1 -एलाइल- 2 -क्लोरोबेंजीन

**94. बेंजीन में घुलने पर एसिटिक एसिड डिमराइजेशन से गुजरता है:**

$$2CH_3-COOH \rightleftharpoons CH_3-C\begin{matrix} O\ldots HO \\ OH\ldots O \end{matrix}C-CH_3$$

**एसिटिक अम्ल का आण्विक द्रव्यमान 120 पाया जाता है। निम्नलिखित**

में से कौन सा संबंध सही है?
D = सैद्धांतिक वाष्प घनत्व
d = प्रेक्षित वाष्प घनत्व

(a) $\alpha = 2\left(\frac{D-d}{d}\right)$ (b) $\alpha = 2\left(\frac{D-d}{D}\right)$
(c) $\alpha = 2\left(\frac{d-D}{d}\right)$ (d) $\alpha = \frac{2d}{D-d}$

**95. डाइनाइट्रोजन के वातावरण में मैग्नीशियम जल जाता है। इस प्रकार उत्पादित राख को पानी से उपचारित किया जाता है। अंतिम उत्पाद हैं:**
(a) $MgO + H_2$ (b) $Mg(OH)_2$
(c) $Mg(OH)_2 + NH_3$ (d) $MgH_2 + O_2$

**96. $CH_3CH = CH_2$ का ऑक्सीमरक्यूरेशन-डिमरक्यूरेशन उत्पादित करेगा:**
(a) $CH_3CH_2CH_2OH$ (b) $CH_3CH(OH)CH_3$
(c) $CH_3CH(OH)CH_2OH$ (d) $CH_3COCH_3$

**97. निम्नलिखित में से कौन से ऑक्सोअम्ल में एक से अधिक S – S बंध होते हैं?**
(a) डाइथायोनिक अम्ल (b) थायोसल्फोरस अम्ल
(c) पॉलिथायोनिक अम्ल (d) परॉक्सोडाइसल्फ्यूरिक अम्ल

**98. क्वथनांक के बढ़ते क्रम में निम्नलिखित को व्यवस्थित करें:**
**I. एथिलमिथाइलमाइन**
**II. प्रोपीलामाइन**
**III. ट्राइमेथिलमाइन**
(a) II < I < III (b) III < I < II
(c) III < II < I (d) I < III < II

**99. A compound with molecular mass 180 is acylated with $CH_3COCl$ to get a compound with molecular mass 390 . The number of amino groups present per molecule of the former compound is:**
(a) 5 (b) 4
(c) 6 (d) 2

**100. The gas leaked from a storage tank of the Union Carbide Plant in Bhopal Gas Tragedy was:**
(a) methylamine (b) ammonia
(c) phosgene (d) methyl isocyanate

## Art of Teaching and Other skills

**101. शिक्षण के चिंतनशील स्तर में शिक्षक की भूमिका _______ होती है।**
(a) निरंकुश (b) अहस्तक्षेपी
(c) सत्तावादी (d) छात्र हितैषी

**102. व्यवहारवादी दृष्टिकोण के अनुसार, अधिगम ______**
(a) लक्ष्य उन्मुख होता है।
(b) प्रयत्न और त्रुटि के माध्यम से होता है।
(c) अनुभवों के माध्यम से व्यवहार में परिवर्तन है।
(d) स्थिति की सम्पूर्णता पर निर्भर करता है।

**103. सूक्ष्म शिक्षण है:**
(a) विषय की सूक्ष्म अवधारणाओं का शिक्षण करना
(b) सूक्ष्म स्तर पर शिक्षण करना
(c) अवधारणाओं और सिद्धांतों की विस्तृत व्याख्या प्रदान करना
(d) भिन्न शिक्षण कौशल का भिन्न अभ्यास करना

**104. निम्न में से कौन अनुदेशात्मक उद्देश्यों से सम्बन्धित ब्लूम के वर्गीकरण के संज्ञानात्मक पक्ष से सम्बन्धित नहीं है?**
(a) अवबोध (b) ज्ञान
(c) चरित्र निर्माण (d) विश्लेषण

**105. निम्न में से कौन-सा शिक्षण का स्तर नहीं है?**
(a) स्मृति स्तर (b) अभिप्रेरणा स्तर
(c) अवबोध स्तर (d) प्रत्यावर्ती स्तर

**106. ह्यूरिस्टिक विधि के प्रतिपादक कौन थे?**
(a) हर्बर्ट स्पेंसर (b) आर्मस्ट्रांग
(c) जॉन डीवी (d) स्कॉट मोनरो

**107. प्रयोजना शिक्षण विधि के प्रणेता कौन थे?**
(a) फ्रोबेल (b) डीवी
(c) मॉन्टेसरी (d) रविंद्रनाथ

**108. कक्षा-शिक्षण के उपरान्त छात्रों की अधिगम सम्बन्धी समस्याओं को जानने के लिए कौन-सा परीक्षण किया जाता है?**
(a) नैदानिक परीक्षण (b) उपलब्धि परीक्षण
(c) इकाई परीक्षण (d) रचनात्मक आकलन

**109. In a language classroom, which skill, among the ones listed below, cannot be tested in a formal written examination?**
(a) Reading for information
(b) Meaning of words and phrases
(c) Reading for pleasure
(d) Inferential comprehension

**110. निम्नलिखित में से किस कक्षायी प्रक्रिया का विश्लेषण, किसी अध्यापक के वंचित समूहों के प्रति गढ़ित गूढ़ पूर्वाग्रहों को उजागर कर सकता है?**
(a) लिंग, जाति और आर्थिक श्रेणी के आधार पर निर्धारित आसन-व्यवस्था
(b) अध्यापक का "निपुणता-उन्मुखी" अभिप्रेरणा शैली को प्रोत्साहित करना
(c) अधिगम-कठिनता अनुभव करने वाले बच्चों के लिए यथोचित समायोजन करना
(d) बच्चों को शिक्षा प्रणाली के यंत्रवादी पहलुओं का परीक्षण, प्रतिरोध और चुनौती देने के लिए प्रोत्साहित करना

**111. कक्षा में सृजनात्मकता को बढ़ावा देने के लिए, विद्यार्थियों को कैसे अवसर प्रदान करने चाहिए?**
(a) विशिष्ट उपलब्धि वर्ग में सम्मेलन के
(b) मौलिक खोज और सोच को प्रोत्साहित करने के
(c) परीक्षा देने के बेहतर कौशल विकसित करने के
(d) अभिसारिक सोच सीखने के

**112. वस्तुनिष्ठ परीक्षण ______ के लिए उपयुक्त नहीं हैं।**
(a) विचारों को प्रदान करना और व्यवस्थित करना
(b) लागत में कमी
(c) निर्माण में आसानी
(d) कारक का अनुमान लगाने से बचें

**113. क्रिया जैसे स्मरण, पहचानना और समझना ब्लूम की वर्गीकी के संज्ञानात्मक डोमेन के किस स्तर के अंतर्गत आते हैं?**
(a) ज्ञान (b) मूल्यांकन
(c) समझ (d) विश्लेषण

**114. यदि शिक्षक को निर्देशात्मक सामग्रियों के आयोजन से पहले छात्रों की शक्तियों और कमजोरियों के बारे में जानना है, तो शिक्षक को आचरण करना चाहिए:**
(a) योगात्मक आकलन (b) नैदानिक आकलन

(c) अंतरिम मूल्यांकन (d) रचनात्मक मूल्यांकन

**115. निम्न में से कौन-सा घटक सामाजिक-सांस्कृतिक घटकों की श्रेणी में आता है जो विकास को प्रभावित करता है ?**

(a) स्कूली माहौल (b) तंत्रिका-संबंधी विकार
(c) जैविक प्रवृत्तियाँ (d) आनुवंशिक बनावट

**116. निम्न में से कौन-से कारकों द्वारा विद्यालयों में बच्चों का अधिगम से जुड़ाव प्रभावित होता है?**
**i. पारिवारिक समाजीकरण**
**ii. समकक्षी सम्बन्धों**
**iii. सांस्कृतिक मूल्य**
**iv. बच्चों का आत्म-सम्मान**

(a) (iv) (b) (ii) और (iv)
(c) (i), (ii), (iii) और (iv) (d) (i) और (iii)

**117. पर्यावरण अध्ययन की निम्नलिखित में से कौन सी पाठ्य पुस्तक विद्यार्थियों के लिए उपयोगी होगी?**

(a) पुस्तक में इकाई के अंत में दी गई गतिविधियाँ
(b) पुस्तक में अध्याय के अंत में दी गई गतिविधियाँ
(c) पुस्तक में विषय के साथ दी गई गतिविधियाँ
(d) पुस्तक में विभिन्न स्थानों पर दी गई गतिविधियाँ

**118. टीएलएम (TLM) का चयन किस आधार पर किया जाना चाहिए?**
**I. संदर्भगत**
**II. प्रतिमान**
**III. वास्तविक जीवन के अनुभव से संबंधित**
**IV. प्रासंगिकता**

(a) I, III और IV (b) I, II, III और IV
(c) I, II और III (d) I, II और IV

**119. Which of the following would be the MOST effective tool to teach vocabulary and spellings to grade III children who are learning English as their second language?**
**1. Podcasts**
**2. Writing Templates**
**3. Picture Dictionary**
**4. Bilingual texts**

(a) 1 (b) 2
(c) 3 (d) 4

**120. निर्देश : निम्नलिखित प्रश्नों में से सबसे उपयुक्त उत्तर का चयन कीजिये। निम्नलिखित कथन में किसे 'अधिगम' की एक विशेषता के रूप में नहीं माना जा सकता है?**

(a) भुला देना भी सीखने का एक हिस्सा है।
(b) यह एक प्रक्रिया है जो व्यवहार की मध्यस्थता करता है।
(c) व्यवहार का अध्ययन अधिगम है।
(d) अधिगम कुछ अनुभवों के एक परिणाम के रूप में होता है।

**121. स्कूलों में पर्यावरण शिक्षा को पढ़ाया जाना चाहिए क्योंकि -**

(a) यह पर्यावरण प्रदूषण को प्रभावित करेगा
(b) यह जीवन का महत्वपूर्ण हिस्सा है
(c) यह शिक्षकों को नौकरी प्रदान करेगा
(d) हम पर्यावरण से बच नहीं सकते

**122. In present era English language teaching is facing:**

(a) Over emphasis on grammar
(b) Lack of language laboratory
(c) Teaching through translation
(d) All of the above

**123. छोटी कक्षाओं में पर्यावरण अध्ययन विषय में रुचि उत्पन्न करने के लिए पढ़ाने का तरीका कैसा होना चाहिए?**

(a) आगमन (b) मनोरंजक एवं खेल सम्बन्धी
(c) रटने का (d) निगमन का

**124. उन बाधाओं की पहचान करें जिनका सामना समस्या समाधान के दौरान करना पड़ता है।**

(a) रुचि का अभाव (b) नकारात्मक उच्चता
(c) पक्षपात (d) ये सभी

**125. पूर्व-स्नातक पाठ्यक्रमों के लिए ई-सामग्री निर्माण मानव संसाधन विकास मंत्रालय द्वारा किसे निर्दिष्ट किया गया है-**

(a) इनफ्लिबनेट
(b) शैक्षिक संचार संकाय
(c) राष्ट्रीय ज्ञान आयोग
(d) इंदिरा गांधी राष्ट्रीय मुक्त विश्वविद्यालय

**126. शिक्षण प्रभावकारिता को प्रभावित करने वाला एक सर्वाधिक शक्तिशाली कारक किससे सम्बंधित है?**

(a) देश की सामाजिक व्यवस्था से
(b) समाज की आर्थिक स्थिति से
(c) विधमान राजनीतिक व्यवस्था से
(d) शैक्षणिक व्यवस्था से

**127. योद्धा का संबंध तलवार से है, बढ़ई का सम्बन्ध आरी से है, किसान का सम्बन्ध हल से है। इसी तरह से लेखक का सम्बन्ध है**

(a) पुस्तक से (b) कीर्ति से
(c) पाठक से (d) कलम से

**128. "बेहतर शिक्षा का लाभ उठाकर किसी आदमी का अपने को स्त्री से अधिक बुद्धिमान मानना इसी प्रकार है जैसे कि एक हाथ बंधे हुये व्यक्ति को पीटकर किसी आदमी द्वारा अपने साहस की शेखी बघारना।"**

(a) निगमन तर्क (b) काल्पनिक तर्क
(c) साद्दश्यमूलक तर्क (d) तथ्यात्मक तर्क

**129. निर्देश: नीचे दिए गए कथनों पर विचार करें:**
**(i) मॉरिसन शिक्षण के बोध स्तर के प्रस्तावक हैं।**
**(ii) हर्बर्ट शिक्षण के चिंतन स्तर के प्रस्तावक हैं।**
**(iii) हंट शिक्षण के स्मृति स्तर के प्रस्तावक हैं।**
**उपरोक्त कथनों में से कौन सा/से सही है/हैं?**

(a) केवल (i) (b) केवल (ii) और (iii)
(c) केवल (iii) (d) इनमें से कोई नहीं

**130. एक शिक्षक सामान्यतः विद्यार्थियों को अलग-अलग कार्य देता/देती है। वह यह विश्वास करता/करती है कि:**

(a) विद्यार्थी एक जैसे कार्य सभी विद्यार्थियों को दिए जाने को पसंद नहीं करते।
(b) यह विद्यार्थियों में रचनात्मक प्रतिस्पर्धा को बढ़ाता है।
(c) विद्यार्थियों में वैयक्तिक अंतर होते हैं।
(d) विद्यार्थी एक-दूसरे के कार्य की नकल नहीं कर सकेंगे।

**131. दिल्ली के किस सुल्तान ने पहली बार "घरी" या गृह कर लगाया?**

(a) बलबन (b) अलाउद्दीन खलजी
(c) मुहम्मद-बिन-तुगलक (d) फिरोज शाह तुगलक

**132. सरयू नदी किस नदी की सहायक नदी है?**

(a) पिंडर (b) भागीरथी
(c) टोंस (d) शारदा

**133. विदेशी मुद्रा, जिससे त्वरित प्रवास की प्रवृत्ति होती है, कहलाती है:**

(a) गर्म मुद्रा (b) स्वर्ण मुद्रा
(c) सुलभ मुद्रा (d) दुर्लभ मुद्रा

**134. जनवरी 2023 में, विश्व आर्थिक मंच (WEF) द्वारा स्वास्थ्य और जीवन विज्ञान पर केंद्रित चौथी औद्योगिक क्रांति के लिए अपना केंद्र स्थापित करने के लिए किस शहर को चुना गया है?**

(a) हैदराबाद (b) बेंगलुरु
(c) पुणे (d) अहमदाबाद

**135. बिहार में 1857 की क्रान्ति के नेता कुँवर सिंह का देहान्त कब हुआ?**

(a) 10 अप्रैल, 1858 (b) 17 जून, 1858
(c) 9 मई, 1858 (d) 26 अप्रैल 1858

**136. भारतीय वन अनुसंधान संस्थान कहाँ स्थित है?**

(a) लखनऊ (b) भोपाल
(c) दिल्ली (d) देहरादून

**137. ग्रीनहाउस प्रभाव मुख्य रूप से वायुमंडलीय में वृद्धि के कारण होता है:**

(a) नाइट्रोजन (b) कार्बन डाइआक्साइड
(c) ओजोन (d) कार्बन मोनोआक्साइड

**138. जल प्रदूषण के स्रोतों के संदर्भ में, निम्नलिखित में से कौन सा सच है/हैं?**

**1. प्राकृतिक स्रोत**
**2. घरेलू स्रोत**
**3. कृषि स्रोत**
**4. औद्योगिक स्रोत**
**निम्नलिखित कोड से सही उत्तर चुनें:**

(a) केवल 4 (b) केवल 2, 3 और 4
(c) केवल 3 और 4 (d) 1, 2, 3 और 4

**139. ईवीएस पाठ्यक्रम में सुझाए गए विषयों के तहत निम्नलिखित में से कौन सा एक उपविषय है?**

(a) परिवार और दोस्त
(b) भोजन
(c) पशु
(d) चीजें जो हम बनाते हैं और करते हैं

**140. ईवीएस सीखने के लिए निम्नलिखित में से कौन सा सबसे प्रभावी है/हैं?**

**A. परिवार के सदस्य**
**B. समुदाय के सदस्य**
**C. समाचार पत्र**
**D. कक्षा**

(a) केवल D (b) केवल C और D
(c) A, B और C (d) केवल A और B

**141. सात व्यक्तियों के पास 20, 30, 40, 50, 60, 70 और 80 चॉकलेट हैं। यदि उनमें से प्रत्येक को अतिरिक्त रूप से 5 चॉकलेट दी जाती हैं, तो उनके पास चॉकलेट की औसत संख्या क्या होगी?**

(a) 50 (b) 55
(c) 45 (d) 60

**142. 3 वर्षों में एक धनराशि 27 गुणा हो जाती है। वह ब्याज दर ज्ञात कीजिए जिस पर वर्षिक रूप से लगाए गए चक्रवृद्धि ब्याज पर धनराशि दी जाती है।**

(a) 250% (b) 200%
(c) 261% (d) 245%

**143. यदि $P = 0.3 \times 0.3 + 0.03 \times 0.03 - 0.6 \times 0.03$ और $Q = 0.54$ है, तो $\frac{P}{Q}$ का मान ज्ञात कीजिए।**

(a) 0.45 (b) 4.05
(c) 0.135 (d) 4.5

**144. 2 संख्याओं का योग 33 है और उनके म.स.प. और ल.स.प. क्रमशः 3 और 90 हैं। दोनों संख्याओं के व्युत्क्रम का अंतर क्या है?**

(a) $\frac{1}{60}$ (b) $\frac{1}{30}$
(c) $\frac{1}{90}$ (d) $-\frac{1}{30}$

**145. एक खिलौना एक शंकु के आकार का है जो त्रिज्या $3.5cm$ के एक अर्धगोले पर लगा है। खिलौने की कुल ऊंचाई $15.5cm$ है, तो खिलौने का कुल पृष्ठीय क्षेत्रफल और आयतन ज्ञात कीजिए।**

(a) $214.5cm^2, 243.83cm^3$ (b) $214.3cm^2, 242.84cm^3$
(c) $214.8cm^2, 245.83cm^3$ (d) $214.5cm^2, 246.83cm^3$

**146. जो सम्बन्ध "ह्रदय" का "रक्त" से हैं वही सम्बन्ध "फेफड़ों" का किससे है?**

(a) श्वसन क्रिया (b) छाती
(c) ऑक्सीजन (d) हवा

**147. निर्देश: निम्नलिखित प्रश्न में दिए गए विकल्पों में से विषम का चयन करें।**

(a) फ्रांस (b) चीन
(c) बांग्लादेश (d) नेपाल

**148. समांतर श्रेणी में तीन संख्या हैं। यदि इन संख्याओं का योग 27 है और गुणनफल 648 है, तो संख्याएँ ज्ञात कीजिए।**

(a) 6, 9, 12 (b) 3, 6, 12
(c) 3, 9, 12 (d) 3, 15, 12

**149. एक विशिष्ट कोड में PAPER को SCTGW के रूप में लिखा जाए, तो उसी कोड में MOTHER को कैसे लिखा जाता है?**

(a) ORVLGW (b) PQVJGT
(c) PQXJJT (d) PQXKJV

**150. A, B का पति है। C, B का भाई है। D, B का पिता है। E, B का बेटा है। F, A की बेटी है। F और D के बीच क्या संबंध है?**

(a) पति-पत्नी (b) भाई-बहन
(c) दादा-पोती (d) दादी-पोता

## // स्मार्ट उत्तर पुस्तिका //

**सही उत्तर** उन छात्रों का प्रतिशत जिन्होंने प्रश्न का सही उत्तर दिया।

छोड़ दिया उन छात्रों का प्रतिशत जिन्होंने प्रश्न को छोड़ दिया।

| प्रश्न संख्या | उत्तर | सही उत्तर / छोड़ दिया | प्रश्न संख्या | उत्तर | सही उत्तर / छोड़ दिया | प्रश्न संख्या | उत्तर | सही उत्तर / छोड़ दिया |
|---|---|---|---|---|---|---|---|---|
| 1 | B | 68.05% / 1.15% | 2 | C | 63.6% / 1.44% | 3 | A | 63.77% / 1.77% |
| 4 | C | 52.14% / 1.02% | 5 | A | 51.48% / 1.02% | 6 | A | 43.61% / 1.22% |
| 7 | B | 58.92% / 1.18% | 8 | C | 87.72% / 0.0% | 9 | A | 45.18% / 1.46% |
| 10 | D | 64.94% / 1.29% | 11 | A | 64.53% / 1.0% | 12 | B | 12.96% / 4.51% |
| 13 | D | 41.28% / 1.46% | 14 | B | 69.99% / 1.21% | 15 | B | 62.04% / 1.85% |
| 16 | D | 53.58% / 1.41% | 17 | C | 40.8% / 1.88% | 18 | C | 59.63% / 1.11% |
| 19 | D | 62.95% / 1.66% | 20 | A | 81.73% / 0.0% | 21 | A | 58.44% / 1.53% |
| 22 | D | 51.01% / 1.99% | 23 | C | 69.57% / 1.11% | 24 | D | 48.9% / 1.73% |
| 25 | B | 41.3% / 1.34% | 26 | D | 44.61% / 1.86% | 27 | D | 58.43% / 1.89% |
| 28 | C | 45.86% / 1.83% | 29 | C | 41.18% / 1.59% | 30 | D | 53.32% / 1.38% |
| 31 | A | 20.85% / 3.69% | 32 | B | 55.61% / 1.96% | 33 | D | 44.77% / 1.07% |
| 34 | B | 66.1% / 1.58% | 35 | D | 18.71% / 3.58% | 36 | B | 56.08% / 1.8% |

| | | | | | | | | | | | |
|---|---|---|---|---|---|---|---|---|---|---|---|
| 37 | B | 10.22% | 4.77% | 38 | B | 14.17% | 3.17% | 39 | D | 11.36% | 3.84% |
| 40 | A | 51.53% | 1.56% | 41 | A | 69.13% | 1.5% | 42 | C | 69.66% | 1.87% |
| 43 | A | 15.47% | 3.49% | 44 | C | 21.38% | 4.75% | 45 | B | 46.68% | 1.82% |
| 46 | B | 45.36% | 1.41% | 47 | B | 89.54% | 0.0% | 48 | A | 60.87% | 1.34% |
| 49 | B | 23.61% | 3.78% | 50 | D | 58.25% | 1.74% | 51 | D | 59.17% | 1.47% |
| 52 | C | 19.41% | 3.58% | 53 | C | 78.29% | 0.0% | 54 | C | 40.83% | 1.5% |
| 55 | D | 49.36% | 1.65% | 56 | C | 57.28% | 1.05% | 57 | B | 50.55% | 1.9% |
| 58 | D | 58.71% | 1.01% | 59 | A | 42.88% | 1.48% | 60 | A | 41.42% | 1.94% |
| 61 | C | 60.53% | 1.06% | 62 | A | 65.83% | 1.66% | 63 | B | 64.43% | 1.33% |
| 64 | D | 50.07% | 1.4% | 65 | D | 64.44% | 1.59% | 66 | D | 53.57% | 1.76% |
| 67 | B | 50.48% | 1.5% | 68 | A | 65.87% | 1.34% | 69 | C | 64.09% | 1.77% |
| 70 | D | 67.1% | 1.46% | 71 | C | 43.05% | 1.51% | 72 | C | 41.42% | 1.71% |
| 73 | C | 60.61% | 1.57% | 74 | C | 51.67% | 1.95% | 75 | A | 41.2% | 1.65% |
| 76 | C | 43.72% | 1.36% | 77 | C | 43.63% | 1.49% | 78 | C | 63.03% | 1.25% |
| 79 | D | 41.87% | 1.66% | 80 | B | 58.25% | 1.93% | 81 | B | 62.7% | 1.53% |
| 82 | B | 44.25% | 1.96% | 83 | D | 56.08% | 1.65% | 84 | C | 59.79% | 1.24% |
| 85 | A | 44.94% | 1.64% | 86 | C | 66.04% | 1.61% | 87 | B | 60.9% | 1.01% |
| 88 | A | 48.9% | 1.58% | 89 | B | 59.5% | 1.38% | 90 | B | 55.15% | 1.07% |
| 91 | A | 82.87% | 0.0% | 92 | C | 56.74% | 1.1% | 93 | A | 60.27% | 1.82% |
| 94 | C | 63.88% | 1.68% | 95 | C | 53.07% | 1.7% | 96 | B | 44.21% | 1.21% |
| 97 | C | 60.73% | 1.72% | 98 | B | 82.98% | 0.0% | 99 | A | 47.57% | 1.99% |
| 100 | D | 51.27% | 1.94% | 101 | B | 57.2% | 1.44% | 102 | C | 84.72% | 0.0% |
| 103 | A | 76.85% | 0.0% | 104 | C | 66.58% | 1.87% | 105 | D | 55.04% | 1.93% |
| 106 | B | 86.37% | 0.0% | 107 | B | 60.97% | 1.27% | 108 | A | 78.24% | 0.0% |
| 109 | C | 15.63% | 3.31% | 110 | A | 65.17% | 1.45% | 111 | B | 48.48% | 1.12% |
| 112 | A | 48.29% | 1.77% | 113 | A | 43.16% | 1.7% | 114 | B | 32.34% | 4.77% |
| 115 | A | 80.9% | 0.0% | 116 | C | 17.21% | 4.47% | 117 | B | 44.86% | 1.43% |
| 118 | B | 30.07% | 3.13% | 119 | C | 48.08% | 1.6% | 120 | C | 83.33% | 0.0% |
| 121 | B | 49.37% | 1.06% | 122 | D | 63.69% | 1.96% | 123 | B | 85.95% | 0.0% |
| 124 | D | 68.12% | 1.87% | 125 | B | 79.6% | 0.0% | 126 | D | 49.63% | 1.65% |
| 127 | D | 85.32% | 0.0% | 128 | C | 26.51% | 3.33% | 129 | A | 67.07% | 1.05% |
| 130 | D | 66.67% | 1.42% | 131 | B | 41.18% | 1.79% | 132 | D | 77.47% | 0.0% |
| 133 | A | 48.99% | 1.19% | 134 | A | 87.92% | 0.0% | 135 | D | 24.42% | 4.89% |
| 136 | D | 69.25% | 1.36% | 137 | B | 49.01% | 1.62% | 138 | D | 60.52% | 1.27% |
| 139 | C | 81.63% | 0.0% | 140 | C | 52.58% | 1.53% | 141 | B | 56.86% | 1.82% |
| 142 | B | 65.91% | 1.93% | 143 | C | 57.94% | 1.15% | 144 | C | 47.63% | 1.0% |
| 145 | A | 19.97% | 4.65% | 146 | C | 61.98% | 1.94% | 147 | A | 79.97% | 0.0% |
| 148 | A | 43.61% | 1.44% | 149 | C | 56.95% | 1.01% | 150 | C | 53.14% | 1.44% |

## // संकेत और समाधान //

**1(B).** जीवाणु सूक्ष्म प्रोकैरियोट्स (एकल-कोशिका वाले जीव) हैं। मोनेरा जगत के एकमात्र सदस्य हैं। जीवाणुओं के आकार में भिन्नता होती है, उनके आकार के आधार पर जीवाणु विभिन्न प्रकार के होते हैं:
दण्ड के आकार के जीवाणु को बैसिली कहा जाता है।

**1. कोकस/कोक्सी :**
- ये जीवाणु गोलाकार या अंडाकार होते हैं।
- ये सबसे छोटे जीवाणु होते हैं।
- ये सबसे प्रतिरोधी जीवाणु हैं (इसलिए, ये सबसे आम हैं)
- जैसे - डिप्लोकॉकस न्यूमोनिया।

**2. बैसिलस/बेसिली:**
- इस समूह में अधिकांश जीवाणु शामिल हैं।
- वे दण्ड के आकार के होते हैं।
- जैसे - ई कोली, बैसिलस ऐंथरैसिस

**3. सर्पिल :**
- ये सर्पिल आकार के जीवीणु होते हैं।
- जैसे - स्पिरिलियम विलेन्स।

**4. विब्रियो :**
- वे अल्पविराम के आकार के जीवाणु हैं।
- जैसे - विब्रियो कोलेरी।

**2(C).** हिमगिरि एक गेहूं संकर प्रकार है, जो प्रति हेक्टेयर 26-30 QLs/Ha पैदावार देती है। यह एक रोग प्रतिरोधक किस्म है जो रस्ट या पीले रतुआ को काटती है। यह ट्रिटिकम ब्यूटीविम प्रजाति है। किस्म IARI द्वारा विकसित की गई थी। एचएस- 375 का उत्पादन सिंचित / वर्षा आधारित क्षेत्र में किया जाता है। यह हिमगिरि की मध्यम उर्वरता और देर से बोया जाने वाला संकर है, जबकि HS375 उत्तरी हिमालय और गढ़वाल क्षेत्र में बहुत अधिक ऊंचाई पर निर्मित होता है। हिमगिरी 'पत्ती और धारीदार जंग और पहाड़ी चोंच रोगों के लिए प्रतिरोध है।

**3(A).** ग्रे नर्स शार्क अंतर्गर्भाशयी नरभक्षण का अभ्यास करती है, या गर्भ में अन्य निषेचित या अनफर्टिलाइज्ड अंडे खाती है। ऐसा इसलिए है क्योंकि शार्क अपने भ्रूण के दांतों को विकसित करती हैं, वे दूसरे भ्रूणों को खाना शुरू कर देती हैं, जिससे उनके अजन्मे भाइयों और बहनों की मौत हो जाती है, साथ ही साथ अण्डे से बने अंडे भी मिलने लगते हैं। पहले विकसित भ्रूण दोनों अतिरिक्त अंडे और किसी अन्य विकासशील भ्रूण का उपभोग करते हैं।

**4(C).** जिम्नोस्पर्म वर्ग के पौधों को नग्नबीजी पौधे कहा जाता है।
जिम्नोस्पर्म शब्द का अर्थ है नग्नबीज और बीज फल के अंदर संलग्न नहीं होते हैं बल्कि इसके बजाय उजागर होते हैं या शंकु के तराजू पर पाइन शंकु की तरह होते हैं। जिम्नोस्पर्म 'पादप' समुदाय से संबंधित हैं। जिम्नोस्पर्म में कॉनिफ़र, साइकैड्स, गनेटोफाइट्स और गिंकगोफाइटा डिवीजन और जिन्कगो बिलोबा की प्रजातियां शामिल हैं।
जिम्नोस्पर्म की विशेषताएं: वे फूल नहीं पैदा करते हैं, एक फल के अंदर बीज नहीं बनते हैं, उन्हें अंडाशय, यौली और कलंक में विभेदित नहीं किया जाता है चूंकि कलंक मौजूद नहीं है, वे सीधे हवा से परागित होते हैं।
जिम्नोस्पर्म के उदाहरण: साइकस, पाइनस, सेड्स, व जिनिपेरुस

**5(A).** बीजाणु के गठन के बिना स्पोरोफाइट की वनस्पति कोशिकाओं से सीधे गैमेटोफाइट का विकास निम्नानुसार अपबीजाणुता है।
- पार्थेनोजेनेसिस अलैंगिक प्रजनन है, जिसमें संतान अकुशल अंडों से विकसित होती है।
- अपोगामी1n स्पोरोफाइट का विकास बिना युग्मकों के होता है।
- ज़ेनिया बीज और फल पात्रों पर पराग का सीधा प्रभाव है या फल और बीज के विकास पर पुरुष माता-पिता से जीन का प्रभाव है।
- एपोस्पोरी, बीजाणुओं के गठन के बिना स्पोरोफाइट की वनस्पति कोशिकाओं से द्विगुणित गैमेटोफाइट का विकास है।

**6(A).** सांप की कोई पलक नहीं होती है । प्रत्येक आंख एक एकल, पारदर्शी पैमाने के साथ कवर की गई है। ये आँख की झुर्रिया आँखों को यांत्रिक क्षति से बचाते हैं और आँखों को सूखने से रोकते हैं, ठीक वैसे ही जैसे एक पलक करेगी। वास्तव में, सांपों ने अपनी आंखों की सुरक्षा के लिए एक और उपाय विकसित किया।

**7(B).** मेंढकों में पैरासेफेनोइड हड्डी खोपड़ी के आधार पर स्पैनॉइड के नीचे स्थित होती है। यह एक चपटा, उलटा टी-आकार की हड्डी है। तो, सही उत्तर यह है कि मेंढकों में पैरासिनोइड की हड्डी 'कपाल का तल' बनती है।

**8(C).** घास की पत्ती में रंध्र डंब-बेल के आकार के होते हैं।
रंध्र छोटे छिद्र होते हैं जो गैसों के आदान-प्रदान को सक्षम करते हैं। रंध्र आमतौर पर पौधों की पत्तियों में देखा जाता है लेकिन कुछ मामलों में यह तनों में भी मौजूद होता है। रंध्रों का खुलना और बंद होना रक्षक कोशिकाएं द्वारा नियंत्रित होता है। रक्षक कोशिकाएं सिकुड़ने पर अक्सर छिद्र बंद हो जाते हैं। रंध्र प्राय: दिन में खुलते हैं और रात में बंद हो जाते हैं। ज्यादातर मामलों में, रक्षक कोशिकाएं बीन के आकार में मौजूद होती हैं, लेकिन घास (मोनोकॉट) में दो डंब-बेल के आकार की रक्षक कोशिकाएं होती हैं जो दो पार्श्व सहायक कोशिकाओं से जुड़ी होती हैं।

**9(A).** परागोभ्दव पुष्पी कलियों के मुख की प्रक्रिया को संदर्भित करता है। इसमें परागकोश का स्फुटन शामिल है, परागण को आकर्षित करना, वर्तिकाग्र की ग्रहणशीलता, वर्तिका दीर्घीकरण आदि। साथ ही, पुष्पक्रम में परागोद्रव एक अनुक्रमिक प्रक्रिया होती है। परागोभ्दव के दौरान पुष्प क्रियार्मक हो जाता है।

**10(D).** टेंडन हड्डी को मांसपेशियों से जोड़ते हैं।
टेंडन एक रेशेदार संयोजी ऊतक है जो हड्डी को मांसपेशियों से जोड़ता है। टेंडन मांसपेशियों को नेत्रगोलक जैसी संरचनाओं से भी जोड़ सकते हैं। एक कण्डरा हड्डी या संरचना को स्थानांतरित करने का कार्य करता है। लिगामेंट एक रेशेदार संयोजी ऊतक है जो हड्डी को हड्डी से जोड़ता है, और आमतौर पर संरचनाओं को एक साथ रखने और उन्हें स्थिर रखने का कार्य करता है।

**11(A).** एक पादप कोशिका के विभाजन के दौरान, वह अंग जो दो भागों में विभाजित होता है, नाभिक है।
कोशिका विभाजन एक ऐसी प्रक्रिया है जिसके द्वारा कोशिका वृद्धि और सुधार के लिए या जैव प्रजनन के लिए खुद की प्रतिकृति बनाती है।

- मिटोसिस वह प्रक्रिया है जिसमें एक यूकेरियोटिक कोशिका नाभिक दो भागों में विभाजित होता है, उसके बाद मूल कोशिका का दो संतति कोशिकाओं में विभाजन होता है।
- विभाजन के बाद संतति नाभिकों के बीच एक नई कोशिका भित्ति का निर्माण होता है।

**12(B).** अमनोट्रांसफेरेज़ द्वारा उत्प्रेरित ट्रान्सामिनेशन दो चरणों में होता है। पहले चरण में, अमीनो एसिड के α एमिनो समूह को एंजाइम में स्थानांतरित किया जाता है, जो संबंधित α केटो एसिड और संशोधित एंजाइम का उत्पादन करता है। दूसरे चरण के दौरान, एमिनो समूह को केटो एसिड स्वीकर्ता में स्थानांतरित किया जाता है, जो एंजाइम को पुनर्जीवित करते हुए एमिनो एसिड उत्पाद बनाता है। एक अमीनो एसिड की चिरालिटीको संक्रमण के दौरान निर्धारित किया जाता है।

$$\underset{\text{Amino acid (1)}}{\overset{COO^-}{HC{-}NH_3^+ \atop R_1}} + \underset{\text{Keto acid (2)}}{\overset{COO^-}{C{=}O \atop R_2}} \xrightleftharpoons[\text{Pyridoxal Phosphate}]{\text{Transaminase}} \underset{\text{Keto acid (1)}}{\overset{COO^-}{C{=}O \atop R_1}} + \underset{\text{Amino acid (2)}}{\overset{COO^-}{HC{-}NH_3^+ \atop R_2}}$$

**13(D).** शीर्षस्थ प्रभाविता को मुख्य शीर्ष में उपस्थित ऑक्सिन की क्रिया के कारण के रूप में वर्णित किया गया है। यह दृष्टिकोण एक अनुप्रयोग द्वारा बहुतायात से समर्थित है, जिसमें यदि तने के शीर्ष को काट दिया जाता है, तब कक्षीय कलियां तुरंत अंकुर के नीचे पायी जाती है। इसके स्थान पर, यदि एक ऐगार खंड को जिसमें ऑक्सिन होता है, उसे कटे हुए तने के ऊपर रखा जाता है, तो कक्षीय कलियां निरूद्ध रह जाती हैं। यह उपरोक्त अनुप्रयोग से स्पष्ट है, कि मुख्य शीर्ष में उपस्थित ऑक्सिन किसी तरह से कक्षीय कलियों की वृद्धि को रोकता है। शीर्षस्थ प्रभाविता की उग्रता मुख्य शीर्ष के निकट उपस्थित कक्षीय कलियों पर अधिक होती है। फिर भी, कक्षीय कलियों पर साइटोकाइनिन के उपयोग से ऑक्सिन द्वारा लगाए गए शीर्षस्थ प्रभाविता को दूर किया जा सकता है। इसका कारण यह है कि साइटोकाइनिन कोशिकाद्रव्य विभाजन को प्रेरित करता है।

**14(B).** राइबोसोम सभी कोशिकाओं में पाए जाने वाले गैर-झिल्ली बाध्य ऑर्गेनेल हैं (यूकेरियोटिक और प्रोकैरियोटिक दोनों)। इसकी खोज 1953 में पलाडे ने की थी।
राइबोसोम में प्रोटीन का निर्माण होता है।

- डीएनए की एक प्रति (एमआरएनए) बनाई जाती है और जब भी प्रोटीन का उत्पादन होता है तो उसे राइबोसोम में ले जाया जाता है।
- राइबोसोम एमआरएनए में जानकारी पढ़ते हैं और उस जानकारी का उपयोग अमीनो एसिड को प्रोटीन में इकट्ठा करने के लिए करते हैं।
- कई राइबोसोम एक एकल mRNA से जुड़ सकते हैं और एक श्रृंखला बना सकते हैं जिसे पॉलीराइबोसोम या पॉलीसोम कहा जाता है।

**15(B).** प्रकाशश्वसन में RuBisCo एंजाइम की ऑक्सीजनीकरण क्रिया से 3 -C यौगिक के 1 अणु का निर्माण होता है।
प्रकाशश्वसन के दौरान RuBisCo एंजाइम के ऑक्सीकरण से 3-C यौगिक PGA के 1 अणु और 2-C यौगिक Phosphoglycolate के 1 अणु का निर्माण होता है। तो, सही उत्तर है '3-सी यौगिक का 1 अणु और 2-सी यौगिक का 1 अणु'।

**16(D).** $C_4$ पादप विशिष्ट होते हैं: उनके पास एक विशेष प्रकार की पर्ण शरीर रचना होती हैं, वे उच्च तापमान को सह सकते हैं, वे उच्च प्रकाश तीव्रता के प्रति अनुक्रिया करते हैं, उनमे प्रकाश श्वसन प्रक्रिया नहीं होती हैं और इनमे जैवमात्रा की अधिक उत्पादकता होती हैं। $C_4$ पादपों में प्रकाश श्वसन अनुपस्थित होता हैं। प्रकाश श्वसन ऊर्जा उत्पन्न या शक्ति को कम नहीं करता है। बल्कि, यह ऊर्जा का उपभोग करता है। साथ ही, यह प्रकाश संश्लेषण के कार्य को नहीं करता है। स्थिर $CO_2$ की 25% क्षति होती है। इसलिए, प्रकाश श्वसन एक अत्यधिक निरर्थक प्रक्रिया है। यह केवल $C_3$ पादपों के मामले में होता है।

**17(C).** फुफ्फुस गुहा के रूप में भी जाना जाता है फुफ्फुस गुहा प्रत्येक फेफड़े के दो फुफ्फुसीय फुफ्फुस (आंत और पार्श्विका के रूप में जाना जाता है) के बीच पतला तरल पदार्थ से भरा स्थान है। फुफ्फुस एक सीरस झिल्ली है जो दो परतों वाली झिल्लीदार फुफ्फुस थैली बनाने के लिए अपने आप को वापस मोड़ती है। बाहरी फुलेरा (पार्श्विका फुस्फुस का आवरण) छाती की दीवार से जुड़ा होता है, लेकिन एंडोथोरेसिया प्रावरणी से इसे अलग किया जाता है। आंतरिक फुस्फुस (आंत का फुस्फुस का आवरण) रक्त वाहिकाओं, ब्रोन्ची और नसों सहित फेफड़ों और आस-पास की संरचनाओं को कवर करता है।फुफ्फुस गुहा को एक संभावित स्थान के रूप में देखा जा सकता है क्योंकि सभी सामान्य परिस्थितियों में दो फुफ्फुस एक-दूसरे का (सीरियस द्रव की पतली फिल्म के माध्यम से) पालन करते हैं।

**18(C).** मानक ई.सी.जी. का क्यू.आर.एस. सम्मिश्र निलयों का विध्रुवण को दर्शाता है। क्यू.आर.एस. सम्मिश्र वेंट्रिकल्स के विध्रुवण को दर्शाती है जो वेंट्रिकुलर संकुचन की शुरुआत की ओर जाता है।
एक ई.सी.जी. लगातार पांच तरंगें दिखाता है: पी, क्यू, आर, एस और टी।
पी तरंग परिकोष्ठ के विध्रुवण को दर्शाती है और दोनों परिकोष्ठ के संकुचन की ओर ले जाती है।
टी तरंग निलय के उत्तेजित से सामान्य अवस्था में लौटने को दर्शाती है।
क्यू तरंग इंटरवेंट्रिकुलर सेप्टम के विध्रुवण को दर्शाती है। इसे नीचे की ओर एक छोटे विक्षेपण के रूप में दर्शाया गया है।
क्यू के बाद आर- तरंग है। यह तरंग ऊपर की ओर विक्षेपण के रूप में चलती है। आर के बाद एक एस - तरंग आती है।
आर तरंग के बाद नीचे की ओर एक विक्षेपण होता है, जिसे एस द्वारा दर्शाया जाता है।

**19(D).** ग्लोमेरुलस एक नेफ्रॉन की शुरुआत में स्थित छोटी रक्त वाहिकाओं का एक नेटवर्क है। ग्लोमेरुलस केशिकाओं का एक नेटवर्क है जिसे टफ्ट के रूप में जाना जाता है, जो गुर्दे में नेफ्रॉन की शुरुआत में स्थित होता है। रक्त इस गुच्छे की केशिका दीवारों में ग्लोमेरुलर निस्पंदन बाधा के माध्यम से फ़िल्टर किया जाता है, जो पानी और घुलनशील पदार्थों के

अपने छानने को बोमन कैप्सूल के रूप में जाना जाता है।

**20(A).** अंगूठे का कार्पल-मेटाकार्पल (सीएमसी) एक काठी जोड़ है जो गति करने की एक विस्तृत श्रृंखला की अनुमति देता है और मानव की फुर्तीली कार्यो के लिए काफी हद तक जिम्मेदार है। अंगूठे के आधार पर स्थित यह जोड़ जीवन भर बड़े शारीरिक दबावो के अन्तर्गत होता है।

**21(A).** रीढ़ की हड्डी केंद्रीय तंत्रिका तंत्र का एक हिस्सा है। हमारे शरीर और मस्तिष्क के बीच सबसे महत्वपूर्ण संरचना रीढ़ की हड्डी है। यह फोरमैन मैग्रम से फैली हुई है, जहां यह मेडुला के साथ पहले या दूसरे काठ कशेरुका के स्तर तक निरंतर है। यह न केवल मस्तिष्क से शरीर की बल्कि शरीर से मस्तिष्क की भी एक महत्वपूर्ण कड़ी है। रीढ़ की हड्डी 40 से 50 सेमी लंबी और 1 सेमी से 1.5 सेमी व्यास की होती है।

**22(D).** पश्चमस्तिष्क मस्तिष्क का निचला भाग है। पोंस, मेडुला और सेरिबैलम मस्तिष्क के हिंद क्षेत्र हैं। मेडुला को ब्रेन स्टेम के लिए बढ़ाया जाता है। जबकि सेरेब्रम अग्रमस्तिष्क है और हाइपोथैलेमस अग्रमस्तिष्क में छोटा हैप्पी है।
अत: विकल्प (D) सही है।

**23(C).** मूत्र की कीटोनुरिया एवं ग्लाइकोसूरियाअवस्था डायाबिटीज मेलिटस की ओर संकेत करती है।
मूत्र में बड़ी मात्रा में कीटोन निकायों और ग्लूकोज के उत्सर्जन को क्रमशः केटोनुरिया और ग्लूकोसुरिया के रूप में जाना जाता है। यह डायबिटीज मेलिटस का संकेत है।
केटोनुरिया एक ऐसी स्थिति है जिसमें मूत्र में कीटोन शरीर मौजूद होते हैं। यह तब होता है जब आपकी कोशिकाओं को पर्याप्त ग्लूकोज नहीं मिलता है और शरीर ऊर्जा के लिए वसा जलता है। इसके अलावा, मूत्र के माध्यम से ग्लूकोज भी नष्ट हो जाता है और इस स्थिति को ग्लाइकोसुरिया कहा जाता है। केटोनुरिया और ग्लाइकोसुरिया दो स्थितियां हैं जो मधुमेह मेलिटस का संकेत हैं।

**24(D).** पराग की दीवार में दो मुख्य परतें होती हैं, आंतरिक आंत और बाहरी निकास। आंत प्रकृति में पेक्टोसेलुलोसिक है। इंटाइन की एक विशेष विशेषता विशेष रूप से रोगाणु छिद्रों के आसपास के क्षेत्र में मोती, रिबन, या एंजाइमी प्रोटीन की प्लेटों की उपस्थिति है। एक्सिन स्पोरोपोलिनिन से बना होता है जो ऑक्सीडेटिव पॉलीमराइज़ेशन द्वारा कैरोटिनॉयड से प्राप्त होता है। यह भौतिक और जैविक अपघटन के लिए प्रतिरोधी है। इसके कारण, पराग की दीवारों को अक्सर जीवाश्म जमा में लंबे समय तक संरक्षित किया जाता है।

**25(B).** मानव गर्भावस्था की औसत अवधि लगभग 9 महीने की होती है जिसे गर्भकाल कहा जाता है। गर्भावस्था के अंत में गर्भाशय का जोरदार संकुचन भ्रूण के निष्कासन/प्रसव का कारण बनता है।महिला के अंतिम मासिक धर्म के पहले दिन से मानव गर्भधारण की औसत लंबाई 280 दिन या 40 सप्ताह है।

**26(D).** परीक्षण पार, मेंडेल द्वारा आविष्कार किया, एक प्रमुख लक्षण प्रारूप के लिए अज्ञात जीनोटाइप (समयुग्मक प्रमुख या विषमयुग्मजी) के किसी व्यक्ति के बीच एक विचार आनुवंशिक पार, और एक समयुग्मक अप्रभावी व्यक्तिगत है। जानबूझकर आनुवंशिक पार मानव विरासत का अध्ययन करने में संभव नहीं हैं। वे दोनों अनैतिक और अनैतिक होंगे, और परिणामों के लिए प्रतीक्षा समय बहुत लंबा होगा। मनुष्यों में वंशानुक्रम के पैटर्न का अध्ययन पूर्वव्यापी रूप से किया जाता है, पारिवारिक वंशावली का निर्माण करके, जैसा कि इस समस्या के 1, 4, 5, और 10 में वर्णित किया गया था।

**27(D).** एक एलर्जीन-विशिष्ट इम्युनोग्लोबुलिन ई (IgE) परीक्षण विभिन्न IgE एंटीबॉडी के स्तर को मापता है। शरीर को बैक्टीरिया, वायरस और एलर्जी से बचाने के लिए प्रतिरक्षा प्रणाली द्वारा एंटीबॉडी बनाई जाती हैं। आईजीई एंटीबॉडी आम तौर पर रक्त में कम मात्रा में पाए जाते हैं, लेकिन उच्च मात्रा में पाया जा सकता है जब शरीर एलर्जी के लिए बढ़ जाता है। डॉक्टरों को उन लोगों में एक परजीवी संक्रमण का संदेह होता है जिनके विशिष्ट लक्षण होते हैं और जो उस क्षेत्र में रहते हैं या उस क्षेत्र की यात्रा करते हैं जहां स्वच्छता खराब है या जहां ऐसा संक्रमण होने के लिए जाना जाता है।

**28(C).** डार्विन के अनुसार, सबसे उपयुक्त और योग्य व्यक्ति अस्तित्व के संघर्ष में सफल होते हैं। सबसे अनुकूल अनुकूलन वाले व्यक्ति सबसे सफल जीवन जीने में सक्षम होते हैं और अपने संगमन साथी पर जीत हासिल करने में सक्षम होते हैं।

**29(C).** फ़ेनिलकीटोन्यूरिया एक ऑटोसोमल रिसेसिव गुण है।
थैलेसीमिया एक ऑटोसोमल रिसेसिव रोग है, जो क्रोमोसोम संख्या 11 पर मौजूद जीन है।
हीमोफिलिया एक एक्स लिंक्ड रिसेसिव रोग है।
दात्र कोशिका अरक्तता विकारों का एक समूह है जो अणु हीमोग्लोबिन (लाल रक्त कोशिकाओं में पाया जाता है) जो परे मानव शरीर में कोशिकाओं को ऑक्सीजन पहंचाता है, को प्रभावित करता है। दात्र कोशिका अरक्तता क्रोमोसोम संख्या 11 पर मौजूद ऑटोसोमल रिसेसिव लक्षण है। इस प्रकार यह सही मिलान है

**30(D).** प्रतिबंधित एंडोन्यूक्लाइज को आणविक कैंची कहा जाता है। जेनेटिक इंजीनियरिंग की तकनीक में डीएनए के वांछित स्थलों पर कटौती करने के लिए इन एंजाइमों की विशेष विशेषता के कारण है। ये एंजाइम बैक्टीरिया और आर्किया में पाए जाते हैं और हमलावर वायरस के खिलाफ एक रक्षा तंत्र प्रदान करते हैं।

**31(A).** जैव प्रौद्योगिकी द्वारा उत्पादित कैंसर उपचार में प्रयुक्त दवा का नाम इंटरफेरॉन है। इंटरफेरॉन प्राकृतिक रूप से पाए जाने वाले प्रोटीन का एक परिवार है जो प्रतिरक्षा प्रणाली की कोशिकाओं द्वारा बनाया और स्रावित होता है। इंटरफेरॉन अपने कार्य में विशेष बनने के लिए, कुछ कोशिकाओं को विभेदित करने की क्षमता को बढ़ावा या बाधित कर सकते हैं। वे कोशिका विभाजन को रोक सकते हैं, जो एक कारण है कि वे कैंसर के विकास को रोकने के लिए वादा करते हैं। व्यावसायिक रूप से उपलब्ध इंटरफेरॉन पुनः संयोजक डीएनए प्रौद्योगिकी का उपयोग करके निर्मित मानव इंटरफेरॉन हैं।

**32(B).** अर्न्तजातीय प्रतियोगिता में, दो अलग-अलग प्रजातियों के सदस्य एक ही सीमित संसाधन का उपयोग करते हैं और इसलिए इसके लिए प्रतिस्पर्धा करते हैं। प्रतियोगिता दोनों प्रतिभागियों (- / - अन्तःक्रिया) को नकारात्मक रूप से प्रभावित करती है, यदि अगला सदस्य अनुपस्थित रहता है तो दूसरी प्रजाति में उच्च अस्तित्व और प्रजनन होगा।
प्रजातियां तब प्रतिस्पर्धा करती हैं जब उनके पास पारिस्थितिक भूमिकाओं और अस्तित्व और प्रजनन के लिए अतिव्यापी वास होती है। कम संसाधनों का उपयोग करके प्राकृतिक चयन के परिणामस्वरुप संसाधनो के विभाजन द्वारा प्रतिस्पर्धा को कम किया जा सकता है।
अत: विकल्प (B) सही है I

**33(D).** नाइट्रस ऑक्साइड मिट्टी की खेती प्रथाओं द्वारा उत्पादित एक शक्तिशाली ग्रीनहाउस गैस है, विशेष रूप से वाणिज्यिक जैविक उर्वरकों (खाद सहित), बायोमास जलने आदि का उपयोग, यह नाइट्रिफिकेशन की प्रक्रिया द्वारा किया जाता है जो नाइट्रोजन को उर्वरक में नाइट्रस ऑक्साइड के उत्पादन में परिवर्तित करता है। उर्वरकों के अत्यधिक उपयोग से नाइट्रस ऑक्साइड उत्पादन में वृद्धि होती है।

**34(B).** सन् 1992 में रियो दी जनेरियो में सम्पन्न हुआ पृथ्वी सम्मेलन जैवविविधता के संरक्षण के लिए और इससे लाभ के धारणीय उपयोग के लिए किया गया था।
पर्यावरण और विकास पर संयुक्त राष्ट्र सम्मेलन (UNCED), रियो शिखर सम्मेलन, रियो सम्मेलन और पृथ्वी शिखर सम्मेलन के रूप में जाना जाता है, यह 3 -14 जून 1992 रियो डी जनेरियो में आयोजित सम्मेलन था। इस सम्मेलन का मुख्य मुद्दा पर्यावरण और सतत विकास था। इसका आयोजन संयुक्त राष्ट्र महासभा द्वारा किया गया था।

**35(D).** डाएन और न्यूटन दोनों CGS और S.I प्रणाली में बल की इकाइयाँ हैं।
न्यूटन और डाएन को इस प्रकार भी लिखा जा सकता है,
$(1\ N = kgm/s^2)$ and $(1\ dyne = gmcm/s^2)$
$\Rightarrow 1\ dyne = 1gmcm/s^2$ and $1\ newton = 1\ kgm/s^2$
$\Rightarrow 1\ kg = 1000gm$
$\Rightarrow 1\ m = 100\ cm$
$\Rightarrow 1\ kgm/s^2 = 1000gm \times 100\ cm/s^2$
$\Rightarrow 10^5 gmcm/s^2 = 10^5\ dyne$
$\Rightarrow 1\ dyne = 10^{-5}\ kgm/s^2$
$\Rightarrow 10^{-5}\ N$
$\Rightarrow 1\ N = 10^5$ डाएन

**36(B).** दिया गया है,
प्रारंभिक वेग, $u = 40\ \mathrm{m/s}$
अंतिम वेग, $v = 0\ \mathrm{m/s}$
गुरुत्वाकर्षण के कारण त्वरण, $g = 10\ \mathrm{m/s^2}$ (नीचे की ओर गति)
अधिकतम ऊँचाई, $s = H$
जैसे ही पिंड को ऊपर की ओर फेंका जाता है $a = -g$ संबंध
$v^2 = u^2 - 2as$
$v^2 = u^2 - 2aH$
हमारे पास है,
$H = \frac{u^2 - v^2}{2g}$
$= \frac{40\ \mathrm{m/s^2} - 0^2}{2(10\ \mathrm{m/s^2})}$
$= \frac{1600}{20} = 80\ \mathrm{m}$
यदि किसी पत्थर को लंबवत ऊपर की ओर फेंका जाता है, तो वह अधिकतम ऊँचाई प्राप्त करने के बाद अपनी प्रारंभिक स्थिति में लौट आता है।
इसलिए, कुल विस्थापन = प्रारंभिक और अंतिम स्थितियों के बीच स्थितियों का अंतर = 0
तय की गई कुल दूरी = 80 m + 80 m = 160 m

**37(B).** यहां,
अधिकतम क्षैतिज दूरी $(R_{max}) = 100\ \mathrm{m}$
क्रिकेटर गेंद को अधिकतम क्षैतिज दूरी तक तभी फेंक पाएगा जब प्रक्षेपण का कोण 45°, अर्थात $\theta = 45°$ हो।
प्रक्षेपण वेग $v$, के लिए अधिकतम क्षैतिज सीमा निम्न संबंध द्वारा दी गई है:
$R_{max} = (u^2 \sin 2\theta)/g$
$100 = (u^2 \sin 90°)/g$
$u^2/g = 100 \ldots$ (i)
जब गेंद को लंबवत ऊपर की ओर फेंका जाता है तो वह अधिकतम ऊंचाई प्राप्त करेगी। ऐसी गति के लिए, अंतिम वेग $v$ अधिकतम ऊंचाई H पर शून्य होता है।
त्वरण $(a) = -g$
गति के तीसरे समीकरण का उपयोग करने पर,
$v^2 - u^2 = -2gH$
$H = u^2/2g$
$H = 100/2 = 50\ \mathrm{m}$
तो क्रिकेटर उसी गेंद को 50 m से जमीन के ऊपर से फेंकेगा।

**38(B).** दिया हुआ:
$F = F_0\left[1 - \left(\frac{t-T}{R}\right)^2\right]$
$\Rightarrow M\frac{dv}{dt} = F_0\left[1 - \left(\frac{t-T}{R}\right)^2\right]$
$\Rightarrow \frac{dv}{dt} = \frac{F_0}{M}\left[1 - \left(\frac{t-T}{R}\right)^2\right]$
$\Rightarrow v = \frac{F_0}{M}\int_0^{2T}\left[1 - \left(\frac{t-T}{R}\right)^2\right]dt$
$\Rightarrow v = \frac{F_0}{M}\left[t - \frac{T}{3}\left(\frac{t}{T} - 1\right)^3\right]_0^{2T} = \frac{4F_0}{3M}$

**39(D).** झुकी हुई सतह के साथ खण्ड का वजन = $Mg\sin\theta$
पार करने के लिए न्यूनतम घर्षण बल है = $Mg\sin\theta$
खण्ड को बस ऊपर ले जाने के लिए सतह मे लागू न्यूनतम बल को गुरुत्वाकर्षण बल के घटक $Mg\sin\theta$ के साथ-साथ घर्षण बल $Mg\sin\theta = 2Mg\sin\theta$ से दूर करना होगा।

**40(A).** दिया गया,
$r_1 = (2\hat{i} - 3\hat{j} - 4\hat{k})\ \mathrm{m}$
$r_2 = (3\hat{i} - 4\hat{j} + 5\hat{k})\ \mathrm{m}$
नेट विस्थापन, $r = r_2 - r_1 = \hat{i} - \hat{j} + 9\hat{k}$
$F = 4\hat{i} + \hat{j} + 6\hat{k}$
वेक्टर डॉट उत्पाद का उपयोग करके।
किया गया कार्य, $W = F.r$
$\Rightarrow W = (4\hat{i} + \hat{j} + 6\hat{k}) \cdot (\hat{i} - \hat{j} + 9\hat{k})$
$\Rightarrow W = 4 - 1 + 54$
$\Rightarrow W = 57\ \mathrm{J}$

**41(A).** किसी वस्तु में उसकी गति के कारण कार्य करने की क्षमता को गतिज ऊर्जा कहते हैं। गतिज ऊर्जा किसी पिण्ड की वह अतिरिक्त ऊर्जा है जो उसके रेखीय वेग अथवा कोणीय वेग अथवा दोनो के कारण होती है। इसका मान उस पिण्ड को विरामावस्था से उस वेग तक त्वरित करने में किये गये कार्य के बराबर होती है। जैसे बहते जल में, धनुष से छोड़े गये तीर में, खिलाड़ी द्वारा फेंके गये गेंद में गतिज ऊर्जा होती है।

**42(C).** टक्कर को प्रत्यास्थ मानते हुए और घर्षण और घूर्णी गति महत्वपूर्ण नहीं है, आने वाली गेंद के संबंध में लक्ष्य गेंद द्वारा बनाया गया कोण:

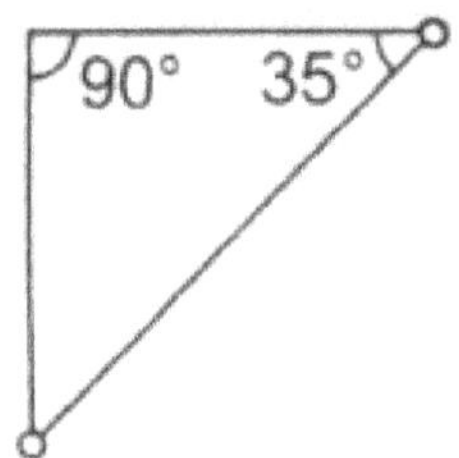


$\Rightarrow 90° - 35° = 55°$
इसलिए सही उत्तर 55° है।

**43(A).** गुरुत्वाकर्षण के कारण त्वरण: पृथ्वी द्वारा आकर्षण के गुरुत्वाकर्षण बल के कारण किसी भी वस्तु द्वारा प्राप्त त्वरण को पृथ्वी द्वारा गुरुत्वाकर्षण के कारण त्वरण कहा जाता है।
चूंकि प्रत्येक ग्रह का द्रव्यमान और त्रिज्या अलग-अलग होती है इसलिए गुरुत्वाकर्षण के कारण त्वरण अलग-अलग ग्रह के लिए अलग-अलग होगा।
पृथ्वी के गुरुत्वाकर्षण के कारण त्वरण में पृथ्वी की सतह पर द्रव्यमान(M) और त्रिज्या (R) निम्न द्वारा दी जाती है:
$g = \frac{GM}{R^2}$
यहाँ G सार्वभौमिक गुरुत्वीय स्थिरांक है।
गुरुत्वाकर्षण के कारण त्वरण पृथ्वी की सतह पर किसी गहराई (h) पर जिसकी पृथ्वी के केन्द्र से दूरी r है,निम्न द्वारा दिया जाता है:
गहराई पर गुरुत्वाकर्षण के कारण त्वरण $(g') = \frac{gr}{R}$
गुरुत्वाकर्षण के कारण त्वरण (h')ऊँचाई पर जिसकी पृथ्वी के केन्द्र से दूरी r है, निम्न द्वारा दिया जाता है:
ऊंचाई पर गुरुत्वाकर्षण के कारण त्वरण $(g'') = \frac{gR^2}{r^2}$
जहाँ G सार्वभौमिक गुरुत्वीय स्थिरांक है, $r = (R - h)$ और $r' = (R + h)$
दिया है: पृथ्वी की त्रिज्या $\frac{1}{3}$ द्वारा सिकुड़ जाती है।
यदि नया गुरुत्वीय त्वरण g' है तो,
$g' = g\left(1 - \frac{h}{R_e}\right)$
$g' = g\left(1 - \frac{\frac{R_e}{3}}{R_e}\right)$
$g' = g\left(1 - \frac{R_e}{R_e \times 3}\right)$
$g' = g\left(1 - \frac{1}{3}\right)$
$g' = \frac{2}{3}g$

**44(C).** गुरुत्वाकर्षण के कारण त्वरण: पृथ्वी द्वारा आकर्षण के गुरुत्वाकर्षण बल के कारण किसी भी वस्तु द्वारा प्राप्त त्वरण को पृथ्वी द्वारा गुरुत्वाकर्षण के कारण त्वरण कहा जाता है।
चूंकि प्रत्येक ग्रह का द्रव्यमान और त्रिज्या अलग-अलग होती है इसलिए गुरुत्वाकर्षण के कारण त्वरण अलग-अलग ग्रह के लिए अलग-अलग होगा।
पृथ्वी के गुरुत्वाकर्षण के कारण त्वरण में पृथ्वी की सतह पर द्रव्यमान(M) और त्रिज्या (R) निम्न द्वारा दी जाती है:
$g = \frac{GM}{R^2}$
यहाँ G सार्वभौमिक गुरुत्वीय स्थिरांक है।
गुरुत्वाकर्षण के कारण त्वरण पृथ्वी की सतह पर किसी गहराई (h) पर

जिसकी पृथ्वी के केन्द्र से दूरी r है,निम्न द्वारा दिया जाता है:
गहराई पर गुरुत्वाकर्षण के कारण त्वरण $(g') = \frac{gr}{R}$
गुरुत्वाकर्षण के कारण त्वरण (h')ऊँचाई पर जिसकी पृथ्वी के केन्द्र से दूरी r है, निम्न द्वारा दिया जाता है:
ऊंचाई पर गुरुत्वाकर्षण के कारण त्वरण $(g'') = \frac{gR^2}{r'^2}$
जहाँ G सार्वभौमिक गुरुत्वीय स्थिरांक है $r = (R - h)$ and $r' = (R + h)$.
पृथ्वी की सतह के ऊपर नया गुरुत्वाकर्षण g':

$g' = g\left(1 + \frac{h}{R_e}\right)^{-2}$

$g' = \frac{g}{\left(1+\frac{h}{R_e}\right)^2}$

जहाँ $h = R_e$

$g' = \frac{g}{\left(1+\frac{R_2}{R_e}\right)^2}$

$g' = \frac{g}{2^2}$

$g' = \frac{g}{4}$

**45(B).** $A = 3 \times 10^{-6}\ m^2$

$\frac{\Delta l}{\frac{l}{Y}} = 10^{-3}$

ज्ञात करना है : अधिकतम द्रव्यमान,

$\therefore \quad \frac{F}{A} = Y\frac{\Delta l}{l}$

$\Rightarrow \frac{mg}{A} = Y\frac{\Delta l}{l}$

$\Rightarrow m = Y\left(\frac{\Delta l}{l}\right)\frac{A}{g}$

$\Rightarrow \quad m = \frac{2\times10^{11}\times10^{-3}\times3\times10^{-6}}{10} = 6 \times 10 = 60\ kg$

**46(B).** जब धातु गर्म होती है, तो धातु की लंबाई, सतह क्षेत्र, आयतन में भी वृद्धि होती है। तापमान में वृद्धि जिसके परिणामस्वरूप धातु का विस्तार होता है और इस विस्तार को धातु का ऊष्मीय विस्तार यानि धातु में ताप प्रभाव के कारण विस्तार कहा जाता है।
तो, लोहे के ब्लेड में एक छल्ला होता है जिसमें लकड़ी का हैंडल लगा होता है। रिंग लकड़ी के हैंडल से आकार में थोड़ी छोटी होती है। जब रिंग को गर्म किया जाता है जो धातु से बना होता है, तो रिंग के ठंडा होने के बाद, यह लकड़ी के हैंडल में कसकर फिट बैठता है।

**47(B).** $P - V$ आरेख पर एक बिंदु प्रणाली की स्थिति को दर्शाता है। $P - V$ आरेख पर प्रत्येक बिंदु गैस की एक अलग अवस्था से मेल खाता है। दबाव ऊर्ध्वाधर अक्ष पर दिया जाता है और आयतन क्षैतिज अक्ष पर दिया जाता है, जैसा कि नीचे देखा गया है।

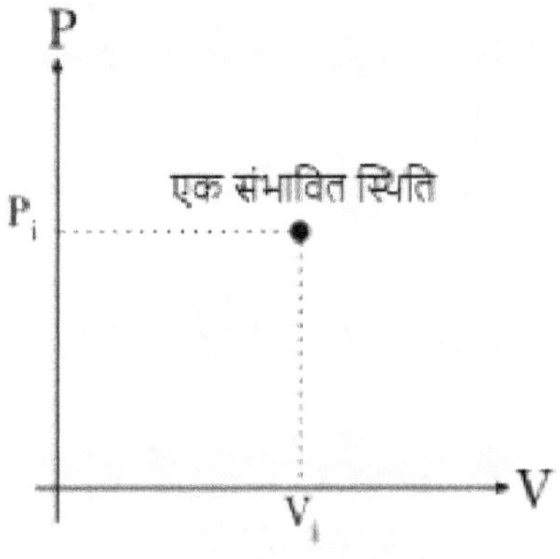


$P - V$ आरेख पर प्रत्येक बिंदु गैस के लिए एक अलग स्थिति का प्रतिनिधित्व करता है (प्रत्येक संभावित मात्रा और दबाव के लिए एक)।

**48(A).** दिया गया है,
$v = 300$ मी/से
बाद में द्रव्यमान दोगुना और तापमान आधा हो जाता है ।

$T' = \frac{T}{2}$

$M = 2M$

जैसा कि हम जानते हैं,
RMS वेग की गणना की जाती है:

$v = \sqrt{\frac{3RT}{M}}$

प्रारंभिक रूप से,

$300 = \sqrt{\frac{3RT}{M}}$

बाद में,

$v' = \sqrt{\frac{3RT'}{M'}}$

$\Rightarrow v' = \sqrt{\frac{3R\frac{T}{2}}{2M}}$

$\Rightarrow v' = \frac{1}{2}\sqrt{\frac{3RT}{M}}$

$\Rightarrow v' = \frac{1}{2} \times 300$

$\Rightarrow v' = 150$ मी/से

**49(B).** दिया हुआ,

$y_1 = 4\sin 500\pi t \quad \ldots(i)$

$y_2 = 2\sin 506\pi t \quad \ldots(ii)$

मानक समीकरण के साथ समीकरण (i) और (ii) की तुलना करना,

$y = a\sin(\omega t) \ldots\ldots\ldots\ldots\ldots\ldots (iii)$

हमारे पास है,

$\omega_1 = 500\pi$

फिर, $f_1 = \frac{2\pi}{\omega_1}$

$= 250$

और $\omega_2 = 506\pi$

फिर, $f_2 = \frac{2\pi}{\omega_2}$

$= 253$

इस प्रकार, उत्पादित बीट्स की संख्या $= f_2 - f_1$

$= 253 - 250$

$= 3$ बीट्स /s

$= 3 \times 60$ बीट्स /min

$= 180$ बीट्स /min

**50(D).**

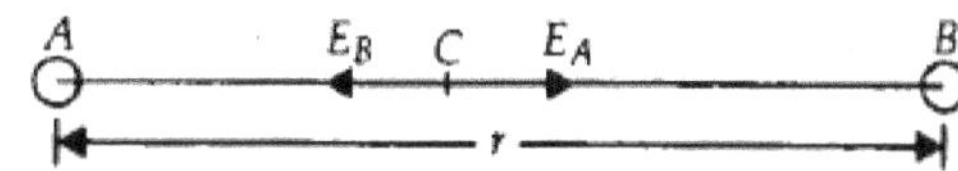


यहां, $AB = r = 90\ cm = 0.9\ m$

$q_A = 10\mu C = 10 \times 10^{-6}C$

$q_B = 40\mu C = 40 \times 10^{-6}C, AC = ?$

$C$ बिंदु पर, $E_A = E_B$

$\frac{q_A}{4\pi\varepsilon_0(AC)^2} = \frac{q_B}{4\pi\varepsilon_0(BC)^2}$

$\frac{q_A}{(AC)^2} = \frac{q_B}{(r-AC)^2}$

$\frac{10\times10^{-6}}{(AC)^2} = \frac{40\times10^{-6}}{(0.9-AC)^2}$

$\frac{1}{(AC)^2} = \frac{4}{(0.9-AC)^2}$

$\frac{1}{AC} = \frac{2}{(0.9-AC)}$

$0.9 - AC = 2AC$

$3AC = 0.9$

$AC = 0.3\ m = 30\ cm$

**51(D).** दिया गया:
गोले का व्यास $= 2.4$

$\therefore$ गोले की त्रिज्या, $r = \frac{2.4}{2} = 1.2\ m$

गोले के संचालन का सतही आवेश घनत्व,

$\sigma = 80 \times 10^{-6} C/m^2$

इसलिए,
गोले पर आवेश होगा:

$q = \sigma A = \sigma 4\pi r^2$
$q = 80 \times 10^{-6} \times 4 \times 3.14 \times (1.2)^2$
$q = 1.45 \times 10^{-3} C$
फिर, गोले की सतह से निकलने वाले कुल विद्युत प्रवाह की गणना गॉस सूत्र का उपयोग करके की जाएगी, अर्थात,
$\phi = \frac{q}{\varepsilon_0}$
$\phi = \frac{1.45\times10^{-3}}{8.854\times10^{-12}} \quad (\because \epsilon_0 = 8.854 \times 10^{-12})$
$\phi = 1.6 \times 10^8 \mathrm{Nm}^2/\mathrm{C}$

**52(C).** दिया गया,
$l_1 = 55\text{cm}$
$l_2 = 85\text{cm}$
$\frac{E}{C_0} = \frac{l_1}{l_2} \rightarrow E = C_0 \times \frac{l_2}{l_1}$
$E = 1.10 \times \frac{85}{55} = 1.7V$
अत: विकल्प (C) सही है I

**53(C).** ट्रांसफार्मर विद्युत् चुंबकीय प्रेरण के सिद्धांत पर काम करता है। ट्रांसफार्मर दो या दो से अधिक विद्युत परिपथों को एक सामान्य दोलन चुंबकीय सर्किट का उपयोग करके एक साथ जोड़कर करता है जो ट्रांसफार्मर द्वारा ही निर्मित होता है। एक ट्रांसफार्मर पारस्परिक प्रेरण के रूप में "विद्युत चुम्बकीय प्रेरण" के सिद्धांतों पर कार्य करता है।
म्युचुअल इंडक्शन वह प्रक्रिया है जिसके द्वारा तार का एक कॉइल चुंबकीय रूप से एक वोल्टेज को उसके करीब स्थित दूसरे कॉइल में प्रेरित करता है। तब हम कह सकते हैं कि ट्रांसफार्मर "चुंबकीय डोमेन" में काम करते हैं और ट्रांसफार्मर का नाम इस तथ्य से मिलता है कि वे एक वोल्टेज या वर्तमान स्तर को दूसरे में "रूपांतरित" करते हैं।

**54(C).** छड़ को चुंबक के दो ध्रुवों के बीच लंबवत रखा जाता है। इसे नीचे चित्रित किया जा सकता है:

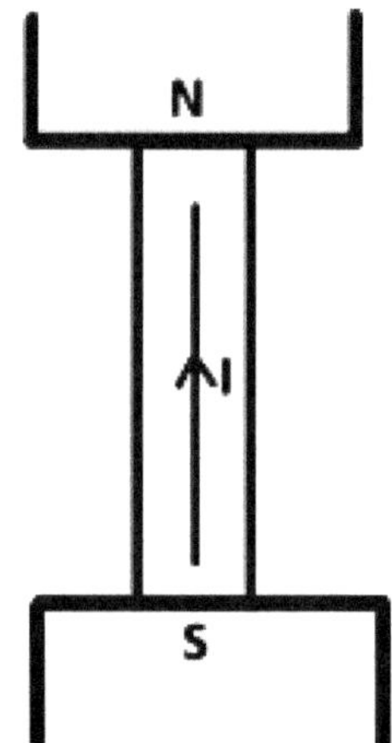


जब इसमें करंट प्रवाहित किया जाता है, तो एक विद्युत चुम्बकीय क्षेत्र प्रेरित होता है। यह बल छड़ पर लंबवत कार्य करता है, अर्थात यह छड़ को चुंबकीय ध्रुवों की सीमा से क्षैतिज रूप से धकेलता है।
यह गुरुत्वाकर्षण संभावित ऊर्जा की दिशा है। इसलिए यह कहना सुरक्षित है कि छड़ पर क्षैतिज गुरुत्वाकर्षण बल द्वारा किए गए कार्य में उसमें प्रवाहित विद्युत धारा का योगदान होता है।

**55(D).** कुंडल में भंवर धाराओं के संबंध में "भंवर धाराएँ उपयोगी ऊर्जा को ऊष्मा में परिवर्तित करती हैं और उसे बर्बाद कर देती हैं" सही है ।
भंवर धारा: चालक में चुंबकीय क्षेत्र को बदलकर चालक के भीतर प्रेरित विद्युत धारा के लूप को भंवर धाराएं कहा जाता है। भँवर धाराएं उपयोगी ऊर्जा को ऊष्मा में बदल देती हैं, जो आम तौर पर उपयोगी नहीं होती है। भँवर धाराएं ऊर्जा की हानि का कारण बनती हैं क्योंकि उनमें विरोध करने की प्रवृत्ति होती है।

**56(C).** विद्युत चुम्बकीय तरंग के एक समतल में चुंबकीय क्षेत्र,
$\mathrm{B} = 2 \times 10^{-7} \sin\left(0.5 \times 10^3 x + 1.5 \times 10^{11} \mathrm{t}\right)$
मानक तरंग समीकरण के साथ इस समीकरण की तुलना:
$B_y = B_0 \sin[Kx + \omega t]$
उपरोक्त समीकरण से, $\mathrm{K} = \mathbf{0.5} \times 10^3 =$ प्रसार निरंतर
$\mathrm{K} = \frac{2\pi}{\lambda}$ जहां, $\lambda =$ तरंग की तरंग दैर्ध्य
$\lambda = \frac{2\times3.14}{0.3\times10^3}$
$\lambda = 1.256 \times 10^{-2}$ m
$\lambda = 1.256$ cm
माइक्रोवेव की तरंगदैर्घ्य सीमा $10^{-3}$ m से 0.3 m है। इस तरंग की तरंगदैर्घ्य $10^{-3}$ m से 0.3 m के बीच है, इसलिए, समीकरण माइक्रोवेव का प्रतिनिधित्व करता है।

**57(B).** उत्तल लेंस की फोकल लंबाई, $f_1 = +40$ सेमी
अवतल लेंस की फोकल लंबाई, $f_2 = -25$ सेमी
और, चूंकि लेंस संपर्क में हैं, इसलिए उनके बीच दूरी है, $d = 0$
लेंस की शक्ति $= \frac{100}{f}$ है
संयोजन की शक्ति है:
$P_{net} = P_1 + P_2 - dP_1P_2$
$\Rightarrow P_{net} = \frac{100}{40} - \frac{100}{25} - 0$
$\Rightarrow P_{net} = 2.5 - 4$
$\Rightarrow P_{net} = -1.5D$

**58(D).** जैसा, $u >> f_0$
$\Rightarrow v = f_0 = 19m$
अब, $u = -3.8 \times 10^8$
इसलिए, उद्देश्य द्वारा उत्पन्न आवर्धन होता है
$m_0 = \frac{v}{u}$
$= -\frac{19}{3.8\times10^8}$ मीटर
$= -0.5 \times 10^{-7}$
$\therefore$ चंद्रमा की छवि का व्यास है
$= 3.5 \times 10^6 \times 0.5 \times 10^{-7}$
$= 0.175$ मीटर
$= 17.5$ सेमी

**59(A).** आपतन कोण जिस पर एक पारदर्शी सतह पर गिरने वाले ध्रुवीकृत प्रकाश की किरण पूरी तरह से तल ध्रुवीकृत प्रकाश के पुंज के रूप में परावर्तित होती है, उसे ध्रुवीकरण या ब्रूस्टर कोण कहा जाता है। यह $i_P$ द्वारा दर्शाया जाता है।
**ब्रूस्टर का नियम:** इसमें कहा गया है कि जब किसी किरण को किसी विशेष आपतन कोण पर $\mu$ अपवर्तनांक वाले किसी पारदर्शी माध्यम से गुजारा जाता है, तो परावर्तित किरण पूरी तरह से ध्रुवीकृत हो जाती है और परावर्तित और अपवर्तित किरण के बीच का कोण 90° होता है।

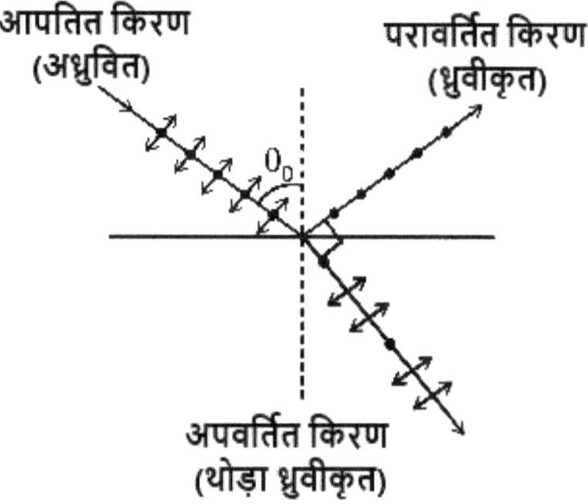


$\mu = \tan\theta_B$
जहां $\mu =$ अपवर्तनांक और $\theta_B$ ब्रूस्टर कोण या ध्रुवीकरण कोण $(i_p)$ है।
दिया है:
प्रकाश कांच पर आपतित होता है।
कांच का अपवर्तनांक $(\mu) = \frac{3}{2}$

आपतन कोण $(i_p)$ =?

$\frac{3}{2} = \tan\theta$

$\Rightarrow \theta = \tan^{-1}\left(\frac{3}{2}\right)$

$\Rightarrow \theta = 56.30° \approx 57°$

**60(A).** पहला मैक्सिमा $= \frac{D\lambda}{d}$

$\beta_1 = \frac{1.5\times480\times10^{-9}}{0.25\times10^{-3}}$

$= 2.880\times10^{-3}$ मीटर

$\beta_2 = \frac{1.5\times600\times10^{-9}}{0.25\times10^{-3}}$

$= 3.600\times10^{-3}$ मीटर

इसलिए, $\beta_2 - \beta_1 = 0.72\times10^{-3}$ मीटर

$= 0.72$ मिलीमीटर

**61(C).** हम जानते हैं कि,

ऊर्जा आपतित विकिरण = कार्य फलन + गतिज ऊर्जा... (1)

समीकरण (1) बन जाता है

$hv = hv_0 + E\ldots(2)$

जहां $v$ और $v_0$ आपतित और थ्रेशोल्ड आवृत्तियां हैं। जब घटना की आवृत्ति विकिरण को दोगुना कर दिया जाता है यानी $v = 2v$ तो समीकरण का उपयोग करके नई गतिज ऊर्जा $E_1$ पर विचार करें

समीकरण (1) और (2) से

ऊर्जा घटना विकिरण = कार्य फलन + गतिज ऊर्जा . . . ( 1 )

समीकरण (1) बन जाता है

$hv = hv_0 + E\ldots(2)$

जहां $v$ और $v_0$ आपतित और थ्रेशोल्ड आवृत्तियां हैं। जब घटना की आवृत्ति विकिरण को दोगुना कर दिया जाता है यानी $v = 2v$ तो समीकरण का उपयोग करके नई गतिज ऊर्जा $E_1$ पर विचार करें

(1) और (2) से

$h(2v) = hv_0 + E_1$

$2hv = (hv - E) + E_1$

$E_1 = -(hv - E) + 2hv$

$E_1 = E + hv$

$h(2v) = hvv_0 + E_1$

$2hv = (hv - E) + E_1$

$E_1 = -(hv - E) + 2hv$

$E_1 = E + hv$

**62(A).** दिया हुआ,

इस सूक्ष्मदर्शी में इलेक्ट्रॉन का वेग (v) = $1.6 \times 10^6$ $ms^{-1}$ है।

'h' = प्लैंक स्थिरांक = $6.63 \times 10^{-34}$ $Hz^{-1}$

इलेक्ट्रॉन का द्रव्यमान (m) = $9.1 \times 10^{-31}$ kg

डी ब्रोग्ली तरंग दैर्ध्य,

$\lambda = \frac{h}{mv}$

$= \frac{6.63\times10^{-34}}{9.1\times10^{-31}1.6\times10^{6}}$

$= 4.55 \times 10^{-10}$ m

**63(B).** दिया गया:

$T_{\frac{1}{2}} = 4.5 \times 10^9 y$

$= 4.5 \times 10^9 y \times 3.16 \times 10^7\ s/y$

$= 1.42 \times 10^{17}$ s

किसी भी आइसोटोप के एक k mol अवोगैड्रो के परमाणुओं की संख्या होती है, और इसलिए $^{238}_{92}U$ के 1 g में होता है:

$N = \frac{1}{238\times10^{-3}}$kmol $\times 6.025 \times 10^{26}$ परमाणु/k mol

$N = 25.3 \times 10^{20}$ परमाणु

क्षय दर $R$ है:

$R = \lambda N$

$= \frac{0.693}{T_{1/2}}N = \frac{0.693\times25.3\times10^{20}}{1.42\times10^{17}}\ s^{-1}$

$= 1.23 \times 10^4\ s^{-1}$

$= 1.23 \times 10^4$ Bq

**64(D).** दिया गया:

$T_1 = 8T_2$ और $Z = 1$ (हाइड्रोजन के लिए)

हम जानते हैं कि $n^{th}$ कक्षा में घूमने वाले इलेक्ट्रॉन की समयावधि इस प्रकार दी गई है,

$T_n = \frac{4\epsilon_0^2 n^3 h^3}{mZ^2e^4} \ldots\ldots$ (i)

जहाँ $\epsilon_o$ = पारगम्यता, $h$ = प्लैंक नियतांक, $m$ = इलेक्ट्रॉन का द्रव्यमान, $Z$ = परमाणु क्रमांक और $e$ = इलेक्ट्रॉन पर आवेश

समीकरण (i) द्वारा, हाइड्रोजन परमाणु में इलेक्ट्रॉन का समयावधि $(Z = 1)$ के रूप में दिया जाता है,

$T_n = \frac{4\epsilon_o^2 n^3 h^3}{m\times1^2\times e^4}$

$\Rightarrow T_n \propto n^3 \quad \ldots$ (ii)

समीकरण (ii) द्वारा,

$T_1 \propto n_1^3 \ldots$ (iii)

$T_2 \propto n_2^3 \ldots$ (iv)

समीकरण (iii) और समीकरण (iv) को विभाजित करें,

$\frac{T_1}{T_2} = \frac{n_1^3}{n_2^3}$

$\Rightarrow \frac{n_1^3}{n_2^3} = \frac{8T_2}{T_2}$

$\Rightarrow \frac{n_1}{n_2} = \frac{2}{1}$

$\Rightarrow n_1 = 2n_2 \quad \ldots$(v)

जब $n_2 = 2$

$\Rightarrow n_1 = 2 \times 2$

$\Rightarrow n_1 = 4$

**65(D).** उत्क्रम अभिनति में, ब्रेकडाउन के बाद, जेनर डायोड में वोल्टेज स्थिर हो जाता है। इसलिए, जेनर डायोड को वोल्टेज रेगुलेटर के रूप में उपयोग करने पर उत्क्रम अभिनति में जोड़ा जाता है।

सिलिकॉन डायोड का विभव प्राचीर लगभग 0.7 V होता है।

इसलिए, कथन (A) सही है और कथन (B) गलत है।

**66(D).**

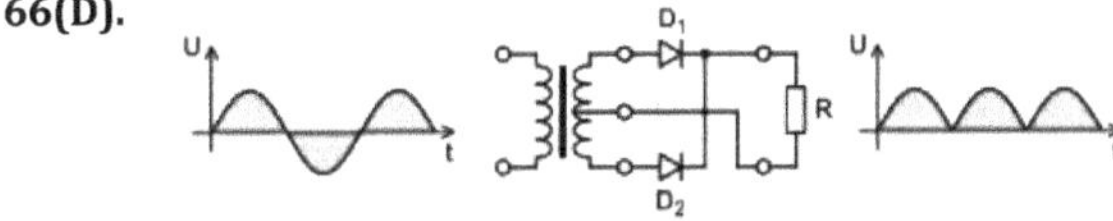


यदि हम इस पर विचार करते हैं, तो आउटपुट आवृत्ति निश्चित रूप से इनपुट आवृत्ति की तुलना में दोगुनी है।

इसलिए, यदि इनपुट आवृत्ति 50 हर्ट्ज है, तो आउटपुट आवृत्ति 100 हर्ट्ज होगी।

यह रंग का उपयोग करके छवि में दिखाए गए संकेत तरंग से दिखाई देता है।

संकेत का नकारात्मक पक्ष सुधार के बाद सकारात्मक पक्ष पर प्रकट होता है। चूंकि संकेत को ठीक किया जाता है। सुधार के बाद आमतौर पर संकेत प्रकृति में सममित होता है, आउटपुट पर संकेत की आवृत्ति दोगुनी होती है।

इसके अलावा, प्रत्यावर्तन प्रत्यावर्ती धारा को अप्रत्यावर्ती धारा में बदलने की एक प्रक्रिया है। यह डीसी बिजली उत्पादन इकाई का एक हिस्सा है। एक प्रत्यक्ष धारा, हमें आदर्श रूप से एक शून्य आवृत्ति संकेत की आवश्यकता होती है। इस प्रकार, फिल्टर सर्किट और वोल्टेज विनियमन सर्किट जैसे सर्किट इस चर वोल्टेज को स्थिर करके वोल्टेज को कम करते है और सभी आवृत्ति घटकों को हटाते हैं।

अत: विकल्प (D) सही है I

**67(B).** मान लीजिए, $H_2S$ का कुल द्रव्यमान = 100 g

S का द्रव्यमान = 94.11 g

H का द्रव्यमान = 100 − 94.11

= 5.89 g

इस प्रकार, H का 1 g = $\frac{94.11}{5.89}$ के साथ प्रतिक्रिया करता है

= 15.9 g $\simeq$ 16 g

अब, मान लीजिए $SO_2$ = 100 g का द्रव्यमान

O का द्रव्यमान = 50 g

$S$ का द्रव्यमान $= 100 - 50 = 50$ g
अब, मान लीजिए $H_2O$ का द्रव्यमान
$= 100$ g
H का द्रव्यमान $= 11.11$ g
O का द्रव्यमान $= 100 - 11.11 = 89.89$ g
इस प्रकार, H का 1 g = $\frac{89.89}{11.11}$ के साथ प्रतिक्रिया करता है
$= 8.09$ g $\simeq 8$ g
S & O के द्रव्यमान का अनुपात $= 16 : 8$
$= 2 : 1$
हम देख सकते हैं कि वे एक दूसरे के सरल गुणज हैं। अतः यह पारस्परिक अनुपात के नियम का पक्षधर है।

**68(A).** दिया गया है,
आवृत्ति, $\nu = 5 \times 10^{14}$ Hz
जैसा कि हम जानते हैं, प्लैंक स्थिरांक इस प्रकार दिया जाता है,
$h = 6.626 \times 10^{-34}$Js
एक फोटॉन की ऊर्जा व्यंजक द्वारा दी जाती है।
$E = h\nu$
$E = (6.626 \times 10^{-34} \text{ J s}) \times (5 \times 10^{14} \text{ s}^{-1})$
$= 3.313 \times 10^{-19}$ J
जैसा कि हम जानते हैं,
अवोगाद्रो संख्या $= 6.022 \times 10^{23}$ mol$^{-1}$
एक मोल फोटॉन की ऊर्जा,
$= (3.313 \times 10^{-19} \text{ J}) \times (6.022 \times 10^{23} \text{ mol}^{-1})$
$= 199.51$ kJ mol$^{-1}$

**69(C).** निम्न दाब पर गैसों के माध्यम से विद्युत निर्वहन की घटना में, ट्यूब में रंगीन चमक कैथोड से उत्सर्जित आवेशित कणों और गैस के परमाणुओं के बीच टकराव के परिणामस्वरूप प्रकट होती है।
तरलीकृत गैसों के माध्यम से बिजली का निर्वहन एक घटना है जिसे एक डिस्चार्ज ट्यूब की मदद से व्यवस्थित रूप से अध्ययन किया जा सकता है। डिस्चार्ज ट्यूब में कैथोड से उत्सर्जित आवेशित कणों और गैस के परमाणुओं के बीच टकराने से ट्यूब में रंगहीन चमक आ जाती है।

**70(D).** लोहचुंबकत्व चुंबकीय क्षेत्र की उपस्थिति होती है जो चुंबकीय सामग्री में एक ही दिशा में संरेखित होते हैं। लोहचुंबकीय सामग्रियों के सबसे आम उदाहरण लोहा, निकल, कोबाल्ट और धातु मिश्र धातु हैं।
लोहचुंबकत्व की विशेषता यह है कि सामग्री बाह्य क्षेत्र की अनुपस्थिति में एक स्थायी चुंबकीय संवेग रखती है जो बहुत बड़े और स्थायी चुंबकीयकरण को प्रकट करती है।
लोहचुंबकत्व सामाग्री में यह स्थायी संवेग परमाणु चुंबकीय संवेग के कारण इलेक्ट्रॉन संरचना के परिणामस्वरूप अनियंत्रित इलेक्ट्रॉन घूर्णन के कारण होता है।
इन धातुओं के चुंबकीय क्षेत्र में परमाणुओं के बीच इलेक्ट्रॉनिक विनिमय के कारण प्रबल अंतक्रिया होती है। ये प्रबल अन्तःक्रिया एक ही दिशा में चुंबकीय क्षेत्र के संरेखण का कारण बनते हैं।

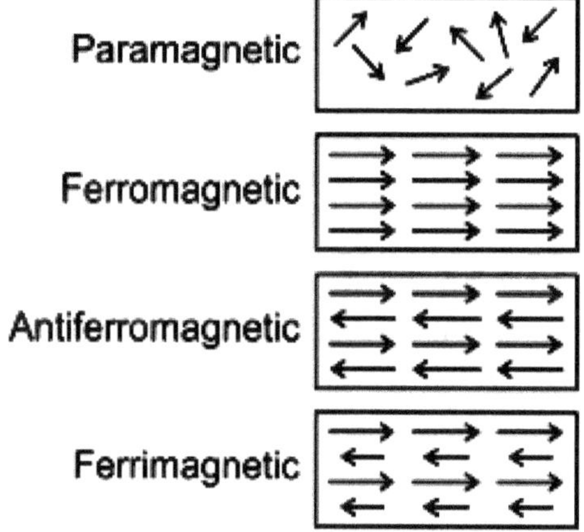


एल्युमुनियम (Al) → अनुचुम्बकत्व
सोडियम (ना) → अनुचुम्बकत्व
जिंक (Zn) → प्रति चुंबकत्व
कोबाल्ट (Co) → लोहचुंबकत्व

**71(C).** चार परमाणु कक्षक हैं जैसे कि s,p,d और f और इलेक्ट्रॉनों को इन कक्षकों में ही वितरित किया जाता है।
सल्फर आवर्त सारणी के तीसरे आवर्त में आता है और इसमें केवल s, p और d कक्षक होते हैं।
आद्य-अवस्था में, d कक्षक खाली रहता है, जब उत्तेजना होती है तो d कक्षक में युग्मित इलेक्ट्रॉनों की गति बढ़ती है और इसलिए वे संयोजकता या परिवर्ती संयोजकता में वृद्धि दर्शाते हैं।
सल्फर 2,4 और 6 की संयोजकता दर्शाता है। उदाहरण के लिए यह एक यौगिक बनाता है जैसे कि $H_2S$ (संयोजकता 2), $SO_2$ (संयोजकता 4) और $SO_3$ (संयोजकता 6)।

**72(C).**
- अनुनाद प्रभाव एक अणु में उत्पादित ध्रुवता है जो एक
- एकाकी इलेक्ट्रॉन युग्म और एक पाई आबंध के बीच की अंतःक्रिया के कारण होता है, या यह दो पाई-आबंध के साथ दो निकटवर्ती परमाणुओं के बीच अंतःक्रिया के कारण उत्पन्न होता है।
- बेंज़ीन वलय में दोलनशील बंधों को संयोजकता आबंध सिद्धांत के अनुसार अनुनाद संरचनाओं की सहायता से समझाया गया है।
- बेंजीन वलय में सभी कार्बन परमाणु $sp^2$ विसंकरित होते हैं।
- एक परमाणु के दो $sp^2$ विसंकरित कक्षा $sp^2$ कक्षा में आसन्न कार्बन परमाणु के साथ अतिच्छादित होते हैं जो छह C-C सिग्मा आबंध का निर्माण करते है।

यह केकुले द्वारा प्रस्तावित दो अनुनाद संरचनाओं के गठन की व्याख्या करता है।

**73(C).** बॉन्ड एनर्जी $\propto$ बॉन्ड ऑर्डर
बॉन्ड ऑर्डर एमओ कॉन्फ़िगरेशन द्वारा निर्धारित किया जा सकता है।
$NO$ : इलेक्ट्रॉनों की संख्या $= 7 + 8 = 15$
$\sigma 1s^2 \sigma^* 1s^2 \sigma 2s^2 \sigma^* 2s^2 \sigma 2P_z^2 \pi 2p_x^2 = \pi 2p_y^2 \pi^* 2p_x^1$
$\therefore$ बॉन्ड ऑर्डर $= \frac{10-5}{2} = 2.5$
$NO^+$ : इलेक्ट्रॉनों की संख्या $= 15 - 1 = 14$
NO कॉन्फ़िगरेशन से $\pi^* 2p_x^1$ हटाएं
$\therefore$ बॉन्ड ऑर्डर $= \frac{10-4}{2} = 3$
$NO^-$ : इलेक्ट्रॉनों की संख्या $= 15 + 1 = 16$
$\sigma 1s^2 \sigma^* 1s^2 \sigma 2s^2 \sigma^* 2s^2 \sigma 2p_z^2 \pi 2p_x^2 = \pi 2p_y^2$
$\pi^* 2p_x^1 = \pi^* 2p_y^1$
$\therefore$ बॉन्ड ऑर्डर $= \frac{10-6}{2} = 2$
$\therefore$ बॉन्ड ऑर्डर; इसलिए बंधन शक्ति $NO^+ > NO > NO^-$

**74(C).** हेस का स्थिर ऊष्मा योग का नियम ऊष्मप्रवैगिकी के प्रथम नियम पर आधारित है।
हेस के स्थिर ऊष्मा योग के नियम में कहा गया है कि "कई चरणों के बावजूद, कुल थैलेपी परिवर्तन सभी परिवर्तनों का योग है।"
गणितीय रूप से हेस के नियम को इस रूप में दर्शाया जा सकता है:
$\Delta H_{net} = \sum \Delta H_Y$
जहां, $\Delta H_{net}$ = नेट एन्थैल्पी परिवर्तन
$\Delta H_r$ = प्रतिक्रियाओं के एन्थैल्पी परिवर्तन का योग
इसलिए, एन्थैल्पी परिवर्तन एक अवस्था फलन है क्योंकि यह अंतिम और प्रारंभिक चरण पर निर्भर करता है न कि प्रणाली द्वारा अनुसरण किए जाने वाले पथ पर। इसलिए, यह आंतरिक ऊर्जा जैसा दिखता है क्योंकि आंतरिक ऊर्जा भी एक अवस्था फलन है।
ऊष्मप्रवैगिकी का पहला नियम कहता है कि "प्रणाली की आंतरिक ऊर्जा का कुछ हिस्सा प्रणाली को गर्म करने के लिए उपयोग किया जाता है जबकि दूसरे भाग का उपयोग किए गए कार्य के लिए किया जाता है।"
इसलिए, हेस का स्थिर ऊष्मा योग का नियम ऊष्मप्रवैगिकी के पहले नियम पर आधारित है क्योंकि दोनों ऊर्जा के संरक्षण का सुझाव देते हैं।

**75(A).** ऊष्मप्रवैगिकी उस दर से संबंधित नहीं है जिस पर प्रतिक्रिया आगे बढ़ती है।
ऊष्मप्रवैगिकी हमें एक रासायनिक प्रतिक्रिया की व्यवहार्यता, ऊर्जा परिवर्तन और सीमा के बारे में बताती है। यह हमें प्रतिक्रिया की दर के बारे में नहीं बताता है। प्रतिक्रिया के गतिकी का संबंध उस दर से होता है

जिस पर प्रतिक्रिया आगे बढ़ती है।

**76(C).** प्रश्न से:
$A \rightarrow H_2CO_3 \rightleftharpoons H^+ + HCO_3^- K_1 = 4.2 \times 10^{-7}$
$B \rightarrow HCO_3^- \rightleftharpoons H^+ + CO_3^{-2} \quad K_2 = 4.8 \times 10^{-11}$
जैसा, $K_2 << K_1$
सभी प्रमुख $[H^+]_{total} \approx [H^+]_A$
और I संतुलन से,
$[H^+]_A \approx [HCO_3^-] \approx [H^+]$ संपूर्ण
$[CO_3^{-2}]$ $[HCO_3^-]$ या $[H^+]$ संपूर्ण
की तुलना में नगण्य है।

**77(C).** प्रत्येक घोल की अधिकतम सांद्रता होने दें $x$ मोल / लीटर। मिश्रण करने के बाद, प्रत्येक घोल की सांद्रता की मात्रा घटकर आधी हो जाएगी अर्थात $\frac{x}{2}$
$\therefore [FeSO_4] = [Na_2S] = \frac{x}{2}$ मोल
फिर, $[Fe^{2+}] = [FeSO_4] = \frac{x}{2}$ मोल
और $[S^{2-}] = [Na_2S] = \frac{x}{2}$ मोल
अब, $FeS_{(s)} \leftrightarrow Fe^{2+}_{(aq)} + S^{2-}_{(aq)}$
$\Rightarrow K_{sp} = [Fe^{2+}][S^{2-}]$
$\Rightarrow 6.3 \times 10^{-18} = \left(\frac{x}{2}\right)\left(\frac{x}{2}\right)$
$\Rightarrow \frac{x^2}{4} = 6.3 \times 10^{-18}$
$\Rightarrow x = 5.02 \times 10^{-9}$ मोल
अतः विकल्प (C) सही है।

**78(C).** प्रश्न के अनुसार:
$4e + S^{4+} \rightarrow S^0$
आणविक द्रव्यमान $SO_2$ है 64
एजेंट की वैधता है: 4
$SO_2$ ऑक्सीडेंट है, $E_{SO_2} = \frac{64}{4} = 16$

**79(D).** $n$ -फ़ैक्टर $= \frac{n_1 \times n_2}{n_1 + n_2} = \frac{4 \times 2}{4+2} = \frac{4}{3}$
समान वज़न $= \frac{\text{mol wt.}}{n\text{ - factor}}$
$= \frac{M \times 3}{A}$
$= \frac{3M}{4}$
अत: विकल्प (D) सही है I

**80(B).** pH सूचक के रूप में फेनोल्फथेलिन

- फेनोल्फथेलिन C 20 H 14 O 4 फॉर्मूला वाला एक रासायन यौगिक है और अक्सर इसे "HIn" या "phph" के रूप में दर्शाया जाता है।
- फिनोलफथेलिन का उपयोग अक्सर एसिड-बेस टाइट्रेशंस में एक सूचक के रूप में किया जाता है।
- यह अम्लीय समाधानों में रंगहीन हो जाता है और मूल या क्षार समाधानों में गुलाबी होता है।
- यह शराब के साथ घुल जाता है और यह पानी में थोड़ा घुलनशील होता है।
- इसमें स्वाद और गंध नहीं होती है।
- यह एक कमजोर एसिड है, जो समाधान में H $^+$ आयनों में घुल जाता है।

**81(B).** $P_B = P_B^o X_B$
($P_A^o$ और $P_B^o$ = वी.पी. शुद्ध $A$ और $B$)
$Y_A = \frac{P_A}{P_A + P_B}$
$\Rightarrow \frac{P_A^o X_A}{P_A^o X_A + P_B^o(1 - X_A)}$
$\Rightarrow Y_A = \frac{P_A^o X_A}{X_A(P_A^o - P_B^o) + P_B^o}$
$\Rightarrow \frac{1}{Y_A} = \left(\frac{P_A^o - P_B^o}{P_A^o}\right) + \frac{P_B^o}{P_A^o} \cdot \frac{1}{X_A}$
इसलिए, ढलान $\frac{P_B^o}{P_A^o}$ और इंटरसेप्ट $= \frac{P_A^o - P_B^o}{P_{A}o}$ है।

**82(B).** नेर्न्स्ट समीकरण को लागू करने पर हमारे पास:
$E_{cell} = E^{\theta}_{cell} - \frac{0.0591}{n} \log \frac{Ni^{2+}}{[Ag^+]^2}$
$= 1.05 - \frac{0.0591}{2} \log \frac{(0.160)}{(0.002)^2}$
$= 1.05 - 0.02955 \log \frac{0.16}{0.000004}$
$= 1.05 - 0.02955 \log 4 \times 10^4$
$= 1.05 - 0.02955(\log 10000 + \log 4)$
$= 1.05 - 0.02955(4 + 0.6021)$
$= 0.914$ V
अत: विकल्प (B) सही है I

**83(D).** माना कि विशिष्ट चालकता निम्न समीकरण द्वारा दी जाती है
$k = \frac{K}{R}$
जहाँ $K$ सेल स्थिरांक है, $R$ चालकता है:
$\Rightarrow k = \frac{0.88}{220}$
$\Rightarrow 4 \times 10^{-3} \text{ohm}^{-1} \text{ cm}^{-1}$
इसलिए इलेक्ट्रोटाइप की समतुल्य चालकता
$\lambda = \frac{1000K}{C}$
$\Rightarrow \frac{1000 \times 4 \times 10^{-3}}{0.1}$
$\Rightarrow 40 \text{ohm}^{-1} \text{ cm}^2 eq^{-1}$

**84(C).** जब प्रतिक्रिया होती है, तो अभिकारक उत्पादों में परिवर्तित हो जाते हैं। जैसे-जैसे समय बढ़ता है, अभिकारकों की सांद्रता कम होती जाती है और उत्पादों की सांद्रता बढ़ती जाती है।
प्रतिक्रिया की सांद्रता और समय के बीच प्रतिक्रिया की मदद से, हम प्रतिक्रिया के क्रम की गणना कर सकते हैं।
अभिक्रिया के क्रम से अभिप्राय उन पदों की सान्द्रता का वास्तविक योग है जिन पर अभिक्रिया की दर निर्भर करती है।
तो, प्रश्न के दिए गए डेटा में, प्रारंभिक सान्द्रता 10 g /L है, 30 मिनट के बाद शेष यौगिक की सान्द्रता 5 g /L है और 5 g/L को एक उत्पाद में परिवर्तित कर दिया गया है। इसका मतलब है कि सान्द्रता घटकर आधी हो जाती है।
अब, 90 मिनट पर, शेष सान्द्रता 1.25 g/L है। तो, हम देख सकते हैं कि जब समय 30 मिनट बढ़ जाता है, तो सान्द्रता आधी हो जाती है। यह नीचे दिखाया गया है:
$10\text{ g / L} \xrightarrow{30\text{ minutes}} 5\text{ g / L} \xrightarrow{30\text{ minutes}} 2.5\text{ g / L} \xrightarrow{30\text{ minutes}} 1.25\text{ g / L}$
अत: समान समय अंतराल पर सान्द्रता आधी हो जाती है, अतः अभिक्रिया का क्रम $I^{st}$ होगा।

**85(A).** दिया गया,
$A_1 = 0.5 \text{ mol L}^{-1}$
$A_2 = 0.4 \text{ mol L}^{-1}$
t = 10 min
प्रतिक्रिया के लिए,
$2\text{ A} \rightarrow \text{products}$
प्रतिक्रिया की दर $= \left[\frac{\Delta[A]}{\Delta t}\right]$
$= -\frac{1}{2}\left[\frac{[A_2] - [A_1]}{t_2 - t_1}\right]$
$= -\frac{1}{2}\left[\frac{0.4 - 0.5}{10 \text{ min}}\right]$
$= -\frac{1}{2}\left[\frac{-0.1}{10 \text{ min}}\right]$
$= 5 \times 10^3 \text{M min}^{-1}$

**86(C).** SRP value normally increases from left to right in the period of d-block elements. Some SRP value are exceptionally higher due to the stability of product ion.
$E^0_{Mn^{3+}/Mn^{2+}} = 1.57V$
$E^0_{Fe^{3+}/Fe^{2+}} = 0.77V$

$E^0_{Co^{3+}/Co^{2+}} = 1.97V$
$E^0_{Cr^{3+}/Cr^{2+}} = -0.41V$

**87(B).** The half equations of the reaction are
$MnO_4^- \longrightarrow Mn^{2+}C_2O_4^{2-} \longrightarrow CO_2$
The balanced balf equations are
$MnO_4^- + 8H^+ + 5e^- \longrightarrow Mn^{2+} + 4H_2OC_2O_4^{2-} \longrightarrow 2C$
$O_2 + 2e^-$
On equating number of electrons, we get
$2MnO_4^- + 16H^+ + 10e^- \longrightarrow 2Mn^{2+} + 8H_2O5C_2O_4^{2-}$
$\longrightarrow 10CO_2 + 10e^-$
On adding both the equations, we get
$2MnO_4^- + 5C_2O_4^- + 16H^+ \longrightarrow 2Mn^{2+} + 2 \times 5CO_2 + \frac{16}{2}H_2O$
Thus $x, y$ and $z$ are 2 , 5 and 16 respectively.
Hence, the correct option is (C).

**88(A).** क्लोरोफिल मैग्नीशियम युक्त पौधों में हरे रंग के वर्णक होते हैं, कैल्शियम नहीं। क्लोरोफिल का रासायनिक सूत्र $C_{55}H_{72}O_5N_4Mg$ है। यह क्लोरोफिल में मैग्नीशियम है जो सूर्य के प्रकाश पर पकड़कर करके प्रकाश संश्लेषण की प्रक्रिया को पूरा करने के लिए जिम्मेदार है।
सायनोकोबालैमीन विटामिन कॉम्प्लेक्स $B_{12}$ का दूसरा नाम है, जिसका रासायनिक सूत्र $C_{63}H_{88}CoN_{14}O_{14}P$ है। इसलिए, यह कोबाल्ट का एक जटिल है।
कार्बोक्सीपेप्टिडेज़ - A मानव के अग्न्याशय में उत्पादित जस्ता का एक मेटालोएंजाइम है।
हीमोग्लोबिन रक्त में मौजूद लाल वर्णक है, जिसका उपयोग फेफड़ों से ऊतकों तक ऑक्सीजन पहुंचाने के लिए किया जाता है। पिगमेंट का लाल रंग इसमें आयरन की उपस्थिति के कारण होता है। इसलिए, हीमोग्लोबिन लोहे का एक जटिल है।

**89(B).** सही क्रम है:

| सूची - I | सूची - II |
|---|---|
| **(प्राप्त उत्पाद)** | **(कार्बोनिल यौगिक की निम्नलिखित के साथ अभिक्रिया)** |
| (a) सायनोहाइड्रिन | (iv) $HCN$ |
| (b) ऐसीटैल | (iii) ऐल्कोहॉल |
| (c) शिफ़ क्षारक | (ii) $RNH_2$ |
| (d) ऑक्सिम | (i) $NH_2OH$ |

कार्बोनिल यौगिक $NH_2OH$ से अभिक्रिया करके ऑक्सिम देता है-
- $> C = O + NH_2OH \xrightarrow{H^+} > C = N - OH$ (ऑक्सिम)

काबीनेल योगिक $RNH_2$ के साथ आभाक्रिया करता है और उत्पाद शिफ़ क्षारक होगा।
- एक शिफ़ क्षारक एक अभिकर्मक है जिसके सूत्र में $-C = N$ - समूह होता है।
- रासायनिक अभिक्रिया $- > C = O + R - NH_2 \xrightarrow{H^+} > C = N - R$ (शिफ़ क्षारक).

ऐल्कोहॉल के साथ अभिक्रिया पर कार्बोनिल यौगिक ऐसीटैल देता है।
- $> C = O + 2R - OH \xrightarrow{H^+} > C - (OR)_2$ (acetal)

HCN के साथ अभिक्रिया पर कार्बोनिल यौगिक सायनोहाइड्रिन देते हैं।
- $> C = O + HCN \xrightarrow{OH^-} > C - (OH)CN$ (cyanohydrin)

**90(B).** एथनल का क्रियात्मक समूह -CHO है।
एसीटल्डिहाइड ($CH_3CHO$), जिसे एथनाल भी कहा जाता है, 1-ब्यूटेनॉल (एन-ब्यूटाइल अल्कोहल), एथिल एसीटेट, परफ्यूम, फ्लेवरिंग, एनिलिन डाई, प्लास्टिक, सिंथेटिक रबर और अन्य रासायनिक यौगिकों के संश्लेषण में एक प्रारंभिक सामग्री के रूप में इस्तेमाल किया जाने वाला एल्डिहाइड है।

**91(A).** $C_2H_5OH$ का IUPAC नाम एथेनॉल है।
एथेनॉल एक कार्बनिक रासायनिक यौगिक है। यह एक साधारण अल्कोहल है जिसका रासायनिक सूत्र $C_2H_5OH$ है। इसका सूत्र $CH_3$ -$CH_2$ -OH या $C_2H_5OH$ के रूप में भी लिखा जा सकता है, और इसे अक्सर EtOH के रूप में संक्षिप्त किया जाता है। एथेनॉल एक वाष्पशील, ज्वलनशील, रंगहीन तरल है जिसमें विशिष्ट वाइन जैसी गंध और तीखा स्वाद होता है।

**92(C).** दिए गए तत्व का इलेक्ट्रॉनिक विन्यास $= 1s^22s^22p^63s^23p^3$
दिए गए तत्व की परमाणु संख्या $= 2 + 8 + 5$
$= 15$ और यह $5^{th}$ समूह से संबंधित है
इसलिए, उपरोक्त तत्व के नीचे के तत्व का परमाणु क्रमांक $= 15 + 18 = 33$

**93(A).** अभिक्रिया द्वारा बना उत्पाद ( 1 -क्लोरोप्रोपिल)-बेन्जीन है।
$C_6H_5CH_2CH = CH_2 \xrightarrow{HCl} C_9H_{11}Cl$

**94(C).** दिया गया,
$CH_3COOH$ will have molecualar mass $= 120$
100% जुड़ाव के कारण $n = 2$ (डिमराइजेशन के लिए)
अणु के जुड़ाव के लिए,
$\alpha = \frac{d-D}{d(1-\frac{1}{n})}$
$\Rightarrow \alpha = \frac{d-D}{d(1-\frac{1}{2})}$
$\Rightarrow \alpha = \frac{2(d-D)}{d}$

**95(C).** इन नीचे दी गई प्रतिक्रियाओं से:
$3Mg + N_2 \rightarrow Mg_3N_2$
$Mg_3N_2 + 6H_2O \rightarrow 3Mg(OH)_2 + 2NH_3$
अंतिम उत्पाद $Mg(OH)_2 + NH_3$ हैं।

**96(B).** ऑक्सीमरक्यूरेशन-डिमरक्यूरेशन में, अधिक स्थिर कार्बोकेशन बनता है और अधिक प्रतिस्थापित कार्बन पर पानी का आक्रमण होता है। अभिक्रिया इस प्रकार है:

$$CH_3CH = CH_2 \xrightarrow[\text{मरक्यूरेशन}]{\text{ऑक्सी}} CH_3CH(OH)CH_3$$

ऑक्सीमरक्यूरेशन प्रतिक्रिया एक इलेक्ट्रोफिलिक अतिरिक्त कार्बनिक प्रतिक्रिया है जो एक एल्केन को उदासीन ऐल्कोहॉल में बदल देती है। प्रतिक्रिया मार्कोवनिकोव के नियम का पालन करती है (हाइड्रॉक्सी समूह हमेशा अधिक प्रतिस्थापित कार्बन में जोड़ा जाएगा) और यह एक विरोधी जोड़ है (दो समूह एक दूसरे के लिए ट्रांस होंगे)।
अत: विकल्प (B) सही है I

**97(C).** पॉलिथायोनिक अम्ल में एक से अधिक S – S बंध होते हैं।

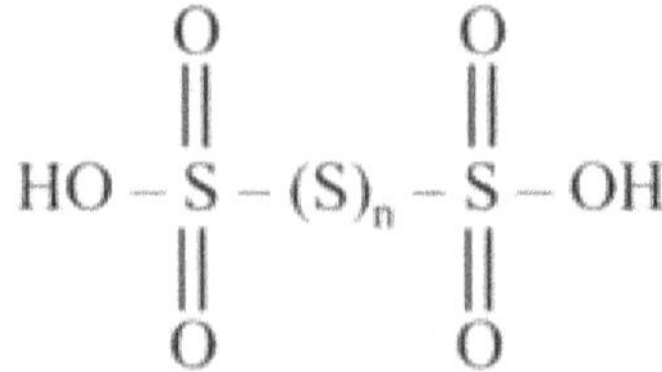

डाइथायोनिक ($H_2S_2O_6$) अम्ल और थायोसल्फोरस ($H_2S_2O_2$) अम्ल दोनों में 1 S – S बंध होता है, जबकि परॉक्सोडाइसल्फ्यूरिक अम्ल में कोई S – S बंध नहीं होता है।

**98(B).** दिए गए यौगिको का क्वथनांक इस प्रकार है-
I. एथिलमिथाइलमाइन - 33 से 34 डिग्री सेल्सियस
II. प्रोपीलामाइन - 49 डिग्री सेल्सियस
III. ट्राइमेथिलमाइन - 2.9 डिग्री सेल्सियस

**99(A).** For one $NH_2 \rightarrow 14 + 2 = 16$ It turns into $NH - COCH_3 \rightarrow 14 + 1 + 12 + 16 + 12 + 3 = 58 \Rightarrow 58 - 16 = 42$ units

So for every $NH_2$ , there will be an increase of $42g$ after acylation.
$\Rightarrow$ The total increase in mass $= 390 - 180 = 210$
$\Rightarrow$ No. of amino groups $\frac{210}{42} = 5$
$\Rightarrow$ 5 amino groups

**100(D).** UCIL was the Indian subsidiary of UCC, with Indian government controlled banks. UCIL factory was built to produce the pesticide Sevin using methyl isocyanate as an intermediate. The chemical process employed in the Bhopal plant had methylamine reacting with phosgene to form methyl isocyanate, which was then reacted with 1 - naphthol to form the final product, carbaryl.
During the night of December 2, water entered a tank containing 42 tons of methyl isocyanate. The resulting exothermic reaction increased the temperature inside the tank to over $200°C$ and raised the pressure. About thirty metric tons of methyl isocyanate escaped from the tank into the atmosphere of Bhopal in $45 - 60min$ .
The atmosphere contained not only MIC, but also several other compounds like phosgene, hydrogen cyanide, carbon monoxide, hydrogen chloride, nitrogen oxides, methylamine and carbon dioxide. It caused coughing, vomiting, severe eye irritation and a feel of suffocation in people. Thus the gas leaked from the storage tank is methyl isocyanate.

**101(B).** शिक्षण के चिंतनशील स्तर में शिक्षक की भूमिका अहस्तक्षेपी होती है।
शिक्षण के स्तर: स्मृति, बोध और चिंतनशील
स्मृति स्तर:
- विचारहीन शिक्षण
- यह स्मृति या मानसिक क्षमता से संबंधित है जो सभी जीवित प्राणियों में मौजूद होती है।
- स्मृति स्तर पर शिक्षण को शिक्षण का निम्नतम स्तर माना जाता है।

बोध स्तर:
- विचारशील शिक्षण
- किसी चीज का बोध करना अर्थ को समझना, विचार को समझना और तात्पर्य को समझना है।

चिंतनशील स्तर:
- ऊपरी विचारशील स्तर
- शिक्षण के चिंतनशील स्तर को उच्चतम स्तर माना जाता है जिस पर शिक्षण किया जाता है। यह अत्यधिक विचारशील और उपयोगी होता है।

**102(C).** व्यवहारवादी दृष्टिकोण जो अधिगम को उद्दीपक और अनुक्रिया के बीच एक संबंध के रूप में वर्णित करता है, विचार का व्यवहारवादी स्कूल है। अधिगम के लिए यह दृष्टिकोण इस बात पर बल देता है कि व्यवहार अनैच्छिक क्रिया से शुरू होता है, अर्थात प्राकृतिक अनुक्रियाएं और नए व्यवहार के परिणाम उद्दीपक और अनुक्रिया के नए बंधनों और अनुभवों के अर्जन के माध्यम से प्राप्त होते हैं।
- व्यवहारवाद की जड़ें (मूल) मनोविज्ञान के सहयोगी / संघवादी स्कूल में निहित हैं। स्कूल का मानना है कि ज्ञान की एक वस्तु के स्मरण के उस विचार को दूसरे के साथ जोड़कर सुगम बनाया जाता है जब व्यक्ति ने इसे अर्जित किया था।
- उदाहरण के लिए, फूलों की सुगंध जीवन में किसी घटना से जुड़ी होती है जो जीवन में बाद में अच्छी या बुरी भावनाएँ उत्पन्न करती है।

**103(A).** शिक्षकों में शिक्षण कौशल के विकास के लिए सूक्ष्म शिक्षण को एक प्रभावी तकनीक माना गया है। तकनीक को पिछले तीस वर्षों की अवधि में परिष्कृत किया गया है। सूक्ष्म शिक्षण, शिक्षण कौशल विकसित करने के लिए अनुकरण तकनीक की तरह है।
- इस उपागम का प्रयोग प्रभावी प्रतिपुष्टि तंत्र के आधार पर शिक्षक के व्यवहार को आकार देने के लिए किया जाता है।
- शिक्षक प्रशिक्षु अपने अभ्यास के लिए प्रदर्शित कौशल के आधार पर विषय की सूक्ष्म अवधारणाओं का शिक्षण करते हैं।
- शिक्षक प्रशिक्षु विद्यार्थियों के एक छोटे समूह को पाठ पढ़ाते हैं। पर्यवेक्षक और साथियों द्वारा उनके पाठ की निगरानी की जाती है।

**104(C).** अनुदेशात्मक उद्देश्यों से सम्बन्धित ब्लूम के वर्गीकरण के 'चरित्र निर्माण' संज्ञानात्मक पक्ष से सम्बन्धित नहीं है। जबकि ज्ञान, अवबोध, अनुप्रयोग, विश्लेषण, संश्लेषण तथा मूल्यांकन आदि संज्ञानात्मक पक्ष से सम्बन्धित हैं।

**105(D).** प्रत्यावर्ती स्तर शिक्षण का स्तर नहीं है। शिक्षण के स्तर वह आधार है जिसके माध्यम से छात्रों का बौद्धिक विकास किया जाता है। इसमें छात्रों का क्रमबद्ध तरीके से बौद्धिक विकास किया जाता है।

**106(B).** ह्यूरिस्टिक पद्धति के प्रतिपादक आर्मस्ट्रांग थे।
- प्रोफेसर 'आर्मस्ट्रांग, एक अंग्रेजी रसायनज्ञ, शिक्षण के अनुमानी विधि के प्रवर्तक थे।
- यह एक समस्या को सुलझाने की विधि है जो बेहतर समझ के लिए शिक्षार्थियों की सक्रिय भागीदारी पर जोर देती है।
- यह छात्रों को महत्वपूर्ण और कल्पनाशील सोच का उपयोग करके स्वयं तथ्यों की खोज करके ज्ञान प्राप्त करने में सक्षम बनाता है।
- इस विधि में समस्याओं को छात्रों द्वारा अपनी सोचने की शक्ति को सक्रिय करने से पहले उठाया जाता है और शिक्षार्थियों को अवधारणा की अपनी समझ को बढ़ावा देने के लिए सक्रिय रूप से शामिल किया जाता है।

**107(B).** प्रोजेक्ट शिक्षण विधि डीवी से संबंधित है क्योंकि यह पहले डीवी द्वारा प्रस्तावित किया गया था और बाद में डब्ल्यू.एच. किलपैट्रिक द्वारा लोकप्रिय किया गया था। परियोजना विधि एक विशिष्ट परियोजना को प्रभावी ढंग से पूरा करने के लिए सहकर्मियों के एक समूह के संपर्क और पारस्परिक सहयोग से सक्रिय अधिगम पर जोर देती है।
परियोजन विधि के विशेषताएं:
- वास्तविक-जीवन के साथ अधिगम से संबंधित
- शिक्षार्थी की सक्रीय भागीदारी को बढ़ावा देता है।
- अमूर्त और मूर्त वेज्ञानिक कोशल विकसित करता है।
- व्यावहारिक ज्ञान के अनुप्रयोग को प्रोत्साहित करता है।
- शिक्षार्थी के व्यक्तिगत और सामूहिक विकास को सुनिश्चित करता है।

**108(A).** नैदानिक परीक्षण से तात्पर्य उस परीक्षण से है जो शिक्षकों को शिक्षार्थियों की अधिगम की समस्याओं या कमियों को जानने और उनकी आधिगम क्षमता, कमजोरियों, कौशल आदि की पहचान करने में मदद करते हैं।
नैदानिक परीक्षण के चरण:
- उन छात्रों की पहचान करना, जिन्हें परेशानी हो रही है।
- त्रुटियों का पता लगाना और कठिनाइयों / अंतरालों को जानना
- धीमी गति से सीखने के कारकों की खोज
- उपचारात्मक शिक्षण के माध्यम से कठिनाइयों को दूर करना

**109(C).** In a language classroom, r eading for pleasure skill, among the ones listed below, cannot be tested in a formal written examination.
The formal written examination is a test that can be half-yearly, yearly. They are designed for some designated time. It is conducted under the supervision of the teacher. Reading refers to the practice of comprehending and interpreting the written text to perceive the text meaningfully. In a language classroom, these skills can be tested in a formal written examination:
- Reading for information is a skill that can be tested. Reading for information can be from different sources such as tables, figures, magazines, calendars, diaries, and other texts. While reading for information we use different skills and sub-skills of reading depending on the nature of the information we need.
- Meaning of words and phrases can be tested in the written examination by involving learners in such questions.
- Inferential comprehension - The term 'inference' means something derived by reasoning-something, that is not directly stated but only suggested in the text. This may be a logical conclusion that is drawn from statements through deduction or induction.

Inferential comprehension is demonstrated by the learner when he/she successfully synthesizes the content of the selected reading matter. This can be also be tested in the written examination.

**110(A).** लिंग, जाति और आर्थिक श्रेणी के आधार पर निर्धारित आसन-व्यवस्था का विश्लेषण किसी अध्यापक के वंचित समूहों के प्रति गढ़ित गूढ़ पूर्वाग्रहों को उजागर कर सकता है।

**111(B).** कक्षा में सृजनात्मकता को बढ़ावा देने के लिए, विद्यार्थियों को मौलिक खोज और सोच को प्रोत्साहित करने के अवसर प्रदान करने चाहिए।

**112(A).** वस्तुनिष्ठ परीक्षण विचारों को प्रदान करने और व्यवस्थित करने के लिए उपयुक्त नहीं हैं।
वस्तुनिष्ठ परीक्षण सटीक और निश्चित उत्तरों के लिए उपयुक्त हैं। उत्तर आम तौर पर एक शब्द, अंक, प्रतीक, अक्षर या वाक्यांश के रूप में दर्शाए जाते हैं। वस्तुनिष्ठ परीक्षण विचारों को प्रदान करने और व्यवस्थित करने के लिए उपयुक्त नहीं हैं क्योंकि वे छात्रों की स्मरण शक्ति की जाँच करने के लिए आयोजित किए जाते हैं।

**113(A).** क्रिया जैसे स्मरण, पहचानना और समझना ब्लूम की वर्गीकी के संज्ञानात्मक डोमेन के ज्ञान स्तर के अंतर्गत आते हैं।
ज्ञान को पहले सीखी गई सामग्री को याद रखने के रूप में परिभाषित किया गया है। ज्ञान संज्ञानात्मक क्षेत्र में सीखने के परिणामों के निम्नतम स्तर का प्रतिनिधित्व करता है। क्रिया जैसे स्मरण, स्वीकार करना और पहचानना इस स्तर के अंतर्गत आते हैं।
बेंजामिन ब्लूम की वर्गीकी तीन पदानुक्रमित मॉडल का एक समूह है जो शैक्षिक शिक्षण उद्देश्यों के वर्गीकरण को संदर्भित करता है। वर्गीकी में, ब्लूम ने अधिगम के तीन डोमेन की पहचान की जिसमें संज्ञानात्मक, भावात्मक और क्रियात्मक या मनोक्रियात्मक शामिल हैं।

**114(B).** यदि शिक्षक को निर्देशात्मक सामग्रियों के आयोजन से पहले छात्रों की शक्तियों और कमजोरियों के बारे में जानना है तो शिक्षक को नैदानिक आकलन करना चाहिए।
नैदानिक आकलन शिक्षकों को सीखने की कठिनाइयों या सीखने वालों की समझ में कमी और सीखने वाले की व्यक्तिगत शक्तियों, कमजोरी, कौशल आदि की पहचान करने में मदद करता है।

**115(A).** स्कूली माहौल सामाजिक-सांस्कृतिक घटकों की श्रेणी में आता है जो विकास को प्रभावित करता है।

**116(C).** विद्यालयों में बच्चों के अधिगम से जुड़ाव को प्रभावित करने वाले कारक निम्नलिखित हैं:
परिवार द्वारा समाजीकरण अधिगम में बच्चे की व्यस्तता को प्रभावित करता है क्योंकि यह बच्चे के मन में अधिगम और उसके लाभों के बारे में प्रेरणा पैदा करता है।
समकक्षी संबंध ऐसे होते हैं जिन्हें एक बच्चा अपने परिवार के बाहर दोस्तों और सहपाठियों के रूप में बनाता है। एक अच्छा सामाजिक दायरा हमेशा एक व्यक्ति को प्रोत्साहित करता है जबकि एक नकारात्मक संबंध प्रकृति में हानिकारक या निराशा पूर्ण होता है।
अधिगम की प्रक्रिया में सांस्कृतिक मूल्य महत्वपूर्ण प्रभाव डालते हैं। एक बच्चा जो अपनी संस्कृति से अवगत होता है और समाज की सांस्कृतिक अखंडता को बनाए रखने के लिए प्रेरित होता है, वह समाज के बारे में अधिक जानने में रुचि विकसित करता है और समाज की बेहतरी के तरीकों के बारे में सोचता है।
बच्चों का आत्म-सम्मान एक ऐसी भावना है जहाँ बच्चा आत्म-प्रशंसित महसूस करता है और वह जो काम कर रहा है उस पर उसे गर्व होता है।

**117(B).** पर्यावरण अध्ययन की पुस्तक में विषय के साथ दी गई गतिविधियाँ विद्यार्थियों के लिए उपयोगी होंगी।
छात्रों के लिए उपयोगी होने के लिए पर्यावरण अध्ययन पाठ्यपुस्तकों की विशेषताएं:

- यंत्रवत अधिगम से बचना
- बच्चे के विचार और अंतर्ज्ञान को प्रोत्साहित करना
- समूह और व्यक्तिगत गतिविधियों का समान संतुलन
- अवधारणाओं की श्रेणीबद्ध जटिलता
- अवधारणाओं का नैतिक और भावनात्मक स्वर

अतः विकल्प (C) सही है।

**118(B).** शिक्षण-अधिगम सामग्री (TLM) को निर्देशात्मक सहायक के रूप में भी जाना जाता है, शिक्षक को शिक्षण-सीखने की गतिविधियों से पहले उसके द्वारा तैयार किए गए शिक्षण उद्देश्यों को प्राप्त करने की सुविधा प्रदान करता है। सामग्रियों को उनकी विशेषताओं को सुनिश्चित करने के अलावा निम्नलिखित बातों पर चुना जाना चाहिए:

- चूंकि, प्राथमिक ग्रेड पर, अधिगम की गतिविधियाँ पूरी तरह से शिक्षार्थियों के वास्तविक जीवन के अनुभवों से संबंधित होती हैं, सामग्री को वास्तविक जीवन की गतिविधियों की अपनी दुनिया से चुनने की आवश्यकता होती है।
- सामग्रियों को सीखने की गतिविधि में निपुण किसी विशेष अवधारणा के सीखने के लिए प्रासंगिक होना चाहिए।
- प्रत्यक्ष अनुभव जैसे प्रदर्शनियों, क्षेत्र यात्राओं, अध्ययन पर्यटन में भाग लेना, महत्वपूर्ण संस्थानों / संगठनों का दौरा करना।
- बड़ी संख्या में सामग्रियों का संग्रह केवल एक गतिविधि को प्रभावी ढंग से संचालित करने के लिए पर्याप्त नहीं है। गतिविधि के उचित चरण में उनका प्रासंगिकता भी महत्वपूर्ण है।
- सीखने की गतिविधियों में जहां एक नई अवधारणा पेश की जा रही है, दोनों सामग्री जो अवधारणा के उदाहरण हैं और अवधारणा की विशेषताओं के स्पष्ट भेदभाव के लिए एक ही अवधारणा के गैर-उदाहरणों का उपयोग करने की आवश्यकता है।
- सीखने की गतिविधि के लिए चुनी गई सामग्रियों की पर्याप्त मात्रा को गतिविधि शुरू होने से बहुत पहले सुनिश्चित किया जाना चाहिए।

अतः विकल्प (C) सही है।

**119(C).** Picture dictionary could be the most effective tool to teach vocabulary and spelling to students who are learning English as their second language.
A picture dictionary shows you the meaning, rather than telling you the meaning of a word. They are often organized by themes, instead of being an alphabetical list of words. Picture dictionary would be the most effective tool to teach vocabulary and spelling to children who are learning English as their second language in a picture dictionary, pictures and diagrams are included wherever necessary to clarify the concepts and enhance the learning process.

**120(C).** जॉन बी वॉटसन (1878-1958) यह अध्ययन करने वाले पहले व्यक्ति थे कि सीखने की प्रक्रिया हमारे व्यवहार को कैसे प्रभावित करती है, और उन्होंने विचार के स्कूल को व्यवहारवाद के रूप में जाना। व्यवहार मनोविज्ञान मूल रूप से इस बात में दिलचस्पी रखता है कि हमारा व्यवहार पर्यावरण और अपने भीतर उत्तेजनाओं से कैसे उत्पन्न होता है। विकल्प A, B और D अधिगम पद के लिए एक सही कथन है, सिवाय इसके कि व्यवहार का अध्ययनअधिगम है।

**121(B).** पर्यावरण शिक्षा छात्रों को यह समझने में मदद करती है कि उनके निर्णय और कार्य पर्यावरण को कैसे प्रभावित करते हैं, जटिल पर्यावरणीय मुद्दों के समाधान के लिए आवश्यक ज्ञान और कौशल का निर्माण करते हैं, साथ ही साथ हम भविष्य के लिए अपने पर्यावरण को स्वस्थ और टिकाऊ रखने के लिए कार्य कर सकते हैं, इसलिए यह जीवन के लिए महत्वपूर्ण है।

**122(D).** In the present era English language teaching is facing all the given problems.
The English language has achieved a prior place in the curriculum. The aim of teaching the English language is to help children to acquire practical commands of the English language. In the present era, English language teaching is facing several problems.
Obstacles in English Language Teaching:

- Lack of Teacher's Training
- Large and overcrowded classes
- Overemphasis on the grammar
- Lack of interest and purpose
- Lack of language laboratory
- Teaching through translation
- Less use of audio-visual aids

- Traditional examination system
- Use of the old method of English teaching

**123(B).** विषय में रुचि पैदा करने के लिए निचली कक्षाओं में पर्यावरण अध्ययन, उपयोग की जाने वाली शिक्षण पद्धति, मनोरंजक और खेल से संबंधित होनी चाहिए।
पर्यावरण अध्ययन सिखाने का उद्देश्य बच्चों के बीच कौशल विकसित करना और उनकी कक्षा और सामाजिक अनुभव को उनके बाहरी दुनिया से संबंधित करना है।
- शिक्षार्थियों को समूह चर्चा, समूह परियोजनाओं में शामिल करने, उन्हें विचारों को बोलने के लिए प्रोत्साहित करने आदि से विषय को रोचक बनाया जा सकता है।
- रुचि पैदा करने के लिए शिक्षण विधियां रचनात्मक और खेल से संबंधित होनी चाहिए।
- छात्रों की रुचि और ध्यान उन्हें गतिविधियों को निर्दिष्ट करके और बाद में उन्हें पुरस्कृत करके प्राप्त किया जा सकता है।

**124(D).** सभी विकल्प किसी भी समस्या को हल करने के लिए बाधाओं से संबंधित हैं।

**125(B).** पूर्व-स्नातक पाठ्यक्रमों के लिए ई-सामग्री निर्माण मानव संसाधन विकास मंत्रालय द्वारा शैक्षिक संचार संकाय को निर्दिष्ट किया गया है I ई-कंटेंट सात विषयों मानव विज्ञान, अंग्रेजी, हिंदी, गणित, फोटोग्राफी, पर्यावरण अध्ययन और इतिहास पर लॉन्च किया गया है।

**126(D).** शिक्षण प्रभावकारिता देश की शिक्षा प्रणाली से प्रभावित हो सकती है। देश की शिक्षा प्रणाली को तीन मुख्य श्रेणियों अर्थात् प्राथमिक, माध्यमिक और तृतीयक में विभाजित किया गया है। प्राथमिक शिक्षा शिक्षा प्रणाली की प्राथमिक संभावनाओं को कवर करती है, माध्यमिक 10 वीं और 12 वीं स्तर को कवर करता है जबकि शिक्षा का तृतीयक स्तर स्नातक, स्नातकोत्तर और डॉक्टरेट स्तर के पाठ्यक्रमों को कवर करता है। यदि शिक्षा के तीनों स्तर अच्छे से काम करते हैं तो हमारे देश में केवल शिक्षा प्रणाली में सुधार किया जाना चाहिए।

**127(D).** एक योद्धा तलवार की मदद के बिना युद्ध नहीं कर सकता, बढ़ई आरी के बिना काम नहीं कर सकता, और किसान हल के बिना खेती नहीं कर सकता। उसी तरह लेखक एक कलम के बिना कुछ नहीं कर सकता।

**128(C).** उपरोक्त मार्ग एनालॉग तर्क है क्योंकि पुरुष स्पष्टीकरण के उद्देश्य के लिए महिला के साथ खुद की तुलना कर रहा है।

**129(A).** मॉरिसन शिक्षण के स्तर को समझने का मुख्य प्रस्तावक है। यह 'मेमोरी प्लस अंतर्दृष्टि' है क्योंकि यह सिर्फ तथ्यों को याद रखने से परे है। यह विषय की महारत पर केंद्रित है। यह विद्यार्थियों को सामान्यीकरण, सिद्धांतों और तथ्यों को समझने में मदद करता है।

**130(D).** एक शिक्षक आमतौर पर छात्रों को अलग-अलग कार्य देता/देती है। उनका मानना है कि छात्र एक दूसरे के काम की नकल नहीं कर पाएंगे। यदि छात्रों को एक ही काम दिया जाता है, तो संभावना है कि छात्र अपने दिमाग का उपयोग नहीं करेंगे और एक दूसरे से नकल करेंगे।

**131(B).** अलाउद्दीन खलजी द्वारा लागू किए गए दो प्रकार के कर 'गृह कर' थे जो घरों और झोपड़ियों पर लागू किए गए थे और दूध देने वाले जानवरों पर ' चराई कर' थे।

**132(D).** सरयू नदी शारदा नदी की सहायक नदी है ।
सरयू, शारदा नदी की सबसे बड़ी सहायक नदी है। ये, सुरमूल से निकलती है और पंचेश्वर में महाकाली में मिल जाती है, जो नेपाल की सीमा पर है। ये उत्तराखंड राज्य के कपकोट, बागेश्वर और सेराघाट शहरों से होकर बहती है।

**133(A).** जिस मुद्रा में शीघ्र प्रवास की प्रवृत्ति होती है उसे गर्म मुद्रा कहते हैं।

**134(A).** जनवरी 2023 में, विश्व आर्थिक मंच (WEF) द्वारा स्वास्थ्य और जीवन विज्ञान पर केंद्रित चौथी औद्योगिक क्रांति के लिए अपना केंद्र स्थापित करने के लिए हैदराबाद को चुना है।
चौथी औद्योगिक क्रांति केंद्र (C4IR) एक स्वायत्त संगठन होगा जो स्वास्थ्य देखभाल और जीवन विज्ञान पर ध्यान केंद्रित करेगा। C4IR तेलंगाना फोरम के चौथे औद्योगिक क्रांति नेटवर्क में शामिल होने वाला 18वां केंद्र है।

**135(D).** कुँवर सिंह एक भारतीय स्वतंत्रता सेनानी थे जिन्होंने बिहार राज्य में अंग्रेजों के खिलाफ लड़ाई की एक श्रृंखला में अपनी सेना का नेतृत्व करने के बाद 26 अप्रैल 1858 को उनकी मृत्यु हो गई।

**136(D).** वन अनुसंधान संस्थान (FRI) उत्तराखंड के देहरादून में स्थित है। 1906 में इंपीरियल फॉरेस्ट रिसर्च इंस्टीट्यूट के रूप में स्थापित, यह अपनी तरह के सबसे पुराने संस्थानों में से एक है।
यह भारतीय वानिकी अनुसंधान और शिक्षा परिषद का एक संस्थान है और भारत में वानिकी अनुसंधान के क्षेत्र में एक प्रमुख संस्थान है।

**137(B).** ग्रीनहाउस प्रभाव मुख्य रूप से वायुमंडलीय कार्बन डाइऑक्साइड में वृद्धि के कारण होता है।
ग्रीनहाउस प्रभाव वातावरण के कार्बन डाइऑक्साइड सांद्रता में वृद्धि के कारण ग्रह के तापमान में वृद्धि के कारण है।
ग्रीनहाउस प्रभाव के कारण पृथ्वी की सतह के औसत तापमान में वृद्धि को ग्लोबल वार्मिंग कहा जाता है। यह पृथ्वी की सतह पर हवा और समुद्र के औसत तापमान में वृद्धि को भी दर्शाता है।

**138(D).** जल प्रदूषण औद्योगिक, कृषि और घरेलू और प्राकृतिक स्रोतों द्वारा भी विभिन्न प्रकार की मानवीय गतिविधियों के कारण होता है। जल के प्रदूषण के प्राकृतिक स्रोत मिट्टी का क्षरण, चट्टानों से खनिजों की लीचिंग और जैविक पदार्थ का क्षय है।
अतः विकल्प (D) सही है I

**139(C).** कक्षा III से V तक का EVS पाठ्यक्रम एक साथ जुड़ा हुआ है और छात्रों के लिए अधिक जीवंत सामग्री बनाने के लिए व्यापक विषयों और उप-विषयों के भीतर एकीकृत किया गया है ताकि वे अपने शैक्षिक अनुभवों का सर्वश्रेष्ठ उपयोग कर सकें।
ईवीएस पाठ्यक्रम में सुझाए गए व्यापक विषय "परिवार और मित्र" के तहत "पशु" एक उपविषय है, जबकि शेष कक्षा तीसरी से पांचवी के लिए ईवीएस पाठ्यक्रम के व्यापक विषय हैं।
इसलिए, हम यह निष्कर्ष निकाल सकते हैं कि पशु ईवीएस पाठ्यक्रम में सुझाए गए विषय के तहत एक उप-विषय है।

**140(C).** पर्यावरण अध्ययन एक ऐसा विषय है जो पर्यावरण संबंधी मुद्दों के बारे में सीखने वालों की जागरूकता के विकास से संबंधित है। प्रभावी ईवीएस शिक्षण-अधिगम संसाधनों की विविधता की मदद से होता है जो बच्चों को बेहतर सीखने का अनुभव प्रदान करते हैं।
ईवीएस सीखने के लिए सबसे प्रभावी संसाधनों में शामिल हैं:
- पाठयपुस्तक
- समाचार पत्र
- परिवार के सदस्य
- शैक्षिक मीडिया
- प्राकृतिक वातावरण
- समुदाय के सदस्य

हम निष्कर्ष निकालते हैं कि उपरोक्त सभी बिंदु ईवीएस सीखने के लिए सबसे प्रभावी संसाधन के रूप में आवश्यक हैं।

**142(B).** दिया है:
3 वर्षों में एक धनराशि 27 गुणा हो जाती है।
मूलधन और मिश्रधन का अनुपात
मूलधन : मिश्रधन= $P : A = \sqrt[3]{1} : \sqrt[3]{27}$
मूलधन : मिश्रधन $= P : A = 1 : 3$
हम जानते हैं,
दर $=$ अंतर / मूल $\times 100$
$\Rightarrow$ दर $= \frac{2}{1} \times 100$
$\Rightarrow$ दर $= 200\%$

**143(C).** दिया गया है,
$Q = 0.54$
$P = 0.3 \times 0.3 + 0.03 \times 0.03 - 0.6 \times 0.03$
$\Rightarrow P = 0.09 + 0.0009 - 0.018$
$\Rightarrow P = 0.0729$
$\therefore \frac{P}{Q} = \frac{0.0729}{0.54} = 0.135$

**144(C).** दिया है:
म.स.प. $= 3$
ल.स.प. $= 90$
गणना:
मान लें कि संख्या $3a$ है
और दूसरी संख्या $3b$ है
प्रश्न के अनुसार:
$3a + 3b = 33$
$\Rightarrow a + b = 11$ .........(1)
$3a$ का ल.स.प.
$3b = 3ab$
इसलिए, $3ab = 90$
$\Rightarrow ab = 30$ ...(2)
समीकरण (1) और समीकरण (2) से
$a = 5$
$b = 6$
$\Rightarrow$ पहली संख्या $= 3a = 3 \times 5 = 15$
$\Rightarrow$ दूसरी संख्या $= 3b = 3 \times 6 = 18$
संख्याओं के व्युत्क्रम का अंतर
$\frac{1}{15} - \frac{1}{18} = \frac{1}{90}$

**145(A).**

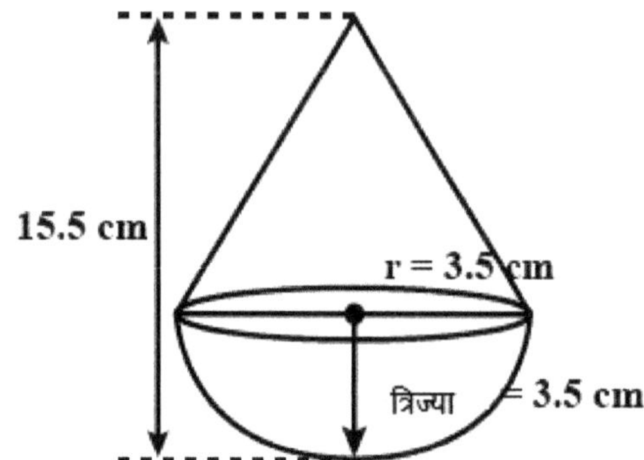


यह देखते हुए कि खिलौना एक अर्धगोले पर लगे शंकु के आकार का है।
अर्धगोले की त्रिज्या = शंकु के वृत्ताकार आधार की त्रिज्या $= 3.5cm$
खिलौने की कुल ऊंचाई $= 15.5cm$
शंकु की ऊंचाई = शंकु की कुल ऊँचाई − अर्धगोले की त्रिज्या
$= (15.5 - 3.5)cm = 12cm$
शंकु की तिरछी ऊँचाई $(l) = \sqrt{h^2 + b^2}$
$= \sqrt{(12)^2 + (3.5)^2}$
$= \sqrt{144 + 12.25}$
$= \sqrt{156.25}$
$= 12.5cm$
जैसा कि हम जानते हैं,
शंकु का वक्र पृष्ठीय क्षेत्रफल $= \pi rl$ [जहाँ $r$ = त्रिज्या और $l$ = शंकु की तिर्यक ऊँचाई]
अर्धगोले का वक्र पृष्ठीय क्षेत्रफल $= 2\pi r^2$ [जहाँ $r$ = अर्धगोले की त्रिज्या]
खिलौने का कुल पृष्ठीय क्षेत्रफल = शंकु का वक्र पृष्ठीय क्षेत्रफल + अर्धगोले का वक्र पृष्ठीय क्षेत्रफल
खिलौने का कुल सतह क्षेत्र $= \pi rl + 2\pi r^2$
$= \frac{22}{7} \times 3.5 \times 12.5 + 2 \times \frac{22}{7} \times (3.5)^2$
$= \frac{22}{7} \times 43.75 + \frac{22}{7} \times 24.5$
$= \frac{962.5}{7} + \frac{539}{7}$
$= 137.5cm^2 + 77cm^2$
$= 214.5cm^2$
खिलौने का आयतन = शंकु का आयतन + अर्धगोले का आयतन
खिलौने का आयतन $= \frac{1}{3}\pi r^2 h + \frac{2}{3}\pi r^3$
$= \frac{1}{3}\pi r^2[h + 2r]$
$= \frac{1}{3} \times \frac{22}{7} \times 3.5 \times 3.5 \times [12 + 2 \times 3.5]$
$= \frac{77}{6} \times [12 + 7]$
$= \frac{77 \times 19}{6}$
$= \frac{1463}{6}$
$= 243.83cm^3$
इसलिए, खिलौने का कुल पृष्ठीय क्षेत्रफल और आयतन $214.5cm^2$ and $243.83cm^3$ हैं।

**146(C).** यहां दिया गया तर्क निम्न प्रकार है: हृदय का कार्य रक्त को पंप करना है। उसी प्रकार, फेफड़ों का कार्य वातावरण से ऑक्सीजन को रक्तप्रवाह में पहुंचाना है।

**147(A).** दिए गए विकल्पों में से फ्रांस विषम है।
'चीन', 'बांग्लादेश' और 'नेपाल' एशियाई देश हैं, जबकि "फ्रांस" एक यूरोपीय देश है।

**148(A).** दिया गया है:
समांतर श्रेणी में तीन संख्याएँ
संख्याओं का योग $= 27$
संख्याओं का गुणनफल $= 648$
जैसा कि हम जानते है,
जब हमें समांतर श्रेणी में संख्याओं को मानना होता है तो हम इस स्वरूप का पालन करते हैं
$\ldots, (a - 2d), (a - d), a, (a + d), (a + 2d), \ldots$
जहाँ, $d$ सर्वांतर है
माना समांतर श्रेणी में तीन संख्याएँ $(a - d), a, (a + d)$ हैं।
प्रश्न के अनुसार,
$\Rightarrow (a - d) + a + (a + d) = 27$
$\Rightarrow 3a = 27$
$\Rightarrow a = 9$
और
$\Rightarrow (a - d)(a + d)(a) = 648$
$a = 9$ का मान रखें
$\Rightarrow (9^2 - d^2) \times 9 = 648$
$\Rightarrow d^2 = 81 - 72 = 9$
$\Rightarrow d = 3$
इसलिए, संख्याएँ होंगी,
$\Rightarrow a - d = 9 - 3 = 6$
$\Rightarrow a = 9$
और $a + d = 9 + 3 = 12$
$\therefore$ समांतर श्रेणी की संख्याएँ 6, 9, 12 हैं।

**149(C).** जिस प्रकार, इसी प्रकार

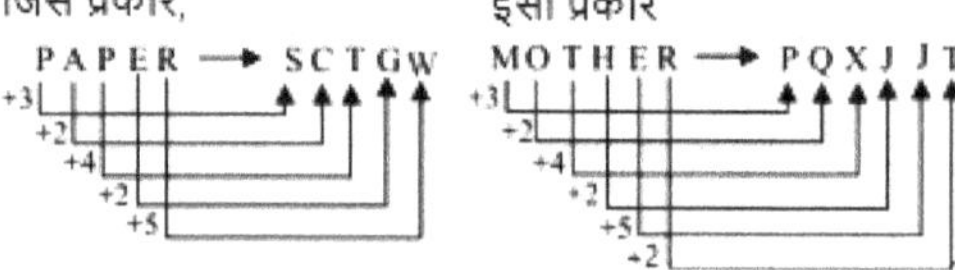


**150(C).**

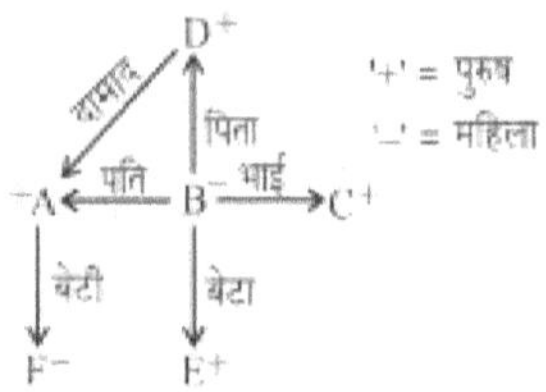


चित्र से स्पष्ट है, कि A, D का दामाद है। इसलिए F और D के बीच 'दादा-पोती' का संबंध है।

# प्रैक्टिस टेस्ट 9

## Specific Subject

1. सपक्ष परागकण पाए जाते हैं-
(a) साइकस (b) सैलाजिनेला
(c) पाइनस (d) ड्रायोप्टेरिस

2. प्रोटीन से भरपूर स्पिरुलिना निम्न में से किस श्रेणी का है?
(a) क्लोरोफिसे (b) माइकोप्लाज्मा
(c) नीले हरे शैवाल (d) जीवाणु

3. निम्नलिखित में से कौन सा कथन वायरस के बारे में गलत है?
(a) वायरस अविकल्पी परजीवी होते हैं।
(b) अकोशिकीय जीव जीवित कोशिका के अंदर प्रतिकृति बनाते हैं।
(c) वायरस सैप्रोफाइटिक होते हैं।
(d) वायरस प्रोटीन से बने होते हैं जो आसपास के न्यूक्लिकअम्ल को आच्छादित करते हैं।

4. निम्नलिखित में से किस वर्ग को 'वनस्पति जगत् का जलस्थलचर (ऐम्फिबियन)' कहा जाता है?
(a) ब्रायोफाइट (b) थैलोफाइट
(c) टेरिडोफाइट (d) अनावृतबीजी (जिम्नोस्पर्म)

5. निम्नलिखित में से किस पादप के पुष्प एकलिंगी होते हैं?
(a) पपीता (b) हिबिस्कस
(c) सरसों (d) सूरजमुखी

6. निम्न सूचियों का मिलान कर सही विकल्प का चयन करे:

| सूची I | सूची II |
|---|---|
| (a) लोम छिद्रों के 6-15 युग्म | i टाइगोन |
| (b) हैटरोसर्कल पुच्छ पख | ii साइक्लोस्टोम्स |
| (c) वायु कोष | iii कांड्रीक्थीज |
| (d) विष दंश | iv ओस्टिक्थीज |

(a) (a)- ii, (b)-iii, (c)-iv, (d)-i (b) (a)- iii, (b)-iv, (c)-i, (d)-ii
(c) (a)- iv, (b)-ii, (c)-iii, (d)-i (d) (a)- i, (b)-iv, (c)-iii, (d)-ii

7. द्विपाश्व सममिति एवं अगुहीय जन्तुओं के उदाहरण किस संघ में हैं?
(a) टीनोफोरा (b) प्लेटीहैल्मंथीज
(c) एस्कहैल्ममंथीज (d) ऐनेलिडा

8. निम्नलिखित में से किस पादप के बीजों का प्रकीर्णन वायु द्वारा नहीं होता है?
(a) कैलोट्रोपिस (b) कपास
(c) नारियल (d) सहजन (मोरिंगा)

9. कोलेन्काइमा ऊतक की केशिकाएँ ______ के जमा होने के कारण मोटी हो जाती हैं।
(a) सैलूलोज और पेक्टिन (b) लिग्निन और कटिन
(c) पेक्टिन और काइटिन (d) सुबेरिन और सैलूलोज

10. सिलिअटेड एपिथेलियम ______ में मौजूद है।
(a) श्वासनली (b) मूत्रवाहिनी
(c) आंत (d) हृदय

11. कोशिका के अंदर पेप्टाइड संश्लेषण होता है:
(a) राइबोसोम (b) माइटोकॉन्ड्रिया
(c) क्रोमोप्लास्ट (d) क्लोरोप्लास्ट

12. सुक्रोज के बारे में निम्नलिखित में से कौन सा कथन सही है?
(a) ग्लूकोज के C -1 और फ्रुक्टोज के C-2 के बीच एक ग्लाइकोसिडिक लिंकेज है।
(b) सुक्रोज के एसिड हाइड्रोलिसिस ऑप्टिकल रोटेशन में बदलाव के साथ है।
(c) एक पतला एसिड के साथ सुक्रोज की हाइड्रोलिसिस D-ग्लूकोज और D-फ्रुक्टोज के एक समान मिश्रण का उत्पादन करती है।
(d) उपरोक्त सभी

13. फाइटोक्रोम दो रूपों में होता है। किस रूप में यह कुछ प्रजातियों के बीजों के अंकुरण को बढ़ावा देता है?
(a) $P_{fr}$ रूप (b) $P_r$ रूप
(c) दोनों (A) और (B) (d) इनमें से कोई नहीं

14. तारक केंद्र कब द्विगुणित होता है:
(a) $G_2$ प्रावस्था (b) S-प्रावस्था
(c) पूर्वावस्था (d) मध्यवस्था

15. बंडल शीथ कोशिकाओं में निम्नलिखित में से कौन सी प्रक्रिया ($C_4$ चक्र) होती है?
(a) पुनर्जनन (b) स्थिरीकरण
(c) कार्बोक्सीकरण (d) डिकार्बोक्सीकरण

16. ऑक्सीडेटिव फास्फारिलीकरण आमतौर पर ______ को संदर्भित करता है
(a) एटीपी के अवायवीय उत्पादन
(b) एटीपी का साइट्रिक एसिड चक्र उत्पादन
(c) मादक किण्वन
(d) इनमे से कोई भी नहीं

17. फेफड़ों की कूपिका में, गैस विनिमय के स्थल पर वायु रूधिर से किसके द्वारा अलग होती है?
(a) केवल कूपकीय उपकला
(b) कूपकीय उपकला और केशिका अंत:स्तर
(c) कूपकीय उपकला, केशिका अंत:स्तर और बाह्य कंचुक
(d) कूपकीय उपकला, केशिका अंतःस्तर, मध्य कंचुक और बाह्य कंचुक की एक पतली परत

18. स्तंभ - I का स्तंभ - II के साथ मिलान कीजिए:

| स्तंभ - I | स्तंभ- II |
|---|---|
| (a) P - तरंग | (i) निलय का विध्रुवीकरण |
| (b) QRS सम्मिश्र | (ii) निलय का पुनःध्रुवीकरण |
| (c) T - तरंग | (iii) हृद अरक्तता |
| (d) तरंग के आकार में कमी | (iv) अलिंद का विध्रुवीकरण |
| | (v) अलिंद का पुनःध्रुवीकरण |

(a) a – (iv); b – (i); c – (ii); d – (iii)
(b) a – (ii); b – (i); c – (v); d – (iii)
(c) a – (ii); b – (i); c – (iv); d – (iii)
(d) a – (ii); b – (iii); c – (v); d – (iv)

19. निम्नलिखित में से कौन मकड़ियों में नाइट्रोजनयुक्त अपशिष्ट उत्पाद है?
(a) ट्राइमेथिलैमाइन ऑक्साइड (b) ग्वानिन
(c) यूरिक एसिड (d) यूरिया

20. निम्नलिखित में से कौन सा कथन गलत है / हैं?
**a. सभी मूवमेंट लोकोमोटिव हैं, लेकिन सभी लोकोमोटिव मूवमेंट नहीं हैं।**
**b. अमीबा में प्रोटोप्लाज्म का प्रवाह मूवमेंट का एक सरल रूप है।**
**c. मादा प्रजनन पथ के माध्यम से ओवा के प्रवाहित होने पर सिलिअरी**

**मूवमेंट द्वारा सुविधा होती है।**

(a) केवल a (b) केवल a और b
(c) केवल b (d) केवल C

**21. निम्नलिखित में से विषम का चयन कीजिए।**

(a) ह्यूमरस, जांघ, टिबिया और फिबुला, रेडियस और अल्ना
(b) मेटाकार्पल और मेटाटार्सल, अँगुलियों और पादंगुलियों के फ़ैलेंजेज
(c) कंधे की अस्थि का स्केपुला, उरोस्थि, कपालीय अस्थियाँ, कशेरुक
(d) कलाई के कार्पल और टखनों के टार्सल

**22. निकट दृष्टि दोष को किसे धारण करके ठीक किया जाता है?**

(a) उत्तल लेंस (b) अवतल लेंस
(c) उत्तल दर्पण (d) अवतल दर्पण

**23. कितने अमीनो एसिड के अवशेष अनुक्रम के अनुरूप एक पॉलीपेप्टाइड बनाएंगे: mRNA5' AUG CUU UCG CUC CUU UAU CUG UGA 3'?**

(a) पांच (b) छह
(c) सात (d) आठ

**24. द्विसंधी पुंकेसर पाए जाते हैं:**

(a) चाइना रोज़ और नींबू (b) चाइना रोज़
(c) नींबू (d) मटर

**25. लेडिग कोशिकाएं किस हार्मोन का संश्लेषण करती हैं?**

(a) इंसुलिन (b) वृद्धि हार्मोन
(c) टेस्टोस्टेरोन (d) एस्ट्रोजन

**26. G1 चरण के बारे में निम्नलिखित में से कौन सा कथन सही है?**

(a) G1 चरण में डीएनए सामग्री दोगुनी हो जाती है।
(b) G1 चरण में सेल की डीएनए सामग्री में कोई बदलाव नहीं हुआ है।
(c) क्रोमेटिन थ्रेड G1 चरण में बनते हैं।
(d) G1 चरण में कोई सेल ऑर्गेनेल नहीं बनते हैं।

**27. हिस्टोन प्रोटीन____________________ होते हैं।**

(a) बुनियादी क्षारीय आवेशित (b) मूल सकारात्मक आवेशित
(c) अम्लीय सकारात्मक आवेशित (d) अम्लीय ऋणात्मक आवेशित

**28. जीवन की उत्पत्ति के दौरान कौन से यौगिकों का निर्माण हुआ था?**

(a) यूरिया, अमीनो एसिड (b) यूरिया, न्यूक्लिक एसिड
(c) प्रोटीन, न्यूक्लिक एसिड (d) प्रोटीन, अमीनो एसिड

**29. निम्नलिखित में से किस प्रकार की प्रतिरक्षी का उत्पादन एक व्यक्ति में होता है, जो मूंगफली के प्रति संवेदनशील होता है?**

(a) IgA (b) IgE
(c) IgD (d) IgM

**30. एक कोशिका का प्रतिबंधन एंडोन्यूक्लिएज स्वयं के DNA को विदलित नहीं करता है, क्योंकि:**

(a) पहचान अनुक्रमों में अंतर
(b) पहचान स्थल पर A या C का मेथिलिकरण
(c) गुण जो प्रतिबंधन एंडोन्यूक्लिएज DNA को कोशिकाओं के बाहर छोड़ देता है
(d) स्वयं के प्रतिबंधन एंडोन्यूक्लिएज की पहचान करने के लिए कोशिका की क्षमता

**31. मनुष्यों में आनुवंशिक विकारों का पता लगाने के लिए निम्नलिखित में से किस तकनीक का उपयोग किया जा सकता है?**

(a) पोलीमरेज़ चेन रिएक्शन (PCR)
(b) जेल वैद्युतकणसंचलन
(c) क्रोमैटोग्राफी
(d) स्पेक्ट्रोस्कोपी

**32. एक ही निवास स्थान में रहने वाले और कार्यात्मक संपर्क रखने वाले विभिन्न प्रजातियों के व्यक्तियों का एक संघ है:**

(a) पारिस्थितिकी तंत्र (b) आबादी
(c) पारिस्थितिक आला (d) जैविक समुदाय

**33. भूमि के निकट वायुमण्डल का क्षेत्र है :**

(a) क्षोभ मंडल (b) समताप मंडल
(c) सममंडल (d) उपर्युक्त सभी

**34. निम्नलिखित में से कौन सी लुप्तप्राय प्रजातियों की एक जोड़ी है?**

(a) गार्डन छिपकली और मैक्सिकन खसखस
(b) रीसस बंदर और नमकीन पेड़
(c) भारतीय मोर और गाजर घास
(d) हॉर्नबिल और भारतीय एकोनाइट

**35. दिए गए समान वर्गाकार लामिना $ABCD$, के लिए जिसका केंद्र $O$ है।**

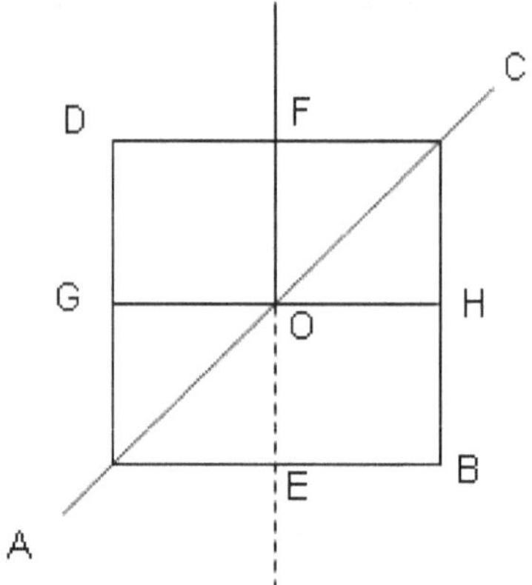


(a) $\sqrt{2}I_{AC} = I_{EF}$ (b) $I_{AD} = 3I_{EF}$
(c) $I_{AD} = 4I_{EF}$ (d) $I_{AC} = \sqrt{2}I_{EF}$

**36. निम्नलिखित में से कौन विस्थापन के लिए सत्य है?**

(a) यह शून्य नहीं हो सकता है
(b) इसका परिमाण वस्तु द्वारा तय की गई दूरी से अधिक होता है
(c) यह दूरी के बराबर हो भी सकता है और नहीं भी
(d) इनमें से कोई भी नहीं

**37. $360\ \text{km/h}$ की गति से क्षैतिज रूप से उड़ने वाला एक हवाई जहाज जमीन से $490\ \text{m}$ की ऊंचाई पर एक बम छोड़ता है। यदि $g = 9.8\ \text{m/s}^2$, तो यह जमीन से कितनी दूरी पर टकराएगा।**

(a) 10 km (b) 100 km
(c) 1 km (d) 16 km

**38. दो तोप के गोले A और B पानी में क्रमशः $10\text{m}$ मीटर और $25\text{m}$ मीटर की उचाई से गिरते है, (गेंदों का घनत्व $0.6 \times 10^3 \text{kg/m}^3$ है) सिंक में गोले A और B की गहराई का अनुपात ज्ञात कीजिए।**

(a) 5 : 1 (b) 2 : 7
(c) 2 : 5 (d) 3 : 7

**39. किसी डोरी के एक सिरे से बँधा $0.25\ kg$ संहति का कोई पत्थर क्षैतिज तल में $1.5\ m$ त्रिज्या के वृत्त पर $40\ rev/min$ की चाल से चक्कर लगाता है? डोरी में तनाव कितना है? यदि डोरी $200\ N$ के अधिकतम तनाव को सहन कर सकती है, तो वह अधिकतम चाल ज्ञात कीजिए जिससे पत्थर को घुमाया जा सकता है:**

(a) $8\ N, 38\ ms^{-1}$ (b) $6.6\ N, 35\ ms^{-1}$
(c) $6\ N, 37\ ms^{-1}$ (d) $7.5\ N, 46\ ms^{-1}$

**40. कार्य करते समय, घर्षण के प्रभाव के कारण मशीन का कार्य आउटपुट, कार्य इनपुट _____होता है।**

(a) हमेशा अधिक (b) विपरीत
(c) हमेशा कम (d) हमेशा शून्य

**41. प्रत्यास्थ संघट्टन के लिए:**

(a) गतिज ऊर्जा और संवेग दोनों संरक्षित होंगे
(b) गतिज ऊर्जा और संवेग दोनों संरक्षित नहीं होंगे
(c) गतिज ऊर्जा या संवेग संरक्षित नहीं होंगे
(d) संवेग का संरक्षण होता है लेकिन गतिज ऊर्जा का नहीं

**42. द्रव्यमान $M$ और त्रिज्या $R$ का एक घेरा एक दीवार में लगे सहारे से लटका हुआ है। समर्थन के बारे में इसका जड़त्व आघूर्ण ______ है।**

(a) $2MR^2$ (b) $3MR^2$
(c) $4MR^2$ (d) $6MR^2$

**43. किसी वस्तु को $(gr)^{\frac{1}{2}}$ वेग से ऊपर की ओर प्रक्षेपित किया जाता है। यदि ″$R$″ पृथ्वी की त्रिज्या है, और ″$g$″ गुरुत्वाकर्षण के कारण त्वरण है, तो वस्तु की अधिकतम ऊंचाई कितनी होगी?**

(a) $\frac{R}{2}$ (b) $R$
(c) $2R$ (d) $4R$

**44. पृथ्वी से किसी रॉकेट को सूर्य की ओर दागा गया है। पृथ्वी के केन्द्र से किस दूरी पर रॉकेट पर गुरुत्वाकर्षण बल शून्य है? सूर्य का द्रव्यमान $= 2 \times 10^{30}$ kg, पृथ्वी का द्रव्यमान $= 6 \times 10^{24}$ kg । अन्य ग्रहों आदि के प्रभावों की उपेक्षा कीजिए ( कक्षीय त्रिज्या $= 1.5 \times 10^{11}$ m)**

(a) $5.6 \times 10^8$M (b) $4.6 \times 10^8$M
(c) $3.6 \times 10^8$M (d) $2.6 \times 10^8$M

**45. दो तारों A और B को एक ही लोड द्वारा खींचा जाता है। यदि तार A के अनुप्रस्थ काट क्षेत्रफल, B का दोगुना है, तो 'B' पर तनाव है:**

(a) A के समान (b) A का दोगुना
(c) A का आधा (d) A का चार गुना

**46. जब एक वास्तविक गैस एक परिमित दबाव के विरुद्ध एडियाबेटिक रूप से फैलती है तो इसका _______ होता है।**

(a) आंतरिक ऊर्जा बढ़ जाती है (b) आंतरिक ऊर्जा घटती है
(c) तापमान हमेशा बढ़ता रहता है (d) आंतरिक ऊर्जा स्थिर रहती है

**47. एक आदर्श रेफ्रिजरेटर में $-13°C$ .के तापमान पर एक फ्रीजर होता है। इंजन के प्रदर्शन का गुणांक 5 होता है। किस तापमान पर उष्मा को अस्वीकार किया जाएगा:**

(a) $30.5°C$ (b) $32.5°C$
(c) $39°C$ (d) $38°C$

**48. 300 K पर नाइट्रोजन गैस में अणुओं की rms गति ज्ञात कीजिए?**

(a) 516 मी/से (b) 312 मी/से
(c) 498 मी/से (d) 626 मी/से

**49. किस माध्यम से रेडियो तरंगों को एक स्थान से दूसरे स्थान पर भेजा जा सकता है?**

(a) अंतरिक्ष तरंग प्रसारण (b) आकाश तरंग प्रसारण
(c) भू-तरंग प्रसारण (d) उपरोक्त सभी

**50. एक आवेश q को r त्रिज्या के एक वलय पर एकसमान रूप से वितरित किया जाता है। समान त्रिज्या r का एक गोला, वलय की परिधि पर इसके केंद्र के साथ लगाया जाता है। गोले के पृष्ट से गुजरने वाला विद्युत फ्लक्स है।**

(a) $\frac{q}{\varepsilon_0}$ (b) $\frac{2q}{\varepsilon_0}$
(c) $\frac{q}{2\varepsilon_0}$ (d) $\frac{q}{3\varepsilon_0}$

**51. मोटाई 1.0 सेमी और डाइइलेक्ट्रिक स्थिरांक 5 का एक डाइइलेक्ट्रिक स्लैब प्लेट क्षेत्र के समानांतर प्लेट संधारित्र की प्लेटों के बीच रखा जाता है 0.01 मी. $^2$ और पृथक्करण 2.0 सेमी डाइइलेक्ट्रिक लगाने पर क्षमता में परिवर्तन की गणना करें।**

(a) $4.425 \times 10^{-13}$ फैरड (b) $5.436 \times 10^{-12}$ फैरड
(c) $2.95 \times 10^{-12}$ फैरड (d) $5.436 \times 10^{-13}$ फैरड

**52. एक बल्ब फिलामेंट का प्रतिरोध $100\Omega$ होता है $100°C$ के तापमान पर। यदि इसका प्रतिरोध का तापमान गुणांक 0.005 प्रति °C हो, तो इसका प्रतिरोध ____ के तापमान पर $200\Omega$ हो जाएगा।**

(a) 200°C (b) 300°C
(c) 400°C (d) 500°C

**53. निम्नलिखित में से कौन एक सदिश राशि है?**

(a) चुंबकीय क्षेत्र (b) वेग, बल और चुंबकीय क्षेत्र
(c) बल (d) वेग

**54. पृथ्वी के किसी स्थान पर, पृथ्वी के चुंबकीय क्षेत्र का ऊर्ध्वाधर घटक उसके क्षैतिज घटक का $\sqrt{3}$ गुना है। इस स्थान पर आप्लावन का कोण है:**

(a) 60° (b) 30°
(c) 45° (d) 0°

**55. एक कुण्डल में धारा 0.1 सेकंड में $4A$ से शून्य में बदल जाती है और प्रेरित emf $100V$ है। कुण्डल का स्व प्रेरकत्व क्या है?**

(a) $4H$ (b) $2.5H$
(c) $0.4H$ (d) $0.25H$

**56. यदि $n_R$ और $n_V$ एक निश्चित समय में समान शक्ति वाले लाल बल्ब और बैंगनी बल्ब द्वारा उत्सर्जित फोटॉनों की संख्या को निरूपित करते हैं, तो:**

(a) $n_R = n_V$ (b) $n_R > n_V$
(c) $n_R < n_V$ (d) $n_R \geq n_V$

**57. अवतल दर्पण की फोकस दूरी वायु में 50 सेमी है। जब इस दर्पण को पानी में रखा जाता है तो इसकी फोकस दूरी _______ होगी।**

(a) बढ़ेगी
(b) घटेगी
(c) समान रहेगी
(d) बढ़ भी सकती है और घट भी सकती है

**58. एक प्रिज्म का अधिकतम अपवर्तक सूचकांक बताईये, जो इसके माध्यम से प्रकाश के पारित होने की अनुमति देता है, जब प्रिज्म का अपवर्तक कोण 90° होता है।**

(a) $\sqrt{3}$ (b) $\sqrt{2}$

(c) $\frac{\sqrt{3}}{2}$ (d) $\frac{3}{2}$

**59. यंग के प्रयोग में, तरंगदैर्ध्य $6000A^0$ का उपयोग 2.5 मी की दूरी पर चौड़ाई 0.8 मिमी के फ्रिंज का उत्पादन करने के लिए किया गया। यदि पूरे तंत्र को अपवर्तक सूचकांक 1.6 के तरल में डुबोया जाता है, तो फ्रिंज की चौड़ाई होगी**

(a) 0.2 मिमी (b) 0.4 मिमी
(c) 0.6 मिमी (d) 0.5 मिमी

**60. यदि किसी तनी हुई डोरी पर प्रारंभिक तनाव को दोगुना कर दिया जाए, तो डोरी के अनुदिश अनुप्रस्थ तरंग की प्रारंभिक और अंतिम गति का अनुपात है:**

(a) $1:\sqrt{2}$ (b) 1 : 2
(c) 1 : 1 (d) $\sqrt{2}:1$

**61. प्रकाश संवेदी प्रभाव के कारण प्रकाश की आवृत्ति के साथ रिटायरिंग क्षमता कैसे बदलती है?**

(a) अनंत (b) शून्य
(c) घट जाती है (d) बढ़ जाती है

**62. फोटोइलेक्ट्रिक प्रयोग के संबंध में निम्नलिखित में से कौन सा कथन सही है।**

(a) प्रकाश की तीव्रता में वृद्धि के साथ फोटो करंट बढ़ता है।
(b) आपतित प्रकाश की तीव्रता में वृद्धि के साथ स्टॉपिंग पोटेंशिअल बढ़ जाता है।
(c) आवृत्ति में वृद्धि के साथ फोटो करंट बढ़ता है।
(d) ये सभी

**63. जब हाइड्रोजन परमाणु में एक इलेक्ट्रॉन अपनी तीसरी से चौथी कक्षा तक उत्तेजित होता है तो इलेक्ट्रॉन के कोणीय संवेग में परिवर्तन होता है:**

(a) $1.05\times10^{-34}$ J/S (b) $3.14\times10^{-34}\,J/s$
(c) $6.64\times10^{-34}\,J/S$ (d) $3.32\times10^{-34}\,J/S$

**64. n$^{th}$ कक्षा में इलेक्ट्रॉन का कोणीय संवेग 3.17 x 10-$^{34}$ J-s है। n को ज्ञात करें।**

(a) n = 1 (b) n = 2
(c) n = 3 (d) n = 4

**65. $300K$ पर शुद्ध सिलिकॉन में समान इलेक्ट्रॉन ($n_e$) और होल ($n_h$) की सांद्रता $1.5\times10^{16}m^{-3}$ है। इंडियम द्वारा डोपिंग को $n_h$ से $4.5\times10^{22}m^{-3}$ तक बढ़ जाता है। डोपिंग सिलिकॉन में $n_e$ है:**

(a) $3\times10^9$ m$^{-3}$ (b) $4\times10^9$ m$^{-3}$
(c) $5\times10^9$ m$^{-3}$ (d) $6\times10^9$ m$^{-3}$

**66. किसी $p-n$ संधि डायोड में अवक्षय-क्षेत्र की चौड़ाई में वृद्धि का कारण है:**

(a) केवल अग्रदिशिक बायस
(b) केवल पश्चदिशिक बायस
(c) अग्रदिशिक और पश्चदिशिक बायस दोनों
(d) अग्रदिशिक धारा (current) में वृद्धि

**67. एक यौगिक में तीन तत्व A, B और C हैं, यदि तीनों की ऑक्सीकरण अवस्था A = +2, B = +5 और C = −2 है, तो यौगिक का संभावित सूत्र है-**

(a) $A_3(B_4C)_2$ (b) $A_3(BC_4)_2$
(c) $A_2(BC_3)_2$ (d) $ABC_2$

**68. आम तौर पर, धनविद्युती तत्वों की संयोजकता ____________ होती है।**

(a) 2, 1, 0 (b) 4, 3, 2
(c) 1, 2, 3 (d) 0, 1, 2

**69. एक इलेक्ट्रॉन का द्रव्यमान $9.1\times10^{-25}$ kg है। यदि इसकी गतिज ऊर्जा $3.0\times10^{-25}$ J है, तो इसका तरंग-दैर्घ्य क्या होगा?**

(a) 996.7 nm (b) 96.7 cm
(c) 896.7 m (d) 896.7 nm

**70. निम्नलिखित में से कौन सी परमाणु संख्याएँ एक ही समूह से संबंधित तत्वों का प्रतिनिधित्व करती हैं:**

(a) 11, 20 (b) 12, 30
(c) 13, 31 (d) 14, 33

**71. ब्लिस्टर कॉपर है:**

(a) शुद्ध तांबा (b) तांबे का अयस्क
(c) तांबे का मिश्र धातु (d) कॉपर 2% अशुद्धियों के साथ

**72. निम्नलिखित में से कौन सा हाइड्रोजन बंध का उदाहरण है?**

(a) HCl
(b) नमक में Na और Cl के बीच का बंध
(c) मीथेन ($CH_4$) में C और H के बीच का बंध
(d) एक पानी के अणु के H और दूसरे पानी के अणु के O के बीच का बंध।

**73. निम्नलिखित में से किस कार्बनिक यौगिक का संकरण उसके दहन उत्पाद $CO_2$ के समान संकरण है?**

(a) ईथेन (b) एथाइन
(c) ईथीन (d) इथेनॉल

**74. मीथेन के दहन का $\Delta U^\ominus$ $-X$ kJ mol$^{-1}$ है। $\Delta H^\ominus$ का मान क्या है?**

(a) $=\Delta U^\ominus$ (b) $>\Delta U^\ominus$
(c) $<\Delta U^\ominus$ (d) $=0$

**75. 1.0 mol पानी को 10.0°C पर बर्फ में −10.0°C पर जमने पर एन्थैल्पी परिवर्तन की गणना करें। दिया गया,**
**0°C पर $\Delta_{fus}H = 6.03$ kJ mol$^{-1}$**
**$C_p[H_2O(l)] = 75.3$ J mol$^{-1}$ K$^{-1}$**
**$C_p[H_2O(s)] = 36.8$ J mol$^{-1}$ K$^{-1}$**

(a) −7.654 kJ mol$^{-1}$ (b) −8.654 kJ mol$^{-1}$
(c) −5.654 kJ mol$^{-1}$ (d) −6.654 kJ mol$^{-1}$

**76. $25^\circ C$ वायुमंडलीय परिस्थितियों में $N_2O_{4(g)}$ को 0.1 मोल के एक ट्यूब में सील कर दिया गया। कुछ समय के बाद $N_2O_{4(g)} \rightleftharpoons 2NO_{2(g)}$ $(K_p = 0.14)$ के साम्यावस्था तक पहुंचने पर $NO_{2(g)}$ के मोल्स की संख्या की गणना करें।**

(a) $1.8\times10^2$ (b) $2.8\times10^2$
(c) $3.4\times10^{-2}$ (d) $2.8\times10^{-2}$

**77. मानक गिब्स मुक्त ऊर्जा परिवर्तन और तरल चरण प्रतिक्रिया के लिए थैलेपी परिवर्तन $CH_3COOH(l)+C_2H_5OH(l)\rightarrow CH_3COOC_2H_5(l)+H_2O$ ( l ) के रूप में दिए गए हैं $AG^0$ ags $=-4650J/mol$ and $\Delta H^0{}_{298}=-3640$ J/mol। यदि समाधान आदर्श है और मितव्ययी परिवर्तन को स्थिर माना जाता है, तो संतुलन स्थिर है $95^\circ C$ है**

(a) 0.65 (b) 4.94
(c) 6.54 (d) 8.65

**78. ऑक्सीजन का ऑक्सीकरण संख्या सकारात्मक है**

(a) $H_2O_2$ (b) $Na_2O_2$
(c) $OF_2$ (d) $H_2O$

**79. P की $PO_4{}^3$, S की में ऑक्सीकरण संख्या $SO_4{}^{2-}$ और Cr में $Cr_2O_7{}^{2-}$ क्रमशः हैं:**

(a) +5, +6 और +6 (b) +3, +6 और +5
(c) +5, +3 और +6 (d) −3, +6 और +6

**80. तापमान $327°C$ और सांद्रता $C_1$ पर एक विलयन का परसरणीय दबाव $P$ है, सांद्रता $C_2$ और तापमान $427°C$ पर समान विलयन 2 atm के परसरणीय दबाव को दर्शाता है। $P$ का मान क्या होगा?**

(a) $\frac{12}{7}$ (b) $\frac{24}{7}$
(c) $\frac{6}{5}$ (d) $\frac{5}{6}$

**81. यदि $s_0, s_1, s_2$ और $s_3$ जल में $AgCl$ के विलेय हैं, घोल क्रमशः** $0.01M\ CaCl_2, 0.01M\ NaCl$ **और** $0.05M\ AgNO_3$ **है तो**

(a) $s_0 > s_1 > s_2 > s_3$ (b) $s_0 > s_2 > s_1 > s_3$
(c) $s_0 > s_2 > s_3 > s_1$ (d) $s_0 > s_1 = s_2 > s_3$

**82. निम्नलिखित में से कौन एक प्रकार का विद्युत रासायनिक सेल नहीं है?**

(a) वोल्टीय सेल (b) फोटोवोल्टाइक सेल
(c) इलेक्ट्रोलाइटिक सेल (d) फ्यूल सेल

**83.** 298 K **पर,** $Cu^{2+}/Cu, Zn^{2+}/Zn, Fe^{2+}/Fe$ **और** $Ag^+/Ag$ **के मानक इलेक्ट्रोड विभव क्रमशः** 0.34 V , −0.76 V, −0.44 V **और** 0.80 V **, हैं।**
**मानक इलेक्ट्रोड विभव के आधार पर, यह अनुमान लगाइए कि निम्नलिखित में से कौन सी अभिक्रिया नहीं हो सकती है?**

(a) $FeSO_4(aq) + Zn(s) \rightarrow ZnSO_4(aq) + Fe(s)$
(b) $2CuSO_4(aq) + 2Ag(s) \rightarrow 2Cu(s) + Ag_2SO_4(aq)$
(c) $CuSO_4(aq) + Zn(s) \rightarrow ZnSO_4(aq) + Cu(s)$
(d) $CuSO_4(aq) + Fe(s) \rightarrow FeSO_4(aq) + Cu(s)$

**84. निम्नलिखित वक्र किसी अभिक्रिया की बलगतिकी को दर्शाता है।**

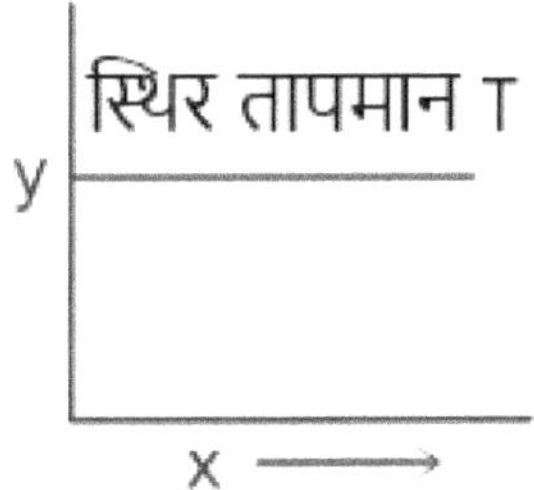


**शून्य और प्रथम कोटि की अभिक्रियाओं के लिए $y$ और $x$ अक्ष क्रमशः हैं।**

(a) शून्य-कोटि ($y =$ दर और $x =$ सांद्रता), प्रथम कोटि ($y = t_{1/2}$ और $x =$ सांद्रता )
(b) शून्य-कोटि ($y =$ दर और $x =$ सांद्रता), प्रथम कोटि ($y =$ दर और $x = t_{1/2}$)
(c) शून्य-कोटि ($y =$ सांद्रता और $x =$ समय), प्रथम कोटि ($y = t_{1/2}$ और $x =$ सांद्रता)
(d) शून्य-कोटि ($y =$ सांद्रता और $x =$ समय), प्रथम कोटि ($y =$ दर स्थिर और $x =$ सांद्रता)

**85. The rate of a reaction doubles when its temperature changes from $300K$ to $310K$ . Activation energy of such a reaction will be:**
($R = 8.314 JK^{-1}mol^{-1}$ and $\log 2 = 0.301$)

(a) $48.6 kJmol^{-1}$ (b) $58.5 kJmol^{-1}$
(c) $60.5 kJmol^{-1}$ (d) $53.6 kJmol^{-1}$

**86. कॉलम I में दिए गए धातु आयनों को कॉलम II में दिए गए आयनों के स्पिन चुंबकीय क्षणों के साथ सुमेलित करें और सही कोड निर्दिष्ट करें:**

| कॉलम I | | कॉलम II | |
|---|---|---|---|
| a. | $Co^{3+}$ | i. | $\sqrt{8}$BM |
| b. | $Cr^{3+}$ | ii. | $\sqrt{35}$BM |
| c. | $Fe^{3+}$ | iii. | $\sqrt{3}$BM |
| d. | $Ni^{2+}$ | iv. | $\sqrt{24}$BM |
| | | v. | $\sqrt{15}$BM |

(a) iv, i, ii, iii (b) i, ii, iii, iv
(c) iv, v, ii, i (d) iii, v, i, ii

**87. निम्नलिखित में से कौन-सा आयन d–d संक्रमण और अनुचुंबकत्व भी प्रदर्शित करता है?**

(a) $MnO_4^-$ (b) $Cr_2O_7^{2-}$
(c) $CrO_4^{2-}$ (d) $MnO_4^{2-}$

**88. निम्नांकित में कौन एक बाह्य आर्बिटल संकर यौगिक है?**

(a) $[Fe(CN)_6]^{4-}$ (b) $[Co(NH_3)_6]^{3+}$
(c) $[Mn(CN)_6]^{4-}$ (d) $[Ni(NH_3)_6]^{2+}$

**89. $[Co(NH_3)_5ONO]^{2+}$ आयन का IUPAC नाम होगा:**

(a) पेंटाएमिनीनिट्रिटोकोबाल्ट (IV) आयन
(b) पेंटॅमिनेनिट्रोकोबाल्ट (IV) आयन
(c) पेंटाएमिनीनाइट्रोकोबाल्ट (III) आयन
(d) पेंटाएमिनीनिट्रिटोकोबाल्ट (III) आयन

**90.** $15\ ml\ 0.2\ N$ **क्षार को** $30\ ml$ **अम्ल के विलयन को पूर्ण रूप से निष्प्रभावी करने के लिए आवश्यक है। एसिड समाधान की एकाग्रता है:**

(a) $0.1\ N$ (b) $0.3\ N$
(c) $0.15\ N$ (d) $0.4\ N$

**91. लैसाइन्स परीक्षण में कार्बनिक यौगिक में उपस्थित सल्फर सबसे पहले परिवर्तित होता है:**

(a) $Na_2SO_3$ (b) $CS_2$
(c) $Na_2SO_4$ (d) $Na_2S$

**92. न्यूमैन प्रक्षेप (Newman projections) P, Q, R तथा S नीचे दिखाए गए हैं।**

P Q

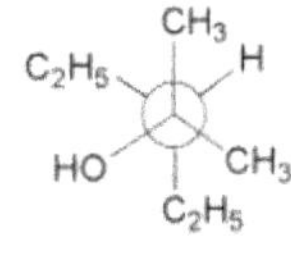


S

**निम्नलिखित में से कौन-सा विकल्प समरूप (identical) अणुओं को निरूपित करता है?**

(a) P एवं Q (b) Q एवं S
(c) Q एवं R (d) R एवं S

**93. 2-ब्रोमो पेंटेन के डिहाइड्रोहैलोजनीकरण अभिक्रिया का मुख्य उत्पाद पेंट-2-ईन है। उक्त उत्पाद का निर्माण आधारित होता है:**

(a) हकल नियम पर (b) सैटजेफ नियम पर
(c) हुंड नियम पर (d) हॉफमैन पर

94. $S_N1$ अभिक्रिया के लिए निम्नलिखित हैलाइड की क्रियाशीलता का बढ़ता हुआ क्रम है:

**(I)** $CH_3CH(Cl)CH_2CH_3$

**(II)** $CH_3CH_2CH_2Cl$

**(III)** $p - H_3CO - C_6H_4 - CH_2Cl$

(a) (II)<(I)<(III) (b) (I)<(III)<(II)

(c) (II)<(III)<(I) (d) (III)<(II)<(I)

95. दी गई अभिक्रिया में [X] होगा:

$$CH_3 - \underset{\diagdown O \diagup}{CH - CH_2} \xrightarrow[\text{(ii) } HOH/H^{\oplus}]{\text{(i) } CH_3MgBr} [X]$$

(a) $CH_3 - C(=CH_2) - CH_2OH$

(b) $CH_3 - CH(OH) - CH_2 - CH_3$

(c) $CH_3 - C(OH)(CH_3) - CH_3$

(d) $CH_3 - CH = CH_2$

96. **An unknown alcohol is treated with Lucas' reagent to determine whether the alcohol is primary, secondary or tertiary. Which alcohol reacts the fastest and by what mechanism?**

(a) Tertiary alcohol by $S_N1$

(b) Secondary alcohol by $S_N2$

(c) Tertiary alcohol by $S_N2$

(d) Secondary alcohol by $S_N1$

97. बाबरी मस्जिद की घटना निम्नलिखित में से किसका उत्कृष्ट उदाहरण है?

(a) भाषावाद (b) क्षेत्रवाद

(c) जातिवाद (d) सांप्रदायिकता

98. निम्नलिखित में से कौन-सी ऐमीन कार्बिलऐमीन परीक्षण देगी?

(a) $NH_2$ (b) $NHCH_3$

(c) $N(CH_3)_2$ (d) $NHC_2H_5$

99. निम्नलिखित में से कौन सा यौगिक प्रबल अम्ल की उपस्थिति में नाइट्रोबेंजीन के इलेक्ट्रोलिटिक कमी पर बनता है?

(a) एज़ोक्सीबेंजीन (b) एनिलीन

(c) एज़ोबेंजीन (d) p -एमिनोफिनोल

100. निम्नलिखित में से किस यौगिक में नाइट्रोजन की मात्रा का आकलन करने के लिए नाइट्रोजन के आकलन की कैल्डाल विधि का उपयोग किया जाता है?

(a)

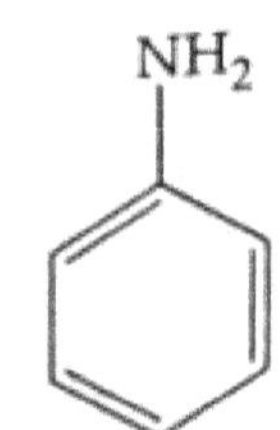


(b) $-N=N-$

(c) $NO_2$

(d) N

## Art of Teaching and Other skills

101. एक रचनात्मक शिक्षार्थी वह है जो-

(a) अत्यधिक बुद्धिमान है

(b) कक्षा में अधिकतम अंक स्कोर करता है
(c) कुछ ही समय में सबसे जटिल उत्तर सीखने वाला
(d) पार्श्व सोच और समस्या को हल करने में अच्छा

**102. थ्रसटॉन के बुद्धिमत्ता के सिद्धांत हेतु आधार क्या हैं?**
(a) बुद्धिमत्ता का त्रि-आयामी मॉडल
(b) प्राथमिक मानसिक क्षमताओं का अस्तित्व
(c) उनका तुलनात्मक निर्णय स्केल
(d) बुद्धिमत्ता

**103. पठन कौशल में ____ सर्वाधिक महत्त्वपूर्ण है।**
(a) उच्चारण की शुद्धता (b) लिपि चिन्हों की जानकारी
(c) द्रुत गति से पढ़ना (d) अर्थ को समझना

**104. दिए गए समुच्चय में से कौन सा संज्ञानात्मक क्षमता का उच्चतम स्तर है?**
(a) विश्लेषण (b) ज्ञान
(c) मूल्यांकन (d) समझ

**105. कक्षा शिक्षण का मुख्य उद्देश्य है:**
(a) छात्रों को परीक्षा के लिए तैयार करें
(b) छात्रों को सामग्री विशेषज्ञ बनाएं
(c) छात्रों में प्रतिस्पर्धा की भावना का विकास करें
(d) छात्रों को अनुशासनात्मक ज्ञान को जीवन में लागू करने दें

**106. नीचे दिया गया कौन-सा क्रियाकलाप कक्षा III के छात्रों की समस्याओं को हल करने की कुशलता में वृद्धि के लिए है?**
(a) कोई वर्ग-पहेली जिसमें सीखे गए सभी मुख्य पदों जैसे सम संख्या, विषम संख्या, भाज्य संख्या, अभाज्य संख्या आदि के संकेत (सुराग) दिए गए हों
(b) कोई सामूहिक परियोजना : प्राथमिक कक्षाओं के छात्रों को समान रूपप से चार सदनों (स्कूलों की सदन प्रणाली) में किस प्रकार विभाजित किया जाए ताकि हर सदन में खेल, कला, सांस्कृतिक और शैक्षिक क्रियाकलाप के प्रतिभाशाली छात्र हों?
(c) कक्षा में 'संख्या और अचालन' विषय पर अन्तरावर्ग पहेली प्रतियोगिता आयोजित करना
(d) कोई कार्यपत्रक जिसमें चर मूल प्रचालनों पर समस्याएँ जैसे-ज्ञात कीजिए $25 \times 34$, $451 \div 11$ आदि दी गई है

**107. कक्षा III में 'गुणन' की इकाई में अनुमोदित मूल संकल्पना है:**
(a) दो-अंकीय संख्या को दो-अंकीय संख्या से गुणा करना
(b) गुणन के गुणधर्म-क्रम गुण और समूह गुण
(c) गुणन पर आधारित शब्द-समस्या
(d) तीन-अंकीय संख्याओं को 10 से गुणा करना

**108. Which method of teaching believes in 'learning form through message-focus'?**
**1. Task based teaching**
**2. Structural approach**
**3. Dogma approach**
**4. Direct method**
(a) 1 (b) 2
(c) 3 (d) 4

**109. "Children deserve most of the credit for the language that they acquire." This observation implies that in modern classrooms:**
(a) students pursue their own lines of enquiry
(b) students need not attend L2 classes
(c) students may choose L2 on their own
(d) the teacher establishes the task and supports or facilitates

**110. Dyslexia is an intellectual disability that negatively affects the understanding abilities in terms of:**
(a) Reading (b) Oral language
(c) Sign language (d) Dialect

**111. What is the main purpose of poetry recitation in a language classroom?**
(a) To know the historical background of the poem.
(b) To appreciate and enjoy the poem.
(c) To give their opinions about the poem.
(d) To become aware of the poet and her works.

**112. रचनात्मक आकलन में, 'स्लिप टेस्ट' के लिए दिया जाने वाला वेटेज है:**
(a) 10 अंक (b) 20 अंक
(c) 25 अंक (d) 15 अंक

**113. मानक-संदर्भित परीक्षण छात्र के किस प्रदर्शन के आधार पर आकलन करते हैं?**
(a) अन्य छात्रों के साथ तुलना में
(b) सीखने की प्रक्रिया के दौरान
(c) सीखने की प्रक्रिया से पहले और बाद में
(d) मापदंडों के एक समुच्चय के आधार पर

**114. कक्षा में एक शिक्षक ने छात्रों से अपने साथियों का आकलन करने के लिए कहा, यहाँ शिक्षक किस बात का प्रोत्साहन कर रहा है:**
(a) सहकर्मी आकलन (b) औपचारिक आकलन
(c) स्व-आकलन (d) अनौपचारिक आकलन

**115. सीखने की वह अवधि, जब सीखने की प्रक्रिया में कोई उन्नति नहीं होती उसे क्या कहते है?**
(a) सीखने का वक्र (b) सीखने का पठार
(c) स्मृति (d) अवधान

**116. शिक्षण को प्रभावित करने वाले निम्नलिखित संभावित कारकों में से कौन-सी अनुदेशात्मक सुविधाओं और अधिगम के वातावरण से संबंधित हैं?**
**i) शिक्षकों द्वारा प्रशंसा और प्रोत्साहन**
**ii) उपयोग के लिए पाठ्यपुस्तकों / पठन सामग्री की अनुपलब्धता**
**iii) संवादात्मक प्रक्रियाओं में सक्रिय चाल**
**iv) उच्च योग्य शिक्षकों की कमी**
**v) स्मार्ट कक्षाओं की उपलब्धता**
**निम्नलिखित विकल्पों में से सही उत्तर का चयन कीजिए:**
(a) i), ii) and iii) (b) ii), iii), and v)
(c) i), iv) and v) (d) iii), iv) and v)

**117. ईवीएस की एक आदर्श पाठ्यपुस्तक में क्या शामिल होना चाहिए?**
(a) औपचारिक भाषा
(b) वैज्ञानिक ज्ञान प्राप्त करने के लिए गतिविधियाँ
(c) अनौपचारिक भाषा
(d) उन्हें वास्तविक जीवन से जोड़ने के लिए गतिविधियाँ

**118. निम्न में से कौन-सा प्रक्षेपित सहायक सामग्री है?**
(a) बुलेटिन बोर्ड (b) ओ.एच.पी.
(c) मॉडल (d) फलालेन बोर्ड

**119. टीएलएम (TLM) का चयन किस आधार पर किया जाना चाहिए?**
**I. वास्तविक जीवन के अनुभव से संबंधित**
**II. प्रासंगिकता**
**III. संदर्भगत**
**IV. प्रतिमान**

(a) I, II और IV (b) I, III और IV
(c) I, II, III और IV (d) I, II और III

**120. एक शिक्षक अपने शिष्य के साथ आश्रय स्थापित कर सकता है:**
(a) प्राधिकरण का एक चित्र बनना
(b) उन्हें शूरवीर और कौशल से प्रभावित करना
(c) उनकी मदद करने के लिए इच्छा के साथ एक गाइड की भूमिका निभा रहे है
(d) शिष्यों का दोस्त बनना

**121. एक अच्छे शिक्षक की सबसे महत्वपूर्ण विशेषता कौन सी है?**
(a) अच्छा प्रेरक
(b) कम विषय ज्ञान वाला
(c) सख्त अनुशासक
(d) छात्रों को अधिक गृहकार्य देने वाला

**122. किसी शिक्षक के लिए, श्यामपट्ट पर लिखने के लिए निम्न में से कौन सा तरीका सबसे स्पष्ट होता है?**
(a) तेज़ गति से लिखना और जितना संभव हो उतना स्पष्ट लिखना
(b) पहले विषय-वस्तु को लिखना और फिर विद्यार्थियों को पढने के लिए कहना
(c) पहले विद्यार्थियों से प्रश्न करना और फिर उनके दिए गए उत्तर को लिखना
(d) जितना संभव हो उतने महत्वपूर्ण बिन्दुओं को लिखना

**123. शिक्षण की सबसे अच्छी विधि _______ है।**
(a) जानकारी प्रदान करना
(b) विद्यार्थियों को पुस्तक पढने को कहना
(c) अच्छी सन्दर्भ सामग्री का सुझाव देना
(d) परिचर्चा/ विचार विमर्श शुरू करना और उसमे भाग लेना

**124. व्यक्तिव का मनोविश्लेषणत्मक सिद्धांत किसने प्रतिपादित किया है?**
(a) अब्राहम मास्लो (b) सिगमण्ड फ्रायड
(c) कार्ल रोजर्स (d) ज़ीन पियाजे

**125. कक्षा में ऑडियो-विजुअल्स किसी भी तरह से एक शिक्षक की जगह नहीं ले सकता है क्योंकि:**
(a) एक शिक्षक अपने प्रदर्शन से तीनों क्षेत्रों के सभी उद्देश्यों को प्राप्त कर सकता है
(b) कोई भी ऑडियो-विजुअल एक शिक्षक के बिना शिक्षण सामग्री के रूप में कक्षा में काम नहीं कर सकते हैं
(c) रेडियो, टीवी या कंप्यूटर के द्वारा संचारित होने वाले एक अच्छा अध्ययन सामग्री का उत्पादन केवल एक प्रभावी शिक्षक कर सकता है
(d) उपरोक्त सभी

**126. कथन I: अधिकतम निष्पादन परीक्षण परीक्षार्थी के ज्ञान और क्षमताओं की ऊपरी सीमाओं का आकलन करने के लिए डिज़ाइन किए जाते हैं।**
**कथन II: विशिष्ट प्रतिक्रिया परीक्षणों को परीक्षार्थियों के व्यवहार और विशेषताओं को मापने के लिए डिज़ाइन किया जाता है।**
**उपरोक्त कथनों के सन्दर्भ में, दिए गए विकल्पों में से सबसे उपयुक्त उत्तर चुनिए:**
(a) कथन I और कथन II दोनों सही हैं।
(b) कथन I और कथन II दोनों गलत हैं।
(c) कथन I सही है, लेकिन कथन II गलत है।
(d) कथन I गलत है लेकिन कथन II सही है।

**127. विद्यार्थियों द्वारा शिक्षकों के मूल्यांकन के मुख्य उद्देश्य हैं:**
**1) विद्यार्थियों की कमजोरियों के बारे में जानकारी एकत्र करना।**
**2) शिक्षक को शिक्षण कार्य गंभीरता से लेने का सन्देश देना।**
**3) शिक्षण की नवीन विधियाँ अपनाने में शिक्षकों की सहायता करना।**
**4) शिक्षक के गुणों में और अधिक सुधर के क्षेत्रों की पहचान करना।**
**नीचे दिए गये कूट से सही उत्तर का चयन कीजिये:**
(a) केवल 1 और 2 (b) केवल 2, 3 और 4
(c) केवल 1, 2 और 3 (d) केवल 1

**128. शिक्षार्थी की निम्नलिखित में से कौन निश्चित विशेषताएं और गुण, उसके सीखने के तरीके को प्रभावित कर सकती हैं?**
**1) बुद्धिमत्ता**
**2) मनोदृष्टि**
**3) जागरूकता**
**4) आकर्षण**
**नीचे दिए गए कोड का प्रयोग करते हुए सही उत्तर चुनें।**
(a) केवल 1 और 2 (b) केवल 1 और 3
(c) केवल 1, 2 और 3 (d) उपर्युक्त सभी

**129. पिता और उसके पुत्र की आयु का मध्यमान 27 वर्ष है। 18 साल बाद पिता अपने पुत्र की आयु से दोगुना होगा।**
(a) 42 , 12 (b) 40 , 14
(c) 30 , 24 (d) 36 , 18

**130. उस मूल्यांकन श्रेणी की पहचान करें जो विद्यार्थियों को निर्देश देने के दौरान सतत प्रतिक्रिया प्रदान करने के लिए अधिगम प्रगति का निर्धारण करती है?**
(a) नियोजन (b) निदान
(c) औपचारिक (d) योगात्मक

**131. सातवाहन साम्राज्य की सरकार पारंपरिक तर्ज पर आयोजित की गई थी जहाँ राज्य को विभाजित किया गया था:**
(a) गुप्त वंश (b) जनपद
(c) अमात्या (d) गामिका

**132. थोसेघर वाटरफॉल किस राज्य में स्थित है?**
(a) महाराष्ट्र (b) कर्नाटक
(c) ओडिशा (d) मध्य प्रदेश

**133. स्तम्भ -क के साथ स्तम्भ -ख को मिलाइए और नीचे दिए गए कूट की सहायता से सही उत्तर का चयन कीजिए:**

| स्तम्भ -क | स्तम्भ -ख |
|---|---|
| a. 1955 | 1. भारतीय निर्यात-आयात बैंक |
| b. 1964 | 2. भारतीय औद्योगिक विकास बैंक |
| c. 1982 | 3. भारतीय औद्योगिक ऋण और निवेश निगम |
| d. 1987 | 4. औद्योगिक और वित्तीय पुनर्निर्माण बोर्ड |

(a) a-1, b-2, c-3, d-4 (b) a-2, b-3, c-1, d-4
(c) a-3, b-2, c-1, d-4 (d) a-4, b-1, c-2, d-3

**134. भारतीय मानक ब्यूरो (बीआईएस) ने किस आईआईटी के साथ 'बीआईएस मानकीकरण चेयर प्रोफेसर' की स्थापना के लिए एक समझौता ज्ञापन पर हस्ताक्षर किए हैं?**
(a) आईआईटी दिल्ली (b) आईआईटी मुंबई
(c) आईआईटी कानपुर (d) आईआईटी रुड़की

**135. "मैजिक लैंटर्न" का व्याख्यान बिहार में किस आंदोलन से संबंधित है?**
(a) असहयोग (b) नमक सत्याग्रह
(c) भारत छोड़ो (d) सविनय अवज्ञा

**136. नीलगिरी पहाड़ियों में आम पेड़ की प्रजाति है:**
(a) यूकेलिप्टस (b) टीक
(c) देवदार (d) साल

**137. वायुमंडल की ______ परत पृथ्वी के जलवायु परिवर्तन को प्रभावित करती है।**

(a) क्षोभ मंडल (b) निचला समताप मंडल
(c) मध्यमण्डल (d) (A) और (B) दोनों

**138. आयशा ने अपने टिफिन बॉक्स के ढक्कन पर तेल की दो बूँदें डाल दीं। उसके बाद उसने दो बूंद पानी और दो बूंद चीनी का घोल डाला। उसने ढक्कन को झुका दिया। उसने देखा कि कुछ बूंदें तेजी से नीचे गिर रही हैं, जबकि कुछ पीछे रह गई हैं। कौन-सी बूंद उसके टिफिन बॉक्स में सबसे तेजी से नीचे गिरती है?**
(a) तेल
(b) पानी
(c) चीनी का घोल
(d) सभी एक ही दर से नीचे आते हैं

**139. ईवीएस में निम्नलिखित में से कौन सा सीखने का सिद्धांत है?**
(a) वैश्विक से स्थानीय (b) अमूर्त से मूर्त
(c) अज्ञात से ज्ञात (d) ज्ञात से अज्ञात

**140. निम्नलिखित सूची पर विचार कीजिए:**
**कछुआ, मगरमच्छ, कौआ, बतख, मछली। इस सूची में निम्नलिखित में से कौन सा दूसरों से अलग है?**
(a) मछली (b) कौआ
(c) मगरमच्छ (d) कछुआ

**141. 20 पुस्तकों का औसत मूल्य 14 रुपए है, जबकि इनमें से 18 पुस्तकों का औसत मूल्य 13 रुपए है। बची हुई दो पुस्तकों में से, यदि एक पुस्तक का मूल्य दूसरी का 21.05% है, तो इन दोनों पुस्तकों में प्रत्येक का मूल्य क्या होगा?**
(a) 36 रुपए, 10 रुपए (b) 38 रुपए, 8 रुपए
(c) 40 रुपए, 6 रुपए (d) 25 रुपए, 21 रुपए

**142. कितने प्रतिशत वार्षिक सरल ब्याज की दर से कोई धन 8 वर्ष में स्वयं का दुगुना हो जाएगा?**
(a) 10% (b) $12\frac{1}{2}\%$
(c) 12% (d) $11\frac{1}{2}\%$

**143. यदि** $\sqrt{2025}=45$, **तो** $\sqrt{20.25}+\sqrt{0.2025}+\sqrt{0.002025}+\sqrt{0.00002025}$ **का योग कितना होगा, 2 दशमलव स्थानों तक?**
(a) 5.09 (b) 5.10
(c) 4.68 (d) 4.99

**144. 1048 और 1441 का महत्तम समापवर्त्य ज्ञात कीजिए।**
(a) 11 (b) 311
(c) 131 (d) 113

**145. त्रिज्या $10.5cm$ के एक धातु के गोले को पिघलाया जाता है और इस प्रकार छोटे शंकु में बदल दिया जाता है, प्रत्येक त्रिज्या $3.5cm$ और ऊंचाई $3cm$ है तो ज्ञात कीजिए कि कितने शंकु प्राप्त हुए हैं।**
(a) 123 (b) 124
(c) 125 (d) 126

**146. निर्देश: उस विकल्प का चयन कीजिये जो तीसरे पद से उसी तरह संबंधित है जैसे दूसरा पद पहले पद से संबंधित है।**
**MRW : JOT :: QGP : ?**
(a) NPO (b) OGN
(c) NGM (d) NDM

**147. निर्देश: निम्नलिखित ज्यामितीय आकृतियों में से भिन्न आकृति की पहचान कीजिए।**
**समचतुर्भुज, त्रिभुज, वर्ग, समांतर चतुर्भुज, आयत, समलम्ब चतुर्भुज**
(a) समचतुर्भुज (b) त्रिभुज
(c) समांतर चतुर्भुज (d) समलम्ब चतुर्भुज

**148. निम्नलिखित AP में पदों की संख्या ज्ञात कीजिए:**
7, 13, 19, . . . , 205
(a) 34 (b) 36
(c) 38 (d) 40

**149. यदि ALPHA = 101,112,116,108,101, BETA का कोड क्या होगा?**
(a) 102,105,123,101 (b) 102,105,121,101
(c) 102,105,120,101 (d) 102,105,119,101

**150. एक लड़के की ओर इशारा करते हुए, एक लड़की कहती है, "उसकी माँ, मेरे पिता की इकलौती बहन है।" लड़के का लड़की के साथ क्या संबंध है?**
(a) कज़िन (चचेरा/ममेरा भाई/बहन)
(b) भतीजा/भांजा
(c) भाई
(d) अंकल (चाचा, मामा, ताऊ, मौसा, फूफा)

## // स्मार्ट उत्तर पुस्तिका //

सही उत्तर — उन छात्रों का प्रतिशत जिन्होंने प्रश्न का सही उत्तर दिया।
छोड़ दिया — उन छात्रों का प्रतिशत जिन्होंने प्रश्न को छोड़ दिया।

| प्रश्न संख्या | उत्तर | सही उत्तर | छोड़ दिया | प्रश्न संख्या | उत्तर | सही उत्तर | छोड़ दिया | प्रश्न संख्या | उत्तर | सही उत्तर | छोड़ दिया |
|---|---|---|---|---|---|---|---|---|---|---|---|
| 1 | C | 47.06% | 1.76% | 2 | C | 66.97% | 1.25% | 3 | C | 56.7% | 1.45% |
| 4 | A | 56.0% | 1.9% | 5 | A | 57.33% | 1.22% | 6 | A | 65.88% | 1.1% |
| 7 | B | 68.97% | 1.34% | 8 | C | 78.74% | 0.0% | 9 | A | 65.79% | 1.75% |
| 10 | A | 67.2% | 1.97% | 11 | A | 60.34% | 1.71% | 12 | D | 28.53% | 4.72% |
| 13 | A | 65.93% | 1.55% | 14 | B | 43.4% | 1.89% | 15 | D | 24.2% | 4.49% |
| 16 | B | 44.1% | 1.22% | 17 | B | 58.15% | 1.2% | 18 | A | 51.52% | 1.04% |
| 19 | B | 45.59% | 1.04% | 20 | A | 60.41% | 1.98% | 21 | C | 60.15% | 1.1% |
| 22 | B | 52.9% | 1.31% | 23 | C | 68.78% | 1.46% | 24 | D | 53.38% | 1.97% |
| 25 | C | 65.53% | 1.32% | 26 | B | 46.04% | 1.93% | 27 | B | 48.69% | 1.63% |
| 28 | C | 66.9% | 1.01% | 29 | B | 45.14% | 1.71% | 30 | B | 47.41% | 1.48% |
| 31 | A | 15.5% | 4.15% | 32 | D | 46.69% | 1.85% | 33 | A | 62.14% | 1.34% |
| 34 | D | 41.5% | 1.35% | 35 | C | 18.66% | 3.17% | 36 | C | 62.4% | 1.47% |
| 37 | C | 30.08% | 4.87% | 38 | C | 32.3% | 3.74% | 39 | B | 25.63% | 3.39% |
| 40 | C | 68.57% | 1.3% | 41 | A | 69.3% | 1.8% | 42 | A | 57.31% | 1.42% |
| 43 | B | 11.71% | 4.86% | 44 | D | 10.8% | 4.53% | 45 | B | 59.54% | 1.54% |
| 46 | B | 43.57% | 1.95% | 47 | C | 63.6% | 1.69% | 48 | A | 10.21% | 4.49% |
| 49 | D | 27.56% | 3.2% | 50 | D | 43.46% | 1.52% | 51 | C | 43.53% | 1.81% |
| 52 | B | 32.85% | 4.93% | 53 | B | 78.62% | 0.0% | 54 | A | 43.67% | 1.79% |
| 55 | B | 41.4% | 1.47% | 56 | B | 62.84% | 1.37% | 57 | C | 52.47% | 1.82% |
| 58 | B | 69.65% | | 59 | D | 61.73% | | 60 | A | 60.68% | |

| | | 1.1% | | | 1.88% | | | 1.91% |
|---|---|---|---|---|---|---|---|---|
| 61 | D | 57.87%<br>1.62% | 62 | A | 51.47%<br>1.25% | 63 | A | 58.37%<br>1.89% |
| 64 | C | 63.54%<br>1.04% | 65 | C | 46.96%<br>1.03% | 66 | B | 66.58%<br>1.21% |
| 67 | B | 50.08%<br>1.3% | 68 | C | 50.61%<br>1.26% | 69 | D | 50.8%<br>1.78% |
| 70 | C | 60.36%<br>1.76% | 71 | D | 52.99%<br>1.47% | 72 | D | 53.55%<br>1.62% |
| 73 | B | 41.09%<br>1.8% | 74 | C | 13.19%<br>3.26% | 75 | C | 57.05%<br>1.13% |
| 76 | C | 62.74%<br>1.23% | 77 | B | 55.57%<br>1.33% | 78 | C | 41.13%<br>1.57% |
| 79 | C | 59.34%<br>1.58% | 80 | B | 67.01%<br>1.13% | 81 | B | 49.08%<br>1.77% |
| 82 | B | 63.27%<br>1.74% | 83 | B | 58.63%<br>1.46% | 84 | A | 60.8%<br>1.18% |
| 85 | D | 49.48%<br>1.38% | 86 | C | 50.16%<br>1.28% | 87 | D | 48.46%<br>1.32% |
| 88 | D | 61.04%<br>1.55% | 89 | D | 66.55%<br>1.01% | 90 | A | 53.66%<br>1.77% |
| 91 | D | 58.25%<br>1.01% | 92 | C | 47.8%<br>1.43% | 93 | B | 69.91%<br>1.83% |
| 94 | A | 66.01%<br>1.14% | 95 | B | 67.8%<br>1.99% | 96 | A | 53.24%<br>1.85% |
| 97 | D | 50.27%<br>1.51% | 98 | A | 11.49%<br>3.72% | 99 | D | 20.38%<br>3.91% |
| 100 | A | 79.46%<br>0.0% | 101 | D | 85.35%<br>0.0% | 102 | B | 29.8%<br>4.2% |
| 103 | D | 84.04%<br>0.0% | 104 | C | 53.81%<br>1.73% | 105 | D | 87.6%<br>0.0% |
| 106 | B | 82.9%<br>0.0% | 107 | B | 67.5%<br>1.0% | 108 | A | 81.32%<br>0.0% |
| 109 | A | 49.73%<br>1.8% | 110 | A | 11.39%<br>4.42% | 111 | B | 48.3%<br>1.55% |
| 112 | B | 52.91%<br>1.66% | 113 | A | 80.53%<br>0.0% | 114 | A | 85.43%<br>0.0% |
| 115 | B | 57.41%<br>1.89% | 116 | B | 67.34%<br>1.82% | 117 | D | 57.79%<br>1.11% |
| 118 | B | 54.01%<br>1.81% | 119 | C | 62.5%<br>1.6% | 120 | C | 69.14%<br>1.73% |
| 121 | A | 46.75%<br>1.0% | 122 | D | 59.32%<br>1.92% | 123 | D | 56.08%<br>1.31% |
| 124 | B | 68.64%<br>1.99% | 125 | D | 83.13%<br>0.0% | 126 | A | 65.23%<br>1.22% |
| 127 | B | 58.4%<br>1.42% | 128 | C | 85.15%<br>0.0% | 129 | A | 61.29%<br>1.64% |
| 130 | C | 42.42%<br>1.47% | 131 | B | 58.91%<br>1.31% | 132 | A | 48.92%<br>1.78% |
| 133 | C | 15.44%<br>4.48% | 134 | D | 53.19%<br>1.86% | 135 | D | 21.16%<br>4.88% |
| 136 | A | 64.48%<br>1.41% | 137 | D | 44.09%<br>1.37% | 138 | B | 17.22%<br>3.56% |
| 139 | D | 10.03%<br>3.2% | 140 | B | 86.14%<br>0.0% | 141 | B | 28.81%<br>3.34% |
| 142 | B | 56.56%<br>1.04% | 143 | D | 49.32%<br>1.65% | 144 | C | 84.88%<br>0.0% |
| 145 | D | 14.72%<br>3.17% | 146 | D | 64.69%<br>1.3% | 147 | B | 67.85%<br>1.98% |
| 148 | A | 88.31%<br>0.0% | 149 | C | 20.38%<br>4.48% | 150 | A | 44.59%<br>1.43% |

## // संकेत और समाधान //

**1(C).** आमतौर पर परागकण के दाने गोलाकार होते हैं (आकार भिन्न हो सकते हैं) संरचनाएं लगभग 25-50 माइक्रोमीटर व्यास की होती हैं।

परागकण के दानों में दो प्रमुख भित्तियाँ होती हैं, बाहरी बाह्यचोल स्पोरोपोलेनिन से बनी होती है जिसे सबसे प्रतिरोधी कार्बनिक पदार्थों में से एक के रूप में जाना जाता है।

आंतरिक अंतःचोल परत सेलुलोज और पेक्टिन से बनी होती है।

परागकणों का कोशिकाद्रव्य एक प्रद्रव्य झिल्ली (प्लाज्मा झिल्ली) से घिरा होता है।

- पुष्प भाग जो परागकण अनाज का उत्पादन करता है, वह परागकोश है।
- परागकण नर युग्मकोद्भिद का निरुपण करते हैं।
- परागण एक पौधे के नर भाग (परागकोश) से एक पौधे के मादा भाग (वर्तिकाग्र) तक पराग कणों का स्थानान्तरण कहलाता है।

परागण के प्रकार-

| परागण | व्याख्या |
|---|---|
| स्वयुग्मन | एक ही फूल के परागकोश से वर्तिकाग्र तक पराग कणों का स्थानान्तरण। |
| सपादपी इतर परागण | एक पौधे के एक फूल के परागकोश से उसी पौधे के दूसरे फूल के वर्तिकाग्र तक पराग कणों का स्थानान्तरण। |
| पर परागण | एक पौधे के परागकोश से दूसरे पौधे के वर्तिकाग्र तक पराग कणों का स्थानान्तरण। |

**2(C).** स्पिरुलिना का संबंध मोनेरा से है। यह एक कुंडलित मुक्त रूप से प्रवाहित फिलामेंटोस नीले-हरे शैवाल या लंबाई में 0.5 मिमी से ऊपर की साइनोबैक्टीरीयम है। यह स्वपोषी और विधर्मी रूप से दोनों को विकसित हो सकते है। यह साइनोबैक्टीरियम प्रोटीन से भरपूर होता है।

**3(C).** विषाणु मृतजीवी होते हैं: गलत

- किसी भी उपापचय क्रिया को करने के लिए विषाणु के पास पर्याप्त कोशिकीय संगठन नहीं होता है।
- ये अपनी ऊर्जा का संग्रह या उपयोग भी नहीं कर सकते हैं।
- इनमें पोषण की विधि नहीं होती है क्योंकि वे भोजन नहीं करते हैं।

विषाणु अविकल्पी परजीवी होते हैं: सही

- अविकल्पी परजीवी ऐसे जीव होते हैं जो परपोषी जीव पर निर्भर किए बिना अपना जीवन चक्र पूरा नहीं कर सकते हैं।
- विषाणु को परपोषी पर निर्भर रहना पड़ता है क्योंकि उनके पास ऊर्जा उत्पन्न करने या प्रोटीन को स्वयं संश्लेषित करने के लिए उपापचय तंत्र की कमी होती है।

विषाणु अकोशिकीय जीव हैं जो जीवित कोशिकाओं में प्रतिकृति करते हैं: सही

- कोशिकीय संरचना की कमी के कारण विषाणुओं को अकोशिकीय जीव कहा जाता है।
- विषाणु केवल तभी प्रतिकृति करते हैं जब एक जीवित कोशिका के अंदर उन्हें प्रोटीन संश्लेषण के लिए अपनी कोशिकीय मशीनरी पर निर्भर रहना पड़ता है।

विषाणु न्यूक्लिक अम्ल के आसपास प्रोटीन-आवरण से बने होते हैं: सही

- विषाणु न्यूक्लिक अम्ल DNA या RNA से बने होते हैं, जो एकल या द्वि रज्जुक हो सकते हैं।
- उनके पास कैप्सिड नामक प्रोटीन-आवरण होता है जो न्यूक्लिक अम्ल को घेर लेता है।
- कुछ विषाणुओं में लिपिड से बना बाहरी आवरण भी हो सकता है।

विषाणु अपने आनुवंशिक पदार्थ को परपोषी कोशिका में अंतः क्षेपित (इंजेक्ट) करके परपोषी कोशिका को संक्रमित करते हैं। परपोषी कोशिका में DNA या RNA द्विगुणित होते है। प्रोटीन कैप्सिड के साथ न्यूक्लिक अम्ल को घेरकर विषाणु के कणों को कोशिका में एकत्रित किया जाता है। अन्य कोशिकाओं को संक्रमित करने के लिए नए बने विषाणु के कण कोशिका से मुक्त होते हैं।

अत: विकल्प (C) सही है I

**4(A).** ब्रायोफाइट को 'वनस्पति जगत् का जलस्थलचर (ऐम्फिबियन)' कहा जाता है।

ब्रायोफाइट में विभिन्न काई और लिवरवॉर्ट्स शामिल हैं। ये गैर-संवहनी एम्ब्रयोफाइट हैं जिनकी विशेषता एक स्वतंत्र गैमेटोफाइट और परजीवी स्पोरोफाइट की उपस्थिति है। ब्रायोफाइट आमतौर पर पहाड़ियों में नम छायांकित क्षेत्रों में उगते हैं। इन्हें वनस्पति जगत् का जलस्थलचर कहा जाता है क्योंकि ये मिट्टी में रह सकते हैं लेकिन यौन प्रजनन के लिए जल पर निर्भर होते हैं। हालांकि उनके शुक्राणुओं को एथेरोज़ोइड्स के रूप में जाना जाता

है, वे फ्लैगेलेट होते हैं और उन्हें निषेचित करने के लिए तैरने और अंडों तक पहुंचने के लिए जल की आवश्यकता होती है। नतीजतन, उन्हें यौन प्रजनन के लिए जल की आवश्यकता होती है। ब्रायोफाइट का पादप शरीर शैवाल की तुलना में अधिक विभेदित होता है।

**5(A).** पपीते में एकलिंगी फूल होते हैं।
पपीते के फूलों को उभयलिंगी कहा जाता है क्योंकि फूलों में पौधे के दो भागों में से प्रजनन दोनों में कभी नहीं बल्कि केवल एक में होता है । इसलिए, पपीते के फूलों में या तो नर प्रजनन भाग, पुंकेसर, या मादा प्रजनन भाग, कार्पेल होते हैं।

**6(A).** सही उत्तर (a)-ii, (b)-iii, (c)-iv, (d)-i है।
ट्राइगॉन - एक मछली जिसमें जहर का डंक (स्टिंग-रे) होता है।
साइक्लोस्टोम्स - उनके पास 6-15 जोड़े गिल स्लिट होते हैं।
कांड्रीक्थीज- वे विषमकोणीय दुम के पंखों (जैसे शार्क) के साथ कार्टिलाजिनस मछली हैं।
ओस्टिक्थीज- वे बोनी मछली हैं जिनमें हवा या गैस मूत्राशय होता है जो उछाल को नियंत्रित करने में मदद करता है।

**7(B).** द्विपार्श्व सममिति एवं अगुहीय जन्तुओं के उदाहरण प्लेटीहैल्मंथीज संघ में हैं।
प्लेटीहैल्मंथीज संघ से संबंधित जन्तु द्विपक्षीय रूप से सममित होते हैं और उनमें कोइलोम (एकोएलोमेट जन्तु) की कमी होती है।
फ़ाइलम एस्केल्मिन्थेस के जन्तु स्यूडोकोएलोमेट जंतु हैं।
एनेलिड्स द्विपक्षीय रूप से सममित होते हैं लेकिन वे कोइलोमेट जन्तु होते हैं (कोइलोम मौजूद)।
फाइलम केटेनोफोरा के जन्तु रेडियल रूप से सममित होते हैं जिनमें कोई कोइलोम नहीं होता है।

**8(C).** नारियल के बीजों का प्रकीर्णन वायु द्वारा नहीं होता है ।
- हवा द्वारा फैलाए गए फल और बीज आमतौर पर बहुत छोटे और हल्के होते हैं।
- उनके पास पंख और बाल होते हैं जो उन्हें आसानी से उड़ने में सक्षम बनाते हैं। वे उन्हें हवा के चारों ओर ले जाने की अनुमति देते हैं।
- कैलोट्रोपिस (मदार) और कपास के बीजों में बाल होते हैं और वे हल्के भी होते हैं, इसलिए आसानी से हवा में फैल जाते हैं।
- मोरिंगा (सहजन) के बीजों में पंख जैसी संरचना होती है जो हवा द्वारा उनके फैलाव में सहायता करती है।
- नारियल का बीज भारी और बड़ा होता है, इसे हवा से फैलाया नहीं जा सकता।

**9(A).** कोलेन्काइमा, पौधों में, अनियमित सेल दीवारों के साथ जीवित लम्बी कोशिकाओं के ऊतक का समर्थन करता है।
- कोलेन्काइमा कोशिकाओं में उनके सेल की दीवारों में सेल्यूलोज की मोटी जमा होती है और क्रॉस-सेक्शन में बहुभुज दिखाई देते हैं।
- ऊतक की ताकत इन मोटी सेल दीवारों और कोशिकाओं के अनुदैर्ध्य इंटरलॉकिंग के परिणामस्वरूप होती है।

कोलेन्काइमा ऊतक असमान प्राथमिक मोटी दीवारों की लम्बी जीवित कोशिकाओं से बना है, जिसमें हेमिकेलुलोज, सेल्यूलोज और पेक्टिक सामग्री हैं। यह बिना टूट-फूट के आसान झुकने की अनुमति देता है, पेटियोल, लीफ नसों और युवा पौधों के स्टेम को समर्थन, संरचना, यांत्रिक शक्ति और लचीलापन प्रदान करता है। कोलेन्काइमा कई शाकाहारी और लकड़ी के पौधों के बढ़ते अंगों की एक सहायक ऊतक विशेषता है, और यह परिपक्व जड़ी बूटी वाले पौधों के तनों और पत्तियों में भी पाया जाता है, जिनमें केवल माध्यमिक विकास द्वारा थोड़ा संशोधित किया जाता है।
अत: विकल्प (A) सही है I

**10(A).** सिलिअटेड एपिथेलियम श्वासनली में मौजूद है। सिलिअटेड एपिथेलियम कोशिकाएं आकार में आयताकार होती हैं और इनमें 200 से 300 के बीच बाल जैसे उभार होते हैं, जिन्हें सिलिया कहा जाता है।

**11(A).** राइबोसोम सभी कोशिकाओं में पाए जाते हैं। वे प्रोटीन संश्लेषण की साइट हैं। प्रोटीन या पेप्टाइड संश्लेषण एक एमआरएनए टेम्पलेट के साथ किया जाता है।

**12(D).** सुक्रोज के बारे में दिए गए सभी कथन सही हैं।
सुक्रोज ग्लूकोज के C -1 और फ्रुक्टोज के C -2 के बीच एक ग्लाइकोसिडिक संबंध दिखाता है, जैसा कि नीचे दिखाया गया है:

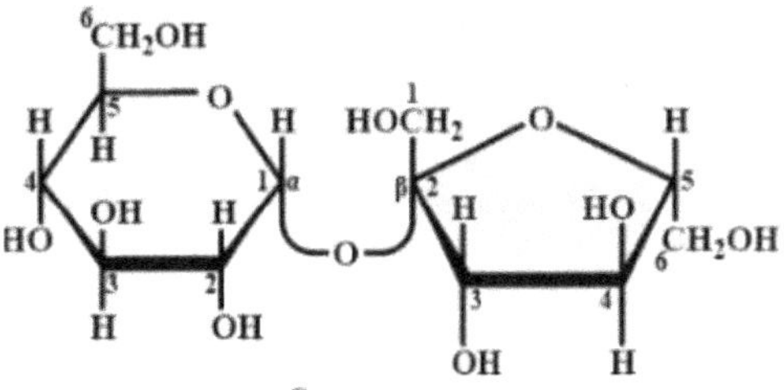


Sucrose
α-D-glucopyranosyl β-D-fructofuranoside
Glc(α1↔2β)Fru

सुक्रोज डेक्सट्रॉटोटरी है, लेकिन हाइड्रोलिसिस पर, यह डेक्सट्रूटोटेरेट्री [D - (+)] - ग्लूकोज और लॉवोओरोटेटरी [D - (-) -] फ्रुक्टोज का एक समान मिश्रण देता है। इसलिए, सुक्रोज की हाइड्रोलिसिस डेक्सट्रोओटेरेटरी से लाएवोरोटेटरी तक ऑप्टिकल रोटेशन के संकेत में बदलाव के साथ है।
तनु अम्ल या एंजाइम के साथ हाइड्रोलिसिस पर, यह α-D - (+) ग्लूकोज और) - D - (-) फ्रुक्टोज का एक समान मिश्रण देगा।
चूंकि डी - (-) - फ्रुक्टोज में डी - (+) - ग्लूकोज की तुलना में एक बड़ा विशिष्ट रोटेशन होता है, जिसके परिणामस्वरूप मिश्रण में एक विशिष्ट रोटेशन -39.9 ° होता है। इसलिए, मिश्रण लाएवोटेरोटरी है।

**13(A).** फाइटोक्रोम एक फोटोरिसेप्टर है, एक रंजक जो पौधों को प्रकाश का पता लगाने के लिए उपयोग करता है। यह दृश्यमान स्पेक्ट्रम के लाल और दूर-लाल क्षेत्रों में प्रकाश के प्रति संवेदनशील है। कई फूल वाले पौधे इसका उपयोग दिन और रात की लंबाई (फोटोप्रोडिज्म) के आधार पर और सर्केडियन लय सेट करने के लिए फूलों के समय को विनियमित करने के लिए करते हैं। $P_{fr}$ बीज के अंकुरण को बढ़ावा देता है।
अत: विकल्प (A) सही है I

**14(B).** तारक केंद्र S-प्रावस्था मे द्विगुणित होता है।
कोशिका चक्र के S-प्रावस्था में DNA की प्रतिकृति होती है। S-प्रावस्था में पशु कोशिकाओं में, सेंट्रीओल साइटोप्लाज्म में द्विगुणित होता है।
$G_2$ प्रावस्था में माइटोकॉन्ड्रिया, क्लोरोप्लास्ट और गॉल्जी द्विगुणित होते है। इस चरण के दौरान ट्यूबुलिन प्रोटीन को भी संश्लेषित किया जाता है।
पूर्वावस्था में, क्रोमेटिन का संघनन शुरू होता है।
मध्यवस्था में, क्रोमोसोम भूमध्य रेखा पर मेटाफैसिक प्लेट बनाने के लिए संरेखित हो जाते हैं।

**15(D).** $C_4$ पौधों में, प्रकाश संश्लेषण एक पतली दीवार वाले मेसोफिल कोशिका के क्लोरोप्लास्ट में होता है और एक 4-कार्बन अम्ल एक मोटी-दीवार वाले बंडल शीथ सेल को सौंप दिया जाता है जहां केल्विन चक्र होता है।
डिकार्बोक्सीकरण एक रासायनिक अभिक्रिया है जो एक कार्बोक्सिल समूह को हटाती है और कार्बन डाइऑक्साइड ($CO_2$) छोड़ती है। आमतौर पर, डिकार्बोक्सीकरण कार्बोक्सिलिक अम्ल की अभिक्रिया को संदर्भित करता है जो कार्बन श्रृंखला से कार्बन परमाणु को हटा देता है।

**16(B).** साइट्रिक एसिड चक्र के आठ चरण रेडॉक्स, निर्जलीकरण, जलयोजन और डीकार्बोक्सिलेशन प्रतिक्रियाओं की एक श्रृंखला है। चक्र का प्रत्येक मोड़ एक GTP या ATP के साथ-साथ तीन NADH अणु और एक FADH2 अणु बनाता है, जो कोशिका के लिए एटीपी का उत्पादन करने के लिए कोशिकीय श्वसन के आगे के चरणों में उपयोग किया जाएगा।

**17(B).** कूपिका गैसों के श्वसन विनिमय का स्थल होता है। कूपिका वायु से ऑक्सीजन कूपकीय उपकला और केशिका अंत:स्तर के माध्यम से केशिका रूधिर में विसरित होती है और कार्बन डाइआक्साइड विपरीत दिशा में विसरित होती है।

**18(A).** पहली विक्षेपण दाएँ और बाएँ अलिंद के विध्रुवीकरण से जुड़ी P तरंग है। जिसकी तरंग निम्न आयाम के कारण अदृश्य होती है। किसी भी लेड में सामान्य P तरंग की लंबाई 2.5 mm (दो-औरआधी-1 मिलीमीटर-भाग) से अधिक नहीं है और चौड़ाई 120 ms (तीन 1 -मिलीमीटर-भाग) से

कम नहीं है। दूसरी तरंग QRS सम्मिश्र है। सम्मिश्र में 3 विक्षेपणों की एक श्रेंखला होती है जो दाएँ और बाएँ निलय के विध्रुवीकरण से संबंधित विदयुत् धारा को दर्शाती है। परिपाटी द्वारा, सम्मिश्र में पहला विक्षेपण, यदि ऋणार्तमक है, तो उसे Q तरंग कहते हैं। सम्मिश्र में पहले धनात्मक विक्षेपण को R तरंग कहते हैं। R तरंग के बाद ऋणात्मक विक्षेपण को S तरंग कहते हैं। ECG में सबसे अधिक परिवर्ती तरंग T तरंग होती है, जो निम्न-आयाम वाली T तरंगों और असामान्य रूप से प्रतिलोमित T तरंगों सहित बदलती है, जो हृदय और गैर-हृदय अवस्थाओं के परिणाम के कारण हो सकती है।

**19(B).** बिच्छू, मकड़ियों की तरह, अपने अधिकांश नाइट्रोजनयुक्त अपशिष्ट को ग्वानिन के रूप में उत्सर्जित करते हैं और शेष नाइट्रोजन को यूरिक एसिड के रूप में उत्सर्जित किया जाता है। यह न्यूक्लियोटाइड चयापचय के परिणामस्वरूप बनता है। इसे खत्म करने के लिए पानी की आवश्यकता नहीं होती है क्योंकि यह यूरिक एसिड की तुलना में कम घुलनशील होता है और अधिक पानी के संरक्षण में मदद करता है। मकड़ियों में मलमूत्र के क्रोमैटोग्राफिक परीक्षणों में ग्वानिन एकमात्र प्यूरीन पाया जाता है। मकड़ियों के मलमूत्र में अमीनो एसिड और यूरिया नहीं होते हैं। इसलिए मकड़ियाँ अपने अपशिष्ट उत्पाद को ग्वानिन के रूप में बाहर निकालती हैं।

**20(A).** लोकोमोशन तब होती है जब कोई शरीर अपनी स्थिति को एक स्थान से दूसरे स्थान पर बदलता है। चलना, दौड़ना, चढ़ना लोकोमोशन के रूप हैं। लेकिन हमारे शरीर के कुछ हिस्सों जैसे जीभ, जबड़े में किसी भी तरह की कुछ मूवमेंट किसी भी प्रकार का लोकोमोटिव नहीं है। इस प्रकार यह कहा जा सकता है कि सभी लोकोमोटिव मूवमेंट हैं लेकिन सभी मूवमेंट लोकोमोटिव नहीं हैं।

**21(C).** ह्यूमरस, जांघ, टिबिया और फिबुला, रेडियस और अल्ना; मेटाकार्पल और मेटाटार्सल, अँगुलियों और पादंगुलियों के फैलेंजेज; कलाई के कार्पल और टखनों के टार्सल, पादों की अस्थियाँ हैं। कंधे की अस्थि का स्केपुला, उरोस्थि, कपालीय अस्थियाँ, कशेरुक; मेखला और अक्षीय कंकाल की अस्थियाँ हैं।

**22(B).** निकट दृष्टि दोष या निकटदृष्टिता में, नेत्र गोलक अग्र-पश्च रूप से दीर्घित होता है, जिससे दूर की वस्तुओं का प्रतिबिंब पीत बिंदु के सामने बनता है। इस दोष को अवतल चश्मे का उपयोग करके दूर किया जा सकता है।

**23(C).** दिए गए अनुक्रम में AUG प्रारंभिक कोडन है जो अनुवाद की प्रक्रिया शुरू करेगा इसलिए यह AUG से CUG तक जारी रहेगा क्योंकि UGA एक स्टॉप कोडन है जो किसी भी एमिनो एसिड के लिए कोड नहीं करता है, अन्य स्टॉप कोडन UAG और UAA हैं।

**24(D).** द्विसंधी पुंकेसर मटर में पाए जाते हैं।

- पुंकेसर को द्विसंधी कहा जाता है। ये दो बंडलों में एकजुट होते हैं। उदा. मटर।
- चाइना रोज़ में मोनोएडेल्फ़स पुंकेसर होते हैं, जबकि नींबू में पॉलीएडेल्फ़स पुंकेसर होते हैं। मोनोएडेल्फ़स पुंकेसर को एकल बंडल में समूहीकृत किया जाता है जबकि पॉलीएडेल्फ़स पुंकेसर दो से अधिक बंडलों में होते हैं।

**25(C).** लेडिग कोशिकाएं टेस्टोस्टेरोन हार्मोन का संश्लेषण करती हैं।
लेडिग कोशिकाएं अंडकोष में वीर्य नलिकाओं के निकट मौजूद होती हैं। वे एण्ड्रोजन नामक हार्मोन छोड़ते हैं। टेस्टोस्टेरोन एक पुरुष एण्ड्रोजन है। यह वृषण में उत्पन्न होता है। ल्यूटिनाइजिंग हार्मोन (एलएच) की उपस्थिति में, लेडिग कोशिकाएं टेस्टोस्टेरोन का संश्लेषण करती हैं।

**26(B).** G1 चरण, या गैप 1 चरण, सेल चक्र के चार चरणों में से पहला है जो यूकेरियोटिक कोशिका विभाजन में होता है। इंटरफेज़ के इस हिस्से में, कोशिका समसूत्रण की ओर ले जाने वाले बाद के चरणों की तैयारी में mRNA और प्रोटीन को संश्लेषित करती है। जी 1 चरण समाप्त होता है जब सेल इंटरफेज़ के एस चरण में चला जाता है।

**27(B).** हिस्टोन प्रोटीन मूल रूप से क्षारीय आवेशित होते हैं।
हिस्टोन मूल प्रोटीन होते हैं, और उनके सकारात्मक आवेशित उन्हें डीएनए के साथ जुड़ने की अनुमति देते हैं जो नकारात्मक रूप से आवेशित होता है। कुछ हिस्टोन धागे की तरह डीएनए के चारों ओर लपेटने के लिए स्पूल के रूप में कार्य करते हैं। सूक्ष्मदर्शी के नीचे अपने विस्तारित रूप में क्रोमैटिन एक स्ट्रिंग पर मोतियों की तरह दिखता है। मोतियों को न्यूक्लियोसोम कहा जाता है। प्रत्येक न्यूक्लियोसोम आठ हिस्टोन प्रोटीन के चारों ओर लिपटे डीएनए से बना होता है जो स्पूल की तरह कार्य करता है और इसे हिस्टोन ऑक्टेमर कहा जाता है। प्रत्येक हिस्टोन ऑक्टेमर हिस्टोन प्रोटीन $H2A, H2B1, H3$ , और $H4$ में से प्रत्येक की दो प्रतियों से बना होता है।

**28(C).** प्रोटीन और न्यूक्लिक एसिड जीवन की उत्पत्ति के दौरान बनने वाले मुख्य दो यौगिक थे। कई वैज्ञानिकों द्वारा किए गए प्रयोगों के परिणामस्वरूप प्रोटीन और न्यूक्लिक एसिड का निर्माण भी हुआ। इससे पता चलता है कि ये यौगिक जीवन की उत्पत्ति के दौरान मौजूद थे।

**29(B).** पर्यावरण में उपस्थित कुछ प्रतिजन के लिए प्रतिरक्षित समूह की अतिरंजित अनुक्रिया को ऐलर्जी या अतिसंवेदनशीलता कहा जाता है। जिन पदार्थों से ऐसी प्रतिरक्षित अनुक्रिया उत्पन्न होती है, उन्हें एलर्जेन कहा जाता है। इनसे उत्पन्न होने वाले प्रतिरक्षी IgE प्रकार के होते हैं। ऐलर्जी के सामान्य उदाहरण धूल में दीमक, परागकण, जंतुओं के डैंडर आदि हैं।, ऐलर्जी के लक्षणों में छींकना, नेत्रों से पानी बहना, नाक बहना और सांस लेने में कठिनाई शामिल हैं। यह हिस्टेमिन और सिरोटोनिन जैसे पदार्थों के कारण होता है।
अतः विकल्प (B) सही है I

**30(B).** एडेनिन या साइटोसिन का मेथिलिकरण DNA का पहचान अनुक्रम है, इसे प्रतिबंधन एंडोन्यूक्लिएज से संरक्षित करता है।
यह स्वाभाविक रूप से साइटोसिन मेथिलिकरण एक के रूप में डीएनए संशोधनों से होने वाली की पहली रिपोर्ट के बाद आधी शताब्दी से अधिक कर दिया गया है। साइटोसिन मेथिलिकरण आधार अंगूठी पर 5 वें कार्बन एक मिथाइल समूह (5-एमसी), सबसे अधिक बार स्तनधारी जीनोम में CPG डाईन्यूक्लियोटाइड आकृति में होने वाली है, जहां एक संशोधित साइटोसिन न्यूक्लियोटाइड आधार है। अनुपस्थिति ट्रांसक्रिप्शनल गतिविधि 2 के साथ जुड़ा हुआ है, जबकि जीन प्रमोटरों में 5 एम सी के कार्यात्मक उपस्थिति आम तौर पर, ट्रांसक्रिप्शनल दमन के साथ जुड़ा हुआ है।
अतः विकल्प (B) सही है I

**31(A).** पॉलीमरेज़ चेन रिएक्शन (PCR) तकनीक का उपयोग मनुष्यों में आनुवंशिक विकारों का पता लगाने के लिए किया जा सकता है।
पोलीमरेज़ चेन रिएक्शन (PCR) एक ऐसी तकनीक है जो लक्ष्य डीएनए सेगमेंट को बढ़ा सकती है। यह प्रवर्धित खंड विभिन्न आनुवंशिक विकारों का पता लगाने और आगे के अध्ययनों में सहायता करता है। यह 1980 के दशक में कैरी मुलिस द्वारा विकसित एक क्रांतिकारी तरीका है। पोलीमरेज़ चेन रिएक्शन (PCR) डीएनए पोलीमरेज़ की क्षमता का उपयोग करके प्रस्तावित टेम्प्लेट स्ट्रैंड के डीएनए पूरक के नए स्ट्रैंड को संश्लेषित करने पर आधारित है। चूंकि डीएनए पोलीमरेज़ एक न्यूक्लियोटाइड को केवल पहले से मौजूद 3'-ओएच समूह में जोड़ सकता है, इसलिए इसे एक प्राइमर की आवश्यकता होती है जिसमें यह पहला न्यूक्लियोटाइड जोड़ सकता है।

**32(D).** जैविक या जैविक समुदाय पौधों, जानवरों, बैक्टीरिया और कवक की विभिन्न प्रजातियों की आबादी का एक संयोजन है जो एक विशेष क्षेत्र में रहते हैं और एक दूसरे के साथ प्रतिस्पर्धा, भविष्यवाणी, पारस्परिकता, आदि के माध्यम से बातचीत करते हैं। प्रत्येक जैविक समुदाय की एक विशिष्ट रचना और संरचना होती है। जैसे, तालाब समुदाय।

**33(A).** क्षोभमंडल हमारे वायुमंडल की सबसे निचली परत है। जमीनी स्तर से शुरू होकर, यह समुद्र तल से लगभग 10 किमी (6.2 मील या लगभग 33,000 फीट) तक फैला हुआ है। मनुष्य क्षोभमंडल में रहते हैं, और लगभग सभी मौसम इसी निचली परत में होते हैं। अधिकांश बादल यहाँ दिखाई देते हैं, क्योंकि वायुमंडल में 99% जलवाष्प क्षोभमंडल में पाया जाता है।

**34(D).** हॉर्नबिल और भारतीय एकोनाइट विलुप्तप्राय प्रजातियों की एक जोड़ी है जिनकी आबादी कम हैं और विलुप्त होने का खतरा माना जाता है। उन्हें इंटरनेशनल यूनियन फॉर कंजर्वेशन ऑफ नेचर रेड लिस्ट की विशेषता दिया गया है क्योंकि उनके विलुप्त होने की संभावना ज्यादा है।
अतः विकल्प (D) सही है I

**35(C).** माना वर्ग लामिना के प्रत्येक पक्ष $D$ है।
तो, $I_{EF} = I_{GH}$ (समरूपता के कारण)
$I_{AC} = I_{BD}$ (समरूपता के कारण)
अब, लंब अक्ष के प्रमेय के अनुसार
$I_{AC} + I_{BD} = I_0$
या $2I_{AC} = I_0$ ...... (i)
तथा $I_{EF} + I_{GH} = I_0$
या $2I_{EF} = I_0$ ....... (ii)
समीकरण (i) और (ii) से, हम प्राप्त करते हैं
$I_{AC} = I_{EF}$
$\therefore I_{AD} = I_{EF} + \frac{md^2}{4}$
$= \frac{md^2}{12} + \frac{md^2}{4}\left(I_{EF} = \frac{md^2}{12}\right)$
इसलिए, $I_{AD} = \frac{md^2}{2} = 4I_{EF}$

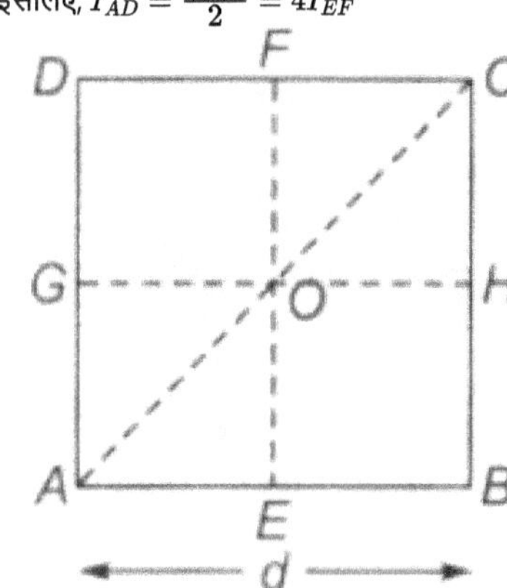


**36(C).** दूरी किसी वस्तु द्वारा अपनी गति के दौरान या एक समय अंतराल के दौरान तय किए गए कुल पथ को संदर्भित करती है।
- दूरी का SI मात्रक मीटर (m) है ।
- यह एक अदिश राशि है और इस प्रकार इसका एकमात्र परिमाण होता है।
- किसी वस्तु की गति या यात्रा के बाद विस्थापन प्रारंभिक और अंतिम स्थिति के बीच की दूरी है।
- विस्थापन एक सदिश राशि है और प्रारंभिक और अंतिम स्थिति के निर्देशांक के अंतर से प्राप्त किया जा सकता है।

**37(C).** बम को 490 m की ऊंचाई से गिरने में लगा समय
$t = \sqrt{\frac{2h}{g}}$
$= \sqrt{\frac{2\times490}{9.8}} = 10sec$
वह दूरी जिस पर बम जमीन से टकराता है = क्षैतिज वेग $\times$ समय
$= 360 \times 10$
$= 360 \times \left(\frac{10}{3600}\right)$
$= 36 \times \left(\frac{1}{36}\right)$
$= 1\ km$
तो, हवाई जहाज 1 km दूरी पर जमीन से टकराएगा।

**38(C).** गेंद $A$ के लिए,
जल की सतह में प्रवेश करने से पहले गेंद का वेग है-
$v = \sqrt{2gh} = \sqrt{2\times10\times10} = \sqrt{200}m/s$
जब गेंद जल में प्रवेश करती है, तो जल के उत्क्षेप के कारण गेंद का वेग कम हो जाता है।
तो मंदता,
$a = \frac{V(\rho-\sigma)g}{V\rho} = \frac{(\rho-\sigma)g}{\rho} = \frac{0.6-1}{0.6}g = \frac{2}{3}g$
यदि गहराई $h$ हो, तो गेंद सिंक करने पर,
$v^2 - u^2 = 2as$
$0 - u^2 = 2\times\left(-\frac{2}{3}g\right)h$
$200 = 2\times\left(\frac{2}{3}\times10\right)h$
$h = 15m$
गेंद $B$ के लिए,
जल की सतह में प्रवेश करने से पहले गेंद का वेग है
$v = \sqrt{2gh} = \sqrt{2\times10\times25} = \sqrt{500}m/s$
जब गेंद जल में प्रवेश करती है, तो जल के उत्क्षेप के कारण गेंद का वेग कम हो जाता है।
तो मंदता,
$a = \frac{V(\rho-\sigma)g}{V\rho} = \frac{(\rho-\sigma)g}{\rho} = \frac{0.6-1}{0.6}g = \frac{2}{3}g$
यदि गहराई $h$ तक हो, तो बॉल सिंक करने पर,
$v^2 - u^2 = 2as$
$0 - u^2 = 2\times\left(-\frac{2}{3}g\right)h$
$500 = 2\times\left(\frac{2}{3}\times10\right)h$
$h = \frac{75}{2}$ मीटर
$A$ से $B$ की गेंद की गहराई का अनुपात होगा।
$\frac{h_a}{h_b} = \frac{15\times2}{75} = \frac{2}{5}$

**39(B).** दिया है,
पत्थर का द्रव्यमान, $m = 0.25\ kg$
वृत्त की त्रिज्या, $r = 1.5\ m$
$T_{max} = 200$ N
आवृत्ति $n = 40\ rev/min$
$= \frac{40}{60}rev/sec = \frac{2}{3}Hz$
$v_{max} =?\quad J =?$
डोरी में तनाव,
$T = F_c = mr4\pi^2n^2$
या $T = 0.25\times1.5\times4\times9.86\times\frac{2}{3}\times\frac{2}{3}$
$= 1.0\times1.5\times9.86\times\frac{4}{9}$
या $T = 6.57\ N$
या $T = 6.6\ N$
$\because$ डोरी में तनाव,
$T = \frac{mv^2}{r}$
$\therefore T_{max} = \frac{mv_{max}^2}{r}$
या $v_{max}^2 = \frac{r\times T_{max}}{m}$
$\therefore v_{max} = \sqrt{\frac{r\times T_{max}}{m}}$
$v_{max} = \sqrt{\frac{1.5\times200}{0.25}}$
$= \sqrt{8\times150}$
$= \sqrt{1200}$
$= 34.64\ m/s$
या $v_{max} = 35\ m/s$

**40(C).**
- कार्य करते समय, घर्षण के प्रभाव के कारण मशीन का कार्य आउटपुट, कार्य इनपुट से कम होता है।
- मशीन का कार्य आउटपुट कभी भी कार्य के इनपुट के बराबर नहीं होता है क्योंकि मशीन द्वारा किए गए कुछ कार्य का उपयोग मशीन के उपयोग से उत्पन्न घर्षण को दूर करने के लिए किया जाता है।
- यही कारण है कि एक मशीन की दक्षता कभी भी 100% नहीं हो सकती है।
- दक्षता कार्य आउटपुट होता है, जिसे कार्य इनपुट द्वारा विभाजित किया गया है, और प्रतिशत के रूप में व्यक्त किया गया है।

**41(A).** ऊपर से, यह स्पष्ट है कि एक प्रत्यास्थ संघट्टन में गतिज ऊर्जा और संवेग दोनों संरक्षित हैं।

**42(A).** घेरा एक गोलाकार वलय है,
$\therefore I_0 = MR^2$
जहाँ M द्रव्यमान का घेरा है और R त्रिज्या है।
समानांतर अक्षों के प्रमेय द्वारा,

$I = I_0 + MR^2$
$\Rightarrow I = MR^2 + MR^2$
$\Rightarrow I = 2MR^2$

**43(B).** ऊर्जा के संरक्षण के अधिनियम के तहत, हमारे पास है;
$\frac{(m\times v^2)}{2} - \frac{(G\times M\times m)}{R} = \frac{-(G\times M\times m)}{(R+h)}$
$m$ = वस्तु का द्रव्यमान
$M$ = पृथ्वी का द्रव्यमान
$h$ = वस्तु की अधिकतम ऊँचाई
$v$ = प्रक्षेपण का वेग
$\frac{(m\times v^2)}{2} - (g \times m \times R) = \frac{-(g\times m\times R^2)}{(R+h)}$
$\frac{(g\times R)}{2} = \frac{(g\times R\times h)}{(R+h)}$
इसलिए , $h = R$.
अत: विकल्प (B) सही है I

**44(D).** दिया है:
सूर्य का द्रव्यमान (Ms) = $2 \times 10^{30}$ kg
पृथ्वी का द्रव्यमान (Me) = $6 \times 10^{24}$ kg
कक्षीय त्रिज्या ($r$) = $1.5 \times 10^{11}$M
जैसा कि रॉकेट को पृथ्वी (E) से सूर्य की ओर बिंदु (P) पर पृथ्वी के केंद्र से दूरी पर निकाल दिया जाता है।
रॉकेट पर कार्य करने वाले बल हैं:
ये दो गुरुत्वाकर्षण बल विपरीत दिशाओं में हैं।
जैसा कि हम जानते हैं। दो वस्तुओं के बीच गुरुत्वाकर्षण बल जो एक दूसरे से R दूरी पर हैं।
$F = \frac{Gm_1m_2}{R^2}$
G = सार्वभौमिक गुरुत्वाकर्षण स्थिरांक
$m_1m_2$ = वस्तुओं का द्रव्यमान
R = उनके बीच की दूरी गुरुत्वाकर्षण बल द्वारा
पृथ्वी पर रॉकेट के कारण बल = सूर्य के कारण रॉकेट पर बल
$\Rightarrow \frac{GMeM}{x^2} = \frac{GMsm}{(r-x)^2}$
सरलीकरण द्वारा:
$\Rightarrow \frac{6\times10^{24}}{x^2} = \frac{2\times10^{30}}{(r-x)^2}$
$\Rightarrow \left(\frac{r-x}{x}\right)^2 = \frac{2\times10^{30}}{6\times10^{24}}$
$\Rightarrow \left(\frac{r-x}{x}\right)^2 = \frac{10^6}{3}$
$\Rightarrow \frac{r-x}{x} = \frac{\pm10^3}{1.732}$
$\Rightarrow 1.732(r-x) = \pm10^3x$
इसलिए,
$\Rightarrow 1.732(r-x) = 10^3x$
$\Rightarrow 1.732r = 10^3x + 1.732x \quad ......(1)$
और $1.732(r-x) = -10^3x$
$\Rightarrow 1.732r = -10^3x + 1.732x \quad .........(2)$
दूरी कभी भी ऋणात्मक नहीं होगी इसलिए समीकरण (2) उपेक्षित होगा।
तो, समीकरण (1) द्वारा,
$1.732r = x\,(1.732 + 10^3)$
जैसा कि हम जानते हैं $1.732 <<< 10^3$
इसलिए, $x = \frac{1.732\times1.5\times10^{11}}{10^3}\,[r = 1.5 \times 10^{11}]$
$x = 2.6 \times 10^8$M
इसलिए, पृथ्वी के केंद्र से दूरी $2.6 \times 10^8$M पर गुरुत्वाकर्षण बल शून्य होगा।

**45(B).** दिया गया है,
दोनों तारों पर बल/लोड ($F$) समान है,
मान लीजिये $B$ का अनुप्रस्थ काट क्षेत्रफल $A$ के अनुप्रस्थ काट क्षेत्रफल समान है
तार $A$ का अनुप्रस्थ काट क्षेत्रफल $(A_1) = 2\times$ तार $B$ अनुप्रस्थ काट क्षेत्रफल $(A_2) = 2A$
तार पर तनाव $A(S) =$ बल $(F)/$ तार का क्षेत्रफल $A(A_1) = \frac{F}{2A} \quad ...(1)$
तार पर तनाव $B(S') =$ बल $(F)/$ तार का क्षेत्रफल $B(A_2) = \frac{F}{A} \quad ...(2)$
समीकरण 1 और 2 को विभाजित करने पर, हम प्राप्त करते हैं,
तार पर तनाव $A(S)/$ तार पर तनाव $B(S') = \frac{1}{2}$
$\Rightarrow$ तार $B(S')$ पर तनाव = $2\times$ तार $A(S)$ पर तनाव

**46(B).** उष्मागतिकी के पहले नियम से,
$dU = q - W$
एडियाबेटिक प्रक्रम में ऊष्मा का कोई परिवर्तन नहीं होता है।
तो, $dU = -W$
चूँकि गैस का विस्तार हो रहा है, कार्य गैस द्वारा किया जाता है।
$dU = -W$.
अत: निकाय की आंतरिक ऊर्जा कम हो जाती है।
$dU = C_v\,(T_2 - T_1) = W$
चूँकि यहाँ $W$ ऋणात्मक है, इसलिए $T_1 > T_2$ है।
ऐसे में तापमान में भी कमी आएगी।

**47(C).** यह देखते हुए कि फ्रीजर का तापमान,
$T_2 = -13°C$
$\Rightarrow \quad T_2 = -13 + 273 = 260K$
प्रदर्शन का गुणांक, $\beta = 5$
प्रदर्शन के गुणांक के रूप में परिभाषित किया गया है,
$\beta = \frac{T_2}{T_1 - T_2}$
$= 5 = \frac{260}{T_1 - 260}$
$= T_1 - 260 = \frac{260}{5}$
$= T_1 - 260 = 52$
$T_1 = (52 + 260)K = 312K$
$T_1 = (312 - 273)°C$
$T_1 = 39°C$

**48(A).** दिया है,
गैस का तापमान (T) = 300 K , नाइट्रोजन का मोलर द्रव्यमान (M) = 28 ग्राम/मोल = $28 \times 10^{-3}$ किलो/मोल
हम जानते है,
किसी गैस में अणुओं की rms गति होती है:
$V_{rms} = \sqrt{\frac{3RT}{M}}$
$\Rightarrow V_{rms} = \sqrt{\frac{3\times8.3\times300}{28\times10^{-3}}} = \sqrt{266785.714}$ = 516.5 मी/से
अत: सही विकल्प (A) है।

**49(D).** रेडियो तरंग प्रसारण रेड़ियो तरंगों के व्यवहार से संबंधित है जब तरंगें एक छोर से दूसरे छोर तक जाती हैं। विद्युत चुम्बकीय रेडियो तरंगों के चलने के लिए, एक ट्रांसमिटिंग(प्रेषण) एंटीना और एक रिसीविंग (ग्राही) एंटीना की आवश्यकता होती है। जिस पथ या मोड में रेडियो तरंगें अनुसरण करती हैं या यात्रा कर सकती हैं उसे रेडियो तरंग प्रसारण कहा जाता है। रेडियो तरंग प्रसारण के तीन (3) तरीके इस प्रकार हैं:

1. भू-तरंग या सतह तरंग प्रसारण
2. अंतरिक्ष तरंग और दृष्टि रेखा (LOS) प्रसारण
3. आकाश तरंग प्रसारण

**50(D).**

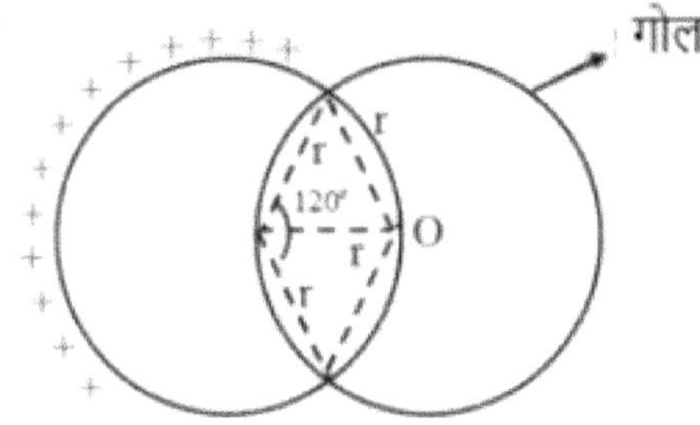


यदि केंद्र पर कोण 360° है, तो आवेश q है।
यदि केंद्र पर कोण 120° है, तो आवेश $= \frac{q}{360} \times 120$ है।
इसीलिए, $q_{eq} = \frac{q}{3}$
गॉस के नियम से,
$\phi = \frac{q_{eq}}{\varepsilon_0}$
$\Rightarrow \phi = \frac{q}{3\varepsilon_0}$

**51(C).** दिया गया,
डाइइलेक्ट्रिक स्लैब की मोटाई, $t = 1cm = 10^{-2}m$
डाइइलेक्ट्रिक स्थिरांक, $\varepsilon_\tau = K = 5$
संधारित्र की प्लेटों का क्षेत्रफल, $A = 0.01m^2 = 10^{-2}m^2$
संधारित्र की समानांतर प्लेटों के बीच की दूरी, $d = 2$ cm $= 2 \times 10^{-2}m$
हम जानते हैं कि:
प्लेटों के बीच हवा के साथ क्षमता,
$C_0 = \frac{\epsilon_0 A}{d}$
जहां, $\epsilon_0 = 8.854 \times 10^{-12}$
$= \frac{8.85\times10^{-12}\times10^{-2}}{2\times10^{-2}}$
$C_0 = 4.425 \times 10^{-12}$ फैरड
प्लेटों के बीच में डाइइलेक्ट्रिक स्लैब के साथ क्षमता,
$C = \frac{\epsilon_0 A}{d-t(1-\frac{1}{K})}$
$= \frac{8.85\times10^{-12}\times10^{-2}}{(2\times10^{-2})-10^{-2}(1-\frac{1}{5})}$
$C = 7.375 \times 10^{-12}$ फैरड
डाइइलेक्ट्रिक लगाने पर क्षमता में वृद्धि:
$C - C0 = (7.375 \times 10^{-12}) - (4.425 \times 10^{-12})$
$= 2.95 \times 10^{-12}$ फैरड

**52(B).** दिया गया,
$R_o = 100\Omega$
$R_t = 200\Omega$
$\alpha = 0.005$ per °C
जैसा कि हम जानते हैं,
$R_t = R_o(1 + \alpha\Delta T)$
मान रखने पर, हम प्राप्त करते हैं
$200 = 100[1 + (0.005 \times \Delta T)]$
$\Rightarrow \frac{200}{100} - 1 = 0.005 \times \Delta T$
$\Rightarrow \Delta T = 200°C$
और $\Delta T = T_2 - T_1$
$\Rightarrow 200 = T_2 - 100$
$\Rightarrow T = 300°C$

**53(B).** वेग, बल और चुंबकीय क्षेत्र सदिश राशियाँ हैं।
सदिश वह राशि है जिसमें परिमाण और दिशा दोनों होते हैं। वेग एक सदिश राशि है क्योंकि यह किसी विशेष दिशा में किसी वस्तु की गति है। बल एक सदिश राशि है क्योंकि यह वास्तव में निर्भर करता है कि आप किस दिशा में बल लगाते हैं। चुंबकीय क्षेत्र एक सदिश राशि है क्योंकि यह परिमाण और दिशा दोनों द्वारा निर्दिष्ट होती है।

**54(A).** दिया गया है,
पृथ्वी के किसी स्थान पर, पृथ्वी के चुंबकीय क्षेत्र का ऊर्ध्वाधर घटक उसके क्षैतिज घटक का $\sqrt{3}$ गुना है।
पृथ्वी के चुंबकीय क्षेत्र के ऊर्ध्वाधर घटक के रूप में,
$B_V = \sqrt{3}\, B_H$
किसी भी स्थान पर आप्लावन का कोण इस प्रकार दिया जाता है,
$\tan\delta = \frac{B_V}{B_H}$
$\tan\delta = \frac{\sqrt{3}\, B_H}{B_H} = \sqrt{3}$
$\Rightarrow \delta = \tan^{-1}(\sqrt{3}) = 60°$

**55(B).** दिया गया,
धारा में परिवर्तन, $di = (0 - 4)A$
यहां धारा 4 A से 0 A में बदल रही है यानी धारा गिर रही है ।
इसलिए,
धारा में परिवर्तन = (अंतिम - प्रारंभिक)
धारा, $= (0 - 4)A$
समय अंतराल, $dt = 0.1$ s
प्रेरित emf, e = 100 V
अब,
$e = -L\frac{di}{dt}$
$\Rightarrow 100 = -L\left(\frac{0-4}{0.1}\right)$
$\Rightarrow L = \frac{10}{4}$
तो, स्व-प्रेरकत्व, L = 2.5H

**56(B).** एक फोटॉन के पास ऊर्जा दी जाती है,
$E = hv = \frac{hc}{\lambda}$
यदि प्रत्येक फोटॉन की शक्ति $P$ है तो $t$ सेकंड में दी गई ऊर्जा $Pt$ के बराबर होती है। मान लीजिए, फोटॉनों की संख्या $n$ हो, तो
लाल रोशनी के लिए, $n_R = \frac{Pt\lambda_R}{hc}$
बैंगनी रोशनी के लिए, $n_V = \frac{Pt\lambda_V}{hc}$
$\therefore \frac{n_R}{n_V} = \frac{\lambda_R}{\lambda_V}$
जैसे, $\lambda_R > \lambda_V$
इसलिए, $n_R > n_V$

**57(C).** दिया गया,
$f = 50$ सेमी (वायु में)
अवतल दर्पण की फोकस दूरी इस प्रकार है,
$f = \frac{R}{2}$
दिए गए समीकरण से यह स्पष्ट है कि अवतल दर्पण की फोकस दूरी वक्रता त्रिज्या पर निर्भर करती है। अवतल दर्पण की वक्रता त्रिज्या हवा और पानी में समान होगी। तो हवा और पानी में फोकस दूरी भी समान होगी।

**58(B).** दिया गया है,
प्रिज्म का अपवर्तक कोण = 90°
प्रिज्म से किरण गुजरने पर,
$\mu < \text{cosec}\,\frac{A}{2}$
$\Rightarrow \mu < \text{cosec}\left(\frac{90°}{2}\right)$
$\Rightarrow \mu < \sqrt{2}$
$\Rightarrow \mu_{max} = \sqrt{2}$
अंततः एक प्रिज्म का अधिकतम अपवर्तक सूचकांक $= \sqrt{2}$

**59(D).** यंग का डबल स्लिट प्रयोग "डबल पथ" प्रयोगों के एक सामान्य वर्ग से संबंधित है, जिसमें एक लहर को दो अलग-अलग तरंगों में विभाजित किया जाता है जो बाद में एकल तरंग में संयोजित होता है।
पानी में $\lambda$ को घटाकर $\frac{\lambda}{\mu}$ कर दिया गया है
तो फिर $\lambda'$ तो फिर $\lambda' = \frac{\lambda}{16}$
जैसे $\omega = \frac{D\lambda}{d} \propto \lambda$
$\frac{\omega'}{\omega} = \frac{\lambda'}{\lambda} = \frac{\frac{\lambda}{16}}{\lambda}$
या

$\omega' = \frac{0.8}{1.6} = 0.5$ मिमी

**60(A).** अनुप्रस्थ तरंग की गति $v$ तनाव के वर्गमूल के अनुक्रमानुपाती होती है और इसे इस प्रकार लिखा जाता है;
$v \propto \sqrt{T}$
यहाँ , $v$ गति है और $T$ तनाव है।
डोर (स्ट्रिंग) का प्रारंभिक तनाव इस प्रकार लिखा जाता है;
$v_1 \propto \sqrt{T} \cdots\cdots (1)$
जब डोरी को खींचा जाता है, तो प्रारंभिक तनाव दोगुना हो जाता है।
$v_2 \propto \sqrt{2T} \cdots\cdots (2)$
अब, समीकरण (1) को समीकरण (2) से भाग देने पर हमें प्राप्त होता है;
$\frac{v_1}{v_2} = \frac{1}{\sqrt{2}}$

**61(D).** रोक क्षमता प्रकाश की आवृत्ति के लिए सीधे आनुपातिक है। इसलिए, घटना प्रकाश की आवृत्ति में वृद्धि के साथ रोक क्षमता बढ़ जाती है।

**62(A).** प्रकाश धारा आपतित प्रकाश की तीव्रता के साथ रैखिक रूप से बढ़ती है, लेकिन इसकी आवृत्ति से स्वतंत्र होती है। रोकने की क्षमता आपतित प्रकाश की आवृत्ति के साथ रैखिक रूप से बढ़ती है, लेकिन इसकी तीव्रता से स्वतंत्र होती है।

**63(A).** दिया गया:
$n_1 = 3$ और $n_2 = 4$
3 कक्षा में इलेक्ट्रॉन के कोणीय संवेग का परिमाण है:
$L_1 = \frac{3h}{2\pi}$
4 कक्षा में इलेक्ट्रॉन के कोणीय संवेग का परिमाण है:
$L_2 = \frac{4h}{2\pi}$
कोणीय संवेग में परिवर्तन
$\Delta L = L_2 - L_1$
$= \frac{h}{2\pi}(4-3)$
$\Rightarrow \Delta L = \frac{6.64\times10^{-34}}{2\times3.14}(4-3)$
$= 1.05 \times 10^{-34} J/S$

**64(C).** कोणीय गति $= \frac{nh}{2\pi}$
$\therefore n = \frac{3.17\times10^{-13}\times2\times3.14}{(6.63\times10^{-34})}$
n = 3

**65(C).** दिया है :
$n_i = 1.5 \times 10^{16} m^{-3}$ and $n_h = 4.5 \times 10^{22} m^{-3}$
हम जानते हैं कि एक बाह्य अर्धचालक में,
$n_e n_h = (n_i)^2$
$n_e \times 4.5 \times 10^{22} = (1.5 \times 10^{16})^2$
$n_e = \frac{2.25\times10^{32}}{4.5\times10^{22}}$
$n_e = 5 \times 10^9 m^{-3}$

**66(B).** रिक्तीकरण क्षेत्र की चौड़ाई में वृद्धि क्षेत्र में इलेक्ट्रॉनों और छिद्रों की अनुपस्थिति के कारण होती है। यह केवल डायोड में केवल पश्चदिशिक बायस की स्थिति में होता है।
जब हम डायोड पर एक ऋणात्मक वोल्टेज लागू करते हैं अर्थात एक धनात्मक टर्मिनल N-प्रकार की ओर जुड़ा होता है और ऋणात्मक टर्मिनल P-प्रकार की ओर होता है, तो जंक्शन की चौड़ाई या अवक्षय परत की चौड़ाई बढ़ जाती है। इसे रिवर्स बायस कहते हैं।

**67(B).** यहाँ, यौगिक $A_3(BC_4)_2$ संभव है, क्योंकि इसमें ऑक्सीकरण संख्याओं का योग शून्य है, जो इस प्रकार है-
$3(+2) + 2 \times 5 + 8(-2) = 0$

**68(C).** आम तौर पर, धनविद्युती तत्वों की संयोजकता $1, 2, 3$ होती है। इलेक्ट्रॉनों को दान करने की प्रवृत्ति वाले परमाणुओं को धनविद्युती परमाणु कहा जाता है, और परमाणु एक धनात्मक आयन ( $M^+$ ) में परिवर्तित हो जाता है। जिन परमाणुओं में उनके संयोजक शेल में $1, 2, 3$ इलेक्ट्रॉन होते हैं, वे स्थिर इलेक्ट्रॉनिक विन्यास प्राप्त करने के लिए अपने इलेक्ट्रॉनों को खो देंगे। कुछ उदाहरण सोडियम, मैग्नीशियम, एल्यूमीनियम हैं, ये 3 तत्व नोबल गैस नियॉन के विन्यास को प्राप्त करने के लिए इलेक्ट्रॉनों को खो देंगे।

**69(D).** दिया गया है,
इलेक्ट्रॉन का द्रव्यमान, $m = 9.1 \times 10^{-25}$ kg
गतिज ऊर्जा $= 3.0 \times 10^{-25}$ J
गतिज ऊर्जा $= \frac{1}{2}mv^2$
$v = \left(\frac{2\times3.0\times10^{-25}\ \text{kg m}^2\ \text{s}^{-2}}{9.1\times10^{-31}\ \text{kg}}\right)^{1/2}$
$= 812\ \text{ms}^{-1}$
डी-ब्रॉग्ली समीकरण के अनुसार,
$\lambda = \frac{h}{mv}$
$= \frac{6.626\times10^{-34}\text{Js}}{(9.1\times10^{-31}\ \text{kg})(812\ \text{ms}^{-1})}$
$= 8967 \times 10^{-10}$ m
$= 896.7$ nm

**70(C).** मोस्ले ने आवर्त सारणी का आधुनिक दीर्घ रूप दिया जहाँ वर्गीकरण का आधार परमाणु संख्या थी।
मोस्ले के आवर्त नियम अनुसार, तत्वों के भौतिक और रासायनिक गुण परमाणु संख्या के आवर्ती फलन हैं।
दीर्घ-रूप आवर्त सारणी में, क्षैतिज पंक्तियों को आवर्त कहा जाता है और ऊर्ध्वाधर पंक्तियों को समूह कहा जाता है।
समूह 13 में एल्युमिनियम (13) और गैलियम (31) शामिल हैं।
परमाणु क्रमांक 12 वाला तत्व मैग्नीशियम है जो समूह 2 से संबंधित है और परमाणु संख्या 30 वाला तत्व जस्ता है जो समूह 12 से संबंधित है।
परमाणु क्रमांक 11 वाला तत्व सोडियम है जो समूह 1 का है और परमाणु क्रमांक 20 वाला तत्व कैल्शियम है जो समूह 2 से संबंधित है।
परमाणु क्रमांक 14 वाला तत्व सिलिकॉन है जो समूह 14 से संबंधित है और 31 समूह 13 से गैलियम है।
इस प्रकार, परमाणु क्रमांक के 13, 31 जोड़े एक ही समूह (समूह 13) से संबंधित तत्वों का प्रतिनिधित्व करते हैं।

**71(D).** ब्लिस्टर कॉपर में 98% Cu और 2% अशुद्धियाँ (Zn, Au, Ag, Ni, Co, S, As, Fe और Pb ) हैं।
Cu की पिघली हुई अवस्था में, पर्याप्त $SO_2$ घुल जाता है।
ठोस तांबा इसकी सतह पर छाला उपस्थिति $SO_2$ इसकी सतह की उत्पत्ति के कारण प्राप्त होता है पर और इसलिए यह है छाला तांबा कहा जाता है।
तो, ब्लिस्टर कॉपर 2% अशुद्धियों के साथ तांबा है।

**72(D).** एक पानी के अणु H और दूसरे पानी के अणु O के बीच का बंध हाइड्रोजन बंध का एक उदाहरण है।
एक क्लोरीन परमाणु का आकार बड़ा होता है और इसलिए, इलेक्ट्रॉन घनत्व कम होता है। इसलिए, HCl में हाइड्रोजन बंध नहीं है।
नमक के यौगिकों में बंध को आयनिक बंध कहा जाता है।
हाइड्रोजन बंध एक कमजोर प्रकार का बल है जो एक विशेष प्रकार के द्विध्रुवीय-द्विध्रुवीय आकर्षण का निर्माण करता है।
हाइड्रोजन बंध में इलेक्ट्रॉनों का कोई बँटवारा नहीं होता है, जैसा कि एक सहसंयोजक बंधन में होता है।
सहसंयोजक बंध एक रासायनिक बंध है जिसमें परमाणुओं के बीच इलेक्ट्रॉन युग्म का बंटवारा होता है।

**73(B).** एथाइन का दहन उत्पाद $CO_2$ के समान संकरण होता है।
$CO_2$ की संरचना इस प्रकार है:
$O = C = O$
यहाँ, कार्बन sp संकरित है।
एथाइन की संरचना इस प्रकार है:
$CH \equiv CH$
यहाँ भी, दोनों कार्बन परमाणु sp संकरित हैं।

**74(C).** मीथेन के दहन के लिए संतुलित रासायनिक समीकरण इस प्रकार है:
$CH_4(g) + 2O_2(g) \rightarrow CO_2(g) + 2H_2O(l)$
इस अभिक्रिया में 3 मोल गैसीय अभिकारक तथा 1 मोल गैसीय उत्पाद होते हैं

इसलिए, $\Delta n_g = 1 - 3 = -2$
हम जानते है, $\Delta H^{\ominus} = \Delta U^{\ominus} + \Delta n_g RT$
मूल्यों को प्रतिस्थापित करते हुए, हमारे पास है:
$\Delta H^{\ominus} = \Delta U^{\ominus} - 2RT$
या, $\Delta U^{\ominus} = \Delta H^{\ominus} + 2RT$
इस समीकरण का अर्थ है कि $\Delta H^{\ominus} < \Delta U^{\ominus}$

**75(C).** इस परिवर्तन को निम्नलिखित आरेख द्वारा दर्शाया जा सकता है:

$$\begin{array}{ccc} H_2O\ (l)\ (10°C) & \xrightarrow{\Delta H} & H_2O(s)\ (-10°C) \\ \downarrow \Delta H_1 & & \uparrow \Delta H_3 \\ H_2O\ (l)\ (0°C) & \xrightarrow{\Delta H_2} & H_2O(s)\ (0°C) \end{array}$$

हेस के नियम के अनुसार:
$\Delta H = \Delta H_1 + \Delta H_2 + \Delta H_3$
अब, $\Delta H_1 = 75.3\ J\ mol^{-1}\ K^{-1}(10\ K) = 753\ J\ mol^{-1}$
$\Delta H_2 = -6.03\ kJ\ mol^{-1} = -6030\ J\ mol^{-1}$
(जमने के कारण चिन्ह ऋणात्मक में बदल गया)
$\Delta H_3 = 36.8\ J\ mol^{-1}\ K^{-1}(-10\ K) = -368\ J\ mol^{-1}$
अब,
$\Delta H = 753 - 6030 - 368 = -5645\ J = -5.654\ kJ\ mol^{-1}$

**76(C).** $N_2O_4 \rightleftharpoons 2NO_2$
$(.1 - \alpha) \quad 2\alpha$
$\because P \propto 0.1$
यदि $V$ और $T$ स्थिर हैं $(P_T \propto 0.1 + \alpha)$
$K_p = \frac{[2\alpha]^2}{[0.1-\alpha]} \times \frac{[P]}{[0.1+\alpha]}$ or
$K_p = \frac{4\alpha^2}{[0.1-\alpha^2]} = 0.14$
$\alpha = 0.017$
$NO_2 = 0.017 \times 2 = 0.034$ मोल्स

**77(B).** दिया हुआ,
$\Delta G^{\circ}_{298} = -4650 Jmol$
हम जानते हैं कि,
$\Delta G^{\circ} = -RT \ln K$
$\ln K = -\frac{\Delta G^{\circ}}{RT}$
$\ln K = \frac{4650}{8.314 \times 298} = 1.877$
$K = 6.58$
अब, $\ln\left(\frac{K_2}{K_1}\right) = -\frac{\Delta H^{\circ}}{R}\left(\frac{1}{T_2} - \frac{1}{T_1}\right)$
यहाँ, $K_1 = 6.58, \Delta H^{\circ} = -3640 J/mol$
$T_1 = 298K, T_2 = 95°C = 368K$
मान डालना,
$\ln\left(\frac{K_2}{6.58}\right) = \frac{3640}{8.314} \times \left(\frac{1}{368} - \frac{1}{298}\right)$
$\ln\left(\frac{K_2}{6.58}\right) = -0.279$
या
$K_2 = 4.94$
अत: विकल्प (B) सही है I

**78(C).** फ्लोरीन सबसे अधिक विद्युतीय तत्व है (पॉलिंग स्केल पर 4.0 की इलेक्ट्रोनगेटिविटी) किसी भी स्थिति में (फ्लोरीन गैस को छोड़कर) में ऑक्सीकरण अवस्था -1 है। ताकि कारण है कि ऑक्सीजन की में एक +2 ऑक्सीकरण अवस्था है।

**79(C).** (i) सभी परमाणुओं की ऑक्सीकरण अवस्थाओं का योग = आयन का आवेश।
(ii) ऑक्सीजन की ऑक्सीकरण संख्या $= -2$
मान लें कि P में $PO_4^{3-}$ की ऑक्सीकरण अवस्था है $x \cdot PO_4^{3-}$
$x + 4(-2) = -3$
$x - 8 = -3$
$x = +5$
मान लें कि S में $SO_4^{2-}$ की ऑक्सीकरण अवस्था $y$ है
$y + 4(-2) = -2$
$y - 8 = -2$
$y = +6$
मान लें कि Cr में $Cr_2O_7^2$ की ऑक्सीकरण अवस्था Z)�� ।
$2 \times z + 7(-2) = -2$
$2z - 14 = -2$
$z = +6$
इस प्रकार, $P, S$ और $Cr$ की ऑक्सीकरण अवस्था क्रमशः $+5, +6$ और $+6$ है।

**80(B).** आसमाटिक दबाव द्वारा दिया जाता है
$\Rightarrow \pi V = inRT$
$\Rightarrow \pi = i\frac{n}{V}RT$
$\Rightarrow \frac{\pi_1}{\pi_2} = \frac{C_1RT_1}{C_2RT_2}$
यदि $\pi_1 = p, \pi_2 = 2$ atm
$C_1 = C, C_2 = \frac{C}{2}$
$T_1 = 600K$ and $T_2 = 700K$
$\frac{p}{2} = \frac{2 \times C \times R \times 600}{C \times R \times 700}$
$p = \frac{24}{7}$
अत: विकल्प (B) सही है I

**81(B).** माना विलेयता उत्पाद स्थिर है, $Ksp$ of $AgCl = x$
(a) $AgCl$ की शुद्ध जल में विलेयता $= s_0 = \sqrt{x}$
(b) $0.01MCaCl_2$ में $AgCl$ की विलेयता = $s_1 = \frac{x}{0.02}$
(c) $0.01MNaCl$ में $AgCl$ की विलेयता = $s_2 = \frac{x}{0.01}$
(d) $0.05MAgNO_3$ में $AgCl$ की विलेयता = $S_3 = \frac{x}{0.05}$
इसलिए, $S_0 > S_2 > S_1 > S_3$

**82(B).** फोटोवोल्टिक सेल एक प्रकार का इलेक्ट्रोकेमिकल सेल नहीं है।
वोल्टाइक या गैल्वेनिक सेल एक प्रकार का इलेक्ट्रोकेमिकल सेल है जो रासायनिक ऊर्जा को विद्युत ऊर्जा में परिवर्तित करता है।
प्रकाश ऊर्जा को विद्युत ऊर्जा में बदलने के लिए फोटोवोल्टिक कोशिकाओं का उपयोग किया जाता है।
इलेक्ट्रोलाइटिक सेल एक प्रकार का इलेक्ट्रोकेमिकल सेल है जो विद्युत ऊर्जा को रासायनिक ऊर्जा में परिवर्तित करता है।
एक फ्यूल सेल एक विद्युत रासायनिक सेल है जो फ्यूल की रासायनिक ऊर्जा और एक ऑक्सीकरण एजेंट को बिजली में परिवर्तित करता है।

**83(B).** अपचयन विभव को देखते हुए,
- $Cu^{2+}/Cu = 0.34\ V$
- $Zn^{2+}/Zn = -0.76\ V$
- $Fe^{2+}/Fe = -0.44\ V$
- $Ag^{+}/Ag = 0.80\ V$

जैसा कि हम जानते हैं, जितना अधिक ऋणात्मक अपचयन विभव, उतना ही अधिक अभिक्रियाशील तत्व है है।
इसलिए, तदनुसार, अभिक्रियाशीलता क्रम $- Zn > Fe > Cu > Ag$.
विस्थापन अभिक्रियाओं में, अधिक क्रियाशील धातु लवण में कम क्रियाशील धातु का स्थान लेगी। उदाहरण के लिए, Zn धातु को तीनों Fe , Cu , और Ag धातुओं के नमक में बदल सकता है, लेकिन इसका उल्टा संभव नहीं है।
उपरोक्त कथन के आधार पर, चूँकि Ag की अभिक्रियाशीलता सबसे कम है, यह किसी भी धातु को उनके लवणों में प्रतिस्थापित नहीं कर सकता है।
इसलिए, अभिक्रिया -
$2CuSO_4(aq) + 2Ag(s) \rightarrow 2Cu(s) + Ag_2SO_4(aq)$ is not possible.

**84(A).** दिया गया,

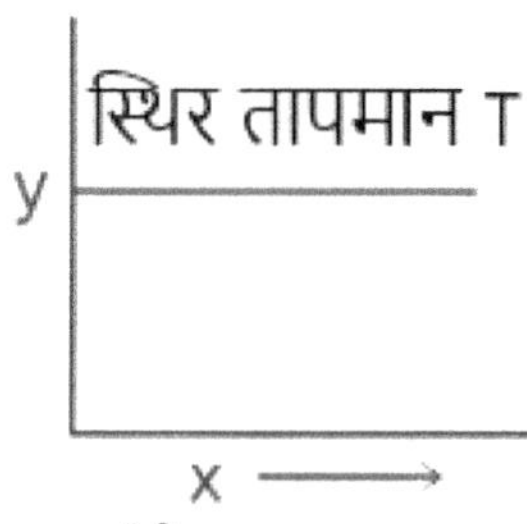


हम जानते है,
दर बनाम सांद्रता के आलेख [दर =k (conc) $^{n}$]

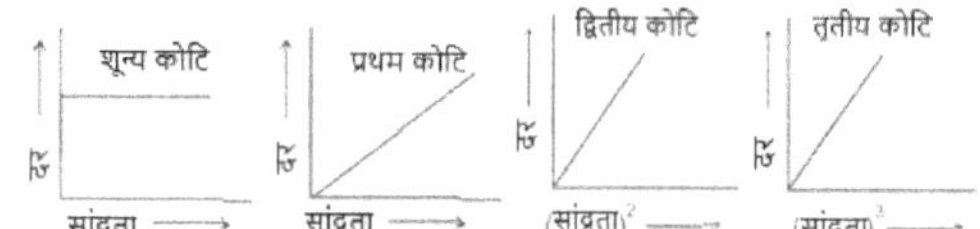


उपरोक्त ग्राफ़ स्पष्ट रूप से दिखाते हैं कि एक शून्य कोटि अभिक्रिया दिए गए आलेखीय निरूपण से मेल खाती है।
इसलिए,
$y$ -अक्ष = दर और $x$ -अक्ष = सांद्रता
अर्धायु बनाम सांद्रता के आलेख

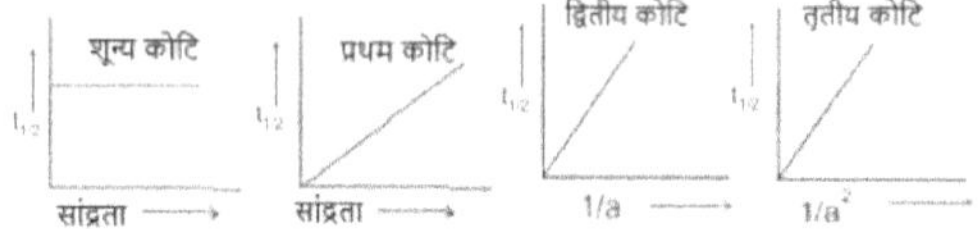


ऊपर दिए गए ग्राफ़ स्पष्ट रूप से दिखाते हैं कि प्रथम कोटि की अभिक्रिया दिए गए आलेखीय निरूपण से मेल खाती है।
इसलिए,
$y$ -अक्ष $= t_{1/2}$ और $x$ -अक्ष $=$ सांद्रता
अर्थात, शून्य कोटि ( $y =$ दर औ $x =$ सांद्रता), प्रथम कोटि ($y = t_{1/2}$ और $x =$ सांद्रता)

**85(D).** Given,
When $T_1 = 300K$
rate $= k_1[A]^n$
$\Rightarrow r = k_1[A]^n \quad \ldots(1)$
When $T_2 = 310K$ , Rate $= k_2[A]^n$
$\Rightarrow 2r = k_2[A]^n \quad \ldots(2)$
Dividing equation (2) by equation (1) we get, $\frac{k_2}{k_1} = 2$
Applying the Arrhenius equation we will find the activation energy
$\log\left(\frac{k_2}{k_1}\right) = \frac{E_a}{2.303R}\left[\frac{T_2-T_1}{T_1T_2}\right]$
$\Rightarrow \log(2) = \frac{E_a}{2.303\times8.314}\left[\frac{310-300}{310\times300}\right]$
(We have put the given values in the equation and we know $\log 2 = 0.301$ and $R = 8.314$ )
$\Rightarrow E_a = \frac{0.301\times2.303\times8.314\times300\times310}{10} \Rightarrow E_a = 53.6kJ\,mol^{-1}$
Therefore, the value of activation energy is $53.6kJJmol^{-1}$ .

**86(C).** सही सुमेलित कोड है: iv, v, i i, i
चुंबकीय क्षण ($\mu$) का सूत्र है $\sqrt{n(n+2)}$ , जहां n अयुग्मित इलेक्ट्रॉनों की संख्या है .
(i) $Co^{3+}$ : इसमें $d^6$ इलेक्ट्रॉन हैं, जिसका अर्थ है 4 अयुग्मित इलेक्ट्रॉन।
$\mu = \sqrt{4(4+2)} = \sqrt{24}$
(ii) $Cr^{3+}$ : इसमें $d^3$ इलेक्ट्रॉन हैं, जिसका अर्थ है 3 अयुग्मित इलेक्ट्रॉन।
$\mu = \sqrt{3(3+2)} = \sqrt{15}$
(iii) $Fe^{3+}$ : इसमें $d^5$ इलेक्ट्रॉन हैं, जिसका अर्थ है 5 अयुग्मित इलेक्ट्रॉन।
$\mu = \sqrt{5(5+2)} = \sqrt{35}$
(iv) $Ni^{2+}$ : इसमें $d^8$ इलेक्ट्रॉन हैं, जिसका अर्थ है 2 अयुग्मित इलेक्ट्रॉन।
$\mu = \sqrt{2(2+2)} = \sqrt{8}$

**87(D).** $MnO_4{}^2$, Mn +6 ऑक्सीकरण स्थिति में है, जिसका मतलब है कि एक d ($d^1$) इलेक्ट्रॉन जो d − d संक्रमण और अनुचुंबकत्व को जन्म देता है।

**88(D).** आम तौर पर कमजोर क्षेत्र के लिगेंड बाहरी कक्षीय परिसर बनाते हैं। $CN^-$ एक बहुत मजबूत लिगैंड है और $NH_3$ कमजोर लिगेंड है।
तो $[Co(NH_3)_6]^{3+}$ और $[Ni(NH_3)_6]^{2+}$ बाहरी कक्षीय परिसर बना सकता है।
$Co^{+3}$ का इलेक्ट्रॉनिक विन्यास $[Ar]3d^64s^0$ है
$Ni^{+2}$ का इलेक्ट्रॉनिक विन्यास $[Ar]3d^84s^0$ है
निकेल परिसर $d^8$ विन्यास की उपस्थिति के कारण बाहरी कक्षीय परिसर बना सकता है।

**89(D).** एकनाभिकीय सम्मिश्रों में हमारे पास एक केंद्रीय परमाणु होता है जो कि धातु होता है, हमारे मामले में, यह कोबाल्ट है जो अमोनिया और ONO अणुओं से घिरा हुआ है, तब इसका IUPAC नाम पेंटाएमिनीनिट्रिटोकोबाल्ट (III) आयन होगा।

**90(A).** हम जानते हैं कि,
तुल्यता के नियम से:
$N_1V_1 = N_2V_2$
$15 \times 0.2 = 30 \times x$
$\therefore x = 0.1\,N$

**91(D).** कार्बनिक यौगिक में तत्व संलयन प्रतिक्रिया के दौरान सोडियम के साथ निम्नानुसार प्रतिक्रिया करते हैं:
$Na + C + N \rightarrow NaCN$ (यदि $N$ मौजूद है)
$2Na + S \rightarrow Na2S$ (यदि $S$ मौजूद है)
$Na + S + C + N \rightarrow NaSCN$ (यदि $N$ और $S$ दोनों मौजूद हैं और Na की अपर्याप्त मात्रा है उपयोग किया गया)
$Na + X \rightarrow NaX$ (यदि हैलोजन मौजूद हैं)
जहां,
$X = Cl/Br/I$
तो, SFE में संबंधित तत्वों में से कोई भी या सभी आयनिक रूप हो सकते हैं।

**92(C).**
(P) CH$_3$ CH$_3$ OH HO CH$_3$ ⇒ $C_2H_5$–C—C–$CH_3$ (2, 3, 3-ट्राइमेथिलपेंटेन-2-ol) H$_3$C C$_2$H$_5$ CH$_3$CH CH$_3$

$C_2H_5$–CH–C– OH CH$_3$ H$_3$C CH$_3$ OH
(Q) H H ⇒ CH$_2$CH$_3$ (3-एथिल-2-मिथाइलपेंटन-2-ol) H C$_2$H$_5$ CH$_3$ CH$_3$

CH$_3$ CH$_3$ C$_2$H$_5$ H
(R) ⇒ $C_2H_5$–CH—C–$CH_3$ (3-एथिल-2-मिथाइलपेंटन-2-ol)
C$_2$H HO CH$_3$ CH$_3$ C$_2$H$_5$OH CH$_2$CH$_3$ C$_2$H$_5$ CH(CH$_3$)$_2$
(S) ⇒ $C_2H_5$–C—CH–$CH_3$ (3-एथिल-2-मिथाइलपेंटन -3-ol )
H H OH CH$_3$ OH

**93(B).** 2-ब्रोमोपेंटेन की डिहाइड्रोहैलोजनीकरण प्रतिक्रिया में बनने वाला प्रमुख उत्पाद पेंट-2-ईन है क्योंकि सैटजेफ के नियम के अनुसार, डिहाइड्रोहैलोजनेशन प्रतिक्रियाओं में, पसंदीदा उत्पाद वह एल्केन होता है जिसमें डबल बंधुआ कार्बन परमाणुओं से अधिक संख्या में एल्काइल समूह जुड़े होते हैं।

$$CH_3 - CH_2 - CH_2 - \underset{}{\overset{Br}{\overset{|}{C}}}H - CH_3 \xrightarrow{OH^-}$$

$CH_3 - CH_2 - CH = CH - CH_3$
पेंट-2-ईन (81%)
$CH_3 - CH_2 - CH_2 - CH = CH_2$
पेंट-2-ईन (19%)

**94(A).** $S_N1$ अभिक्रिया के लिए हैलाइड की क्रियाशीलता का बढ़ता क्रम (II)<(I)<(III) है।
(II) प्राथमिक एल्काइल हैलाइड है।
(I) द्वितीयक एल्काइल हैलाइड है।
प्राथमिक एल्काइल हैलाइड, माध्यमिक एल्काइल हैलाइड की तुलना में $S_N1$ प्रतिक्रिया के प्रति कम क्रियाशील है।
(III) में, उत्पन्न होने वाले कार्बोकैशन को अनुनाद के कारण स्थिर किया जाता है। इसलिए, $S_N1$ अभिक्रिया के प्रति सबसे अधिक क्रियाशील है।

**95(B).** एपॉक्सीप्रोपेन, $CH_3MgBr$ के साथ अभिक्रिया करके ब्यूटेन-2-ऑल देता है।

$$CH_3-\underset{O}{CH-CH_2} \xrightarrow[\text{(लक्षण में क्षारीय)}]{CH_3MgBr} CH_3-\underset{OMgBr}{\underset{|}{CH}}-CH_2-CH_3 \xrightarrow{H_3\overset{\oplus}{O}} CH_3-\underset{OH}{\underset{|}{CH}}-CH_2-CH_3$$

यह $S_N2$ अभिक्रिया है।

**96(A).** Lucas test is used to distinguish the primary, secondary and tertiary alcohols. The mixture of concentrated hydrochloric acid and dry anhydrous zinc chloride is known as Lucas reagent.
The test distinguishes the alcohols based on their reactivity. In this test, alcohol reacts with hydrochloric acid and forms alkyl chloride.
OH, a group of alcohol attacks on the acid and gets protonated. Then water molecules are eliminated to form a carbocation. On this carbocation the chloride ion attacks and forms alkyl chloride.
The reaction of alcohols with Lucas reagent is as follows:

$$H_3C-\underset{CH_3}{\overset{CH_3}{C}}-\ddot{O}H \xrightarrow{H^+} H_3C-\underset{CH_3}{\overset{CH_3}{C^+}} \xrightarrow{Cl^-} H_3C-\underset{CH_3}{\overset{CH_3}{C}}-Cl$$
Tertiary

$$H_3C-\underset{H}{\overset{CH_3}{C}}-\ddot{O}H \xrightarrow{H^+} H_3C-\underset{H}{\overset{CH_3}{C^+}} \xrightarrow{Cl^-} H_3C-\underset{H}{\overset{CH_3}{C}}-Cl$$
secondary

$$H_3C-\overset{H_2}{C}-\ddot{O}H \xrightarrow{H^+} H_3C-C^+H_2 \xrightarrow{Cl^-} H_3C-\overset{H_2}{C}-Cl$$
primary

As during the reaction, a carbocation forms so, the rate of reaction depends upon the stability of the carbocation. The more stable the carbocation the more will be the rate of reaction.
The order of stability of carbocation is as follows:
$1^0 < 2^0 < 3^0$
So, the tertiary alcohol reacts faster because of the formation of tertiary carbocation during the reaction which is very stable carbocation.
The carbocation formation takes place in $S_N1$ reaction.
So, tertiary alcohol reacts fastest with Lucas reagent via $S_N1$ mechanism.

**97(D).** सांप्रदायिकता को राजनीतिक लामबंदी के माध्यम के रूप में सामाजिक परंपराओं के सांप्रदायिक शोषण के रूप में वर्णित किया गया है। यह आरोपित समूहों के हितों को दंडित करने के लिए किया जाता है। इस प्रकार साम्प्रदायिकता एक विचारधारा है जिसका उपयोग किसी समुदाय या सामाजिक उत्थान की सामाजिक राजनीतिक आशाओं को पूरा करने के लिए किया जाता है। इसके अस्तित्व को सुनिश्चित करने के लिए इसे प्रस्तावों और कार्यक्रमों की आवश्यकता होती है। ये सामाजिक परिवर्तन के चरणों में सक्रिय हो जाते हैं।

**98(A).** $R - NH_2$ ऐमीन कार्बिलऐमीन परीक्षण देगी।
प्राथमिक एमाइन की पहचान के लिए कार्बिलऐमीन परीक्षण एक परीक्षण है (एलिफैटिक और एरोमैटिक एमाइन दोनों)।
प्राथमिक ऐमीन को ऐमीनों से प्राप्त यौगिकों के रूप में माना जा सकता है, जो कि एक हाइड्रोजन परमाणु को एक कार्बनिक रेडिकल अल्काइल के साथ प्रतिस्थापित करता है, या समूह $NH_2$ के साथ कार्बनिक अणु से हाइड्रोजन परमाणु के प्रतिस्थापन के परिणामस्वरूप यौगिकों के रूप में माना जा सकता है।
इस परीक्षण में, एनालायट को एल्कोहलिक पोटैशियम हाइड्रॉक्साइड और क्लोरोफॉर्म के साथ गर्म किया जाता है।
यदि प्राथमिक ऐमीन उपस्थित हो तो दुर्गंधयुक्त यौगिक आइसोसायनाइड बनता है।
$R - NH_2 + CHCl_3 + 3KOH \rightarrow RN^+ \equiv C^- + 3KCl + 3 H_2O$

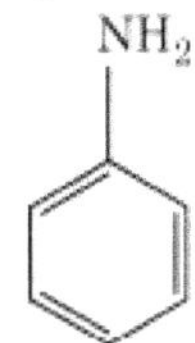


**99(D).** p-एमिनोफेनोल प्रबल अम्ल की उपस्थिति में नाइट्रोबेंजीन के इलेक्ट्रोलिटिक कमी पर बनता है।
प्रबल अम्लीय माध्यम में नाइट्रोबेंजीन की इलेक्ट्रोलाइटिक कमी से फेनिलहाइड्रॉक्सिलमाइन उत्पन्न होता है जो p-एमिनोफेनॉल को पुनर्व्यवस्थित करता है।
दुर्बल अम्लीय माध्यम में, एनिलिन प्राप्त होता है जबकि क्षारीय माध्यम में, विभिन्न मोनो और डाई-न्यूक्लियर रिडक्शन उत्पाद (जैसे नाइट्रोसोबेंजीन, फेनिलहाइड्रॉक्सिलमाइन, एज़ोक्सीबेंजीन, एज़ोबेंजीन और हाइड्रैज़ोबेंजीन) प्राप्त होते हैं।

Nitrobenzene $\xrightarrow{\text{Electrolytic reduction in presence of conc } H_2SO_4}$ Phenylhydroxylamine $\xrightarrow{\text{Rearrangement}}$ p-Aminophenol

**100(A).** कैल्डाल विधि - यह कार्बनिक और अकार्बनिक यौगिकों में नाइट्रोजन के मात्रात्मक आकलन के लिए एक विश्लेषणात्मक विधि है।

- इसका नाम इसके विकासक जॉन कैल्डाल के नाम पर रखा गया है।
- विभिन्न कार्बनिक या अकार्बनिक यौगिकों में $H_2SO_4$ के साथ कार्बनिक यौगिकों के ऑक्सीकरण द्वारा नाइट्रोजन का अनुमान लगाया जाता है।

कैल्डाल विधि की सीमा - यह विधि ऐज़ो और नाइट्रो यौगिकों पर लागू नहीं होती है और तब भी जब ' N ' वलय में उपस्थित होता है। इन यौगिकों में उपस्थित नाइट्रोजन को पाचन चरण में अमोनियम लवण में परिवर्तित नहीं किया जा सकता है। प्रक्रिया के पहले चरण में अभिक्रिया रुक जाती है। अतः यहां परीक्षण असफल हो गया है।

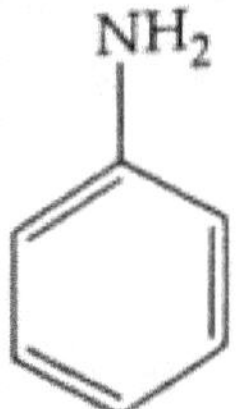


यह ऐनिलीन है और इस यौगिक में ' N ' का अनुमान कैल्डाल विधि से

लगाया जा सकता है क्योंकि दिया गया यौगिक न तो ऐज़ो/नाइट्रो है और न ही' N ' वलय के अंदर उपस्थित है।

**101(D).** एक रचनात्मक शिक्षार्थी वह है जो पार्श्व सोच और समस्या को हल करने में अच्छा हो। एक रचनात्मक शिक्षार्थी वह है जो किसी भी प्रकार की रचना, परिणाम या विचारों का उत्पादन कर सकता है जो नया और अद्वितीय हो। रचनात्मक उत्पाद उपयोगी या लक्ष्य निर्देशित होते हैं।

**102(B).** थ्रसटॉन का बुद्धिमत्ता सिद्धांत प्राथमिक मानसिक क्षमताओं (पी.एम.ए.) के अस्तित्व पर केंद्रित था। इन सात क्षमताओं को स्थान, मौखिक समझ, शब्द प्रवाह, संख्या सुविधा, प्रेरण, अवधारणात्मक गति, कटौती, रटे याद और अंकगणितीय रीजनिंग के रूप में नामित किया गया था।

**103(D).** पठन कौशल में अर्थ को समझना सर्वाधिक महत्त्वपूर्ण है। पठन कौशल स्वयं में अर्थ ग्रहण का कौशल माना गया है। यही कारण है कि भाषा शिक्षण के सन्दर्भ में पठन कौशल पर सबसे अधिक ध्यान दिया जाता है, क्योंकि सभी विषयों का ज्ञानार्जन इसी कौशल पर आधारित होता है ।

**104(C).** बेंजामिन ब्लूम ने शैक्षिक उद्देश्यों का वर्गीकरण विज्ञान या वर्गीकरण विकसित किया इन उद्देश्यों को तीन क्षेत्र में विभाजित किया गया था: संज्ञानात्मक, भावात्मक और मनोप्रेरणा। तीनों क्षेत्र से वास्तविक जीवन व्यवहार में एक साथ होते हैं। उदाहरण के लिए, जब छात्र लिख रहे होते हैं (मनोप्रेरणा), तो वे याद कर रहे होते हैं या स्मरण भी कर रहे होते हैं (संज्ञानात्मक), और वे कार्य के प्रति कुछ भावनाएँ या मनोभाव (मनोवेग) रखते हैं।
मूल्यांकन:
- मूल्यांकन किसी दिए गए उद्देश्य के लिए सामग्री के मूल्य को आंकने की क्षमता से संबंधित है।
- यह निर्णय निश्चित मानदंडों के आधार पर होने हैं।
- ये आंतरिक मानदंड संगठन या बाह्य मानदंड हो सकते हैं और छात्र मानदंड निर्धारित कर सकता है या उन्हें दिया जा सकता है।
- इस क्षेत्र में अधिगम परिणाम संज्ञानात्मक पदानुक्रम में सबसे अधिक होते हैं क्योंकि उनमें अन्य सभी श्रेणियों के तत्व शामिल हैं, साथ ही स्पष्ट रूप से परिभाषित मानदंडों के आधार पर सचेत मूल्य निर्णय भी हैं।

**105(D).** कक्षा शिक्षण के उद्देश्य:
- छात्रों को अनुशासनात्मक ज्ञान को जीवन में लागू करने दें
- छात्रों की पढ़ाई में बदलाव लाएं
- छात्रों को सीखने के लिए प्रेरित करें
- ज्ञान प्राप्त करने और मौजूदा ज्ञान में सुधार करने में मदद करें
- व्यवहार का विकास
- आत्मविश्वास बढ़ाएं
- छात्रों में प्रतिस्पर्धा की भावना का विकास करें

**106(B).** एक समूह परियोजना: प्राथमिक वर्ग के छात्रों को चार घरों (विद्यालय की घर प्रणाली) में समान रूप से कैसे वितरित किया जाएगा ताकि प्रत्येक घर में खेल, कला सांस्कृतिक और शैक्षणिक गतिविधियों से प्रतिभाशाली छात्र हों, छात्रों की समस्या-समाधान की क्षमताओं को बढ़ाने के लिए होती है।

**107(B).** कक्षा III में 'गुणा' की इकाई में अनुशंसित मुख्य अवधारणा गुणन गुण - क्रम गुण और समूह गुण है। गुणन का साहचर्य गुण :- इसमें कहा गया है कि यदि हम किन्हीं 3 संख्याओं को एक साथ गुणा करना चाहते हैं, तो संख्याओं के क्रम पर ध्यान दिए बिना उत्तर समान होंगे। जैसे- 2*(3*4)=(2*3)*4

**108(A).** Task-based teaching is especially conducive to group learning. Learning a language as a group is also a very important contributor to effective retention. Collaborating with others and becoming confident with the language within a group is a key step in acquiring that language.
- It focuses on the use of authentic language and on asking students to do meaningful tasks using the target language and believes in learning form through message focus.
- It uses a lesson structure that incorporates different activities to solve a task. The task can span the length of an entire lesson or, if it's project-based learning, it can take up several lessons to complete.

Thus, it is concluded that the Task-based teaching method of teaching believes in 'learning form through message-focus'.

**109(A).** "Children deserve most of the credit for the language that they acquire." This observation implies that in modern classrooms, students pursue their own lines of enquiry and generate their own reply so they deserve most of the credit for the language they acquire.

**110(A).** Dyslexia is an intellectual disability that negatively affects the understanding abilities in terms of Reading. Dyslexia: It is primarily a specific language-based disorder, considered as a disorder in children, who despite adequate classroom instruction, fail to attain language skills of reading, writing and spelling commensurate with their intellectual abilities.

**111(B).** The main purpose of poetry recitation in a language classroom is enjoyment and appreciation as poetic words and phrases are always a source of keen pleasure for the learners to develop a genuine feeling and real enjoyment.

**112(B).** रचनात्मक आकलन में, स्लिप टेस्ट वे टेस्ट होते हैं जो बिना किसी पूर्व घोषणा के आयोजित किए जाते हैं और 'स्लिप टेस्ट' के लिए दिया जाने वाला वेटेज '20 मार्क्स' होता है क्योंकि यह रचनात्मक आकलन में का एक महत्वपूर्ण टूल है।
आकलन के दो मुख्य प्रकार हैं जिनमें 'योगात्मक' और 'रचनात्मक' आकलन शामिल हैं।
रचनात्मक आकलन से तात्पर्य उस आकलन से है जो शिक्षण और अधिगम की प्रक्रिया में बच्चे की प्रगति पर नज़र रखता है। इस में, छात्रों के प्रदर्शन का आकलन स्लिप परीक्षण, साप्ताहिक परीक्षण, मौखिक कार्य, असाइनमेंट, प्रोजेक्ट आदि के माध्यम से किया जाता है।

**113(A).** मानक-संदर्भित परीक्षण छात्र के प्रदर्शन का आकलन अन्य छात्रों के साथ तुलना के आधार पर करते हैं।
मानक-संदर्भित परीक्षण एक अच्छी तरह से परिभाषित जनसंख्या या समूह में छात्रों की सापेक्ष स्थिति रैंक जानने के लिए आयोजित किया जाता है। यह एक सत्र के अंत में आयोजित किया जाता है, जैसे स्वाभाविक रूप से स्कूल बोर्ड परीक्षाएं। इसका उपयोग उस परीक्षण पर अन्य व्यक्तियों के प्रदर्शन के संबंध में किसी व्यक्ति की स्थिति का पता लगाने के लिए किया जाता है।

**114(A).** एक कक्षा में एक शिक्षक ने छात्रों से अपने साथियों का आकलन करने के लिए कहा, यहाँ शिक्षक सहकर्मी आकलन को बढ़ावा दे रहा है।
सहकर्मी के काम का आकलन करना और प्रतिक्रिया देना, अधिगम रणनीति और प्रदर्शन सहकर्मी आकलन का हिस्सा है। सहकर्मी आकलन में एक छात्र के काम को उसके समूह के दूसरे छात्रों द्वारा मूल्यांकित किया जाता है। किसी समूह में छात्र उनके अनुभवों को साझा करते हैं और एक-दूसरे से बेहतर सीखते हैं। यह छात्रों के निर्णय कौशल को विकसित करता है और उन्हें अपने साथियों के प्रदर्शन को देखने और चिंतन करने की अनुमति देता है।

**115(B).** सीखने की वह अवधि, जब सीखने की प्रक्रिया में कोई उन्नति नहीं होती उसे सीखने का पठार कहते है ।
सीखने का वक्र: सीखने का वक्र समय के साथ छात्र के समग्र प्रदर्शन में बदलाव की कल्पना करता है। लाइन ग्राफ x-अक्ष और y-अक्ष के साथ छात्र के प्रदर्शन के माप के अवसरों को प्रदर्शित करता है।
सीखने का पठार:
- यदि सीखने वाला अपनी सीखने की प्रक्रिया में एक पठार पर आता है, तो अनुभव, स्पष्टीकरण, या निर्देश के बावजूद, दूसरी भाषा सीखने वाले की सीखने की प्रणाली में अपेक्षाकृत भाषाई , नियम और उपतंत्र अपेक्षाकृत स्थायी रूप से शामिल हो जाएंगे।

- सीखने की वह अवधि है, जहाँ प्रदर्शन में कोई सुधार नहीं किया जाता है,
- एक सीखने का पठार तब बनता है जब आप जल्दी से सीखना बंद कर देते हैं। जल्दी प्रगति करना आसान है, तो स्वाभाविक रूप से धीमा हो जाते हैं। इस वजह से, सीखने का पठार अक्सर तब होता है जब शिक्षार्थी सीखने के एक मध्यवर्ती स्तर तक पहुँचते हैं।

**116(B).** शिक्षण को प्रभावित करने वाले कारक अनुदेशात्मक सुविधाओं और अधिगम के वातावरण से संबंधित हैं:
- उपयोग के लिए पाठ्यपुस्तकों / पठन सामग्री की अनुपलब्धता
- संवादात्मक प्रक्रियाओं में सक्रिय चाल
- स्मार्ट कक्षाओं की उपलब्धता

एक अधिगमकर्ता की गुणवत्ता और प्रकृति अधिगम के साथ-साथ अधिगम के वातावरण पर प्रभावी हो जाती है और शिक्षण सामग्री भी अधिगम प्रक्रिया को प्रभावित करती है।

**117(D).** ईवीएस की एक आदर्श पाठ्यपुस्तक को वास्तविक जीवन के साथ जोड़ने के लिए गतिविधियों को शामिल करना चाहिए।
पर्यावरण अध्ययन एक ऐसा विषय है जो पर्यावरण के साथ मानव की क्रिया से संबंधित है। यह बच्चों को उनके भौतिक और सामाजिक परिवेश का पता लगाने के लिए बहुत अधिक स्वतंत्रता देता है। एक अच्छी पाठ्यपुस्तक हमेशा एक शिक्षक को एक संसाधन के रूप में मदद करती है।

**ईवीएस पुस्तक के अच्छे गुण निम्नलिखित हैं:**
- नयी सीख को विकसित करने के लिए अपने दैनिक जीवन के अनुभवों और मौजूदा ज्ञान को जोड़ना
- उनके चारों ओर दुनिया के अर्थ का निर्माण
- इसमें वास्तविक जीवन के उदाहरण शामिल हैं जो उनके सीखने को न केवल तथ्यों से जोड़ते हैं बल्कि अनुभव भी करते हैं।
- ईवीएस, एक विषय के रूप में अमूर्त अवधारणाओं पर ध्यान केंद्रित नहीं करता है क्योंकि इसमें शामिल अवधारणाएं अधिक वैज्ञानिक और मूर्त हैं।
- एक विषय के रूप में ईवीएस केवल भौतिक परिवेश को ही नहीं बल्कि एक व्यक्ति के सामाजिक परिवेश को भी चिंतित करता है, इसलिए इसे अ लग-अलग पृष्ठभूमि से पूरा करना होता है, जहाँ से छात्र आते हैं।
- एक अच्छी पाठ्यपुस्तक में सीखने को बढ़ाने के लिए सच्ची कहानियाँ और घटनाएं शामिल हैं।
- प्राकृतिक और सामाजिक-सांस्कृतिक परिवेश वास्तविकता में एकीकृत हैं। उदाहरण के लिए- कुछ आदिवासी समुदायों में, जंगलों को पवित्र और पूजनीय माना जाता है; जंगली जानवरों को इंसानों का भाई-बहन माना जाता है।
- एक अच्छी पाठ्यपुस्तक हमेशा शिक्षार्थी के हित को जीवित रखती है
- यह उनके ज्ञान का पता लगाने के लिए पर्याप्त अवसर प्रदान करता है।
- यह हमेशा रटने को हतोत्साहित करता है और हाथों-पर-अनुभवों को शामिल करके पूरी प्रक्रिया को बेहतर बनाता है।
- इसमें नक्शे, आरेख, चार्ट शामिल हैं, जो उन्हें बेहतर समझने में मदद करता है।

**118(B).** ओ.एच.पी. एक प्रक्षेपित सहायक सामग्री है।
प्रक्षेपित सहायक सामग्री मशीन का उपयोग करके दिवार या स्क्रीन पर "प्रक्षेपित" होती है। प्रक्षेपित सहायक सामग्री प्रक्षेपण का उपयोग करके एक स्क्रीन पर दर्शाया जाने वाला दृश्यक होता है।
ऊपरी प्रक्षेपक (ओ.एच.पी.) का उपयोग सामान्यतौर स्क्रीन पर छवियों को प्रक्षेपित करने के लिए किया जाता है। अपारदर्शी प्रक्षेपक, स्लाइड, एल.सी.डी. स्क्रीन और टी.वी. पैनल अन्य अनुमानित सहायक सामग्री हैं। ये सहायक सामग्री शिक्षण सामग्री को आसान और मज़ेदार बनाते हैं।
प्रक्षेपित सहायक सामग्री का उदाहरण: परिचित्रदर्शी, स्लाइड प्रक्षेपक, फिल्म, वीडियो, कॉम्पैक्ट डिस्क या सीडी, कंप्यूटर और पावरपॉइंट प्रदर्शन।

**119(C).** शिक्षण-अधिगम सामग्री (TLM) को निर्देशात्मक सहायक के रूप में भी जाना जाता है, शिक्षक को शिक्षण-सीखने की गतिविधियों से पहले उसके द्वारा तैयार किए गए शिक्षण उद्देश्यों को प्राप्त करने की सुविधा प्रदान करता है। सामग्रियों को उनकी विशेषताओं को सुनिश्चित करने के अलावा निम्नलिखित बातों पर चुना जाना चाहिए:
- चूंकि, प्राथमिक ग्रेड पर, अधिगम की गतिविधियाँ पूरी तरह से शिक्षार्थियों के वास्तविक जीवन के अनुभवों से संबंधित होती हैं, सामग्री को वास्तविक जीवन की गतिविधियों की अपनी दुनिया से चुनने की आवश्यकता होती है।
- सामग्रियों को सीखने की गतिविधि में निपुण किसी विशेष अवधारणा के सीखने के लिए प्रासंगिक होना चाहिए।
- प्रत्यक्ष अनुभव जैसे प्रदर्शनियों, क्षेत्र यात्राओं, अध्ययन पर्यटन में भाग लेना, महत्वपूर्ण संस्थानों / संगठनों का दौरा करना।
- बड़ी संख्या में सामग्रियों का संग्रह केवल एक गतिविधि को प्रभावी ढंग से संचालित करने के लिए पर्याप्त नहीं है। गतिविधि के उचित चरण में उनका प्रासंगिकता भी महत्वपूर्ण है।
- सीखने की गतिविधियों में जहां एक नई अवधारणा पेश की जा रही है, दोनों सामग्री जो अवधारणा के उदाहरण हैं और अवधारणा की विशेषताओं के स्पष्ट भेदभाव के लिए एक ही अवधारणा के गैर-उदाहरणों का उपयोग करने की आवश्यकता है।
- सीखने की गतिविधि के लिए चुनी गई सामग्रियों की पर्याप्त मात्रा को गतिविधि शुरू होने से बहुत पहले सुनिश्चित किया जाना चाहिए।

**120(C).** एक शिक्षक उनकी मदद करने की इच्छा के साथ एक मार्गदर्शक की भूमिका निभाकर अपने शिष्य के साथ तालमेल स्थापित कर सकता है। अपने छात्रों के हितों, शौक और आकांक्षाओं के बारे में कुछ जानें। व्यक्तिगत रूप से प्रासंगिक वर्ग उदाहरण बनाएं और उपयोग करें। जल्दी कक्षा में पहुँचें और देर से रुकें और अपने छात्रों के साथ बातचीत करें। अपनी पाठ्यक्रम नीतियों की व्याख्या करें और उन्हें बताएं कि वे क्यों हैं और क्या हैं।

**121(A).** एक शिक्षक छात्रों के लिए प्रेरणास्रोत के रूप में काम करते हैं। एक शिक्षक प्रेरणा का सबसे अच्छा स्रोत होता है। एक शिक्षक छात्रों को सही रास्ते का मार्गदर्शन कर सकता है और उनके भविष्य को उज्जवल बना सकता है। उपरोक्त सभी विशेषताएं एक शिक्षक के लिए महत्वपूर्ण हैं और प्रेरक होना एक शिक्षक की प्रमुख भूमिका और कर्तव्य है।

**122(D).** एक शिक्षक के लिए, श्यामपट्ट पर लिखने के लिए जितना संभव हो उतने महत्वपूर्ण बिन्दुओं को लिखना सबसे स्पष्ट होता है
ब्लैकबोर्ड/श्यामपट्ट (जिसे चाकबोर्ड भी कहते हैं) एक पुन: प्रयोज्य लेखन सतह है जिस पर किसी उद्देश्य के लिए इस्तेमाल किए जाने पर कैल्शियम सल्फेट या कैल्शियम कार्बोनेट की छड़ जिसे चाक खा जाता है के साथ पाठ या चित्र बनाए जाते हैं। पहले विषय-वास्तु को ब्लैकबोर्ड पर तीव्र गति से लिखने के बाद ही विद्यार्थियों से उसे पढने के लिए कहना ब्लैकबोर्ड का उचित उपयोग नहीं है।

**123(D).** शिक्षण की सबसे अच्छी विधि परिचर्चा/ विचार विमर्श शुरू करना और उसमे भाग लेना है।
विचार, अधिगम, समस्या समाधान, समझने, या साहित्यिक प्रशंसा को आगे बढ़ाने के उद्देश्य से एक शिक्षक और छात्रों के बीच या छात्रों के बीच विचारों के खुले आदान-प्रदान के लिए विभिन्न प्रकार के मंच हैं।

**124(B).** व्यक्तिव का मनोविश्लेषणत्मक सिद्धांत सिगमण्ड फ्रायड द्वारा प्रतिपादित किया है।
- फ्रायड ने इन तीन अवधारणाओं का उपयोग मानव व्यक्तित्व के तीन हिस्सों का वर्णन करने और मानव मन के कार्य करने के तरीके को समझाने के लिए किया।
- फ्रायड के अनुसार, मानव व्यक्तित्व तीन प्रमुख प्रणालियों से बना है: इदं, अहं, और पराहमं।
- ये तीन प्रणालियाँ सहकारी रूप से काम करती हैं और एक व्यक्ति में एक सुव्यवस्थित व्यक्तित्व का गठन करती हैं और व्यक्ति को बाहरी वातावरण के साथ बातचीत करने में सक्षम बनाती हैं।

**125(D).** लाभों के अलावा, दृश्य-श्रव्य साधनों के उपयोग की कुछ सीमाएँ भी हैं:
- शिक्षक और छात्र के बीच एक से एक संचार बाधित है।
- दृश्य-श्रव्य सहायता का अत्यधिक उपयोग छात्रों के मन को विषय-वस्तु से विचलित कर सकता है।
- कक्षा में शिक्षकों का महत्व कम हो जाता है।

- श्रव्य-दृश्य साधनों का उपयोग करने की अतिरिक्त लागत अंततः माता-पिता पर बोझ डालेगी।

एक शिक्षक को अपना व्याख्यान तैयार करने में अधिक समय लगाना पड़ता है।इसलिए, उपरोक्त सभी विकल्प एक छात्र के लिए महत्वपूर्ण हैं जो केवल एक शिक्षक द्वारा शासित किया जा सकता है।

**126(A).** **कथन I:** अधिकतम निष्पादन परीक्षण परीक्षार्थी के ज्ञान और क्षमताओं की ऊपरी सीमाओं का आकलन करने के लिए डिज़ाइन किए जाते हैं। अधिकतम निष्पादन यह है कि कोई व्यक्ति जितना संभव हो उतना प्रयास करता है।
अधिकतम निष्पादन परीक्षणों की विशिष्ट विशेषता यह है कि वे यह आकलन करना चाहते हैं कि लोग अपने सबसे अच्छे निष्पादन को कितना या कितना अच्छा निष्पादन कर सकते हैं।
इसलिए, उम्मीदवारों को सबसे अच्छा स्कोर हासिल करने के लिए अच्छा प्रदर्शन करने के लिए प्रोत्साहित किया जाता है।
अधिकतम जॉब का प्रदर्शन तब होता है जब लोगों को यह पता चलता है कि उनके निष्पादन का मूल्यांकन तब किया जाता है जब उन्हें प्रयास करने के निर्देश मिलते हैं, और जब मूल्यांकन की अवधि काफी कम होती है ताकि वह कार्य पर ध्यान केंद्रित कर सकें।
इस प्रकार, अधिकतम निष्पादन परीक्षण परीक्षार्थी के ज्ञान और क्षमताओं की ऊपरी सीमाओं का आकलन करने के लिए डिज़ाइन किए गए हैं।
इसलिए कथन I सही है।
**कथन II:** विशिष्ट प्रतिक्रिया परीक्षणों को परीक्षार्थियों के व्यवहार और विशेषताओं को मापने के लिए डिज़ाइन किया जाता है।
इसके विपरीत, "विशिष्ट निष्पादन के परीक्षणों का उपयोग यह जांचने के लिए किया जाता है कि व्यक्ति क्या कर सकता है, लेकिन वह क्या करता है" और "एक उपयुक्त कर्मचारी का परीक्षण यह है कि क्या वह अपने दैनिक कार्य में शिष्टाचार बनाए रखता है, भले ही वह 'उसके सर्वोत्तम' व्यवहार पर न हो।"
विशिष्ट प्रदर्शन के परीक्षण इसलिए किसी उम्मीदवार की क्षमता का आकलन नहीं करते हैं या वह व्यक्ति अधिकतम परिस्थितियों में क्या कर सकता है, बल्कि वे यह आकलन करते हैं कि उम्मीदवार की क्षमता दिन-प्रतिदिन के आधार पर कैसे स्पष्ट होती है।
संक्षेप में, इन परीक्षणों का आकलन है कि उम्मीदवार क्या करना चाहता है।
इसलिए, वे अपनी क्षमता के बजाय एक उम्मीदवार की प्रेरणा का आकलन करते हैं। इस प्रकार, विशिष्ट प्रतिक्रिया परीक्षणों को परीक्षार्थियों के व्यवहार और विशेषताओं को मापने के लिए डिज़ाइन किया गया है।
कथन II सही है।

**127(B).** छात्र द्वारा शिक्षकों के मूल्यांकन का मुख्य उद्देश्य अध्यापन की नवीन पद्धति को अपनाने में शिक्षकों की मदद करने के साथ-साथ शिक्षक को उनके सुधार के क्षेत्र की पहचान करने में सहायता करना भी शामिल है। छात्र अपने शिक्षण कौशल पर शिक्षक का मूल्यांकन कर सकते हैं। लेकिन छात्र की कमजोरियों के बारे में जानकारी इकट्ठा करना उद्देश्य नहीं हो सकता है।

**128(C).** शिक्षार्थी के कुछ लक्षण और व्यक्तिगत गुण उसके सीखने में अंतर ला सकते हैं। शिक्षार्थियों के कुछ गुण और लक्षण जैसे कि उनकी बुद्धि का स्तर, उनका दृष्टिकोण, उनकी प्रेरणा, उनकी सीखने की शैली, योग्यता, जोखिम लेने की उनकी तत्परता आदि उनके सीखने के तरीके को प्रभावित कर सकते हैं।

**129(A).** पिता की वर्तमान आयु $= x$ वर्ष
पुत्र की वर्तमान आयु $= y$ वर्ष
$\Rightarrow \frac{x+y}{2} = 27$
$\Rightarrow x + y = 54 \ldots\ldots (1)$
18 साल बाद,
पिता की आयु $= (x + 18)$ वर्ष
पुत्र की आयु $= (y + 18)$ वर्ष
इसलिए, $x + 18 = 2(y + 18)$
$\Rightarrow x + 18 = 2y + 36$
$\Rightarrow x - 2y = 18 \ldots\ldots (2)$
2 में 1 का मान रखें, $\Rightarrow 54 - y - 2y = 18$
$\Rightarrow 3y = 36$
$y = 12, x = 42$
पिता की वर्तमान आयु $= 42$ वर्ष
पुत्र की वर्तमान आयु $= 12$ वर्ष

**130(C).** सीखने की प्रक्रिया तक पहुँचने के लिए औपचारिक शिक्षा सर्वोत्तम है। औपचारिक मूल्यांकन आम तौर पर एक पाठ्यक्रम या परियोजना के दौरान किया जाता है। औपचारिक मूल्यांकन को "शिक्षाप्रद मूल्यांकन" कहा जाता है, जिसका उपयोग सीखने में सहायता के लिए किया जाता है। एक शैक्षिक सेटिंग में, प्रारंभिक मूल्यांकन एक शिक्षक (या सहकर्मी) या सीखने वाला हो सकता है, एक छात्र के काम पर प्रतिक्रिया प्रदान कर सकता है और जरूरी नहीं कि इसका उपयोग ग्रेडिंग प्रयोजनों के लिए किया जा सकता है। औपचारिक आकलन नैदानिक, मानकीकृत परीक्षण, क्विज़, मौखिक प्रश्न या मसौदा कार्य का रूप ले सकते हैं। औपचारिक मूल्यांकन निर्देशों के साथ समवर्ती रूप से किए जाते हैं। परिणाम की गिनती हो सकती है।औपचारिक मूल्यांकन का उद्देश्य यह देखना है कि क्या छात्र एक सारांशित मूल्यांकन करने से पहले निर्देश को समझते हैं।
अत: विकल्प (C) सही है I

**131(B).** सातवाहन साम्राज्य की सरकार पारंपरिक तर्ज पर आयोजित की गई थी जहाँ राज्य को जनपदों में विभाजित किया गया था।
सातवाहन साम्राज्य:
- सातवाहन वंश का संस्थापक सिमुक था।
- इसमें प्रमुख रूप से आंध्र प्रदेश, महाराष्ट्र और तेलंगाना के वर्तमान राज्य शामिल थे।
- उनके राज्य में गुजरात, कर्नाटक के साथ-साथ मध्य प्रदेश के कुछ हिस्से भी शामिल थे।

**132(A).** थोसेघर वाटरफॉल महाराष्ट्र के कोंकण जिले में स्थित है। यह एक नियमित झरना है जो सिर्फ तूफान में पाया जाता है और एक गहन झंकार में गिरता है।

**133(C).** सही उत्तर a-3, b-2, c-1, d-4 है।

**134(D).** भारतीय मानक ब्यूरो (बीआईएस) ने आईआईटी रुड़की में 'बीआईएस मानकीकरण चेयर प्रोफेसर' की स्थापना के लिए आईआईटी रुड़की के साथ समझौता ज्ञापन पर हस्ताक्षर किए हैं।
यह मानकीकरण और अनुरूपता मूल्यांकन पर गतिविधियों के लिए संस्थान में बीआईएस द्वारा स्थापित पहला मानकीकरण चेयर होगा।
यह छात्रों को इस बारे में संवेदनशील बनाने में मदद करेगा कि कैसे मानक नवाचार को प्रोत्साहित और सुविधाजनक बना सकते हैं और छात्रों को उनकी भविष्य की चुनौतियों के लिए बेहतर तरीके से तैयार करने में मदद करेंगे।

**135(D).** "मैजिक लैंटर्न" का व्याख्यान बिहार में सविनय अवज्ञा आंदोलन से संबंधित है।
"मैजिक लैंटर्न" का व्याख्यान बिहार के मुजफ्फरपुर में आयोजित किया गया था। यह घटना ब्रिटिश अधिकारियों के खिलाफ सविनय अवज्ञा आंदोलन के दौरान हुई थी। मुजफ्फरपुर में सत्याग्रहियों में उत्साह पैदा करने के लिए कार्यक्रम का आयोजन किया गया।

**136(A).** नीलगिरी पहाड़ियों में आम पेड़ की प्रजाति यूकेलिप्टस है। नीलगिरि पर्वत दक्षिण भारत में कर्नाटक और केरल राज्यों के जंक्शन पर तमिलनाडु राज्य के पश्चिमी भाग में 2,000 मीटर (6,600 फीट) से कम से कम 24 चोटियों के साथ पहाड़ों की एक श्रृंखला है।

**137(D).** वायुमंडल का क्षोभमंडल और निचला समताप मंडल पृथ्वी के जलवायु परिवर्तन को प्रभावित करते हैं। ओजोन की उपस्थिति के कारण, हम पृथ्वी के जलवायु परिवर्तन पर बहुत अधिक प्रभाव देख सकते हैं। चूंकि ओजोन सूर्य से UV किरणों को अवशोषित करता है और पृथ्वी द्वारा छोड़ी गई इन्फ्रारेड किरणों और GHGs को भी अवशोषित करता है, इसलिए क्षोभमंडल और वायुमंडल का निचला समताप मंडल पृथ्वी के जलवायु परिवर्तन को प्रभावित करता है।

**138(B).** पानी की बूंदें उसके टिफिन बॉक्स में सबसे तेजी से नीचे आती हैं।
- पानी की बूंदें उसके टिफिन बॉक्स में सबसे तेजी से नीचे गिरेंगी

क्योंकि उसमें श्यानता कम होती है।
- उच्च श्यानता के कारण तेल और चीनी का घोल पानी से गाढ़ा होता है।
- इसलिए दोनों बॉक्स से चिपक जाते हैं और उनका बॉक्स से नीचे आना मुश्किल हो जाता है।

**139(D).** पर्यावरण अध्ययन एक ऐसा विषय है जो पर्यावरण के मुद्दों के बारे में सीखने वालों की जागरूकता के विकास से संबंधित है।
ईवीएस लेनदेन के लिए शिक्षक को शैक्षणिक प्रक्रियाओं के सिद्धांतों की समझ होना चाहिए:
ज्ञात से अज्ञात को ईवीएस को पढ़ाने में सीखने का सिद्धांत है।
- इस सिद्धांत में शिक्षण और सीखने की प्रक्रिया को पिछले ज्ञान से सिखाई जाने वाली नई सामग्री से शुरू किया जाता है, सीखने वाले को ज्ञात से अज्ञात में जाने में कठिनाई नहीं होती है।
- सामग्री को सर्पिल रूप से संगठित किया जाता है, जो उस बच्चे के तत्काल अनुभव (ज्ञात) से शुरू होती है, जिसे वह दुनिया में ले जाती है / वह रहती है (अज्ञात), इस ग्रह पर जीवन को प्रभावित करने वाले कुछ कारकों के विश्लेषण के लिए।
- ईवीएस का ध्यान व्यक्तिगत से राष्ट्रीय और वैश्विक (स्थानीय से वैश्विक), भौतिक आयाम से सौंदर्य आयाम तक बढ़ जाता है।

**140(B).** अवधारणा:
- जलीय जानवर अपने जीवन के अधिकांश या हर समय पानी में रहते हैं।
- ययेहवा में सांस ले सकते हैं या इसकी ऑक्सीजन को विघटित पानी से अपने विशेष अंगों से निकाल सकती है जिन्हें गलफड़े कहा जाता है, या सीधे अपनी त्वचा के माध्यम से निकाल सकती है।
- जलीय जानवर वे जानवर हैं जो पानी में रहते हैं उन्हें जलीय निवास स्थान कहा जाता है।
- तालाब, दलदल, झीलें, नदियाँ, और महासागर जलीय निवास के कुछ उदाहरण हैं।

स्पष्टीकरण:
- कौए को छोड़कर विकल्प में दिए गए सभी जानवर एक जलीय जानवर हैं।
- जबकि कौआ कोर्वस जीनस का एक पक्षी है।
- मछली, कछुआ, मगरमच्छ, बतख (जलीय पक्षी) जलीय जानवरों का एक उदाहरण है।

उपर्युक्त बिंदुओं से, यह स्पष्ट हो जाता है कि कौआ दूसरों से अलग है।

**141(B).** दिया है:
20 पुस्तकों का औसत मूल्य = 14 रुपए
18 पुस्तकों का औसत मूल्य = 13 रुपए
प्रयुक्त सूत्र:
औसत = पदों का योग/पदों की संख्या
माना शेष 2 पुस्तकों की मूल्य x और y है।
x = 21.05% y
⇒ x = 0.2105y
20 पुस्तकों का औसत मूल्य = 14 रुपए
⇒ 20 पुस्तकों का कुल मूल्य = 14 रुपए × 20 = 280 रुपए
18 पुस्तकों का औसत मूल्य = 13 रुपए
⇒ 18 पुस्तकों का कुल मूल्य = 13 रुपए × 18 = 234 रुपए
कुल मूल्य = 18 पुस्तकों का मूल्य + 2 पुस्तकों का मूल्य
⇒ 280 = 234 + x + y
⇒ 46 = (1 + 0.2105) y
⇒ y = 38
⇒ x = 0.2105y = 0.2105 × 38
⇒ x = 8
∴ इन दो पुस्तकों में से प्रत्येक का मूल्य क्रमशः 38 रुपए और 8 रुपए है।

**142(B).** दिया गया है,
समय $= 8$ वर्ष
जैसा कि हम जानते हैं,
मिश्रधन $=$ मूलधन $+$ साधारण ब्याज
साधारण ब्याज $= \dfrac{(\mathrm{P}\times\mathrm{R}\times\mathrm{T})}{100}$
माना कि मूलधन $x$ है।
माना कि दर $R$ है।
इसलिए, मिश्रधन $= 2x$
$\Rightarrow$ साधारण ब्याज $= 2x - x$
$= x$
अब ,
$x = \dfrac{(x\times 8\times R)}{100}$
$\therefore$ ब्याज दर $= 12.5\%$ प्रति वर्ष

**143(D).** दिया गया है:
$\sqrt{20.25} + \sqrt{0.2025} + \sqrt{0.002025} + \sqrt{0.00002025}$
$= 4.5 + 0.45 + 0.045 + 0.0045$
$= 4.9995$
$= 4.99$

**144(C).** 1048 और 1441 के गुणनखंड:
$1048 = 2 \times 2 \times 2 \times 131$
$1441 = 11 \times 131$
उभयनिष्ठ गुणनखंड $= 131$
$\therefore$ महत्तम समापवर्त्य $= 131$
इसलिए, 1048 और 1441 का महत्तम समापवर्त्य 131 है।

**145(D).** दिया गया
धात्विक गोले की त्रिज्या $(R) = 10.5cm$
छोटे शंकु के वृत्ताकार आधार की त्रिज्या $(r) = 3.5cm$
शंकु की ऊँचाई $(h) = 3cm$
धात्विक गोले का आयतन $V = \frac{4}{3}\pi R^3$
$= \frac{4}{3} \times \frac{22}{7} \times (10.5)^3$
$= \frac{4}{3} \times \frac{22}{7} \times 1157.625$
$= \frac{88}{21} \times 1157.625$
$= 88 \times 55.125$
$= 4851cm^3$
धात्विक गोले का आयतन $(V) = 4851cm^3$
एक शंकु का आयतन $(v) = \frac{1}{3}\pi r^2 h$
$= \frac{1}{3} \times \frac{22}{7} \times (3.5)^2 \times 3$
$= \frac{22}{7} \times 12.25$
$= 38.5cm^3$
बनने वाले शंकुओं की संख्या $(n) =$ गोले का आयतन $(V)$ / एक शंकु का आयतन $(v)$
$= \dfrac{4851cm^3}{38.5cm^3}$
$= 126$
अतः गलित धात्विक गोले से 126 छोटे शंकु प्राप्त होते हैं।

**146(D).** दिया गया,

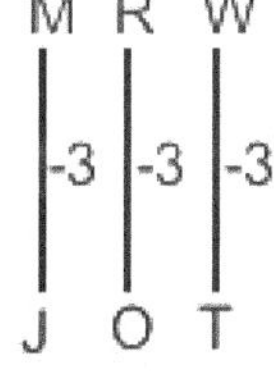


इसी प्रकार,

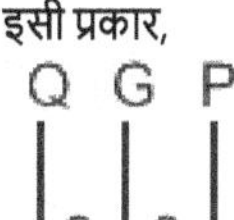


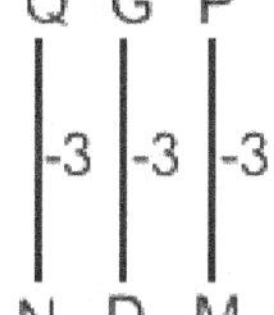


इसलिए, "NDM" सही उत्तर है।

**147(B).** सभी समचतुर्भुज, वर्ग, समांतर चतुर्भुज, आयत और समलंब चतुर्भुज 4 भुजाओं वाले बहुभुज (चतुर्भुज) हैं, लेकिन, त्रिभुज तीन भुजाओं वाली आकृति है।

**148(A).** दिया गया है:
$7, 13, 19, \ldots, 205$ A.P में है
इसलिए,
पहला पद, $a_1 = 7$
सामान्य अंतर, $d = a_2 - a_1 = 13 - 7 = 6$
मान लीजिए कि इस AP में $n$ पद हैं।
$a_n = 205$
जैसा कि हम जानते हैं, एक AP के लिए,
$a_n = a_1 + (n-1)d$
$\Rightarrow 205 = 7 + (n-1)6$
$\Rightarrow 198 = (n-1)6$
$\Rightarrow 33 = (n-1)$
$n = 34$
इसलिए, इस श्रृंखला में 34 पद हैं।

**149(C).** 100 में वर्णानुक्रमिक संख्या जोड़ी जाती है। A: 100+1=101 (क्योंकि A का वर्णानुक्रमिक मान 1 है)। L: 100+12=112 (क्योंकि L का वर्णानुक्रमिक मान 12 है)। P: 100+16=116 (क्योंकि P का वर्णानुक्रमिक मान 16 है)। H: 100+8=108 (क्योंकि H का वर्णानुक्रमिक मान 8 है)। A: 100+1=101 (क्योंकि A का वर्णानुक्रमिक मान 1 है)। तब, BETA का कोड 102,105,120, 101 होगा।

**150(A).** नीचे दी गई सारणी में निम्नलिखित चिह्नों का प्रयोग करके हम निम्नलिखित वंश-वृक्ष बना सकते हैं:

| आरेख में प्रतीक | अर्थ |
|---|---|
| ○ | महिला |
| □ | पुरुष |
| ═ | विवाहित जोड़ा |
| — | भाई/बहन |
| \| | पीढ़ी का अंतर |

कथन: एक लड़के की ओर इशारा करते हुए, एक लड़की कहती है, "उसकी माँ, मेरे पिता की इकलौती बहन है।"
यहाँ लड़के की माँ, लड़की के पिता की इकलौती बहन है।

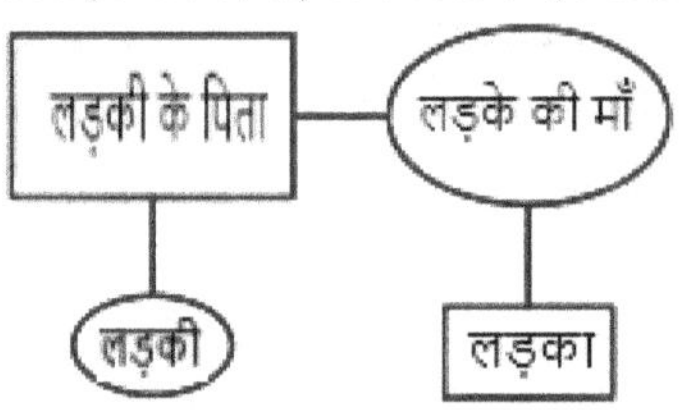


स्पष्ट रूप से, लड़का, लड़की का 'कज़िन' है।
इसलिए, सही उत्तर "कज़िन" है।

# प्रैक्टिस टेस्ट 10

## Specific Subject

1. **वायरस विशेष रूप से ______ हैं।**
   (a) सप्रोफाइट्स (b) परजीवी
   (c) स्वपोषक (d) ये सभी

2. **प्रोकैरियोटिक कशाभिका में होता है:**
   (a) हेली व्यवस्थित प्रोटीन अणु
   (b) प्रोटीन झिल्ली संलग्न फाइबर
   (c) यूनिट झिल्ली संलग्न फाइबर
   (d) माइक्रोट्यूबुलर 9+2 झिल्ली-संलग्न संरचना

3. **निम्नलिखित में से कौन सा एक गलत युग्म है?**
   (a) लूइस पाश्चर - 'विषाणु' शब्द की खोज की
   (b) बीजरनीक - कंटैजियम विवम फ्लुइडम
   (c) एवानोव्सकी - तंबाकू के किर्मीर रोग का अध्ययन किया।
   (d) स्टैनले - क्रिस्टलित TMV

4. **वर्गीकरण की सबसे छोटी इकाई है :**
   (a) प्रजाति (b) वर्ग
   (c) क्रम (d) साम्राज्य

5. **प्रोटोस्टेलेस ______ में पाए जाते हैं।**
   (a) ब्रायोफाइटा (b) जिम्नोस्पर्म
   (c) टेरिडोफाइटा (d) एन्जियोस्पर्म

6. **निम्नलिखित में से कौन सा से कार्य गुहांत्र प्राणी के जाल पर मौजूद दंशकोरक द्वारा किया जाता है?**
   (a) पाचन (b) लंगरवानी
   (c) बचाव और शिकार पर कब्जा (d) (B) और (C) दोनों

7. **बाघ के बारे में सभी सही तथ्यों को पहचानिए।**
   **A. बाघ की मूँछें उन्हें अंधेरे में गति करने तथा शिकार को ढूँढ़ने में मदद करती हैं।**
   **B. बाघों के कान अलग-अलग दिशा में हिल सकते हैं।**
   **C. बाघ की दहाड़ 5 किलोमीटर दूर तक सुनाई देती है।**
   **D. बाघ अपने क्षेत्र को, जो अनेकों किलोमीटर का दायरा होता है, अपने पेशाब से अंकित करता है।**
   (a) A, B और C (b) A और B
   (c) A, B और D (d) A और C

8. **निम्न में से किन पौधों के बीज पशुओं द्वारा विस्थापित होते हैं?**
   (a) सहजन (b) मैपल
   (c) आक (d) आम

9. **निम्नलिखित में से कौन फूल के लिए पौधे की हल्की और ठंडी आवश्यकता को प्रतिस्थापित कर सकता है?**
   (a) साइटोकिन्सिन (b) औक्सिंस
   (c) गिबरेलिन (d) अब्सिसिक एसिड

10. **सूक्ष्मांकुरों के ब्रुश बार्डर वाली घनाकार उपकला पायी जाती है :**
    (a) आंत्र के आस्तर में
    (b) लार ग्रंथि की वाहिका में
    (c) वृक्काणु की समीपस्थ संवलित नलिका में
    (d) यूस्टेकीयन नलिका में

11. **सेंट्रीओल ______ के निर्माण में भाग लेता है।**
    (a) नाभिक
    (b) स्पिंडल
    (c) कोशिका प्लेट
    (d) कोशिका विभाजन प्रारंभ करने के लिए

12. **एंजाइम हेक्सोकाइनेज ग्लाइकोलाइसिस में ग्लूकोज को ग्लूकोज- 6 -फॉस्फेट में उत्प्रेरित करता है, ग्लूकोज- 6 -फॉस्फेट द्वारा बाधित होता है। यह ____ का उदाहरण है।**
    (a) फ़ीडबैक एलोस्टेरिक निषेध (b) गैर-प्रतिस्पर्धी निषेध
    (c) प्रतिस्पर्धी निषेध (d) इनमें से कोई नहीं

13. **निम्नलिखित में से कौन अंतर्जात प्रसुप्ति है?**
    (a) शारीरिक निष्क्रियता (b) यांत्रिक निष्क्रियता
    (c) रासायनिक निष्क्रियता (d) शारीरिक निष्क्रियता

14. **निम्नलिखित में से अर्धसूत्रीविभाजन की किस अवस्था में गुणसूत्रबिंदु का विभाजन होता है?**
    (a) अंत्यावस्था II (b) मध्यावस्था I
    (c) मध्यावस्था II (d) पश्चावस्था II

15. **प्रकाश संश्लेषण के दौरान, पूर्ण सूर्य के प्रकाश के........................ प्रकाश संतृप्ति प्रेक्षित की जाती है।**
    (a) 2% (b) 5%
    (c) 10% (d) 15%

16. **श्वसन में टर्मिनल ऑक्सीकरण __ में होता है**
    (a) माइटोकाण्ड्रिया के क्रिस्टे
    (b) माइटोकॉन्ड्रिया के आंतरिक कक्ष
    (c) माइटोकॉन्ड्रिया के बाहरी कक्ष
    (d) ऑक्सीसोम्स

17. **सामान्य शारीरिक परिस्थितियों में मानव में प्रत्येक $100\ ml$ ऑक्सीजन युक्त रक्त ऊतकों को ________ $O_2$ वितरित कर सकता है।**
    (a) $4\ ml$ (b) $10\ ml$
    (c) $2\ ml$ (d) $5\ ml$

18. **अमीबा के दोनों गुर्दे और सिकुड़ा हुआ रिक्तिका में एक समान कार्य किसमें होता है ?**
    (a) ग्लूकोज को बाहर निकालना
    (b) लवण को बाहर निकालना
    (c) अतिरिक्त पानी को बाहर निकालना
    (d) खनिजों को बाहर निकालना

19. **यूरियोटेलिक उत्सर्जन______ में पाया जाता है।**
    (a) स्तनधारी (b) उभयचर
    (c) कोएलेन्ट्रेट्स (d) (A) और (B) दोनों

20. **मानव हाइन्ड् लिम्ब् के दिए गए आरेख में 1, 2, 3, 4, और 5 लेबल वाली हड्डियों की पहचान करें।**

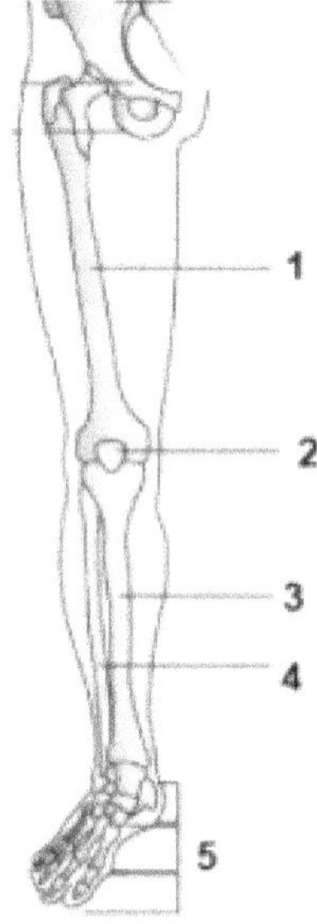


(a) 1. ह्यूमरस
2. पटेला
3. टिबिया
4. फिबुला
5. मेटाटार्सेल

(b) 1. फीमर
2. पटेला
3. फिबुला
4. टिबिया
5. मेटाटार्सेल

(c) 1. फीमर
2. पटेला
3. टिबिया
4. फिबुला
5. टार्सेल

(d) 1. फीमर
2. पटेला
3. टिबिया 4. फिबुला
5. मेटाटार्सेल

**21. आवेग के संचरण के बारे में सही कथन का चयन कीजिए :**

(a) विद्युत सिनैप्स पर, पूर्व और पश्च सिनेप्टिक तंत्रिका की झिल्ली एक दूसरे से दूर स्थित होती हैं।

(b) सिनेप्टिक वाहिका प्लाज्मा झिल्ली के साथ संलग्न होती है और सिनेप्टिक विदर में उनके तंत्रिका संचारी को मुक्त करती है।

(c) मुक्त तंत्रिका संचारी अपने विशिष्ट ग्राही से बंध जाते हैं, जो पूर्व-सिनेप्टिक झिल्ली पर उपस्थित होते हैं।

(d) एक रासायनिक सिनैप्स के पार आवेग संचरण एक विद्युत सिनैप्स की तुलना में हमेशा तेज होता है।

**22. कर्णपटल की तरफ से अंडाकार खिड़की की ओर कर्ण अस्थिकाओं की व्यवस्था का सही क्रम ज्ञात कीजिए।**

(a) इनकस → स्टेपीज़ → मैलियस

(b) स्टेपीज़ → इनकस → मैलियस

(c) मैलियस → इनकस → स्टेपीज़

(d) मैलियस → स्टेपीज़ → इनकस

**23. स्पिंडल फाइबर की रासायनिक संरचना क्या है?**

(a) सेल्यूलोज (b) प्रोटीन

(c) पैक्टिन (d) लिपिड्स

**24. बीजांडन्यास का प्रकार जिसमें अंडाशय युक्ताण्डपी, एककोष्ठकी होती है और बीजांड सीवन पर होते हैं, उसे कहते हैं:**

(a) शीर्षस्थ बीजांडन्यास (b) भित्तीय बीजांडन्यास

(c) सीमांत बीजांडन्यास (d) पृष्ठीय बीजांडन्यास

**25. यदि स्तनधारी अंडाणु निषेचित होने में विफल रहता है, तो निम्नलिखित में से किसकी संभावना नहीं है?**

(a) कॉर्पस ल्यूटियम बिखर जाएगा

(b) प्रोजेस्टेरोन का स्राव तेजी से घटता है

(c) एस्ट्रोजन का स्राव बढ़ता है

(d) प्राथमिक पुटिका विकसित होने लगता है

**26. मेंडलीय द्विसंकर संकरण में, जब गोल-पीले बीज वाले विषमयुग्मजी मटर का पादप स्वसंकरित होता है, तो गोल हरे बीज वाले संतति का उत्पादन होता है। वे किस जीन प्ररूप द्वारा निरूपित होते है?**

(a) RrYy, RrYY, RRYy (b) Rryy, RRyy, rryy

(c) rrYYy, rrYY (d) Rryy, RRyy

**27. निम्नलिखित में से कौन सा कथन सही है?**
**a. rRNA सबसे पर्याप्त मात्रा में उपस्थित RNA होता है।**
**b. राइबोसोम लगभग 80% rRNA और 20% राइबोसोमल प्रोटीन से बने होते हैं।**
**c. rRNA एक प्रकार का कूटलेखन RNA होता है।**

(a) कथन 'a' 'b' और 'c' सही हैं (b) कथन 'a' सही है

(c) कथन 'a' और 'c' सही हैं (d) कथन 'b' और 'c' सही हैं

**28. _______ को '20वीं सदी का डार्विन' कहा जाता है।**

(a) अर्न्स्ट मेयर (b) हरगोविन्द खुराना

(c) मार्शल वारेन निरेनबर्ग (d) कैथरीन इसाउ

**29. पोलियो का विषाणु शरीर में कैसे प्रवेश करता है?**

(a) संदूषित जल व भोजन से

(b) दीमक के काटने से

(c) नासिका से स्तावित होने वाला लार अन्य पदार्थ

(d) मच्छर के काटने से

**30. प्रतिबंधन एंजाइमों के विषय में गलत कथन को पहचानिए:**

(a) प्रत्येक प्रतिबंधन एंजाइम डी.एन.ए. क्रम की लम्बाई का निरीक्षण करके कार्य करते हैं

(b) ये डी.एन.ए. की लड़ी को पैलिन्ड्रोमिक स्थलों पर काटते हैं

(c) ये आनुवंशिक इंजीनियरिंग में उपयोगी हैं

(d) चिपचिपे सिरे डी.एन.ए. लाइगेज द्वारा जोड़े जा सकते हैं

**31. निम्नलिखित में से कौन सा जीन कपास में कपास के बोलवर्म से बचाने के लिए पेश किया गया था?**

(a) CryAc और CryAb (b) BtAc और BtAb

(c) CryIAc और CryIIAB (d) Nif जीन

**32. विषाक्त लाल ज्वार के लिए प्रेरक एजेंट है**

(a) सेराटियम फुर्का (b) नॉक्टिलुका स्किनटिलन्स

(c) निओस्पोरा (d) फ्रेंकेलिया

**33. $CO_2$ की मात्रा वातावरण में लगभग है:**

(a) 6.5% (b) 3.334%

(c) 0.34% (d) 0.036%

**34. निम्नलिखित में से कौन-सा एक वन्यप्राणियों के विलुप्तीकरण का प्रमुख कारण नहीं है?**

(a) प्राकृतिक आवास का नष्ट होना

(b) जंगलों में आग लगा देना

(c) वन्यप्राणियों का अवैध वाणिज्यिक व्यापार

(d) जनसंख्या की तीव्र वृद्धि

**35. निम्नलिखित में से कौन सा कथन सही है?**

(a) बलाघूर्ण और संवेग की एक ही विमा है लेकिन कार्य की अलग विमा है

(b) बलाघूर्ण और कार्य की विमा समान होती है लेकिन संवेग की भिन्न विमा है

(c) बलाघूर्ण और कार्य की विमा समान होती है लेकिन संवेग की भिन्न विमा

है

(d) बलाघूर्ण, संवेग और कार्य सभी की विमा समान होती है

**36. 20 g द्रव्यमान की एक गोली की प्रारंभिक गति 1 $ms^{-1}$ है, इससे ठीक पहले यह 20 cm मोटाई की मिट्टी की दीवार को भेदना शुरू करती है। यदि दीवार का औसत प्रतिरोध प्रदान करती है , $2.5 \times 10^{-2} N$ दीवार के दूसरी तरफ से निकलने के बाद गोली की गति करीब होती है ।**

(a) $0.1 \text{ ms}^{-1}$ (b) $0.7 \text{ ms}^{-1}$
(c) $0.3 \text{ ms}^{-1}$ (d) $0.4 \text{ ms}^{-1}$

**37. एक लंबे हॉल की छत 25 m ऊंची है। अधिकतम क्षैतिज दूरी क्या है जो 40 m/s की गति से फेंकी गई गेंद हॉल की छत से टकराए बिना जा सकती है?**

(a) 150.5 m (b) 125.5 m
(c) 360.5 m (d) 750.5 m

**38. चित्र में दर्शाए अनुसार किसी ट्रक का पिछला भाग खुला है तथा 40 kg संहति का एक संदूक खुले सिरे से 5 m दूरी पर रखा है। ट्रक के फर्श तथा संदूक के बीच घर्षण गुणांक 0.15 है। किसी सीधी सड़क पर ट्रक विरामावस्था से गति प्रारंभ करके 2 $m\,s^{-2}$ से त्वरित होता है। आरंभ बिदु से कितनी दूरी चलने पर वह संदूक ट्रक से नीचे गिर जाएगा? (संदूक के आमाप की उपेक्षा कीजिए।)**

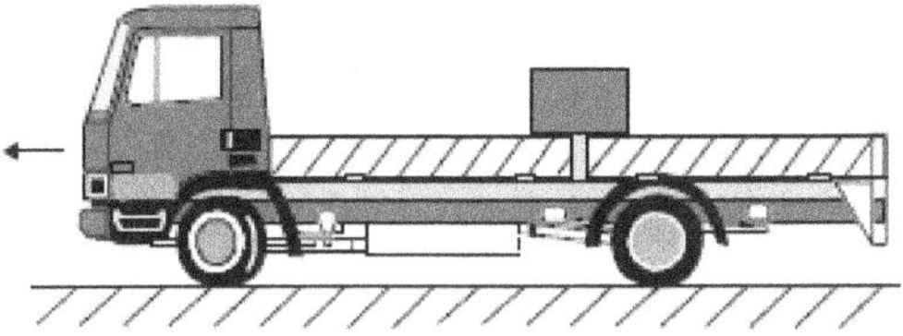

(a) 24 m (b) 22 m
(c) 20 m (d) 18 m

**39. 70 kg संहति का कोई व्यक्ति अपने ऊर्ध्वाधर अक्ष पर 200 rev/min की चाल से घूर्णन करती 3 m त्रिज्या की किसी बेलनाकार दीवार के साथ उसके संपर्क में खड़ा है। दीवार तथा उसके कपड़ों के बीच घर्षण गुणांक 0.15 है। दीवार की वह न्यूनतम घूर्णन चाल ज्ञात कीजिए, जिससे फर्श को यकायक हटा लेने पर भी, वह व्यक्ति बिना गिरे दीवार से चिपका रह सके।**

(a) $4.41 \text{ rads}^{-1}$ (b) $4.51 \text{ rads}^{-1}$
(c) $4.61 \text{ rads}^{-1}$ (d) $4.71 \text{ rads}^{-1}$

**40. 10 N के बल की क्रिया के तहत निकाय एक सीधी रेखा के साथ 5 m की दूरी तय करता है। यदि किया गया कार्य 25 J है, तो निकाय की गति की दिशा के साथ बल द्वारा बनाया गया कोण है:**

(a) $0°$ (b) $30°$
(c) $60°$ (d) $90°$

**41. द्रव्यमान 'm' का एक कण चित्र में दर्शाए अनुसार क्षैतिज रूप से द्रव्यमान 'M' की एक कील से टकराता है।**
**कथन -1: यदि टक्कर पूरी तरह से बेलोचदार है, तो यह निष्कर्ष निकाला जा सकता है कि कण कील से चिपक जाता है।**
**कथन -2: पूरी तरह से बेलोचदार टक्कर में टक्कर के बाद दोनों निकायों का वेग सामान्य सामान्य के साथ समान होता है।**

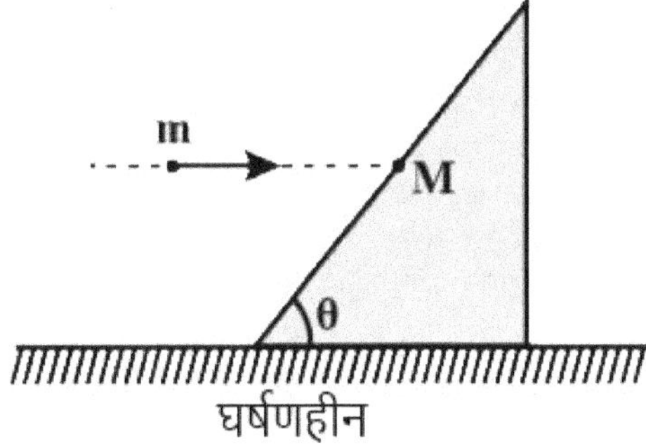


(a) कथन- 1 सत्य है, कथन-2 सत्य है; कथन-2, कथन-1 की सही व्याख्या है।
(b) कथन- 1 सत्य है, कथन-2 सत्य है; कथन-2, कथन-1 की सही व्याख्या नहीं है।
(c) कथन- 1 सत्य है, कथन- 2 गलत है।
(d) कथन- 1 गलत है, कथन-2 सत्य है।

**42. एक सख्त पिंड की घूर्णी गति में, सभी कण ____ के साथ गति करते हैं।**

(a) समान रैखिक वेग और समान कोणीय वेग
(b) समान रैखिक वेग और भिन्न कोणीय वेग
(c) विभिन्न रैखिक वेग और समान कोणीय वेग
(d) विभिन्न रैखिक वेग और विभिन्न कोणीय वेग

**43. किसी ग्रह पर किसी वस्तु का भार पृथ्वी के भार से 0.25 गुना है। एक पेंडुलम घड़ी जो पृथ्वी पर प्रति सेकंड एक बार टिकती है, उसे ग्रह पर ले जाया जाता है। क्या उस ग्रह की घड़ी प्रत्येक बार एक बार टिक जाएगी?**

(a) 1.0 सेकंड (b) 2.0 सेकंड
(c) 3.0 सेकंड (d) 0.4 सेकंड

**44. एक गेंद को $u$ गति से लंबवत ऊपर की ओर फेंका जाता है और वापस फेंकने वाले के पास लौट आता है। ऐसे दो क्षण हैं जिन पर गेंद की गतिज और स्थितिज ऊर्जा समान हैं। इन दो क्षणों के बीच का अंतर है:**

(a) $\frac{1}{\sqrt{2}}\left(\frac{u}{g}\right)$ (b) $\frac{u}{g}$
(c) $\sqrt{2}\left(\frac{u}{g}\right)$ (d) $2\left(\frac{u}{g}\right)$

**45. एक रबर कॉर्ड में एक अनुप्रस्थ काट क्षेत्रफल $1 \text{ mm}^2$ और कुल लंबाई 10 cm है। इसे 12 cm तक खींचा जाता है और फिर 80 g . के द्रव्यमान को प्रोजेक्ट करने के लिए छोड़ा जाता है। रबर के लिए यंग का मापांक $5 \times 10^8 \text{Nm}^{-2}$ . द्रव्यमान का वेग ज्ञात कीजिए ( in m/s )?**

(a) 5 (b) 3
(c) 7 (d) 2

**46. एक मोनोआटोमिक आदर्श गैस को ऊष्मा $Q$ एक मात्रा की आपूर्ति की जाती है जो निरंतर दबाव में फैलती है। गैस द्वारा किए गए कार्य में जाने वाली ऊष्मा का अंश है:**

(a) $\frac{2}{5}$ (b) $\frac{3}{5}$
(c) $\frac{2}{3}$ (d) $\frac{4}{5}$

**47. निम्नलिखित में से कौन उष्मागतिकी का अनुप्रयोग है?**

(a) रेफ्रिजरेटर (b) गैस कम्प्रेसर
(c) पावर प्लांट (d) उपरोक्त सभी

**48. गैस में आणविक गति के वितरण पर तापमान में वृद्धि के प्रभाव के संबंध में निम्नलिखित में से कौन सा कथन सत्य नहीं है ?**

(a) संभवतः गति बढ जाती है।
(b) वितरण वक्र के तहत क्षेत्र उतना ही रहता है जितना निम्न तापमान के नीचे होता है।

(c) वितरण व्यापक हो जाता है।
(d) सबसे संभावित गति के साथ अणुओं का अंश बढ़ता है।

**49. स्थिरांक गति के साथ किसी वस्तु की वृत्ताकार गति क्या होती है?**
(a) आवधिक लेकिन सरल आवर्त नहीं
(b) ना तो आवधिक और ना ही सरल आवर्त
(c) आवधिक और सरल आवर्त
(d) सरल आवर्त लेकिन आवधिक नहीं

**50. हवा में 30 cm की दूरी पर रखे $2 \times 10^{-7}C$ और $3 \times 10^{-7}C$ आवेश वाले दो छोटे चार्ज गोलों के बीच लगने वाला बल क्या है?**
(a) $5 \times 10^{3}$ N (b) $4 \times 10^{-13}$ N
(c) $6 \times 10^{-3}$ N (d) इनमे से कोई भी नहीं

**51. एक इलेक्ट्रॉन एक समान और लंबवत ऊपर की ओर निर्देशित विद्युत क्षेत्र E में एक ऊर्ध्वाधर दूरी h के माध्यम से आराम से गिरता है। विद्युत क्षेत्र की दिशा अब उलट दी जाती है, इसके परिमाण को समान रखते हुए। एक प्रोटॉन को उसी ऊर्ध्वाधर दूरी h के माध्यम से आराम से गिरने दिया जाता है। प्रोटॉन के गिरने के समय की तुलना में इलेक्ट्रॉन के गिरने का समय है:**
(a) 10 गुना अधिक (b) 5 गुना अधिक
(c) छोटे (d) बराबर

**52. प्रतिरोधों को बदलने पर, एक मीटर सेतु का संतुलन बिंदु 10 सेमी तक बाईं ओर बदल जाता है। उनके श्रृंखला संयोजन का प्रतिरोध 1 kΩ है। प्रतिरोधों को बदलने से पहले बाएं स्लॉट पर प्रतिरोध क्या था?**
(a) 505 kΩ (b) 550 kΩ
(c) 910 kΩ (d) 990 kΩ

**53. एक इलेक्ट्रिक मोटर _______।**
(a) विद्युत प्रवाह को मापता है
(b) विद्युत ऊर्जा को यांत्रिक ऊर्जा में परिवर्तित करता है
(c) एक निरंतर संभावित अंतर प्रदान करता है
(d) संभावित अंतर को मापता है

**54. तार की एक वृत्ताकार कुण्डली में 100 फेरे हैं, प्रत्येक 8.0 cm त्रिज्या में 0.40 A की धारा प्रवाहित होती है। कुण्डली के केंद्र में चुंबकीय क्षेत्र B का परिमाण क्या है?**
(a) $3.14 \times 10^{-4}$ T (b) $5.20 \times 10^{-4}$ T
(c) $4.14 \times 10^{-4}$ T (d) $6.14 \times 10^{-4}$ T

**55. एक ट्रांसफॉर्मर की भंवर धारा के नुकसान को किस प्रकार कम किया जा सकता है?**
(a) क्रोड के प्रतिरोध को कम करके
(b) परतदार क्रोड का उपयोग करके
(c) इसे कम करना संभव नहीं है
(d) (A) और (B) दोनों

**56. मैक्सवेल की परिकल्पना के अनुसार, विद्युत क्षेत्र में परिवर्तन से उत्पन्न होता है:**
(a) चुंबकीय क्षेत्र (b) दबाव का एक माप
(c) आवेश (d) वोल्टेज

**57. एक वृहत फोकस दूरी तथा वृहत द्वारक का लेंस दूरदर्शी के अभिदृश्यक के लिए अत्यधिक उपयोगी होता है, क्योंकि:**
(a) एक वृहत द्वारक गुणता तथा दृश्यता के लिए योगदान करता है।
(b) एक वृहत क्षेत्रफल का अभिदृश्यक उपयुक्त प्रकाश संग्रहण क्षमता का कारक होता है।
(c) एक वृहत द्वारक उत्तम विभेदन प्रदान करता है।
(d) उपर्युक्त में सभी

**58. प्रिज्म से निर्गत कोण के मान को ज्ञात कीजिए। काँच का अपवर्तनांक** 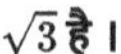 **$\sqrt{3}$ है।**

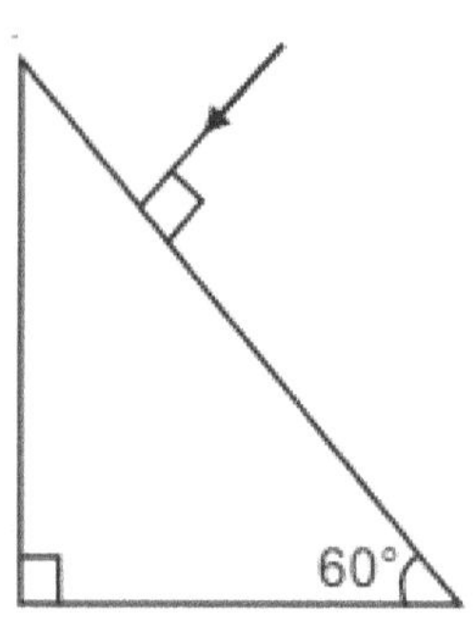


(a) 90° (b) 60°
(c) 30° (d) 45°

**59. A sonometer wire of length $1.5m$ is made of steel. The tension in it produces an elastic strain of 1%. What is the fundamental frequency of steel if density and elasticity of steel are $7.7 \times 10^{3} kg/m^{3}$ and $2.2 \times 10^{11} N/m^{2}$ respectively?**
(a) $178.2Hz$ (b) $200.5Hz$
(c) $770Hz$ (d) $188.5Hz$

**60. किसी अन्तरापृष्ठ के लिए ब्रूस्टर कोण $i_b$ होना चाहिए।**
(a) $0° < i_b < 30°$ (b) $30° < i_b < 45°$
(c) $45° < i_b < 90°$ (d) $i_b = 90°$

**61. एक रेडियो ट्रांसमीटर एक आवृत्ति $880kHz$ और शक्ति $10kW$ पर संचालित होता है। प्रति सेकंड उत्सर्जित फोटॉनों की संख्या है:**
(a) $1.71 \times 10^{31}$ (b) $1.327 \times 10^{25}$
(c) $1.327 \times 10^{37}$ (d) $1.327 \times 10^{45}$

**62. $300\ nm$ तरंगधैर्य का प्रकाश एक प्रकाश सहज सतह पर आपतित होता है। उत्सर्जित फोटोइलेक्ट्रॉन्स के लिए निरोधी विभव $2.5V$ है। आपतित प्रकाश की तरंगदैर्ध्य में $150\ nm$ की कमी की जाती है। तो उत्सर्जित फोटोइलेक्ट्रॉन्स के लिए निरोधी विभव है:**
(a) बिल्कुल $5V$ (b) $5V$ से थोड़ा कम
(c) $5V$ से थोड़ा अधिक (d) $2.5V$

**63. $^{198}Au$ की अर्द्ध आयु 2.7 दिन है। (a) क्षय स्थिरांक, (b) औसत जीवन और (c) $1.00mg$ $^{198}Au$ की गतिविधि की गणना करे, $^{198}Au$ का परमाणु भार $198\ g/mol$ लें।**
(a) $2.9 \times 10^{-6}\ s^{-1}$, 3.9 दिन, $240Ci$
(b) $29 \times 10^{-6}\ s^{-1}$, 39 दिन, $24Ci$
(c) $290 \times 10^{-6}\ s^{-1}$ · 390 दिन, 42Ci
(d) $92 \times 10^{-6}\ s^{-1}$, 93 दिन, $320Ci$

**64. जब किसी निकाय को धन-आवेशित किया जाता है, तो निम्नलिखित कथन पर विचार कीजिये:**
**a इसकी परमाणु संख्या बढ़ जाती है**
**b इसका द्रव्यमान बढ़ जाता है**
**c इसका द्रव्यमान घटता है**
**उपरोक्त कथन में से कौन सा सही है?**
(a) केवल a सही है (b) केवल b सही है
(c) केवल c सही है (d) a और c दोनों सही हैं

**65. किसी p-प्रकार के अर्धचालक के लिए निम्नलिखित में से कौनसा कथन सही है?**
(a) इलेक्ट्रॉन बहुसंख्यक वाहक हैं तथा त्रिकसंयोजक परमाणु मादक (डोपैन्ट) हैं।
(b) विवर बहुसंख्यक वाहक हैं तथा त्रिकसंयोजक परमाणु मादक (डोपैन्ट)

हैं।

(c) विवर बहुसंख्यक वाहक हैं तथा पंचसंयोजक परमाणु मादक (डोपैन्ट) हैं।

(d) इलेक्ट्रॉन बहुसंख्यक वाहक हैं तथा पंचसंयोजक परमाणु मादक (डोपैन्ट) हैं।

**66.**

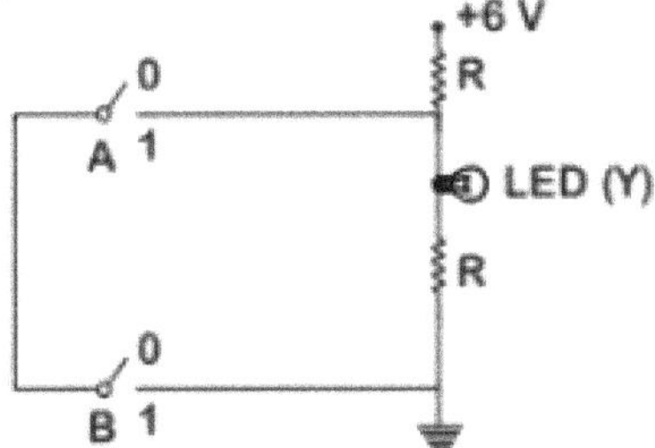


**आरेख के परिपथ द्वारा निरूपित सही बूलीय प्रचालन है:**

(a) AND (b) OR

(c) NAND (d) NOR

**67. दी गई संरचना को पहचानें।**

$$HO-\overset{\overset{O}{\|}}{\underset{\underset{O}{\|}}{S}}-O-OH$$

(a) थियोसुलफ्यूरिक अम्ल (b) सलफ्यूरिक अम्ल

(c) पेरोक्सिमोनोसुलफ्यूरिक अम्ल (d) सल्फ्यूरस अम्ल

**68. यदि धातु से इलेक्ट्रॉन के निष्कासन के लिए थ्रेशोल्ड तरंग दैर्ध्य $(\lambda_0)$, 330 nm है तो फोटोइलेक्ट्रिक उत्सर्जन के लिए कार्य फलन है:**

(a) $1.2 \times 10^{-18}$ J (b) $1.2 \times 10^{-20}$ J

(c) $6 \times 10^{-19}$ J (d) $6 \times 10^{-12}$ J

**69. कक्षा में परिक्रमण करने वाले इलेक्ट्रॉन के कक्षीय कोणीय संवेग को $\sqrt{l(l+1)}\frac{h}{2\pi}$ दिया जाता है। s-इलेक्ट्रॉन के लिए यह संवेग किसके द्वारा दिया जाएगा?**

(a) $+\frac{1}{2} \cdot \frac{h}{2\pi}$ (b) शून्य

(c) $\frac{h}{2\pi}$ (d) $\sqrt{2} \cdot \frac{h}{2\pi}$

**70. लुईस के अनुसार, लिगन्ड की प्रकृति कैसी होती है:**

(a) अम्लीय प्रकृति

(b) क्षारीय प्रकृति

(c) प्रकृति में न तो अम्लीय और न ही क्षारीय

(d) कुछ अम्लीय होते हैं और अन्य क्षारीय हैं

**71. रासायनिक रूप से सबसे सक्रिय तत्व कौन-सा है?**

(a) फ्लोरीन (b) क्लोरीन

(c) ब्रोमिन (d) आयोडिन

**72. निम्नलिखित में से कौन सी क्षारक धातु सबसे अधिक सहसंयोजक है:**

(a) LiCl (b) NaCl

(c) KCl (d) CsCl

**73. कौन सा आबंध सबसे अधिक ध्रुवीय है?**

(a) Cl - F (b) Br - F

(c) I - F (d) F - F

**74. 298 K पर मीथेन, ग्रेफाइट और डाइहाइड्रोजन के दहन की एन्थैल्पी, $-890.3$ kJ mol$^{-1}$, $-393.5$ kJ mol$^{-1}$, और $-285.8$ kJ mol$^{-1}$ क्रमशः हैं। $CH_4(g)$ के गठन की एन्थैल्पी होगी:**

(a) $-74.8$ kJ mol$^{-1}$ (b) $-52.27$ kJ mol$^{-1}$

(c) $+74.8$ kJmol$^{-1}$ (d) $+52.26$ kJ mol$^{-1}$

**75. 60 g अल्युमीनियम के तापमान को 35°C से 55°C तक बढ़ाने के लिए आवश्यक kJ ऊष्मा की संख्या की गणना करें। Al की मोलर ताप क्षमता 24J mol$^{-1}$K$^{-1}$ है।**

(a) 2.07 kJ (b) 3.07 kJ

(c) 1.07 kJ (d) 4.07 kJ

**76. एक प्रणाली को थर्मोडायनामिक संतुलन में कहा जाता है यदि सिस्टम ____ में है।**

(a) रासायनिक संतुलन

(b) थर्मल, रासायनिक और यांत्रिक संतुलन

(c) थर्मल संतुलन

(d) यांत्रिक संतुलन

**77. नाइट्रोजन गैस को संतुलन मिश्रण में इंजेक्ट किया गया था:**

$2SO_3(g) \rightleftharpoons 2SO_2(g) + O_2(g)$

**दबाव 1.0 atm से बढ़ाकर 10 atm कर दिया गया है। नीचे दिये गये कथनों में से कौन सही है?**

(a) अभिकारक और उत्पाद की सांद्रता अपरिवर्तित रहती है

(b) $[SO_3]$ बढ़ता है

(c) $[SO_2]$ बढ़ता है

(d) $[O_2]$ बढ़ता है

**78. लोहे का भूरा वलय परिसर यौगिक $[Fe(NO)(H_2O)_5]SO_4$ के रूप में तैयार किया गया है। लोहे की ऑक्सीकरण अवस्था ज्ञात कीजिए।**

(a) 1 (b) 2

(c) 3 (d) 0

**79. $KBrO_4$ में Br की ऑक्सीकरण संख्या क्या है?**

(a) +6 (b) +5

(c) +3 (d) +7

**80. $p_A$ और $p_B$ शुद्ध तरल घटकों के वाष्प दबाव हैं, $A$ और $B$, के क्रमशः आदर्श द्विआधारी समाधान है। यदि $x_A$ घटक के मोल अंश का प्रतिनिधित्व करता है $A$, समाधान का कुल दबाव होगा-**

(a) $p_A + x_A(p_B - p_A)$ (b) $p_A + x_A(p_A - p_B)$

(c) $p_B + x_A(p_B - p_A)$ (d) $p_B + x_A(p_A - p_B)$

**81. आदर्श समाधान के लिए निम्नलिखित में से कौन सा गलत है?**

(a) $\Delta P = P_{obs} - P$ राउल्ट के नियम द्वारा परिकलित $= 0$

(b) $\Delta G_{mix} = 0$

(c) $\Delta H_{mix} = 0$

(d) $\Delta U_{mix} = 0$

**82. $2Ag^+(aq) + H_2(g) \rightarrow 2Ag(s) + 2H^+(aq)$, अभिक्रिया वाले सेल का मानक ईएमएफ 0.80 V है। Ag इलेक्ट्रोड का मानक ऑक्सीकरण विभव है:**

(a) 0.80 V (b) $-0.80$ V

(c) 0.40 V (d) 0.20 V

**83. वह अभिक्रिया क्या कहलाती है जिसमें ऑक्सीकरण और अपचयन एक साथ होता है?**

(a) रेडॉक्स (b) ऊष्माक्षेपी

(c) ऊष्माशोषी (d) युग्मन

**84. एक प्राथमिक अभिक्रिया के लिए $2A + B \longrightarrow A_2B$, यदि बर्तन का आयतन अपने मूल आयतन के आधे से कम कर दिया जाता है, तो अभिक्रिया की दर क्या होगी?**

(a) अपरिवर्तित (b) चार गुना बढ़ जाती है

(c) आठ गुना बढ़ जाती है (d) आठ गुना घट जाती है

85. ______ को छोड़कर सभी कारकों द्वारा सामान्य रूप से अभिक्रिया की दर को बढ़ाया जा सकता है।
   (a) उत्प्रेरक का उपयोग
   (b) तापमान में वृद्धि
   (c) सक्रियण ऊर्जा में वृद्धि
   (d) अभिकारकों की सांद्रता में वृद्धि

86. $(NH_4)_2Cr_2O_7$ को ऊष्मा देने पर गैस प्राप्त होती है जो इसके अतिरिक्त किसके द्वारा भी प्राप्त की जा सकती है?
   (a) $NH_4NO_2$  (b) $NH_4NO_3$
   (c) $Mg_3N_2 + H_2O$  (d) $Na$ धातु $+H_2O$

87. $Cu, Ag$ और $Au$ के गलनांक का सही क्रम हैं:
   (a) $Cu > Ag > Au$  (b) $Cu > Au > Ag$
   (c) $Au > Ag > Cu$  (d) $Ag > Au > Cu$

88. जटिल $[Ni(CO)_4]$ की ज्यामिति और चुंबकीय व्यवहार हैं:
   (a) वर्ग तलीय ज्यामिति और पैरामैग्नेटिक
   (b) चतुष्फलकीय ज्यामिति और प्रतिचुंबकीय
   (c) वर्ग समतलीय ज्यामिति और प्रतिचुम्बकीय
   (d) टेट्राहेड्रल ज्यामिति और पैरामैग्नेटिक

89. $[Pt(NH_3)_4][CuCl_4]$ और $[Cu(NH_3)_4][PtCl_4]$ ________ के रूप में जाना जाता है।
   (a) आयनन समावयवी  (b) बंधनी समावयवी
   (c) समन्वय समावयवी  (d) बहुलकीकरण समावयवी

90. निम्नलिखित में से कौन सा कार्बोकेशन सबसे अधिक स्थिर है?
   (a)

   (b)

   (c)

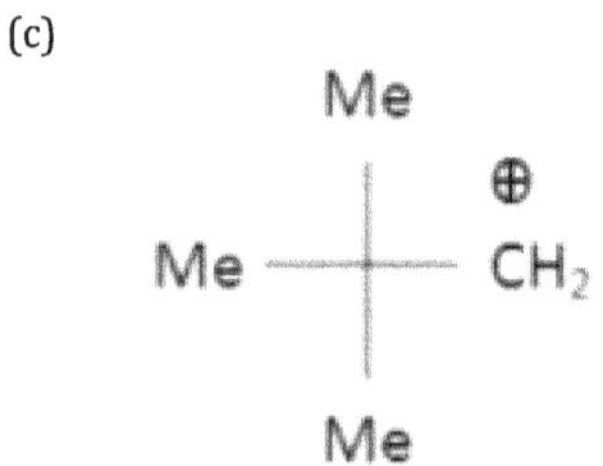


   (d)

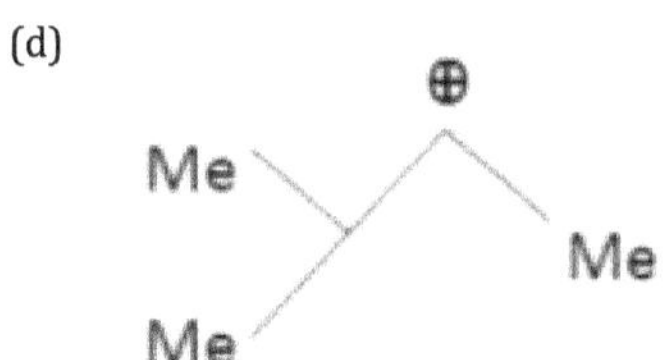


91. निम्नलिखित यौगिकों की इलेक्ट्रोफिलिक प्रतिस्थापन प्रतिक्रियाओं में प्रतिक्रियाशीलता के सही क्रम की पहचान करें:

$CH_3$ Cl $NO_2$

1 2 3 4

   (a) $1 > 2 > 3 > 4$  (b) $2 > 3 > 1 > 4$
   (c) $2 > 1 > 3 > 4$  (d) $4 > 3 > 2 > 1$

92. निम्नलिखित में से कौन सी प्रतिक्रिया स्टीरियोइसोमर की अनदेखी करते हुए एकल उत्पाद की उच्चतम उपज का उत्पादन करेगी?

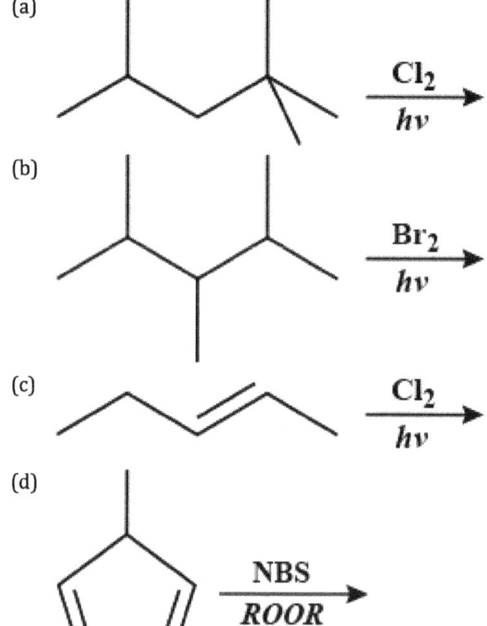


93. निम्नलिखित में से कौन सा साइक्लोहेक्सिलसाइक्लोहेक्सेन को संश्लेषित करने का सबसे अच्छा तरीका है?

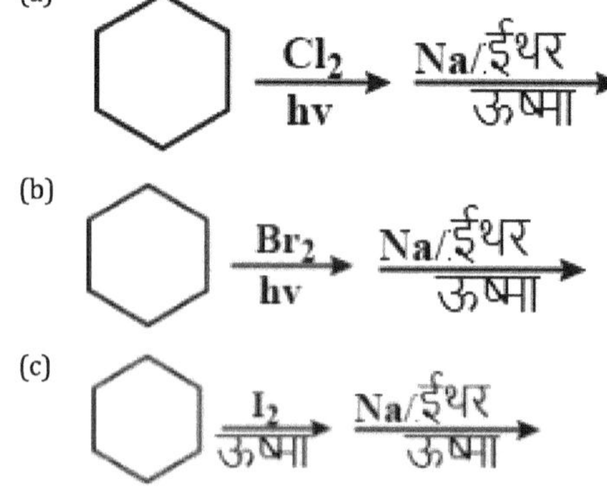


   (d) इनमे से कोई भी नहीं

94. बहुप्रतिस्थापन किस अभिक्रिया का क्रुटि है?
   (a) फ्रीडेल-क्राफ्ट एल्किलेशन  (b) फ्रीडेल-क्राफ्ट एसाइलेशन
   (c) सुरभित रिंग पर नाइट्रेशन  (d) सुरभित रिंग पर क्लोरीनीकरण

95. निम्न में से अधिकतम क्रियाशील हैलाइड है:

(a) $CH_3 \cdot CH_2 \cdot Cl$ (b) $CH_2 = CH \cdot Cl$
(c) $CH_3 \cdot CH_2 \cdot CH_2 \cdot Cl$ (d) $CH_2 = CH \cdot CH_2 \cdot Cl$

**96. Ni उत्प्रेरक की उपस्थिति में $H_2$ के साथ कमी पर फिनोल देता है-**
(a) बेंजीन (b) टॉलीन
(c) साइक्लोहेक्सेन (d) साइक्लोहेक्सानॉल

**97. 1- फिनाएल एथेनॉल को बेंज़लहाइड की किस प्रतिक्रिया से तैयार किया जा सकता है ?**
(a) मिथाइल ब्रोमाइड
(b) एथिल आयोडाइड और मैग्नीशियम
(c) मिथाइल आयोडाइड और मैग्नीशियम (ग्रिग्नार्ड अभिकर्मक)
(d) मिथाइल ब्रोमाइड और एल्यूमीनियम ब्रोमाइड

**98. एल्डिहाइड तथा प्राथमिक ऐमीन की अभिक्रिया में निम्नलिखित में से कौन सा बनता है?**
(a) कीटोन (b) ऐरोमैटिक एसिड
(c) शिफ बेस (d) कार्बोक्सिलिक एसिड

**99. जब एथिल ऐमीन, मिथाइल मैग्नीशियम ब्रोमाइड के साथ अभिक्रिया करता है, तो उत्पाद प्राप्त होता है:**
(a) मिथेन (b) ईथेन
(c) मेथनॉल (d) इथेनॉल

**100. एक कार्बनिक यौगिक ' A ' $NH_3$ के साथ प्रतिक्रिया पर गर्म करने के बाद यौगिक B देता है। जो अधिक तेज गर्म करने पर यौगिक देता है C $(C_8H_5NO_2)$ । यौगिक C एथेनॉलिक KOH , अल्काइल क्लोराइड और क्षार के साथ हाइड्रोलिसिस के साथ अनुक्रमिक प्रतिक्रिया पर एक प्राथमिक अमीन देता है। यौगिक A है:**

(a) CHO
CHO

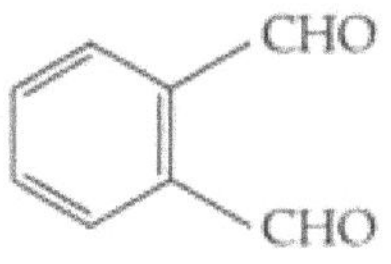

(b) CHO
COOH

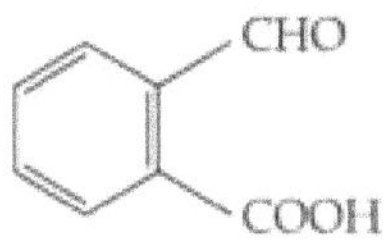

(c) COOH
COOH

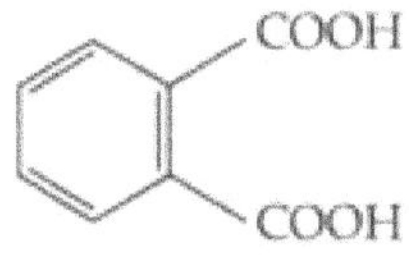

(d) CHO
OH

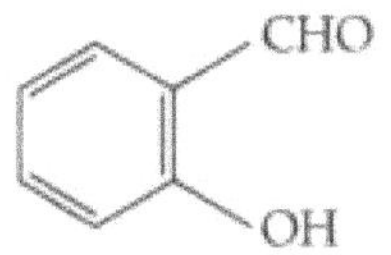

## Art of Teaching and Other skills

**101. थार्नडाइक द्वारा प्रसिद्ध प्रयोग किस पर किया गया था?**
(a) बिल्ली (b) कुत्ते
(c) कबूतर (d) चिंपांज़ी

**102. भाषा "स्किनर के दर्शन" से कैसे संबंधित है?**
(a) भाषा मूल्यांकन में मनुष्य अच्छे हैं
(b) मनुष्य भाषा संबंधी उद्दीपन का निर्माण कर सकते हैं
(c) मनुष्यों का भाषा और व्यवहार पर कोई नियंत्रण नहीं है
(d) उपरोक्त सभी

**103. अधिगम लक्ष्यों तक पहुंचने के लिए उद्देश्य या प्रमुख प्रबल इच्छा, और अधिगम लक्ष्यों में अवरोध या बाधा दोनों अधिगम प्रक्रिया के कौन से चरण के पहलू हैं?**
(a) प्रारंभिक चरण (b) वास्तविक अधिगम चरण
(c) अवधारणात्मक चरण (d) उपरोक्त सभी

**104. अपनी कक्षा में गुणा की अवधारणा को पढ़ाने के बाद, एक शिक्षक ने अपने बच्चों से 48 को 4 से गुणा करने को कहा।**
**उनके छात्रों में से एक ने इसे मौखिक रूप से हल किया, "48 को 4 से गुणा करने के लिए हम पहले 48 में 48 जोड़ते हैं, जिससे 96 बनता है और फिर 96 और जोड़ते हैं, तो 192 बनता है। इस प्रकार उत्तर 192 है"।**
**गुणा की उसकी रणनीति के बारे में आप क्या कह सकते हैं?**
(a) बच्चे ने गुणा करने के लिए गलत विधि का उपयोग किया। संख्याओं को गुणा करने के लिए उसे स्थानीय मान ऐल्गोरिद्म का उपयोग करना चाहिए।
(b) उसे गुणा की अवधारणा समझ में नहीं आई है।
(c) दी गई समस्या एक गुणा समस्या है और योग की समस्या नहीं है।
(d) उसने गुणा को बार-बार योग के रूप में समझा है।

**105. हरि कक्षा VI के शिक्षार्थियों को घूर्णन गति पढ़ाना चाहता है। निम्नलिखित में से कौन-सी सबसे अच्छी विधा होगी?**
(a) चर्चा (b) गतिविधि-आधारित शिक्षण
(c) उदाहरण देना (d) प्रदर्शन

**106. निम्नलिखित में से कौन-सा समस्या-समाधान विधि का एक चरण नहीं है?**
(a) स्थिति की कल्पना करना (b) समाधान का प्रयास करना
(c) निष्कर्ष निकालना (d) अवलोकन

**107. रूही हमेंशा समस्या के एकाधिक समाधानों के बारे में सोचती है। इनमें से काफी समाधान मौलिक होते हैं। रूही किन गुणों का प्रदर्शन कर रही है?**
(a) सृजनात्मक विचारक (b) अभिसारिक विचारक
(c) अनम्य विचारक (d) आत्म-केन्द्रित विचारक

**108. शिक्षक बच्चों में जटिल अवधारणाओं को समझने की सुविधा कैसे दे सकते हैं?**
(a) व्याख्यान देकर
(b) प्रतिस्पर्धात्मक परीक्षा आयोजित करके
(c) दोहरावदार यांत्रिक अभ्यास करके
(d) अन्वेषण और चर्चा के अवसर प्रदान करके

**109. निम्न में से कौनसे माध्यमिक समाजीकरण साधन के उदाहरण हैं?**
(a) परिवार और पड़ोस (b) परिवार और मीडिया
(c) स्कूल और मीडिया (d) मीडिया और पड़ोस

**110. बच्चे से संबंधित घटनाओं का सटीक विवरण __________ के रूप में जाना जाता है।**
(a) संचयी अभिलेख (b) पोर्टफोलियो
(c) उपस्थिति अभिलेख (d) उपाख्यानात्मक अभिलेख

**111. वह मूल्यांकन क्या है, जिसमें छात्रों का मूल्यांकन पढ़ाने वाले शिक्षक द्वारा किया जाता है?**
(a) आंतरिक (b) बाहरी
(c) नैदानिक (d) स्थानन

**112. मूल्यांकन की एक नई और वैकल्पिक विधि जो छात्रों के व्यक्तिगत या समूह के प्रदर्शन का आकलन करने में मदद करती है?**

(a) नैदानिक परीक्षा (b) प्रवेश परीक्षा
(c) पोर्टफोलियो (d) ओपन बुक परीक्षा

**113. निम्नलिखित में से समस्या-समाधान को क्या बाधित नहीं करता?**
(a) अंतर्दृष्टि (b) मानसिक प्रारूपता
(c) मोर्चाबन्दी (d) निर्धारण

**114. निम्नलिखित में से किस कारक का शिक्षण पर सबसे कम प्रभाव पड़ता है?**
(a) थकान (b) आयु
(c) बीमारी (d) लिंग अंतर

**115. As a language teacher we should try to turn our students into successful dictionary users. Which one of the following is NOT the correct way to promote the use of a dictionary?**
**(1) Finding the parts of speech.**
**(2) Choosing the meaning that is relevant in context.**
**(3) How the word is spelt.**
**(4) Reaching the teacher for every new word.**
(a) 1 (b) 2
(c) 3 (d) 4

**116. Grammar-Translation method does not _______.**
**(1) encourage learning through mother tongue**
**(2) give importance to grammar**
**(3) enhance a student's communicative skill**
**(4) enable the student to use the language fluently**
(a) 1 (b) 2
(c) 3 (d) 4

**117. बच्चों द्वारा ईवीएस में ज्ञान के निर्माण में निम्नलिखित में से कौन सा/से महत्वपूर्ण है?**
**A. बच्चों की सक्रिय भागीदारी।**
**B. बच्चों के समुदाय के सदस्य**
**C. ईवीएस की पाठ्य पुस्तकें**
**D. दिया गया विवरण और परिभाषा ईवीएस की पाठ्यपुस्तक में**
(a) A, B और C (b) केवल A और C
(c) A, C और D (d) केवल C

**118. गुप्त काल के बारे में निम्नलिखित में से कौन सा कथन सही नहीं है?**
(a) इस अवधि में पहले की तुलना में मजबूर श्रम (विष्टी) अधिक सामान्य हो गया
(b) विष्णु पुराण में एक मार्ग प्रयाग तक गंगा के किनारे सभी क्षेत्रों पर अधिकार प्राप्त गुप्तों को गुप्तों को संदर्भित करता है
(c) महरौली के शिलालेख से पता चलता है कि चंद्रगुप्त ने बंगाल में दुश्मनों की संघर्षपूर्ण स्थिति के खिलाफ लड़ाई लड़ी और पंजाब में एक अभियान का नेतृत्व किया
(d) सौराष्ट्र गुप्त साम्राज्य का हिस्सा नहीं था

**119. निम्नलिखित में से कौन सी नदी खंभात की खाड़ी में नहीं मिलती है?**
(a) माही (b) साबरमती
(c) कोयना (d) ताप्ती

**120. भारत में बजट घाटे को पूरा करने की तदर्थ ट्रेजरी बिल प्रणाली को समाप्त कर दिया गया:**
(a) 1 अप्रैल, 1992 को (b) 1 अप्रैल, 1994 को
(c) 31 मार्च, 1996 को (d) 31 मार्च, 1997 को

**121. विश्व स्वास्थ्य संगठन (WHO) ने किस देश में मारबर्ग रोग के पहले प्रकोप की पुष्टि की?**
(a) नाइजीरिया (b) इक्वेटोरियल गिनी
(c) इथोपिया (d) डीआर कांगो

**122. हो विद्रोह हुआ था:**
(a) 1620-21 में (b) 1720-21 में
(c) 1820-21 में (d) 1920-21 में

**123. भारत में कितने प्रमुख जैव-भौगोलिक क्षेत्र हैं?**
(a) 9 (b) 10
(c) 8 (d) 7

**124. वैश्विक तापमान के लिए जिम्मेदार $CO_2$ के अलावा दूसरा सबसे महत्वपूर्ण ग्रीन-हाउस गैस कौन सा है?**
(a) मीथेन (b) क्लोरोफ्लोरो कार्बन (CFC)
(c) नाइट्रस ऑक्साइड (d) ओजोन

**125. निम्नलिखित में से कौन एक वायु प्रदूषक नहीं है?**
(a) नाइट्रस ऑक्साइड (b) फॉस्फेट
(c) कार्बन डाईऑक्साइड (d) हाइड्रोकार्बन

**126. बच्चों में क्रुप रोग होना किस मौसम में सामान्य है?**
(a) गर्मी का मौसम (b) बसंत का मौसम
(c) बारिश का मौसम (d) सर्दियों का मौसम

**127. कुष्ठ रोग के लिए चयनित की गयी दवा _____ है।**
(a) डेक (b) स्ट्रेप्टोमाइसिन
(c) डैप्सोन (d) उपरोक्त में से कोई नहीं

**128. 6 संख्याओं का औसत 20 है। यदि प्रत्येक संख्या में 5 जोड़ा जाता है, तो नया औसत क्या होगा?**
(a) 25 (b) 24
(c) 21 (d) 23

**129. 1, 60, 000 रु. का 2 वर्ष में 10% वार्षिक दर से छमाही देय चक्रवृद्धि ब्याज कितना होगा?**
(a) 34, 846 रु. (b) 34, 481 रु.
(c) 19, 448 रु. (d) 37, 946 रु.

**130. यदि 0.090909 लगभग बराबर है $\frac{1}{11}$, तब 0.454545 का अनुमानित मान ______ है।**
(a) $\frac{4}{11}$ (b) $\frac{5}{11}$
(c) $\frac{45}{11}$ (d) $\frac{6}{11}$

**131. 144, 360 और 504 का महत्तम समापवर्तक क्या है?**
(a) 24 (b) 18
(c) 72 (d) 36

**132. एक बेलनाकार बर्तन की वास्तविक त्रिज्या और ऊंचाई क्रमशः 2.14 सेमी और 10.15 सेमी है। लेकिन उनको एक निकटतम स्थान पर दर्शाया गया था। बेलन के आयतन की गणना करते समय कितने प्रतिशत की त्रुटि उत्पन्न होती है?**
(a) 4.875% (b) 4.23%
(c) 5.4% (d) 5.642%

**133. निर्देश : उस विकल्प का चयन कीजिए जो तीसरे पद से उसी प्रकार संबंधित है जिस प्रकार दूसरा पद पहले पद से संबंधित है।**
**GOLDEN : KKOWIJ :: DEMAND : ?**
(a) HAOYRZ (b) HANZRZ
(c) AZNZSZ (d) ZANZSZ

**134. निर्देश : निम्नलिखित प्रश्न में, चार संख्याएं दी गई हैं, जिनमें से तीन किसी प्रकार से समान हैं जबकि चौथा अलग है। उसका चयन कीजिए जो अन्य से अलग है।**
(a) 2468 (b) 2648

(c) 4826 (d) 6482

**135. एक समान्तर श्रेणी के 7 वें और 21 वें पद क्रमशः 6 और −22 हैं। इस श्रेणी का 26 वाँ पद बराबर है:**

(a) −32 (b) −34
(c) −30 (d) −36

**136. एक निश्चित कोड भाषा में, यदि शब्द REGISTRATION को TSIGERNOITAR, के रूप में कोडित किया जाता है, तो उस भाषा में CAMPFIRE शब्द को कैसे कोडित किया जाएगा?**

(a) MACPPRIFE (b) PMACERIF
(c) ERIFPMAC (d) FIRECAMP

**137. E, A का पुत्र है। B, E की माता है और C की पुत्री है। E का C से क्या संबंध है?**

(a) बेटा (b) दामाद
(c) भाई (d) नाती

**138. निर्देश: नीचे दिए गए विकल्पों में से सही विकल्प को चिह्नित करने के लिए कथन (A) और कारण (R) को ध्यान से पढ़ें:**
**कथन (A): सभी शिक्षणों का लक्ष्य शिक्षण को सुनिश्चित करना है।**
**कारण (R): शिक्षण से सभी सीखने के परिणाम।**

(a) दोनों (A) और (R) सत्य हैं, और (R), (A) की सही व्याख्या है।
(b) दोनों (A) और (R) सत्य हैं, लेकिन (R), (A) का सही व्याख्या नहीं है।
(c) (A) सत्य है, लेकिन (R) असत्य है।
(d) (A) असत्य है, लेकिन (R) सत्य है।

**139. निम्नलिखित दो सेटों में, शिक्षण विधियों को सेट- I में दर्शाया गया है, जबकि सेट- II में सफलता / प्रभावशीलता के लिए बुनियादी आवश्यकताएं दी गई हैं। इन दो सेटों का मिलान करें और नीचे दिए गए कोड से अपना उत्तर चुनें:**

| | सेट- I (शिक्षण विधि) | | सेट- II (सफलता / प्रभावकारिता की बुनियादी आवश्यकताएँ) |
|---|---|---|---|
| 1. | समझाना | i. | प्रतिक्रिया के साथ कम शब्दों में प्रस्तुति |
| 2. | समूहों में चर्चा | ii. | बड़ी संख्या में विचार प्रस्तुत करना |
| 3. | सोच की प्रक्रिया | iii. | स्पष्ट भाषा में सामग्री का संचार |
| 4. | अनुकूलित निर्देश | iv. | शिक्षण-उपकरणों की पद्धति |
| | | v. | प्रतिभागियों में केस-आधारित भागीदारी |

(a) 1 - i 2 - ii 3 - iii 4 - iv (b) 1 - ii 2 - iii 3 - iv 4 - v
(c) 1 - iii 2 - v 3 - ii 4 - i (d) 1 - iv 2 - ii 3 - I 4 - iii

**140. ............ वैज्ञानिक और सामान्य बोध तर्कशक्ति को एक ही चीज मानता है।**

(a) निश्चयात्मकता (b) गैर-निश्चयात्मकता
(c) यर्थाथवाद (d) संरचनावाद

**141. मान लीजिए आप एक शिक्षक के रूप में अपने छात्रों को भाषण और वाद-विवाद के माध्यम से प्रशिक्षण दे रहे हैं। निम्नलिखित में से छात्रों के मध्य किस चीज का विकास करना सबसे कठिन है?**

(a) उचित भाषा का चयन/प्रयोग करना
(b) भावनाओं पर नियंत्रण करना
(c) आवाज का उतार-चढ़ाव
(d) अवधारणा निर्माण

**142. मूल्य शिक्षा प्रदान करने का सबसे अच्छा तरीका है:**

(a) धर्मग्रंथों पर चर्चा
(b) मूल्यों पर व्याख्यान / प्रवचन
(c) मूल्यों पर संगोष्ठी / संगोष्ठी
(d) मूल्यों पर सलाह / चिंतनशील सत्र

**143. अध्ययन में लगाया गया समय परीक्षण अंक में परिवर्तन का कारण बनता है। 'परीक्षण अंक' किस प्रकार का चर है?**

(a) परतंत्र (b) स्वतंत्र
(c) (A) और (B) दोनों (d) इनमें से कोई नहीं

**144. निम्नलिखित में से कौन सा सुशासन के उपकरण हैं?**
**1. सोशल ऑडिट**
**2. शक्तियों का पृथक्करण**
**3. सिटिजन चार्टर**
**4. सूचना का अधिकार**
**नीचे दिए गए कोड में से सही उत्तर का चयन करें:**

(a) 1 और 2 (b) 1, 2 और 3
(c) 1, 3 और 4 (d) 1,2,3 और 4

**145. पारंपरिक शिक्षण विधियों का उपयोग करना इस आधार पर उचित है, कि**
**i. उन्हें निष्पादित करना आसान है**
**ii. वे शिक्षार्थियों का समूह समरूप और बड़ा होने पर भी प्रभावी हैं**
**iii. वे समय और धन के मामले में किफायती हैं**
**iv. इनमें शिक्षकों के शिक्षण कौशल का मूल्यांकन करने की आवश्यकता नहीं है**
**v. वे परीक्षा-उन्मुख हैं**

(a) i, ii, v (b) i, ii, iii
(c) i, ii, iv (d) ii, iii, iv

**146. यदि आप कक्षा में दो छात्रों के बीच झगड़ा होते देखते हैं, तो इस समस्या को हल करने के लिए आपकी रणनीति क्या होनी चाहिए?**

(a) प्रशासन को शिकायत करना
(b) कक्षा के भीतर इस समस्या पर चर्चा करना
(c) प्रत्येक छात्र के साथ आमने-सामने बैठकर बातचीत करना
(d) अपनी कक्षा से उन्हें बाहर करना

**147. निम्नलिखित में से कौन सी अच्छे शिक्षक की विशेषता नहीं है?**

(a) कक्षा में सत्तावादी
(b) न्याय में विश्वास
(c) सकारात्मक दृष्टिकोण
(d) आजीवन शिक्षार्थी और स्वयं को अद्यतित रखना

**148. कौन सा मूल्यांकन नैदानिक मूल्यांकन से संबंधित है और स्व-मूल्यांकन के लिए इस्तेमाल किया जा सकता है?**

(a) अधिगम के लिए मूल्यांकन (b) अधिगम में आकलन
(c) अधिगम का आकलन (d) अधिगम के रूप में मूल्यांकन

**149. सूची I का सूची II के साथ मिलान करें और नीचे दिए गए कोड से सही उत्तर का चयन कीजिए:**

| सूची – I (विधि) | सूची – II (तकनीक) |
|---|---|
| (a) व्याख्यान | (i) अन्योन्यक्रियात्मक कौशल |
| (b) चर्चा | (ii) प्रस्तुतीकरण कौशल |
| (c) सेमीनार | (iii) प्रेरक कौशल |
| (d) कार्यशालाएं | (iv) निर्देशित अभ्यास |

(a) (a) - (iii), (b) - (ii), (c) - (i), (d) - (iv)
(b) (a) - (ii), (b) - (i), (c) - (iii), (d) - (iv)
(c) (d) - (ii), (b) - (iii), (c) - (i), (a) - (iv)
(d) (a) - (iii), (b) - (iv), (c) - (i), (d) - (ii)

**150. निम्नलिखित में से क्या शिक्षण-अधिगम प्रक्रिया के लिए कक्षा में शिक्षक द्वारा प्रयुक्त श्रव्य-दृश्य सामग्री नहीं है?**

(a) टेलीविजन
(b) फिल्में
(c) कंप्यूटर से सहायता प्राप्त निर्देश
(d) ग्राफ

## // स्मार्ट उत्तर पुस्तिका //

सही उत्तर उन छात्रों का प्रतिशत जिन्होंने प्रश्न का सही उत्तर दिया।

छोड़ दिया उन छात्रों का प्रतिशत जिन्होंने प्रश्न को छोड़ दिया।

| प्रश्न संख्या | उत्तर | सही उत्तर | छोड़ दिया | प्रश्न संख्या | उत्तर | सही उत्तर | छोड़ दिया | प्रश्न संख्या | उत्तर | सही उत्तर | छोड़ दिया |
|---|---|---|---|---|---|---|---|---|---|---|---|
| 1 | B | 55.9% | 1.3% | 2 | A | 44.36% | 1.34% | 3 | A | 42.93% | 1.79% |
| 4 | A | 63.29% | 1.55% | 5 | C | 62.14% | 1.41% | 6 | D | 50.0% | 1.22% |
| 7 | C | 55.07% | 1.35% | 8 | D | 55.45% | 1.31% | 9 | C | 50.88% | 1.14% |
| 10 | C | 63.81% | 1.93% | 11 | B | 58.89% | 1.18% | 12 | A | 18.5% | 4.93% |
| 13 | D | 57.2% | 1.13% | 14 | D | 26.4% | 3.54% | 15 | C | 44.32% | 1.13% |
| 16 | D | 62.44% | 1.94% | 17 | D | 46.56% | 1.04% | 18 | C | 68.62% | 1.35% |
| 19 | D | 41.32% | 1.1% | 20 | D | 44.04% | 1.14% | 21 | B | 61.88% | 1.1% |
| 22 | C | 55.44% | 1.38% | 23 | B | 66.44% | 1.08% | 24 | B | 62.65% | 2.0% |
| 25 | C | 50.57% | 1.46% | 26 | D | 55.94% | 1.93% | 27 | B | 63.74% | 1.75% |
| 28 | A | 44.12% | 1.31% | 29 | A | 63.75% | 1.59% | 30 | D | 55.95% | 1.59% |
| 31 | C | 10.08% | 4.26% | 32 | A | 42.67% | 1.06% | 33 | D | 48.31% | 1.32% |
| 34 | D | 62.29% | 1.52% | 35 | B | 24.33% | 3.04% | 36 | B | 62.16% | 1.94% |
| 37 | A | 16.86% | 4.87% | 38 | C | 23.1% | 4.49% | 39 | D | 21.34% | 3.04% |
| 40 | C | 64.53% | 1.19% | 41 | B | 51.79% | 1.55% | 42 | C | 68.2% | 1.75% |
| 43 | B | 17.37% | 3.99% | 44 | C | 12.99% | 3.89% | 45 | A | 53.75% | 1.35% |
| 46 | A | 51.48% | 1.47% | 47 | D | 41.53% | 1.9% | 48 | D | 78.31% | 0.0% |
| 49 | A | 23.98% | 3.48% | 50 | C | 62.46% | 1.04% | 51 | C | 59.65% | 1.6% |
| 52 | B | 23.47% | 4.92% | 53 | B | 77.66% | 0.0% | 54 | A | 45.74% | 1.65% |
| 55 | B | 41.23% | 1.26% | 56 | A | 69.89% | 1.81% | 57 | D | 68.78% | 1.95% |
| 58 | B | 52.15% | 1.2% | 59 | A | 45.27% | 1.02% | 60 | C | 40.29% | 1.2% |
| 61 | A | 49.99% | 1.33% | 62 | C | 47.78% | 1.97% | 63 | A | 53.52% | 1.64% |
| 64 | C | 67.06% | 1.41% | 65 | B | 53.77% | 1.96% | 66 | C | 41.92% | 1.66% |
| 67 | C | 42.75% | 1.0% | 68 | C | 40.74% | 1.55% | 69 | B | 67.68% | 1.46% |
| 70 | B | 44.32% | 1.12% | 71 | A | 47.91% | 1.45% | 72 | A | 58.52% | 1.53% |
| 73 | C | 49.38% | 1.1% | 74 | A | 23.02% | 4.45% | 75 | C | 59.98% | 1.72% |
| 76 | B | 57.12% | 1.8% | 77 | A | 44.3% | 1.86% | 78 | A | 68.76% | 1.59% |
| 79 | D | 42.38% | 1.25% | 80 | D | 50.39% | 1.75% | 81 | B | 69.31% | 1.49% |
| 82 | B | 52.51% | 1.61% | 83 | A | 45.06% | 1.36% | 84 | C | 46.84% | 1.99% |
| 85 | C | 50.38% | 1.83% | 86 | A | 44.03% | 1.9% | 87 | B | 41.34% | 1.08% |
| 88 | B | 60.52% | 1.96% | 89 | C | 60.85% | 1.94% | 90 | B | 52.89% | 1.39% |
| 91 | C | 20.09% | 3.57% | 92 | D | 42.81% | 1.62% | 93 | A | 65.28% | 1.41% |
| 94 | A | 43.03% | 1.37% | 95 | D | 60.05% | 1.96% | 96 | D | 63.18% | 1.39% |
| 97 | C | 63.08% | 1.74% | 98 | C | 63.11% | 1.01% | 99 | A | 55.62% | 1.01% |
| 100 | C | 63.08% | 1.21% | 101 | A | 83.78% | 0.0% | 102 | B | 41.3% | 1.4% |
| 103 | A | 54.66% | 1.75% | 104 | D | 30.23% | 4.77% | 105 | B | 67.4% | 1.29% |
| 106 | D | 60.05% | 1.79% | 107 | A | 21.58% | 3.01% | 108 | D | 27.38% | 3.68% |
| 109 | C | 46.32% | 1.89% | 110 | D | 29.93% | 4.29% | 111 | A | 19.87% | 3.78% |
| 112 | C | 57.39% | 1.12% | 113 | A | 81.68% | 0.0% | 114 | D | 60.24% | 1.42% |
| 115 | D | 26.81% | 3.61% | 116 | C | 55.16% | 1.25% | 117 | A | 60.03% | 1.2% |
| 118 | D | 48.76% | 1.72% | 119 | C | 50.34% | 1.04% | 120 | D | 60.76% | 1.36% |
| 121 | B | 42.42% | 1.29% | 122 | C | 44.08% | 1.3% | 123 | B | 51.98% | 1.47% |
| 124 | A | 49.51% | 1.04% | 125 | B | 44.29% | 1.67% | 126 | D | 87.07% | 0.0% |
| 127 | C | 88.18% | 0.0% | 128 | A | 59.19% | 1.52% | 129 | B | 68.08% | 1.16% |
| 130 | B | 78.63% | 0.0% | 131 | C | 50.84% | 1.24% | 132 | B | 78.03% | 0.0% |
| 133 | B | 58.25% | 1.85% | 134 | A | 87.44% | 0.0% | 135 | A | 66.64% | 1.04% |
| 136 | B | 19.44% | 4.41% | 137 | D | 84.31% | 0.0% | 138 | A | 56.45% | 1.56% |
| 139 | C | 57.53% | 1.22% | 140 | B | 80.7% | 0.0% | 141 | B | 58.87% | 1.56% |
| 142 | D | 86.1% | 0.0% | 143 | A | 61.51% | 1.81% | 144 | C | 80.23% | 0.0% |
| 145 | B | 25.04% | 3.77% | 146 | C | 41.95% | 1.18% | 147 | A | 83.5% | 0.0% |
| 148 | D | 69.31% | 1.53% | 149 | B | 25.92% | 3.12% | 150 | D | 84.51% | 0.0% |

## // संकेत और समाधान //

**1(B).** एक जीवित कोशिका के बाहर एक वायरस दोहरा नहीं सकता। इसकी प्रतिकृति को पूरा करने के लिए एक मेजबान निकाय की आवश्यकता होती है, मेजबान के बिना इसे निर्जीव माना जाता है। यह मेजबान शरीर में एक तिरछे, इंट्रासेल्युलर परजीवी के रूप में रहता है। वे मेजबान कोशिकाओं में प्रवेश करते हैं और अपनी सभी चयापचय गतिविधि को पकड़ते हैं।
तो इस कारण से, वायरस विशेष रूप से परजीवी हैं।
सैप्रोफाइट्स: ये ऐसे जीव हैं जो अपनी भोजन की आवश्यकता को पूरा करने के लिए मृत और क्षयकारी पदार्थ पर निर्भर करते हैं। जैसे। कुछ कवक, कीचड़ मोल्ड और बैक्टीरिया
ऑटोट्रॉफ़्स: जो जीव अपना भोजन तैयार करते हैं उन्हें ऑटोट्रॉफ़्स कहा जाता है। ये फोटो-ऑटोट्रॉफ़ और केमो-ऑटोट्रोफ़ हो सकते हैं। जैसे। ग्रीन प्लांट, बीजीए

**2(A).** प्रोकैरियोटिक (बैक्टीरिया) फ्लैगेला 3 से 12 माइक्रोन लंबा, 0.01 से 0.02 माइक्रोन मोटा खोखला होता है और प्रोटीन, फ्लैगेलिन की 3 से 8 सर्पिल या हेली रूप से व्यवस्थित पंक्तियों से बना होता है।

**3(A).** 'विषाणु' जिसका अर्थ है, कि विष या विषाक्त द्रव, डीमिट्री एवानोव्सकी

(1892) द्वारा दिया गया था, जिसने कुछ सूक्ष्म जीवाणुओं को तम्बाकू के किर्मीर रोग के कारण जीव के रूप में मान्यता दी थी। ये जीवाणु छोटे थे, क्योंकि वे जीवाणु रहित निस्यंदक से प्रवाहित हुए। एम. डब्ल्यू बीजरनीक (1898) ने प्रदर्शित किया कि तम्बाकू के संक्रमित पौधों के अर्क से स्वस्थ पौधों में संक्रमण हो सकता है और इसे तरल पदार्थ को कंटैजियम विवम फ्लुइडम (संक्रामक जीवित द्रव) कहा जाता है। स्टैनली (1935) ने प्रदर्शित किया कि विषाणु क्रिस्टलित हो सकते हैं और क्रिस्टल में बड़े पैमाने पर प्रोटीन होते हैं।

**4(A).** वर्गीकरण की सबसे छोटी इकाई प्रजाति है।
जीव विज्ञान की वह शाखा जो जीवों के वर्गीकरण में या सरल शब्दों में जीवों की पहचान और नामकरण से संबंधित है, वर्गीकरण के रूप में जानी जाती है। जैविक वर्गीकरण जीवों को उनकी संरचना, विकास और विकासवादी इतिहास के आधार पर विभिन्न श्रेणियों में व्यवस्थित कर रहा है और इस जैविक वर्गीकरण की मूल और सबसे छोटी इकाई प्रजाति है।
परिवार, वर्ग और जीनस वर्गीकरण वर्गीकरण में पदानुक्रम के उच्च क्रम में आते हैं, इसलिए वे वर्गीकरण की सबसे छोटी और बुनियादी इकाई नहीं हो सकते हैं।

**5(C).** प्रोटोस्टेल सभी टेरिडोफाइट्स (टेरिडोफाइटा) के बीच सबसे जटिल प्रकार के तारकीय संगठन हैं। वे अधिकांश मूल के साथ ठोस स्टील हैं, जिसमें फ्लोएम-संलग्न केंद्रीय जाइलम कोर होता है। अपने प्रकंद, तने या जड़ों में, अधिकांश टेरिडोफाइट्स प्रोटोस्टेलिक चरित्र का प्रदर्शन करते हैं।

**6(D).** सभी सनिदरीअन्स के पास उनके सुझावों में चुभने वाली कोशिकाओं के साथ तम्बू हैं जो शिकार को पकड़ने और वश में करने के लिए उपयोग किए जाते हैं। वास्तव में, फीलम नाम "सिंदरीअन" का शाब्दिक अर्थ है "डंक मारने वाला प्राणी।" चुभने वाली कोशिकाओं को निडोसिस्ट कहा जाता है और इसमें एक निमैटोसिस्ट नामक संरचना होती है। निमैटोसिस्ट एक कुंडलित धागा जैसा स्टिंगर है। स्टिंगिंग लंगरवानी और बचाव को सही ठहराते हैं।

**7(C).** बाघ की मूँछें उन्हें अंधेरे में गति करने तथा शिकार को ढूँढ़ने में मदद करती हैं। बाघों के कान अलग-अलग दिशा में हिल सकते हैं। बाघ अपने क्षेत्र को, जो अनेकों किलोमीटर का दायरा होता है, अपने पेशाब से अंकित करता है।

**8(D).** आम के बीज पशुओं द्वारा विस्थापित होते हैं।
बीज फैलाव अपने मूल पौधे से बीज के संचलन या परिवहन में एक अनुकूली तंत्र है। यह वयस्क पौधों के लिए कुछ बीजों के अंकुरण और अस्तित्व को सुनिश्चित करने में मदद करता है। बीज को एक स्थान से दूसरे स्थान तक ले जाने के लिए अनेक वाहक होते हैं। कुछ हवा से यात्रा करते हैं, कुछ पानी से यात्रा करते हैं और कुछ जानवरों की मदद से यात्रा करते हैं। पौधों/पेड़ों के प्रसार में सहायता के लिए बीज एक स्थान से दूसरे स्थान तक जाते हैं।
ऐसे विभिन्न तरीके हैं जिनसे पशु और पक्षी बीजों को फैलाते हैं। कुछ जानवर और पक्षी चमकीले रंग-बिरंगे फलों की ओर आकर्षित होते हैं। वे पूरा फल खाते हैं और उनका रसीला भाग ही पचता है और बीज उनके पातन के रूप में बाहर निकल जाते हैं। ब्लैकबेरी, चेरी, टमाटर और सेब के बीज इस तरह बिखरे हुए हैं। गिलहरियों की कुछ प्रजातियाँ विभिन्न पौधों जैसे बलूत का फल से काष्ठफल इकट्ठा करती हैं और उन्हें मिट्टी के नीचे दबा देती हैं।

**9(C).** गिबरेलिन एक हार्मोन है जो वर्नलिसिस की जगह लेता है। वर्नालाइज़ेशन पौधों, आमतौर पर बारहमासी या पेड़ों के लिए ठंडे उपचार की अवधि है। कुछ पौधे इसके बिना नहीं खिलेंगे। फूलों को उत्तेजित करने या बीज उत्पादन को बढ़ाने के लिए वैश्वीकरण में पौधों को कम तापमान के संपर्क में लाया जाता है। द्विवार्षिक पहले वर्ष में अपने वनस्पति शरीर का निर्माण करते हैं। फिर वे सर्दियों के मौसम से गुजरते हैं और फिर दूसरे वर्ष में फूल और फल पैदा करते हैं। गिब्बेरेलिन के बहिर्जात आवेदन के द्वारा, कई द्विवार्षिक को वार्षिक रूप से व्यवहार करने के लिए प्रेरित किया जा सकता है और उन्हें अपने फूलों के लिए प्राकृतिक द्रुतशीतन उपचार की आवश्यकता नहीं होती है।

**10(C).** सूक्ष्मांकुरों के ब्रुश बार्डर वाली घनाकार उपकला वृक्काणु की समीपस्थ संवलित नलिका में पायी जाती है।
वृक्काणु, समीपस्थ संवलित नलिका का सबसे लंबा हिस्सा है जो अल्ट्राफिल्ट्रेट से अमीनो एसिड, ग्लूकोज, आयन आदि जैसे प्रमुख पदार्थों को पुनः अवशोषित करता है। एक ब्रुश बार्डर शरीर के विभिन्न भागों में पाए जाने वाले साधारण घनाकार और सरल स्तंभकार उपकला की सूक्ष्मांकुरों से ढकी सतह है। सूक्ष्मांकुर लगभग 100 नैनोमीटर व्यास के होते हैं और उनकी लंबाई लगभग 100 से 2,000 नैनोमीटर के बीच होती है।

**11(B).** सेंट्रीओल बेलनाकार संरचनाएं हैं जो ट्यूबुलिन से बनी होती हैं। ये स्पिंडल के निर्माण में भाग लेते हैं।

**12(A).** एंजाइम हेक्सोकाइनेज ग्लाइकोलाइसिस में ग्लूकोज को ग्लूकोज- 6 -फॉस्फेट में उत्प्रेरित करता है, ग्लूकोज- 6 -फॉस्फेट द्वारा बाधित होता है। यह फीडबैक एलोस्टेरिक निषेध का एक उदाहरण है। हेक्सोकिनेस एक प्रोटीन है जो एक छह-कार्बन चीनी, एक हेक्सोज, एक हेक्सोज फॉस्फेट को फॉस्फोराइलेट करता है। कई ऊतकों और जीवों में, ग्लूकोज हेक्सोकाइनेज का सबसे महत्वपूर्ण सब्सट्रेट है, और ग्लूकोज- 6 -फॉस्फेट सबसे महत्वपूर्ण वस्तु है। हेक्सोकिनेस में ग्लूकोज के लिए एक उच्च प्रवृत्ति है, हेक्सोकाइनेज को इसकी वस्तु द्वारा ग्लूकोज - 6 -फॉस्फेट द्वारा पूरी तरह से बाधित किया जाता है। जब ग्लूकोज- 6 -फॉस्फेट के केंद्रीकरण का विस्तार होता है, तो यह अपने एलोस्टेरिक साइट पर यौगिक के साथ जुड़ जाता है और प्रोटीन में गठनात्मक परिवर्तन प्राप्त करता है।

**13(D).** बीज सुप्तता का सबसे सामान्य रूप अंतर्जात शारीरिक सुप्तता है। यह एक प्रकार की निष्क्रियता है जो नम द्रुतशीतन स्तरीकरण की अवधियों से मुक्त होती है। प्रकृति में, बीज सर्दियों में जमीन में अपनी आवश्यक नम ठंडक प्राप्त करते हैं। यह वसंत में अंकुरण को सिंक्रनाइज़ करता है। हम रेफ्रिजरेटर में नम वातावरण में बीज रखकर इस प्रभाव की नकल कर सकते हैं।
अत: विकल्प (D) सही है I

**14(D).** अर्धसूत्रीविभाजन की पश्चावस्था II में गुणसूत्रबिंदु का विभाजन होता है।
- पश्चावस्था II में, गुणसूत्रबिंदु अलग हो जाते हैं और सिस्टर क्रोमेटिड्स - अब अलग-अलग क्रोमोसोम - कोशिका के विपरीत ध्रुवों की ओर बढ़ते हैं।
- गुणसूत्रबिंदु अलग हो जाते हैं, और प्रत्येक गुणसूत्र के दो क्रोमेटिड धुरी पर विपरीत ध्रुवों पर चले जाते हैं।
- अलग किए गए क्रोमैटिड अब अपने आप में गुणसूत्र कहलाते हैं।

**15(C).** निम्न प्रकाश तीव्रता पर आपतित प्रकाश और $CO_2$ स्थिरीकरण दर के बीच एक रैखिक संबंध होता है। उच्च प्रकाश तीव्रता पर, धीरे-धीरे दर और वृद्धि नहीं करती है क्योंकि अन्य कारक सीमांत हो जाते हैं। प्रकाश संतृप्ति पूर्ण सूर्य के प्रकाश के 10% पर होती है। इसलिए, छाया या सघन वनों में पौधों के अलावा, प्रकाश प्रकृति में कम से कम एक सीमांत कारक होता है। एक बिंदु से परे आपतित प्रकाश में वृद्धि, पर्णहरित के विघटन और प्रकाश संश्लेषण में कमी का कारण बनती है।
अतः विकल्प (C) सही है I

**16(D).** टर्मिनल ऑक्सीकरण में, NADH और FADH ऑक्सीकृत होते हैं। ऑक्सीकरण के दौरान मुक्त ऊर्जा का उपयोग एटीपी, एडीपी और अकार्बनिक फॉस्फेट के संश्लेषण में किया जाता है। हाइड्रोजन को अंततः पानी बनाने के लिए ऑक्सीजन द्वारा ऑक्सीकरण किया जाता है। माइटोकॉन्ड्रिया की आंतरिक झिल्ली पर टर्मिनल ऑक्सीकरण होता है। ऑक्सीसोम संरचनाएं हैं जो माइटोकॉन्ड्रिया के मुड़े हुए आंतरिक झिल्ली की सतह पर मौजूद हैं। उन्हें f0-f1 कण या एटीपी सिंथेज़ भी कहा जाता है। वे कोशिका के कामकाज के लिए ऊर्जा के निर्माण में सबसे महत्वपूर्ण भूमिका निभाते हैं।

**17(D).** हीमोग्लोबिन एक श्वसन वर्णक है जिसमें ऑक्सीजन और कार्बन डाइऑक्साइड दोनों है। एक हीमोग्लोबिन अणु चार ऑक्सीजन अणुओं को आबंधित कर सकता है। लगभग 97 प्रतिशत ऑक्सीजन हीमोग्लोबिन के माध्यम से स्थानांतरित होती है।
- ऑक्सीजन का स्थानांतरण दो रूपों में होता है। लगभग 97 प्रतिशत ऑक्सीजन लाल रक्त कोशिकाओं (RBC) द्वारा स्थानांतरित होती है और शेष 3 प्रतिशत रक्त प्लाज्मा के माध्यम से स्थानांतरित होती है।
- कूपिका में ऑक्सीजन का आंशिक दाब सबसे अधिक होता है।
- ऑक्सीजन कूपिका में हीमोग्लोबिन के साथ आबंधित होती है और ऑक्सीहीमोग्लोबिन बनाती है।

- इसे हीमोग्लोबिन के ऑक्सीकरण के रूप में परिभाषित किया गया है।
- लेकिन ऊतकों में ऑक्सीजन का आंशिक दाब कम होता है और कार्बन डाइऑक्साइड का दाब अधिक होता है। इसलिए, ऑक्सीहीमोग्लोबिन ऊतकों में अलग हो जाता है और ऑक्सीजन को मुक्त करता है।
- इसलिए, 100 $ml$ ऑक्सीजन युक्त रक्त ऊतकों को लगभग 5 $ml$ ऑक्सीजन पहुंचाता है।

**18(C).** संकुचनशील धानी रिक्तिकाएं अमीबा जैसे एकल-कोशिका वाले जीवों में मौजूद हैं। संकुचनशील धानी रिक्तिकाएँ कार्य में उत्सर्जक और परासरणनियमन हैं। इसलिए किडनी और संकुचनशील धानी दोनों टीके एक समान होते हैं क्योंकि दोनों में एक समान कार्य होता है अर्थात अतिरिक्त पानी को बाहर निकालना होता है।

**19(D).** उभयचरों और स्तनधारियों में यूरियोटेलिक उत्सर्जन पाया जाता है। एक यूरियोटेलिक जीव अतिरिक्त नाइट्रोजन को यूरिया के रूप में उत्सर्जित करता है। यूरिया कम विषैला होता है और अमोनिया की तुलना में कम पानी की आवश्यकता होती है। यूरोटेलिक जीवों में कार्टिलाजिनस मछली, कुछ बोनी मछलियां, वयस्क उभयचर और मानव सहित स्तनधारी शामिल हैं।

**20(D).**

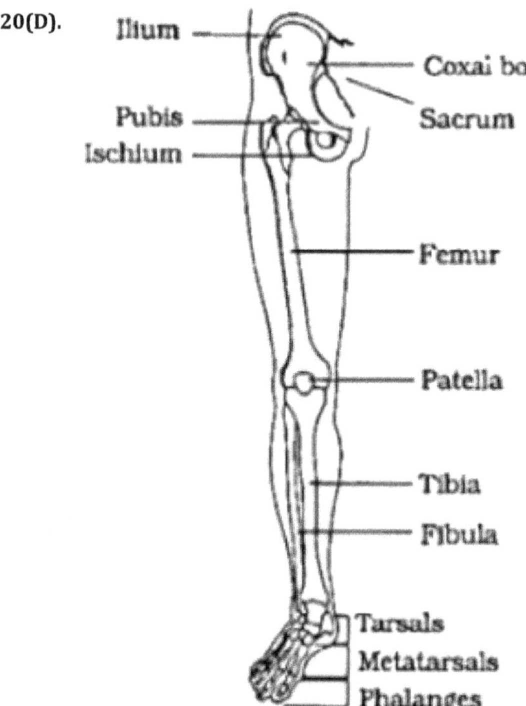


उपरोक्त आकृति से सही क्रम है:
1. फीमर
2. पटेला
3. टिबिया
4. फिबुला
5. मेटाटार्सेल

**21(B).** विद्युत सिनैप्स पर, पूर्व-और पश्च -सिनैप्टिक तंत्रिका की झिल्ली बहुत निकटता में हैं। इन सिनैप्स में विद्युत प्रवाह एक तंत्रिकोशिका से दूसरे में सीधे प्रवाहित हो सकता है। एक विद्युत सिनैप्स के पार आवेग संचरण एक रसायन सिनैप्स की तुलना में हमेशा तेज होता है। अक्षतंतु सिरों में इन तंत्रिका संचारी से भरी पुटिका होती हैं। जब एक आवेग (क्रिया विभव) अक्षतंतु सिरों पर आता है, तो यह झिल्ली की ओर सिनैप्टिक पुटिकाओं की गति को उत्तेजित करता है जहां वे प्लाज्मा झिल्ली के साथ संलयित होते हैं और अपने तंत्रिका संचारी को सिनैप्टिक विदर में मुक्त करते हैं। मुक्त किए गए तंत्रिका संचारी अपने विशेष ग्राही से बंधते हैं, जो पश्च-सिनैप्टिक झिल्ली पर उपस्थित होते हैं।

**22(C).** तीन कर्ण अस्थिकाएं मध्य कर्ण में पाई जाती हैं और मानव शरीर की सबसे छोटी अस्थियाँ कहलाती हैं। वे वायु से कर्णावर्त तक ध्वनि संचारित करने का उद्देश्य पूरा करती हैं। कर्णपटल झिल्ली द्वारा प्राप्त कंपन कर्ण अस्थिकाओं, मैलियस इनकस और स्टेपीज़ के माध्यम से यात्रा करते हैं और फिर अंडाकार खिड़की के माध्यम से (मध्य कर्ण के मुख से कर्णावर्त तक) आंतरिक कर्ण में कर्णावर्त तक पहुँचते हैं।
अतः विकल्प (C) सही है I

**23(B).** स्पिंडल फाइबर सूक्ष्म प्रोटीन संरचनाएं हैं जो कोशिका विभाजन के दौरान आनुवंशिक सामग्री को विभाजित करने और सेलुलर घटकों को व्यवस्थित करने में मदद करती हैं। स्पिन्डल फाइबर सूक्ष्मनलिकाएं से कई गौण प्रोटीन से बनते हैं जो आनुवंशिक विभाजन की प्रक्रिया को निर्देशित करने में मदद करते हैं।

**24(B).** भित्तीय बीजांडन्यास द्विअण्डपी या बहुअण्डपी, युक्ताण्डपी तथा एककोष्ठकी अंडाशय में पाया जाता है। इसमें बीजाण्ड अंडाशय की परिधि पर अण्डपो के संधि स्थलों पर लगे रहते है।

**25(C).** यदि स्तनधारी अंडाणु निषेचित होने में विफल रहता है, तो एस्ट्रोजन का स्राव और कम नहीं होता है जबकि कॉर्पस ल्यूटियम विघटित होता है। प्राथमिक पुटिका विकसित होने लगता है और प्रोजेस्टेरोन का स्राव तेजी से कम हो जाता है।

**26(D).** द्विसंकर संकरण तब होता है जब विपरीत लक्षणों के दो युगम उन लक्षणों के लिए समयुग्मजी सदस्यों के बीच संकरित होते हैं। गोल और पीले बीज के लिए मटर के पौधे का स्व-संकरण निम्नलिखित संतति प्रदर्शित करेगा:

| | RY | Ry | rY | ry |
|---|---|---|---|---|
| RY | RRYY | RRYy | RrYY | RrYy |
| Ry | RRYy | RRyy | RrYy | Rryy |
| rY | RrYY | RrYy | rrYy | rrYy |
| ry | RrYy | Rryy | rrYy | rryy |

गोल बीजों में जीन प्रारूप - RR/Rr
हरे बीज में जीन प्रारूप - yy
गोल आकार और हरे रंग का जीन प्रारूप के साथ बीज - Rryy/RRyy

**27(B).** rRNA कोशिका में सबसे पर्याप्त मात्रा में उपस्थित होता है। यह कोशिका के कुल RNA के 80% का निर्माण करता है। राइबोसोम लगभग 60% rRNA और 40% राइबोसोमल प्रोटीन से बने होते हैं। rRNA एक प्रकार का अकूटलेखन RNA होता है।

**28(A).** अर्न्स्ट मेयर ने संयुक्त राज्य समेरिका में अनुसंधान के एक अलग क्षेत्र के रूप में विकासवादी जीव विज्ञान की स्थापना की जिसके कारण उन्हें "20वीं शताब्दी का डार्विन" नाम दिया गया। जर्मनी के अर्न्स्ट मेयर ने विकासवादी सिद्धांत के आधुनिक संश्लेषण को परिभाषित करने में मदद की।

**29(A).** पोलियो का विषाणु संदूषित जल व भोजन से शरीर में प्रवेश करता है।
पोलियो एक वायरल बीमारी है, जो मांसपेशियों की कमजोरी और पक्षाघात के कारण रीढ़ की हड्डी को प्रभावित कर सकती है। पोलियो फैलता है जब किसी संक्रमित व्यक्ति का मल दूसरे व्यक्ति के मुंह में दूषित पानी या भोजन के माध्यम से चला जाता है। पोलियो शिशुओं और छोटे बच्चों में अधिक आम है और खराब स्वच्छता की स्थिति में होता है।

**30(D).** प्रतिबंध एंजाइमों के संबंध में गलत कथन चिपचिपे सिरे डी.एन.ए. लाइगेज द्वारा जोड़े जा सकते हैं।
चिपचिपे सिरों में मुक्त या लटके हुए या अयुग्मित नाइट्रोजन आधार होते हैं जो एक पुनः संयोजक डी.एन.ए. बनाने के लिए आवश्यक अन्य डी.एन.ए. खंड पर मौजूद पूरक आधारों से जुड़ सकते हैं। डी.एन.ए. के दो खंडों को एक साथ जोड़ने के लिए चिपचिपे सिरों की अनुपस्थिति में एक लाइगेज की आवश्यकता होती है।

**31(C).** कपास बोलवर्म से बचाने के लिए कपास में CryIAc और CryIIAB जीन पेश किए गए थे।
कपास के बोलवर्म कीट कपास के खेतों के लिए एक बड़ा खतरा हैं। वे पूर्ण विकसित कपास के पौधे को खा जाते हैं और फसल की उपज को नष्ट कर देते हैं। इस समस्या से निपटने के लिए पुनः संयोजक डीएनए तकनीक का उपयोग करके बीटी कपास बनाया गया था। इस तकनीक

में जीन के एक विशिष्ट वांछित खंड को दाता के जीनोम से मेजबान में स्थानांतरित किया जाता है। बीटी कपास उत्पादन में मेजबान कपास के पौधे का जीनोम था और दाता बैसिलस थुरिंजिएन्सिस था। यह जीवाणु 200 से अधिक प्रकार के विभिन्न बीटी विषाक्त पदार्थों का उत्पादन करता है जो विभिन्न कीड़ों के लिए घातक होते हैं। बीटी टॉक्सिन्स कपास के बोलवर्म पतंगों और तितलियों के लिए कीटनाशक के रूप में कार्य करते हैं। इन विषाक्त पदार्थों के लिए कोड करने वाले जीन बैक्टीरिया के जीनोम से लिए गए थे और वैक्टर का उपयोग करके कपास के पौधे के जीनोम में डाले गए थे। बीटी कपास को क्राई जीन नामक एंडोटॉक्सिन जीन के एक समूह का उपयोग करके बनाया गया था। CryIAc और CryIIAB नाम के बीटी-टॉक्सिन्स को छोड़ने वाले दो मुख्य जीन को जीवाणु जीनोम से अलग किया गया और फिर कपास के पौधे के जीनोम में डाला गया। इसके बाद संशोधित कपास के पौधों की खेती की गई और सुधार देखा गया। अब जब भी सुंडी ने कपास के पौधे को खाने की कोशिश की तो वे मर गए। बीटी टॉक्सिन्स जब बोलवर्म की आंत में प्रवेश करते हैं तो उसमें छिद्र बन जाते हैं जिससे रिसाव होता है और अचानक मृत्यु हो जाती है।

**32(A).** लाल ज्वार का प्रेरक एजेंट, जो तब होता है जब जीव सामान्य सांद्रता से अधिक हो जाता है। इन घटनाओं के दौरान पानी एक लाल या गुलाबी रंग का रंग ले सकता है, जो कि के। ब्रेविस आबादी में इन विस्फोटों को फ्लोरिडा रेड टाइड का नाम देता है। उदाहरण-सेराटियम फरक्का डाइनोफ्लैगलेट सेराटियम फुरका का लयबद्ध प्रवास पैटर्न उच्च विकिरण से बचने के लिए पारिस्थितिक अनुकूलन का एक परिणाम है। सेराटियम फुरका एक आम खिलने वाली प्रजाति है जो तटीय जल में पाई जाती है और हाल के वर्षों में खिलने के कारण पारिस्थितिक प्रभाव तेज हो गया है।

**33(D).** कार्बन डाइऑक्साइड एक रंगहीन गैस है जिसका घनत्व शुष्क हवा की तुलना में लगभग 60% अधिक है। कार्बन डाइऑक्साइड में एक कार्बन परमाणु होता है जो दो ऑक्सीजन परमाणुओं से सहसंयोजी रूप से द्विबंधित होता है। यह प्राकृतिक रूप से पृथ्वी के वायुमंडल में ट्रेस गैस के रूप में होता है। वर्तमान सांद्रता 0.036% मात्रा के हिसाब से है, जो पूर्व-औद्योगिक स्तर 280 पीपीएम से बढ़ी है। सामान्य रूप से सामना की जाने वाली सांद्रता पर कार्बन डाइऑक्साइड गंधहीन होता है। हालांकि, उच्च सांद्रता में, इसकी तेज और अम्लीय गंध होती है।

**34(D).** जनसंख्या की तीव्र वृद्धि वन्यप्राणियों के विलुप्तीकरण का प्रमुख कारण नहीं है । वन्यजीव विलुप्त होने के प्रमुख कारण प्राकृतिक आवासों का विनाश, वन्यप्राणियों का अवैध वाणिज्यिक व्यापार, जंगल की आग, आदि है।

**35(B).** बलाघूर्ण की विमा निम्नानुसार है,
$\Rightarrow [T] = [M^1L^2T^{-2}]$
कार्य की विमा निम्नानुसार है,
$\Rightarrow [T] = [M^1L^2T^{-2}]$
संवेग की विमा निम्नानुसार है,
$\Rightarrow [\mathrm{T}] = [\mathrm{M}^1\,\mathrm{L}^1\,\mathrm{T}^{-1}]$
उपरोक्त स्पष्टीकरण से, यह स्पष्ट है कि बलाघूर्ण और कार्य की विमा समान है लेकिन संवेग की एक अलग विमा है।

**36(B).** दिया गया,
गोली का द्रव्यमान, $m = 20\,g = 20 \times 10^{-3}\,kg$
प्रारंभिक गति, $u = 1\,ms^{-1}$
गोली पर दीवार द्वारा लगाया गया माध्य प्रतिरोध या प्रतिरोधक बल है,
$F = 2.5 \times 10^{-2}\,N$
दीवार की मोटाई यानी गोली का विस्थापन,
$s = 20\,cm = 20 \times 10^{-2}\,m$
गति के तीसरे समीकरण से (स्थिति - वेग संबंध)
$v^2 - u^2 = 2as$
बल से, $F = ma$
$\Rightarrow a = \frac{F}{m}$
उपरोक्त समीकरण में a का मान प्रतिस्थापित करने पर,
$\therefore v^2 = u^2 - 2\left(\frac{F}{m}\right)s$
$\Rightarrow v^2 = (1)^2 - (2)\left[\frac{2.5\times10^{-2}20\times10^{-3}}{\times}\right]\frac{20}{100}$
$\mathrm{v}^2 = 1 - 2\left(\frac{1}{5}\right)\left[\frac{2.5}{2}\right]$
$\mathrm{v}^2 = 1 - 0.5$
$\mathrm{v}^2 = 1 - \frac{1}{2} = \frac{1}{2}$
$\Rightarrow v = \frac{1}{\sqrt{2}}\,m/s \approx 0.7\,m/s$
इसलिए, दीवार के दूसरी ओर से निकलने के बाद गोली की गति 0.7 $m/s$ के करीब होती है।
इसलिए, सही विकल्प (B) है।

**37(A).** दिया हुआ है,
दीवार की ऊँचाई (H) $= 25\,\mathrm{m}$,
गेंद की गति $(u) = 40\,\mathrm{m/s}$
अब,
मान लीजिए कि गेंद को क्षैतिज दूरी के साथ $\theta$ कोण पर फेंका जाता है।
हम जानते है,
$\mathrm{H} = \frac{\mathrm{u}^2\sin^2\theta}{2\mathrm{g}}$
$\therefore 25 = \frac{(40)^2\sin^2\theta}{2\times9.8}$
या $\sin^2\theta = \frac{25\times2\times9.8}{(40)^2}$
या $\sin\theta = \frac{\sqrt{490}}{40} = 0.5534$
or $\theta = 33.6^\circ$
अब, $\mathrm{R} = \frac{\mathrm{u}^2\sin2\theta}{\mathrm{g}}$
$= \frac{(40)^2\sin2(33.6^\circ)}{9.8}$
$= \frac{(40)^2\sin67.2^\circ}{9.8}$
$= \frac{(40)^2\times0.9219}{9.8}$
$= 150.5\,\mathrm{m}$

**38(C).** हमारे पास है,
संदूक का द्रव्यमान, $m = 40\,\mathrm{kg}$
घर्षण का गुणांक, $\mu = 0.15$
प्रारंभिक वेग, $u = 0$
त्वरण, $a = 2\,\mathrm{m/s^2}$
ट्रक के अंत से संदूक की दूरी, $s' = 5\,\mathrm{m}$
न्यूटन के गति के द्वितीय नियम के अनुसार,
त्वरित गति के कारण संदूक पर बल, $F = ma$
$= 40 \times 2 = 80\,\mathrm{N}$
न्यूटन के गति के तृतीय नियम के अनुसार, 80 N का एक प्रतिक्रिया बल पीछे की दिशा में संदूक पर कार्य कर रहा है।
संदूक के पीछे की गति को घर्षण $f$ के बल द्वारा विरोध किया जाता है, संदूक और ट्रक के फर्श के बीच कार्य करता है।
दिया गया बल है,
$f = \mu mg$
$= 0.15 \times 40 \times 10$
$= 60\,\mathrm{N}$
इसलिए, संदूक पर कार्य करने वाला नेट बल,
$F_{\mathrm{net}} = 80 - 60 = 20\,\mathrm{N}$, पीछे की ओर कार्य
संदूक में निर्मित पिछला त्वरण है,
त्वरण, $a_{\mathrm{back}} = \frac{\mathrm{F_{net}}}{\mathrm{m}} = \frac{20}{40} = 0.5\,\mathrm{m/s^2}$
गति के द्वितीय समीकरण का उपयोग करने पर,
समय $t$ है,
$\mathrm{s}' = \mathrm{ut} + \frac{1}{2}\mathrm{a_{back}t^2}$
$5 = 0 + \frac{1}{2} \times 0.5 \times t^2$
$\therefore t = \sqrt{20}\,\mathrm{s}$
इस प्रकार, संदूक प्रारम्भ से ही $\sqrt{20}$ s के बाद ट्रक से गिर जाएगा।
$\sqrt{20}$ s में ट्रक द्वारा यात्रा की जाने वाली दूरी $s$, द्वारा दी गई है,
$\mathrm{s} = \mathrm{ut} + \frac{1}{2}\mathrm{at^2}$
$= 0 + \frac{1}{2} \times 2 \times (\sqrt{20})^2$
$= 20\,\mathrm{m}$
इस प्रकार, 20 m की दूरी पर, संदूक ट्रक से गिर जाएगा।

**39(D).** व्यक्ति का द्रव्यमान, $m = 70$ kg
ड्रम का त्रिज्या, $r = 3$ m
घर्षण का गुणांक, $\mu = 0.15$
आवर्तन की आवृत्ति, $v = 200$ rev/min $= \frac{200}{60} = \frac{10}{3}$rev/s
व्यक्ति के आवर्तन के लिए आवश्यक अभिकेन्द्र बल सामान्य बल $(F_N)$ द्वारा प्रदान किया जाता है।
जब फर्श घूमता है, तो व्यक्ति ड्रम की दीवार से आकर्षित हो जाता है। इसलिए, नीचे की ओर काम करने वाले व्यक्ति $(mg)$ का भार घर्षण बल $(f = \mu F_N)$ से ऊपर की ओर संतुलित होता है।
इस प्रकार, जब तक व्यक्ति गिर नहीं जाएगा:
$mg < f$
$mg < \mu F_N = \mu m r \omega^2$
$g < \mu r \omega^2$
न्यूनतम कोणीय गति के रूप में दिया जाता है:
$\omega_{\min} = \sqrt{\frac{g}{\mu} r}$
$= \sqrt{\frac{10}{0.15 \times 3}} = 4.71 \text{rads}^{-1}$

**40(C).** दिया गया,
बल, $F = 10$ N
काम किया, $W = 25$ J
दूरी, $s = 5$ m
$W = Fs \cos\theta$
$\cos\theta = \frac{W}{Fs}$
$\Rightarrow \cos\theta = \frac{25}{10 \times 5} = \frac{1}{2}$
$\Rightarrow \theta = 60^\circ$

**41(B).** कथन- 1 सत्य है, कथन-2 सत्य है; कथन-2, कथन-1 की सही व्याख्या नहीं है।
पूरी तरह से बेलोचदार टक्कर में दोनों पिंडों का वेग सामान्य अभिलंब के साथ समान होता है। लेकिन इस मामले में द्रव्यमान m, AB सतह के झुकाव के कारण m पर अटका हुआ है, यदि AB झुका हुआ नहीं है, तो दोनों समान गति से चलते हैं।

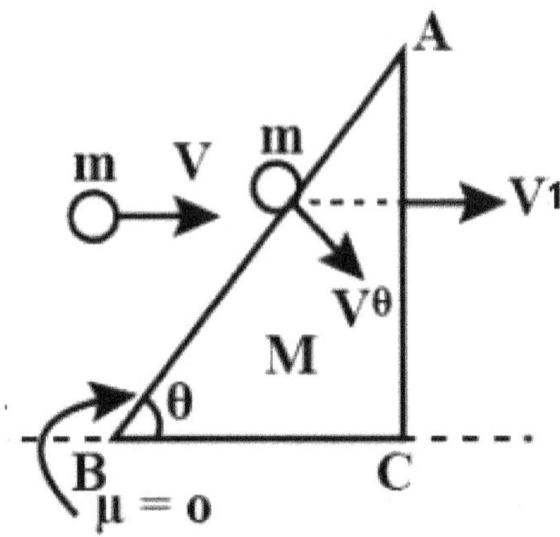


**42(C).** एक सख्त पिंड की घूर्णी गति में, सभी कण अलग-अलग रैखिक वेगों और समान कोणीय वेगों के साथ चलते हैं। इसलिए सभी कणों के कोणीय वेग समान होंगे।
लेकिन रैखिक वेग घूर्णन अक्ष से कणों की दूरी पर भी निर्भर करता है। इसलिए, सभी कणों के लिए रैखिक वेग अलग-अलग होंगे क्योंकि सभी कणों के लिए दूरी अलग-अलग होती है।

**43(B).** दिया गया है:
$W = mg$
$mg' = (0.25)mg$
$\Rightarrow g' = \frac{g}{4}$
ग्रह पर गुरुत्वाकर्षण के कारण त्वरण दें $\rightarrow$ g
पृथ्वी पर $T_1 = 2\pi\sqrt{\frac{l}{g}}$ (लोलक का आवर्तकाल $T = 2\pi\sqrt{(\frac{l}{g})}$)
$T_1 = 2\pi\sqrt{\frac{l}{g}}$ ....(1) $T_1 = 1$ सेकंड (दिया गया है)
ग्रह पर $T_2 = 2\pi\sqrt{\frac{l}{g'}} = 2\pi\sqrt{\frac{l}{\frac{g}{4}}} = 2 \times 2\pi\sqrt{\frac{l}{g}}$
समीकरण (1) से
$T_2 = 2 \times 1 = 2$ सेकंड

**44(C).** प्रारंभिक वेग जिसके साथ गेंद फेंकी जाती है $= u$
जब वेग $\frac{u}{\sqrt{2}}$ होगा तो गेंद की गतिज और स्थितिज ऊर्जा समान होगी।

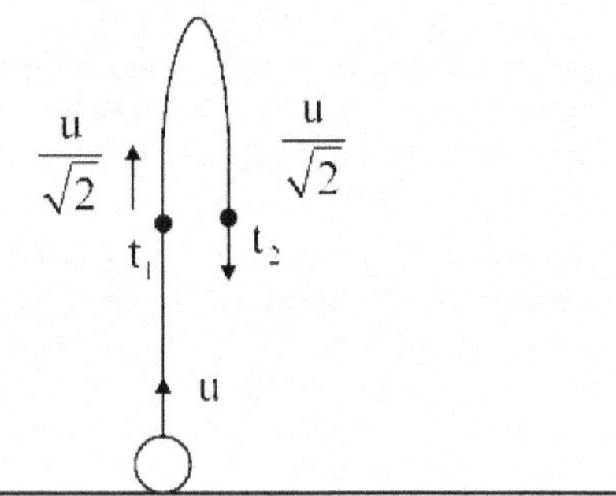


$v = u + gt$ का प्रयोग करने पर
$t_1$ (जिस क्षण वेग $\frac{u}{\sqrt{2}}$ ऊपर की ओर होता है, इस दिशा में गुरुत्वाकर्षण का मान ऋणात्मक लिया जाता है)।
$t_1 = \frac{u - \frac{u}{\sqrt{2}}}{g}$
इसी प्रकार $t_2 = \frac{u + \frac{u}{\sqrt{2}}}{g}$
इसलिए,
$t_2 - t_1 = \frac{u + \frac{u}{\sqrt{2}}}{g} - \frac{\sqrt{2}u + u}{\sqrt{2}g}$
$= \frac{2u}{\sqrt{2}g}$
$= \sqrt{2}\frac{u}{g}$.

**45(A).** गर्भनाल में तनाव $= \frac{YA}{L}\Delta 1$
$= \frac{5 \times 10^8 \times 1 \times 10^{-6} \times 2 \times 10^{-2}}{10 \times 10^{-2}} = 100$ N
जब द्रव्यमान छोड़ा जाता है, तो संग्रहीत लोचदार ऊर्जा = द्रव्यमान की गतिज ऊर्जा
$\Rightarrow \frac{1}{2} F \times \Delta 1 = \frac{1}{2} mv^2$
$v = \sqrt{\frac{F \times \Delta l}{m}}$
$= \sqrt{\frac{100 \times 2 \times 10^{-2}}{80 \times 10^{-3}}} = 5$ m/s

**46(A).** ऊष्मा $Q$ आंतरिक ऊर्जा और कार्य में परिवर्तित हो जाती है। ऊष्मागतिकी के प्रथम नियम के अनुसार,
$Q = U + W$
$nC_p\Delta T = nC_v\Delta T + W$
कार्य में परिवर्तित ऊष्मा का विवर्तन इस प्रकार दिया जाता है
$\frac{W}{Q} = \frac{nC_p\Delta T - nC_v\Delta T}{nC_p\Delta T}$
$= \frac{C_p - C_v}{C_p}$
$= \frac{\frac{5}{2}R - \frac{3}{2}R}{\frac{5}{2}R}$
$= \frac{2}{5}$

**47(D).** उष्मागतिकी का दूसरा नियम सभी रेफ्रिजरेटर डीप फ्रीजर औद्योगिक प्रशीतन प्रणाली सभी प्रकार के एयर कंडीशनिंग सिस्टम हीट पंप और

इसी तरह लागू होता है। उष्मागतिकी चक्र सभी प्रकार के वायु और गैस कम्प्रेसर, ब्लोअर और पंखे के संचालन को नियंत्रित करते हैं। घरेलू और व्यावसायिक उद्देश्यों के लिए अक्षय ऊर्जा स्रोतों के विभिन्न रूपों को नियोजित करने की व्यवहार्यता का अध्ययन ऊष्मागतिकी का एक महत्वपूर्ण विषय क्षेत्र है।

**48(D).** तापमान बढ़ने पर, गैस अणुओं की गति तेज हो जाती है और इसलिए सबसे संभावित वेग का मूल्य भी बढ़ जाता है।
नतीजतन, संपूर्ण वितरण वक्र चापलूसी हो जाता है, और उच्च वेग वाले क्षेत्रों में चोटी का बदलाव होता है
जैसे ही गैस का तापमान बढ़ता है, कण गतिज ऊर्जा प्राप्त करते हैं, और उनकी गति बढ़ जाती है।
अत: विकल्प (D) सही है I

**49(A).** स्थिरांक गति के साथ एक वस्तु की वृत्ताकार गति एक समान वृत्ताकार गति होती है।
स्थिर गति के कारण वस्तु समय के बराबर अंतराल में बराबर दूरियों को तय करेगा। इसलिए, वृत्ताकार गति को समय के बराबर अंतराल में दोहराया जायेगा। इसलिए, यह एक आवधिक गति है।
किसी वृत्ताकार गति में वस्तु निर्दिष्ट स्थिति के आस-पास दोलन नहीं कर सकता है क्योंकि यह वृत्ताकार दूरियों में यात्रा करता है। इसलिए, यह सरल आवर्त गति नहीं है।

**50(C).** परिमाण का प्रतिकारक बल, $F = 6 \times 10^{-3}$ N
पहले गोले पर चार्ज, $q_1 = 2 \times 10^{-7}$C
दूसरे गोले पर चार्ज, $q_2 = 3 \times 10^{-7}$C
दो गोले के बीच की दूरी, $r = 30$ cm $= 0.3$ m
कूलम्ब के नियम द्वारा दो गोलों के बीच स्थिरवैद्युत बल इस प्रकार दिया जाता है, $F = \frac{1}{4\pi\varepsilon_0}\frac{q_1 q_2}{r^2}$
जहां, $\varepsilon_0$ मुक्त स्थान की पारगम्यता है और,
$\frac{1}{4\pi\varepsilon_0} = 9 \times 10^9 \text{Nm}^2\text{C}^{-2}$
अब दिए गए मानों को प्रतिस्थापित करने पर कूलम्ब का नियम बन जाता है।
$F = \frac{9\times10^9\times2\times10^{-7}\times3\times10^{-7}}{(0.3)^2}$
$F = 6 \times 10^{-3}$ N
इसलिए, हमने पाया कि दिए गए आवेशित गोले के बीच स्थिरवैद्युत बल $F = 6 \times 10^{-3}$ N . चूँकि आवेश समान प्रकृति के होते हैं, इसलिए हम कह सकते हैं कि बल प्रतिकर्षण है।

**51(C).** जैसा कि हम जानते हैं,

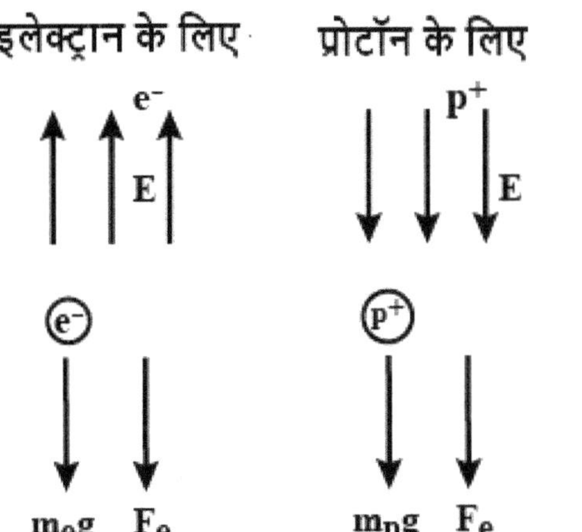


इलेक्ट्रॉन के लिए:-
$M_e g + F_e = M_e a$
$a = \frac{m_e g + eE}{m_e}$
$a_e = g + \frac{e}{m_e}E$
अब, $h = \frac{1}{2}a_e t^2$

$t_1 = \sqrt{\frac{2\text{h}}{g+\frac{eE}{m_e}}}$
प्रोटॉन के लिए:-
$\text{m}_\text{p}\text{g} + \text{F}_\text{e} = \text{m}_\text{p}\text{a}$
$\text{a}_\text{p} = \text{g} + \frac{\text{eE}}{\text{m}_\text{p}}$
अब , $h = \frac{1}{2} \times a_\text{p}t^2$
$t_2 = \sqrt{\frac{2h}{g+\frac{eE}{mp}}}$
$\therefore \text{m}_\text{p} > \text{m}_\text{e}$
इसलिए, $\text{t}_1 > \text{t}_2$

**52(B).** $\text{R}_1 + \text{R}_2 = 1000$
$\Rightarrow \text{R}_2 = 1000 - \text{R}_1$

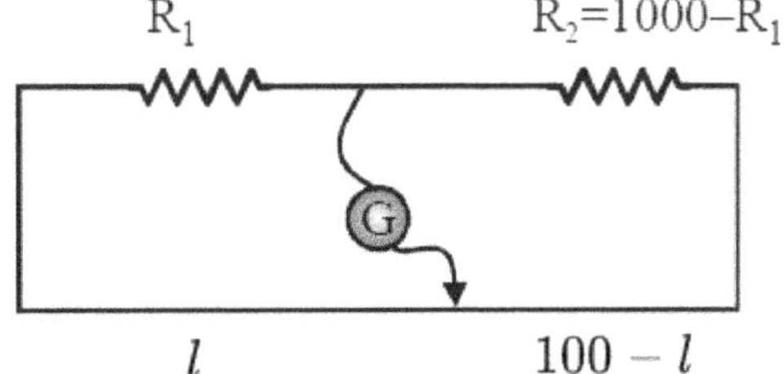


संतुलन की स्थिति में, $\text{R}_1(100 - l) = (1000 - \text{R}_1)l \ldots (1)$
प्रतिरोधों के परिवर्तन की दर $= (110 - l)$

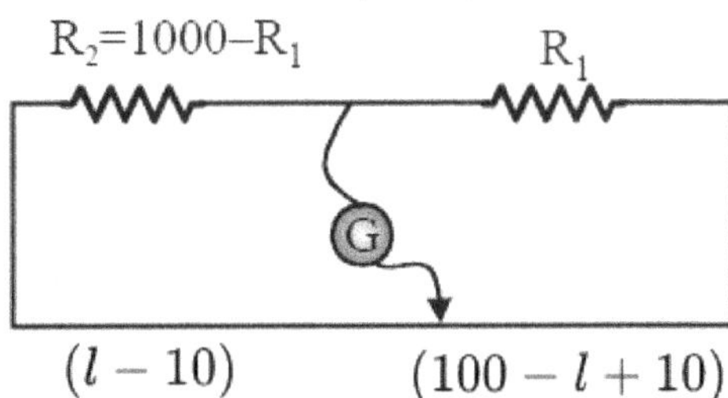


संतुलन की स्थिति में, $(1000 - \mathbf{R}_1)(110 - l) = \mathbf{R}_1(l - 10)$
या,
$\text{R}_1(-10) = (1000 - \text{R}_1)(110 - l) \ldots (2)$
$(1) \div (2)$
$\frac{100-l}{l-10} = \frac{l}{110-l}$
$\Rightarrow (100 - l)(110 - l) = l(l - 10)$
$\Rightarrow 11000 - 100l - 110l + l^2 = l^2 - 10l$
$\Rightarrow 11000 = 200l$
$l = 55$
समीकरण (1) में रखने पर, $\text{R}_1(100 - 55) = (1000 - \text{R}_1)55$
$\text{R}_1(45) = (1000 - \text{R}_1)55$
$\text{R}_1(9) = (1000 - \text{R}_1)11$
$20\text{R}_1 = 11000$
$\text{R}_1 = 550$
अत: विकल्प (B) सही है I

**53(B).** इलेक्ट्रिक मोटर एक विद्युत मशीन है जो विद्युत ऊर्जा को यांत्रिक ऊर्जा में परिवर्तित करती है। इसका उल्टा यांत्रिक ऊर्जा का विद्युत ऊर्जा में रूपांतरण है और यह एक विद्युत जनरेटर द्वारा किया जाता है, जिसमें मोटर के साथ बहुत कुछ समान होता है।

**54(A).** दिया गया,
एक वृत्ताकार कुण्डली में फेरों की संख्या, N=100
प्रत्येक कुण्डली की त्रिज्या, r = 8.0 cm = 0.08 m
कुण्डली में प्रवाहित धारा, I = 0.4 A
हम जानते हैं कि कुंडली के केंद्र में चुंबकीय क्षेत्र B का परिमाण दिया जाता है,

$B = \frac{\mu_0 NI}{2r}$
जहां,
$\mu_0$ खाली स्थान की पारगम्यता का प्रतिनिधित्व करता है और संख्यात्मक रूप से $4\pi \times 10^{-7} m/A$ के बराबर है।
$N$ प्रति इकाई लंबाई में घुमावों की संख्या को दर्शाता है।
$r$ वृत्ताकार कुण्डली की त्रिज्या को दर्शाता है।
$\Rightarrow B = \frac{4\pi \times 10^{-7} \times 0.4 \times 100}{2r \times 0.08}$
$\Rightarrow B = 3.14 \times 10^{-4} T$
तो, चुंबकीय क्षेत्र का परिमाण $B = 3.14 \times 10^{4} T$ है।

**55(B).** एक ट्रांसफॉर्मर की भंवर धारा के नुकसान को परतदार क्रोड का उपयोग करके कम किया जा सकता है।
कोर में जूल हीटिंग के कारण एडी करंट का नुकसान जो ट्रांसफार्मर के लागू वोल्टेज के वर्ग के समानुपाती होता है। प्लेटों के ढेर के कोर को एक ठोस ब्लॉक के बजाय विद्युत रूप से एक दूसरे से अछूता बनाकर एड़ी करंट के नुकसान को कम किया जा सकता है; कम आवृत्तियों पर काम करने वाले सभी ट्रांसफॉर्मर लैमिनेटेड या समान कोर का उपयोग करते हैं।

**56(A).** मैक्सवेल के विद्युतचुंबकीय सिद्धांत से, विद्युतचुंबकीय तरंग प्रसार में विद्युत और चुंबकीय क्षेत्र होते हैं जो एक दूसरे से लंबवत कंपन करते हैं। इस प्रकार, विद्युत क्षेत्र में परिवर्तन चुंबकीय क्षेत्र को जन्म देता है।
तब मैक्सवेल का समीकरण,
$\nabla \times \mathrm{B} = \mu_0 \left(\mathrm{J} + \epsilon_0 \frac{\mathrm{dE}}{\mathrm{dt}}\right)$
मैक्सवेल के इस समीकरण का उपयोग करके हम कह सकते हैं कि विद्युत क्षेत्र बदलना $\frac{\mathrm{dE}}{\mathrm{dt}}$ चुंबकीय क्षेत्र को प्रेरित करता है।

**57(D).** अभिदृश्यक लेंस के बड़े एपर्चर के साथ, टेलीस्कोप में प्रकाश एकत्र करने की शक्ति अधिक होती है।
साथ ही, दो वस्तुओं को स्पष्ट रूप से देखने की क्षमता या समाधान शक्ति भी अभिदृश्यक के व्यास पर निर्भर करती है। इस प्रकार, बड़े व्यास के अभिदृश्यक को प्राथमिकता दी जाती है।
इसके अलावा, बड़े व्यास के साथ धुंधली वस्तुओं को देखा जा सकता है। इसलिए, यह छवियों की बेहतर गुणवत्ता और दृश्यता में भी योगदान देता है।

**58(B).** चित्र में दिखाए गए किरण आरेख से,
स्नेल के नियम से बिंदु P पर,

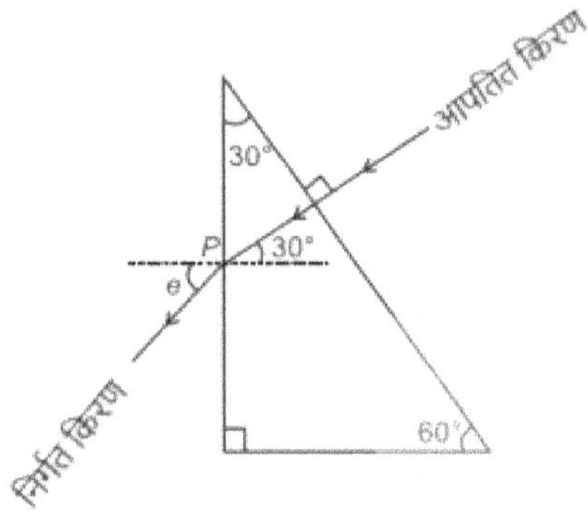


$\frac{\sin i}{\sin r} = \mu$ वायु / $\mu$ प्रिज्म
$\Rightarrow \frac{\sin 30^\circ}{\sin e} = \frac{1}{\sqrt{3}}$ ($\angle r = \angle e$ आपतित कोण)
$\Rightarrow \sin e = \sqrt{3} \cdot \frac{1}{2}$
$\Rightarrow \angle e = 60^\circ$

**59(A).** The length of the sonometer wire which is made of steel is $l = 1.5m$
The tension in the wire produces 1% of elastic strain.
The density of the steel or the wire is, $\rho = 7.7 \times 10^3 kg/m^3$
The elasticity of the wire is, $Y = 2.2 \times 10^{11} N/m^2$
Now we need to find the fundamental frequency of the wire.
The fundamental frequency of the can be mathematically expressed as, $\nu = \frac{v}{2l}$
Again, the velocity in the wire is given by, $v = \sqrt{\frac{T}{\mu}}$
Where $T$ is the tension on the wire and $\mu$ is the mass per unit length of the wire.
$\mu = \frac{m}{l}$
Putting these values, we can write,
$\nu = \frac{1}{2l}\sqrt{\frac{Tl}{m}}$
Again, if $A$ is the cross-sectional area of the wire and $I$ is the length, then the volume of the wire will be, volume $= A.l$
Again, the density of the wire is given as mass per unit volume. So,
density $= \frac{\text{mass}}{\text{volume}}$
$\rho = \frac{m}{Al}$
$m = \rho Al$
Putting this on the equation for fundamental frequency we get that,
$\nu = \frac{1}{2l}\sqrt{\frac{Tl}{\rho Al}}$
$\nu = \frac{1}{2l}\sqrt{\frac{T}{\rho A}}$
Now, elasticity of the wire is given by,
Elasticity $= \frac{\text{stress}}{\text{longitudinal strain}}$
$Y = \frac{\frac{T}{A}}{\frac{\Delta l}{l}}$
$Y = \frac{Tl}{A\Delta l}$
$\frac{T}{A} = \frac{Y\Delta l}{l}$
So, we can write
$\nu = \frac{1}{2l}\sqrt{\frac{Y}{\rho}\frac{\Delta l}{l}}$
Again, we know that, $\frac{\Delta l}{l}$ is the strain. The wire produces a strain of 1% . So,
$\frac{\Delta l}{l} = 1\% = \frac{1}{100} = 0.01$
Putting the values on the above equation, we get that,
$\nu = \frac{1}{2l}\sqrt{\frac{Y}{\rho}\frac{\Delta l}{l}}$
$\nu = \frac{1}{2\times 1.5}\sqrt{\frac{2.2\times 10^{11}}{7.7\times 10^3} \times 0.01}$
$\nu = 178.2 Hz$

**60(C).** किसी अन्तरापृष्ठ के लिए ब्रूस्टर कोण के बीच होना चाहिए: $45^\circ < i_b < 90^\circ$
ब्रूस्टर के कोण को उस कोण के रूप में परिभाषित किया जाता है जिसमें एक विशेष ध्रुवीकरण के साथ प्रकाश के आपतन कोण एक परावैद्युत पपष्ठ के माध्यम से पूरी तरह से प्रसारित होता है और कोई परावर्तन नहीं होता है और जब पृष्ठ पर अध्रुवित प्रकाश की घटना होती है जुहां प्रकाश पृष्ठ पर परावर्तित होगा।
ब्रूस्टर कोण के अंतरापृष्ठ को इस प्रकार लिखा गया है;
$\mu = \tan i_b \cdots (1)$
यहाँ $\mu$ दिए पदार्थ का अपवर्तनांक है।
जहां $\mu 1$ से $\infty$ के बीच स्थित है।
$1 < \mu < \infty$
उपरोक्त समीकरण में समीकरण (1) रखने पर हमारे पास है;
$1 < \tan i_b < \infty$
जहां, $i_b$ ध्रुवीकरण कोण है।
$\tan^{-1}(1) < i_b < \tan^{-1}(\infty)$

$\Rightarrow 45^\circ < i_b < 90^\circ$

**61(A).** ट्रांसमीटर की शक्ति,
$P = 10kW$
$= 10 \times 10^3 W$
ट्रांसमीटर की आवृत्ति,
$v = 880kHz$
$= 880 \times 10^3 Hz$
प्रति सेकंड उत्सर्जित फोटॉनों की संख्या,
$N = \frac{P}{hv} = \frac{10\times10^3}{6.6\times10^{-34}\times880\times10^3}$
$N = 1.71 \times 10^{31}$ फोटॉन प्रति सेकंड उत्सर्जित होते हैं।
अत: विकल्प (A) सही है I

**62(C).** सूत्र का उपयोग करके
$e \times V_s = \frac{hc}{\lambda} - W$ ( $W =$ कार्य फलन)
$\Rightarrow e \times 2.5 = \frac{hc}{300)} - W$
$\Rightarrow e \times 2.5 = \frac{1241.5\times nm}{300} - W$
$\Rightarrow e \times 2.5 = \frac{1241.5}{300} - W$
$\Rightarrow e \times 2.5 = \frac{1241.5\times(1.6\times10^{-19})}{300} - W$
$\Rightarrow e \times 2.5 = \frac{1241.5\times e}{300} - W$ .....(i)
$\Rightarrow e \times V_s = \frac{1241.5\times e}{150} - W$ ....(ii)
समीकरण (i) और (ii) घटाने पर
$e \times V_s - e \times 2.5 = \frac{1241.5\times e}{150} - \frac{1241.5\times e}{300}$
$\Rightarrow (V_s - 2.5) = \frac{1241.5}{150} - \frac{1241.5}{300}$
$\Rightarrow (V_s - 2.5) = \frac{1241.5}{150} - \frac{1241.5}{300} = \frac{1241.5}{300} = 4.138V$
$\Rightarrow V_s = 2.5 + 4.138 = 6.63V$

**63(A).** (a) अर्ध-आयु और क्षय स्थिरांक $T = 0.693/\lambda$ से संबंधित हैं
$\therefore \lambda = \frac{0.693}{T} = \frac{0.693}{2.7days}$
$\Rightarrow \lambda = 2.9 \times 10^{-6} s^{-1}$
(b) $T_m = \frac{T}{0.693}$
$= \frac{2.7}{0.693}$ दिन $= 3.9$ दिन (c) $A = \lambda N$ गतिविधि के रूप में दिया गया है , जहां $N$ , $198Au$ के $1mg$ में मौजूद नाभिक की संख्या है $^{198}Au$ का परमाणु द्रव्यमान $= 198\ g \therefore N = \frac{1mg}{198\ g} \times$ एवोगेड्रो संख्या
$\Rightarrow N = \frac{10^{-3}}{198} \times 6 \times 10^{23}$ परमाणु $\therefore N = 3.03 \times 10^{18}$ परमाणु
इस प्रकार , $A = \lambda N = (2.9 \times 10^{-9}\ s^{-1}) \times 3.03 \times 10^{18}$ ( परमाणु ) $= 8.8 \times 10^{12}$ प्रति सेकंड विघटन
$= \frac{8.8\times10^{12}}{3.7\times10^{10}} Ci = 240Ci$
अत: विकल्प (A) सही है I

**64(C).** विद्युत आवेश:
इसे कुछ मौलिक कणों जैसे इलेक्ट्रॉन, प्रोटॉन आदि के आंतरिक गुणधर्म के रूप में परिभाषित किया गया है, जिसके कारण वे विद्युत और चुंबकीय प्रभाव उत्पन्न करते हैं।
विद्युत आवेश के प्रकार
धन आवेश: एक निकाय जिसमें इलेक्ट्रॉनों की कमी होती है।
ऋण आवेश: एक निकाय जिसमें इलेक्ट्रॉनों की अधिकता होती है।
विद्युत आवेश के गुणधर्म:
समान आवेश एक दुसरे को प्रतिकर्षित और विपरीत आवेश आकर्षित करते हैं ।
आवेश एक अदिश राशि है।
एक आवेश हमेशा क्वांटाइज्ड होता है
एक आवेश हमेशा संरक्षित रहेगा ।
एक आवेश हमेशा द्रव्यमान से सम्बन्धित रहता है।
आवेश की इकाई कूलम्ब है।
$\Rightarrow$ 1 कूलम्ब= इलेक्ट्रान पर आवेश 625 × $10^{16}$

- एक निकाय को धन आवेशित करने के लिए हमें निकाय से कुछ इलेक्ट्रॉनों को बाहर निकालने की आवश्यकता होती है।
- इसलिए एक निकाय को धन आवेश के साथ आवेशित करने के लिए प्रोटॉन की संख्या में परिवर्तन नहीं होगा, इसलिए परमाणु संख्या नहीं बदलती है।
- एक आवेश हमेशा द्रव्यमान से सम्बन्धित रहता है।
- एक धन आवेश बनाने के लिए, कुछ इलेक्ट्रॉनों को निकाय से बाहर निकाला जाता है ताकि इसका द्रव्यमान कम हो जाए।

अत: विकल्प (C) सही है I

**65(B).** किसी p-प्रकार के अर्धचालक के लिए "विवर बहुसंख्यक वाहक हैं तथा त्रिकसंयोजक परमाणु मादक (डोपैन्ट) हैं।" सही है।
p- प्रकार के अर्धचालक में:

- अशुद्ध परमाणु त्रिकसंयोजक तत्व होते हैं।
- त्रिकसंयोजक तत्वों के परिणामस्वरूप छिद्रों की अत्यधिक संख्या होती है जो सदैव इलेक्ट्रॉन स्वीकार करते हैं, इसलिए त्रिकसंयोजक अशुद्धताएं स्वीकारकर्ता कहलाते हैं।
- अपमिश्रण छिद्रों की संख्या के संबंध में मुक्त इलेक्ट्रॉनों की न्यूनतम संख्या प्रदान करते हैं।
- अपमिश्रण के परिणामस्वरूप ऋणात्मक रूप से आवेशित स्वीकारकर्ता और धनात्मक रूप से आवेशित छिद्र होते हैं।

**66(C).** यह दिया गया है कि लॉजिक परिपथ LED तब चमकेगी जब LED के पार वोल्टेज अधिक होगा।
आइए हम A और B दोनों इनपुट को 0 लेते हैं। परिणाम में बल्ब चमक रहा है जो 1 है।
अब हम A को 1 और B को 0 लेते हैं। परिणाम में बल्ब दीप्तमान है जो 1 है।
और जब हम A को 0 और B को 1 लेते हैं। परिणाम में बल्ब दीप्तमान है जो 1 है।
और जब हम A और B दोनों इनपुट को 1 के रूप में लेते हैं। परिणाम में बल्ब नहीं दीप्तमान है, जो कि 0 है।
इसलिए सत्य सारणी है
**सत्य सारणी**

| A | B | Y |
|---|---|---|
| 0 | 0 | 1 |
| 0 | 1 | 1 |
| 1 | 0 | 1 |
| 1 | 1 | 0 |

यह NAND गेट का आउटपुट है।

**67(C).** दी गई संरचना पेरोक्सिमोनोसुलफ्यूरिक अम्ल है। चित्र नीचे दिखाया गया है:

```
       O
       ‖
HO – S – O – OH
       ‖
       O
```

पेरोक्सिमोनोसल्फ्यूरिक अम्ल, ($H_2SO_5$), जिसे फारसल्फ्यूरिक अम्ल, पेरोक्सीसल्फ्यूरिक अम्ल या कैरो के अम्ल के रूप में भी जाना जाता है। इस अम्ल में, S(VI) केंद्र अपनी विशिष्ट टेट्राहेड्रल ज्यामिति को अपनाता है; कनेक्टिविटी को HO-O-S(O) $_2$ -OH सूत्र द्वारा इंगित किया गया है I यह ज्ञात सबसे मजबूत ऑक्सीडेंट में से एक है ($E_0$ = +2.51 V) और अत्यधिक विस्फोटक है।
$H_2SO_5$ कभी-कभी $H_2S_2O_8$ से भ्रमित होता है , जिसे पेरोक्सीडिसल्फ्यूरिक अम्ल के रूप में जाना जाता है। डाईसल्फ्यूरिक अम्ल, जो अपने क्षार धातु के लवण के रूप में अधिक व्यापक रूप से उपयोग किया जाता है, की संरचना HO-S(O) $_2$ -O-O-S(O) $_2$ -OH है।

**68(C).** दिया गया है,
थ्रेशोल्ड वेवलेंथ $\lambda_0 = 330$ nm $= 330 \times 10^{-9} m$
प्लांक स्थिरांक $h = 6.6 \times 10^{-34}$ Js
प्रकाश की गति, $c = 3 \times 10^8 m/s$

$W = h\frac{c}{\lambda_0}$
$= \frac{6.6\times10^{-34}\times3\times10^{8}}{330\times10^{-9}}$
$= \frac{6.6\times3\times10^{-18}}{33}$
$= 0.6 \times 10^{-18}$
$= 6 \times 10^{-19}$ J

**69(B).** दिया गया है,
कक्षा में परिक्रमण करने वाले इलेक्ट्रॉन के कक्षीय कोणीय संवेग को $\sqrt{l(l+1)}\frac{h}{2\pi}$ दिया जाता है।
s-इलेक्ट्रॉन के लिए $l = 0$
$= \frac{h}{2\pi}\cdot\sqrt{0(0+1)}$
$= 0$

**70(B). लिगन्ड-**
- ये स्पीशीज़ या आयन या अणु होते हैं जिनमें इलेक्ट्रॉनों का एक एकल युग्म होता है।
- सामान्य लिगन्ड क्लोरीन, जल, फ्लोरीन, कार्बोक्सिल, नाइट्रोसिल, अमोनिया आदि हैं।
- कुछ लिगन्ड धनात्मक होते हैं और वे इलेक्ट्रॉनों की एक युग्म को अपने रिक्त p या d कक्षाओं में स्वीकार कर सकते हैं।
- उनका HOMO अधिकृत होता है।
- वे इस अयुग्मित युग्म को सहसंयोजी मिश्रणों को बनाने वाली धातुओं के निम्नतम निरपेक्ष आण्विक कक्षक (LUMO) को प्रदान करते हैं।

जैसा कि वे धातुओं के लिए अपने एकल युग्म इलेक्ट्रॉनों को प्रदान करते हैं, उन्हें लुईस क्षार के रूप में वर्गीकृत किया जा सकता है।

**71(A).** फ्लोरीन रासायनिक रूप से सबसे सक्रिय तत्व है, वस्तुतः हर तत्व के साथ अभिक्रिया करता है। यहां तक कि यह उच्च तापमान और दबावों पर उत्कृष्ट गैसों के साथ भी अभिक्रिया करता है।

**72(A).** क्षारक धातु क्लोराइड्स LiCl, NaCl, KCl और CsCl के धनायन ऑक्सीकरण अवस्था +1 में उद्धरण हैं।
जब हम समूह को नीचे ले जाते हैं, तो धनायनों का आकार बढ़ जाता है जबकि आयनों का आकार समान रहता है।
$Li^+$ का आकार सबसे कम है और इस तरह ध्रुवीकरण सबसे अधिक है।
जैसा कि $Li^+$ में उच्च ध्रुवीकरण शक्ति है, यह $Cl^-$ का ध्रुवीरण करता है और सहसंयोजक यौगिक LiCl बनाता है।
दूसरी ओर, NaCl, CsCl, KCl जैसे अन्य क्लोराइड प्रकृति में आयनिक होते हैं।
जैसे-जैसे हम समूह में नीचे जाते हैं, वैसे-वैसे धनायन का आकार बढ़ता जाता है और ध्रुवीकरण की शक्ति कम होती जाती है। इससे समूह में सहसंयोजक लक्षण में कमी आई।
इसलिए, LiCl सबसे अधिक सहसंयोजक है और CsCl सबसे कम है।

**73(C).** फ्लोरीन में सबसे अधिक वैद्युतीयऋणात्मकता होती है और समूह 17 तत्वों में आयोडीन सबसे कम वैद्युतीयऋणात्मकता होता है, इसलिए वैद्युतीयऋणात्मकता अंतर $I - F$ में सबसे ज्यादा होता है। तो यह सबसे ध्रुवीय बंध है।
आइए हम उपर्युक्त आबंधों की वैद्युतीयऋणात्मकता के बीच अंतर की जाँच करें:

**Cl - F**
- आबंध सहसंयोजक और ध्रुवीय है।
- Cl का ई. एन = 3 और F का ई. एन 4.0 है।
- इसलिए, अंतर 4 - 3 = 1 है।

**Br - F**
- आबंध सहसंयोजक और ध्रुवीय है।
- Br का ई. एन = 2.8 और F का ई. एन 4.0 है।
- इसलिए, अंतर 4 - 2.8 = 1.2 है।

**I - F**
- आबंध सहसंयोजक और ध्रुवीय है।
- I का ई. एन = 2.5 और F का ई. एन 4.0 है।
- इसलिए, अंतर 4 - 2.5 = 1.5 है।

**F - F**
- दिए गए अणु में दो फ्लोरीन परमाणु हैं और इस प्रकार दोनों के बीच वैद्युतीयऋणात्मकता अंतर शून्य है।
- इस आबंध में कोई ध्रुवणता नहीं है और अतः यह अध्रुवीय सहसंयोजक है।
- इसलिए, I - F सबसे अधिक ध्रुवीय है।

**74(A).** प्रश्न के अनुसार,
(i)
$CH_4(g) + 2O_2(g) \rightarrow CO_2(g) + 2H_2O(l); \Delta_cH^\ominus = -890.3\ kJ\ mol^{-1}$
(ii) $C(s) + 2O_2(g) \rightarrow CO_2(g); \Delta_cH^\ominus = -393.5\ kJ\ mol^{-1}$
(iii) $2H_2(g) + O_2(g) \rightarrow 2H_2O(l); \Delta_cH^\ominus = -285.8\ kJ\ mol^{-1}$
इस प्रकार, वांछित समीकरण वह है जो $CH_4(g)$ के गठन का प्रतिनिधित्व करता है जो इस प्रकार है:
$C(s) + 2H_2(g) \rightarrow CH_4(g); \Delta_fH_{CH_4} = \Delta_cH_c + 2\Delta_cH_{H_2} - \Delta_cH_{CO_2}$
उपरोक्त सूत्र में मानों को प्रतिस्थापित करना:
गठन की एन्थैल्पी $CH_4(g) = (-393.5) + 2\times(-285.8) - (-890.3) = -74.8\ kJmol^{-1}$

**75(C).** ऊष्मा (q) के व्यंजक से,
$q = mc\Delta T$
जहां,
c = दाढ़ ताप क्षमता
m = पदार्थ का द्रव्यमान
$\Delta T$ = तापमान में परिवर्तन
दिया गया,
$m = 60$ g
$c = 24\ Jmol^{-1}K^{-1}$
$\Delta T = (55 - 35)°C$
$\Delta T = (328 - 308)K = 20\ K$
ऊष्मा के व्यंजक में मानों को प्रतिस्थापित करने पर:
$q = (\frac{60}{27}\ mol)(24 Jmol^{-1}\ K^{-1})(20\ K)$
$q = 1066.7$ J
$q = 1.07$ kJ

**76(B).** एक प्रणाली को थर्मोडायनामिक संतुलन में कहा जाता है यदि निम्नलिखित तीनों संतुलन के लिए अवस्था पूरी होती हैं:
**यांत्रिक संतुलन:**
जब सिस्टम के भीतर और सिस्टम और आसपास के बीच कोई असंतुलित बल नहीं होते हैं, तो सिस्टम को यांत्रिक संतुलन के तहत कहा जाता है।
**रासायनिक संतुलन:**
सिस्टम को रासायनिक संतुलन में कहा जाता है जब सिस्टम के भीतर कोई रासायनिक प्रतिक्रिया नहीं होती है या प्रसार के कारण सिस्टम के एक हिस्से से दूसरे हिस्से में पदार्थ का स्थानांतरण नहीं होता है।
**थर्मल संतुलन:**
जब सिस्टम का तापमान एक समान होता है और पूरे सिस्टम और परिवेश में भी नहीं बदलता है, तो सिस्टम को थर्मल संतुलन में कहा जाता है।

**77(A).** जब स्थिर आयतन पर संतुलन मिश्रण में एक अक्रिय गैस डाली जाती है, तो सिस्टम का कुल दबाव बढ़ जाएगा लेकिन अभिकारक और उत्पाद की सांद्रता में कोई बदलाव नहीं होगा। दूसरे शब्दों में, अक्रिय गैस के योग से स्थिर आयतन पर संतुलन पर कोई प्रभाव नहीं पड़ेगा।

**78(A).** उपरोक्त यौगिक में लोहे की ऑक्सीकरण संख्या निम्नानुसार निर्धारित की जा सकती है:
$[Fe(NO)(H_2O)_5]SO_4$ पानी में घुलकर $[Fe(NO)(H_2O)_5]^{2+}$ आयन और $SO_4^{2-}$ आयन देता है।
NO पर आवेश $= +1\ (NO^+)$
$H_2O$ = तटस्थ लिगेंड्स
लोहे (Fe) की ऑक्सीकरण अवस्था,
$X + (+1) + 5(0) - 2 = 0$
$\Rightarrow X + (+1) + 5(0) = +2$
$\Rightarrow X = +1$

**79(D).** किसी यौगिक पर कुल आवेश शून्य होता है। मान लें कि यौगिक में Br की ऑक्सीकरण अवस्था x है।
$KBrO_4$ में,
K = +1
Br = x
O = -2
$KBrO_4$ :
$+1 + x + 4(-2) = 0$
$\Rightarrow x = +7$

**80(D).** राउल्ट के नियम के अनुसार,
$P = x_A p_A + x_B p_B$ ........(i)
बाइनरी समाधान के लिए,
$x_A + x_B = 1, x_B = 1 - x_A$ ........(ii)
समीकरण (ii) से समीकरण (i) से $x_B$ का मान रखने पर, प्राप्त करता हैं l
$P = x_A p_A + (1 - x_A) p_B = x_A p_A + p_B - x_A p_B$
$P = p_B + x_A (p_A - p_B)$

**81(B).** एक आदर्श विलयन की अवधारणा रासायनिक ऊष्मप्रवैगिकी और इसके अनुप्रयोगों के लिए मौलिक है, जैसे कि संपार्श्विक गुणों का उपयोग। एक आदर्श विलयन या आदर्श मिश्रण वह विलयन होता है जिसमें विलयन की एन्थैल्पी ( $\Delta H$ विलयन = 0 ) शून्य होती है। जैसे ही विलयन की एन्थैल्पी शून्य के निकट होती है, विलयन अधिक आदर्श हो जाता है।
चूँकि मिश्रण (विलयन) की एन्थैल्पी शून्य है, मिश्रण पर गिब्स ऊर्जा में परिवर्तन केवल मिश्रण की एन्ट्रापी द्वारा निर्धारित किया जाता है ( $\Delta S$ विलयन)। तो $\Delta G$ शून्य नहीं है।

**82(B).** दिया गया,
$2Ag^+(aq) + H_2(g) \rightarrow 2Ag(s) + 2H^+(aq)$
यह सिल्वर आयन की हाइड्रोजन में कमी करने वाली सेल है इसलिए इस सेल के लिए,
$E^o_{cell} = E^o_{OP_H} + E^o_{RP_{Ag}}$
$\Rightarrow 0.80 = 0 + E^o_{RP_{Ag^+/Ag}}$
$\therefore E^o_{RP_{Ag^+/Ag}} = 0.80V$
इसलिए, $E^o_{OP_{Ag^+/Ag}} = -E^o_{RP_{Ag^+/Ag}} = -0.80$ V

**83(A).** ऑक्सीकरण-अपचयन (रेडॉक्स) अभिक्रिया एक प्रकार की रासायनिक अभिक्रिया है जिसमें दो यौगिकों के बीच इलेक्ट्रॉनों का स्थानांतरण शामिल है।
इलेक्ट्रॉनों के इस स्थानांतरण को अभिक्रियाशील यौगिकों के ऑक्सीकरण अवस्था में परिवर्तन को देखकर पहचाना जा सकता है। रेडॉक्स अभिक्रिया वह अभिक्रिया है जिसमें ऑक्सीकरण और अपचयन एक साथ होते हैं।

**84(C).** प्राथमिक अभिक्रिया के लिए, आणविकता अभिक्रिया के क्रम के बराबर होती है। इस प्रकार, दी गई अभिक्रिया के लिए दर होगी:
$r = k[A]^2[B]$
अब, यहाँ सांद्रता मूल रूप से मोल प्रति इकाई आयतन है।
तो, आयतन को आधा करने से दोनों अभिकारकों की सांद्रता दोगुनी हो जाएगी।
इस प्रकार, दरों की तुलना इस प्रकार की जा सकती है:
$r_1 = k[A]^2[B]$
$r_2 = k[2A]^2[2B]$
$= 8k[A]^2[B]$
$= 8r_1$
इसलिए, दर आठ गुना बढ़ जाती है।

**85(C).** सक्रियण ऊर्जा अभिक्रिया की दर के व्युत्क्रमानुपाती होती है। जब सक्रियण ऊर्जा बढ़ती है, तो अभिक्रिया की दर कम हो जाती है। सक्रियण ऊर्जा को बढ़ाकर अभिक्रिया की दर को नहीं बढ़ाया जा सकता है।
- कम सक्रियण ऊर्जा के साथ एक वैकल्पिक मार्ग द्वारा, उत्प्रेरक की उपस्थिति अभिक्रिया दर (आगे और पीछे दोनों अभिक्रियाओं में) को बढ़ाती है।
- टकराव सिद्धांत के अनुसार, अभिक्रिया दर एकाग्रता के साथ बढ़ती है। अभिकारकों की सांद्रता बढ़ने पर टकरावों की संख्या बढ़ जाती है।
- अभिकारकों की औसत गतिज ऊर्जा तापमान द्वारा मापी जाती है। ताप बढ़ने पर अभिकारकों की गतिज ऊर्जा बढ़ती है।

**86(A).** $(NH_4)_2Cr_2O_7$ को ऊष्मा देने पर $N_2$ गैस प्राप्त होती है। अभिक्रिया इस प्रकार है
$(NH_4)_2Cr_2O_7 \xrightarrow{Heating} N_2 + 4H_2O + Cr_2O_3$
दिए गए विकल्पों को ऊष्मा देने पर अभिक्रिया इस प्रकार है
(A) $NH_4NO_2 \xrightarrow{Heating} N_2 + 2H_2O$
(B) $NH_4NO_3 \xrightarrow{Heating} N_2O + 2H_2O$
(C) $Mg_3N_2 + 6H_2O \xrightarrow{Heating} 3Mg(OH)_2 + 2NH_3$
(D) $2Na + H_2O \xrightarrow{Heating} Na_2O + H_2$

**87(B).** गलनांक बिंदु को उस तापमान के रूप में परिभाषित किया जाता है जिस पर एक ठोस अवस्था तरल अवस्था में परिवर्तित हो जाती है।
यह ज्ञात है कि तांबा, चांदी और सोना सभी संक्रमण धातु हैं। उनके पिघलने के बिंदु निम्नानुसार सूचीबद्ध हैं।
ताँबा- 1984°$F$ या 1085°$C$
सोना- 1984°$F$ या 1064°$C$
चाँदी- 1763°$F$ या 961.8°$C$
इस प्रकार दिए गए तत्वो का गलनांक बिंदु का बढते से घटता क्रम इस प्रकार है
$Cu > Au > Ag$

**88(B).** $Ni(CO)_4$, Ni शून्य ऑक्सीकरण अवस्था में है यानी इसका विन्यास $3d^8 4s^2$ है। चूंकि CO एक मजबूत फ़ील्ड लिगेंड है, यह अयुग्मित 3 d इलेक्ट्रॉनों की जोड़ी का कारण बनता है।
इसके अलावा, यह 4 s इलेक्ट्रॉनों को 3 d कक्षीय में स्थानांतरित करने का कारण बनता है, जिससे $sp^3$ संकरण और , चतुष्फलकीय आकार। चूंकि इस मामले में कोई अयुग्मित इलेक्ट्रॉन मौजूद नहीं हैं, [Ni(CO)4] प्रतिचुंबकीय है।

**89(C).** विभिन्न जटिल आयनों का एक ही आणविक सूत्र होता है। जटिल धनायन और जटिल आयनों के बीच लिगेंड का आदान-प्रदान होता है। इस प्रकार के मिश्रणों को समन्वय समावयवी कहा जाता है।
$[Pt(NH_3)_4][CuCl_4]$ में, अमोनिया लिगेंड Pt धातु से जुड़े होते हैं और क्लोराइड लिगेंड Cu धातु से जुड़े होते हैं।
$[Cu(NH_3)_4][PtCl_4]$ में, अमोनिया लिगेंड Cu धातु से जुड़े होते हैं और क्लोराइड लिगेंड Pt धातु से जुड़े होते हैं।

**90(B).** जैसा कि हम जानते हैं, कार्बोकेशन की स्थिरता का क्रम $3° > 2° > 1°$ है।
विकल्प (A), (B) और (D), 2° कार्बोकेशन हैं।
विकल्प (C) 1° कार्बोकेशन है।
विकल्पों में से (A), (B), (C) और (D), (B) में हाइपरकोन्जुगेटिव संरचना की अधिकतम संख्या है।

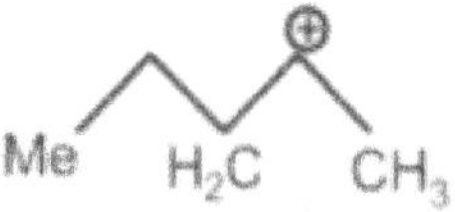


$5 - \alpha$ कार्बन होते हैं। तो, 5 हाइपरकोन्जुगेटिव संरचनाएं।

**91(C).** $-NO_2$ समूह इलेक्ट्रॉन निकालने वाला समूह है, इसलिए यह बड़े पैमाने पर बेंजीन रिंग को निष्क्रिय कर देता है, $-Cl$ परमाणु भी बेंजीन रिंग को निष्क्रिय कर देता है लेकिन यह निष्क्रियता है $-NO_2$ समूह से कम है; जबकि $-CH_3$ समूह बेंजीन वलय को सक्रिय करता है। इसलिए, सक्रियण और निष्क्रियता के आधार पर उनके पास इलेक्ट्रोफिलिक आकर्षण का निम्न क्रम होता है (क्योंकि अधिक सक्रिय समूह इलेक्ट्रोफाइल को आसानी से आकर्षित करता है)।

$CH_3$ > (1) > Cl (3) > $NO_2$ (4)

2 > 1 > 3 > 4

**92(D).** N-ब्रोमो सक्सीनिमाइड (NBS) हल्की परिस्थितियों में होमोलिटिक विखंडन के बाद Br मुक्त मूलक का एक स्रोत है। NBS का उपयोग एलिलिक स्थिति में $Br$ के विकल्प के रूप में किया जाता है क्योंकि $Br_2$ द्विबंध के साथ प्रतिक्रिया करके डाइब्रोमाइड बनाता है। एलिलिक ब्रोमिनेशन एक दोहरे बंधन से सटे कार्बन पर हाइड्रोजन का प्रतिस्थापन है। इसलिए विकल्प (डी) में प्रतिक्रिया केवल एक उत्पाद का उत्पादन करेगी जो 5– ब्रोमो –1, 3 - साइक्लोपेंटैडीन है

Br

**93(A).** पहला कदम हैलाइड बनाने के लिए एक मुक्त मूलक जोड़ है। दूसरा चरण गर्मी में Na/ईथर के साथ हैलाइड को युग्म करना है जिसे वर्ट्ज़ प्रतिक्रिया के रूप में जाना जाता है। यह क्लोरो और ब्रोमो हैलाइड के लिए मान्य है। आयोडीन के बड़े आकार के कारण $I_2$ के साथ प्रतिक्रिया थर्मोडायनामिक रूप से प्रतिकूल है। हमें पहले चरण में मिश्रण को गर्म करने की आवश्यकता है। प्रतिक्रिया इस प्रकार है:

$$\text{Cyclohexane} + Cl_2 \xrightarrow{h\nu} \text{C}_6\text{H}_{11}\text{Cl} \xrightarrow[\text{ईथर}]{Na} \text{वर्ट्ज़ युग्मन}$$

**94(A).** पॉलीसबस्टिट्यूशन फ्रीडेल-क्राफ्ट एल्केलेशन रिएक्शन की खामी है। ऐसा इसलिए है क्योंकि बेंजीन रिंग पर एल्काइल समूह की संख्या में वृद्धि के साथ बेंजीन रिंग का सक्रिय व्यवहार बढ़ता है। फ्राइडल-क्राफ्ट एल्केलाइज़ेशन, प्राप्त एल्काइलेटेड उत्पाद अभिकारक की तुलना में अधिक सक्रिय होता है, इसलिए बहुविकल्पी होता है। प्रतिक्रिया है,

$$C_6H_6 \xrightarrow[ACl_3]{RCl} C_6H_5R \text{ (सक्रिय रिंग)} \xrightarrow[ACl_3]{RCl} o\text{-}C_6H_4R_2 + p\text{-}C_6H_4R_2$$

**95(D).** $H_2C = CH - CH_2Cl$ $SN^1$ अभिक्रिया में अधिक क्रियाशील हैं। यह प्रतिध्वनि द्वारा कार्बन धनायन के स्थिरीकरण के कारण है, क्योंकि यह एक एलिलिक कार्बन धनायन है।

$H_2C = CH - CH_2^+ \leftrightarrow {}^+H_2C - CH = CH_2$

**96(D).** फेनोल को सायक्लोहेक्सानॉल से हाइड्रोजनीकृत किया जाता है,

$$C_6H_5OH + 3H_2 \xrightarrow{Ni} C_6H_{11}OH$$

इसलिए, हमें साइक्लोहेक्सानोल के रूप में अंतिम उत्पाद मिलता है।

**97(C).** ग्रिग्नार्ड अभिकर्मकों को मैग्नीशियम धातु के अलावा अल्काइल या एल्केनाइल हैलाइड्स के माध्यम से जाता है। हलाइड Cl, Br, या I (F नहीं) हो सकता है। हालांकि, आयोडाइड और ब्रोमाइड से ग्रिग्नार्ड बनाना थोड़ा आसान है। ध्यान दें कि यहाँ क्या हो रहा है - मैग्नीशियम कार्बन और हैलाइड के बीच "सम्मिलित" है। जब हम "RMgX" के रूप में ग्रिग्नार्ड अभिकर्मकों को परिष्कृत करते हैं, तो यह "एक्स" को संशोधित करता है। इसलिए स्पष्ट रूप से मिथाइल आयोडाइड और मैग्नीशियम (ग्रिग्नार्ड के अभिकर्मक) के रूप में सही विकल्प देता है।

**98(C).** प्राथमिक ऐमीन के साथ ऐल्डिहाइड की अभिक्रिया से बनने वाला उत्पाद शिफ बेस है। यह एक प्रतिस्थापित इमाइन है।

$$CH_3 - C(O) - CH_3 + H_2N - R \xrightarrow{H^+} CH_3 - C(CH_3) = N - R + H_2O$$

शिफ बेस

**99(A).** प्राथमिक और द्वितीयक ऐमीन ग्रिग्नार्ड अभिकर्मकों के साथ अभिक्रिया करके ऐल्केन बनाती हैं। होने वाली प्रतिक्रिया के लिए, नाइट्रोजन परमाणु से जुड़े हाइड्रोजन परमाणु होने चाहिए। हाइड्रोजन को ग्रिग्नार्ड अभिकर्मकों के ऋणात्मक रूप से आवेशित एल्काइल समूह द्वारा निकाला जाता है जिससे अल्केन्स बनते हैं। चूंकि तृतीयक ऐमीन के नाइट्रोजन परमाणु से कोई हाइड्रोजन नहीं जुड़ा होता है, इसलिए वे ग्रिग्नार्ड अभिकर्मकों के साथ अभिक्रिया नहीं करते हैं। मिथाइल मैग्नीशियम ब्रोमाइड, मीथेन के साथ एथिलमाइन की अभिक्रिया ग्रिग्नार्ड अभिकर्मक के अल्काइल भाग से बनती है।

अभिक्रिया को इस प्रकार लिखा जा सकता है:

$$C_2H_5NH\boxed{H + CH_3}MgBr \longrightarrow CH_4 + Mg\begin{matrix} NHC_2H_5 \\ Br \end{matrix}$$

जब एथिल ऐमीन को एथिल मैग्नीशियम ब्रोमाइड से उपचारित किया जाएगा, तो यह ईथेन देगा। अभिक्रिया होगी:

$$C_2H_5NH_2 + C_2H_5MgBr \rightarrow C_2H_6 + Mg(NHC_2H_5)Br$$

इसलिए, जब एथिल ऐमीन की मिथाइल मैग्नीशियम ब्रोमाइड के साथ क्रिया की जाती है, तो बनने वाला उत्पाद मिथेन होता है।

**100(C).**

Phthalic acid (A) $\xrightarrow[\Delta]{NH_3}$ (B) (COOH, $CONH_2$) $\xrightarrow{\text{Strong heating}}$ (C) (phthalimide, NH) $\xrightarrow{\text{Ethanolic KOH}}$

phthalimide $\overset{\ominus}{N}K^{\oplus}$ + R–Cl $\longrightarrow$ N–R $\xrightarrow{\overset{\ominus}{O}H/H_2O}$ $R - NH_2$ + (Primary amine) + phthalate ($COO^-$, $COO^-$)

दी गई सभी अभिक्रियाओं की व्याख्या की जा सकती है यदि कार्बनिक यौगिक $(A)$ थैलिक अम्ल हो।

**101(A).** ई. एल. थार्नडाइक, एक अमेरिकी मनोवैज्ञानिक, को आधुनिक शैक्षिक मनोविज्ञान के संस्थापक के रूप में जाना जाता है।

- उन्होंने 'प्रयत्न और त्रुटि सिद्धांत' को प्रतिपादित किया जो यह दर्शाता है कि शिक्षण उद्दीपकों और अनुक्रियाओं के बीच संबंध बनाने का परिणाम है।
- "गलतियाँ व्यक्ति को सिखाती हैं" कथन 'प्रयत्न और त्रुटि सिद्धांत' पर आधारित है।

**थार्नडाइक का प्रयोग:**

- थार्नडाइक ने पहेली बॉक्स में अपनी बिल्ली पर किए गए प्रयोगों के आधार पर अपने सिद्धांत तैयार किए।
- बॉक्स के अंदर के तारों को खींचकर बॉक्स का दरवाजा खोला जा सकता था। बाहर एक मछली रखी हुई थी।
- बिल्ली द्वारा दबने, कूदने, काटने आदि से बॉक्स से बाहर आने की कोशिश की गई थी।
- क्योंकि कई बार प्रयोग दोहराया गया था जिससे गलत गतिविधियाँ कम हुईं और आखिर में बिल्ली एक ही प्रयास में दरवाजा खोल पाई।

**102(B).** स्किनर के अनुसार, मनुष्य भाषा संबंधी उद्दीपन का निर्माण कर सकते

हैं जो उनके व्यवहार को नियंत्रित कर सकता है। नोम चॉम्स्की जैसे कई भाषाविज्ञानियों ने संवर्द्धित किया और स्किनर के दृष्टिकोण का समर्थन नहीं किया। स्किनर का मानना था कि भाषा व्यवहार एक संज्ञानात्मक व्यवहार है। बच्चे अंततः सफल होने तक परीक्षण और त्रुटि विधि द्वारा भाषा सीखते हैं। शाब्दिक व्यवहार के माध्यम से वे दूसरों द्वारा किए गए कार्यों के माध्यम से अनुक्रिया देते हैं। उनका मानना था कि बच्चे अनुकरण और पुनर्बलन के माध्यम से सीखेंगे जोकि पर्यावरण के माध्यम से ग्रहण करते हैं।

**भाषा अधिग्रहण पर स्किनर का दृष्टिकोण :**

- स्किनर मानते हैं कि बच्चे 'खाली बर्तन' की तरह हैं, जिसमें भाषा को 'डाल दिया' जाता था
- स्किनर ने भाषा अधिग्रहण को संज्ञानात्मक व्यवहार के रूप में भी समझा है।
- क्रियाप्रसूत अनुकूलन - बच्चा परीक्षण-और-त्रुटि के माध्यम से सीखते है, दूसरे शब्दों में वे सही भाषा का उपयोग करने में असफल रहते है और कौशिश करते हैं, जब तक कि सफल नहीं हो जाते; माता-पिता की मुद्राओं (मुस्कुराहट, ध्यान और अनुमोदन) द्वारा प्रदान किए जाने वाले पुनर्बलन और आकार के साथ जो बच्चे के लिए सुखद हैं।
- शाब्दिक व्यवहार में स्किनर (1957) एक बच्चे द्वारा किए जाने वाले दो प्रकार की शाब्दिक अनुक्रियाओं के बीच अंतर निकालते हैं
- शाब्दिक व्यवहार जो बच्चे की कुछ प्राप्त करने के लिए मजबूर करता है, जो वह चाहता है।
- दूसरों का अनुकरण करके शाब्दिक व्यवहार उत्पन्न होता है।

**103(A).** अधिगम एक ऐसी प्रक्रिया है जिसके द्वारा एक व्यक्ति, किसी स्थिति में अंतःक्रियाओं के परिणामस्वरूप अपने व्यवहार को संशोधित करता है। यह उचित समायोजन प्राप्त करने और उचित वृद्धि और विकास प्राप्त करने के लिए व्यवहार में वांछनीय परिवर्तन लाने में मदद करता है।
अधिगम चरणों में होता है। प्रक्रिया को गठित करने वाले विभिन्न चरणों को अधिगम के चरण कहा जाता है। प्रत्येक चरण में कुछ संचालन होते हैं जो अधिगम की स्थिति उत्पन्न करते हैं।
प्रारंभिक चरण ज्ञान प्राप्त करने और अधिगम की प्रक्रिया को बढ़ाने की प्रक्रिया में एक महत्वपूर्ण चरण है। इस चरण को नियोजन चरण के रूप में संदर्भित किया जा सकता है। इस कार्य को पूरा करने के लिए व्यवस्थित योजना की आवश्यकता होती है। यह कुछ लक्ष्यों या उद्देश्यों और उन लक्ष्यों को प्राप्त करने के तरीकों या रणनीतियों को स्थापित करने में मदद करता है।

- यह शैक्षिक उद्देश्यों के वर्गीकरण का उपयोग करके व्यवहार के संदर्भ में निर्देशात्मक उद्देश्यों को विस्तार से तैयार करने में मदद करता है।
- उद्देश्य एक छात्रों के मनोविज्ञान और समाज और विद्यालय की आवश्यकताओं के अनुसार निर्धारित किया जाता है।
- इन उद्देश्यों को प्राप्त करके छात्रों में क्या परिवर्तन किए जा सकते हैं, इसके अनुसार उद्देश्य निर्धारित किए जाते हैं।

लक्ष्य निर्धारण का सूत्रीकरण और दूसरी ओर अधिगम के लक्ष्यों में अवरोध या बाधा दोनों पहलू हैं जिनका निर्णय इस चरण में किया जा सकता है।
इसलिए, यह निष्कर्ष निकाला जा सकता है कि अधिगम लक्ष्यों तक पहुंचने के लिए उद्देश्य या प्रमुख प्रबल इच्छा, और अधिगम लक्ष्यों में अवरोध या बाधा दोनों अधिगम प्रक्रिया के प्रारंभिक चरण के पहलू हैं।

**104(D).** छात्र कई तरीकों से सीखते हैं और शिक्षकों को शिक्षार्थियों द्वारा अपनाई गई सीखने की विभिन्न शैलियों को विकसित और पहचानना होता है। यह बहुत कम संभावना है कि कोई भी दो छात्र एक ही चीज़ को समान तरीके से और समान गति से सीखते हैं।
उपर्युक्त स्थिति में, यह व्याख्या की जा सकती है कि उसने गुणा को बार-बार जोड़ने के रूप में समझा क्योंकि यह गुणन की सबसे आसान रणनीति है जिसमें:

- संख्या को जितनी बार गुणा किया जाता है उतनी बार जोड़ा जाता है।
- आवश्यक गुणज प्राप्त करने के लिए विद्यार्थी एक-एक करके संख्याएँ जोड़ते हैं। उदाहरण: $25 \times 5 = 25 + 25 + 25 + 25 + 25$।

**105(B).** कक्षा छठी के छात्रों को वर्तुल गति सिखाने के लिए गतिविधि आधारित शिक्षण सबसे अच्छा तरीका होगा।
विज्ञान वर्ग में गतिविधि आधारित शिक्षण सभी विषयों में सीखने के लिए महत्वपूर्ण है क्योंकि यह छात्रों को केवल प्राप्त करने के बजाय जानकारी को संसाधित करने में मदद करता है। गतिविधि 'नए' आकार बनाने और उन्हें एक्सप्लोर करने के अवसर प्रदान करती है। कक्षा में गतिविधियाँ प्रयोग, रिकॉर्डिंग और विश्लेषण पर आधारित हो सकती हैं। यह स्व-शिक्षा को बढ़ावा देने के लिए बाल-सुलभ शैक्षिक सहायता का उपयोग करता है और बच्चे को उसकी योग्यता और कौशल के अनुसार अध्ययन करने की अनुमति देता है।

**106(D).** प्रभावी सीखने की सुविधा के लिए विभिन्न प्रकार के शिक्षण-अधिगम दृष्टिकोण हैं और समस्या समाधान उनमें से एक है। इस दृष्टिकोण में, शिक्षक छात्रों के लिए एक समस्यात्मक स्थिति पैदा करते हैं और फिर भयमुक्त कक्षा के वातावरण में समस्याओं को समझने, परिभाषित करने और समस्याओं को बताने में उनकी सहायता करते हैं। इस उपागम में विद्यार्थी के पास समाधान नहीं होता बल्कि वे समस्या का अन्वेषण करके और स्थिति की कल्पना करके समाधान खोजते हैं, इसीलिए अवलोकन समस्या समाधान उपागम का चरण नहीं है।
समस्या समाधान विधि में शामिल चरण:

- समस्या की पहचान करना और उसे परिभाषित करना।
- समस्या को देखना और उसका विश्लेषण करना।
- परिणामों की आशा करना और उपलक्ष्य निर्धारित करना।
- सर्वोत्तम समाधान का चयन और कार्यान्वयन।
- परिणाम/परिणाम का मूल्यांकन करना।
- परिणामों का आकलन करना।

**107(A).** सृजनात्मक विचारक: सृजनात्मकता एक छात्र की क्षमता है जो कुछ नया बनाता है और नए विचारों को प्रस्तुत करता है। सृजनात्मक छात्रों में नए और सार्थक विचारों को बनाने के लिए कल्पना और महत्वपूर्ण तर्क का उपयोग करने की क्षमता होती है। सृजनात्मक छात्रों में कुछ बनाने या उत्पन्न करने की क्षमता होती है।
सृजनात्मक छात्रों की योग्यता इस प्रकार है:

- संश्लेषित करने और बंद करने की क्षमता
- चिंताजनक और अत्यधिक लचीला
- वे साफ-सुथरे हैं और उनमें आत्म-प्राप्ति की क्षमता है
- वे अमूर्त वस्तुओं और विचारों से डरते नहीं हैं
- हमेशा सोच की स्थिति में ताकि वह किसी समस्या को हल करने के विभिन्न तरीके खोज सके
- विभिन्न दिशा वाले विचारक
- त्वरित शिक्षार्थी और समस्या समाधानकर्ता

**108(D).** शिक्षक बच्चे के जीवन में सबसे महत्वपूर्ण भूमिका निभाते हैं, विशेष रूप से, योजना और समर्पण के माध्यम से बच्चों में जटिल अवधारणाओं की समझ बनाने के लिए। शिक्षक द्वारा छात्रों के लिए एक सहायक के रूप में कार्य करने पर, अध्यापन का लाभ अधिकतम होता है।

- शिक्षकों की भूमिका, शिक्षार्थियों को उनके सीखने में सक्रिय प्रतिभागियों के रूप में देखना है न कि ज्ञान के प्राप्तकर्ता के रूप में।
- शिक्षक सहायता, को विकास के उपयुक्त अभ्यास के एक आवश्यक घटक के रूप में भी देखा जाता है।
- एक शिक्षक शिक्षार्थी, परामर्शदाता, प्रबंधक, मूल्यांकनकर्ता और नवप्रवर्तक के रूप में भी कार्य करता है।
- खेल के दौरान शिक्षक के हस्तक्षेप से समस्या-समाधान, पूछताछ, अवांछित व्यवहारों को पुनर्निर्देशित करने और बच्चों को खेलने के विषयों में शामिल करने में सहायता करने से लेकर कई संभावनाएँ होती हैं।
- शिक्षण-अधिगम प्रक्रिया में शिक्षक की सहभागी भूमिका मुख्य रूप से सार्थक सीखने के लिए सभी छात्रों की सक्रिय भागीदारी पर जोर देती है।
- संवादात्मक होने के नाते एक शिक्षक को सभी बच्चों की जरूरतों को संबोधित करके और छात्र-शिक्षक बातचीत के माध्यम से सीखने को सुगम बनाने के द्वारा सीखने की सुविधा प्रदान करने का प्रयास करना चाहिए।
- शिक्षक को अन्वेषण और चर्चा के अवसर प्रदान करके बच्चों में

जटिल अवधारणाओं को समझने की सुविधा प्रदान करनी चाहिए।
- एक शिक्षक को युवा बच्चों को परिपूर्ण विकसित करने और बढ़ने की क्षमता को बढ़ावा देने के लिए धैर्य और दृढ़ता के साथ एक संवादात्मक भूमिका निभानी चाहिए।
- बच्चे पर्यावरण के सक्रिय खोजकर्ता हैं क्योंकि वे यह जानने के लिए उत्साहित हैं कि यह क्या है, यह यहां क्यों है, यह कैसे काम कर रहा है, आदि। वे अपने आसपास की वस्तुओं और स्थितियों के बारे में कई सवाल पूछते हैं।
- शिक्षक छात्रों को अपने विचारों और सीखने की सामग्री की खोज करने का उचित वातावरण प्रदान करके एक सहायक के रूप में छात्रों की मदद करता है।
- प्रदर्शन विधि, शिक्षण का एक तरीका है जो अनुभव-आधारित है और एक कार्यप्रणाली, प्रक्रिया, या घटना को चरणबद्ध तरीके से वर्णन करने के लिए बनाया गया है। प्रदर्शनों में अवलोकन को समझने और सीखने में सुविधा प्रदान करने के लिए कुछ करना/ प्रदर्शन करना शामिल है।

**109(C).** समाजीकरण वह प्रक्रिया है जहां बच्चा दूसरों के साथ सहयोग करना और सम्बंधित होना सीखता है। यह उस प्रक्रिया को संदर्भित करता है जो एक असहाय मानव शिशु को आत्म-जागरूक, जानकार व्यक्ति के रूप में बदल देती है, जिससे वह अपने समाज की संस्कृति के तरीकों में कुशल बनता है।
समाजीकरण के प्रकार:
1. प्राथमिक समाजीकरण :
   - यह शैशव और बचपन के दौरान होता है। यह उस प्रक्रिया को संदर्भित करता है जहां बच्चे को बचपन के वर्षों में परिवार या पड़ोस के माध्यम से समाजीकृत किया जाता है।
   - यह इस बात पर प्रकाश डालता है कि प्राथमिक समाजीकरण की प्रक्रिया में प्रमुख घटक परिवार है।
   - उदाहरण के लिए, परिवार के एक बहुत छोटे बच्चे को अपनी संस्कृति का बहुत कम ज्ञान होता है। वह मूल्यों, सामाजिक मानदंडों, प्रथाओं आदि से अनजान होता है। परिवार के माध्यम से बच्चे को पता चलता है कि एक विशेष समाज में क्या स्वीकार किया जाता है और क्या नहीं।
2. माध्यमिक समाजीकरण:
   - यह शिशु के बचपन के चरण से गुजरने के बाद और व्यसक होने की ओर बढ़ने के बीच का समय है। य ह उस प्रक्रिया को संदर्भित करता है जो बाद के वर्षों में स्कूली शिक्षा और सहकर्मी समूहों जैसे साधनों के माध्यम से शुरू होती है।
   - इस चरण के दौरान, परिवार से अधिक स्कूल और दोस्तों के समूह जैसे तत्व बच्चे के समाजीकरण में भूमिका निभाते हैं।
   - दोस्त, स्कूल और मीडिया माध्यमिक सामाजिक एजेंटों के कुछ उदाहरण हैं।

इसलिए, उपर्युक्त बिंदुओं से, यह स्पष्ट हो जाता है कि स्कूल और मीडिया माध्यमिक समाजीकरण साधन हैं।

**110(D).** बच्चे से संबंधित घटनाओं का सटीक विवरण उपाख्यानात्मक अभिलेख के रूप में जाना जाता है।
उपाख्यानात्मक अभिलेख एक अवलोकन है जिसे अवधि के दौरान छात्र के विकास के बारे में जानकारी प्रदान करने के लिए कहानी के रूप में लिखा जाता है। इसमें अभिभावक के साथ साझा किए जाने वाले बच्चे से संबंधित महत्वपूर्ण घटनाओं और वृत्तांतों का विवरण शामिल है।

**111(A).** वह मूल्यांकन जिसमें मूल्यांकन छात्रों को पढ़ाने वाले द्वारा किया जाता है, आंतरिक है।
एक आंतरिक मूल्यांकन किसी ऐसे व्यक्ति द्वारा किया जाता है जो सिखाए गए विषय को जानता है। यह आमतौर पर कक्षा शिक्षक होता है। मूल्यांकनकर्ता मानदंड जानता है कि क्या सिखाया गया है और यह कैसे सिखाया गया है।

**112(C).** मूल्यांकन की एक नई और वैकल्पिक विधि जो छात्रों के व्यक्तिगत या समूह के प्रदर्शन का आकलन करने में मदद करती है, उसे पोर्टफोलियो कहा जाता है।
पोर्टफोलियो छात्रों के व्यक्तिगत या समूह प्रदर्शन के मूल्यांकन में उपयोग की जाने वाली शिक्षा के वैकल्पिक तरीकों में से एक है। एक पोर्टफोलियो छात्र के काम का एक उद्देश्यपूर्ण संग्रह है जो छात्र, या अन्य, उसके प्रयासों या एक या अधिक क्षेत्रों में उपलब्धि को प्रदर्शित करता है।

**113(A).** अंतर्दृष्टि समस्या-समाधान में बाधा नहीं डालती है।

**114(D).** लिंग अंतर वह कारक है जिसका शिक्षण पर सबसे कम प्रभाव पड़ता है क्योंकि लिंग पुरुषों और महिलाओं के बीच सामाजिक रूप से निर्मित अंतर को दर्शाता है।
यह पुरुष और स्त्री गुणों, व्यवहार, भूमिकाओं और जिम्मेदारियों को संदर्भित करता है जो समाज कायम रखता है। लिंग को बदला/पुन: उन्मुख किया जा सकता है।
शिक्षण को प्रभावित करने वाले भौतिक कारकों में शामिल हैं:
- शारीरिक दोष
- उम्र और बीमारी
- स्वास्थ्य परिपक्वता
- भावना धारणा
- थकान और चोटें
- दृश्य / श्रवण हानि

**115(D).** Reaching the teacher for every new word is not the correct way to promote the use of a dictionary. A dictionary usually helps the learner with pronunciation, spelling, and the context in which a word is found and used.

**116(C).** Grammar-Translation method does not enhance a student's communicative skill. Grammar translation is a traditional method through which language is taught with a detailed study of grammar.

**117(A).** पर्यावरण अध्ययन एक ऐसा विषय है जो पर्यावरण संबंधी मुद्दों के बारे में सीखने वालों की जागरूकता के विकास से संबंधित है। बच्चे सक्रिय रूप से वास्तविक सामग्री और स्थिति को देखकर और पारस्परिक क्रिया से दुनिया के अपने ज्ञान और समझ का निर्माण करते हैं।
बच्चों द्वारा ईवीएस में ज्ञान के निर्माण में महत्वपूर्ण गतिविधियाँ या बातें:
- ईवीएस की पाठ्यपुस्तक।
- प्रायोगिक गतिविधियाँ।
- क्षेत्र के दौरे का आयोजन।
- कक्षा को वास्तविक जीवन से जोड़ना।
- रचनात्मक गतिविधि का संचालन।
- बच्चों की सक्रिय भागीदारी।
- बच्चों के समुदाय के सदस्य।

इसलिए , हम यह निष्कर्ष निकालते हैं कि बच्चों द्वारा ईवीएस में ज्ञान का निर्माण करने में उपर्युक्त बिंदु महत्वपूर्ण हैं।

**118(D).** गुप्त शासन से पहले से ही विष्टि या जबरन श्रम आम था, विष्णु पुराण में एक गद्यांश के अनुसार गुप्तों ने गंगा से प्रज्ञा तक सभी क्षेत्रों पर अधिकार किया था।
महरौली के शिलालेख से पता चलता है कि चंद्रगुप्त ने बंगाल में दुश्मनों की एक परिसंघ के खिलाफ लड़ाई लड़ी और पंजाब में भी अभियान चलाया।
सौराष्ट्र भी गुप्त साम्राज्य का हिस्सा था।

**119(C).** कोयना नदी खंभात की खाड़ी में नहीं मिलती है।

**120(D).** भारत में बजट घाटे को पूरा करने के लिए तदर्थ ट्रेजरी बिल प्रणाली को 31 मार्च 1997 को समाप्त कर दिया गया था।

**121(B).** इक्वेटोरियल गिनी ने पहले मारबर्ग वायरस रोग के प्रकोप की पुष्टि की है। विश्व स्वास्थ्य संगठन (डब्ल्यूएचओ) ने फरवरी 2023 में इक्वेटोरियल गिनी में मारबर्ग रोग के पहले प्रकोप की पुष्टि की। मारबर्ग अत्यधिक संक्रामक है।

**122(C).** छोटानागपुर क्षेत्र में हो लोगों ने 1820-21 के दौरान विद्रोह किया था। यह विद्रोह उन्होंने अपने राजा जगन्नाथ सिंह तथा कंपनी सरकार के विरुद्ध किया था।

**123(B).** भारत में 10 प्रमुख जैव-भौगोलिक क्षेत्र हैं|
एक जैव-भौगोलिक विशेषता के अनुसार, जो भौगोलिक अंतरिक्ष में

प्रजातियों, जीवों और पारिस्थितिकी तंत्र के अध्ययन और वितरण से संबंधित है, भारत में निम्नलिखित जैव-भौगोलिक क्षेत्रों को चित्रित किया गया है।

- ट्रांस हिमालय,
- हिमालय,
- रेगिस्तान,
- अर्ध-शुष्क,
- पश्चिमी घाट,
- दक्कन का पठार,
- गंगा का मैदान,
- उत्तर-पूर्वी क्षेत्र,
- तटीय क्षेत्र,
- तट के पास मौजूद द्वीप।

**124(A).** वैश्विक तापमान के लिए जिम्मेदार $CO_2$ के अलावा दूसरा सबसे महत्वपूर्ण ग्रीन-हाउस गैस मीथेन है|

- वे थर्मल इंफ्रारेड रेंज के भीतर उज्ज्वल ऊर्जा को अवशोषित और उत्सर्जित कर सकते हैं।
- कुछ प्रमुख ग्रीनहाउस गैसों में जल वाष्प, कार्बन डाइऑक्साइड, मीथेन, सीएफसी आदि हैं।
- औद्योगिक स्रोतों से कुछ जीएचजी हैं,

1. हाइड्रोफ्लोरोकार्बन (HFC)
2. पेरफ्लोरोकारबन्स (PFCs)
3. सल्फर हेक्साफ्लोराइड (SF6)
4. नाइट्रोजन ट्राइफ्लोराइड (NF3).

**125(B).** फॉस्फेट वायु प्रदूषक नहीं हैं। फॉस्फेट झीलों और धाराओं में प्रदूषण का एक प्रमुख स्रोत हैं, और उच्च फॉस्फेट का स्तर शैवाल और पानी के खरपतवारों के अधिक उत्पादन का समर्थन करता है जो यूट्रोफिकेशन का कारण बनते हैं।

वायु प्रदूषण पृथ्वी के वायुमंडल में कणों, जैविक अणुओं, या अन्य हानिकारक सामग्रियाँ है, जिससे रोग, एलर्जी, मनुष्यों की मृत्यु, अन्य जीवित जीवों जैसे जानवरों और खाद्य फसलों, या प्राकृतिक या निर्मित पर्यावरण को नुकसान होता है।

मानव स्वास्थ्य को नुकसान पहुंचाने के साथ, वायु प्रदूषण विभिन्न प्रकार के पर्यावरणीय प्रभाव पैदा कर सकता है: एसिड वर्षा में नाइट्रिक और सल्फ्यूरिक एसिड की हानिकारक मात्रा होती है।

वायु प्रदूषण में कार्बन डाइऑक्साइड, हाइड्रोकार्बन (मीथेन) नाइट्रस ऑक्साइडआदि जैसी ग्रीनहाउस गैसें शामिल हैं। यह पृथ्वी के वातावरण में सूर्य से गर्मी के फंसने से ग्लोबल वार्मिंग का कारण बनती है।

**126(D).** बच्चों में क्रुप रोग होना सर्दियों का मौसम में सामान्य है ।

क्रुप रोग एक श्वसन संक्रमण है जो आमतौर पर ऊपरी वायुमार्ग में एक विषाणु के कारण होता है, जो सांस लेने में बाधा डालता है।

- यह कुक्कुर खांसी (बार्किंग खांसी) का कारण बनता है।
- यह पैरेनफ्लुएंजा और इन्फ्लूएंजा विषाणु जैसे विषाणु के कारण हो सकता है।
- यह सर्दियों में अधिक सामान्य है।
- इससे बहती नाक, बुखार आदि हो सकते हैं।
- इसका निदान गर्दन और छाती के एक्स-रे, रक्त परीक्षण आदि द्वारा किया जा सकता है।

**127(C).** कुष्ठ रोग के लिए चयनित की गयी दवा डैप्सोन है। डैप्सोन एक प्रिस्क्रिप्शन दवा है जिसका उपयोग डर्मेटाइटिस हर्पेटिफोर्मिस, कुष्ठ, तपेदिक या कुष्ठ रोग के लक्षणों के उपचार के लिए किया जाता है। डैप्सोन अकेले या अन्य दवाओं के साथ प्रयोग किया जा सकता है। डैप्सोन एंटीलेप्रोसी एजेंट्स नामक दवाओं के एक वर्ग से सम्बन्ध रखता है।

**128(A).** दिया है,

6 संख्याओं का औसत 20 है ।

औसत = संख्याओं का योग / संख्याओं की संख्या

कुल $= 6\times20$

$= 120$

प्रत्येक संख्या में 5 जोड़ा जाता है

$120 + (5\times6)$

$= 150$

नया औसत $= \frac{150}{6}$

$= 25$

**129(B).** दिया गया है,

मूलधन $= 1,60,000$ रु.

समय $= 2$ वर्ष

ब्याज की दर $= 10\%$ अर्धवार्षिक रूप से संयोजित

जैसा कि हम जानते हैं,

मिश्रधन $= P \times (1 + \frac{r}{100})^t$

अर्धवार्षिक संयोजित होने पर,

दर आधी हो जाती है, अर्थात $R = \frac{10\%}{2}$

$= 5\%$

और समय दोगुना हो जाता है,

नया समय $T = 2 \times 2$

$= 4$ वर्ष

अब, प्रश्न के अनुसार,

$A = P \times (1 + \frac{R}{100})^T$

$\Rightarrow A = 1,60,000(1 + \frac{5}{100})^4$

$\Rightarrow A = 194481$

इसलिए, चक्रवृद्धि ब्याज = मिश्रधन - मूलधन

$\Rightarrow$ चक्रवृद्धि ब्याज $= 194481 - 160000$

$\Rightarrow$ चक्रवृद्धि ब्याज $= 34,481$

$\therefore$ आवश्यक चक्रवृद्धि ब्याज 34481 रु. है।

**130(B).** हमारे पास है, $0.090909 = \frac{1}{11}$

अभी $0.090909 \times 5 = \frac{1}{11} \times 5$

$\Rightarrow 0.454545 = \frac{5}{11}$

**131(C).** दिया गया है:

144, 360 और 504

दो या दो से अधिक संख्याओं का महत्तम समापवर्तक संख्याओं को विभाजित करने वाला सबसे बड़ा गुणनखंड होता है।

$144 = 2^4 \times 3^2$

$360 = 2^3 \times 3^2 \times 5$

$504 = 2^3 \times 3^2 \times 7$

इस प्रकार, महत्तम समापवर्तक $(144, 360, 504) = 2^3 \times 3^2 = 72$

$\therefore$ 144, 360 और 504 का महत्तम समापवर्तक 72 है।

**132(B).** बेलन का वास्तविक आयतन $= \pi r^2 h$

$= \frac{22}{7} \times 2.14 \times 2.14 \times 10.15 = 146.089$ सेमी$^3$

गणना की जाने वाली बेलन का आयतन $= \pi r^2 h$

$= \frac{22}{7} \times 2.1 \times 2.1 \times 10.1 = 139.9$ सेमी$^3$

आयतन में त्रुटि $= 146.089 - 139.9 = 6.189$ सेमी$^3$

$\therefore$ आवश्यक आयतन $= \frac{6.189}{146.089} \times 100 = 4.23\%$

**133(B).** दिया गया,

इस प्रश्न के लिए, GOLDEN : KKOWIJ का संबंध नीचे दिया गया है:

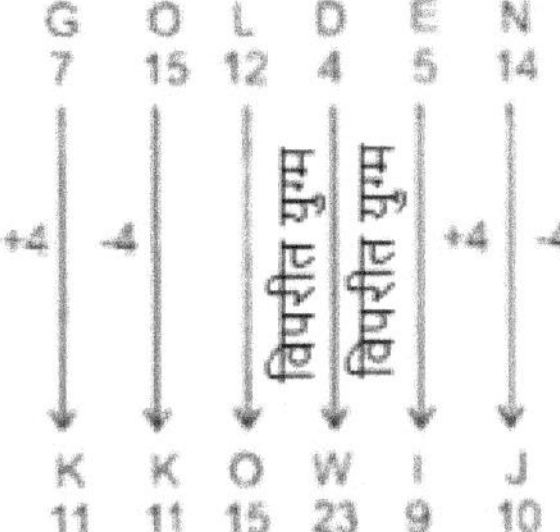


इसी प्रकार,

DEMAND को इस प्रकार लिखा जाएगा,

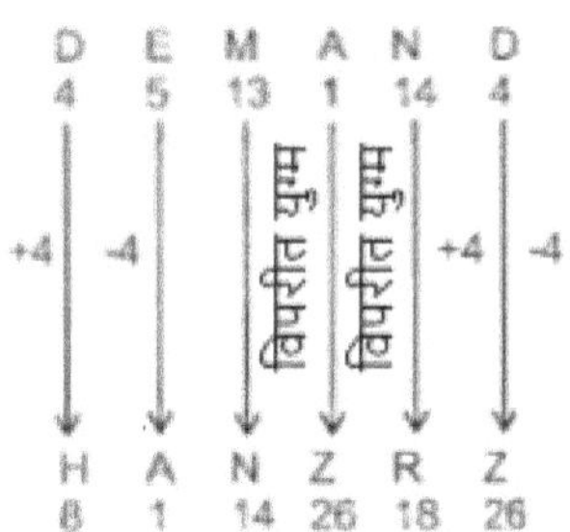


**134(A).** विकल्प (B), (C) और (D) में सभी क्रमागत सम संख्याओं को यादृच्छिक रूप से रखा गया है, लेकिन विकल्प (A) में श्रृंखला में सभी क्रमागत सम संख्याएं व्यवस्थित हैं।
विकल्प (A):
2468 [सम संख्याएं क्रमागत व्यवस्थित हैं।]
विकल्प (B):
2648 [सम संख्याएं क्रमागत व्यवस्थित नहीं हैं।]
विकल्प (C):
4826 [सम संख्याएं क्रमागत व्यवस्थित नहीं हैं।]
विकल्प (D):
6482 [सम संख्याएं क्रमागत व्यवस्थित नहीं हैं।]

**135(A).** समांतर श्रेणी (AP) संख्याओं का एक क्रम है जिसमें किन्हीं दो क्रमागत संख्याओं का अंतर एक स्थिर मान होता है।
जैसा कि हम जानते है,
किसी समांतर श्रेणी का $n$ -वाँ पद ज्ञात करने का सूत्र है:
$a_n = a + (n-1) \times d$
जहाँ, $a =$ प्रथम पद, $d =$ सार्व अंतर, $n =$ पदों की संख्या, और $a_n = n$ वाँ पद
मान लीजिए $a$ प्रथम पद है और $d$ सार्व अंतर है।
7 वाँ पद $= a + 6d$
$\Rightarrow a + 6d = 6$ .....(1)
और, 21 वाँ पद $= a + 20d$
$\Rightarrow a + 20d = -22$ ......(2)
समीकरण (1) को (2) से घटाने पर हमें प्राप्त होता है,
$\Rightarrow -14d = 28$
$\Rightarrow d = -2$
$d$ का मान (1) में रखने पर, हमें प्राप्त होता है
$\Rightarrow a - 12 = 6$
$\Rightarrow a = 18$
अब, 26 वाँ पद $= a + (26-1)d$
$= 18 + 25 \times (-2)$
$= 18 - 50$
$= -32$
$\therefore$ समांतर श्रेणी का 26 वाँ पद $-32$ है।

**136(B).** REGISTRATION शब्द को TSIGERNOITAR के रूप में कोडित किया गया है। शब्द को दो बराबर हिस्सों में बांटा गया है और प्रत्येक आधे में अक्षरों को उलट दिया गया है। इसी तरह, ACCURATE का कोड UCCAETAR है।

**137(D).** निम्नलिखित प्रतीकों का उपयोग करते हुए वंश वृक्ष तैयार करना:

| चित्र में प्रतीक | अर्थ |
|---|---|
| ○ | महिला |
| □ | पुरुष |
| = | शादीशुदा जोड़ा |
| — | भाई-बहन |
| \| | एक पीढ़ी का प्रसार |

दी गयी जानकारी के अनुसार:
E, A का पुत्र है। B, E की माता है।

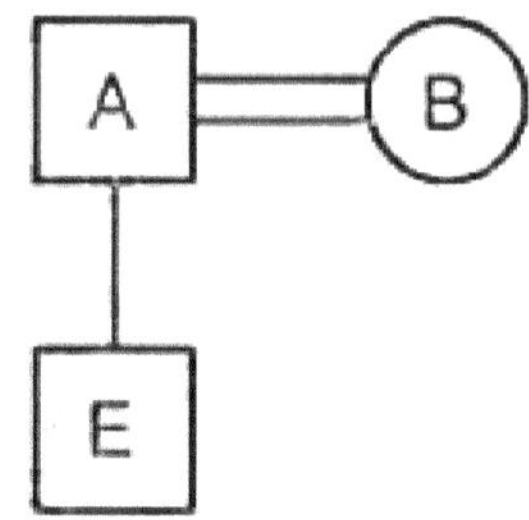


और B, C की पुत्री है।

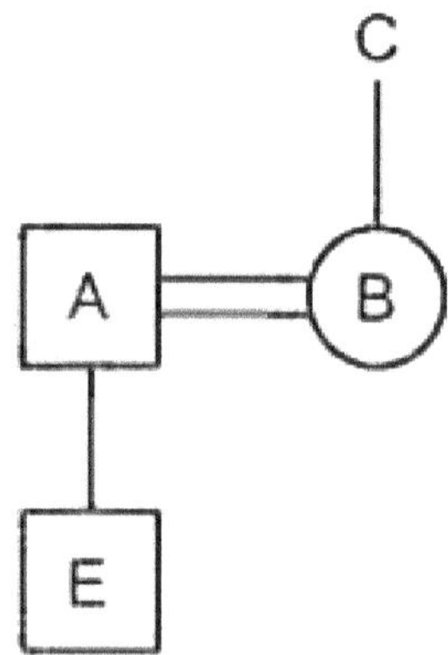


स्पष्ट रूप से, E, C का 'नाती' है।

**138(A).** शिक्षण छात्रों में सकारात्मक परिवर्तन सुनिश्चित करता है क्योंकि एक छात्र को पढ़ाने की मदद से अच्छी आदतें, ज्ञान और दृष्टिकोण प्राप्त होते हैं।

**139(C).** व्याख्यान - यह समझने योग्य भाषाओं में व्याख्यान देने की प्रक्रिया है।
समूहों में चर्चा - किसी निष्कर्ष पर पहुंचने या विचारों के आदान-प्रदान के लिए समूहों में किसी विषय पर बात करने की क्रिया या प्रक्रिया।
बुद्धिशीलता - बुद्धिशीलता एक समूह रचनात्मकता तकनीक है जिसके माध्यम से अपने सदस्यों द्वारा योगदान किए गए प्रासंगिक विचारों की एक सूची से टकराकर किसी विशेष समस्या के लिए एक निष्कर्ष तैयार करने का प्रयास किया जाता है।
प्रोग्राम्ड इंस्ट्रक्शन - प्रोग्राम्ड इंस्ट्रक्शन, नियंत्रित चरणों के क्रमबद्ध क्रम में छात्रों को नई सामग्री प्रस्तुत करने की एक विधि है।

**140(B).** 20 वीं शताब्दी ने प्रत्यक्षवाद से उत्तर-सकारात्मकता की ओर बदलाव

को चिह्नित किया। एक गैर-निश्चयात्मकता मानते हैं कि जिस तरह से वैज्ञानिक रोज़मर्रा की घटना की पड़ताल करते हैं, वह वैसा ही है जैसा हम अपने रोजमर्रा के जीवन के बारे में सोचते हैं। दोनों के बीच कोई अंतर नहीं है, लेकिन वे केवल डिग्री में अंतर हैं। वैज्ञानिक तर्क बिल्कुल सामान्य ज्ञान तर्क के समान है। हालाँकि, प्रत्यक्षवाद वैज्ञानिक ज्ञान को एक श्रेष्ठ वस्तु मानता है।

**141(B).** एक शिक्षक के रूप में, उन्हें वाद-विवाद के लिए तैयार करते समय छात्रों में यह विकसित करना बहुत कठिन होता है कि वाद-विवाद के दौरान भावनाओं पर कैसे नियंत्रण किया जाए क्योंकि वाद-विवाद गतिविधि के दौरान छात्रों को विपरीत दृष्टिकोणों पर बहस करनी पड़ती है और इस स्थिति में छात्रों को अपने लिए सही साबित करने के लिए गहराई तक जाना पड़ता है। विषय और कभी-कभी विषय से विचलित हो जाते हैं जिससे विषय पर बहस होती है, इसलिए यह बहस का सबसे बड़ा दोष है कि छात्र ने अपनी भावनाओं पर नियंत्रण खो दिया है।

**142(D).** मूल्य शिक्षा वह प्रक्रिया है जिसके द्वारा लोग उच्च संस्थानों में, शिक्षक/छात्रों और दूसरों को मान देते हैं। मूल्यों पर परामर्श या चिंतनशील सत्र मूल्य शिक्षा प्रदान करने का सबसे अच्छा तरीका है।

**143(A).** समय व्यतीत करना (यदि चर A के रूप में माना जाता है) स्वतंत्र चर है। परीक्षा अंक (यदि चर B के रूप में माना जाता है) परतंत्र चर है क्योंकि चर A के मूल्य में कोई भी परिवर्तन चर B के मूल्य में परिवर्तन का कारण बनता है।

**144(C).** सुशासन में शामिल हैं-
1. सोशल ऑडिट
2. सिटीजन चार्टर
3. सूचना का अधिकार

**145(B).** पारंपरिक शिक्षण पद्धति एक महत्वपूर्ण शिक्षण पद्धति है क्योंकि उन्हें निष्पादित करना आसान होता है, कम समय और निवेश की आवश्यकता होती है, कोशिश की जाती है और शिक्षण का परीक्षण किया जाता है जब शिक्षार्थियों का समूह बड़ा होता है।
हालांकि, पारंपरिक शिक्षण विधियाँ कुछ आधारों पर पीड़ित हैं। वे शिक्षण की प्रभावशीलता के परीक्षण के लिए जिम्मेदार नहीं हैं और वे वास्तविक सीखने की तुलना में परीक्षाओं पर अधिक ध्यान केंद्रित करते हैं।

**146(C).** यदि आपको कक्षा में दो छात्रों के बीच संघर्ष दिखाई देता है, तो शिक्षक के रूप में सबसे अच्छा विकल्प है:
दोनों छात्रों के साथ व्यक्तिगत रूप से आमने-सामने बातचीत करें, इससे आपको समस्या के परिणाम को जानने में मदद मिलेगी।
परामर्श से उन्हें अपने व्यवहार को बदलने में मदद मिल सकती है, यदि नहीं; भविष्य की कार्रवाई का निर्णय लिया जा सकता है।

**147(A).** एक अच्छा शिक्षक वह होता है जो कक्षा में सत्तावादी नहीं होता है। उसे विद्यार्थियों को कक्षा की गतिविधियों में भाग लेने के लिए प्रोत्साहित करना चाहिए। एक शिक्षक को आजीवन सीखने वाला होना चाहिए और लगातार खुद को अपडेट करते रहना चाहिए। उसके पास सकारात्मक दृष्टिकोण और हास्य की अच्छी भावना होनी चाहिए।
अत: विकल्प (A) सही है I

**148(D).** अधिगम के रूप में मूल्यांकन" छात्रों को स्वयं के प्रदर्शन की जांच करने और अपने कमजोर क्षेत्र का पता लगाने में मदद करता है। "अधिगम के आकलन" में मुख्य भूमिका शिक्षक की है और छात्र की भागीदारी न्यूनतम है। "अधिगम में मूल्यांकन" में शिक्षक के बजाय छात्र पर अधिक ध्यान केंद्रित किया जाता है।

**149(B).** विभिन्न शिक्षण विधियों का उपयोग शिक्षकों द्वारा छात्रों की आवश्यकताओं के अनुसार किया जाता है। एक छात्र को चुनने के लिए, शिक्षक उनकी क्षमताओं (क्षमता समूहन) के आधार पर छात्रों को वर्गीकृत कर सकता है या वह विषय की अनुकूलता के आधार पर इसे चुन सकता है।

| **सूची – I (विधि)** | **सूची – II (तकनीक)** |
|---|---|
| व्याख्यान | व्याख्यान विधि शिक्षण की सबसे पुरानी विधि है।<br>यह विधि छात्रों को विषय के स्पष्टीकरण को संदर्भित करती है।<br>सामग्री की प्रस्तुति पर जोर दिया गया है।<br>शिक्षक इशारों, सरल उपकरणों, आवाज बदलकर, स्थिति में बदलाव और चेहरे के भावों का उपयोग करके छात्रों को विषय वस्तु को स्पष्ट करता है।<br>शिक्षक अधिक सक्रिय हैं और छात्र निष्क्रिय हैं लेकिन शिक्षक छात्रों को चौकस रखने के लिए प्रश्न भी पूछते हैं।<br>यह विधि किफायती है और बड़ी संख्या में छात्रों के बीच इसका उपयोग किया जा सकता है।<br>यह समय बचाता है और पाठ्यक्रम को भी शामिल करता है। यह शिक्षकों के लिए सबसे सरल तरीका है तथा इसके लिए किसी व्यवस्था की आवश्यकता नहीं है। |
| चर्चा | प्रतिभागियों के बीच विषय आधारित सहभागिता जो छात्रों के अन्योन्यक्रियात्मक कौशल को बढ़ाती है<br>यह एक विशिष्ट विषय पर एक समूह के व्यक्तियों के बीच विचारों के आदान-प्रदान को बढ़ावा देता है।<br>इसे नेतृत्वविहीन चर्चा के रूप में भी जाना जाता है<br>चर्चा को एक विषय या अध्ययन के तहत समस्या में शामिल संबंधों के एक विचारशील प्रतिफल के रूप में वर्णित किया गया है।<br>यह छात्रों को एक समस्या के समाधान की दिशा में अपनी विचार प्रक्रिया को निर्देशित करने और अधिगम सामग्री को और अधिक स्पष्टीकरण एवं समेकन के लिए अपने अनुभवों का उपयोग करने के लिए प्रोत्साहित करता है।. |
| सेमीनार | यह एक बैठक को संदर्भित करता है जहां एक महत्वपूर्ण विषय पर चर्चा करने के लिए व्यक्तियों का समूह एक साथ एकत्र होता है।<br>एक संगोष्ठी को किसी निर्दिष्ट विषय पर चर्चा करने के लिए लोगों की भीड़ के रूप में परिभाषित किया जा सकता है।<br>इस तरह की सभाएँ आम तौर पर अन्योन्यक्रियात्मक सत्र होती हैं जहाँ प्रतिभागी विलम्बित विषय पर चर्चा में संलग्न होते हैं।<br>सत्र आमतौर पर प्रेरक कौशल के साथ एक या दो प्रस्तुतकर्ताओं का नेतृत्व करते हैं जो वांछित पथ के साथ चर्चा को चलाने के लिए सेवा करते हैं। |
| कार्यशाला | कार्यशाला पद्धति का उपयोग किसी समस्या के समाधान की तलाश, खोज और पहचान करने के लिए किया जाता है; एक स्थिति, इसकी पृष्ठभूमि और इसके सामाजिक और दार्शनिक निहितार्थ के व्यापक अध्ययन की अनुमति देने के लिए।<br>यह एक निर्देशित अभ्यास है।इसका उपयोग शिक्षकों को शिक्षा में नई प्रथाओं और नवाचार के बारे में जागरूकता और प्रशिक्षण देने के लिए किया जाता है। |

इसलिए, उपरोक्त स्पष्टीकरण से, सही मिलान (a) - (ii), (b) - (i), (c) - (iii), (d) - (iv) है।

**150(D).** शिक्षण-अधिगम सामग्री (टीएलएम) को अनुदेशात्मक सहायता के रूप में भी जाना जाता है, शिक्षक को शिक्षण-अधिगम गतिविधियों से पहले उसके द्वारा तैयार किए गए शिक्षण उद्देश्यों को प्राप्त करने की सुविधा प्रदान करता है।
टीएलएम के वर्गीकरण की एक विधि एक सामग्री द्वारा उत्पादित श्रव्य और दृश्य प्रभावों पर आधारित है।
तदनुसार, तीन प्रकार के शिक्षण-अधिगम सामग्री (टीएलएम) होते हैं:

- श्रव्य सामग्री: वे सामग्री या उपकरण जो श्रवण इंद्रियों का उपयोग करते हैं और इस प्रकार व्यक्तियों को सुनने के माध्यम से अधिगम में मदद करते हैं। रेडियो प्रसारण, कैसेट और सीडी प्लेयर।
- दृश्य सामग्री: वे उपकरण जो दृश्य इंद्रियों का उपयोग करते हैं और इस प्रकार सीखने वालों को देखने के माध्यम से अधिगम में मदद करते हैं। इस प्रमुख के अंतर्गत ब्लैकबोर्ड, चार्ट, चित्र, ग्राफ, मॉडल,

फिल्म स्ट्रिप्स, स्लाइड, कठपुतली, फ्लैशकार्ड, खेल आदि प्रमुख हैं।

- श्रव्य-दृश्य सामग्री: वे उपकरण जिन्हें श्रवण के साथ-साथ दृश्य इंद्रियों की आवश्यकता होती है और छात्रों को सुनने के साथ-साथ देखने के माध्यम से अधिगम में मदद करता है। इस तरह के उपकरण के उदाहरण टेलीविजन, फिल्में और कंप्यूटर से सहायता प्राप्त निर्देश हैं।

इसलिए, हम कह सकते हैं कि ग्राफ एक श्रव्य-दृश्य सामग्री नहीं है, बल्कि एक दृश्य सामग्री है।

www.ingramcontent.com/pod-product-compliance
Lightning Source LLC
LaVergne TN
LVHW080104160726
843469LV00047B/1898

* 9 7 8 9 3 5 5 5 6 8 9 5 3 *